北大版学习词典

汉韩学习词典
HANHAN XUEXI CIDIAN

甘瑞瑗　崔宇锡　具文奎　高点福　金钟硕
宋珉庸　林泰显　安炳三　黄信爱　尹银廷　编
魏慧萍　孙　艳　郑林啸　李　丽　蔡慧清

韩文审校
金珠雅（김주아）
李善熙（이선희）

北京大学出版社
PEKING UNIVERSITY PRESS

图书在版编目(CIP)数据

汉韩学习词典/甘瑞瑗,崔宇锡,具文奎,高点福,金钟硕,宋珉庸,林泰显,安炳三,黄信爱,尹银廷,魏慧萍,孙艳,郑林啸,李丽,蔡慧清编.—北京:北京大学出版社,2011.5
(北大版学习词典)
ISBN 978-7-301-18677-0

Ⅰ.汉… Ⅱ.①甘…②崔…③具…④高…⑤金…⑥宋…⑦林… ⑧安…⑨黄…⑩尹…⑪魏…⑫孙…⑬郑…⑭李…⑮蔡… Ⅲ.①朝鲜语–词典②词典–汉语、朝鲜语 Ⅳ.H556

中国版本图书馆CIP数据核字(2011)第048416号

书　　　名:	汉韩学习词典
著作责任者:	甘瑞瑗　崔宇锡　具文奎　高点福　金钟硕　宋珉庸　林泰显 安炳三　黄信爱　尹银廷　魏慧萍　孙艳　郑林啸　李丽 蔡慧清 编
韩文审校:	金珠雅(김주아)　李善熙(이선희)
责任编辑:	沈岚
标准书号:	ISBN 978-7-301-18677-0/H·2781
出版发行:	北京大学出版社
地　　　址:	北京市海淀区成府路205号 100871
网　　　址:	http://www.pup.cn
电　　　话:	邮购部 62752015　发行部 62750672　编辑部 62767349 出版部 62754962
电子邮箱:	zpup@pup.pku.edu.cn
印　刷　者:	北京宏伟双华印刷有限公司
经　销　者:	新华书店
	880毫米×1230毫米　A5　27.625印张　791千字 2011年5月第1版　2011年5月第1次印刷
定　　　价:	70.00元

未经许可,不得以任何方式复制或抄袭本书之部分或全部内容。
版权所有,侵权必究　举报电话:010-62752024
电子邮箱:fd@pup.pku.edu.cn

编撰者　名单

甘瑞瑗	韩国又松大学中国学部教授
崔宇锡	韩国又松大学中国学部教授
具文奎	韩国又松大学中国学部教授
高点福	韩国高丽大学中国学研究所教授
金钟硕	韩国高丽大学中国学研究所教授
宋珉庸	韩国永同大学校教养学部教授
林泰显	韩国青云大学中国学系教授
安炳三	韩国草堂大学韩中情报文化学科教授
黄信爱	韩国首尔神学大学教授
尹银廷	四川外语学院国际教育学院韩语中心院长
魏慧萍	河北大学国际交流与教育学院教授
孙　艳	河北师范大学文学院教授
郑林啸	人民大学文学院教授
李　丽	河北大学国际交流与教育学院教授
蔡慧清	湖南大学文学院副教授

前 言

本词典名为《汉韩学习词典》，顾名思义，是一本指导韩国学生学习汉语的词典。它编撰的主要目的有：
1. 辅助学习者取得事半功倍"学"和"习"的效果，进而达到触类旁通、举一反三的最佳学习目的；
2. 体现这部词典特有的"针对性"，尝试为"国别化"的汉语教学的切实推行尽绵薄之力；
3. 充分体现"现实性"，使得学习者能够将本词典贴近现实生活的释义和例句在实际的言语交际中活用出来；
4. 为双语学习词典的编撰提出一个新方向。

本词典的编撰与收词主要是基于甘瑞瑗博士的"国别化"对外汉语教学的理念和对外汉语教学用词表，希望能揭示对外汉语教学"理解"与"表达"的双向交际本质；除了依照词典编撰要求的规范性、知识性和易读性外，我们试图更进一步体现出"双语学习词典"编撰的五性：理解充分性、表达充分性、定量充分性、定性充分性和现实充分性。因此，收词语料也是在甘瑞瑗博士的《"国别化"对外汉语教学用词表制定的研究》的基础上，以"交际"为中轴，考虑初学者的学习需要，抽取出HSK词汇大纲的甲、乙级词以及韩国前3000高频词语作为满足初级学习者在理解和表达上所需的基本词语。因此，本词典所收录词条包括：HSK词汇大纲甲级词、乙级词，HSK词汇大纲丙级词和韩语前3000高频词重合的词，HSK词汇大纲丁级词和韩语前3000高频词重合的词，韩语前3000高频词没有包含在HSK词汇大纲中的词，韩语特色词以及2007-2008汉语和韩语流行词语。在收入上述词条后，又经过人工干预，进行了调整，最终确定出5266条词条。

本词典的编撰体例和内容主要参考了中国《现代汉语词典》、《当代汉语词典》、《现代汉语常用词用法词典》以及韩国国内其他词典。

在词典释义方面，由于考虑到韩语语言的特殊性，编撰组尝试从词语的语义、语法、语用和跨文化交际四维平面来对比、描述及说明词目和其对应词概念的内涵与外延，以及原义、近义、反义、语法、语义色彩、文化色彩、语用和词语搭配、词性等信息,并列举适当的例句和偏误的例句。众所周知,一种文化下被视为含有敬意的表达,也许会被另一种文化的人理解为带侮辱性或歧视的话,尤其对大量使用"汉字词"的韩国学习者来说,在学习汉语时尤须注意。举个例子来说:"造成"在韩语中是个中性词,在汉语中却带有贬义,我们说"造成伤害",韩国学生说"造成绿化公园";又例如:程度副词的选择,我们说"这次活动非常成功",韩国学生则说"这次活动大成功。"再例如:韩国学生将"高见"用于敬语,常用在书面语中,我们则常将"高见"轻松地挂在嘴上,"说说你的高见吧!"另外,韩国学生将"多情"用来描写同性朋友间的亲密友好,我们则将"多情"用于描写男女间的情愫。这说明当进行词语的释义时必须考虑并注意两种语言之间对应的关系,尤其是对一些在语义色彩、搭配和文化含义上存在差异的词语。

  本词典作为基础汉语学习的工具书,是中韩双方长期从事汉语教学的教师通力合作的成果,使用对象为一般的汉语初学者、对韩汉语教师以及韩语初学者和对中韩语教师等。编撰组衷心希望这本词典能为使用者提供一定的帮助,更希望为"双语学习词典"的伟大工程添加一砖一瓦。

머리말

　이 사전은 《중한학습사전》이란 제목 그대로 중국어를 학습하고 응용하는 한국 학생에게 필요한 지침서이다. 이 사전을 편찬한 주요 목표는 다음과 같다.
　1. 학습자가 최소의 노력으로 '배우고(学)', '익히는데(习)' 최대의 효과를 거둘 수 있도록 돕는다. 나아가 유사 표현도 섭렵하고, 하나를 통해 여러 표현도 익힐 수 있게끔 최상의 학습 목표를 달성하도록 한다.
　2. 이 사전 특유의 '목적성'이 구체화되어 '국가별' 중국어 교학을 적절하게 보급하는데 도움이 되도록 한다.
　3. '현실성'이 충분하게 발휘되어 학습자들이 이 사전을 통해 실제 생활에 가까운 해석과 예문을 실제 언어 교류에 활용할 수 있도록 한다.
　4. 쌍방향 학습사전의 편찬에 새로운 방향을 제시하도록 한다.
　이 사전의 편찬과 단어 수집은 감서원(甘瑞瑗)박사의 '국가별' 대외 중국어 교학 이념과 대외 중국어 교학 용어 수집의 방법론에 기초하여 진행되었다. 모쪼록 대외 중국어 교학의 '이해—표현'이라는 쌍방향적 교류의 의미가 드러날 수 있기를 바란다. 이 사전의 편찬진에서는 사전 편찬에 요구되는 규범성과 지식성, 가독성(可读性) 등의 기준 외에 쌍방향 학습사전 편찬에 필요한 다섯 가지 속성(이해의 충분성, 표현의 충분성, 정량(定量)의 충분성, 정성(定性)의 충분성, 현실의 충분성)을 구체화시키고자 했다. 이에 수집된 단어 역시 감서원 박사의 《한국인 대상 중국어 교학 용어표》에 기초해 '교류'를 중심축으로 초학자가 학습하는데 필요한 사항들을 고려하여 HSK 단어 목록 가운데 사용빈도가 높은 단어와 출제 빈도가 높은 3천 개의 한국어 단어들을 취합하여 초학자가 이해하고 표현하는데 학습해야 할 기본 단어들을 대상으로 하였다. 따라서 이 사전에 수록된 단어에는 다음과 같은 사항들이 포함되어 있다.
　1. 사용빈도가 높은 갑(甲)과 을(乙)급의 HSK 단어.
　2. 병(丙)급 HSK 단어와 출제빈도가 높은 3천 개의 한국어 중복 단어.
　3. 정(丁)급 HSK 단어와 출제빈도가 높은 3천 개의 한국어 중복 단어.
　4. 출제빈도가 높은 3천 개의 한국어 단어에 포함되지 않은 HSK 단어.
　5. 이색적인 한국어 단어와 2007년과 2008년에 유행했던 중국어와 한국어 단어.
　이상의 단어들을 수집한 후 편찬진의 검토를 통해 다소의 조정을 거친 뒤 최종적으로 5266 개의 단어를 확정하였다.
　이 사전의 편찬 체례와 내용은 주로 중국의 《现代汉语词典》,《当代汉语词典》, 《现代汉语常用词典》 및 한국의 기타 사전들을 참고했다.

사전의 뜻풀이는 한국어의 언어 특수성을 고려하여 편찬진이 단어의 의미와 문법, 용도, 문화 교류의 네 가지 측면에서 이에 대응하는 단어가 갖는 개념의 의미와 외연으로부터 원래의 의미, 비슷한 의미, 반대되는 의미, 문법, 의미의 뉘앙스, 문화적 색채, 용도, 어휘 조합, 품사 등의 정보는 물론, 올바른 예문과 잘못된 예문까지 열거하여 대비, 서술, 설명하였다. 주지하듯 한 문화권에서 존경의 의미를 담고 있는 표현이라 할 지라도 다른 문화권의 사람한테는 모욕과 질시의 말이 될 수 있다. 특히 '한자어'를 대량으로 사용하고 있는 한국의 학습자의 경우 중국어를 공부할 때 각별히 유의할 필요가 있다. 몇몇 예를 들면, '造成(zàochéng)'이란 단어는 한국어에서 중성적인 의미이지만, 중국어에는 폄하하는 의미를 담고 있다. 중국인은 '상해를 입히다(造成伤害)'라고 말하지만, 한국인은 '푸른 공원을 조성한다(造成绿化公园)'고 말한다. 또, 정도부사(程度副词)의 선택에서 중국인은 '이번 행사는 매우 성공적이었다(这次活动非常成功)'고 말하지만, 한국인은 '이번 행사는 대성공이었다(这次活动大成功)'고 표현한다. 하나 더 예를 들면, 한국인은 '고견(高见)'이라는 단어를 경어(敬语)로 보고 서면어에 자주 쓰지만, 중국인은 '네 의견을 말해봐!(说说你的高见吧!)'라고 표현하듯 가벼운 의미로 사용한다. 그밖에 한국인은 '다정(多情)하다'는 말을 친구 간에 친근함을 나타낼 때 쓰지만, 중국인은 남녀간의 감정을 묘사할 때 사용한다. 이는 현재 사용되고 있는 단어의 뜻을 풀이할 때, 두 언어 간에 대응되는 관계를 고려하고 주의해야 함을 설명해준다. 특히 단어 의미의 뉘앙스와 어휘 조합, 문화적 함의가 다른 단어에 대해서는 각별히 유의해야 한다.

이 사전은 중국어 기초를 배우는 학습자를 위한 참고서로서, 한국과 중국에서 오랜 시간 동안 중국어 교학에 종사해온 연구자들이 힘을 합해 편찬한 성과물이다. 이 사전의 사용 대상은 중국어 초학자, 한국인에게 중국어를 가르치는 교사와 한국어 초학자 및 중국인에게 한국어를 가르치는 교사 등이다. 우리 편찬진은 이 사전이 사용자들에게 꼭 필요한 도움이 될 수 있기를 진심으로 바라며, 더 나아가 '쌍방향 언어 학습 사전' 사업의 발전에 작은 밑거름이 되길 희망한다.

目 录

凡 例 …………………………………………… 1
正 文 …………………………………………… 1~868

凡　例

一. 本词典是为韩国人学习汉语编写的一部实用性词典。它同样适用于学习韩语的中国朋友。本词典所收字、词以《汉语水平词汇与汉字等级大纲》为基础，同时参考了甘瑞瑗《"国别化"对外汉语教学用词表制定的研究》一书中"对韩汉语教学用词表总表"(10037个)所列举词汇，共收录词条5394个。特别加入了韩国特色词，如"韩式烤肉"、"泡菜"等，突出韩国学生学习汉语的重点与难点。

二. 条目安排
　1. 词条按音序排列。同一音节内按汉字笔画数排列。多字条目依第二、第三个音节的音序、笔画排列。
　2. 词形相同而音义不同的词语，分立条目。并在词条末尾以☞标注出另外的读音。如"背"的bēi,bèi二音。
　3. 词形与读音相同而词性不同的词语，在同一条目中分别按词性列出，并以①②标注义项。

三. 字形与注音
　1. 使用中国现行规范字。
　2. 全部词条用汉语拼音注音，分词连写。
　3. 词目根据1985年12月修订公布的《普通话异读词审音表》正音。
　4. 条目中的轻声字，注音而不标调号，但在注音前加圆点"·"，如【便宜】pián·yi。一般轻读间或重读的字，注音上标调号，注音前再加圆点"·"，如【过来】guò·lái。表示"过来"的"来"字一般轻读，有时也可以读阳平。
　5. 儿化音的注音，采取直接在基本形式后面加"r"的形式，如【一会儿】yíhuìr。
　6. 本词典一般不注变调。但在变调词条前加"☆"标示。如："不错"☆búcuò。

　　在普通话语音中两字相连的变调情形如下：
　　　(1) 上声在阴平、阳平、去声、轻声前变半上。
　　　(2) 上声在上声前变阳平。
　7. 多音词的注音，以连写为原则。有些组合在中间加双斜线，表示中间可以插入其他成分,如:【毕业】bì//yè【结婚】jié//hūn。
  8. 多音词的注音,音节界限有可能混淆的,加隔音符号"'",包括以下两种情况:
    (1) 相连的两个元音,不属于同一个音节的,中间加隔音符号('),如【答案】dá'àn。
    (2) 前一音节收-n尾或-ng尾,后一音节由元音开头的,中间加隔音符号('),如【恩爱】ēn'ài,【名额】míng'é。

四. 释义与例句

1. 分析意义以现代汉语为标准,不详列古义。但有一些词,特别是字,比较"古"的例子更能说明问题,本词典也不回避。
2. 释义尽量简明通俗,多义词语,选择常用的义项,分别以①②③……列出。
3. 通过大量的不同形式、不同搭配关系的用例,使读者理解该词语的用法。用例都是编者根据汉语语法的特点,结合教学过程中学生的偏误整理所得,举例丰富多样,有词组,有句子,力求反映词目的各种用法和常见搭配。
4. 例句中出现的所讲词目,用"~"代替。本词典为汉韩双语词典。每一词条及例句后均附有韩语翻译;例句之间用"¶"隔开。中文例句与对应译句之间用";"隔开,译句句末用"."; 除疑问句、感叹句后面用标点外,其他例句句末不加句号、逗号。
5. 省略号一律用"…"。

五. 词类标注

1. 词类标注采用简称外加方框表示。如【爱人】名。
2. 一般词条中,标尾的表示尾词,标头的表示头词。

六. 本词典设"用法注意",前用"▶"及"拓展用法"标示。现就以下几点加以说明:

1. 提示词的固定用法,如常在什么句式中使用,一般和什么样的词搭配,不能和什么样的词搭配等。如:不管 bùguǎn,后面常有"都"。
2. 对韩国人容易混淆的词进行辨析。
3. 列举某些词语的口语意思及用法。如【扁】biǎn 形 别把人看扁了。

일러두기

一. 본 사전은 한국인의 중국어 학습의 편의를 위해 편찬된 실용 사전이다. 이는 한국어를 배우려는 중국의 학습자들에게도 활용될 수 있다. 본 사전에 수록된 표제자와 표제어는《汉语水平词汇与汉字等级大纲》을 기초로 하고, 동시에 甘瑞媛의《"国别化"对外汉语教学用词表制定的研究》에 수록된 "'对韩汉语教学用词表'总表"(10,037개)에 열거된 어휘를 참고해 총 5,394개의 표제어를 수록하였다. 특히 한국적 특색을 지닌 단어, 예컨대 '韩式烤肉' '泡菜' 등을 망라해, 독자들의 표현을 학습하는 데 있어 편의를 제공하였다.

二. 표제자·표제어의 배열
  1. 표제자는 한어병음방안의 자모순·성조순으로 배열하였다. 같은 성조에서는 한자의 획수순으로 배열하였다. 표제어는 두 번째·세 번째 음절의 자모·성조·획수순에 따라 배열하였다.
  2. 형은 같으나 음과 뜻이 다른 동형 표제자 표제어는 조목을 분리시켰다. 또한 석의 끝에 '☞'로 이음을 밝혔다. 예컨대, '背'는 bēi, bèi의 두 조목으로 분리시켰다.
  3. 형과 음은 같지만 품사가 다른 어휘는 동일한 조목 속에 품사에 따라 열거하였으며, ①②……로 나누어 의항을 표시하였다.

三. 자형 및 발음
  1. 중국의 현행 규범자를 사용하였다.
  2. 모든 표제자·표제어의 발음은 한어병음자모로 표기하였으며, 어휘 뒤에 이어서 표기하였다.
  3. 표제자·표제어는 1985년 12월에 수정 공포한《普通话异读词审音表》에 근거하여 수정음을 채택하였다.
  4. 표제자·표제어에서 경성으로 발음하는 글자는 해당 발음 앞에 '·'으로 표시하고 원래의 성조를 표시하지 않았다. (예)【便宜】pián·yi.
     일반적으로는 경성으로 발음하지만 간혹 원래의 성조대로 발음하는 경우에는 경성과 원래 성조를 함께 표기하였다. (예)【过来】guò·lái.
  5. '儿化'되어 쓰이기도 하는 표제자·표제어는 해당 표제자·표제어와 발음에 각각 '(儿)', 'r'로 표시하였다. (예)【一会儿】yíhuìr.
  6. 본 사전은 발음상의 성조 변화는 일반적으로 표기하지 않았다. 하지만 발음상 성조가 변하는 표제자·표제어는 발음 앞에 '☆'로 표시하였다. (예)【不错】☆búcuò.
  普通话에서 두 글자가 이어진 경우 발음상의 성조 변화 상황은 다음과 같다.

(1) 3성이 1・2・4성 및 경성 앞에서 반3성으로 변한다.
(2) 3성이 3성 앞에서 2성으로 변한다.
7. 표제어의 발음은 붙여 쓰는 것을 원칙으로 한다. 동사의 중간에 다른 성분이 들어갈 수 있는 경우에는 '//'로 표기하였다. (예)【毕业】bì//yè【结婚】jié//hūn.
8. 표제어의 발음 중 음절 구분이 혼동되기 쉬운 곳에는 ' ' '로 표기하였다.
(1) 서로 이어진 두 모음이 한 음절에 속하지 않는 경우 (예)【答案】dá'àn.
(2) 앞의 음절이 –n 또는 –ng로 끝나고 뒤의 음절이 모음으로 시작될 경우 (예)【恩爱】ēn'ài【名额】míng'é.

四. 석의 및 용례
1. 석의는 현대 중국어를 표준으로 삼아 옮겼으며, 고의는 간략하게 석의하였다. 하지만 일부 단어들, 그 중에서도 특히 일부 표제자는 비교적 "오래된" 용례가 문제를 더욱 잘 설명할 수 있으므로, 본 사전에서도 이를 회피하지 않았다.
2. 석의는 최대한 간단명료하고 통속적으로 옮겼다. 다의어는 상용하는 의항을 선택해 각각 ①②③……으로 표시하였다.
3. 서로 다른 형식과 호응 관계를 갖는 대량의 용례를 수록하여, 독자들의 해당 단어의 용법을 이해하도록 하였다. 이 용례들은 집필진이 중국어 어법의 특징에 근거하고, 교학 과정 중 학생들의 오류에 대한 정리를 결합해 획득된 것들이다. 각종 구와 문장을 열거한 용례가 풍부하고 다양하며, 어휘의 각종 용법과 주요 호응 관계를 반영할 수 있도록 역점을 두었다.
4. 용례 속에 등장하는 해당 표제자・표제어는 '~'로 대체하였다. 본 사전은 중한사전이다. 각 단어 및 예문 뒤에는 한국어 번역을 덧붙였다. 예문 사이는 '¶'로 구분하였다. 중국어 용례와 한국어 풀이는 ';'로 구분하였으며, 번역문 마지막에 '.'를 달았다. 의문문, 감탄문 뒤에 구두점을 표기하였으며, 기타 예문의 끝에 마침표나 쉼표를 붙이지 않았다.
5. 말줄임표는 일괄적으로 '…'로 표기하였다.

五. 품사
1. 품사는 약칭에 네모를 붙여 표시하였다. (예)【爱人】名.
2. 접미사는 尾로, 접두사는 头로 표기하였다.

六. 본 사전은 "用法注意" 항목을 두고, 앞에 "▶" 및 "拓展用法"로 표시하였다. 이하 몇 가지로 설명된다.
1. 단어의 고정된 용법, 예컨대 어떤 문장 구조에서 주로 쓰이는지, 일반적으로 어떤 단어와 호응되는지 등을 제시하였다.(예) 不管 bùguǎn 뒤에 주로 "都"를 쓴다.
2. 한국인이 혼동하기 쉬운 단어들을 변별하고 분석하였다.
3. 일부 단어들의 구어적 의미와 용법을 열거하였다.(예)【扁】biǎn 形 别把人看扁了.

A

阿 ā 头 ❶ 친족 및 호칭 앞에 사용한다. ¶~姨;이모. 아주머니.| ~哥;형. 오빠. ❷ 성, 아명, 출생순서의 앞에 붙여 친숙한 사이의 호칭으로 쓰인다. ¶~李;이가.| ~平;아평.| ~三;셋째 녀석.
▶용법주의:'阿'가 접두어로 쓰일 때, '阿姨'만 표준어에서 자주 사용되고, 기타 어휘는 모두 방언에서 쓰인다.

阿拉伯语 Ālābóyǔ 名 아랍어. ¶我从来没学过~;나는 여태껏 아랍어를 배운 적이 없다.| 他懂~;그는 아랍어를 안다.| 外语系有~专业;외국어과에는 아랍어 전공이 있다.

阿姨 āyí 名 ❶ 아주머니. (어머니와 동년배이거나 친족 관계가 아닌 여자를 호칭한다.) ¶王~;왕 아주머니.| 卖水果的~;과일을 파는 아주머니.| 我不认识那位~;나는 그 아주머니를 모른다. ❷ 집안 일을 도와주거나 노인, 아이를 돌봐주는 가사 도우미를 칭하는 말. ¶中国妇女大多是职业女性,有孩子以后一般会请一位~帮忙照顾;중국 여자들은 대부분 직업 여성으로, 아이가 생긴 후에는 보통 가사 도우미를 두어 집안 일을 돕도록 한다.| 我们家的~是钟点工,每天傍晚6点到7点来给我们做家务;우리 집의 가사 도우미는 시간제 근무를 하는데, 매일 저녁 6시부터 7시까지 집안 일을 해준다.

啊 ā 叹 놀람이나 찬탄을 표시한다. ¶~,下雪了;아, 눈이 내렸다| ~,你的汉语说得真好;외, 너는 중국어를 정말 잘 하는구나!

啊 á 叹 질문하거나 추궁, 또는 상대방의 대답을 기다리는 어기를 나타낸다. ¶~? 你刚才说什么;어, 너 방금 뭐라고 했니?| ~? 你什么时候来找我? 快告诉我吧;어? 너 언제 나를 찾아 올래? 빨리 알려줘!

啊 ǎ 叹 놀람이나 의혹을 나타낸다. ¶~? 怎么会是这样;아니, 어떻게 이럴 수가?| ~? 难道是我弄错了;뭐? 설마 내가 잘못했단 말이야?

啊 à 叹 ❶ 다른 사람의 말에 대답하는 뜻으로 일반적으로 동의를 나타낸다. ¶~,那就这样吧;응, 그럼 그렇게 하자.| ~,好的,我知道了;그래 좋아, 알았어. ❷ 명확하지 않았던 일이 분명해졌음을 나타낸다. ¶~,原来是这样;아, 알고보니 그랬구나!| ~,我终于明白了;아, 이제야 알겠다. ❸ 강렬한 찬탄을 나타내며, 감정적 표현에 자주 사용된다. ¶~,这里的风景太美了;와, 이 곳 풍경이 정말 아름답구나.| ~,我太想念祖国了;아, 난 조국이 너무도 그리워!
▶용법주의: ❶ 과 ❷ 의 발음은 비교적 짧게, ❸ 의 발음은 비교적 길게 한다.

啊·a 助 ❶ 감탄문의 끝에 사용하여 어

기를 강하게 한다.¶多么美好的世界~;얼마나 아름다운 세계인가!|多么难忘的回忆~;얼마나 잊기 어려운 기억인가! ❷ 서술문의 끝에 사용하여 동의의 뜻을 나타내거나 어기를 부드럽게 한다.¶你说的对~;네 말이 맞아.|我们没有什么过分(fèn)的要求~;우리는 어떤 무리한 요구도 하지 않았는 걸. ❸ 명령문 끝에 사용하여 일깨워주거나 친절히 보살펴 줌을 나타낸다.¶你可别忘了告诉他~;너 그 사람에게 잊지 말고 알려줘라.|路上小心~;길 조심해라.|天气冷了,记得多穿点儿~;날씨가 추워졌으니, 옷 좀 많이 챙겨 입어라! ❹ 의문문 끝에 사용하여 어기를 부드럽게 한다.¶行不行~?;되겠니?|你什么时候出国~?;너 언제 출국하는 거야? ❺ 문장에서 잠시 멈출 때 사용하여 듣는 사람을 환기시켜 다음 말에 주의하도록 한다.¶其实~,我已经知道这件事情的真相(xiàng)了;사실, 나는 이 일의 진상을 이미 알고 있었어.|那天~,我去图书馆的时候遇见过他;그날, 내가 도서관에 갔을 때 그를 만났었어. ❻ 열거한 사항 뒤에 사용한다.¶我买了很多水果,苹果~,桃子~,香蕉~,足够我们吃好几天的;나는 사과, 복숭아, 딸기, 바나나 등 많은 과일을 샀는데 우리가 며칠동안 먹기에 충분하다. ❼ 중복되는 동사의 끝에 사용하여 시간과 과정이 비교적 길었다는 어감을 나타낸다.¶他等~,等~,一直等到天黑,她也没来;그는 기다리고 기다려 날이 어두워 질 때까지 기다렸으나, 그녀는 오지 않았다.|我们找~,找~,终于找到了正确的路;우리

는 찾고 찾다가 마침내 정확한 길을 찾았다.

▶용법주의: '啊'가 문장 중에나 문장 끝에 쓰일 때, 앞 음절 독음의 영향으로 음이 변화되어 다른 글자로 바꾸어 쓸 수 있다.

앞 글자의 운모와 운미	'啊'의 발 음과 쓰는 법
a, e, i, o, y	a→ia 呀
u, ao, ou	a→ua 哇
n	a→na 哪
ng	a→na 哪

哎 āi 叹 ❶ 놀람과 불만을 나타낸다.¶~,今天你怎么来这么早;어, 오늘 왜 이렇게 일찍 왔어.|~,你不能这样看问题吧;에이, 문제를 그렇게 봐선 안되지요. ❷ 어떤 일을 생각해내거나 환기시킴을 나타낸다.¶~,我有办法了,我们这样做好不好? 아, 내게 방법이 있어요. 우리 이렇게 하는 게 어때요?|~,带上雨伞,今天天气预报说有雨;이봐요, 우산 가지고 가요. 오늘 일기예보에서 비가 온다고 했어요.

哎呀 āi·yā 叹 ❶ 놀라움이나 좋지 않은 일이 발생했을 때를 나타내는 표현이다.¶~,都已经十二点了;야, 벌써 12시가 되었네.|~,我忘了给他打电话了;아이고, 그 사람한테 전화 하는 걸 잊어버렸네! ❷ 원망이나 성가심 또는 아쉬움과 곤란함을 나타낸다.¶~,你怎么现在才来? 아이고, 너 어떻게 이제서야 오니?|~,你别说了,我都知道;야, 말하지 마라, 다 알고 있으니!|~,现在真是没有办法了;아이고, 이제는 정말 방법이 없네.

|~,你这样做,让我说什么好呢? 아이고, 네가 이렇게 하고선, 나더러 무슨 말을 하란 말이니?

哎哟 āi·yō 叹 놀람, 고통, 안타까움이나 의외임을 나타낸다. ¶~,您怎么来了? 아니, 어쩐 일이세요? |~,我得(děi)去医院, 肚子太疼了; 아이고, 나 병원 가야겠다, 배가 너무 아파. |~,你伤得不轻啊; 어이구, 너 많이 다쳤구나. |~,真没想到会发生这样的事情; 아이고, 이런 일이 발생하리라고는 생각도 못했다.

挨 āi 动 가까이 다가서다. 접근하다. 서로 인접해 있다. ¶我想~着他坐; 나는 그와 나란히 앉고싶다. |孩子们一个~一个地坐在地板上; 아이들이 마루에 한사람씩 나란히 앉았다. |我们学校~着一座山; 우리 학교는 산 옆에 위치해 있다. 介 순서를 따르다. ¶请你~家~户通知; 차례차례 집집마다 통지해 주세요. |我一门敲了, 没有人给我开门, 看来大家都不在; 내가 집마다 문을 두드렸으나 아무도 문을 열어주지 않는 걸 보니 모두 없는 모양이다.

☞ ái

挨 ái 动 ❶ 고통을 받다. 비교적 고통스런 일을 참다. ¶~饿; 굶주리다. |~冻; 얼다. |~打; 매맞다. |~骂; 야단맞다. |他~了一顿打; 그는 한 차례 매를 맞았다. |因为总玩电脑游戏, 她~了妈妈的骂; 그녀는 늘 컴퓨터 게임을 한다고 엄마한테 야단 맞았다. ❷ 얼마간 고생스런 시간을 보내다. ¶苦日子终于~到头了; 고생스럽던 날들이 마침내 끝났다. |他肚子疼了一夜, ~到天亮, 还是去医院了; 그는 밤새 배가 아파서 날이 밝을 때까지 고생하다가 병원으로 갔다. |这样的生活, 要~到什么时候? 이런 생활을 언제까지 견뎌야 하지? ❸ 일부러 시간을 끌다. 머뭇거리다. ¶她舍不得离开孩子, 一直~到车要开了才上车; 그녀는 아이와 헤어지기 아쉬워 차가 출발할 때까지 머뭇거리다가 비로소 차에 올라탔다. |他做错了事情, 怕妈妈责怪, 在外面~到天黑才回家; 그는 일을 잘못 처리하여 엄마에게 혼날까봐 두려워서 밖에서 해질 때까지 기다렸다가 집으로 돌아왔다. |有的学生上课不认真听讲, 只是坐在那里~时间; 어떤 학생은 수업시간에 열심히 수업을 듣지 않고 그저 앉아서 시간만 끌고 있다.

☞ āi

挨打 ái//dǎ 动 ❶ 매맞다. 구타당하다. ¶以前的孩子常常~, 但现在的父母一般舍不得打孩子; 예전 아이들은 자주 매를 맞았지만, 지금 부모들은 보통 아이들을 때리지 못한다. |他和别人吵架的时候~了; 그는 다른 사람과 말다툼을 하다가 맞았다. |那个年轻人挨了一顿毒打, 被送到医院去了; 그 젊은이는 심하게 구타당해 병원으로 이송되었다. ❷ 멸시나 모욕을 당하다. ¶落后就要~; 낙오하면 멸시당한다.

矮 ǎi 形 ❶ 키가 작다. ¶个子~的人不一定没力气; 키가 작은 사람이라고 해서 반드시 힘이 없는 것은 아니다. |弟弟比哥哥~一头; 동생은 형보다 머리 하나 만큼 작다. |那个~个儿的同学很聪明; 그 키 작은 학생은 총명하다. ❷ (높이가) 낮다. ¶这把椅子太~

了;이 의자는 너무 낮다.| 孩子练习写字的时候，这种~桌很方便(fāngbiàn);아이가 글쓰기 연습을 할 때는 이런 작은 탁자가 편리하다.| 韩国人习惯席地而坐,用比较~的餐桌吃饭;한국인은 바닥에 앉는 습관이 있어서 비교적 낮은 테이블에서 식사한다. ❸ 직급이나 지위가 낮다. ¶姐姐读三年级,妹妹读一年级,妹妹比姐姐~两级;언니는 3학년이고 여동생은 1학년이다. 동생은 언니보다 두 학년 아래다.| 我们是校友,但我比他~一级;우리는 교우지만 나는 그보다 한 학년 아래다.| 他虽然年龄大,但是他的职位比那个年轻人~两级;그는 비록 나이가 많지만 직위는 그 젊은이보다 두 직급 아래다.

▶확장용법: 중국어에서 '矮'는 신분, 지위, 수준 등이 다른 사람보다 못하다는 뜻에서 열등감의 표현으로 확장되어 사용되기도 한다. ¶他感到自卑(bēi),觉得自己比别人矮了一截(jié);그는 자신이 다른 사람보다 못하다는 열등감을 느낀다.| 世界上优秀的人很多,我们要善于向别人学习,但是没有必要觉得自己比别人矮半截;세상에는 뛰어난 사람들이 많다. 우리는 그들에게 배울 필요가 있지만 자신을 다른 사람과 비교해서 열등감을 가질 필요는 없다.

爱 ài 动 ❶ 사랑하다. ¶我们深深地~着我们的祖国;우리는 조국을 깊이 사랑한다.| 他~上了那个女孩;그는 그 소녀를 사랑하게 되었다.| 父母都~自己的孩子;부모는 모두 자신의 아이를 사랑한다. ❷ …하기를 좋아하다. ¶我~在下过雨的清晨散步;나는 비 개인 새벽에 산책하는 걸 좋아한다.| 中国的老人一般都~听京剧;중국 노인들은 일반적으로 모두 경극 듣기를 좋아한다.| 韩国人~吃泡菜;한국 사람들은 김치 먹는 것을 좋아한다. ❸ …하기 쉽다. 곧잘 …하다. (자주 발생하는 상황을 표시한다.) ¶孩子在妈妈的面前更~哭;아이는 엄마 앞에서 더 잘 운다.| 他~发脾(pí)气;그는 쉽게 화를 낸다.| 春天的时候~刮大风;봄에는 강한 바람이 불곤 한다. ❹ 아끼다. 소중히 하다. ¶自尊心强的人都比较~面子;자존심이 강한 사람들은 체면을 중요시 하는 편이다.

爱好 àihào 动 (어떤 일이나 사물을) 매우 좋아하다. ¶她~旅游;그녀는 여행을 매우 좋아한다.| 我的朋友从小~文学;내 친구는 어릴 때부터 문학을 매우 좋아했다.| 很多外国人来中国以后~打太极拳(quán);많은 외국인들이 중국에 온 이후에 태극권 배우기를 좋아한다. 名 취미. 기호. (어떤 일이나 사물에 큰 흥미를 느끼는 것을 나타낸다.) ¶学生们的~很广泛;학생들의 취미는 광범위하다.| 我的~是电影和音乐;내 취미는 영화와 음악이다.| 你的~是什么?;네 취미가 뭐니?

爱护 àihù 动 아끼고 보호하다. ¶老师~学生;선생님은 학생들을 아낀다.| 长辈~晚辈;윗사람이 아랫사람을 아끼다.| 我们要~自己的眼睛;우리는 자신의 눈을 아끼고 보호해야 한다.

爱情 àiqíng 名 애정. 사랑. ¶我相信世上有美好的~;나는 세상에 아름다운 사랑이 있다는 것을 믿는다.| ~是生命的礼物;사랑은 생명의 선물이다.|

那部电影讲述了一个感人的~故事; 그 영화는 감동적인 사랑 이야기를 그렸다.

▶용법주의:'爱情'은 중국어에서 일반적으로 남녀간 사랑의 감정을 지칭할 때 쓰이며, 부모와 자녀간의 사랑, 친구 사이의 깊은 정을 지칭할 때는 '爱情'이라는 단어를 쓰지 않고 '亲情', '友情'을 사용한다.

爱人 ài·rén 名 ❶ 배우자. (남편 혹은 아내를 지칭한다.) ¶他~是大学教师;그의 아내는 대학 강사이다. | 她的~是一位成功的商人;그녀의 남편은 성공한 상인이다. | 这件事情你的~知道吗? 이 일을 당신 배우자가 알고 있나요? ❷ 연애 중인 남녀의 한 쪽. ¶~,我会常常想念你;자기야, 난 항상 당신을 생각할 거야. | ~的心是相通的;사랑하는 사람의 마음은 통한다. | 请别哭泣(qì),我的~;울지 말아요, 내 사랑.

▶용법주의: ❶ 은 현대 중국어에서 가장 보편적으로 쓰이며, 독음상 뒤의 '人'은 경성으로 읽을 수 있다. ❷ 는 서면어에서 많이 쓰인다. 특히 ❶ 은 중국어에서 혼인 관계의 남녀를 가리키며, 결혼하지 않은 관계의 연인을 가리키지 않는다는 것에 주의해야 한다.

▶"爱人"现在已经很少用。

爱惜 àixī 动 중시하다. 아끼다. 쉽게 낭비하거나 망가뜨리지 않다. ¶我们要教育孩子从小就懂得~食物;우리는 아이가 어릴 때부터 음식을 아끼도록 교육시켜야 한다. | ~时间的人工作效率(xiàolǜ)高;시간을 아끼는 사람은 업무 효율이 높다. | 请~公物;공공시설물을 아껴주세요.

安定 āndìng 形 평안하다. 안정되다. ¶进入中年以后,人们越来越喜欢~的生活;중년에 들면 사람들은 갈수록 안정된 생활을 좋아한다. | 现在的国际形势不太~;지금의 국제정세는 그다지 안정적이지 않다. | 我想过更~的日子;나는 더욱 안정된 생활을 하고 싶다. 动 (마음, 생활이나 정세가) 평안하게 되다. 안정시키다. ¶经历了这些事情以后,我的心逐渐~下来;이런 일들을 겪은 후, 내 마음은 점차 평안해졌다. | 在灾难发生以后, ~人心是十分重要的;재난 발생 후에는 사람들의 마음을 안정시키는 것이 매우 중요하다. | 政府采取了及时的措施来~局势(shì);정부는 시기 적절한 조치로 정세를 안정시켰다.

安静 ānjìng 形 ❶ 조용하다. 고요하다. ¶在~的竹林里散步是一种享受;고요한 대나무 숲속에서 한 산보는 일종의 즐김이다. | 会场里很~;회의장 안이 매우 조용하다. | 考试的时候请大家~;시험 볼 때는 모두 조용히 해주세요. ❷ 안정되다. 평온하다. 편안하다. ¶她~地睡去了;그녀는 편안히 잠이 들었다. | 我喜欢~平淡的生活;나는 평온하고 평범한 생활을 좋아한다.

安宁 ānníng 形 평안하다. 평온하다. ¶我的邻居常常把电视机音量开到最高,让我不得~;내 이웃은 늘 텔레비전 음량을 최대로 올려서, 나를 편치 않게 만든다. | 人们都向往~幸福的生活;사람들은 모두 편안하고 행복한 생활을 동경한다. | 社会的~是经济发展的前提;사회의 평온함은 경제 발전의 전제이다.

安排 ānpái 动 안배하다. 배치하다. 분배하다. ¶学校~我去国外工作;학교는 나를 해외에 나가서 일하도록 배치했다.| 会议日程要认真~一下儿;회의 일정을 진지하게 잘 안배해야 한다.| 懂得~时间的人工作效率高;시간을 안배할 줄 아는 사람은 업무 효율이 높다.

安全 ānquán 形 안전하다. 사고 날 위험이 없다. ¶女孩子一个人走夜路不~;여자 아이 혼자 밤길을 걷는 것은 위험하다.| 一定要注意交通~;반드시 교통 안전에 주의해야 한다.| 这些信息涉(shè)及国家~,请不要对媒体发布;이런 정보들은 국가안보과 관련된 문제들이니, 언론매체에 발표하지 말아주세요.

安慰 ānwèi 动 위로하다. ¶朋友难过的时候,好好~他一下吧;친구가 힘들어 할 때는 잘 위로해 주어라.| 护士正在~一位哭泣的病人;간호사가 우는 환자를 위로하고 있다.| 需要更多的专业人士对劫(jié)后余生的幸存者进行心理~;더욱 많은 전문가들이 재난에서 살아남은 생존자들이 심리적인 안정을 찾게 하도록 해야 한다. 形 마음이 편안하다. ¶孩子考上了理想的大学,父母感到很~;아이가 바라던 대학에 합격하자, 부모는 마음이 편해졌다.| 大家的关爱使地震孤儿们得到了一些~;모두의 관심과 사랑이 지진으로 고아가 된 아이들에게 다소 위로가 되었다.| 对爱情的回忆使那位老人感到~;사랑에 대한 기억이 그 노인에게 위안이 된다.

安心 ān//xīn 形 안심하다. 마음을 놓다. ¶知道你过得幸福,我也就~了;네가 행복하게 지내는 걸 알고 나도 안심이 되었다.| 请你~工作吧,其他事情我来照应;안심하고 일하세요, 다른 일은 내가 돌볼 테니.| 没有他的消息,我一直安不下心来;그의 소식이 없어서 나는 줄곧 마음을 놓지 못했다. 动 (어떤 목적이나 의도를) 마음에 품다. 마음을 먹다. ¶我不知道他安的什么心;나는 그가 무슨 마음을 품고 있는지 모르겠다.| 这样看来,他的确没安好心;보아하니, 그는 확실히 좋은 마음을 품고 있지 않군.| 你这样做,到底是安的什么心？네가 이렇게 하는 것은, 도대체 무슨 마음을 품은 거니?

岸 àn 名 (강, 호수, 바다 등의) 기슭. 언덕. ¶乘船顺流而下,两~的风光美不胜收;배를 타고 강을 따라 내려가니, 양 기슭으로 헤아릴 수 없이 많은 아름다운 경치들이 펼쳐졌다.| 苦海无边,回头是~;고해는 끝이 없으나 고개만 돌리면 피안이다.| 她游泳游得累了,坐在~边休息;그녀는 수영하다 지쳐서 강가에 앉아 쉰다.

按 àn 动 ❶ (손이나 가락으로) 누르다. ¶他~响了门铃;그는 초인종을 눌렀다.| 她用手指轻轻地在雪地上~出一个指印;그녀는 눈 덮인 대지를 가만히 손가락으로 눌러 자국을 남겼다.| 我的力气不够,不能把图钉~进去;내 힘이 부족해 압정을 눌러 꽂을 수 없다. ❷ (잠시 일을) 보류하다. ¶这件事先~下不说;이 일은 우선 보류해 두고 말하지 말자.| 这个问题太棘(jí)手了,先~下吧;이 문제는 아주 처리하기 곤란하니 우선 보류해 두자.| 为了不惊动你,她把那些不愉快的事

都~下了;너를 놀라게 하지 않으려고, 그녀는 유쾌하지 않은 그 일들을 잠시 보류해두었다. ❸ (마음이나 감정을) 억누르다. 억제하다. ¶他再也~不住心中的愤怒(fènnù)了;그는 더 이상 마음 속의 분노를 억누르지 못했다.| 难以~住思念之情,他们只好通过电话互相问候;어누르기 힘든 그리움의 정을 그들은 서로 전화상으로 안부를 묻는 것으로 대신할 수 밖에 없었다.| ~住悲(bēi)伤,才有力气前行;슬픔을 억누르고서야 앞으로 나아갈 힘이 생긴다. 介 (어떤 기준이나 근거에) 따라서. …에 비추어. …에 맞추어. ¶我~约定时间准时来了;나는 약속 시간에 맞춰 제때에 왔다.| ~规定这是不允许的;규정에 따라 이 일을 허락할 수 없다.| ~成绩分班的做法究竟好不好,还需要再讨论一下;성적에 따라 분반하는 방법이 도대체 좋은지 어떤지는 다시 한 번 토론해 볼 필요가 있다.

按摩 ànmó 动 안마하다. ¶医学~对健康有利;의료 마사지는 건강에 이롭다.| ~可以帮助人们很快地放松下来;안마는 사람들이 긴장을 빨리 풀도록 돕는다.| 最近韩国很流行美容~;최근 한국에서는 미용 마사지가 유행이다.

按时 ànshí 副 제때에. 제시간에. ¶❶上课是对学生的基本要求;❶수업시간을 지키는 것은 학생에게 주어진 기본적인 요구이다.| 我~完成了论文;나는 제때 논문을 완성하였다.| 请你记得~吃药;제 시간에 약 먹는 것을 기억하세요.

按照 ànzhào 介 …에 근거하여. …에 따라서. ¶我们已经~您的要求修订了合同书;우리는 이미 당신의 요구에 따라 계약서를 수정했습니다.| ~惯例来处理吧;이전의 관례에 따라 처리해 주세요.| ~她说的去做,你不会后悔(huǐ)的;그녀가 말 한대로 하면 후회하지 않을 겁니다.

暗 àn 形 어둡다. ¶灯光太~了,不能看书;조명이 너무 어두워 책을 볼 수가 없다.| 这个房间采光不好,白天也很~;이 방은 채광이 좋지 않아 낮에도 매우 어둡다.| 这种颜色太~了,不适合你;이런 색상은 너무 어두워서, 너한테 어울리지 않아. 副 남몰래. 비공개적으로. ¶她~下决心,一定要考上研究生;그녀는 반드시 대학원에 합격하리라 남몰래 결심했다.

▶용법주의: 부사어는 서면어에서 주로 사용되며, 구어체에 더욱 자주 사용되는 것은 '暗暗'이다. ¶她没有说什么,只是暗暗地流泪了;그녀는 아무 말 없이 남몰래 눈물만 흘렸다.| 我心里暗暗赞成她的做法;나는 내심 그녀의 방법에 찬성한다.| 他常常暗暗观察别人;그는 종종 다른 사람을 몰래 관찰한다.

暗地里 àndì·li 名 (남)몰래. 내심. 배후에서. ¶他~想了很久,终于做出了这个艰难的决定;그는 남몰래 오랫동안 생각한 후에 마침내 이 힘든 결정을 내렸다.| ~议论别人是不得体的做法;뒤에서 다른 사람을 비난하는 것은 좋지 않은 방법이다.| 分手以后,她常常~伤心;헤어진 뒤에 그녀는 자주 몰래 괴로워했다.

暗中 ànzhōng 名 어둠 속. ¶她躲在~张望;그녀는 어둠 속에 숨어서 엿본다.

|突然停电了,我只好~摸索(mōsuo);갑자기 정전이 되어서 나는 하는 수 없이 어둠 속을 더듬었다.|夜太黑了,我在~什么也看不到;밤이 너무 깊어 나는 어둠 속에서 아무 것도 볼 수 없다. 副 은밀히. 몰래. ¶有人~捣(dǎo)鬼;어떤 사람이 은밀히 나쁜 일을 꾸민다.|她~打听那个人的底细;그녀는 은밀히 그 사람의 속사정을 알아보았다.|到底是谁~做了手脚?도대체 누가 몰래 수작을 꾸민 거니?
▶용법주의:'暗中'은 서면어의 색채를 띠며, 구어에서 자주 사용되는 것은 '暗地里'이다.

奥林匹克 àolínpǐkè 名 올림픽 경기. ¶~运动会是世界性的体育盛会;올림픽 경기는 세계적인 체육대회이다.|~运动会每四年举办一次;올림픽 경기는 4년에 한 번씩 열린다.|2008年,~运动会在中国北京举行;2008년에 올림픽이 중국 베이징에서 열린다.

奥运 àoyùn 名 올림픽 경기의 줄임말. ¶许多国家都成功地举办过~;많은 국가들이 올림픽 경기를 성공적으로 개최하였다.|~精神体现着在公平中竞技的体育精神;올림픽 정신은 공정함 속에서 경기를 하는 체육정신을 실현하고 있다.

奥秘 àomì 名 (대자연과 우주와 같이 심오하여 아직 남들에게 알려지지 않은)비밀. ¶人类运用自己的智慧,不断(bùduàn)地探索(tànsuǒ)着大自然的~;인류는 스스로의 지혜를 이용해 부단히 대자연의 비밀을 탐색한다.|随着科学和技术的进步,宇宙~一个又一个地被揭开;과학과 기술이 발전함에 따라 우주의 비밀이 하나 둘 밝혀지고 있다.

奥妙 àomiào 形 (진리나 내용이)오묘하다. ¶据说《易经》中的道理非常~;듣건대《역경》속의 이치는 매우 오묘하다고 한다.|你知道这套魔术的~之处吗? 너는 이 마술의 묘미를 아느냐?

八 bā [数] 8. 여덟. ¶七加一等于~;7더하기 1은 8이다.| 今天有~名同学参加比赛;오늘 8명의 학생이 시합에 참가한다.| 这道菜一共用了~种调(tiáo)料;이 음식은 모두 여덟 가지의 양념을 사용했다.

八月 bāyuè [名] 8월. ¶中国的学校一般在每年~底开学;중국의 학교는 일반적으로 매년 8월 말에 개학한다.| ~的时候,中国大部分地区都比较炎(yán)热;8월에 중국 대부분의 지역은 비교적 무덥다.| 我一直记得我第一次到韩国的日期,是2007年~26日;나는 한국에 처음 온 날인 2007년 8월 27일을 줄곧 기억하고 있다.

▶용법주의: 현재 중국의 한어 출판물 규범에서는 숫자를 쓸 때 되도록 아라비아 숫자를 사용하도록 규정하고 있으나, 실제로는 한자와 아라비아 숫자의 사용이 병존하고 있다. 따라서 앞뒤의 문장을 살펴보고 문자 환경에 근거하여 결정할 수 있다.

拔 bá [动] ❶ 뽑다. 빼다. ¶小时候我曾经去树林里~草喂奶奶家的小山羊;어릴 때 나는 숲에서 풀을 뽑아다가 할머니 댁의 어린 산양에게 먹이곤 했다.| 她去牙科~掉了两颗牙;그녀는 치과에 가서 치아 두 개를 뽑았다.| 我手指里扎(zhā)进去一根小木刺,请帮我~出来吧;내 손가락에 작은 가시 하나가 박혔어요, 좀 뽑아 주세요. ❷ (독기나 화기 등을) 빨아내다. 빨아 당기다. ¶那位中医最擅长(shàncháng)的是给病人~毒;그 한의사가 가장 잘 하는 치료는 환자의 독소를 뽑아내는 것이다.| 背部按摩可以~去一些火气;등을 안마하면 열독을 조금 내릴 수 있다.| 在中国,很多老人都会~罐(guàn);중국에서는 많은 노인들이 부항을 뜰 수 있다. ❸ (목청을) 높이다. ¶周围太吵了,他不得不~高了嗓(sǎng)门说话;주위가 너무 시끄러워 그는 어쩔 수 없이 목소리를 높여 말했다.

拔河 báhé [动] 줄다리기. ¶每年学校运动会上都有~比赛;매년 학교 운동회에는 줄다리기 시합이 있다.| ~是她最喜欢看的项目;줄다리기는 그녀가 가장 즐겨보는 종목이다.| ~比赛中最重要的是耐力;줄다리기 시합에서 가장 중요한 것은 인내력이다.

把 bǎ [动] ❶ (손으로) 잡다. 쥐다. ¶好舵(duò)手在风浪中也能~好舵;좋은 조타수는 풍랑 중에도 키를 잘 잡는다.| 战士们两手~着冲锋枪;전사들이 양 손으로 자동 소총을 쥐고 있다.| 学开车首先要学习~好方向盘;운전을 배우려면 먼저 핸들을 잘 잡는 연습을 해야 한다. ❷ 지키다. 수비하다. ¶有保安~门,可疑人员一概不允(yǔn)许进来;보안원이 문을 지키고 의심스러운 사람은 일률적으로 들여

보내지 않는다.| 一定要~住这个关口,这是战役取胜的关键;반드시 이 관문을 지켜 내야 한다. 이것이 전쟁에서 승리할 수 있는 관건이다. 名 (수레, 자동차, 자전거의) 손잡이. 운전대. 핸들. ¶骑自行车不难学,最重要的是要扶好~;자전거 타는 것을 배우는 것은 어렵지 않은데, 가장 중요한 것은 자전거 손잡이를 잘 잡는 것이다.| 有些男孩子骑车时喜欢撒(sā)开~,看起来很帅,不过有点儿危险;몇몇 남자아이들은 자전거를 탈 때 손을 놓고 타기를 즐기는데, 멋있어 보이지만 좀 위험하다.| 这辆自行车的~歪(wāi)了,需要修一下;이 자전거의 핸들이 휘어서 수리해야 한다. 量 ❶ (손잡이나 자루가 달린 기구의 명사 앞에 쓰이는) 양사. ¶餐桌旁有两~椅子;식탁 옆에 의자 두 개가 있다.| 这~茶壶(hú)是一位中国朋友送给我的;이 찻주전자는 중국 친구가 내게 선물한 것이다.| 我买了一~用韩纸做的扇子;나는 한지로 만든 부채 하나를 샀다. ❷ (손으로 한 주먹 쥘 만한 분량의) 한 움큼. 한 줌. ¶她抓起一~沙子;그녀는 모래를 한 줌 쥐었다.| 她往锅里加了一~米;그녀는 솥에 쌀을 한 움큼 더 넣었다.| 老师给孩子们每人一~糖果,孩子们高兴地笑了;선생님이 아이들 모두에게 사탕 한 웅큼씩 나누어 주자 아이들은 기뻐서 웃었다. ❸ 주로 나이, 힘, 기능 등의 추상적인 명사 앞에 쓰인다. ¶我都已经一~年纪了,怎么能和年轻人比呢;내가 이 나이에, 어떻게 젊은 이와 비교할 수 있겠니!| 为了按时完成任务,大家要加~劲儿;시간에 맞춰 임무를 완수하려면 모두들 힘을 내야 한다.| 你可真有~力气,这么重的箱子也能搬动;당신은 정말 힘이 세군요, 이렇게 무거운 상자도 움직일 수 있다니! ❹ 동사 뒤에 위치하며 손동작에 쓰인다. ¶他现在的处境比较艰难,你还是帮一~吧;그가 현재 힘든 처지에 있으니, 네가 한 번 도와주렴.| 这个台阶太高了,请你拉我一~;이 계단이 너무 높으니 당신이 나를 좀 끌어 당겨주세요.| 小猫在我脸上抓了一~,留下了一道伤痕(hén);고양이가 내 얼굴을 한 차례 할퀴어 상처를 남겼다. 介 ❶ 사물을 뜻하는 단어 앞에 쓰여 처치(處置)의 뜻을 나타낸다. ¶请~护照递给我;여권을 내게 건네주세요.| 我不小心~牛奶弄洒(sǎ)了;나는 실수로 우유를 엎질렀다.| 老师让我们~这些句子翻译成汉语;선생님이 우리들에게 이 문장을 중국어로 번역하도록 시켰다. ❷ 사람을 나타내는 단어 앞에 쓰여 사람의 상태와 감정을 설명하며, 뒤에 '忙', '累', '急', '气' 등의 어휘가 자주 출현한다. ¶那个不懂礼貌的人~我气坏了;그 예의 없는 사람은 나를 몹시 화나게 만들었다.| 运气这么好,~他乐坏了;운이 너무 좋아 그는 굉장히 기뻤다.| 银行卡(kǎ)突然找不到了,快~他急疯了;갑자기 은행카드를 찾을 수가 없어서, 그는 초조해 미칠 지경이다. 助 쯤. 정도. 가량. ('百', '千', '万' 등의 수사와 '个', '斤' 등의 양사 뒤에 자주 붙여서 수량이 그 단위 수에 근사함을 나타낸다.) ¶这次来开会的一共有百~人吧;이번 회의에 참석한 사람이 모두 백 명쯤 되지요.|

재 등个~月，手续就办好了；다시 한 달 정도 기다리면 수속 처리가 될 겁니다.|这些青菜有斤~重；이 채소는 1근 가량 된다.

把握 bǎwò 〔动〕❶ (손으로 움켜) 잡다. 쥐다. ¶他刚学会开车，双手紧紧~着方向盘；그는 운전을 이제 막 배우기 시작해서 양손으로 핸들을 꽉 움켜 잡고 있다. ❷ (추상적인 것을) 잡다. 파악하다. 장악하다. 이해하다. ¶每个人都应该学会~住机会；각자 모두 기회 잡는 법을 배워야 한다.|年轻的时候，我们大多不懂得如何去~情感；젊었을 때, 우리들 대부분은 어떻게 감정을 이해해야 하는지 알지 못했다.|成熟的人才能够~自己的人生；성숙한 인재가 자신의 인생을 살 수 있다. 〔名〕(성공의) 가능성. 믿음. ¶你有~在比赛中得第一名吗；당신은 시합에서 1등할 자신이 있나요?|像他这样的学生完全有~考上一所知名大学；그와 같은 학생은 확실히 유명한 대학에 들어 갈 가능성이 있다.|公司对于这种产品的销(xiāo)售前景还没有十足的~；회사는 이런 종류의 상품 판매 전망에 대해 충분한 믿음이 아직 없다.

把 bà 〔名〕❶ (물건 위에 달려 있는)손잡이. 자루. ¶这把茶壶的~很别致；찻주전자의 손잡이는 매우 색다르다. ❷ (꽃이나 과일 등의) 꼭지. 줄기. ¶吃梨一般都不会吃~；배를 먹을 때는 보통 꼭지는 먹지 않는다

爸爸 bà·ba 〔名〕아빠. ¶人们常说：儿子像妈妈，女儿像~；사람들은 아들은 엄마를 닮고 딸은 아빠를 닮는다고 말한다.|我朋友的~是一位电影导演；내 친구의 아빠는 영화감독이다.|~妈妈对孩子的爱是无条件的；아이에 대한 엄마 아빠의 사랑은 무조건적이다.

▶용법주의：'爸爸'는 일반적으로 비정식적인 자리에서 쓰이는 구어이고, 정식적인 자리나 서면어에서는 아버지에 대한 존중의 뜻을 표현하기 위해 '父亲'이라고 한다.

吧 ·ba 〔助〕❶ 명령문 끝에 쓰여 어기를 더욱 부드럽게 만든다. ¶请把窗子打开~；창문을 열어주세요.|我们一起去吃饭~；우리 같이 식사해요.|你好好想想~！잘 생각해 보세요! ❷ 평서문 끝에 쓰여 자신의 의견을 진술할 때 약한 긍정의 어기를 나타내며, 부정확한 어기를 띤다. ¶他们都是韩国留学生~；그들은 모두 한국 유학생이지요.|你发言的时候太紧张了~；발표할 때 너무 긴장 했나봐요.|看样子不会下雨了~；보아하니 비가 내리지 않을 것 같네요. ❸ 의문문 끝에 쓰여 추측의 의미를 더한다. ¶您是新来的李老师~？ 당신이 새로 온 이선생님이지요?|这附近有邮局~？ 이 부근에 우체국이 있지요?|中国菜你还吃得习惯~？중국 음식이 그런대로 입에 맞으시죠? ❹ 문장 가운데 쓰여 말을 잠시 멈추고, 두 가지 가정 하에 이러지도 저러지도 못하는 곤란한 어기를 나타낸다. ¶去~，不合适；不去~，也不合适；가자니 마음이 편하지 않고, 안 가자니 또 마음이 편하질 않다.|买~，有点太贵了；不买~，心里又放不下；사려니 좀 비싸고, 안 사려니 마음에 또 걸린다.|说~，很难开口；不说~，心里郁闷(yùmèn)，

真是左右为难；말하자니 입을 열기 어렵고, 말하지 않으려니 마음이 답답해서, 정말 이러지도 저러지도 못하겠다.

▶용법주의: ❷ 와 ❸은 미세한 차이가 있다. ❷는 자신의 견해와 판단을 중점적으로 표현한 것이고, ❸은 문제 제기에 치중하여 이 문제에 대해 말하는 화자는 모호한 추측만을 하는 것일 뿐 화자의 견해로 볼 수 없다.

白 bái 形 ❶ 희다. ¶那个女孩的皮肤很~；그 여자아이의 피부는 매우 희다.│我喜欢~玫瑰；나는 흰 장미를 좋아한다.│两年不见,他长(zhǎng)了许多~头发；2년간 못 봤더니, 그는 흰 머리가 많이 났다. ❷ (다른 것이 조금도 덧붙여지지 않아) 순수하다. 비었다. ¶我不想喝饮料,请给我一杯~开水吧；저는 음료수를 마시고 싶지 않으니 끓인 물 한잔 주세요.│一些韩国主妇喜欢在~米饭上加一点黑米,这样既好吃又有营养；몇몇 한국 주부들은 흰밥에 흑미를 곁들이곤 하는데, 그러면 맛도 좋고 영양도 좋다.│他是唯一一个交~卷(juàn)的学生；그가 백지 답안을 낸 유일한 학생이다. 副 ❶ 보람도 없이. 헛되이. 쓸데없이. ¶他没有来,我~等了两个小时；그가 오지 않아 나는 두 시간을 헛되이 기다렸다.│你说了也~说,她根本不会听你的话；당신이 말해봤자 소용없어요, 그 여자는 절대로 당신의 말을 듣지 않을 겁니다.│今天邮局没开门,我~跑了一趟；오늘 우체국 문을 열지 않아, 나는 공연히 헛걸음을 했다. ❷ (아무런 대가 없이) 그저. 무료로. 공짜로. ¶你说~住在这儿,我不

收房租；너 여기서 공짜로 살아도 돼. 내가 방세는 받지 않을 테니.│有些年轻人结婚后,仍然经常在父母家~吃~喝~拿,汉语里把这样的人叫做 "啃(kěn)老族"；어떤 젊은이들은 결혼 후에도 여전히 자주 부모님 댁에서 공짜로 먹고 마시고 물건을 가져간다. 이런 사람을 중국어로 '캥거루족'이라 부른다.│我从那个水果摊(tān)上买了很多水果,所以摊(tān)主又~送了我两个苹果；그 과일 노점상에서 과일을 많이 샀더니 노점상 주인이 내게 사과 2개를 덤으로 더 주었다.

白皑皑 bái'ái'ái 形 (서리나 눈 등이) 새하얗다. 결백하다. ¶我喜欢冬天~的雪景；나는 겨울 날의 새하얀 설경을 좋아한다.│雪山上常年有~的积雪；설산에는 일년 내내 새하얗게 쌓인 눈이 있다.│下雪以后,到处都是~的；눈이 내린 후에는 곳곳이 모두 새하얗다.

▶용법주의: '白皑皑' 는 일종의 상태를 묘사한 단어이며 뒤에 '的' 를 넣어야 한다.

白菜 báicài 名 배추. ¶中国有句俗话说：百菜没有~香；중국 속담에 '온갖 채소가 배추만큼 맛있지 않다' 는 말이 있다.│我很喜欢韩国的~泡菜；나는 한국의 배추김치를 좋아한다.│妈妈喜欢吃~肉馅(xiàn)儿的水饺；엄마는 배추와 돼지고기 소가 든 만두를 좋아한다.

白花花 báihuāhuā 形 새하얗다. 눈부시게 희다. ¶桌子上堆着~的银子；테이블 위에 번쩍번쩍 눈부시게 흰 은화더미가 쌓여있다.│收获(huò)棉花的

계절이 되니 밭이 새하얗게 보인다.| 湖边是一片~的芦苇(lúwěi); 호숫가 일대가 눈부시게 흰 갈대밭이다.

▶용법주의: '白花花'는 상태를 묘사한 단어이며, 뒤에 '的'를 넣어야 한다.

白色 báisè 名 흰색. ¶我喜欢~; 나는 흰색을 좋아한다.| ~代表着纯洁(chúnjié); 흰색은 순결을 상징한다.| 他送给我一张~的卡片; 그는 내게 흰색 카드 한 장을 주었다. 形 자본주의 세력을 상징한 색. 반혁명을 상징. 백색. (역사상 특수한 시기에 대립되는 정치적 힘과 정권을 가리키는 데 사용된다.) ¶在~恐怖(kǒngbù)下, 很多人牺牲(xīshēng)了; 백색 테러 하에 많은 사람들이 희생되었다.| ~政权建立以后, 人民受了很多苦; 반공 정권이 세워진 후에 인민들은 많은 고통을 받았다.

▶확장용법: 최근 중국 정부와 국민들의 환경 관념이 증가함에 따라 환경을 오염시키기 쉬운 플라스틱이나 비닐 제품을 '백색 쓰레기'라고 부른다. ¶在铁路两边有许多~垃圾需要清理; 철로 양편에 있는 많은 백색 쓰레기를 깨끗이 처리해야 한다.| 为了减少~污染, 很多人都不再使用塑料(sùliào)袋了; 환경오염을 줄이기 위해서 많은 사람들이 더 이상 비닐 봉투를 사용하지 않는다.| ~污染给我们的环境带来了严重的问题; 환경 오염은 우리의 환경에 심각한 문제를 가져왔다.

白天 báitiān 名 낮. 대낮. ¶多少个~和夜晚, 他在实验室努力地工作着; 며칠 밤낮을 그는 실험실에서 열심히 일하

고 있다.| 蝙蝠(biānfú)~不出来, 夜里才会行动; 박쥐는 낮에는 나오지 않고 밤이 되야 움직일 것이다.| 这条路太僻(pì)静, ~走没事, 晚上就有点可怕了; 이 길은 너무 외지고 조용해서 낮에 걸을 때는 괜찮지만, 밤에는 좀 무섭다.

百 bǎi 数 ❶ 백. ¶这件衣服的价格是一~元人民币; 이 옷의 가격은 인민폐 백 위안이다.| 现在我们学校的留学生大概有五~名; 현재 우리 학교의 유학생은 대략 오백 명 정도 된다.| 这次的国际学术会议聚集(jùjí)了上~名国内外的知名专家; 이번 국제 학술 대회에는 백 명 이상의 국내외 저명 학자들이 모였다. ❷ 많은 수. 온갖. ¶~闻不如一见; 백문이 불여 일견.| 春天来了, ~花开放; 봄이 오니 온갖 꽃들이 만발하다.| ~家争鸣有利于学术发展; 백가쟁명은 학술 발전에 유리하다.

百分比 bǎifēnbǐ 名 백분비. 백분율. 비율. (백분율로 두 숫자 사이의 비례를 표시하며, 통상 부호 %를 사용한다.) ¶近年来, 在研究生当中, 女生所占的~越来越高; 근래 들어 대학원생 중 여학생이 차지하는 비율이 갈수록 높아지고 있다.| 2007年韩国应届(yīngjiè)大学生就业率(lǜ)为50%至60%, 这个~很令人担心; 2007년도 한국 대학생의 취업률은 50~60%인데, 이 비율은 사람들을 걱정하게 만든다.| 在现代社会中, 随着生活节奏的加快和生存压力的加大, 处于亚健康状态的人越来越多, 大概占了上班族的60%左右; 현대 사회는 생활 리듬이 빨라지고 생존 스트레스가 커짐

13

에 따라 건강상태가 좋지 않은 사람들이 갈수록 많아지고 있는데, 대략 샐러리맨의 60%정도를 차지한다.

▶용법주의: 백분율의 숫자와 퍼센트(%)는 구어에서 '백분의 오십(百分之五十)', '백분의 육십(百分之六十)', '백분의 삼(百分之三)' 등 '백분의…로' 읽는다.

百合花 bǎihéhuā 名 백합. 백합꽃. (꽃이 맑고 아름다워 순결과 미의 상징으로 여겨진다.) ¶我喜欢白色的~; 나는 흰색 백합 꽃을 좋아한다. | 婚礼上新娘手捧的花束常常是玫瑰和~; 결혼식 때 신부가 손에 드는 부케는 주로 장미와 백합이다. | 有些~散发出浓郁(yù)的香气, 被叫做香水百合; 일부 백합꽃은 짙은 향기를 뿜어내어, 향수백합으로 불린다.

▶확장용법: 중국에서는 사람들이 백합꽃의 줄기도 백합이라 부르고, 죽을 끓이거나 음식을 만드는데 사용하며, 약으로도 쓰인다. ¶夏天我喜欢喝绿豆百合粥; 여름에 나는 녹두백합죽 먹는 것을 좋아한다. | 门口的小菜市场就能买到新鲜百合; 문 입구의 채소시장에서 신선한 백합을 살 수 있다. | 百合炒肉片是一道营养价值很高的美味菜肴(yáo); 백합 돼지고기 볶음은 영양가 높은 맛있는 요리이다.

百货商场 bǎihuò shāngchǎng 名 백화점. ¶学校附近有~吗? 학교 부근에 백화점이 있어요? | 你要买衣服的话, 这里的小百货店没有, 要去~才行; 당신이 옷을 사려면, 이 곳의 마트에는 없으니 백화점에 가야 해요. | 在中国的~, 一般不能讲价; 중국의 백화점에서는 일반적으로 값을 흥정할 수 없다.

百事可乐 bǎishìkělè 名 펩시콜라(Pepsi cola). ¶可口可乐和~, 你更喜欢哪一种? 코카콜라와 펩시콜라 중 너는 어느 것을 더욱 좋아하니? | ~的口感不错; 펩시콜라의 맛이 좋다. | 人们在新年的手机短信里用~来祝福朋友快乐开心, 巧妙地利用了这种饮料的名称, 非常有趣; 사람들은 신년인사 문자 메시지에 '百事可乐(모든 일이 즐겁기를)'를 써서 친구들이 행복하기를 축복하는데, 이런 음료수의 명칭을 교묘하게 이용하여 아주 재미있다.

百岁酒 bǎisuìjiǔ 名 백세주. ¶他喜欢喝~; 그는 백세주 마시는 것을 좋아한다.

百姓 bǎixìng 名 백성. 국민. ¶平民~的生活质量才能真正代表一个国家的经济发展水平; 서민의 생활 수준이야말로 한 국가의 경제 발전 수준을 나타낸다. | 2008年5月, 四川地震发生后, 中国政府非常关心灾区~的安危, 发动全国各界帮助他们渡过难关; 2008년 5월 쓰촨에서 지진 발생 이후, 중국 정부는 재난 지역 주민의 안위에 많은 관심을 가지고, 전국 각계에서 그들이 난관을 극복할 수 있게 돕도록 하였다. | 能够合理听取~的呼声是一个执政党成熟的表现; 국민의 목소리를 적절하게 수용할 수 있다는 것은 집권당이 성숙했다는 증거이다.

摆 bǎi 动 ❶ 놓다. 두다. 배열하다. ¶请把课桌上的书~整齐; 책상 위의 책을 가지런히 놓으세요. | 妈妈已经~好了餐桌, 等着全家人一起吃饭; 엄마는 밥상을 벌써 다 차려놓고 온가족이 함께 식사하기를 기다리고 있다.

客厅里~着几盆高大的绿色植物;응접실에 높은 키의 녹색식물 화분 몇 개가 놓여져 있다. ❷ 흔들다. ¶告别的时候,她轻轻对我~了~手;작별할 때, 그녀는 내게 가볍게 손을 흔들었다.│他没有敲门就大摇大~地走了进来;그는 문을 두드리지 않고 우쭐대며 들어왔다.│鱼儿灵活地~尾,在溪水中自在地游来游去;물고기가 활기차게 꼬리를 흔들며, 시냇물에서 자유자재로 왔다 갔다 하며 헤엄친다. ❸ 드러내다. 내보이다. 뽐내다. 과시하다. ¶有些家庭富裕的孩子喜欢~阔,这样显得有点浅薄(bó);일부 부유한 가정의 아이들은 잘사는 티를 내며 뽐내기를 좋아하는데, 이런 태도는 좀 천박해 보인다.│请不要这样~威风,对人平和一些才好;이렇게 위풍 떨지 마세요, 사람들에게 좀 온화하게 대하는 것이 좋아요.│越是学问高的人,就越不会~架子;많이 배운 사람일수록 잘난체하지 않을 것이다.

▶용법주의: ❸은 폄하의 뜻이 있음에 주의해야 한다. 화자가 뽐내고 과시하는 행위에 대해 부정적인 태도를 가지고 있다.

摆脱 bǎituō 动 (좋아하지 않는 사람, 사물, 환경에서) 벗어나다. (속박과 곤경 따위의 나쁜 상황에서) 빠져 나오다. ¶她想~以前的阴影,重新开始生活;그녀는 이전의 어두운 그림자를 떨쳐버리고 다시 새롭게 생활을 시작하려 한다.│经过几年努力,他终于~了困境;몇 년간의 노력으로 그는 결국 힘든 상황에서 벗어났다.│没有人能够~现实;아무도 현실을 벗어날 수 없다.

▶용법주의: 이 단어는 화자가 반드시 자신에게 불쾌한 감정과 부정적인 영향을 준다고 생각되는 것에서 벗어난다는 뜻을 가리킬 때 쓴다. ¶我上大学以后~了父母身边(×)│毕业以后我们~了老师,但是常常想念(×)│我上大学以后离开了父母;나는 대학에 들어간 후 부모님과 이별했다.│毕业以后我们告别了老师,但是常常想念;졸업한 후에 우리들은 선생님과 헤어졌지만, 자주 그리워진다.

败 bài 动 ❶ (시합이나 전쟁 중) 실패하다. 지다. ¶在这场足球比赛中,法国队~给了巴西队;이번 축구 시합에서 프랑스 팀은 브라질 팀에 패하였다.│只要我们尽最大的努力,就会虽~犹荣;우리가 최대의 노력을 기울인다면, 설사 실패하더라도 영광스러울 것이다.│胜~乃(nǎi)兵家常事;이기고 지는 것은 병가지상사(흔히 있는 일)이다. ❷ (일이) 실패하다. (일을) 이루지 못하다. ¶奋斗的过程比最后的成~更有意义;노력하는 과정이 최후의 성패보다 더 의미가 있다.│不计成~,心胸才会更加宽广;성패를 꾀하지 않는다면, 마음이 더욱 넓어질 것이다.│本来他觉得已经胜券(quàn)在握,没想到最终功~垂(chuí)成;본래 그는 이미 승리에 대한 확신이 있었기 때문에, 마지막에 성공하려던 순간 실패하게 되리라고는 생각도 못했다. ❸ (초목이나 잎이) 시들다. ¶花瓶里的玫瑰已经~了;화병 속의 장미가 이미 시들었다.│雏菊(chújú)的生命力很顽强,它的花也不容易~;데이지의 생명력은 강해서 꽃

역시 쉽게 시들지 않는다.|冬天的池塘里,只能看见荷花的残枝~叶;겨울철 못에서는 연꽃의 남은 가지와 시든 잎만 볼 수 있다. ❹ (일을) 망치다. 그르치다. ¶成事不足,~事有余;일을 성사시키기에는 부족하고, 일을 망치기에는 남음이 있다.|我们绝对不会做伤风~俗的事;우리는 풍속을 문란케 하는 일을 절대로 하지 않을 것이다.|看来这事要~在她的手上;이 일은 그녀의 손에서 망쳐질 것으로 보인다. ❺ 집안이 몰락하다. ¶没想到那个孩子是个~家子(zǐ);그 아이가 집안을 망치는 자식일 줄은 생각도 못했다.|好好的一个家族,就那么~了;잘 살던 가족이 그렇게 몰락하다니.|父辈留下来的产业,到了他这一代,渐渐~光了;부모가 남긴 유산은 그의 세대에 조금씩 탕진되었다. ❻ (신체의 독이나 열을) 제거하다. ¶绿豆汤(tāng)可以~火;녹두탕은 열을 내리게 한다.|这一味药是专门用来~毒的;이 약은 독을 제거하는 데 전문적으로 쓰인다.|带有苦味的蔬菜可以~火气;쓴 맛을 내는 채소는 열을 제거할 수 있다.

拜托 bàituō [动] (다른 사람에게 일을) 부탁하다. 부탁 드리다. ¶这件事就~您了;이 일은 당신에게 부탁 드립니다.|我特意~一位朋友从韩国买来了人参(shēn)茶;나는 친구에게 한국에서 인삼차를 사오라고 특별히 부탁했다.|~您,帮我订一张机票好吗?부탁합니다, 비행기 표 한 장 사주시겠어요?

▶용법주의:'拜托'는 구어에서 상대방에게 약간의 불만이 있어서 선의의 깨우침을 주고자 할 때 사용한다. 이 때, 구어에서는 자주 '托'자를 조금 끌면서 발음한다. ¶~,您就别再浪费时间了;부탁이에요, 당신 더 이상 시간 낭비하지 마세요!|~! 这么简单的道理都不明白吗? 제발요! 이렇게 간단한 이치도 알지 못한단 말이에요?|那个字读二声,不读四声,~,我已经提醒你三遍了! 그 글자는 2성으로 읽어야 해요. 4성으로 읽지 마세요, 제발 부탁이에요, 내가 벌써 3번씩이나 일깨워줬잖아요!

班 bān [名] ❶ (일이나 학습을 하기 위한 목적으로 조성된) 반. 단체. 조. 그룹. ¶中国的幼儿园根据孩子们的年龄分为小~、中~和大~;중국의 유치원은 아이들의 나이에 따라 소, 중, 대의 그룹으로 나뉜다.|我们~同学都努力学习;우리 반 학생들은 모두 열심히 공부한다.|我想参加今年暑假北京大学举办的语言学讲习~;나는 올해 여름 방학에 베이징대학에서 개최하는 언어학 수업에 참가하려고 한다. ❷ (~儿) 근무. 근무시간. ¶大家轮流值夜~儿吧;모두들 교대로 돌아가며 야간근무를 서도록 합시다.|今天我没~儿,可以在家里休息;오늘은 비번이라 집에서 쉴 수 있다.|医生和护士都是三~儿倒;의사와 간호사는 모두 3교대를 근무한다. [量] ❶ (고정된 시간에 운행되는) 교통기관의 운행표 또는 노선. ¶我可以搭(dā)下一航~走;저는 다음 비행기편으로 가도 됩니다.|请问,今天的末~车几点发车? 말씀 좀 묻겠습니다, 오늘 막차는 몇 시에 출발합니까?|市内公共汽车每隔五分钟就有一~;시내버스

는 5분에 한 대씩 있다. ❷ (함께 행동하거나 한 단체의) 무리. 조. ¶我们非常需要这样的一~人马来完成这项工作;우리는 이러한 요원들이 이 일을 끝마치는 것을 매우 필요로 한다.|这~年轻人真是有活力啊;이 무리의 젊은이들은 정말 활력이 있다.|市长带着一~人去高校视察了;시장은 한 무리의 사람들을 데리고 고등학교를 시찰했다.

班长 bānzhǎng 名 (일이나 학습하는 단체의) 반장. 조장. ¶那个高个子男生是我们班的~;그 키 큰 남학생은 우리 반 반장이다.|他当兵的时候是炊(chuī)事班的~;그는 군인이었을 때 취사반 반장이었다.|请~把同学们的意见告诉任课教师;반장이 학생들의 의견을 교과 담당 선생님께 알려 드리세요.

搬 bān 动 ❶ (비교적 크거나 무거운 물건을) 운반하다. 옮기다. ¶请帮我把这些书~到办公室吧;이 책들을 사무실까지 좀 옮겨주세요.|这个箱子太重,我一个人根本~不动;이 상자는 너무 무거워서 나 혼자서는 도저히 운반할 수가 없다.|她~了一把藤(téng)椅,放在阳台上;그녀는 등나무 의자 하나를 발코니에 옮겨 놓았다. ❷ (기존의 제도, 방법, 경험, 문장 등을) 그대로 옮겨오다. 인용해 쓰다. (인용에 있어서 구체적인 형식의 변화는 있으나 기본적인 내용의 변화는 없다.)《梁祝》的故事~到银幕上,拍成了电影;《양축》의 이야기는 스크린상에 옮겨져 영화로 제작되었다.|书本上的经验有时候是不能照~的;책 속의 경험은 어떤 때는 그대로 답습해

서는 안 된다.|话剧社的同学们把这个民间故事~上了话剧舞台;연극반 학생들은 이 민간의 이야기를 연극 무대로 옮겼다. ❸ 이사하다. ¶我去找你的时候,你已经~走了;내가 당신을 찾아갔을 때, 당신은 이미 이사가 버렸더군요.|朋友们都来帮他~家;친구들이 모두 와서 그가 이사하는 것을 돕는다.|老师们的办公室~到二楼去了;선생님들의 사무실은 이층으로 옮겼다.

搬家 bān//jiā 动 ❶ 집 주소를 옮기다. 이사하다. (가정 집의 이사를 가리킨다.) ¶我想~;나는 이사할 생각이다.|他上个月就搬了家;그는 지난 달에 이사 했다.|两年中他连续搬了三次家;2년 동안 그는 연달아 세 번이나 이사 했다. ❷ 이사하다. 이전하다. (넓은 의미에서 장소나 위치를 옮겨 이사하는 것을 말한다.) ¶我们公司下个月要~;우리 회사는 다음 달에 이사하려고 한다.|那家工厂已经~了;그 공장은 이미 이전했다.|他的律师事务所遇到了麻烦,只好~了;그의 변호사 사무소에 곤란한 일이 생겨서, 이사할 수 밖에 없다.

搬迁 bānqiān 动 이전하다. 이사하다. ¶根据城市规划的要求,很多市民需要~到政府安置的住所;도시 계획에 따라 많은 시민들이 정부가 허락하는 거주지로 옮겨야 한다.|很多老人不愿意~新居,他们更喜欢自己的老房子;많은 노인들은 자신의 오래된 집을 더 좋아해서, 새 거주지로 이사 가는 것을 원하지 않는다.|搬家公司是专门帮助人们~的,能够让人们比较轻松地搬家;이삿짐 센터는 이

사하는 사람들을 전문적으로 도와주어, 사람들이 비교적 편하게 이사할 수 있도록 해 준다.

板 bǎn 名 ❶ 판. 판자. ¶这块木~可以做桌面; 이 나무판자는 테이블 윗면으로 쓸 수 있다.| 有的茶几是用玻璃~做的; 어떤 티 테이블은 판유리로 만든다.| 这种仪器(yíqì)的底座是用钢~做成的, 非常坚固; 이런 측정기구의 받침판은 강판으로 만들어서 매우 견고하다. ❷ (음악과 희곡 중의) 곡조. 박자. ¶这孩子唱起戏来有~有眼的; 이 아이는 공연할 때 박자를 잘 맞춘다.| 这一段不对, 都走了~儿了; 이 단락은 틀렸어, 모두 박자가 맞지 않아.| 慢~比较适合抒情; 느린 곡조는 비교적 서정적 분위기에 적합하다. 动 표정이 엄숙하다. 굳어 있다. 경색되다. 动 请不要总是~着脸; 늘 엄숙한 얼굴을 하고 있지 마세요!| 他~起脸的样子有点可怕; 그의 얼굴 표정이 굳어지니 좀 무섭다.| 她今天情绪不好, 一直~着脸不说话; 그녀는 오늘 기분이 좋지 않아, 계속 굳은 얼굴로 말을 하지 않는다. 形 생기가 없다. 활발하지 않다. 무뚝뚝하다. 딱딱하다. 形 ¶老师上课的形式最好不要太~; 선생님의 강의 방식이 너무 딱딱해서는 안 된다.| 性格内向的人看起来有点儿~; 성격이 내성적인 사람은 좀 무뚝뚝해 보인다.| 晚会上大家都很活泼, 显得他太~了; 파티에서 모두들 활발해 보이는데, 그는 너무 생기가 없어 보인다.

板门店 Bǎnméndiàn 名 판문점. (공식 명칭은 공동경비구역)

板球 bǎnqiú 名 크리켓. (열한 사람씩 두 조로 나뉘어 시합하는 운동경기) ¶~起源于英国, 被称为"绅士的游戏"; 크리켓은 영국에서 기원했으며, '신사의 게임'으로 불린다.| ~被誉(yù)为贵族运动, 亨利八世曾经称~为"国王的运动"; 크리켓은 귀족의 운동으로 찬양되며, 헨리8세는 일찍이 크리켓을 '국왕의 운동'으로 칭했다.| 近年来, 澳大利亚一直是~运动的霸主; 최근 몇 년간 오스트레일리아가 줄곧 크리켓의 맹주이다.

版权 bǎnquán 名 ❶ 판권. 저작권. ¶~又称著作权, 是指文学、艺术和科学作品的作者对其作品所享有的权利; 판권은 저작권이라고도 하는데, 문학, 예술과 과학작품의 작가가 그 작품에 대해 가지는 권리를 말한다.| 长期以来, 在影视界, 编剧的著作~得不到保护; 오랜 기간, 영화계에서는 시나리오의 저작권이 보호를 받지 못했다.| 这本书的作者已经在媒体上公开发表了~说明; 이 책의 작가는 이미 매체를 통해 판권을 공개적으로 발표했다. ❷ 출판사가 출판 계약에 근거하여 작자에 대해 행사할 수 있는 인쇄 권한 및 판매권. ¶现在有好几家出版社在争夺这部畅销书的~; 지금 많은 출판사가 이 베스트셀러의 판매권을 가지려고 다투고 있다.| 作者在出版合同上签字后, 就把出版和销售的~交给了自己信任的出版社; 작가는 출판 계약서에 서명한 후, 출판과 판매의 권한을 자신이 신임하는 출판사에 넘겨주었다.| 这本书的~到底归谁? 이 책의 판매권은 도대체 누구에게 있나요?

办 bàn 动 ❶ (일 따위를) 하다. 처리하

다.¶这件事由他去~;이 일은 그가 처리한다.│我的签证手续还没有~好;내 비자 수속이 아직 처리되지 않았다.│你看这件事情还~不~?당신이 보기에 이 일을 하는 게 좋겠소? ❷ 설립하다. 경영하다. 개최하다. ¶这个公司是她父亲~的;이 회사는 그녀의 아버지가 설립했다.│现在我们在国内已经~了十几家分公司;현재 우리는 국내에 10여 개의 분점을 설립했다.│~一次国际学术研讨会真是不容易!한 차례 국제학술 대회를 개최하는 것은 정말 쉽지 않다! ❸ (물건을) 구입하다. (연회를) 준비하다. ¶中国人一般从农历腊月二十开始~年货;중국인들은 일반적으로 음력 12월 20일부터 설 맞이 준비 물건을 구입한다.│他们的结婚仪式很简单,只是在家乡~了几桌酒席;그들의 결혼식은 아주 간단했는데, 고향에서 간단한 연회 준비만 했을 뿐이다.│中国和韩国的习俗一样,女孩子出嫁时,由娘家为女儿~嫁妆;중국과 한국의 풍속은 같다, 여자가 시집갈 때 친정에서 딸을 위해 혼수품을 준비한다. ❹ (법에 따라) 처벌하다. ¶对扰乱社会治安的非法行为一定要严~;사회의 치안을 어지럽히는 불법행위에 대해 반드시 엄하게 처벌해야 한다.│这样的贪官污吏(li)一定要~罪;이런 탐관오리는 반드시 처벌해야 한다.│对犯罪行为要依法严~!범죄행위에 대해서는 법에 의해 엄중히 처벌해야 한다.

办法 bànfǎ 名 (일을 처리하거나 물건을 해결하는) 방법. 수단. ¶这真是一个好~;이것은 정말로 좋은 방법이다.│对于这样的难题,你有~解决吗?이런 난제에 대해, 당신은 해결할 방법이 있습니까?│我拿他没~;나는 그를 어쩔 도리가 없다.

办公 bàngōng 动 근무하다. 공무를 처리하다. ¶我最近太忙,周末也常常在办公室~;나는 최근에 아주 바빠서 주말에도 자주 사무실에서 일한다.│银行星期天也照常~;은행은 일요일에도 평소처럼 근무한다.│为了迎接教育部的视察,学校专门开了几次~会议;교육부 시찰단을 환영하기 위해, 학교는 몇 차례 업무회의를 소집했다.

办公室 bàngōngshì 名 ❶ 사무실. ¶你下午来我的~吧;너 오후에 내 사무실로 와라.│我今天一直在~加班;나는 오늘 종일 사무실에서 초과 근무를 한다.│他的~看起来有点乱;그의 사무실은 좀 어지러워 보인다. ❷ 행정 업무를 처리하는 부서. 행정처. ¶这份文件要到~去盖章;이 서류는 행정처로 가서 도장을 받아야 한다.│接待工作由~负责;접대 업무는 행정처에서 책임진다.│具体事情请找我们~主任去谈吧;구체적인 일은 우리 행정처 주임을 찾아가서 얘기해 보세요.

办事 bàn//shì 动 일을 하다. 처리하다. 사무를 보다. ¶这里的工作人员~非常认真;이곳의 업무 관계자는 매우 열심히 일을 한다.│政府官员要为老百姓办好事;정부 관원은 국민을 위해 좋은 일을 해야 한다.│今天我的效率很高,办了许多事;오늘은 내 업무 효율이 높아서 많은 일을 처리했다.

半 bàn 数 ❶ 반. 2분의 1. ¶我在北京住了~个月;나는 베이징에서 보름을 살았다.| 现在的时间是十二点~;현재 시간은 12시 반이다.| 这种药每次只能吃~片;이 약은 매번 반 알만 먹어야 한다. ❷ 지극히 적은. 조그마한. 한치의. (매우 적은 양을 나타낸다.) ¶我说的都是真的,没有~点虚假;내가 한 말은 모두 진실이며 한치의 거짓도 없다.| 他连~句话也不跟我说;그는 내게 한마디도 하지 않았다.| 今天就要交论文了,可她连一个字儿也没写出来;오늘 논문을 제출해야 하는데, 그녀는 한 자도 쓰지 못했다. 副 반쯤. 불완전하게. ¶我不太喜欢这个餐厅的菜,只吃了个~饱;나는 이 식당의 음식을 그다지 좋아하지 않아서, 절반 정도만 먹었다.| 他办公室的门~开着;그의 사무실 문이 반쯤 열려있다.| 对于这些传闻,我~信~疑;이 소문들에 대해 나는 반신반의한다.

▶용법주의: ❷는 예외의 뜻이 있다. '半天'은 화자가 시간이 길게 느껴졌을 때나 과장된 의미를 나타낼 때 쓴다. ¶我都等了半天了,你怎么还不来?;내가 한참 동안 기다렸는데 너 왜 아직도 안 오니?| 听了他的话,我半天没反应过来;그의 말을 듣고 나는 한참 동안이나 반응하지 않았다.| 我找了半天才找到他的电话号码;나는 한참 동안 찾고 나서야 그의 전화번호를 찾아냈다.

半导体 bàndǎotǐ 名 반도체. 트랜지스터. ¶这些化合物都是~;이 화합물들은 모두 반도체이다.| ~的导电能力介于导体和绝缘体之间;반도체의 전도능력은 도체와 절연체간의 관계에 있다.| 小时候我常常听~收音机;어렸을 때 나는 자주 트랜지스터 라디오를 들었다.

半拉 bànlǎ 名 (구어에서) 반 개. 절반. ¶桌子上放着~苹果;테이블 위에 사과 반 개가 있다.| 我病了~月才好;나는 반 개월 동안 병을 앓고 나서야 나았다.| 大衣后面裂开了~口子;투 뒤쪽이 반쯤 찢어졌다. ¶一些工程进行到一半就停了,成为所谓的"~子工程";일부 공사는 반만 하고 그만두어 이른바 '반 조각 공사'가 되었다.

半天 bàntiān 名 ❶ (~儿) 한나절. ¶我用了~时间打扫卫生;나는 한나절 동안 청소를 했다.| 今天前~儿生意好,后~儿生意差(chà);오늘 오전에는 장사가 잘 되었는데, 오후에는 장사가 잘 되지 않는다.| 这些资料用~时间就能整理好;이런 자료들은 한나절 시간을 들이면 정리를 할 수 있다. ❷ 한참 동안. (과장의 의미가 있다.) ¶这道题太难了,我做了~也没做出来;이 문제는 너무 어려워서, 나는 한참 동안을 풀었는데도 풀지 못했다.| 她沉默了~,最后什么也没说;그녀는 한참 동안 침묵하더니, 끝내 아무 말도 하지 않았다.| 我的公寓离公司比较远,走~才到;내 아파트는 회사에서 비교적 멀리 떨어져 있어 한참 동안 걸어가야 한다.

半夜 bànyè 名 ❶ 하룻밤의 절반. ¶我最近常常后~工作;나는 최근에 자주 밤중에 일을 한다.| 孩子前~睡得很香;아이는 밤12시 이전에 깊이 잠이 든다.| 她常常下~失眠,直到天亮;그녀는 늦은 밤에 늘 잠을 이루

지 못해, 날이 샐 때까지 잠을 못 잔다. ❷ 12시 전후. 한밤중. 심야. ¶昨天的晚会直到~才结束;어제 파티는 한밤중이 지나서야 끝났다.| 她经常工作到~;그녀는 자주 한밤중까지 일한다.| ~三更的, 怎么还不去睡呢? 밤이 깊었는데, 왜 아직 잠을 안 자고 있니?

扮演 bànyǎn 动 (어떤 인물의) 역을 맡아 하다. 출연하다. ¶巩俐~过很多中国传统女性人物;공리는 많은 중국 전통 여성 인물 역을 맡았었다.| 她第一次拍电影的时候, ~了一个小角(jué)色;그녀는 처음 영화를 촬영할 때, 작은 역할을 맡았었다.| 大家都说她~林黛玉最合适了;사람들은 모두 그녀가 임대옥 역할에 가장 적합하다고 말한다.

▶용법주의: '扮演角色(역할을 맡다)'는 어떤 상황에서는 비유적으로 사용될 수 있다. ¶在她的人生里, 他只想扮演一个朋友的角色;그녀의 인생에서 그는 단지 친구의 역할을 하고싶을 뿐이다.| 在中国当代经济发展中, 科技人员扮演了非常重要的角色;중국 현대의 경제발전 속에서, 과학자는 매우 중요한 역할을 했다.| 继母是不容易扮演的角色;계모는 하기 쉽지 않은 역할이다.

帮 bāng 动 ❶ 돕다. ¶我来~你吧;내가 너를 도와 줄께.| 请~我搬一下这个箱子好吗? 나를 도와서 이 상자를 좀 옮겨주겠니?| 我想~他一把;나는 그를 돕고 싶다. ❷ (금전적으로) 돕다. ¶我自己经济上也很紧张, 实在是~不上你;내 자신도 경제적으로 힘들어서 정말 너를 도와줄 수가 없

다.| 村里有谁家的孩子考上了大学, 大家都要~个三百两百的;마을에서 어느 집의 아이든지 대학에 합격하면, 모두들 300위안이든 200위안이든 금전적으로 도와주어야 한다.| 我们筹(chóu)集了一批救灾物资, 希望能~上灾区;우리들은 이재민 구호 물자를 모아 재난 지역을 도울 수 있기를 바란다. 名 (공동의 이익을 위해 모인) 단체. 조직. 집단. 한패.| 请不要搞拉~结派的活动;패거리 짓는 일 같은 거 하지 마시오.| 他们是一~的;그들은 한 패이다. 量 무리. 동아리. ¶花园里来了一~孩子;화원에 한 무리의 아이들이 왔다.| 他们真是一~强盗;그들은 정말 한 패거리의 강도들이다.| 这~人到底要干什么! 이 패거리들이 도대체 뭘 하려는 거야! ¶当代中国历史上曾经有过所谓的"四人~";당대 중국 역사에는 일찍이 이른바 '사인방'이 있었다.

▶용법주의: ❶은 폄하의 뜻으로 사용되며, ❷는 아이를 가리킬 때를 제외하고는 폄하의 뜻을 지니고 있다. '帮'의 뒤에는 반드시 목적어가 오며, 중첩하여 '帮帮'으로도 쓰인다. ¶多亏你帮我;당신이 나를 도와줘서 다행입니다.| 她喜欢帮朋友;그녀는 친구를 도와주는 것을 좋아한다.| 请帮帮他吧!그를 도와주세요!

帮忙 bāng//máng (~儿) 动 돕다. ¶您能帮个忙吗? 도와주실 수 있겠습니까? 도와줄 수 있어요?| 我搬家的时候她帮了很大的忙;내가 이사할 때 그녀는 큰 도움을 주었다.| 对不起, 这件事我实在帮不上忙;미안합니다, 이 일은 정말 제가 도와드릴 수가 없

어요.

▶용법주의:'帮忙'의 뒤에는 목적어를 사용할 수 없으며, 중첩형식은 '帮帮忙'이 된다. ¶请你帮忙帮忙(×)∥她帮忙我(×) 请你帮帮忙;도와주세요.∥她帮我的忙;그녀가 나를 도와주었다.∥请帮帮忙吧;도와주세요!∥您能不能帮帮我的忙;당신은 나를 도와줄 수 있나요?∥朋友之间互相帮帮忙是应该的;친구 사이에는 서로 돕는 것이 당연하다.

帮助 bāngzhù 动 (다른 사람을 위해 여러모로) 지원하다. 원조하다. 돕다. ¶我们要~灾区人民重建家园;우리는 재난 지역의 사람들이 다시 터전을 세울 수 있도록 도와야 한다.∥大家要互相~;모두 서로 도와야 합니다.∥乐于~别人是一种美德;다른 사람을 즐겨 돕는 것은 일종의 미덕이다.

▶용법주의:'帮助'의 뒤에는 목적어가 올 수 있으며, '帮助帮助'로 중첩하여 사용할 수 있다. ¶请帮助那些遇到困难的人;저 곤란한 상황에 놓인 사람들을 도와주세요.∥她现在处境比较艰难,你们要多帮助帮助她;그녀는 현재 곤란한 상황에 처해있으니, 너희들이 많이 도와줘야 한다.

绑 bǎng 动 (끈, 줄 따위로) 감다. 묶다. ¶把箱子~在自行车后座上;상자를 자전거 뒷자리에 묶다.∥~结实点;단단히 묶다.∥把这些书用绳子~好;이 책들을 끈으로 잘 묶어라.

▶용법주의: 관계가 밀접하거나 운명적으로 연결된 관계의 사람을 비유할 때 사용할 수 있다. ¶命运把我和他绑在了一起;운명이 나와 그를 하나로 묶어 놓았다.∥他们是绑在一根绳上的蚂蚱(màzha),谁也逃不了;그들은 한 줄에 묶인 메뚜기처럼 누구도 도망갈 수가 없다.∥没有爱情,把两个人硬绑在一起是不会幸福的;애정 없는 두 사람을 억지로 묶어 둔다면 행복하지 않을 것이다.

榜样 bǎngyàng 名 모범. 본보기. 귀감. ¶你是大家的~;너는 모두의 귀감이다.∥~的力量是巨大的;본보기의 힘은 굉장하다.∥你一定要好好努力,给他们做个好~;너는 반드시 노력해서, 그들에게 좋은 본보기가 되어야 한다.

蚌 bàng 名 조개. ¶~的壳里可能有珍珠;조개 껍질 속에 진주가 들어있을 수 있다.∥~可以作为食物,做成美味的菜肴(yáo);민물조개는 식재료로서 맛있는 요리가 될 수 있다.∥~生活在淡水中;조개는 담수에서 생활한다.

棒球 bàngqiú 名 야구. ¶美国和韩国的年轻人都喜欢打~;미국과 한국의 젊은이들은 모두 야구하는 것을 좋아한다.∥在中国,专门的~场不太多;중국에는 전용 야구장이 그다지 많지 않다.∥韩国留学生在~比赛中获得了一等奖;한국 유학생이 야구 시합에서 일등상을 받았다.

傍晚 bàngwǎn 名 저녁 무렵. 해질 녘. 황혼. ¶~的天空很美丽;해질 녘 하늘은 아름답다.∥夏天的~,很多人沿着河边散步;여름 날 해질 녘에는 많은 사람들이 강가를 따라 산책한다.∥~降临了;황혼이 찾아들었다.

包 bāo 名 ❶ 가방의 총칭. ¶我新买了一个~;나는 가방 하나를 새로 샀다.∥这个~能装不少东西;이 가방은 많

은 물건을 넣을 수 있다.|她把~忘在餐厅里了;그녀는 가방을 잊어버리고 식당에 두고 왔다. ❷ (물체나 사람의 몸에 난) 돌기. 융기. 종기. 혹.¶树干上有几个大~;나무 줄기에 큰 돌기가 몇 개 있다.|蚊子咬了我的胳膊,起了一个~;모기가 내 팔을 물어 줌 부어 올랐다.|她不小心在桌角上碰了一下,额头立刻鼓起一个大~;그녀는 부주의하여 테이블 모서리에 부딪쳐 이마에 곧 큰 혹이 났다. ❸ (~儿) 봉지. 보자기. 봇짐. 꾸러미.¶他从口袋里拿出一个药~;그는 호주머니에서 약봉지 하나를 꺼냈다.|我已经把行李打好~了;나는 이미 짐을 보자기에 잘 쌌다.|那个纸~里是什么? 그 종이봉지에 뭐가 있니? [量] ❹ 꾸러미. 포대.¶我买了一~盐;나는 소금 한 포대를 샀다.|这~东西请转交给李老师;이 꾸러미를 이 선생님께 전달해 주세요.|妈妈给我寄来了一~棉衣;엄마는 내게 면 옷 한 보따리를 부쳐 왔다. [动] ❶ (종이나 천 따위의 얇은 것으로 물건을) 포장하다. 싸다. 싸매다.¶中国北方人过春节的时候都要~饺子;중국의 북방인들은 설을 지낼 때 모두 만두를 빚는다.|她在头上~了一块鲜艳的头巾;그녀는 머리 위에 산뜻한 두건을 썼다.|我已经把礼物~好了;나는 이미 선물을 다 쌌다. ❷ 보장하다. 보증하다.¶照我说的去做,~你没错;내가 말하는 대로 하면 틀림없음을 보증한다.|我们公司的服务~您满意;우리 회사의 서비스가 당신을 만족시킬 것임을 보장합니다.|投资这个项目吧,~你盈利;이 프로그램에 투자하세요, ~

이윤을 보장합니다. ❸ 책임지다. 청부 맡다.¶这件事~在我身上了;이 일은 제게 맡겨주세요.|这个工程已经由那家建筑公司~片儿了;이 공사는 이미 그 건축 회사가 청부 맡았다.|她下岗以后,开始做家政服务工作,雇主家~一日三餐;그녀는 직장을 그만둔 후에 가사 도우미를 시작했는데, 하루 세끼의 식사는 고용한 주인이 책임진다. ❹ 전세를 내다. 대절하다.¶我们单位~了一辆车,送大家去北京旅游;우리 회사는 차 한대를 대절하여, 모두 베이징여행을 보내주었다.|我们十个人正好可以~一条船;우리 열 사람이면 배 한 척을 전세 낼 수 있다.|今天江南剧院已经被一所高中~场了;오늘 강남극장은 이미 한 고등학교가 전세 내었다.

包含 bāohán [动] (추상적인 사물을) 포함하다. 내포되다.¶他的话里~着许多含义;그의 말 속에는 많은 뜻이 내포되어 있다.|这份合同~二十项条款;이 계약서에는 20개의 규정 조항이 포함되어 있다.|这部词典的释义应当~学习者需要的许多信息;이 사전의 뜻풀이는 학습자가 필요로 하는 많은 정보가 포함되어 있어야 한다.

包括 bāokuò [动] 포함하다. 포괄하다. (구체적인 사물과 추상적인 사물 모두에 사용된다.)¶这篇报告~三个部分;이 보고서는 세 부분을 포괄한다.|东方文化~了中国、日本、韩国等东亚国家的文化;동양문화는 중국, 일본, 한국 등 동아시아 국가의 문화를 포괄한다.|新校区~教学区和宿舍区两个区域(yù);새 캠퍼스는 강의 구역

과 기숙사 두 구역을 포함한다.

包围 bāowéi 动 ❶ 포위하다. 둘러싸다. ¶村子被群山~着;마을은 많은 산들로 둘러싸여 있다.│老师被学生~着;선생님이 학생들에게 둘러싸여 있다.│获奖的运动员被自己的队友~着;상을 받은 운동선수가 팀원들에게 둘러싸여 있다. ❷ (군사상) 포위하다. ¶我们已经把敌人~了;우리는 이미 적을 포위했다.│敌军已经进入了我们的~圈;적군은 이미 아군의 포위망으로 들어왔다.│我军终于突破了敌人的~;아군은 마침내 적군의 포위를 뚫었다.

包装 bāozhuāng 动 ❶ 포장하다. ¶瓷器要用结实的纸盒来~;도자기는 단단한 종이 상자로 포장해야 한다.│我喜欢买有单独~的小块巧克力,吃起来比较方便;나는 먹기에 편리해서 낱개 포장된 작은 초컬릿 사는 걸 좋아한다.│他送给我一件~精美的礼物;그는 내게 예쁘게 포장한 선물을 하나 주었다. ❷ 겉 포장하다. 꾸미다. (사람이나 사물의 외부를 꾸며서 더욱 상품가치가 있도록 만드는 것) ¶那位歌手经过~以后,果然红了;그 가수는 포장을 좀 했더니, 과연 큰 인기를 얻었다.│现在很多偶像派明星都要经过专门的~;현재 우상이 되고 있는 많은 아이돌 스타들은 전문적으로 꾸미는 과정을 거쳐야 한다.│人们的衣着打扮也可以看成是一种~;사람들이 옷을 잘 차려 입는 것도 일종의 겉포장으로 볼 수 있다. 名 포장. ¶这种产品的~很有特色;이런 상품의 포장은 매우 특색이 있다.│我想买白色印花的~纸,用来包装给

朋友的礼物;나는 흰색 날염한 포장지를 사서 친구에게 줄 선물을 포장하려고 한다.│有时候,商品的~也会影响到商品的销量;때때로 상품의 포장 역시 상품의 판매량에 영향을 줄 수 있다.

包子 bāo·zi 名 (채소, 고기 등의 소가 든) 만두. ¶我喜欢吃妈妈做的~;나는 엄마가 만든 만두를 좋아한다.│我买了白菜猪肉馅的~;나는 배추와 고기 소가 든 만두를 샀다.

▶확장용법: '包子'는 중국 북방인이 가장 좋아하는 밀가루로 만든 음식이다. 중국 남방에는 비슷한 식품으로 '蒸饺(찐만두)', '小笼包(작은 고기만두)'가 있다. '蒸饺'는 북방의 '包子'보다 작고 일반적으로 반죽한 밀가루로 만든다. ¶小笼包和北方的~做法一样,都是用发面制成,只是比包子小一些;남방의 작은 고기만두는 북방의 만두와 만드는 방법이 같은데, 모두 발효시킨 밀가루 반죽으로 만들며 단지 만두보다 좀 작을 뿐이다.

饱 bǎo 形 배부르다. ¶你吃~了吗:너 배부르게 먹었니?│我不能过那种"~食终日、无所事事"的生活;나는 '하루 종일 배부르게 먹고 아무 일도 하지 않고 무위도식 하는 생활'을 할 수 없다.│我今天吃得~的;나는 오늘 아주 배부르게 먹었다.

▶용법주의: '饱'는 기타 다른 방면에서의 만족감을 표시할 수도 있다. 예를 들어, '一饱眼福(눈요기를 하다)'의 '饱'는 시각적인 만족감을 표현하는 것이고, '饱经风霜(온갖 시련을 겪다)', '饱读诗书(충분히 많은 책을 읽다)' 중의 '饱'는 충분하다는 뜻이다. 이러한

용법은 현대 중국어의 성어에서만 나타난다.

宝贵 bǎoguì 形 귀중하다. 소중하다. ¶ 生命是~的;생명은 귀중한 것이다.│请不要浪费~的时间;귀한 시간을 낭비하지 마세요.│这是十分~的研究资料,请一定保存好;이것은 매우 귀중한 연구 자료이니, 반드시 잘 보존해주세요.

保安 bǎo'ān 名 보안원. 경비원. ¶ 这个酒店的~都很年轻;이 호텔의 경비원들은 모두 젊다.│我们小区的~对工作非常认真负责;이 작은 지역의 보안원은 일에 대한 책임감이 매우 강하다.│你认识那位~吗? 그 경비원을 아니? 动 보안하다. 안전을 유지하다. ¶ 要加强~工作;보안 업무를 강화해야 한다.│按照公司的~制度,没有经过预约的外来人员不能随意出入本公司;회사의 보안제도에 따라, 미리 예약하지 않은 외부인은 본 회사를 마음대로 출입할 수 없습니다.│~工作是关系到每个人人身安全的大事;보안 업무는 각 개인의 안전과 관계되는 큰 일이다.

保持 bǎochí 动 (원래의 상태를) 지키다. 유지하다. ¶ 政府为了~物价稳定,制定了一些新的经济政策;정부는 물가 안정을 위해 새로운 경제 정책을 제정했다.│当你感到愤怒(fènnù)的时候,请努力~冷静;당신이 분노를 느낄 때, 냉정을 유지하도록 노력하세요.│多年来,我们一直~着联系;여러 해 동안, 우리는 계속 연락하며 지내왔다.

保存 bǎocún 动 보존하다. ¶ 这些资料要好好~起来;이 자료들은 잘 보존해야 한다.│博物馆里~着很多珍贵的出土文物;박물관에는 많은 진귀한 출토 문물이 보존되어 있다.│他给我写的信,我~了很多年;그가 내게 쓴 편지를 나는 오랫동안 간직했다.

保管 bǎoguǎn 动 ❶ 보관하다. ¶ 图书管理员要~好图书;도서관 사서는 도서를 잘 보관해야 한다.│他把自己办公室的备用钥匙(yàoshi)交给秘书~;그는 자신의 사무실 예비 열쇠를 비서에게 줘 보관하도록 했다.│请您~好自己的贵重物品;자신의 귀중품을 잘 보관하세요. ❷ 틀림없이 …하도록 하다. 꼭 …하다. ¶ 我们好好合作,~能成功;우리가 잘 협력하면 틀림없이 성공할 수 있다.│你明天去办公室找他,~可以找到;너 내일 사무실로 그를 가면, 틀림없이 만날 수 있다.│你听我的话,~没错;너 내 말을 들으면 틀림없이 없을 거야. 名 보관자. 관리인. ¶ 他是我们仓库的~;그는 우리의 창고 관리인이다.│那位老~很快就要退休了;그 나이 많은 관리인은 곧 퇴직할 것이다.│在汉语里,保管员也可以叫做~;중국어에서 '保管员'은 '保管'이라고 부를 수도 있다.

保护 bǎohù 动 보호하다. ¶ 法律要~公民的合法权利;법률은 국민의 합법적인 권리를 보호해야 한다.│我们要~环境;우리는 환경을 보호해야 한다.│地震发生时,那位教师用自己的身体~了两名学生;지진 발생 시 그 교사는 자신의 몸으로 2명의 학생을 보호했다.

保龄球 bǎolíngqiú 名 볼링(bowling). ¶

周末的时候,我经常和朋友一起去打~;주말에 나는 늘 친구와 함께 볼링 치러 간다.|~是一种不错的室内运动;볼링은 일종의 훌륭한 실내 운동이다.|打~可以锻炼身体的协调能力;볼링을 치면 신체의 조화 능력을 단련시킬 수 있다.

保留 bǎoliú [动] ❶ 보존하다. 간직하다. ¶一切都~着原来的样子;모든 것들이 원래의 모양을 간직하고 있다.|这个小城~了古老的风貌;이 작은 성은 오래된 풍모를 간직하고 있다.|我~着那些美好的回忆;나는 그 아름다운 추억들을 간직하고 있다. ❷ (잠시 처리하지 않고) 보류하다. ¶你的意见请暂(zàn)时~,我们讨论以后再决定;당신의 의견은 잠시 보류해 두었다가, 우리가 토론한 후에 다시 결정하도록 합시다.|先~这次的讨论结果,暂时不要公开;이번 토론의 결과를 우선 보류해 두고, 잠시 공개하지 마라.|这个方案可以先~一下,明年再开始施行;이 방안은 우선 보류해 두었다가, 내년에 다시 시행하자. ❸ 남겨두다. ¶他把大部分藏书捐献给了图书馆,自己只~了一些专业用书;그는 대부분의 장서를 도서관에 기증하고, 전공관련 책만 몇 권 남겨두었다.|我把我的想法都说出来了,没有任何~;나는 어떤 것도 남겨두지 않고, 내 의견을 모두 말했다.|他毫无~地把自己的经验传授给学生们;그는 조금도 남김없이 자신의 경험을 학생들에게 전수한다.

▶용법주의: '保留'는 비교적 고정된 두 가지 용법이 있다. ❶ '保留意见(보류된 의견)'은 주관적인 의견을 가리키며, 이를 기초로 하여 작은 변경이 있을 수 있다. ¶这是我们的保留意见,大家还可以在这个基础上再讨论;이것은 우리가 보류한 의견 입니다. 여러분은 이를 기초로 하여 다시 토론할 수 있습니다. ❷ '保留节目(보류작품)', '保留剧目(재연 레퍼토리)'은 문예 단체나 개인의 성공으로 남겨진 것으로 자주 공연되는 훌륭한 작품이나 연극을 가리킨다. 회화에서는 어떤 사람의 장기(長技)나 자주 하는 일을 가리킨다. ¶《牡丹亭》是江苏省昆剧院的保留剧目;《모란정》은 쟝쑤성 쿤밍극단의 레퍼토리이다.|这是他的保留节目,观众非常喜欢;이것은 관중들이 매우 좋아하는 그의 레퍼토리 이다.|朋友们都知道,他的保留节目是不厌其烦地讲童年的趣事;친구들은 그가 매번 레퍼토리로 써먹는 게 어린 시절 즐거웠던 이야기라는 것을 알고 있다.

保卫 bǎowèi [动] (국가나 사람의 안전을) 보위하다. ¶军人的职责是~国家和人民的安全;군인의 책임은 국가와 국민의 안전을 지키는 것이다.|为了~世界的和平,很多国家付出了极大的努力;세계 평화를 위해 많은 국가가 최대한의 노력을 기울였다.|许多英雄在~祖国的战斗中牺牲了;많은 영웅들이 조국을 지키기 위한 전투 중에 희생되었다.

保险 bǎoxiǎn [名] 보험. ¶他的哥哥在一家~公司工作;그의 형은 보험회사에서 일한다.|投保的个人和单位,要向~公司交纳一定数量的~金;보험에 가입한 개인과 단체는 보험 회사에 일정액의 보험금을 납부해야 한다.|现在有各种(zhǒng)各样的~险种供人

들 선택；현재는 다양한 보험이 있어 사람들이 선택할 수 있다. 形 안전하다. 사고가 날 위험이 없다. ¶把钱包放在贴身口袋里是比较~的做法；지갑을 호주머니에 넣어두는 것이 비교적 안전한 방법이다.| 你这样做可不~；너 이렇게 하면 정말로 안전하지 않다.| 乘坐国际航班时，提前两个小时到机场比较~；국제선 비행기를 타려면, 두 시간 전에 비행장에 도착해야 비교적 안전하다. 动 보증하다. 틀림없이 …하다. 단언하다. ¶听我的，~不会错；내 말을 들으면 틀림없이 잘못되지 않을 거야.| 你现在去找他办理，~可以办成；네가 지금 그를 찾아가서 처리하면 틀림없이 처리할 수 있을 거야.| 他~会这样想；그는 틀림없이 이렇게 생각할 것이다.

保证 bǎozhèng 动 ❶ 담보하다. 보증하다. 확보하다. ¶除了忙碌地工作以外，我们应该~有足够的时间和家人相处；바쁘게 일하는 시간 외에, 우리는 가족과 함께 보낼 충분한 시간이 있어야 한다.| 在提高产量的同时，应该~产品质量；생산량을 높이는 동시에 상품의 질도 보장이 되야한다.| 一家好的研究机构，要~科研人员的研究时间；좋은 대학은 과학 연구원의 연구 시간을 보장해야 한다. ❷ (책임지고) 확신하다. 맹세하다. ¶我~按时完成工作；나는 제때에 일을 완성할 것을 확신한다.| 那个犯错误的孩子已经向老师~，今后不会再犯同样的错误了；그 잘못을 저지른 아이는, 앞으로 다시는 같은 잘못을 저지르지 않겠다고 이미 선생님께 맹세했다.| 按照这个方案进行，~可以获

得最大收益；이 방안에 따라 진행하면 최대의 이익을 얻게 되리라 확신합니다. 名 보증. 확보. 담보(물). ¶实力是获得成功的~；실력은 성공의 보증이다.| 质量是打开产品销路的~；품질은 상품 판매량의 길을 여는 보증이다.| 农业是经济发展的~；농업은 경제 발전의 전제이다.

报 bào 名 ❶ 신문. ¶我通过邮局订阅了三份~；나는 우체국을 통해 세 부의 신문을 예약 구독했다.| 我从~上看到了这个消息；나는 신문에서 이 소식을 보았다.| 读~可知天下事；신문을 보면 세상 일을 알 수 있다. ❷ 정기 간행물. ¶这是我们大学的学~；이것은 우리 연구기관의 학보이다.| 我很喜欢这份画~；나는 이 화보를 좋아한다.| 孩子们都喜欢看《幼儿画~》；아이들은 모두 《유아 화보》보는 것을 좋아한다. ❸ (문자로 쓰였거나 그림이 그려진) 포스터. 게시판. ¶电影院门口贴着很多电影海~；영화관 입구에 많은 영화 포스터가 붙어있다.| 中国的小学生们常常自己编辑(jí)和抄写黑板~；중국의 초등학생들은 칠판학급 신문에 글을 쓰거나 편집하는 일을 늘 스스로 한다.| 会议的海~已经张贴出来了；회의 포스터가 이미 붙여졌다. ❹ 응보. 업보. ¶善有善~，恶有恶~；착한 일을 하면 좋은 결과가 있고, 나쁜 일을 하면 반드시 나쁜 결과가 있다.| 坏人遭到的惩罚可以说是现世~；나쁜 사람이 벌을 받게 되는 것은 현세에서의 업보라고 할 수 있다.| 好心没好~；호의를 베풀었는데 좋은 결과나 보답이 없다. 动 보답하다. 응답하다. ¶观众~以热

烈的掌声;관중들은 환호의 박수로 응답 했다.| 对于这样的诽谤(fěibàng),我只想~以微笑;이런 비방에 대해, 나는 미소로만 답할 생각이다.| 对于帮助过我们的人,要~以感激之心;우리를 도와 준 사람에게 감사하는 마음으로 보답해야 한다.

▶용법주의: ❷❸❹의 몇 가지 용법은 서로 맞게 어울리도록 조합하여 사용해야 한다.

报到 bào//dào [动] 도착 보고를 하다. 도착 등록을 하다. ¶在中国的大学,每年九月新学期开始,新生办理~手续;중국의 대학에서는 매년 9월 새 학기가 시작되면 신입생 등록 수속을 한다.| 你去人事处报个到吧;너 인사처에 가서 도착보고 해라.| 请问,会议~处在哪儿? 말씀 좀 묻겠습니다, 회의 등록처가 어딥니까?

报道(报导) bàodào(bàodǎo) [动] 보도하다. ¶以上消息由本台记者小玲~;이상의 소식은 본 방송국 기자 샤오링의 보도였습니다.| 各大媒体都~了这则新闻;각 주요 매체는 모두 이 소식을 보도했다.| 这次的~很及时;이번 보도는 시기 적절하다. [名] 보도. ¶这则~引起了人们的广泛关注;이 보도는 사람들의 폭넓은 관심을 끌었다.| 我没有看到相关的~;나는 관련 보도를 보지 못했다.| 奥运会期间,各国记者每天都在紧张地整理~资料;올림픽 기간에 각국의 기자들은 매일 바쁘게 보도 자료를 정리했다.

报告 bàogào [动] 보고하다. ¶下属要及时把工作的进展情况~给上级;부하 직원은 신속하게 일의 진행 상황을 상부에 보고해야 한다.| 参加会议的代表都有机会~自己的论文;회의에 참가한 대표들 모두에게 자신의 논문을 보고할 기회가 주어진다.| 请把事情的真实情况向领导~一下;일의 진상을 상부에 보고하세요. [名] 보고. 보고서. ¶您的~非常精彩;당신의 보고는 매우 훌륭합니다.| 我已经提交了研究~;나는 이미 연구 보고서를 제출했다.| 你的调查~里还缺少必要的数据;네 조사 보고서에는 필요한 데이터가 빠져있다.

▶용법주의: 중국의 군대에서는 부하가 상사에게 안부를 묻거나 자신의 도착을 알릴 때 '报告'라고 한다. 또한, 학생이 수업 시간에 늦었을 때 '报告'라고 큰 소리로 외치고 선생님의 허락을 받아야 교실에 들어갈 수 있다. 그 밖에 중국인들은 회화에서 '打小报告(밀고장: 개인의 행동에 관한 비밀경찰의 보고)'라고 하여 밀고하는 행위를 가리킨다. 주로 동료의 결점이나 약점을 고의로 상사에게 알리는 것을 말하며, 심지어는 사실을 왜곡하고 타인에게 나쁜 여론을 형성하도록 만든다. 정정당당한 행위가 아니라고 할 수 있다.

报名 bào//míng [动] 신청하다. 지원하다. 이름을 올리다. ¶大家都~参加这次的HSK考试了;모두들 이번HSK시험에 참가하려고 신청했다.| 我还没报上名呢;나는 아직 신청하지 않았다.| ~时间已经过了,可能报不上名了;신청 기간이 이미 지나서 신청할 수 없을 것이다.

报纸 bàozhǐ [名] 신문. ¶现在人们更多地从网上了解新闻,看~的人比以前少了;현재 사람들은 인터넷을 통해 뉴

스를 접하게 되어 신문을 보는 사람이 이전에 비해 줄어들었다.| 这份~的销量很大; 이 신문은 판매량이 많다.| 我有时写散文给一些~投稿; 나는 간혹 수필을 써서 몇몇 신문에 투고한다.

抱 bào 动 ❶ 안다. 포옹하다. ¶妈妈~着孩子; 엄마가 아이를 안고 있다.| 他轻轻~住自己心爱的人; 그는 자기가 사랑하는 사람을 가볍게 포옹했다.| 学生~着书本, 走进了教室; 학생들은 책을 안고 교실로 걸어 들어갔다. ❷ (생각, 의견 따위를) 마음에 품다. ¶我没想到你竟然~着这样的想法; 나는 네가 뜻밖에 이런 생각을 마음에 품고 있으리라고는 생각도 못했다.| 很多人对他的做法~有意见; 많은 사람들이 그의 방법에 대해 의견을 가지고 있다.| 对于你的提议, 我~赞成态度; 네가 제기한 의견에 대해 나는 찬성한다. ❸ (어린애를) 양녀, 양자로 삼다. 입양하다. ¶这个孩子是~养的; 이 아이는 입양된 아이다.| 孩子并不知道自己是~来的, 以为自己是父母亲生的; 아이는 자신이 입양되었다는 것을 전혀 모르며, 부모가 자신을 낳은 줄로만 알고 있다.| 她有两个孩子, 一个是自己生的, 一个是从孤儿院~来的; 그녀에겐 두 아이가 있는데, 한 아이는 자신이 낳았고, 다른 한 아이는 고아원에서 입양했다. ❹ (긍정적인 면에서) 한데 뭉치다. (부정적인 면에서) 무리를 형성하다. ¶只要大家搞好团结, ~成团儿, 就一定能成功; 모두 잘 단결해서 한데 뭉치면 반드시 성공할 것이다.| 他们几个人~团儿, 关系特别好; 그들 몇 사람은 한데 잘 뭉치고 관계가 특히 좋다.| 大家相处的时候不要在小范围内~团儿, 搞小圈子; 모두 함께 살아갈 때 좁은 범위 내에서 무리를 짓거나 개인만을 위한 소집단을 형성해서는 안된다. 量 아름. ¶这棵古树有两~粗; 이 오래된 나무는 굵기가 두 아름이다.| 孩子抱着一~草去喂小山羊; 아이는 풀을 한아름 안고 가서 작은 산양에게 먹인다.| 老人拿来了一~木柴; 노인이 땔나무를 한아름 가지고 왔다.

抱歉 bàoqiàn 形 미안하게 생각하다. 미안하다. ¶~, 我迟到了; 미안합니다, 제가 늦었습니다.| 你生病的时候没能去医院看望, 感到很~; 네가 병이 났을 때 병원에 문병을 가지 못해서 미안하게 생각한다.| 不能给你更多帮助, 我很~; 네게 더 많은 도움을 주지 못해 미안하다.

鲍鱼 bàoyú 名 전복. ¶~的贝壳可以入药, 叫做石决明; 전복 껍데기는 약으로 쓸 수 있어서, 석결명이라고 부른다.| 这家餐厅的参鸡汤里加了~, 所以特别鲜美; 이 식당의 삼계탕에는 전복이 들어갔기 때문에 특히 맛이 좋다.| 在海鲜类食品中, ~是比较贵的; 해산물 중에서 전복은 비싼 편이다.

暴力 bàolì 名 폭력. ¶我不喜欢有~场面的电影; 나는 폭력 장면이 있는 영화는 좋아하지 않는다.| 他是一个喜欢用~去解决问题的人, 所以他的朋友越来越少了; 그는 폭력으로 문제를 해결하려는 사람이라서 갈수록 친구들이 줄어들었다.| 理性比~更有效; 이성이 폭력보다 더욱 효과적이다.

▶용법주의: '暴力'는 명사지만, 현대 중국어에서는 앞에 정도 부사를 붙일 수 있다.¶这部电影太暴力了; 이 영화는 너무 폭력적이다.│那个男子习惯用非常暴力的手段去解决问题; 그 남자는 매우 폭력적인 수단으로 문제를 해결하는 습관이 있다.│他爱用暴力; 그는 폭력을 잘 쓴다.

暴露 bàolù 动 폭로하다. 드러내다. ¶在战场上, ~自己是危险的; 전쟁터에서 자신을 드러내는 것은 위험하다.│恋人们相处的时间越长, ~出来的问题就越多; 연인들이 함께하는 시간이 길어질수록 드러나는 문제가 많아진다.│他自私的性格已经~无遗; 그의 이기적인 성격이 이미 여지없이 폭로되었다.

爆 bào 动 ❶ 폭발하다. 터지다. ¶小时候我们喜欢吃~米花儿; 어렸을 때 우리들은 팝콘을 즐겨먹었다.│豆荚(jiá)成熟以后就~开了; 콩꼬투리가 여물어서 터졌다.│不要把鞭炮放在炉火前, 那样会~的; 폭죽을 난로 앞에 두지 마세요. 그러면 터질테니. ❷ 뜻밖의 결과가 나타나다. 갑자기 발생하다. ¶那个孩子平时成绩不太好, 但是高考成绩却非常高, 真是~了冷门了; 그 아이는 평소에 성적이 별로 좋지 않았는데, 대입고사 성적은 매우 높으니 정말 뜻밖의 결과이다.│最近~出一则特大新闻; 최근 빅뉴스거리가 생겼다.│娱乐记者常常~出明星们的生活情况; 연예 기자는 자주 스타들의 생활을 들추어낸다. ❸ 끓는 물이나 기름에 살짝 데치거나 볶다. ¶北京后海边上有一家小餐厅, 名字叫~肚(dǔ)儿张, 是一家老字号; 베이징 호우하이가에는 작은 식당이 하나 있는데, 식당이름은 바오두얼장으로 대대로 내려오는 전통 있는 오래된 가게이다.│~炒鱿(yóu)鱼是她的拿手菜; 끓는 기름에 살짝 볶는 오징어 요리는 그녀가 가장 자신 있게 하는 요리이다.│我很喜欢吃~炒羊肉; 나는 끓는 기름에 살짝 볶은 양고기를 좋아한다.

爆弹酒 bàodànjiǔ 名 폭탄주. (두 종류 이상의 술을 섞어 마시는 방법이나 그 술을 말한다.)¶我从来没有喝过~; 나는 여태껏 폭탄주를 마셔본 적이 없다.│有些韩国男人喜欢喝~; 한국의 일부 남자들은 폭탄주를 즐겨 마신다.│~的名字很有意思; '폭탄주'라는 이름은 재미있다.

爆破 bàopò 动 (목적이나 계획을 가지고) 폭파하다. ¶他们出色地完成了这次~任务; 그들은 이 폭파 임무를 훌륭히 완수했다.│他在高速公路上开车的时候, 轮胎(lúntāi)突然~, 差点儿出车祸; 그는 고속도로에서 운전할 때 타이어가 갑자기 터져 하마터면 차 사고가 날 뻔 했다.│为了修建公路, 要对沿途的几座小山进行局部~; 도로 보수 공사를 위해 도로변에 있는 작은 산을 일부 폭파해야 한다.

爆炸 bàozhà 动 ❶ (거대한 소리와 함께) 폭발하다. 작렬하다. ¶气球~了; 기구가 폭발했다.│炮弹~的声音几乎震聋(zhènlóng)了人们的耳朵; 폭탄의 폭발 소리가 사람들의 귀를 거의 멀게했다.│最近在那个地区发生了~事件; 최근 그 지역에는 폭발사건이 발생했다. ❷ (정보, 인구 따위가) 급증하다. ¶我们的时代由于有各种媒

体,所以是一个信息~的时代;우리 시대는 각종 매체로 인해 정보 홍수의 시대가 되었다.| 在知识~的今天,合理的学习方法显得格外重要;지식의 홍수 시대인 오늘날, 합리적인 학습 방법이 특별히 중요해 보인다.| 为了解决人口~问题,中国政府多年来推行计划生育政策;인구 문제를 해결하기 위해, 중국 정부는 다년간 가족 계획 정책을 추진해왔다.

▶용법주의:'爆破'는 목적과 계획을 가지고 진행하는 일에 사용되며,'爆炸'는 계획적으로 진행하는 일을 가리키기도 하고, 의외의 폭발사건을 가리키기도 한다.

杯 bēi 名 ❶ 잔. ¶ 这只茶~做工非常好;이 찻잔은 매우 잘 만들어졌다.| 我们一起举~痛饮吧;우리 함께 술잔을 들어 마음껏 마셔보자!| 我想买几个咖啡~;나는 커피잔 몇 개를 사려고 한다. ❷ (술잔 모양의) 트로피. ¶ 金~银~,不如老百姓的口碑;금잔, 은잔보다 사람들에게 좋은 평판 얻는 게 낫다.| 经过十几年的艰苦训练,他终于夺得了冠军的奖~;십여 년간의 고된 훈련 끝에, 그는 마침내 우승 트로피를 거머쥐었다.| 她在演讲比赛中获了一等奖,捧回了一个美丽的水晶奖~;그녀는 웅변 대회에서 우승하여 아름다운 크리스탈 트로피를 들고 돌아왔다.

▶용법주의:'杯'는 양사로도 자주 쓰인다.¶医生建议人们每天喝八杯水;의사는 사람들에게 매일 8잔의 물을 마시기를 권한다.| 茶已经凉了,我重新给你泡一杯吧;차가 이미 식었으니 내가 너에게 다시 한 잔 타 주마.| 他喝了一杯可乐;그는 콜라 한 잔을 마셨다.

杯子 bēi·zi 名 잔. 컵. ¶ 我家里有各种各样的~;우리 집에는 각양각색의 컵이 있다.| 他用大~喝酒;그는 큰 잔으로 술을 마신다.| 孩子不小心把~打碎了;아이가 실수로 컵을 깨뜨렸다.

背 bēi 动 ❶ (등에) 짊어지다. 업다. 메다. ¶ 孩子~着书包上学去了;아이가 책가방을 메고 학교에 갔다.| 在超市里常常可以看到~着孩子的父亲;슈퍼마켓에서 아이를 업고 있는 아버지를 자주 볼 수 있다.| 他把行李都~在身上;그는 짐을 모두 짊어졌다. ❷ (책임, 부담을) 지다. ¶有些人为了买房子~上了沉重的债(zhài)务,人们把这样的人叫做房奴(nú);어떤 사람들은 집을 사기 위해 과도한 빚을 지고 있는데 이런 사람들을 '집의 노예'라고 부른다.| 全家的生计都~在他一个人的身上;온 가족의 생계를 모두 그 혼자서 책임지고 있다.| 这个责任你能~得起吗? 이 책임을 네가 감당할 수 있겠니?

☞ bèi

悲哀 bēi'āi 形 슬프다. 비참하다. ¶ 她看起来十分~;그녀는 아주 슬퍼 보인다.| 我有些~地想:可能以后再也不会见到他了;나는 앞으로 다시는 그를 만나지 못할 것 같은 슬픈 생각이 든다.| 人生中有许多令人~的事情,但我们要学会尽快从~里走出来;인생에서 사람을 슬프게 하는 일들이 많지만, 우리는 빨리 슬픔에서 벗어나는 법을 배워야 한다.

悲剧 bēijù 名 ❶ (연극에서의) 비극. ¶《罗密欧与朱丽叶》是一出著名的爱情

~;《로미오와 줄리엣》은 유명한 애정 비극이다.| 学生演出了中国爱情~《梁祝》;학생들은 중국의 애정 비극《양축》을 공연했다.| 喜剧让人笑,~让人思考;희극은 사람을 웃게 하고 비극은 사람을 생각하게 한다. ❷ 비극. 비참한 일. 불행한 일. ¶在这次大地震中发生了多少人间~啊;이번 대지진 중에 얼마나 많은 인간의 비극이 발생했는가!| 我的命运或许是个~,但我还是选择了坚强地生活下去;내 운명이 비극적일지라도, 나는 굳세게 생활해 나갈 것이다.| 我们再也不能让这样的~在下一代身上重(chóng)演;우리는 다시는 이런 비극을 다음 세대가 겪게 해서는 안 된다.

悲伤 bēishāng 形 슬프고 마음이 쓰리다. ¶我一直不能忘记你~的眼神;네 슬픈 눈빛을 줄곧 잊을 수가 없다.| 她~地哭泣着;그녀는 서럽게 운다.| 没有永远的欢乐,也没有永远的~;영원한 즐거움도 영원한 슬픔도 없다.

悲痛 bēitòng 形 아주 슬프다. 비통하다. ¶这个消息令人~;이 소식은 사람을 아주 슬프게 만든다.| 要学会化~为力量;슬픔을 힘으로 승화시키는 방법을 배워야 한다.| 在灾难中失去了亲人,他~万分;재난 중에 친척을 잃어버려서, 그는 매우 슬퍼한다.

碑 bēi 名 비석. 비. ¶在北京天安门广场上,有一座人民英雄纪念~;베이징 톈안먼 광장에는 인민영웅 기념비가 있다.| 邻国接壤的地方有界~;이웃 나라와 인접한 곳에 경계비가 있다.| 这块~上的汉字字体是小篆(zhuàn);이 비석의 한자체는 소전이다.

北 běi 名 북. 북방. 북쪽. ¶东西南~是四个主要的方位;동서남북은 주요한 4개의 방위이다.| 从这里往~走,就可以找到那个电影院了;여기서 북쪽으로 가면 그 영화관을 찾을 수 있을 것이다.| 这座房子坐~朝南;이 집은 남향이다.

北边 běi·biān 名 북방. 북쪽. ¶这个城市~儿是商业区,南边儿是住宅区;이 도시의 북쪽은 상업 지역이고 남쪽은 주택가이다.| 学校~有一条繁华的街道;학교의 북쪽에 번화한 거리가 있다.| 你往~儿看,有一座山;북쪽을 보면 먼 곳에 산이 하나 있다.

北部 běibù 名 북부. ¶这个城市~是商业区;이 도시의 북부는 상업 지역이다.| 学校~是教学区;학교의 북쪽은 강의 구역이다.| 河北省位于中国的~;허베이성은 중국의 북부에 위치한다.

北方 běifāng 名 (양쯔강을 경계로) 중국의 황하유역 및 그 북쪽지방. 화북지방. ¶中国的~地区最近受到了寒流的影响,天气非常冷;중국의 북방은 최근 찬 기류의 영향을 받아 날씨가 매우 춥다.| ~人比较喜欢吃面食;북방인은 면 종류를 좋아한다.| ~人的生活习俗和南方人不同;북방인의 생활 습관은 남방인과 다르다.

北面 běi·miàn 名 북쪽. ¶这个城市~儿是商业区,南面儿是住宅区;이 도시의 북쪽은 상업지역이고 남쪽은 주택가이다.| 学校~有一条繁华(fánhuá)的街道;학교의 북쪽에 번화한 거리가 있다.| 你往~儿看,有一座山;북쪽을 보면 거기에 산이 하나 있다.

背 bēi

背 bèi 名 ❶ 등. ¶把~挺直,才能有端(duān)正的坐姿(zī);등을 똑바로 펴야 단정한 자세가 된다.| 蒙(měng)古人善于骑马,过游牧(mù)生活,因此被称为"马~上的民族";몽골인은 말을 잘 타고 유목생활을 하기 때문에'말 등 위의 민족'으로 불린다.| 那个重重的包裹(guǒ)把她的~压弯了;그 무거운 보따리가 그녀의 등을 굽게 만들었다. ❷ (물체의) 뒷면. 등 부분. ¶母亲拉起孩子的手,放在了自己的手~上;어머니는 아이의 손을 당겨 자신의 손등 위에 올렸다.| 刀~儿是不能切菜的;칼등은 채소를 자르지 못한다.| 她在纸~上写下了朋友的电话号码;그녀는 종이 뒷면에 친구의 전화번호를 적었다. 动 ❶ 등지다. ¶这座城~山面海;이 도시는 산을 등지고 바다를 향해 있다.| 所谓~水作战,是指在没有退路的情况下做出最大的努力;'배수진'이란 물러설 길이 없는 상황에서 최대의 노력을 기울이는 것을 말한다.| 人心向~是指受到人们的拥护还是反对;민심의 향배'는 사람들의 지지를 받느냐 아니면 반대하느냐를 가리키는 것이다. ❷ 외다. 외우다. 암기하다. ¶演员应该把台词~下来;배우는 대사를 외워야만 한다.| 老师经常让学生~课文;선생님은 자주 학생들에게 본문을 암기시킨다.| 这首诗我已经~得很熟了;이 시를 나는 이미 익숙해질 정도로 외웠다. ❸ (몸을) 돌리다. ¶他~过脸去,假装没有看见我;그는 얼굴을 돌리고 나를 못 본척 했다.| 我~过身去,不想被他认出来;나는 그에게 들키지 않으려고 몸을 돌렸다.| 她一直~着身子,不肯接受他的道歉;그녀는 줄곧 몸을 돌리고 그의 사과를 받아들이려 하지 않는다. ❹ 속이다. 숨다. 뒤에서 남의 말을 하다. ¶坦荡(tǎndàng)的人没有什么~人的事儿;마음에 거리낌이 없는 사람은 다른 사람을 속이는 일이 없다.| 她~着你说了很多坏话;그녀는 네 뒤에서 나쁜 말을 많이 한다.| ~着人议论是是非非,不是光明磊落(lěiluò)的行为;남의 뒤에서 옳으니 그르니 따지는 것은 떳떳한 행위가 아니다. 形 ❶ 귀가 어둡다. 귀가 잘 안 들리다. ¶人老了,耳朵有点儿~了;사람이 늙으면 귀도 좀 어두워진다.| 我的曾(zēng)祖父80岁的时候,仍然眼不花、耳不~;나의 증조부는 80세 때, 여전히 눈도 밝고 귀도 밝으셨다.| 那位老人耳朵有些~,听不清楚别人问他的话;그 노인은 귀가 좀 어두워 다른 사람이 묻는 말을 잘 알아듣지 못한다. ❷ 순조롭지 않다. 운이 나쁘다. ¶今天怎么这么~,什么都不顺利;오늘은 어쩜 이렇게 운이 나쁜지 어떤 일도 순조롭게 풀리지 않는다.| 他最近手气~,打牌的时候常常输;그는 최근에 운수가 나빠서 포커를 치면 항상 진다.| 运气真~,遇到这么不讲道理的人! 정말 운이 없네, 이런 말도 안 되는 인간을 만나다니!

☞ bēi

背后 bèihòu 名 ❶ 뒤. 뒤쪽. ¶他就站在你的~;그는 바로 네 뒤에 서 있다.| 我看看~,没有人;내가 뒤를 보았더니 아무도 없었다.| 那个小村庄就在这座大山的~;그 작은 산골마을

은 이 큰 산 뒤에 있다. ❷ 뒤에서. 남 몰래. 암암리에. ¶有意见可以当面说, 不要在~说三道四;불만이 있으면 면전에서 말하고 뒤에서 이러쿵저러쿵 말하지 마라.ǀ 她从不~议论别人的是非;그녀는 이제껏 뒤에서 남의 얘기를 한 적이 없다.ǀ 在~说长(cháng)道短可能会给别人带来心理伤害;뒤에서 남의 흉을 보면 다른 사람의 마음을 상하게 할 것이다.

背景 bèijǐng 名 ❶ (무대) 배경. ¶这出话剧的舞台~很美;이 연극의 무대 배경은 매우 아름답다.ǀ 电影的~音乐对于衬托(chèntuō)剧情有重要的作用;영화의 배경 음악은 극의 줄거리를 돋보이게 만드는 중요한 역할을 한다.ǀ 记者报道新闻的时候, 经常选择事件发生的现场作为~;기자는 뉴스를 전할 때, 항상 사건발생 현장을 배경으로 삼는다. ❷ (미술이나 촬영 작품의) 배경. ¶这幅画还没有涂~色呢;이 그림은 아직 배경색을 칠하지 않았다.ǀ 她寄来的照片中以秋天的红叶作为~;그녀가 보내온 사진에서는 가을 낙엽이 배경이 된다.ǀ 这幅摄(shè)影作品的~光线很柔和;이 촬영 작품의 배경빛이 부드럽다. ❸ (역사적 혹은 현실적) 배경. ¶要正确地评价历史人物, 就要详细地了解当时的历史~;역사적 인물을 정확하게 평가하려면 당시의 역사적 상황을 상세히 이해해야 한다.ǀ 在改革开放的社会~下, 中国在经济、文化等方面取得了许多进步;개혁 개방의 사회 배경하에서 중국은 경제, 문화 등 방면에서 많은 발전을 이루었다.ǀ 对社会历史~进行充分的调查研究, 才能做

出正确的判断;사회적, 역사적 배경을 충분히 조사하고 연구해야만 정확한 판단을 할 수 있다. ❹ (권력, 금전 등의) 배경. ¶他这么年轻就成为总经理了, 恐怕是有什么~吧;그는 이렇게 젊은데 사장이 된 걸 보면, 아마 무슨 배경이 있을거야.ǀ 他没有任何~, 所有的成功都依靠自己的努力;그는 아무런 배경도 없고, 모든 성공은 모두 자신의 노력에 의한거다.ǀ 你不要轻易和他争执(zhēngzhí), 他有特殊的~;경솔하게 그와 맞서지 마라, 그는 특별한 백그라운드가 있다.

倍 bèi 量 배수. 배. ¶20是5的4~;20은 5의 4배이다.ǀ 20比5大3~;20은 5보다 3배더 많다.ǀ 5的4~是20;5의 4배는 20이다.

被 bèi 名 이불. ¶睡觉不盖好~子会着(zháo)凉的;잠 잘 때 이불을 잘 덮지 않으면 감기에 걸린다.ǀ 冬天一般用棉~;겨울철에는 일반적으로 솜이불을 사용한다.ǀ 冬天来了, 我买了一床厚厚的棉~;겨울이 돼서 나는 두터운 면 이불을 하나 샀다. 介 …에게 당하다. (피동문에서 동작, 작용을 행하는 주체가 무엇인지를 표시하거나 동사 앞에 쓰여 피동을 나타낸다.) ¶老鼠~猫吃掉了;쥐가 고양이에게 먹혔다.ǀ 那封邮件~我删(shān)除了;그 메일은 내가 삭제해버렸다.ǀ 他~同学们选为班长;그가 친구들에 의해 반장으로 선출되다.

被害 bèihài 动 (적이나 악인에게) 살해당하다. ¶他就是在这里~的;그는 바로 이곳에서 살해당했다.ǀ 那个~的年轻人没有留下任何遗(yí)言;그 살해당한 젊은이는 아무런 유언도 남기

지 않았다.| 公安局已经接到了有人~的报案;공안국에서는 이미 어떤 사람의 살해 사건을 접수했다. 名 피해인. 피해자. ¶~的家属(shǔ)提出了赔偿(péicháng)要求;피해자의 가족은 보상 요구를 했다.| 公安局还没有确定~者的真实身份;경찰서에서는 아직 피해자의 정확한 신분을 확인하지 못했다.| ~人与被告的关系正在调查之中;피고와 원고의 관계는 조사중에 있다.

被子 bèi·zi 名 이불. ¶中国的年轻人结婚时,喜欢做几床丝绸(chóu)面料的~;중국 젊은이들은 결혼할 때, 비단이불 몇 채를 즐겨 만든다.| 这床~多少钱?이 이불은 얼마예요?| 我新买的~是淡紫(zǐ)色的;내가 새로 산 이불은 옅은 자주색이다.

本 běn 名 ❶ (~儿) 책. 서적. ¶老师送给我一个笔记~儿;선생님이 내게 공책 한 권을 주셨다.| 这个~儿多少钱;이 책은 얼마 입니까?| 我买了很多练习~儿;나는 연습장을 많이 샀다. ❷ (~儿) 본전. 원금. 밑천. ¶他没想到自己做了赔~儿的买卖;그는 자신이 밑지는 장사를 할 거라고는 생각지도 못했다.| 我已经把房款连~儿带息都还清了;나는 집의 원금과 이자를 모두 깨끗이 갚았다.| 在学问上吃老~儿是行不通的;학문에 있어서 옛날의 경험이나 지식에만 의지하는 것은 통용되지 않는다. ❸ 사물의 근본. 근원. ¶做人不能忘~;사람은 근본을 잊어서는 안 된다.| 你这样做是舍~逐(zhú)末的作法;네가 이렇게 하는 것은 근본을 버리고 지엽적인 것을 추구하는 방법이다.| 民众的支持是权力之~;민중의 지지야 말로 권력의 근원이다. 量 권. (서적을 세는 양사) ¶我有两~韩语书;나는 한국어 책이 두 권 있다.| 这~小说我还没有看过;이 소설을 나는 아직 읽어 본적이 없다.| 我买了一~汉韩词典;나는 중한 사전 한 권을 샀다. 动 근거하다. …을 따르다. ¶我们~着为学生着(zhuó)想的原则来处理这种情况;우리는 학생들을 고려하는 원칙에 따라 이 상황을 처리하려 한다.| 我说的话是有所~的;내가 하는 말은 모두 근거 있는 말이다. 代 ❶ (상대방에 대하여) 자기쪽의 사물. ¶~校设有80个大学本科专业;본교에는 80개의 대학 본과 전공이 개설되어 있다.| ~公司将竭诚(jiéchéng)为您服务;우리 회사는 고객을 위한 서비스에 성의를 다할 것입니다.| 每个人都要对~民族的历史文化有所了解;각자 모두 자기 민족의 역사와 문화에 대해 어느 정도 이해하는 바가 있어야 한다. ❷ 지금의. 현재의. ¶他荣获了~年度最佳演员的奖项;그는 올해의 최우수 연기자상을 영예롭게 수상했다.| 请您于~月20日之前办好签(qiān)证手续;당신은 이번 달 20일 이전에 비자 수속을 밟아주세요.| ~次会议的主题是汉语教学;이번 회의의 주제는 중국어 교육이다. 副 (상황이나 생각이) 본래의. 원래의. ¶我~想保持沉默(mò),但最终还是说出来了;나는 원래 침묵을 지킬 생각이었지만, 결국 말을 하고 말았다.| 他~出于好意,没想到结果竟然是这样;그는 본래 호의를 가지고 한 일인데, 결과가 뜻밖에도 이럴 줄은 생각지 못

했다.| 我们~不想惹(rě)是生非;우리는 본래 시비를 일으킬 생각은 없었다.

本地 běndì 名 본지. 당지. 현지. 이곳. ¶我不是~人;나는 현지인이 아니다.| 我发现他不是~口音;나는 그의 발음이 현지 발음이 아니라는 것을 발견했다.| 我刚来,还不太了解~风俗;나는 현지 풍습을 그다지 이해하지 못한다.

本来 běnlái 形 본래. 원래. 이전부터의. ¶这件衣服~的颜色是浅粉色,现在染(rǎn)成了深粉色了;이 옷의 색은 원래 옅은 분홍색인데 지금은 짙은 분홍색으로 물들였다.| 我还是喜欢你~的样子;나는 여전히 너의 본래 모습을 좋아한다.| "走"在古代汉语里~的意思是"跑";고대 중국어에서 '走'의 본래 뜻은 '뛰다' 이다. 副 ❶ 원래. 이전. (현재의 상황이 변화되었음을 암시한다.) ¶他~在北京工作,现在出国了;그는 원래 베이징에서 일했는데 지금은 출국했다.| 我们~是最好的朋友,但后来慢慢失去了联系;우리는 원래 가장 친한 친구였지만, 훗날 서서히 연락이 끊겼다.| 我~并不知道这件事;나는 본래 이 일에 대해 결코 알지 못한다. ❷ 응당. 당연히. ¶你~就该这么作;너는 당연히 이렇게 해야 한다.| ~就不需要惊动这么多人嘛;원래 이렇게 많은 사람들이 소란스럽게 할 필요가 없다.| 学生~就应该尊敬老师;학생은 당연히 선생님을 존경해야 한다.

本领 běnlǐng 名 본성. 능력. 재능. 기량. 수완. ¶他有很多~;그는 재능이 많다.| 在社会上生存,要具有善于沟通(gōutōng)的~;사회에서 생존하려면 소통 능력이 뛰어나야 한다.| 我没有太多的~,只是想过简单的生活;나는 많은 재능은 없고 그저 평범하게 살아가고 싶다.

本身 běnshēn 名 본인. 그 자체. 그 자신. ¶语言~就是文化的重要组成部分;언어 그 자체가 바로 문화의 중요한 구성 부분이다.| 生活~是很平淡的;삶 그 자체는 평범한 것이다.| 爱~没有错,错的是时间和人;사랑 그 자체는 잘못이 없고, 잘못된 건 시간과 사람이다.

本事 běn·shi 名 재능. 능력. (구어에서 자주 사용) ¶他是个很有~的人;그는 매우 능력 있는 사람이다.| 我可没有那么大的~;나는 그렇게 큰 능력은 없다.| 这孩子去深圳(zhèn)以后,学了不少~;이 아이는 선전에 간 이후에 많은 기량을 닦았다.

本性 běnxìng 名 본성. 천성. 개성. ¶中国人认为:江山易改,~难移。这句话是说一个人的个性是很难改变的;중국인은 강산은 변하기 쉽지만 본성은 변하기 힘들다고 여기는데, 이 말은 사람의 천성은 바뀌기 힘들다는 뜻이다.| 人的~是善良的;사람의 본성은 착하다.| 他的~并不坏;그의 천성은 결코 나쁘지 않다.

本质 běnzhì 名 (사물의) 본질. (사람의) 본성. ¶我们要看清楚事物的~;우리는 사물의 본질을 명확하게 보아야 한다.| 评价一个人要看~;한 사람을 평가하려면 본성을 보아야 한다.| 这两种观点~上是一致的;이 두 관점은 본질적으로 일치한다.

本子 běn·zi 名 ❶ 공책. 노트. ¶这个~的

36

封(fēng)面很漂亮；이 공책의 표지가 매우 예쁘다.｜我有很多可爱的小~，用来记录朋友的电话和地址；나는 작고 귀여운 수첩이 많은데, 친구의 전화번호와 주소를 기록할 때 쓴다.｜可以借给我一个~吗？내게 공책 한 권을 빌려줄 수 있니？ ❷ 판본. ¶这两个~有很多差异；이 두 판본은 많은 차이가 있다.｜这个~是宋本；이 판본은 송나라본이다.｜从现存的资料看，很难找到可以称为全本的~了；현존하는 자료를 볼 때, 완본이라고 할 수 있는 판본을 찾기란 정말 어렵다. ❸ 증서. ¶中国大学生都在忙着考各种各样的~；중국 대학생들은 각종 자격증 시험을 보느라 바쁘다.｜我终于拿到了~；나는 마침내 증서를 받았다.｜考~也叫考本儿，都是指通过考试得到某种证书；'考本子'는 '考本儿'이라고도 하는데, 모두 시험을 통과하여 얻은 자격증을 가리킨다.

笨 bèn [形] ❶ 어리석다. 우둔하다. ¶你的脑子不~；네 머리는 나쁘지 않다.｜我真是太~了；나는 정말 너무 우둔하다.｜~鸟先飞的意思是：如果自己不够聪明，就应该比别人更加努力；'우둔한 새가 먼저 난다'는 똑똑하지 못하면 다른 사람보다 더 열심히 해야 한다는 뜻이다. ❷ 서툴다. 솜씨가 없다. ¶他看起来有点儿~手~脚的；그는 동작이 좀 느리고 서툴러 보인다.｜我嘴~，不会说好听的话；나는 말솜씨가 없어서 듣기 좋은 말은 못한다.｜织毛衣的时候，我觉得自己手~；스웨터를 짤 때, 나는 손재주가 없다고 생각한다. ❸ 힘이 들다. ¶搬这些家具要找搬家公司才行；이런 무거운 가구를 옮길 때에는 이삿짐 센터를 부르면 된다.｜这个书橱(chú)又大又重，真是个~家伙；이 책장은 무겁고 커서 정말로 힘이 드는 가구이다.｜这些~活儿、粗活儿，你就交给她吧；이런 막일이나 허드렛일은 그녀에게 맡겨라.

笨蛋 bèndàn [名] 바보. 멍청이. ¶那个人真是个~；그 사람은 정말 바보다.｜只要用心学，~也能学会；열심히 배우려고만 하면 바보라도 배울 수 있다.｜我不想和这样的~做朋友；나는 이런 바보와 친구하고 싶지 않다.
▶용법주의: '笨蛋'이라는 말은 매우 예의 없는 말이기 때문에 마음대로 사용해서는 안 된다. 그러나 경우에 따라서는 스스로 조소할 때 사용할 수 있다. ¶我真是个笨蛋，连这么简单的事情都没弄清楚；이렇게 간단한 일조차도 정확하게 해내지 못하다니. 나는 정말 바보다.

蹦 bèng [动] (구어에서) 뛰다. 뛰어오르다. ¶孩子高兴得一下子~了起来；아이들은 기뻐서 펄쩍 뛰어올랐다.｜他用力一~，~了一米多远；그는 힘있게 뛰어 1미터를 넘게 뛰었다.｜你~得真高呀！너는 정말 높게 뛰는구나！
▶용법주의: '蹦'은 구어에서 '말을 하다'의 의미로도 쓰인다. ¶他嘴里蹦出很多新名词，我都没有听说过；그의 입에서 많은 새로운 단어가 나왔는데, 나는 모두 들어본 적이 없다.｜沉默了半天，他才蹦出一句："你好吗？"한참 동안 침묵하다가, 그가 비로소 한마디 했다. '안녕하세요?'

蹦极 bèng//jí [动] 번지점프(하다) (일정한 보호 조치 하에 높은 곳에서 거꾸

로 떨어지는 운동으로 위험성이 있다.)¶~运动是对自我勇气的挑(tiǎo)战;번지점프는 자신의 용기에 대한 도전이다.| 我从来没有蹦过极;나는 지금까지 번지점프를 해본 적이 없다.| 你敢去~吗? 당신이 감히 번지점프를 할 수 있어요?

逼 bī 动 ❶ 핍박하다. 강박하다. 죄다. (환경의 핍박, 여의치 않은 상황에 쓰인다.)¶北方的冬天寒气~人;북방의 겨울 한기가 사람을 엄습한다.| 为生活所~,他离开家乡外出打工了;생활에 위협을 받게 되자, 그는 고향을 떠나 외지로 일을 하러 갔다.| 情势(shì)所~,我不得不这样做;정세가 긴박해져서, 나는 이렇게 할 수 밖에 없었다. ❷ 호되게 독촉하여 받다. 강요하여 …하게 하다. ¶你不要再~我了;너는 다시는 내게 강요하지 마라.| 他~我说出内情;그는 내게 내부 사정을 말하도록 강요한다.| 我被~得没有办法了;나는 방법이 없을 정도로 강요당했다. ❸ (빚을) 호되게 독촉하다. ¶~债(zhài)的人来了;빚을 독촉하는 사람이 왔다.| 只要在规定期限内还(huán)清贷(dài)款,银行是不会~债的;정해진 기간 내에 대출금을 갚기만 하면, 은행에서 빚을 독촉하지 않을 것이다.| 很多债主来公司~债;많은 채권자가 회사에 와서 빚을 독촉한다.

鼻子 bí·zi 名 코. ¶我感冒了,~不太舒服;나는 감기에 걸려 코가 불편하다.| 他的~长得很高;그의 코는 정말 높다.| 你的~真灵! 너의 코는 정말 예민하다!

比 bǐ 动 ❶ 비교하다. 겨루다. ¶孩子们在~谁的声音最大;아이들은 누구의 목소리가 가장 큰지 겨루고 있다.| 我们来一~,看谁画得最好;누가 가장 잘 그리는지 우리 한 번 겨루어 보자.| 我不想和别人~,只要自己有进步就行了;나는 다른 사람과 비교할 생각은 없다. 스스로 발전이 있으면 된다. ❷ 모방하다. 본뜨다. ¶~着葫芦(húlu)画瓢(piáo),这句俗语的意思是:完全模仿别人已有的做法去做;표주박을 본떠서 바가지를 그린다는 속담은, 다른 사람의 방법을 완전히 모방함을 뜻한다.| 请同学们~着老师写的句子来造句;학생 여러분, 선생님이 쓴 문장을 따라서 문장을 만들어 보세요.| 你可以~着她的样子去做;너는 그녀의 모습을 본 따서 해도 된다. ❸ 경기 중에 쌍방의 점수비율. ¶今天比赛的结果是三~二;오늘의 경기 결과는 3대2 이다.| 两个队一~一打平了;두 팀은 1대1로 비겼다.| 现在是几~几了? 지금 몇 대 몇이니? 介 …에 비하여. …보다. (정도의 차이를 비교할 때 사용된다.) ¶今天~昨天更冷了;오늘은 어제보다 더 춥다.| 你的房间不~我的大;네 방은 내 방보다 크지 않다.| 她的生活一年~一年好了;그녀의 생활은 해마다 좋아진다.

比方 bǐ·fang 名 비유. ¶我这是在打~;이것은 내가 예를 들어 말하는 것이다.| 这不过是个~;이것은 비유일 뿐이다.| 我不知道这个~是不是恰当;나는 이 비유가 적절한지 모르겠다. 动 ❶ 예를 들다. ¶中国人喜欢用梅花来~性格坚强的女性;중국인은 성격이 굳고 강한 여자를 매화에 비유하

기를 좋아한다.| 这样的情况,用什么来 ~ 才合适呢? 이런 상황을 무엇으로 비유해야 적합할까?| 我们用河流来 ~ 语言的历史;우리는 강의 흐름으로 언어의 역사를 비유한다. ❷ 예컨대. 비유하자면. (예를 들어 말하는 형식으로 뒤에는 사물을 열거한다.) ¶ 开幕(mù)式的事情都安排好了,~说座位、鲜花、茶水等;개막식 준비가 모두 갖추어졌다. 예컨대 좌석, 생화, 차 등을 준비했다.| 我们学校有很多外国人,~说韩国人、日本人、美国人等;우리 학교에는 많은 외국인이 있다. 예를 들면 한국인, 일본인, 미국인 등이 있다.| 假期我想带女儿去南方旅行,~说去上海、苏州、杭州等城市;나는 휴가 때 딸을 데리고 남방을 여행할 생각이다. 예를 들면 상하이, 쑤저우, 항저우 등의 도시를 가고 싶다.

比较 bǐjiào 动 비교하다. ¶请好好 ~ 一下汉语和韩语汉字词的区别;중국어와 한국어 한자의 차이를 잘 비교해 주세요.| 韩中日文化 ~ 是一个有意思的课题;한, 중, 일 문화의 비교는 재미있는 과제이다.| 你们两个人 ~ 起来,还是他更稳重(wěnzhòng)一些;너희 둘을 비교하자면 그가 좀 더 점잖다. 副 비교적. ¶这篇论文写得 ~ 好;이 논문은 비교적 잘 썼다.| 中国南方的雨季 ~ 长;중국 남방의 우기는 비교적 길다.| 他的性格 ~ 内向;그의 성격은 비교적 내성적이다.

比例 bǐlì 名 비례. 비율. 비중. ¶我们学校要求教师和学生的 ~ 是1比15;우리 학교는 선생님과 학생의 비율을 1대 15로 요구한다.| 在研究生新生当中,应届(yīngjiè)本科生的 ~ 越来越大;대학원 신입생 중에서 올해 학부 졸업생의 비율이 갈수록 많아지고 있다.| 近年来,韩国留学生在所有在华留学生中的 ~ 最大;최근, 중국에서 유학하는 학생 중 한국 유학생의 비율이 가장 높다.

比目鱼 bǐmùyú 名 넙치, 가자미 등 몸이 납작하고 길며, 두 눈이 몸 한 측면에 위치한 어류의 통칭. ¶ ~ 的两只眼睛位于头的同一侧;넙치의 두 눈은 머리의 동일한 측면에 위치해 있다.| ~ 的味道很鲜美;넙치의 맛은 매우 좋다.| ~ 又叫偏口鱼;가자미는 '偏口魚' 라고도 부른다.

比如 bǐrú 名 예컨대. 가령. ¶我的学生来自世界各国, ~ 美国、加拿大、韩国、日本等国;내 학생들은 미국, 캐나다, 한국, 일본 등의 나라에서 왔다.| 中国有很多传统节日, ~ 清明节、端午节、中秋节等;중국에는 청명절, 단오절, 중추절 등 수많은 전통 명절이 있다.| 我喜欢吃韩国料理, ~ 石锅拌饭、大酱(jiàng)汤、泡菜等;나는 돌솥비빔밥, 된장찌개, 김치 등 한국요리 먹는 것을 좋아 한다.

比萨饼 bǐsàbǐng 名 피자. ¶这家店的 ~ 很好吃;이 가게의 피자는 매우 맛있다.| 我们订了 ~ 外卖;우리는 포장 판매 피자를 주문하였다.| 我喜欢海鲜口味的 ~ ;나는 해물맛 피자를 좋아 한다.

比赛 bǐsài 动 시합하다. 경기하다. ¶我们 ~ 跑步吧;우리 달리기 시합하자.| 孩子们在 ~ 唱歌;아이들이 노래 경연대회를 하고 있다.| 他们 ~ 谁的力气大;그들은 누구의 힘이 센지 시합한

다. 名 시합. 경기. ¶这场~他一定会赢(yíng)的;이번 경기에서 그는 꼭 이길 것이다.| 今天的~非常精彩;오늘 경기는 매우 훌륭했다.| 我喜欢看网球双打~;나는 테니스 복식 경기 보는 걸 좋아한다.

比重 bǐzhòng 名 비중.¶工业产值的增长在中国经济增长中占了很大~;공업 생산액의 증가는 중국 경제 성장에서 매우 큰 비중을 차지한다.| 韩国学生在留学生中的~比较大;유학생 중에 한국 학생의 비중이 비교적 크다.| 数据的统计和分析在这篇文章中的~不小;이 문장에서 데이터 통계와 분석의 비중이 많다.

彼此 bǐcǐ 代 ❶ 피차. 상호. 쌍방. 서로. ¶~理解才能成为真正的朋友;서로 이해해야 비로소 진정한 친구가 될 수 있다.| 我们要~关心、~帮助;우리는 서로 관심을 갖고 서로 도와야 한다.| 他和她深深地懂得(de)~的心意;그와 그녀는 서로의 마음을 깊이 이해한다. ❷ 피차일반입니다. (인사말로 모두가 똑같음을 표시하며, 주로 대답에 쓰인다.) ¶"您辛苦了!""~~";'수고하셨습니다!' '같이 고생했죠.'| 你别说我眼睛,我也不说你鼻子,大家~;네가 나의 눈에 대해 말하지 않으면, 나도 너의 코에 대해 말하지 않으마, 모두 피차일반이다.| "您的工作压力太大了!""~~吧!";'당신의 업무 스트레스가 너무 크군요!' '다 마찬가지죠.'

▶용법주의: 인사말로 쓰일 때는 반드시 중첩 형식 '彼此彼此'를 써야 한다.

笔 bǐ 名 붓. 펜. (필기하거나 그림을 그리는 도구) ¶这支~很好用;이 펜은 쓰기 편하다.| 我送给他一支~;나는 그에게 펜 한 자루를 주었다.| 我有各种各样的~;나는 각양각색의 펜을 가지고 있다. 量 ❶ 몫. 건. (비용이나 장사에 쓴다.) ¶还有一~款项没有收回;아직 회수하지 않은 비용이 있다.| 这~账(zhàng)怎么算? 이 장부는 어떻게 계산하니?| 他做成了一~大买卖;그는 큰 건의 매매를 성사시켰다. ❷ 문자의 필획이나 서화 예술에 씀. ¶"人"这个汉字共有两~;'人'이라는 이 한자는 총 2획이다.| 他能写一~好字;그는 글씨를 매우 잘 쓴다.| 她学过几~山水画;그녀는 산수화를 좀 배운 적이 있다.

笔记 bǐjì 名 ❶ 필기. 기록. ¶我写了很多读书~;나는 수많은 독서 기록을 썼다.| 班长的课堂~最完整;반장의 수업 필기가 가장 완벽하다.| 考试前能借你的~看看吗? 시험 전에 네 필기를 빌려 볼 수 있니? ❷ 필기. 수필. ¶我喜欢看清代的~小说;나는 청대 필기소설을 보는 걸 좋아한다.| ~记录了很多短小精练(liàn)的趣闻轶(yì)事;수필 속에는 짧지만 정련된 수많은 재미있는 이야기와 일화가 기록되어 있다.| 这部~小说非常有名;이 필기소설은 매우 유명하다.

笔记本电脑 bǐjìběndiànnǎo 名 노트북 컴퓨터. ¶这台~是最新款的;이 노트북은 최신 모델이다.| 最近~都在降(jiàng)价呢;최근에 노트북 가격이 내려가는 중이다.| 为了工作方便,我出差(chāi)经常带着~;일하기 편하기 위해 나는 출장 갈 때 늘 노트북을 가지고 간다.

▶용법주의:'笔记本电脑'는 구어에서

통상적으로 '笔记本'이라 줄여 말하며, 몇몇 젊은이들은 '本本(儿)'이란 애칭으로 부르기도 한다.

笔者 bǐzhě 名 필자. (작가의 자칭) ¶ 不同意这种观点; 필자는 이러한 관점에 동의하지 않는다.| ~经过调查得(dé)出了这些数据; 필자는 조사를 거쳐 이러한 데이터들을 얻었다.| 根据~的观察, 这种说法是不能成立的; 필자의 관찰에 근거하면, 이러한 견해는 성립할 수 없다.

必定 bìdìng 副 꼭. 반드시. 기필코. (판단과 추론을 표시한다.) ¶ 他~会来的; 그는 반드시 올 것이다.| 我们~能成功; 우리는 반드시 성공할 수 있다.| 坚持下去, ~能实现你的理想; 견디어 나가면 네 이상을 반드시 실현할 수 있다.

必然 bìrán 副 반드시. 꼭. ¶ 不努力, ~会落后的; 노력하지 않으면 반드시 낙후될 것이다.| 成功~属(shǔ)于坚强的人; 성공은 필연적으로 강인한 사람에게 따른다.| 新旧交替(tì)是~的; 신구 교체는 필연적인 것이다. 名 필연. ¶ 这是历史发展的~规律; 이것은 역사 발전의 필연적인 규칙이다.| 一些旧词逐渐淘汰(táotài), 是词汇发展的~趋势(qūshì); 일부 오래된 단어들이 점차 도태되는 것은 어휘 발전의 필연적인 추세이다.| 强者生存是自然界的~规律; 강자 생존은 자연계의 필연적인 규칙이다.

必须 bìxū 副 ❶ 반드시 …해야 한다. 꼭 …해야 한다. ¶ 学生~好好学习; 학생들은 반드시 열심히 공부해야 한다.| 你~忘记过去不愉快的记忆; 너는 과거의 유쾌하지 않은 기억을 반드시 잊어야 한다.| 我们~这么做; 우리는 반드시 이렇게 해야 한다. ❷ 반드시. 꼭. (명령의 어기를 강화한다.) ¶ 明天你来吧, ~来; 너는 내일 오너라, 꼭 와야 돼.| 年轻人~树立远大的理想; 젊은이들은 반드시 원대한 이상을 세워야 한다.| 我们~好好合作; 우리는 반드시 잘 협력해야 한다.

必要 bìyào 形 필요로 하다. ¶ 我觉得有~给他打个电话; 나는 그에게 전화를 걸 필요가 있다고 생각한다.| 这样做完全没有~; 이렇게 할 필요가 없다.| 课外阅读是非常有~的; 과외 독서는 매우 필요한 것이다.

必要性 bìyàoxìng 名 필요성. ¶ 初级班的学生还没有认识到学习语法知识的~; 초급반 학생들은 문법 지식을 공부해야 할 필요성을 아직 깨닫지 못했다.| 很多企业领导都意识到了员工培训的~; 수많은 기업 지도자들은 모두 직원 양성의 필요성을 깨달았다.| 父母要充分认识到和孩子谈心的~; 부모는 아이와 마음을 터놓고 이야기해야 할 필요성을 충분히 인식해야 한다.

毕业 bì//yè 动 졸업하다. ¶ 他的成绩不好, 恐怕毕不了业; 그는 성적이 좋지 않아 졸업하지 못할 것 같다.| 我已经大学~十多年了; 나는 대학 졸업한 지 이미 십 년이 넘었다.| 明年你毕得了(liǎo)业吗? 내년에 너는 졸업할 수 있니?

▶용법주의: '毕业'는 이합사라서 '毕不了业', '毕了业', '毕得了业' 등으로 표현할 수 있다.

闭 bì 动 닫다. 다물다. ¶ 为了修养身体, 她基本上~门不出; 수양을 위해 그녀

는 바깥출입을 자제했다.|他~上眼睛,睡着(zháo)了;그는 눈을 감고 잠이 들었다.|孩子紧紧地~着嘴(zuǐ),什么也不说;아이는 입을 꽉 다문 채 아무 것도 이야기하지 않는다.

避 bì [动] 피하다. ¶要尽量~开冲突;되도록 충돌을 피해야 한다.|我去找过她,但她总是~而不见;나는 그녀를 찾아간 적이 있지만 그녀는 늘 피하고 만나주지 않았다.|我们在图书馆门前~了一会儿雨;우리는 도서관 문 앞에서 비를 잠깐 피했다.

避免 bìmiǎn [动] 피하다. 모면하다. ¶这样做可以~发生争吵;이렇게 하면 말다툼이 생기는 걸 피할 수 있다.|有些问题是难以~的;어떤 문제들은 피하기 어렵다.|为了~更多的麻烦,我决定自己去一趟(tàng);더 많은 번거로움을 피하기 위해 나는 직접 한번 가기로 결정했다.

边 biān [名] ❶ 가장자리. 옆. ¶我们去海~散散步吧;우리 해변에 산보하러 가자.|马路两~都是卖水果的小摊(tān);도로 양측 모두 과일을 파는 노점들이 있다.|开会的时候,他总是站在领导~儿上;회의할 때 그는 늘 지도자 곁에 서 있다. ❷ (~儿) 테두리 장식. (가늘고 긴 장식) ¶这条裙子的花~儿真好看;이 치마의 테두리 장식은 정말 보기 좋다.|这幅画的画框(kuàng)上有几道金~儿;이 그림의 액자 위에는 몇 가닥의 금테가 있다.|孩子细心地给图画加了彩色的~儿;아이는 그림에 세심하게 천연색 테두리를 더했다. ❸ 방면. ¶这次双~会谈很成功;이번 양자회담은 매우 성공적이었다.|这~那~都安排好了;이

쪽저쪽 모두 준비가 다 됐다.|你要照顾到两~的利益;너는 양측의 이익을 고려해야 한다.

边…边… biān…biān… [副] 한편으로 … 하면서(…하다). ¶我~看书~听音乐;나는 책을 보면서 음악을 듣는다.|他~说~笑;그는 말하면서 웃는다.|我们~吃~聊;우리는 먹으면서 이야기한다.

▶용법주의: 동작의 동시 진행을 표시하며, '一边……一边…'이라고도 한다. ¶我一边看书一边听音乐;나는 책을 보면서 음악을 듣는다.

边界 biānjiè [名] 경계. 국경. ¶私自跨越(kuàyuè)国家之间的~线是违法的;마음대로 국가 사이의 경계선을 넘는 것은 위법이다.|这里就是河北省和河南省的~;이곳이 바로 허베이와 허난성의 경계이다.|越过这道~,就到了另外一个地区了;이 경계를 넘자 또 다른 지역에 이르렀다.

▶용법주의: '边界'는 또한 추상적인 사물 사이의 경계선을 표시하기도 한다. ¶他和她始终没有跨越友情的边界;그와 그녀는 시종일관 우정의 경계를 넘지 않았다.

编 biān [动] ❶ (수공으로) 엮다. 짜다. 땋다. ¶妈妈给女儿~了两条小辫(biàn)儿;엄마가 딸에게 머리를 두 가닥으로 땋아 주었다.|她戴(dài)的草帽是奶奶亲手~的;그녀가 쓴 밀짚 모자는 할머니가 손수 짜신 것이다.|我喜欢用竹子~成的工艺品;나는 대나무로 엮은 공예품을 좋아한다. ❷ (일정한 순서나 규칙에 따라) 편성하다. 조직하다. 배열하다. ¶这些材料已经~好号码了;이 자료들에 이미 번호

를 붙여놨다.|我们30个人一共~成三个组，每组10人；우리 30명은 모두 세 조로 편성되며, 각 조마다 10명씩이다.|孩子们春游的时候~了5个小队；아이들은 봄소풍 때 5개 조로 편성되었다. ❸ 편집하다. ¶我们已经把下一期杂志~好了；우리는 이미 다음 호 잡지를 편집하였다.|他的工作是~报纸；그의 업무는 신문을 편집하는 것이다.|这份刊物~得不错；이 간행물은 편집이 매우 잘 됐다. ❹ 창작하다. ¶他演出的时候临时~了几句台词；그는 연출할 때 임시로 대사 몇 마디를 창작하였다.|这首曲子是他~的；이 곡은 그가 창작한 것이다.|他去年~的剧本已经拍成电影了；그가 작년에 창작한 시나리오는 이미 영화로 제작되었다. ❺ 꾸미다. 날조하다. ¶你不要相信他,他说的话都是瞎(xiā)~的；너는 그를 믿지 마라. 그가 한 말은 모두 멋대로 꾸며낸 것이다.|你为什么要~这样的理由来拒绝(jùjué)我？너는 왜 이런 이유를 꾸며내 나를 거절하는 거니?|这个故事是真实的,不是~的；이 이야기는 진실이며, 날조한 것이 아니다.

编码 biānmǎ 名 (컴퓨터나 통신 등 영역에서의) 코드. 부호. ¶我忘了写邮政~；나는 우편 번호 쓰는 것을 잊어버렸다.|网上有不少新的~软件；네트워크에는 수많은 새로운 코딩 소프트웨어가 있다.|这个~程序我不太懂；이 코딩 프로그램을 나는 잘 알지 못한다.

贬值 biǎnzhí 动 ❶ (화폐나 재산 가치가) 떨어지다. 값이 떨어지다. 평가절하하다. ¶2008年，韩元~比较严重，2008년 한화의 평가절하가 비교적 심각하다.|黄金制品一般是不会~的；금 제품은 일반적으로 값이 떨어지지 않는다.|最近房地产也开始~了；최근에 부동산 역시 값이 떨어지기 시작했다. ❷ (모든 사물의 가치가) 떨어지다. 평가절하를 하다. ¶在利益面前,友情也~了；이익 앞에서는 우정의 가치도 떨어진다.|在我看来,人与人之间的情感永远也不会~；내 생각에 사람간의 정은 영원히 계속될거다.|我前年买的笔记本电脑现在已经~了两千元；내가 재작년에 산 노트북은 지금 이미 2천 위안 떨어졌다.

扁 biǎn 形 (물체의 두께가 길이나 폭에 비해) 평평하다. 납작하다. ¶鸭子的嘴~的；오리의 입은 납작하다.|馒头(mántou)在书包里压~了；찐빵이 책가방 속에서 눌려 납작해졌다.|她把收到的礼物放在一个~圆形的盒子里；그녀는 받은 선물을 납작하고 둥근 상자 안에 놓았다.

▶용법주의:'别把人看扁了(남을 무시하지 마라)'의 '扁'은 다른 사람을 무시하거나 경시한다는 뜻을 표시한다.

便 biàn 副 ❶ 곧. 즉. 바로. ¶没有你的帮助,这项工作~无法完成；네 도움이 없었다면 이 일은 바로 완성할 수 없었다.|说完这句话他~走了；이 말을 마친 뒤 그는 곧 떠났다.|知道了他的电话号码后,我~和他联系；그의 전화번호를 안 뒤, 나는 바로 그와 연락했다. ❷ 비록 …일지라도. 설령 … 하더라도. (가정을 표시한다.) ¶只要有大家的支持,~是再大的困难我也能够克服；모두의 지지만 있다면 더

큰 곤란이 있더라도 나는 또한 능히 극복할 수 있다.│只要你过得幸福,~是再大的委屈(wěiqu)我也不在意；네가 행복하게 지낸다면 더 큰 굴욕도 나는 개의치 않는다.│只要孩子能快乐地成长,妈妈~是吃再多苦也没关系；아이가 즐겁게 성장할 수만 있다면 엄마는 더 많은 고생을 하더라도 상관없다.

▶용법주의：'便'는 서면어적인 색채를 지니며, 구어에서는 일반적으로 '就'를 쓴다. 我写了三遍才写好,前两遍老在~；이 보고서를 나는 세 번이나 써서 겨우 완성했는데, 앞선 두 번은 보충 수업인 셈이다.

补习 bǔxí 〔动〕보습하다. 보충 학습을 하다. ¶我参加了汉语~班；나는 중국어 학원에 다녔다.│我的中国朋友帮助我~汉语语法；내 중국 친구는 중국어 문법 보충학습을 도와준다.│他下班以后要去语言学校~英语；그는 퇴근 후에 언어 학교에 가서 영어를 보습한다.

补习班 bǔxíbān 〔名〕학원. 보충 학습반. ¶孩子周末要去上数学~；아이는 주말에 수학 학원에 가야 한다.│我报名参加了汉语~；나는 중국어 학원에 등록했다.│整个暑假她都在~学习；여름 방학 내내 그녀는 학원에서 공부했다.

▶용법주의：'补课'의 중첩 형식은 '补补课'이다. ¶今天我要给学生补补课；오늘 나는 학생들에게 보충 수업을 해야 한다.

捕 bǔ 〔动〕잡다. 체포하다. ¶我们在小河边~鱼；우리는 작은 냇가에서 물고기를 잡았다.│警察~到了罪犯；경찰

이 범인을 체포했다.│自然保护区禁止~猎(liè)；자연 보호 구역에서는 사냥을 금지한다.

不 bù 〔副〕❶ 동사와 형용사 앞에서 부정을 표시한다. ¶我~去；나 안 간다.│今天天气~冷；오늘 날씨가 춥지 않다.│这件事还~一定呢；이 일은 아직 확정적이지 않다. ❷ 단독으로 쓰여 부정적인 대답을 나타낸다. ¶"你想和我们一起去吗？" "~"；'너는 우리와 함께 가고 싶니?' '아뇨.'│"你去找找他好吗？" "~"；'너는 그를 찾아가는 게 어떠니?' '아니'│"她知道吗？" "~,她~知道"；'그녀가 아니?' '아니, 그녀는 몰라.' ❸ 동보 구조에 쓰여 불가능을 표시한다. ¶我拿~动这个包裹；나는 이 소포를 들 수 없다.│我看~清老师写在黑板上的字；나는 선생님께서 칠판 위에 쓰신 글자가 똑똑히 보이지 않는다.│我吃~下了；나 더 이상 먹을 수가 없어. ❹ …할 필요 없다. (인사말에만 쓰인다.) ¶~谢；천만의 말씀입니다.│~客气；천만에요. 별 말씀을요.│~送；나오지 마십시오. ❺ '不'의 앞뒤에 같은 단어를 써서 질문을 표시함. ¶你累~累？너 피곤하니?│他这个人好~好？그 사람 좋니?│你喝~喝啤酒？너 맥주 마실래?

▶용법주의：'不'의 앞뒤에 같은 단어를 쓸 때 앞에 '什么'를 붙이면 상관하지 않거나 개의치 않음을 표시한다. ¶什么钱不钱的,朋友之间不要说这个；무슨 놈의 돈이고 뭐고, 친구 사이에 이런 말 하지마.

不安 bù'ān 〔形〕❶ 불안하다. ¶他看起来坐立~；그는 보기에 안절부절 불안

하다.|我的心里忐忑(tǎntè)~;내 마음이 안절부절 불안하다.|社会动荡~;사회가 동요되어 불안하다. ❷미안하다. (마음속의 유감이나 감격을 표시한다.)¶这样麻烦你,我感到很~;이렇게 너를 번거롭게 해서 나는 매우 미안하다고 느낀다.|如果我伤害了别人,我会非常~的;만약 내가 다른 사람의 마음을 상하게 했다면 난 매우 미안할 것이다.|让您费心了,我心里很~;당신께 걱정을 끼쳐드려 제 마음이 매우 미안합니다.

不必 búbì 副 …할 필요 없다. ¶你~这么做;너는 이렇게 할 필요 없다.|~去那么早;그렇게 빨리 갈 필요 없다.|~找他了;그를 찾을 필요 없다.

不错 búcuò 形 ❶ 맞다. 틀림없다. ¶~,情况就是这样;맞아, 상황이 바로 이래.|~,她就是这样的人;맞아, 그녀는 바로 이런 사람이야.|~,我上次也听到她这么说了;맞아, 내가 지난번에도 그녀가 이렇게 말하는 걸 들었어. ❷ 좋다. 괜찮다. ¶他对我~;그가 내게 잘 한다.|我最近身体~;나는 요즘 건강이 좋다.|听说她生活得~;듣자 하니 그녀는 잘 지낸다고 한다.

▶용법주의:'不错'가 '틀림없다'로 쓰일 때는 '没错'를 쓸 수 있지만, '좋다'로 쓰일 때는 '不错'만 쓸 수 있다.

不但 búdàn 连 …뿐만 아니라. (차례로 나아감을 표시하는 복문의 앞 절에 쓰이며, 뒤에 종종 '而且','还'등과 호응된다.)¶他~会说汉语,而且会说英语;그는 중국어를 할 줄 알 뿐만 아니라 영어도 할 수 있다.|我们~没有损失,还赢得了利益;우리는 손실

이 없었을 뿐만 아니라 이익도 얻었다.|这样做~不能解决问题,而且会带来更多的麻烦;이렇게 하면 문제를 해결할 수 없을 뿐만 아니라 더 많은 번거로움을 초래할 수 있다.

不得不 bùdébù 副 …하지 않으면 안 된다. 반드시 …해야 한다. (객관적 상황의 강제 때문에 어떤 일을 할 수밖에 없음을 표시한다.)¶由于现实的原因,我们~分手了;현실적인 이유 때문에 우리는 헤어지지 않으면 안 된다.|她不想去,但这是领导的决定,她~去;그녀가 비록 가지 않으려 하지만, 이건 상부의 결정이기 때문에 그녀는 가지 않으면 안 된다.|时间到了,我们~说再见了;시간이 다 되었으니, 우리는 작별 인사를 하지 않으면 안 된다.

不得了 bùdéliǎo 形 ❶ 큰일났다. 야단났다. (상황이 매우 심각함을 표시하며, 주로 좋지 않은 일에 쓰인다.)¶~了,出事了;큰일났다, 사고가 났어.|~了,着(zháo)火了;큰일났다, 불났어.|万一发生什么事情,那可~;만일 무슨 일이 생기면 큰일이다. ❷ (정도가) 매우 심하다. ¶他们俩好得~;그들 둘은 대단히 잘 지낸다.|天气热得~;날씨가 매우 덥다.|他脾气大得~;그는 성깔이 매우 대단하다.

▶용법주의: 여기서 '了'의 발음이 (liǎo)임을 주의해야 한다.

不动产 búdòngchǎn 名 부동산. ¶土地和土地上的房屋都属于~;토지와 토지상의 가옥, 나무는 모두 부동산에 속한다.|~的升值潜力(qiánlì)很大;부동산의 평가절상 잠재력이 매우 크다.|他在全国各地都有~;그는 전국

각지마다 부동산을 갖고 있다.

不断 búduàn 动 끊임없다. ¶最近他们家的喜事接连~;최근에 그들 집에 기쁜 일이 끊임없이 계속된다.| 电话铃声一直~;전화벨 소리가 계속 울렸다.| 愿贵公司财源~;귀사의 재원이 끊임없기를 바랍니다. 副 끊임없이. 부단히. 늘. ¶他的汉语水平~进步;그의 중국어 수준이 부단히 발전한다.| 只要你~努力,就一定可以成功;네가 끊임없이 노력한다면 반드시 성공할 수 있다.| 随着社会的发展,新鲜事物~出现;사회 발전에 따라 신기한 사물이 끊임없이 나타났다.

不对 búduì 形 ❶ 틀리다. 정확하지 않다. ¶你这样做~;너 이렇게 하면 틀려.| ~,这里出错了;틀렸어, 이곳에 실수를 했어.| 这些数据~;이 데이터들은 정확하지 않다. ❷ (보기에) 정상이 아니다. 심상치 않다. ¶她的脸色~,好像发生了什么事;그녀의 얼굴빛이 심상치 않은데, 마치 무슨 일이 생긴 것 같다.| 他和我说话的口气~;그가 나에게 말하는 말투가 심상치 않다.| 我觉得事情有点儿~;나는 일이 좀 정상이 아니라고 느꼈다.

不法 bùfǎ 形 불법이다. 법률에 위반되다. ¶这些~分子终于得到了应有的惩罚;이 범법자들은 결국 상응하는 징벌을 받았다.| 我们要和~行为作斗争;우리는 불법 행위와 투쟁해야 한다.| 他们通过~途径获取了这些情报;그들은 불법적인 루트를 통해 이러한 정보들을 얻었다.

不敢当 bùgǎndāng 谦 감당하기 어렵다. 별 말씀을 다하십니다. 천만의 말씀입니다. 황송합니다. (겸양어로 자신이 다른 사람의 칭찬, 접대 혹은 추천을 감당할 수 없음을 표시한다.) ¶您这么说我可~;당신께서 이렇게 말씀하시니 제가 감당하기 어렵습니다.| ~,您过奖了;황송합니다, 당신께서 과찬을 하시는군요.| 大家都这么抬举我,我真是~啊! 모두 이렇게 저를 추켜올려 주시니 저는 정말 감당하기 어렵습니다!

不够 búgòu 动 (수량이나 조건이) 부족하다. 모자라다. ¶人数~;사람 수가 모자라다.| 我们的资金~;우리의 자금이 부족하다.| 现在的条件还~;지금 조건이 아직 모자라다. 副 (정도가) 모자라다. 부족하다. ¶这篇论文材料~丰富;이 논문은 자료가 풍부하지 않다.| 你的汉语还~熟练;너는 아직 중국어가 능숙하지 않다.| 我觉得自己~成熟;나는 스스로가 성숙하지 않다고 느낀다.

不顾 búgù 动 ❶ 돌보지 않다. ¶做人不能只顾自己~别人;사람이 되어 자신만을 돌보고 남을 돌보지 않을 수 없다.| 他完全~我们;그는 우리를 전혀 돌보지 않는다.| 这个男人~家;이 남자는 집안을 돌보지 않는다. ❷ 고려하지 않다. 상관하지 않다. ¶他为了爱情~一切;그는 사랑을 위해 모든 것을 상관하지 않는다.| 做事不要~后果;일을 할 때는 뒤의 결과를 고려해야 한다.| 她~我的感受,说了一些难听的话;그녀는 내 느낌을 아랑곳하지 않고 듣기 싫은 말들을 했다.

不管 bùguǎn 动 돌보지 않다. ¶他~孩子;그는 아이를 돌보지 않는다.| 老师~那些调皮的学生;선생님께서 그 장난치는 학생들을 내버려 두신다.|

家里的事情她一概~;집안 일을 그녀는 전혀 돌보지 않는다. 连…에 상관없이. …을 막론하고. (어찌됐건 무슨 일을 할 것임을 표시한다.) ¶~有多难,我一定要坚持下去;얼마나 어렵건 상관없이 나는 반드시 견지해 나가야 한다. | ~有没有结果,我们都要努力;결과가 있든 없든 상관없이 우리는 모두 노력해야 한다. | ~你说什么,我都不会相信;네가 무슨 말을 하던 간에 나는 모두 믿을 수가 없다.

▶확장용법: 구어에는 '不管怎么样'의 화법이 있는데, 뒤에 '都'와 주로 호응한다. ¶不管怎么样我都要去;어찌되었건 간에 나는 가야 한다. 또한 '不管三七二十一'라고도 말하는데, '무엇도 상관하지 않고' 라는 뜻이다. ¶他不管三七二十一,把所有考试用书都买下来了;그는 닥치는 대로 모든 시험용 서적들을 샀다.

不过 búguò 连 그런데. 그러나. (역접을 표시하며, 서로 다르거나 상반된 상황을 끌어낸다.) ¶我遇到了很多难题,~最后都一一解决了;나는 수많은 어려운 문제에 부딪혔지만 마지막에는 모두 하나하나 해결하였다. | 我已经找过他,~他不想见我;나는 벌써 그를 찾은 적이 있었지만, 그는 나를 만날 생각이 없었다. | 我很想去看你,~总是没有时间;나는 너를 매우 만나러 가고 싶었지만, 늘 시간이 없었다. 副❶ …에 지나지 않다. …에 불과하다. (말하는 사람이 범위가 작거나 나이가 적거나 정도가 가볍다고 생각함을 표시한다.) ¶她~是个孩子;그녀는 어린아이에 지나지 않는다. | 上大学的时候,我~才十六岁;대학 다닐 때 나는 불과 16살에 불과했다. | 她~读错了一个字罢了;그녀는 불과 한 글자만을 잘못 읽었을 뿐이다. 他去了~十分钟。❷ 대단히. 매우. (형용사 뒤에 쓰여 정도가 가장 높음을 표시한다.) ¶这样最好~了;이러면 가장 좋다.

▶용법주의: 부사❶은 종종 '才', '罢了'와 호응하며, 부사❷는 종종 '再'와 호응한다.

不好意思 bùhǎoyì·si 谦 ❶ 부끄럽다. 쑥스럽다. 난처하다. ¶我~说出来;나는 말하기가 쑥스럽다. | 在那么多人面前表演,孩子有点儿~;그렇게 많은 사람들 앞에서 연기하려니 아이는 좀 쑥스러웠다. | 给你添麻烦了,真~;당신께 폐를 끼쳐 정말 송구합니다. ❷ (체면 때문에) …하기가 불편하다. ¶我~拒绝(jùjué)他;나는 그를 거절하기가 불편했다. | 她~再来找我了;그녀는 나를 또 찾아오는 것을 불편해 했다. | 我们是朋友,我~不借给他钱;우리는 친군데, 그에게 돈을 안 빌려주려니 불편했다.

▶용법주의: '不太好意思'라고도 말해 '不好意思'의 정도를 경감할 수 있다. ¶我不太好意思拒绝他;나는 그를 거절하기가 조금 불편했다.

不仅 bùjǐn 副 …만은 아니다. (일정한 범위를 넘었음을 표시한다.) 책임이 있는 것이 아니라 우리 모두에게 책임이 있다. 连 …일 뿐만 아니라. (뒤에 종종 '而且'와 호응한다.) ¶~她这么认为,大家都是这么认为的;그녀가 이렇게 생각할 뿐만 아니라 모두들 이렇게 생각한다. | 这~是我个人的意见;이건 내 개인적인 의견만은 아

니다.|这件事~你有责任,我们都有责任;이 일은 너에게 뿐만 아니라 우리 모두에게 책임이 있다.|她~认真看了我的文章,而且提出了很好的意见;그녀는 내 문장을 진지하게 봤을 뿐만 아니라 좋은 의견도 제기했다.|他们~完成了任务,而且完成得很出色;그들은 임무를 완성했을 뿐만 아니라 매우 훌륭하게 완성했다.|他~没有反对,而且还表示以后要支持我们;그는 반대하지 않았을 뿐만 아니라 또한 앞으로 우리를 지지할 뜻을 나타냈다.

▶용법주의: '不仅'이 부사로 사용될 때의 중첩 형식은 '不仅仅'이다. ¶这不仅仅是你一个人的事情;이건 너 한 사람만의 일은 아니다.

不久 bùjiǔ 形 머지 않아. 곧. ¶你离开~,他也走了;네가 떠난 지 얼마 안 돼 그 역시 떠나갔다.|~之后,我就要回国了;머지 않아 나는 귀국할 것이다.|你们分手~,他就病了;너희가 헤어진 지 얼마 안 돼 그는 병에 걸렸다.

不可 bùkě 动 …할 수가 없다. …해서는 안된다. ¶~大意;소홀히 해서는 안된다.|~固执己见;자신의 의견을 고집해서는 안된다.|事情已经~挽(wǎn)回了;일이 벌써 만회할 수 없다. 助 …하지 않으면 안된다. ('非'와 호응해서 반드시 이렇게 해야 함을 표시한다.) ¶她非去~;그녀는 가지 않으면 안된다.|他认为这些话非说~;그는 이런 말들을 하지 않으면 안된다고 생각했다.|我非走~;나는 가지 않으면 안된다.

不论 búlùn 连 …을 막론하고. …든지. (어떤 결과라도 상관없이 변하지 않음을 표시하며, 뒤에 종종 '都', '总' 등과 호응한다.) ¶~我怎么劝说,她都不听;내가 어떻게 타이르든 그녀는 듣지 않는다.|~你怎么努力,都已经没有用了;네가 어떻게 노력하든 모두 이미 소용없게 됐다.|~遇到什么挫折(cuòzhé),我都会坚强地生活下去;어떤 좌절을 만나든지 나는 꿋꿋이 생활해나갈 것이다.

不满 bùmǎn 形 불만족하다. ¶妈妈总是加班,孩子感到有些~;엄마가 늘 잔업을 해서서 아이는 불만을 좀 느꼈다.|员工们对公司的新规定~;직원들이 회사의 새 규정에 불만족해 한다.|请把你心里的~说出来吧;당신 마음 속의 불만을 얘기해 보세요.

不平 bùpíng 形 불공평하다(고 느끼다). ¶我为她的遭遇(zāoyù)感到~;나는 그녀의 불행한 처지 때문에 불공평함을 느꼈다.|她难以克制心中~的情绪;그녀는 마음속의 불공평함의 정서를 극복하기 힘들었다.|我们都为此深深~;우리 모두 이 때문에 깊이 불공평함을 느꼈다. 名 ❶ 불공평한 일. ¶路见~,拔刀相助;억울한 일을 당하는 사람을 보고 서슴없이 도와주다.|我已经看到了世间的~;나는 세간의 불공평한 일들을 벌써 보았다.|世界上有很多~,有些是难以改变的;세계에는 수많은 불공평한 일들이 있는데, 어떤 것들은 바꾸기 어려운 것들이다. ❷ (불공평한 일로 생긴) 분노. 불만. 불쾌감. ¶该怎样消除我心里的~呢?어떻게 내 마음속 분노를 해소해야 하는가?|这种~的情绪,我们都曾体验过;이런 불만의 정

서를 우리 모두 체험한 적이 있다.| 她~的心,感到愤怒(fènnù)而无助;그녀의 불만에 찬 마음은 분노했지만 도움이 되지 않는다고 느꼈다.

不然 bùrán 连 ❶ 그렇지 않으면. (만약 그렇지 않는다면 어떤 결과를 초래할 것임을 표시한다.) ¶快点儿走,~要迟到了;빨리 가라, 그렇지 않으면 지각하겠다.| 多穿点儿,~会感冒的;좀 더 많이 입어라, 그렇지 않으면 감기 들 것이다.| 快解释一下吧,~她要生气了;빨리 해명 좀 해봐. 그렇지 않으면 그녀가 화내겠다. ❷ 그렇지 않으면. (만약 그렇지 않는다면 다른 선택이 있음을 표시한다.) ¶我今天要上班,~就可以陪你去了;나는 오늘 출근해야 돼, 그렇지 않으면 너와 함께 갈 수 있을 텐데.| 我们一起去喝杯咖啡吧,~就一起散散步吧;우리 함께 커피 마시러 가자, 아니면 같이 산책하자.| 我们去看场电影,~去看话剧怎么样? 우리 영화 보러 가자, 그렇지 않으면 연극 보는 건 어때? 形 그렇지 않다. ¶我本来以为他可以理解我,其实~;나는 원래 그가 나를 이해할 수 있다고 여겼는데 사실 그렇지 않았다.| 我以为大家都来了,其实~;나는 모두 왔다고 생각했는데 사실 그렇지 않았다.| 我们年轻的时候认为生活很简单,其实~;우리가 젊었을 때는 생활이 매우 단순하다고 생각했는데 사실 그렇지 않았다.

▶용법주의: '不然'이 형용사로 쓰일 때, 현대 중국어에서 항상 '其实不然'의 형식으로 나타나 고정화된 화법이 되었으며, 서면어의 색채를 지닌다.

不如 bùrú 动 …만 못하다. ¶我的房间~你的大;내 방은 네 방만큼 크지 않다.| 那本书~这本书有意思;그 책은 이 책만큼 재미있지 않다.| 她~你细心;그녀는 너만큼 세심하지 못하다.

▶용법주의: '不如' 뒤에는 소극적인 의미의 형용사가 나올 수 없고, 적극적인 의미를 지니거나, 말하는 사람이 좋다고 받아들일 수 있는 의미를 지닌 형용사가 나온다. ¶这部电影不如那部电影无聊(×)| 她不如你脾气坏(×)| 我不如你矮(×)| 这部电影不如那部电影精彩;이 영화는 저 영화만큼 훌륭하지 않다.| 她不如你脾气好;그녀는 너만큼 성격이 좋지 않다.| 我不如你高;나는 너만큼 크지 않다.

不少 bùshǎo 形 많다. 적지 않다. ¶我有~外国朋友;내겐 적지 않은 외국 친구가 있다.| 她今天吃得~;그녀는 오늘 적지 않게 먹었다.| 我花了~时间才写好这篇论文;나는 많은 시간을 들여서 이 논문을 다 썼다.

不是 bú·shi 名 잘못. 과실. ¶没想到这反倒成了我的~;생각지도 않게 이것이 오히려 내 잘못이 되어 버렸다.| 她总是在背后说别人的~;그녀는 늘 암암리에 다른 사람의 잘못을 말한다.| 不要总挑她的~;그녀의 잘못을 늘 들쑤시지 마라.

▶용법주의: 여기서 '不是'는 구어적 색채를 지닌 명사이며, 부정을 나타내는 단어 '不是'와는 용법이 다르다.

不同 bùtóng 形 같지 않다. 다르다. ¶汉语和韩语的语法特点~;중국어와 한국어의 문법적 특성은 다르다.| 你们兄弟俩的性格~;너희 두 형제의 성격은 다르다.| 在~的情况下要灵活处理;다른 상황에서는 융통성 있게

처리해야 한다. [名] 차이. ¶你能找出这两幅画有什么~吗?이 두 폭의 그림이 무슨 차이가 있는지 찾아낼 수 있니?|请比较一下这两篇作品的~;이 두 작품의 차이를 비교하세요.|中国和韩国的生活习俗有很多~;중국과 한국의 생활 풍습은 많은 차이가 있다.

不懈 búxiè [副] 꾸준히. ¶经过~的努力, 她终于考上了大学;꾸준한 노력을 거쳐 그녀는 결국 대학에 합격했다.|只要你~地坚持下去,总有一天能实现你的梦想;네가 꾸준히 견지해나간다면 언젠가는 네 꿈을 실현할 수 있다.|她~地奋斗着;그녀는 꾸준히 분투하고 있다.

不行 bùxíng [动] ❶ 안된다. ¶你这样做~;너 이렇게 하면 안된다.|~,我不能答应你;안 돼, 나는 승낙할 수 없어.|~,我们不能去那儿;안 돼, 우리는 거기 갈 수 없어. ❷ 임종이 임박하다. ¶老人眼看就~了;노인은 이제 임종이 임박했다.|他的身体已经~了;그의 몸은 벌써 죽음에 임박했다.|医生说奶奶~了;의사는 할머니께서 임종에 임박했다고 말했다. [形] ❶ 안좋다. 나쁘다. 쓸모 없다. ¶我的技术~;나는 기술이 안 좋다.|这本书的印刷质量~;이 책의 인쇄 품질이 나쁘다.|这套茶具的工艺~;이 다구 세트의 공예가 형편없다. ❷ (정도가) 심하다. 견딜 수 없다. ('得'뒤에서 보어로 쓰여 정도가 극점에 도달했음을 표시한다.) ¶天气热得~;날씨가 몹시 덥다.|我累得~了;나 몹시 피곤하다.|他们好得~;그들은 매우 좋다.

不幸 búxìng [形] ❶ 불행하다. ¶这是个~的消息;이건 불행한 소식이다.|他的人生很~;그의 인생은 매우 불행하다.|我很同情她~的遭遇;나는 그녀의 불행한 처지를 매우 동정한다. ❷ 일어나지 않기를 바랐던 일이 결국 일어나다. ¶他~病故;그는 불행히도 병사했다.|~陷(xiàn)入了这场纠纷;불행히도 이번 분쟁에 빠져들었다.|~而言中;불행히도 말 가운데 있다. [名] 재난. 재화. 불행. ¶遇到这种~,该怎么办呢;이런 불행을 만나다니 어떻게 해야하는가?|没想到她发生这样的~;생각지도 않게 그녀에게 이런 재난이 생겼다.|震区的人们惨遭~;지진 지역 사람들이 참혹하게 불행한 일을 당했다.

不许 bùxǔ [动] 불허하다. …해서는 안된다. ¶~撒谎;거짓말을 해서는 안된다.|~哭;울어서는 안된다.|~骗人!남을 속이지마!

不要 búyào [副] …하지 마라. (금지나 그만 두라는 충고를 표시한다.) ¶~在公众场所吸烟;공공 장소에서 다시는 흡연하지 마라.|~言而无信;말에 신용이 없어서는 안된다.|~走!가지 마!

不要紧 búyàojǐn [形] 괜찮다. 문제 없다. 대수롭지 않다. ¶你的病~,请别担心;당신 병은 괜찮으니 걱정하지 마세요.|~,等你有空儿的时候我们再谈吧;괜찮아요, 당신이 시간 있을 때 우리 다시 얘기하죠.|这件事~;이 일은 대수롭지 않다.

不一定 bùyīdìng [副] 반드시 …하는 것은 아니다. ¶她~来;그녀가 꼭 오는 것은 아니다.|你这样做~好;네가 이

렇게 한다고 꼭 좋은 것은 아니다.| 情况~那么糟糕;상황이 그렇게 꼭 엉망인 것은 아니다.

不用 búyòng 副 …할 필요가 없다. ¶~再说了,我都明白了;다시 말할 필요 없어, 나는 다 이해했으니까.| 你~去了;너 갈 필요 없어.| ~担心,一切都会好起来的;걱정할 필요 없어, 모든 것이 좋아질 거야.

不怎么样 bùzěnmeyàng (별로) 좋지 않다. (비판을 표시할 수도 있다.) ¶我觉得这里的环境~;나는 이곳 환경이 별로 좋지 않다고 생각한다.| 那个人~;그 사람은 별로 좋지 않다.| 今天我的心情~;오늘 내 기분이 별로 좋지 않다.

不知不觉 bùzhībùjué 成 자기도 모르는 사이에. 부지불식 간에. ¶时间过得真快,~又是一年;시간이 정말 빨리 가는구나, 부지불식 간에 또 일년이다.| ~,我们已经相识快十年了;부지불식 간에 우리는 벌써 십년 가까이 알았구나.| 她~地睡着了;그녀는 자기도 모르는 사이에 잠이 들었다.

不足 bùzú 形 부족하다. 모자라다. ¶那个孩子的体质先天~;그 애는 선천적으로 체질이 좋지 않다.| 看来你对这件事的真相了解~;보아하니 너는 이번 일의 진상에 대한 이해가 부족하구나. 动 ❶ (수량이) 부족하다. 모자라다. ¶我们班~三十人;우리 반은 30명이 안된다.| 她的小儿子现在还~一个月;그녀의 작은 아들은 지금 아직 한달이 안되었다.| 他们见面的次数~五次;그들이 만난 횟수는 다섯 번이 안된다. ❷ …할 가치가 없다. ¶这点小事~挂齿;이런 작은 일

은 언급할 가치가 없다.| 这样的新闻~为奇;이런 뉴스는 특별한 것이 아니다.

布 bù 名 천. 베. 포. (면 방직품의 총칭) ¶现在~店越来越少了;오늘날 포목점이 갈수록 줄어든다.| 我想买一块花~做窗帘(chuānglián);나는 꽃무늬 천 하나를 사서 커튼을 만들 생각이다.| 我很喜欢穿棉~做的衣服;나는 면직물로 만든 옷 입는 걸 매우 좋아한다. 动 ❶ 배치하다. 안배하다. 펼치다. ¶猎人~好了陷阱(xiànjǐng);사냥꾼이 함정을 다 배치했다.| 警察在罪犯经常去的酒吧~了埋伏(máifu);경찰은 범인이 자주가는 술집에 매복을 펼쳤다.| 为了抓到他,我们~下了天罗地网(tiānluódìwǎng);그를 잡기 위해서 우리는 물샐 틈 없는 경계망을 펼쳤다. ❷ 분포하다. 널려 있다. ¶这家公司的连锁店(liánsuǒdiàn)遍~全国;이 회사의 체인점은 전국에 널리 퍼져 있다.| 天空乌云密~;하늘에 먹구름이 짙게 덮여있다.| 他的眼睛里~满了血丝;그의 눈에 핏발이 가득 맺혀있다.

布景 bùjǐng 名 (무대 위나 촬영할 때 배치된) 세트. 배경. ¶请准备好~;세트를 다 준비해 주세요.| 这出话剧的~是导演亲自设计的;이 연극의 세트는 감독이 직접 설계한 것이다.| 摄影师(shèyǐngshī)帮我选择了浅蓝色的~;촬영 기사는 나를 도와 연한 남색 배경을 선택했다.

布置 bùzhì 动 ❶ (물건을) 배치하다. 배열하다. 꾸미다. 장식하다. ¶她喜欢自己动手~房间;그녀는 자신이 직접 방을 꾸미는 것을 좋아한다.| 这

里~得真不错;이곳은 정말 잘 꾸며져 있다.│我们已经把会场~好了;우리는 이미 회의장을 다 꾸며놨다. ❷ (활동, 일 등을) 안배하다. 할당하다. 준비하다. 마련하다. ¶领导已经给大家~工作了;상부에서 이미 모두에게 일을 분배 했다.│老师给我们~了许多作业;선생님이 많은 숙제를 내주셨다.│今天的晚会已经~好了;오늘의 이브닝 파티가 이미 다 준비되었다.

步 bù 名 ❶ 걸음. 보폭. ¶他向前走了几~;그는 앞으로 몇 걸음 걸었다.│退一~海阔天空(hǎikuòtiānkōng);한 걸음 물러서니 끝없이 넓다.│她跑了几~;그는 몇 걸음 뛰었다. ❷ 단계. ¶这只是初~的练习;이건 단지 초보 단계의 연습일 뿐이다.│她一~~走向成功;그녀는 한 단계 한 단계 성공을 향해 나아갔다.│事情一~比一~顺利;일이 진행될수록 순조롭다. ❸ (좋지 않은) 상태. 지경. 정도. 형편. ¶没想到他竟然走了这一~;그가 이 지경까지 갔을 줄은 생각지도 못했다.│我没想到他竟然落到这一~;그가 뜻밖에도 이 지경까지 떨어질지 나는 생각도 못했다.│她不幸落到这一~;그녀는 불행하게도 이 정도까지 떨어졌다.

步骤 bùzhòu 名 (일을 하는 합리적인) 순서. 절차. 차례. 단계. ¶请按照(ànzhào)这些~去做;이 절차들에 따라 하세요.│这项任务包括三个~;이 임무는 세 단계를 포함한다.│我们已经完成了第一个~;우리는 이미 첫 번째 단계를 완성했다.

部 bù 名 ❶ 부. (중앙 정부 단위명이나 지방 정부 부처명) ¶他在外交~工作;그는 외교부에서 일한다.│公安~最近出台了新文件;공안부에서 최근 새로운 문건을 발표하였다.│这件事要找卫生~协调一下;이 일은 위생부를 찾아 협력해야 한다. ❷ 부. (일반 단위가 업무에 따라 구분된 부문) ¶我们公司新成立了策划(cèhuà)~;우리 회사는 기획 전략부를 새로 설치했다.│他是我们单位人事~经理;그는 우리 팀의 인사부장이다.│这家公司的市场~共有16名职员;이 회사의 마케팅 부에는 모두 16명의 직원이 있다. 量 부. 편. 대. (서적, 영화, 차량, 기계 등에 쓰인다.) ¶这~小说很有名;이 소설은 매우 유명하다.│你看过这~电影吗?너 이 영화를 본 적이 있니?│那~汽车的颜色真漂亮;저 자동차의 색깔이 정말 아름답다.

▶확장용법: 중국 정부 단위의 '部'에는 두 종류가 있는데, 한 종류는 중앙에서 만든 부(部)급 단위로 '外交部(외교부)', '卫生部(위생부)', '人事部(인사부)' 등이 있다. 한국에서는 이러한 부서의 우두머리를 '长官'이라고 하지만 중국어에서는 반드시 '部长'이라고 해야 한다. 다른 한 종류는 각 지방 정부가 설립한 부처로;¶'计生委员会宣传部;가족계획위원회선전부' 등이 있다.

部长 bùzhǎng 名 부장. 장관. (중앙 정부의 각부 장관 혹은 지방 정부 부처 지도자) ¶这位是新任外交部~;이 분은 신임 외교부 장관이십니다.│教育部~的讲话很精彩(jīngcǎi);교육부 장관의 연설이 매우 훌륭했다.│你可以在网上看到各部~的有关资料;당신은 인터넷으로 각부 장관의 관련 자료들을 볼 수 있습니다.
▶확장용법: 일반 단위, 비정부 기구의 부처 책임자는 일반적으로 '部门经理'라고 부르며, '部长'이라고 부르지 않는데, 예컨대 策划部经理(기획 전략부 부장), 市场部经理(마케팅부 부장) 등이 있다.

部队 bùduì 名 부대. 군대. ¶武警~官兵都来了;무장 경찰 부대 장교와 사병이 모두 왔다.|她爱人在~工作;그녀의 남편은 군대에서 일한다.|他去海军~服兵役(fúbīngyì)了;그는 해군 부대에 복무하러 갔다.

部分 bù·fen 名 부분. 일부. ¶这篇文章共分为三个~;이 문장은 모두 세 부분으로 나뉘어진다.|只有~老师参加了这次会议;일부 교사들만 이번 회의에 참석하였다.|这部机器的各个~都没有问题;이 기계의 각 부분은 모두 문제가 없다.

部落 bùluò 名 부락. 촌락. (혈연적으로 가까운 씨족 결합으로 이루어진 집단을 가리킨다.) ¶在森林里有一个原始~;삼림 안에 원시 부락 하나가 있다.|他是这个~的首领;그는 이 부락의 우두머리다.|这个~只有语言, 没有文字;이 부락에는 언어만 있지 문자는 없다.

部门 bùmén 名 부문. 부. 분과. (총체를 이루는 부분이나 단위를 가리킨다.) ¶教育~要重视教育质量;교육 부문은 교육의 질을 중시해야 한다.|请你通知相关~;관련 부처에 당신이 통지해주세요.|我就在这个~工作;나는 바로 이 부서에서 일한다.

部位 bùwèi 名 (주로 인체에서) 부위. 위치. ¶这个~很疼;이 부위가 매우 아픕니다.|他身上很多~受伤了;그의 몸은 수많은 부위가 상처를 입었다.|请注意这个音的发音~;이 음의 발음 부위에 주의하세요.

部族 bùzú 名 부족. (혈연 관계가 있는 사람들이나 동일 지역에서 거주하는 사람들이 이룬 집단) ¶~最初是以血缘(xuèyuán)关系为联系纽带(niǔdài)的;부족은 처음에는 혈연 관계를 연계로 삼아 연결된 것이다.|后来, ~也可以指居住在同一地域的人们;훗날 부족은 또한 동일 지역에 거주하는 사람들을 가리키게 되었다.|在历史上, 不同的~可以融合(rónghé)成为一个民族;역사적으로 서로 다른 부족이 융합해 한 민족이 될 수 있었다.

擦 cā 动 ❶ 마찰하다. 비비다. 긋다. ¶火柴湿了,~不着(zháo)了;성냥이 젖어 성냥개비를 그어도 불이 붙지 않는다.│我的手~破皮了;손바닥이 문대져서 껍질이 벗겨졌다.│比赛前,大家都在摩拳~掌;경기 전에 모두 한바탕 하려고 주먹과 손바닥을 마주 비비고 있다. ❷ (천이나 수건 등으로) 닦다. 문지르다. ¶请把桌子~一~;탁자를 좀 닦아주세요.│她~掉额头(é·tou)上的汗;그녀는 이마의 땀을 닦았다.│他正在~地板呢;그는 마루를 닦고 있다. ❸ 칠하다. 바르다. ¶医生在病人的伤口上~了消毒药水;의사는 환자의 상처에 소독약을 발랐다.│她在嘴唇上~了一点口红;그녀는 입술에 립스틱을 좀 발랐다.│你今天~的香水气味不错;너 오늘 바른 향수 냄새가 괜찮은데. ❹ 근접하다. 스치다. ¶天已经~黑了;날이 이미 어둑해 졌다.│我们就这样~肩而过;우리는 바로 이렇게 어깨를 스치고 지나갔다.│一只鸟儿~着湖面飞过;새 한 마리가 호수면을 스치고 날아갔다.

擦拭 cāshì 动 (천이나 수건 등으로) 닦다. ¶他~了一下眼镜;그는 안경을 한 번 닦았다.│她把玻璃杯(bōlibēi)~得干干净净;그녀는 유리잔을 깨끗하게 닦았다.│我轻轻~着电脑屏幕(píngmù)上的灰尘(huīchén);나는 컴퓨터 모니터 위의 먼지를 가볍게 닦고 있다.

猜 cāi 动 추측하다. 알아맞히다. ¶我们来~谜语(míyǔ)吧;우리 수수께끼 알아 맞추기 하자.│我~不出你心里是怎么想的;나는 네가 마음속으로 어떻게 생각하는지 추측할 수 없다.│大家~来~去,谁都不知道真实的情况;모두 이리저리 추측해봐도 아무도 진실된 상황을 알지 못했다.

才 cái 名 재능. 재주. 능력. ¶他是一位德~兼备的领导;그는 덕과 재능을 겸비한 지도자다.│你真是多~多艺啊;너는 정말 다재다능 하구나.│这个年轻人很有~;이 젊은이는 매우 재능 있다. 副 ❶ 겨우. (시간이 짧거나 수량이 적음을 표시한다.) ¶你怎么~在家住了一天就要走?너 어떻게 집에 겨우 하루만 묵고 떠나려 하느냐?│他来了才半个月;그가 온지 겨우 보름이 됐다.│她~吃了一小碗饭;그녀는 겨우 작은 공기 밥 하나만을 먹었다. ❷ …에야. …에야 비로소. (일이 늦게 발생했음을 표시한다.) ¶他昨天夜里十二点~回来;그는 어젯밤에 12시에야 돌아왔다.│他三十六岁~结婚;그는 서른 여섯 살에야 비로소 결혼했다.│雨一直下了三天~停;비가 줄곧 삼일 동안 내린 뒤에야 그쳤다. ❸ …되자마자. (뒤의 '就'와 호응하여, 일이 빨리 발생했음을 표시한다.) ¶她~十岁就会说两门外语了;그녀는 10살이 되자마자 외국어 두 개

를 말할 수 있었다.|他~来一个月,就已经完全适应了;그는 온지 한 달이 되자마자 벌써 완전히 적응했다.|他~三十岁,头发就已经白了很多;그는 서른 살이 되자마자 머리가 벌써 많이 하얘졌다. ❹ 비로소. (단지 어떤 조건 하에서만 비로소 실현할 수 있음을 표시한다.)¶只有不怕困难的人~能成功;어려움을 두려워하지 않는 사람만이 비로소 성공할 수 있다.|只有耐心对待学生,~能成为好老师;학생들을 인내력 있게 대해야만 비로소 좋은 선생님이 될 수 있다.|只有认真做事,~能做好;성실하게 일해야만 비로소 잘 할 수 있다. ❺ 방금. 이제 막. (일이 발생한지 얼마 되지 않았음을 표시한다.)¶她~走;그녀는 방금 갔다.|老师~布置了假期作业;선생님께서 방금 방학 숙제를 내주셨다.|我们~见过面;우리는 방금 만난 적이 있다. ❻ 정말. (말한 일의 강조를 표시한다.)¶这孩子~聪明呢;이 아이는 정말 총명하구나.|山里的空气~好呢;산 속 공기가 정말 좋구나.|妈妈做的菜~好吃呢;엄마가 만든 음식이 정말 맛있구나.

材料 cáiliào 名 ❶ 재료. 자재. ¶最近建筑~和装修~都涨价了;최근에 건축 자재와 내장재가 모두 값이 올랐다.|这种工艺品是用什么~制成的?이런 공예품은 무슨 재료로 만들었는가?|这些~不够做一套礼服的;이 감들은 예복 세트를 만들기엔 부족하다. ❷ (글쓰기나 연구의) 소재. 자료. 데이터. ¶这篇论文的~很丰富;이 논문의 데이터가 매우 풍부하다.|他打算写一个剧本,现在正在整理

~;그는 시나리오 한 편을 쓰려고 지금 자료들을 정리하고 있다.|这些书面~请保管好;이 서면 자료들을 잘 보관하세요. ❸ 인재. 그릇.재목. (어떤 일을 잘 할 수 있는 인재를 비유한다.)¶我可不是唱歌的~;나는 정말 노래를 잘하는 사람 아닌데요.|那个女孩真是跳舞的好~;그 여자아이는 정말 춤을 잘 추는 인재이나.|他不是读书的~;그는 공부할 재목이 아니다.

财产 cáichǎn 名 재산. 자산. ¶这些房屋都是国家~;이 건물들은 모두 국가 자산이다.|要保护好公共~;공공 재산을 잘 보호해야 한다.|这是我的私人~;이것은 내 개인 재산이다.

财阀 cáifá 名 재벌. ¶他们公司和外国~合作开发了一个大项目;그들 회사는 외국 재벌과 합작하여 큰 프로젝트를 개발했다.|~也可以叫做财团;재벌은 '财团'이라고도 부를 수 있다.|有些政治家接收了~的资助;일부 정치가들은 재벌의 경제적 도움을 받았다.

财政 cáizhèng 名 재정. (정부 부처의 재의 수입과 지출에 대한 관리 활동을 일컫는다.)¶政府已经公布了本年度的~收入;정부는 이미 올해 재정 수입을 공포하였다.|他在~厅工作;그는 재정청에서 일한다.|我对~情况不太了解;나는 재정 상황에 대해서 잘 모른다.

裁判 cáipàn 名 (체육 경기의) 심판. 레퍼리. ¶~一定要公正;심판은 반드시 공정해야 한다.|他是一名足球比赛~员;그는 축구 경기의 심판이다.|奥运会上有很多国际~;올림픽에는

많은 국제 심판들이 있다.

采 cǎi 动 ❶ (손으로) 따다. 뜯다. 채취하다. ¶请不要~花;꽃을 꺾지 마세요.| 她们把红红的草莓~下来;그녀들은 붉디 붉은 딸기를 땄다.| 她是一名~茶工人;그녀는 차를 채취하는 노동자이다. ❷ 개발하다. 채굴하다. ¶~煤工人的工作非常辛苦;석탄 채굴 노동자의 일은 매우 고되다.| 他决定在这里投资~矿;그는 여기서 채굴에 투자하기로 결정했다.| 听说有很多人去那里~金矿;듣자하니 수많은 사람들이 그곳에 금광을 채굴하러 갔다고 한다. ❸ 수집하다. 채집하다. ¶那位作曲家去新疆~风了;그 작곡가는 민요를 수집하러 신장에 갔다.| 他~了一点儿矿样;그는 약간의 광석 견본을 수집했다.| 这里的民歌很好听,她~了几首作为创作素材;이곳의 민요는 매우 듣기 좋아서, 그녀는 몇 수 수집해서 창작 소재로 삼았다.

采购 cǎigòu 动 구입하다. 사들이다. ¶我们需要~大批建筑材料;우리는 대량의 건축 자재들을 구입해야 한다.| 春节以前,人们都去~过节用品和食品;설 전에 사람들은 모두 제수 용품과 식품들을 구입하러 갔다.| 她父亲年轻时是一位~员;그녀의 부친은 젊었을 때 구매 담당자였다.

采取 cǎiqǔ 动 (방법이나 조치 등을) 취하다. 채택하다. ¶政府~了很多办法来解决大学生就业问题;정부는 수많은 방법을 채택하여 대학생 취업 문제를 해결하였다.| 我们要立刻~措施(cuòshī);우리는 즉시 조치를 취해야 한다.| 领导~了我的方案;지도자께서 내 방안을 채택하셨다.

采用 cǎiyòng 动 채용하다. 채택하다. ¶你的文章被杂志编辑(biānjí)~了;네 문장이 잡지 편집인에게 채택되었다.| 我们~了最新的技术手段;우리는 최신 기술을 채택하였다.| 他们~民主选举的方式选出了新领导;그들은 민주 선거의 방식을 채택하여 새 지도자를 선출했다.

彩色 cǎisè 名 천연색. 채색. 컬러. ¶孩子们喜欢~的图片;아이들은 컬러 그림을 좋아한다.| ~照片出现以前,只有黑白照片;컬러 필름이 나오기 전에는 단지 흑백 필름만이 있었다.| 他新买了一台~电视机;그는 컬러 텔레비전 한 대를 새로 샀다.

踩 cǎi 动 ❶ (발로) 밟다. 짓밟다. ¶你~我脚了;네가 내 발을 밟았다.| 别~坏了庄稼(zhuāng·jia);농작물을 짓밟아서 못 쓰게 만들지 마라.| 她~在椅子上去拿书橱(shūchú)顶上的东西;그녀는 의자를 밟고서 책장 위의 물건을 꺼냈다. ❷ (남을) 짓밟다. ¶他在职场(zhíchǎng)上很会~人;그는 직장에서 남을 잘 짓밟는다.| 有些人想尽一切办法把比自己优秀的人~下去;일부 사람들은 모든 방법을 다 동원해 자기보다 우수한 사람들을 짓밟으려 한다.| 豁达(huòdá)的人不会去~人,而是给别人发展的机会;도량이 넓은 사람은 남을 짓밟지 않고 다른 사람에게 발전의 기회를 준다.

菜 cài 名 ❶ 채소. ¶我要去市场买~;나는 시장에 채소 사러 가야 한다.| 今天的~很新鲜;오늘 채소가 매우 신선하다.| 最近~价又涨了;최근에 채소 값이 또 올랐다. ❷ 요리. ¶她很会

做~;그녀는 요리를 매우 잘한다.| 中国~非常好吃;중국 요리는 매우 맛있다.| 今天我做了四~一汤;오늘 나는 네 가지 요리와 탕 하나를 만들었다.

参观 cānguān [动] 참관하다. 견학하다. ¶我~了故宫;나는 고궁을 견학했다.| 这个代表团~了很多名胜古迹(míngshènggǔjì);이 대표단은 수많은 명승고적들을 참관했다.| 我带你去~一下我们的新校区吧;내가 너를 데리고 우리의 새 캠퍼스를 견학시켜 줄게.

参加 cānjiā [动] (조직이나 활동에) 참가하다. 참여하다. ¶我~了几个社会团体;나는 사회 단체 몇 개에 참가했다.| 他这次~竞选了;그는 이번에 경선에 참가했다.| 请大家报名~比赛;모두 시합 참여 신청을 하세요.

参与 cānyù [动] 참여하다. ¶请你也~我们的活动吧;너도 우리 활동에 참여해라.| 同学们要积极(jī)~社团活动;학생들은 동아리 활동에 적극적으로 참여해야 한다.| 这项规划他也~了;이 기획에 그도 참여했다.

餐 cān [名] 요리. 식사. 끼. ¶一日三~;하루 세 끼.| 我在假期中常常一日两~;나는 방학 중에는 종종 하루 두 끼를 먹는다.| 幼儿园的孩子们一日五~,除了三次正~以外,还有两次加~;유치원 아이들은 하루 다섯 끼 먹는데, 세 번의 정식 식사 외에도 두 번의 간식이 있다.

餐馆 cānguǎn [名] 식당. ¶这里新开了一家~;이곳에 식당 한 곳이 새로 문을 열었다.| 学校附近有一个不错的西~;학교 부근에 괜찮은 서양 레스토랑이 있다.| 她是这家~的老板;그녀는 이 식당의 주인이다.

▶용법주의: 중국어의 '餐馆'은 각종 유형과 규모의 식당을 가리킨다. 또한 중국어의 '食堂'은 한국 한자어의 '食堂'과 일대일대응하지 않는 다른 단어로, 중국어 '食堂'은 회사, 학교 등 한 조직이나 단체 내외 식당만을 가리킨다. 따라서 한국어의 '식당'을 중국어에서 그대로 '食堂' 이라 옮겨서는 안된다.

餐具 cānjù [名] 식기. ¶我喜欢银质~;나는 은제 식기를 좋아한다.| 中国、韩国和日本的~差不多,都用筷子(kuàizi)和勺子(sháozi);중국, 한국과 일본의 식기는 거의 비슷한데, 모두 젓가락과 숟가락을 사용한다.| 吃西餐的时候,要注意~的使用顺序;서양 음식을 먹을 때는 식기의 사용 순서에 주의해야 한다.

餐厅 cāntīng [名] 식당. ¶我们常去一家小~吃冷面;우리는 작은 식당 한 곳에 냉면 먹으러 자주 간다.| 我们学校的教师~饭菜很实惠;우리 학교의 교사 식당의 밥과 요리는 매우 실속 있다.| 他在中国开了一家韩~;그는 중국에서 한국 식당을 개업하였다.

▶용법주의: 중국어의 '餐厅'은 각종 유형의 식당과 규모의 식당을 가리킬 수 있다.

餐桌 cānzhuō [名] 식탁. ¶我家里的~是长方形的;우리집 식탁은 직사각형이다.| 我们坐在~前,安静地吃饭;우리는 식탁 앞에 앉아서 조용히 밥을 먹었다.| 孩子趴(pā)在~上写作业;아이가 식탁에 엎드려 숙제를 한다.

惭愧 cánkuì [形] 부끄럽다. 송구스럽다. (자신이 일을 잘못 했거나 결점이 있

어 마음에 걸리거나 불안함을 나타낸다.) ¶很~,没能照顾好你;너를 잘 보살피지 못해서 정말 부끄럽다.| 出现这样的错误,我感到非常~;이런 잘못이 발생하자 나는 매우 부끄러움을 느꼈다.| 真是~,您说的这本书我还没有读过;정말 송구스럽습니다, 당신께서 말씀하신 이 책을 저는 아직 읽어본 적이 없습니다.

▶용법주의: 중국인은 다른 사람의 칭찬을 받았을 때에도 '惭愧'라는 말을 써서 자신이 이렇게 칭찬받을 가치가 없음을 표시하기도 한다. ¶"您真是有才华呀!""您真有才华!""~,我哪有什么才华,不过尽了自己的努力而已";"당신은 정말 재주가 뛰어나시군요!" "부끄럽습니다, 다만 제 노력을 다했을 뿐인걸요."

灿烂 cànlàn 形 찬란하다. 눈부시게 빛나다. ¶阳光很~;햇빛이 매우 눈부시게 빛난다.| 我永远记得那天晚上~的星光;나는 그날 저녁 눈부시게 빛나던 별빛을 영원히 기억한다.| 他的脸上挂着~的笑容;그의 얼굴 위에 찬란한 웃음이 걸려 있다.

藏 cáng 动 숨다. 숨기다. 감추다. ¶他~在门后;그는 문 뒤에 숨었다.| 我已经把秘密文件~好了;나는 비밀 문서를 이미 잘 감추었다.| 你把这些钱~起来吧;너 이 돈들을 감춰두거라.

操场 cāochǎng 名 운동장. ¶孩子们在~上踢足球;아이들은 운동장에서 축구를 한다.| 我每天早上去~跑步;나는 매일 아침 운동장에 조깅하러 간다.| 军人们在~上进行军事训练;군인들이 이 운동장에서 군사 훈련을 한다.

操心 cāo//xīn 形 마음을 졸이다. 걱정하다. 조바심 내다. ¶我不想让父母为了我~;나는 부모님이 나 때문에 마음 졸이시게 하고 싶지 않다.| 妈妈为了不听话的孩子操碎了心;엄마는 말을 듣지 않는 아이 때문에 무척 마음을 졸였다.| 这件事你就不用~了;이 일에 대해 네가 조바심 낼 필요가 없어졌다.

▶용법주의: '操心'은 이합사로, '操了很多心', '操碎了心', '操操心'이라고 표현할 수 있다.

操纵 cāozòng 动 ❶ (기계, 설비 등을) 제어하다. 조종하다. 조작하다. 다루다. ¶他一个人~着好几台机器;그 혼자서 몇 대의 기계를 제어하고 있다.| 我们可以通过新设备进行远距离~;우리는 새로운 설비를 통해 원격 조종을 할 수 있다.| 对于这台庞大(pángdà)的机器,她已经可以~自如;이 거대한 기계를 그녀는 이미 자유자재로 조작할 수 있다. ❷ (정당하지 못한 수단을 이용해 배후에서) 조종하다. 지배하다. ¶有人在幕(mù)后~这一切;어떤 사람이 막후에서 이 모든 것을 조종하였다.| 不知道哪个财团在~这支股票(gǔpiào);어느 재벌이 이 주식을 조종하고 있는지 모르겠다.| 我们一定要摆脱(bǎituō)他的~;우리는 반드시 그의 지배에서 벗어나야 한다.

操作 cāozuò 动 (일정한 단계와 기술적 요구에 따라) 일하다. 조작하다. 다루다. ¶他可以熟练(shúliàn)地~电脑;그는 컴퓨터를 숙련되게 다룰 수 있다.| 这台机器该怎么~;이 기계를 어떻게 조작해야 하는가?| 这个计划~起来并不容易;이 계획은 실행하려니

결코 쉽지 않다.

草 cǎo 名 풀. 초본 식물의 총칭. ¶菜地里长~了;채소밭에 풀이 자랐다.|这些花花~~都长得很茂盛(màoshèng);이 화초들이 모두 매우 무성하게 자랐다.|春天来了,~变绿了;봄이 오니 풀이 푸르러졌다. 形 (글을 쓰는 게) 거칠고 엉성하다. 조잡하다. 세밀하지 않다. ¶你写的字太~了;네가 쓴 글자는 너무 거칠고 엉성하다.|字迹(zìjì)这么~,都认不出来了;필적을 이렇게 날려 썼으니 모두 알아볼 수 없다.|他习惯把字写得很潦(liáo)~;그는 글자를 너무 아무렇게나 쓰는 게 습관이다.

草草 cǎocǎo 副 대강대강. 허둥지둥. 적당히. ¶他在纸上~写了几个字;그는 종이 위에 몇 글자 대강 썼다.|会议~收场了;회의를 허둥지둥 끝마쳤다.|时间太紧张,我只能把文件~看一遍;시간이 너무 촉박해 나는 서류를 대강대강 한 번 훑어볼 수밖에 없었다.

草丛 cǎocóng 名 풀숲. 풀 덤불. 풀 더미. ¶~里开着许多野花;풀숲에 수많은 들꽃이 피어 있다.|真想在绿绿的~里打个滚儿;푸르디 푸른 풀숲에서 정말 데굴데굴 구르고 싶다.|夏天的清晨,~里有一些露水(lùshuǐ);여름날 동틀 무렵 수풀에 이슬이 맺혀있다.

草地 cǎodì 名 잔디(밭). 초원. 풀밭. ¶孩子们在~上踢足球;아이들이 잔디 위에서 축구를 한다.|人们坐在~上吃野餐;사람들이 잔디밭에 앉아 식사를 한다.|~很松软(sōngruǎn);잔디가 매우 푹신푹신하다.

草率 cǎoshuài 形 아무렇게나 하다. 경솔하다. 대충대충 하다. 거칠다. ¶在重要的事情上千万不要~;중요한 일에서 절대 대충대충 하지 마라.|你这样做,太~了;너 이렇게 하면 너무 경솔하다.|这是一个~的决定;이건 아무렇게나 한 결정이다.

草莓 cǎoméi 名 딸기. ¶附近有一个~园;부근에 딸기밭이 있다.|~熟了;딸기가 익었다.|我们一起去摘~吧;우리 함께 딸기 따러 가자.

草原 cǎoyuán 名 초원. 풀밭. ¶我喜欢内蒙古的大~;나는 네이멍구의 대초원을 좋아한다.|在~上骑着马、唱着歌,那就是我想象中的蒙古人;초원에서 말을 타고 노래를 부르는 것, 그것이 바로 나의 상상 속의 몽골 사람이다.|土地沙化使~变成了沙漠;토지의 사막화가 초원을 사막으로 변화시켰다.

册 cè 名 책. 책자. ¶我们做了一些纪念~;우리는 기념 책자들을 만들었다.|这本画~上都是中国画家的作品;이 화첩에 있는 것들은 모두 중국 화가들의 작품이다.|请给我一份会议名~;저에게 회의 명부를 한 부 주십시오. 量 (서적 등에 쓰여) 책. 권. ¶这套书一共有三~;이 책은 모두 세 권으로 이루어져 있다.|上~我已经看完了,请借给我下~好吗?;상권을 나는 이미 다 봤으니, 제게 하권을 빌려주시겠습니까?|我们的阅览室里已经有上千~图书了;우리 열람실에는 이미 수천 권의 도서가 있다.

侧 cè 名 옆. 곁. 측(면). ¶请在公路右~行驶(xíngshǐ)车辆(chēliàng);도로 우측에서 차량을 운행하십시오.|我站

在他的左~;나는 그의 좌측에 섰다.| 这条道路两~都是大树;이 도로 양측은 모두 큰 나무들이다. 动 (옆으로) 기울다. 한쪽으로 치우치다. ¶她~耳听着美妙的音乐;그녀는 귀 기울여 아름다운 음악을 듣고 있다.| 她朝我~~身;그녀는 나를 향해 몸을 옆으로 기울였다.| 这株梅花的树枝~向一边;이 매화의 나뭇가지가 한쪽으로 기울었다.

侧面 cèmiàn 名 측면. ¶请从舞台的~退场;무대 측면으로 퇴장하세요.| 从~看,他很像我的一位老朋友;측면에서 보니 그는 내 오랜 친구와 매우 비슷하게 생겼다.| 请你从~打听一下她的情况;당신은 그녀의 상황을 주변을 통해서 알아보세요.

▶용법주의:'측면에서 알아보다(从侧面打听)','측면에서 이해하다(从侧面了解)'는 다른 사람이나 다른 방식을 통해 상황을 이해하는 것을 가리키는 것이지, 이해하려는 대상에게 직접 묻는 것이 아니다.

厕所 cèsuǒ 名 변소. 화장실. ¶请问附近有~吗?;실례지만 부근에 화장실이 있습니까?| 男~和女~的门上有不同的标志;남자 화장실과 여자 화장실 문에는 서로 다른 표지가 있다.| 他去上~了;그는 화장실에 갔습니다.

▶용법주의: 오늘날 중국인들은 이미 '洗手间,卫生间'을 써서 '厕所'라는 말을 대체하는데 익숙해져 있으며, '厕所'라는 말을 직접 쓰면 고상하지 않다. 또한 일반적으로 '化妆室'라는 말은 사용하지 않는다. ¶请问附近有化妆室吗?(×)

测试 cèshì 动 ❶ (사람의 지식, 재능 등을) 측정하다. 테스트하다. ¶这次~的结果已经出来了;이번에 테스트한 결과가 벌써 나왔다.| 汉语~的形式需要改革;중국어 측정 형식에 개혁이 필요하다.| 老师安排了口语~;선생님께서 말하기 시험을 준비해 두셨다. ❷ (기계의 성능과 질을) 측정하다. 테스트하다. 시험하다. ¶新买的电脑要找专业人士~一下;새로 산 컴퓨터를 전문가를 찾아 테스트해봐야 한다.| 这些产品都已经通过了质量~;이 상품들은 모두 품질 테스트를 통과하였다.| 经过严格~以后,才能把新产品投入市场;엄격한 테스트를 거친 후에야 신상품을 시장에 투입할 수 있다.

测验 cèyàn 动 ❶ (학습 성적을) 테스트하다. 시험하다. ¶我们今天要做一个会话小~;우리는 오늘 짧은 회화시험이 있다.| 同学们都顺利通过了期中~;학생들은 모두 중간 시험을 순조롭게 통과하였다.| 他的~成绩非常高;그의 시험 성적이 매우 높다. ❷ (측정 기구나 다른 방법으로) 측정하다. 테스트하다. ¶这些冰箱要进行保鲜(bǎoxiān)时间的~;이 냉장고들은 신선도 유지 시간 테스트를 해야 한다.| 经过质量~,我们发现有少数产品不合格;품질 테스트를 거쳐 우리는 소수의 상품들이 불합격됐음을 발견했다.| 我们要进行民意~,看看人们喜欢什么样的领导人;우리는 의견조사를 해서 사람들이 어떤 지도자를 좋아하는지 살펴봐야 한다.

策划 cèhuà 动 (어떤 일에 대해 전문적으로) 계획하다. 획책하다. 기획하다. ¶这些事都是他在幕后(mùhòu)~

的;이 일들은 모두 그가 막후에서 획책한 것이다.| 我在公司~部工作;나는 회사 기획부에서 일한다.| 任何一项大型活动都需要周密(zhōumì)的~;어떠한 대형 활동도 모두 세밀한 기획을 필요로 한다.

策略 cèlüè 名 (일정한 목적에 이르기 위해 취한) 책략. 전술. ¶教学也需要一定的~;가르치는 것 역시 일정한 책략을 필요로 한다.| 在战争中,作战~非常重要;전쟁에서 작전 전술은 매우 중요하다.| 她很注重与人交往的~;그녀는 다른 사람들과의 사교술을 매우 중시한다. 形 전술적이다. ¶她说话很~;그녀는 말하는 게 매우 계산적이다.| 话要~一点儿;말 할때는 좀 계산을 하고 해야 한다.

层 céng 量 ❶ 층. 겹. 벌. (중첩된 사물에 쓰인다.) ¶这座大楼共有二十~;이 빌딩에는 총 20층이 있다.| 我住在第十六~;나는 16층에 산다.| 他的房间安装了双~玻璃(bō·li);그의 방에 이중 유리가 설치되었다. ❷ 일종. 일부분. 가지. 일면. (몇 가지 측면으로 나눌 수 있는 사물에 쓰인다.) ¶去掉这一~,我们还要考虑其他影响;이 부분을 제거하고 우리는 또 한 다른 영향들을 고려해야 한다.| 她连这一~都考虑到了;그녀는 이 일면까지도 모두 고려했다. ❸ 겹. (표면으로부터 떼어내거나 제거할 수 있는 사물에 쓰인다.) ¶他送我的礼物有三~包装;그가 내게 보낸 선물은 세 겹의 포장으로 이루어져 있다.| 桌子上落了一~厚厚的尘土;탁자 위에 한 겹의 두껍디 두꺼운 먼지가 떨어졌다.

曾 céng 副 이전에. 일찍이. ¶毕业后我们~见过面,但后来还是失去联系了;우리는 졸업 후에 만난 적이 있지만 나중에 연락이 끊어져 버렸다.| 他~给我许愿要陪我去海南,但一直没去;그는 이전에 나를 데리고 하이난에 간다고 약속했지만 아직 가지 않았다.| 我们~是多年的邻居;우리는 이전에 몇 해 동안 이웃이었다.

曾经 céngjīng 副 이전에. 일찍이. ¶听说这地方~发生过大地震;이전에 이 곳에서 큰 지진이 발생한 적이 있다고 한다.| 我们~见过面,但是不熟悉;우리는 이전에 만난 적이 있지만 잘 알지 못한다.| 他~是我的学生;그는 이전에 내 학생이었다.

差 chā 名 (뺄셈에서) 차. ¶6减去3,得到的~是3;6 빼기 3의 차는 3이다.| 两个人的年龄~是十岁;두 사람의 나이는 10살 차다.| 10减7,~数是多少? 10 빼기 7의 차는 얼마니?

☞ chà

差别 chābié 名 차이. 격차. ¶他的态度前后~很大;그의 태도는 앞뒤 차이가 크다.| 我们两国的文化习俗没有太大~;우리 양국의 문화적 풍습은 별 차이가 없다.| 这几年,城乡~渐渐缩小了;요 몇 년 도시와 시골의 격차가 점차 축소되었다.

差异 chāyì 名 차이. ¶中国北方和南方的气候~很大;중국의 북방과 남방의 기후 차이는 크다.| 我感觉这两本词典好像没有太大~;내가 느끼기엔 이 두 사전이 큰 차이가 없는 것 같다.| 大家的看法有~;모두의 견해가 차이가 있다.

▶용법주의:'**差异**'는 '**差别**'보다 서면

어의 색채가 더욱 짙다.

叉子 chāzi 名 포크. ¶吃西餐的餐具是刀子和~;양식을 먹을 때의 도구는 나이프와 포크다.| 我准备了一些小~,用来吃水果;나는 과일을 집어먹을 작은 포크들을 준비했다.| 那位美国同学可以熟练(shúliàn)地用~吃中国的饺子;그 미국 학생은 익숙하게 포크를 써서 중국 교자를 먹는다.

插 chā 动 ❶ 끼우다. 삽입하다. 찌르다. 꽂다. ¶请帮我把鲜花~进花瓶里;나를 도와 꽃을 꽃병에 꽂아주세요.| 我真想~上翅膀(chìbǎng)飞到你的身旁;나는 정말 날개를 달고 네 곁으로 날아가고 싶다.| 他走路时习惯把手~在口袋里;그는 길을 걸을 때 습관적으로 주머니에 손을 넣는다. ❷ (원래의 순서를 끊고) 개입하다. 끼어들다. ¶对不起,我~一句话;죄송합니다, 제가 한 마디 끼어들겠습니다.| 这件事请你不要~手;이 일은 네가 끼어들지 마라.| 你怎么~到我们的队伍里来了? 네가 어떻게 우리 대열 속으로 끼어들어 왔니?

查 chá 动 ❶ 검사하다. ¶我今天打算去医院~身体;나는 오늘 병원에 신체검사하러 갈 생각이다.| 公安局最近要~户口了;경찰서에서 최근 호적을 검사하려 한다.| 听说他体检的时候~出了癌症(chìbǎng);듣자하니 그가 신체검사할 때 암이 검사됐다고 한다. ❷ (상황을) 조사하다. ¶问题已经~清楚了;문제가 이미 명확히 조사되었다.| 我还要~~外来词的使用情况;나는 또한 외래어의 사용 상황도 조사해야 한다.| 警察把现场仔细地~了一遍;경찰은 현장을 자세하게 한 번 조사하였다. ❸ 뒤지다. ¶你~到那个词了吗?;너 그 단어까지 뒤져봤니?| 我要去图书馆~资料;나는 도서관에 자료를 뒤져보러 가야 한다.| 我~了汉韩词典,没有~到这个词语;나는 중한사전을 뒤졌지만 이 단어를 찾지 못했다.

查明 chámíng 动 조사하여 밝히다. 조사 판명하다. ¶原因已经~;원인이 이미 조사 판명되었다.| 我们已经~了她的来历;우리는 이미 그녀의 내력을 조사해 밝혔다.| 请~情况再做决定;상황을 조사해 밝힌 뒤에 다시 결정하십시오.

茶 chá 名 ❶ 차(나무). ¶中国南方有很多著名的~场;중국 남방엔 많은 유명한 차 재배지들이 있다.| 她是一名采~工人;그녀는 차를 따는 노동자이다.| 人们采摘(cǎizhāi)~树的嫩叶(nènyè),经过炒制(chǎozhì)后,制成~叶;사람들은 차나무의 어린 잎을 따서 볶는 작업을 거친 뒤에 찻잎을 만든다. ❷ 차. ¶我喜欢喝~;나는 차 마시는 걸 좋아한다.| 中国是~的故乡;중국은 차의 고향이다.| 我想请你喝~;내가 차 한 잔 사려고 하는데. ❸ 음료의 명칭. ¶我买一杯珍珠奶~;나는 버블 티 한 잔을 샀다.| 孩子喜欢喝水果~;아이는 과일차 마시는 걸 좋아한다.| 这种苹果~很好喝;이런 애플 티는 맛있다.

茶匙 cháshi 名 찻숟가락. 티스푼. ¶他递(dì)给我一把精致(jīngzhì)的~;그는 내게 정교한 찻숟가락을 건네주었다.| 请用~轻轻搅拌(jiǎobàn)一下奶茶;찻숟가락으로 밀크 티를 가볍게 휘저어 섞으세요.| 不要用~喝咖啡;찻숟

가락으로 커피를 마시지 마라.

茶馆 cháguǎn 名 찻집. ¶这家~保留了中国的传统特色; 이 찻집은 중국의 전통적 특색을 보존하였다. | 广东人喜欢在~喝早茶; 광둥 사람들은 찻집에서 아침 차 마시는 걸 좋아한다. | 我们在~见面吧; 우리 찻집에서 만나자.

搽 chá 动 (분, 기름, 외용약 등을 피부에) 바르다. 칠하다. ¶表演节目的孩子们脸上都~了粉; 프로그램을 공연하는 아이들 얼굴에 모두 분을 발랐다. | 冬天一定要记得~护手霜(hùshǒushuāng); 겨울에는 반드시 핸드 크림 바르는 걸 기억해야 한다. | 护士小心地给病人的伤口~药水; 간호사 환자의 상처에 조심스럽게 약을 발랐다.

察看 chákàn 动 (상황을 이해하기 위해) 관찰하다. 주시하다. ¶保安每天晚上都四处~; 경비가 매일 저녁마다 사방을 관찰한다. | 团长派他去~敌情(díqíng); 단장이 적의 동향을 관찰하기 위해 그를 파견하다. | 中医讲究~病人的气色; 중의는 환자의 기색을 관찰하는 걸 중시한다.

刹那间 chànàjiān 名 지극히 짧은 순간. 순식간. 찰나. ¶刚才天还很晴, ~下起大雨来; 방금까지 하늘이 맑았는데 순식간에 큰 비가 쏟아져 내렸다. | 在地震发生的~, 许多生命消失了; 지진이 발생한 순간 수 많은 생명이 사라졌다. | 发生事故的~什么也没顾上; 사고가 발생하는 찰나에는 어떤 것도 돌볼 수 없다.

差 chà 形 ❶ 다르다. 서로 부합되지 않다. ¶我的英语水平比他~得远; 내 영

어 수준은 그보다 많이 뒤떨어진다. | 这两个城市的繁华(fánhuá)程度~得比较多; 이 두 도시의 번화한 정도가 비교적 많이 차이난다. | 我们的感受相~无几; 우리의 느낌이 서로 차이가 많이 나지 않는다. ❷ 나쁘다. 표준에 못 미치다. ¶这些产品的质量很~; 이 상품들은 품질이 나쁘다. | 你的发音一点儿也不~; 네 발음은 조금도 나쁘지 않다. | 这个人的脾气(píqi)太~了! 이 사람은 성질이 너무 나쁘다! 动 부족하다. 모자라다. ¶还~三个人没来; 아직 세 사람이 오지 않았다. | 我们全都准备好了, 就~宣布(xuānbù)仪式开始了; 준비가 끝났고, 개회선포만 남았다. | 我已经写完了论文, 只~整理参考文献了; 나는 이미 논문을 다 쓰고, 참고 문헌을 정리하는 것만 남았다.

☞ chā

差不多 chàbuduō 形 큰 차이가 없다. 거의 비슷하다. ¶我们俩的个子~; 우리 둘의 키는 거의 비슷하다. | 她的汉语水平和我~; 그녀의 중국어 수준과 내 수준은 거의 비슷하다. | 我们的年龄~大; 우리의 나이는 거의 비슷하다. 副 대강. 거의. 대체로. ¶我等了他半个小时; 나는 그를 거의 30분 기다렸다. | 我们~走了500米远; 우리는 거의 500미터를 걸었다. | 大家~都来了; 모두 거의 다 왔다.

差点儿 chàdiǎnr 形 조금 뒤떨어지다. 조금 처지다. ¶这件衣服的用料比那件衣服~; 이 옷의 재료는 저 옷보다 조금 처진다. | 这种产品的外观比那种产品~; 이 상품의 외관은 저 상품보다 조금 뒤떨어진다. | 他的病比以前

差了点儿；그의 병이 이전보다 조금 못하다. 副 하마터면. 자칫하면. (일이 실현될 뻔 했지만 실현되지 않았거나, 일이 겨우 실현됨을 표시한다.) ¶我今天早上~迟到；나는 오늘 아침에 하마터면 늦을 뻔했다.｜她~没考上大学；그녀는 자칫하면 대학에 불합격할 뻔했다.｜我~认不出你来了；나는 하마터면 너를 알아보지 못할 뻔했다.

▶용법주의: 만일 화자가 실현되길 바라는 일이라면'差点儿'을 써서 일이 실현되지 않았음을 애석해함을 표시하며, '差点儿没'를 쓰면 일이 겨우 실현되었음을 다행스러워함을 표시한다. ¶她差点儿考上；그녀는 합격할 뻔 했다. ｜她差点儿没考上；그녀는 자칫하면 불합격할 뻔했다. 앞 문장은 그녀가 불합격했음을 표시하며, 뒷 문장은 그녀가 합격했음을 표시한다. 만일 화자가 실현되길 바라지 않는 일이라면, '差点儿'과 '差点儿没' 모두 일이 실현되지 않았음을 다행스러워함을 표시한다. ¶我差点儿摔倒；나는 하마터면 자빠질 뻔했다.｜我差点儿没摔倒；나는 하마터면 자빠질 뻔했다. 이 두 문장 모두 자빠지지 않았음을 표시한다. '差点儿'은 '差一点儿'이라고도 말할 수 있다.

拆 chāi 动 ❶ (원래 붙어있던 것을) 뜯다. 떼다. ¶我~开信封, 看到里面有一张贺卡；나는 편지봉투를 뜯어서 안에 축하카드 한 장이 있는 걸 보았다. ｜她~开盒子, 拿出里面的礼物；그녀는 상자를 뜯어 안에 들어있는 선물을 꺼냈다. ❷ (건축물을) 허물다. 철거하다. 해체하다. ¶那所老房子被~了；그 옛 집이 철거되었다.｜建筑工人们正在~楼；건축 노동자들이 건물을 해체하고 있다.｜去年~的楼今年开始重建了；작년에 철거한 건물을 올해 다시 짓기 시작했다.

▶확장용법: '拆'는 또한 관계가 좋은 두 사람이 헤어져 그들이 이별했거나 관계가 좋지 않음을 표시할 수도 있다. ¶他们本来很相爱, 但最后被~散了；그들은 원래 서로 사랑했지만 결국 깨졌다.

掺杂 chānzá 动 (건축물을) 허물다. 철거하다. 해체하다. ¶这袋大米里~了一些小米；이 쌀 부대에는 많은 좁쌀이 뒤섞여 있다. ｜我们要秉公办事, 不能~个人的感情；우리는 공평하게 일을 처리해야지, 사적인 감정이 뒤섞여선 안 된다.

产量 chǎnliàng 名 생산량. ¶今年的粮食~又提高了；올해 식량 생산량이 또 높아졌다.｜中国的工业~很大；중국의 공업 생산량은 매우 크다.｜提高~和提高质量要同时抓好；생산량과 품질을 모두 높여야한다.

产品 chǎnpǐn 名 제품. 산물. ¶这是我们公司的新~；이건 우리 회사의 신제품이다.｜我们的~种类很丰富；우리의 제품 종류는 매우 풍부하다.｜我们要对~设计进行革新；우리는 제품 설계에 대한 혁신을 해야 한다.

产生 chǎnshēng 动 (새로운 사물이) 발생하다. 출현하다. 생기다. 낳다. ¶政府的措施在社会上~了良好的影响；정부의 조치가 사회에 좋은 영향을 낳았다.｜新的制度~了；새로운 제도가 출현했다.｜人与人之间难免会~矛盾(máodùn)；사람과 사람 사이에 갈등이 발생하는 것은 불가피하다.

产业 chǎnyè 名 ❶ (토지, 가옥, 기업 등의 사유) 재산. ¶他的家族拥有许多~;그의 가족은 수많은 재산이 있다. ǀ 金融危机以后,他们变卖了大部分~;금융 위기 이후 그들은 대부분의 재산을 팔아 돈을 마련했다. ǀ 她正在考虑怎样使现有的~增值;그녀는 현재 가진 재산을 어떻게 불릴지를 고려하는 중이다. ❷ 산업. ¶科技~将成为中国经济的领先~;과학 기술 산업은 중국 경제의 선도 산업이 될 것이다. ǀ 工业一直是中国国民经济的支柱(zhīzhù)~;공업은 줄곧 중국 국민 경제의 핵심 산업이었다. ǀ 要保证重要~的稳步(wěnbù)增长;주요 산업이 안정적으로 점진적 성장을 하도록 해야 한다. ❸ 산업. (현대 공업 생산을 특별히 지칭한다.) ¶农业要实现~化;농업은 산업화를 실현해야 한다. ǀ 在历史上,~革命有深刻(shēnkè)的影响;역사적으로 산업 혁명은 깊은 영향을 주었다. ǀ 很多农民变成了~工人;수많은 농민이 산업 노동자로 변했다.

颤动 chàndòng 动 진동하다. 흔들리다. 떨다. ¶他太激动(jīdòng)了,说话时嘴唇(zuǐchún)在轻轻~;그는 너무 감격해서, 말할 때 입술이 가볍게 떨리고 있었다. ǀ 火车开过去,地面轻微(qīngwēi)地~;기차가 출발하자 지면에 경미한 진동이 생겼다. ǀ 地震(dìzhèn)发生时,大地强烈(qiángliè)地~着;지진이 발생했을 때 대지가 강렬하게 진동하고 있었다.

颤抖 chàndǒu 动 부들부들 떨다. 와들와들 떨다. ¶树叶在寒风中~;나뭇잎이 찬바람에 떨고 있다. ǀ 她冻(dòng)得全身~;그녀는 추워서 온 몸이 부들부들 떨렸다. ǀ 恐惧(kǒngjù)使他浑身(húnshēn)~着;공포가 그의 온 몸을 부들부들 떨게 만들었다.

昌德宫 Chāngdégōng 名 창덕궁. (한국의 고대 궁전 중의 하나이다.) ¶~又叫乐宫;창덕궁은 '乐宫'이라고도 부른다. ǀ ~于1997年被列为世界文化遗产(yíchǎn);창덕궁은 1997년에 세계 문화 유산으로 등재되었다. ǀ 请带我去~参观一下;저를 창덕궁에 데려가 구경시켜 주세요.

鲳鱼 chāngyú 名 병어. ¶我喜欢吃烤~;나는 병어 구이 먹는 걸 좋아한다. ǀ ~生活在海洋中;병어는 해양에서 생활한다. ǀ 中餐和韩餐里都有用~做成的菜肴(càiyáo);중국 요리와 한국 요리에는 모두 병어로 만든 요리가 있다.

长 cháng 形 ❶ 길다. ¶这条路很~;이 길은 매우 길다. ǀ 中国书法的历史很~;중국 서예의 역사는 매우 길다. ǀ 1968年南京长江大桥全~6772米;1968년 난징의 창장 대교는 전체 길이가 6,772 미터에 달한다. ❷ (어떤 방면에) 뛰어나다. 잘하다. (뒤에 '于'를 써야 한다.) ¶她~于写作;그녀는 글쓰기에 뛰어나다. ǀ 他~于和人沟通;그는 다른 사람과 소통을 잘 한다. ǀ 这个年轻人~于艺术;이 젊은이는 예술에 뛰어나다.

长城 Chángchéng 名 ❶ 만리장성. ¶万里~是世界闻名的古代军事工程;만리장성은 세계에서 이름난 고대 군사 공정이다. ǀ 我登上了~;나는 만리장성에 올랐다. ǀ 不到~非好汉;만리장성에 이르지 못하면 대장부가 아니

다. 초지일관하지 않으면 대장부가 아니다. ❷ 풍부한 역량, 넘을 수 없는 장벽 등을 비유함.¶军队是保护国家安全的钢铁~;군대는 국가 안전을 보호하는 강철의 장벽이다.|我们的爱国热情是无形的万里~;나라를 사랑하는 열정은 눈에 보이지않아도, 마음 속에서 끝없이 계속된다.

长处 cháng·chu 名 장점.¶每个人都有自己的~;모든 사람은 자신의 장점이 있다.|他的~是能吃苦;그의 장점은 고생을 견딜 수 있다는 점이다.|要善于学习别人的~;다른 사람의 장점을 배우는 데 능해야 한다.

长短 chángduǎn 名 ❶ 길이. 치수.¶这件大衣~正合适;이 외투의 치수가 딱 맞다.|裤子的~不合适;바지의 길이가 맞지 않다.|请量一量绳子的~;밧줄의 길이를 재보자. ❷ 뜻밖의사고. 변고.¶你独自在外, 万一有个~可怎么办? 너 혼자 밖에서 지내다 만일 변고를 당하면 어떻게 할거니?|家里人很担心他, 唯恐有个~;가족들은 그가 변고를 당할까봐 걱정한다.|你一旦有个~, 我可怎么办;네가 갑자기 뜻밖의 사고를 당하면 나는 어떻게 하라고. ❸ 시비. 좋고 나쁨.¶请不要在背后议论别人的~;뒤에서 다른 사람의 좋고 나쁨을 논하지 마십시오.|她喜欢说别人的~;그녀는 다른 사람의 좋고 나쁨에 대해 말하는 것을 좋아한다.|背地里说人~是不对的;뒤에서 사람의 좋고 나쁨을 말하는 것은 옳지 않다.

▶확장용법:'长短'이'是非', '好坏'를 나타낼 때는 '说长道短'이라고 말할 수 있다.¶请不要这样说长道短;이렇게 좋고 나쁨을 따지지 말아라.

长期 chángqī 名 장기(간).¶我们~保持联系;우리는 장기간 연락하고 있다.|他决定申请~休假;그는 장기 휴가를 신청하기로 결정했다.|这是一个~计划;이것은 장기 계획이다.

长途 chángtú 形 장거리의. 먼 길의.¶~旅行非常劳累;장거리 여행은 정말 힘들다.|经过~跋涉, 我终于回到了家乡;먼 길의 고된 여정을 거쳐 나는 마침내 고향으로 돌아왔다.|我要去~汽车站;나는 시외 버스터미널에 가려고 한다. 名 장거리 전화. 장거리 버스.¶用这个号码打~比较便宜;이 번호로 장거리 전화를 거는 것이 비교적 저렴하다.|这辆车是跑~的;이 차는 장거리 버스이다.|不管~还是市话, 一律免费;장거리 전화든 시내 통화든 일률적으로 무료다.

尝 cháng 动 ❶ 맛보다.¶这是我亲手包的饺子, 请你~~吧;이것은 내가 직접 만든 만두입니다. 맛보십시오.|她~了几口就不吃了;나는 몇 모금 맛보고 먹지 않았다.|请~一~传统中国菜;중국 전통요리를 맛보십시오. ❷ 겪다. 경험하다. 체험하다.¶我已经~过了人生的酸甜苦辣;나는 이미 인생의 온갖 고초를 다 경험했다.|这个少年刚刚~到爱情的滋味儿;이 소년은 이제 막 사랑을 경험했다.|她~到了努力学习的甜头;그녀는 열심히 공부해 꿀맛같은 결실을 맛봤다.

常 cháng 副 자주. 늘. 언제나.¶我们~见面;우리는 자주 만난다.|他~来;그는 자주 온다.|我~想起你;나는 늘 네가 생각난다.

常常 chángcháng 副 항상. 늘. 흔히. 종종. ¶我们~一起吃饭；우리는 늘 함께 밥을 먹는다.| 他~说起你；그는 종종 너에 대해 말한다.| 老师~给学生们辅导功课；선생님은 종종 학생들에게 보충 수업을 해주신다.

常识 chángshí 名 상식. ¶这是基本~；이것은 기본 상식이다.| 要告诉孩子一些生活~；아이에게 생활 상식을 알려주어야 한다.| 我发现自己的科学~很不够；나는 나 자신의 과학 상식이 부족하다는 것을 발견했다.

场 cháng 名 공터. 마당. ¶~上堆满了麦子；마당에 보리가 가득 쌓여 있다.| 在中国的乡村，一般都有晾晒粮食用的~；중국의 농촌에는 보통 곡식을 말리는 공터가 있다.| 夏天的傍晚，人们聚集在~上乘凉；여름철 해질녘에 사람들이 공터에 모여 더위를 식힌다. 量 일의 경과, 자연 현상 등의 횟수를 세는 말. ¶昨夜下了一~大雪；어젯밤에 큰눈이 한바탕 내렸다.| 这~雨来得正是时候；이번 비는 시기가 적절하다.| 她好好哭了一~，心里平静多了；그녀는 한바탕 울고 나자 마음이 많이 편안해졌다.

☞ chǎng

场 chǎng 名 (활동의) 장. 범위. ¶我不懂得酒~上的规矩；나는 술집에서의 규칙을 모른다.| 官~如战~，政界는 전쟁터와 같다.| 人们大多热衷于名利~；대다수의 사람들은 명예를 다투고 이익을 추구하는 것에 열중한다. 量 회. 번. 차례. ¶我看了一~足球赛；나는 축구 경기를 보았다.| 他们一起跳了一~舞；그들은 함께 춤을 한 번 췄다.| 这~比赛太精彩了！이번 시합은 정말 흥미진진했다.

☞ cháng

场面 chǎngmiàn 名 장면. 신(scene). ¶圣诞晚会上同学们表演了很多节目，~热闹极了；성탄절 만찬회에서 학생들이 많은 공연을 했는데, 장면이 아주 열기에 넘쳤다.| 我永远忘不了那一幕感人的~；나는 그 감동적인 장면을 영원히 잊을 수 없다.| 这么壮观的~我还是第一次见到；이렇게 장관인 장면을 나는 처음 보았다.

场所 chǎngsuǒ 名 장소. 처(處). ¶公共~禁止吸烟；공공장소에서는 흡연을 금지한다.| 他最喜欢的休闲~是健身房；그가 가장 좋아하는 휴식처는 헬스클럽이다.| 他常去的娱乐~有酒吧和KTV；그가 자주 가는 유흥 장소는 술집과 노래방이다.

唱 chàng 动 노래하다. (노래를) 부르다. ¶他的兴趣是~歌；그의 취미는 노래하는 것이다.| 爷爷不但喜欢听京剧，还喜欢~几句；할아버지는 경극을 듣는 것을 좋아하실 뿐만 아니라, 몇 마디 부르는 것도 좋아한다.| 他一个人~了三首歌；그는 혼자서 세 곡의 노래를 불렀다.

抄 chāo 动 ❶ 베끼다. 옮겨 쓰다. ¶我可以~一~你的笔记吗?；네가 필기한 것을 베껴도 되니?| 我把每个汉字~了5遍；나는 매 한자를 각각 다섯 번씩 옮겨 썼다.| 这句话说的太好了，我把它~在了书上；이 말이 너무 좋아서 나는 그것을 책에 옮겨 써두었다. ❷ 질러가다. ¶我们~小路过来的；우리는 오솔길로 질러왔다.| 如果~近路，十分钟就可以到学校了；만약 가까운 길로 질러가면, 십 분이면 학교에 도

착할 수 있다.| ~这条小路过去,一转弯(wān)就看见他家了;이 오솔길로 질러가서 모퉁이를 돌면 곧 그의 집이 보인다.

抄写 chāoxiě 动 옮겨 쓰다. ¶我今天的作业是~课文;오늘 숙제는 본문을 옮겨 쓰는 것이다.| 大家回去把课文~一遍;모두 돌아가서 본문을 한번 옮겨 쓰세요.| 他把地址~在自己的手上;그는 주소를 자신의 손에 옮겨 적었다.

超 chāo 动 초과하다. 추월하다. ¶这个月的生活费又~了;이번 달 생활비가 또 초과되었다.| 她的成绩~了分数线2分;그녀의 성적은 커트라인을 2점 초과했다.| 她因为体重~了3公斤没能当成空姐;그녀는 체중이 3킬로그램 초과해서 스튜어디스가 되지 못했다.

超过 chāoguò 动 ❶ 초과하다. ¶在夏天,苹果的售价会~5块钱呢;여름철에는 사과의 판매가가 5원이 넘는다.| 我每天加班的时间不会~2个小时;나의 잔업 시간은 매일 두 시간을 초과할 수 없다.| 战争造成的死亡人数已经~了900人;전쟁으로 인한 사망자 수가 이미 900명을 초과하였다. ❷ 따라잡다. 추월하다. ¶他已经~他前边的运动员了;그는 벌써 그 앞의 선수를 따라잡았다.| 后边的车突然从旁边~了我们的车;뒤쪽의 차가 갑자기 우리 차를 옆으로 추월했다.| 这次考试,她的成绩~了班里的第一名;이번 시험에서 그녀의 성적은 반 1등을 따라잡았다.

巢 cháo 名 둥지. 집. ¶树上有一个鸟~;나무 위에 새 둥지가 하나 있다.| 不要随意碰蜂~,很危险;아무렇게나 벌집을 건드리지 말아라. 아주 위험하다.| 有些鸟的~是建在草丛里的;어떤 새들의 둥지는 풀숲에 만들어진다.

▶용법주의: ❶ '鸟巢(새둥지)'와 '蜂(fēng)巢(벌집)', '蚁(yǐ)巢(개미집)'은 때로 '鸟窝(wō)', '蜂窝', '蚁穴(xué)'라고도 부른다. ❷ 베이징 올림픽 경기장 가운데 하나인 주 경기장은 종종 '鸟巢'라고 불린다.

巢穴 cháoxué 名 보금자리. 둥지. ¶从地面看蚂蚁(mǎyǐ)的~,只能看到一个小孔;위쪽에서 개미집을 보면 작은 구멍 하나만이 보일 뿐이다.| 鸟类的~大多是由草和树枝组成的;새들의 둥지는 대부분 풀과 나뭇가지로 만들어진다.| 我只在电视上见到过动物的~;나는 단지 텔레비전에서 동물의 보금자리를 보았을 뿐이다.

朝 cháo 介 …을 향하여. ¶他~我走来;그가 나를 향하여 걸어오다.| 下了车~西走500米就到我家了;차에서 내려 서쪽으로 500미터를 가면 나의 집에 도착한다.| 我出了家门~学校跑去;나는 집을 나와 학교를 향해 달렸다. 动 …으로 향하다. ¶他面~南坐着;그는 남쪽을 향해 앉아 있다.| 他脸~下趴(pā)着;그는 얼굴을 아래쪽으로 향한 채 엎드려 있다.| 他正~着墙(qiáng)自言自语呢;그는 바로 벽을 보고 혼잣말을 하고 있다.

吵 chǎo 形 시끄럽다. 떠들썩하다. ¶教室外面太~了;교실 밖이 상당히 시끄럽다.| 楼上的音乐真~;윗층의 음악 소리가 정말 시끄럽다.| 她们说话的声音太大了,感觉很~;그녀들의 말

하는 소리가 너무 커서 시끄럽게 느껴진다. [动] ❶ 말다툼하다. 언쟁하다. 입씨름하다. ¶为了工作的事情,我和妈妈大~了一场;나는 일자리와 관련하여 엄마와 한바탕 말다툼했다.|他们昨天为了回家的事情~了一晚;그들은 어제 집에 가는 일을 가지고 밤새 입씨름을 했다.|大家不要~了,有什么话慢慢说吧;모두 말다툼하지 말고 할 말이 있으면 천천히 말해보이라. ❷ 떠들다. ¶我被她们说话的声音~醒了;나는 그녀들의 말소리가 시끄러워 깼다.|昨天我家的聚会没有吵到您吧?어제 우리집에서의 모임이 당신께 시끄럽지 않았나요?|真是不好意思,~了您一天了,我也该回去了;정말 죄송합니다. 당신을 내내 시끄럽게 했군요. 나는 이제 돌아가겠습니다.

吵架 chǎo//jià [动] 다투다. 말다툼하다. ¶不值得为了一点儿小事就~;하찮은 작은 일로 다툴 필요가 없다.|昨天她们吵了一架;어제 그녀들은 다퉜다.|他们吵一次架,她就哭一次;그들이 다툴 때 마다 그녀는 곧 울어버렸다.

▶용법주의: '吵架'는 이합사로, '吵了一次架(한 차례 다투다.)', '吵了一架(한 번 다투다.)', '吵不了架(싸울 수 없다.)' 등과 같이 말할 수 있다. ¶我和她吵了一次架后就成了好朋友;나와 그녀는 한 번 다툰 후로 좋은 친구가 되었다.

吵闹 chǎonào [形] 소란하다. 시끄럽다. 떠들썩하다. ¶我没有办法在~的环境里看书;나는 소란스러운 환경에서 책을 볼 수 없다.|有什么办法可以让~的邻居安静下来?시끄러운 이웃을

조용히 하게 할 무슨 방법이 있습니까?|~的音乐对听力不好;시끄러운 음악은 청력에 좋지 않다. [动] (큰 소리로) 말다툼하다. 시끄럽게 언쟁하다. ¶他们昨天~了一晚,直到今天早晨才安静下来;그들은 어제 밤새 말다툼하더니 오늘 아침이 되어서야 조용해졌다.|为了一件小事,她们不停地~;작은 일을 가지고 그녀들은 쉬지 않고 말다툼한다.|他们在饭店里~,打扰了别人吃饭;그들은 호텔에서 시끄럽게 언쟁하며 다른 사람들의 식사를 방해했다.

▶용법주의: '吵闹'가 형용사로 쓰일 경우, 중첩형은 '吵吵闹闹' 형식이다. ¶你们两个每天吵吵闹闹的,不累吗? 너희 둘은 매일 시끄럽게 떠드는데, 지치지도 않니?

炒 chǎo [动] 볶다. ¶她最爱吃西红柿(xīhóngshì)~鸡蛋;그녀는 토마토 계란볶음을 가장 즐겨 먹는다.|我还不会~菜;나는 아직 볶는 요리를 하지 못한다.|把这些菜放到锅里~一~吧;이 채소들을 솥에 넣고 볶아라.

▶용법주의: 현재 중국인들은 '解雇(jiěgù)了一个人(사람을 해고하다.)', '一个人被解雇(사람이 해고되다.)'를 말할 때에도, '炒了一个人', '一个人被炒了'라고 표현한다. ¶他还不知道自己被炒了;그는 아직 자신이 해고된 것을 모른다.

车 chē [名] 수레. 차. ¶他新买了一辆~;그는 차 한 대를 새로 샀다.|那辆~太旧了;그 차는 너무 낡았다.|他被~撞(zhuàng)了,不过伤得不严重(yánzhòng);그는 차에 부딪혔지만 심하게 다치지는 않았다.

▶용법주의: 일반적으로 중국인이 말하는 '车'는 자동차를 가리키며, 자전거를 가리킬 때는 보통 '车子(chēzi)'라고 한다.

车间 chējiān 名 작업장. 작업 현장. ¶这家企业一共有4个~；이 기업은 모두 4개의 작업장이 있다.丨这个~只有20个员工；이 작업장에는 오직 20 명의 종업원이 있을 뿐이다.丨他昨天从这个~调(diào)走了；그는 어제 이 작업장에서 전출되었다.

车辆 chēliàng 名 차량. ¶进口~的价格都比较高；수입 차량의 가격은 모두 비교적 높다.丨这个时间路上的~很多，要注意安全；이 시간에는 도로에 차량이 많으니 안전에 주의해야 한다.丨买车后要记得购买~保险；자동차를 산 후에는 차량 보험에 등록해야 한다.

▶용법주의: '车辆'은 집체(集體)명사로, 앞에 수량을 나타내는 단어를 사용할 수 없다. '几辆车辆(몇 대의 차량)'이라고는 말하지 않는다.

车站 chēzhàn 名 정거장. 정류소. 역. ¶我家离~不远；우리 집은 정거장에서 멀지 않다.丨我在~等你；내가 정거장에서 너를 기다릴께.丨~那边有一个水果店；정류장 쪽에 과일 가게가 하나 있다.

▶용법주의: 중국인이 말하는 '车站'은 어느 경우에는 '火车站(기차역)'을 어느 경우에는 '汽车站(버스터미널)'을 가리키며, 시내버스가 정차하는 곳 역시 '车站'이라고 부른다.

彻底 chèdǐ 形 철저하다. 투철하다. ¶这次我~错了；이번에는 내가 철저하게 틀렸다.丨听你说完她的事情，我~明白了；그녀의 사정을 네게 듣고 나서 나는 철저하게 알게 되었다.丨他已经~放弃那个工作机会了；그는 이미 일할 기회를 철저하게 놓쳤다.

陈旧 chénjiù 形 낡다. 오래되다. 진부하다. ¶这件家具虽然有些~，但他一直舍不得扔；이 가구는 비록 좀 낡았지만 그는 버리는 것을 계속 아까워한다.丨这些衣服的款式显得~，难怪不受欢迎；이 옷들의 디자인은 케케묵어 보이니, 환영을 못 받는 것은 당연하다.丨奶奶的想法太~了，我不接受；할머니의 생각은 너무 진부해서 나는 받아들이지 않겠습니다.

▶용법주의: '陈旧'가 수식하는 대상은 구체적인 사물일 수도 있고, '观念(관념)' 등과 같은 추상적인 생각일 수도 있다.

沉默 chénmò 动 침묵하다. ¶他在会议中一直保持~；그는 회의에서 줄곧 침묵했다.丨想想办法吧，~不能解决问题；방법을 생각해보세요. 침묵하는 것은 문제를 해결할 수 없습니다.丨听到那个坏消息，他一下子~了；그 나쁜 소식을 듣고 나서 그는 갑자기 침묵했다.

沉重 chénzhòng 形 ❶(기분이) 무겁다. ¶最近他的心情很~；최근 그의 마음이 무겁다.丨~的心情让他不想说话；무거운 마음이 그로 하여금 말을 하고 싶지 않게 한다.丨事业失败使他的心情更~了；사업 실패가 그의 마음을 더욱 무겁게 했다. ❷ 무겁다. 심각하다. ¶他踩(cǎi)着~的脚步离开了；그는 무거운 걸음으로 떠나갔다.丨这样的费用对于他是个~的负担(fùdān)；이런 비용은 그에게 무거운 부담이다.

衬衫 chènshān 名 셔츠. 와이셔츠. ¶这件~很适合你 ; 이 셔츠가 네게 잘 어울린다. | 天气冷,里边穿件~吧 ; 날씨가 추우니 안에 셔츠를 입어라. | 我买了一件白色的~ ; 나는 흰색 와이셔츠 한 벌을 샀다.

衬衣 chènyī 名 셔츠. 속옷. ¶你这件~从哪儿买的? 네 이 셔츠는 어디에서 샀니?| 把~脱下来,我帮你洗洗吧 ; 셔츠를 벗어라. 내가 세탁해 줄 테니. | 你喜欢什么颜色的~? 너는 어떤 색깔의 셔츠를 좋아하니?

趁 chèn 介 (때나 기회를) 이용해서. 틈타서. 빌어서. ¶~你离开中国之前,我们再见一次面吧 ; 네가 중국을 떠나기 전에 우리 다시 한 번 만나자. | ~时间还早,我们去一趟书店吧 ; 이른 시간을 틈타, 우리 서점에 가자. | ~你来我家,我就把礼物直接交给你了 ; 네가 우리 집에 오는 김에 내가 선물을 직접 너에게 전해주겠다.

称 chēng 动 무게를 달다. ¶老板帮我把水果~一下吧 ; 사장님, 과일의 무게 좀 달아주십시오. | 这些苹果~一~正好三斤重 ; 이 사과는 무게를 달아보니 정확히 세 근이다. | 你~一~这袋米有多重 ; 네가 이 봉지의 쌀이 얼마나 되는지 무게를 달아보아라.

称呼 chēnghū 动 호칭하다. 부른다. ¶我应该怎么~您? ~我叔叔就行 ; 제가 당신을 어떻게 불러야 하지요? 나를 삼촌이라 부르면 된단다. 名 호칭. 칭호. ¶"老师"这个~目前用得普遍 ; '선생님'이라는 이 호칭은 현재 매우 보편적으로 사용된다. |对自己的妻子,你觉得用哪个~最好? 자신의 아내에 대해, 너는 어떤 칭호를 사용하는 것이 가장 좋다고 생각하니?

称赞 chēngzàn 动 칭찬하다. ¶老师们都~她是个爱学习的好孩子 ; 선생님들 모두는 그녀가 공부하기를 좋아하는 착한 아이라고 칭찬하였다. | 大家都~他家的饭好吃 ; 모두들 그 집의 음식이 맛있다고 칭찬하였다. | 朋友们都~她的作品很漂亮 ; 친구들 모두가 그녀의 작품이 아름답다고 칭찬하였다.

成 chéng 动 ❶ 되다. 변하다. ¶后来,她们~了最好的朋友 ; 후에 그녀들은 가장 좋은 친구들이 되었다. | 三年后他~了一名老师 ; 3년 후 그는 선생님이 되었다. | 被她带回家的那只猫最后~了她的宠物(chǒngwù) ; 그녀가 데리고 온 그 고양이는 결국 그녀의 애완동물이 되었다. ❷ 이루다. 완성하다. 성공하다. ¶等事情~了,我请你吃饭 ; 일이 성사되면 내가 식사를 대접하지. | 不管最后~不~,都要先试一试再说啊 ; 마지막에 이루어 질지 여부와는 상관없이 우선 시험해보고 다시 이야기 하자. | 要真~了,我一定好好谢谢你 ; 정말로 성사된다면 내가 반드시 당신께 감사를 표시하겠습니다.

▶용법주의: '成'은 단독으로 쓰여 수락이나 허가의 의미를 나타낸다. '可以'와 의미가 비슷하며, '成了!'는 '好了!'의 의미이다.

成分 chéng·fen/chéngfèn 名 성분. 요소. ¶我想知道巧克力的~是什么 ; 나는 초콜릿의 성분이 무엇인지 알고 싶다. | 水果中含有很多营养(yíngyǎng)~ ; 과일에는 많은 영양 성분이 함유되

71

어 있다.|氧气(yǎngqì)是空气中的主要~;산소는 공기의 주요 성분이다.

成功 chénggōng 动 성공하다. 완성하다. ¶他的化学试验~了;그의 화학 실험이 성공했다.|火箭发射(fāshè)~了;로켓 발사가 성공했다.|你现在~了;너는 지금 성공했다. 形 성공적이다. ¶他的事业很~;그의 사업은 매우 성공적이다.|她是一位~的商人;그는 성공한 상인이다.

成果 chéngguǒ 名 성과. 수확. ¶这是我的劳动~;이것은 내 노동의 성과이다.|那是他的研究~;그것은 그의 연구 성과이다.|从目前的~来看,这个方案是很有效的;현재의 성과로 볼 때 이 방안이 매우 효과적이다.

成绩 chéngjì 名 ❶ 성적. ¶你知道自己的考试~吗? 너는 네 시험 성적을 아냐?|这次考试他的~不理想;이번 시험에서 그의 성적이 좋지 않았다.|祝贺你得到这么好的~! 이렇게 좋은 성적을 거둔 것을 축하한다! ❷ 성과. 성취. ¶您的工作~显著(xiǎnzhù)啊;당신의 작업 성과가 두드러지는군요.|他对工作非常认真,也取得了不少~;그는 작업에 대해 아주 진지하며, 적지 않은 성과를 거뒀다.|过去的~只能证明你过去付出的努力;과거의 성취는 단지 네가 과거에 기울인 노력을 증명할 수 있을 뿐이다.

成就 chéngjiù 名 성과. 성취. ¶这是重大的科学~;이것은 중대한 과학적 성취이다.|他取得了巨大的~;그는 커다란 성과를 얻었다. 动 성취하다. 이루다. ¶他很努力,终于~了伟大的事业;그는 열심히 해서 결국 위대한 일을 이루었다.

▶확장용법: '成果', '成绩', '成就'는 명사이며, 세 가지 모두 일, 학업, 사업상에서 획득한 성과를 가리킨다. '成果'는 보통 한 가지 일에 노력을 기울인 후 얻은 결과를 가리키며, '成绩'는 일반적으로 평가의 기준이 있으며 범위도 비교적 좁다. '成就'는 비교적 큰 범위 내에서 얻은 커다란 성과나 성공을 가리킨다.

成立 chénglì 动 ❶ 세우다. 창립하다. 결성하다. ¶一个新的国家~了;하나의 새로운 국가가 세워졌다.|我们的协会终于~了;우리의 협회가 마침내 결성되었다.|请问你们公司是什么时候~的? 당신들 회사는 언제 창립되었습니까?|这所大学新~了一个研究中心;이 대학은 하나의 연구센터를 새로 세웠다. ❷ (이론, 의견 등이) 성립하다(되다). ¶这个理论的依据(yījù)很充分,能~;이 이론의 근거는 충분하며 성립될 수 있다.|这种说法不能~;이런 말은 성립될 수 없다.|这个假设(jiǎshè)可以~吗? 이 가설이 성립될 수 있습니까?

成人 chéngrén 动 어른이 되다. ¶儿子长大~了,妈妈很高兴;아이가 자라 어른이 되자 엄마는 기뻤다.|今天他们要举行~仪式;오늘 그들은 성인식을 거행할 것이다.|父母把孩子抚养(fǔyǎng)~;부모는 아이를 어른이 되도록 키운다. 名 성인. ¶孩子的力气没有~大;아이의 힘은 어른만큼 세지 않다.|这所学校只录取(lùqǔ)~;이 학교는 성인만을 선발한다.|这是一个~培训(péixùn)学校;이곳은 성인을 교육하는 학교이다.

成熟 chéngshú 动 여물다. 익다. 성숙하

다.¶树上的苹果~了;나무의 사과가 익었다.|麦子~了,可以收割了;보리가 여물어 수확할 수 있다.|孩子的身体已经发育(fāyù)~了;아이의 몸은 이미 성숙했다.㉠성숙하다. 무르익다.¶虽然他还年轻,但是他的思想很~;그는 아직 젊지만 생각은 매우 성숙하다.|条件不够~,所以现在还不能完成这项任务;조건이 무르익지 않아서 지금은 이 임무를 완성할 수 없다.|我的意见还不~,就没有提出来;내 의견이 아직 무르익지 않아 제시하지 않았다.

成为 chéngwéi 动 …으로 되다.¶我要努力学习,~一名学者;나는 열심히 공부해서 학자가 될 것이다.|他想~总统;그는 대통령이 되고자 한다.|他已经~一名成功的商人;그는 이미 성공한 상인이 되었다.

成长 chéngzhǎng 动 자라다. 성장하다.¶每位家长都希望孩子可以健康~;모든 학부모들은 아이가 건강하게 자랄 수 있기를 바란다.|在外求学的这些年,我得到了很大的~;외부에서 공부하는 이 몇 년 동안 나는 많이 성장했다.|几个月后小狮子(shīzi)就~为一头健壮(jiànzhuàng)的雄(xióng)狮;몇 개월 후 아기 사자는 건장한 숫사자로 자랐다.

呈 chéng 动 ❶ 갖추다. 나타내다. 띠다. 드러내다.¶花瓣(bàn)~圆形;꽃잎이 둥근 모양이다.|它的毛皮~黑色;그것의 털가죽은 검은색이다.|这种烟花(yānhuā)的形状~菊花形;이 불꽃의 형상은 국화 모양이다. ❷ 드리다. 올리다. 바치다.¶大臣向国王~上公文;대신이 황제에게 공문을 올리

다.|他把礼物~给祖父;그가 할아버지에게 선물을 드린다.|学生把文章~给老师;학생이 선생님에게 글을 드린다.

承包 chéngbāo 动 청부 맡다. 도급 맡다.¶他~了修建机场的工程;그는 공항을 건설하는 일을 청부 맡았다.|我们要~这片农田,种植玉米;우리는 이 밭을 청부 받아 옥수수를 심으려고 한다.|这个餐厅被别人~了;이 식당은 다른 사람에게 청부 맡겨졌다.

承担 chéngdān 动 담당하다. 맡다.¶你必须~责任;네가 반드시 책임을 맡아야 한다.|孝敬父母是每个人都应该~的义务;부모를 공경하고 섬기는 것은 모든 사람이 마땅히 맡아야 하는 의무이다.|我无法~这么多的压力(yālì);나는 이렇게 많은 스트레스를 감당할 방법이 없다.

承认 chéngrèn 动 시인하다. 인정하다.¶他~了错误;그는 잘못을 시인했다.|小偷~了自己的罪行(zuìxíng);좀도둑은 자신의 죄를 시인했다.|孩子~花瓶(huāpíng)是自己打碎(dǎsuì)的;아이는 꽃병을 자신이 깨뜨린 것이라고 인정했다.

诚恳 chéngkěn 形 성실하다. 간절하다.¶她的态度很~;그녀의 태도는 아주 성실하다.|你写的文章~感人;네가 쓴 글은 정말로 감동적이다.|他~地向我道歉(dàoqiàn)了;그는 나에게 간절히 사죄했다.

诚实 chéngshí 形 성실하다.¶他是个~的孩子,从不说谎(shuōhuǎng);그는 성실한 아이여서 여태껏 거짓말을 한 적이 없다.|你要~地回答我的问

题；너는 성실하게 나의 질문에 대답해야 한다.| ~是一种美德；성실은 하나의 미덕이다.

城 chéng 名 도시. 시내.¶我要进~去买衣服；나는 시내에 가서 옷을 사려고 한다.| 很多农民进~打工；많은 농민들이 도시에 와서 일을 한다.| 这座~里有不少公园；이 도시에는 적지 않은 공원이 있다.

城市 chéngshì 名 도시.¶北京是一座美丽的~；베이징은 아름다운 도시이다.| 他一直住在农村,从来没有去过~；그는 줄곧 농촌에 살았으며, 지금까지 도시에 가보지 않았다.| 中国有很多大~；중국에는 큰 도시가 매우 많다.

乘 chéng 动 ❶ 타다.¶我~火车去上海；나는 기차를 타고 상하이에 간다.| 他第一次~飞机出国；그는 처음으로 비행기를 타고 출국한다.| 请大家注意~车安全；모두 승차 안전에 주의해주십시오. ❷ 곱하다.¶3~5等于15；3곱하기 5는 15이다.| 2~4等于8；2곱하기 4는 8이다.| 5~0等于0；5곱하기 0은 0이다.

程度 chéngdù 名 ❶ 수준.¶他的文化~很低；그의 교양 수준이 낮다.| 这座工厂的自动化~很高；이 공장은 자동화 수준이 높다.| 我不知道他的汉语理解~怎样；나는 그의 중국어 이해 수준이 어떤지 모른다. ❷ 정도.¶她学习很专心,到了忘吃饭睡觉的~；그녀는 공부에 몰두하여 먹고 자는 것을 잊어버리는 정도에 이르렀다.| 水虽然冷,还没到结冰的~；물이 비록 차갑지만 아직 얼 정도는 아니다.| 他的病到了十分严重(yánzhòng)的

~；그의 병은 아주 심각한 정도가 되었다.

程序 chéngxù 名 순서. 단계.¶会议要按照~进行；회의는 순서에 따라 진행될 것이다.| 这里写着我们的工作~；이곳에 우리의 작업 순서가 기록되어 있다.| 请记住操作(cāozuò)~；조작 순서를 기억해두십시오.

橙子 chéngzi 名 오렌지. 등자.¶我买了十个~；나는 오렌지 10개를 샀다.| 我喜欢吃~；나는 오렌지를 좋아한다.| 这里的~特别好吃；이곳의 오렌지는 특히 맛있다.

吃 chī 动 ❶ 먹다. 마시다.¶我们一起~饭吧；우리 같이 밥 먹자.| 你生病了,快~药吧；네가 아프니 빨리 약을 먹어라.| 他太小了,还要~奶呢；그는 너무 어려서 아직 젖을 먹어야 한다. ❷ (…에 의지하여) 생활하다.¶你是在~老本啊；너는 밑천에 의지해 생활하고 있구나.| 光~老本是不行的；밑천만으로 생활하는 것은 좋지 않다.| 有人说模特(mótè)是~青春饭的职业；어떤 사람은 모델이 젊음에 의지해 생활하는 직업이라고 말한다. ❸ 흡수하다.¶这张纸不~墨；이 종이는 먹물을 흡수하지 않는다.| 茄子比较~油；가지는 비교적 기름을 잘 흡수한다.| 这种菜不~盐,不容易进味儿；이 요리는 소금을 흡수하지 않아 간이 배기가 쉽지 않다. ❹ 소멸하다. 따먹다. 전멸시키다.¶我们~掉了敌人的军队；우리는 적의 군대를 전멸시켰다.| 他下围棋(wéiqí)时被对方~了五个子；그는 바둑을 둘 때 상대에게 바둑알 다섯 개를 먹혔다.| 我们公司的销售(xiāoshòu)部已经~掉了北方

的 대부분 市场; 우리 회사의 판매부는 이미 북방 대부분의 시장을 장악했다.

▶용법주의: '老本'은 현재의 성과와 능력, 재산에 의지해 생활하면서 지속적인 노력을 기울이지 않는 것을 가리킨다.

吃惊 chī//jīng 动 놀라다. ¶他突然出现了,我很~;나는 그가 갑자기 나타나서 놀랐다.| 孩子~地看着眼前混乱的场面;아이는 놀라 눈앞의 혼란스러운 장면을 보고 있다.| 听到这个消息大家都很~;이 소식을 듣고 모두가 놀랐다.

▶용법주의: '吃惊'은 '吃了一惊(한번 놀라다.)', '大吃一惊(크게 놀라다.)'라고 표현할 수 있다. ¶听到这个消息, 他大吃一惊,说不出话来;이 소식을 듣고, 그는 크게 놀라서 말을 할 수가 없었다.

迟 chí 形 늦다. ¶我昨天睡得太~了;나는 어제 너무 늦게 잤다.| 你来~了,大家都在等你;네가 늦게 와서 모두 너를 기다리고 있다.| 现在说什么都太~了;지금 무슨 말을 하든 너무 늦었다.

迟到 chídào 动 지각하다. 연착하다. ¶他上课~了,老师很生气;그가 수업에 지각해서 선생님이 화가 났다.| 你快点开车,不然上班会~的;너 차 좀 빨리 몰아라. 그렇지 않으면 출근이 늦을 것 같다.| 我不喜欢约会时~的人;나는 약속에 지각하는 사람을 싫어한다.

持续 chíxù 动 지속하다. ¶干旱(gānhàn)~了一个月,池塘(chítáng)都没有水了;가뭄이 한달 간 지속되어 연못에 물이 말랐다.| ~的战争把这个国家毁灭(huǐmiè)了;지속된 전쟁이 이 나라를 몰락시켰다.| 两个国家文化的交流已经~了一千年;양국의 문화적 교류는 이미 천 년 동안 지속되었다.

持有者 chíyǒuzhě 名 소유자. 소지자. ¶他是股票(gǔpiào)的~;그는 주식 소유자이다.| 这幅画的~是一位百万富翁(fùwēng);이 그림의 소유자는 백만장자이다.

尺 chǐ 量 ❶ 척. 1/3미터. ¶这条绳子(shéngzi)有十~;이 밧줄은 10척이 된다.| 一米大概(dàgài)相当于三~;1미터는 대략 3.3척이다.| 他离我有一~远;그는 나에게서 한 척 정도 떨어져 있다. ❷ 名 (길이를 재는) 자. ¶你用~量一下那块布;네가 자로 저 천을 재보아라.| 这是一把直~;이 것은 직선자이다.| 你有~子吗? 너 자를 가지고 있니?

▶용법주의: 10寸은 1尺이며, 10尺은 1丈이다. '寸'과 '尺', '丈'은 모두 중국의 길이 단위이다.

尺寸 chǐcùn 名 ❶ 크기. 치수. ¶这块木头的~你量了吗?이 나무의 크기를 네가 쟀니?| 毛衣的~不合适;스웨터의 치수가 맞지 않다.| 这件衣服的~有点大了;이 옷의 치수가 조금 크다. ❷ 절도. 법도. 규정. ¶你说话要掌握(zhǎngwò)好~;너는 말할 때 법도를 지켜야 한다.| 我办事很有~,你放心吧;나는 법도 있게 일을 처리하니 안심하십시오.| 这样处理是可以的,但要把握(bǎwò)好~;이렇게 처리하면 되지만 규정은 알아야 한다.

赤字 chìzì 名 적자. ¶那个国家的经济出现了~;그 나라의 경제는 적자이다.

| 财政(cáizhèng)~让大家很担心；재정 적자가 사람들을 걱정하게 한다.|金融危机(jīnróngwēijī)发生以后，许多国家出现了财政~；금융 위기 발생 후 많은 국가에서 재정 적자가 나타났다.

▶확장용법: '赤字'의 '赤'는 붉은색을 가리키는데, 지출이 수입보다 많으면 장부에 차액을 붉은색으로 기록했기 때문에 경제적으로 지출이 많고 수입이 적은 상황을 '赤字'를 사용하여 나타낸다.

翅膀 chìbǎng [名] ❶ (새나 곤충의) 날개.¶小鸟的~断了，飞不起来了；새의 날개가 부러져 날 수가 없다.|这只虫子长着红色的~；이 곤충은 붉은색 날개를 지니고 있다.|蝴蝶(húdié)的~太美了；나비의 날개가 매우 아름답다. ❷ 날개.¶飞机的~叫做机翼(yì)；비행기의 날개는 기익(機翼)이라고 부른다.|这只风筝(fēng·zheng)的~很长；이 연의 날개는 매우 길다.|玩具飞机的~断了；장난감 비행기의 날개가 부러졌다.

充分 chōngfèn [形] 충분하다.¶他的理由(lǐyóu)很~，大家都同意了；그의 이유는 충분해서 모두 동의했다.|你的准备工作做得不~；너의 작업 준비는 충분하지 않다.|我有~的理由拒绝(jùjué)你；나는 너를 거절할 충분한 이유가 있다. [副] 충분히. 완전히. 십분.¶我们要~利用这些条件；우리는 이런 조건을 충분히 이용해야 한다.|你必须~发挥自己的特长；너는 반드시 자신의 장점을 십분 발휘해야 한다.|我们要~认识到问题的严重(yánzhòng)性；우리는 문제의 심각성

을 충분히 인식해야 한다.

充满 chōngmǎn [动] ❶ 가득 차다. 충만하다.¶她的眼睛~了泪水；그녀의 눈이 눈물로 가득 찼다.|树林里~着落叶的气息(qìxī)；숲에 낙엽의 정취가 가득하다.|饭菜的香味儿~了整个房间；밥과 요리의 냄새가 집안을 가득 채웠다. ❷ (추상적인 사물에 쓰여) 가득하다. 넘치다.¶孩子看起来~委屈(wěi·qu)；보아하니 아이는 억울함이 가득해 보였다.|她对生活~热情；그녀는 생활에 대한 열정이 넘친다.|他的话语(huàyǔ)~了自信；그의 말은 자신감으로 넘쳤다.

充足 chōngzú [形] 충분하다.¶登山时,应该准备~的水和食物；등산을 할 때는 물과 먹을 것을 충분히 준비해야 한다.|这个房间白天阳光很~；이 방은 낮에 햇빛이 잘 든다.|你要有~的理由才能说服(shuōfú)我；네게 충분한 이유가 있어야 나를 설득할 수 있다.

冲 chōng [动] ❶ 돌진하다. 돌파하다.¶他~到了队伍(duìwu)的前面；그는 대오의 앞으로 돌진했다.|那个新手开起车来横(héng)~直撞(zhízhuàng)；그 초보 운전자는 차를 운전하면 종횡무진 돌진한다.|要~出世俗(shìsú)的重围(chóngwéi)是不容易的事；세속의 포위를 돌파해 나아가는 것은 쉬운 일이 아니다. ❷ 끓는 물을 붓다.¶快给客人~茶；빨리 손님에게 차를 따라 드려라.|她~了一杯豆浆粉(dòujiāngfěn)；그녀는 두유 한 잔을 탔다.|早餐时，妈妈给孩子~了一杯豆浆(dòujiāng)；아침식사 때 엄마가 아이에게 두유 한 잔 타주셨다. ❸ 물

을 부어서 씻다. 물을 부어 가시다.¶你的手脏了,快去~一下;네 손이 더러우니 빨리 가서 씻어라.│疲惫(píbèi)的时候,~个热水澡很舒服;피로할 때는 뜨거운 물로 씻으면 개운하다.│青菜上可能有残留(cánliú)的农药,请多~几遍;채소에 농약이 남아 있을 수 있으니 여러 번 씻어주십시오.❹ 사진을 현상하다.¶请把这些照片~洗出来;이 사진들을 빨리 현상해 주십시오.│她~了几个胶卷(jiāojuǎn);그녀는 몇 개의 필름을 현상했다.│用数码相机(shùmǎxiàngjī)拍照(pāizhào)不需要~洗也可以欣赏(xīnshǎng)照片;디지털 카메라로 찍으면 현상할 필요 없이 사진을 감상할 수 있다.

▶용법주의:'冲喜(액막이를 하다)'는 중국의 과거 미신으로 노인의 병이 위독할 때, 집에서 좋은 일을 거행하여 노인의 건강을 회복하게 하는 것을 말한다.

冲击 chōngjī 动 ❶ 충돌하다. 부딪치다.¶浪花(lànghuā)~着岸边的岩石(yánshí);파도가 해안가의 바위에 부딪친다.│木质(mùzhì)的房门经不起铁器的~;나무로 만든 방문은 쇠의 충돌을 견디지 못한다.│他说的一字一句~着我的心;그가 말한 한 글자 한 문장이 나의 마음에 충격을 준다. ❷ 충격을 받다. 영향을 주다.¶一些出口企业受到了金融风暴(jīnróng fēngbào)的~;몇몇 기업은 금융 폭풍의 충격을 받았다.│那家公司难以承受(chéngshòu)这么大的~,最终破产(pòchǎn)了;그 회사는 이렇게 큰 충격을 견디지 못하고 결국 파산했다.│进口商品给国内市场带来了较大~;수입 상품이 국내 시장에 비교적 큰 영향을 가져왔다.

虫子 chóng·zi 名 벌레. 곤충.¶一只小~静静地趴(pā)在草叶上;한 마리의 작은 벌레가 풀잎 위에 조용히 엎드려 있다.│对人类有益的~叫做益虫;인류에게 유익한 곤충을 익충이라고 부른다.│这种~会咬(yǎo)人;이런 곤충은 사람을 물 수도 있다.

重 chóng 副 ❶ 층. 겹.¶老师的话有两~意思;선생님의 말씀은 두 가지 뜻이 있다.│翻过前面两~山,就到我家了;앞의 두 겹의 산을 넘으면 바로 우리 집에 도착한다.│他突破了一~又一~的困难,终于成功了;그는 거듭되는 어려움을 돌파해 결국 성공했다.

▶용법주의:'一重又一重'은 '一重重'의 형식으로도 표현할 수 있다.¶他突破了一重重的困难,终于成功了;그는 거듭되는 어려움을 돌파해 결국 성공했다.

❷ 재차. 거듭.¶这个作业你做得不好,~做一遍;이 숙제는 잘 못 했으니 다시 한 번 하세요.│我没听清楚你的话,请~说一遍,好吗?;당신의 말을 제대로 못 들었습니다, 다시 한 번 말씀해 주시겠어요? 动 중복하다.¶这本书,我买~了;이 책을 나는 중복해서 샀다.│看清楚,不要写~了;똑바로 보고 중복해서 쓰지 않도록 해라.

重叠 chóngdié 动 중첩하다. 겹치다.¶作文考试时间和会话考试时间~了,怎么办?;작문 시험 시간과 회화 시험 시간이 겹쳤는데, 어떡하죠?│现在是12点整,下一次时针和分针什么时候

~? 지금은 12시 정각입니다, 다음 번 시침과 분침은 언제 겹칩니까?

重复 chóngfù 动 (똑같은 일을) 반복하다. 되풀이하다. ¶这件事, 妈妈总喜欢~地说了又说; 이 일을 엄마는 항상 반복해서 말하고 또 말하는 것을 좋아한다.│这个瓶子可以~使用; 이 병은 다시 쓸 수 있다.

重新 chóngxīn 副 ❶ 다시. 재차. ¶他不满意他写的作文, 又~写了一遍; 그는 그가 쓴 작문이 만족스럽지 않아 또 다시 한 번 썼다.│他这次考试没通过, 还要~考一次; 그는 이번 시험에 통과하지 못해서 다시 한 번 시험을 보아야 한다. ❷ 새롭게. (방식이나 내용을 바꾸어 다시 시작함을 가리킨다.) ¶老师的话, 让他~树立了自信; 선생님의 말은 그가 새롭게 자신감을 회복하게끔 했다.│他病刚好, 就又~开始工作了; 그는 병이 막 좋아지자마자 바로 또 새롭게 일을 시작했다.

崇高 chónggāo 形 고상하다. 숭고하다. ¶年轻人应该有~的理想; 젊은이는 고상한 이상을 갖고 있어야 한다.│他~的人格令我们敬佩(jìngpèi); 그의 고상한 인격은 우리로 하여금 탄복하게 하다.│大师一般(yībān)都具有~的美德; 대가들은 보통 숭고한 미덕을 가지고 있다.

抽 chōu 动 ❶ 꺼내다. 빼내다. 뽑다. ¶她从文件包里~出一份资料(zīliào); 그녀가 서류 가방에서 자료를 꺼냈다.│最近我一直~不出时间来; 요즘 나는 계속 시간을 낼 수가 없다.│他从钱包里~了几张100元的人民币, 递(dì)给售货员; 그는 지갑에서 100위안 짜리 인민폐 몇 장을 꺼내 판매원에게 주었다. ❷ 뽑다. 추출하다. ¶学校要~查学生的出勤(chūqín)情况; 학교는 학생들의 출석 상황을 뽑아 조사하려고 한다.│他被~调(diào)到分公司去了; 그는 선발되어 지사로 배치되었다.│我们的人手不够, 从其他部门又~了几个人过来; 우리의 인원이 부족하여 다른 부문에서 몇 사람을 뽑아 왔다. ❸ 피우다. 빨다. ¶在公众场所请不要~烟; 공중 장소에서 담배를 피우지 말아 주십시오.│他一天~一包香烟; 그는 하루에 담배 한 갑을 피운다.│~油烟机是厨房(chúfáng)必备(bìbèi)的小家电; 전자레인지후드는 주방에 반드시 갖추어야 하는 가전제품이다.

抽象 chōuxiàng 形 추상적이다. ¶人的情感是~的, 但可以用很多具体形式(jùtǐxíngshì)去表现; 사람의 감정은 추상적인 것이지만 많은 구체적인 형식으로 표현할 수 있다.│这些术语(shùyǔ)太~了; 이 전문용어들은 너무 추상적이다.│请你说得具体一点儿, 不要那么~; 말을 좀 구체적으로 해주십시오. 그렇게 추상적으로 하지 말고요. 动 (구체적인 사물이나 현상에서 규율이나 개념을) 추상해내다. 도출하다. ¶人们从物质的世界中~出了许多规律(guīlù); 사람들은 물질의 세계로부터 많은 규칙을 도출해냈다.│数学把世界~成数字符号(fúhào); 수학은 세계를 숫자 부호로 추상해낸다.│进行科学研究的时候, 需要有比较强的~能力; 과학적 연구를 진행할 때는 비교적 강한 추상적 능력이 필요하다.

仇人 chóurén 名 원수. 적. ¶~相见, 分

외 눈 붉히다 ; 적을 만나면 유난히 혈안이 된다.| 我们是朋友,不是~;우리는 친구지 적이 아니다.| 多一个~,不如多一个朋友;적이 한 명 더 많아지는 것은 친구가 한 명 더 생기는 것만 못하다.

愁 chóu 动 근심하다. 걱정하다. ¶不要发~,不好的事总会过去的;걱정하지 말아라, 좋지 않은 일은 어쨌든 지나가기 마련이다.| 他从小过着不~吃、不~穿的生活;그는 어려서부터 먹는 것과 입는 것에 걱정 없는 생활을 하고 있다.| ~一~,白了少年头;걱정으로 소년기를 헛되게 보냈다.

臭 chòu 形 ❶ 구리다. ¶这里的气味不好,总是有~味儿;이곳은 냄새가 좋지 않아 항상 구린 냄새가 난다.| 中国有一种小吃叫做油炸(yóuzhá)~豆腐;중국에는 기름에 튀긴 처우도우푸(냄새 나는 썩은 두부)라고 하는 요리가 있다.| 真~!정말 구리다! ❷ 추악하다. 나쁘다. ¶那个人的名声很~;그 사람은 평판이 나쁘다.| 他在历史上是一个~名昭著(zhāozhù)的坏人;그는 역사상 아주 악명 높은 악인이다.| 摆(bǎi)~架(jià)子会惹(rě)人讨厌的;꼴사나운 허세를 부리는 것은 사람들의 미움을 살 수 있다. ❸ 비열하다. 나쁘다. ¶这一招真~;이 방법은 정말 비열하다.| 他今天状态不好,一连走了几步~棋;그는 오늘 상태가 좋지 않아 몇 번의 나쁜 수를 두었다.| 没想到你竟然想出这样的~招;네가 뜻밖에도 이렇게 비열한 계책을 생각해 내리라고는 생각하지 못했다.

▶용법주의:'摆臭架子(꼴사나운 허세를 부리다.)'는 스스로를 대단하게 여기면서 다른 사람을 무시하는 것을 가리키는데 강렬한 폄하의 색채를 갖고 있다.

出 chū 动 ❶ 나가다. ¶她走~屋子;그녀가 걸어서 집을 나가다.| 那个人常在我们小区进进~~的,大家都认识他;그 사람은 종종 우리 단지를 드나들어 모두가 그를 안다.| 下飞机后,~机场大概需要20分钟;비행기에서 내린 후 공항을 나가는 데도 대략 20분이 걸린다. ❷ 넘다. 초과하다. ¶不~三天,他又来了;삼일이 지나지 않아 그가 또 왔다.| 孩子答应妈妈要改正错误,但不~一个小时就忘了自己的承诺(chéngnuò);아이는 엄마에게 잘못을 고치겠다고 했지만 한 시간도 되지 않아 자신이 인정한 것을 잊어버렸다.| 球~界了;공이 선을 넘어갔다. ❸ (밖으로) 내다. 제시하다. ¶有钱~钱,有力~力;돈이 있으면 돈을 내고, 힘이 있으면 힘을 낸다.| 请给我~~主意;나에게 방법을 제시해 주십시오.| 老师已经把试题~好了;선생님은 이미 시험문제를 출제했다. ❹ 배출하다. 생산하다. 만들다. ¶江苏和浙江一带~了不少才子;장쑤와 저장 일대에서 적지 않은 인재를 배출했다.| 这里~木材;이곳에서는 목재가 생산된다.| 今年我教的班里~了几个特别优秀的学生;올해 내가 가르친 반에서 특히 우수한 학생 몇 명이 배출되었다.

出版 chūbǎn 动 출판하다. ¶她的新书刚刚~;그녀의 새 책이 방금 출판되었다.| 音像~业最近不太景气(jǐngqì);음반 출판업은 최근에 경기가 좋지

79

않다.|这家~社~了很多畅销(chàngxiāo)书;이 출판사는 많은 베스트셀러를 출판했다.

出产 chūchǎn 动 생산하다. 산출하다. ¶云南(Yúnnán)~普洱茶(pǔ'ěrchá);윈난은 푸얼차를 생산한다.|这个地区~煤炭(méitàn);이 지역은 석탄을 생산한다.|我的家乡~苹果;내 고향은 사과를 생산한다. 名 산물. 산출품. ¶这个地区~很丰富;이 지역은 산물이 풍부하다.|我不了解那里有什么~;나는 그곳에 어떤 산물이 있는지 모른다.|这些~大多销(xiāo)往国外;이 산물들 대부분이 외국으로 팔린다.

出场 chūchǎng 动 ❶ 배우가 무대에 나오다. 출현하다. ¶她一~,台下就响(xiǎng)起了喝彩声(hècǎishēng);그녀가 무대에 나오자 무대 아래에서 박수 갈채가 울려 퍼졌다.|小说主人公的~非常有戏剧性;소설 주인공의 출현은 정말 희극적이다.|这出话剧里第一个~的并不是女主角;이 연극에서 처음으로 나오는 사람은 결코 여주인공이 아니다. ❷ (운동선수가) 출장하다. 출전하다. ¶现在~的是中国选手;지금 출장하는 선수는 중국 선수이다.|她下一个~;그녀가 다음으로 출장한다.|这位体操(tǐcāo)运动员的~动作非常漂亮;이 체조 선수는 출전 동작이 정말 아름답다.

出发 chūfā 动 ❶ 출발하다. ¶我们早上8点就~;우리는 아침 8시에 출발한다.|明天我要~去北京;내일 나는 베이징으로 출발할 것이다.|请把~的地点和时间通知大家;출발 장소와 시간을 모두에게 알려주십시오. ❷ …을 출발점으로 삼다. …을 전제로 하다. ¶要学会从别人的角度~去理解别人;다른 사람의 각도에서 다른 사람을 이해하는 것을 배워야 한다.|从学院的长期发展~,我们做了一些新的规划(guīhuà);대학의 장기 발전을 전제로 하여 우리는 몇 가지 새로운 계획을 세웠다.|从新的角度~,往往会有新的结论;새로운 관점을 출발점으로 삼으면 종종 새로운 결론을 얻게 된다

出乎意料 chūhūyìliào 成 뜻밖이다. 의외이다. ¶这部电影的结局(jiéjú)真是~;이 영화의 결론은 정말 뜻밖이다.|~的是,她没有和自己真心喜欢的人结婚;뜻밖인 것은 그녀가 진심으로 좋아하는 사람과 결혼하지 않은 것이다.|这是一个~的结果;이것은 의외의 결과이다.

出口 chūkǒu 名 출구. ¶超市~在哪儿?슈퍼마켓의 출구가 어디입니까?|剧院里有多个安全~;극장에는 비상 출구가 여러 개 있다.|人太多,~很拥挤(yōngjǐ);사람이 너무 많아 출구가 붐비다. 动 ❶ 수출하다. ¶丝绸(sīchóu)、茶叶、陶瓷(táocí)是中国传统~商品;비단과 차, 도자기는 중국의 전통적인 수출 상품이다.|这些农产品是~到美国去的;이 농산물들은 미국으로 수출하는 것이다.|金融风暴(jīnróng fēngbào)对~产业有很大影响;금융 폭풍이 수출 산업에 큰 영향을 주다. ❷ (~//~) 말을 꺼내다. ¶这些话我说不~;이 말들을 나는 꺼낼 수 없다.|那么难听的话,他怎么出得了口;그렇게 듣기 힘든 말을 그는 어떻게 꺼낸 거지?|我想请你帮我,但说

不~;나는 너에게 도와달라고 하고 싶지만 말을 꺼낼 수 없었다.
▶용법주의: 동사 ❷는 이합사로 '出得了口(말을 꺼낼 수 있다.)', '出不了口(말을 꺼낼 수 없다.)'라고 할 수 있다. ❶은 구어에서는 종종 이합사로 쓰일 수 있다. ¶没有了国外订单(dìngdān),许多产品都出不了口了;외국의 주문서가 없으면 많은 생산품이 수출될 수 없다.

出来 chū//·lái 동 ❶ 나오다. ¶请你~一下;당신이 좀 나와주십시오.| 我被挤(jǐ)在人群(rénqún)中出不来了;나는 사람들 사이에 끼어 나올 수가 없었다.| 你现在出得来吗? 我有事找你;너 지금 나올 수 있니? 내가 너한테 볼일이 있다. ❷ (방향동사) 동사 뒤에 쓰여 동작의 방향이나 결과를 나타낸다. ¶他从办公室走~;그가 사무실에서 걸어 나오다.| 我还没有想出办法来;나는 아직 방법이 생각나지 않는다.| 过了那么多年,我快认不出你来了;그렇게 오랜 시간이 지나 나는 너를 알아보지 못할 뻔했다.

▶용법주의: '出来'는 이합사로, '出得来(나올 수 있다.)', '出不来(나올 수 없다.)'라고 할 수 있다. 방향 동사로 사용될 때는 명사를 '出'와 '来' 사이에 놓을 수 있다. ¶他想不出办法来;그는 방법이 생각나지 않았다.| 我一眼就能认出你来;나는 한눈에 너를 알아볼 수 있다.

出名 chūmíng 형 유명하다. ¶他现在~了;그는 이제 유명해졌다.| 她孝敬父母在当地很~;그녀가 부모에게 효성스러운 것은 현지에서 매우 유명하다.| 在~以前,她吃了很多苦;유명해

지기 전에 그녀는 많이 고생했다.

出去 chū//·qù 동 ❶ 나가다. ¶请你~,我想一个人静一静;당신 좀 나가주십시오. 저 혼자 조용히 있고 싶습니다.| 我们一起~吃饭好吗? 우리 함께 나가 식사할래요?| 她~买东西了;그녀는 물건을 사러 나갔다. ❷ (방향동사) 동사 뒤에 쓰여 동작이 말하는 사람으로부터 멀어져 가는 것을 나타낸다. ¶他从屋里走~;그는 집에서 걸어 나갔다.| 我现在家里有事,出不去;나는 지금 집에 일이 있어 나갈 수 없다.| 门口那么多人,能出得去吗? 입구에 그렇게 많은 사람이 있는데 나갈 수 있을까?

出色 chūsè 형 아주 훌륭하다. ¶你今天表现得很~;너는 오늘 활약이 아주 훌륭했다.| 他是一位~的汉语教师;그는 정말 훌륭한 중국어 교사이다.| 她太~了;그녀는 정말 훌륭했다.

出身 chūshēn 명 (가정의 상황이나 이전의 경력에 의해 결정되는) 신분. 출신. 경력. ¶他是平民~;그는 평민 출신이다.| 她的~有些特殊;그녀의 신분은 조금 특수하다.| 她的记者~帮助她了解了很多生活的阴暗(yīn'àn)面;그녀의 기자 경력은 그녀로 하여금 생활의 어두운 면을 이해하게 하는 데 도움이 되었다. 동 (가정의 상황이나 이전의 경력이) 출신(신분)을 결정하다. ¶我~平民家庭;나는 평민 가정 출신이다.| 他~于知识分子家庭;그는 지식인 가정 출신이다.| 她~于工人家庭;그녀는 노동자 가정 출신이다.

出生 chūshēng 동 태어나다. 출생하다. ¶她~于1980年;그녀는 1980년에 태

어났다.| 请在表上填(tián)写您的~日期;표에 당신의 출생 일시를 기입하십시오.| 很多国家的~率都下降了;많은 국가의 출생률이 하락했다.

出示 chūshì 动 제시하다. 내보이다. ¶ 裁判(cáipàn)已经~了黄牌(pái)警告;심판은 이미 옐로우 카드를 꺼내 경고하였다.| 请~一下您的证件(zhèngjiàn);당신의 증명서를 좀 제시해주십시오.| 她~了护照(hùzhào)和外国人居留证(jūliúzhèng);그녀는 여권과 외국인 체류증을 제시했다.

出售 chūshòu 动 팔다. ¶ 这家商店~很多手工艺品;이 가게는 많은 수공예품을 판다.| 这幅画的作者不想~这幅作品;이 그림의 작가는 이 그림을 팔 생각이 없다.| 夏天的时候,商场里有很多降(jiàng)价~的冬装;여름철에 상점에는 가격을 내린 겨울 옷이 많다.

出席 chūxí 动 참석하다. 출석하다. ¶ 她没有~上次的会议;그녀는 지난 번 회의에 참석하지 않았다.| 我们一起~了朋友的婚礼;우리는 함께 친구 결혼식에 참석했다.| 中日韩三国的领导(lǐngdǎo)人都~了这次会谈;한중일 3개국의 대통령이 모두 이번 회담에 참석했다.

出现 chūxiàn 动 출현하다. 나타나다. ¶ 这两年~了几部优秀的电影作品;몇 년 동안 훌륭한 영화 몇 편이 나왔다.| 多年以后,你又~在我的面前;몇 해가 지난 후, 너는 또 내 앞에 나타났다.| 最近~了一些奇怪(qíguài)的事情;최근에 이상한 일들이 생겨났다.

出院 chūyuàn 动 퇴원하다. ¶ 医生说她明天就可以~;의사는 그녀가 내일이면 퇴원할 수 있다고 말했다.| ~后请每个月来医院体检(jiǎnchá)一次;퇴원 후 매 달 병원에 와서 신체검사를 한 차례 받으십시오.| 他已经~了;그는 벌써 퇴원했다.

出租车 chūzūchē 名 택시. ¶ 我打了一辆~;나는 택시 한 대를 탔다.| ~按照(ànzhào)距离(jùlí)和时间收费;택시는 거리와 시간에 따라 요금을 받는다.| 这位~司机很幽默;이 택시 기사는 아주 유머러스하다.

▶용법주의: 중국어에서 택시를 '的士'라고 부르기도 하며, 구어에서는 '的(dī)'라고 약칭한다. ¶ 打个的去吧;택시 타고 가자.| 我是打的来的;나는 택시를 타고 왔다.

初 chū 名 ❶ 초. ¶ 大年~要给亲朋好友拜年(bàinián);정월 초하룻날에는 친한 친구들에게 새해 인사를 해야 한다.| 从正月~一到正月十五,中国到处都有浓浓(nóngnóng)的年味儿;정월 초하루부터 정월 보름까지 중국은 도처에서 새해 분위기가 짙다.| 我打算下个月~十回家乡看看;나는 다음달 초열흘에 고향에 가 보려고 한다. ❷ 처음. 최초. ¶ 今年年~,我们见过面;올해 초에 우리는 만난 적이 있다.| 我们公司月~发工资;우리 회사는 월 초에 월급을 준다.| 本学期~同学们就已经了解了这些规定;이번 학기 초에 학우들은 벌써부터 이 규정들을 이해했다.

▶용법주의: '初'는 접두어로 음력으로 매 달 십일 이전을 가리킨다. 즉 초하루부터 초십일까지에 쓰이며, 11일 이후부터는 '初'를 사용하지 않는다.

初步 chūbù 形 초보적이다. ¶我已经~了解了事情的经过(jīngguò); 나는 이미 초보적으로 일의 경과를 파악하였다. | 经过~调查(diàochá), 我们发现了几个问题; 초보적인 조사를 통해 우리는 몇 개의 문제를 발견했다. | 大学生就业问题得到了~解决; 대학생 취업 문제가 초보적인 해결을 보았다.

初级 chūjí 形 초급의. ¶这是~班的教材; 이것은 초급반 교재이다. | 我的韩语只有~水平; 나의 중국어 실력은 초급 수준일 뿐이다. | 中国现在还处于全面发展的~阶段(jiēduàn); 중국은 현재 전반적인 발전의 초급 단계이다.

▶용법주의: 초급과 중급, 고급은 구별과 등급을 가리키는 단어이다. ¶我们根据学生的汉语水平, 开设了初级班、中级班和高级班; 우리는 학생들의 중국어 수준에 근거하여 초급반과 중급반, 고급반을 개설했다.

初期 chūqī 名 초기. ¶发热是感冒的~症状; 열이 나는 것은 감기의 초기 증상이다. | 他专门研究第二次世界大战(zhànzhēng)~的那段历史; 그는 제2차 세계대전 초기의 역사를 전문적으로 연구한다. | 改革开放~遇到(yùdào)的一些困难已经得到了妥善(tuǒshàn)的解决; 개혁개방 초기에 부딪힌 문제들은 이미 적절하게 해결되었다.

初中 chūzhōng 名 초급 중학교의 약칭. (중학교에 해당) ¶我妹妹是~生; 내 여동생은 중학생이다. | 今年她的孩子要升~了; 올해 그녀의 아이는 중학교에 진학한다. | 她就是在这所中学读的~; 그녀는 바로 이 중학교에서 초급 중학교 과정을 공부했다.

▶용법주의: 중국의 중학교는 초급 중학교와 고급 중학교 두 단계로 나뉘며, 학제는 둘 다 3년이다. 초급 중학교 학생과 고급 중학교 학생 모두를 '中学生'이라고 부른다.

除 chú 动 ❶ 없애다. 제거하다. ¶他是一位为民~害的英雄(yīngxióng); 그는 백성을 위해 해로움을 제거한 영웅이다. | 农夫在田地里~虫; 농부가 밭에서 벌레를 없앤다. | 我们一定要~掉懒惰的习惯; 우리는 반드시 게으른 습관을 없애야 한다. ❷ 제외하다. ¶~他以外, 其他人都来了; 그를 제외하고 다른 사람은 모두 왔다. | 这篇论文~注释(zhùshì)外共有8千字; 이 논문은 주석을 제외하고 모두 8천자이다. | ~因病请假的人以外, 全体师生都参加了春游; 병이 나서 휴가를 낸 사람을 제외하고 모든 선생님과 학생들이 봄소풍에 참가했다. ❸ 나누다. ¶10~5得2; 10 나누기 5는 2이다. | 10 以5得2; 10을 5로 나누면 2가 된다. | 9~3得3; 9 나누기 3은 3이다.

除了 chú·le 介 ❶ …를 제외하고. ¶~工作, 他什么都不关心; 일을 제외하고 그는 아무 것에도 관심이 없다. | ~几位水平较高的学生以外, 别的同学汉语会话能力都很有限; 수준이 비교적 높은 몇 명의 학생을 제외하고, 다른 학생들의 중국어 회화 실력은 모두 한계가 있다. | ~这条路, 没有别的路可走; 이 길을 제외하고 갈 수 있는 다른 길은 없다. ❷ (뒤에 '还', '也' 등과 함께 사용되어)…외에 또. …외에도.

¶~音乐,我还喜欢电影;음악 외에 나는 또 영화를 좋아한다.|他~教课,还要辅导(fǔdǎo)学生课外活动;그는 수업을 하는 것 외에, 또 과외 활동을 지도해야 한다.|~写小说,她偶尔(ǒu'ěr)也写点儿诗歌;소설을 쓰는 것 외에, 그녀는 가끔 시도 쓴다. 动 (뒤에 '就是'와 같이 사용되어) …않으면 …하다. ¶婴儿(yīng'ér)每天~吃就是睡;아기는 매일 먹는 것 말고는 잠만 잔다.|她每天~工作就是读书;그녀는 매일 일을 하지 않으면 독서를 한다.|这孩子放假以后~玩就是逛街;이 아이는 방학 이후에도 노는 것 말고는 거리 구경을 한다.

▶용법주의: ❶ '除了' 뒤에는 '以外'와 '还','就是'가 자주 함께 쓰인다.'就是'와 함께 쓰일 때는, 말하는 사람이 약간 불만족스럽다는 의미를 나타내기도 한다. ¶除了玩就是睡,你什么时候才能好好学习呢? 놀지 않으면 잠을 자는데, 네가 언제 공부를 잘 할 수 있겠니? ❷ 경우에 따라 편안한 느낌을 나타낼 때도 있다. ¶放假以后我除了读书就是陪女儿玩;방학 후 나는 독서를 하지 않으면 딸아이와 논다.

除去 chúqù 动 없애다. 제거하다. ¶~杂草(zácǎo)以后,庄稼(zhuāng·jia)长得更好了;잡초를 없앤 후에 농작물이 훨씬 잘 자란다.|要~这些弊端(bìduān)很不容易;이런 폐단들을 제거하는 것은 쉽지 않다.|~玉器表面的灰尘,露出它原本温润(wēnrùn)碧绿(bìlǜ)的色泽(sèzé);옥기 표면의 먼지를 없애자 그것의 따뜻하고 짙푸른 원래 빛깔이 드러났다. 介 …를 제외하고. ¶~她以外,大家都参加了聚会;

그녀를 제외하고 모두가 모임에 참가했다.|这本书~目录共有180页;이 책은 목록을 제외하고 모두 180 페이지이다.|她~工作,所有时间都和孩子在一起;그녀는 일할 때를 제외하고 모든 시간을 아이와 함께한다.

除外 chúwài 动 계산에 넣지 않다. 열외이다. ¶你们都走吧,他~;너희 모두 가봐라. 그는 열외이다.|阅览室每天下午开放,周六和周日~;열람실은 매일 오후에 문을 연다. 토요일과 일요일은 예외이다.|全体职员都要提交新的工作计划,新来的员工~;모든 직원이 새로운 작업 계획을 제출해야 하지만 새로 온 직원은 열외이다.

厨房 chúfáng 名 주방. ¶我家的~很小;우리 집의 주방은 작다.|妈妈总是在~里忙着;엄마는 항상 주방에서 바쁘시다.|在中国,男人们也常常下~;중국에서는 남자들 역시 늘 주방에 들어간다.

处 chǔ 动 ❶ (다른 사람과 함께) 지내다. 생활하다. 사귀다. ¶我们~得非常好;우리는 아주 잘 지낸다.|她的性格很平和,很好~;그녀는 성격이 온화하여 함께 지내기 좋다.|他和任何人都能~得来;그는 어떤 사람과도 잘 지낼 수 있다. ❷ (어떤 상황에) 처하다. ¶即使身~逆境也要保持信心;설령 역경에 빠지더라도 믿음을 가져야 한다.|这座商场地~闹市区;이 가게는 시내 번화가에 위치하고 있다.|中国经济~于一个良好的发展时期;중국의 경제는 좋은 발전 시기에 있다.

☞ chù

处罚 chǔfá 动 처벌하다. ¶对于贪污受贿

(tānwū shòuhuì)行为,要加大~力度;횡령과 뇌물 수뢰 행위에 대해서는 가중 처벌을 해야 한다.|他由于违反学校规定而受到了~;그는 학교 규정을 위반했기 때문에 처벌을 받았다.|这样~一个孩子太过分了;이렇게 아이를 처벌하는 것은 지나치다.

处分 chǔfèn [名] 처벌. 처분. ¶经常旷课(kuàngkè)的学生受到了警告的~;자주 무단 결석을 하는 학생은 경고 처분을 받았다.|这样的~太轻了;이러한 처벌은 너무 가볍다.|校方把他记大过的~通知了他的家长;학교측은 그에게 내린 커다란 처벌을 학부모에게 통보했다. [动] 처벌하다. ¶违反了公司的制度要受到~;회사의 제도를 위반하면 처벌을 받아야 한다.|对于屡教不改(lǚjiàobùgǎi)的学生,该怎样~呢?;몇 번을 가르쳐도 고치지 않는 학생에 대해서는 어떻게 처벌해야 합니까?|我们已经~了出现问题的职员;우리는 벌써 문제가 생긴 직원을 처벌했다.

处境 chǔjìng [名] 상태. 상황. 처지. (주로 불리한 상황에 놓여 있을 때를 가리킨다.) ¶我完全理解你的~;나는 너의 상황을 완전히 이해한다.|那时候我的~很艰难;그 때 나의 처지는 매우 어려웠다.|不管在什么样的~里,都要保持(bǎochí)一颗善良的心;어떠한 상황에서도 선량한 마음을 간직해야 한다.

处理 chǔlǐ [动] ❶ 처리하다. 해결하다. ¶她不知道该如何~这样的情况;그녀는 어떻게 이런 상황을 해결해야 할지 모른다.|我每天用三个小时~办公室的日常事务;나는 매일 세 시간을 들여 사무실의 일상적인 사무를 처리한다.|这个问题你~得不错;이 문제를 너는 잘 처리했다. ❷ 처벌하다. 징벌하다. ¶要好好~参加斗殴(dòu'ōu)的学生;싸움에 참여한 학생들을 잘 처벌해야 한다.|对不法分子要依法~;범법자에 대해서는 법에 따라 처벌해야 한다.|大家一起讨论一下对旷课学生的~意见;무단 결석한 학생을 처벌하는 것에 대해 모두 함께 의견을 논의해봅시다. ❸ 할인 가격으로 처분하다. ¶这款大衣是~品;이 외투는 할인 상품이다.|把积压的货物廉价(liánjià)~了吧;재고 상품을 염가로 할인하여 처분하자.|这本书原价30元,~价只有15元;이 책은 원가가 30위안이지만, 할인 처분 가격은 단돈 15위안이다.

处女 chǔnǚ [名] 처녀. ¶她是~;그녀는 처녀이다.|~这个汉字词在汉语和韩语里的用法不同;처녀라는 한자어는 중국어와 한국어의 용법이 다르다.|她看起来像~一样羞涩;보아하니 그녀는 처녀처럼 부끄러워한다. [形] 맨 처음의. 처녀의. ¶这是一片没有开垦过的~地;이곳은 개간한 적이 없는 처녀지이다.|那本书是她的~作;그 책은 그녀의 처녀작이다.|那艘(sōu)巨轮在它的~航中神秘地沉落(chénluò)了;그 대형 선박은 불가사의하게 첫 항해에서 침몰했다.

处 chù [名] ❶ 곳. 장소. ¶他还没有找到住~;그는 아직 머물 곳을 찾지 못했다.|考虑问题要从大~着想;문제를 고려할 때는 큰 곳에서부터 생각해야 한다.|海洋深~有一个神秘(shénmì)的海底世界;바다 깊은 곳에는 신비

한 해저 세계가 하나 있다. ❷ 처. (기관이나 단체의 조직 단위) ¶我在国际~工作；나는 국제처에서 일한다. | 请把你的题目报送(bàosòng)到科技~；당신의 표제를 과기처에 보고해 주십시오. | 人事~最近发布了新的人事管理制度；인사처에서 최근에 새로운 인사 관리 제도를 발표했다.

▶용법주의: '处'는 행정 단위의 등급으로 '科(과)'보다는 높고, '局(국)'보다는 낮다.

☞ chǔ

处处 chùchù 副 도처에. 어디든지. 각 방면에. ¶春天来了，~飘散(piāosàn)着花香；봄이 되자 도처에 꽃향기가 흩날린다. | 他~为别人着想；그는 다른 사람을 위해 각 방면으로 생각한다. | 习惯了漂泊(piāobó)生活的人，~都是家乡；유랑 생활에 익숙해진 사람은 모든 곳이 고향이다.

畜生 chùshēng 名 ❶ 짐승. ¶你这么野蛮，像个~；너 이렇게 야만스럽게, 짐승 같아. ❷ 짐승 같은 놈. (욕설에서 사용한다.) ¶~！我揍死你；짐승 같은 놈! 내가 널 박살내겠다.

穿 chuān 动 ❶ 입다. 신다. ¶他~了一件灰色的大衣；그는 회색 외투를 입었다. | 女儿两岁的时候学会了自己~鞋子；딸아이는 두 살 때 스스로 신발 신는 것을 배웠다. | 你~得太少了，不冷吗？너 옷을 너무 적게 입었는데, 춥지 않니? ❷ 뚫다. 뚫어지다. ¶水滴石~；물방울이 바위를 뚫다. | 把纸~了一个洞；종이에 구멍 하나를 뚫다. | 利箭射~了那头鹿的心脏；날카로운 화살이 그 사슴의 심장을 꿰뚫었다. ❸ 꿰뚫다. 밝히다. ¶我看~了你

의 心思；나는 너의 속마음을 간파했다. | 她一眼就看~了这个阴谋(yīnmóu)；그녀는 한 눈에 이 음모를 간파했다. | 我早就知道你的计划，只是没有揭~你；나는 벌써 너의 계획을 알았는데, 다만 밝히지 않았을 뿐이다. ❹ 꿰다. 통과하다. ¶孩子帮祖母把缝衣服用的线~进针眼里；아이가 할머니를 도와 옷을 꿰맬 때 쓰는 실을 바늘 구멍에 꿴다. | ~过这片树林就到了；이 숲을 통과하면 도착한다. | 从这个胡同儿~过去，就能看到那家商店；이 골목을 통과하면 그 가게를 볼 수 있다.

传 chuán 动 ❶ 전하다. ¶我们应该好好保护古代~下来的文化遗产；우리는 고대로부터 전해져 오는 문화유산을 잘 보호해야 한다. | 这对玉镯(yùzhuó)是祖上~下来的；이 옥팔찌는 조상으로부터 전해져 온 것이다. | 请把那本书~给他好吗？그 책을 그에게 전해 줄래? ❷ 전수하다. ¶他不愿意把自己的手艺~外人；그는 자신의 기술을 외부인에게 전수하는 것을 원하지 않는다. | 她秉承师~；그녀가 스승을 계승하여 전수 받다. | 这个秘方不能外~；이 비법은 외부로 전수할 수 없다. ❸ 전파하다. 퍼뜨리다. ¶这个消息很快就~到了她的耳朵里；이 소식은 아주 빠르게 그녀의 귀에 전해졌다. | 好消息~遍了全国；좋은 소식이 전국에 퍼졌다. | 好事不出门，坏事~千里；좋은 소식은 문밖으로 전해지지 않고, 나쁜 소식은 천리 밖으로 전해진다. ❹ 전염되다. ¶这种病不~染(rǎn)人；이런 병은 사람에게 전염되지 않는다. | 她被~染(rǎn)上了感冒；

그녀는 감기에 전염되었다.| 禽流感(qínliúgǎn)已经开始~到人体身上了; 조류독감은 이미 인체에 전염되기 시작했다.

另见 849 页 zhuàn

传播 chuánbō 动 전파하다. 널리 퍼뜨리다. 유포하다. ¶蜜蜂可以帮助植物~花粉; 꿀벌은 식물을 도와 꽃가루를 널리 퍼뜨릴 수 있다.| 这个好消息很快就在学校里~开来; 이 좋은 소식은 삽시간에 학교 안에 퍼졌다.| 中国的茶叶~到了亚洲和欧洲的很多国家; 중국의 찻잎은 아시아와 유럽의 수많은 나라로 전파되었다.

传达 chuándá 动 ❶ 전하다. 전달하다. ¶请把公司的最新决定~给大家; 회사의 새로운 결정을 모두에게 전달하세요.| 教官向士兵们~了上级的命令; 교관은 사병들에게 상급의 명령을 전달하였다.| 我已经把部长的指示~下去了; 나는 이미 부장님의 지시를 전달하였다. ❷ 접수하다. ¶我记不清楚他住几号楼了, 还是去~室问问吧; 나는 그가 몇 동에 사는지 잘 기억나지 않으니, 접수실에 가서 물어보는 게 낫겠다.| 你可以先把行李寄存在~室里; 너는 우선 수화물을 접수실에 보관해도 된다.| ~室那位老大爷很亲切(qīnqiè); 접수실의 그 할아버지는 매우 다정하다. 名 접수원. ¶你见过学校门口新来的~吗?; 너 학교 입구에 새로운 접수원을 본 적이 있니?| 我们小区的~是一位退伍军人; 우리 단지의 접수원은 퇴역 군인이다.| ~把他的电话号码告诉我了; 접수원은 그의 전화번호를 나에게 알려 주었다.

传统 chuántǒng 名 전통. ¶孝敬老人是中国人的~; 노인을 섬기고 공경하는 것은 중국인의 전통이다.| 一个民族的~是一笔宝贵的精神财富; 한 민족의 전통은 소중한 정신 자산이다.| 每个国家都有自己的文化~; 모든 국가마다 자신의 문화 전통이 있다. 形 ❶ 전통적이다. ¶昆曲(kūnqǔ)是中国的~戏曲; 쿤취는 중국의 전통극이다.| 现在, 一些~的艺术形式逐渐被人们忽略了; 오늘날 몇몇 전통적인 예술 형식들이 점차 사람들에게 소홀히 여겨진다.| 中秋节是中国人非常重视的~节日; 추석은 중국인들이 매우 중시하는 전통 명절이다. ❷ 수구적이다. 보수적이다. ¶老人的思想一般都比较~; 노인들의 사상은 일반적으로 모두 비교적 보수적이다.| 没想到在现代社会, 人们的想法还是这么~; 생각지도 않게 현대 사회에서 사람들의 생각이 여전히 이렇게 보수적이라니.| 她是一个很~的中国女人; 그녀는 매우 보수적인 중국 여인이다.

传闻 chuánwén 名 (뜬)소문. 루머. ¶不要轻易相信~; 뜬 소문을 쉽게 믿지 마라.| 我从来没有听到这样的~; 나는 지금까지 이런 헛소문을 들은 적이 없다.| 我们要根据事实做出判断, 而不是根据~做判断; 우리는 사실에 근거해 판단을 내려야 하지, 소문에 근거해 판단해서는 안 된다. 动 전해 듣다. ¶~他已经辞职了; 듣자하니 그는 이미 사직했다 한다.| ~她马上要出国; 듣자하니 그녀는 곧 출국한다고 한다.| ~最近物价要上涨了; 듣자하니 최근에 물가가 올랐다고 한다.

船 chuán 名 배. ¶湖面上有几条~; 호수 위에 몇 척의 배가 있다.| 我们在游

87

~上看到了两岸的风光;우리는 유람선에서 양안의 풍경을 보았다.|~上大概有50名乘客;배 위에는 대략 50명의 승객이 있다.

船长 chuánzhǎng 名 선장.¶他是我们的~;그는 우리의 선장이다.|在关键时刻,~要做出正确的判断,才能保证安全航行;결정적인 순간에 선장이 정확한 판단을 내려야만 안전한 항해를 보장할 수 있다.|水手们都喜欢这位老~;선원들은 모두 이 노선장을 좋아한다.

船夫 chuánfū 名 뱃사공. 선부.¶我的爷爷曾经是一位~;우리 할아버지는 일찍이 뱃사공이셨다.|~唱起了当地的歌谣;사공이 현지 민요를 불렀다.|纯朴的~给我们讲了很多有趣的故事;순박한 뱃사공은 우리에게 많은 재미있는 이야기들을 해주었다.

窗 chuāng 名 창. 창문.¶清晨打开~,可以呼吸到新鲜的空气;이른 아침 무렵에 창을 열면 신선한 공기를 호흡할 수 있다.|我看看~外,不知何时下起雨来了;나는 창 밖을 보았지만, 언제부터 비가 내리기 시작했는지 알 수 없었다.|给你的心开一扇~,好好感受这个世界上的温暖和爱,同时也让痛苦从你的心里跑出来;네 마음의 창을 열어 이 세상의 따뜻함과 사랑을 느끼고, 고통이 네 마음 밖으로 빠져나오게 해라.

窗户 chuānghu 名 창문.¶我的房间有一扇朝南的~,阳光可以照进来;내 방엔 남쪽으로 창문이 나있어 햇빛이 비춰 들어올 수 있다.|夜深了,她的~还亮着灯;밤이 깊었지만 그녀의 창문은 여전히 등불이 켜져 있다.|眼睛是心灵的~;눈은 마음의 창이다.

▶용법주의:중국어에는 '窗'의 구어인 '窗子'라는 표현이 있는데, '窗子'와 비교하면 '窗户'는 서면어의 색채를 지닌다.

床 chuáng 名 침대.¶~是中国人卧室里必备的家具;침대는 중국인의 침실에서 반드시 갖추어야 할 가구이다.|我要买一张双人~;저는 더블 침대를 사려 합니다.|~下面最好不要放杂物;침대 밑에는 잡동사니를 놓지 않는 게 제일 좋다. 量 자리. 채. (일반적으로 침구 등에 쓰인다.)¶宾馆房间里只有一~被子;여관 방에는 침구 한 채만 있었다.|今天的太阳真好,我要把这几~被褥(bèirù)都晒一晒;오늘 햇살이 정말 좋구나, 나는 이 몇 채의 이부자리들을 모두 말려야겠다.|我学了一年琴之后,终于决定要买一~古琴;나는 거문고를 일년간 배운 후에 결국 칠현금 하나를 사기로 결정했다.

闯 chuǎng 动 뛰어들다. 돌진하다.¶他不小心~进了树林中;그는 조심하지 않고 숲으로 뛰어 들었다.|没有经过允许就~进别人房间是不礼貌的;허락을 얻지 않고 다른 사람의 방으로 뛰어드는 것은 예의에 맞지 않는 것이다.|他生气地~了进来;그는 화가 나서 돌진해 들어왔다.

创 chuàng 动 시작하다. 처음으로 만들다.¶我们的第一任领导~下了这些规矩;우리 초대 지도자가 이 규칙들을 창시하였다.|在这次比赛中,她~了新的世界纪录;이번 경기에서 그녀는 새로운 세계 신기록을 만들었다.

|这在国内外都是首~；이것은 국내외를 통틀어 처음으로 시작된 것이다.

创造 chuàngzào 动 (새로운 이론, 성적, 물품 등을) 창조하다. 만들다. 발명하다. ¶培养年轻人的~能力是教育的重要目标之一；젊은이의 창조력을 배양하는 것은 교육의 중요 목표 중의 하나이다.|孩子们的思维是富有~性的；아이들의 사유는 창조성으로 가득하다.|他~的理论在国际上得到了专家的认可；그가 만든 이론은 국제적으로 전문가들의 인정을 받았다.

创作 chuàngzuò 动 (문학, 미술, 음악 등에서 문예 작품을) 창작하다. ¶王洛宾~出了许多经典的民歌；왕뤄빈은 수많은 대표적인 민가들을 창작하였다.|这是他在海外生活时~的画作；이것은 그가 해외에서 생활할 때 창작했던 그림이다.|他年轻的时候曾经~过几部长篇小说；그는 젊었을 때에 일찍이 몇 편의 장편 소설을 창작한 적이 있다. 名 창작. 문예 작품. ¶这幅~反映了画家对自然的关怀；이 작품은 화가의 자연에 대한 관심을 반영하였다.|鲁迅先生的《狂人日记》是一部划时代的~；루쉰 선생의 《광인일기》는 시대의 획을 긋는 작품이다.|他的这些~引起了国外评论家的关注；그의 이러한 작품들은 해외 평론가들의 관심을 불러일으켰다.

吹 chuī 动 ❶ 입으로 힘껏 불다. ¶她许了一个心愿，然后~灭了生日蜡烛；그녀는 소원을 빈 후에 생일 촛불을 힘껏 불어 줬다.|魔术师轻轻地对着手绢~了一口气，手绢里飞出来一只鸽子；마술사가 손수건에 가볍게 입김을 불자 수건에서 비둘기 한 마리가 나왔다.|他是一个喜欢~口哨的少年；그는 휘파람 불기를 좋아하는 소년이다. ❷ 악기를 불다. ¶他~了一支曲子；그는 피리 가락 한 곡조를 불었다.|来中国以后，他学会了~笛子；중국에 온 후 그는 피리 부는 것을 배웠다.|清晨，我常在山间看到一位~箫(xiāo)的老人；동틀 무렵에 나는 종종 산에서 퉁소를 부는 노인 한 분을 보았다. ❸ (바람이) 불다. ¶稻草人站在田边，经受着风~日晒；허수아비는 밭에 서서 바람과 햇볕을 맞고 있었다.|每个人在生活中都要经受风~雨打，这样我们才能不断成长；모든 사람들이 생활 속의 온갖 풍상을 견뎌야만 우리는 끊임없이 성장할 수 있다.|洗头以后，我习惯用~风机把头发~干；머리를 감은 후에 나는 드라이어로 머리카락을 말리는 것이 습관이 되었다. ❹ 허풍을 떨다. ¶他的话最好不要相信，因为他很能~；그의 말은 믿지 않는 게 좋은데, 왜냐하면 그는 허풍을 매우 잘 떨기 때문이다.|他~得天花乱坠(zhuì)的，事实上不是那样；그는 번지르르하게 허풍을 잘 떨지만, 사실상 그렇지 않다.|先不要~，做出点儿成绩来再说吧；우선 허풍을 떨지 말고, 성적을 좀 낸 뒤에 다시 말해라. ❺ (구어에서 연애 관계나 일이) 실패하다. 깨지다. 틀어지다. ¶他们早就~了，不可能结婚；그들은 일찌감치 깨져 결혼할 리 없다.|这个月的计划又~了；이번 달 계획이 또 틀어졌다.|他本来答应过的，现在看来原来的计划要~了；그는 원래 승낙했지만, 지금 보니 원래 계획이 틀어지려

한다.

▶확장용법:'허풍을 떠는' 것을 표현할 때, 중국인들은 또한 '吹牛'라는 표현을 주로 쓴다. ¶你不要吹牛了;너 허풍 떨지 마라.│光吹牛不干实事有什么用;허풍만 떨고 구체적인 일을 하지 않는다면 무슨 소용이 있느냐.│我不太喜欢那些爱吹牛的人;나는 저 허풍떨기를 좋아하는 사람들을 좋아하지 않는다.

吹嘘 chuīxū 动 과장하여 말하다. 추켜세우다. (주로 사실과 부합되지 않으며, 서먼어의 색채를 띤다.) ¶真正的学者不会自我~;진정한 학자라면 스스로 추켜세울 리가 없다.│我提醒媒体事情不值得这样去~;나는 매스컴에 일을 이렇게 추켜 세울 가치가 없다고 주의를 주었다.│他~自己认识一位政界要人;그는 정계 요인 한 명을 안다고 스스로 과장해 말했다.

春季 chūnjì 名 봄(철). 춘계. ¶~是播种的季节;봄은 파종의 계절이다.│中国北方的~,天气比较干燥;중국 북방의 봄 날씨는 비교적 건조하다.│韩国大学的学年一般从~开始;한국 대학의 학년은 일반적으로 봄에 시작된다.

春节 chūnjié 名 설. ¶中国的~是合家团聚的节日;중국의 설은 온 가족이 모이는 명절이다.│在中国北方,~的时候常常下雪;중국의 북방은 설 때 종종 눈이 내린다.│在韩国,人们也过~;한국에서 사람들은 또한 설을 쇤다.

春天 chūntiān 名 봄(철). ¶~来了,燕子从南方飞回来了;봄이 오니 제비가 남방에서 날아 돌아왔다.│~百花怒放(nùfàng),充满生机;봄에는 온갖 꽃이 만발하고 생기로 충만하다.│冬天来了,~还会远吗?겨울이 왔는데 봄은 여전히 멀까?

▶용법주의:'春天'은 때때로 비유어로 쓰인다. 그러나 '春季'에는 이러한 비유적 용법이 없다. ¶我知道,和你在一起的那些日子,是我生命里的春天;나는 너와 함께 했던 그 날들이 내 생명의 봄이었음을 안다.

纯 chún 形 ❶ (티없이) 깨끗하다. ¶这里的泉水水质很~;이곳의 샘물은 수질이 매우 깨끗하다.│我们生产的食品是~天然的;우리가 생산한 식품은 깨끗한 천연의 것이다.│他给妻子买了~金戒指;그는 아내에게 순금 반지를 사 줬다. ❷ 순수하다. 단순하다. ¶那个女孩子笑起来很~;저 여자아이는 웃는 게 매우 순수하다.│我觉得他的动机不~;나는 그의 동기가 불순하다고 생각했다.│孩子的眼神~~的;어린아이의 눈빛이 매우 순수하다.

纯粹 chúncuì 形 순수하다. 깨끗하다. ¶这些陶器都是用~的黏土(niántǔ)烧制成的;이 도기들은 모두 순수한 점토를 구워 만든 것이다.│年轻人的爱情往往是比较~的;젊은이들의 애정은 종종 비교적 순수하다.│世界上可能没有哪一种情感是完全~的;세상에 완전히 순수한 감정이란 있을 리가 없다. 副 순전히. 완전히. 전적으로. (판단과 결론을 내림을 표시한다.) ¶这~是骗人的;이건 전적으로 남을 속이는 것이다.│他~是在为自己打算;그는 순전히 자신만을 위해 계산한다.│我~是在义务服务,没有收取任

何报酬;나는 순전히 의무적으로 서비스하는 것으로써, 어떠한 보수도 받지 않았다.

纯真 chúnzhēn 形 순진하다. ¶~的童年令人难忘;순진했던 어린 시절은 잊기가 어렵다.│她那~的笑容感动了观众;그녀의 그 순진한 얼굴이 관객들을 감동시켰다.│在孩子~无邪的心灵中,世界应该是无限美好的;어린아이의 순진무구한 영혼에서 세상은 당연하고도 절대적으로 아름다워야 하는 것이다.

纯正 chúnzhèng 形 순수하다. 올바르다. ¶在中国生活了三年之后,他已经可以说一口~的汉语;중국에서 삼 년을 생활해서 그는 이미 바른 중국어를 말할 수 있다.│这家餐厅的韩国料理味道非常~;이 식당의 한국 요리의 맛은 매우 한국적인 맛이다.│在中国,很多方言区的人都能说一口~的普通话;중국의 수많은 방언 지역 사람들 모두 정확한 표준어를 말할 수 있다.

词 cí 名 ❶ 단어. (언어에서 가장 작고 독립적으로 운용할 수 있는 언어 단위) ¶随着社会的发展,汉语中出现了很多新~;사회의 발전에 따라 중국어에 수많은 새 단어들이 나타났다.│每种语言里都有一些外来~;언어마다 외래어가 있다.│我想选择一个合适的~来表达自己的感受;나는 적합한 단어를 선택해 자신의 느낌을 표현할 생각이다. ❷ (~儿) (말을 할 때나 시,희극 속의) 말. 문구. 어구. ¶他太紧张了,一站到舞台上就忘~儿了;그는 너무 긴장해서 무대에 서자마자 대사를 잊어먹었다.│彩排之前一定要把~儿背下来;리허설하기 전에는 반드시 대사를 외워야 한다.│我被他气得没~儿了;나는 그 때문에 화가 나 할 말을 잃었다. ❸ 사. (중국 고전 문학 작품 속의 일종의 운문 형식으로,'长短句'라고도 부른다.) ¶唐诗宋~是中国古典文学的瑰(guī)宝;당시와 송사는 중국 고전 문학의 보물이다.│~原来是一种配乐演唱的诗体;사는 원래 배음을 넣어 노래하던 시체다.│人们把古代的~作者叫做~人;사람들은 고대의 사 작가들을 사인이라 부른다.

词典 cídiǎn 名 사전. (일반적으로 '辞典'과 통용된다.) ¶学外语的时候,需要用双语~;외국어를 배울 때 이중 언어 사전을 쓸 필요가 있다.│他送给我一本~;그는 내게 사전 한 권을 선물했다.│现在的学生们一般使用电子~;지금의 학생들은 보통 전자 사전을 사용한다.

磁带 cídài 动 테이프. ¶20世纪80年代比较流行用录音机听音乐,那时的年轻人都收藏了自己喜欢的音乐~;1980년대엔 녹음기로 음악을 듣는 게 비교적 유행이어서, 그 때 젊은이들은 모두 자기가 좋아하는 음악 테이프를 수집 보존하였다.│我带来了几盒听力~,想给学生们做听力练习;나는 학생들에게 듣기 연습을 시킬 생각으로 듣기 테이프 몇 개를 가져왔다.│有了MP3以后,人们很少用~听歌曲或音乐了;MP3가 생긴 후에 사람들은 테이프로 노래나 음악을 듣는 일이 매우 적어졌다.

此 cǐ 代 ❶ 이. 이것. (서면어의 색채를 지닌다.) ¶~路不通,请绕(rào)行;이

길은 막혔으니 돌아가시오.|~时,你在哪里？在做什么呢?이 때 넌 어디 있었니? 뭘 하고 있었니?|我没见过~人;나는 이 사람을 본 적이 없다. ❷ 이 때. 이 곳. (서면어의 색채를 지닌다.)¶就~告别吧;바로 여기서 작별을 고합시다.|我们的谈话就~结束;우리의 이야기는 여기서 끝났다.|由~往东;이 곳에서 동쪽으로 가세요.

此外 cǐwài 连 이밖에. (서면어의 색채를 지니며, 앞에서 이미 말했던 사물이나 상황 외에 다른 것이 있음을 표시한다.)¶来参加这次研讨会的有国内知名学者和国外专家,~还有很多博士和硕士研究生;이번 심포지엄에 참가한 이로는 국내의 저명 학자와 해외 전문가가 있으며, 이밖에 또한 수많은 박사와 석사 연구생들이 있다.|请把这件事转告他,~请让他有空儿的时候和我联系;이 일을 그에게 전해주시고, 이밖에 그가 시간 있을 때 저에게 연락하라고 해주십시오.|我在院子里种下了玫瑰(méigui)、茉莉等花卉(huāhuì),~还种了几棵银杏树(yínxìngshù);나는 뜰에 장미, 재스민 등의 화초를 심었고, 이밖에도 몇 그루의 은행나무를 심었다.

次 cì 量 번. 횟수. (반복적으로 진행되는 동작이나 반복해서 나타나는 사물에 쓰인다.)¶这是我第一~来韩国;이번에 나는 한국에 처음 왔다.|我们上一~见面是在五年之前;우리가 지난 번에 만난 것은 5년 전이다.|初~见面, 请多多指教;처음 뵙겠습니다. 많은 지도 부탁 드립니다. 形 (품질이) 떨어지다. 좋지 않다.¶这些服装的面料(miànliào)太~了;이 옷들은 옷감의 질이 너무 떨어진다.|听说他的人品比较~;그는 인품이 별로라고 한다.|你怎么买了质量这么~的东西?너 어떻게 품질이 이렇게 떨어지는 물건을 샀니?

次序 cìxù 名 (시간이나 공간 상의) 차례. 순서.¶请大家按照~入场;모두 순서에 따라 입장하시기 바랍니다.|重要的文件要按~摆好;중요한 서류는 순서에 따라 배열해야 한다.|请同学们按~回答问题;학생 여러분 순서대로 문제에 대답하시기 바랍니다.

刺 cì (~儿) 名 가시.¶我的手被鱼~扎破了;내 손이 생선 가시에 찔려 다쳤다.|刺猬浑身都长满了~儿;고슴도치는 온몸이 가시 투성이다.|你怎么说话带~儿啊?너 왜 말하는 게 가시가 있니? 动 ❶ 찌르다.¶中国苏州的传统~绣非常有名;중국 쑤저우의 전통 자수는 매우 유명하다.|孩子的手指被木刺~破了;아이의 손가락이 나무 가시에 찔려 찢다쳤다.|我被你的话~伤了;나는 네 말에 상처를 입었다. ❷ 자극하다. 거슬리다.¶医院病房里的气味有些~鼻;병원 병실의 냄새가 코를 약간 자극한다.|灯光太~眼睛了;불빛이 눈을 너무 자극한다.|音乐声音太大, 太~耳了;음악 소리가 너무 크고 귀에 거슬린다.

刺激 cìjī 动 ❶ (사물이나 현상이) 자극하다.¶大红色可以~人的视觉;진홍색은 인간의 시각을 자극할 수 있다.|舞厅里的快节奏音乐~着人们的情绪;댄스홀의 빠른 리듬의 음악이 사람들의 정서를 자극하고 있다.|我的朋友觉得吃辣的事物很~;내 친구는

매운 걸 먹는 것이 매우 자극적이라고 생각한다. ❷ 자극하다. ¶大型超市可以~人们的购买欲望;대형 슈퍼마켓은 사람들의 구매 욕구를 자극할 수 있다.| 花色丰富的菜可以~人的食欲;색깔이 풍부한 요리는 인간의 식욕을 자극할 수 있다.| 为了~消费, 政府采取了很多措施;소비를 자극하기 위해 정부는 수많은 조치들을 취했다. ❸ 격동시켜 정신적인 타격을 입다.¶他的情绪不太好,请不要~他;그의 정서가 그다지 좋지 않으니 그를 자극하지 마라.| 患有心理疾病的人不能承受太多~;심리적 질병을 앓는 사람은 너무 많은 정신적 타격을 받아들일 수 없다.| 这件事情对她~太大了;이 일은 그녀에 대한 정신적 타격이 너무 컸다.

从 cóng 介 ❶ …부터. ¶~北京到上海,可以乘坐京沪线的火车;베이징에서 상하이까지는 징후선 기차를 타고 갈 수 있다.| ~那一天起,我决定忘记过去的一切;그 날부터 나는 과거의 모든 것을 잊기로 결정했다.| ~不懂到懂得,需要一个过程;몰이해로부터 이해까지는 과정이 필요하다. ❷ …를. …을. (경과를 표시한다.) ¶~这条路走过去大概需要十分钟;이 길을 걸어가면 대략 10분이 소요됩니다.| 你~学校正门走吧;너는 학교 정문을 통해 가라.| 我只是~这里路过,不想打扰你;나는 다만 이곳을 지나갈 따름이지 너를 방해할 생각이 없다. ❸ …로 부터. (근거를 표시한다.) ¶~他说话的表情看不像撒谎;그가 말하는 표정을 보자니 거짓말하는 것 같지 않다.| ~字迹看,这不像小孩子写的, 필적으로 보건대 이건 어린아이가 쓴 것 같지 않다.| ~理论上推断,你的思路是可行的;이론적으로 추론해 보면 네 생각은 실행 가능하다. 副(부정어 앞에 쓰여) 여태껏. 지금까지. ¶我~没这样想过;나는 여태껏 이렇게 생각한 적이 없다.| 他~不抽烟;그는 지금까지 담배를 피지 않는다.| 有耐心的老师 -不过分责怪学生;인내심 있는 선생님은 지나치게 학생을 나무라지 않는다.

▶용법주의:'从'이 출발점을 표시할 때는 주로 '到','起' 등의 단어와 호응한다. 또한 '从…出发'라고 말할 수도 있다. ¶我们一大早就从家里出发了;우리는 이른 새벽 집에서 출발했다.| 从童年起,我就有这样一个心愿;어린 시절부터 나는 이러한 염원이 있었다.| 从餐厅到图书馆,走路大概需要五分钟;식당에서 도서관까지 걸어서 대략 5분이 걸린다.

从此 cóngcǐ 副 이제부터. 지금부터. 그로부터. ¶~以后,我们没有再见过面;그 후로 우리는 다시 만난 적이 없다.| 灰姑娘嫁给了王子,~过着幸福的生活;신데렐라는 왕자에게 시집을 갔고, 그로부터 행복한 생활을 하고 있다.| 电脑越来越普及(pǔjí),我们的生活~改变了;컴퓨터가 갈수록 보급되어 우리 생활은 변화되었다.

从而 cóng'ér 连 따라서. 그리하여. (원인과 결과, 방법과 목적을 연접시킨다.) ¶政府为下岗人员提供职业培训,~帮助他们重新找到合适的工作;정부는 임시 실업자를 위해 직업 훈련을 제공하여 그들이 다시 적합한 일을 찾게 돕는다.| 外国人学习汉语

的时候,应该多和中国人交朋友,~快速提高听说能力;외국인이 중국어를 배울 때는 중국인과 많이 사귀어서 듣기 능력을 빨리 향상시켜야 한다.∣她离开了那个城市,~渐渐忘记了在那里发生的一切;그녀는 그 도시를 떠났기에 그곳에서 발생했던 모든 것들을 점차 잊어갔다.

从来 cónglái 副 지금까지. 여태껏. 이제까지. (과거에서 말을 하는 시간까지로, 뒤에주로 부정 형식이 나온다.)¶我~不说谎;나는 지금껏 거짓말한 적이 없다.∣这件事他~没有对我说起过;이 일을 그는 여태껏 내게 말한 적이 없다.∣她约会的时候~不迟到;그녀는 여태껏 약속 시간에 늦은 적이 없다.

从事 cóngshì 动 (어떤 일이나 직업에) 종사하다.¶我母亲~教育工作;제 모친은 교육업무에 종사하십니다.∣现在他~国际交流工作;현재 그는 국제 교류 업무에 종사한다.∣~艺术创作的人往往很有个性;예술 창작에 종사하는 사람들은 종종 개성이 매우 넘친다.

从业 cóngyè 动 취업하다. 취직하다.¶最近几年房地产不景气,~人员减少了;최근 몇 년간 부동산이 불경기라 취업 인원이 감소했다.∣教育部对教师的~要求越来越高了;교육부의 교사에 대한 취업 요구가 갈수록 높아졌다.∣他在技术学校学习了机械修理,但是一直没有找到合适的~机会;그는 기술 학교에서 기계 수리를 배웠지만, 적합한 취업 기회를 줄곧 찾지 못했다.

从政 cóngzhèng 动 정치에 참여하다. 관리가 되다.¶学业优秀的人应该~;학업이 우수한 사람은 관리가 되어야 한다.∣我没有想过要~;나는 관리가 되려고 생각한 적이 없다.∣~的人要有正直的品格;정치에 참여하는 사람은 정직한 품격을 지녀야 한다.

葱 cōng 名 파.¶煮面条的时候可以在汤里加一些~花儿;국수를 삶을 때는 탕 안에 잘게 썬 파를 좀 넣을 수 있다.∣~烧海参是有名的鲁菜;'葱燒海參'은 유명한 산둥 요리다.∣有的家庭主妇在花盆里种了~;어떤 가정 주부가 화분에 파를 심었다.

聪明 cōng·ming 形 총명하다. 영리하다. 똑똑하다.¶这孩子真~;이 아이는 정말 총명하다.∣你是个~人;너는 총명한 사람이다.∣只有~是不够的,还要努力才行;총명하기만 하면 부족하고, 또한 노력을 해야만 한다.

丛书 cóngshū 名 총서.¶这套~是商务印书馆新出版的;이 총서는 상무인서관에서 새로 출판된 것이다.∣北大出版社刚刚推出了一套对外汉语教学~;베이징대 출판사에서 한 세트의 대외 한어 교학 시리즈를 막 내놓았다.

凑 còu 动 ❶모으다. 모이다.¶买房子的钱终于~够了;집을 살 돈은 결국 충분히 모였다.∣每个小组要~够十个人;각 조마다 10명의 사람이 모여야 한다.∣大家~了点儿钱,寄到灾区去了;모두 돈을 좀 모아 재해 지역으로 부쳤다. ❷접근하다. 다가가다.¶她~过去看了看;그녀는 다가가서 보았다.∣孩子~到花朵前去闻花香;아이가 꽃봉오리 앞에 다가가서 꽃 향기를 맡는다.∣他~过来跟我说了几句话;그가 다가와서 나와 몇 마디 말

을 하였다. ❸ 부닥치다. 마주치다. ¶很多人只是来~热闹的; 수많은 사람들은 다만 함께 모여 떠들썩하게 즐기러 왔을 뿐이다.| 事情就是这么~巧; 일이 바로 이렇게 공교로웠다.| 听说今晚有晚会, 我们也去凑凑热闹吧! 듣자하니 오늘 저녁에 이브닝 파티가 있다고 하니, 우리도 떠들썩하게 즐기자꾸나.

粗 cū [形] ❶ 굵다. ¶这棵树的树干好~啊; 이 나무의 줄기는 정말 굵구나.| 你用的笔太~, 字迹太重了; 네가 사용한 펜은 너무 굵어서 필체가 너무 굵다.| 中国古代建筑常常用一些~~的圆柱来作为支撑物; 중국 고대 건축물은 종종 굵디 굵은 원기둥들을 써서 버팀목으로 삼았다. ❷ 조잡하다. 엉성하다. 거칠다. ¶医生发现~粮对人们的健康更加有利; 의사는 잡곡이 사람들의 건강에 더 이롭다는 것을 발견했다.| 这些大米太~了; 이 쌀들은 너무 거칠다.| 过去的北京"大碗茶"是用~瓷碗盛的; 과거 베이징의 '대완차'는 조잡한 사기 대접에 담은 것이다. ❸ (말하는 목소리가) 굵고 낮다. ¶他的嗓门儿真~; 그의 목청은 정말 굵다.| 男孩子到了变声期, 说话~声~气的; 남자아이는 변성기가 되자 말하는 것이 굵고 낮아졌다.| 我喜欢听你用~~的嗓音唱歌; 나는 네가 굵고 낮은 목소리로 노래하는 걸 듣기 좋아한다. ❹ 거칠다. 경솔하다. ¶我们乡下人就是比城里人~; 우리 촌 사람들은 도시 사람보다 거칠다.| 他是个~人; 그는 거친 사람이다.| 没想到他说话这么~鲁; 그가 말하는 게 이렇게 거칠 줄 생각지도

못했다.

粗大 cūdà [形] 굵직하다. 굵다. ¶那棵树~的树干被砍了下来; 그 나무의 굵은 줄기가 패졌다.| 他的胳膊~而有力; 그의 팔은 굵직하고 힘이 있다.| 这款护肤品可以帮您解决毛孔~的问题; 이 피부 보호 화장품은 당신의 넓은 모공 문제를 해결하는데 도움이 될 수 있습니다.

促进 cùjìn [动] 촉진하다. 발전시키다. ¶~两国的友好合作与交流; 양국의 우호 협력과 교류를 촉진하다.| 中国的改革开放政策~了中国经济的发展; 중국의 개혁개방 정책은 중국의 경제 발전을 촉진시켰다.| 中国学生和外国学生的交流活动~了他们的学习; 중국 학생과 외국 학생의 교류는 그들의 학업을 발전시켰다.

醋 cù [名] 식초. ¶中国人做凉拌菜常常用~; 중국인은 샐러드를 만들 때, 식초를 자주 쓴다.| 中国的~有米~、白~、香~、陈~等; 중국의 식초에는 쌀 식초, 흰 식초, 향 식초, 삭힌 식초 등이 있다. [动] 질투하다. 시기하다. ¶你别再和那个女孩联系了, 你的女朋友已经吃~了; 너 다시는 그 여자와 연락하지 마라, 네 여자친구가 벌써 질투한다.| 我们只是普通朋友, 你别乱吃~嘛! 우리는 평범한 친구일 뿐이니, 너는 질투하지 마라!

催 cuī [动] 재촉하다. 독촉하다. ¶你一定要~他赶快还钱; 너는 꼭 그를 독촉하여 서둘러 돈을 갚으라고 해야 한다.| 怎么还不来, 我再去~~看; 왜 아직 오지 않는 거지. 내가 다시 한번 재촉해봐야겠다.| 别~了, 他们这就来了; 재촉하지 마라. 그들은 곧 온

다.

催促 cuīcù 动 재촉하다. 독촉하다. ¶我一再~,她才给家里写了一封信;내가 다시 한 번 재촉하고서야 그녀는 집에 편지를 썼다.|在领导的~下,他们按时完成了工作;지도자의 독촉 하에 그들은 기일에 맞춰 일을 마쳤다.

▶용법주의:'催促'와 '催'의 뜻은 같다. 그러나 '催促'는 문어적 표현이며 구어에서는 '催'를 많이 사용한다.

村庄 cūnzhuāng 名 마을. 촌락. ¶大山里有几个~;큰 산에 몇 개의 마을이 있다.|那个~只有十几户人家;그 마을에는 단지 열 몇 가구의 집이 있을 뿐이다.|傍晚的时候,~上空飘着炊烟;해가 질 무렵 마을의 하늘 위로 밥 짓는 연기가 흩날리고 있다.

村子 cūn·zi 名 마을. ¶我去过那个~;나는 그 마을에 가본 적이 있다.|~里的孩子们非常朴实、可爱;마을의 아이들은 아주 소박하고 사랑스럽다.

▶용법주의:'村庄'은 비교적 정식적인 표현이며, 구어에서는 '村子'를 많이 사용하고 어떤 경우에는 '村儿(cūnr)'을 사용한다.

存 cún 动 ❶ 간직하다. 저장하다. 보관하다. ¶他一直~着那张老照片;그는 줄곧 그 오래된 사진을 간직하고 있다.|战争年代,许多人家都~了一些食品和日用品;전시에는 많은 사람들이 먹을 것과 일용품을 저장해 두었다.|我在冰箱里~了一些菜,够你吃四五天;나는 냉장고에 몇 가지 음식을 보관해두었는데, 네가 사오일은 충분히 먹을 수 있을 것이다. ❷ 저축하다. 저금하다. 예금하다. ¶我今天去银行~钱了;나는 오늘 은행에 가서 저금했다.|请你帮我把这些暂时不用的钱~上;내 대신 잠시 쓰지 않는 돈을 보관해주세요.|请问,您的要~定期还是~活期? 당신은 정기예금 할겁니까, 아니면 당좌예금 할겁니까? ❸ 맡기다. 보관하다. ¶先~上行李,再去买火车票;우선 짐을 잘 보관해두고 기차표를 사러 가자.|进超市购物以前请~好您的包;슈퍼마켓에 들어가서 물건을 사기 전에 당신의 가방을 맡기십시오.|我可以把自行车~在这里吗? 제가 자전거를 이곳에 맡겨둬도 됩니까? ❹ 모아두다. 쌓다. 축적하다. ¶大雨过后,地上~了不少雨水;큰 비가 내린 후 땅에 적지 않은 비가 고였다.|我的储蓄罐里~满了硬币;내 저금통은 동전으로 가득 찼다.|过去的记忆都~在这些照片里;과거의 기억은 모두 이 사진들 속에 들어있다. ❺ 품다. 바라다. ¶心~感激;마음 속으로 감격하다.|心~顾虑;마음 속에 걱정이 있다.|心~侥幸;마음 속으로 요행을 바라다.

存款 cúnkuǎn 名 예금. ¶我在中国银行有一笔~;나는 중국은행에 예금이 있다.|明天他去信用社取~;내일 그는 신용기관에 가서 예금을 찾을 것이다.|现在中国的很多银行都可以接受外汇~;지금 중국의 많은 은행들은 외화 예금을 받는다. (~//~) 动 예금하다. ¶不用担心,~的手续非常简单方便;걱정하지 말아라, 돈을 예금하는 절차는 아주 간단하고 편리하다.|他们去银行存了不少款;그들은 은행에 가서 적지 않은 돈을 예금했다.|去年那家公司在我们这儿存了一大笔款;작년에 그 회사는 우리 여기에 많

은 돈을 예금했다.

存在 cúnzài 动 있다. 존재하다. ¶我们之间~一些误会;우리 사이에 약간의 오해가 있었다.|大家的看法~差异;모든 사람들의 견해에 차이가 있다.|虽然以后不能见面了,但在我的心中,你将永远~;앞으로 볼 수 없겠지만, 내 마음속에 너는 영원히 존재할 것이다. 名 존재. ¶植动物和人都是一种~;식물과 동물, 인간은 모두 하나의 존재이다.|~和精神世界之间的关系一直是哲学家们思考的问题;존재와 정신 세계의 관계는 철학자들이 줄곧 고민하던 문제이다.|我比较欣赏~主义的观点;나는 비교적 존재주의적 견해를 좋아한다.

寸 cùn 量 촌. 치. (길이의 단위로 한 자(尺)의 10분의 1, 즉 약 3.33센티미터에 해당한다.) ¶那支铅笔快用完了,只剩下一~长了;그 연필은 곧 다 써버릴 것 같다, 오직 한 치 정도만 남았다.|一~大概相当于1/30米;한 치는 대략 1/30미터이다.|他的脚太疼了,只能一~一~地往家挪(nuó);그는 발이 너무 아파 조금씩 조금씩 집으로 걸어갔다.

措施 cuòshī 名 대책. 조치. ¶政府采取了许多~来防止腐败;정부는 부패를 방지하기 위해 많은 조치를 취했다.|你们有什么具体~吗? 너희들은 구체적인 대책이 있느냐?|这些~非常有效;이런 대책들은 아주 효과적이다.

错 cuò 形 부정확하다. 틀리다. 잘못되다. ¶这个字写~了;이 글자를 틀리게 썼다.|这个数字算~了;이 수의 계산이 틀렸다.|这件事是他~了;이 일은 그가 잘못했다. (~儿) 名 잘못. 틀림. ¶就是这样的,没~儿;바로 이런 거야, 틀림이 없어.|你太粗心了,又出~儿了;네가 너무 소홀히 해서, 또 잘못이 생겼다.|是你不对,你给妈妈认个~儿吧;네가 잘못한 것이니, 네가 엄마에게 잘못을 시인해라. 动 ❶ 달리하다. 겹치지 않게 하다. ¶这两个活动的时间要~开,否则会冲突的;이 두 행사는 시간을 달리해야 한다. 그렇지 않으면 겹치게 될 것이다.|最近我太忙了,实在~不开点儿;최근에 나는 너무 바빠서 정말로 겹치지 않도록 할 수가 없다.|请把重要的会议~开来安排,这样我们的重要嘉宾(jiābīn)就都能参加了;중요한 회의는 시간이 겹치지 않게 해야 우리의 중요한 내빈들이 모두 참여할 수 있다. ❷ 부딪히지 않다. 엇갈리다. ¶前面的路口要注意~车;앞 길목에서는 차가 부딪히지 않도록 주의해야 한다.|我们的厨房太小了,两个人同时忙的话,根本~不开身;우리 주방은 너무 좁아서 두 사람이 바삐 움직이면 부딪히지 않을 수가 없다.|我和他互相~~身,给对方让出空儿来;나는 그와 엇갈리게 해서, 상대에게 자리를 내주었다.

错过 cuòguò 动 잃다. 놓치다. ¶人在年轻的时候一定要珍惜青春,不要~美好的年华;사람은 젊었을 때 청춘을 소중히 여겨야 하며, 아름다운 시절을 놓쳐서는 안 된다.|我~了那次旅行的机会;나는 그 여행의 기회를 잃었다.|我们就那么~对方,直到老年来临,才真正明白,自己当年放弃的竟是彼此的真爱;우리는 그렇게 상대방을 놓치고, 늙고 나서야 그때 버린

것이 서로의 진정한 사랑이었음을 진정으로 알게 되었다.

错误 cuòwù 名 잘못. ¶这是一个很明显的~;이것은 분명한 잘못이다.| 以后不要再犯这样的~了;다음에는 이런 잘못을 더 이상 범하지 말아라.| 只要能够改正~,就能不断进步;잘못을 고칠 수만 있다면, 계속 발전할 수 있다. 形 틀리다. 부정확하다. 잘못되다.¶请你改变这种~的态度;이런 잘못된 태도를 고쳐주십시오.| 如果没有进行实际调查,就可能得出~的结论;실질적인 조사를 하지 않는다면, 틀린 결론을 얻게 될 것이다.| 你的答案是~的,请你再考虑一下;너의 답이 틀렸으니 다시 한 번 생각해보아라.

搭 dā [动] ❶ 만들다. 건설하다. 세우다. ¶村民们在小河上~了一座桥; 마을 사람들이 강에 다리를 세웠다.| 喜鹊(xǐque)在树上~窝; 까치가 나무에 둥지를 만들다.| 孩子们都喜欢~积木; 아이들은 블록 쌓기를 좋아한다. ❷ 놓아두다. 걸다. 널다. ¶她把胳膊~在沙发扶手上; 그녀는 팔을 소파의 팔걸이에 올려놓았다.| 衣架上~着几件衣服; 옷장에 옷 몇 벌이 걸려 있다.| 他觉得热了,把西装脱下来,~在胳膊上; 그는 덥게 느껴져 양복을 벗어 팔에 걸었다. ❸ 잇다. 연결하다. ¶把两根绳子~在一起; 줄 두 개를 잇다.| 她说的话前言不~后语,我没有完全听懂; 그녀가 하는 말은 앞과 뒤가 연결되지 않아서 나는 완전히 이해하지 못했다.| 那家公司有我的朋友,可以为我们的合作~上线; 그 회사에 내 친구가 있어서 우리의 합작을 이어지게 할 수 있다. ❹ 지불한 금액 외의 대가를 지불하다. (일반적으로 그다지 바라지 않는 상황에서 사용한다.) ¶为了完成这个项目,我们~上了大量的人力和物力; 이 일을 이루기 위해, 우리는 대량의 인력과 물자를 따로 지불했다.| 他差点儿连命都~上; 그는 하마터면 목숨마저 잃을 뻔 했다.| 她为了帮助那个人,~上了许多钱; 그녀는 그 사람을 돕기 위해 많은 돈을 더 지불했다. ❺ 함께 놓다. ¶我喜欢中餐和韩餐~着吃; 나는 중식과 한식을 함께 먹는 것을 좋아한다.| 现在的商场里常常把一些商品~着卖; 요즘은 시장에서 종종 몇몇 상품을 함께 판다.| 那家服装店常常服装和鞋子~着摆,效果很好; 그 옷가게는 종종 옷과 신발을 같이 진열해두는데, 효과가 좋다. ❻ 타다. ¶我们打算~公共汽车去百货商场; 우리는 버스를 타고 백화점에 가려고 한다.| 由于地铁速度快,越来越多的市民喜欢~地铁; 지하철의 속도가 빠르기 때문에, 점점 더 많은 사람들이 지하철 타는 것을 좋아한다.| 他~下一班飞机去北京; 그는 다음 비행기를 타고 베이징으로 간다. ❼ (가는 길이 같아서 다른 사람의 차를) 타다. ¶正好我也要去那儿,你就~我的车一起去吧; 마침 나도 그곳으로 가는 길이니 같이 내 차를 타고 가자.| 我今天运气好,有车~,不用走路了; 오늘 나는 운 좋게도 방향이 같은 차가 있어 걸어가지 않아도 된다.| 他~朋友的车去大田了; 그는 친구의 차를 얻어 타고 대전에 갔다.

达到 dá//dào [动] 이르다. 달성하다. ¶我们班大多数同学的汉语已经~了中级水平; 우리 반 대다수 학생들의 중국어 실력이 이미 중급 수준에 이르렀다.| 为了~自己的目标,他不懈地努力着; 자신의 목표를 달성하기 위해 그는 쉬지 않고 노력하고 있다.| 有些人的性格比较执著,达不到目的是

不会罢休的；어떤 사람들은 성격이 비교적 집착하는 편이라서 목적을 달성하지 못하면 그만두지 않는다.

答 dá 动 대답하다. ¶这个问题他～错了；이 문제를 그는 틀리게 대답했다.｜这次考试的题目太难了，很多同学都～不出；이번 시험 문제가 너무 어려워서 많은 학생들이 대답하지 못했다.｜她说了很多话，但他只～了一句；그녀는 많은 말을 했으나 그는 오직 한 마디만을 했다.

答案 dá'àn 名 해답. 답. ¶老师把正确～写在黑板上了；선생님이 정확한 답을 칠판에 썼다.｜生活里有许多事情，好像并没有确定的～；생활 속의 많은 일에서 정확한 해답은 없는 것 같다.｜关于人与人之间的情感，～就在你自己心里；사람과 사람 사이의 감정 문제에 있어 답은 너 자신의 마음 속에 있다.

答卷 dájuàn 名 답안지. ¶时间到了，请大家把～交上；시간이 되었습니다. 모두 답안지를 제출하십시오.｜你的～我已经看过了，考得不错；내가 너의 답안지를 보았는데, 시험을 잘 봤더라.｜这份～是谁的？怎么没写姓名？이 답안지는 누구 것입니까? 왜 이름을 쓰지 않았죠?

▶확장용법: 어떤 문제의 해결 방안이나 어떤 일의 성과를 가리킨다. ¶每个人在一生中都会遇到各种各样的难题，然后交出自己的～；모든 사람들은 일생 동안 각양각색의 난제에 부딪히고 나서, 자신만의 답안을 만든다.｜我的博士论文终于完成了，这是我向各位老师交出的～；나의 박사학위 논문이 마침내 완성되었는데, 이것은 각 선생님들께 제출한 나의 답안이다.｜中国的改革开放政策实行了三十年，已经向世界交出了一份～；중국의 개혁개방 정책이 진행된 지 30년이 되었으며, 이미 전 세계에 하나의 답안을 제출했다.

答应 dā·ying 动 ❶ 대답하다. 응답하다. ¶我在门口喊他，他立刻～着走了出来；내가 입구에서 그를 부르자, 그는 즉각 대답하며 걸어 나왔다.｜你叫我名字我不～，你叫我姐姐我才～；네가 내 이름을 부르면 나는 대답하지 않겠지만, 나를 누나라고 부르면 나는 대답할 것이다.｜她今天心绪不宁，我一连叫了她几声，她都没有～；그녀는 오늘 기분이 좋지 않았는지 내가 그녀를 연이어 몇 번 불렀지만, 그녀는 응답하지 않았다. ❷ 허락하다. 동의하다. ¶对方提出的要求很过分，我们不能～；상대방이 제기한 요구가 지나쳐서 우리는 동의할 수 없다.｜他一再恳求，我只好～帮他的忙；그가 다시 한 번 간청해서 어쩔 수 없이 나는 그를 돕는 것에 동의했다.｜～别人的事情，就应该做到，这就叫言而有信；다른 사람의 일에 동의했으면 마땅히 처리해야 하는데, 이것을 곧 말에 신뢰가 있다고 한다.

打 dǎ 动 ❶ 때리다. 치다. ¶她学过～架子鼓；그녀는 드럼 치는 것을 배웠다.｜雨点～在树叶上；비가 나뭇잎을 치다.｜苹果从树上落下来，正好～在牛顿的头上；사과가 나무에서 떨어져 마침 뉴턴의 머리를 때렸다. ❷ 구타하다. ¶在现代教育理念中，老师是不可以～学生的；현대의 교육이념상 선생님이 학생을 체벌할 수 없다.｜父母～孩子，会伤害孩子的心灵；부모가 아이를 때리면 아이의 마음을 다치게 할 수 있다.│他被那些人~了一顿;그는 그 사람들에게 맞았다. ❸ 깨 트리다. ¶她往碗里~了两只鸡蛋;그녀는 그릇에 달걀 두 개를 깨트렸다.│我不小心~碎了自己最喜欢的茶壶;내가 실수로 가장 좋아하는 찻주전자를 깨트렸다.│那个杯子是水晶的,小心别~了! 그 컵은 수정으로 만든 것이니, 깨트리지 않도록 조심해라! ❹ 짜다. 삼다. 엮다. ¶外婆常常一边看电视,一边~毛衣;외할머니는 종종 텔레비전을 보며 스웨터를 짜신다.│这种植物的叶子很有韧性(rènxìng),是~草绳(cǎoshéng)的好材料;이 식물의 잎은 질겨서 새끼줄을 엮기에 좋은 재료가 된다.│姐姐给我~了一件粉红色的毛衣;언니가 나에게 분홍색 스웨터를 짜 주었다. ❺ 들다. 받치다. ¶我们~着伞在雨中散步;우리는 우산을 들고 빗속에서 산책을 하고 있다.│在乡村走夜路的时候最好~着手电筒;시골에서 밤길을 걸을 때는 손전등을 들고 가는 것이 가장 좋다.│这样好的人,真是~着灯笼也找不到啊! 이렇게 좋은 사람은 눈에 불을 켜고 찾아 보아도 찾기 어렵다. ❻ 바르다. 그리다. ¶小时候学写汉字的时候,要先在白纸上~好格子;어려서 한자 쓰는 것을 배울 때는, 먼저 백지에 네모칸을 잘 그려야 한다.│他在黑板上~了一个大大的问号;그는 칠판에 커다란 물음표를 그렸다.│刚~过蜡的地板特别滑;방금 전에 밀랍을 바른 마루가 아주 미끄럽다. ❼ 획득하다. 사다. ¶~热水的时候要小心,别烫着;뜨거운 물을 받을 때는 데지 않도록 조심해야 한다.│这个孩子太小,还不用~车票;이 아이는 어려서 차표를 살 필요가 없다. ❽ (소리, 빛, 신호를) 내다. 보내다. ¶又~雷又~闪的,眼看就要下雨了;천둥이 치고, 번개가 번쩍이는 것을 보니 곧 비가 올 것 같다.│我给他~了三遍电话,他都没有接听;나는 그에게 세 번 전화를 했지만, 그는 모두 받지 않았다.│既然是老朋友,就赶快去个招呼吧;친한 친구라면 어서 가서 인사를 해라. ❾ (오락이나 운동을) 하다. ¶我不会~扑克牌,也不会~麻将;나는 카드도 못하고, 마작도 못한다.│很多韩国学生在中国学会了~乒乓球;많은 한국 학생들이 중국에서 탁구를 칠 줄 안다. ❿ (몸의 어떤 동작을) 하다. ¶他一看书就~哈欠;그는 책을 보자마자 하품을 했다.│外面太冷,我一出门就~了个喷嚏(pēntì);밖이 너무 추워서 나는 나가자마자 재채기를 했다.│今天的菜很好吃,大家都吃得~饱嗝了;오늘 요리가 맛있어서 모두들 배불리 먹었다. 介…로부터. …를 따라. ¶~这条路走,大概二十分钟可以到邮局;이 길을 따라 가면, 대략 20분이면 우체국에 도착할 수 있다.│火车提速以后,~北京到济南,只需要4个半小时;기차가 속도를 높이면, 베이징에서 지난까지 4시간 30분이면 된다.│~1999年起,我就认识他了;1999년부터 나는 그를 알게 되었다.

▶용법주의: ❾번 운동하는 것을 표현할 때, '足球(축구)'를 제외하고, '打篮球(농구를 하다.)', '打高尔夫(골프를 치다.)', '打保龄球(볼링을 치다.)'라고

말할 수 있다. 그러나 '打足球'라고는 쓰지 않는다. '足球'에 어울리는 동사는 '踢'로, '踢足球'라고 써야 한다. 이것은 '打'는 주로 손을 사용하는 것에 쓰이고, '踢'는 발을 사용하는 것에 쓰이기 때문이다.

打扮 dǎ·ban 动 단장하다. 분장하다. 치장하다. ¶要演出的孩子~得很漂亮; 공연할 아이가 예쁘게 단장했다. | 他虽然已经快50岁了, 但~起来还是像个年轻人; 그는 이미 50세가 되었지만 꾸미고 보니 젊은이 같았다. | 爸爸已经等急了, 可妈妈还在镜子前~; 아빠는 기다리며 조급해했는데, 엄마는 여전히 거울 앞에서 치장하고 있다. 名 치장. 단장. 차림새. ¶看她的~, 完全不像学生; 그녀의 차림새는 전혀 학생 같지 않다. | 他一身朴素的~, 显得清新自然; 전반적으로 소박한 그의 차림은 단아하고 자연스러워 보인다. | 过于浓艳的~不适合我; 지나치게 화려한 차림새는 나에게 어울리지 않는다.

打包 dǎ//bāo 动 ❶ 포장하다. 꾸리다. 싸다. ¶搬家(bānjiā)公司只负责搬运, 不负责~; 이삿짐 센터는 운송만을 책임질 뿐, 포장은 책임지지 않는다. | 我已经把衣服打好包了; 나는 벌써 옷을 꾸렸다. | 他的东西太多, 一共打了7个包; 그의 물건이 너무 많아서 모두 7개의 짐으로 꾸렸다. ❷ 포장하다. 싸다. ¶服务员, 我们~; 종업원, 포장해주세요. | 这个菜太好吃了, 我要把剩下的~带回去; 이 요리 정말 맛있어. 나는 남은 것을 포장해서 가지고 가야겠어. | 烤鸭可以~带走; 오리구이는 포장해서 가지고 갈 수 있

다.

打倒 dǎdǎo 动 ❶ 넘어지다. 쓰러지다. ¶他被人~了; 그는 남에게 맞아 쓰러졌다. | 在这次拳击(quánjī)比赛中, 他被对手~了三次; 이번 권투 시합에서 그는 상대에 의해 세 차례 쓰러졌다. | 他被~后, 立刻挣扎(zhēngzhá)着站了起来; 그는 넘어진 후, 바로 힘을 다해 일어섰다. ❷ 물리치다. 타도하다. ¶~侵略者(qīnlüèzhě);침략자를 물리치다. | ~反动派; 반동파를 타도하다. | ~不正义的一切! 정의롭지 않은 모든 것을 물리치자.

打的 dǎ//dī 动 (구어에서) 택시를 잡아 타다. ¶去不熟悉的地方, ~最方便; 잘 모르는 곳을 갈 때는 택시를 타는 것이 가장 편하다. | 你带了这么多行李, 坐公共汽车不方便, 还是打个的吧; 네가 가져온 짐이 이렇게 많아 버스를 타는 것은 불편하니 택시를 타는 게 좋겠다. | 我们九个人, 正好打了三辆的; 우리는 아홉 명이니 택시 세 대를 타면 딱 맞다.

打斗 dǎdòu 动 싸우다. 전투하다. ¶中国功夫片里有不少~场面; 중국 무술 영화에는 싸우는 장면이 적지 않다. | 男孩子们常常互相~; 남자 아이들은 종종 서로 싸운다. | 这部电影里的~场面太暴力了; 이 영화의 전투장면은 지나치게 폭력적이다.

打工 dǎ//gōng 动 일하다. 아르바이트를 하다. ¶很多大学生利用假期~; 많은 대학생들이 방학을 이용해 아르바이트를 한다. | 我在那家公司打了半年的工; 나는 그 회사에서 반 년 일했다. | 他同时打了三份工, 非常辛苦; 그는 동시에 세 가지 일을 하니 아주 힘

이 든다.

▶확장용법: '打工'은 단기간 동안 일하는 것을 가리켰지만, 지금은 장기적으로 일하는 것 역시 '打工'을 쓸 수 있다. 이는 자신이 사장이 아니라, 사장이나 리더를 위해 일하고 있음을 강조한다. ¶我在这里干了十几年，还不是一直在给别人打工；나는 이곳에서 십여 년 일했는데, 줄곧 다른 사람을 위해 일하고 있는 것은 아니다.ǀ 给别人打工不如自己创业；다른 사람을 위해 일하는 것은 스스로 창업하는 것만 못하다.ǀ 她现在自己当老板了，不再是个打工妹；그녀는 이제 자신이 사장이 되었으니, 더 이상 아르바이트 걸이 아니다.

打架 dǎ//jià 动 싸우다. ¶因为意见不合，两个人打起架来；의견이 맞지 않아 두 사람은 싸우기 시작했다.ǀ 有话好好说，不要~；할 말이 있으면 싸우지 말고 말로 해라.ǀ 警察把打群架的年轻人带回了警察局；경찰이 패싸움을 벌인 젊은이들을 경찰서로 데려갔다.

打搅 dǎjiǎo 动 ❶ 방해하다. ¶在图书馆里请不要大声说话，以免~别人；도서관에서는 다른 사람에게 방해가 되지 않도록 큰소리로 말하지 마세요.ǀ 请不要~我宁静的生活；나의 평온한 생활을 방해하지 말아 주십시오.ǀ 他正在休息，请不要~他；그는 지금 쉬는 중이니 방해하지 말아 주십시오. ❷ 번거롭게 하다. 귀찮게 하다. ¶~一下，请问去火车站应该坐几路车？죄송합니다만 기차역에 가려면 몇 번 버스를 타야 합니까?ǀ 对不起，~了，您现在方便接听电话吗?죄송합니다. 번거롭겠지만, 지금 전화 받

으실 수 있습니까?ǀ 真不好意思，周末还来您家里~您；정말 미안하지만, 주말에 또 당신 집에 와서 당신을 귀찮게 하는군요.

打捞 dǎlāo 动 건지다. 인양하다. ¶清洁工正在~湖面上的落叶；청소부가 호수 위의 낙엽을 건지고 있다.ǀ 他们连夜~沉船；그들은 밤새 침몰한 배를 인양했다.ǀ ~队连续工作了三天，却没有任何发现；인양팀은 삼일 동안 일했지만, 아무것도 발견하지 못했다.

打破 dǎ//pò 动 깨다. 타파하다. ¶他成功地~了这项运动的世界纪录；그는 성공적으로 이 종목의 세계기록을 깼다.ǀ 她首先~沉默(chénmò)，开口说话了；그녀가 먼저 침묵을 깨고 말문을 열었다.ǀ 这种局面(júmiàn)一旦形成，恐怕就打不破了；이러한 형세는 일단 만들어지면 깨뜨릴 수 없을 것이다.

打扰 dǎrǎo 动 ❶ 방해하다. ¶现在是工作时间，请不要~我；지금은 업무 시간이니 저를 방해하지 마십시오.ǀ 她在读书，请别~她；그녀는 책을 읽고 있으니 방해하지 마십시오.ǀ 请勿~！방해하지 마세요！ ❷ 번거롭게 하다. 귀찮게 하다. ¶~您了，谢谢您的招待；귀찮게 했습니다. 초대해주셔서 감사합니다.ǀ 对不起，~了，现在可以和你见面吗?죄송합니다. 번거롭겠지만, 지금 만날 수 있을까요?ǀ 我不知道您正在休息，真是~了；저는 당신이 쉬고 있는 걸 몰랐습니다. 정말 번거롭게 해드렸습니다.

打扫 dǎsǎo 动 청소하다. ¶每到周末，我都要~卫生；주말이 되면 나는 청소

를 한다.| 你~得很干净;네가 깨끗하게 청소했구나.| 我们一块儿把办公室~~吧;우리 함께 사무실을 청소하자.

打算 dǎ·suan 动 계획하다. 고려하다. ¶我~回国;나는 귀국할 계획이다.| 暑假我们~回家乡看望父母;여름방학에 우리는 고향으로 돌아가 부모님을 뵐 계획이다.| 她~和男朋友好好谈一谈;그녀는 남자친구와 잘 이야기해볼 계획이다. 名 계획. 생각. ¶你最近有什么~?너는 요즘 무슨 생각을 하고 있니?| 其实,他早已有了分手的~;사실 그는 벌써부터 헤어질 생각을 갖고 있었다.| 关于以后的生活,我还没有具体的~;이후의 생활에 대해 나는 아직 구체적인 계획이 없다.

打听 dǎ·ting 动 알아보다. 물어보다. ¶我一直在~你的下落;나는 줄곧 너의 행방을 물어보고 있었다.| 到现在还没有~到任何消息;지금까지 아직 아무런 소식을 알아내지 못했다.| 你再去~~;네가 가서 다시 알아보아라.

打头 dǎ//tóu (~儿) 动 앞장서다. ¶~的都是年轻人;앞장 선 사람들은 모두 젊은이들이다.| 这件事是她打的头;이 일은 그녀가 앞장섰다.| 你先打个头,大家跟着你走;네가 먼저 앞장서면, 모두 너를 따라갈 것이다.

打印机 dǎyìnjī 名 프린터. ¶办公室里有一台激光~;사무실에 레이저 프린터가 한 대 있다.| 这台~出问题了;이 프린터는 고장이 났다.| ~和电脑的接口还没有连接好呢!프린터와 컴퓨터 소켓이 제대로 연결되지 않았다!

打仗 dǎ//zhàng 动 전쟁하다. 싸우다. ¶这支部队打起仗来非常勇敢;이 부대는 전투가 시작되면 매우 용감하다.| 在战争年代,男孩子都要去当兵~;전쟁이 벌어지면, 남자들은 모두 군인이 되어 싸워야 한다.| 过去的几年中,我们在发展经济方面打了个漂亮仗;지난 몇년간 경제 발전을 위해 아름다운 투쟁을 해왔다.

▶용법주의: 구어에서 '打仗'은 일반적인 싸움을 나타낸다. ¶你们好好谈一谈,不要打仗;싸우지 말고 잘 이야기해라.| 两个孩子玩着玩着,不知道为什么打起仗来了;두 아이는 잘 놀았는데, 왜 싸우게 된 것인지 모르겠다.| 他们先是争吵,后来就打起仗来;그들은 말다툼을 하다가 싸우게 되었다.

打招呼 dǎzhāo·hū 动 ❶ (말이나 동작으로) 인사하다. ¶我和她并不熟悉,只是见面互相打个招呼而已;나는 그녀를 잘 모르며, 단지 만나면 서로 인사를 나눌 뿐이다.| 中国人习惯用点头的动作来表示~;중국인은 고개를 끄덕이는 동작으로 인사를 한다.| 她远远地对我挥挥手(huīhuīshǒu),算是~;그녀는 저 멀리서 내게 손을 흔들었으니, 인사를 한 셈이다. ❷ 알리다. 설명하다. ¶不要担心,我已经跟他们打好招呼了;걱정하지 말아라. 내가 벌써 그들에게 알렸다.| 事先打个招呼比较好;사전에 알리는 편이 좋다.| 你父亲已经跟我打过招呼,我都知道了;네 아버지가 벌써 내게 알려주어서 나는 모두 알고 있다.

打针 dǎ//zhēn 动 주사를 놓다. 주사를 맞다. ¶这个孩子~的时候一点儿也不哭闹;이 아이는 주사를 맞을 때 전혀 울지 않는다.| 你打了流感预防针

了吗?너는 유행성 감기 예방 주사를 맞았니?|我一连打了五天针;나는 5일 연속으로 주사를 맞았다.

▶용법주의: 구어에서는 링거 맞는 것을 '打小针'이라고 한다.

大 dà 形 ❶ 크다. 많다. 세다. ¶这间房子比那间房子~;이 방은 저 방보다 크다.|音乐的声音太~了;음악 소리가 너무 크다.|他比我~四岁;그는 나보다 네 살 많다. ❷ 손위이다. 연상이다. ¶这个孩子在家里是老~;이 아이가 이 집의 맏이이다.|他像我的一位~哥;그는 나의 큰형을 닮았다.|她有两个姐姐,~姐已经工作了,二姐还在读大学;그녀는 언니가 두 명인데, 큰 언니는 일을 하고 있고, 둘째 언니는 아직 대학을 다니고 있다. ❸ 계절, 절기, 명절 앞에 쓰여 강조를 나타낸다. ¶~冬天的,怎么去河里游泳呢? 한겨울인데 어떻게 냇가에 가서 수영하려고 하느냐?|~过年的,你就好好休息一下吧;설이니 편히 쉬어라.|~清早的,您这是去哪儿啊? 이렇게 이른 아침에 당신은 어디를 가십니까? 名 크기. 나이. ¶你的孩子有多~了? 당신 아이는 몇 살입니까? 副 ❶ 크게. 아주. 완전히. 매우. ¶这个消息让我~吃一惊;이 소식은 나를 크게 놀라게 했다.|天已经~亮;날이 이미 완전히 밝았다.|他~喜过望;그는 매우 기뻐했다. ❷ 그다지. 그리. ¶我们平时不~联系;우리는 평소 그다지 연락을 하지 않는다.|她不~爱说话;그녀는 말이 그리 많지 않다.|我今天不~舒服;오늘 나는 그다지 편하지 않다.

大长今 Dàchángjīn 名 대장금. ¶随着韩国电视剧的播出,中国观众们都喜欢上了~;한국 드라마가 방송되면서, 중국 시청자들은 모두 대장금을 좋아하게 되었다.|韩国历史上真有~这个人物吗? 한국 역사에 대장금이라는 인물이 정말로 있었습니까?|~坚强的性格给我留下了深刻的印象;대장금의 굳센 성격이 나에게 깊은 인상을 남겼다.

▶확장용법: 한국 드라마 '대장금'이 중국에서 방송된 후, 시청자들은 여주인공 '대장금'을 아주 좋아하게 되었다. 그 인물이 담아내고 있는 여성의 선량함, 진실됨, 꿋꿋함, 총명함 등의 아름다운 성격 때문에 중국인들은 그런 성격을 갖고 있는 여성 인물을 '대장금'이라고 부르기 시작했다. ¶她经历了很多苦难,但还是坚强地努力着,最终取得了成功,人们说,她是中国的"大长今";그녀는 많은 고난을 겪었지만 그래도 꿋꿋하게 노력하여 마침내 성공했다. 사람들은 그녀가 중국의 '대장금'이라고 말한다.

大大 dàdà 副 크게. 대단히. ¶物价上涨的幅度~超出了人们的承受(chéngshòu)能力;물가 상승폭은 사람들이 감당할 수 있는 한계를 크게 넘어섰다.|技术革新(géxīn)~提高了产量;기술 혁신이 생산량을 크게 높였다.|事情的结果~出乎我的意料;일의 결과가 나의 예상과 크게 다르다.

大胆 dàdǎn 形 대담하다. ¶这是一个~的设想;이것은 대담한 구상이다.|在科研工作中,要~而细心;과학 연구는 대담하고 세심해야 한다.|你~地往前走吧;너는 대담하게 전진해라.

大多数 dàduōshù 名 대다수. 대부분.

105

¶~人都同意你的意见；대다수 사람들이 모두 너의 의견에 동의한다.｜~情况下，都是我们一起合作完成任务；대부분의 상황에서 우리는 모두 협력하여 임무를 완성한다.｜如果你来中国旅游的话，会看到~名胜古迹都提供了英文路标和相关说明；네가 중국에 와서 여행을 한다면, 대다수의 명승고적에서 영어 표지판과 관련 설명을 제공하는 것을 볼 수 있을 것이다.

大幅 dàfú 副 대폭적으로. ¶最近家电产品~降价了；최근에 가전제품 가격이 큰폭으로 내렸다.｜这几年来中国的国民生产总值(GDP)一直在~增长；요 몇 년간 중국의 국내총생산이 줄곧 대폭 증가하고 있다.｜这支股票今年一直在~上升；이 주식은 올해 줄곧 대폭 상승하고 있다.

大概 dàgài 名 개략. 대요. 대강. ¶他把这本书的~向我们介绍了一下；그가 우리에게 이 책의 개요를 소개해주었다.｜我没有说什么，但心里已经猜(cāi)了个~；나는 아무말 하지 않았지만, 속으로 이미 대강 알아챠렸다.｜这个孩子记忆力真好，只听了一遍，就能说出故事的~了；이 아이는 기억력이 정말 뛰어나 한번 들으면 이야기의 대강을 말할 수 있다. 形 대강의. 대충. ¶她把自己的想法~介绍了一下；그녀는 자신의 생각을 대충 소개했다.｜我只~翻了一下那本书，还没有仔细看呢；나는 그 책을 대충 훑어보았을 뿐, 아직 자세히 보지는 않았다.｜对于这个人，我只有一个~的印象；이 사람에 대해 나는 대략적인 인상을 가지고 있을 뿐이다. 副 아마도. 대개는. ¶~要下雨了；아마도 비가 올 것 같다.｜我们~再也不会见面了；우리는 아마 다시는 만나지 못할 것이다.｜2008年北京奥运会期间，为外国友人提供语言翻译服务的志愿者~有5000名；2008년 베이징올림픽 기간 동안 외국인 친구를 위해 통역 서비스를 제공한 지원자는 대략 5,000명이다.

大哥 dàgē 名 ❶ 맏형. 큰형. ¶他的~在银行工作；그의 큰형은 은행에서 일한다.｜我有两个哥哥，~在北京工作，二哥在天津工作；나는 형이 둘인데, 맏형은 베이징에서 일하고, 둘째 형은 톈진에서 일한다.｜~是家里的长子，从小就很懂得照顾(zhàogù)弟弟妹妹；큰형은 집안의 장남으로 어려서부터 남동생과 여동생을 잘 돌볼 줄 안다. ❷ 형(님). ¶这位~，您能帮我一个忙吗？형님, 저를 좀 도와주실 수 있습니까？｜在朋友当中，他总是像一个~一样照顾别人；친구들 사이에서 그는 항상 형처럼 다른 사람을 돌본다.｜我和朋友在北京常常坐出租车，北京的出租车司机~非常热情；나와 친구는 베이징에서 종종 택시를 타는데, 베이징의 택시 기사 형님은 정말 친절하다.

大国家党 Dàguójiādǎng 名 (한국의 정당 명칭) 한나라당. ¶~曾经是韩国最大的在野党(zàiyědǎng)；한나라당은 일찍이 한국의 가장 큰 야당이었다.｜2004年，朴正熙的长女当选为~的党代表；2004년에 박정희의 장녀가 한나라당의 당 대표로 당선되었다.｜2008年12月1日，中国驻韩国大使程永华大使拜会韩执政党~党首朴熺太；2008년 12월 1일, 주한 중국 대

사 청융화 대사는 한국의 집권당인 한나라당 대표 박희태를 방문했다.

大韩航空 Dàhánhángkōng 名 (한국의 항공사 명칭) 대한항공. ¶ ~ 是韩国最大的航空公司; 대한항공은 한국에서 가장 큰 항공사이다. | ~ 是亚洲规模最大的航空公司之一; 대한항공은 아시아에서 규모가 가장 큰 항공사 중 하나이다. | ~ 以仁川国际机场为国际枢纽港(shūniǔgǎng); 대한항공은 인천 국제공항을 국제적 허브공항으로 삼고 있다.

大会 dàhuì 名 ❶ 총회. 전체 회의. 대회. ¶ 2008年12月5日在北京召开了第二届中华慈善~; 2008년 12월 5일 베이징에 너서 제2차 중화 자선가 총회가 열렸다. | 2008年的中国广州国际纪录片~非常精彩; 2008년 중국 광저우의 국제 다큐멘터리 영화제는 정말 뛰어났다. | 世界法学家协会成立以后, 每两年召开一次~; 세계 법학자 협회가 성립된 후 2년 마다 한 번씩 전체 회의를 개최한다. ❷ 대회. 집회. ¶ 全校师生都参加了这次庆祝~; 전교의 선생과 학생들이 이번 경축 대회에 참여했다. | 我们都出席了支援灾区建设的动员~; 우리는 모두 재난 지역 건설을 지원하는 동원 집회에 참석했다. | 这次的~举办得很成功; 이번 대회는 성공적으로 개최되었다.

大伙儿 dàhuǒr 代 모두들. 여러 사람. ¶ ~ 一起努力吧; 모두들 같이 노력합시다. | 如果~没意见, 我们就这么办吧; 만약 모두 다른 의견이 없다면, 우리 그렇게 합시다. | 这是~共同奋斗的成果; 이것은 여러 사람이 함께 분투한 결과이다.

大家 dàjiā 代 모두. ¶ ~ 安静点儿, 要开会了; 모두 조용히 해주십시오. 회의를 시작하겠습니다. | 我想听一听~的意见; 나는 모두의 의견을 듣고 싶다. | 请~注意安全; 모두 안전에 주의하십시오.

▶용법주의: ❶ 어떤 사람이나 사람들이 모두와 함께 거론될 때, 그 사람이나 사람들은 모두의 범위에 포함되지 않는다. ¶ 我要告诉大家一个好消息; 내가 모두에게 좋은 소식 하나를 알려드리겠습니다. | 你这样想, 但大家不一定这样想; 너는 그렇게 생각하지만, 모두가 그렇게 생각하는 것은 아니다. | 他们几个不去, 但大家都去; 그들 몇 명은 가지 않았지만, 모두가 갔다. ❷ 그밖에 '大家'는 '我们', '咱们', '你们'의 뒤에 자주 사용된다. ¶ 咱们大家都好好考虑一下吧; 우리 모두 잘 고려해보자.

大酱 dàjiàng 名 된장. ¶ 黄豆~是东北特产之一; 노란콩으로 만든 된장은 동북 지역의 특산물 가운데 하나이다. | ~ 是韩国料理不可缺少的调料; 된장은 한국 요리에서 빠져서는 안되는 조미료이다. | 我非常喜欢韩国的~汤; 나는 한국의 된장국을 정말 좋아한다.

▶용법주의: 중국의 동북 지역 외에 다른 지방에도 된장과 유사한 조미료가 있지만, '面酱'이나 '黄豆面酱'이라고 부르며, 제조법과 맛이 한국의 된장과는 다르다.

大酱汤 dàjiàngtāng 名 된장국. ¶ 我学会了做~; 나는 된장국 끓이는 것을 배웠다. | 韩国的~有很多种类, 可以放不同的蔬菜; 한국의 된장국은 종류

가 많으며, 각기 다른 채소를 넣을 수 있다.|今天午饭我们做~怎么样？오늘 점심으로 우리 된장국 끓이는 게 어때?

大街 dàjiē 名 번화가. 대로. 거리. ¶北京的王府井~很有名；베이징의 왕푸징 거리는 매우 유명하다.|沿着这条~一直走下去, 就可以到那个公园了；이 대로를 따라 줄곧 걸어가면, 그 공원에 도착할 수 있다.|假期的时候, 满~都是人；휴일이면 온 거리가 사람으로 가득하다.

大量 dàliàng 形 대량의. 다량의. ¶他家里有~藏书；그의 집에는 대량의 책이 있다.|金融危机发生以来, 房地产~积压；금융위기가 발생한 후 대량의 부동산이 적체되었다.|我们需要~购买生活用品；우리는 다량의 생활용품을 살 필요가 있다.

大陆 dàlù 名 ❶ 대륙. ¶地球上面积最大的~是亚欧；지구에서 면적이 가장 큰 대륙은 유라시아 대륙이다.|~板块(bǎnkuài)有可能发生漂移(piāoyí)；대륙판이 움직일 수도 있다.|地球上~有6块, 约占地球表面面积的29%；지구에는 6개의 대륙이 있으며, 지표면의 29% 정도를 차지하고 있다. ❷ 중국 대륙. ¶~和台湾的关系越来越缓和了；중국 대륙과 타이완의 관계는 점차 완화되고 있다.|一些港台明星开始在~谋求发展；홍콩과 타이완의 몇몇 인기 연예인들은 중국 대륙에서 발전을 모색하고 있다.|~通用的普通话和台湾的国语存在一些差别；중국 대륙에서 통용되는 표준어와 타이완의 표준어는 약간 차이가 있다.

大妈 dàmā 名 ❶ 아주머니. ¶~, 您快歇(xiē)会儿吧；아주머니 빨리 좀 쉬세요.|张~特别热心；장 아주머님이 특히 열심이다.|我们的居委会(jūwěihuì)~很能干；우리 주민위원회의 아주머님은 유능하다. ❷ 백모. 큰어머니. ¶我的~是一位中学教师；내 큰어머니는 중학교 교사이다.|大伯和~经常来我们家玩儿；큰아버지와 큰어머니는 자주 우리 집에 놀러 오신다.|~照顾奶奶照顾得很好；큰어머니는 할머니를 잘 모신다.

大麦茶 dàmàichá 名 보리차. ¶~是夏天最好的消暑(xiāoshǔ)饮料；보리차는 여름철에 더위를 가시게 하는 가장 좋은 음료이다.|我喜欢喝~；나는 보리차를 걸 좋아한다.|在韩国和日本, 人们非常喜欢不含糖的保健(bǎojiàn)饮料清凉的~；한국 사람과 일본 사람은 무설탕 건강 음료인 시원한 보리차를 아주 좋아한다.

大门 dàmén 名 대문. 정문. ¶这个公园有三个~；이 공원에는 대문이 세 개 있다.|我在学校~等你；내가 학교 정문에서 너를 기다리마.|中国传统建筑中有~、二门等, ~指临街的门；중국의 전통적인 건축물에는 대문과 중문(中门) 등이 있는데, 대문은 거리에 인접한 문이다.

大米 dàmǐ 名 쌀. ¶中国北方人不但吃~, 还喜欢吃小米；중국의 북방 사람들은 쌀을 먹을 뿐 아니라, 좁쌀도 좋아한다.|感冒的时候可以喝一点清淡的~粥；감기에 걸렸을 때는 담백한 쌀죽을 먹어도 된다.|~的价格最近上涨了；최근에 쌀 가격이 올랐다.

大盘 dàpán 名 주가. ¶两年来, ~持续走

低;2년 동안 주가가 계속 하락하다. | 由于政府的经济政策,股市~略有上涨;정부의 경제정책으로 증시의 주가가 조금 오르다. | 在证券网页上,我们可以找到~指数、~走势的分析和预测;증권 관련 웹사이트에서 우리는 주가지수와 주가 추세에 대한 분석 및 예측을 찾아볼 수 있다.

大批 dàpī 形 대량의. 다량의. ¶飞机运来了~救援物资;비행기가 대량의 원조 물자를 실어 왔다. | 我们从国外定购了~货物;우리는 외국에 다량의 물품을 주문했다. | 这家工厂的信誉很好,每年都会收到来自国内外的~订单;이 공장은 신용도가 높아 매년 국내외로부터 대량의 주문을 받는다.

大气层 dàqìcéng 名 대기층. ¶保护~是一个世界性的环境问题;대기층을 보호하는 것은 세계적인 환경 문제이다. | ~的厚度约为2700千米;대기층의 두께는 대략 2,700킬로미터이다. | 按温度变化~共分为5层;온도의 변화에 따라 대기층은 5개의 층으로 나뉜다.

大邱 Dàqiū 名 (한국의 도시 이름) 대구. ¶我曾经去过~;나는 대구에 가보았다. | ~是韩国的一个直辖市;대구는 한국의 직할시이다. | ~是韩国的第四大城市;대구는 한국에서 네 번째로 큰 도시이다.

大人 dà·rén 名 성인. 어른. ¶你已经二十岁了,是个~了;너는 이미 20세가 되었으니 성인이다. | 有时候不能完全了解孩子的想法;때때로 성인은 아이의 생각을 완전히 이해할 수 없다. | ~的世界太复杂了;성인의 세계는 매우 복잡하다.

大嫂 dàsǎo 名 ❶ 큰형수. ¶他的~像亲姐姐一样照顾他;그의 큰형수는 큰누나처럼 그를 보살핀다. | ~非常孝敬老人;큰형수는 웃어른을 잘 섬기고 공경한다. | 她的~是外国人;그녀의 큰형수는 외국인이다. ❷ 아주머니. ¶这位~,您找谁呀?아주머니, 누구를 찾으십니까? | 卖菜的~很亲切;채소를 파는 아주머니가 친절하다. | 我在路上遇到一位从农村来的~;나는 길에서 농촌에서 온 아주머니를 만났다.

大使馆 dàshǐguǎn 名 대사관. ¶~代表整个国家的利益,全面负责两国关系;대사관은 국가 전체의 이익을 대표하며, 양국의 관계를 모두 도맡는다. | ~的职责之一是维护本国公民和法人的合法权益;대사관의 책무 가운데 하나는 본국의 국민과 법인의 합법적 권익을 보호하는 것이다. | 到目前为止,中国在166个建交国设有157个~;지금까지 중국은 국교를 맺은 166개의 국가에 157개의 대사관을 세웠다.

大事 dàshì 名 큰 일. 대사. ¶每个公民都应该关心国家~;모든 국민은 국가 대사에 관심을 가져야 한다. | 2008年,中国发生了很多~;2008년 중국에서는 큰 일이 많이 발생했다. | 婚姻是终身~,怎么能如此轻率呢?결혼은 일생의 대사인데, 어떻게 이렇게 경솔할 수 있니?

大叔 dàshū 名 아저씨. ¶~,您休息一下吧;아저씨, 좀 쉬세요. | 那位带大件行李的~,请来办理行李托运手续;커다란 짐을 가져오신 아저씨, 오셔서 화물운송 수속을 밟으십시오. | ~,您

知道附近的超市在哪儿吗？아저씨, 근처의 슈퍼마켓이 어디에 있는지 아십니까？

大体 dàtǐ 副 대체적으로. ¶我~知道他的想法；나는 대략 그의 생각을 알고 있다.│他~了解了一下事情的经过；그는 대체적으로 일의 경과를 이해했다.│这些问题我们~上知道了；우리는 대체적으로 이 문제들을 알게 되었다. 名 도리. 원칙. ¶这个孩子识~；이 아이는 도리를 안다.│她识~、顾大局；그녀는 원칙을 알고 대세를 살핀다.│你怎么这么不识~呢？너는 왜 그렇게 원칙을 모르냐？

大田 Dàtián 名 (한국의 도시 이름) 대전. ¶~是韩国的第五大城市；대전은 한국에서 다섯 번째로 큰 도시이다.│~在韩国的中部，交通很方便；대전은 한국의 중부에 있으며, 교통이 편리하다.│我在~工作过一年；나는 대전에서 1년 동안 일했다.

大小 dàxiǎo 名 ❶ 크기. ¶这件衣服~正合适；이 옷은 크기가 딱 맞다.│我新买的鞋子~不太合适，走路不舒服；내가 새로 산 신발은 크기가 맞지 않아 걷는데 불편하다.│这两个书包~一样；이 가방 두 개는 크기가 같다. ❷ 존비. 상하. ¶这孩子，不知道~了；이 아이는 위아래를 모른다.│他这么不分~，真是没礼貌；그는 이렇게도 위아래를 구분할 줄 모르니, 정말 예의가 없다.│一家人相处，也要有大有小的才好；가족이 함께 있어도 위아래가 있어야 한다. ❸ 어른과 아이를. ¶他承担着一家~的衣食住行；그는 한 가정의 어른과 아이의 의식주를 책임지고 있다.│全家~一共六口人；일가족 이 어른과 아이 합해 여섯 명이다.│一家~都来了；한 가족 어른과 아이가 모두 왔다. 副 아무튼. 어쨌든. ¶他~也是个领导干部；그는 어쨌든 지도급 간부이다.│这~也算是一次成功；이것도 아무튼 성공인 셈이다.│不管奖金是多少，~是个奖啊；보너스가 얼마이든, 어쨌든 상이다.

大型 dàxíng 形 대형의. ¶春节来临，中国各地都有一些~的庆祝活动；설이 되자 중국 각지에서 경축 행사를 벌인다.│这是一项~工程；이것은 대형 공사이다.│每年11月，在很多城市都有~招聘会；매년 11월이면, 많은 도시에서 대형 채용박람회가 열린다.

大选 dàxuǎn 名 대선. ¶她所在的党派在今年的~中获胜了；그녀가 소속된 당이 올해 대선에서 승리했다.│奥巴马在2008年的美国总统~中胜出；오바마가 2008년의 미국 대선에서 승리했다.│他没有参加这次议员~；그는 이번 의원 선거에 참가하지 않았다.

大学 dàxué 名 대학. ¶北京有很多知名~；베이징에는 유명한 대학이 많다.│韩国有不少私立~；한국에는 적지 않은 사립 대학이 있다.│~应该是学术的净土；대학은 학문의 전당이어야 한다.

大学生 dàxuéshēng 名 대학생. ¶她十六岁的时候就已经是一名~了；그녀는 16세에 이미 대학생이 되었다.│有些~因为找不到工作而选择考研；어떤 대학생들은 직장을 찾지 못해 대학원 진학을 선택한다.

大衣 dàyī 名 외투. 오버코트. ¶中国北方的冬天很冷，人们都穿着羽绒~；중국 북방의 겨울은 매우 추워 사람들은

모두 오리털 파카를 입는다.| 这件~的颜色非常好;이 외투의 색깔이 아주 좋다.| 我喜欢那件~的款式;나는 그 외투의 디자인을 좋아한다.

大宇企业 dàyǔ qǐyè [名] (한국의 기업 이름) 대우.¶~曾经是韩国第二大企业集团;대우는 한국에서 두 번째로 큰 기업이었다.| 韩国媒体认为,~解体进程已经完成;한국의 언론은 대우의 해체가 이미 끝난 것으로 본다.| 韩国~主要从事钢铁、化工、电子、通信方面的贸易;한국의 대우는 주로 철강, 화학공업, 전자, 통신 방면의 무역에 종사한다.

大约 dàyuē [副] ❶ 대략. 대강.¶我们学校~有五百名留学生;우리 학교에는 대략 500명의 유학생이 있다.| 他~四十岁了;그는 대략 40세가 되었다.| 现在~十二点了;지금은 대략 12시 정도가 되었다. ❷ 아마.¶他~是出差去了;그는 아마 출장 갔을 것이다.| 我们~明天晚上返回;우리는 아마도 내일 저녁에 돌아갈 것이다.| 以后我们~不会再见面了;앞으로 우리는 아마 다시 만나지 못할 것이다.

大众 dàzhòng [名] 대중. 민중. 군중.¶电视媒体常常可以引导~的审美情趣;텔레비전은 종종 대중의 심미적 흥취를 이끌어낼 수 있다.| 学术应该为~服务;학술은 대중을 위해 봉사해야 한다.| 小品是一种~化的艺术形式;소품은 일종의 대중화된 예술 형식이다.

大众文化 dàzhòngwénhuà [名] 대중문화.¶电视剧可以看做是典型的~产品;텔레비전 드라마는 전형적인 대중문화의 산물이라고 할 수 있다.| 中国民间有丰富的~资源,比如戏曲等;중국의 민간에는 희곡 등과 같은 풍부한 대중문화 자원이 있다.| ~和精英文化并不是完全矛盾的;대중문화와 엘리트문화가 결코 완전히 모순되는 것은 아니다.

呆 dāi [形] ❶ 멍하다. 어리둥절하다.¶他听了这个消息,一下子~住了;그는 이 소식을 듣고 순간 멍해졌다.| 她~~地看着窗外,不知道在想些什么;그녀는 멍하니 창 밖을 바라보고 있는데, 무슨 생각을 하고 있는지 모르겠다.| 那个孩子最近好像有心事,常常一个人坐着发~;그 아이는 요즘 근심거리가 있는 듯 종종 혼자서 멍하게 앉아 있다. ❷ 우둔하다. 미련하다. 멍청하다.¶那个人看起来不聪明,有点儿~;그 사람은 총명하지 않고 좀 우둔해 보인다.| 他有些呆头呆脑的;그는 조금 미련하다.| 这个小孩儿又傻又~;이 아이는 바보스럽고 멍청하다. [动] 머무르다. 체재하다.

待 dāi [动] 머무르다.¶我在图书馆~了两个小时;나는 도서관에서 두 시간을 머물렀다.| 那个没找到工作的年轻人一直~在家里;직장을 찾지 못한 그 젊은이는 줄곧 집에 머무르고 있다.| 你好好~在这儿,不要乱跑;너 아무 데나 가지 말고, 여기에 잘 머물러 있어.

大夫 dài·fu [名] 의사.¶王~,您今天值班(zhíbān)吗? 왕 선생님, 당신이 오늘 당직입니까?| 不舒服的时候不要自己随便吃药,应该去医院找~看看;아플 때는 자기 마음대로 약을 먹지 말고, 병원에 가서 의사를 찾아 진료를 받아야 한다.| 这家医院新来了一位从

111

国外留学回来的~;이 병원에 외국에서 유학하고 돌아온 의사 한 분이 새로 왔다.

代 dài [名] ❶ 대. 시대. ¶他研究古~汉语;그는 고대 중국어를 연구한다.|近现~中国文学史上有很多优秀作品;근현대 중국 문학사에는 우수한 작품이 많다.|你喜欢当~诗歌吗?너는 당대의 시를 좋아하냐? ❷ 조대. 나라. ¶中国历史上最辉煌的朝代是唐~;중국 역사상 가장 찬란했던 왕조는 당나라이다.|历朝历~的帝王都很重视文化教育;역대 왕조의 제왕들은 문화 교육을 중시했다.|清~是中国最后一个封建朝代;청나라는 중국 최후의 봉건 왕조이다. ❸ 세대. ¶我们要关心下一~的成长;우리는 다음 세대의 성장에 관심을 가져야 한다.|上一~人经历过很多历史大事件;이전 세대의 사람들은 역사적 대사건을 많이 경험했다.|老一~学者已经在这方面取得了极高的成就;노년 세대 학자들은 이미 이 방면에서 극히 높은 성과를 얻었다. ❹ 대. ¶从地质年代分期来看,~以上为宙,~以下为纪;지질 연대의 구분으로 보면, 대 이전은 주(宙)이고 이후는 기(紀)이다.|我们比较了解的地质年代是古生~、中生~和新生~;우리가 비교적 잘 알고 있는 지질 연대는 고생대, 중생대, 신생대이다. [动] 대리하다. 대신하다. ¶这篇文章不是他自己写的,是别人~笔写成的;이 글은 그 자신이 쓰지 않았으며, 다른 사람이 대신 쓴 것이다.|我们公司在全国各大城市都有~销机构;우리 회사는 전국의 대도시에 대리 판매 기관이 있

다.|那个年轻人是一位~课老师,不是正式的老师;그 젊은이는 대리 교사이지, 정식 교사가 아니다.

▶용법주의: 한국어 한자 '代'는 10년을 가리킨다. 예를 들면 '20岁'는 '20代'라고 말할 수 있다. 그 외에도 '届'를 나타낼 수 있다. '第十八代国会议员选举(제 18대 국회의원 선거)'를 예로 들 수 있다. 이것들은 중국에서는 성립되지 않는다. ¶我20代的时候喜欢读小说(×)|这是第五代语言学研讨会(×)|我二十几岁的时候喜欢读小说;나는 20대 때 소설 읽는 것을 좋아했다.|这是第五届语言学研讨会;이번은 제5대 언어학 토론회이다.

代表 dàibiǎo [动] ❶ 대표하다. 대신하다. ¶请你~我们公司去参加这次会议;당신이 우리 회사를 대표하여 이번 회의에 참가해 주십시오.|外交部发言人可以~外交部公开发布重要消息;외교부 대변인은 외교부를 대표하여 중요한 뉴스를 공개적으로 발표할 수 있다.|副院长~院长主持了这次的庆祝活动;부원장이 원장을 대신하여 이번 경축행사를 주관했다. ❷ 상징하다. ¶画中灰暗的背景色~了画家对人生的失望;그림에서 암담한 배경색은 삶에 대한 화가의 실망을 상징한다.|这三个角色~着三种不同的性格;이 세 배역은 각기 다른 세 종류의 성격을 상징하고 있다. [名] ❶ 대표. 대표자. ¶他是我们公司的~;그는 우리 회사의 대표이다.|这次国际研讨会共有150名会议~参会;이번 국제 학술 대회에는 150명의 회의 대표자들이 참여한다.|你们学校派谁做~去参加比赛了?너희 학교는

누구를 대표로 보내 경기에 참가했니? ❷ 대표. 대표자. ¶中国的全国人民 ~ 大会简称全国人大；중국의 전국 인민대표대회는 전국인대로 약칭한다.│他是人大 ~；그는 인민 대표 대회의 대표자이다.│来自全国各地的某会议 ~ 参观了奥运场馆；전국 각지에서 온 어떤 회의 대표들이 올림픽 경기장을 참관했다.

代表性 dàibiǎoxìng 名 대표성. ¶对于网络语言现象，有三种具有 ~ 的态度：反对、赞成和观望；반대, 찬성 관망은 대표적인 세 가지 인터넷 언어에 대한 태도이다.│这个人物非常有 ~；이 인물이 아주 대표적이다.│截止到2008年, 中国已经分两批公布了国家级非物质文化遗产项目的 ~ 传承人名单；2008년까지 중국은 두 차례에 걸쳐 국가급 무형 문화재의 대표적인 계승자 명단을 발표했다.

代码 dàimǎ 名 코드. 부호. ¶中国 ~ 网提供了大量的 ~ 软件资源；중국 코드 사이트(China-Code.Net)에서 대량으로 코드 소프트웨어를 제공했다.│这只股票的 ~ 是多少？이 주식의 코드는 몇 번입니까？│最近要小心一些网页上的恶意 ~；요즘에는 웹사이트의 악성코드를 조심해야 한다.

代替 dàitì 动 대신하다. 대체하다. ¶你的水平和她差不多，你就 ~ 她去吧；너의 수준이 그녀와 비슷하니, 네가 그녀 대신 가라.│在孩子的心中，任何人都无法完全 ~ 妈妈；아이의 마음속에서 어느 누구도 엄마를 완전히 대신할 수 없다.│你在我生命里的意义是别人不能 ~ 的；내 삶 속의 네 의미는 다른 사람이 대체할 수 없는 것이다.

带 dài 动 ❶ 지니다. 휴대하다. ¶我 ~ 的行李太多了；내가 지닌 짐이 너무 많다.│明天去爬山的时候，我们 ~ 上一些面包和饮料吧；내일 등산갈 때, 우리 빵과 음료를 가지고 가자.│她只 ~ 了五百元人民币；그녀는 인민폐 5백위안을 가지고 있을 뿐이다. ❷ (하는) 김에 하다. 겸제에 하다. ¶你上街的时候帮我 ~ 点吃的回来；네가 물건을 사러 가는 김에, 나에게 먹을 것 좀 사다 주어라.│走的时候请你把门 ~ 上；나갈 때 문 좀 닫아주십시오.│你去北京出差的话，给我 ~ 一些北京特产好吗？네가 베이징으로 출장 가는 김에 베이징 특산품 좀 사다 주지 않을래？ ❸ 나타내다. 띠다. ¶她的脸上总是 ~ 着微笑；그녀의 얼굴은 항상 미소를 띠고 있다.│说话的时候一定要 ~ 着自信；말을 할 때에는 반드시 자신감을 보여야 한다.│他回来了，~ 着一脸失望的神情；그는 얼굴 가득 실망한 표정을 하고서 돌아왔다. ❹ 함유하다. 가지다. 담겨 있다. ¶这种蔬菜 ~ 点苦味儿；이런 종류의 채소는 쓴 맛을 가지고 있다.│说话 ~ 刺儿会伤人的；가시가 담겨 있는 말은 사람을 다치게 한다.│生活的滋味是复杂的, 泪中 ~ 着笑, 笑中又 ~ 着泪；생활의 맛은 복잡하여, 눈물 속에 웃음이 담겨 있고, 웃음 속에는 또 눈물이 담겨 있다. ❺ 붙어있다. 달려있다. ¶这个菜摊的黄瓜好新鲜，还 ~ 着花儿呢；이 야채 가게의 오이는 신선한데다, 꽃까지 달려있다.│她摘了一束 ~ 着绿叶的野花；그녀는 푸른 잎이 붙어있는 들꽃 한 송이를 꺾었다.│姐姐连说 ~ 笑地走了；언니

는 계속 말하고 웃으며 갔다. ❻ 인도하다. 안내하다. 이끌다. 통솔하다. 지도하다. ¶请~这位先生到餐厅去吧; 이 분을 식당으로 안내해 주십시오.| 过去,师傅~徒弟都是手把手地教; 과거에는 스승이 손수 일일이 제자들을 이끌어가며 가르쳤다.| 她现在已经是硕导,可以~硕士研究生了; 그녀는 이제 석사 지도교수가 되어, 석사 과정 학생을 지도할 수 있다. ❼ 돌보다. 보살피다. 양육하다. ¶为了让孩子更好地成长,我坚持自己~孩子; 아이들이 더 잘 자라게 하기 위해, 나는 나의 아이들을 변함없이 돌보려고 한다.| 在中国,很多小孩儿是由爷爷奶奶~大的; 중국에서는 많은 아이들이 할아버지, 할머니에 의해 양육된다.| 她退休以后,在家~孙子呢; 그녀는 퇴직 후 집에서 손자를 돌보고 있다. 名 ❶ 띠. 벨트. 끈. ¶这家店的皮~质量很好; 이 가게의 가죽벨트는 품질이 좋다.| 请把安全~系好; 안전띠를 매십시오.| 我不小心把书包~扯断了; 내가 조심하지 않아 가방끈이 떨어졌다. ❷ 타이어. ¶车~被碎玻璃扎破了; 타이어가 깨진 유리로 인해 망가졌다.| 这辆汽车的外~磨损比较严重; 이 자동차의 바깥쪽 타이어는 상당히 심하게 마모되었다.| 开车外出别忘了带上备用~; 차를 운전하고 외출할 때에 스페어 타이어 가져가는 것을 잊지 말아라. ❸ 지역. 지대. ¶华夏文明起源于黄河一~; 화하 문명의 기원은 황하 지역이다.| 中国大部分地区处于北温~; 중국의 대부분의 지역은 북온대 지역에 속한다.| 我们常常在这一~散步; 우리는 자주 이 일대에서 산책한다.

带动 dàidòng 动 이끌다. 작동시키다. ¶名牌产品可以~经济的发展; 유명 브랜드 제품이 경제 발전을 이끌 수 있다.| 这些年来,一直是科技创新在~着中国经济的发展; 요 몇 년 동안 줄곧 과학기술의 혁신이 중국 경제의 발전을 이끌고 있다.| 她的鼓励~了大家的积极性; 그녀의 격려가 모두의 적극성을 이끌어냈다.

带领 dàilǐng 动 ❶ 인솔하다. 안내하다. ¶服务员~我们到了住宿的房间; 종업원이 우리를 숙박할 방으로 안내했다.| 志愿者们~着各位参会代表入座; 지원자들이 각 회의 대표자들을 인솔하여 자리에 앉았다.| 校长助理~我来到了校长的办公室; 교장의 비서가 나를 교장의 사무실로 안내했다. ❷ 지도하다. 이끌다. ¶在老师的~下,同学们出发去郊游; 선생님의 지도하에 학생들이 교외 소풍을 떠났다.| 怎样做才能~好一个团队,这是每一位领导者需要思考的问题; 어떻게 해야 한 단체를 잘 이끌 수 있는가 하는 문제는 모든 지도자들이 고민해야 하는 문제이다.| 让心灵真实的感受~我们吧; 마음속의 진실한 감정으로 우리를 지도해주십시오.

带头 dàitóu 动 앞장서다. 솔선하다. ¶在中国的大学里,每个学科都有自己的~人; 중국 대학에는 매 학과마다 리더가 있다.| 她~报名参加了运动会; 그녀는 솔선하여 운동회 참가를 신청했다.| 要好好发挥领导干部的~作用; 지도급 간부의 솔선수범하는 효과를 잘 발휘해야 한다.

带有 dàiyǒu 动 지니다. ¶这些话~一些

讽刺的意味;이런 말은 약간의 풍자적인 의미를 지니고 있다.| 有些网上的评论~恶意攻击的性质;인터넷상의 어떤 평론들은 악의적인 공격성을 가지고 있다.| 这个句子是~歧义的;이 문장은 중의적이다.

待 dài 动 대하다. 접대하다. ¶他~人非常和气;그는 사람을 아주 온화하게 대한다.| 我的朋友~我很好;내 친구는 나를 잘 대해준다.| 无论和谁相处,都要以礼相~;누구와 함께 있든지 예의로 대해야 한다.

贷款 dàikuǎn 动 (~儿~) 대출하다. ¶为了开这家小店,他从银行贷了10万元的款;이 작은 가게를 열기 위해 그는 은행에서 10만위안을 대출했다.| 学校建设新校区时,从银行贷了不少款;학교는 새로운 교정을 만들 때,은행에서 적지 않은 돈을 대출했다.| 现在不少年轻人~买房;지금은 많은 젊은이들이 대출해서 집을 산다. 名 대출금. ¶我们已经还清了银行的~;우리는 은행 대출금을 벌써 상환했다.| 这笔~数目太大了;이 대출금 액수가 너무 많다.| 这笔~的偿还期为10年;이 대출금의 상환 기한은 10년이다.

袋 dài (~儿) 名 주머니. 봉투. 봉지. ¶为了保护环境,很多人不再使用塑料~儿了;환경 보호를 위해 많은 사람들이 비닐봉투를 사용하지 않는다.| 请给我一个~子好吗?봉투 하나 주시겠습니까?| 这个~儿太小了;이 봉투는 너무 작다. 量 봉지. 봉. ¶我买了一~儿苹果;나는 사과 한 봉지를 샀다.| 请给我两~儿洗衣粉;세제 두 봉지 주세요.| 爷爷喜欢用烟袋抽烟,每天都要抽几~;할아버지는 담뱃대로 담배를 피우는 걸 좋아해서,매일 몇 봉을 피우신다.

袋子 dài·zi 名 주머니. 자루. ¶请把衣服叠好,装在~里;옷을 잘 개서 주머니에 담아라.| 她提着一个大~,看起来很吃力;그녀는 큰 자루를 들고 있는데,아주 힘들어 보인다.| 这些~不要扔掉,还可以留着放东西;이런 자루들은 버리지 말아라,가지고 있다가 물건을 담아둘 수 있다.

逮捕证 dàibǔzhèng 名 체포 영장. ¶警察拿出了~,带走了犯罪嫌疑人;경찰이 체포 영장을 제시하고 범죄 용의자를 잡아갔다.| 一看到~,被告人的脸色一下子变得煞白;체포 영장을 보자마자 피고인의 안색이 삽시간에 창백해졌다.| ~一般在发出拘留通知以后发放;체포영장은 보통 구류 통지를 한 후에 발부된다.

戴 dài 动 착용하다. 쓰다. 끼다. 차다. ¶孩子的头上~着一顶可爱的帽子;아이의 머리에 귀여운 모자가 씌여 있다.| 阳光太刺眼,她~上了一副太阳镜;햇빛이 너무 눈부셔 그녀는 선글라스를 썼다.| 他小心翼翼地帮妻子把项链~上;그는 아내를 도와 조심스럽게 목걸이를 채웠다.

丹枫 dānfēng 名 단풍. 단풍나무. ¶十一月是观赏~的好时节;11월은 단풍을 감상하는 좋은 시기이다.| 图书馆门前有两棵~;도서관 문 앞에 단풍 두 그루가 있다.| 我从~树下走过,随手捡了一片红叶;나는 단풍나무 밑을 지나가는 길에 단풍잎 하나를 땄다.

▶용법주의: 한국에서 사용하는 '단풍'의 한자어는 '丹楓'이며, 이것은 '단풍나

무'를 뜻할 뿐만 아니라, 늦가을에 식물의 잎이 붉고 누르게 변하는 일까지도 포함하고 있다. 그러나 중국어 '枫楓'은 단지 '단풍나무'만을 가리킨다.

单 dān [形] ❶ 하나의. 홀의. ¶我们办公室的门是一扇～门; 우리 사무실에는 문이 하나 있다. ¦ 这件外套是～排扣的; 이 외투는 홑 자락이다. ¦ 每个人的性格都不是～面的; 사람의 성격은 모두 단면적이지 않다. ❷ 기수의. 홀수의. ¶1是个～数; 1은 홀수이다. ¦ 请您在每个月的～号来办理手续; 당신은 매달 홀수 일에 수속을 밟아주십시오. ¦ 15号是～号; 15일은 홀수 일이다. [副] 오직. 다만. 오로지. ¶我们～说这一件事吧; 우리 오직 이 일만 이야기하자. ¦ 做事业不能～凭热情; 사업은 오직 열정으로만 되는 것은 아니다. ¦ 大家都来了,～他没来; 모두 왔는데, 오로지 그만 오지 않았다. (～儿) [名] ❶ 시트. ¶这条床～儿的花色真不错; 이 침대 시트의 색이 정말 좋다. ¦ 她把被～儿洗得干干净净; 그녀는 시트를 깨끗이 빨았다. ¦ 他在草地上铺了一个布～儿, 把食物摆在上面; 그는 풀밭에 천을 깔고 음식물을 위에 늘어 놓았다. ❷ 종이 쪽지. 단. ¶请您列一个清～给我; 명세서를 저에게 보여주십시오. ¦ 老师给学生列了一张书～儿; 선생님이 학생들에게 도서목록을 펼쳐 보이다. ¦ 名～上一共有二十名学生; 명단에는 모두 20명의 학생이 있다.

单纯 dānchún [形] 단순하다. ¶这部电影的情节比较～; 이 영화의 스토리는 비교적 단순하다. ¦ 孩子的心是非常～的; 아이의 마음은 아주 단순하다. ¦ 她的眼神看上去是那么～; 그녀의 눈빛은 아주 단순해 보인다. [副] 단순히. 오로지. ¶教育学生不能～追求分数; 학생의 교육은 단순히 점수만을 추구할 수 없다. ¦ 评价一个人不能～看表面现象; 한 사람을 평가하려면 단순히 표면적인 현상만을 보아서는 안 된다. ¦ 学习语法～靠练习是不够的,要弄清楚其中的规律; 문법 공부는 단순히 연습만으로는 부족하며, 그것의 규칙을 명확히 알아야 한다.

单词 dāncí [名] 단어. ¶这个～用英语怎么说?; 이 단어는 영어로 어떻게 말합니까?¦ 汉语最常用的～大概有三千多个; 중국어에서 가장 많이 쓰이는 단어는 대략 3,000개 이다. ¦ 把～按照语法规则组合起来,就能构成句子; 단어를 문법 규칙에 맞게 조합하면 문장이 된다.

单打 dāndǎ [名] 단식. ¶在这次世界乒乓球比赛中, 她又一次赢得了～冠军; 이번 탁구 세계선수권에서 그녀는 또 한 번 단식 정상에 올랐다. ¦ 双打比～的要求更高, 因为要看两位运动员配合的情况; 복식은 단식에 비해 요구되는 것이 훨씬 많은데, 왜냐하면 이는 선수 두 명의 팀워크를 고려해야 하기 때문이다. ¦ 我喜欢看网球～比赛; 나는 테니스 단식 경기를 좋아한다.

单调 dāndiào [形] 단조롭다. ¶他觉得自己的生活很～; 그는 자신의 생활이 단조롭다고 생각한다. ¦ 这些服装的样式太～了; 이런 옷은 스타일이 너무 단조롭다. ¦ 老师上课的时候,最好不要用～的教学方式; 교사가 수업할

때, 가장 좋은 것은 단조로운 교학 방식을 쓰지 않는 것이다.

单独 dāndú 副 단독으로. 혼자서. ¶我们两个人~谈谈话吧; 우리 둘이 단독으로 이야기하자.|每个孩子长大以后都要学会~面对复杂的人生; 아이들은 자라서 스스로 복잡한 인생과 마주하는 법을 배워야 한다.|把这些书~保存; 이 책들을 따로 보관하다.

单位 dānwèi 名 (단체, 기관 등의) 단위. 부문. ¶我们~有近百名职员; 우리 부서에는 백여 명의 직원이 있다.|你去他~找他吧; 네가 그의 부서에 가서 그를 찾아보아라.|今天~有活动, 大家都要参加; 오늘 부서에 행사가 있어 모두 참가해야 한다.

担当 dāndāng 动 담당하다. 맡다. 지다. ¶他不是一个敢于~责任的人; 그는 용감하게 책임을 지는 사람이 아니다.|这个职位应该由最优秀的人来~; 이 직무는 마땅히 가장 뛰어난 사람이 맡아야 한다.|她~了这项任务; 그녀가 이 임무를 맡았다.

担负 dānfù 动 부담하다. 맡다. 지다. ¶他~着全家人的希望; 그는 온 가족의 희망을 지고 있다.|这项重要的任务要交给可靠的人来~; 이 중요한 임무는 믿을만한 사람에게 맡겨야 한다.|贵方访问期间的食宿费用由我公司~; 귀측의 방문 기간 동안 숙식 비용은 저희 회사가 부담합니다.

担任 dānrèn 动 맡다. 담당하다. ¶他~公司总裁; 그는 회사의 회장을 맡고 있다.|同学们一致推举她~班长; 급우들이 일치하여 그녀를 반장을 맡도록 추천한다.|我在国外~汉语教师; 나는 해외에서 중국어 교사를 맡고 있다.

担心 dānxīn 动 걱정하다. 염려하다. ¶我很~你的身体; 나는 너의 건강을 걱정한다.|妈妈~孩子考不上大学; 엄마는 아이가 대학에 합격하지 못할까 염려한다.|请不要为我~, 我会好好生活的; 나에 대해서는 걱정하지 마십시오. 나는 잘 생활할 것입니다.

担忧 dānyōu 动 걱정하다. 근심하다. ¶我不想让父母为我~; 나는 나 때문에 부모님이 걱정하게 하고 싶지 않다.|儿行千里母~; 자식이 멀리 떠나면 어머니가 근심한다.|不必为他~, 他已经长大了; 그도 이미 다 컸으니, 그 때문에 근심할 필요는 없다.

胆怯 dǎnqiè 形 겁내다. 위축되다. ¶站在这么多人面前表演, 她感到有点儿~; 이렇게 많은 사람들 앞에 서서 공연을 하게 되어 그녀는 조금 위축되었다.|不要~, 勇敢一点儿; 겁내지 말고 용기를 내십시오.|他是个~的人; 그는 겁이 많은 사람이다.

掸 dǎn 动 (먼지 따위를) 털다. ¶我为他~去衣服上的雪; 나는 그 대신에 옷의 눈을 털어주었다.|她拿掸子轻轻~去桌子上的灰尘; 그녀가 먼지털이로 탁자의 먼지를 가볍게 털었다.|墙上已经~得很干净了; 벽은 이미 깨끗하게 먼지가 털어졌다.

但 dàn 连 그러나. 그렇지만. ¶我也许不够聪明, ~我很努力; 나는 그다지 똑똑하지 않을지도 모른다. 그러나 나는 노력한다.|我劝过他, ~他不听; 내가 그에게 충고했지만 그는 말을 듣지 않는다.|我想忘记你, ~却忘不

掉；나는 너를 잊으려고 한다. 그러나 잊을 수가 없다. 副 다만. 오직. ¶不求有功，~求无过；공적을 구하지 않고, 다만 잘못이 없기만을 구하다. | ~愿我们都能过得幸福；다만 우리가 행복하게 살 수 있기만을 바란다. | 空空的屋子里，~见他独自坐着；텅 빈 집에 오직 그 혼자 앉아 있는 것이 보인다.

但是 dànshì 连 그러나. 그렇지만. ¶虽然我们不再相见，~我会一直记得你；비록 우리가 다시 만날 수는 없겠지만, 나는 너를 줄곧 기억할 것이다. | 尽管我已经努力了，~事情并没有好转；내가 노력을 했음에도 불구하고, 사정은 결코 호전되지 않았다. | 他已经六十岁了，~看起来就像四十多岁的样子；그는 이미 60세가 되었지만 40여 세 정도로 보인다.

▶용법주의: '但是' 앞에는 종종 '虽然(비록)'과 '尽管(…에도 불구하고)' 등과 같은 단어가 출현한다.

淡 dàn 形 ❶ 싱겁다. ¶这个菜太~了；이 요리는 너무 싱겁다. | 请你尝一尝咸~；당신이 짠지 싱거운지 맛을 좀 봐주십시오. | 我的口味比较~；내 입맛이 비교적 싱겁다. ❷ 엷다. 열다. ¶她穿了一件~粉色的毛衣；그녀는 엷은 분홍색 스웨터를 입었다. | 这棵植物的叶子是~红色的；이 식물의 잎은 열은 붉은색이다. | 这幅画的色彩很~；이 그림의 색채는 열다. ❸ 냉담하다. 성의가 없다. ¶她对人总是~~的；그녀는 사람을 대하는 것이 항상 냉담하다. | 他~然地对待一切；그는 모든 것을 성의 없이 대한다. | 我告诉他这件事，他只是~~地笑了笑；내가 그에게 이 일을 알려주었지만, 그는 단지 냉담하게 웃을 뿐이었다. ❹ 영업이 부진하다. ¶现在是旅游~季；지금은 여행 비수기이다. | 最近的生意很~；최근의 영업이 부진하다. | 这家餐厅生意清~；이 식당의 영업은 부진하다.

蛋 dàn 名 ❶ 알. ¶草丛里有几个鸟~；풀숲에 새알 몇 개가 있다. | 鸡~涨价了；달걀 가격이 올랐다. | 蛇可以把鸟~整个吞下去；뱀은 새알을 통째로 삼킬 수 있다. ❷ (~儿) 둥근 물건. ¶孩子用泥巴团成一些泥~儿；아이가 진흙으로 둥근 진흙덩이를 만들다. | 山药~儿也可以做成糖葫芦；마로도 탕후루를 만들 수 있다.

蛋糕 dàngāo 名 케이크. 카스텔라. ¶我给妈妈买了生日~；나는 엄마에게 생일 케이크를 사드렸다. | 这种小~味道很好；이런 종류의 작은 케이크는 맛이 좋다. | 圣诞节晚会上，大家一起分享了一个六层的大~；성탄절 만찬에서 모두 함께 6단짜리 커다란 케이크를 즐겼다.

当 dāng 动 ❶ 맡다. 되다. 담당하다. ¶她现在~校长了；그녀는 이제 교장을 맡게 되었다. | 他~了爸爸以后，显得更温情了；그는 아빠가 된 후 더욱 따뜻한 모습을 보이고 있다. | 大家选她~语文课代表；모두가 그녀를 선출하여 국어과 대표를 맡게 했다. ❷ 감당하다. ¶我担心自己~不起这样的重任；나는 나 자신이 이런 중임을 감당할 수 없을까 걱정이다. | 我可~不起这样的称赞；저는 이런 칭찬을 감당할 수 없습니다. | 您过奖了，我实在不敢~；과찬이십니다. 저는 정말로 감

당할 수 없습니다.|❸관리하다.¶在一般的家庭里都是爸爸~家;일반적인 가정에서는 모두 아빠가 집을 관리한다.| 现在~政的领导人是谁?현재 정권을 장악하고 있는 지도자는 누구입니까?| 她的工作能力比较强,可以独~一面;그녀의 작업 능력이 뛰어나 혼자서 한 파트를 관리할 수 있다.|❹[助] 당연히(마땅히)…해야 한다.¶损坏了别人的物品理~赔偿;다른 사람의 물품을 파손한 사람은 당연히 배상해야 한다.| ~断不断,反受其乱;결단을 내려야 할 때 내리지 못하면 일을 망친다.| 虽然我很尊重你,但是~说的话还是要说;비록 나는 너를 존중하지만, 그러나 말해야 할 것은 그래도 해야겠다.[介]❶…으로 향하여.¶请你~着大家的面说清楚;당신이 모두들 앞에서 분명하게 말하십시오.| ~着孩子,请不要吵架;아이들 앞에서 싸우지 마십시오.❷바로 그 시간이나 그 장소를 가리킬 때 쓰인다.¶~时的情况我记不起来了;당시의 상황을 나는 기억할 수 없다.| ~我年轻的时候,有很多梦想;내가 젊었을 때는 많은 꿈이 있었다.

▶용법주의:'当…的时候'은 자주 쓰이는 조합이다.¶当他离开的时候,我心里非常难过;그가 떠날 때, 내 마음은 매우 견디기 힘들었다.| 当我是个孩子的时候,就很喜欢电影;내가 아이였을 때 영화를 좋아했다.| 当我们再次见面的时候,已经白发苍苍;우리가 다시 만났을 때는 이미 백발이 성성했다.

另见121页dàng

当场 dāngchǎng [副] 즉석에서. 현장에서.¶她~表示同意;그녀는 즉석에서 동의를 표시했다.| 警察把罪犯~抓获;경찰이 범죄자를 현장에서 붙잡다.| 他~表演了一个小魔术;그는 즉석에서 작은 마술을 선보였다.| 他们~签订了合作协议;그들은 현장에서 합작 협의를 체결했다.

当代 dāngdài [名] 당대. 그 시대.¶她是一位著名的~女作家;그녀는 유명한 당대 여류 작가이다.| ~人都面临着较大的生存压力;당대인은 모두 비교적 큰 생존의 압력을 받고 있다.| ~社会发展速度很快;당대 사회의 발전 속도가 빠르다.

当地 dāngdì [名] 현지. 그 지방.¶我找了几个~的农民进行调查;나는 몇 명의 현지 농민을 찾아 조사를 진행했다.| 这是~的特色小吃;이것은 현지의 특색 있는 간식이다.| 她很了解~的风俗习惯;그녀는 현지의 풍속과 습관을 잘 이해하고 있다.

当局 dāngjú [名] 당국.¶对于这一点~还没有明确表态;이 점에 대해 당국은 아직 명확한 태도를 밝히지 않고 있다.| ~颁布了新的法律条文;당국이 새로운 법률 조항을 반포했다.| 他认识~的一些重要人物;그는 당국의 몇몇 중요 인물을 알고 있다.

当年 dāngnián [名] 그 때. 그 당시.¶~她是我们学校的校花;그 당시 그녀는 우리 학교의 꽃이었다.| 想~,我们曾经是最好的朋友;그 때를 생각해 보면, 우리는 예전에는 가장 좋은 친구였다.| 英雄不提~勇;영웅은 당시의 무용담을 말하지 않는다.[动] 한창 때이다. 황금기이다.¶他现在正~;그는 지금이 한창 때이다.| 没想到她正~的时候得了这种病;그녀가 한창 때

에 이런 병을 얻게 될 줄은 생각도 못 했다.| 大家都正~,正是干事业的好时候;모두가 한창 때인 요즘이 바로 사업을 벌일 좋은 시기이다.

当前 dāngqián [名] 눈앞.¶~情况发生了变化;눈앞의 상황이 변화되었다.| 我们要好好把握~的好时机;우리는 눈앞의 좋은 기회를 잘 붙잡아야 한다.| 在~局势下,过去的做法已经不能解决问题了;눈앞의 형국으로 보아 과거의 방법으로는 이미 문제를 해결할 수 없다. [动] 직면하다. ¶国难~,每个人都要尽自己应尽的责任;국난에 직면하여 모든 사람은 자신이 마땅히 해야 할 책임을 다 해야 한다.| 大敌~,将军还是镇静自若;대적을 마주하고서 장군은 여전히 침착하다.| 危机~,我们要认真考虑对策;위기에 직면하였으니 우리는 진지하게 대책을 생각해야 한다.

当然 dāngrán [形] 당연하다. 물론이다. ¶那~,你说的完全正确;그건 당연해. 네가 말한 게 완전히 정확해.| 不要想~地做决定;당연한 결정이라고 생각지 말아라.| 多劳多得,理所~;일을 많이 하고 수입을 많이 얻는 것은 당연하다. [副] 당연히. 물론. ¶你~可以表达自己的意见;너는 당연히 자신의 의견을 표현할 수 있다.| ~,我们要先把事情的经过调查清楚;물론 우리는 먼저 일의 경과를 분명하게 조사해야 한다.| ~,我所说的只是我个人的想法;물론 내가 말한 것은 내 개인적인 생각일 뿐이다.

当时 dāngshí [名] 당시. 그 때. ¶我太年轻了,还不懂得什么是生活;당시 나는 너무 어려서 무엇이 삶인지 알지 못했다.| 他~哭了;그는 그 때 울었다.| ~的细节我已经忘了;그 때의 자세한 사정은 내가 이미 잊어버렸다.

挡 dǎng [动] ❶ 막다. 차단하다. ¶请不要~住我的路;내 길을 막지 말아주십시오.| 院门口~着一道矮矮的墙;마당 입구를 낮은 벽이 막고 있다.| 一条狗~在了孩子的面前;개 한 마리가 아이의 앞을 막고 있다. ❷ 막다. 가리다. ¶他用外衣为我~风;그가 나를 위해 외투로 바람을 막아줬다.| 前面的大楼~住了阳光;앞 쪽의 빌딩이 햇빛을 가렸다.| 我们用一把伞~雨;우리는 우산으로 비를 막았다. [名] 기어. ¶现在需要慢行,请挂二~;이제 서행해야 합니다. 기어를 2단으로 넣으십시오.| 倒车的时候要把排挡挂在倒~;후진할 때는 기어를 후진으로 넣어야 한다.| 你怎么挂空~了? 너 왜 기어를 중립으로 놨니?

党 dǎng [名] ❶ 당. 정당. ¶中国共产~是中国的执政~;중국 공산당은 중국의 집권당이다.| 民主~在这次美国总统大选中获胜了;민주당이 이번 미국 대통령 선거에서 승리했다.| 每个国家都是~派林立;어느 국가든 당파가 즐비하다. ❷ 특별히 중국공산당을 가리킨다. ¶在~的领导下,我国的经济建设取得了巨大的成就;중국 공산당의 통솔 하에 우리나라의 경제건설은 거대한 성과를 거두었다.| ~的政策在近十年内不会改变;중국공산당의 정책은 근 십년 내에 변하지 않을 것이다.| 你申请入~了吗? 너는 중국공산당에 가입 신청했니?

▶용법주의: 현대 중국어에서 만약 구체적인 당의 명칭을 말하지 않고 '党'

만 말하는 경우에는 중국공산당을 가리킨다.

党员 dǎngyuán 名 당원. ¶他现在已经是一名中国共产~了;그는 이제 중국 공산당원이 되었다.│最近,这个党派(dǎngpài)召开(zhàokāi)了~大会;최근 이 당은 당원대회를 개최했다.│每周四下午是~学习的时间;매주 목요일 오후는 당원 학습 시간이다.
▶용법주의:중국에서 당원은 일반적으로 중국공산당원을 지칭한다.

当做 dàngzuò 动 …로 간주하다. …로 여기다. ¶请你把我~你的妹妹吧;나를 당신의 여동생으로 여겨 주십시오.│他回过头去,~没听见她说的话;그는 그녀의 말을 못들은 것으로 하고 고개를 돌려버렸다.│我们可以把挫折~一种磨炼;우리는 좌절을 일종의 단련으로 간주할 수 있다.

当 dàng 形 ❶ 적합하다. 알맞다. ¶这样安排十分妥~;이렇게 안배하는 것이 매우 타당하다.│你想过没有,这样做很不得~;이렇게 하면 아주 적합하지 않다는 것을 너는 생각해 본 적 있니? ❷ 动 감당하다. 필적하다. ¶他一个人能~两个人用;그는 혼자서 두 사람 분을 감당할 수 있다. ❸ 动 … 로 간주하다. … 삼다. ¶手机可以~钟表和相机用;휴대폰을 시계와 카메라로 삼아 쓸 수 있다.│我就是开个玩笑,他还~真了;나는 농담을 한 것인데 그는 진짜로 여겼다. ❹ 动 …로 생각하다. …알다. ¶我~你走了呢,原来还在这儿;나는 네가 간 줄 알았는데, 알고 보니 아직 여기(두 칸 띄어쓰기 확인 요망) 있었네.│你弄出那么大声音,我~出什么事了呢;네가

그렇게 큰 소리를 내서 나는 무슨 일이 난 줄 알았다. ❺ 일이 발생한 때를 가리킴. ¶去首尔办事,~天下午就能回来;서울에 가서 일을 보고 그날 오후에 바로 돌아올 수 있다.

刀 dāo 名 칼. ¶这把~很锋利;이 칼은 날카롭다.│请问你有水果~吗?실례지만 과도 있습니까?│我买了一把菜~;나는 식칼을 한 자루 샀다.

刀子 dāo·zi 名 칼. ¶歹徒举着~;악당이 칼을 들고 있다.│我需要一把削竹子的~;나는 대나무 깎는 칼이 필요하다.│这把~太钝了;이 칼은 너무 무디다.

导入 dǎorù 动 도입하다. ¶他研究的课题是外语教学中如何适当地~文化因素;그가 연구하는 과제는 외국어 수업 가운데 어떻게 하면 적당하게 문화 요소를 끌어 오는 것인가 하는 것이다.│请~新的代码;새 코드를 도입하십시오.│电脑已经完成了数据的~;컴퓨터는 이미 데이터의 도입을 완성시켰다.

导演 dǎoyǎn 名 감독. 연출자. ¶她是这部电影的~;그녀가 이 영화의 감독이다.│我看过中国第六代~的作品;나는 중국 6세대 감독의 작품을 본 적이 있다.│这位~的作品获过国际大奖;이 감독의 작품은 국제적인 대상을 획득한 적이 있다. 动 연출하다. 감독하다. ¶这部电影是由他~的;이 영화는 그가 연출한 것이다.│她已经~了三部电视剧了;그녀는 이미 세 편의 텔레비전 드라마를 감독했다.│我的朋友~了一出话剧;내 친구는 연극 한 편을 감독했다.

岛 dǎo 名 섬. ¶日本是一个~国;일본은

섬나라이다.| 台湾~的风光非常美丽;타이완 섬의 경치는 아주 아름답다.| 这座~上生活着一群纯朴的原住民;이 섬에는 순박한 원주민이 생활하고 있다.

倒 dǎo [动] ❶ 넘어지다. 자빠지다. ¶他不小心摔~了;그는 조심하지 않아 넘어졌다.| 小猫~在地上晒太阳;고양이가 땅바닥에 늘어져 햇볕을 쬐고 있다.| 风把小树刮~了;바람이 작은 나무를 넘어뜨렸다. ❷ (식욕이) 떨어지다. ¶最近我吃了太多油腻(yóunì)的菜,都~胃口了;요즘 나는 기름기가 많은 요리를 먹어 식욕이 떨어졌다.| 他的话我~胃口;그의 말이 나의 식욕을 떨어뜨린다.| 看到浓妆艳抹的女孩,我就觉得~胃口;짙게 화장한 여성을 보면 나는 식욕이 떨어진다. ❸ 바꾸다. 변경하다. ¶医院里的护士们上班是三班~;병원 간호사들의 출근은 3교대로 바뀐다.| 我要在这里~车;나는 이곳에서 차를 바꿔 타야 한다.| 他把这些商品~了~手,就赚了不少钱;그는 이 상품들을 바꿔 팔아 많은 돈을 벌었다. ❹ 움직이다. 이동하다. ¶这个房间太小了,都~不开身儿;이 방은 너무 작아서 몸을 움직일 수 없다.| 厨房太小,两个人一起做饭都~不过身子来;주방이 너무 작아 두 사람이 함께 밥을 지으면 몸을 움직일 수 없다.| 电梯里人太多了,我都~不过身来;승강기에 사람이 너무 많아 나는 몸을 움직일 수 없다.

▶용법주의: '倒胃口'는 식욕이 좋지 않음을 가리키기도 하며, 또한 심리적으로 혐오감이 들었음을 가리킬 수도 있다.
☞ dào

到 dào [动] ❶ 도착하다. (시간, 기간, 날짜가) 되다. ¶我已经~家了;나는 벌써 집에 도착했다.| 你~哪儿了?어디쯤 도착했니?| 从周一~周五,我都在办公室;월요일부터 금요일까지 나는 모두 사무실에 있다. ❷ …에 미치다. …에 이르다. …을 해내다. (동사의 보어로 쓰여 동작이 목적에 도달하거나 성취된 것을 나타낸다.) ¶我看~你了;내가 너를 보았다.| 没想~在这里又见面了;여기에서 또 만나리라고 생각하지 못했다.| 你听~了吗?너 들었니? [介] …에. …로. …까지. ¶我们要~花园去散步;우리는 꽃밭으로 산책을 갈 것이다.| 周末我和朋友一起~郊外去爬山了;주말에 나는 친구와 함께 교외로 나가 등산을 했다.| 她~北京开会去了;그녀는 베이징에 회의 참석차 갔다.

到处 dàochù [名] 도처. 가는 곳. 곳곳. ¶她~找你;그녀가 도처에서 너를 찾고 있다.| 过节的时候,商场里~都是人;명절이면 상점 곳곳마다 사람들로 가득하다.| 这里的环境真好,~都是鸟语花香;이곳의 환경은 정말 좋다. 곳곳에서 새가 지저귀고 꽃이 향기롭다.

到此为止 dàocǐwéizhǐ [成] 여기까지입니다. ¶我们的合作~;우리의 합작은 여기까지입니다.| 我和你~,以后请不要再来找我了;나와 당신은 여기까지입니다. 이후에 다시 나를 찾지 마십시오.| 我想说的话~;내가 하고 싶은 말은 여기까지입니다.

到达 dàodá [动] 도착하다. 이르다. ¶我们

明天一早就可以~上海;우리는 내일 아침이면 상하이에 도착할 수 있다.|他昨天就已经~了;그는 어제 이미 도착했다.|从这里乘车~北京,只需要一个小时;여기에서 차를 타고 베이징에 도착하려면 한 시간이면 된다.

到底 dàodǐ [动] 끝까지 …하다. ¶我一定要坚持~;나는 반드시 끝까지 버틸 것이다.|"将爱情进行~",这本来是一部电视剧的名字;'끝까지 사랑해라.' 이것은 본래 텔레비전 드라마의 제목이다.|参加马拉松比赛的选手们都坚持~了;마라톤 시합에 참가한 선수들은 모두 끝까지 뛰었다. [副] ❶ 마침내. 결국. ¶我想了很久,~明白了是怎么回事;나는 오랫동안 생각한 후에 마침내 어떻게 된 일인지 알게 되었다.|经过反复的实验以后,结果~出来了;반복적인 실험을 거친 후 결과가 마침내 도출되었다.|他们相爱了很多年,~还是分手了;그들은 수년 동안 사랑했지만 결국 헤어졌다. ❷ 도대체. 어쨌든. ¶你~要说什么?너 도대체 무슨 말을 하려는 거니?|月球上~有没有水?달에는 도대체 물이 있는걸까?|他~要干什么?그는 도대체 뭘 하려는 거야? ❸ 어쨌든. 결국. ¶~是年纪大了,身体不行了;어쨌든 나이가 많아 건강이 좋지 않다.|~是研究生,说起话来就是有水平;어쨌든 대학원생이라 말하는 것이 수준이 있다.|她~是个孩子;그녀는 어쨌든 어린애다.

倒 dào [形] 거꾸로의. 뒤에서의. ¶这篇文章她可以~背如流;이 글을 그녀는 뒤에서부터 줄줄 암송할 수 있다.| 请看~数第二行;아래서 두 번째 줄을 보세요.|这本书你拿~了;이 책을 너는 거꾸로 들었다. [动] ❶ 따르다. 붓다. 쏟다. ¶给客人~茶;손님에게 차를 따르다.|他把包里的东西都~了出来;그는 가방 안의 물건을 모두 쏟았다.|她去~垃圾了;그녀는 쓰레기를 부었다. ❷ 후퇴하다. 물러서다. ¶我正在练习~车;나는 후진하는 것을 연습하고 있다.|这是一种历史的~退;이것은 일종의 역사적 후퇴이다.|她往后~退了几步;그녀는 뒤로 몇 걸음 물러섰다. [副] ❶ 역으로. 거꾸로. ¶观众在喝~彩;관중들이 야유하고 있다.|没想到我还要~找给你钱;내가 너에게 거꾸로 돈을 거슬러 줘야 한다고는 생각 못했다.|他表演时观众们喝了~彩;그가 공연할 때 관중들이 야유했다. ❷ 오히려. 도리어. ¶你这么客气,~见外了;네가 이렇게 예의를 차리니 오히려 낯설다.|我心里有许多感受,想说的时候~不知道该从何说起了;나는 마음속에 많은 느낌을 가지고 있으나, 말할 때는 도리어 어디서부터 말해야 할지 모르겠다.|没想到你~先来了;네가 오히려 먼저 오리라고는 생각하지 못했다. ❸ 역접 관계를 나타낸다. ¶你想得~好;네가 생각하는 것이 오히려 괜찮다.|她说得~好听;그녀가 말하는 것이 도리어 듣기 좋다.|这事儿说起来~容易,但做起来很难;이 일은 말하기는 오히려 쉽지만, 실행하기는 어렵다. ❹ 서로 관련된 또 다른 상황을 나타낸다. ¶你这么一说我~想起来了;네가 이렇게 말하니 내가 문득 생각이 났다.|她长得不算漂

亮,五官~还算端正;그녀는 예쁘게 생기지는 않았지만 용모는 단정한 편이다.│我~要看看你有什么好办法;너에게 어떤 좋은 방법이 있는지 내가 한 번 봐야겠다. ❺ 양보를 나타낸다. ¶这件事我~知道,但是具体情况我不清楚;이 일을 내가 알기는 하지만 구체적인 상황은 내가 정확하게 알지 못한다.│我们认识~认识,就是不太熟悉(shúxī);우리가 알기는 하지만 그다지 잘 알지는 못한다.│我和她~见过面,但我已经不记得她的模样了;내가 그녀를 만나기는 했으나 나는 그녀의 생김새를 기억하지 못한다. ❻ 아무튼. 도대체. ¶我都问你好几遍了,你~说呀;내가 너에게 몇 번이나 물었으니 아무튼 네가 말해라.│你~是走不走啊;너 도대체 가는 거야 마는 거야.│他~去不去呀!그는 도대체 가는 거니 안 가는 거니?

☞ dǎo

倒是 dàoshì 副 ❶ 오히려. 도리어. 의외로. ¶该做的不做,不该做的~做了;해야 할 일은 하지 않고, 오히려 하지 말아야 할 일을 했다.│你~舒服,别人忙的时候你只管睡觉;네가 의외로 편하구나. 다른 사람이 바쁠 때 너는 잠만 자고.│别人说他不容易相处,我看他~挺平易近人的;다른 사람은 그가 같이 지내기 쉽지 않다고 하지만, 내가 보기에 그는 의외로 쉽게 다가갈 수 있는 사람이다. ❷ 책망하는 어투로 사정이 그렇지 않음을 나타낸다. ¶你说得~好听;네말은 듣기 좋게 하는구나.│你~轻松了,可是我们呢?너는 도리어 편해졌지만, 우리는? ❸ 서로 관련된 또 다른 상황을 나타낸다. ¶我现在~想起来了;나는 지금 생각이 났다.│她长得不算漂亮,五官~还算端正;그녀는 예쁘게 생기지는 않았지만 차림새는 단정한 편이다.│我~要看看你有什么好办法;너에게 어떤 좋은 방법이 있는지 내가 한 번 봐야겠다. ❹ …일 지라도. …이라도. …하더라도. ¶这件事我~知道,但是具体情况我不清楚;이 일을 내가 알기는 하지만, 구체적인 상황은 정확하게 알지 못한다.│我们认识~认识,就是不太熟悉;우리가 알기는 하지만 그다지 잘 알지는 못한다.│我和她~见过面,但我已经不记得她的模样了;내가 그녀를 만나기는 했으나 나는 그녀의 생김새를 기억하지 못한다. ❺ …이지만. …하지만. ¶房间不大,收拾得~很干净;방은 크지 않지만 깨끗이 청소돼 있었다.│她穿得不时尚,~挺有特点的;그녀는 옷 입는게 유행을 따르지는 않지만 특색이 있다.│这里比较偏僻(piānpì),~挺安静的;이곳은 비교적 외졌지만 아주 조용하다. ❻ 좀 …(하다). ¶我~有个好主意;내게 좀 괜찮은 생각이 있다.│如果你愿意的话,我~可以帮助你;만약 네가 원한다면, 내가 너를 좀 도울 수 있다.│如果没有其他办法的话,这个办法~可以试一试;만약 다른 방법이 없다면, 이 방법을 좀 시험해볼 수 있다. ❼ 아무튼. 어서. 도대체. ¶我都问你好几遍了,你~说呀;내가 너에게 몇 번이나 물었으니 아무튼 네가 말해라.│你~走不走啊;너 도대체 가는 거야 마는 거야.│他~去不去呀!그는 도대체 가는 거니 안 가는 거니.

道 dào 名 ❶ (~儿) 길. 도로. ¶这条~儿不好走;이 길은 걷기에 안 좋다.|那边有条近~儿;저쪽에 지름길이 있다.|我们还是走大~儿吧;우리 그래도 큰길로 가자. ❷ 도리. 방법. ¶我和他志同~合;나와 그는 뜻과 목표가 같다.|以其人之~,还治其人之身;그 사람이 남을 대했던 방법으로 다시 그 사람을 대하다.|他说得头头是~;그는 도리에 맞는 말만 한다. ❸ 도. 도가. 도교. ¶教师的职责之一就是传~;교사의 직무 가운데 하나는 도리를 전하는 것이다.|中国自古以来就是一个尊师重~的国度;중국은 자고로 스승을 존경하고 도를 중시한 나라이다.|他是一位卫~士;그는 도를 지키는 선비이다. ❹ (~儿) 줄. 선. ¶孩子用彩笔在桌子上画了几~儿;아이가 색연필로 탁자에 줄 몇 개를 그렸다.|你脸上怎么有条横~儿?네 얼굴에 왜 가로 선이 있는 것이냐?|我的手被小猫抓了几~儿;나의 손을 고양이가 몇 줄 할퀴었다. ❹ 중국 역사상의 행정 구역 명칭. ¶中国唐代的~相当于现在的省;중국 당대의 도는 지금의 성에 해당한다.|清代时~是低于省的行政区域;청대의 도는 성 행정 구역보다 낮았다.|现在中国没有~这个行政区域名了;현재 중국에는 도라는 행정 구역 명칭이 없다. ❺ 대한민국 행정 구역 명칭. ¶韩国的~相当于中国现在的省;한국의 도는 오늘날 중국의 성에 해당한다.|大田市位于韩国忠清南~;대전시는 한국의 충청남도에 위치하고 있다.|京畿(Jīngjī)~近年来发展很快;경기도는 최근 빠르게 발전하고 있다. 量 ❶ 줄기. (강, 하천같이 긴 것을 세는 데 쓰인다.) ¶这~江是两个地区的分界线;이 강은 두 지역의 경계선이다.|几~阳光透过窗子照进屋里;몇 줄기 햇볕이 창을 통해 집으로 들어오다. ❷ 문, 담, 명령, 제목 등을 세는 데 쓰인다. ¶这~大门平时是不开的;이 문은 평소에 열어두지 않는다.|试卷上一共有六~题目;시험지에 모두 여섯 개의 문제가 있다.|办理签证需要好几~手续;비자를 받으려면 많은 수속이 필요하다. 动 ❶ 말하다. ¶我不是一个能说会~的人;나는 말솜씨가 좋은 사람이 아니다.|她一语~破了其中的秘密;그녀는 한 마디로 그 안의 비밀을 말해버렸다.|他轻声说~:"你过得好吗?";그는 가볍게'너 잘 지내니?'라고 말했다. ❷ …라고 생각하다. ¶我~是谁呢,原来是你呀;누구라고, 알고 보니 너였구나.|我~是有什么好事呢,原来是开会呀;나는 무슨 좋은 일이라도 있는 것으로 생각했는데, 알고 보니 회의를 여는 것이었구나.|我~是谁本领这么大呀,原来是她呀;나는 또 누구의 능력이 이렇게 좋은가 했더니, 알고 보니 그녀였구나.

▶용법주의:'以其人之道,还治其人之身'은 그가 사용한 방법으로 다른 사람을 대한다는 뜻이다. 보통 다른 사람으로부터 침해를 받았을 때 반격하는 것을 가리킨다.

道德 dàodé 名 도덕. 윤리. ¶尊重别人是基本~;다른 사람을 존중하는 것은 기본적 도덕이다.|我们都应该追求美好的~;우리는 모두 아름다운 도덕을 추구해야 한다.|这所学校很重

125

视学生的~教育;이 학교는 학생들의 윤리 교육을 중시한다. 形도덕적이다. ¶你这样做不~;네가 이렇게 하는 것은 비도덕적이다.|她太不~了;그녀는 아주 비도덕적이다.|你认为这样做很~吗?너는 이렇게 하는 것이 도덕적이라고 생각하니?

道具 dàojù 名 (무대 장치에 필요한) 도구. ¶~准备好了吗?도구는 준비되었습니까?|我们演出用的~都是自己动手做成的;우리가 공연할 때 쓰는 도구는 모두 우리 자신이 직접 만든 것이다.|她是这部戏的~师;그녀는 이 극의 소품 담당이다.

道理 dàolǐ 名 ❶법칙. 규율. 규칙. ¶这个~你明白了吗?이 법칙을 당신은 이해했습니까?|孩子不太懂~;아이는 규율을 잘 모른다.|老师已经把这个~讲清楚了;선생님은 이미 이 규칙을 분명하게 말씀하셨다. ❷일리. 이치. 근거. 도리. ¶你怎么这么不讲~啊?너 왜 이렇게 도리를 따지지 않니?|你的话很有~,我同意你的观点;네 말이 매우 일리가 있어, 나는 너의 관점에 동의한다.|他这么说是没有~的;그가 이렇게 말하는 것은 이치에 맞지 않는다.

道路 dàolù 名 도로. 길. ¶这个城市的~很宽阔(kuānkuò);이 도시의 길은 넓다.|这条~一直通往另一个省份;이 길은 곧장 다른 성으로 연결된다.|这段~需要修整一下;이 길은 정비를 해야 한다.

▶용법주의:인생의 선택이나 생활 방식 등도 '道路'로 불릴 수 있다. ¶我知道,艺术这条道路不容易走;나는 예술이라는 길은 가기가 쉽지 않다는 것을 안다.|没想到他走上了这样的人生道路;그가 이런 인생의 길을 걷게 될 지는 생각하지 못했다.|生活的道路有很多条,关键(guānjiàn)是要作出正确的选择;생활의 길은 많다. 관건은 정확한 선택을 하는 것이다.

道歉 dào//qiàn 动 사과하다. 사죄하다. ¶我诚心地向你~;나는 너에게 성심껏 사죄한다.|她接受了他的~;그녀는 그의 사과를 받아들였다.|你还是主动道个歉吧;네가 주동적으로 사과하는 것이 좋겠다.

▶용법주의:'道歉'은 이합사로, '道个歉(사과하다)', '道了歉(사과했다)', '道过歉(사과했었다)' 라고 말할 수 있다.

稻田 dàotián 名 논. ¶郊外有一大片~;교외에 커다란 논이 있다.|站在~边儿上,我能闻见稻子的清香;논가에 서서 나는 벼의 향기를 맡을 수 있다.|农民正在~里收割;농민이 논에서 수확을 하고 있다.

得 dé 动 ❶얻다. 획득하다. ¶~失并不是最重要的;득실이 결코 가장 중요한 것은 아니다.|你不要患(huàn)~患失;너는 재물을 얻으려고 고심하지 얻은 재물을 잃을까 고심하지 말아라.|有所~必有所失;얻는 것이 있으면 반드시 잃는 것이 있다. ❷계산하여 값을 얻다. ¶5加5~10;5 더하기 5는 10.|3乘以3~9;3 곱하기 3은 9.|15除以5~多少?15 나누기 5는 얼마입니까? ❸좋아요. 됐어. (말을 일단락 지을 때 사용한다.) ¶~,就这样吧;좋아, 그렇게 하자.|~了,您就别再说了;됐습니다, 당신은 더 말하지 마십시오.|~,就这么办吧;좋아, 그렇게 하자. ❹아차. 아뿔싸.

(어쩔 수 없음을 나타낸다.)¶~,我可没主意了;아이코, 나는 아무 생각이 없어.|~,今天又白忙活了;아차, 오늘도 쓸데없이 바쁘기만 했구나.|~,您自己看着办吧;아뿔싸, 당신이 알아서 하십시오. ❺ 동사 앞에 쓰여 허가를 나타냄. ¶不~损坏公物;공공 기물을 훼손해서는 안 된다.|在公共场所不~大声喧哗;공공장소에서 시끄럽게 떠들어서는 안 된다.|工作时间不~随意离开岗位;작업 시간에 임의로 자리를 떠나면 안 된다.

▶용법주의: '得'가 허가를 나타낼 때는 앞에 '不'가 오는데, 보통 어떤 일을 허가하지 않음을 나타낸다. '不得'는 '不可以'의 뜻이며, '不得'는 문어체의 비교적 정식 표현법이다.

得到 dé//dào [动] 얻다. 받다. 손에 넣다. ¶她~了学校的奖学金;그녀는 학교의 장학금을 받았다.|我~了许多人的帮助;나는 많은 사람들의 도움을 받았다.|人们常常认为, 得不到的是最好的;사람들은 늘 손에 넣을 수 없는 것이 가장 좋은 것이라고 생각한다.

德文 Déwén [名] 독일어. 독문. ¶我不会写~;나는 독일어를 쓰지 못한다.|她可以看懂~;그녀는 독일어를 알아볼 수 있다.|这是一本~书;이것은 독일어 책이다.

德语 Déyǔ [名] 독일어. ¶我没有学过~;나는 독일어를 배운 적이 없다.|~难学吗?;독일어는 배우기 어렵습니까?|这部电影是~的;이 영화는 독일어 영화이다.

地 de [助] 상황어(状语)와 중심어 사이에 쓰여 수식관계를 나타냄. ¶他激动~哭了;그는 격렬하게 울었다.|孩子蹦蹦跳跳~走了;아이는 깡충깡충 뛰며 가버렸다.|我一定要坚强~面对生活;나는 반드시 굳세게 삶과 마주할 것이다.

的 de [助] ❶ 한정어(定语)와 중심어 사이에 쓰여 수식 관계를 나타낸다. ¶她脸上挂着幸福~笑容;그녀의 얼굴에 행복한 미소가 걸려 있다.|北京是一个繁华(fánhuá)~都市;베이징은 번화한 도시이다.|她是我~好朋友;그녀는 나의 좋은 친구이다. ❷ 중심어가 없는 '的' 자 구조를 이루어 명사화하는 데 쓰인다. ¶这个书包是我~;이 책가방은 내 것이다.|她是个做学问~;그녀는 학문을 하는 사람이다.|请给我来点喝~;제게 마실 것 좀 주십시오. ❸ 동사 뒤에 쓰여 동작과 관련된 사람, 시간, 장소 등을 강조한다. ¶她是昨天来~;그녀는 어제 왔다.|我是上周去~西安;나는 지난주에 시안에 갔다.|他是在车站买~票;그는 정류장에서 표를 샀다. ❹ 서술문 끝에 쓰여 긍정을 나타낸다. ¶这个人我见过~;이 사람은 내가 본 적이 있다.|没有人会责怪你~;아무도 너를 책망하지 않을 것이다.|这件事我知道~;이 일은 내가 안다.

…的话 …de huà [助] …하다면. …이면. ¶如果你不想说~,我也不问了;만약 네가 말하고 싶지 않다면, 나도 묻지 않을께.|时间来得及~,我们还是去吧;시간이 늦지 않았다면, 우리가 역시 가는 게 좋겠다.|假如(jiǎrú)她不喜欢~,就不要勉强(miǎnqiǎng)了;만약 그녀가 좋아하지 않는다면, 강요하지 말아라.

得 de 〔助〕❶ 동사나 형용사의 뒤에 쓰여, 결과나 정도를 표시하는 보어를 연결시키는 역할을 한다.¶她的汉语说~很流利;그녀는 중국어를 유창하게 구사한다.|天气冷~很;오늘은 날씨가 매우 춥다.|这篇文章写~不好;이 글은 잘 쓰지 못했다. ❷ 동사와 보어의 가운데 쓰여 가능을 나타낸다.¶你拿~动吗?네가 들 수 있겠니?|老师在黑板上写的字你看~清吗?선생님이 칠판에 쓰신 글자가 보이니?|只有十分钟了,你能做~完吗?我恐怕做不完了;10분 남았는데, 너 할 수 있겠어? 저는 할 수 없을 것 같아요. ❸ 동사 뒤에 쓰여 가능을 나타낸다.¶你去~,我也去~;네가 갈 수 있다면, 나도 갈 수 있다.|这话可说不~;이 말은 할 수 없다.|真是让人哭不~,笑不~;정말 울지도 웃지도 못하게 하는구나.

▶용법주의:'得'가 조동사로 쓰일 때, '不得'의 뜻은 '不能实现(실현할 수 없다)','做不到(할 수 없다)'로, 위에서 말한'不可以'의'不得'와 다르다.

灯 dēng〔名〕등. 등불.¶屋子里亮着~;집에 불이 켜져 있다.|这盏(zhǎn)~有点儿刺(cì)眼;이 등불이 조금 눈부시다.|过马路的时候一定要看红绿~;길을 건널 때는 반드시 신호등을 보아야 한다.

灯光 dēngguāng〔名〕❶ 불빛.¶酒吧里的~很昏暗;술집의 불빛이 어둡다.|我喜欢柔和(ruǎnhé)的~;나는 부드러운 불빛을 좋아한다.|上海的夜景~灿烂;상하이의 야경은 불빛이 찬란하다. ❷ 조명.¶这场演出的~设计很不错;이번 공연의 조명 디자인 괜찮

았다.|一束强烈的~照在舞台中央;한 줄기 강렬한 조명이 무대 중앙을 비추다.|她是话剧院的~师;그녀는 극장의 조명 기사이다.

登 dēng〔动〕❶ 오르다. 올라가다.¶~山是一项很好的运动;등산은 좋은 운동이다.|我~上了长城;나는 장성에 올랐다.|你不要想一步~天;너는 단번에 높은 지위에 오르려고 하지 말아라. ❷ 기재하다. 게재하다.¶请你把新同学的名字都~在这张表上;새로운 급우들의 이름을 이 표에 기재해 주십시오.|我的文章已经~出来了;내 글이 벌써 게재되었다.|她的论文~在了一本著名的学术期刊(qīkān)上;그녀의 논문이 저명한 학술지에 게재되었다.

登场 dēngchǎng〔动〕무대에 등장하다.¶她粉墨~了;그녀는 분장을 하고 등장했다.|下面该你~;다음은 네가 등장할 차례이다.|他一~就忘了台词;그는 등장하자마자 대사를 잊어버렸다.

登记 dēngjì〔动〕❶ 기록하다. 등록하다.¶请您在这里~一下;여기에 등록하십시오.|图书管理员正在~新到的书刊名;사서가 새로 온 책을 등록하고 있다.|会议代表们正在服务台办理~手续;회의 대표자들이 프런트에서 등록 수속을 하고 있다. ❷ 신고하다. (특별히 정부 기관에 가서 결혼 수속을 밟는 것을 가리킨다.)¶你们~了吗?너희들 혼인 신고했어?|中国人一般先~,后举办婚礼;중국인들은 일반적으로 혼인 신고 후 결혼식을 거행한다.|他们~以后就买了房子;그들은 혼인 신고 후 집을 샀다.

等 děng〔名〕등급.¶奖品共分为三~;상품

은 모두 3 등급으로 나뉜다.| 他获得了一~奖;그는 일등상을 받았다.| 那位同学是优~生;저 학생은 우등생이다. [形] 대등하다. 같다. ¶学生们的年龄大小不~;학생들의 나이가 같지 않다.| 你们的汉语水平高低不~;너희들의 중국어 실력은 대등하지 않다.| 大家遇到的困难程度不~;모두가 마주치게 되는 어려움의 수준이 같지 않다. [动] 기다리다. ¶请~我一分钟;1분만 기다려주십시오.| ~下次见面的时候,我要请你喝茶;다음에 만나면 제가 차를 대접하겠습니다.| ~我们都老了,再回忆这些往事吧;우리가 모두 늙으면 다시 이 옛 일들을 회고해보자. [助] ❶ 등. 따위. (열거한 항목 외에도 다른 예가 더 있음을 나타낸다.) ¶我买了苹果、草莓、橘子~水果;나는 사과, 딸기, 귤 등의 과일을 샀다.| 音乐、绘画、雕塑~艺术形式都是相通的;음악, 회화, 조소 등의 예술 형식은 모두 통하는 것이다.| 我去过北京、天津、大连~北方城市;나는 베이징, 톈진, 다롄 등의 도시를 가보았다. ❷ 등. (열거한 항목의 예로 한정됨을 나타낸다.) ¶我的学生来自美国、韩国、日本、俄罗斯~四个国家;내 학생들은 미국, 한국, 일본, 러시아 등 4개국에서 왔다.| 中国人过春节主要有吃年夜饭、放鞭炮、拜年、给压岁钱、说吉利话~五种习俗;중국인의 설에는 세찬을 먹고, 폭죽을 터뜨리며, 세배를 하고, 세뱃돈을 주고, 덕담을 나누는 등 다섯 종류의 주요 풍습이 있다.| 我去过北京、天津、大连、西安等~个北方城市;나는 베이징, 톈진, 다롄, 시안 등의 북방 도시

를 가보았다.

等待 děngdài [动] 기다리다. ¶除了~,我没有别的办法;기다리는 것 외에 나에게 다른 방법은 없다.| 你要耐心~;너는 끈기 있게 기다려야 한다.| 她正在~时机;그녀는 시기를 기다리고 있다.

等于 děngyú [动] ❶ …와 같다. 맞먹다. ¶5加2~7;5 더하기 2는 7이다.| 1乘以9~9;1 곱하기 9는 9이다.| 0乘以任何数都~0;0에 어떤 수를 곱해도 0이다. ❷ …에 해당하다. …이나 다름없다. ¶到了国外不懂外文的话,~变成了文盲;외국에서 외국어를 알아듣지 못하면 문맹이나 다름없다.| 我说了这么多~白说了;내가 이렇게 여러 번 말한 것이 쓸데없이 지껄인 것과 다름없다.| 看来这么做~白费力气了,根本没有用;보아하니 이렇게 하는 것은 쓸데 없이 힘을 소모한 것과 같아서, 전혀 쓸모가 없는 것이다.

低 dī [形] ❶ 낮다. ¶飞机飞得很~;비행기가 낮게 날다.| 前面是一片~~的灌木丛;앞쪽에 낮은 관목숲이 있다.| 这座小山很~;이 동산은 낮다. ❷ (정도, 소리가) 낮다. 뒤떨어지다. ¶这些东西档次太~;이 물건들은 수준이 떨어진다.| 他说话的声音很~;그의 말소리가 아주 낮다.| 你这个人有点儿眼高手~;너는 눈만 높고 재주는 없다. ❸ 등급이 낮다. ¶人本来没有高~贵贱之分;사람은 본래 고저와 귀천의 구분이 없다.| 她是~年级的同学;그녀는 저학년 학생이다.| 你的职位比我~两级;너의 직위는 나보다 두 등급 낮다. [动] 숙이다. 수그리다. 떨구다. ¶他~着头;그는 고개를 숙이

고 있다.|她~下身子来和孩子说话;그녀는 몸을 숙여 아이와 이야기한다.|他不想和我打招呼,~着头走过去了;그는 나와 인사를 하고 싶지 않아 고개를 떨군 채 가버렸다.

滴 dī 动 ❶ 떨어지다.¶雨水顺着车窗~下来;빗물이 차창을 따라 떨어지다.|水~石穿靠的是毅力和坚持;물이 떨어져 바위를 뚫는 것은 끈기와 지속성 때문이다. ❷ 떨어뜨리다.¶我的眼睛不舒服,~了点儿眼药水;나는 눈이 불편해 안약을 조금 떨어뜨렸다.|她往汤里~了一些酱油;그녀는 탕 속에 간장을 조금 떨어뜨렸다.|他往咖啡杯里~了一些牛奶;그는 커피잔에 우유를 조금 떨어뜨렸다. 量 방울.¶几~眼泪打湿了书页;몇 방울의 눈물이 책을 적셨다.|雨水一~~地沿着树叶落下来;빗물이 한 방울 한 방울 나뭇잎을 따라 떨어지다.|我往菜里加了几~香油;나는 요리에 참기름을 몇 방울 넣었다.

迪厅 dítīng 名 디스코텍.¶她常常去~;그녀는 디스코텍에 자주 간다.|~里的音乐声很吵;디스코텍의 음악 소리는 시끄럽다.|我从来没有去过~;나는 디스코텍에 가본 적이 없다.

的确 díquè 副 확실히. 분명히. 정말.¶她~有才华;그녀는 확실히 재능이 있다.|我~这样说过;내가 분명히 이렇게 말한 적이 있다.|这些事~发生了;이 일들은 분명히 발생했다.

敌人 dírén 名 적.¶我们把~打败了;우리는 적을 물리쳤다.|她不是我的朋友,是我的~;그녀는 내 친구가 아니라 적이다.|懒惰(lǎnduò)是成功的~;게으름은 성공의 적이다.

底 dǐ 名 ❶(~儿)밑. 바닥.¶锅~儿的米饭可以煮成粥;솥 바닥의 쌀밥을 끓여 죽으로 만들 수 있다.|海~世界非常神秘;바다 밑 세계는 정말 신비롭다.|楼~站着许多人;건물 밑에 많은 사람이 서 있다. ❷(~儿)속내. 내막.¶我给您交个实~儿;내가 당신에게 속내를 알려드리겠습니다.|她是来摸~儿的;그녀는 내막을 알아보려고 온 것이다.|请不要这样刨根(páo gēn)问~;이렇게 내막을 캐묻지 마십시오. ❸(~儿)초안. 원고.¶这些记录都要留个~儿;이 기록들은 모두 초안으로 남겨두어야 한다.|这是他手写的~稿;이것은 그가 손으로 쓴 초안이다.|这部书的~本已经失传了;이 책의 원고는 벌써 유실되었다. ❹ 말. 끝.¶又到年~了;또 연말이 되었다.|这个月~我们就要完成这项工作;이번 달 말까지 우리는 이 작업을 마쳐야 한다.|明年年~开始动工;내년 연말에 공사를 시작한다. ❺ 밑바탕.¶她穿了一件白~蓝花的连衣裙;그녀는 흰 바탕의 푸른 꽃무늬 원피스를 입었다.|我买了件黑~白花的上衣;나는 검정 바탕의 흰 꽃무늬 윗옷을 샀다.|这家餐厅的桌布是红~白格子的,很漂亮;이 식당의 식탁보는 붉은 바탕에 하얀 격자 무늬가 된 것으로 예쁘다.

底下 dǐxià 名 ❶ 밑. 아래.¶人们在树~乘凉;사람들이 나무 밑에서 더위를 식히다.|窗户~种了几棵月季;창문 밑에 월계화를 몇 그루 심었다.|楼~停着许多车;건물 밑에 차가 많이 세워져 있다. ❷ 이후. 금후. 다음.¶~该怎么做,你知道吗?이후 어떻게 해

야 할지 너는 아니?¦他们~又说了什么,我就不知道了;그들이 이후 또 무슨 말을 했는지 나는 모른다.│下一步怎么办,我们~再商量;다음 단계를 어떻게 해야 할지 우리 다음에 다시 상의하자.

底子 dǐzi 名 ❶ 기초. ¶她文学~很深厚;그녀는 문학적 기초가 깊고 두텁다.│这孩子学表演~好;이 아이는 연기를 배우는 기초가 좋다.│他的~薄,但学习很努力;그는 기초는 낮지만 열심히 공부한다. ❷ 초안. 초고. 원고. ¶画画前要先打个~;그림을 그리기 전에 초안을 그려야 한다.│我只是打了个~,还没有进一步修改;나는 단지 초안을 잡았을 뿐 아직 수정은 하지 않았다.│这些~都要好好保存;이 초고들은 모두 잘 보존해야 한다. ❸ 내막. 저의. 속사정. ¶我们已经摸清了她的~;우리는 벌써 그녀의 속사정을 알아냈다.│先派人去摸摸~吧;먼저 사람을 보내 내막을 알아보자.│你的~我最清楚;너의 저의는 내가 가장 잘 안다. ❹ 나머지. ¶锅里还剩一点菜~;솥에 아직 요리가 조금 남아 있다.│就剩这些货~了,便宜点儿卖出去吧;이 물건들을 남겨두다 싸게 팔자.│仓库里还有一点粮食~;창고에 아직 식량이 좀 남아 있다. ❺ 밑바탕. ¶她穿了一件白~蓝花的连衣裙;그녀는 흰 바탕의 푸른 꽃무늬 원피스를 입었다.│我买了件黑~白花的上衣;나는 검정 바탕의 흰 꽃무늬 윗옷을 샀다.│这家餐厅的桌布是红~白格子的,很漂亮;이 식당의 식탁보는 붉은 바탕에 하얀 격자 무늬가 된 것으로 너무 예쁘다.

抵达 dǐdá 动 도착하다. ¶今天有几位贵宾~仁川国际机场;오늘 중요한 손님 몇 분이 인천 국제공항에 도착하신다.│我们已经~了目的地;우리는 이미 목적지에 도착했다.│外宾将于今天上午10点左右~;외빈은 오늘 오전 10시 쯤 도착할 것이다.

▶용법주의:'抵达'는 비교적 문어적 색채가 짙으며, 구어에서는 '到'나 '到达'라고 말한다.

抵抗 dǐkàng 动 저항하다. 대항하다. ¶我们的军队顽强地~了敌人的进攻;우리 군대는 완강하게 적의 공격에 저항했다.│她不能~金钱的诱惑(yòuhuò);그녀는 금전의 유혹에 저항할 수 없다.│我不知道该如何~爱情的力量;나는 사랑의 힘에 어떻게 대항해야 할 지 모르겠다.

地 dì 名 ❶ 지구. 대지. ¶天~广阔;하늘과 대지가 광활하다.│~上结了冰;대지에 얼음이 얼었다.│这是一片山~;이곳은 온통 산지이다. ❷ 토지. 논. 밭. ¶这块~已经荒(huāng)了;이 토지는 이미 황폐해졌다.│"大田"的意思就是大片的田~;'대전'은 드넓은 밭이라는 뜻이다.│~里的庄稼成熟了;토지의 농작물이 익었다. ❸ 지방. 지구. ¶省~领导都来了;성과 지방단체장들이 모두 왔다.│~县有关部门召开了会议;지방과 현의 관계 부처가 회의를 개최했다.│省~各级领导都很重视这个问题;성과 지방의 각급 지도자들이 모두 이 문제를 중시하다. ❹ (~儿) 밑바탕. ¶她穿了一件白~儿蓝花的连衣裙;그녀는 흰 바탕의 푸른 꽃무늬 원피스를 입었다.│我买了件黑~儿白花的上衣;나는 검

정 바탕의 흰 꽃무늬 윗옷을 샀다.|这家餐厅的桌布是红~儿白格子的,很漂亮;이 식당의 식탁보는 붉은 바탕에 하얀 격자 무늬가 된 것으로 너무 예쁘다.

地板 dìbǎn 名 마루.¶木质~看起来很舒服;나무 마루는 편안해 보인다.|我家里铺的是瓷砖(cízhuān)~;우리 집에 간 것은 타일 마루이다.|~上有一些灰尘;마루 위에 먼지가 좀 있다.

地步 dìbù 名 ❶ (좋지 않은) 형편. 상태. 처지.¶他怎么会落到这种~?너는 어떻게 이런 처지로 전락됐냐?|没想到事情会发展到这样的~;일이 이런 상태로까지 발전할 지 생각지도 못했다.|你怎么沦落到这个~?너는 어쩌다 이런 형편에 빠지게 되었냐? ❷ (도달한) 정도.¶她难过得到了说不出话的~;그녀는 말을 할 수 없을 정도로 괴로워했다.|他高兴得到了睡不着觉的~;그는 잠을 잘 수 없을 정도로 즐거웠다.|你们的关系到了什么~?너희들의 관계는 어느 정도냐?

地带 dìdài 名 지대. 지역. 지구.¶这个~人烟稀少;이 지역은 인가가 드물다.|这里是一大片丘陵(qiūlíng)~;이 곳은 커다란 구릉 지대이다.|附近的~经常有野生动物出现;부근 지역에 야생동물이 자주 출현한다.

地点 dìdiǎn 名 장소. 위치.¶聚会~还没有确定;모임 장소가 아직 확정되지 않았다.|开会~就在三楼会议室;회의 장소는 3층 회의실이다.|我们约会的~是一家咖啡厅;우리의 약속 장소는 커피숍이다.

地方 dì·fang 名 ❶ (~儿) 장소. 곳. 지방. 부위.¶这个~我很熟悉;이 곳은 내가 잘 안다.|你是从哪个~来的?너는 어느 곳에서 왔냐?|我这个~有点儿疼;나는 이 부분이 조금 아픕니다. ❷ 공간. 자리.¶书太多, 没~放了;책이 너무 많아 놓을 공간이 없다.|教室里人太多, 我没~坐了;교실에 사람이 너무 많아 나는 앉을 자리가 없다.|我们找~吃饭吧;우리 자리를 찾아 밥을 먹자. ❸ 부분. 점.¶老师讲的内容我有的~不太明白;선생님이 말씀하신 내용 가운데 나는 어떤 부분은 잘 모르겠다.|你说的有的~对, 有的~错;네 말은 어떤 점은 맞고, 어떤 점은 틀렸다.|有什么不对的~, 请你原谅;잘못된 점이 있으면 양해해 주십시오.

地方 dìfāng 名 ❶ 지방.(중앙정부와 상대되는 말로 각급 행정단위의 총칭)¶从中央到~,大家都齐心合力;중앙에서 지방까지 모두 마음과 힘을 모으다.|~上有一些具体情况要及时向中央汇报;지방에는 제때 중앙에 보고해야 하는 구체적인 상황들이 있다.|~各级领导都要参加这次会议;지방의 각급 관리들이 모두 이번 회의에 참가할 것이다. ❷ 그 지방. 그 곳.¶~特产是不错的礼品;지방 특산물은 괜찮은 선물이다.|这里的饮食很有~特色;이곳의 음식은 지방색이 짙다.|~上的群众并不了解政府高层的决策;지방의 민중은 정부 고위층의 정책 결정을 결코 이해하지 못한다.

地基 dìjī 名 기초. 토대.¶打好~以后才

能盖房子;기초를 잘 다진 후에 비로소 집을 지을 수 있다.| 这座大楼的~非常坚实;이 빌딩은 기초가 아주 튼튼하다.| 好~是建筑物质量的基础;양호한 토대는 건축물의 질적, 기초이다.

地面 dìmiàn 名 ❶ 지면. 지표. ¶黄河河道有的地方已经高出了~,所以被叫做"地上河";황하의 물길 가운데 어떤 곳은 이미 지면보다 높기 때문에 '땅 위의 강'이라고 불린다.| 午后两点左右~温度最高;오후 두시 쯤 지면의 온도가 가장 높다.| 大雨过后,~被冲洗得很干净;큰 비가 지나간 후 지면이 깨끗하게 씻겼다. ❷ 마루. 바닥. ¶这个房间的~是瓷砖的;이 방의 마루는 타일이다.| 宾馆大厅~是大理石的;호텔 로비의 마루는 대리석이다.| 屋子里木质~很光滑;집의 나무 마루가 미끄럽다. ❸ (~儿) 현지. 그 고장. ¶他在~儿上很有威信;그는 현지에서 매우 위신이 높다.| 现在~儿上有不少类似的产品;지금 현지에는 유사한 제품이 적지 않다.| 他们家在~儿上很有势力;그들 집안은 현지에서 매우 세력이 있다.

地暖 dìnuǎn 名 바닥 난방. ¶这所公寓有~;이 아파트는 바닥 난방이다.| 韩国的大多数房子里都有~;한국의 대다수 집은 바닥 난방이다.| ~费比较贵;바닥 난방 비용은 비교적 비싸다.

地球 dìqiú 名 지구. ¶保护~是我们共同的责任;지구를 보호하는 것은 우리들 공통의 책임이다.| 人类要保护~上的其他生物;인류는 지구의 다른 생물을 보호해야 한다.| ~围绕太阳公转一周的时间是一年;지구가 태양을 한 바퀴 공전하는 시간이 일 년이다.

地区 dìqū 名 ❶ 지구. 지역. ¶华北~的土地十分肥沃(féiwò);화베이 지역의 토지는 아주 비옥하다.| 边远~的人们过着贫困的生活;변방 지역 사람들은 빈곤한 생활을 하고 있다.| 中国东部沿海~的经济比较发达;중국의 동부 연해 지역은 경세가 비교적 발달했다. ❷ 지구. 지역. (중국의 행정 단위로 성보다 작다.) ¶~一般包括一些县、市;지역에는 보통 몇 개의 현과 시가 포함된다.| 过去也叫专区;지역은 과거에 전구(專區)라고도 불렸다.| 这个~包括十几个县市;이 지역은 열 몇 개의 현과 시를 포함하고 있다.

地铁 dìtiě 名 ❶ 지하철. (지하 철로의 약칭) ¶北京有好几条~线;베이징에는 몇 개의 지하철 노선이 있다.| 南京的~是2005年开通的;난징의 지하철은 2005년에 개통되었다.| 有的城市的地质条件不适合修建~;어떤 도시의 지질적 조건은 지하철을 만들기에 적합하지 않다. ❷ 지하철. (지하 열차의 약칭) ¶我想坐1号~去;나는 1호선 지하철을 타고 가고 싶다.| 这个超市附近有一个~入口;이 슈퍼마켓 부근에 지하철 입구가 있다.| 乘坐~出行非常方便;지하철을 타고 외출하는 것이 매우 편리하다.

地图 dìtú 名 지도. ¶出去旅行一定要带上~;여행할 때에는 반드시 지도를 휴대해야 한다.| 这幅~是中英文双语的;이 지도는 중국어와 영어 두 가지 언어로 되어있다.| 我要买一张~;나는 지도 한 장을 사려고 한다.

地位 dìwèi 名 지위. 위치. ¶他在公司里的~很高; 그는 회사에서 지위가 높다. | 她和一个很有~的人结婚了; 그녀는 지위가 높은 사람과 결혼했다. | 我们学校在国内高校中的~排在前列; 우리 학교는 국내 고등학교 가운데 선두적 위치에 있다.

地下 dìxià 名 ❶ 지하. 땅밑. ¶我们要节约~水; 우리는 지하수를 아껴야 한다. | 这个地区有非常宝贵的~矿产; 이 지역에는 아주 귀한 지하 광물이 있다. | 不要过度开采~资源; 지하 자원을 지나치게 채굴하지 말아라. ❷ 지하. 비밀 활동. ¶解放以前, 他从事~革命工作; 해방 이전에 그는 지하 혁명 사업에 종사했다. | 这些都是在~悄悄进行的; 이것은 모두 음지에서 몰래 진행된 것이다. | 解放前他们搞过一些~革命活动; 해방 전에 그들은 몇몇 지하 혁명 활동을 했다. | 警方经过侦查, 发现了一个~传销 (chuánxiāo)点; 경찰은 수사를 통해 하나의 다단계 판매점을 발견했다.

地下 dì·xia 名 지면. 땅바닥. ¶书掉在~了; 책이 땅바닥에 떨어졌다. | ~有水, 小心一点儿; 지면에 물이 있으니 조심해라. | 她把行李放在~; 그녀는 짐을 땅바닥에 내려놓았다.

地域 dìyù 名 ❶ 지역. ¶这个~自古以来就有多个民族混居; 이 지역은 예로부터 많은 민족이 섞여 살고 있다. | 中国~辽阔(liáokuò); 중국은 지역이 광활하다. | 在这片广阔的~上, 人们幸福地生活着; 이 광활한 지역에서 사람들은 행복하게 살고 있다. ❷ 향토. 본고장. 본토. ¶我们要开展~间的合作; 우리는 향토 간의 협력을 확대하고자 한다. | 要突破狭隘的~观念; 협소한 향토 관념을 깨뜨려야 한다. | 中国有丰富的~方言; 중국에는 풍부한 향토 방언이 있다.

地址 dìzhǐ 名 주소. ¶我不知道你的通信~; 나는 너의 통신 주소를 모른다. | 我把朋友们的~都记录在~本上了; 나는 친구들의 주소를 모두 주소록에 기록해두었다. | 请问贵公司的~在哪儿? 귀사의 주소가 어떻게 됩니까?

弟弟 dì·di 名 ❶ 남동생. ¶我有一个~; 나는 남동생이 한 명 있다. | ~今年考大学; 남동생은 올해 대학 시험을 본다. | 我姑姑家有两个~; 내 고모집에 남동생이 두 명 있다. ❷ 동생. 아우. ¶论年龄, 你应该是~吧; 나이로 봐서 네가 당연히 동생이다. | 他们是很好的朋友, 平时以哥哥~相称; 그들은 좋은 친구여서 평소에는 형님 동생이라고 부른다. | 她在韩国留学的时候, 认识了那个~; 그녀는 한국에서 유학할 때, 그 동생을 알게 되었다.

弟兄 dì·xiong 名 형과 아우. 형제. (본인을 포함하는 경우가 있다.) ¶他只有姐姐, 没有~; 그는 단지 누이만 있고 형과 아우는 없다. | 他们~二人成天形影不离; 그들 형제 둘은 하루 종일 붙어 다닌다.

弟子 dìzǐ 名 학생. 제자. ¶她是那位著名学者的~; 그녀는 저 유명한 학자의 학생이다. | 这是先生的大~; 이 분이 선생의 큰 제자입니다. | 先生退休前收了他做学生, 所以他是先生的关门~; 선생이 퇴직하기 전에 그를 학생으로 받았기 때문에 그가 선생의 마지막 제자이다.

递 dì 动 넘겨주다. 건네다. 전해 주다. ¶请把盐~给我;소금 좀 내게 건네주십시오.| 她~给我一杯热茶;그녀는 나에게 따뜻한 차 한 잔을 건네주었다.| 我给他~了个眼色;나는 그에게 눈 짓을 했다.
▶용법주의:'递眼色'는 눈빛으로 자신의 의도와 태도를 전한다는 뜻이다.

第 dì 名 제. (수를 가리키는 단어 앞에 쓰여 차례의 몇 번째를 가리킨다.) ¶这次比赛我们班得了~一名;이번 경기에서 우리 반이 일등을 했다.| 她是~三个跑到终点的;그녀는 세 번째로 결승 라인을 통과했다.| 请坐在~三排的那位男同学回答这个问题;세 번째 줄에 앉아 있는 저 남학생 이 문제에 대해 대답해보세요.

第一次 dìyīcì 제1차. 첫 번째. 처음.¶我们~见面是在朋友的家里;우리의 첫 만남은 친구의 집에서였다.| 他~来到中国;그는 중국에 처음 왔다.|我~吃韩国泡菜的时候,有点儿不习惯;나는 한국 배추김치를 처음 먹었을 때 약간은 익숙치가 않았다.

缔结 dìjié 动 체결하다. ¶两国~了友好合作协议;양국은 우호합작 협약을 체결했다.| 欧洲几个国家~了经济同盟;유럽의 몇 개 나라는 경제동맹을 체결했다.| 中国和韩国~了贸易协定;중국과 한국은 무역 협정을 체결했다.
▶용법주의:'缔结'은 문어적인 색채가 짙은 단어이다.

颠倒 diāndǎo 动 뒤바뀌다. 전도되다. ¶这种说法真是~黑白;이런 말은 정말로 흑백이 뒤바뀐 것이다.| 别把顺序弄~了;순서를 뒤바꾸지 말아라. 形 착란하다. 어수선하다. 어지럽다. ¶有的作家过着晨昏~的生活;어떤 작가는 밤낮이 뒤바뀐 생활을 하고 있다.| 他已经神魂~了;그는 벌써 정신이 어수선하다.| 由于经常熬(áo)夜,她的生活变得日夜~了;자주 밤을 새기 때문에 그녀의 생활은 주야가 바뀌어 버렸다.

点 diǎn 名 ❶ 시. ¶现在快十一~了;지금 11시가 다 됐어.| 我们下午三~开会;우리는 오후 3시에 회의를 한다.| 昨夜他十二~多才回来;어제 밤에 그는 12시가 넘어서야 돌아왔다. ❷ (정해진) 시간. ¶火车晚~了;기차가 정해진 시간보다 늦게 도착하다.| 快走吧,别误了上课的~儿;빨리 가자, 수업 시간에 늦지 않도록.| 到~了,我们开始开会吧;시간이 되었으니 우리 회의를 시작합시다. ❸ (~儿) 작은 얼룩. ¶你的衣服上有个黑~儿;네 옷에 검은 얼룩이 있다.| 墙上有几个泥~儿;벽에 몇 개의 진흙 얼룩이 있다.| 孩子的额头上有个红~儿;아이의 이마에 붉은 얼룩이 있다. ❹ (~儿) 방울. ¶雨~儿落在树叶上;빗방울이 나뭇잎에 떨어졌다.| 好大的雨~儿;커다란 빗방울.| 雨~敲着窗子;빗방울이 창문을 때리다. ❺ (~儿) (한자 자획의 하나인) 점(丶). ¶写"热"字的时候要注意下面是四个~儿;'热'자를 쓸 때는 아래의 점이 네 개라는 것을 주의해야 한다.| "清"左边的偏旁是三~水旁;'清' 왼쪽 편방은 삼수변이다.| "冷"左边的偏旁是两~水旁;'冷'의 왼쪽 편방은 이수변이다. ❻ (~儿) 소수점. ¶3.6读做三~儿六;3.6

은 삼점육으로 읽는다.| 这个数的小数~后面有三位数;이 수의 소수점 뒷자리는 세 개이다.| 1.329读作一~三二九;1.329는 일점삼이구로 읽는다. ❼ 点.¶两~之间,直线最短;두 점 사이는 직선이 가장 짧다.| 这个~的位置决定了三角形的高度;이 점의 위치가 삼각형의 높이를 결정했다.| 线段的两端是两个~;선분의 양 끝은 두 개의 점이다. ❽ 사물의 한 면이나 부분.¶每个人都有自己的优~和缺~;모든 사람은 자신만의 장점과 단점이 있다.| 这一~我还没有认识到;이 점에 대해 나는 아직 알지 못한다.| 我今天主要想谈三~;나는 오늘 주로 세 가지 점을 말하고자 한다. (~儿)量 약간. 조금.¶多吃一~儿吧;조금 더 드십시오.| 这么~儿事儿,不值得生气;이 정도의 일로 화낼 필요 없다.| 我们喝~儿酒吧;우리 술을 좀 마시자. 动❶ 점을 찍다.¶这段古文还没有标~;이 고문은 아직 표점이 찍히지 않았다.| 她在脸颊(jiá)上~了一点儿胭脂;그녀는 볼에 연지를 조금 찍었다.| 老师用红笔把错别字~出来了;선생님은 붉은 펜으로 틀린 글자에 점을 찍었다. ❷ (고개를) 끄덕이다.¶她~~头,表示同意;그녀가 고개를 끄덕이며 동의를 표시하다.| 老师满意地~了一头;선생님은 만족스럽게 고개를 끄덕였다.| 我和她不过是~头之交;나와 그녀는 고개를 끄덕이며 인사하는 사이일 뿐이다. ❸ (~儿) (액체를 한 방울씩) 떨어뜨리다.¶我需要~一点儿药水;나는 물약을 조금 넣어야 한다.| 这个菜出锅以前要~点儿香油;이 요리는

솥에서 꺼내기 전에 참기름을 조금 떨어뜨려야 한다.| 煮饺子的时候,锅里的水开了以后要用冷水~一下;만두를 찔 때는 솥의 물이 끓은 후 찬물을 조금 넣어야 한다. ❹ 하나하나 조사하다. 출석을 부르다.¶上课前我们要~~名;수업 전에 출석을 부르겠습니다.| 请~一下,看看数量对不对;수량이 맞는지 세어보십시오.| 管理员正在清~图书;사서가 도서를 하나하나 조사하다. ❺ 주문하다. 고르다.¶他已经把菜~好了;그는 벌써 요리를 주문했다.| 请您~一下主食;주식을 골라주십시오.| 我的朋友在电视台为我的生日~歌祝福;내 친구가 방송국에서 노래를 골라 내 생일을 축하하다. ❻ 불을 붙이다.¶请把蜡烛~上;초에 불을 붙이십시오.| 她~着了一根火柴;그녀가 성냥을 켰다.| 妈妈把炉子~着了;엄마가 아궁이에 불을 붙였다.

▶용법주의: 구어에서, '几点(몇 시입니까?)'는 '几点钟(몇 시입니까?)'라고도 할 수 있다.¶现在已经十点钟了;벌써 10시가 되었다.

点名 diǎn//míng 动 ❶ 출석을 부르다.¶老师正在~;선생님이 출석을 부르고 있다.| ~的时候发现有两个同学旷课(kuàngkè)了;출석을 부를 때 두 명의 학생이 무단결석한 것을 알게 되었다.| 有时候觉得~会浪费时间;어떤 때는 출석을 부르는 것이 시간을 낭비하는 것이라고 느껴진다. ❷ 지명하다.¶没有人举手的话,我就~了;손을 드는 사람이 없으면, 내가 지명하겠습니다.| 经理~让你去参加会谈;이사님이 너를 회담에 참가하

라고 지명했다.|他们班因为成绩较差被校长~批评了;그들 반의 성적이 좋지 않아 교장이 지명하여 비평했다.

点心 diǎn·xin 名 간식.¶我买了一些新鲜(xīnxiān)的~;나는 신선한 간식을 약간 샀다.|会议茶歇时间,大家可以喝点儿咖啡,吃点儿~;회의의 휴식 시간에는 모두가 커피를 마시고, 간식을 먹을 수 있다.|这些~看起来很精致(jīngzhì);이 간식들은 정갈해 보인다.

电 diàn 名 전기.¶大家要节约用~;모두 전기를 아껴 사용해야 한다.|我们要学习一些用~的安全常识;우리는 전기를 안전하게 사용하는 상식을 배워야 한다.|我们的生活已经离不开~了;우리의 생활은 이미 전기를 떠날 수 없게 되었다. 动 감전되다.¶他修理电灯的时候不小心被~了一下;그는 전등을 수리할 때 조심하지 않아 잠깐 감전이 되었다.|他的胳膊被~麻了;그의 팔은 감전으로 마비되었다.|用湿手接触电器容易被~伤;젖은 손으로 전기 기기를 만지면 감전돼 상처를 입기 쉽다.

▶확장용법: 현재 중국의 젊은이들은 '电'을 이성에게 자신의 매력을 느끼게 했다는 뜻으로 사용한다.¶我被他电到了;나는 그에게 매료되었다.|那个女孩子的眼睛很会电人;그 여자애의 눈은 매력적이다.

电冰箱 diànbīngxiāng 名 전기냉장고.¶~可以让食物保鲜;전기냉장고는 음식을 신선하게 보존시킬 수 있다.|你的~该好好清理一下了;너는 전기냉장고를 잘 정리해야 한다.|这台~的质量不错;이 전기냉장고는 품질이 괜찮다.

电车 diànchē 名 전차.¶这座城市保留了过去的老~;이 도시는 과거의 낡은 전차를 보존하였다.|你应该坐101路~;너는 101번 전차를 타야 한다.|~缓缓地行驶着;전차가 천천히 달리고 있다.

电灯 diàndēng 名 전등.¶这种~是节能型的;이런 종류의 전등은 절전형이다.|~坏了;전등이 고장 났다.|现在农村家户户都安装了~;요즘 농촌은 집집마다 전등을 달았다.

电风扇 diànfēngshàn 名 선풍기.¶我新买了一台~;나는 선풍기 한 대를 새로 샀다.|~有很多种类型,如台式电扇、立式电扇、吊式电扇等;선풍기는 다양한 종류가 있는데, 탁상용 선풍기, 입식 선풍기, 걸이식 선풍기 등이 있다.

电话 diànhuà 名 전화.¶你的~号码是多少?네 전화번호가 어떻게 되니?|我想给你打~;내가 네게 전화걸려고 했어.|手提~也叫手机,是现在最常用的通信工具;들고 다니는 전화는 휴대폰이라고도 하며, 지금은 가장 자주 이용하는 통신기기이다.

电脑 diànnǎo 名 컴퓨터.¶~出问题的话,几乎没有办法工作了;컴퓨터에 문제가 생기면 일을 할 방법이 거의 없다.|这台~的价格不贵;이 컴퓨터의 가격은 비싸지 않다.|我的手提~中了网络病毒(bìngdú)了;내 노트북이 바이러스에 걸렸다.

电脑游戏 diànnǎoyóuxì 名 컴퓨터 오락.¶我女儿很喜欢玩~;내 딸은 컴퓨터 게임을 좋아한다.|有些孩子玩~上瘾(yǐn)了;어떤 아이들은 컴퓨터 오

락에 중독되었다.| 有些~真的很有趣;몇몇 컴퓨터 오락은 정말 재미 있다.

电气 diànqì 名 전기.¶我们公司引进了一套新的~设备;우리 회사는 새로운 전기 설비를 들여왔다.| 这些工厂都实现~化了;이 공장들은 모두 전기화를 실현했다.| ~设备需要保养和维护;전기 설비를 아끼고 보호할 필요가 있다.

电视 diànshì 名 ❶ 텔레비전(TV).¶我买了一台国产~;나는 국산 텔레비전 한 대를 샀다.| 壁挂式的~最近降价了;벽걸이형 텔레비전 가격이 최근 떨어졌다.| 请把有线~线路安装好;케이블 TV 선을 설치해주십시오. ❷ 텔레비전 프로그램.¶我很少看~;나는 텔레비전을 거의 보지 않는다.| 今天的~新闻你看了吗?너 오늘 텔레비전 뉴스 봤니?| 她曾经当过~主持人;그녀는 텔레비전 진행자를 맡은 적이 있다.

电视剧 diànshìjù 名 드라마.¶这部~很好看;이 드라마는 재미 있다.| 多看中文~可以帮助你学好汉语;중국어 드라마를 많이 보면 네 중국어 공부에 도움이 될 것이다.| 看长篇~太浪费时间了;장편 드라마를 보는 것은 지나치게 시간을 낭비하는 것이다.

电视台 diànshìtái 名 텔레비전 방송국.¶~记者来我们学校采访了;텔레비전 방송국 기자가 우리 학교에 취재하러 왔다.| 最近~在招聘主持人;최근 텔레비전 방송국이 진행자를 모집하고 있다.| 他们去~录制节目去了;그들은 텔레비전 방송국에 프로그램을 녹화하러 갔다.

电台 diàntái 名 방송국.¶出租车司机喜欢听~广播;택시 기사는 방송국의 방송을 듣는 것을 좋아한다.| 有了电视以后,收听~节目的人比过去少了;텔레비전이 생기고 난 후, 방송국의 프로그램을 듣는 사람이 과거에 비해 줄어들었다.| 他是地方~有名的主播;그는 지방 방송국의 유명한 앵커이다.

电梯 diàntī 名 엘리베이터.¶~里空气不太好;엘리베이터 안의 공기가 좋지 않다.| 今天~里太挤了;오늘은 엘리베이터가 정말 붐볐다.| ~好像出故障(gùzhàng)了;엘리베이터가 고장 난 것 같다.

电影 diànyǐng 名 영화.¶我从小就喜欢~;나는 어려서부터 영화를 좋아했다.| 这部~你看过吗?너 이 영화 본적이 있니?| 他曾经参加过很多国际~节;그는 많은 국제 영화제에 참가 했었다.

电影院 diànyǐngyuàn 名 영화관.¶我家附近有一座不错的~;우리집 부근에 괜찮은 영화관이 있다.| 我在~门口等你;내가 영화관 입구에서 너를 기다릴께.| ~正在放映最近的新影片;영화관에서 지금 최신 영화를 상영하고 있다.

电子 diànzǐ 名 전자.¶日本和韩国的~产品在国际市场上销量都不错;일본과 한국의 전자제품 판매량은 국제시장에서 모두 좋다.| 中国~市场近几年发展很快;중국의 전자시장이 요 몇 년간 빠르게 발전했다.| 这里有一家专卖~商品的商场;이곳에는 전문적으로 전자제품을 판매하는 상점이 있다.

电子词典 diànzǐcídiǎn [名] 전자 사전. ¶我买了一台汉韩~;나는 중한 전자 사전 한 대를 샀다.│用~学习外语很方便;전자 사전으로 외국어를 공부하는 것은 편리하다.│这部~有很多功能;이 전자 사전은 다양한 기능이 있다.

店 diàn [名] ❶ 상점. 가게. ¶我常常去公寓门口那家小~买牛奶;나는 종종 아파트 입구의 그 작은 가게에 우유를 사러 간다.│这家美容院在全国都有分~;이 미용실은 전국에 분점이 있다.│她在学校附近开了一家面包~;그녀는 학교 부근에 빵 가게를 열었다. ❷ 여관. 여인숙. ¶我们~已经客满了;우리 여관은 이미 손님이 찼습니다.│这几家~的条件都可以;이 여관 몇 집은 조건이 모두 괜찮다.

雕刻 diāokè [动] 조각하다. ¶她是一位~家;그녀는 조각가이다.│这件作品是他为你精心~的;이 작품은 그가 너를 위해 심혈을 기울여 조각한 것이다.│一段普通的木头在她的手里~成了美妙的作品;평범한 나무토막이 그녀의 손에서 조각되어 아름다운 작품이 되었다. [名] 조각품. ¶这件~是我最喜欢的作品;이 조각품은 내가 가장 좋아하는 작품이다.│他和学生们一起在美术馆开了~展;그는 학생들과 함께 미술관에서 조각 작품전을 열었다.│这套~是用树根做成的;이 조각품은 나무뿌리로 만든 것이다.

雕塑 diāosù [动] 조소하다. ¶她是一位著名的~艺术家;그녀는 저명한 조소 예술가이다.│作者把一个中国传统故事里的人物~成这座铜像;작가는 중국의 전통 이야기 속의 한 인물을 동상으로 조소했다.│他在艺术学院学习~;그는 예술 대학에서 조소를 공부한다. [名] 조소 작품. ¶这件~是她的作品;이 조소 작품은 그녀의 작품이다.│他和学生们一起合作的~作品获了一等奖;그와 학생들이 함께 만든 조소 작품이 일등상을 받았다.│这件~作品非常逼真(bīzhēn);이 조소 작품은 매우 사실적이다.

鲷鱼 diāoyú [名] 도미. ¶我没有见过~;나는 도미를 본 적이 없다.│~的头比较大,身体是扁形的;도미의 머리가 비교적 크며, 몸은 납작하다.│~生活在海里;도미는 바다에 산다.

吊 diào [动] ❶ 걸다. 매달다. ¶树上~着秋千;나무에 그네가 걸려 있다.│门口~着两盏红灯笼;문에 두 개의 붉은 초롱이 걸려 있다.│院子里的架子上~着一架丝瓜;마당의 대(臺)에 수세미가 매달려 있다. ❷ (끈 따위로 매서) 들어올리다. ¶把橱子从阳台那儿~上去;궤짝을 베란다에서 들어올리다.│她把放着食物的竹篮从窗口~着放下去;그녀가 음식이 들어있는 대바구니를 창문을 통해 들어내리고 있다.│搬家公司的人把沉重的家具从阳台~下来;이삿짐센터 사람이 무거운 가구를 베란다를 통해 들어내렸다. ❸ 상대방이 받기 어려운 쪽으로 공을 보내다. ¶对方来了个漂亮的~球;상대방이 멋지게 페인트 공격을 했다.│他~对方的左后角,对方果然没有接住球;그가 공을 상대방의 왼편 뒷구석으로 보내자 상대방은 역시 공을 잡지 못했다.

钓 diào [动] ❶ 낚다. 낚시질하다. ¶我在湖边坐了一个小时,什么也没有~到;나

는 호숫가에 한 시간을 앉아 있었지만 아무것도 낚지 못했다.| 她终于~上来一条大鱼;그녀는 마침내 큰 물고기 한 마리를 낚았다.| 鱼竿很沉,不知道~到了什么;낚싯대가 무거워 무엇을 낚았는지 모르겠다. ❷ (부당한 방법으로) 명리를 얻다. ¶沽(gū)名~誉(yù)的做法是不可取的;온갖 수단으로 명예를 추구하는 행위 따위는 할 수 없다.| 她一心想~个金龟婿(guīxù);그녀는 전심으로 부자 남편을 낚으려고 한다.| 这次他想~条大鱼;이번에 그는 큰 이익을 얻고자 한다.

▶확장용법: '钓个金龟婿(자라 사위를 낚다)'는 '女人找到好丈夫(여성이 좋은 남편을 만나다)' 라는 뜻이며, '钓条大鱼(큰 물고기를 낚다)'는 비교적 큰 이익과 장점을 모색한다는 뜻이다.

钓鱼 diàoyú 动 낚시질하다. ¶~可以锻炼人的耐心;낚시는 사람의 인내심을 단련시켜 준다.| 周末我们一起去湖边~吧;주말에 우리 함께 호숫가로 낚시하러 가자.| 这里的水太浅了,根本钓不到鱼;이곳은 물이 너무 얕아 물고기를 전혀 낚을 수 없다.

调 diào 动 파견하다. 전근시키다. ¶她~走了;그녀는 전근갔다.| 这位是新~来的处长;이 분이 새로 전근오신 처장님이다.| 他~到北京工作了;그는 베이징으로 파견되어 일하게 되었다. 名 ❶ (~儿) 악센트. 어조. ¶我们大家来自五湖四海,说起话来也是南腔(qiāng)北~;우리는 모두 전국 각지에서 와서 말을 하면 남북의 여러 악센트가 나온다.| 她说话的~儿有点特别;그녀는 말하는 억양이 조금 특이하다.| 我们家乡话就是这个~儿;우리 고향말이 바로 이 어조이다. ❷ (~儿) 논조. 관점. ¶他们说话都是一个~儿;그들의 말은 모두 하나의 논조이다.| 这几位的意见都是一个~儿;이 몇 분의 의견이 모두 하나의 논조이다.| 既然大家都是这个~儿,我也就不反对了;모두가 이 관점이라면 나도 반대하지 않겠다. ❸ (음악의) 조. ¶乐曲以什么音作为do,就叫做什么~;음악은 어떤 음을 도로 하게 되면 바로 그 조라고 부른다.| 这支乐曲是C~;이 악곡은 C조이다.| 这首歌的~儿太高了;노래의 조가가 너무 높다. ❹ 가락. 멜로디. ¶我不记得歌词,只会哼唱这首歌的~儿;나는 가사는 기억나지 않아, 단지 이 노래의 가락만 흥얼거릴 수 있다.| 这个~儿真好听;이 멜로디는 듣기 좋다.| 这首歌的~儿听起来很熟悉(shúxī);이 노래의 멜로디를 들어보니 익숙하다. ❺ 성조. ¶汉语是有声~的语言;중국어는 성조가 있는 언어이다.| 每个汉字都有自己的声~;모든 한자마다 성조가 있다.| 请注意你说话的语~;말하는 어투를 주의하십시오.

调查 diàochá 动 조사하다. ¶没有~就没有发言权;조사를 거치지 않으면 발언권이 없다.| 我正在做一个语言~;나는 언어 조사를 하고 있다.| 你的~报告写好了吗? 너는 조사 보고서를 썼느냐?

掉 diào 动 ❶ 떨어지다. 떨어뜨리다. ¶她又在~眼泪了;그녀는 또 눈물을 떨구었다.| 书~在地上了;책이 바닥에 떨어졌다.| 硬币~到桌子底下了;동전이 탁자 밑으로 떨어졌다. ❷ 뒤처

지다. 뒤떨어지다.¶不要~队;대오에서 뒤처지지 말아라.| ~队的人都赶上来了;대오에서 뒤처진 사람들이 모두 따라붙었다.| 我们都到了目的地,只有她~在后面了;우리는 모두 목적지에 도착했는데 오직 그녀만 뒤처졌다. ❸잃다. 유실하다.¶钱包~了;지갑을 잃어버렸다.| 我的包~了;내 가방을 잃어버렸다.| 车票~了;차표를 잃어버렸다. ❹내리다. 떨어지다. 빠지다.¶最近房价开始往下~了;최근 집값이 떨어지기 시작했다.| 你这么做真是太~价了;네가 이렇게 하는 것은 정말로 체면을 구기는 거야.| 我养的小狗最近有点儿~膘;내가 기르는 강아지가 최근에 살이 좀 빠졌다. ❺돌리다. 방향을 바꾸다.¶把车头~过来;차를 돌리다.| 她~过身来,面对着她;그녀가 몸을 돌려 그녀를 마주보다.| 他~过脸去,不想回答这个问题;그는 얼굴을 돌리고 이 문제에 대해 대답하려고 하지 않았다.

▶확장용법:'掉价(값이 떨어지다)'는 물품의 가격이 하락하는 것을 가리키며, 또 비열한 일을 해서 존엄을 잃거나 체면을 구긴다는 의미를 지칭하기도 한다.¶水果的价格开始往下掉了;과일 가격이 떨어지기 시작했다.| 他觉得主动和下级打招呼有点儿掉价;그는 하급자와 주동적으로 인사하는 것을 체면을 구기는 것이라고 생각한다.

跌 diē 动 ❶넘어지다.¶孩子~倒了;아이가 넘어졌다.| 在哪儿~倒就在哪儿爬起来;넘어진 바로 그 곳에서 일어서야 한다.| 他不小心~了一跤;그는 조심하지 않아서 넘어졌다. ❷떨

어지다. 내리다.¶黄金的价格没有~;황금의 가격이 떨어지지 않았다.| 股票又~了;주식이 또 내렸다.| 估计现在的物价已经~到最低限度(xiàndù)了;지금의 물가는 이미 최저 한도까지 내린 것으로 추정된다.

钉 dīng 名 못.¶请问你这儿有~子吗?;실례지만 당신께 못이 있나요?| 我需要一个~子;나는 못 하나가 필요하다.| 地上有个螺丝~儿;바닥에 나사못이 있다.

另见143页 dìng

顶 dǐng 名 (사람이나 물체의) 꼭대기. 정상.¶鸟儿掠过我的头~;새가 내 머리 위를 스치고 가다.| 我们终于爬到了山~儿;우리는 마침내 산 정상에 도착했다.| 屋~上有一个露台;지붕에 테라스가 있다. 动 ❶머리로 받치다. 머리에 이다.¶他是一个~天立地的伟人;그는 하늘을 떠받치고 땅 위에 우뚝 선 위인이다.| 中国有一个杂技节目叫做~碗;중국에는 '머리에 그릇 쌓기'라는 서커스가 있다.| 她头上~着一个篮子;그녀는 머리에 바구니를 이고 있다. ❷들어올리다. 내밀다.¶种子发芽了,一颗嫩芽从土里~出来;씨앗이 싹을 틔우고, 부드러운 싹이 땅 위로 올라오다.| 小草从石头缝里~出来;작은 풀이 돌 틈에서 올라오다.| 雨后,一片竹笋从湿地里~了出来;비가 온 후 죽순이 습한 곳에서 올라왔다. ❸머리로 받다.¶这头牛常常~人;이 소는 종종 사람을 받는다.| 守门员用头把球~了出去;골키퍼가 머리로 공을 쳐냈다.|牛把人~伤了;소가 사람을 받아 다치게 했다. ❹마주하다. 무릅쓰다.¶我

们的方向正好~着风;우리의 방향은 마침 바람을 마주하고 있다.|她~着风雨向前走;그녀가 비바람을 무릅쓰고 전진하다.|孩子和爸爸在玩~头的游戏;아이와 아빠가 머리를 맞대는 놀이를 하다. ❺ 받치다. 지탱하다. ¶她用一根木棍~上门;그녀가 나무 막대기로 문을 받치다.|风太大了,找东西把窗子~好吧;바람이 너무 세니 뭔가를 찾아 창문에 받치자.|她胃疼得厉害,用一个硬盒子~在胃部;그녀는 위가 너무 아파 딱딱한 상자로 위장 부분을 눌렀다. ❻ 대들다. 반박하다. 대립하다. ¶妈妈教训孩子的时候,孩子~了几句;엄마가 아이를 꾸짖을 때, 아이가 몇 마디 대들었다.|不要和长辈~嘴儿;윗사람에게 대들지 말아라.|领导批评他的时候,他不服气,~了几句;지도자가 그를 비판할 때, 그는 불복하고 몇 마디 반박했다. ❼ 감당하다. 담당하다. ¶这活儿太累了,一个人~不下来;이 일은 너무 힘들어서 한 사람이 감당할 수 없다.|这么重的任务,我怕自己~不下来;이렇게 막중한 임무를 나는 감당할 수 없을 것 같다.|恐怕得有五六个人才能~下这项工作;5,6명은 되야 이 일을 감당할 수 있을 것이다. ❽ 맞먹다. 상당하다. ¶他力气大,一个人能~三个人;그는 힘이 세서 혼자서 세 사람과 맞먹는다.|这个孩子非常懂事,能~个大人了;이 아이는 사리 분별을 잘 해서 성인과 맞먹는다.|她们两个人的工作量才~一个人;그녀들 두 사람의 작업량은 한 사람의 것과 비슷하다. ❾ 대체하다. 대용하다. ¶不能拿假货~真货;가짜 상품은 진품을 대체할 수 없다.|不要以次品~正品;저질 상품으로 진품을 대용하지 말아라.|这事儿你不能~她;이 일은 네가 그녀를 대신할 수 없다. ❿ (어떤 시간에) 이르다. ¶~到夜里两点钟他才睡觉;밤 두 시가 되어서야 그는 잠이 들었다.|她一直~到午后一点才吃饭;그녀는 오후 1시가 되어서야 밥을 먹었다.|~到他来了我就走;그가 오면 나는 갈 것이다. [形] 비협조적이다. 비우호적이다. ¶我和他商量,但他的态度很~;나는 그와 상의했지만 그의 태도는 비협조적이었다.|年轻人说话不要那么~;젊은 사람은 말하는 것이 그렇게 비우호적이어서는 안 된다. [量] 꼭대기가 있는 물건을 세는 데 쓰인다. ¶他新买了一~帽子;그는 모자 하나를 새로 샀다.|这~帐篷太小了;이 텐트는 너무 작다.|你这~遮阳帽(zhēyángmào)是在哪儿买的? 너 이 차양모 어디서 샀어? [副] 아주. 대단히. 상당히. ¶他的英语~好不过了;그는 영어 실력이 아주 뛰어나다.|这孩子~聪明的;이 아이는 대단히 총명하다.|那个人~讨厌的;그 사람은 정말로 혐오스럽다.

▶용법주의:'顶'은 보통 구어에서 부사로 쓰이며,'不过'와 자주 짝을 이룬다. ¶这样做顶好不过了;이렇게 하는 것이 아주 좋다.

订 ding [动] ❶ 정하다. 맺다. ¶他们刚刚~了婚;그들은 방금 약혼했다.|这份协议是什么时候~的?이 협약은 언제 맺은 것입니까?|两家公司已经~了合同;두 회사는 이미 계약을 맺었다. ❷ 예약하다. 주문하다. ¶我在餐厅~了

位子;내가 식당에 자리를 예약했다. | 已经~好旅馆了;벌써 여관을 예약했다.

钉 dìng 动 ❶ 못을 박다. ¶他在墙上~了一个钉子;그는 벽에 못 하나를 박았다. | 这种钉子不好~;이런 종류의 못은 잘 박히지 않는다. | 墙面太硬了,不好~钉子;벽이 너무 단단해서 못을 박기가 쉽지 않다. ❷ 박다. 합치다. 모으다. ¶请帮我把门上的合页~好;문의 경첩 박는 것 좀 도와주십시오. | 我已经把资料~好了;나는 벌써 자료를 모아두었다. | 她把课堂笔记~成厚厚的一册;그녀는 강의노트를 철해서 두꺼운 책으로 만들었다.

另见141页 dīng

定 dìng 动 ❶ 결정하다. 확정하다. ¶她的婚期~在九月;그녀의 결혼 날짜는 9월로 결정되었다. | 今天开会把这件事情~下来吧;오늘 회의에서 이 일을 확정하자. | 见面时间~在明天傍晚六点钟;만나는 시간은 내일 저녁 6시로 확정되었다. ❷ 주문하다. 예약하다. ¶我们收到了不少国外的订单;우리는 외국으로부터 많은 주문을 받았다. | 我们~了一批货;우리는 많은 상품을 주문했다. | 我订了几份报纸;나는 신문 몇 부를 주문했다.

定做 dìngzuò 动 맞추다. 주문하여 만들다. ¶这套衣服是专门为你~的;이 옷은 전적으로 너를 위해 맞춘 것이다. | 量身~的衣服最合适;치수를 재서 맞춘 옷이 가장 잘 맞는다. | 我为他~了一个特别(tèbié)的生日蛋糕(dàngāo);나는 그를 위해 특별한 생일 케이크를 주문했다.

丢 diū 动 ❶ 잃다. 잃어버리다. ¶我~东西了;나는 물건을 잃어버렸다. | 他的手机~了;그는 핸드폰을 잃어버렸다. | 最近她~了工作;최근에 그녀는 직장을 잃었다. ❷ 내버리다. 던지다. ¶不要往地上~垃圾;땅에 쓰레기를 내버리지 말아라. | 请不要随地~果皮纸屑(zhǐxiè);과일껍질과 종이 부스러기를 아무데나 내버리시 마십시오. | 把这个~了吧;이것을 내버려라. ❸ 내버려두다. 방치하다. ¶我心里还有一件事~不开;내 마음에 떨쳐버릴 수 없는 일이 하나 있다. | 他不会~下你不管的;그는 너를 내버려두고 관여를 안 하지는 않을 것이다. | 技术~的时间长了就生疏(shēngshū)了;기술을 방치해버린 시간이 길어 생소해졌다.

东 dōng 名 동쪽. ¶他面朝~站着;그는 동쪽을 향해 서 있다. | 太阳从~方升起来了;태양은 동쪽에서 떠오른다. | 我们的学校在~城区(chéngqū);우리 학교는 시내 동쪽에 있다.

东北 dōngběi 名 ❶ 동북(쪽). ¶今天刮的是~风;오늘 부는 바람은 북동풍이다. | 学校的~面有一个大超市(chāoshì);학교의 동북쪽에 커다란 슈퍼마켓이 있다. | 她朝~方向走了;그녀는 동북쪽으로 갔다. ❷ 중국의 동북 지구. ¶她是~人;그녀는 동북 사람이다. | ~的气候比较寒冷;동북의 기후는 비교적 춥다. | 中国~三省是指黑龙江、吉林、辽宁三个省份;중국의 동북 3성은 헤이룽장, 지린, 랴오닝 3개의 성을 가리킨다.

东边 dōngbiān (~儿) 名 동쪽. 동녘. ¶校门口~儿有一个邮局;교문 동쪽에 우

143

체국이 하나 있다.丨校园的~儿是新校区;교정의 동쪽은 새 캠퍼스 구역이다.丨我的家在学校~儿;우리 집은 학교 동쪽에 있다.

东部 dōngbù 名 동부.¶这个城市的~有一个很大的公园;이 도시의 동부에 커다란 공원이 하나 있다.丨中国~沿海地区经济发展很快;중국 동부 연안 지역의 경제 발전은 빠르다.丨大田~有市外(shìwài)公交车站;대전 동부에 시외버스 터미널이 있다.

▶확장용법:'东边儿(동쪽)'은 지정된 범위 안과 밖을 가리킬 수 있지만, '东部'는 분명 지정된 범위 내에서의 동쪽을 가리킨다.¶这座城市东边儿就是大海(×)丨这座城市东部就是大海;이 도시의 동부는 바다이다. 바다는 이 도시에 속할 수 없기 때문에 첫 번째는 맞지만 두 번째는 틀린 문장이다.

东方 dōngfāng 名 ❶ 동쪽.¶面朝~;동쪽을 향하다.丨太阳从~升起来了;태양이 동쪽에서 떠올랐다.丨~红,太阳升;동쪽이 붉게 물들더니 태양이 솟아올랐다. ❷ 동양. 아시아.¶~文化和西方文化不同;동양문화와 서양문화는 다르다.丨~民族有一些共同的特点;동양 민족은 몇몇 공통적인 특징이 있다.丨~文明吸引(xīyǐn)了很多西方学者(xuézhě)来学习和研究;동양의 문명이 수많은 서양 학자들을 끌어들여 공부하고 연구하게 하였다.

东面 dōngmiàn 名 동쪽.¶请往~看;동쪽을 보십시오.丨学校~有一座山;학교 동쪽에 산이 하나 있다.丨火车站在这座城市的~;기차역은 이 도시의 동쪽에 있다.

东南 dōngnán 名 ❶ 동남(쪽).¶你知道 "孔雀~飞"的故事吗? 너는 '공작동남비'이야기를 아니?丨今天的风向是~;오늘의 풍향은 동남쪽이다.丨学校~角有一个小花园;학교 동남쪽에 작은 꽃밭이 있다. ❷ 중국의 동남쪽 연해 지구.¶中国~沿海地区是经济发达地区;중국의 동남 연해 지역은 경제가 발달한 지역이다.丨~沿海地区包括上海、江苏、浙江、福建等省市;동남 연해 지역은 상하이, 장쑤, 저장, 푸젠 등의 성과 시를 포함한다.丨~沿海地区吸引了大批人才;동남 연해 지구는 수많은 인재들을 끌어들였다.

东西 dōng·xi 名 ❶ 물건. 음식. 물품.¶这是什么~?이것은 무슨 물건이냐?丨你早上吃~了吗?너는 아침에 음식을 먹었냐?丨他买~去了;그는 물품을 사러 갔다. ❷ 놈. 자식. 새끼.¶这个小~真可爱;이 꼬마 놈이 정말 귀엽다.丨老~真讨厌;늙은 놈이 정말 혐오스럽다.丨这个坏~!이 나쁜 새끼!

▶용법주의:'东西'는 보통 사람을 지칭하는데 쓰이지는 않으며, 특히 나이든 사람을 가리키는 데는 사용할 수 없다. 나이든 사람을 가리킬 때 사용하는 것은 정말 예의 없는 표현이며, 싫어하는 감정적인 색채가 드러난다. 성인을 가리킬 때는 막역한 친구 사이의 농담이 아니라면, 혐오감을 나타내는 예의 없는 표현이 된다. 아이를 가리킬 때는 사랑과 친근감을 나타낸다.

东西 dōngxī 名 ❶ 동서. 동쪽과 서쪽.¶这座城市的~两边都有山;이 도시의 동서 양쪽에 산이 있다.丨这条路的~两侧都是树;이 길의 동서 양쪽에는 모두 나무가 있다.丨花园的~两边都有门;꽃밭의 동서 양쪽에 문이 있

다. ❷ 동쪽에서 서쪽까지(의 거리). ¶这条街~总长为六里; 이 길의 동쪽에서 서쪽까지의 총 길이는 6리이다. | 这座城市~跨度(kuàdù)为30公里; 이 도시의 동서 길이는 30킬로미터이다. | 这座桥~宽度为200米; 이 다리의 동서 폭은 200미터이다.

▶용법주의: '东西文化(동서문화)'에서 '东西'는 동양민족과 서양민족을 가리킨다.

冬季 dōngjì 名 겨울. 동계. ¶我是在~出生的; 나는 겨울에 태어났다. | 中国北方~的气候比较寒冷; 중국 북방의 겨울 기후는 비교적 한랭하다. | 滑雪是很好的~运动; 스키는 좋은 동계 스포츠이다.

▶용법주의: '冬季'는 일반적으로 서면어에서 사용되며, 구어에서는 보통 '冬天'을 사용한다.

冬天 dōngtiān 名 겨울. ¶我是在~出生的; 나는 겨울에 태어났다. | 中国北方~的气候比较寒冷; 중국 북방의 겨울 기후는 비교적 한랭하다. | 今年~下了三场雪; 올 겨울에 눈이 세 번 내렸다.

董事长 dǒngshìzhǎng 名 회장. 이사장. ¶这是~的意见; 이것은 회장의 의견이다. | ~明天要召集(zhàojí)董事会成员开会; 이사장은 내일 이사회 임원을 소집하여 회의를 열려고 한다. | 他是公司新任~; 그는 회사의 새로운 회장이다.

懂 dǒng 动 이해하다. 알다. ¶我~你的意思; 나는 너의 뜻을 이해한다. | 我的话你听~了吗? 내 말을 알아들었니?| 她~法语; 그녀는 불어를 할 줄 안다.

懂得 dǒng·de 动 이해하다. 알다. ¶我~你的心意; 나는 너의 참된 마음을 이해한다. | 她渐渐~了人生的道理; 그녀는 점차 인생의 도리를 알게 되었다. | 孩子不~这些规矩(guī·ju); 아이는 이런 규칙을 알지 못한다.

动 dòng 动 ❶ 움직이다. ¶不要~; 움직이지 말아라. | 这么重的东西, 一个人肯定拿不~; 이렇게 무거운 물건을 혼자서는 분명히 들 수 없다. | 她一~也不~地坐着; 그녀는 전혀 움직이지 않고 앉아 있다. ❷ 움직이다. 행동하다. ¶千万不要轻举妄(wàng)~; 절대 경거망동하지 말아라. | 她的一举一~都很优雅(yōuyǎ); 그녀는 일거일동이 모두 우아하다. | 只是有想法不行, 一定要~起来; 단지 생각만 해서는 안되고, 반드시 실천해야 한다. ❸ 사용하다. 쓰다. ¶请你好好~~脑子; 머리를 좀 잘 써주세요. | 我还没有~笔写; 나는 아직 글을 쓰지 않았다. | 她开始~手做了; 그녀는 손을 쓰기 시작했다. ❹ (어떤 감정을) 불러일으키다. ¶他~了心; 그는 마음이 끌렸다. | 没想到这次她~了真感情; 이번에 그녀가 진실한 감정을 보이리라고 생각하지 못했다. | 这种行为~了公愤(gōngfèn); 이런 행위는 대중의 분노를 불러일으킨다.

动机 dòngjī 动 동기. ¶你了解他的~吗? 너는 그의 동기를 이해하니?| 我怀疑她有不良~; 나는 그녀에게 좋지 않은 동기가 있다고 의심한다. | 你的~是好的, 但是没有取得好的结果; 너의 동기는 좋았지만 좋은 결과를 얻지 못했다.

动静 dòng·jing 名 ❶ 인기척. 어떤 소리.

¶屋子里没有~;집에 인기척이 없다.| 我听见有~;나는 어떤 소리를 들었다.| 周围一点儿~也没有;주위에 아무런 인기척도 없다. ❷ 동정. 움직임. ¶关于裁员的事情你听到了吗?감원에 대한 소식을 너는 들었니?| 对方一有~,要马上报告;상대방의 움직임이 있으면, 즉각 보고해야 한다.| 这件事后来没什么~了;이 일은 나중에 아무런 동정이 없었다.

动人 dòngrén 形 감동적이다. ¶她美丽~;그녀는 감동적일 만큼 아름답다.| 这部电影讲了一个~的故事;이 영화는 감동적인 이야기를 했다.| ~的音乐能帮助我们放松心情;감동적인 음악은 우리의 마음을 편하게 하는 데 도움이 된다.

动身 dòngshēn 动 출발하다. 여행을 떠나다. ¶我明天一早就~;나는 내일 아침에 바로 출발한다.| 他们已经~去北京了;그들은 이미 베이징으로 출발했다.| 你什么时候~?너는 언제 여행을 떠나냐?

动手 dòngshǒu 动 ❶ 시작하다. 착수하다. ¶要早一点~;조금 일찍 시작해야 한다.| 我还没~处理这些事情;나는 아직 이 일들의 처리에 착수하지 않았다.| 我们一起~,很快就能完成;우리가 함께 시작하면 빨리 마칠 수 있다. ❷ 손을 대다. ¶这些展示品只能看,不能~;이 전시품들은 볼 수만 있을 뿐 손을 댈 수는 없다.| 孩子看到漂亮的玩具,忍不住~去拿;아이는 예쁜 장난감을 보자 참지 못하고 손으로 집었다.| 请不要~碰触(pèngchù)这些雕塑(diāosù)作品;이 조소 작품들에 손을 대지 마십시오. ❸ 때리다. 손찌검하다. ¶两个人~打起来了;두 사람이 치고 박고 싸우기 시작했다.| 吵架可以,但不能~;싸우는 것은 되지만 때려서는 안 된다.| 你怎么能~打人呢?너 어떻게 사람을 때릴 수가 있니?

动物 dòngwù 名 동물. ¶我们要保护野生~;우리는 야생 동물을 보호해야 한다.| 这种~叫什么名字?이 동물 이름이 무엇입니까?| 熊猫是中国特有的~;팬더는 중국에만 있는 동물이다.

动物园 dòngwùyuán 名 동물원. ¶北京~很大;베이징 동물원은 크다.| 孩子们喜欢去~;아이들은 동물원에 가는 것을 좋아한다.| 请问去~怎么走?동물원에 어떻게 갑니까?

动向 dòngxiàng 名 동향. ¶最近有什么新~吗?최근에 새로운 동향이 있습니까?| 研究人员要及时了解学术界的~;연구 인력은 학술계의 동향을 제때에 이해해야 한다.| 这是最新的市场~调查(diàochá)报告;이것은 최신의 시장 동향 조사 보고서이다.

动员 dòngyuán 动 설득하다. 교육하다. 동원하다. ¶要~大家都参加比赛;모두를 설득하여 경기에 참가해야 한다.| 我们应该~学生们多阅读中文名著;우리는 학생들이 중국어 명저를 읽도록 교육해야 한다.| 今天的~大会由系主任主持;오늘의 (군중) 동원 대회는 학과장이 사회를 맡는다.

动作 dòngzuò 名 동작. 행동. ¶这个舞蹈(wǔdǎo)~是高难度的;이 춤 동작은 난이도가 높다.| 他的~显得有点儿笨拙(bènzhuō);그의 행동이 조금 굼떠 보인다.| 这位老人~非常灵活;이 노인은 행동이 아주 재빠르다.

▶용법주의:'搞小动作(작은 행동을 하다)'는 비밀리에 규정에 맞지 않는 일을 하는 것을 가리킨다. ¶希望大家能公平竞争,谁也不要搞小~;모두가 공정하게 경쟁할 수 있기를 바라며, 누구도 규정에 어긋나는 행동을 하지 마십시오.

冻 dòng 动 ❶ 얼다. ¶水~成冰了;물이 얼어 얼음이 되었다.│放在外面的菜都~了;밖에다 둔 채소가 모두 얼었다.│你吃过~豆腐(dòu·fu)吗? 너 얼린 두부 먹어보았니? ❷ 얼다. 차다. ¶我的手都~了;내 손이 꽁꽁 얼었다.│在皮肤上抹大蒜汁(suànzhī)可以治疗~伤;피부에 마늘 즙을 바르면 동상이 치료된다.│真~得慌! 정말 춥다! 名(~儿) 액체가 응결되어 반고체나 젤리 모양으로 된 것. ¶过年的时候,中国人喜欢吃肉~儿;설을 지낼 때 중국인들은 육동(고기를 졸인 국물이 엉겨 굳은 것)을 즐겨 먹는다.│鱼~儿很好吃;어동(생선을 졸인 국물이 엉겨 굳은 것)은 맛있다.│鸡汤都成~儿了;닭국이 얼어 반고체가 되었다.

洞 dòng 名 구멍. 동굴. ¶这里有个山~;이곳에 동굴이 있다.│衣服上破了个~;옷에 구멍이 나다.│地上这些~是蚁穴(yīxué);땅위의 저 구멍들은 개미굴이다.

都 dōu 副 ❶ 모두. 다. ¶大家~来了;모두 왔다.│他们~学习汉语;그들은 모두 중국어를 공부한다.│她无论做什么~很认真;그녀는 어떤 일이든 모두 진지하게 한다. ❷ '是'와 함께 쓰여 이유를 나타냄. ¶~你害的;다 네가 망친 것이다.│~是因为他,才浪费了时间;모두가 그 때문에 시간을 낭비했다.│~是因为工作太忙了,不然的话我早就来看你了;일이 바빴기 때문이다. 그렇지 않았다면 나는 벌써 너를 보러 왔을 것이다. ❸ 심지어. 조차도. 까지도. ¶她对我比亲姐姐~好;그녀는 심지어 친 누나보다 나에게 잘 해준다.│这孩子比大人~懂事;이 아이는 심지어 어른보다 더 사리를 분별할 줄 안다.│一点儿~不疼;조금도 아프지 않다. ❹ 이미. 벌써. ¶~十二点了;벌써 12시다.│我~快要睡着了;나는 벌써 잠이 들려고 한다.│你的女儿~长这么大了;네 딸이 벌써 이렇게 자랐구나.

抖 dǒu 动 ❶ 떨다. ¶她冻得浑身发~;그녀는 추워서 온몸이 떨렸다.│他太害怕了,一直在发~;그는 너무 두려워서 줄곧 떨고 있다.│因为紧张,她的声音~得厉害;긴장해서 그녀의 목소리가 심하게 떨리다. ❷ 폭로하다. 드러내다. ¶他提起口袋,把里面的东西全都~了出来;그는 자루를 들고 속에 든 물건을 모두 털어 내었다.│把他的老底儿都~出来了;그의 지난날의 소행을 모두 폭로했다.│这些丑事都被媒体~出来了;이런 추악한 일들은 모두 매체에 폭로되었다. ❸ 분발하다. (기운을) 내다. ¶请你~擞(sǒu)起精神来;기운 내십시오.│我~擞(sǒu)起精神来继续工作;나는 기운을 내서 일을 계속 했다.│她实在太累了,~不起精神来;그녀는 정말로 피곤해서 기운을 낼 수 없다. ❹ 거들먹거리다. 우쭐대다. ¶他当了官以后就~起来了;그는 관직에 오른 후 거들먹거린다.│现在她发财了,~起来了;

이제 그녀는 돈을 벌어 우쭐댄다.| 人家是有地位的人,当然能~起来了; 그는 지위가 있는 사람이니 당연히 거들먹거릴 수 있다.

▶확장용법:'抖'는 풍자적인 의미로 자주 쓰인다.¶你还没当官呢,怎么就抖起来了?너는 아직 관직에 오르지도 않았는데, 왜 거들먹거리니?

抖搂 dǒu·lou [动] ❶ 털다.¶她一进门就~大衣上的雪;그녀는 들어오자마자 외투의 눈을 털었다.| 把桌布上的面包渣~干净;식탁보의 빵 부스러기를 깨끗하게 털다.| 把衣服上的土~一下;옷의 흙을 털어내다. ❷ 폭로하다. 들추어내다.¶把箱子里的东西全都~出来;상자 안의 물건을 모두 들추어내다.| 把他的老底儿都~出来了;그의 지난날의 소행을 모두 폭로하다.| 这些丑事都被媒体~出来了;이 추문들은 매체에 의해 폭로되었다. ❸ 낭비하다. 탕진하다.¶他把父母给的钱~光了;그는 부모가 준 돈을 모두 낭비했다.| 用来交学费的钱已经被他~没了;학비로 쓸 돈을 그가 모두 써버렸다.| 别乱~钱财;아무렇게나 돈을 낭비하지 말아라.

▶용법주의:'抖搂'는 방언의 색채가 있는 구어이다.

斗争 dòuzhēng [动] 투쟁하다. 노력하다. ¶他和自己~了半天,还是不能决定; 그는 자신과 한참동안 싸웠지만 여전히 결정할 수 없었다.| 要和不公正的现象~到底;공정하지 못한 상황과 도 끝까지 투쟁해야 한다. [名] 투쟁. ¶~很激烈;투쟁이 격렬하다.| 他在做思想~;그는 사상 투쟁을 하고 있다.| 要和歪风邪气进行坚决的~;나쁜 기풍과는 단호한 투쟁을 진행해야 한다.

豆 dòu [名] ❶ 콩.¶喝绿~汤可以解毒(jiědú);녹두로 만든 탕을 마시면 해독할 수 있다.| 多吃~制品对身体好;콩으로 만든 제품을 많이 먹는 것이 건강에 좋다.| 我喜欢喝~奶;나는 두유를 좋아한다. ❷ 콩처럼 생긴 것.¶炒个花生~儿下酒吧;땅콩을 볶아 술안주로 하자.| 碗里放着一个小糖~儿;그릇 안에 콩사탕이 있다.| 这种植物的种子是一些黑色的小~~;이런 식물의 씨앗은 검정색의 작은 콩 모양이다.

豆腐 dòu·fu [名] 두부.¶~可以做成很多菜肴(càiyáo);두부로 많은 요리를 만들 수 있다.| 我喜欢吃~汤;나는 두부로 만든 탕을 즐겨 먹는다.| ~的营养价值很高;두부는 영양이 풍부하다.

豆子 dòu·zi [名] ❶ 콩.¶爷爷在地里种了一片~;할아버지가 땅에 콩을 심었다.| ~长得很好;콩은 잘 자란다.| 今年~丰收了;올해는 콩이 풍년이다. ❷ 콩.¶我煮了一些新鲜的~;나는 신선한 콩을 삶았다.| 中国北方农历二月二有吃炒~的风俗(fēngsú);중국의 북방에는 음력 2월 2일에 콩을 볶아 먹는 풍속이 있다.| ~可以做成很多种豆制品;콩으로 많은 콩 제품을 만들 수 있다. ❸ 콩알 같은 작은 물건.¶孩子喜欢吃糖~;아이가 콩사탕을 좋아하다.| 这个童话里有一个神奇(shénqí)的金~;이 동화에는 신기한 금콩이 나온다.| 这种植物的种子是一些黑色的小~;이런 식물의 씨앗은 검정색의 작은 콩 모양이다.

逗 dòu 动 ❶ 놀리다. 골리다. 꾀다. ¶她正在~孩子玩呢；그녀는 아이를 놀리며 놀고 있다.|孩子喜欢去~那只小狗；아이는 그 개를 놀리는 것을 좋아한다.|你别~她了；너는 그녀를 놀리지 말아라. ❷ 자아내다. 끌다. ¶这孩子很乖, ~人喜爱；이 아이는 귀여워서 사람들의 사랑을 자아낸다.|她大大的眼睛~人喜欢；그녀의 커다란 눈이 사람들의 호감을 자아내다.|这个姑娘真~人爱；이 아가씨는 정말로 사람들의 사랑을 자아낸다. ❸ 농담하다. ¶她~你呢, 你别相信她的话；그녀가 너에게 농담한 것이니 그녀의 말을 믿지 말아라.|大家一起~个乐；모두가 함께 농담하다.|这个人不识(shí)~, 你跟他开玩笑他会生气的；이 사람은 농담을 모른다. 네가 그에게 농담하면 그는 화를 낼 것이다. 形 우습다. 재미있다. ¶你这人真~；너는 정말 재미있다.|这话太~了；이 말은 너무 우습다.|没想到你还挺~的；네가 이렇게 재미있을 지 생각하지 못했다.

逗留 dòuliú 动 머무르다. 체류하다. ¶我在杭州~了五天；나는 항저우에서 5일을 머물렀다.|航班延误(yánwù)了,我们只好在机场~；비행기가 연착되어 우리는 어쩔 수 없이 공항에 머물 수밖에 없다.|请在这里多~一阵子吧；이곳에 더 머물러 주십시오.

都市 dūshì 名 도시. ¶北京和上海都是国际化的大~；베이징과 상하이는 모두 국제화된 대도시다.|~生活令人疲惫(píbèi)；도시 생활은 사람을 피곤하게 한다.|长期住在~里的人应该多到郊外走走；오랫동안 도시에서 거주한 사람들은 자주 교외로 나가 산책해야 한다.

读 dú 动 ❶ 낭독하다. 소리 내어 읽다. ¶孩子们在~课文；아이들이 소리 내어 본문을 읽고 있다.|请你把这个句子~出来；네가 이 문장을 낭독해라.|请跟我~；저를 따라서 읽어 보세요. ❷ 읽다. ¶请多~一些文学名著；문학 명지들을 많이 읽으세요.|这本书值得一~；이 책은 한번 읽어볼 만하다.|她在默~课文；그녀는 본문을 소리 없이 읽고 있다. ❸ 진학하다. 공부하다. ¶明年我的女儿该~小学了；내년에 내 딸은 초등학교에 진학해야 한다.|她还在~大学；그녀는 아직 대학에서 공부하고 있다.|~完博士以后, 他打算出国工作；박사 공부를 마친 후 그는 외국에 나가 일할 생각이다. ❹ 읽다. ¶这个字怎么~?；이 글자는 어떻게 읽습니까?|这个词你~错了；너는 이 단어를 잘못 읽었다.|这个字~轻声；이 글자는 경성으로 읽는다.

读书 dú//shū 动 ❶ 책을 읽다. 독서하다. ¶孩子正在大声~；아이가 큰 소리로 책을 읽고 있다.|我喜欢听着音乐~；나는 음악을 들으며 독서하는 것을 좋아한다.|我一直坚持写~笔记；나는 줄곧 독서 노트를 쓰고 있다. ❷ 공부하다. ¶她~很用功；그녀는 열심히 공부한다.|为中华之崛起(juéqǐ)而~；중화의 발전을 위해 공부하다.|~需要有正确的方法；공부는 정확한 방법을 필요로 한다. ❸ 학교에 다니다. 진학하다. ¶他还在~呢, 还没有毕业；그는 아직 학교에 다니고 있으며 졸업하지 않았다.|我读了二十年

的书;나는 20년 간 공부했다.| 在国外~的时候,我有很多外国朋友;외국에서 진학할 때, 나는 외국 친구가 많았다.

▶용법주의:'读书'는 이합사로, '读了半小时书(30분 동안 책을 읽다)', '读了很多书(많은 책을 읽다)', '读了十年书(10년 동안 공부하다)' 등으로 표현할 수 있다.

读者 dúzhě 名 독자. ¶阅读是~和作者的心灵对话;독서는 독자와 작가의 영혼의 대화이다.| 这篇文章很受~欢迎;이 글은 독자의 환영을 받았다.| 办刊物(kānwù)要充分考虑~的需求;간행물을 발행하려면 독자의 요구를 충분히 고려해야 한다.

独立 dúlì 形 독립적이다. ¶要学会~思考;독립적으로 사고하는 것을 익혀야 한다.| 孩子长大以后要学会~;아이가 자란 이후에는 독립하는 것을 배워야 한다.| 她是一个很有~精神的人;그녀는 독립 정신이 강한 여성이다. 动 ❶ 독립하다. ¶这个国家是二战以后~的;이 국가는 2차 대전 이후에 독립했다.| 很多国家都有过~战争史;많은 나라가 독립전쟁의 역사를 가지고 있다.| 中国和韩国都是~主权国家;중국과 한국은 모두 독립된 주권 국가이다. ❷ 독립해 나가다. ¶历史专业已经~出去了,现在是历史学院;역사학과가 독립해 나가 지금은 단과 대학이 되었다.| 语言中心已经从文学院~出去了;어학센터는 벌써 인문대학에서 독립해 나갔다.| 我们想组建一个~的文化研究所;우리는 독립적인 문화연구소를 세우려고 한다.

独特 dútè 形 독특하다. 특수하다. ¶她穿衣风格很~;그녀는 옷 입는 스타일이 독특하다.| 你是一个~的人;너는 독특한 사람이다.| 这部电影非常~;이 영화는 아주 독특하다.

独自 dúzì 副 단독으로. 홀로. 혼자서. ¶我在~思考;나는 홀로 생각하고 있다.| 她~面对一切;그녀는 혼자서 모든 것에 맞닥뜨린다.| 孩子~玩耍;아이가 혼자서 논다.

堵 dǔ 动 막다. 가로막다. ¶你在这里~住他们,别让他们跑了;네가 여기에서 그들을 막아 도망가지 않게 해라.| 用石头~住洞口;돌로 동굴 입구를 가로막다.| 他用棉花把流血的伤口~住了;그는 솜으로 피가 나는 곳을 막았다. 形 답답하다. 우울하다. ¶我心里~得慌;나는 마음이 답답하다.| 这句话~在我的心口,没能说出来;이 말은 내 가슴을 짓눌러 말할수가 없었다.| 你就别再给我添~了;너는 더 이상 나를 우울하게 하지 말아라. 量 담장을 세는 단위. ¶这里有一~墙;여기에 벽이 하나 있다.| 他面对着一围墙;그는 벽을 바라보고 있다.| 这~墙是什么时候倒的? 이 담장은 언제 무너졌습니까?

肚子 dǔ·zi 名 (동물의) 위. ¶辣椒炒羊~很好吃;고추와 함께 볶은 양의 위는 맛있다.| 我点了一道凉拌猪~;나는 돼지 위 무침을 주문했다.| 牛~可以炖(dùn)汤;소의 위로 탕을 끓일 수 있다.
☞ dù·zi

杜鹃花 dùjuānhuā 名 진달래. ¶~也叫映(yìng)山红;진달래는 영산홍이라고도 부른다.| ~有红色、白色等多种颜

색;진달래는 붉은색, 흰색 등의 다양한 색깔이 있다.| ~ 开了;진달래가 피었다.

肚子 dù·zi 名 배. ¶我 ~ 疼;나는 배가 아프다.| 他的 ~ 好大;그는 배가 정말 크다.| 我最近在减 ~ 上的肥肉;나는 요즘 배의 지방을 빼고 있다.

☞ dǔ·zi

度 dù 名 ❶ (온도, 밀도, 농도 따위의) 단위. ¶屋子里温 ~ 太低;집 안의 온도가 너무 낮다.| 这种酒的浓 ~ 太高;이런 술은 도수가 너무 높다.| 这种石头的硬 ~ 不够;이런 돌의 경도는 충분하지 않다. ❷ (도량형의) 도. 길이. ¶锐角都小于 90 ~;예각은 모두 90도보다 작다.| 病人发烧到三十九 ~ 了;환자의 열이 39도까지 이르다.| 这个地区位于北纬 38 ~;이 지역은 북위 38도에 위치하고 있다. ❸ 정도. 한도. ¶对待下属要严宽适 ~;아랫사람을 대할 때는 엄격함과 관대함이 적정해야 한다.| 这个 ~ 不容易把握;이 정도로는 파악하기 쉽지 않다.| 请不要过 ~ 关注别人的缺点;과도하게 다른 사람의 단점에 관심을 가지지 말아라. 动 (시간을)보내다. ¶祝大家欢 ~ 假(jià)期;모두 휴가 잘 보내시길 바랍니다.| 我们共 ~ 了一段愉快的时光;우리는 함께 즐거운 시간을 보냈다.| 我没有虚 ~ 时光;나는 시간을 허투루 보내지 않았다. 量 번. 회. 차. ¶希望与你再 ~ 相见;다시 한 번 만나기를 바랍니다.| 她曾三 ~ 来到中国;그녀는 중국에 세 번 왔었다. | 这出话剧两 ~ 公演, 获得了极大的成功;이 연극은 두 차례 공연되었으며 크게 성공했다.

度过 dùguò 动 (시간을) 보내다. ¶我们一起 ~ 了难忘的一年;우리는 함께 잊을 수 없는 일 년을 보냈다.| 我在奶奶家 ~ 了童年;나는 할머니 집에서 어린 시절을 보냈다.| 她在国外 ~ 了十几年的时间;그녀는 외국에서 십 몇 년을 보냈다.

渡 dù 动 ❶ (물을) 건너다. ¶她远 ~ 重洋 (chóngyáng) 去国外谋生 (móushēng);그녀는 멀리 바다를 건너 외국에 가서 생활한다.| 我们的航班 (hángbān) 正在飞 ~ 太平洋;우리 비행기는 지금 태평양을 건너고 있다. ❷ (사람이나 화물을 싣고) 물을 건너다. ¶请把我们 ~ 过河去;우리를 태워 강을 건네주십시오.| 河边只有一条 ~ 船;강가에는 나룻배가 한 척 있을 뿐이다.| 船家把我们 ~ 到了对岸;뱃사공이 우리를 맞은편으로 건네주었다.

端 duān 动 받쳐들다. ¶她 ~ 来了饭菜;그녀가 요리를 들고 왔다.| 妈妈给孩子 ~ 来了洗脸水;엄마가 아이의 얼굴을 씻길 물을 가지고 왔다.| 他 ~ 着一只精致(jīngzhì)的茶杯;그가 정교한 컵을 받쳐들고 있다.

端正 duānzhèng 形 ❶ 단정하다. 똑바르다. ¶她长得很 ~;그녀는 단정하게 생겼다.| 他五官 ~;그는 외모가 단정하다.| 她写的汉字端端正正;그녀가 쓴 한자가 바르다. ❷ 바르다. 단정하다. ¶请你保持 ~ 的态度;바른 태도를 지켜주세요.| 她人品 ~;그녀는 사람됨이 단정하다.| 品行 ~ 的人才能得到尊敬;품행이 바른 사람만이 존경을 받을 수 있다. 动 단정히 하다. 바르게 하다. ¶请 ~ 一下学习

态度；학습 태도를 단정하게 하십시오.｜~工作态度；작업 태도를 단정하게 하다.｜请~服务态度；복무 태도를 바르게 하십시오.

短 duǎn 形 짧다.¶她穿了一条~裙；그녀는 짧은 치마를 입었다.｜这条路很~；이 길은 아주 짧다.｜时间太~了，来不及详细谈；시간이 짧아 상세하게 말할 수 없다. 动 부족하다. 결핍되다.¶这个小店的东西总是缺斤~两；이 각의 물건은 항상 분량이 부족하다.｜大家都来了，就~他一个人；모두 왔지만 그 한 사람만이 빠졌다.｜他清点了一下材料的数量，发现~了三份；그는 재료의 수량을 조사하고 나서 세 세트가 부족하다는 것을 알게 되었다. 名(~儿)단점. 결점.¶我们要取长补~；우리는 장점을 취하고 단점은 보완해야 한다.｜谁都有个~儿；누구에게든 단점이 있다.｜别在背后说长道~的；뒤에서 다른 사람의 험담을 하지 말아라.

短道速滑 duǎndàosùhuá 名 쇼트트랙.¶~是冬季奥运会(àoyùnhuì)项目；쇼트트랙은 동계올림픽 종목이다.｜中国和韩国都有优秀的~运动员；한국과 중국은 모두 우수한 쇼트트랙 선수를 보유하고 있다.｜他打破了~的世界纪录；그가 쇼트트랙 세계기록을 깨뜨렸다.

短期 duǎnqī 形 단기(간)의.¶我想参加暑假~培训班；나는 여름철 단기 훈련반에 참가하려고 한다.｜这些学生都是~生；이 학생들은 모두 단기생이다.｜我下个月去日本~访问；나는 다음달에 일본을 단기 방문한다.

段 duàn 量 (가늘고 긴 물건의) 도막. 토막. 시간이나 공간의 거리나 구간.¶这~路不好走；이 길은 걷기에 좋지 않다.｜感谢您这~时间对我的关照；그 동안 저를 돌봐주셔서 감사합니다.｜他用英语说了一~话；그는 영어로 말을 했다. 名(바둑, 장기, 유도의) 단.¶他是一位九~高手；그는 9단의 고수이다.｜他们俩的~位相当；그들 두 사람의 단이 같다.｜围棋比赛选手的~位标志着他们的棋艺(qíyì)水平；기수의 단은 그의 바둑 실력을 나타낸다.

断 duàn 动 ❶ 자르다. 끊다.¶我不小心把笔弄~了；나는 조심하지 않아 연필을 부러뜨렸다.｜绳子~了；밧줄이 끊겼다.｜树干被大风刮~了；나무 줄기가 거센 바람에 부러졌다. ❷ 끊다. 차단하다.¶我们从此~了联系；우리는 이때부터 연락이 끊겼다.｜修电器的时候要首先~电；전기 기기를 수리할 때는 먼저 전기를 차단해야 한다.｜孩子已经~奶了；아이가 벌써 젖을 끊었다.

断绝 duànjué 动 끊다. 단절하다. 차단하다.¶我们已经~来往了；우리는 이미 왕래가 끊겼다.｜从那以后, 我就和她~了联系；그 때 이후로 나는 그녀와 연락을 끊었다.

锻炼 duànliàn 动 ❶ (몸을) 단련하다.¶她每天坚持~；그녀는 매일 몸을 단련한다.｜操场上有很多~的学生；운동장에서 몸을 단련하는 학생이 많다.｜你的身体太弱了，要好好~一下；너는 몸이 약하니 잘 단련해야 한다. ❷ (마음, 정신 등을) 단련하다. 수련하다.¶我鼓励学生们到社会上去~一下;나는 학생들이 사회로 나가 단련하도록 격려한다.│实践是最好的~;실천은 가장 좋은 단련이다.│挫折(cuòzhé)和困难都是一种~;좌절과 어려움은 모두 일종의 수련이다.

堆 duī 动 쌓다.¶孩子把玩具~了一地;아이가 장난감을 바닥에 가득 쌓았다.│她把书都~在桌子上;그녀가 책을 모두 책상 위에 쌓다.│垃圾快要~成山了;쓰레기가 쌓여 곧 산이 되겠다. (~儿) 名 쌓아놓은 물건. 무더기. 더미.¶山上有些石头~儿;산에 돌 더미가 있다.│地上有个小土~儿;땅에 작은 흙더미가 있다.│小猫在垃圾~里找东西;고양이가 쓰레기 더미에서 먹을 것을 찾다. 量 무더기. 더미.¶这~石头是许愿(xǔyuàn)的人们堆起来的;이 돌 더미는 소원을 비는 사람들이 쌓은 것이다.│那儿有一~人,不知道出了什么事;저기에 한 무리의 사람들이 있는데, 무슨 일이 생긴 건지 모르겠다.│地上有一~衣服;땅에 옷 한 더미가 있다.

堆积 duījī 动 쌓이다. 밀리다.¶货物~如山;물건이 산처럼 쌓여 있다.│卖不出去的商品都~在仓库(cāngkù)里;팔리지 않은 상품이 모두 창고에 쌓여 있다.│垃圾~在院子的角落里;쓰레기가 마당 구석에 쌓여 있다.

队 duì 名 ❶ 대열. 행렬.¶大家站好~;모두가 대열을 갖추다.│等车的人排成了长~;차를 기다리는 사람들이 긴 대열을 이루었다.│请排~上车;차례대로 차를 타십시오. ❷ 팀. 단체.¶我们组成了一支水平很高的球~;우리는 실력이 좋은 팀을 만들었다.│

他随考察~去农村调查情况了;그는 조사팀을 따라 농촌에 가서 조사하게 되었다.│她哥哥在消防~工作;그녀의 오빠는 소방대에서 일한다. 量 무리. 군.¶这~人马是从哪儿来的?이 사람들과 말은 어디에서 온 것입니까?│一~车辆缓缓行驶过来;일군의 차량이 천천히 다가오다.│这~游客找不到他们的导游了;이 여행객들은 그들의 여행 가이드를 찾지 못했다.

队长 duìzhǎng 名 대장.¶我们都要听~的指挥;우리는 모두 대장의 지휘를 받아야 한다.│她是山东代表队~;그녀는 산동 대표팀의 대장이다.│那位就是我们的老~;저 분이 우리의 대장어른이다.

队伍 duì·wu 名 ❶ 대오. 대열.¶请同学们排好~;학생 여러분 대오를 갖춰 주십시오.│请保持~整齐;대열을 바르게 유지해 주십시오.│游行的~里有不少中学生;시위행렬에 중학생들이 적지 않게 있었다. ❷ 단체. 조직.¶我们的~是强大的;우리의 조직은 강대하다.│请加入这个~吧;이 단체에 가입하십시오.│我们学校的专业~实力很强;우리 학교 전문가 조직은 실력이 좋다.

对 duì 形 맞다. 정확하다. 옳다.¶你说得~;네 말이 맞다.│她~了,你错了;그녀가 맞고 네가 틀렸다.│这么做好像不太~;이렇게 하는 것은 옳지 않은 것 같다. 动 ❶ 향하다.¶他~着镜子照了照;그는 거울을 보았다.│我的桌子正~着门儿;내 책상은 문을 향하고 있다.│妈妈~着孩子温柔地笑了;엄마가 아이를 향해 상냥하게 웃었다. ❷

대하다. 대응하다. ¶他~我很好;그는 나를 잘 대해준다.| 要~事不对人;일에 대응하고 사람에게는 대응하지 않다.| 要~症下药才行;증세에 맞게 약을 쓰는 것이 좋다. ❸ 어울리다. 조화되다. ¶这副对联儿~得真妙;이 대련은 절묘하게 어울린다.| 可以~个火吗?;담뱃불을 맞붙여도 됩니까?| 把纸~齐了再装订;종이를 모아 다시 제본하다. ❹ 어울리다. 의기투합하다. ¶他们俩真~脾气;그들 두 사람은 정말로 잘 어울린다.| 我觉得有点儿不~劲儿;나는 잘 어울리지 않는다는 생각이 들었다.| 饺子和醋很~味儿;만두와 식초는 맛이 잘 어울린다. ❺ 대조하다. 맞대보다. ¶我们~一下答案吧;우리 답안을 대조해 보자.| 把他们俩提供的情况~一~;그들 두 사람이 제공한 상황을 대조해 보자.| 笔迹已经~过了,就是他写的;필적을 대조해보니 그가 쓴 것이다. ❻ 섞다. 혼합하다. ¶饮料太甜了,我要~点儿水喝;음료가 너무 달아 나는 물을 조금 섞어 마셔야겠다.| 往茶壶里~点儿开水;찻주전자에 끓인 물을 조금 섞다.| 她往酒杯里~了些水;그녀는 술잔에 물을 섞었다. (~儿)[名]대구. 대련. ¶这是一幅五言~儿;이것은 5언 대구이다.| 中国古代的孩子们都要学习对~儿;고대 중국의 아이들은 대구 짓는 것을 배워야 했다.| 春节时,家家户户在门口贴着大红~儿;설날이면 집집마다 문에 커다랗고 붉은 대련을 붙인다. [介]…에게. …에 대하여. ¶~她来说这太难了;그녀에게 이것은 너무 어려운 일이다.| ~你的关心我表示衷心(zhōngxīn)的感谢;저에 대한 당신의 관심에 충심으로 감사 드립니다.| 你~这件事有什么看法?너는 이 일에 대해 어떻게 생각하니?[量]쌍. 짝. ¶他们是一~~儿恩爱夫妻;그들은 애정이 깊은 부부이다.| 老人养了一~~鹦鹉(yīngwǔ);노인이 한 쌍의 앵무새를 키웠다.| 门口挂着一~红灯笼(dēnglong);문에 한 쌍의 붉은 초롱이 걸려 있다.

▶용법주의: 介'对'와'对于'의 용법은 비슷하지만,'对'의 동사적 의미가 훨씬 강하다.'对'를 사용한 문장들 중'对于'를 사용할 수 없는 경우가 많다.¶对她表示欢迎;그녀에게 환영의 뜻을 나타내다.| 对你表示衷心的感谢;너에게 마음에서 우러나온 감사를 나타내다. 이와 같은 상황에서는 모두'对于'를 사용할 수 없다.

▶확장용법: ❶'对联'은'对子','对儿'이라고도 하며, 중국의 전통적인 문학양식이다. 윗연과 아랫연으로 나뉘며 윗연과 아랫연의 글자 수가 같아야 하고, 대응하는 곳에 사용된 단어의 뜻, 성질, 발음 등이 모두 대응해야 한다. 고대 중국에서 대구 짓기는 아이 교육의 중요 내용이었다. ❷'对'가 양사로 쓰일 때'一对儿'은 관계가 좋은 두 사람을 가리킬 수 있다. ¶他们真是天生的一对儿;그들은 정말로 천생연분이다.

对半 duìbàn [动] 절반으로 나누다. ¶这笔钱我们~分吧;우리 이 돈을 절반으로 나누자.| 这块蛋糕太大,我们~儿分开吃吧;이 케이크가 너무 크니 우리 절반씩 나누어 먹자.| 这些钱一~分,也就没有多少了;이 돈은 절반으

로 나누면 얼마 되지 않는다.

对比 duìbǐ 动 대조하다. 대비하다. ¶我们可以把韩语和日语中的汉字词~一下;우리는 한국어와 일어의 한자 단어를 대조해볼 수 있다.| 她专门从事古今文学作品的~研究;그녀는 전문적으로 고전 문학과 현대 문학의 대조 연구에 종사한다.| ~一下中国和韩国的文化传统,我们可以发现一些共同之处;중국과 한국의 문화적 전통을 대비해보면, 우리는 몇 가지 공통점을 발견할 수 있다.

对不起 duìbuqǐ 动 미안합니다. ¶~,我错了;미안합니다. 제가 틀렸습니다.| 真~你;네게 정말 미안하다.| 我不想做~别人的事情;나는 다른 사람에게 미안한 일은 하고 싶지 않다.

对策 duìcè 名 대책. ¶我想出了一条~;나는 하나의 대책을 생각해냈다.| 要根据实际情况采取~;실제적인 상황에 근거하여 대책을 취해야 한다.| 我们一起商量一下~;우리 함께 대책을 상의해보자.

对待 duìdài 动 대하다. 대처하다. ¶她~朋友很热情;그녀는 열정적으로 친구를 대한다.| 丈夫要好好儿~妻子;남편은 아내에게 잘 대해줘야 한다.| 我们要正确地~别人的赞扬和批评;우리는 다른 사람의 칭찬과 비판에 대해 정확하게 대처해야 한다.

对方 duìfāng 名 상대방. 상대편. ¶~没有答应我方提出的条件;상대편이 우리 측에서 제시한 조건에 대해 응답하지 않았다.| 结婚以前应该好好了解~的情况;결혼하기 전에 상대방의 상황을 잘 이해해야 한다.| 过了这么多年,我们已经很难认出~了;여러 해

가 지나 우리는 상대방을 알아보기 어려웠다.

对付 duì·fu 动 ❶ 대응하다. 대처하다. ¶这个人不容易~;이 사람은 대처하기가 쉽지 않다.| 你打算怎么~这种情况?당신은 어떻게 이 상황에 대처할 생각입니까?| 我学了半年的韩语,日常会话可以~了;나는 반 년 동안 한국어를 배워 일상회화는 할 수 있다. ❷ 대충대충 하다. 그럭저럭하다. ¶衣服旧了,就~着穿吧;옷이 낡았다. 그럭저럭 입어라.| 他常用方便面胡乱(húluàn)~一下三餐;그는 종종 라면으로 하루 세 끼를 대충 때운다.| 你们就~着过吧;너희들은 그럼 그럭저럭 지내라.

对话 duìhuà 动 대화하다. ¶我想和他~;나는 그와 대화하고 싶다.| 两国政府的~有了新进展;양국 정부의 대화에 새로운 발전이 생기다.| 她可以用汉语和中国人~;그녀는 중국어로 중국인과 대화할 수 있다. 名 대화. ¶这段~你听懂了吗?너는 이 부분의 대화를 알아들었니?| 她记录了一些精彩的~;그녀는 훌륭한 대화를 기록했다.| 戏剧中的~要符合人物的性格;연극의 대화는 인물의 성격에 부합해야 한다.

对立 duìlì 形 대립적이다. 모순적이다. ¶~的双方互不让步;대립적인 쌍방이 서로 양보하지 않다.| 他们的态度是相~的;그들의 태도는 서로 대립적이다.| 你要看到这件事情的~面;너는 이 일의 모순적인 면을 간파해야 한다. 动 적대하다. ¶她的~情绪(qíngxù)比较严重;그녀의 적대감이 비교적 심하다.| ~势力很强大;적대

세력이 강하다.| 我不想和你保持~关系;나는 너와 적대하고 싶지 않다.

对了 duì·le [叹] 그렇습니다. 맞습니다. ¶~,还有一件事要麻烦你;맞다. 너를 번거롭게 할 일이 하나 더 있다.| ~,我想起来了;맞다. 생각이 났다.| ~,你是哪年出国的? 맞다. 너 몇 년도에 출국한 거지?

对面 duìmiàn [名] 맞은편. 반대편. ¶她家就在我家~;그녀의 집은 바로 우리 집 맞은편에 있다.| 学校~有一家银行;학교 맞은편에 은행이 하나 있다.| 老人的~坐着一个年轻人;노인의 맞은편에 젊은 사람이 앉아 있다.

对外 duìwài [形] ❶ 외부로의. 밖으로의. ¶我们的职工餐厅(cāntīng)不~开放;우리 직원 식당은 외부에 개방되지 않는다.| 这件事~不要声张;이 일은 밖으로 떠벌리지 말아라.| ~就说他已经走了;대외적으로 말해 그는 이미 떠났다. ❷ 대외의. 대외적인. ¶自中国实行~开放政策以来,经济有很大发展;중국이 대외적으로 개방정책을 실시한 이후 경제가 크게 발전하였다.| ~汉语教学是国家的事业;외국인을 대상으로 하는 중국어 교육은 국가적 사업이다.| 我们~要维护世界的和平;우리는 대외적으로 세계의 평화를 유지해야 한다.

对象 duìxiàng [名] ❶ (행위의) 대상. ¶我的研究~是韩语汉字词;나의 연구 대상은 한국 한자어이다.| 要根据谈话~调整(tiáozhěng)谈话方式;대화의 대상에 따라 대화의 방식을 조정해야 한다.| 教师要了解自己的教学~;교사는 자신의 교육 대상을 이해해야 한다. ❷ (연애, 부부 간의) 대상.

상대. ¶他还没有~呢;그는 아직 연인이 없다.| 给你介绍个~吧;네게 여자(남자)친구를 소개해줄게.| 她~和她一起来了;그녀의 남자친구와 그녀가 함께 왔다.

对应 duìyìng [动] 대응하다. ¶针对这种情况,我们要采取~的措施;이러한 상황을 겨냥해 우리는 대응할 조치를 취해야 한다.| 这两个词的意义是相~的;이 두 단어의 뜻은 서로 대응된다.| 韩语的"食堂"~着汉语的"餐厅";한국어의 '식당'은 중국어의 '餐厅'에 대응된다.

对于 duìyú [介] …에 대하여. ¶大家~这件事的意见是一致的;이 일에 대한 모두의 의견이 일치되다.| ~你的关心我表示衷心(zhōngxīn)的感谢;당신의 관심에 진심으로 감사를 표합니다.| 你~这件事有什么看法? 이 일에 대해 너는 어떻게 생각하니?

吨 dūn [名] 톤(ton). ¶1~等于1000公斤;1톤은 1,000 킬로그램이다.| 这些货物总重量是0.8~;이 화물의 총 중량은 0.8 톤이다.| 巨型货轮可以承载上万~的重量;대형 화물선은 수 만 톤의 무게를 실을 수 있다.

蹲 dūn [动] 쪼그리고 앉다. 웅크려 앉다. ¶孩子~在地上玩儿玩具;아이가 땅에 쪼그리고 앉아 장난감을 가지고 놀다.| 我的腿都~麻了;쪼그리고 앉아 내 다리에 쥐가 났다.| 他~下身子,从地上捡起一枚硬币;그가 몸을 굽혀 땅에서 동전 하나를 줍다.

顿 dùn [动] 잠시 멈추다. 좀 쉬다. ¶她说到这里,~了一下;그녀는 여기까지 말하고 잠시 멈췄다.| 老师~了~,又接着讲课;선생님이 잠시 멈췄다가,

계속 수업했다.| 听到这个问题,他~了一下;이 소식을 듣고 그는 잠시 멈췄다. 量번. 차례. 끼니. ¶我今天只吃了两~饭;나는 오늘 두 끼 식사만 했다.| 得好好教训他一~;그를 한 차례 잘 훈계해야 한다.| 爸爸把孩子痛打了一~;아빠가 아이를 한 차례 때렸다.

多 duō 形 ❶ 많다. ¶人太~了;사람이 너무 많다.| 你真是~才~艺啊;너는 정말로 재주가 많다.| ~年不见,你过得好吗? 오랫동안 보지 못했는데 잘 지내니? ❷ (차이가) 많다. (보어로 쓰인다.) ¶他的汉语比我好~了;그의 중국어 실력이 나보다 많이 뛰어나다.| 今天比昨天冷得~;오늘은 어제보다 많이 춥다.| 我的身体已经好~了;내 건강은 벌써 많이 좋아졌다. 动 (원래의 수보다) 초과하다. 증가하다. 많아지다. ¶怎么~了一个人? 왜 한 사람이 많아진 것이지?| 我~带了一点儿钱;나는 돈을 더 가지고 왔다.| ~给他一些机会吧;그에게 기회를 더 주자. 数 여. 남짓. ¶她已经四十~岁了;그녀는 이미 40여 세가 되었다.| 我们三年~没有联系;우리는 삼 년 남짓 연락하지 않았다.| 教室里有十~个同学;교실에 십여 명의 학생이 있다. 副 ❶ (감탄문에 쓰여) 얼마나. 아무리. ¶那个女孩~漂亮呀! 저 여자애는 얼마나 예쁜가!| 这个句子~简单啊;이 문장은 얼마나 간단한가.| 他~喜欢你啊! 그가 너를 얼마나 좋아하는가! ❷ (의문문에 쓰여) 얼마나. ¶您~大年纪? 당신은 연세가 얼마나 되십니까?| 孩子有~高了? 아이는 얼마나 컸습니까?| 这个箱子有~

重? 이 상자는 얼마나 무겁습니까? ❸ 아무리. 제아무리. ¶无论有~难,我都要坚持下去;아무리 어려워도 나는 버틸 것이다.| 不管这座山~高,我们都要爬上去;이 산이 제아무리 높아도 우리는 올라가야 한다.| 无论她~累,都对孩子有耐心;그녀는 제아무리 피곤해도 아이를 참을성 있게 대한다.

多么 duō·me 副 ❶ (감탄문에 쓰여) 얼마나. 아무리. ¶大海~辽阔(liáokuò)啊;바다는 얼마나 넓은가.| 她~年轻啊;그녀는 얼마나 젊은가.| 她~爱你啊! 그녀가 너를 얼마나 좋아하는가. ❷ (의문문에 쓰여) 얼마나. ¶您~大了? 당신은 나이가 얼마나 되십니까?| 车站离这里有~远? 정류장은 이곳에서 얼마나 멉니까?| 这个箱子有~重? 이 상자는 얼마나 무겁습니까? ❸ 아무리. 제아무리. ¶无论~难,我都要坚持下去;아무리 어려워도 나는 견지해 나갈 것이다.| 不管这座山~高,我们都要爬上去;이 산이 제아무리 높아도 우리는 올라가야 한다.| 无论她~累,都对孩子很有耐心(nàixīn);그녀는 제아무리 피곤해도 아이를 참을성 있게 대한다.

▶용법주의: '多么'는 주로 감탄문에 쓰이며, 다른 용법은 '多'만큼 많지 않다.

多少 duō·shao 代 ❶ 얼마. 몇. ¶贵校有~学生? 귀교에는 학생이 얼마나 있습니까?| 这家公司有~职员? 이 회사는 직원이 얼마나 됩니까?| 你有~朋友? 너는 친구가 얼마나 되니? ❷ 얼마. ¶你能做~就做~;너는 얼마를 할 수 있으면 그 만큼만 해라.| 我知

157

道~就说~;나는 아는 만큼만 말한다.| 有~问题,就有~办法;얼마만큼의 문제가 있으면 얼마만큼의 해법도 있다.

多少 duōshǎo 名 (수량의) 많고 적음. 수량. 분량. ¶我看到有很多人,但具体~不清楚;나는 많은 사람이 있는 것을 보았지만, 구체적인 수는 모른다.| 大家的捐款(juānkuǎn)~不等;모두의 기부금은 수량이 같지 않다.| 我不知道这笔钱的~;나는 이 돈의 수량을 모른다. 副 조금. 다소. ¶天气~有点儿热;날씨가 조금 덥다.| 昨夜~下了点儿雨;어제 저녁에 비가 조금 내렸다.| 她~好了一点儿;그녀는 다소 좋아졌다.

多数 duōshù 名 다수. ¶~外国人都感到汉语的声调很难学;다수의 외국인이 중국어의 성조가 배우기 어렵다고 느낀다.| ~情况下,她都很冷静;다수의 상황에서도 그녀는 모두 냉정을 유지하다.| 绝大~人都同意你的意见;절대 다수의 사람들이 모두 너의 의견에 동의한다.

▶용법주의:'绝大多数(절대 다수)'는 거의 모든 사람이나 일을 포함하는 것을 가리킨다.

多样 duōyàng 形 다양하다. ¶人们的生活方式是~的;사람들의 생활 방식은 다양하다.| 科学家提出要保护地球上的生物~性;과학자가 지구 생물의 다양성을 보호할 것을 요구했다.| 超市里的商品丰富~;슈퍼마켓의 상품이 풍부하고 다양하다.

多余 duōyú 形 ❶ 여분의. 나머지의. ¶我把~的钱存进银行;나는 여분의 돈을 은행에 저축했다.| ~的材料请保

存好;나머지 재료는 잘 보관해두십시오.| 大家五个人一组,~的人跟我一组;모두는 5 명이 하나의 조이고, 남은 사람은 저와 한 조입니다. ❷ 쓸모 없는. 필요 없는. ¶这样做完全是~的;이렇게 하는 것은 전혀 쓸모 없다.| ~的话我就不说了;필요 없는 말을 저는 하지 않겠습니다.| 这个问题问得有点儿~;이 질문은 쓸모 없다.

夺 duó 动 빼앗다. ¶她一把~过我手里的包;그녀는 한번에 내 손의 가방을 빼앗았다.| 孩子把妈妈手里的巧克力~过去了;아이가 엄마 손에 있는 초콜릿을 빼앗았다.| 她~走了我的机会;그녀가 내 기회를 빼앗아갔다.

朵 duǒ 量 송이. ¶这幅画上画着几~荷花;이 그림에는 몇 송이의 연꽃이 그려져 있다.| 一~白云从天空飘过;하늘에 구름 한 조각이 흘러가다.| 草地上有一~颜色鲜艳的蘑菇(mó·gu);풀밭에 색이 선명한 버섯 한송이가있다.

躲 duǒ 动 숨다. 피하다. ¶我们在咖啡馆门前~雨;우리는 커피숍 앞에서 비를 피했다.| 他~开我的目光;그가 나의 눈을 피하다.| 她独自~在角落里;그녀 혼자 구석에 숨는다.

躲避 duǒbì 动 ❶ 피하다. ¶你不用刻意~她;너는 일부러 그녀를 피할 필요가 없다.| 他有意~开我的目光;그는 일부러 내 눈빛을 피했다.| 孩子~在门后,和妈妈玩捉迷藏;아이가 문 뒤에 숨어서 엄마와 술래잡기를 하고 있다. ❷ 피하다. 물러서다. ¶在温暖的屋子里~风雨;따뜻한 집에서 비바람을 피하다.| 遇到困难的时候,~是没有用的;곤경에 처했을 때 피하는

것은 소용이 없다.| 聪明的人能~灾祸(zāihuò); 총명한 사람은 화를 피할 수 있다.

躲避球 duǒbìqiú 名 피구. ¶~运动起源于英国; 피구는 영국에서 기원했다.| 你会玩~吗?너 피구 할 줄 아니?| ~运动经济实惠(shíhuì)、简单易学; 피구는 경제적이며 배우기 쉽다.

躲藏 duǒcáng 动 숨다. 피하다.¶我没有地方可以~; 나는 숨을 곳이 없다.| 他~在屋里; 그가 집에 숨었다.| 孩子们一起玩捉迷藏的游戏, 大家~在各处, 由一个人来找; 아이들이 함께 술래잡기를 하면서 모두가 여기저기 숨자 한 아이가 찾으러 왔다.

E

鹅 é 名 거위. ¶池塘里有几只~；연못에 거위 몇 마리가 있다.｜大白~走路的样子很好玩儿；커다란 거위가 걷는 폼이 웃기다.｜你吃过烤~吗？너 구운 거위 요리를 먹어보았어?

额头 étóu 名 이마. ¶这个孩子的~很大，看起来很聪明；이 아이는 이마가 커서 총명해 보인다.｜她的~上开始长皱纹(zhòuwén)了；그녀의 이마에 주름이 생기기 시작했다.｜他用手扶着~，看上去很苦恼(kǔnǎo)；그는 손으로 이마를 짚으며 고민하는 듯했다.

额外 éwài 副 덤으로. 정액 외의. 부과적인. ¶买水果的人~给了我一个橘子；과일을 파는 사람이 나에게 덤으로 귤 하나를 주었다.｜这是一笔~开支；이것은 초과 지출이다.｜没有什么~的条件；다른 무슨 부과적인 조건이 없다.

饿 è 形 배고프다. ¶我~了；나 배고파.｜她快~晕了；그녀는 배고파 쓰러질 듯했다.｜你~吗？너 배고프냐？ 动 굶기다. 굶주리다. ¶别~着肚子工作；굶어가며 일하지는 말아라.｜不能~着孩子；아이를 굶길 수 없다.｜放心吧，~不着(zháo)你；걱정하지 마라. 너를 굶기지는 않을 것이다.

愕然 èrán 形 놀라다. ¶她~看着面前的一切；그녀는 모든 것을 놀랍게 보고 있다.｜这个消息令人~；이 소식이 사람들을 놀랍게 하다.｜他一脸~，不知道该说什么；그가 놀라 무슨 말을 해야 할 지 모르다.

儿童 értóng 名 어린이. 아동. ¶六月一日是国际~节；6월 1일은 국제 어린이 날이다.｜我想买一本关于~心理发展的书；나는 아동의 심리 발전과 관계된 책을 한 권 사려고 한다.｜~也有受到尊重(zūnzhòng)的权利；어린이에게도 존중 받아야 하는 권리가 있다.
▶확장용법:'儿童'은 보통 14세 이하의 아이를 가리키며, 14세 이상(14세를 포함하여) '少年'이라고 부른다.

儿媳妇 érxífù 名 며느리. ¶她的~很漂亮；그녀의 며느리는 예쁘다.｜~和婆婆处不好关系；며느리와 시어머니의 관계가 좋지 않다.｜他的~很孝顺(xiàoshùn)；그의 며느리는 정말 효성스럽다.

儿子 ér·zi 名 아들. ¶她~上大学了；그녀의 아들은 대학에 진학했다.｜~和爸爸长得很像；아들과 아빠가 매우 닮다.｜他的~很能干；그의 아들은 유능하다.

而 ér 连 ❶그리고. ¶她聪明~能干；그녀는 총명하고 유능하다.｜他是一位伟大·高尚的政治家；그는 위대하고 고상한 정치가이다.｜和你在一起，我感到平静·幸福；너와 함께 있어 나는 안정이 되고 행복하다. ❷ 긍정과 부정으로 서로 보충하는 성분을 연결시킨다. ¶他幽默(yōumò)~不轻浮

(qīngfú);그는 유머러스 하되 경박하지 않다.|茉莉花的香气清新~不过分浓郁(nóngyù);자스민 꽃의 향기는 맑고 신선하되 지나치게 짙지 않다.|她的态度坚决~不失礼;그녀의 태도는 단호하되 예의에 어긋나지 않다. ❸ …지만. …나. 그러나. ¶如果能改善~不改善,就会造成更大的问题;만약 개선할 수 있는 것을 개선하지 않으면 더욱 큰 문제가 발생할 것이다.|你该努力~不努力的话,迟早会后悔的;너는 노력해야 하는데 하지 않는다면, 머지않아 후회할 것이다.|该结束~不结束,这样拖(tuō)下去不是办法;끝내야 하는데 끝내지 않고 이렇게 끄는 것은 방법이 아니다. ❹ …까지. ¶一~再,再~三;한 번에서 두 번까지, 두 번에서 세 번까지 (몇 번이고 계속 되풀이하여).|我们旅行的路线是由南~北;우리의 여행 노선은 남쪽에서 북쪽까지이다.|由春~夏,季节轮换(lúnhuàn);봄에서 여름으로 계절이 돌아가며 바뀐다.

而且 érqiě 连 (不但, 不仅 등과 호응하여) 게다가. 또한. ¶她不但漂亮,~很能干;그녀는 아름다우며 게다가 유능하기까지 하다.|我们不仅是同学,~是非常要好的朋友;우리는 급우이며, 또한 아주 가까운 친구이다.|他不但会开车,~会修车;그는 운전을 할 줄 알고, 게다가 차를 수리할 줄도 안다.

耳朵 ěr·duo 名 귀. ¶这孩子的~真大;이 아이는 귀가 정말 크다.|小猫的~很可爱;아기 고양이의 귀가 귀엽다.|你的~可真灵(líng);너는 귀가 참 밝구나.

耳麦 ěrmài 名 헤드셋(headset). ¶这款(kuǎn)~的设计不错;이 헤드셋은 디자인이 괜찮다.|你的耳机带~吗?네 이어폰은 헤드셋이 있니?|她用~和网友在网上聊天;그녀는 헤드셋으로 누리꾼과 채팅을 한다.

二 èr 数 2. 둘. ¶她考试的成绩在全班是第~名;그녀의 시험 성적은 반에서 2 등이다.|1加1等于~;1 더하기 1 은 2이다.

▶용법주의: '二'는 몇 단위의 수 가운데 각각의 단위와 십 자리 (백 자리는 '二'와 '两'을 모두 사용할 수 있다), 서수, 소수, 분수에 쓰인다. ¶一共是两千二百二十二元;모두 2,222위안입니다.|这是我第二次来韩国;이번은 내가 한국에 두 번째 온 것이다.|她的得分是九点二二分;그녀의 점수는 9.22 점이다.|在调查(diàochá)中,大概三分之二的人相信世界是美好的;조사에서 대략 2/3의 사람이 세상이 아름답다고 믿었다.

二月 èryuè 名 2월. ¶~的天气还很冷;2월의 날씨가 여전히 춥다.|我打算~初回国;나는 2월 초에 귀국하려고 한다.|~下旬(xiàxún)他要出差;2월 하순에 그는 출장을 간다.

F

发 fā [动] ❶ 보내다. 부치다. 발송하다. ¶请帮我~一下试卷好吗？시험지 나눠주는 것 좀 도와주십시오.| 报社马上就要~稿报道这个消息；신문사가 곧 원고를 보내 이 소식을 보도할 것이다.| 他负责向客户~货；그는 손님에게 화물을 발송하는 책임을 맡고 있다. ❷ 생산하다. 발생하다. ¶地上~出了一棵嫩芽(nènyá)；땅에서 부드러운 싹이 돋아났다.| 南方地区连续几年~大水；남방 지역에 연이어 몇 년 동안 홍수가 발생하다.| 这种疾病(jíbìng)~病比较急；이런 질병은 발병이 비교적 갑작스럽다. ❸ 대량의 재물을 얻다. 부자가 되다. ¶他现在~了；그는 이제 부자가 되었다.| 听说你~大财了；너 돈을 많이 벌었다며.| 这家餐厅近两年~了,生意特别火；이 식당은 최근 2년 동안 돈을 많이 벌었으며, 장사가 아주 잘 된다. ❹ 발효하다. (물에) 붇다. ¶我自己~面做馒头；내 직접 밀가루를 물에 개어 만두를 만들었다.| 海参已经~好了；해삼이 물에 잘 불려졌다.| 做饺子不用~面；만두를 만들 때는 밀가루를 발효시킬 필요 없다. ❺ 발산하다. 흩어지다. ¶街上的路灯~出昏黄的光线；거리의 가로등이 흐릿한 불빛을 발산하다.| 盛开的花朵~出淡淡的香气；활짝 핀 꽃이 옅은 향기를 내뿜다.| 你送我的卡片已经~黄了；네가 나에게 보낸 카드는 벌써 누렇게 되었다. ❻ 느끼다. ¶我心里~酸；내 마음이 아프다.| 她身体不好, 口中~苦；그녀는 몸이 안 좋아 입안이 쓰다.| 伤口开始~痒就说明快要好了；상처가 가려운 것은 곧 나을 것임을 설명한다. [量] (탄알이나 포탄의 수를 세는 데 쓰임) 발. ¶战士们已经用尽了最后一~子弹；전사들은 이미 마지막 한 발의 탄알까지 다 써버렸다.| 一~炮弹就落在她身后；한 발의 포탄이 그녀 뒤에 떨어졌다.

☞fà

发表 fābiǎo [动] ❶ 게재하다. 발표하다. ¶她已经~了二十多篇论文；그녀는 벌써 20여 편의 논문을 발표했다.| ~文章的数量很重要, 但质量(zhìliàng)更重要；발표한 글의 수도 중요하지만 질은 더욱 중요하다.| 你的文章~在核心期刊(qīkān)上了；너의 글이 핵심 간행물에 게재되었다. ❷ 발표하다. 공표하다. ¶请大家~一下看法；모두 견해를 발표해주십시오.| 你当然可以~自己的见解；너는 당연히 너 자신의 견해를 발표할 수 있다.| 外交部已经针对此事~了特别声明；외교부는 벌써 이 일에 대해 특별 성명을 공표했다.

发出 fāchū [动] ❶ 내다. ¶婴儿~愉快(yúkuài)的笑声；갓난아기가 즐거운 웃음 소리를 낸다.| 雨点敲打着玻璃窗, ~滴滴答答的声响；빗방울이 유리창을 때려 뚝뚝 하는 소리가 난다.|

宝石在夜色里~神秘的光芒;보석이 야경 속에서 신비한 빛을 내다. ❷ 发表하다. 반포하다. ¶政府~了调整(tiáozhěng)物价的通知;정부가 물가 조정을 공표했다.|上级~命令,下级应该执行;상급 기관이 명령을 발표하면 하급 기관은 집행해야 한다.|领导人向全国~抗震救灾的号召;지도자가 전국에 지진 구호 호소문을 발표하다. ❸ 보내다. 부치다. ¶他给她~道歉的短信;그는 그녀에게 사과의 메시지를 보냈다.

发达 fādá [形] 선진의. 발달한. ¶国家的经济发展也遇到了难题;선진국의 경제 발전 또한 어려움에 직면했다.|中国南方某些地区的经济很~;중국 남방의 어떤 지역은 경제가 발달했다.|~的交通网络使这个地区越来越繁荣(fánróng);발달한 교통 네트워크가 이 지역을 점점 번영하게 하다. [动] (사업이) 성공하다. 번성하다. ¶那个年轻人现在~了;그 젊은이는 이제 성공했다.|你~以后可不要忘记老朋友啊;너 성공한 후에도 오랜 친구를 잊지 말아라.|没过几年她就~了;몇 년이 되지 않아 그녀는 성공했다.

发达国家 fādáguójiā [名] 선진국. ¶~和发展中国家之间有很多合作机会;선진국과 개발도상국 사이에는 합작의 기회가 많다.|美国属于~;미국은 선진국이다.|~的经济增长情况可以反映出世界经济的前沿(qiányán)走向;선진국의 경제 성장 상황은 세계 경제의 첨단을 반영할 수 있다.

发动 fādòng [动] ❶ 개시하다. 시작하다. ¶敌人~进攻了;적이 공격을 개시했

다.|他们~了战争;그들은 전쟁을 시작했다.|那个男孩子向她~了爱情攻势(gōngshì);그 남자는 그녀에게 애정 공세를 시작했다. ❷ 행동하게 하다. ¶她~同学们为穷人捐款;그녀는 급우들에게 가난한 사람을 위해 모금을 하게 했다.|老师~学生展开课堂讨论;선생님이 학생들에게 교실 토론을 하게 하다.|要~大家报名参加活动;모두가 행사에 참여하도록 해야 한다. ❸ 시동을 걸다. 돌아가게 하다. ¶他~了汽车;그는 자동차의 시동을 걸었다.|机器~起来了;기계가 돌기 시작했다.|天气太冷,汽车无法~;날이 너무 추워 자동차의 시동을 걸 수 없다.

发抖 fādǒu [动] 떨다. ¶她被气得浑身~;그녀는 화가 나 온몸을 떨었다.|孩子冻得~;아이가 추워 벌벌 떨다.|他吓得全身~;그가 놀라 온몸을 떨다.

发疯 fāfēng [动] ❶ 발광하다. 미치다. ¶那个精神病人又~了;그 정신병 환자가 또 발작했다.|她~的样子很可怕;그녀의 발작하는 모습은 무섭다.|我快被你气得~了;나는 너 때문에 화가 나 미치겠다. ❷ 미친 것처럼 행동하다. ¶穿成这个样子,你~了吗?이렇게 입다니 너 미쳤어?!他真是~了,做了这么离谱(lípǔ)的事情;그는 정말로 미쳤어. 이렇게 상식에 어긋나는 짓을 하고.|她~一样地在人群里寻找他;그녀는 많은 인파 속에서 미친 듯 그를 찾아 헤맸다.

发光 fāguāng [动] 빛을 내다. 발광하다. ¶看到孩子的时候,母亲两眼~了;아이를 보았을 때 어머니의 두 눈이 반짝

163

汉韩学习词典

였다.| 远处的山里,有一个~体,不清楚是什么东西;먼 산에 발광체가 하나 있는데 무엇인지 모르겠다.| 金子无论在哪里,都会闪闪~;금은 어디에 있든 번쩍번쩍 빛이 난다.

发挥 fāhuī 动 ❶ 발휘하다. 발양하다.¶希望你好好~自己的才能;네가 자신의 재능을 잘 발휘하기 바란다.| 要充分~我们的优势;우리의 우세를 충분히 발휘해야 한다.| 她的特长没有机会~出来;그녀의 특기를 발휘할 기회가 없다. ❷ (시험, 면접 등 중요한 시기에 능력을) 발휘하다.¶你这次考试~得怎么样?;이번 시험 어떻게 봤니?| 只要能正常~,就没有问题;실력발휘만 한다면 아무 문제 없다.| 今天的面试我~得不太好;오늘 면접 시험에서 실력발휘를 제대로 못했다. ❸ (의사나 도리를) 충분히 나타내다. 발표하다.¶写作文的时候要好好~题意;작문을 할 때는 뜻을 잘 나타내야 한다.| 我根据材料随意~了一下;나는 자료에 근거하여 임의로 발표했다.| 她的发言没有事先准备,都是现场~的;그녀의 발언은 사전에 준비된 것이 아니며, 즉석에서 한 것이다.

发明 fāmíng 动 발명하다. 개발하다.¶我~了一道新菜肴(càiyáo);나는 새로운 요리를 하나 개발했다.| 爱迪生~了电灯;에디슨이 전등을 발명했다.| 这是谁~的游戏?;이것은 누가 발명한 오락이지? 名 발명품.¶中国古代有四大~;고대 중국에는 4대 발명품이 있다.| 这项~已经申请了专利;이 발명품은 이미 특허를 신청했다.| 这个新~改变我们的生活;이 새 발명품은 우리의 생활을 변화시켰다.

发烧 fāshāo 动 열이 나다.¶我~了;나는 열이 난다.| ~的时候要多喝白开水;열이 날 때는 끓인 물을 많이 마셔야 한다.| 她发高烧了;그녀는 고열이 난다.

▶용법주의: ❶ '发烧'는 이합사이며, '发高烧(고열이 나다)', '发低烧(낮은 열이 나다)', '发起烧来(열이 나기 시작하다)' 등으로 쓰인다. ❷ 또한 '发烧'는 '자신의 신분을 잊어버리고 흥분하거나 거들먹거리는 상태임'을 가리키기도 한다.¶你怎么一下子花了这么多钱,是不是发烧了?;너 어떻게 한번에 이렇게 많은 돈을 쓰니, 어디 아프니?

发生 fāshēng 动 발생하다. 생기다.¶我们之间~了一点不愉快;우리 사이에 유쾌하지 않은 일이 발생했다.| 到底~了什么事?;도대체 무슨 일이 발생한 거야?| 情况~了变化;상황에 변화가 생겼다.

发现 fāxiàn 动 ❶ 알다. 발견하다.¶我~她心情不好;나는 그녀의 심사가 좋지 않음을 알게 되었다.| 他最近很忧郁(yōuyù),你没~吗?;그가 요즘 우울해 하던데 너는 발견하지 못했니?| 妈妈~孩子真的长大了;엄마는 아이가 정말로 자랐음을 알게 되었다. ❷ 발견하다.¶你在调查中有什么~?;너는 조사를 통해 무엇을 발견했니?| 如果没有什么新~,你就不能写好论文;만약 어떤 새로운 발견이 없다면 너는 좋은 논문을 쓸 수 없다.| 有所~,有所创造(chuàngzào),这样做学问才有趣;발견이 있고 창조가 있어야만 학문이 재미가 있다.

发型 fàxíng 名 헤어스타일.¶我换了一个

新~;나는 새로운 헤어스타일로 바꿨다.| 这款(kuǎn)~很时尚(shíshàng);이런 헤어스타일이 유행이다.| 请帮我设计(shèjì)一下~;어떤 헤어스타일이 좋을지 봐주세요.

发言 fāyán 动 발언하다. ¶请同学们踊跃(yǒngyuè)~;학우들은 적극적으로 발언해주십시오.| 她在会上~了;그녀는 회의에서 발언하였다.| 你的~很精彩(jīngcǎi);너의 발언은 훌륭했다.

发扬 fāyáng 动 발양하다. ¶我们要~优秀的文化传统(chuántǒng);우리는 우수한 문화 전통을 드높여야 한다.| 每个人都~了团结(tuánjié)互助的精神;각자가 단결과 협동의 정신을 발양했다.| 传统艺术需要有更多的人来学习并~光大;전통 예술은 더욱 많은 사람이 공부하고 크게 발전시킬 필요가 있다.

发展 fāzhǎn 动 발전하다. ¶我们之间没有~的可能性;우리 사이는 발전의 가능성이 없다.| 社会~了,人们的观念也随之~;사회가 발전하면 사람들의 관념도 그에 따라 발전한다.| 经济~是提高国家实力的有效方法;경제 발전은 국력을 높이는 효과적인 방법이다.

发展中国家 fāzhǎnzhōngguójiā 名 개발도상국. ¶要互相帮助;개발도상국끼리 서로 도와야 한다.| 中国目前还属于~;중국은 아직 개발도상국에 속한다.| ~面临着发展经济和保护环境的矛盾(máodùn);개발도상국은 경제 발전과 환경 보호라는 모순에 직면해 있다.

法 fǎ 名 ❶법. 법률. ¶知~犯~,罪加一等;법을 알면서도 법을 어기는 것은 죄가 하나 더해지는 것이다.| 他是个~盲(máng);그는 법을 전혀 모른다.| 你懂~吗? 너는 법을 아냐? ❷요령. 방법. 표준. ¶她每天练习韩语发音,但有几个音总是不得~;그녀는 매일 한국어 발음을 연습하지만 몇 개의 음은 여전히 요령을 모른다.| 这是个~儿;이것이 방법이다.| 我遇到难题了,请你给想个~儿吧;내가 난제에 부딪혔으니 네가 방법 좀 생각해 보아라.

法规 fǎguī 名 법규. ¶这些~都是新制定(zhìdìng)的;이 법규들은 새로 제정된 것이다.| 要尽量熟悉(shúxī)相关~;관련 법규를 최대한 익혀야 한다.| 这些~需要加强宣传(xuānchuán),让更多的人了解;이 법규들은 홍보를 통해 더욱 많은 사람들이 이해하게 할 필요가 있다.

法律 fǎlǜ 动 법률. ¶我们都要了解~;우리는 모두 법률을 이해해야 한다.| 这样做违反(wéifǎn)~规定吗?이렇게 하는 것이 법률 규정을 위반하는 것입니까?| ~是公正的;법률은 공정하다.

法文 Fǎwén 名 프랑스어. ¶我看不懂~;나는 프랑스어를 보아도 알지 못한다.| 这是一部~小说;이것은 프랑스어로 된 소설이다.| 屏幕(píngmù)下面有~字幕(zìmù);화면 아래에 프랑스어 자막이 있다.

法语 Fǎyǔ 名 프랑스어. ¶我学过一点儿~;나는 프랑스어를 조금 배웠다.| 他的~说得不错;그는 프랑스어를 잘 한다.| ~歌非常好听;샹송은 정말 듣기 좋다.

法院 fǎyuàn 名 법원. ¶~的判决(pànjué)书已经下来了;법원의 판결이 이미 하달되었다.| 这件事不要闹到~去;이것은 시끄럽게 법원까지 갈 일이 아니다.| 他是这个~的院长;그는 이 법원의 법원장이다.

法则 fǎzé 名 ❶ 규율. ¶优胜劣汰(liètài)是自然~;적자생존은은 자연법칙이다.| 我们都要学习在社会上生存的~;우리는 모두 사회에서의 생존 규칙을 공부해야 한다.| 这里面好像没有什么~可循(xún);여기에는 객관적인 규칙 같은 것은 없는 듯하다. ❷ 법규. ¶请遵守(zūnshǒu)~;법규를 지키십시오.| 这些~不能随便更改的;이 법규들은 아무렇게나 고칠 수 없는 것이다.| 违反(wéifǎn)了~就会受到惩罚(chéngfá);법규를 위반하면 처벌을 받는다.

发 fà 名 두발. 머리카락. ¶她剪(jiǎn)去了长~;그녀는 긴 머리카락을 잘라버렸다.| 你额(é)前的~已经斑白(bānbái)了;네 이마의 머리카락이 벌써 희끗희끗해졌다.| 你该去理个~了;너 이발을 해야겠다.

☞ fā

翻 fān 动 ❶ 뒤집다. 엎다. 전복하다. ¶盘子~了,盘子里的水果撒(sǎ)了一地;쟁반이 뒤집혀 쟁반에 있던 과일이 땅에 떨어졌다.| 她~个身,继续睡觉;그녀는 몸을 뒤척이며 계속 잠을 잤다.| 我不小心把杯子打~了;나는 조심하지 않아 컵을 엎었다. ❷ 뒤지다. 헤집다. ¶她~来~去地找东西;그녀가 헤집으며 물건을 찾았다.| 我~箱倒柜也没找到那封信;나는 상자와 캐비닛을 뒤집어 보았지만 그 편지를 찾지 못했다.| 不要随便~别人的东西;다른 사람의 물건을 아무렇게나 뒤지지 말아라. ❸ 넘다. 건너다. ¶他~山越岭(yuèlǐng)来到这里;그는 산을 넘고 재를 넘어 이곳에 왔다.| ~过这个山坡,就能看到一个小村庄;이 산비탈을 넘으면 작은 마을을 볼 수 있다.| 他们从墙头~进院子里;그들이 담장을 넘어 마당으로 들어오다. ❹ 배로 증가하다. 곱이 되다. ¶今年的销(xiāo)量比去年~了一倍;올해의 판매량은 작년보다 배로 증가했다.| 二十年粮食产量~了几番;이십년 간 식량 생산량이 몇 배 증가했다.| 技术革新(géxīn)以后,产量~了三倍;기술 혁신 이후 생산량이 3배 증가했다. ❺ 번역하다. ¶请帮我~一下这份文件;이 문건 좀 번역해주십시오.| 把英文~成中文;영어를 중국어로 번역하다.| 这段话是从法语~过来的;이 말은 불어에서 번역해온 것이다. ❻ (사이가) 틀어지다. ¶他们俩闹~了;그들 둘은 사이가 틀어졌다.| 我把他惹(rě)~了;내가 그를 자극하여 사이가 틀어졌다.| 你怎么和朋友~脸了? 너 왜 친구와 사이가 틀어졌냐?

翻译 fānyì 动 번역하다. ¶请帮我~一下好吗?번역 좀 해주시겠습니까?| 把这篇文章~成汉语;이 글을 중국어로 번역하다.| ~的最高境界(jìngjiè)不是一字一句地译,而是意译;번역의 최고 경지는 글자 하나하나 문장 하나하나를 번역하는 것이 아니라 의미를 번역하는 것이다. 名 통역. 번역가. ¶请你来当我的~;당신이 내 통역

을 맡아주십시오.|这位先生就是本次会议的~;이 분이 이번 회의의 통역이다.|她是一名~;그녀는 번역가이다.

凡 fán 副 대강. 무릇. 모든. ¶~身高超过1.20米的儿童都要买车票;키가 120cm를 넘는 아동은 모두 차표를 사야 한다.|~年满十八岁的公民都有选举权和被选举(xuǎnjǔ)权;만 18세가 된 국민이라면 모두 선거권과 피선거권을 가진다.|~你喜欢的我都喜欢;네가 좋아하는 것이라면 나도 모두 좋아한다.

繁荣 fánróng 形 번영하다. 번창하다. ¶希望经济能~发展;경제가 번영하고 발전하기를 바라다.|愿祖国更加~富强(fùqiáng);조국이 더욱 번영하고 부강해지기를 바라다.|前几年中国的房地产市场很~;몇 년 동안 중국의 부동산은 번창했다. 动 번영시키다. 발전시키다. ¶要~经济必须要尊重市场经济的规律;경제를 번영시키려면 시장 경제의 규칙을 존중해야 한다.|文化部宣布要进一步~文化艺术事业;문화부가 문화 예술 사업을 한층 더 번영시켜야 한다고 선전하다.|~消费市场可以带动经济发展;소비 시장을 발전시키는 것은 경제적 발전을 가져올 수 있다.

反 fǎn 形 반대의. 거꾸로의. ¶你把衣服穿~了;너는 옷을 뒤집어 입었다.|孩子把书拿~了;아이가 책을 거꾸로 들었다.|你这样做适得其~;네가 이렇게 하면 정반대의 결과를 얻을 것이다. 动 ❶ 뒤집다. 바꾸다. ¶这对她来说易如~掌;이것은 그녀에게 손바닥 뒤집듯 쉽다.|比赛快结束时,中国队~败为胜;시합이 끝날 즈음 중국팀이 패배를 승리로 바꿨다.|你知道物极必~的道理吗?너는 사물이 극에 달하면 뒤바뀌는 이치를 아냐? ❷ 반항하다. 반대하다. ¶官逼(bī)民~;관이 핍박하면 민이 반항한다.|他带领人们进行~封建(fēngjiàn)斗争;그가 사람들을 이끌고 봉건주의에 반대하는 투쟁을 하다.|这是一个~政府组织;이것은 반정부 조직이다.

反常 fǎncháng 形 비정상적이다. ¶现在气候(qìhòu)越来越~了;현재의 기후는 점점 비정상적으로 변해간다.|他今天的表现有些~;오늘 그의 태도는 조금 이상하다.|中国的南方下大雪是一种~现象(xiànxiàng);중국의 남방에 큰 눈이 내리는 것은 비정상적인 현상이다.

反动 fǎndòng 形 반동적이다. ¶那个人思想很~;그 사람은 사상이 반동적이다.|要坚决和~力量作斗争;단호히 반동 세력과 싸워야 한다.|这是~言论;이것은 반동적인 언론이다.
▶용법주의:'反动'이라는 단어는 최근 중국에서 많이 사용되지 않는다.

反对 fǎnduì 动 반대하다. ¶我~你这么做;나는 네가 이렇게 하는 것을 반대한다.|她持(chí)~意见;그녀는 반대 의견을 가지고 있다.|这么多人都~他;이렇게 많은 사람들이 모두 그를 반대한다.

反而 fǎn'ér 连 오히려. 역으로. ¶我以为他会高兴,结果他~很生气了;나는 그가 기뻐할 것이라 여겼는데, 결과적으로 그는 오히려 화를 내었다.|已经进入12月,天气~暖和起来;벌써 12월로 접어들었는데, 날씨는 오히

려 따뜻해졌다.丨刚到韩国的时候我有点儿不适应, 现在要走了~觉得舍不得离开;막 한국에 도착해서 나는 잘 적응하지 못했는데, 이제 떠나려고 하니 오히려 떠나는 것이 아쉽다.

反复 fǎnfù 副 반복적으로. ¶我~劝说她;나는 그녀에게 반복적으로 권고했다.丨这篇文章他~看了三遍;이 글을 그는 세 번이나 반복해서 보았다.丨秘书~提醒(tíxǐng)经理下午有重要的会议;비서가 사장에게 오후에 중요한 회의가 있다고 반복해서 일깨워 주었다. 动 ❶ 변하다. 번복하다. ¶他这个人有点儿~无常;그는 조금 변덕스럽다.丨她的态度一直在~;그녀의 태도가 줄곧 번복되고 있다.丨决定了的事情就不要再~了;결정된 일을 다시 번복하지 말아라. ❷ 반복하다. 되풀이하다. ¶情况又~了;사정이 또 되풀이되다.丨医生说他的病情很可能会出现~;의사는 그의 병이 재발할 가능성이 높다고 말했다.丨我希望这件事不要再有~;나는 이 일이 다시 반복되지 않기를 바란다.

▶용법주의: '反复'의 중첩 형식은 '反反复复'이다. ¶这些话, 她反反复复说了好几遍;이 말을 그녀는 반복해서 몇 번이나 말했다.

反抗 fǎnkàng 动 반항하다. ¶他不断地表示~;그는 계속 반항하는 태도를 보였다.丨哪里有压迫(yāpò), 哪里就有~;압박이 있는 곳에 반항이 있다.丨这孩子很有~精神;이 아이는 반항심이 크다.

反应 fǎnyìng 动 반응하다. ¶这孩子聪明、~快, 很讨人喜欢;이 아이는 총명하고 반응이 빨라 사람들의 호감을 산다.丨当时我们都没有~过来是怎么回事;당시 우리는 모두 무슨 일인지 반응하지 않았다. 名 반응. 반향. ¶课上老师要密切(mìqiè)注意学生的~;수업 시간에 선생님은 세밀하게 학생들의 반응을 살펴야 한다.丨这件事在社会上引起了不同的~;이 일은 사회적으로 다른 반향을 일으켰다.

反映 fǎnyìng 动 ❶ 반영하다. ¶这部电影~了改革开放以后人们思想、生活的变化;이 영화는 개혁개방 이후 사람들의 생각과 생활의 변화를 반영했다.丨这本书真实地~了唐代的社会生活;이 책은 진실하게 당대의 사회 생활을 반영했다.丨分数可以~出学生之间的差别, 但~不了出现这种差别的原因;점수는 학생들 사이의 차이를 반영할 수 있지만, 이러한 차이가 나타나는 원인은 반영하지 못한다. ❷ 보고하다. 전달하다. ¶这些情况我们要及时向上级部门~;이런 일들은 제때에 상급 기관에 보고해야 한다.丨你们~的问题我们会认真调查、处理;너희가 보고한 문제는 우리가 진지하게 조사하고 처리할 것이다.丨目前各地普遍~农药供应(gōngyìng)紧张;현재 각지에서 보편적으로 농약 공급 부족이 보고되고 있다.

反正 fǎnzhèng 副 ❶ 결국. 어쨌든. ¶不管你说什么, ~他不会改变自己的想法;네가 무슨 말을 하든 결국 그는 자신의 생각을 바꾸지 않을 것이다.丨你爱买你就买, ~我不喜欢;네가 사고 싶으면 사라. 어쨌든 나는 좋아하지 않는다.丨谁去都行, ~我不去;누가 가도 된다. 어쨌든 나는 가지 않는다. ❷ 어차피. 아무튼. ¶这是我的

事, ~不用你管; 아무튼 이것은 내 일이니 너는 상관하지 말아라. | 事情~已经这样了, 你着急也没用; 일이 어차피 이렇게 되었으니 네가 조급해해도 소용없다. | 你就住在这儿吧, ~房子空着也是空着; 너 여기에서 살아라. 어차피 빈 집이니.

犯 fàn 动 ❶ 범하다. 발생하다. 저지르다. ¶二儿子大学毕业后一直没找到工作, 这很让老张~愁(chóu); 둘째 아들이 대학 졸업 후 줄곧 일자리를 찾지 못해, 장씨를 근심하게 한다. | 昨天夜里他的心脏病又~了; 어제 저녁에 그의 심장병이 또 재발했다. | 这孩子总是~一些小错误, 老师很头疼; 이 아이는 항상 작은 잘못을 저질러 선생님을 골치 아프게 한다. ❷ 위반하다. 저촉되다. ¶这场足球比赛, 双方队员各~了一次规; 이번 축구 경기에서 양쪽 선수가 각각 한 차례씩 반칙을 했다. | 发行盗版(dàobǎn)书是~法的; 해적판 서적 발행은 법에 저촉되는 것이다. | 因为和当时皇帝的名字~忌讳(jìhuì), 有些历史人物的名字被改了; 당시 황제의 이름을 쓰지 않는 관습에 저촉되기 때문에 몇몇 역사적 인물들의 이름이 바뀌었다. ❸ 침범하다. 건드리다. ¶人不~我, 我不~人; 人若~我, 我必~人; 남이 나를 건드리지 않으면 나도 남을 건드리지 않지만, 만약 남이 나를 건드리면 나도 반드시 그 사람을 건드린다. 名 범죄자. 범인. ¶昨天警察抓住了那名罪~; 어제 경찰이 그 범인을 붙잡았다. | 他是这起案件的主~; 그가 이 사건의 주범이다. | 这些盗窃(dàoqiè)~实在可恶; 이 도둑들은 정말로 가증스

럽다.

犯法 fàn//fǎ 动 법을 어기다. 범법하다. ¶你这样做是~的; 네가 이렇게 하는 것은 법을 어기는 것이다. | ~的事不能做; 법을 어기는 일은 할 수 없다. | 不管谁犯了法都会受到法律的制裁(zhìcái); 법을 어기면 누구든 법률의 제재를 받을 것이다.

▶용법주의: '犯法'는 이합사이며, 사이에 '了'나 '过' 등을 넣을 수 있다. ¶你已经犯过一次法了, 今后要吸取教训(jiào·xun); 너는 이미 한 번 법을 어겼으니, 오늘 이후로는 교훈을 얻어야 한다.

犯罪 fàn//zuì 动 죄를 짓다. ¶我们要严厉(yánlì)打击各种~活动; 우리는 각종의 범죄 행위를 엄하게 배격해야 한다. | 他这次是犯了死罪, 谁也救不了他; 그는 이번에 죽을 죄를 지어 어느 누구도 그를 구할 수 없다. | 我们要敢于同违法~分子作斗争; 우리는 법을 어기고 죄를 짓는 사람과 용감하게 싸워야 한다.

▶용법주의: '犯罪'는 이합사이며, 사이에 '了'나 다른 형용사를 넣을 수 있다. 앞의 예를 참조할 것.

饭 fàn 名 ❶ 밥. ¶快去盛(chéng)~; 빨리 밥을 담아라. | 小米~很有营养(yíngyǎng); 좁쌀밥은 영양이 많다. | 他吃了两碗(wǎn)~; 그는 밥 두 공기를 먹었다. ❷ 식사. ¶我每天都吃三顿~; 나는 매일 세 끼의 식사를 한다. | 他很少吃早~; 그는 아침 식사를 잘 안 먹는다. | 我经常在学校餐厅吃午~; 그는 종종 학교 식당에서 점심 식사를 먹는다. 动 밥을 먹다. ¶~前便后要洗手; 밥 먹기 전과 화장실에 다

녀 온 후에는 손을 씻어야 한다.|这种药应该~前吃;이런 종류의 약은 밥 먹기 전에 먹어야 한다.|~后不要做剧烈(jùliè)运动;밥을 먹은 후에는 격렬한 운동을 하지 말아라.

饭店 fàndiàn 名 ❶ 식당. 음식점. ¶这个~的菜做得很好;이 식당은 요리를 잘 한다.|今天是爸爸的生日,我们去~吃饭吧;오늘은 아빠의 생신이니 우리 식당에 가서 밥 먹자.|学校门口新开了一家~;학교 입구에 식당 하나가 새로 문을 열었다. ❷ 호텔. ¶这次出差他们住的是五星级~;이번 출장에서 그들이 묵는 곳은 5성급 호텔이다.|我在北京~预定(yùdìng)了一个房间;나는 베이징호텔에 방 하나를 예약했다.|这家~的服务态度很好;이 호텔은 서비스가 좋다.

饭馆 fànguǎn (~儿) 名 식당. 음식점. ¶这家~儿的生意很好;이 식당은 장사가 잘된다.|他每天都去~儿吃饭;그는 매일 음식점에 가서 밥을 먹는다.|学校门口有很多小~儿;학교 입구에 작은 식당이 많다.

饭桌 fànzhuō (~儿) 名 식탁. 밥상. ¶我家新买了一张~儿;우리 집에 식탁을 하나 새로 샀다.|女儿三岁的时候就开始帮我摆(bǎi)~了;딸아이는 세 살 때부터 밥상을 차리는 것을 돕기 시작했다.|父母不应该在~上批评孩子;부모가 식탁에서 아이를 나무라서는 안 된다.

范畴 fànchóu 名 범주. 유형. 범위. ¶语言学属于(shǔyú)社会科学~;언어학은 사회과학의 범주에 속한다.|各门科学都有自己的基本~;과학의 각 부문은 모두 자신의 기본 범주가 있다.

|有些学者认为汉语没有严格的语法~;일부 학자들은 중국어에 엄격한 문법 유형이 없다고 말한다.

范围 fànwéi 名 범위. ¶这件事不属于我的工作~,你还是去找别人帮忙吧;이 일은 나의 업무 범위가 아닙니다. 당신은 다른 사람을 찾아 도움을 구하는 것이 좋겠습니다.|在幼儿园里,孩子们的活动~很小;유치원에서 아이들의 활동 범위는 좁다.|这已经超出了他的职权(zhíquán)~;이것은 이미 그의 직권 범위를 넘어섰다.

贩卖 fànmài 动 ❶ 판매하다. 팔다. ¶他以前是~蔬菜的;그는 이전에 채소를 팔았다.|年轻的时候,他靠~茶叶谋生;젊었을 때 그는 찻잎을 팔아 생계를 꾸렸다.|~假药是违法的;가짜약을 판매하는 것은 불법이다. ❷ (그릇된 말이나 주장을 전파하는 것을 비유하여) 팔다. ¶请不要在这里~歪理邪说(wāilǐ xiéshuō);여기에서 틀린 이론이나 잘못된 말을 팔지 마십시오.|你就不要再~这些谬论(miùlùn)了;너 다시는 이런 잘못된 주장을 펴지 말아라.|是谁在~自己的错误观点啊?누가 자신의 잘못된 관점을 팔고 있는가?

方 fāng 形 사각형의. 네모의. ¶汉字是~块字;한자는 사각형의 글자이다.|这不是正~形,是一个长~形;이것은 정방형이 아니고 장방형이다.|这个盒子是~的;이 상자는 네모나다. 名 ❶ 쪽. 방. ¶太阳从东~升起,从西~落下;태양은 동쪽에서 떠서 서쪽으로 진다.|同学们来自祖国的四面八~;학우들은 조국의 사방팔방에서 왔다.|请面朝东~站着;동쪽을 향해 서 있

다. ❷ 편. 측. ¶夫妻双~要互相理解; 부부 양측은 서로 이해해야 한다.| 任何时候我都是支持有道理的一~; 어느 때든 나는 이치에 맞는 측을 지지한다.| 比赛以前应该了解一下对~的情况; 시합 전에 상대편의 상황을 이해해야 한다. ❸ 곳. 지방. ¶春节不能回家,他非常思念(sīniàn)远~的亲人; 설에 집으로 돌아갈 수 없이 그는 먼 곳에 있는 친척들이 매우 그리웠다.| 大学毕业后我留在北京,他去了海南,从此我们天各一~; 대학 졸업 후 나는 베이징에 남고 그는 난징으로 가서 그 후로 우리는 각자 멀리 떨어져 있었다.| 他会说自己的~言,也会说普通话; 그는 자신의 지방 말을 할 수 있으며, 표준어도 할 수 있다. ❹ 제곱. 자승. 멱. ¶平~; 평방.| 立~; 입방.| 3的3次~是27; 3의 3제곱은 27이다.| 我的卧室(wòshì)只有十几平~米; 내 침실은 십 몇 평방미터일 뿐이다. [量] ❶ (네모난 물건을 세는 데 쓰여) 개. 장. ¶我给女儿买了两~手帕(shǒupà); 나는 딸에게 손수건 2 장을 사주었다.| 我今天刻了一~图章; 나는 오늘 도장을 한 개 팠다.| 这座大桥的西头立着一~石碑(shíbēi); 이 다리의 서쪽 끝에 돌 비석이 하나 서 있다. ❷ 평방 또는 입방의 약칭. ¶我们的卧室面积是13~; 우리의 침실 면적은 13 평방미터이다.| 他买了5~木料; 그는 5 입방의 목재를 샀다.

方案 fāng'àn [名] ❶ 계획. ¶学期开始我们要做一个新的教学~; 학기가 시작되어 우리는 새로운 수업 계획을 세워야 한다.| 他们的~切实可行; 그들의 계획은 확실하고 실행 가능하다. ❷ 방안. 방책. ¶汉字简化~; 한자 간략화 방안.| 关于这个问题的解决~有两个; 이 문제의 해결 방안은 두 가지가 있다.| 汉语拼音~; 중국어 병음 방안.

方便 fāngbiàn [形] ❶ 편리하다. ¶首尔的交通很~; 서울의 교통은 편리하다.| 在城市生活比在郊区~; 도시 생활은 교외 생활보다 편리하다.| 他总是把~让给别人,把困难留给自己; 그는 항상 편리함은 다른 사람에게 양보하고 어려움은 자신에게 남겨둔다. ❷ 알맞다. 적합하다. 적당하다. ¶在这儿说话不~,我们到屋里去谈; 여기에서 말하는 것은 적당하지 않으니 우리 집에 들어가서 이야기하자.| 你~的时候,去看看她; 네가 편할 때 그녀를 보러 가라.| 您什么时候~?,我想找您谈谈; 당신은 언제가 적당합니까? 제가 당신을 찾아가 이야기하고 싶습니다. [动] 편리를 도모하다. ¶为了~旅客买票,火车站增设了5个售票窗口; 여행객의 표 구매를 편리하게 하기 위해 기차역은 5 개의 매표 창구를 증설했다.| 网络的出现,极大地~了人们的生活; 인터넷의 출현이 사람의 생활을 아주 편리하게 만들었다.| 医院的这些新措施(cuòshī)~了病人就诊,受到了病人及其家属的好评; 병원의 이와 같은 조치들은 환자를 편리하게 진찰 받게 하여 환자와 그 가족들로부터 호평을 받았다.

方便面 fāngbiànmiàn [名] (인스턴트) 라면. ¶我不爱吃~; 나는 라면을 즐겨 먹지 않는다.| 午饭他只煮了一包~; 점심으로 그는 라면 한 개를 끓였을

뿐이다.| 这种~很好吃;이런 종류의 라면은 맛있다.

方法 fāngfǎ 名 방법. 방식. 수단.¶这是最简单的一种~;이것이 가장 간단한 방법이다.| 你应该找到适合自己的学习~;너는 자신에게 맞는 학습방법을 찾아야 한다.| 我认为他们的教育~有问题;나는 그들의 교육 방식에 문제가 있다고 생각한다.

方面 fāngmiàn 名 방면. 분야.¶作为领导, 他总是能够很好地协调(xiétiáo)各~的关系;지도자로서 그는 항상 여러 방면의 관계를 잘 조정한다.| 我们国家在环境保护~已经做出了显著(xiǎnzhù)的成绩;우리 나라는 환경 보호 부분에서 눈에 띄는 성과를 보여주었다.| 我们要努力提高自己思想、文化等~的素质(sùzhì);우리는 자신의 사상과 문화 등의 분야에 대한 소양을 높이려고 노력해야 한다.

方式 fāngshì 名 방식. 방법. 일정한 형식.¶说话要注意~;말하는 방식에 주의해야 한다.| 你有他的联系~吗? 너 그와 연락할 방법이 있니?| 现在年轻的父母很注意教育孩子的~;현재 젊은 부모들은 아이를 교육하는 방식에 주의를 기울인다.| 每个民族都有自己独特的思维(wéi)~和表达~;각 민족은 모두 자신의 독특한 사유 방식과 표현 방식을 가지고 있다.

方向 fāngxiàng 名 ❶ 방향. (동서남북 등의 방위를 나타내는 데 쓰인다.)¶现在的雨很大,我辨(biàn)不清~,不知道哪边是东;지금 비가 너무 많이 와서, 어느 쪽이 동쪽인지 방향을 정확히 분간할 수 없다.| 他的~感很强,到什么地方都不会迷失~;그는 방향감각이 매우 좋아 어느 곳을 가든지 길을 잃지 않을 것이다. ❷ 방향. (처한 위치, 전진의 목표를 나타내는 데 쓰인다.)¶我看见她朝(cháo)学校~去了;나는 그녀가 학교 쪽으로 가는 것을 보았다.| 他的讲话为我们的工作指明了~;그의 연설은 우리의 업무 방향을 분명히 제시해 주었다.| 这就是我们的发展~;이것이 바로 우리의 발전 방향이다.

方针 fāngzhēn 名 방침.¶这是我们的工作~;이것이 우리의 업무 방침이다.| 教师应该了解国家的教育~;교사는 국가의 교육 방침을 이해해야 한다.| 她参与制定了学校的各项基本~;그녀는 학교의 각 기본 방침을 제정하는데 참여했다.

防 fáng 动 막다. 지키다. 방비하다. 방위하다. 방지하다.¶害人之心不可有,~人之心不可无;남을 해치려는 마음을 가져서는 안되고, 자신을 지키려는 마음이 없어서는 안 된다.| 这座大楼的房间都装了~盗(dào)门和~盗窗,看起来很安全;이 건물의 방들은 모두 도난 방지문과 도난 방지창을 설치해두어 안전해 보인다.| 那个人好像不是好人,你要~着他点儿;그 사람은 좋은 사람같아 보이지 않으니, 너는 그를 조심해야 한다.

防止 fángzhǐ 动 방지하다.¶现在早晚温差很大,要随时增减衣服,~感冒;요즘 아침 저녁의 기온 차이가 크니, 수시로 옷을 벗었다 입었다 하여 감기를 예방해야 한다.| 饭前洗手是为了~病从口入;식사 전에 손을 씻는 것은 병이 입으로 들어오는 것을 막기 위해서이다.| 为了~孩子迷上电视,

家长应该尽量少看电视;아이들이 TV에 빠지는 것을 방지하기 위해, 집안의 어른들은 가능하면 TV를 적게 보아야 한다.

房地产 fángdìchǎn 名 부동산. ¶他是一家~公司的经理;그는 부동산 회사의 사장이다. | 他是搞~开发的;그는 부동산 개발 일을 한다. | 前几年的~市场很好,很多人开始做~生意;몇 년 전 부동산 시장은 경기가 좋아 많은 사람들이 부동산업을 하기 시작했다.

房间 fángjiān 名 방. ¶这套房子有两个~,我的~在阳面;이 집은 방이 두 칸 있는데 내 방은 남향이다. | 下星期我到北京开会,我已经在北京饭店预订了一个~;다음 주에 나는 회의 참석차 베이징에 가는데, 이미 베이징 호텔에 방 하나를 예약해 두었다. | 他每周六下午打扫~;그는 매주 토요일 오후에 방을 청소한다.

房子 fáng·zi 名 집. 건물. ¶这位老人就住在山下的那间~里;이 노인은 산 아래 저 집에 산다. | 听说他买了一座大~;듣자하니 그는 큰 집을 한 채 샀다 더군요. | 这套~是公司奖励 (jiǎnglì) 给他的;이 집은 회사에서 그에게 보너스로 준 것이다.

仿佛 fǎngfú 副 마치 ~인 듯 하다. (서면어에서 많이 사용된다.) ¶我~在哪里见过你似的,可是又想不起来了;어디에서 너를 본 듯한데, 생각이 잘 나지 않는다. | 我喊了他一声,他~没听见似的,头也不回地走了;내가 그를 소리내어 불렀으나 그는 듣지 못한 듯 고개도 돌리지 않고 가버렸다. | 她每天都很快乐,~不知道什么是忧愁 (yōuchóu);그녀는 근심이 무엇인지 모를 만큼 매일 즐겁다. 动 유사하다. 비슷하다. ¶这座建筑~一座迷宫,我们差(chà)点儿找不到出口;이 건물은 미궁 같아서 우리는 출구를 못찾을 뻔 했다. | 他的模样(múyàng)和大学时相~,没有什么变化;그의 모습은 대학 때와 매우 비슷해 아무런 변화가 없다.

访问 fǎngwèn 动 ❶ (목적을 가지고 사람이나 장소를) 방문하다. ¶他曾(céng)经两次~中国;그는 일찍이 두 차례 중국을 방문했다. | 昨天我们~了那位英雄;어제 우리는 그 영웅을 방문했다. | 下个月我们校长要到贵校参观~;다음 달에 우리 학교 총장께서 귀교를 방문하실 것입니다. ❷ (컴퓨터 인터넷 자료조사나 열람을 위해) 방문하다. ¶我每天都~这个网站;나는 매일 이 인터넷 사이트를 방문한다. | 她是这个网页的第一位~者;그녀는 이 인터넷 사이트의 첫 번째 방문자이다. | 欢迎~我们的新网站;우리의 새 웹사이트에 오신걸 환영합니다.

纺织 fǎngzhī 动 방직하다. ¶她是这家~厂的一名~女工;그녀는 이 방직공장의 여공이다. | 最近几年的棉~业不太景气;최근 몇 년간 면 방직업은 경기가 그다지 좋지 않다. | 元朝人黄道婆对~技术的改进和提高做出了重大的贡献(gòngxiàn);원나라 사람 황도파는 방직기술의 개선과 발전에 중대한 공헌을 했다.

纺织品 fǎngzhīpǐn 名 방직물. ¶中国苏杭的丝绸~驰(chí)名中外;중국 쑤저우와 항저우의 견직물은 국내외에 명

성이 자자하다.│我国的~市场潜(qián)力很大;우리 나라 방직물 시장은 잠재력이 크다.│中国的棉~很畅销(chàngxiāo);중국의 면방직품은 매우 잘 팔린다.

放 fàng 动 ❶ (물건을) 놓다. 두다. ¶他的书桌上~着很多书;그의 책상 위에는 많은 책이 놓여 있다.│牛奶要~在冰箱里;우유는 냉장고에 넣어 두어야 한다.│这本书在教室里~了两天了,还没人来拿;이 책은 교실에 이틀간 놓여 있었지만, 아무도 가져가지 않았다. ❷ (학교나 직장이) 파하다. 놀다. 쉬다. ¶我们学校一月份~寒假;우리 학교는 1월에 겨울방학을 한다.│这里的小学每天下午四点半~学;이곳의 초등학교는 매일 오후 4시 30분에 파한다.│下午六点~工,回到家就七点了;오후 6시에 일을 마치고 집으로 돌아오면 7시가 된다. ❸ 놓아주다. 풀어놓다. ¶你不告诉我事情的真相,我今天就不~你走;네가 일의 진상을 알려주지 않으면, 나는 오늘 너를 놓아주지 않을 것이다.│这只小鸟被关在笼子里,多可怜啊! 你把它~了吧;이 작은 새가 새장 속에 갇혀있으니 얼마나 가여워! 새를 풀어주렴. ❹ (소리, 빛 따위를) 발하다. 방출하다. 내보내다. (총 따위를) 발사하다. 쏘다. ¶夏天的夜晚,可以看到萤(yíng)火虫~出的光;여름 날 밤에는, 반딧불이 발하는 빛을 볼 수 있다.│春天,孩子们都喜欢到广场上去~风筝(fēng·zheng);봄날 아이들은 모두 광장에서 연날리기를 즐긴다.│听到命令,弓箭手们一齐~箭;명령 소리를 듣고 사수들이 일제히 활을 쏘

았다. ❺ (불을) 놓다. 지르다. ¶昨天晚上那家歌厅发生了火灾,警察怀疑有人故意~火;어젯밤에 그 노래방에 화재가 발생했는데, 경찰은 누군가 고의로 방화했을 것이라고 의심을 품고 있다.│在中国,每逢(féng)春节,家家户户都要~爆(bào)竹;중국에서는 매번 설날이 되면 집집마다 폭죽을 터트린다.│国庆节的时候,天安门广场上会放很多烟花;국경절 날, 천안문 광장에서는 많은 불꽃을 터뜨린다. ❻ (집어) 넣다. 섞다. 타다. ¶这个菜最好不要~酱(jiàng)油;이 요리는 간장을 넣지 않는 것이 제일 좋다.│做菜的时候要少~盐;요리를 할 때 소금을 적게 넣어야 한다.│你的咖啡里要不要~糖? 네 커피에 설탕을 넣을까? ❼ 늘이다. 확대하다. ¶这条裤子还要再~长些;이 바지를 더 길게 늘이고 싶다.│这张照片再~大些会更好看;이 사진은 좀 더 확대하는 것이 더 보기 좋을 것이다.│我们可以适当~宽政策;우리는 정책을 적당히 확대할 수 있다. ❽ (행동, 태도, 소리 등을) 자제하다. 억제하다. ¶王老师的课讲得太快了,应该~慢速度;왕 선생님은 강의 속도가 너무 빨라서 좀 천천히 해야 한다.│你要~明白点;당신 좀 분명히 하시오.│请把电视机的声音~小一点儿;TV 소리를 좀 줄여주세요. ❾ 잠시 내버려 두다. 제쳐놓다. 방치하다. ¶这件事情不太重要,还是先~一~吧;이 일은 별로 중요하지 않으니 잠시 내버려 두자.│我怕一~就不想再做了,还是做完再休息吧;내버려 두면 다시 하기 싫어질까 걱정되니, 아무래도 일을 다 마

치고 쉬도록 하자.|你先把手里的工作~下,去帮帮他;네 일은 잠시 내버려 두고 가서 그를 도와 줘.

放大 fàngdà 动 (도면, 그림, 음량 등을) 크게 하다. 확대하다. ¶这张地图再~一倍就更清楚了;이 지도를 다시 배로 확대하면 더욱 분명해질 것이다.|请把~的照片给我一张,好吗? 제게 확대한 사진 한 장 주시겠어요?|请把录音机的声音~一点儿;녹음기 소리를 좀 크게 해 주세요.

放假 fàng//jià 动 (일, 학습 등을) 쉬다. 휴가하다. 방학하다. ¶在中国,国庆节一般~七天,很多人都去旅行;중국에서는 건국 기념일에 일반적으로 7일간 쉬며 많은 사람들이 여행을 간다.|校庆日我们不~;학교 개교 기념일 날에 우리는 쉬지 않는다.|元旦只~一天,我不能回家;양력 설에는 하루만 쉬어서 나는 집에 갈 수가 없다.

▶용법주의: '放假'는 이합사이며, 중간에 '个', '了'나 시간의 길고 짧음을 나타내는 단어를 넣을 수 있다. ¶好容易放个假,你就好好休息休息吧;어렵사리 휴가를 얻었으니, 잘 쉬어라.|放了假我想去旅游;방학하면 나는 여행갈 생각이다.|今天下午我可以给你放半天假;오늘 오후에 나는 네게 반나절 휴가를 줄 수 있다.

放弃 fàngqì 动 (권리, 주장, 계획, 희망 등을) 버리다. 포기하다. ¶这几天我有重要的事情,只好~了原来的旅行计划;요 며칠 중요한 일이 있어서 여행 계획을 포기할 수 밖에 없었다.|你不应该~这次学习的机会;너는 이번 학습의 기회를 포기해서는 안된다.|为了这次比赛,她~了节假日休息;이

번 시합을 위해서 그녀는 명절날 쉬는 것을 포기했다.

放松 fàngsōng 动 관대하게 하다. 늦추다. 느슨하게 하다. ¶他从不~对自己的要求;그는 이제껏 자신에게 관대하지 않았다.|考试的时候别紧张,~一些会更好;시험 볼 때 긴장하지 말고, 마음을 좀 느슨하게 가지는 것이 더욱 좋다.|放假了,大家可以好好~一下;방학했으니 모두들 좀 긴장을 풀어도 된다.

放心 fàng//xīn 动 마음을 놓다. 안심하다. ¶孩子一个人在家,我很不~;아이 혼자 집에 있으면 나는 안심이 안 된다.|你尽管~,我一定按时完成任务;너 얼마든지 안심해도 돼, 내가 반드시 제때에 임무를 완성할 테니.|妈妈不~我一个人在国外,差不多每天都要打电话来;엄마는 나 혼자 외국에 있는 것이 마음이 놓이지 않아, 거의 매일 전화하신다.|你~地去吧,家里的事情交给我;집안 일은 내게 맡기고, 너는 마음 놓고 가라.

▶용법주의: ❶한국어 한자어 '放心'은 '마음을 다잡지 아니하고 풀어 놓아 버림'의 부정의 의미가 강하지만, 중국어에서는 주로 '안심하다'의 의미로 사용되니 주의해야 한다. ❷'放心'은 이합사이며, 중간에 '了'나 수량사를 넣을 수 있다. ¶接到女儿的电话,妈妈才放了心;딸아이의 전화를 받고 엄마는 그제서야 안심했다.|收到他的来信,我才放了一点儿心;그의 편지를 받고나서야 나는 마음을 좀 놓았다.|儿子走的这一个月,他没放过一天心;아들이 떠난 이 달에 그는 하루도 마음 편할 날이 없다. ❸'放心' 뒤에 보어 '得下'나

'不下'를 붙여 '안심할 수 있다'나 '안심할 수 없다'의 뜻을 나타낼 수 있다. ¶把孩子一个人留在家里,你放心得下吗?아이 혼자 집에 두고 너는 마음이 놓이니?│我还真有些放心不下;나는 아무래도 좀 안심이 안돼.

飞 fēi 动 ❶ (새, 곤충 따위가) 날다. ¶冬天的时候,很多鸟都~到南方去了;겨울에 많은 새들이 남쪽으로 날아간다. │快要下雨了,很多蜻蜓(qīngtíng)在半空中~来~去;곧 비가 내리려는지 많은 잠자리가 하늘에 날아다닌다.│看,~过来一只蝴蝶(húdié);봐, 나비 한 마리가 날아오네. ❷ (비행기 따위가) 비행하다. 날다. ¶这趟班机是~往中国北京的;이 비행기는 중국 베이징으로 간다.│这一个月,她~了五趟(tàng)北京;이번 달에 그녀는 다섯 번이나 베이징으로 날아갔다.│飞机十点三刻准时~离地面;비행기가 10시 45분 정각에 지면으로부터 이륙한다. ❸ (자연물이) 휘날리다. 나부끼다. 떠다니다. ¶下午两点,天上~起了雪花;오후 2시에 하늘에서 눈발이 날리기 시작했다.│空气中~着很多浮尘;공기 중에는 많은 먼지가 떠다닌다.│我不喜欢柳絮(liǔxù)漫天~的季节;나는 꽃가루가 하늘 가득 떠다니는 계절을 싫어한다.

飞机 fēijī 名 비행기. ¶因为天气不好,这班~取消了;날씨가 좋지 않아 이번 비행기는 결항되었다.│我不喜欢坐~;나는 비행기 타는 것을 좋아하지 않는다.│机场上停放着很多架~;공항에 많은 비행기가 세워져 있다.│他的工作就是开~;그는 비행기를 조종하는 일을 한다.

非…不可 fēi…bùkě …副 하지 않으면 안 된다. 반드시 (꼭) …해야 한다. ¶要想学好汉语,非下苦功夫不可;중국어를 잘 배우려면 열심히 공부하지 않으면 안 된다.│这些话我非说不可;이 말을 나는 반드시 해야 한다.│要做好这件事,非你去不可;이 일을 잘 하려면 반드시 네가 가야 한다.

▶용법주의: ❶ '非…不可'는 때에 따라서 '非得(děi)……不可'라고도 할 수 있다. ¶要想学好汉语,非得(děi)下苦功夫不可;중국어를 잘 배우려면 열심히 공부하지 않으면 안 된다.│他今天非得吃肯德基不可;그는 오늘 꼭 켄터키후라이드 치킨을 먹어야 한다. ❷ 회화에서 '非…' 뒤의 '不可' 역시 생략할 수 있다. ¶妈妈不让我去,我非去;엄마는 나를 가지 못하게 하지만 나는 꼭 가야 한다.│她一天也不能等了,非今天回家;그녀는 하루도 기다릴 수 없어서 오늘 꼭 집으로 돌아가야 한다.

非常 fēicháng 副 매우. 대단히. ¶这里的夏天~热;이 곳의 여름은 대단히 덥다.│一个人在国外生活,她~想念家人;혼자 외국에서 생활하자니, 그녀는 가족들 생각이 많이 난다.│~抱歉,我来晚了;늦게 와서 대단히 죄송합니다.

▶용법주의: 회화에서 '非常'은 '非常非常'으로 중첩하여 사용할 수 있으며 정도의 강함을 표현한다. ¶这里的秋天非常非常美;이 곳의 가을은 정말 아름답다.│我非常非常喜欢这种简单平静的生活;나는 이런 간단하고 조용한 생활을 매우 좋아한다.

非法 fēifǎ 形 불법적인. 비합법적인. ¶雇(gù)用童工是~的;소년공을 고용하

는 것은 불법이다.| 他从事~活动得到的~收入被没(mò)收了;그는 불법적인 일에 종사하여 얻은 불법 수입을 몰수당했다.| 他用~手段使对方同意了他的要求;그는 비합법적인 수단으로 상대방이 그의 요구에 동의하도록 했다.

▶용법주의: 중국어 '非法'은 한국어 한자어로 '不法'이라고 하지만, 중국어에서는 '不法'보다는 주로 '非法'을 사용한다.

非难 fēinàn [动] 비난하다. 힐책하다. ¶他的主张遭(zāo)到了某些人的~;그의 주장은 어떤 사람들의 비난을 받았다.| 你这样做是无可~的;네가 이렇게 하면 비난할 수가 없다.| 我们对对方提出的种种~和无理要求进行了驳斥(bóchì);우리는 상대방이 제기하는 각종 비난과 무리한 요구들에 대해서 반박했다.

肥 féi [形] ❶ 살찌다. 지방이 많다. ¶这只鸡太~了;이 닭은 너무 살쪘다.| 我不喜欢吃~肉;나는 비계 먹는 걸 좋아하지 않는다.| 这头~猪足有二百斤重;이 살찐 돼지는 무게가 족히 200근은 된다. ❷ (옷의 품이나 신발의 크기 등이) 크다. 너르다. 헐렁헐렁하다. ¶这件上衣有点儿~;이 상의는 좀 크다.| 你的裤子太~了;네 바지는 너무 크다.| 今年流行~腿裤;올해는 헐렁한 바지가 유행이다.

▶용법주의: '肥' ❶은 사람을 묘사할 때는 쓰이지 않으며, 사람에게는 '胖'을 쓴다. ¶他以前很瘦,现在变胖了;그는 이전에 말랐었는데 지금은 살이 쪘다.| 一般的胖人都怕热;일반적으로 뚱뚱한 사람은 더위를 탄다.

肺 fèi [名] 폐. ¶长期抽烟,对~和气管很不好;장기간 담배를 피우면 폐와 기관지에 좋지 않다.| 爸爸知道儿子撒(sā)了谎(huǎng),~都气炸(zhà)了;아빠는 아들이 거짓말 하는 것을 알고 부아가 치밀었다.| 柚(yòu)子具有润~止咳(ké)的作用;유자는 폐를 보호하고 기침을 멎게 하는 작용이 있다.

沸腾 fèiténg [动] ❶ 비등하다. 끓다. ¶~的水温度高达100℃;끓는 물의 온도는 100℃에 달한다.| 没几分钟,锅里的水就~了;몇 분 지나지 않아, 솥의 물이 끓었다. ❷ (물 끓듯) 떠들썩하다. 들끓다. ¶听了这位英雄的报告,学生们热血~;이 영웅의 발표를 듣고 학생들은 뜨거운 피가 들끓었다.| 下课以后,校园里一片~;수업을 마친 뒤 교정이 한바탕 떠들썩해졌다.| 这位明星的到来,使这个宁静的乡村一下子~起来了;이 스타가 나타나자, 이 조용하던 시골마을이 순식간에 떠들썩해지기 시작했다.

▶용법주의: '沸腾'은 비교적 서면어의 색채를 띤다. '沸腾' ❶은 회화에서 '开'로 쓰인다. ¶锅里的水开了,你来煮(zhǔ)饺子吧;솥의 물이 끓으니 만두를 삶으렴.

费 fèi [动] ❶ (힘, 시간, 마음 따위를) 쓰다. 들이다. ¶我~了很大的力气才把这些书弄回家;나는 많은 힘을 들여 이 책들을 집으로 옮겼다.| 我~了半天时间才找到你的办公室;나는 한참의 시간이 걸려서야 네 사무실을 찾았다.| 为你的事,他可是~尽了心思;네 일 때문에 그는 마음을 다 써서 궁리를 짜내었다. ❷ (많이) 소모하다. 소비하다. ¶走山路很~鞋;산 길을 걸

으면 신발이 닳는다.| 这种冰箱太~电了;이 냉장고는 전기가 너무 많이 소모된다.| 我家的洗衣机很~水;우리 집 세탁기는 물이 많이 소비된다. 名 비용. 요금. 쓴 돈. ¶这个月我家的水电~共160块钱;이번 달 우리 집 수도세와 전기세는 모두 160위안이다.| 开学第一天交学~;개학 첫 날 학비를 낸다.| 这位歌星的出场~很高;이 유명가수의 출연료는 높다.

费用 fèiyòng 名 비용. 쓴 돈. ¶这个月的生活~有点儿多;이 달의 생활비가 좀 많다.| 我来负担这笔~;내가 이 비용을 부담하겠다.| 他的学习~都是自己打工挣来的;그의 학비는 모두 스스로 아르바이트 해서 번 것이다.

▶용법주의:'费'와 '费用'의 뜻은 기본적으로 같다. 구별하자면, ❶'费'는 회화에서 많이 쓰이고, '费用'은 서면어에 많이 쓰인다. ❷'费'의 조합력이 더욱 강하여 일반적으로 단독으로 쓰이지 않고 앞에 반드시 수식 성분을 덧붙인다. 그 수식 성분은 단음절일 수도 있고, 쌍음절일 수도 있다. ¶水费;수도세.| 电费;전기세.| 生活费;생활비.| 住宿费;숙박비. ❸'费用'의 수식성분은 일반적으로 단음절이어서는 안되며 쌍음절이어야 한다. 예를 들어, '学费用'이라고는 쓸 수 없지만, '学费' 혹은 '学习费用'이라고는 쓸 수 있다. ¶这样做费太高了(×)| 这是一笔不小的费(×)| 这样做费用太高了;이렇게 하면 비용이 너무 높다.| 这是一笔不小的费用;이것은 적지 않은 비용이다.

分 fēn 动 ❶ 나누다. 가르다. 구분하다. ¶把苹果~成两半儿,一人一半儿;사과를 둘로 갈라 절반씩 나누다.| 一年级的新生~了两个班;1학년 신입생을 두 반으로 나누었다.| 这项工作我们可以~三步来完成;이 일은 우리가 3번에 나누어 완성할 수 있다. ❷ 분배하다. 할당하다. 배당하다. ¶老师给每个小朋友~了一个橘(jú)子;선생님은 어린 학생들에게 각각 귤 하나씩을 나누어 주었다.| 这套房子是学校~给她的;이 집은 학교가 그녀에게 배당해 준 것이다.| 我的事情少,可以多~给我一些任务;나의 일이 적으니, 더 많은 임무를 할당해 주세요. ❸ 판별하다. 분별하다. 가리다. 구분하다. ¶他们两个人的汉语水平不~高低;그들 두 사람의 중국어 수준은 우열을 가리기 어렵다.| 小孩子~不清是非;어린 아이는 시비를 정확히 가리기 어렵다.| 做事要~轻重缓(huǎn)急;일을 하는 데는 중요성과 시급성 여부를 가려야 한다. 量 ❶ (시간의) 분. ¶现在差(chà)七~八点;현재 시간은 8시 7분 전이다.| 还有两~钟就下课了;2분만 더 있으면 수업이 끝난다.| 我买了十点十~的火车票;나는 10시 10분 기차표를 샀다. ❷ (화폐의) 분. 푼. (1분은 1毛의 10분의 1) ¶我今天花了二百三十六块七毛八~钱;나는 오늘 2백 36위안 7전 8푼을 썼다.| 这是一枚(méi)五~钱的硬币(bì);이것은 5푼짜리 동전이다. ❸ ~점. (성적 평가의 점수나 승부의 득점수) ¶弟弟的英语考了92~;남동생의 영어성적은 92점이다.| 这次考试她得了满~,是我们班的最高~;이번 시험에서 그녀는 만점을 받았는데 우리 반에서 가

장 높은 점수이다.| 这次乒乓球比赛,他们队输了两~;이번 탁구시합은 그들 팀이 2점차로 졌다.

分辨 fēnbiàn 动 분별하다. 구분하다. ¶他已经有了~是非的能力;그는 이미 시비를 분별하는 능력이 생겼다.| 婴(yīng)儿很早就能~出妈妈的声音;갓난아이는 일찍부터 엄마의 목소리를 구분해낼 수 있다.| 我很难~他们谁是好人,谁是坏人;나는 그들 중 누가 좋은 사람이고 누가 나쁜 사람인지 분간하기 어렵다.

分别 fēnbié 动 ❶헤어지다. 이별하다. ¶我们已经~十年了;우리는 이미 헤어진 지 10년이 되었다.| 上次和他~以后我们没有再见面;지난 번 그와 헤어진 후로 우리는 다시 만나지 못했다.| 这只是暂(zàn)时的~,不久我就会回来的;이건 잠시 이별하는 거야, 오래지 않아 나는 곧 돌아올 거야. ❷판별하다. 구별하다. 식별하다. ¶处理问题要~主次;문제를 처리하는 데 있어서는 일의 경중을 구별해야 한다.| 从外表我~不出她是中国人还是韩国人;외관상으로는 그녀가 중국인인지 한국인인지 구별할 수 없다. 副 ❶다르게. 다른 방식으로. 차별적으로. ¶他们两个情况不同,要~对待;그들 둘의 상황은 다르니 각기 다른 방식으로 대해야 한다.| 这两件事我们要~讨论;이 두 가지 일은 우리가 다른 방식으로 토론해야 한다.| 根据这两个学校的具体情况,我们~制定了不同的计划;이 두 학교의 구체적인 상황에 근거하여 우리는 다른 계획을 세워야 한다. ❷각각. 각기. 따로따로. ¶我已经和这两位同学~谈过

了;나는 이미 이 두 친구와 따로따로 얘기를 나누었다.| 几位老师~作了发言;몇 분의 선생님이 각각 발언을 했다.| 他们两个~考上了北大和清华;그들 두 사람은 각각 베이징대와 칭화대에 합격했다.

分布 fēnbù 动 분포하다. 널려있다. ¶大熊猫主要~在中国四川省的高山地区;판다는 주로 중국 쓰촨성의 고산지대에 분포하고 있다.| 这种植物的~区域(yù)很广;이 식물의 분포지역은 매우 넓다.| 中国的人口~不均衡(jūnhéng),西北地区人口较少;중국의 인구 분포는 불균형적인데, 서북지역의 인구가 비교적 적다.

分界 fēnjiè 动 경계를 나누다. 분계로 하다. ¶辽宁省和河北省在山海关~;랴오닝성과 허베이성은 산해관을 경계로 나뉜다.| 两个县以这座山~;두 현은 이 산을 경계로 나뉜다. 名 경계. 분계. ¶这是两省的~;이곳이 두 성의 경계이다.| 我们俩以这条线为~;우리 둘은 이 선을 경계로 삼는다.| 这两个学科的~不太清楚;이 두 학문 분야의 경계는 그다지 분명하지 않다.

分开 fēn//kāi 动 ❶(사람, 사물이) 갈라지다. 떨어지다. 분리되다. 헤어지다. ¶下车以后我们就~了;차에서 내린 후에 우리는 헤어졌다.| 他结婚以后就和父母~住了;그는 결혼 후에 부모에게서 분가해 산다.| 他们夫妻俩的钱是~的,自己花自己的;그들 두 부부는 돈을 나누어 관리하며 각자의 돈은 각자가 쓴다. ❷나누다. 구별하다. 헤치다. ¶我们两个人的书最好~放;우리 두 사람의 책은 구분해

두는 것이 좋다.l 不同水平的学生要~考试;수준이 다른 학생들은 구분하여 시험을 치게 해야 한다.l 那位记者用手~人群,挤到了最前面;그 기자는 손으로 인파를 헤치고 제일 앞쪽으로 비집고 나갔다.

▶용법주의:'分开'는 이합사이며, 중간에 '得'나 '不'를 넣어 '能'이나 '不能'의 뜻을 나타낼 수 있다. ¶夫妻俩的钱怎么分得开呢? 부부의 돈을 어떻게 나눌 수 있지?l 我们俩是分不开的,谁也别想把我们分开;우리 두 사람은 헤어질 수 없으니, 어느 누구도 우리 사이를 갈라 놓을 생각은 하지 마라.

分类 fēn//lèi 动 (특질, 성질을) 분류하다. ¶我已经把这些图书~整理了;나는 이미 이 도서들을 분류해서 정리했다.l 他们两个人用了不同的~标准;그들 두 사람은 다른 분류 기준을 사용했다.l 我们学校的留学生可以分两类:一类是长期的,一类是短期的;우리 학교의 유학생은 두 종류로 분류된다. 하나는 장기 유학생이고, 다른 하나는 단기 유학생이다.

▶용법주의:'分类'는 이합사이며, 중간에 '好','了'나 수사를 넣을 수 있다. ¶你们把这些书分好类放到书架上;너희는 이 책들을 책장에 잘 분류해 놓아라.l 我们把新生分了两类;우리는 신입생을 두 종류로 분류했다.

分明 fēnmíng 形 뚜렷하다. 분명하다. 확실하다. ¶这个城市冬冷夏热,四季~;이 도시는 겨울은 춥고 여름은 더워 사계절이 분명하다.l 这篇文章重点突出,层次~;이 문장은 주된 관점이 뚜렷하고 내용의 순서가 명확하다.l 我这个人一向是非~;나는 원래 시비가 분명

하다. 副 명백히. 분명히. 확실히. ¶~是你错了,你还不承(chéng)认;분명히 네가 잘못한 일인데 너는 아직도 인정하지 않는구나.l 你~是在说谎(huǎng);너는 분명히 거짓말을 하고 있어.l 我~听见屋里有人说话,怎么没人呢? 나는 확실히 집안에서 누군가 애기하는 소리를 들었는데, 어떻게 아무도 없지?

分配 fēnpèi 动 분배하다. 배급하다. 배치하다. 할당하다. ¶学校~给她一套很大的住房;학교에서 그녀에게 큰 집을 한 채 분배해 주었다.l 今年的奖金~方法和去年不一样;올해의 보너스 분배 방법은 작년과 다르다.l 他很会合理~时间;그는 합리적으로 시간을 분배할 줄 안다.l 学校~他到中文系工作;학교에서는 그를 중문과로 배치했다.

分清 fēn//qīng 动 분명하게 가리다. 분명히 하다. ¶只有专家才能~这两张画的真假;전문가만이 이 두 그림의 진위를 분명히 가릴 수 있다.l "四"和"十"两个字的读音不易~;4와 10 두 숫자의 발음은 분간하기 어렵다.l 很多孩子3岁以前分不清左、右;많은 아이들은 3살 전에 좌우를 분명히 가릴 수 없다.

▶용법주의:'分清'은 이합사이며, 중간에 '得','不'를 넣어 '能','不能'의 뜻을 나타낼 수 있다. ¶你能分得清这两个字的读音吗? 너는 이 두 글자의 독음을 구분할 수 있니?l 我分不清他们两个;나는 그들 두 사람을 구분할 수 없다.

分散 fēnsàn 形 분산하다. ¶学生们住得很~,只能打电话通知;학생들의 거주

지가 분산되어 있어서 전화로 통지할 수 밖에 없다.|他们公司投资了很多项目,资金过于~;그들 회사는 여러 분야에 투자해 자금이 지나치게 분산되어 있다.|我们学校有好几个校区,教学资源相对~;우리 학교는 캠퍼스가 몇 개나 있어 교학 자원이 상대적으로 분산되어 있다. [动] 분산되다.¶一边打工,一边学习,肯定会~精力;아르바이트를 하면서 공부하면 틀림없이 정신이 분산될 것이다.|看书的时候听音乐,容易~注意力;책을 읽을 때 음악을 들으면 주의력이 분산되기 쉽다.|为~购(gòu)票旅客,这个火车站增设了几个售票口;표를 사려는 여행객들을 분산시키기 위해, 이 기차역은 10여 개의 매표소를 증설했다.

分手 fēn//shǒu [动] ❶헤어지다. 이별하다.¶我们九点的时候就~了;우리는 9시에 헤어졌다.|我和她在超市门口~以后,我去了银行;나는 그녀와 슈퍼마켓 입구에서 헤어진 뒤 은행으로 갔다.|自从上次分了手,我们就再也没见过面;지난 번에 헤어진 후로 우리는 더 이상 만난 적이 없다. ❷他俩相恋两年~了;그 둘은 서로 사랑한 지 이 년 만에 헤어졌다.
▶용법주의: '分手'는 이합사이며, 중간에 '了'를 넣을 수 있다. 위의 예문 참고.

分析 fēnxī [动] 분석하다.¶他不会~这个句子的结构;그는 이 문장의 구조를 분석할 줄 모른다.|我们对这个问题进行了深入~,认为这种做法不可行;우리는 이 문제에 대해 깊이 있게 분석해 나가면서 이런 방법은 실행 불

가능하다는 것을 알았다.|现在的情况很复杂,我们要认真~一下;현재 상황이 복잡하니 우리는 열심히 분석해야 한다.|小王的~能力很强;샤오왕의 분석 능력은 뛰어나다.

分野 fēnyě [名] 분야. 한계. 영역.¶这篇文章主要讨论了古典艺术和现代艺术的~;이 문장은 고전예술과 현대예술 분야를 주로 토론했다.|我们有必要搞清楚这两个概念的~;우리는 반드시 이 두 개념의 영역을 분명히 할 필요가 있다.|这两个党派的政治~是很明显的;이 두 당의 정치 영역은 매우 분명하다.

…**分之**… …fēnzhī… [副] …분의 ….¶这次考试90分以上的同学占百~四十;이번 시험에서 90점 이상인 학생이 40%를 차지한다.|这个公司三~一的职员是外国人;이 회사는 직원의 3분의 1이 외국인이다.|我校的韩国留学生最多,占留学生总数的四~一;우리 학교는 한국유학생이 가장 많은데 전체 유학생 수의 4분의 1을 차지한다.

分钟 fēnzhōng [名] (시간의) 분.¶快走,还有两~就上课了;빨리 가자, 2분 뒤면 수업 시작한다.|现在差(chà)十~五点;현재 5시 10분 전이다.|我从家到学校需要十五~的时间;집에서 학교까지 15분 걸린다.

吩咐 fēnfù [动] 분부하다. (말로) 시키다. 명령하다.¶妈妈~姐姐去洗碗;엄마는 언니에게 그릇을 씻으라고 시킨다.|爸爸的~,我们不敢不听;아빠의 명령을 우리는 감히 듣지 않을 수 없다.|有事您尽管~;무슨 일이 있으면 얼마든지 시켜주세요.

纷纷 fēnfēn 形 (떨어지는 물건이나 언론이) 분분하다. 어수선하게 많다. ¶秋风吹来, 树叶~落下 ; 가을 바람이 불어오니, 나뭇잎이 우수수 떨어진다. | 这件事情传开以后, 人们议论~ ; 이 일이 소문난 후, 사람들의 의견이 분분하다. | 窗外大雪~, 可是房间里很暖和 ; 창 밖엔 눈이 흩날리는데, 방 안은 따뜻하다. 副 (많은 사람이나 물건이) 잇달아. 쉴새 없이. 계속해서. ¶听说他有困难, 朋友们~伸出援(yuán)助之手 ; 그가 곤란하다는 소식을 듣고 친구들이 잇달아 구원의 손길을 내밀었다. | 这个方案一提出, 大家~表示同意 ; 이 방안이 제기되자 모두들 잇달아 동의했다. | 学生们~报名参加运动会 ; 학생들이 계속해서 운동회 참가 신청을 하고 있다.

粉 fěn 名 ❶ 가루. 분말. (단독으로 잘 쓰이지 않는다.) ¶这种洗衣~很好用 ; 이 가루세제는 매우 쓸만하다. | 包饺子最好用饺子~ ; 만두를 빚을 때는 만두 전용 밀가루를 쓰는 것이 가장 좋다. | 糯(nuò)米磨(mò)成~, 可以做多种食品 ; 찹쌀을 빻아 가루로 만들면, 여러 종류의 식품을 만들 수 있다. ❷ (~儿) (화장용) 분. 파우더. ¶她今天没有搽(chá)~ ; 그녀는 오늘 파우더를 바르지 않았다. | 这个品牌的~儿很受欢迎 ; 이 브랜드의 파우더는 인기가 많다. | 她最讨厌涂脂抹(tú zhī mǒ)~ ; 그녀는 분칠하며 화장하는 것을 제일 싫어한다. ❸ 전분으로 만든 음식. (일반적으로 단독으로 쓰이지 않는다.) ¶夏天我喜欢吃凉~儿 ; 여름에 나는 녹두묵을 즐겨 먹는다. | ~皮是有名的陕西小吃 ; 녹말묵은 산시성의 유명한 간식거리이다. 形 분홍색의. ¶她今天穿了一件~衬衫 ; 그녀는 오늘 분홍색 셔츠를 입었다. | 我家的窗帘儿是~的 ; 우리집의 창문 커튼은 분홍색이다. | 她穿这件~色上衣, 看起来脸色更好 ; 그녀가 이 분홍색 상의를 입으니 얼굴색이 더욱 좋아 보인다.

粉笔 fěnbǐ 名 분필. 백묵. ¶教室里一支~也没有了 ; 교실에 분필이 한 자루도 없다. | 我买了一盒彩色~ ; 나는 색 분필 한 통을 샀다. | 这位老师的~字很漂亮 ; 이 선생님이 분필로 쓴 글씨는 예쁘다.

份 fèn 量 ❶ (~儿) 전체중의 일부분. 몫. 배당. ¶把这个比萨分成五~儿, 每人一~儿 ; 이 피자를 5등분으로 나누어 각자 하나씩 먹자. | 他的那~儿奖金已经领走了 ; 그는 보너스를 이미 수령해갔다. | 他终于找到了一~满意的工作 ; 그는 마침내 만족할 만한 일을 찾았다. ❷ 배합해서 한 벌이 되는 것. 한 벌. 세트. ¶这~礼物是我专门为你准备的 ; 이 선물은 내가 전적으로 너를 위해 준비한 것이다. | 参加这次活动的人都可以得到一~儿奖品 ; 이번 활동에 참가하는 사람들은 모두 상품 한 세트씩을 받을 수 있다. | 我要了两~套餐 ; 나는 세트메뉴 두 개를 주문했다. ❸ 부. (신문이나 문건을 세는 단위) ¶我今年订了两~报纸 ; 나는 올해 신문 두 부를 구독했다. | 这~文件我需要复印三~ ; 나는 이 문건을 세 부 인쇄해야 한다. | 那~报告校长已经看过了 ; 그 보고서를 총장이 이미 보았다. ❹ 추상적인 사물에 쓰인다. ¶这是我的一~心意 ; 이

것은 저의 조그만 성의입니다.| 我可没那~儿闲心;나는 정말 한가할 기분이 아니다.| 看他那~儿德性;그의 저 하는 짓을 보아라. 名 성, 현 등의 행정 구획과 년, 월 등의 시간 명사 뒤에서 구분이나 구획을 나타내는 단위로 쓰인다. ¶这个省~的经济发展很快;이 성의 경제 발전은 매우 빠르다.| 今年四月~的任务最多;금년 4월 분의 임무가 가장 많다.| 去年冬天气温较高,比正常年~高出2.1°C;작년 겨울은 기온이 비교적 높아서 평년에 비해 섭씨 2.1도가 높았다.

奋斗 fèndòu 动 (일정한 목적에 도달하기 위해) 분투하다. ¶我们要发扬艰苦~的优良传统;우리는 각고 분투하여 훌륭한 전통을 발양해야 한다.| 他一生的~,都是为了祖国的富强;그가 일생 동안 분투한 것은 모두 조국의 부강을 위해서이다.| 他~了十年,才有今天;오늘이 있기까지 그는 10년간 분투했다.

愤怒 fènnù 形 분노하다. 매우 화가 나다. ¶他看到别人欺负(qī·fu)小朋友就会感到~;그는 다른 사람이 어린아이를 괴롭히는 것을 보면 분노를 느낀다.| 那天下午,~的人群走上街头示威(wēi)游行;그날 오후에 성난 군중들이 길거리로 나와 시위를 했다.| 他的合理要求被拒绝,他~地离开了公司;그의 합리적인 요구가 거부당하자, 그는 매우 화가 나서 회사를 그만두었다.

丰富 fēngfù 形 풍부하다. 많다. ¶中国的煤炭(méitàn)资源很~;중국의 석탄 자원은 매우 풍부하다.| 这位老教师从教(jiào)二十几年,有~的教学经验;이 노선생님은 20여 년간 교직에 종사하셔서 교학 경험이 풍부하다.| 她是一位想象力非常~的画家;그녀는 상상력이 매우 풍부한 화가이다. 动 풍부하게 하다. 넉넉하게 하다. ¶读书可以~我们的知识;독서는 우리의 지식을 풍부하게 만들 수 있다.| 互联网极大地~了我们的生活;인터넷은 우리의 생활을 매우 풍요롭게 만들었다.| 看电影,可以~语言学习者的词汇;영화를 보는 것은 언어 학습자의 어휘를 풍부하게 할 수 있다.

风 fēng 名 ❶ 바람. ¶昨天刮(guā)了一天大~;어제 하루 종일 심한 바람이 불었다.| ~太大,赶紧把窗户关上;바람이 너무 세니 빨리 창문을 닫아라.| 天安门广场上的五星红旗在~中飘扬(piāoyáng);톈안먼 광장의 오성 홍기가 바람에 날리고 있다. ❷(~儿)떠도는 소문. 풍문. ¶你先探探(tàn·tan)他的口~儿,看他愿意不愿意去;너는 그가 가기를 원하는지 우선 그의 말투부터 살펴봐라.| 关于这件事,你能不能先向我们透点儿~儿?이 일에 관해 네가 우리에게 먼저 귀띔해 줄 수 있겠니?

风景 fēngjǐng 名 풍경. ¶秋天的宝文山,~格外美丽;가을의 보문산은 풍경이 특별히 아름답다.| 每年十月,这里的丹枫就会成为一道亮丽的~;매년 10월이면 이곳의 단풍은 경관이 아름답다.| 中国的海南岛是一个著名的~旅游区;중국의 하이난다오는 경치가 유명한 관광지이다.

风力 fēnglì 名 ❶ 바람의 세기. 풍속. ¶天气预报说,今天白天的~三到四级,晚上~会逐渐减弱;일기 예보에 의하

면, 오늘 낮의 풍속은 3에서 4도이며, 밤에는 풍속이 점점 약해질 것이라고 한다.|沙漠地区风沙大, ~强;사막 지역은 풍사가 크고 바람이 강하다. ❷ 바람을 만드는 동력. 풍력. ¶草原上的~资源非常丰富;초원 위에는 바람을 만드는 자원이 매우 풍부하다.|很多国家看到了~发电的优势;많은 국가들이 풍력 발전의 우수함을 보았다.|风车是靠~转动的;풍차는 풍력에 의해 돌아간다.

风俗 fēngsú |名| (사회의) 풍속. ¶每个民族都有自己的~;각 민족은 모두 자신의 풍속을 지니고 있다.|我刚来不久,还不太了解这里的~习惯;나는 온 지 얼마 되지 않아, 아직 이곳의 풍속 습관을 잘 모른다.|按照当地的~,女儿出嫁的时候一定要哭;현지의 풍속에 따르면 여자가 시집을 갈 때는 반드시 울어야 한다.

风险 fēngxiǎn |名| 위험. ¶投资股票是有~的;주식 투자는 위험이 있다.|冒这么大的~做这件事,我认为不值得;이렇게 큰 위험을 무릅쓰고 이 일을 할 만큼 가치가 있다고 생각하지 않는다.|谁都不愿意承担这种~;아무도 이런 위험을 감당하길 원치 않는다.

枫树 fēngshù |名| 단풍나무. ¶这里有很多~;이곳에는 단풍나무가 많다.|这座山上长满了~;이 산에는 온통 단풍나무로 가득 찼다.

封 fēng |动| ❶ 밀봉하다. 봉인하다. 봉하다. ¶我已经把信~好了;나는 이미 편지를 봉했다.|期末考试的试卷都要~起来;기말고사의 시험지를 모두 밀봉해야 한다.|用蜡可以把瓶口~得很严密;밀랍으로 병 입구를 단단히 밀폐할 수 있다. ❷ (활동, 통행, 사용 등을) 금지하다. 제한하다. 차압하다. ¶今天早晨的雾很大,高速公路都~了;오늘 아침 안개가 짙어서 고속도로가 모두 봉쇄되었다.|这家商店出售假货,被工商局~了;이 상점에서 파는 가짜 상품은 공상국에 의해 차압 당했다.|放假的时候,有些学校要~校;방학 때, 몇몇 학교는 이용을 제한한다. |量| 통. 꾸러미. ¶办公室有你一~信;사무실에 네 편지 한 통이 있다.|他收到家里的一~电报;그는 집에서 온 전보 한 통을 받았다.|今天我收到两~邮件;오늘 나는 두 통의 편지를 받았다.

封建 fēngjiàn |形| 봉건적이다. ¶他头脑很~;그는 생각이 봉건적이다.|这些都是~思想;이러한 것들은 모두 봉건적인 사상이다.|我爷爷思想一点儿都不~;우리 할아버지의 사상은 조금도 봉건적이지 않다.

疯 fēng |形| ❶ 실성하다. 발광하다. 정신이 이상하다. ¶孩子在公园走丢了,奶奶急~了;아이가 공원에서 사라지자 할머니는 초조해 미칠 지경이었다.|每天做这些枯燥(kūzào)的工作,我都快要~了;매일 앉아서 이런 무미건조한 일을 하자니 미쳐버릴 지경이다.|大家都看得出来,她是在装~;모두들 그녀가 미친 척 한다는 것을 알아차릴 수 있다. ❷ 신중하지 못하다. (언어가) 비정상적이다. 상식에 어긋나다. ¶人们都说这小姑娘可~了;사람들은 모두 이 소녀의 언행이 신중하지 못하다고 말한다.|别在这儿说~话了;여기서 상식에 어긋나

는 소리하지 마라.| 你再这样~闹,我们就不客气了;너 또 다시 이렇게 예의없이 소란을 피우면, 우리도 가만있지 않겠다. 动 자유롭게 놀다. 제멋대로 하다. 자유분방하다.¶这孩子成天在外边儿~;이 아이는 종일 밖에서 자유롭게 논다.| 你又在外边儿~了一天;너 또 밖에서 하루 종일 제멋대로 놀았구나.

逢 féng 动 만나다. 마주치다.¶每~周末我都去看他;매번 주말이면 나는 그를 만나러 간다.| 我来大田的时候正~秋天,满眼的红叶非常美丽;내가 대전에 왔을 때는 마침 가을이어서, 시야에 가득한 단풍이 아주 아름다웠다.| 他一人便说他的光荣历史;그는 사람들을 만날 때면 그의 영광스러운 역사에 대해 말한다.

缝 féng 动 바느질하다. 꿰매다.¶我的衣服破了,请帮我~一下;내 옷이 터졌으니 좀 꿰매주세요.| 我去的时候,她正在~扣子;내가 갔을 때 그녀는 마침 단추를 꿰매 달고 있었다.| 他的头碰破了,医生给他~了三针;그의 머리가 깨져서 의사는 그에게 세 바늘을 꿰매주었다.

凤仙花 fèngxiānhuā 名 봉선화.¶~很漂亮;봉선화는 예쁘다.| 我最喜欢紫色的~;나는 보랏빛 봉선화를 가장 좋아한다.

奉养 fèngyǎng 动 (부모나 웃어른을) 봉양하다. 모시다.¶儿女应当~父母;자식은 마땅히 부모님을 봉양해야 한다.| 他悉(xī)心~这位非亲非故的老人十几年;그는 친척도 연고도 없는 이 노인을 십여 년간 성심껏 봉양하고 있다.| 这位老人无人~;이 노인

은 모실 사람이 없다.

缝隙 fèngxì 名 틈. 갈라진 곳. 간극.¶冬天,我只把窗户开一个很小的~;겨울에 나는 창문을 조금만 연다.| 请把门关好,不要留~;틈을 남기지 말고 문을 잘 닫아주세요.| 这种鸟就生活在岩石的~里;이런 새는 바위 틈에서 산다.

佛教 fójiào 名 불교.¶他信仰~;그는 불교를 믿는다.| 五台山是著名的~圣地;우타이산은 유명한 불교성지이다.

否定 fǒudìng 动 부정하다.¶我们不能完全~他的成绩;우리는 그의 성과를 완전히 부정할 수 없다.| 事实~了他的观点;사실이 그의 관점을 부정했다.| 你这种——切的态度是错误的;이렇게 모든 것을 부정하는 너의 이런 태도는 잘못된 것이다. 形 부정의. 부정적인.¶答案是~的;답안이 부정적이다.| 这是一个~判断;이것은 부정적인 판단이다.| 还有很多人对这件事情持~态度;아직도 많은 사람들이 이 일에 대해 부정적인 태도를 지니고 있다.

否决 fǒujué 动 (제의, 의안 등을) 부결되다. 거부하다.¶大家~了他的提议;모두들 그의 제안을 거부했다.| 这项议案被大会~了;이 의안은 회의에서 부결되었다.| 他的建议遭(zāo)到了~;그의 건의는 거부되었다.

否则 fǒuzé 连 만약 그렇지 않으면.¶我们得(děi)赶紧走,~就迟到了;우리는 서둘러 가야 한다. 그렇지 않으면 늦을 것이다.| 这件事应该告诉她,~的话她是不会明白的;이 일은 반드시 그녀에게 알려주어야 한다. 그렇지

않으면 그녀는 이해하지 못할 것이다.|除非他来请我,~我是不会去的;그가 나에게 부탁하지 않는다면, 나는 가지 않을 것이다.

夫妇 fūfù 名 부부.¶他们~俩都在医院工作;그들 부부는 둘 다 병원에서 일한다.|为了控制人口增长,中国政府提倡一对儿~只生一个孩子;인구 성장을 억제하기 위해 중국 정부는 부부가 한 자녀만 낳기를 제창한다.|来这里旅游的大都是新婚~;여기에 여행 온 대다수가 신혼부부이다.

夫妻 fūqī 名 부부.¶他们两人在两年前结为~;그들 두 사람은 2년 전에 부부가 되었다.|这对儿年轻~生活得很幸福;이 젊은 부부는 행복하게 생활하고 있다.|~二人在家庭中的地位是平等的;가정에서 부부 두 사람의 지위는 평등하다.

夫人 fū·rén 名 부인. (아내의 높임말)¶他是陪~到这里来留学的;그는 부인과 함께 이곳에 유학하러 왔다.|下个月,总理将携(xié)~出访美国;다음 달, 의장은 부인을 동반하고 미국을 방문할 것이다.|市长~根本不知道这件事;시장 부인은 이 일을 전혀 모른다.

扶 fú 动 ❶ 손으로 떠받치다. 부축하다. 의지하다. 기대다.¶楼道里很黑,我只好~着栏杆慢慢往下走;복도가 어두워서 나는 난간을 붙들고 천천히 아래로 내려갈 수밖에 없었다.|上课时老师突然感到头晕(yūn),就~着桌子站了一会儿;수업 시간에 선생님은 갑자기 어지러워서 탁자에 기대 잠시 서 있었다.|他经常~老人上下楼梯;그는 자주 노인을 부축해 계단

을 오르내린다. ❷ (옆으로 누웠거나 넘어진 것을) 손으로 세우거나 똑바로 앉히다.¶护士每天~这位病人起来吃药;간호사는 매일 이 환자를 일으켜 앉혀서 약을 먹인다.|孩子摔倒(shuāidǎo)了,妈妈微笑着把他~起来;아이가 넘어지자 엄마는 미소 지으며 아이를 일으켰다.|请~起地上的椅子;바닥의 의자를 바로 세워주세요.

服从 fúcóng 动 복종하다.¶这个问题要少数~多数;이 문제는 소수가 다수에게 복종해야 한다.|一切工作~领导安排;모든 업무는 지도자의 안배에 복종해야 한다.|军人必须~上级的指挥;군인은 반드시 상사의 지휘에 복종해야 한다.

服饰 fúshì 名 복식. (의복과 장신구.)¶在巴黎街头,很难碰到~相同的妇女;파리의 거리에서는 같은 스타일의 옷과 장신구를 한 여자를 만나기 어렵다.|京剧的~很独特;경극의 복식은 독특하다.|我很喜欢少数民族的传统~;나는 소수 민족의 전통 의복과 장신구를 좋아한다.

服务 fúwù 动 복무하다. 근무하다. 일하다.¶这家餐厅的~态度很好;이 식당은 서비스 태도가 좋다.|最近几年中国的~行业发展很快;최근 몇 년간 중국의 서비스업은 매우 빠르게 발전하고 있다.|这家公司可以为消费者提供全方位的售后~;이 회사는 소비자를 위해 전 방위적으로 애프터서비스를 제공한다.

服务器 fúwùqì 名 서버.¶这家网站的~在美国;이 웹사이트의 서버는 미국에 있다.|惠普网络~很受欢迎;HP

의 인터넷 서버는 인기가 많다.|如果网络线路很忙,我们将在一小时内增加一台新的~;만약 인터넷 회선이 바쁘면, 우리가 한 시간 내에 새로운 서버를 증설할 것이다.

服务员 fúwùyuán 名 (서비스업의) 종업원.¶这个饭店要招聘(pìn)20名~;이 호텔은 20명의 종업원을 초빙하려고 한다.|她是我们这里最优秀的~;그녀는 이곳에서 가장 우수한 종업원이다.|这里的~都是接受过正规培训的;이곳의 종업원들은 모두 정규 훈련을 받은 사람들이다.

服装 fúzhuāng 名 복장. 의상.¶朝鲜族妇女的传统~是短衣长裙;조선족 여성의 전통 복장은 짧은 저고리에 긴 치마이다.|这条街上有很多~商店;이 길에는 옷 가게가 많이 있다.|她是搞~设计的;그녀는 의상 디자이너이다.|前面走着一排~整齐的女中学生;앞쪽에 복장이 단정한 여중생들이 일렬로 걸어가고 있다.

浮 fú 动 뜨다. 띄우다.¶有一只小船~在湖面上;작은 배 한 척이 호수 위에 떠 있다.|潜水员从海底~上来了;잠수부가 바다 밑에서 떠올랐다.|天空~着几片白云;하늘에 흰 구름이 몇 조각 떠 있다.|她的脸上~着微笑;그녀는 얼굴에 미소를 띠고 있다.

浮现 fúxiàn 动 ❶ (지난 일이) 떠오르다.¶大学生活时时在脑海里~;대학 생활이 때때로 머리 속에 떠오른다.|往事再一次~在眼前;지난 일이 다시 한 번 눈 앞에 떠오른다. ❷ 드러나다. 유출되다.¶他的脸上~出一丝笑意;그의 얼굴에 웃음이 드러났다.|商机正在~;돈을 벌 기회가 보인

다.

符合 fúhé 动 부합하다. 일치하다.¶他的条件完全~我们公司的要求;그의 조건은 우리 회사의 요구에 완전히 부합한다.|他说的话不~实际情况;그가 한 말은 실제 상황에 부합되지 않는다.|他这样做是不~学校规定的;그가 이렇게 하는 것은 학교 규정에 부합되지 않는다.

幅 fú (~儿) 量 폭. (포목, 종이, 그림 따위를 세는 천)¶这一~布就可以做一个床单;이 한 폭의 천으로 침대시트 한 장을 만들 수 있다.|客厅里挂着两~山水画;거실에 산수화 두 폭이 걸려 있다.|我向那位老先生求了一~字;나는 그 노선생에게 글자 한 점을 청했다.

福 fú 名 복. 행복.¶有~之人不用忙;복이 있는 사람은 바쁠 필요가 없다.|这件事是~是祸(huò),很难预测;이 일은 복이 될지 화가 될지 예측하기 어렵다.|托您的~,我过得很好;당신 덕분에 저는 잘 지냅니다.

抚养 fǔyǎng 动 (아랫사람을) 부양하다. 정성 들여 기르다.¶妈妈一个人把我们姐妹两个~成人,很不容易;엄마 혼자서 우리 자매 둘을 키우는 것은 쉬운 일이 아니다.|他们夫妻俩没有儿女,先后~了五个孤儿;그들 부부는 자녀가 없어 잇달아 5명의 고아를 길렀다.|他们两个是叔叔~长大的;그들 둘은 삼촌 손에 키워졌다.

抚育 fǔyù 动 (어린이나 동·식물을) 정성껏 키우다. 육성하다.¶父母都有~儿女的责任;부모 모두 자녀를 키울 책임이 있다.|我们应该对得起父母的~;우리는 부모가 키워주심에 떳

떳하게 보답해야 한다.│北京西山的育林工人,三年时间~林木近万棵;베이징 서쪽 산의 산림 보호원은 3년 동안 만 그루에 가까운 나무를 육성했다.

釜山 Fǔshān 名 부산. ¶~是韩国著名的海滨(bīn)旅游城市;부산은 한국의 유명한 해변 관광도시이다.│坐火车可以直达~;기차를 타면 부산으로 직행할 수 있다.│明天我要去~;내일 나는 부산에 가려고 한다.

辅导 fǔdǎo 动 (학습, 훈련 등을 도우며) 지도하다. ¶她请老师~她汉语语法;그녀는 선생님에게 중국어 어법을 지도 받는다.│我每天晚上都~女儿做功课;나는 매일 밤 딸 아이에게 학습 지도를 한다.│她英语学得不好,妈妈专门给她请了~老师;그녀는 영어를 잘 못해서 엄마가 특별히 그녀에게 과외 교사를 구해주었다.

腐败 fǔbài 动 썩다. 부패하다. ¶~的食物不能吃;부패한 음식은 먹어서는 안 된다.│鱼肉放久了会~;물고기와 고기는 오래 두면 부패한다. 形 ❶ (행위가 도덕적으로) 타락하다. 썩다. ¶历史上有一些昏庸(hūnyōng)~的皇帝;역사적으로 몇몇 우매하고 타락한 황제들이 있었다.│要严肃惩处(chéngchǔ)~分子;타락한 무리를 엄격히 처벌해야 한다.│对那些危害社会的~现象,要坚决制止;사회에 해를 끼치는 부패한 현상을 단호하게 제지해야 한다. ❷ (사회, 제도 등이) 부패하다. 문란하다. ¶陶渊(yuān)明看不惯当时的政治~,只好在山中隐居;도연명은 당시의 정치가 부패한 모습이 거슬려서, 산 속에 은거할 수 밖에 없었다.│张居正的改革使~的明朝有了转机;장거정의 개혁은 부패한 명나라를 호전시키는 계기가 되었다.│从那以后,北宋的朝政越来越~;그 이후로, 북송의 조정은 갈수록 문란해졌다.

腐烂 fǔlàn 动 썩어 문드러지다. 부식하다. ¶吃~变质的食物对身体不好;변질된 음식물을 먹으면 몸에 좋지 않다.│因为没有及时处理,他的伤口周围的肌肉开始~;즉시 처리하지 않았기 때문에 그의 상처 주위의 살이 썩기 시작했다.│苹果和香蕉放在一起容易~;사과와 바나나는 같이 두면 상하기 쉽다.

腐朽 fǔxiǔ 动 (목재 등이) 썩다. ¶这些木材已经~了;이 목재는 이미 썩었다.│这些~的树叶是很好的肥料;이 썩은 나뭇잎들은 좋은 비료가 된다.│埃及人用奇特的香料把尸体制成不易~的木乃伊;이집트 사람들은 특이한 향료를 사용하여 시체를 쉽게 썩지 않는 미이라로 만들었다. 形 (생각, 사회 제도가) 진부하다. 낡다. 퇴폐하다. ¶那个作家的作品深刻揭露了当时~的社会现实;그 작가의 작품은 당시의 퇴폐한 사회현상을 깊이 있게 폭로했다.│为了维持~的生活,他借了很多钱;방탕한 생활을 유지하기 위해, 그는 많은 돈을 빌렸다.│我们坚决反对追求享乐的~作风;우리는 향락을 추구하는 퇴폐적인 풍조를 단호히 반대한다.

父母 fùmǔ 名 부모. ¶~对儿女的爱是无私的;부모의 자녀에 대한 사랑은 사심이 없다.│他~都在学校工作;그의 부모는 모두 학교에서 일한다.│儿女

응당 효경해야 ~;자녀는 당연히 부모에게 효도해야 한다.

父亲 fù·qīn 名 부친. ¶~对我要求很严格;우리에 대한 부친의 요구는 매우 엄격하다.| 我爱我的~;나는 나의 부친을 사랑한다.| 今天是~的生日;오늘은 부친의 생신이다.

▶용법주의:'父亲'은 일반적으로 서면어에서나 다른 사람에게 설명할 때 사용되고, '爸爸'는 일반적으로 구어에서나 직접 호칭할 때 사용된다.

付 fù 动 지불하다. 지출하다. 부여하다. ¶今天的饭费由我来~;오늘 식사비는 내가 낼게.| 我应该~给出租车司机二十块钱;나는 택시기사에게 20위안을 지불해야 한다.| 为了考取博士,他~出了很大的代价;박사 시험에 합격하기 위해 그는 큰 대가를 치렀다.

负担 fùdān 名 부담. ¶当前最重要的是减轻农民的~;당면한 가장 중요한 일은 농민의 부담을 덜어주는 것이다.| 中学生的学习~很重;중고생의 학습 부담은 매우 크다.| 他家只有一个孩子,经济~不太重;그의 집에는 아이가 하나 뿐이어서 경제적인 부담이 그다지 크지 않다. 动 부담하다. 책임지다. ¶你自己~房租;네 스스로 방세를 부담해라.| 弟弟的生活费一直由我~;남동생의 생활비는 계속해서 내가 책임진다.| 有些人因为~不起医药费而不去医院看病;어떤 사람들은 의료비를 부담하지 못해서 병원에 가지 않는다.

负责 fùzé 动 책임이 있다. 책임을 지다. ¶张老师~宿舍管理工作;장 선생님이 기숙사 관리를 책임지신다.| 你~通知大家;네가 책임지고 모두에

게 통지해라.| 这件事由你~;이 일은 네가 책임져라.| 你要对自己的言行~;너는 자신의 언행에 대해 책임져야 한다. 形 책임감이 강하다. ¶他对工作非常~;그는 일에 대해 매우 책임감이 강하다.| 他这种~的态度值得我们学习;그의 이러한 책임감 있는 태도는 우리가 배울 만하다.| 她是一个很~的人;그녀는 책임감이 강한 사람이다.

负责人 fùzérén 名 책임자. ¶她是这个项目的~;그녀는 이 프로그램의 책임자이다.| 我们还没有和这位~取得联系;우리는 아직까지 이 책임자와 연락을 취하지 못했다.| 前来参观的是各级政府的主要~;이전에 참관한 사람들은 각 급 정부의 주요 책임자이다.

妇女 fùnǚ 名 부녀. 부녀자. 여성. ¶~能顶半边儿天;여성은 하늘의 반쪽을 지탱한다.| 现代社会~的地位提高了;현대 사회에서는 부녀자의 지위가 높아졌다.| 我们要保护~儿童的合法权益;우리는 부녀자와 아동의 합법적인 권리를 보호해야 한다

附近 fùjìn 名 부근. 근처. ¶我家就住在学校~;내 집은 학교 부근에 있다.| 这~有一个很大的公园;이 부근에 큰 공원이 있다.| 住在这儿很不方便,~什么都没有;근처에 아무 것도 없어서, 이곳에 사는 것은 불편하다. 形 부근의. 근처의. ¶~的商店里都没有你要的那种本子;근처 상점에는 네가 원하는 그런 공책이 없다.| ~的村民都知道这件事;부근의 촌민들 모두 이 일을 안다.| ~的城市他都去过了;그는 근처의 도시를 모두 가 봤

189

다.

复述 fùshù 动 ❶ 다시 말하다(진술하다). 복창하다. ¶他把领导的命令~了一遍;그는 지도자의 명령을 한 번 복창했다.|他只有三岁,可是已经能够~别人的话了;그는 겨우 3살이지만, 이미 다른 사람의 말을 따라 할 줄 안다.|我在心中~着要对她说的每一句话;나는 마음속으로 그녀에게 하려는 말을 한 구절 한 구절 복창하고 있다. ❷ 복술 학습법. (배운 것이나 읽은 것의 내용을 이해하고 자기 말로 바꿔 말하는 어학 학습의 하나)¶请你~一下课文内容;본문 내용을 자기 말로 바꿔 말해 봐라.|他~的故事最完整;그가 복술한 이야기가 가장 완벽하다.|我在教学中经常要求学生~;나는 교학 과정에서 항상 학생들에게 복술 학습법을 요구한다.

复习 fùxí 动 복습하다. ¶他每天都~课文;그는 매일 본문을 복습한다.|快要考试了,同学们都定了~计划;곧 시험이라서 학생들은 모두 복습 계획을 세웠다.|学过的内容我都~完了;배운 내용을 나는 모두 복습했다.

复印 fùyìn 动 복사하다. ¶我要去~两篇论文;나는 논문 두 편을 복사하러 가야 한다.|这些证件我要~三份;이 증명서를 나는 3부 복사해야 한다.|这些~资料要保存好;이런 복사 자료들은 잘 보관해야 한다.

复印机 fùyìnjī 名 복사기. ¶这台~坏了;이 복사기는 망가졌다.|我们办公室没有~;우리 사무실엔 복사기가 없다.|新买的~非常好用;새로 산 복사기가 매우 쓸모가 있다.

复杂 fùzá 形 복잡하다. ¶这个单位人员不多,可是关系很~;이 부서는 인원이 많지 않지만 관계가 매우 복잡하다.|我第一遇到这么~的问题;나는 이렇게 복잡한 문제는 처음 접해본다.|事情没有你说的那么~;네가 말하듯 그렇게 복잡한 일은 아니다.

副 fù 形 부. (보조 직무를 담당하며 부수적이다.) ¶上学的时候,他当过~班长;학교 다닐 때 그는 부반장을 한 적이 있다.|这是我们公司的~总经理;이 분은 우리 회사의 부사장이다.|从~标题也可以看出文章的主要内容;부표제에서도 글의 주요 내용을 볼 수 있다. 量 ❶ 조. 벌. 쌍. 켤레. (한 벌 또는 한 쌍으로 되어 있는 물건에 쓰인다.)¶他花50块钱买了两~手套;그는 50위안을 주고 장갑 두 켤레를 샀다.|我昨天配了一~眼镜;나는 어제 안경 하나를 맞췄다.|一~扑克有54张牌;한 벌의 트럼프에 54장이 들어 있다. ❷ 얼굴 표정을 나타낼 때 쓰인다. ¶他整天都是一~严肃的面孔,我们很少和他说笑;그는 하루 종일 엄숙한 얼굴을 하고 있어서 우리는 그에게 농담을 거의 하지 않는다.|那孩子又黑又瘦,一~可怜的样子;그 아이는 검고 말라서 불쌍한 모습을 하고 있다.|我心情不好,可在父母面前还是装出一~笑脸;나는 기분이 좋지 않았지만, 부모님 앞에서는 웃는 얼굴을 보였다.

▶용법주의: 양사 ❷의 앞의 수사는 '一'만 쓰일 수 있다.

副食 fùshí 名 부식(물). ¶我家门口就有一个~商店;우리 집 입구에는 식료품 가게가 하나 있다.|现在市场上的~品非常丰富;요즘 시장에는 식료품

이 매우 풍부하다.| 冬季也要保证居民的~供应;겨울에도 주민의 식품 공급을 보장해야 한다.

副作用 fùzuòyòng 名 부작용.¶中草药一般没有~;한방약과 민간약은 일반적으로 부작용이 없다.| 这种药有一定的~,不能长期服用;이런 종류의 약은 일정한 부작용이 있으니, 장기 복용해서는 안 된다.| 体罚(fá)孩子会产生很多~;아이를 체벌하면 많은 부작용이 생긴다.

赋予 fùyǔ 动 (중대한 임무, 사명을) 부여하다. 주다.¶这是历史~我们的使命;이것이 역사가 우리에게 부여한 사명이다.| 碧海蓝天是大自然~青岛的一笔财富;푸른 바다와 푸른 하늘은 대자연이 부여한 칭다오의 재산이다.| 宪法~了劳动者享受休息的权利;헌법은 노동자에게 휴식을 향유할 권리를 주었다.

富 fù 形 재산이 많다. 부유하다.¶他们家很~;그들의 집은 부유하다.| 这个县城有很多~人;이 현에는 많은 부자가 있다.| 改革开放以后,越来越多的人~起来了;개혁 개방 이후 갈수록 많은 사람들이 부유해지기 시작했다.

富余 fù·yu 动 여유가 있다. 넉넉하다. 남아돌다.¶我现在很忙,没有~时间做别的事情;나는 지금 바빠서, 다른 일을 할 시간이 없다.| 我们班~了两套教材,可以给你们;우리 반엔 교재 2세트가 남아서 너희들에게 줄 수 있다.| 每人一个苹果,还~一个;매 사람마다 사과 하나씩 가지고도 1개가 남는다.

该 gāi 动(助动词) ❶ …해야 한다. ¶六点了,~下班了;6시다, 퇴근해야 해. | 这次是你错了,你~向他道歉;이번 일은 네가 잘못한 것이니, 네가 그에게 사과해야 한다.| 你不~那样做;너는 그렇게 해서는 안돼. ❷ 아마 …겠다. 필시 …일 것이다. ¶他们两个小时前走的,现在~到家了;그들은 두 시간 전에 갔으니 지금쯤은 도착했을 것이다.| 接到他的电话,你~放心了吧;그의 전화를 받았으니 너는 안심이 됐겠지.| 到了秋天,满山的红叶~有多美啊! 가을이 되면, 온 산의 단풍이 얼마나 아름다울까! ❸ (당연히) …의 차례다. ¶明天~你打扫卫生了;내일은 네가 청소할 차례다.| 下面~张老师发言了;다음은 장 선생님이 발언할 차례다.| 这项工作~你负责;이 일은 네가 책임져야 한다.

改 gǎi 动 ❶ 변경하다. 바꾸다. 달라지다. ¶因为天气不好,比赛的时间~了;날씨가 좋지 않아서 경기 시간을 변경했다.| 上课的教室~在320了;강의실이 320호로 변경되었다.| 上大学的时候他~了名字;대학에 들어갔을 때 그는 이름을 바꿨다. ❷ (틀린 것을) 바로 잡다. 고치다. 수정하다. 정정하다. ¶老师每天要帮学生~作业;선생님은 매일 학생들의 숙제를 고쳐줘야 한다.| 这篇文章~得不多;이 글은 수정한 부분이 많지 않다.| 这件衣服太肥了,~瘦一点才能穿;이 옷은 너무 커서 좀 줄여야 입을 수 있을 것이다. ❸ (잘못된 일이나 마음을) 바로 잡다. 고치다. ¶有错~了就好;잘못이 있으면 바로 잡으면 된다.| 你这个毛病要好好~一~;네 결점을 잘 고쳐야 해.| 那些坏毛病他已经彻(chè)底~掉了;그는 이미 그런 나쁜 버릇들을 철저히 고쳤다.

改编 gǎibiān 动 (제도, 체제 등을) 개편하다. 다시 편집하다. 각색하다. ¶这部电影是根据同名小说~的;이 영화는 동명소설에 근거하여 각색한 것이다.| 他们把古典小说《红楼梦》~成了电视连续剧;그들은 고전소설《홍루몽》을 TV연속극으로 각색했다.| 这部电视剧~得不好;이 연속극은 각색이 잘못 되었다.

改变 gǎibiàn 动 ❶ 변하다. 바뀌다. 달라지다. ¶中国农村的面貌正在~;중국 농촌의 모습이 달라지고 있다.| 现在人们的生活节奏快了,人和人的关系也有了~;현대인의 생활리듬이 빨라져서, 사람과 사람 사이의 관계도 변했다.| 这些年他的性格~得很多,像换了一个人似的;이 몇 년간 그의 성격이 많이 변해서, 마치 다른 사람이 된 듯하다. ❷ 바꾸다. 변경하다. 고치다. ¶我们要尽快~这种落后面貌;우리는 되도록 빨리 이런 낙후된 모습을 바꿔야 한다.| 你应该~你

的做事方法;너의 일하는 방법을 고쳐야 한다.|因为天气的缘故,我~了我的周末出游计划;날씨 관계로 나는 주말 여행 계획을 변경했다.

改革 gǎigé 动 개혁하다.¶中国~了原来的经济制度;중국은 기존의 경제 제도를 개혁하였다.|中国教育部~了高校管理政策;중국 교육부는 고등교육 기관 정책을 개혁하였다. 名 개혁.¶中国的经济~很成功;중국의 경제 개혁은 매우 성공적이다.|~是发展的动力;개혁은 발전의 원동력이다.

改进 gǎijìn 动 개선하다.¶他~学习方法以后,成绩提高了;그는 학습 방법을 개선한 후에 성적이 향상되었다.|那家企业~了产品外形设计;그 기업은 제품 외형 디자인을 개선하였다. 名 개선.¶和以前相比,商场服务员的工作态度有了很大~;이전과 비교해 볼 때 상점 종업원들의 업무 태도가 크게 개선되었다.|和学生的交流有利于老师教学方法的~;학생들과 교류하는 것은 선생님의 교학 방법 개선에 도움이 된다.

改善 gǎishàn 动 개선하다.¶经济发展~了人们的生活条件;경제 발전은 사람들의 생활 조건을 개선하였다.|新宿舍楼建成后,~了学生们的住宿环境;새 기숙사 건물이 지어진 후에 학생들의 거주 환경이 개선되었다. 名 개선.¶北京市的空气状况得到了很大~;베이징 시의 공기 상태가 크게 개선되었다.|教学条件的~使这所大学发展得越来越好;교학 조건의 개선은 이 대학을 갈수록 발전하게 하였다.

改造 gǎizào 动 ❶개조하다.¶~电路;회로를 개조하다.|~旧城;옛 시가지를 개조하다.|他们打算把旧平房~成楼房;그들은 옛 단층집을 아파트로 개조할 생각이다.|那家工厂~了原来的机器;그 공장은 원래 있던 기계를 개조하였다. ❷개조하다. 개혁하다.¶~思想;사상을 개조하다.|~世界观;세계관을 개조하다.|犯人在监狱里劳动~;범인은 감옥에서 노동에 의해 교화되었다. 名 ❶개조.¶电路~;회로 개조.|旧城~;옛 시가지 개조.|城市的道路~要符合城市交通的实际需要;도시의 도로 개조는 도시 교통의 실제 수요에 부합되어야 한다. ❷개조. 개혁.¶思想~;사상 개조.|世界观~;세계관 개조.|他在国外生活了很多年,已经接受了西方思想对传统观念的~;그는 국외에서 오랜 세월 생활했기 때문에 서구 사상으로 인한 전통관의 개화를 이미 받아들였다.

改正 gǎizhèng 动 개정하다. 시정하다. 정정하다.¶老师让我们把做错的题目~过来;선생님은 우리에게 잘못 지어진 제목을 정정하게 하셨다.|每个人都会犯错,重要的是知道错了以后要及时~;모든 사람들이 잘못을 저지를 수 있지만, 중요한 것은 잘못한 후에 제때 시정할 줄 알아야 한다.|只要你~这个缺点,你就是最可爱的孩子;네가 이 단점을 고치기만 하면 넌 가장 사랑스런 아이이다.

盖 gài 动 ❶덮다. 씌우다.¶天冷了,睡觉(jiào)的时候要~好被子;날이 추워졌으니, 잠잘 때 이불을 잘 덮어야 한다.|请~好井口;우물의 뚜껑을 잘

193

덮으세요. ❷ 도장을 찍다. ¶你的证件要~上钢印才有效;당신의 증명서는 철인이 찍혀 있어야만 유효합니다.|这份文件需要~经理的印章;이 서류는 사장님의 도장이 찍혀야만 한다. ❸ (집을) 짓다. 건축하다. ¶~房子;집을 짓다.|那儿的老胡同已经没有了,都~成高楼了;그곳 옛 골목은 이미 없어졌고, 모두 빌딩이 지어졌다.|这条街上新~了一座大厦(shà);이 거리에는 새로 빌딩이 한 채 지어졌다.(~儿)名 ❶ 덮개. 뚜껑. ¶锅~儿;솥뚜껑.|茶壶~儿;찻주전자 뚜껑.|酒瓶~儿;술병 마개. ❷ (동물의) 등껍질. ¶螃蟹(pángxiè)~儿;게 등껍질.|乌龟~儿;거북 등껍질.

盖章 gàizhāng 动 날인하다. 도장을 찍다. ¶你的在职证明书还没有~;당신의 재직 증명서에는 아직 날인이 없습니다.|你先去办公室~吧;너 우선 사무실에 날인하러 가봐.|这份文件已经盖好章了,可以交上去了;이 서류는 이미 날인이 됐으니 제출해도 된다.

概括 gàikuò 动 (사물의 공통점을 귀납하여) 총괄하다. ¶请同学们~一下汉语的语序特点;학생 여러분 중국어의 어순 특징을 총괄해 보세요.|大家的意见~起来一共有三点;모두의 의견을 총괄하면 모두 세 가지가 있습니다.|儒家思想可以~为仁、义、礼、智、信;유가사상은 인, 의, 예, 지, 신으로 총괄할 수 있다. 形 개괄적(의). ¶他~地介绍了学校的情况;그는 학교의 상황을 개괄적으로 소개하였다.|她把事情的经过~地讲了一下;그녀는 일의 경과를 개괄적으로 이야기하였다.|导演~地说明了剧本大意,具体细节还需要演员们自己阅读剧本;감독이 시나리오의 대의를 개괄적으로 설명했으니, 구체적인 세부사항들은 배우들 스스로 시나리오를 더 읽을 필요가 있다.

概念 gàiniàn 名 ❶ (철학, 논리학에서의) 개념. ¶~有内涵和外延两个方面;개념에는 내포와 외연이라는 두 측면이 있다.|人们对事物的认识最终形成思维中的~;사람들의 사물에 대한 인식이 최종적으로 사유 안의 개념을 형성한다.|语言中的词义和思维中的~有着十分密切的联系;언어 속의 어의와 사유 속의 개념은 매우 밀접한 관계를 지니고 있다. ❷ 개념. ¶我对理财完全没有~;나는 재정에 대한 개념이 전혀 없다.|在我的~里,这个词好像不能这么用;나의 개념 속에서 이 단어는 이렇게 쓸 수 없을 것 같다.|有时候我们在学习中感到困惑(huò),是因为头脑中的一些~还不够清楚;간혹 우리가 학습 중에 어려움을 느끼는 것은 머리 속의 개념들이 아직 명확하지 않기 때문이다.

干 gān 形 ❶ 건조하다. 마르다. ¶梅雨季节衣服不容易~;장마철에는 옷이 잘 마르지 않는다.|每天对着电脑工作的人,眼睛容易觉得~;날마다 컴퓨터를 마주하며 일하는 사람은 눈이 쉽게 건조해진다고 느낀다.|今年北方的雨水太少,土地都~了;올해 북방의 강수량이 매우 적어 땅이 모두 말랐다. ❷ 수양의. (의리로 맺은 친족 관계) ¶我们家乡有给小孩子认~妈的风俗;우리 고향에는 어린아이에게

G

수양 엄마 관계를 맺는 풍속이 있다.│她是那位艺术家的~女儿;그녀는 그 예술가의 수양딸이다.│他认我做他的~姐姐;그는 나를 그의 수양누나로 관계 맺었다. (~儿)名 말린 음식. 포. ¶把秋季的新鲜蔬菜晒(shài)成~儿,可以一直保存到冬天;가을철의 신선한 야채를 말려서 말린 음식으로 만들면 겨울까지 줄곧 보존할 수 있다.│海边的人们喜欢把各种海鲜晒成~儿;바닷가 사람들은 각종 해산물을 말려 포로 만든다.│新疆(jiāng)的葡萄~儿是最有名的;신장의 건포도가 가장 유명하다. 副 공연히. 헛되이. 덧없이. ¶我已经知道了你的难处,可是却帮不上你,只能~着急;나는 진작에 너의 어려움을 알았지만 도울 수 없어 망연히 초조해할 뿐이다.│他被那个人气得~瞪(dèng)眼,说不出话来;그는 그 사람 때문에 화가 나서 공연히 눈만 부라리면서 말을 하지 못했다.│~打雷,不下雨;공연히 천둥만 치고 비가 오지 않는다.

▶ gàn

干杯 gān//bēi 动 건배하다. 잔을 비우다. ¶为了大家的健康和幸福,我们~吧;모두의 건강과 행복을 위해 우리 건배합시다.│干了这杯酒,我们就该说再见了;이 잔의 술을 비우면 우리는 헤어져야 한다.│他一连干了三杯酒;그는 연달아 술 세 잔을 비웠다.

干脆 gāncuì 形 명쾌하다. 간단명료하다. 시원스럽다. ¶他说话非常~利落;그는 말하는 것이 매우 시원시원하다.│她为人很~;그녀는 사람됨이 매우 명쾌하다.│我请他帮忙,他答应得很~;내가 그에게 도움을 청했더니 그는 매우 시원스럽게 승낙했다. 副 차라리. ¶对于这样的人,最好的方法就是~不和她来往;이런 사람에게 가장 좋은 방법은 아예 그녀와 왕래를 하지 않는 것이다.│时间已经来不及了,~别去了;시간이 이미 늦었으니 차라리 가지 마라.│遇到这样尴尬(gāngà)的情况,我~不说话;이렇게 난처한 상황에 부딪쳤으니 나는 차라리 말하지 않겠다.

干净 gānjìng 形 ❶ 깨끗하다. 깔끔하다. ¶妈妈把孩子的脸洗~;엄마는 아이의 얼굴을 깨끗이 씻겨준다.│我们家里总是干干净净的;우리 집은 늘 깨끗하다.│她就是个心里很~的人,没有什么坏心眼;그녀는 마음이 매우 깨끗한 사람이라, 무슨 나쁜 꿍꿍이가 없다. ❷ 하나도 남지 않다. ¶我们要把饭菜吃~,不要浪费;우리는 음식을 깨끗이 다 먹고, 낭비하지 말아야 한다.│请把这些垃圾清理~;이 쓰레기들을 깨끗이 치우세요.│我已经把那些不愉快的往事忘得干干净净了;우리는 이미 그 불쾌한 옛 일들을 깨끗이 잊었다.

▶용법주의: '干净'은 '干干净净'의 형식으로 중복하여 슬 쓸 있다.

干燥 gānzào 形 건조하다. ¶中国北方的气候比韩国~;중국 북방의 기후는 한국보다 건조하다.│最近我的皮肤比较~,需要用一些保湿的护肤品;최근 내 피부가 비교적 건조해서, 보습 성분의 피부 보호 화장품을 써야 한다.│在~的环境里,食品更容易保存;건조한 환경에서는 식품을 보존하기가 더 쉽다.

肝 gān 名 간. 간장. ¶喝酒太多,对~不

好;술을 너무 많이 마시면 간에 좋지 않다.❘ 经常生气,也会伤~;자주 화를 내도 간을 해치게 된다.❘ 我女儿不喜欢吃鸡~;내 딸은 닭의 간을 먹는 걸 좋아하지 않는다.

尴尬 gāngà 形 ❶ 난처하다. 곤란하다. 거북하다. ¶你这样做会让我很~;네가 이렇게 하면 나를 난처하게 만들 것이다.❘ 第一次遇到这么~的事情,我不知道怎么办才好;처음으로 이런 난처한 일에 맞닥뜨려 나는 어찌해야 좋을지 모르겠다.❘ 我也遇到过这种~的处境;나도 이런 난처한 처지에 직면한 적이 있다. ❷ (표정, 태도가) 부자연스럽다. 어색하다. ¶第一次在众人面前说话,他有点儿~;처음으로 대중 앞에서 말을 하는 거여서 그는 좀 어색해한다.❘ 上午我在教室摔(shuāi)了一跤(jiāo),当时觉得很~;오전에 나는 교실에서 한 번 넘어졌는데, 당시 매우 부끄러웠다.❘ 看到他脸上~的神情,我们原谅了他;그의 얼굴에 어린 어색한 표정을 보고 나는 그를 용서하였다.

杆 gǎn (~儿) 名 자루. 대. ¶这种笔~儿握起来很舒服;이런 펜대는 잡기에 매우 편하다.❘ 这杆秤(chèng)的秤~儿很长;이 저울의 저울대는 매우 길다.❘ 这把玩具枪的枪~儿是木头做的;이 장난감 총의 자루는 나무로 만든 것이다. 量 자루. 대. ¶这~笔是朋友送给我的生日礼物;이 펜은 친구가 내 생일 선물로 준 것이다.❘ 他发现箱子里有一~枪;그는 상자 안에 총 한 자루가 있는 걸 발견했다.

▶용법주의: 현대 구어에서 '笔'의 양사는 '支'를 더 자주 쓴다. ¶我新买了一支笔;나는 새로 펜 한 자루를 샀다.

秆 gǎn (~儿) 名 (식물의) 줄기. 대. ¶有一种高粱(gāo·liang)的~儿是甜的,可以食用;어떤 종류의 수숫대는 달아서 식용할 수 있다.❘ 在田野里烧麦~儿会污染空气;들에서 보릿대를 태우면 공기를 오염시킬 수 있다.❘ 这些玉米~儿可以作燃料;이 옥수수 대들은 연료로 삼을 수 있다.

▶용법주의: '秆'과 '杆'의 구별에 주의해야 한다. '秆'는 명사의 용법만 있으며, 양사로 쓰이지 않는다. 명사로 쓰일 때, '秆'은 '식물의 줄기'를 가리키며 '杆'은 '도구의 자루 부분'을 가리킨다.

赶 gǎn 动 ❶ 뒤쫓다. 따라가다. ¶你要努力学习,争取~上大家;너 열심히 공부해서 모두를 따라가야 한다.❘ 大家你追我~,谁都不愿意落后;모두 앞서거니 뒤서거니 하면서 누구도 뒤떨어지길 원하지 않는다.❘ 我从来不~时髦(máo);나는 지금껏 유행을 좇지 않았다. ❷ 서두르다. 다그치다. ¶为了~任务,这几个周末他都不能休息;임무를 서둘러 하기 위해, 그는 이 몇 주는 주말에도 쉴 수가 없다.❘ 要是再晚一点儿,我们就~不上末班车了;만약 조금만 더 늦었다면 우리는 막차를 탈 수 없었을 것이다.❘ 天黑前一定要~回去;날이 어두워지기 전에 반드시 서둘러 돌아가야 한다. ❸ 내쫓다. 쫓아내다. ¶快把那只狗~出屋去;빨리 그 개를 집밖으로 쫓아내라.❘ 我用扇(shàn)子把苍蝇(cāng·ying)~跑了;나는 부채로 파리를 쫓아냈다.❘ 饭店老板~走了那个酒鬼;호텔 주인은 그 주정뱅이를 내

쫓았다. ❹ (어떤 상황, 기회를) 만나다. ¶上下班时,经常~上堵车;출퇴근할 때 항상 교통 체증에 걸린다.| 女儿过生日时,正~上我在国外,只能打电话祝福她;딸이 생일을 쇨 때, 마침 내가 해외에 있어서 전화로 그녀를 축복할 수밖에 없었다.| 你~的机会不错,找了一份好工作;좋은 기회를 만나서 괜찮은 직장이 생겼구나. 介〈口〉…에 이르러. …때가 되어. (시간사 앞에 쓰여 미래의 어떤 때까지 기다림을 표시한다.) ¶~明儿我和你一起去;내일이 되면 나랑 같이 가자.| ~下星期他就有时间了;다음 주가 되면 그가 시간을 낼 수 있다.| ~放假以后你好好休息休息;방학하면 잘 쉬려무나.

赶紧 gǎnjǐn 副 서둘러. 급히. 재빨리. ¶天快黑了,你~回家吧;날이 곧 어두워지니 너 서둘러 집에 돌아가라.| ~准备一下,我们马上出发;서둘러 준비해, 우리 곧 출발한다.| 他怎么还没来,~给他打电话;그가 왜 아직 돌아오지 않니, 서둘러 그에게 전화해라.

赶快 gǎnkuài 副 빨리. 어서. ¶~走吧,快上课了;빨리 가자, 곧 수업 시작하겠다.| 家里来电话找你,你~回去吧;집에서 전화가 와서 너를 찾으니 너 빨리 돌아가라.| ~把药吃了,好好睡一觉;빨리 약을 먹고 푹 자렴.

敢 gǎn 动 (助动词) ❶ 감히 …하다. 대담하게 …하다. (어떤 일을 할 담이 있음을 표시한다.) ¶~想~干才能做大事;대담하게 생각하고 대담하게 행동해야만 큰 일을 할 수 있다.| 这件事情我不~告诉他;이 일은 나는 감히 그에게 알리지 못한다.| 你一个人~走夜路吗? 너 혼자서 대담하게 밤길을 걸을 수 있니? ❷ 감히 …하다. (어떤 판단을 내릴 자신이 있음을 표시한다.) ¶我不~肯定明天有没有时间;나는 감히 내일 시간이 있을 없을지 확신할 수 없다.| 我~说他今天一定会来;나는 그가 오늘 반드시 올 거라고 단언한다.| 你~断定这件事不是他做的吗? 너는 이 일을 그가 한 게 아니라고 감히 단정할 수 있니?

感到 gǎndào 动 느끼다. 생각하다. 여기다. ¶你能这样说,我~很高兴;네가 이렇게 말해줘서 나는 정말 기쁘다.| 听了他的话,我~事情并不那么简单;그의 말을 듣고 나는 일이 결코 그렇게 단순하지 않다고 생각했다.| 这时,我才~了问题的严重性;이 때 나는 비로소 문제의 심각성을 느꼈다.

感动 gǎndòng 动 ❶ 감동하다. ¶他的话让我很~;그의 말은 나를 매우 감동하게 만들었다.| 这件事使我深受~;이 일은 나를 매우 감동받게 하였다.| 看了这个电影,我~得流下了眼泪;이 영화를 보고 나는 감동해서 눈물을 흘렸다. ❷ 감동시키다. ¶他的故事~了大家;그의 이야기는 모두를 감동시켰다.| 老师和同学的关心,也不能~他;선생님과 학생들의 관심도 그를 감동시킬 수 없었다.| 这部小说深深地~了我;이 소설은 나를 깊이 감동시켰다.

感激 gǎnjī 动 (상대방의 호의나 도움으로 인해) 감격하다. ¶您这样帮助我,我很~;당신이 이렇게 저를 도우시다니 전 매우 감격했습니다.| 我非常

~我的大学老师;나는 내 대학 선생님께 매우 감사한다.|我很~同学们对我的关心;저는 학우들의 저에 대한 관심에 매우 감격했습니다.|我对你的~之情很难用语言来表达;나는 너에 대한 감격의 마음을 언어로 표현하기가 어렵다.

感觉 gǎnjué 动 느끼다. 여기다. ¶这几天我~很累;요며칠 나는 매우 피곤하다고 느낀다.|我~今天有点儿冷;나는 오늘 좀 춥게 느껴진다.|我~到他越来越喜欢这里;나는 그가 갈수록 이곳을 좋아한다고 느꼈다. 名 감각. 느낌. ¶我的~不会错;내 느낌이 틀릴 리가 없다.|这家餐厅环境很好,给人一种舒服的~;이 식당은 환경이 좋아서 사람들에게 편안한 느낌을 준다.|在外面冻了两个小时,他的脚已经没有~了;밖에서 두 시간 동안 떨었더니 그의 발은 벌써 감각이 없어졌다.

感冒 gǎnmào 名 감기. ¶他得(dé)了~,今天不能来上课;그는 감기에 걸려서 오늘 수업에 올 수 없다.|你的~很厉害,好好休息吧;너 감기가 매우 심하니 푹 쉬어라.|我想去药店买~药;나는 약국에 감기약을 사러 갈 생각이다. 动 감기에 걸리다. ¶我们班很多同学都~了;우리 반의 수많은 학생들이 모두 감기에 걸렸다.|我有点儿头疼,好像~了;난 두통이 좀 있는데 감기에 걸린 것 같다.|最近~的人很多;최근에 감기에 걸린 사람이 매우 많다.

▶용법주의: '感冒'는 한국어 한자어로 '感气'라고 하지만, '感气'는 중국어에서 사용할 수 없다. ¶你的感气很厉害,好好休息吧(×)

感情 gǎnqíng 名 ❶ 감정. ¶我们要善于表达自己的~;우리는 자신의 감정 표현에 능해야 한다.|小孩子的~都很脆弱;어린아이의 감정은 매우 연약하다.|这一次他是真动了~;이번에 그는 정말 감정이 흔들렸다. ❷ (어떤 사람이나 사물에 대한) 애정. 친근감. ¶他们两个人~很好;그들 두 사람은 사이가 매우 좋다.|我对这个地方产生了很深的~;나는 이곳에 깊은 정이 들었다.|我的孩子对幼儿园的老师越来越有~了;우리 아이는 유치원 선생님에게 갈수록 친근감을 느낀다.

感想 gǎnxiǎng 名 감상. ¶请谈一谈你的~;당신의 감상을 이야기해 보세요.|这件事使我产生了很多~;이 일은 내게 많은 감상을 자아냈다.|学了这篇课文,你有什么~?이 본문을 배우고 넌 무슨 감상이 생겼니?

感谢 gǎnxiè 动 감사하다. ¶非常~大家对我的关心;저에 대한 모든 이들의 관심에 매우 감사 드립니다.|他对支持他的人表示~;그는 그를 지지한 사람들에게 감사를 표한다.|他对你帮助很大,你一定要好好~他;그녀에 대한 도움이 크니 너는 반드시 그에게 감사해야 한다.

▶용법주의: ❶ '感谢'와 '感激'은 모두 상대방의 도움에 사의를 표시하는 것이다. 그러나 '感激'의 의미가 '感谢'의 의미보다 약간 크다. ❷ '感谢'는 '感谢感谢'의 형식으로 중첩할 수 있다.

感兴趣 gǎn xìngqù (어떤 사물에 대해) 흥미를 느끼다. ¶他来中国以前就

对书法很~;그는 중국에 오기 전에 서예에 흥미를 느꼈다.|我对流行音乐不太~;나는 유행 음악에 그다지 흥미를 느끼지 못한다.|他对这件事一点儿也不~;그는 이 일에 대해 조금도 흥미를 느끼지 않는다.

▶용법주의:'感兴趣'는 직접 목적어를 가질 수 없으며,'对…感兴趣'의 형식으로 자주 쓰인다.¶我很感兴趣音乐(×)|我对音乐很~;나는 음악에 흥미를 느낀다.

干 gàn 动 ❶ (일을) 하다.¶她从小就帮助妈妈~家务活儿;그녀는 어려서부터 엄마를 도와 집안 일을 했다.|他是个能吃苦的人,脏活儿累活儿都肯~;그는 고생을 견딜 수 있는 사람이라 더러운 일, 힘든 일도 모두 기꺼이 한다.|~多少活儿,拿多少报酬(bào·chou),这是公平的;일한만큼 보수를 받는 것, 이것이 공평한 것이다. ❷ 맡다. 담당하다. 종사하다.¶他~过几年办公室主任;그는 몇 년 동안 사무실 주임을 맡은 적이 있다.|退休以前她~过十多年的外事工作;퇴직 전에 그녀는 십여 년의 외교 업무를 담당한 적이 있다.|那个年轻人在公司里~翻译;그 젊은이는 회사에서 통역을 담당한다.

☞ gān

干部 gànbù 名 ❶ (중국에서 국가 기관 종사자, 교사 등의) 간부.¶过去,能成为国家~是令人羡慕(xiànmù)的事;과거에 국가 간부가 되는 것은 사람들의 부러움을 샀던 일이었다.|作为国家~,可以享受一些特殊的待遇,现在国家干部就是公务员;국가 간부는 특수한 대우를 누릴 수 있는데, 현재

국가 간부는 바로 공무원이다.|经过机构改革以后,中国的正式国家~的数量减少了;내부 조직 개혁을 거친 후에 중국의 정식 국가 간부의 수가 감소하였다. ❷ 간부.¶学生~负责管理同学们的日常事务和社团活动;학생 간부는 학생들의 일상 사무와 클럽 활동을 책임지고 관리한다.|中国差不多每个单位都设有工会,由工会~来管理;중국의 거의 모든 단위에 노조가 설립되어, 노조 간부가 관리한다.|当~也不能搞特殊化;간부라 해도 특별대우할 수 없다.

干劲 gànjìn (~儿) 名 (일을 하는) 의욕. 열성. 열의.¶大家的~儿很足;모두 의욕이 넘친다.|我们一定要鼓足~儿,不怕困难;우리는 반드시 열의를 북돋고 어려움을 두려워 하지 말아야 한다.|我看他们不是没有能力,而是~儿不足;내가 보기에 그들은 능력이 없는 것이 아니라 열의가 부족하다.

干吗 gànmá 代 왜. 무엇 때문에. (원인을 묻거나 경미한 불만을 표시할 때 주로 쓴다.)¶你~不去呢? 너 왜 안 가니?|你这是~? 怎么能这样呢? 너 이거 뭐 하는 거니, 어떻게 이렇게 할 수 있니?|你管这些~? 너 이것들을 상관해서 뭐하게?

▶용법주의:'干吗'는 구어에서 쓰이며 어기가 비교적 자유롭다. 때로는 불만이나 도발 등 그다지 우호적이지 않은 정서에서 쓰일 수 있으니 반드시 주의해야 한다.

刚 gāng 副 ❶ 지금. 막. 바로. (얼마 전에 발생했음을 표시한다.)¶他~走; 그는 막 떠났다.|那年,我~上大学;

그 해 나는 막 대학에 입학했다.∣天~亮,妈妈就起床了;날이 막 밝아지자 엄마께서 일어나셨다. ❷ 마침. 꼭. ¶这件衣服不大不小,~合适;이 옷은 크지도 작지도 않고 꼭 알맞다.∣我到教室的时候,~好八点;내가 교실에 도착했을 때 마침 8시였다.∣我们俩的钱加在一起,不多不少,~一百块;우리 둘의 돈을 한데 합치면 많지도 적지도 않고 꼭 100위안이다. ❸ 겨우. 간신히. 가까스로. ¶他这次考试~及格;그는 이번 시험에 간신히 합격했다.∣他今年~八岁,还是一个孩子;걔는 올해 겨우 여덟 살이니 아직 애다.∣我带的钱~够买这件衣服;내가 지닌 돈으로 이 옷을 겨우 살 수 있다.

刚才 gāngcái 名 방금. 지금 막. ¶~有人找你;방금 어떤 사람이 널 찾았어.∣~的事情是我不对;방금 전 일은 내가 틀렸어.∣~停水了;지금 막 단수됐어.

▶용법주의:'刚才'와'刚'❶의 차이는 다음과 같다. ❶'刚才'와'刚'의 의미는 비슷하지만 품사가 다른데,'刚才'는 명사이고'刚'은 부사이다. ❷'刚才' 뒤에는 부정사가 올 수 있지만,'刚'의 뒤에는 부정사를 쓸 수 없다. ¶我刚没听见(×)∣我刚才没听见;나는 방금 전에 못 들었어. ❸'刚'을 쓴 문장에서 동사 뒤에 시간의 정도를 나타내는 단어가 올 수 있지만,'刚才'의 뒤에는 쓸 수 없다. ¶我刚来两个星期(×)∣我刚来两个星期;나는 온지 막 2주 됐다. ❹'刚'❷❸의 용법이'刚才'에는 없다.

刚刚 gānggāng 副 ❶ 지금. 막. 바로. (기본적으로 부사'刚'과 같지만,'刚'

보다 뉘앙스가 약간 강하다.) ¶我~知道这件事;나는 이 일을 지금 막 알았다. ❷ 마침. 꼭. ¶这么多~好;이렇게 많으니 딱 좋다.∣我的钱~够;돈이 마침 딱맞게 있다.

刚好 gānghǎo 形 (수량, 정도 등이) 꼭 알맞다. ¶这些饭,我们三个人吃~;이 밥은 우리 세 사람이 먹기에 꼭 알맞다.∣今天的天气,穿一件毛衣~;오늘 날씨는 스웨터 한 벌 입으면 꼭 알맞다.∣这杯水,不凉不烫(tàng),喝起来~;이 잔의 물은 차갑지도 뜨겁지도 않아 마시기에 꼭 알맞다. 副 때마침. 알맞게. ¶我~经过这里,来看看你;내가 때마침 이곳을 지나가다 너를 보러 왔다.∣你来电话的时候,我~到家;네가 전화했을 때 나는 때마침 집에 도착했다.∣~我也要去商店,我们一起去吧;마침 나도 상점에 가려 했으니 우리 함께 가자.

钢 gāng 名 강철. ¶~是一种重要的工业材料;강철은 일종의 중요한 공업 원자재이다.∣人是铁,饭是~,一顿不吃饿得慌;사람은 밥을 먹어야 살 수 있으니, 한끼라도 먹지 않으면 허기가 진다.

钢笔 gāngbǐ 名 펜. ¶朋友过生日时,我送给他一支~;친구가 생일을 쇨 때 나는 그에게 펜 한 자루를 주었다.∣我喜欢用~写字;나는 펜으로 글씨 쓰는 걸 좋아한다.∣他写的~字很漂亮;그가 쓴 펜 글씨가 매우 아름답다.

港 gǎng 名 ❶ 항구. 항만. ¶这是一个不冻~;이곳은 부동항이다.∣飞机九点离~;비행기가 9시에 이륙했다. ❷ (Gǎng) 홍콩. (일반적으로 단독으로 쓰지 않는다.) ¶他说的普通话,~味

儿很浓；그가 말하는 표준어는 홍콩 냄새가 매우 짙다.

高 gāo 形 ❶ (높이가) 높다.¶这棵树比那棵树~；이 나무는 저 나무보다 높다.│他的个子很~；그는 키가 크다.│这里的楼都非常~；이곳의 건물들은 모두 매우 높다. ❷ (평균 수준보다) 높다.¶他的汉语水平很~；그의 중국어 수준이 높나.│这种苹果的产量很~；이 종류의 사과 생산량이 높다.│他的见解总是比我们~；그의 식견은 늘 우리보다 높다. ❸ (등급, 지위가) 높다.¶他是我们这里的最~领导；그는 우리 이곳에서 가장 높은 지도자이다.│我朋友在公司的职位很~；내 친구는 회사에서의 직위가 높다.│这是我们这里级别最~的酒店；여기는 이곳에서 등급이 가장 높은 호텔이다.│名 높이.¶这张桌子~1米；이 탁자는 높이가 1미터다.│这棵树有八九米~；이 나무는 높이가 8,9미터에 달한다.│这座大楼~达50米；이 빌딩은 높이가 50미터에 달한다.

高大 gāodà 形 높고 크다.¶这里有很多~的建筑物；이 곳에는 수많은 높고 큰 건물들이 있다.│他身材~,很适合打篮球；그는 체격이 커서 농구하기에 적합하다.│他~的英雄形象将永远留在我们心中；그의 훌륭한 영웅 모습은 영원히 우리의 마음속에 남아있을 것이다.

高度 gāodù 名 고도. 높이.¶那座山的~大约是1000米；저 산의 높이는 대략 1,000미터다.│这种鸟的飞行~可达到1200米；이런 새의 비행 고도는 1,200미터까지 이를 수 있다.│这种飞机可以在3000米的~上平稳飞行；

이런 비행기는 3000미터의 고도에서 안정되게 비행할 수 있다. 形 (정도가) 매우 높다.¶校长对我们的工作给予(jǐyǔ)了~的评价；총장님께서 우리의 업무에 매우 높은 평가를 하셨다.│这件事情应该引起大家的~重视；이 일은 모두의 매우 높은 관심을 불러일으켜야 한다.│他的眼睛~近视；그의 눈은 고도 근시다.

高尔夫 gāo'ěrfū 名 골프.¶他每周末都去打~；그는 주말마다 골프 치러 간다.│我的朋友很喜欢~运动；내 친구는 골프를 매우 좋아한다.│~公开赛昨天结束了；골프 공개 시합이 어제 끝났다.

高级 gāojí 形 ❶ 고급의. 상급의.¶这是一位~领导人；이 사람은 고위급 간부다.│人是一种会思维的~动物；사람은 생각할 수 있는 고등 동물이다. ❷ (품질, 수준 등이) 고급이다.¶她用的都是~化妆品；그녀가 쓰는 것은 모두 고급 화장품이다.│我们非常需要这方面的~人才；우리는 이 방면의 고급 인재가 매우 필요하다.│你的手机看起来很~；네 휴대폰은 보기에 고급스럽다.

▶용법주의: ❶은 한정어로만 쓰여 명사를 수식한다. 위의 예문을 참조할 것.

高句丽史 Gāogōulí shǐ 名 고구려사.¶我不太了解~；나는 고구려사를 잘 알지 못한다.│老师给我们讲过~；선생님께서 우리에게 고구려사를 말씀하신 적이 있다.

高速大巴 gāosù dàbā 名 고속 버스.¶去机场坐~很方便；공항에 가려면 고속버스를 타면 매우 편리하다.│我们

坐~去首尔;우리는 고속버스를 타고 서울에 간다.| 每天有5趟~到机场;매일 공항에 가는 고속버스가 다섯 차례 있다.

高兴 gāoxìng [形] 기뻐하다. 즐거워하다. ¶快要放寒假了,学生们都很~;곧 겨울 방학이라 학생들이 모두 매우 즐거워한다.| 这是一件让人~的事情;이는 사람을 기쁘게 만드는 일이다.| 妈妈答应了他的要求,他~得不得了;엄마가 그의 요구에 응답하자 그는 기뻐서 어찌할 바를 몰랐다.| 看到成绩单,他~地笑了;성적표를 보고 그는 기뻐하며 웃었다.| 今天大家玩儿得很~;오늘 모두 매우 즐겁게 놀았다. [动] ❶ 기쁘다. 유쾌하다. 즐겁다. ¶快把这个好消息告诉父母,让他们也~~;이 소식을 빨리 부모님께 알려드려 기쁘게 해드리자.| 收到老朋友的来信,他可~了一阵子呢;오랜 친구의 편지를 받자 그는 정말 한동안 기뻐했다. ❷ (어떤 일 하는 것을) 좋아하다. 기뻐하다. ¶我不~去她家;나는 그녀의 집에 가는 게 기쁘지 않다.| 很~认识大家;모두 알게 되어 기쁩니다.| 我很不~和这种人打交道;나는 이런 사람과 왕래하는 것을 안 좋아한다.| 星期天你~做什么就做什么;일요일에 네가 하고 싶은걸 해라.

▶용법주의:'高兴'은 중첩할 수 있으며, ❶의 중첩 형식은 '高高兴兴'이다. ¶我女儿每天都高高兴兴地去幼儿园;내 딸은 매일 즐겁게 유치원에 간다. ❷의 중첩 형식은 '高兴高兴'이다. 위의 예문을 참조할 것.

高原 gāoyuán [名] 고원. ¶他家住在黄土~上;그의 집은 황토 고원에 있다.| 很多人来到青藏(zàng)~都会有~反应;많은 사람들은 칭장 고원에 가면 모두 고산 반응이 있을 것이다.| 他们已经适应了这里的~气候;그들은 이미 이곳의 고산 기후에 적응했다.

高中 gāozhōng [名] 고등학교. ¶这个学校是我们这里最好的~;이 학교는 이곳에서 가장 좋은 고등학교이다.| 我妹妹正在读~二年级;내 여동생은 고등학교 2학년에 재학 중이다.| 他是一个~老师;그는 고등학교 선생님이다.

糕 gāo [名] 떡. 케이크. (밀가루나 쌀가루 등으로 만든 식품.) ¶他只吃了一块~;그는 떡 한 조각만 먹었다.| 我给女儿买了一个生日蛋~;나는 딸아이에게 줄 생일 케이크를 샀다.| 春节的时候,很多中国家庭都做年~;설에 많은 중국 가정에서는 떡을 만든다.

搞 gǎo [动] ❶ (일을) 하다. ¶我们家每周~两次卫生;우리 집은 매주 두 번 청소한다.| 你总是睡得很晚,会把身体~坏的;너 그렇게 늘 늦게 자면, 몸 상한다.| 不好意思,是我~错了;미안해요. 내가 잘못했어요.| 你怎么~的,现在才来;너는 어떻게 된 게 이제서야 오니?| 他是~教育工作的;그는 교육에 종사한다. ❷ 마련하다. 획득하다. 구하다. ¶你能不能帮我~两张音乐会的票;나를 도와 음악회 표 두 장을 마련해 줄 수 있니?| 我好不容易才~到手的;나는 어렵게 손에 넣었다.| 你从哪儿~到的? 너 어디에서 구한 거니?

搞笑 gǎoxiào [动] (고의로 사람을) 웃게 하다. ¶他这个人很~;그는 정말 웃기

는 사람이다.| 这些~作品很受中学生欢迎;이런 재미있는 작품은 중고생들에게 인기가 있다.| 看得出来,他是在故意~;그가 일부러 웃긴다는 것을 알 수 있다.

告 gào 动 ❶ 말하다. 보고하다. 알려주다. (일반적으로 단독으로 쓰이지 않는다.) ¶这件事我要报~老师;이 일은 내가 선생님께 보고할게.| 请你转~她,事情已经办好了;일이 이미 다 처리되었다고 그녀에게 알려줘.| 他已经~诉我了;그가 이미 내게 알려줬어. ❷ 요청하다. 신청하다. ¶我身体不舒服,想和老师~个假;나는 몸이 좋지 않아서 선생님께 조퇴를 신청할 생각이야.| 儿子知道自己错了,连连~饶(ráo);아들은 자신의 잘못을 알고 계속해서 용서를 빌었다. ❸ (어떤 상황의 실현을) 선포하다. 명백히 하다. ¶事情暂(zàn)时——段落;사건을 잠시 일단락 짓다.| 总算大功~成了;마침내 큰 성공을 거두었다.

告别 gào//bié 动 ❶ 헤어지다. 떠나다. ¶那天我~了亲人和朋友,一个人来到韩国;그날 나는 친척, 친구들과 헤어져 혼자 한국으로 왔다.| 很多同学含泪~了母校;많은 친구들이 눈물을 머금고 모교를 떠났다.| 这位老教师因为身体的原因,不得不~了讲台;이 노선생님은 건강상의 이유로 어쩔 수 없이 강단을 떠났다. ❷ 작별 인사를 하다. ¶我是来向你~的;나는 네게 작별 인사를 하러 온 거야.| 她和大家一一握手~;그녀는 한 사람씩 모두와 손을 잡고 작별인사를 했다.| 回国前,你去和同学们告个别吧;귀국 전에, 친구들에게 가서 작별인

사를 하렴.
▶용법주의:'告别'는 이합사이며, 중간에 '个'를 넣을 수 있다.

告诉 gào·su 动 알리다. 말하다. ¶请把她的电话号码~我;그녀의 전화번호를 내게 알려 줘.| 我~你一个好消息;내가 네게 좋은 소식 하나를 알려 줄게.| 你~他我回来了;너는 그에게 내가 돌아왔다고 알려줘.

哥哥 gē·ge 名 형. 오빠. ¶我有两个~;나는 형(오빠)이 둘이다.| 我~是一名医生;내 형은 의사이다.| 这是~的房间;이것은 형(오빠)의 방이다.

胳臂 gē·bei 名 팔. ¶每人都有两只~;사람은 모두 팔이 두 개이다.| 他的左~受伤了;그는 왼팔에 부상을 당했다.

胳膊 gē·bo 名 팔. ¶他的~很长;그의 팔은 길다.| 我的右~比左~有劲儿;내 오른 팔은 왼 팔보다 힘이 세다.
▶용법주의:'胳膊'는 '胳臂'보다 자주 사용된다.

搁 gē 动 ❶ (사물을 일정한 위치에) 놓다. 두다. ¶桌子上~着一本汉语书;탁자 위에 중국어 책 한 권이 놓여있다.| 把桌子~在靠窗户的地方;탁자를 창가에 놓다.| 我的书包~哪儿了？내 책가방을 어디에 두었지? ❷ (잠시) 내버려두다. 방치하다. ¶你的事先~一~吧;너의 일은 잠시 내버려두어라.| 我记性不好,有些事一~下就忘了;나는 기억력이 좋지 않아 어떤 일들은 내버려두면 곧 잊어버린다.| 这件事已经~了好长时间了,没有人再提起;이 일은 이미 오랜 시간 동안 방치되어서 아무도 다시 언급하는 사람이 없다. ❸ (조미료 따위를) 넣다.

첨가하다. ¶做汤的时候,应该~点儿姜(jiāng);국을 끓일 때는 생강을 좀 넣어야 한다.│我不喜欢往咖啡里~糖;나는 커피에 설탕 넣는 것을 좋아하지 않는다.│这个菜要少~盐才好吃;이 요리는 소금을 적게 넣어야 맛있다.

割 gē [动] 자르다. 베다. ¶他们用机器~稻(dào)子;그들은 기계로 벼를 벤다.│小心,别把手~破了;손을 베지 않도록 조심하세요.│我怎么也~不断这条绳子;나는 암만해도 이 밧줄을 자를 수가 없다.

歌 gē (~儿) [名] 노래. ¶他很喜欢唱~;그는 노래 부르기를 좋아한다.│这是一首新~;이것은 신곡이다.│她最爱听王菲的~;그녀는 왕페이의 노래 듣는 것을 가장 좋아한다.

歌曲 gēqǔ [名] 노래. 가곡. ¶最近的流行~我不太喜欢;최근에 유행하는 노래를 나는 별로 좋아하지 않는다.│这几首~的旋律都很美;이 곡들의 선율은 모두 아름답다.│他最喜欢摇滚~;그는 로큰롤을 가장 좋아한다.

歌手 gēshǒu [名] 가수. ¶他是一名业余~;그는 아마추어 가수이다.│最近出现了很多新~;최근에 새로운 가수들이 많이 출현했다.│这个~的歌我以前没听过;이 가수의 노래는 이전에 들어본 적이 없다.

歌星 gēxīng [名] 유명가수. ¶他的理想是当一名~;그의 꿈은 유명가수가 되는 것이다.│这位~最近出了很多新歌;이 유명가수는 최근에 많은 신곡을 냈다.│他是我最喜欢的~;그는 내가 가장 좋아하는 유명가수이다.

革命 gémìng [动] 혁명하다. ¶他十几岁就参加了~;그는 열 몇 살에 혁명에 참가했다.│他带领军队在那里建立了~根据地;그는 군대를 이끌고 그곳에 혁명 근거지를 건립했다. [名] 혁명. (근본적인 변혁) ¶这是一场伟大的技术~;이것은 위대한 기술 혁명이다.│信息~为美国的经济发展注入了活力;정보 혁명은 미국의 경제 발전에 활력을 불어넣었다.

格外 géwài [副] 특별히. 각별히. 유달리. ¶她今天~高兴;그녀는 오늘 유달리 기뻐한다.│一个人出门,你要~小心;혼자서 외출할 때, 너는 특별히 조심해야 한다.│我昨天晚上睡得~好;나는 어젯밤에 유달리 잘 잤다.

蛤蜊 gé·li [名] 조개. ¶我今天买的~很新鲜;내가 오늘 산 조개는 신선하다.│他喜欢喝~汤;그는 조개탕 마시는 걸 좋아한다.

隔 gé [动] ❶ 막다. 막히다. 사이에 두다. ¶他们两家就~着一条马路;그들 두 사람의 집은 길 하나를 사이에 두고 있다.│我用帘子把房间~成了两部分;나는 커튼으로 방을 막아 두 칸으로 만들었다.│战争~断了她和家人的联系;전쟁은 그녀와 가족간의 연락을 끊어버렸다. ❷ (시간, 공간상의) 거리가 있다. 사이를 두다. 간격을 두다. 떨어져 있다. ¶她~一周来一次;그녀는 격주에 한 번씩 온다.│我们两个学校相~不远;우리 두 학교는 멀리 떨어져 있지 않다.│每~100米有一盏(zhǎn)路灯;100m마다 가로등이 하나씩 있다.

隔壁 gébì [名] 이웃. 이웃집. 옆방. ¶她就

住我~;그녀는 바로 내 이웃에 산다. | ~的小男孩很可爱;이웃집 남자아이는 매우 귀엽다.| ~教室没有人;옆 교실에는 사람이 없다.

个 gè 量 ❶ 개. 명. 사람. (주로 전용 양사가 없는 명사 앞에 쓰이며, 전용 양사가 있는 명사에도 쓰일 수 있다.) ¶他去过好多~国家;그는 여러 나라에 가 봤다.| 你最喜欢哪~季节? 너는 어느 계절을 가장 좋아하니?| 他们~~都是好学生;그들 하나 하나 모두 좋은 학생이다. ❷ 개략적인 수 앞에 사용. ¶每个生词他都要写~七八遍;그는 각 단어마다 7,8번씩 써야 한다.| 这种手套又便宜(pián·yi)又好,买~四五双送给朋友;이 장갑은 싸고 좋아서 네다섯 개를 사서 친구들에게 선물하려 한다.| 那个地方去~一两次就可以了;그 곳은 한두 번만 가면 돼. ❸ 동사와 목적어 사이에 사용하여 동량사의 역할을 한다. ¶他每天早上都要洗~澡;그는 매일 아침에 목욕을 한다.| 他昨天去理了~发;그는 어제 이발을 했다.| 我们明天见~面吧;우리 내일 만나자. ❹ 동사와 보어 사이에 쓰여 '得'와 비슷한 역할을 한다. ¶今天大家可以玩儿~够;오늘 모두들 실컷 놀아도 돼요.| 她总是说~不停;그녀는 항상 끊임없이 말한다.| 他看起书来就看~没完;그는 책을 보기 시작하면 끝까지 본다.

个别 gèbié 形 ❶ 개개의. 개별적인. ¶会议结束以后,我们再~谈谈;회의가 끝난 후에, 우리 다시 개별적으로 얘기를 나누자.| 老师每天对他进行~辅导;선생님은 매일 그에게 개인과외를 한다.| 这种情况可以~处理;이런

상황은 개별적으로 처리할 수 있다. ❷ 일부의. 극소수의. 극히 드문. ¶这道题只有~同学做错了;이 문제는 일부 학생만이 틀렸다.| 这篇课文我有~地方不明白;이 본문에서 나는 몇 곳이 이해가 안 된다.| 这种人是极~的;이런 사람은 극히 드물다.

个人 gèrén 名 개인. ¶~的力量太小了;개인의 힘은 너무도 미약하다.| ~要服从集体;개인은 집단에 복종해야 한다.| 我们应该尊重~的选择;우리는 개인적인 선택을 존중해야 한다. 代 (나)자신. (저)자신. ¶~认为这样做没错;나 자신은 이렇게 하는 것이 옳다고 생각한다.| ~觉得这么处理不太合适;나 자신은 이렇게 처리하는 것이 그다지 적합하지 않다고 여긴다.

个人网站 gèrén wǎngzhàn 名 개인 홈페이지. ¶他十年前就办了这家~;그는 10년 전에 이 개인홈페이지를 만들었다.| 我想建一个~;나는 개인 홈페이지를 하나 만들고 싶다.| 有些~做得很好;몇몇 개인 홈페이지들은 잘 만들어졌다.

个体 gètǐ 名 ❶ 개체. 개인. ¶大学生活是~走出家庭、走向社会的第一部;대학 생활은 개인이 가정에서 나와 사회로 나아가는 첫 걸음이다.| 社会环境对每个生命~都会产生影响;사회 환경은 각 생명 개체에 모두 영향을 준다.| 教师在教学过程中要注意学生的~差异(chāyì);교사는 교학 과정에서 학생의 개인적 차이에 주의해야 한다. ❷ 개인 경영 상공업자. ¶他很早就干起了~;그는 일찍부터 개인 경영 상공업을 하기 시작했다.| 这些

~商贩(fàn)都很辛苦;이런 개인 사업을 하는 상인들은 모두 힘들다.

个性 gèxìng 名 개성. ¶这个学生很有~;이 학생은 개성이 뚜렷하다.│这部小说里的人物~都很鲜明;이 소설의 인물들은 모두 개성이 뚜렷하다.│他的~太强了;그는 개성이 너무도 강하다.

个子 gè·zi 名 (사람의) 키. 몸집. (물건의) 크기. ¶他~不高;그는 키가 크지 않다.│他高高的~很引人注意;그의 큰 키는 사람들의 주의를 끈다.│松鼠的~很小;다람쥐의 키는 작다.

各 gè 代 각각. 여러 가지. (양사나 명사 앞에 사용한다.) ¶他~科成绩都不错;그는 각 과목 성적이 모두 좋다.│~项工作都安排好了;여러 가지 일이 모두 잘 안배되었다.│~年级的学生都来了;각 학년 학생들이 모두 왔다. 副 각기. 각자. ¶我们俩~做各的;우리 둘은 각기 각자의 일을 한다.│这几种方法~有优点;이 몇 가지 방법은 각기 장점이 있다.│我们~买了一本书;우리는 각자 책 한 권을 샀다.

各个 gègè 代 각개(의). 각각(의). 하나하나(씩). ¶现在~学校都已经放假了;지금 각 학교는 모두 이미 방학을 했다.│~方面都要考虑到;각 방면을 모두 고려해야 한다.│他感冒、发烧,身体的~关节都很疼;그는 감기에 걸려 열이 나고 몸의 각 관절이 모두 아프다.

各式各样 gèshìgèyàng 각양각색. ¶学生们会提出~的问题;학생들이 각양각색의 문제를 제기할 것이다.│那个商店里有~的中国服装;그 상점에는 각양각색의 중국 옷이 있다.│中国人

吃的面食~,常见的有面条、馒头(mán·tou)、饺子等;중국인이 먹는 밀가루 음식은 각양각색인데, 자주 볼 수 있는 것들로 국수, 소 없는 찐빵, 만두 등이 있다.

各位 gèwèi 代 각 분. 여러분. ¶早上好!여러분 안녕하세요!(아침인사)│~同学请注意;각 학생들은 주의하세요.│希望~能重(chóng)新考虑(lǜ)一下;여러분 다시 고려해 주시길 바랍니다.

各种 gèzhǒng 代 각종(의). 여러 가지. ¶~饮料我都不喜欢;각종 음료를 나는 모두 싫어한다.│现在中小学生很累,周末还要参加~学习班;현재 초·중등 학생들은 모두 힘들다. 주말에도 각종 학습반에 참가해야 한다.│这款上衣有~不同的颜色,你可以选择;이 상의는 여러 가지 다른 종류의 색상이 있으니, 네가 선택할 수 있다.

给 gěi 动 주다. ¶请~她那本书;그녀에게 그 책을 주세요.│~我一支笔;내게 펜 하나 줘.│爸爸气急了,~了他一巴掌;아빠는 화가 나서 그의 뺨을 한대 쳤다.│~他点儿厉害;그에게 본 때를 보여주다. 介 ❶ (동사 뒤에 쓰여) …에게 주다. …에게 바치다. ¶我已经~他打电话了;나는 이미 그에게 전화를 걸었다.│那封信已经寄~她了;그 편지를 이미 그녀에게 부쳤다.│这本书就留~你做个纪念吧;책은 네게 기념으로 남겨줄게. ❷ (동작의 대상을 끌어들여) …에게. …를 향해. ¶你应该~他道歉;너는 반드시 그에게 사과해야 한다.│我每天晚上都~孩子讲故事;나는 매일 저녁마

다 아이에게 이야기를 들려준다.| 他走到台上,先~大家敬了个礼;그는 단상으로 나아가, 먼저 모두에게 인사를 했다. ❸ …를 위해. …를 대신하여. ¶我~他们当翻译;나는 그들을 위해 통역을 한다.| 医生就是~病人治病;의사는 환자를 위해 병을 치료한다.| 妈妈~我买了一件新衣服;엄마는 나를 위해 새 옷 한 벌을 샀다. ❹ 동작 행위의 수혜자를 끌어들인다. ¶别把衣服~我弄脏了;내 옷을 더럽히지 마라.| 你别把手机~人家弄丢了;너 다른 사람의 핸드폰을 잃어버리지 마라.| 怎么把屋里~我弄得乱七八糟;내 방을 어떻게 이렇게 엉망으로 만들었니?

另见 291 页 jǐ

根 gēn 名 ❶ (~儿) 뿌리. ¶这种植物的~扎(zhā)得很深;이 식물의 뿌리는 깊이 박혀 있다.| 以前人们还吃过草~儿;이전에 사람들은 풀 뿌리를 먹은 적이 있다.| 小心,别弄坏了花儿的~儿;조심하세요, 꽃의 뿌리를 망가뜨리지 마세요. ❷ 물체의 밑부분. (단독으로 잘 쓰이지 않고 명사구에 많이 사용된다.) ¶我把它放在墙~儿底下了;나는 그것을 담 밑에 놓아두었다.| 这孩子耳朵~儿软,别人说什么他都信;이 아이는 귀가 얇아서 다른 사람이 무슨 말을 하든지 모두 믿는다.| 昨天运动太多了,大腿~儿有点儿疼;어제 운동을 너무 많이 해서, 허벅지가 좀 아프다. ❸ (~儿) (사물의) 근원. 근본. ¶问题还得从~儿上解决;문제를 근본부터 해결해야 한다.| 这孩子总爱刨(páo)~儿问底儿;이 아이는 항상 꼬치꼬치 캐묻기를

좋아한다.| 他是我朋友的孩子,知~儿知底儿,你就放心吧;그는 내 친구의 아이예요, 그의 근본을 잘 알고 있으니 안심하세요.

根本 gēnběn 名 (사물의) 근본. 기초. 뿌리. ¶很多华侨(qiáo)坚持让子女们学习汉语,为的是让他们不忘~;많은 화교들은 자녀들이 중국어를 공부하게 하는데, 그들이 뿌리를 잊지 않도록 하기 위해서다.| 这才是事情的~;이것이야말로 바로 일의 근본이다.| 这个问题必须从~上解决;이 문제는 반드시 근본부터 해결되어야 한다. 形 중요하다. 기본적이다. ¶学生的~任务就是学习;학생의 기본 임무는 공부이다.| 工资多少并不是我选择这个学校的~原因;월급이 얼마인가는 결코 이 학교를 선택한 중요한 이유가 아니다.| 现在最~的问题是要把经济搞上去;현재 가장 중요한 문제는 경제를 끌어올리는 것이다. 副 ❶ 시종. 전혀. 도무지. 아예. (부정문에 많이 사용된다.) ¶我~不知道这件事;나는 이 일을 전혀 알지 못한다.| 你~没弄明白;너는 도무지 이해를 못하는구나.| 这是~不可能的;이 것은 아예 불가능한 것이다. ❷ 완전히. 철저히. 근본적으로. ¶这个问题已经~解决了;이 문제는 이미 완전히 해결되었다.| 要想~改变大家的观念,还需要一段时间;여러 사람의 관념을 근본적으로 바꾸려면, 아직도 얼마간의 시간이 필요하다.

根据 gēnjù 介 …에 따라. …에 근거하여. ¶~大家的要求,我们调(tiáo)整了这次活动的时间安排;모두의 요구에 따라서, 우리는 이번 행사의 시간 안

배를 조절했다.│这部电影是~同名小说改编的;이 영화는 동명소설에 근거하여 개작한 것이다.│这些问题要~具体情况分别处理;이 문제들은 구체적인 상황에 근거하여 구분해서 처리해야 한다. 名 근거. ¶我这样说是有事实~的;내가 이렇게 말하는 것은 사실적인 근거가 있다.│我的~就是报纸上的这些数字;나의 근거는 바로 신문상의 이런 숫자들이다.│你以什么为~得(dé)出这样的结论? 너는 무엇을 근거로 이런 결론을 얻었니? 动 근거하다. 따르다. 의거하다. ¶你这么说是~什么;너는 무엇에 근거하여 이렇게 말하는 거니?│家庭开支应该~节约的原则;가정의 지출은 마땅히 절약의 원칙에 따라야 한다.│教学内容的选择要~学生的实际情况;교학 내용의 선택은 학생의 실제 상황에 근거해야 한다.

根源 gēnyuán 名 근원. 원인. ¶要先找到这次事故的~;먼저 이번 사고의 원인을 찾아야 한다.│这些问题都是有历史~的;이 문제들은 모두 역사적인 근원이 있다.│他学习不好的~在于他对学习没有一点儿兴趣;그가 공부를 못하는 원인은 학습에 대한 흥미가 조금도 없기 때문이다.

跟 gēn 名 (~儿)발. 구두. 양말 따위의 뒤꿈치. (일반적으로 단독으로 쓰이지 않는다.) ¶不知为什么,这几天我的脚后~儿有点儿疼;무슨 이유에서인지, 요 며칠 내 발 뒤꿈치가 좀 아프다.│我要去修一下鞋~儿;나는 구두 뒤축을 좀 수선해야 한다.│我不太喜欢穿高~儿鞋;나는 하이힐을 그다지 즐겨 신지 않는다. 动 따라가다. 쫓아가다. 계속되다. 붙다. ¶你在前面走,我们在后面~着你;네가 앞장서라, 우리가 뒤따라 갈 테니.│你走得太快,我们~不上;네가 너무 빨리 걸어서 우리는 쫓아갈 수가 없다.│他病了一个月,现在~不上老师讲课的进度;그는 한 달 동안 병을 앓아서, 현재 선생님의 강의 진도를 따라갈 수 없다. 介 ❶ …과. …을 향해. (동작대상을 이끌 때 쓰인다.) ¶我~你一起去;나는 너와 함께 간다.│你回去~父母商量一下;너는 돌아가서 부모님과 상의해 보렴.│我去~老师请个假;나는 선생님께 결석신청을 하러 간다. ❷ …와 비교해서. (비교대상을 이끌 때 쓰인다.) ¶~他比起来,我的汉语说得差远了;그와 비교하면, 내 중국어 실력은 아직 한참 멀었다.│我的看法~你差不多;내 견해는 너와 비슷하다.│她长(zhǎng)得~妈妈一样;그녀는 외모가 엄마와 똑같이 닮았다.│来这儿,就~在自己家一样;여기 와서는 자기 집처럼 편히 생각해라. 连 …와(과). (명사나 대명사 사이를 연결하여 병렬 관계를 나타내며 구어에서 많이 사용된다.) ¶我~张老师都是北京人;나와 장 선생님은 모두 베이징 사람이다.│纸~笔都准备好了;종이와 펜이 모두 다 준비 되었다.│冰箱里有牛奶~面包;냉장고에 우유와 식빵이 있다.

跟前 gēnqián 名 (~儿)옆. 곁. 근처. ¶你到我~儿来,让我好好看看;너 내 옆으로 오렴, 자세히 좀 보자꾸나.│走到~儿,才看清楚;곁으로 가야 분명히 알아 볼 수 있다.│他~儿的桌子上放着很多书;그 사람 옆에 있는

테이블에 많은 책이 놓여져 있다.

跟随 gēnsuí 动 뒤따르다. 동행하다. 따라가다. ¶两年前,她~丈夫去了国外;2년 전에 그녀는 남편을 따라 외국으로 갔다.│出生以后,她一直~父母生活;출생 이후 그녀는 계속 부모와 함께 생활하고 있다.│两位校长走在前边,其他人都~在后;교장 두 분이 앞서 걸어가고 다른 사람들은 모두 뒤를 따라간다.

跟踪 gēnzōng 动 바짝 뒤를 따르다. 미행하다. 추적하다. ¶他们终于摆脱了敌人的~追击;그들은 마침내 적의 추격에서 벗어났다.│警察局已经派人~他好长时间了;경찰국에서 이미 사람을 파견하여 그를 미행한지 오래되었다.│电视台一直在做~报道;TV방송국에서는 줄곧 추적 보도를 하고 있다.

梗 gěng (~儿) 名 (식물의) 가지 또는 줄기. ¶这次买的茶叶不好,有很多茶叶~儿;이번에 산 찻잎은 품질이 좋지 않아 찻잎 줄기가 많다.│玫瑰花儿的~儿有刺,别扎(zhā)了手;장미꽃 줄기에는 가시가 있으니 손에 찔리지 않도록 해라. 动 ❶ 똑바로(꼿꼿이) 세우다. ¶他把头一~,一副很不服气的样子;그는 머리를 꼿꼿이 세우고 굴복하지 않으려는 태도를 취했다.│你别总是~着脖子;너는 항상 목을 꼿꼿이 세우고 있지 마라. ❷ 방해하다. 막다. 막히다. ¶像是有什么东西~在心中,很不舒服;마음 속이 뭔가 꽉 막힌 듯 편치가 않다.│这件事一定是有人作~;이 일은 분명히 누군가가 방해한 것이다.

更 gèng 副 더욱. 한층 더. ¶这几天~冷了;요 며칠 날씨가 더욱 추워졌다.│他比以前~懂事了;그는 이전에 비해 더 철이 들었다.│你这样说,我~不明白了;네가 이렇게 말하니, 나는 더 이해가 되지 않는다.│我喜欢唱歌,~喜欢听歌;나는 노래 부르기를 좋아하지만, 듣는 것을 더욱 좋아한다.│他们哥儿俩,弟弟~高一些;그들 두 형제는 동생이 키가 더 크다.

更加 gèngjiā 副 더욱 더. 한층. ¶她本人比照片上~漂亮;그녀는 실물이 사진보다 더욱 예쁘다.│工作以后,他~珍惜时间了;일을 시작한 이후, 그는 시간을 더욱 더 아껴서 쓴다.│爸爸去世以后,他们家的生活~困难了;아버지가 돌아가신 후, 그들 가정 생활은 더욱 곤란해졌다.

▶용법주의:'更加'와 '更'의 용법은 기본적으로 같다. 다른 점이 있다면, '更加'는 일반적으로 쌍음절 동사와 형용사 앞에 사용되고, '更'은 이런 제한이 없다는 것이다.

工厂 gōngchǎng 名 공장. ¶她在一家~工作;그녀는 공장에서 일한다.│这个~的产品很不错;이 공장의 생산품은 품질이 좋다.│我家附近新建了一座~;우리 집 근처에 공장이 새로 하나 지어졌다.

工程 gōngchéng 名 ❶ 공사. 공정. ¶"南水北调"~是一项浩大的~;'남수북조(양쯔강 물을 화북지방으로 끌어들이는 작업)' 공정은 대규모의 공사이다.│这项~进展顺利;이 공사는 순조롭게 진행되고 있다. ❷ (대규모의) 계획. ¶"菜篮子~"丰富了老百姓的餐桌;'부식물 생산 발전 계획'은 국민들의 식탁을 풍성하게 만들었다.│我

们都非常支持"希望~";우리는 모두 '희망 공정'을 매우 지지한다.

工程师 gōngchéngshī 名 기사. 엔지니어. ¶他的理想是当一名建筑~;그의 꿈은 건축 엔지니어가 되는 것이다. | 他爸爸是一位很有名的~;그의 아버지는 유명한 엔지니어이다. | 教师被人们称为"人类灵魂(hún)的~"(比喻能教育改造人们思想的人);교사는 사람들에게 '인류 영혼의 엔지니어(교육으로 인간의 생각을 바꾸는 능력이 있는 사람을 비유한다.)'로 일컬어진다.

工夫 gōng·fu (~儿) 名 (투자한) 시간. ¶我用一星期的~看完了那本书;나는 일주일 만에 그 책을 다 읽었다. | 一会儿~他就把作业写完了;시간이 얼마 지나지 않아 그는 숙제를 다 했다. | 你这不是白费~吗? 너 이거 쓸데없이 시간 낭비하는 건 아니니? | 我没有闲~陪你玩儿;난 너랑 놀아 줄 시간이 없어.

工会 gōnghuì 名 노동조합. 노조. ¶我们都是~会员;우리는 모두 노조 회원이다. | 这是~给大家发的福利;이것은 노조가 모두에게 주는 복리이다.

工具 gōngjù 名 ❶ 공구. 도구. 수단. ¶这是最先进的收割(gē)~;이것은 가장 선진적인 수확 기구이다. | 汽车是现代人最主要的交通~;자동차는 현대인의 가장 주된 교통 수단이다. | 手机是最方便的通信~;휴대폰은 가장 편리한 통신 수단이다. ❷ 수단. 도구. ¶语言是人类最重要的交际~;언어는 인류의 가장 중요한 교제 수단이다. | 要把知识作为~,来解决实际问题;지식을 수단으로 삼아 실제 문제를 해결해야 한다. | 小心,别充当了那些坏人的~;조심해, 저 나쁜 사람들의 도구가 되지 말고.

工钱 gōng·qian 名 노임. 임금. 품삯. ¶做一条裤子的~是多少? 바지 한 벌을 만드는 품삯이 얼마죠? | 保洁工人很辛苦,可是一天的~只有三四十块;청소부는 매우 고되지만, 하루 품삯은 단지 30~40위안 밖에 안 된다. | 年底的时候,他只拿到了一半儿的~;연말에 그는 절반의 노임만 받았을 뿐이다.

工人 gōng·rén 名 노동자. ¶这个工厂有一千多名~;이 공장에는 천 명이 넘는 노동자가 있다. | 年轻的时候,他当过建筑~;젊었을 적에 그는 건설 노동자를 한 적이 있다. | 这些下岗~又都重(chóng)新找到了工作;이 실직 노동자들은 다시 새 직장을 찾았다.

工业 gōngyè 名 공업. ¶钢铁~是这个省的支柱产业;강철 공업은 이 성의 기간 산업이다. | 这个城市没有重~企业,环境很好;이 도시엔 중공업 기업이 없어 환경이 좋다. | 这个地区的~污染很严重;이 지역의 공업 오염은 매우 심각하다.

工艺品 gōngyìpǐn 名 공예품. ¶他的书桌上摆放着一件很精致的~;그의 책상 위에는 매우 정교한 공예품이 하나 놓여져 있다. | 那里有一个很大的~市场,出售各种各样的~;그곳에는 매우 큰 공예품 시장이 있어 각양각색의 공예품들을 판매한다.

工资 gōngzī 名 임금. 노임. ¶他每月的~是一千块;그의 매달 임금은 천 위안이다. | 我们学校每月四号发~;우리 학교는 매월 4일에 임금을 지급한다.

| 今年调(tiáo)了两次~,我们的~收入有所提高;금년에 임금을 두 차례 조정해서 우리의 임금 수입이 약간 올랐다.

工作 gōngzuò 动 일하다. 노동하다. ¶他每天都要~到深夜;그는 날마다 밤늦게까지 일한다.| ~的时候,最好不要接私人电话;일할 때는 사적인 전화를 받지 않는 게 가장 좋다.| 她在国外~过很多年;그녀는 해외에서 여러 해 동안 일한 적이 있다. 名 ❶ 직업. ¶他非常喜欢现在的~;그는 현재 직업을 매우 좋아한다.| 现在的大学毕业生找~很难;지금의 대학 졸업생들은 직업 구하기가 매우 어렵다.| 这个公司专门负责给人介绍~;이 회사는 사람들에게 직업을 소개하는 것을 전문적으로 책임진다. ❷ 업무. 임무. 일. ¶今年的~量很大,大家要加把劲儿;올해는 업무량이 매우 많으니 모두 열심히 일해야 한다.| 学期开始的时候,老师们都要做一份教学~计划;학기가 시작될 때, 선생님들은 모두 교학 업무 계획을 짜야 한다.| 暑期的~已经布置好了;하계 업무가 이미 다 안배되었다.

公布 gōngbù 动 (법령, 공문서, 통지, 회계 등을) 공포하다. 공표하다. ¶老师今天下午向同学们~考试成绩;선생님은 오늘 오후에 학생들에게 시험 성적을 공표한다.| 新法律将在五月份~于众;새 법률이 5월에 대중에게 공포될 것이다.| 公司的账(zhàng)目每年~一次;회사의 장부는 매년 한 차례 공표된다.

公尺 gōngchǐ 量 미터. ¶这张桌子长 1.2~;이 탁자는 길이가 1.2미터다.

公费 gōngfèi 名 국비. 공비. ¶我们班只有两名~留学生;우리 반에는 국비 유학생이 단지 두 명 뿐이다.| ~旅游是不允许的;공비 여행은 허락되지 않는다.| 这个公司的职工都可以享受~医疗;이 회사의 직원들은 모두 국비 의료 혜택을 받을 수 있다.

公分 gōngfēn 量 센티미터. ¶这个孩子身高 110~;이 아이의 키는 110센티미터이다.

公共 gōnggòng 形 공공의. 공용의. ¶~场所禁(jìn)止抽烟;공공 장소에서는 흡연을 금지한다.| 北京的~交通比较发达;베이징은 공공 교통이 비교적 발달하였다.| 学校的留学生宿舍有~厨房,学生可以自己做饭;학교의 유학생 기숙사에는 공용 주방이 있어, 학생들 스스로 취사할 수 있다.

公共汽车 gōnggòng qìchē 名 버스. ¶很多学生每天坐~上学;수많은 학생이 매일 버스를 타고 등교한다.| 周末, ~上很挤;주말엔 버스 안이 매우 붐빈다.| 从我家到单位不通~,我每天骑自行车上下班;우리 집에서 회사까지 버스가 다니지 않아서, 나는 날마다 자전거를 타고 출퇴근한다.

公斤 gōngjīn 量 킬로그램. ¶一~苹果五块钱;사과 1킬로그램에 5위안이다.| 我妹妹体重四十~;내 여동생은 체중이 40킬로그램이다.| 坐飞机时,每人只能带二十~的行李;비행기를 탈 때 1인당 20킬로그램의 수화물만 소지할 수 있다.

公开 gōngkāi 形 공개적이다. ¶这位教授~发表了上十篇论文;이 교수는 열 편 이상의 논문을 공개적으로 발표하

였다.| 对公司的新规定,他~表示反对;회사의 새로운 규정에 대해 그는 공개적으로 반대를 표시했다.| 这件事大家都知道,只是没人说,成了~的秘密;이 일은 모두 알고 있지만, 말하는 사람이 없어서 공공연한 비밀이 되었다. [动] 공개하다. ¶这件事现在还不能~;이 일은 지금 아직 공개할 수 없다.| 有时候公安人员不能~自己的身份;공안은 때로는 자신의 신분을 공개할 수 없다.| 学校的各项收费都要~;학교의 각종 납입금을 모두 공개해야 한다.

公里 gōnglǐ [量] 킬로미터. ¶从北京到上海有一千多~;베이징에서 상하이까지는 1천여 킬로미터이다.| 为了锻炼身体,他每天都要走五~;신체를 단련하기 위해 그는 매일 5킬로미터를 걷는다.| 现在火车的时速可以达到350~;오늘날 기차의 시속은 350킬로미터까지 이를 수 있다.

公路 gōnglù [名] 도로. ¶工厂门前是一条宽阔的~;공장 입구에 넓은 도로가 있다.| ~两旁是高大的松树;도로 양측에는 높고 큰 소나무가 있다.| 那个村子很偏僻(piānpì),现在还没有通~;이 마을은 매우 외져서 오늘날까지도 도로가 개통되지 않았다.

公式 gōngshì [名] 공식. ¶我总也记不住这些数学~;나는 아무래도 이 수학 공식들을 기억할 수 없다.| 你用错了;너는 공식을 잘못 썼다.

公司 gōngsī [名] 회사. 기업. ¶这家大~在很多城市设有分~;이 대기업은 수많은 도시에 지사를 설립했다.| 哥哥是一名~职员,他一直想开一个自己的~;형은 회사원인데, 그는 줄곧 자신의 회사를 창업하고 싶어한다.| 他刚来,对~的情况还不太了解;그는 막 와서 회사 상황을 아직 그다지 이해하지 못한다.

公务员 gōngwùyuán [名] 공무원. ¶~是很多人理想的职业;공무원은 많은 사람들이 이상적으로 생각하는 직업이다.| 毕业后她想当一名~;졸업 후 그녀는 공무원이 되고 싶어한다.| 每年很多大学生参加~选拔考试;매년 수많은 대학생들이 공무원 선발 시험에 참가한다.

公演 gōngyǎn [动] 공연하다. ¶这部话剧将在下个月初~;이 연극은 다음달 초에 공연될 것이다.| 那个剧本曾(céng)两次~;이 시나리오는 두 차례 공연된 적이 있다.| 晚饭后开始排练,为第二天的~作准备;저녁식사 후에 그 다음날 공연 준비를 위해 리허설을 시작한다.

公用电话 gōngyòng diànhuà [名] 공중전화. ¶上世纪90年代中国各大城市的~发展很快;지난 세기 90년대 중국 각 대도시의 공중전화는 매우 빠르게 발전하였다.| 马路两旁安装了很多投币式的~,很方便;도로 양측에 수많은 주화 투입식 공중전화가 설치되어 매우 편리하다.| 我不喜欢打~;나는 공중전화 거는 것을 좋아하지 않는다.

公寓 gōngyù [名] 아파트. ¶我和朋友合租一间~;나와 친구는 아파트 한 채를 함께 빌려 산다.| 这座~里住的大都是年轻人;이 아파트에 사는 대다수는 젊은이들이다.| 我们学校的留学生~条件很不错;우리 학교의 유학생 아파트는 조건이 매우 괜찮다.

公元 gōngyuán [名] 서기. ¶今年是~2011

年;올해는 서기 2011년이다.

公园 gōngyuán (~儿)[名] 공원.¶现在很多~都免费向公众开放;오늘날 수많은 공원들이 대중에게 무료로 개방되다.|我家对面就是一座很大的~;우리 집 맞은 편은 바로 큰 공원이다.|清晨很多老人到~里锻炼身体;새벽녘에 수많은 노인들이 공원에 가서 신체를 단련한다.

公约 gōngyuē [名] ❶ 조약. 공약. 협정. 계약.¶现在有100多个国家成为该~的缔(dì)约国;현재 100여개 국가가 이 조약의 체결국이 되었다.|该~将于明年一月份正式生效;이 조약은 내년 1월에 정식으로 효력이 발생하다. ❷ 규칙. 규정.¶我们大家都要遵守市民文明~;우리 모두 시민 문명 규정을 준수해야 한다.|我们社区制定了新的环境保护~;우리 지역사회는 새로운 환경보호 규정을 제정했다.|我们还不清楚这份~的内容;우리는 이 규정의 내용을 아직 명확하게 모른다.

功夫 gōng·fu [名] ❶ 재주. 솜씨. 조예.¶这首歌唱得很见~;이 노래를 매우 솜씨 있게 불렀다.|这篇文章~很深;이 문장은 매우 조예가 깊다.|要吃杂技这碗饭,得凭真~;서커스 계통에서 밥을 먹으려면 재주가 있어야만 한다. ❷ 쿵푸.¶一些外国友人对中国~很感兴趣;일부 외국 친구들은 중국 쿵푸에 흥미를 갖는다.

功绩 gōngjì [名] 공적.¶这位将军的一生,~卓(zhuó)著;이 장군의 일생은 공적이 탁월하다.|后人为了纪念革命先辈的~,在天安门广场立了革命英雄纪念碑;후손들은 혁명 선구자들

의 공적을 기념하기 위해 톈안먼 광장에 혁명영웅 기념비를 세웠다.|他为创建新中国,立下了不朽(xiǔ)的~;그는 신중국을 수립하기 위해 불후의 공적을 세웠다.

功能 gōngnéng [名] (사물의) 기능. 작용. 효능.¶这几款手机价位不同,~也不同;이 몇 개의 휴대폰들은 가격이 다르고 기능 또한 다르다.|买家电,重要的是~而不是外观;가전 제품을 살 때 중요한 것은 기능이지 외관이 아니다.|这个MP4可以听歌、录音、看电影等,~齐全;이 MP4는 노래를 듣고, 녹음하고, 영화를 볼 수 있는 등의 성능을 완비하고 있다.

功业 gōngyè [名] 공적. 공훈과 업적.¶秦始皇统一各国,建立了不朽(xiǔ)的~;진시황은 각국을 통일하여 불후의 공적을 세웠다.|你这样坚持不懈(xiè)地努力,一定可以成就一番~;네가 이렇듯 꾸준히 노력을 지속하니 반드시 업적을 이룰 수 있을 것이다.|他的一生~卓著;그의 일생은 공적이 탁월하다.

攻击 gōngjī [动] ❶ 공격하다.¶人如果不妨碍(fáng'ài)它,蜜蜂一般不会主动~人;사람이 만약 방해하지 않는다면 꿀벌은 보통 주동적으로 사람을 공격하지 않는다.|上午九点,我军向敌军发起猛烈~;오전 9시에 우리 군은 적군을 향해 맹렬한 공격을 하기 시작했다.|遭到~时,这些小鱼会躲进附近的水草中;공격을 받을 때, 이 송사리들은 부근의 수초 속으로 숨을 것이다. ❷ 비난하다.¶意见不统一,可以协商,不要互相~;의견이 통일되지 않았지만 협상할 수 있으니 서로

213

비난하지 마라.| 不能对同事进行人身~;동료들에게 인신 공격을 해서는 안된다.| 会议上,他遭到很多人的~;회의에서 그는 수많은 사람들의 비난을 받았다.

供 gōng 动 ❶ 공급하다. ¶最近,这种商品~不应求;최근에 이러한 상품들은 공급이 수요를 따르지 못한다.| 爸爸一个人挣钱,~我们两个上学;아빠 혼자 돈을 벌어 우리 둘의 학비를 대주신다.| 按规定,中国华北的一些城市每年11月15日开始~暖气;규정에 따라 중국 화베이의 여러 도시들은 매년 11월 15일에 스팀을 공급하기 시작한다. ❷ 제공하다. ¶教学楼里有专门的休息室~学生休息;강의동 안에는 학생들에게 휴식을 제공하는 전용 휴게실이 있다.| 我有几点意见,~你参考;제게 몇 가지 의견이 있으니 참고해 주세요.| 我们航空公司有三个航班~旅客选择;우리 항공사는 여행객들이 선택할 수 있는 세 편의 항공편을 제공한다.

供给 gōngjǐ 动 공급하다. ¶她上学的费用全部由哥哥~;그녀의 학비는 모두 오빠가 대준다.| 必须给孩子~充足的营养;아이들에게 반드시 충분한 영양을 공급해야 한다.| 山区孩子需要的教材,我们免费~;산간 지대의 아이들에게 필요한 교재를 우리는 무료로 공급한다.

供应 gōngyìng 动 제공하다. 공급하다. 보급하다. ¶现在一年四季都可以~新鲜蔬菜;현재 일 년 사계절 모두 신선한 야채를 공급할 수 있다.| 那时,全国的粮食~十分紧张;그때 전국의 식량 공급이 매우 부족했던 것이다.| 要保证居民的饮用水~;주민의 식수 공급을 보장해야 한다.

巩固 gǒnggù 形 (주로 추상적인 사물에 쓰여) 견고하다. 공고하다. 튼튼하다. ¶我们建立的政权已经很~了;우리가 수립한 정권은 벌써 매우 견고해졌다.| 他们首先在陕(shǎn)北建立了~的革命根据地;그들은 우선 산뻬이에 견고한 혁명 근거지를 수립했다.| 经过几年的努力,她在公司的地位更加~了;몇 년의 노력을 거쳐 그녀는 회사에서의 지위가 더욱 공고해졌다. 动 견고하게 하다. 공고하게 하다. 튼튼히 다지다. ¶课下要认真复习,~课上所学的知识;수업이 끝나면 성실하게 복습해야 하며, 수업 시간에 배운 지식을 튼튼히 다져야 한다.| 他想尽一切办法~自己的地位;그는 자신의 지위를 공고하게 할 모든 방법들을 다 강구하고 있다.| 秦始皇为了~他的统治,修建了长城;진시황은 그의 통치를 공고하게 다지기 위해 장성을 건설하였다.

▶용법주의: 동사 '巩固'는 중첩할 수 있으며, 중첩 형식은 '巩固巩固'이다. ¶我要再复习一遍,把学过的知识好好巩固巩固;배웠던 지식을 더욱 공고하게 다지려면 나는 다시 한번 복습해야 돼.

共 gòng 动 공유하다. 함께 하다. (일반적으로 단독으로 쓰이지 않는다.) ¶好朋友就要同甘苦,~患难;좋은 벗은 동고동락하고 고난을 함께 해야 한다.| 我和他~事多年,关系很好;나와 그는 다년간 함께 해서 관계가 매우 좋다. 副 ❶ 함께. 같이. ¶今晚,他要与心爱的人~进晚餐;오늘 저녁 그는 진심으로 아끼는 사람들과 함께

저녁 먹으러 갈 것이다.|国与国之间应该和平~存;국가와 국가는 평화 공존해야 한다. ❷모두. 합쳐서. ¶参加这次活动的学生~80个;이번 활동에 참가한 학생들은 모두 80명이다.|这两次的花费~2000元;이번 두 차례 경비는 모두 2000위안이다.|我们学校的各国留学生~有800人;우리 학교의 각국 유학생은 모두 800명이다.

共产党 Gòngchǎndǎng 名 공산당. ¶中国~成立于1921年7月;중국 공산당은 1921년 7월에 성립되었다.|他是去年加入中国~的;그는 작년에 중국 공산당에 가입했다.

共同 gòngtóng 形 공동의. 공통의. ¶喜欢安静是他们两个的~点;조용한 것을 좋아하는 것은 그들 두 사람의 공통점이다.|长时间不在一起,我们俩的~语言越来越少;오랜 시간 동안 함께 있지 않아서, 우리 둘의 공통 화제가 갈수록 적어진다.|为了我们的~理想而奋斗;우리의 공통 이상을 위해 분투하자. 副 함께. 다 같이. ¶我们要~努力,按时完成这项工作;우리는 함께 노력해서 이번 업무를 제때 완성해야 한다.|这个问题需要几个部门联合起来~解决;이 문제는 몇 개의 부서가 연대해서 함께 해결해야 한다.|这一楼层的学生~使用一个厨房;이 층의 학생들은 하나의 주방을 함께 사용한다.

共同体 gòngtóngtǐ 名 ❶ 공동체. ¶去年这两个公司结成了利益~;작년에 이 두 회사는 이익 공동체를 결성하였다.|在激烈的竞争中,企业与职工形成了命运~;격렬한 경쟁 속에서 기업과 직원들은 운명 공동체를 형성하였다. ❷ (약간의 국가들이 공동 이익 때문에 결성한) 공동체. 연합. ¶欧洲经济~的经济实力相当雄厚;유럽 경제 공동체의 경제 실력이 상당히 강하다.|南部非洲发展~成立于1992年8月17日;남아프리카 개발공동체(SADC)는 1992년 8월 17일에 성립됐다.

贡献 gòngxiàn 动 공헌하다. 기여하다. ¶科学家们为社会进步~出了自己的聪明才智;과학자들은 사회 발전을 위해 자신의 총명함과 지혜를 공헌하였다.|各位老师都在为学校发展~自己的力量;각 선생님들은 모두 학교 발전을 위해 기여하였다.|她把自己的一生~给了祖国的建设事业;그녀는 자신의 일생을 조국 건설 사업에 기여하였다. 名 공헌. 기여. ¶这些人为中国经济的发展做出了巨大~;이 사람들은 중국 경제 발전을 위해 거대한 공헌을 하였다.|我们希望能为社会做更多的~;우리는 사회를 위해 더 많은 공헌을 할 수 있기를 바란다.|这一发现对世界医学的~很大;이 발견은 세계 의학에 대한 공헌이 매우 크다.

沟通 gōutōng 动 소통하다. ¶~能力是一种非常重要的工作能力;소통 능력은 매우 중요한 업무 능력이다.|文字是作者与读者~心灵的桥梁;문장은 작가와 독자의 영혼을 소통시키는 교량이다.|在这个问题上他们两个人很难~;이 문제에서 그들 두 사람은 소통하기 어렵다.|开会之前,我要先和她~一下;회의를 시작하기 전에 나는 우선 그녀와 얘기 해봐야겠다.

狗 gǒu 名 개. ¶~是人类最忠实的朋友; 개는 인류의 가장 충실한 친구이다. | 这只~很通人性; 이 개는 감정이 매우 잘 통한다. | ~的种类很多; 개의 종류는 매우 많다.

构成 gòuchéng 动 구성하다. 형성하다. 이루다. ¶满天的星星, ~了一幅美丽的图画; 온 하늘 가득한 별들이 한 폭의 아름다운 그림을 이뤘다. | 环境污染已经对人类生存~了威胁(wēixié); 환경 오염은 이미 인류 생존에 위협이 되었다. | 这台机器由上万个零件~; 이 기기는 수만개의 부품으로 구성된다. 名 구성. 구조. ¶这个团队的人员~不太合理; 이 단체의 인원 구성은 그다지 합리적이지 않다. | 这种药物的~成分很复杂; 이 약품의 구성 성분은 매우 복잡하다. | 在现代人的食品~中, 肉蛋奶的比例有所增加; 현대인의 식품 구성에서 육류, 달걀, 유제품의 비율이 증가했다.

构造 gòuzào 名 구조. ¶这辆玩具车的~很简单; 이 장난감 차의 구조는 매우 단순하다. | 学习医学, 首先要了解人体~; 의학을 배우려면 우선 인체 구조를 이해해야 한다. | 学习者可以借助汉字本身的~规律, 提高识字效率(xiàolǜ); 학습자들은 한자 자체의 구성 원리를 통해 글자를 익히는 효율을 향상시킬 수 있다.

购买 gòumǎi 动 구매하다. 구입하다. ¶新学期开始, 学校图书馆~了大批图书; 신학기가 시작되자 학교 도서관은 대량의 도서를 구매하였다. | 春节快到了, 家家户户都忙着~年货; 설이 다가오자 집집마다 설 맞이 물건을 구입하느라 바쁘다. | 我们~的是商品房; 우리가 구매한 것은 분양 주택이다.

够 gòu 动 ❶ (수량, 기준, 정도 등이) 충분하다. 넉넉하다. 족하다. ¶你的钱不~? 네 돈이 충분하니? | 这条绳子已经~长了; 이 밧줄은 이미 충분히 길다. | 他的身高不~标准, 不能当模特; 그의 키는 표준에 못 미쳐 모델을 할 수 없다. | 这次考试的题量很大, 很多学生的时间不~用; 이번 시험 문제량이 많아서 많은 학생들은 시간이 부족하다. | 星期天让你睡个~; 일요일에 실컷 자라. | 你说~了没有? 너 충분히 말했어? ❷ (구어에서 사지 등에 쓰여) 충분히 닿는다. ¶他个子很高, 一伸手就能~得着天花板; 그는 키가 커서 손을 뻗으면 천장에 충분히 닿는다. | 请帮我把树上的风筝~下来; 나를 도와 나무 위 연을 내려주렴. | 谁把书放到书架顶上了, 我~不着; 누가 책을 책장 위에 놓았어, 나는 손이 닿지 않는다. 副 충분히. (형용사를 수식해서 정도가 높음을 표시한다.) ¶今天天气~冷的; 오늘 날씨는 충분히 춥다. | 他对你~好的了; 그는 네게 충분히 잘한다. | 他已经~忙的了, 别去打扰(rǎo)他了; 그는 이미 충분히 바쁘니 그를 방해하지 마라.

估计 gūjì 动 (상황에 근거해 사물의 성질, 수량 등을) 추측하다. 짐작하다. ¶看来, 我们过低地~了对方的能力; 보아하니 우리는 상대방의 능력을 너무 낮게 추측했다. | 已经十点了, 我~她不会来了; 벌써 열 시인데, 나는 그녀가 안 올 거라고 생각한다. | 骑自行车去学校~得(děi)二十分钟; 자전거

를 타고 학교에 가려면 20분이 걸릴 거다.│他们对形势~得不准确;그들은 형세를 부정확하게 추측하였다.

姑父 gū·fu 名 고모부. ¶我~在医院工作;우리 고모부는 병원에서 일하신다.│这是小王的~;이 사람은 왕 군의 고모부다.│~今年51岁了;고모부는 올해 51세이시다.

姑姑 gū·gu 名 고모. ¶他有两个~;그는 고모가 두 명 있다.│我女儿和~很亲;내 딸과 고모는 매우 친하다.│奶奶最疼爱小~;할머니께서는 작은 고모를 가장 총애하신다.

姑妈 gūmā 名 (기혼의) 고모. ¶明天我要去看望~;내일 나는 큰 고모께 문안하러 갈 것이다.│这几年,~的身体不太好;요 몇 년간 고모의 건강이 그다지 좋지 않으시다.

姑母 gūmǔ 名 고모. ¶我~喜欢安静;우리 고모는 조용한 걸 좋아하신다.│上大学时,他一直住在~家;대학 다닐 때 그는 줄곧 고모 집에서 살았다.

姑娘 gū·niang 名 ❶ 처녀. 아가씨. ¶新疆的~个个能歌善舞;신장의 아가씨들은 개개인 모두 노래와 무용을 잘한다.│这个小~很勇敢;이 꼬마 아가씨는 매우 용감하다.│我们单位新来了一位漂亮的年轻~;우리 회사에 예쁜 젊은 아가씨가 새로 왔다. ❷ 딸. ¶我有一个~,今年四岁;내게는 딸 하나가 있는데, 올해 네 살이다.│他~去年出嫁了;그의 딸은 작년에 시집 갔다.│~和妈妈最贴(tiē)心;딸과 엄마는 가장 마음이 잘 맞는다.

古 gǔ 名 옛날. 고대. (일반적으로 단독으로 쓰이지 않는다.) ¶~今中外,有成就的人都非常珍惜时间;동서고금에 성취를 이룬 사람들은 모두 시간을 매우 소중히 한다.│每到周末,他们就在一起说~道今;주말이면 그들은 함께 고금의 일을 이것저것 이야기한다.│远~时代,人们过着群居生活;먼 옛날, 사람들은 군집 생활을 했다. 形 오래 된. 낡은. ¶他读过很多~书;그는 수많은 고서들을 읽었다.│西安是一座~城;시안은 오래 된 도시이다.

古代 gǔdài 名 고대. (중국의 역사 분기에서 주로 19세기 이전을 가리키며, '近代', '现代'와 구별된다.) ¶在~, 人们的生活很简单;고대에 사람들의 생활은 매우 단순했다.│印刷术是中国~的四大发明之一;인쇄술은 중국 고대의 4대 발명 중 하나이다.│~的语言和现代语言有很大差别;고대 언어와 현대 언어는 매우 큰 차이가 있다.

古典 gǔdiǎn 形 고전. ¶这座大楼体现了~与现代的统一;이 빌딩은 고대와 현대의 조화로움을 구현했다.│我朋友最喜欢听~音乐;내 친구는 고전 음악 듣는 걸 제일 좋아한다.│他的专业是~文学;그의 전공은 고전 문학이다.

古迹 gǔjì 名 고적. ¶北京城有很多名胜~;베이징엔 수많은 명승고적이 있다.│国家非常重视文物、~的保护工作;국가는 문물, 고적의 보호 작업을 매우 중시한다.│现在已发现的~中,埃及金字塔最令人惊叹;현재 이미 발견된 고적 중 이집트의 피라미드는 가장 사람들을 경탄케 한다.

古老 gǔlǎo 形 오래 된. ¶北京是一座~而又现代化的城市;베이징은 오래 되

였으면서도 현대화된 도시이다.│这件瓷(cí)器是很~的；이 자기는 매우 오래된 것이다.│银杏是世界上最~的树种之一；은행나무는 세계에서 가장 오래 된 수종 중 하나이다.

股 gǔ 量 ❶(~儿)줄기.¶请帮我找一~细线；나를 도와 한 줄기 괘선을 찾아 다오.│山涧(jiàn)里有一~泉水；산골짜기 안에 한 줄기 샘물이 있다.│进山有两~道儿；산에 들어가면 두 갈래 길이 있다. ❷가닥.¶一打开门,迎面吹来一~冷风；문을 열자마자 한 줄기 찬 바람이 정면으로 불어왔다.│走进楼道就闻见一~香味儿；복도로 들어서자 한 가닥 향기로운 냄새가 난다.│他很有一~钻劲儿,适合搞学问；그는 하나만 끝까지 파는 성향이라 학문하기에 적합하다.

股份 gǔfèn 名 주식.¶这是一家~公司；이곳은 주식회사다.│她在公司的~最多；그녀는 회사에서 주식이 가장 많다.│他有百分之四十的~；그는 40%의 주식을 갖고 있다.

股价 gǔjià 名 주가.(증권의 가격.)¶最近因为经济危机,~暴跌(bàodiē)；최근 경제위기로 인해 주가가 폭락했다.│上个月~猛涨,股民们很高兴；지난 달 주가가 큰 폭으로 올라, 주식투자자들이 매우 기뻐했다.│影响~的因素有很多；주가에 영향을 미치는 요소는 매우 많다.

股票 gǔpiào 名 증권.¶越来越多的人开始炒~；갈수록 많은 사람들이 주식을 하기 시작한다.│这是大家最看好的一支~；이것은 모두가 가장 기대하는 주식 종목이다.│投资~是有风险的；주식에 투자하는 것은 위험이

있다.

股市 gǔshì 名 ❶주식 시장.¶这两周的~行情不好；이 두 주간의 주식 시장 시세가 좋지 않다.│现代中国~创立的时间还比较短；현대 중국 주식 시장 창립의 역사는 비교적 짧다.│股民可以直接在~上进行股票交易；주식 투자자는 직접 주식 시장에서 증권 거래를 할 수 있다. ❷증권 시세.¶今天~跌(diē)得很厉害；오늘은 증권 시세가 크게 폭락했다.│我朋友每天上网了解~；내 친구는 매일 인터넷을 통해 증권 시세를 알아본다.│近期的~不容乐观；최근의 증권 시세는 낙관해서는 안 된다.

骨 gǔ 名 ❶뼈.¶这两天我的膝(xī)盖~有点儿疼；요 이틀간 내 무릎 뼈가 좀 아프다.│他的腿~折(zhé)了；그의 다리뼈가 부러졌다.│他很想家,想念自己~肉相连的亲人；그는 집을 그리워 하고 자신의 혈육을 그리워한다. ❷(물체 내부의) 뼈대. 골격. (현재는 단독으로 잘 사용되지 않는다.)¶这把伞的伞~坏了；이 우산의 살이 부러 졌다.│小心,别弄断了扇(shàn)~；부채 살이 부러지지 않도록 조심해라.

骨头 gǔ·tou 名 뼈.¶成年人的人体由206块~构成；성인의 몸은 206개의 뼈로 구성된다.│他瘦得只剩下一把~了,样子很吓人；그는 뼈만 남아있을 정도로 말라서 사람을 놀라게 한다.│狗喜欢吃动物~；개는 동물의 뼈를 즐겨 먹는다.

鼓 gǔ 名 북.¶舞台上放着两面~；무대 위에 양면북이 놓여 있다.│元宵(xiāo)节时,人们敲锣(luó)打~,很是热闹；대

보름 때 사람들은 징을 치고 북을 두드리는데, 매우 시끌벅적 하다.|从剧院里传出阵阵~声;극장에서 이따금 북소리가 퍼져 나온다. 动❶ 고무하다. 북돋우다. 떨쳐 일으키다. ¶大家~足了劲儿,要大干一场;모두들 기운을 내어 크게 한 번 해봐야 한다.|他终于~起勇气,去找校长;그는 마침내 용기를 내어 교장을 찾아갔다.|我们一起去给他~~劲儿;우리 함께 가서 그에게 용기를 북돋워 주자. ❷ 부풀어 오르다. 떠오르다. ¶他~着嘴半天没说话;그는 입이 퉁퉁 부어 한동안 말을 하지 않았다.|有一块儿地板砖~起来了;바닥의 벽돌이 들떠 올랐다.|她不小心撞(zhuāng)在门上,额(é)头上~起一个大包;그녀는 조심하지 않아 문에 부딪쳐서 이마 위에 큰 혹이 부풀어 올랐다. 形 (가득 차서) 팽팽하다. 두툼하다. ¶这个足球的气打得太~了;이 축구공에 공기를 너무 팽팽하게 불어 넣었다.|他的书包每天都~~的;그의 책가방은 매일 두툼하다.|爸爸的钱包很~,应该有很多钱;아빠의 지갑이 두툼한 걸 보니, 당연히 많은 돈이 들어있을 것이다.

鼓励 gǔlì 动 격려하다. 북돋우다. ¶老师~学生们大胆发言;선생님은 학생들에게 자신있게 발표하라고 격려하신다.|我们~公平竞争;우리는 공평하게 경쟁하도록 격려하였다.|教育孩子,要多~少批评;아이를 교육하는 데 있어서는, 많이 격려하고 적게 나무라야 한다.

鼓舞 gǔwǔ 动 ❶ 고무하다. 격려하다. 북돋우다. ¶校长的话极大地~了学生

们的士气;교장 선생님의 말씀은 학생들의 사기를 크게 북돋워주었다.|这个目标非常~人心;이 목표는 사람의 마음을 매우 고무시킨다.|第一场比赛的胜利,~了运动员们的斗志;첫 시합의 승리가 운동 선수들의 투지를 고무시켰다. ❷ 흥분시키다. ¶这个消息实在令人~;이 소식은 실로 사람을 흥분시켰다.|我们为祖国近年的发展和变化感到欢欣~;우리는 최근 조국의 발전과 변화에 매우 큰 기쁨을 느낀다.|听了主席的讲话,大家很受~;의장의 연설을 듣고, 모두들 고무되었다.

鼓掌 gǔ//zhǎng 动 (기쁨, 환영, 칭찬의 뜻으로) 손뼉을 치다. 박수하다. ¶演出结束时,观众们热烈~;공연이 끝날 때, 관중들은 열렬히 손뼉을 친다.|那个歌手一出现,大家都~表示欢迎;그 가수가 나타나자 모두들 박수로 환영했다.|拉拉队在一旁为运动员~加油;응원단이 한쪽에서 운동 선수들을 위해 손뼉을 치며 응원한다.

▶용법주의:❶'鼓掌'은 이합사이며, 중간에 '个', '什么' 등이 들어갈 수 있다. ¶我们为他鼓个掌吧;우리 그를 위해 박수를 칩시다.|主席的话还没说完,你鼓什么掌啊? 의장의 말이 아직 끝나지도 않았는데, 너 왜 박수를 치니? ❷ '鼓掌'의 중첩형식은 '鼓鼓掌'이 되며, 양이 적거나 시간이 짧음을 표시한다. ¶我要为自己鼓鼓掌;나는 자신을 위해 박수치고 싶다.

固定 gùdìng 形 고정된. 일정한. 불변의. ¶他没有~的职业,也没有~的收入;그는 고정된 직업도 없고, 일정한 수입

도 없다.| 在市场经济中,商品价格不是~不变的;시장 경제에서 상품 가격은 고정불변의 것이 아니다.| 日常用品应该放在~的地方,方便取用;일상용품은 일정한 장소에 놓아두어야 쓰기에 편리하다. 动 고정시키다. 정착시키다.¶可以用法律形式把这些政策~下来;법률 형식으로 이런 정책을 정착시킬 수 있다.| 你应该把窗帘的一边~在墙上;너는 창문 커튼의 한 쪽을 벽에다가 고정시켜야 한다.| 我们可以用钉子把它~住;우리는 못으로 그것을 고정시킬 수 있다.

故 gù 名 이유. 원인. 연고.¶旷(kuàng)课三次,不能参加期末考试;이유 없이 세 번 결석하면, 기말 시험에 참가할 수 없다.| 我不愿意和他交往,所以借~推辞了他的邀请;나는 그와 사귀고 싶지 않아서, 핑계를 대고 그의 초대를 거절했다.| 不知何~使他突然改变了行程;무슨 연고로 그가 갑자기 일정을 바꾸게 되었는지 모르겠다.

故事 gù·shi 名 고사. (예로부터 전해오는) 이야기.¶这个~是虚构的;이 이야기는 허구이다.| 女儿最喜欢听我讲的~;딸아이는 내가 하는 옛날 이야기를 듣는 것을 가장 좋아한다.| 这部电影讲述的是一个动人的爱情~;이 영화에서 말하는 것은 한 감동적인 사랑 이야기이다.

故乡 gùxiāng 名 고향.¶我热爱我的~;나는 나의 고향을 아주 사랑한다.| 这些年~发生了很大的变化;요 몇 년간 고향에는 큰 변화가 있었다.| 中国是茶叶的~;중국은 차의 고향이다.

故意 gùyì 副 고의로. 일부러.¶她是~说给你听的;그녀가 너 들으라고 일부러 하는 말이야.| 他今天是~不来的;그는 오늘 일부러 오지 않는 거야.| 他撞倒(zhuàngdǎo)弟弟不是~的;그가 남동생을 부딪쳐 넘어뜨린 것은 고의가 아니다.

顾 gù 动 정신을 집중하다. 주의하다. 고려하다. 돌보다.¶他光~着看电视,忘了做作业;그는 TV 보는데 정신을 쏟느라고 숙제 하는 것을 잊어버렸다.| 婚后,他一直忙工作,很少~家;결혼 후 그는 계속 일이 바빠서, 집안을 잘 돌보지 못한다.| 我们时间很紧,~不了那么多,先做重要的事情吧;우리는 시간이 촉박해서 많은 것들을 고려할 겨를이 없으니 먼저 중요한 일부터 하자.

顾客 gùkè 名 고객. 손님.¶这家饭店总是有很多~;이 호텔에는 늘 고객이 많다.| "~至上"是这家商店的服务宗旨;'손님은 왕이다'가 이 상점의 서비스 지침이다.| 我们要尽量(jǐnliàng)满足~的要求;우리는 고객의 요구를 최대한 만족시켜야 한다.

刮 guā 动 ❶ 껍질을 벗기다. (칼날로) 깎다. 밀다.¶爸爸每天早晨都要~胡子;아빠는 매일 아침마다 수염을 깎는다.| 她不小心把手~了一层皮;그녀는 부주의하여 손의 살갗이 벗겨졌다.| 壶(hú)底的水垢(shuǐgòu)应该~一~了;병 바닥에 낀 물때는 벗겨야 한다. ❷ (바람이) 불다.¶昨天又~了一天风;어제 또 하루 종일 바람이 불었다.| 我不太喜欢~风的天气;나는 바람 부는 날씨를 그다지 좋아하지 않는다.| 风很大,把窗户都~开了;바

람이 심해 창문이 모두 열렸다.

挂 guà 动 ❶ (고리나 못 등에) 걸다. ¶请帮我把衣服~在衣架上;옷을 옷걸이에 좀 걸어줘.| 客厅里~着一幅画;거실에 그림 한 폭이 걸려있다.| 一轮(lún)明月~在天上;밝은 달이 하늘에 걸려 있다. ❷ 전화를 끊다. ¶你先别~电话,我去叫他;너 우선 전화 끊지 마라, 내가 가서 그를 부를 테니.| 我的话还没说完,他就把电话~了;내 말이 아직 끝나지도 않았는데 그는 전화를 끊었다.| 我现在有事,先~了,一会儿再打给你;나 지금 일이 있으니 우선 전화 끊고, 좀 있다 내가 다시 할게. ❸ 마음에 걸리다. 염려하다. ¶出差的时候,我一直~着家里的事情;출장 갈 때면 나는 집안 일이 계속 마음에 걸린다.| 那件事你别~在心上;그 일은 네 마음에 두지 마라.| 妈妈总是记~着出门的孩子;엄마는 늘 집밖에 나간 자식을 염려하신다.

挂号 guà//hào 动 신청하다. 등록하다. 접수시키다. 수속하다. ¶去医院看病要先~;병원에 가서 진찰을 받으려면 먼저 접수시켜야 한다.| 这家医院的普通~费是两块;이 병원의 일반 접수비는 2위안이다.| 我要挂一个专家号;나는 전문가에게 진찰 접수를 하고 싶어.

▶용법주의: '挂号'는 이합사이며 중간에 '个' 나 '了' 혹은 속성사(属性词)를 넣을 수 있다. ¶我先去挂个号;나 먼저 접수하러 갈께.| 他已经挂了号了;그는 이미 접수를 했다.| 我挂一个普通号;나는 일반 접수를 한다.

挂念 guàniàn 动 근심하다. 염려하다. ¶你就安心工作吧,不用~家里;너는 집안 걱정하지 말고 마음 놓고 일해라.| 她心里总是~着三岁的女儿;그녀는 마음속으로 늘 세 살 된 딸아이를 염려하고 있다.| 一直没有他的消息,我心中很是~;줄곧 그의 소식이 없어서 나는 마음속으로 근심이 된다.

拐 guǎi 动 방향을 바꾸다. ¶你走到十字路口,向右~就到了;네거리까지 걸어가서 오른 쪽으로 돌면 바로 도착합니다.| 往东一~就是银行;동쪽으로 돌면 바로 은행이다.| 我看见他~进了前面的胡同(hútòng);나는 그가 앞쪽의 골목길로 돌아 들어가는 것을 보았다. 动 (다리를)절다. 절름거리다. ¶你怎么啦,走路一~一~的;너 어떻게 된 거니, 걷는데 절룩절룩 거리네. 名 ¶他左脚刚动了手术, 所以走路拐着~;그는 왼발을 막 수술 해서 걷는데 지팡이를 짚는다.

怪 guài 形 이상하다. 괴상하다. 기이하다. ¶最近发生了一件~事;최근에 이상한 일이 한 건 발생했다.| 今年的天气真~,冬天一点儿也不冷;올해는 날씨가 정말 이상하다, 겨울인데 조금도 춥지 않다.| 这个人脾气(pí·qi)~得很,不容易打交道(dǎ jiāo·dao);이 사람은 성격이 이상해서 다른 사람과 사귀기가 쉽지 않다. 动 책망하다. 원망하다. ¶这件事不能~别人,只能~你自己;이 일은 다른 사람을 원망할 수 없고 네 자신을 원망할 수 밖에 없다.| 我从来没有~过你;나는 여태까지 너를 책망해 본 적이 없다.| 这次的事情~不得他;이번 일은 그를 책망할 수 없다. 副 매우. 정말. 아주. (구어에 사용한다.) ¶这孩子从小没了

父母,~可怜的;이 아이는 어려서부터 부모님이 안 계셨는데, 정말 가엾다.| 几天不见,我~想他的;며칠 동안 보지 못해서, 나는 그가 아주 보고 싶다.| 听他这样一说,我心里~不高兴的;그가 이렇게 말하는 것을 들으니, 내 마음이 정말 즐겁지 않다.

关 guān [动] ❶ (문을) 닫다. ¶请把门~上;문을 닫아 주세요.| 下班的时候,记着~窗户;퇴근할 때, 창문 닫는 것을 기억해라.| 你怎么没~抽屉(chōu·ti)? 너 왜 서랍을 닫지 않았니? ❷ 끄다. ¶出门的时候,别忘了~灯;나갈 때, 불 끄는 거 잊지 마라.| 我觉得有点儿凉,把空调(kōngtiáo)~了吧;난 좀 추우니 에어컨을 끄자.| 你~电视了吗? 너 TV 껐니? ❸ 가두다. 감금하다. ¶快把小鸟~进笼子(lóng·zi)里,别让它跑了;작은 새를 빨리 새장 속에 가두고 도망가지 못하게 해라.| 监狱是~犯人的地方;감옥은 범인을 가두는 곳이다.| 不能整天把孩子~在家里;아이를 하루 종일 집안에 가두어서는 안 된다.

关键 guānjiàn [名] 관건. 열쇠. 키포인트. ¶这才是问题的~;이것이야말로 문제의 관건이다.| 别人怎么想不重要,~是你怎么想这个问题;다른 사람이 어떻게 생각하는지가 중요한 것이 아니라, 관건은 네가 이 문제를 어떻게 생각하는가 하는 것이다.| 学生能否理解,~在于教师如何引导(yǐndǎo);학생 이해 여부의 관건은 선생님이 어떻게 지도하는가 이다. [形] 가장 중요한. 결정적인. ¶~问题是他们还没有认识到事情的严重性(yánzhòngxìng);가장 중요한 문제는 그들이 일의 심각성을 아직까지 인식하지 못하고 있다는 것이다.| 事情能否成功,这一步最~;일의 성공여부는 이 한 걸음이 가장 결정적이다.| 大学阶段是人一生的~时期;대학 시기는 사람의 일생에 있어서 가장 중요한 시기이다.

关联 guānlián [动] 관련되다. ¶公司的各个部门是相互~、相互依存的;회사의 각 부문은 상호 관련되고 상호 의존적인 것이다.| 这两件事是相~的;이 두 가지 일은 서로 관련된 것이다.| 要善于发现事物的内在~;사물의 내재적인 관련을 발견하는데 뛰어나야 한다.

关系 guān·xì [名] ❶ 관계. 관련. ¶这两件事没有一点儿~;이 두 가지 일은 조금도 관계가 없다.| 她和同学们的~都不错;그녀와 친구들의 관계는 모두 좋다.| 我不会搞社会~;나는 사회적 관계를 맺을 줄 모른다. ❷ (서로 관련된 것 사이에 생기는) 영향. 중요성. ¶这件事~重大,我一个人决定不了;이 일은 중요한 일이라서 나 혼자 결정할 수 없다.| 他的意见对我们学校的发展有很大~;그의 의견은 우리 학교의 발전에 큰 영향을 미친다.| 我的手机摔了一下,不过没~,还能用;내 핸드폰이 떨어져 깨졌지만, 상관없어, 사용할 수 있으니까. ❸ 관계. 이유. ¶因为时间的~,我们今天就先谈到这里;시간 관계상 우리는 오늘 여기까지만 이야기하자.| 由于身体的~,他提前回国了;건강상의 이유로 그는 앞당겨 귀국했다.| 因为天气~,这次航班(hángbān)取消(qǔxiāo)了;기상 관계로 비행기편이 취소되

었다. [动] 관계하다. 관련되다. (주로 '到'와 함께 쓰인다.) ¶这项改革,直接~着我国经济的发展;이 개혁은 우리 나라의 경제 발전과 직접적으로 관련되어 있다.| 这次的考试成绩~到你能不能去中国留学;이번 시험성적은 네가 중국 유학을 갈 수 있을지 여부와 관련된다.

关心 guānxīn [动] 관심을 갖다. ¶妈妈很~孩子的健康;엄마는 아이의 건강에 관심을 갖는다.| 我们应该~时事;우리는 시사에 관심을 가져야 한다.| 从来没有人这么~过我;여태껏 아무도 내게 이렇게 관심을 가져 준 적이 없다.

▶용법주의:'关心'은 중첩해서 사용할 수 있으며, 중첩형식은 '关心关心'이다. ¶你怎么不~~我? 너는 왜 내게 관심이 없니?

关于 guānyú [介] …에 관해서(관하여). ¶~这件事情,我已经听说了;이 일에 관해서 나는 이미 들었다.| 最近我看了几篇~汉语语法的文章;최근에 나는 중국어 어법에 관한 문장을 몇 편 보았다.| ~污水(wūshuǐ)处理的问题,我们已经采取(cǎiqǔ)了措施(cuòshī);폐수 처리에 관한 문제는 우리가 이미 조치를 취했다.

▶용법주의:'关于'와 '对于'는 용법이 다르다. ❶ 관련, 관계되는 사물을 표시할 때는 '关于'를 사용한다. ¶关于这个问题,我已经跟妈妈商量过了;이 문제에 관해서 나는 이미 엄마와 상의했다.| 对于这个问题,我们一定要采取积极的态度;이 문제에 대해서 우리는 반드시 적극적인 태도를 취해야 한다. ❷ '关于…'는 부사어로서 주어 앞에만 놓일 수 있고, '对于…'는 부사어로서 주어의 앞 뒤에 모두 놓일 수 있다. ¶关于他的事情,我知道得很少;그의 일에 관해서 나는 아는 것이 적다.| 对于这个决定,我没有意见;그 결정에 대해 나는 의견이 없다.| 我对于这个意见,没有感兴趣;나는 이 의견에 대해 흥미가 없다.

关照 guānzhào [动] ❶ 돌보다. ¶认识你很高兴,日后还请多多~;당신을 알게 되어 기쁩니다, 앞으로 많이 돌봐주시기 바랍니다.| 父母不在身边,你们几个要互相~;부모가 곁에 없으니, 너희 몇 명이 서로 돌봐주어야 한다.| 这几年你处处~我,我非常感激;이 몇 년간 여러모로 나를 돌봐주셔서 매우 감사합니다. ❷ (구두로) 통지하다. 일깨우다. ¶这次你一定要~他准时来;이번에는 네가 그에게 반드시 제시간에 오도록 통지해줘라.| 你去~她一声,说我已经回来了;내가 이미 돌아왔다는 것을 그녀에게 가서 통지해 줘.| 出门的时候,妈妈~我路上要小心;문을 나설 때면, 엄마는 길 조심 하라고 나를 일깨우신다.

观察 guānchá [动] 관찰하다. ¶有经验的老师非常注意~学生的课堂反应;경험 있는 선생님은 학생의 수업 반응을 매우 주의 깊게 관찰한다.| 要想写出好文章,首先要做到善于~;좋은 글을 쓰려면 먼저 관찰을 잘 해야 한다.| 医生说他的病情不稳定(wěndìng),需要再~一段时间;의사는 그의 병세가 안정되지 않았으니, 다시 얼마간 관찰이 필요하다고 말한다.

观点 guāndiǎn [名] 관점. ¶这种~有一定

223

的道理,但是不够全面;이런 관점은 어느 정도 이치에 맞기는 하나, 전면적이지는 않다.| 这篇文章的~很明确;이 글의 관점은 명확하다.| 他在会上详细(xiángxì)阐述(chǎnshù)了自己的~;그는 회의에서 자신의 관점을 상세히 설명했다.

观光 guānguāng 动 관광하다. ¶每天都有很多人到北京~游览;매일 많은 사람들이 베이징을 관광한다.| 山东青岛是一个著名的旅游~城市;산둥 칭다오는 유명한 관광 도시이다.| 来这里~的游客大都是外国人;이곳으로 관광 온 여행객은 대부분 외국인이다.

观看 guānkàn 动 관찰하다. 관람하다. 보다. ¶除夕夜,中国人都会~中央电视台的春节联欢晚会;섣달 그믐날 밤에, 중국인들은 모두 CCTV의 설날 맞이 프로그램을 시청한다.| 前来~这场球赛的观众达万人;이전에 이 구기 시합을 관람 하는 관중은 만 명 이상에 달했다.| 很少有人能够~到海市蜃楼(hǎishìshènlóu)的奇景;신기루의 기이한 광경을 볼 수 있는 사람은 아주 적다.

观念 guānniàn 名 관념. 생각. ¶社会在进步,人们的~也在变化;사회는 발전하고 있고, 사람들의 관념도 변화하고 있다.| 中国公民的法制~越来越强了;중국 국민의 법률 제도 관념은 갈수록 강해졌다.| 应该学习国外先进的~和技术;외국의 앞선 생각과 기술을 배워야 한다.

观赏 guānshǎng 动 감상하다. 보면서 즐기다. 관상하다. ¶今天我们有幸~了一场精彩的杂技(zájì)表演;오늘 우리는 운 좋게 훌륭한 서커스 공연을 감

상했다.| 公园门口摆放(bǎifàng)了许多牡丹(mǔ·dan),供游人~;공원 입구에 많은 모란꽃을 진열해 놓고 여행객들이 감상하도록 제공한다.| 兰花除了具有~价值外,还可以用做药;난초는 관상가치가 있는 것 외에도, 약으로도 쓸 수 있다.

观众 guānzhòng 名 관중. ¶这部电影吸引(xīyǐn)了成千上万的~;이 영화는 대단히 많은 관객들을 끌어당겼다.| 演出结束后,现场~们都起立鼓掌;공연이 끝난 뒤 현장의 관중들은 모두 기립 박수를 쳤다.| 我每天都看这个节目,是这个节目的忠实~;내가 매일 이 프로그램을 보는 것은 이 프로그램의 애청자 이기 때문이다.

官 guān 名 (국가의) 관리. 벼슬 아치. 공무원. (현재는 단독으로 잘 사용되지 않는다.) ¶退休前,他是一名出色的外交~;퇴직 전에, 그는 빼어난 외교관이었다.| 他很不喜欢做~儿;그는 관리 노릇 하는 것을 싫어한다.| 这些人都是~宦(huàn)子弟;이 사람들은 모두 관료의 자제이다. 形 (옛날) 관청의. 정부의. ¶人民网是一家~方网站;런민왕은 정부의 인터넷 사이트이다.| 这是一所~办学校;이 곳은 국립 학교이다.| 这些商品都要按~价销售(xiāoshòu);이 상품들은 모두 정부에서 규정한 가격에 따라 판매된다.

官吏 guānlì 名 관리. ¶科举(kējǔ)是中国封建(fēngjiàn)社会选拔(xuǎnbá)~的一种方法;과거는 중국 봉건사회에서 관리를 선발하는 한 방법이다.| 封建~们经常耍(shuǎ)官僚(guānliáo)作风;봉건 관리들은 자주 관료주의

적인 작태를 부린다.

官僚 guānliáo 名 ❶ 관료. ¶她恨透(tòu)了那些封建(fēngjiàn)~;그녀는 그 봉건 관료들을 몹시 미워했다.丨他出生在一个~地主家庭;그는 관료 지주 가정에서 출생했다.丨这是一个相当狡猾(jiǎohuá)的~;이 사람은 상당히 교활한 관료이다. ❷ 관료주의. ¶不能在群众面前耍(shuǎ)~;관중 앞에서 관료주의적인 태도를 보이지 마라.丨~作风要不得;관료주의적인 태도는 허용할 수 없다.丨他没有丝毫(sīháo)的~习气;그는 관료주의적인 습성이 조금도 없다.

官员 guānyuán 名 관원. ¶参加这次会议的都是高级~;이번 회의에 참가하는 사람들은 모두 고위 관원이다.丨政府~应该注意自己的形象;정부 관원은 자신의 이미지 관리에 주의해야 한다.丨这项提议遭(zāo)到很多~的反对;이 제의는 많은 관원의 반대를 받았다.

冠军 guànjūn 名 우승. 우승자. ¶他是这届歌手大奖赛的~;그가 이번 가수대상 대회 우승자이다.丨她获得过四次世界~;그녀는 네 차례 세계 챔피언을 획득한 적이 있다.丨夺取(duóqǔ)奥运~是许多运动员的梦想;올림픽에서 우승을 차지하는 것은 많은 운동선수의 꿈이다.

馆 guǎn 名 ❶ 여관. 호텔. (일반적으로 단독으로 쓰이지 않는다.) ¶他这次出差住的是五星级宾~;그가 이번 출장에서 묵은 곳은 5성급 호텔이다.丨这家旅~很干净;이 여관은 깨끗하다. ❷ (~儿) 서비스업의 영업장. (일반적으로 단독으로 쓰이지 않는다.) ¶我今天去照相~照相;나는 오늘 사진 찍으러 사진관에 간다.丨她不喜欢在饭~儿吃饭;그녀는 식당에서 밥 먹는 것을 좋아하지 않는다.丨重庆的茶~儿很多;충칭에는 찻집이 많다. ❸ 문화재나 서적 등을 수장, 진열하거나 문화 행사를 하는 곳. ¶学校图书~有很多外文书;학교 도서관에는 외국 서적이 많다.丨今天上午学生们参观了中国历史博物~;오늘 오전에 학생들이 중국 역사 박물관을 참관했다.丨今天晚上市体育~有篮球比赛;오늘 밤에 시 체육관에서 농구시합이 있다.

管 guǎn 动 ❶ 관리하다. 담당하다. 책임지다. 관할하다. ¶张老师~教学;장 선생님은 교학을 담당한다.丨这件事不归我~;이 일은 내 담당이 아니다.丨会计是~账的;회계는 장부를 관리하는 것이다. ❷ 돌보다. 통제하다. 지도하다. ¶中年人既要忙工作,又要~老人和孩子,非常辛苦;중년은 바쁘게 일하랴 노인과 아이를 돌보랴 매우 고생스럽다.丨爸爸工作很忙,没时间~我们;아빠는 일이 바빠서 우리를 돌볼 겨를이 없다.丨这孩子不好好学习,得好好~一~;이 아이는 열심히 공부하지 않으니 잘 지도해야 한다. ❸ 간섭하다. 참견하다. 관여하다. ¶你少~闲事儿(xiánshìr);너는 쓸데없이 남의 일에 참견하지 마라.丨很多孩子不喜欢父母~他们的事儿;많은 아이들은 부모가 그들의 일에 간섭하는 것을 좋아하지 않는다.丨这件事我们一定要~;이 일은 우리가 반드시 관여해야 한다. ❹ 책임지고 제공(지급)하다. ¶如果商品质量有问题,

225

厂家 ~ 换；만약 품질에 문제가 있으면, 공장에서 책임지고 바꿔드립니다.│她的生活费由爷爷 ~；그녀의 생활비는 할아버지가 책임진다.│这家饭店要招服务员，~ 吃 ~ 住，月薪1000元；이 호텔은 종업원을 모집하는데, 숙식 제공에 월급은 1000위안이다.

管理 guǎnlǐ 动 ❶ 관리하다. 관할하다. ¶他在公司是 ~ 财务的；그는 회사에서 재무를 관리한다.│这个学校不好 ~；이 학교는 관리가 쉽지 않다. ❷ 보관하고 정리하다. ¶赵老师是我们系的图书 ~ 员，负责 ~ 图书；자오 선생님은 우리 과의 사서로 도서를 보관하고 정리하는 일을 책임진다.│这间仓库(cāngkù)由小李 ~；이 창고는 이 군이 관리한다.│公园门口的花草好像没人 ~；공원 입구의 화초는 아무도 관리하지 않는 듯 하다.

贯彻 guànchè 动 관철하다. 철저히 시행하다. ¶上级要求各部门都要深入 ~ 这次会议精神；상급 기관은 이번 회의 정신을 각 부문에 철저히 시행할 것을 요구했다.│各企业要把环境保护这一基本国策 ~ 到底；각 기업은 환경 보호라는 이 기본 국책을 끝까지 관철해야 한다.│我们在教学中应该始终 ~ "因材施教"的原则；우리는 강의 중에 '학습자의 재능에 따라 교육한다'는 원칙을 일관되게 철저히 시행해야 한다.

贯注 guànzhù 动 집중하다. ¶她总是把全部精力都 ~ 在工作上；그녀는 항상 일에 모든 힘을 쏟는다.│学习的时候要全神 ~；공부할 때는 모든 정신을 집중해야 한다.│这位老教师把所有的心血都 ~ 在了教学上；이 노선생님은

교육에 모든 심혈을 기울인다.

罐头 guàn·tou 名 통조림. ¶长期吃 ~ 食品对身体不好；오랫동안 통조림 식품을 먹는 것은 몸에 좋지 않다.│小孩子喜欢吃水果 ~；어린 아이는 과일 통조림을 좋아한다.│这种 ~ 太甜, 我不喜欢；이런 종류의 통조림은 너무 달아서 나는 좋아하지 않는다.

光 guāng 名 ❶ 빛. 광선. (일반적으로 단독으로 쓰이지 않는다.) ¶今天的太阳 ~ 很强, 照得我睁不开眼睛；오늘은 햇빛이 너무 강해서 눈을 뜰 수 없을 정도이다.│今晚月 ~ 明亮；오늘 밤은 달빛이 밝다.│她房间的灯 ~ 很暗；그녀 방의 불빛은 어둡다. ❷ 영예. 명예. 영광. ¶孩子有出息, 父母脸上也有 ~；아이가 장래성이 있으면 부모도 자랑스럽다.│她这次比赛获了一等奖, 为我们学校争了 ~；그녀는 이번 시합에서 1등을 획득하여, 우리 학교에 영예를 안겨 주었다.│她这次考试没考好, 觉得脸上无 ~；그녀는 이번 시험을 잘 치지 못해서 얼굴이 밝지 못하다. 形 조금도 남지 않다. 전혀 없다. ¶他的钱花 ~ 了；그는 돈을 다 써버렸다.│她把菜吃 ~ 了；그녀는 음식을 다 먹어버렸다.│教室里的粉笔用 ~ 了；교실의 분필을 다 써버렸다. 动 (신체나 신체의 일부분을) 드러내다. 벌거벗다. 形 ¶他喜欢 ~ 着脚在地上走；그는 맨발로 땅에서 걷기를 좋아한다.│你别 ~ 着膀子(bǎng·zi), 这样会感冒；너는 어깨를 드러내지 마라, 감기에 걸릴 수 있다.│一群小男孩 ~ 着身子在河里游泳；한 무리의 남자 아이들이 벌거벗은 채 강에서 수영한다. ❸ 副 ~ 说不练；말만하고 노력하

지 않는다. ~卖菜,不卖别的;야채만 팔고 다른건 팔지 않는다. 副 다만. 오직. 홀로. ¶这孩子整天~知道玩儿;이 아이는 온 종일 노는 것 밖에 모른다.|你~着急有什么用,赶紧想办法吧;너 조급해 하기만 하면 무슨 소용이 있니, 빨리 방법을 생각해 봐. | 不~我一个人去,这里的中国老师都去;나 혼자만 가는 것이 아니라 이곳의 중국 선생님 모두가 간다.

光电鼠标 guāngdiànshǔbiāo 名 광마우스. ¶~很便宜;광마우스는 매우 싸다.|我用的是~;내가 사용하는 것은 광마우스이다.|一个~多少钱? 광마우스 하나에 얼마예요?

光辉 guānghuī 名 눈부신(찬란한) 빛. ¶太阳的~照四方;태양의 눈부신 빛이 사방을 비춘다.|她手上戴着一枚~夺目(duómù)的钻石(zuànshí)戒指(jiè·zhi);그녀는 손에 눈부시게 찬란한 다이아몬드 반지를 끼고 있다.|晚上,一排排路灯闪烁(shǎnshuò)着耀眼(yàoyǎn)的~;저녁에 줄지어 늘어선 가로등이 눈부시게 빛나고 있다. 形 찬란하다. 훌륭하다. ¶每个人都希望有一个~的前程(qiánchéng);모든 사람은 찬란한 앞날이 있기를 희망한다.|她是值得我们大家学习的~榜样(bǎngyàng);그녀는 우리 모두가 배울 만한 가치가 있는 훌륭한 본보기이다.|让我们一起努力,共创更加~灿烂(cànlàn)的明天;우리가 함께 노력하여 더욱 찬란한 내일을 창조하게 해주십시오.

光亮 guāngliàng 形 밝다. 환하다. 빛나다. 반짝이다. ¶他的汽车今天擦得很~;그의 자동차는 오늘 번쩍번쩍하게

도록 닦였다.|她有一头乌黑~的秀发(xiùfà);그녀는 새까맣고 빛나는 아름다운 모발을 가졌다.|他每天都穿着~的皮鞋;그는 매일 반짝이는 구두를 신는다. 名 (밝은) 빛. ¶她的房间里没有一点儿~,肯定还没回来;그녀의 방에 빛이 조금도 없는 걸 보니 그녀가 분명 아직 안 돌아왔을 것이다. | 借着手电筒(shǒudiàntǒng)的~,我们下了楼;손전등의 빛을 빌려 우리는 아래로 내려갔다.|这种石头在夜晚会发出~;이런 종류의 돌은 밤에 빛을 발한다.

光明 guāngmíng 形 ❶ 유망하다. 밝다. ¶我们仿佛已经看到了祖国~的前景;우리는 이미 조국의 밝은 미래를 본 듯하다.|她的前途一片~;그녀의 전도는 매우 유망하다.|我们要用自己的双手开创~的未来;우리는 자신의 두 손으로 밝은 미래를 창조해야 한다. ❷ (성격이) 솔직하다. 떳떳하다. 공명정대하다. ¶他是一个~磊落(lěiluò)的人;그는 공명정대한 사람이다.|小王这个人心地~;왕군은 성격이 솔직하다.|做事情应该~正大;일을 하는데 있어서는 공명정대해야 한다.

光盘 guāngpán 名 CD. DVD. ¶这里卖的~绝对是正版(zhèngbǎn)的;이곳에서 파는 CD는 분명 정판이다.|我今天买了一盘儿新~;나는 오늘 새 CD를 하나 샀다.|这里有很多电影~;이곳에는 영화 DVD가 많다.

光荣 guāngróng 形 영광스럽다. ¶教师是一份~的职业(zhíyè);교사는 영광스러운 직업이다.|劳动最~;노동이 가장 영광스럽다.|能参加奥运会

(Àoyùnhuì),她感到很~;올림픽에 참가할 수 있어서 그녀는 영광스럽게 느꼈다.

光纤 guāngxiān 名 광섬유.¶中国的~通信技术研究是从70年代开始的;중국의 광섬유 통신기술 연구는 70년대부터 시작되었다.｜这个省已经拥有7000多公里的~电缆(diànlǎn);이 성은 이미 7000여 킬로미터의 광섬유 케이블을 보유하고 있다.

光线 guāngxiàn 名 광선. 빛.¶这个房间的~不好;이 방은 빛이 잘 들지 않는다.｜月亮本身不能发出~;달 자체는 빛을 낼 수 없다.｜在~不足的地方看书写字,对眼睛不好;빛이 부족한 곳에서 책을 보거나 글을 쓰는 것은 눈에 나쁘다.

光阴 guāngyīn 名 시간.¶一寸~一寸金,寸金难买寸~;시간은 금과 같이 귀하며, 금으로 시간을 살 수 없다.｜似箭(sìjiàn),转眼间(zhuǎnyǎnjiān)我大学毕业已经十年了;시간이 쏜살같이 지나 가서 눈깜짝할 사이에 내가 대학을 졸업한 지 십 년이 지났다.｜我们不应该虚度(xūdù)~;우리는 시간을 헛되이 보내서는 안 된다.

光州 Guāngzhōu 名 광주.¶~在韩国的南部;광주는 한국의 남부에 있다.｜我没去过~;나는 광주에 가 본 적이 없다.｜~的泡菜节很有名;광주의 김치 축제는 유명하다.

广播 guǎngbō 动 (무선, 유선) 방송하다.¶电视里正在~重要新闻;TV에서 중요한 뉴스를 방송하고 있다.｜我听到服务台在~找人;나는 프런트 데스크에서 사람을 찾는 방송을 들었다.｜电视台每晚七点半~天气预报;TV방송국은 매일 밤 7시 30분에 일기예보를 방송한다. 名 라디오(텔레비전) 방송.¶爷爷每天早晨都要收听新闻~;할아버지는 매일 아침 뉴스 방송을 듣는다.｜~里正在播放国歌;라디오 방송에서 국가를 내보내고 있다.｜昨天晚上的~你听了吗? 너 어젯밤의 라디오 방송을 들었니?

▶용법주의:'广播'는 한국어 한자어로 '放送'이라고 하지만,'放送'은 중국어에서 사용할 수 없다.¶电视里正在放松重要新闻(×)

广播台 guǎngbōtái 名 방송국.¶这个~每天要对外播放十几套节目;이 방송국은 매일 10여 개의 프로그램을 외부로 방송해야 한다.｜他在~工作;그는 방송국에서 일한다.｜我很喜欢省~的男播音员;나는 성 방송국의 남자 아나운서를 좋아한다.

▶용법주의:'广播台'는 한국어 한자어로'放送局'라고 하지만,'放送局'은 중국어에서 사용할 수 없다.¶这个放送局每天要对外播放十几套节目(×)

广场 guǎngchǎng 名 광장.¶天安门~很漂亮;톈안먼 광장은 아름답다.｜我们那儿新建了一个大~;우리가 있는 그 곳에 큰 광장이 새로 지어졌다.｜每天晚上有很多人到~上散步;매일 밤 많은 사람들이 광장에서 산보한다.

广大 guǎngdà 形 ❶(면적, 공간이) 넓다.¶中国国土面积(miànjī)~;중국의 국토는 면적이 넓다.｜改革开放以来,~的农村地区都发生了很大变化;개혁 개방 이래, 넓은 농촌 지역에 큰 변화가 발생했다. ❷(사람 수가) 많다.¶~人民群众都积极响应

(xiǎngyìng)政府的号召(hàozhào);많은 인민대중은 모두 정부의 호소에 적극적으로 호응했다.∣这个电视节目拥有~的观众群(guānzhòngqún);이 텔레비전 프로그램은 많은 시청자를 보유하고 있다.∣这本小说将在12月份与~朋友见面;이 소설은 12월에 많은 독자들과 만나게 된다.

广泛 guǎngfàn 形 (공간적으로) 광범위하다. 폭 넓다.¶这本书内容~,你有时间可以读一读;이 책의 내용은 폭 넓으니, 네가 시간이 있으면 한 번 읽어봐도 좋을 거야.∣他的爱好非常~;그의 취미는 매우 광범위하다.∣在这个问题上,政府~征求(zhēngqiú)了群众(qúnzhòng)的意见;이 문제에 대해 정부는 대중의 의견을 널리 구했다.

广告 guǎnggào 名 광고.¶电视节目中的~太多,我不喜欢;텔레비전 프로그램 중에 광고가 너무 많아서, 나는 좋아하지 않는다.∣这个产品在报纸上登了~;이 상품은 신문에 광고가 실렸다.∣公司的~宣传很重要;회사의 광고 선전은 매우 중요하다.

广阔 guǎngkuò 形 넓다. 광활하다.¶他从小就跟爸爸走南闯北(zǒunánchuǎngběi)视野(shìyě)~;그는 어려서부터 아버지와 함께 동서남북 이곳 저곳을 돌아다녀서 시야가 넓다.∣学校为学生充分施展(shīzhǎn)才华开辟(kāipì)了一片~的天地;학교는 학생이 재능을 충분히 발휘할 수 있도록 넓은 세계를 열어주었다.∣我们驾着小船在~的湖面上前行;우리는 넓은 호수 위에서 작은 배를 저으며 앞으로 나아갔다.

逛 guàng 动 한가롭게 거닐다. 산보하다. 놀러 다니다.¶女孩儿大都喜欢~街;여자애들은 대부분 쇼핑하는 것을 좋아한다.∣今天是圣诞节,我们应该出去~~;오늘은 성탄절이니, 우리는 밖으로 나가 놀아야 해.∣颐和园我已经~了好几次了;이허위안은 내가 이미 몇 번이나 놀러 가 봤다.

归根到底 guīgēndàodǐ 成 결국. 끝내.¶~这件事是你做得不对,你应该向他道歉(dàoqiàn);결국 이 일은 네가 잘못한 것이니, 그에게 사과해야 한다.∣~我们还是要先把经济搞上去,否则谈什么都没用;결국 우리는 먼저 경제를 향상시켜야 한다. 그렇지 않으면 무슨 말을 해도 소용이 없다.∣~他还是个孩子,你别跟他一般见识;결국 그는 아직 어린애잖니, 너는 그 어린애와 똑같이 굴지 마라.

龟船 guīchuán 名 거북선.¶~是1591年朝鲜全罗左道水军节度使李舜臣将军带领士兵和工匠(gōngjiàng)制造的;거북선은 1591년에 조선의 전라 좌도 수군 절도사였던 이순신이 군사와 장인을 거느리고 만든 것이다.∣~的形状像乌龟;거북선의 모습은 거북이처럼 생겼다.∣~的结构简单,可是很坚固(jiāngù);거북선의 구조는 단순하지만, 아주 견고하다.

规定 guīdìng 动 규정하다.¶学校~学生必须在晚上十一点以前回到宿舍;학교는 학생들이 반드시 밤 11시 전에 기숙사로 돌아올 것을 규정하고 있다.∣合同上明确~了交货的时间;계약서에 물품 인도 시간을 정확히 규정했다.∣这项工作必须在~日期内完成;이 일은 반드시 규정된 시간 안에 완성해야 한다. 名 규정. 규칙.¶你

这样做不符合公司~;너 이렇게 하는 것은 회사 규정에 맞지 않아.|按~,你们应该在年底完成任务;규정에 따라, 너희들은 연말에 임무를 완성해야 한다.|国家对食品安全问题作了新的~;국가는 식품 안전 문제에 대해 새로운 규정을 세웠다.

规律 guīlǜ 名 법칙. 규칙. 규율. ¶客观~是不以人的意志为转移的;객관적 법칙은 사람의 의지로 바꿀 수 없다.|这样做是违反(wéifǎn)教学~的;이렇게 하는 것은 교학 규칙을 위반하는 것이다.|我们应该遵循(zūnxún)事物发展的内在~;우리는 사물 발전의 내재적 규칙을 준수해야 한다. 形 규칙적인. ¶他的生活很不~;그의 생활은 불규칙적이다.|长期不~地生活会影响健康;장기간의 불규칙적인 생활은 건강에 영향을 미칠 수 있다.|我爷爷的生活~极了,每天都是九点睡觉、五点起床;우리 아버지의 생활은 매우 규칙적이어서, 매일 9시에 주무시고 5시에 일어나신다.

规模 guīmó 名 규모. ¶这次大学生运动会的~很大,共有一百多所学校参加;이번 대학생 운동회의 규모는 커서 모두 100여 개의 학교가 참가한다.|故宫是一座~宏大(hóngdà)的古建筑;고궁은 규모가 큰 옛 건축물이다.|经过五年的发展,这个工厂已经初具~;5년간의 발전을 통해, 이 공장은 이미 대강의 규모를 갖추었다.

规则 guīzé 名 규칙. 준칙. ¶这些游戏~大家都很熟悉(shúxī);이러한 놀이의 규칙들은 모두들 익숙하다.|每个人都应该遵守(zūnshǒu)交通~;모든 사람들은 교통 규칙을 준수해야 한다.|

比赛之前,我先宣布比赛~;경기 전에 나는 먼저 규칙을 선포했다. 形 규칙적이다. 정연하다. 단정하다. ¶孩子四岁左右就可以辨认(biànrèn)这些~图形;어린 아이는 4살 전후로 이런 규칙적인 도형을 분별할 수 있다.|这块石头的形状很不~;이 돌의 형상은 규칙적이지 않다.|学校门口~地摆放(bǎifàng)着几排自行车;학교 입구에 자전거가 몇 줄로 질서정연하게 세워져 있다.

规章 guīzhāng 名 규칙. 규정. ¶企业应该建立相关的~制度;기업은 관련 규칙과 제도를 세워야 한다.|我们的管理~还需要进一步完善;우리의 관리 규정은 한층 더 완전해져야 한다.|请自觉遵守学校的各项~;학교의 각 규정을 자각적으로 준수해야 한다.

鬼 guǐ 名 ❶ 귀신. 도깨비. 유령. ¶世界上没有~;세상에 귀신은 없다.|这部电影讲的是一个~故事;이 영화는 귀신 이야기에 관한 것이다. ❷ 불량한 기호나 행위를 가진 사람을 경멸하는 말. 일반적으로 단독으로 쓰이지 않는다. ¶马路边有一个酒~;큰 길가에 한 술주정뱅이가 하나 있다.|他是我们这儿有名的烟~;그는 이곳에서 유명한 골초이다.|你可真是个胆小~;너는 정말 간이 작은 놈이다. 形 ❶ 나쁘다. 열악하다. 지독하다. ¶我真想马上离开这个~地方;나는 정말 이 열악한 곳을 떠나고 싶다.|这肯定又是他出的~主意;이것은 틀림없이 또 그가 제기한 나쁜 의견일 것이다.|这~天气,天天刮大风,真讨厌;이렇게 나쁜 날씨에, 매일 부는 큰 바람, 정말 싫다. ❷ 영리하다. 영

악하다.¶这孩子很~;이 아이는 영리하다.│那个小家伙儿~得很;그 녀석은 아주 영리하다.│你可真够~的;정말 영리한데.

贵 guì 形 비싸다.¶商场里的衣服都很~;백화점의 옷은 모두 비싸다.│这里的水果太~了;이곳의 과일은 너무 비싸다.│今年的蔬菜比去年~;올해 채소가 작년에 비해 많이 비싸다.

贵姓 guìxìng 名 성씨. (경어로, 상대방의 성을 물을 때 쓰인다.)¶请问,您~?실례합니다, 성함이 어떻게 되십니까?│先生~?선생님 성이 어떻게 되세요?│小姐~?아가씨 성이 어떻게 되세요?

贵重 guìzhòng 形 귀중하다. 중요하다.¶你这份礼物太~了,我不能收;너의 이 선물은 너무 귀중한 것이어서, 내가 받을 수가 없어.│火车上人多拥挤(yōngjǐ),请各位旅客保管好自己的~物品;기차에 사람들이 많아 혼잡하니, 여행객들께서는 자신의 귀중품을 잘 보관하시기 바랍니다.│人参是一种~的药材;인삼은 귀중한 약재이다.

贵族 guìzú 名 귀족.¶高尔夫球运动被称为~运动;골프는 귀족 운동으로 불린다.│白领阶层中有很多单身~;화이트 칼라 중에는 독신 귀족이 많다.│现在出现了一些~学校,收费都很高;최근에 몇몇 귀족 학교들이 생겨났는데 학비가 매우 비싸다.

跪 guì 动 무릎을 꿇다.¶他~在父亲的遗像(yíxiàng)前悲伤地哭泣(kūqì);그는 부친의 영정 앞에 무릎을 꿇고 슬프게 흐느꼈다.│这位英雄宁(nìng)死也不在敌人面前~下求饶(ráo);이 영

웅은 죽는 한이 있어도, 적 앞에서 무릎을 꿇고 용서를 구하지 않는다.│这孩子非常淘气,有一次爸爸罚他~了一小时;이 아이는 매우 장난이 심해서, 한 번은 아버지가 그를 한 시간 동안 무릎을 꿇는 벌을 세웠다.

滚 gǔn 动 ❶ 구르다. 뒹굴다. 굴리다.¶雨后,花瓣(huābàn)上~着几滴亮晶晶的水珠儿;비가 온 뒤, 꽃잎 위에 몇 방울의 영롱한 물방울이 구른다.│地震的时候从山上~下来许多石头,挡住了道路;지진이 났을 때, 산 위에서 많은 돌덩이들이 아래로 굴러 내려와 길을 막았다.│这个小男孩最喜欢~皮球;이 어린 남자애는 공굴리기를 좋아한다. ❷ 나가다. 떠나다.¶你给我~;꺼져버려!│~开,别再让我看见你;사라져! 다시는 내 눈앞에 나타나지 마라.│你们都~出去!너희 모두 꺼져버려! ❸ 물이 끓다.¶锅里的水~了;솥의 물이 끓었다.│油烧~了;기름이 끓었다.│这是~水,小心别烫(tàng)了你;이것은 끓는 물이니, 데이지 않도록 조심해라.

锅 guō 名 냄비. 솥. 가마.¶用铁~做饭比较好;가마솥으로 밥을 하면 비교적 좋다.│这么多人吃饭,你这口~有点儿小;이렇게 많은 사람이 밥을 먹기에 네 그 솥은 좀 작다.│他最讨厌洗~洗碗;그는 솥 닦고 설거지 하는 것을 제일 싫어한다.

国 guó 名 국가. 나라.¶他希望自己能够为~争光;그는 스스로 조국을 위해 영광을 쟁취할 수 있기를 희망한다.│我一月份回~;나는 1월에 귀국한다.│~内也能买到这种相机;국내에서도 이런 카메라를 살 수 있다.

国会 guóhuì 名 国会. 의회. ¶美国~由众议院(zhòngyìyuàn)和参议院(cānyìyuàn)构成；미국 국회는 중의원과 참의원으로 구성된다.｜韩国的立法机关是~；한국의 입법기관은 국회이다.｜反映国民的意见和希望是~的作用之一；국민의 의견과 희망을 반영하는 것이 국회의 역할 중 하나이다.

国会议员 guóhuì yìyuán 名 国会의원. ¶~大多是由国民选举出来的；국회의원 대부분은 국민이 선출한 것이다.｜韩国~的任期是四年；한국 국회의원의 임기는 4년이다.｜他爸爸是一名~；그의 아버지는 국회의원이다.

国际 guójì 名 国际. ¶现代社会的~往来十分频繁(pínfán)；현대 사회는 국제적인 왕래가 매우 빈번하다.｜现在的~关系很复杂；현재의 국제 관계는 복잡하다.｜中国在~上的地位越来越高了；중국은 국제적인 지위가 날로 높아지고 있다. 形 국제의. 국제적인. ¶中国的笔记本电脑开始走向~市场；중국의 노트북은 국제 시장으로 나아가기 시작했다.｜他在~象棋比赛中获得了冠军；그는 국제 체스 시합에서 우승을 차지했다.｜这件事可以按照~惯例来办；이 일은 국제적인 관례에 따라 처리할 수 있다.

国际化 guójìhuà 名 国际化. ¶很多大企业都在走~的道路；많은 대기업이 모두 국제화의 길로 나가고 있다.｜上海是一个~的大都市；상하이는 국제화된 대도시이다.｜各国的经济发展越来越呈现(chéngxiàn)出~的趋势(qūshì)；각국의 경제 발전이 갈수록 국제화되는 추세를 보인다.

国家 guójiā 名 国家. 나라. ¶世界上各个~的地位是平等的；세계에서 각국의 지위는 평등하다.｜韩国已经步入发达~的行列；한국은 이미 선진국의 행렬에 들어섰다.｜中国是一个地大物博的~；중국은 땅이 넓고 자원이 풍부한 나라이다.

国家安全法 guójiāānquánfǎ 名 国家보안법. ¶他们正在修订~；그들은 국가보안법을 수정 중이다.｜新的~我还没有看到；나는 아직 새로운 국가보안법을 보지 못했다.｜你这样做是违反(wéifǎn)~的；너 이렇게 하는 것은 국가보안법을 위반하는 것이다.

国民 guómín 名 国民. ¶每一个~都有受教育的权利；매 국민마다 모두 교육을 받을 권리가 있다.｜议会负责反映~的意见；의회는 국민의 의견을 반영할 책임이 있다.｜这一新政策激起了~的不满；이 새로운 정책은 국민의 불만을 야기시켰다.

国民党 Guómíndǎng 名 国民党. (국민당의 약칭) ¶~全称中国国民党, 创建于1911年, 1919年由中华革命党改组而成；국민당은 정식명칭이 중국 국민당인데 1919년 중화혁명당이 개편되어 성립되었다.｜那年他加入了~；그 해에 그는 국민당에 가입했다.｜他是~的主席；그는 국민당의 주석이다.

国内 guónèi 名 国内. ¶~也有这种情况；국내에도 이런 상황이 있다.｜~的旅游城市他都去过了；그는 국내의 관광도시는 모두 가봤다.｜妈妈在国外工作, 很不放心儿子一个人在~生活；엄마는 국외에서 일하는데, 아들 혼자 국내에서 생활하고 있어서 안심이 되지 않는다.

国王 guówáng 名 국왕. ¶英国~曾经接见过他;영국 국왕은 일찍이 그를 접견한 적이 있다.|他真是一个英明的~;그는 정말 영명한 국왕이다.|她是~的女儿;그녀는 국왕의 딸이다.

果然 guǒrán 副 과연. 생각대로. ¶小李说你不会迟到,你~准时来了;이 군이 네가 늦지 않을 것이라고 말하더니, 과연 제 시간에 왔구나!|事情~像他预料(yùliào)的一样,发生了转机(zhuǎnjī);일은 과연 그가 예상하던 대로 호전의 조짐이 있다.|你说的那种糖果~很好吃;네가 말한 그 사탕은 과연 맛있구나.

过 guò 动 ❶ (어떤 지점을) 지나다. 가다. 건너다. (어떤 시점을) 지나다. 경과하다. ¶~马路的时候不能闯红灯;길을 건널 때, 빨간 신호등에서 갑자기 뛰어들어서는 안 된다.|越来越多的年轻人喜欢~圣诞节;갈수록 많은 젊은이들이 성탄절 지내기를 좋아한다.|现在人们都~上了好日子;현재 사람들은 모두 좋은 나날을 보낸다. ❷ (범위나 한도를) 지나다. 초과하다. ¶冰箱里的牛奶已经~期了,不能喝了;냉장고의 우유는 이미 유효기간이 지나서 먹을 수가 없다.|吃饭的时间早~了,食堂都关门了;식사 시간이 이미 지나서, 식당은 모두 문을 닫았다.|妈妈已经年~半百;엄마는 이미 연세가 50세를 넘었다. ❸ (어떤 처리나 수속을) 거치다. ¶上课前我又把生词~了一遍;수업 전에 나는 새로 나온 단어를 한 번 공부했다.|这件衣服已经~了两遍水了;이 옷은 두 번씩이나 물에 담가 세탁했다.

那些货物正在~秤;그 화물들은 지금 저울에 무게를 달고 있다. ❹ (방향동사) 동사 뒤에 쓰여, 한 장소에서 다른 장소로 (거쳐) 지나가는 것을 나타낸다. ¶警察把那个小朋友送~了十字路口;경찰은 그 어린 아이를 네거리로 보냈다.|穿~广场就到了;광장을 가로지르자 마자 곧 도착한다.|请给我递~一杯水来;물 한잔 건네 주세요. ❺ (방향동사) 동사 뒤에 쓰여, 물체의 동작에 따라 방향이 바뀌는 것을 나타낸다. ¶他回~头看了看老师;그는 고개를 돌려 선생님을 보았다.|他掉~身子背对着大家;그는 몸을 돌려 사람들을 외면했다.|请翻~这一页;이 한 페이지를 넘기세요. ❻ (방향동사) 동사 뒤에 쓰여, 일정한 정도나 한계를 넘는 것을 나타낸다. ¶哎呀,光顾着说话,坐~站了;아, 말만 하다가 앉아서 정거장을 지나쳤네.|你明天早晨别睡~了;너는 내일 아침에 너무 늦게까지 잠자지 마라.|这朵花已经长得高~窗台了;이 꽃은 창문턱을 넘을 정도로 높이 자랐다. ❼ (방향동사) 동사 뒤에 쓰여, 역량이나 품질 등이 우월함을 나타낸다. ¶这次一定要比~他们;이번에는 반드시 그들보다 뛰어나야 한다.|我跑不~你;나는 너를 앞지를 수가 없다.|你说得~她吗? 네가 그녀를 말로 당하겠니?

过· guo 助 ❶ 동사 뒤에 쓰여 동작의 완료를 나타낸다. ¶我来的时候,樱花已经开~了;내가 왔을 때 이미 벚꽃이 피었다.|我问~他以后给你打电话;나는 그에게 이후에 너한테 전화할 것인지를 물었다.|吃~饭再去吧;밥

먹고 가자. ❷ 동사 뒤에 쓰여 과거의 경험을 나타낸다. ¶我上大学的时候去～北京;나는 대학에 다닐 때 베이징에 가 본 적이 있다.|我们曾经讨论～这个问题;우리는 일찍이 이 문제를 토론한 적이 있다.|这本书我还没看～;이 책을 나는 아직 보지 못했다. ❸ 형용사 뒤에 쓰여 이전의 성질과 상태가 현재와 비교해서 어떠하다는 의미를 나타낸다. ¶她年轻的时候胖～;그녀는 젊을 때 뚱뚱했었다.|上周冷～几天,这周又暖和了;지난 주는 며칠간 추웠었는데, 이번 주는 다시 따뜻해졌다.|他从来没这么高兴～;그는 여태까지 이렇게 기쁜 적이 없었다.

过程 guòchéng 名 과정. ¶办出国手续很复杂,整个～需要两个月左右;출국 수속 처리가 복잡해서 모든 과정에 2개월 정도 필요하다.|接受新事物需要一个～;새로운 사물을 받아들이려면 과정이 필요하다.|在每个人的成长～中,都有一些难忘的人和事;매 사람의 성장 과정 속에는, 잊기 어려운 사람과 일들이 있다.

过错 guòcuò 名 과실. 잘못. ¶这件事不是你的～,你不必自责;이 일은 네 잘못이 아니니 네가 자책할 필요는 없어.|事情发展到这一步,双方都有～;일이 이 지경까지 된 데는 쌍방 모두의 책임이 있다.|你就没有一点儿～吗?너는 조금의 잘못도 없단 말이니?

过度 guòdù 形 정도가 지나치다. 과도하다. ¶他因为劳累(láolèi)～病倒了;그는 과로로 인해 병이 나서 쓰러졌다.|～悲伤对身体不好;지나치게 슬퍼

하면 몸에 좋지 않다.|考试的时候,他因为～紧张而写错了序号;시험 볼 때, 그는 지나치게 긴장하여 순번을 잘못 썼다.

过分 guòfèn 形 (말이나 행동이) 지나치다. 분에 넘치다. 과분하다. ¶他这样做太～了;그가 이렇게 하는 것은 너무 과분하다.|家长不应该给孩子提～的要求;학부모는 아이에게 과분한 요구를 해서는 안 된다.|他做事～小心;그는 일을 하는 데 지나치게 조심한다.|你说他一无是处,这话说得有些～;너는 그가 하나도 옳은 것이 없다고 하는데, 그 말은 좀 지나치다.

▶용법주의: '过度'와 '过分' 두 단어는 모두 일정한 정도(한계)를 나타내며 모두 서술어와 부사어로 쓰일 수 있다. 다른 점은, '过度'는 일반적으로 명사를 수식할 수 없고, 정도 부사를 수식할 수 없으며, 보어로 쓰일 수 없으나 '过分'은 가능하다.

过来 guò·lái 动 ❶ (-//-) (다른 한 지점에서 화자가 있는 곳으로) 오다. ¶今天星期六,我打电话叫朋友～吃饭;오늘은 토요일이라 나는 친구에게 전화를 걸어서 밥 먹으러 오라고 했다.|我们在教室等你,你赶紧～吧;우리가 교실에서 너를 기다릴 테니, 너 빨리 와라.|远处～一个人,好像是小金;멀리서 한 사람이 다가 오는데, 진 군 같다.|路上堵车,他现在过不来;길에 차가 막혀서 그는 지금 올 수 없다. ❷ (방향동사) 동사 뒤에 쓰여 사람이나 사물이 화자가 있는 곳으로 이동함을 나타낸다. ¶他慢慢地走了～;그는 천천히 걸어왔다.|他从家里拿～

一些水果;그는 집에서 과일을 좀 가지고 왔다.|那条路太窄,车开不~;그 길은 너무 좁아서 차가 지나갈 수 없다. ❸ (방향동사) 동사 뒤에 쓰여 정면이 자신을 향함을 나타냄. ¶请把头转~,面对着大家;고개를 돌려 사람들을 정면으로 마주 봐 주세요.|她慢慢地掉过脸来,眼里满是泪花;그녀가 천천히 얼굴을 돌리자, 눈에는 눈물이 가득하다.|请把身子侧~;몸을 옆으로 돌려 주세요. ❹ (방향동사) 동사 뒤에 쓰여 원래의 정상적인 상태로 돌아옴을 나타냄. ¶手术后过了五个小时她才醒~;수술 후 5시간 후에야 그녀는 깨어났다.|看样子,他的毛病很难改~;보아하니 그의 결점은 고치기 힘들 것 같다.|跑到终点的时候,我们都累得喘不过气来;종점까지 뛰어갔을 때, 우리는 모두 힘이 들어 숨을 헐떡거렸다. ❺ (방향동사) 동사 뒤에 쓰여 세밀하게 완성할 능력이 있는지를 나타냄. ¶最近事情太多,他一个人忙不~,你去帮帮他;최근에 일이 너무 많아서 그 혼자서는 몹시 바쁘니, 네가 가서 그를 도와라.|这么多孩子,她一个人照顾得~吗? 이렇게 많은 아이들을 그녀 혼자서 돌볼 수 있겠니?|这么多好书,我都看不~了;이렇게 많은 좋은 책은 내가 모두 볼 수가 없다.

▶용법주의: ❶은 이합사이며, 중간에 '得'나 '不'를 삽입할 수 있으며, '能'이나 '不能'의 의미를 나타낸다. ¶你九点钟过得来吗? 너 9시에 올 수 있니?|我可能过不来;나는 아마 가지 못할 거야.

过年 guò//nián 动 설을 쇠다. 새해를 맞

다. 설을 지내다. ¶~的时候,一家人就可以团圆了,我们好好儿过个团圆年;설을 지낼 때는, 한 가족이 다 모여서 새해를 잘 맞이한다.|孩子们都喜欢~;아이들은 모두 설 쇠는 것을 좋아한다.|这件事等过了年再说;이 일은 설을 지낸 뒤 다시 얘기하자.

▶용법주의: 첫 번째 예문은 이합사이고 중산에 자주 '了'나 '个'를 넣어 사용한다. 위의 예문 참고.

过去 guò·qù 动 ❶ (-//-) 지나가다. (화자나 서술대상이 있는 시점이나 지점을 거쳐 지나가는 것을 나타냄.) ¶两分钟前刚~一辆公共汽车;2분 전에 버스 한 대가 막 지나갔다.|你等一下,我马上~;잠깐 기다려, 내가 곧 갈께.|你~看看他怎么了? 그가 어떤지 네가 좀 가서 볼래? ❷ (시간이) 경과되다. ¶两年~了,我一直没有他的消息;2년이 지나도록 나는 줄곧 그의 소식을 듣지 못했다.|~好几天了,事情还是没有结果;며칠 지났지만, 일이 아직도 해결되지 않았다.|又~一个小时了,她还是没有回来;또 한 시간이 지났는데, 그녀는 아직도 돌아오지 않는다. ❸ (방향동사) 동사 뒤에 쓰여, 화자가 있는 곳을 떠나거나 지나감을 나타낸다. ¶他跑~扶起了那位老人;그는 뛰어가서 그 노인을 부축해 일으켰다.|你要的书我马上给你拿~;네가 원하는 책을 곧 네게 가져다 줄게.|天上飞~两架飞机;하늘에 비행기 두 대가 지나간다. ❹ (방향동사) 동사 뒤에 쓰여 물체가 방향을 바꾸는 것을 나타낸다. ¶他把脸转~,不敢看爸爸;그는 감히 아버지를 볼 수 없어서 얼굴을 돌렸다.

| 老师让他回过身去看着黑板;선생님은 그에게 등을 돌려 칠판을 보도록 했다.| 你把头转~,让他们看看;너는 고개를 돌려 그들이 보도록 해 주어라. ❺(방향동사) 동사 뒤에 쓰여 원래의 상태나 정상적인 상태를 잃는 것을 나타낸다. ¶他一看见血就晕(yūn)~了;그는 피를 보자마자 기절했다.| 那位病人昏~了,快叫医生;그 환자가 의식을 잃었어, 빨리 의사를 불러라!| 有一次,她气得死~了;한 번은 그녀가 화가 나 죽을 뻔 했다.

▶용법주의: ❶은 이합사이며, 중간에 '得'나 '不'를 넣어 '能', '不能'의 뜻을 나타낸다. ¶路这么窄,汽车过得去吗? 길이 이렇게 좁아서야 자동차가 지나갈 수 있겠어?| 我现在过不去,请不要等我了;나는 지금 갈 수 없으니, 기다리지 마세요.

过去 guòqù 名 과거. 지난 날. ¶~这里是一片荒地(huāngdì);과거에 이곳은 황무지였다.| ~的事情就不要再提了;과거의 일은 다시 언급하지 마라.| 老年人总喜欢回忆~;노인들은 항상 지난 날을 추억하기를 좋아한다.

过失 guòshī 名 잘못. 실수. ¶他的个人~给公司造成了严重的损失(sǔnshī);그의 개인적인 잘못으로 회사에 심각한 손실을 초래했다.| 在工作中出现~是难免的;작업 중에 잘못이 생기는 것은 불가피하다.| 我会努力工作,弥补(míbǔ)自己的~;나는 열심히 일해서 나의 실수를 만회할 것이다.

过于 guòyú 副 지나치게. 너무. ¶有些事情,我们不能~认真;어떤 일들은 우리가 지나치게 열심히 할 필요가 없다.| 你不要~在意结果,重要的是过程;너는 너무 결과를 개의치 마라, 중요한 것은 과정이니까.| 她的观点~片面,我不能赞同;그녀의 관점은 지나치게 단편적이어서 나는 찬성할 수가 없다.

H

哈哈 hāhā [拟声] 하하. (웃는 소리) ¶他说话常逗得大家~大笑; 그의 말은 재미있어서 자주 다른 사람들을 크게 웃게 만든다.│一句话把大家惹得~笑了起来; 한 마디 말이 사람들을 하하 웃게 만든다.│~, 你可真有意思; 하하, 너 정말 재미있구나.

嗨 hāi [叹] ❶ 어이. 여보시오. (남을 부르거나 주의를 환기시킬 때 쓰인다.) ¶~, 小王, 你的电话! 어이, 왕 군, 네 전화야!│~, 该下班了! 어이, 퇴근할 시간이야!│~, 我们出去走走吧! 어이, 우리 나가서 좀 걷자! ❷ 야. 이봐. (자랑스럽거나 만족스러운 기분을 나타낼 때 쓰인다.) ¶~, 我们队又赢了; 이봐, 우리 팀이 또 이겼어.│~, 你汉语说得可真好! 야, 너 중국어 정말 잘 하는구나!│~, 这孩子真聪明! 야, 이 아이 정말 총명한 걸! ❸ 하. 허. 야. (놀라움이나 경탄을 나타낸다.) ¶~, 下雨了! 야, 비가 오네!│~, 我怎么不知道这件事呢? 허, 내가 왜 이 일을 몰랐을까?│~, 我的笔呢! 허, 내 펜은?

▶용법주의: '嗨'는 '嘿'와 발음과 용법이 같다.

☞ hái

还 hái [副] ❶ 여전히. 아직. 아직도. ¶他已经写作业写了一个小时了, 现在~在写呢; 그는 벌써 한 시간을 숙제를 했는데, 지금도 여전히 하고 있다.│我起床的时候, 弟弟在睡觉, 等我上完课回来, 他~在睡; 내가 일어났을 때 동생은 자고 있었는데, 내가 수업 끝나고 되돌아왔을 때 그는 여전히 자고 있었다.│已经过去一个星期了, 他的病~没好; 벌써 한 주가 지났는데, 그의 병은 아직 좋아지지 않았다.│他已经四十多岁了, ~没有结婚; 그는 벌써 40여 세인데, 아직도 결혼하지 않았다.│都十年没见了, 你~像以前那么漂亮; 벌써 십 년을 보지 않았는데, 넌 여전히 예전처럼 그렇게 아름답구나.│已经下班了, 你~不回家! 벌써 퇴근했는데 넌 아직도 집에 되돌아가지 않니? ❷ 또. 더. ¶除了故宫和天安门, 你~去了哪里? 고궁과 천안문 외에 넌 또 어딜 갔니?│我要两个面包, 一瓶牛奶, ~要一根火腿肠(huǒtuǐcháng); 전 빵 두 개, 우유 한 병이 필요하고, 또 햄 하나가 필요합니다.│他不但会说汉语, ~会说英语; 그는 중국어를 말할 수 있을 뿐만 아니라, 영어도 말할 수 있다. ❸ (주로 비교문에서) 더. 더욱. ¶她母亲很漂亮, 她比母亲~漂亮; 그녀의 어머니는 매우 아름다우신데, 그녀는 어머니보다 더 아름답다.│这种水果比药~苦; 이런 과일은 약보다 더 쓰다.│妹妹比姐姐~高; 여동생이 언니보다 더 크다. ❹ (주로 비판이나 책망의 어기로 쓰여) 그래도. ¶你~比他大呢, 怎么欺负他? 넌 그래도 그보

다 나이가 많은데, 왜 그를 괴롭히는 거니?| 你~是大学生呢,怎么连初中生的题都不会? 넌 그래도 대학생인데, 어떻게 중학생 문제조차도 풀지 못하니?| 雨都下了三天了,怎么~不停? 비가 벌써 사흘째 내렸는데 어떻게 아직도 멈추지 않느냐? ❺ 아직. 여전히. ¶~不到六点他就已经起床了;아직 여섯 시도 안 됐는데 그는 벌써 일어났다.| 我~没说完,他就已经跑远了;내가 아직 말을 다 하지 않았는데, 그는 벌써 멀리 도망갔다.| 他~不到六岁就已经会给妈妈写信了;그는 아직 여섯 살도 안 됐는데 벌써 엄마에게 편지를 썼다. ❻ 그만하면. 그런대로. 꽤. 비교적. (주로 긍정적인 의미를 지닌 형용사 앞에서 그런대로 만족스러움을 표시한다.)¶这里的风景虽然不如我的家乡,也~比较漂亮;이곳의 풍경은 비록 내 고향만 못하지만, 그만하면 비교적 아름답다.| 这个包~算便宜,我们买了吧;이 가방은 그런대로 싼 편이니 우리 사자.| 这家饭店的菜~好吃吧?이 식당의 음식이 그런대로 괜찮죠?| 我觉得这里的条件~真不错;나는 이곳의 조건이 그만하면 정말 괜찮다고 생각한다. ❼ 정말. (예상치 못했음을 표시하며 주로 칭찬의 어기를 가진다.)¶你~真准时,我们约好七点,你一分钟都不差;넌 정말 정확하구나, 우리 7시에 약속했는데 넌 1분도 오차가 없구나.| 他~真了不起,那么危险还去救人;그는 정말 대단하다, 그렇게 위험한데도 사람을 구하러 가다니.| 妈妈~真够累的,每天要工作十二个小时;엄마는 정말 피곤하시다, 매일 12시간을 일하셔야 되니.

▶용법주의: ❶ '又'와 '还'는 모두 동작의 중복을 표시한다. 하지만 '又'는 주로 과거에 이미 실현되었거나 완성된 동작의 중복을 표시한다. ¶昨天他看了一遍,今天他还看了一遍(×)| 又听一遍;다시 한 번 들었다.| 吃完一个又吃了一个;한 개를 다 먹고 또 한 개를 먹었다.| 昨天他看了一遍,今天他又看了一遍;어제 그는 한 번 봤는데, 오늘 그는 다시 한 번 봤다. ❷ '还'는 이전의 동작이나 상태가 현재까지 지속됨을 표시한다. ¶他~在唱;그는 여전히 노래하고 있다.| 他说八点来,现在都九点了,他还没来;그는 8시에 온다고 말했는데, 지금 벌써 9시지만 아직 오지 않았다. ❸ '再'는 같은 동작이나 상황이 첨가됨을 표시한다. ¶他今天来过了,说明天再来;추억하기를, 내일 다시 온다고 말했다.

孩子 hái·zi 名 ❶ 아동. 아이. ¶男~比女~淘气(táoqi);남자 아이는 여자 아이보다 장난이 심하다.| 现在的小~都很聪明;요즘 어린 아이들은 모두 총명하다.| 她才十几岁,还是个~;그녀는 겨우 열 몇 살이니, 아직 아이다. ❷ 자녀. 자식. ¶现在的中国家庭一般只有一个~;오늘날 중국 가정에는 일반적으로 한 자녀 밖에 없다.| 她的~都在国外;그녀의 자녀들은 모두 국외에 있다.| 春节的时候~们都回来了,老人很高兴;음력 설에 아이들이 모두 돌아와서 노인은 기뻤다.

海 hǎi 名 바다. 큰 호수. ¶他一直想去看~;그는 줄곧 바다에 가보고 싶어한다.| ~上风浪很大;바다 위엔 풍랑이 세다.| 我喜欢像~一样蓝的颜色;

나는 바다처럼 파란 색깔을 좋아한다.

海岸 hǎi'àn 名 해안. ¶~上站着很多人; 해안에 많은 사람들이 서 있다.|船离~越来越近了; 배가 갈수록 해안에 가까워지고 있다.|这些港口大多分布在西~; 이 항구들은 대부분 서해안에 분포되어 있다.

海边 hǎibiān 名 해변. 해안. 바닷가. ¶周末我想去~玩儿; 주말에 나는 바닷가로 놀러 가고 싶다.|退休以后,她一直住在~; 퇴직 후에, 그녀는 줄곧 해변에서 산다.|~的空气比较湿润(shīrùn); 바닷가의 공기는 비교적 습하다.

海带汤 hǎidàitāng 名 미역국. (미역으로 만든 탕. 한국에서는 보통 생일 때나 여자가 아이를 낳은 후 먹는다. 신선하고 연한 미역과 소고기를 넣고 끓여 만든다. 중국에서 미역국에 들어가는 미역은 대체로 질기고 두꺼운 미역을 많이 사용한다.) ¶每年过生日我都要喝~; 매년 생일 때마다 나는 미역국을 먹는다.|姐姐刚生完孩子,妈妈每天给她熬(áo)~; 언니가 막 아이를 낳아서 엄마가 매일 미역국을 끓여 주신다.

海关 hǎiguān 名 세관. ¶他在中国~工作; 그는 중국 세관에서 일한다.|从深圳(zhèn)到香港要过两道~; 선전에서 홍콩까지 세관을 두 번 거쳐야 한다.|这些货物要通过~检查才可以装船; 이 화물들은 세관검사를 통과해야만 선적할 수 있다.

海蛎子 hǎilìzi 名 굴. 석화. '牡蛎'라고도 한다. ¶在海边很容易吃到~; 해변에서는 아주 쉽게 굴을 먹을 수 있다.|~做汤很有味; 굴로 탕을 만들면 아주 맛있다.|~可以炒着吃吗? 굴은 볶아서 먹을 수 있습니까?

海鸥 hǎi'ōu 名 갈매기. ¶~是最常见的一种海鸟; 갈매기는 가장 흔히 볼 수 있는 바다새이다.|海面上有两只~在飞翔(xiáng); 해면 위에 갈매기 두 마리가 날고 있다.|~的食物以鱼虾为主; 갈매기의 주식은 물고기와 새우다.

海豚 hǎitún 名 돌고래. ¶~是一种非常聪明的动物; 돌고래는 매우 영리한 동물이다.|海洋馆每天都有~表演; 해양관에는 매일 돌고래 쇼가 있다.|~的大脑是动物中最发达的; 돌고래의 대뇌는 동물 중에서 가장 발달되었다.

海外 hǎiwài 名 해외. 국외. 외국. ¶他在~工作过多年; 그는 해외에서 다년간 일했다.|这一政策得到了~华侨的大力支持; 이 정책은 해외 화교들의 대폭적인 지지를 받았다.|各个国家都在积极开发~市场; 각 국가는 모두 적극적으로 해외시장을 개발하고 있다.

海洋 hǎiyáng 名 해양. ¶地球上的~面积约为36,200万平方公里; 지구상의 해양 면적은 약 36,200만 평방 킬로미터이다.|受环境污染的影响,~物种越来越少; 환경 오염의 영향으로 해양의 생물 종류가 점점 줄어들고 있다.|济州岛是温带~性气候; 제주도는 온대 해양성 기후이다.

海云台 Hǎiyúntái 名 해운대. ¶~是韩国最有名的海水浴(yù)场之一; 해운대는 한국에서 가장 유명한 해수욕장 중 하나이다.|今年夏天,我和朋友去了

~;올 여름에 나와 친구는 해운대에 갔다.| ~的温泉非常有名;해운대 온천은 매우 유명하다.

害 hài 名 손해. 재해. 재난. ¶吸烟对健康有~;흡연은 건강에 해롭다.| 早睡早起对身体有益无~;일찍 자고 일찍 일어나는 것은 건강에 이로울 뿐 해가 되지 않는다.| 警察抓住了那个盗窃(dàoqiè)犯,为百姓除了一~;경찰이 그 절도범을 잡아 국민의 피해를 없앴다. 动 손해를 입히다. 해를 끼치다. ¶他这样做,~了自己也~了家人;그가 이렇게 하면 자신에게도 해가 되고 다른 가족에게도 해를 끼치게 된다.| 毒品真是~人不浅;마약은 정말 사람에게 적지 않은 해를 끼친다.| 你去哪里也不说一声,~得我们到处找你;네가 말 한마디도 없이 어딘가로 가버려서, 우리는 사방으로 너를 찾아 다녔다.

害处 hài·chu 名 손해. 결점. 나쁜 점. 폐해. 해. ¶吃糖有许多~,第一个~就是对牙齿不好;사탕을 먹으면 해로운 점이 많은데, 그 첫 번째가 바로 이에 좋지 않다는 것이다.| 听父母的话,对你没~;부모의 말을 들으면 네게 해가 될 것이 없다.| 今年冬天没有下雪,对庄稼大有~;올해 겨울은 눈이 내리지 않아서 농작물에 큰 피해가 있다.

害怕 hàipà 动 두려워하다. 무서워하다. ¶小时候我~一个人走夜路;어렸을 때 나는 혼자서 밤길을 걷는 것을 무서워했다.| 爸爸生气的时候,我们都很~;아빠가 화를 내실 때면 우리는 모두 무서워한다.| 第一次面试的时候,她~得说不出话来;첫번째 면접을 치를 때, 그녀는 떨려서 말이 나오지 않았다.

害羞 hàixiū 形 부끄러워하다. 수줍어하다. ¶他看见生人就~;그는 낯선 사람을 보면 수줍어한다.| 第一次上讲台,我有些~;처음 교단에 섰을 때 나는 좀 부끄러웠다.| 这么多双眼睛注视着她,她~地低下了头;이렇게 많은 눈들이 그녀를 주시하자, 그녀는 수줍어 고개를 숙였다.

嗐 hài 叹 아아. 허. (동정이나 애석함을 나타낸다.) ¶~,真没想到他是那样的人;아아, 그가 그런 사람일 줄은 정말 생각지도 못했다.| ~,早知道这样就不费劲了;아아, 일찍부터 이럴 줄 알았더라면 애쓰지 않았을 텐데.| ~,这回全完了;아아, 이번에 완전히 끝났다.

含 hán 动 ❶ (입에) 물다. 머금다. ¶女儿嘴里~着一块糖;딸 아이가 입에 사탕 하나를 물고 있다.| 这种药片儿应该~在嘴里;이 알약은 입에 머금어야 한다.| 我刚~了一会儿,糖就化没了;내가 입에 물자 마자 사탕이 바로 녹아 없어졌다. ❷ 포함하다. 함유하다. ¶新鲜蔬菜~丰富的维生素;신선한 야채는 풍부한 비타민을 함유하고 있다.| 她的眼睛里~着泪花;그녀의 눈에 눈물이 맺혀있다.| 三十岁以上(~三十岁)的老师明天下午体检;30세 이상(30세 포함)인 선생님은 내일 오후에 신체검사를 한다.

含义 hányì 名 함의. 속뜻. ¶这首诗~深刻;이 시는 속뜻이 깊다.| 小孩子还不能理解这句话的~;꼬마아이는 아직 이 말의 함축적인 의미를 이해할 수가 없다.| 他这句话有两层~;그의

말은 이중적인 뜻이 있다.

韩服 hánfú 名 한복. ¶~是韩国人的传统服装；한복은 한국인의 전통 복장이다.｜节日或有重大活动的时候,很多韩国人穿~；명절이나 중요한 행사 때, 많은 한국인들은 한복을 입는다.｜我想买一件~带回国；나는 한복 한 벌을 사서 귀국할 생각이다.｜女式~的颜色都很鲜艳；여성 한복의 색깔은 모두 산뜻하고 아름답다.

韩式传统民居 hánshì chuántǒng mínjū 名 한옥. ¶~是这里的旅游景点之一；한옥은 이곳 관광 명소 가운데 하나이다.｜爷爷奶奶住的是~；할아버지 할머니가 사시는 곳은 한옥이다.｜在市中心很难看到~；시 중심가에서는 한옥을 보기 어렵다.

韩式烤肉 hánshì kǎoròu 名 불고기. ¶~用料比较讲究；불고기는 양념 사용에 비교적 신경을 쓴다.｜来韩国一定要尝一尝~；한국에 오면 반드시 불고기를 맛봐야 한다.｜这是正宗的~；이것은 정통 불고기이다.

韩式冷面 hánshì lěngmiàn 名 냉면. ¶~有水冷面和拌冷面两种；냉면에는 물냉면과 비빔냉면 두 종류가 있다.｜他喜欢吃~；그는 냉면 먹는 걸 좋아한다.｜~的做法比较简单；냉면을 만드는 방법은 비교적 간단하다.

韩式石锅拌饭 hánshì shíguō bànfàn 名 돌솥비빔밥. ¶~怎么做? 돌솥비빔밥은 어떻게 만들어요?｜我每天都吃~；나는 매일 돌솥비빔밥을 먹는다.｜这家餐馆的~很好吃；이 집 식당의 돌솥비빔밥은 매우 맛있다.

韩文 Hánwén 名 한국어. ¶我看不懂~；나는 한국어를 봐도 이해하지 못한다.｜~和中文他都会；그는 한국어와 중국어를 모두 할 줄 안다.｜他买了一本~书；그는 한국어 책 한 권을 샀다.

韩亚航空 Hányà hángkōng 名 아시아나 항공. ¶~是韩国的第二大航空公司；아시아나는 한국에서 두 번째로 큰 항공회사이다.｜~的机内服务很好；아시아나의 기내 서비스는 매우 좋다.｜我朋友在~当飞行员；내 친구는 아시아나 항공의 비행기 조종사이다.

韩语 Hányǔ 名 한국어. ¶我不会说~；나는 한국어를 할 줄 모른다.｜他正在学~；그는 한국어를 배우고 있다.｜~的发音很难；한국어의 발음은 어렵다.

韩元 hányuán 名 한화. 한국 화폐. ¶因为经济危机, ~贬(biǎn)值了；경제 위기로 인해, 한국 화폐가 평가절하됐다.｜我手里没有~了；나는 수중에 한화가 없다.｜我今天去银行换了二十万~；나는 오늘 은행에 가서 한화 20만원을 환전했다.

寒假 hánjià 名 겨울 방학. ¶~只有一个月；겨울 방학은 단지 한 달이다.｜我们学校已经放~了；우리 학교는 이미 겨울 방학을 했다.｜~的时候我打算去南方旅游；겨울 방학 때, 나는 남방으로 여행 갈 생각이다.

寒冷 hánlěng 形 한랭하다. 몹시 춥다. ¶哈尔滨(bīn)的冬天非常~；하얼빈의 겨울은 매우 춥다.｜中国北方气候~, 不适合柑橘(gānjú)生长；중국 북방의 기후는 한랭하여, 감귤이 자라기에 적합하지 않다.｜在~的冬天, 他也经常出去旅游；몹시 추운 겨울에도 그는 자주 여행을 간다.

寒症 hánzhèng 名 오한. 한기. ¶~用中医治疗比较好;오한에는 한방치료가 비교적 좋다.|伤寒是一种常见的~;장티푸스는 자주 볼 수 있는 질병이다.

罕见 hǎnjiàn 形 보기 드물다. 희한하다. ¶昨晚,这里下了一场~的大雪;어제 밤에 이곳에는 보기 드물게 많은 눈이 내렸다.|这种现象非常~;이런 현상은 매우 보기 드물다.|那是一个人迹~的地方;그곳은 인적이 드문 곳이다.

喊 hǎn 动 ❶ 외치다. 큰 소리로 부르다. ¶我好像听见远处有人~救命;나는 누군가가 먼 곳에서 살려달라고 외치는 소리를 들은 듯 하다.|战士们又在~口号了;전사들은 또 구호를 외치고 있다.|邻居都休息了,你别大~大叫;이웃들이 쉬고 있으니, 큰 소리 내지 마라. ❷ (사람을) 부르다. ¶你稍等一下,我去~她;좀 기다려, 내가 그녀를 부르러 갈 테니.|快~住那个送信的,我有事问她;그 우편 배달부를 빨리 불러 세워라, 내가 그녀에게 물어볼 말이 있으니.|我~了三声,他也没听见;내가 세 번이나 불렀는데도 그는 듣지 못했다.

喊叫 hǎnjiào 动 외치다. 큰소리로 부르다. (사람을) 부르다. ¶上课时间,请不要大声~;수업 시간이니 큰소리로 외치지 마세요.|他突然高声~起来;그는 갑자기 목소리 높여 외치기 시작 했다.|我仿佛听见了她绝望(juéwàng)的~声;나는 그녀가 절망적으로 외치는 소리를 들은 듯하다.

汉堡包 hànbǎobāo 名 햄버거. ¶~是方便食品;햄버거는 패스트푸드이다.|很多年轻人喜欢吃~;많은 젊은이들은 햄버거를 즐겨 먹는다.|这里的~不好吃;이곳의 햄버거는 맛이 없다.

汉拿山 Hànnáshān 名 한라산. ¶~是韩国最高的山;한라산은 한국에서 가장 높은 산이다.|在济州岛的任何地方都可以看见~;제주도의 어떤 곳에서든지 한라산을 볼 수 있다.|在~上可以看到济州岛的全景;한라산에서는 제주도의 전경을 볼 수 있다.

汉语 Hànyǔ 名 한어. 중국어. ¶并不难学;중국어는 결코 어렵지 않다.|他不会说~;그는 중국어를 할 줄 모른다.|他的~水平很高;그의 중국어 수준은 높다.

汉字 Hànzì 名 한자. ¶~是表意文字;한자는 표의문자이다.|他写的~很漂亮;그가 쓴 한자는 예쁘다.|小学生应该认识三千五百个~;초등학생은 3,500개의 한자를 알아야 한다.

汗 hàn 名 땀. ¶我女儿很爱出~;내 딸은 땀이 잘 난다.|他跑过来的时候满头是~;그가 뛰어왔을 때 온 얼굴이 땀에 젖어 있었다.|你这是发烧,出一身~就好了;너는 열이 나는 것이니, 온 몸에 땀을 내고 나면 좋아질 것이다.

行 háng 量 줄. 열. 행. ¶这个表格只有十~;이 표는 단지 열줄뿐이다.|你写这么几~就没话说了;너는 이렇게 몇 줄만 쓰고 말이 없었다.|我们班有六十个人,正好分成六~,每~十个人;우리 반에는 60명이 있는데 6개 조로 나누었고 매 조 10명이다. 名 직업. ¶我不想干这一~,但还没有找到更合适的工作;나는 이 일을 하고

싶지 않지만 아직 더 적당한 일을 찾지 못하였다.| 他可是你们这~的名人啊;그는 너희들 분야에서 유명한 사람이다.| 俗话说,三百六十~,~~出状元,就是说每一~都有可能做出成绩; '360 개 직업마다 장원을 낼 수 있다' 라는 속담은, 모든 분야가 다 공헌할 수 있는 바가 있다는 의미이다.

行业 hángyè 名 직업.¶我们俩~不同,但是也有不少共同语言;우리 둘 직업은 다르지만 또한 적지 않은 공통 화제가 있다.| 这个~现在不景气;이 직업은 현재 불경기이다.| 服务~用人很多,可能有合适的工作;서비스업은 사람을 쓰는 것이 매우 많으니 아마 적당한 일이 있을 것이다.

航空 hángkōng 名 항공.¶他在~公司工作;그는 항공회사에서 일한다.| 我们要大力发展~事业;우리는 항공 사업을 힘껏 발전시키려고 한다.| 有些人对~安全信心不足,所以很少坐飞机;어떤 사람들은 항공 안전에 대한 믿음이 부족해서, 비행기를 잘 타지 않는다.

毫不 háo bù 动 조금도 …않다. 전혀 …하지 않다.¶他对这些事~关心;그는 이러한 일들에 대해서 조금도 관심이 없다.| 这件事我~知情;나는 이 일의 내막을 전혀 모른다.| 对周围人的议论,他~理会;주위 사람들이 왈가왈부하는 것에 대해 그는 전혀 아랑곳 하지 않는다.

毫无 háo wú 动 조금도(전혀) …이 없다.¶这件事和我~关系;이 일은 나와 전혀 관계가 없다.| 他每天辛辛苦苦地工作,可是~怨言;그는 매일 힘

들게 일하지만, 조금도 불평하지 않는다.| 这些资料对我~价值;이러한 자료들은 내게 전혀 가치가 없다.

豪华 háohuá 形 (건축, 설비, 장식 등이) 화려하다. 호화롭다.¶这家宾馆装饰~;이 호텔의 인테리어가 화려하다.| 那个富翁买了一座~别墅(shù) 그 부자는 호화로운 별장을 하나 샀다.| 这是我们这里最~的轿车;이것은 이곳에서 가장 화려한 승용차이다.

好 hǎo 形 ❶ 좋다. 훌륭하다. 선량하다. 양호하다.¶她的性格很~,我们都喜欢她;그녀의 성격이 좋아서, 우리는 모두 그녀를 좋아한다.| 告诉大家一个~消息;여러분들에게 한 가지 좋은 소식을 알려드릴께요.| 今天的天气~极了;오늘 날씨는 아주 좋다. ❷ (몸이) 건강하다. 안녕하다. 병이 나았다. 잘 있다.¶爷爷身体很~;할아버지는 매우 건강하시다.| 你的病还没~,要注意休息;네 병은 아직 낫지 않았으니, 건강에 주의하고 쉬어야 한다.| 我的感冒已经~了;내 감기는 이미 나았다. ❸ 우호적이다. 친밀하다. 사이가 좋다.¶我和她关系很~;나와 그녀는 사이가 좋다.| 他们俩是~朋友;그들 두 사람은 절친한 친구이다.| 以前他们~过一阵儿,现在不~了;이전에 그들은 한동안 사이가 좋았었는데, 지금은 좋지 않다. ❹ 동사 뒤에 쓰여 동작의 완성을 나타낸다.¶饭已经做~了;밥이 이미 다 되었다.| 我们说~了,明天一起去公园;우리는 내일 함께 공원에 가기로 약속했다.| 我还没准备~,请等一下;나는 아직 준비가 다 되지 않았으니,

좀 기다려주세요. ❺ …하기가 쉽다. ¶刚下过雪,路不~走;방금 눈이 내려서 길이 걷기에 좋지 않다.| 上海话不~懂;상하이 말은 알아듣기 어렵다.| 这件事很~办,你不用着急;이 일은 처리하기 쉬우니 너는 조급해할 필요 없다. ❻ 동의, 완료 등의 어기를 나타낸다. ¶~,今天的课就上到这里;좋아, 오늘 수업은 여기까지다.| ~,就这么办;좋아, 그럼 이렇게 하자.| ~,这个办法不错;좋아, 이 방법이 괜찮네. 动 …하도록. …할 수 있게. ¶赶紧吃吧,吃饱饭~去上学;빨리 먹어, 학교에 공부하러 가려면 배불리 먹어야지.| 病好了,~去工作;병이 나아서 일을 하러 갈 수 있다.| 你告诉我电话号码,我~和你联系;내가 너와 연락할 수 있도록 전화번호를 알려줘. 副 ❶ 수량사나 형용사 앞에서, 수량이 많거나 시간이 오래됨을 나타낸다. ¶我等你~半天了,你怎么才来?; 내가 한참동안이나 기다렸는데, 너 왜 이제서야 오니?| 他去过北京~几次;그는 베이징을 몇 번이나 갔었다.| 我家来了~多客人;우리 집에는 아주 많은 손님이 왔다. ❷ 아주. 정말. 참으로. (형용사 앞에서 정도의 깊음을 나타내거나 감탄의 의미가 있다.) ¶今天~冷啊! 오늘 정말 춥다!| ~大的风啊! 정말 센 바람이야!| 满山的红叶~漂亮啊! 온 산의 단풍잎이 정말 아름답구나!

☞ hào

好吃 hǎochī 形 (음식이) 맛있다. ¶济州岛的橘(jú)子最~;제주도의 귤이 제일 맛있다.| 妈妈做的饭很~;엄마가 지은 밥은 맛있다.| 女儿喜欢吃~的

东西;딸 아이는 맛있는 것을 좋아한다.

好处 hǎo·chu 名 ❶ 장점. 좋은 점. ¶瑜伽(yújiā)的~很多;요가의 장점은 많다.| 吸烟对身体没~;담배를 피우는 것은 건강에 좋지 않다.| 这样做对你有什么~? 이렇게 하면 너한테 좋은 점이 뭐니? ❷ 이익. 이로운 점. ¶他一定从中得了~;그는 반드시 중간에서 이익을 얻을 것이다.| 领导给了她不少~;사장은 그녀에게 적지 않은 이익을 주었다.| 我不想捞(lāo)什么~;내가 무슨 이익을 취하려는 게 아니야.

好好儿 hǎohāor 形 좋다. 성하다. 괜찮다. 훌륭하다. ¶~的一个杯子让他给打碎了;좋은 컵을 그가 깨뜨렸다.| 那棵花一个月没浇水,还长得~的;그 꽃은 한달동안 물을 주지 않았는데도 여전히 잘 자란다.| 你干得~的, 怎么辞职了? 너는 열심히 일하더니, 왜 그만뒀니? 副 잘. 충분히. 아주. 你要~学习,才能去中国留学;너는 열심히 공부해야만 중국 유학을 갈 수 있어.| 你让我再~想一想;내게 다시 충분히 생각할 기회를 줘.| 放假了可以~玩儿几天;방학이 되었으니 며칠 잘 놀아도 된다.

▶용법주의:'好好儿'가 형용사로 쓰일 때는 상태를 나타내며 뒤에 '的'가 붙는다.

好久 hǎojiǔ 形 오랫동안. ¶~以前我们就认识了;오래 전에 우리는 알았다.| 我~没见他了;나는 오랫동안 그를 보지 못했다.| 他等你~了;그는 오랫동안 기다렸다.

好看 hǎokàn 形 아름답다. 보기좋다. 근

사하다.¶他姐姐长得非常~;그의 누나는 아주 예쁘다.|你穿这件衣服真~;너 이 옷을 입으니 정말 예쁘다.|公园里有很多~的花儿;공원에 아름다운 꽃들이 많이 있다.

好容易 hǎoróngyì 副 겨우. 가까스로. 간신히.¶我~才找到你;나는 간신히 너를 찾았다.|我~才给她打通电话;나는 겨우 그녀와 전화 통화를 했다.|~休息两天,你就别想工作的事情了;겨우 이틀 쉬는 거니까, 일 생각은 하지 마라.

▶용법주의: '好容易'는 일반적으로 동사 앞에 쓰여, 일이 우여곡절 끝에 완성됨을 나타내며, '才'와 자주 함께 쓰인다. '好容易'는 '好不容易'로 쓰일 수도 있으며 뜻은 완전히 같다.¶他好容易(好不容易)才把作业做完;그는 겨우 숙제를 다 했다.

好听 hǎotīng 形 ❶ (소리가) 듣기 좋다.¶这首歌很~;이 노래는 참 듣기 좋다.|你唱得比我~多了;네가 부르는 것이 나보다 훨씬 듣기 좋다.|这是我听过的最~的音乐;이것은 내가 들었던 가장 좋은 음악이다. ❷ (말이) 듣기 좋다.¶他在领导面前光说~的;그는 상사 앞에서 듣기 좋은 말만 한다.|~的话都让你说了;듣기 좋은 말은 네가 다 하네.|你说得~,做一个让我们看看;네 말은 듣기엔 그럴싸한데, 행동으로 우리한테 한번 보여줘 봐.

好玩儿 hǎowánr 形 재미있다. 흥미있다. 놀기가 좋다.¶这个游戏很~;이 오락은 재미있다.|女儿有很多~的玩具;딸 아이는 재미있는 장난감을 많이 가지고 있다.|那个公园没什么~的;그 공원은 놀만한 게 없다.

好像 hǎoxiàng 动 마치 …와 같다. 비슷하다.¶满山的红叶红得~火一样;온 산의 단풍잎이 마치 불처럼 빨갛다.|那件事他已经忘记了,就~没有发生过似的;그는 이미 그 일을 마치 아무 일도 일어나지 않았던 것처럼 잊어버렸다.|她的脸圆圆的,~苹果一样;그녀의 얼굴은 사과처럼 둥글다. 副 아마도 …인 것 같다(듯 하다).¶我~在哪儿见过你;나는 어디선가 너를 본 듯하다.|她~已经走了;그녀는 이미 가버린 것 같다.|她~明白了我的意思;그녀는 내 뜻을 알아차린 듯 하다.

▶용법주의: '好像'이 동사로 쓰일 때 자주 '一样', '似的'와 결합하여 쓰인다. 위에 예문 참고바람.

好些 hǎoxiē 数 많은.¶新学期来了~新同学;새 학기에 많은 새로운 친구들이 왔다.|她买了~中文词典;그녀는 많은 중국어 사전을 샀다.|她去过~国家;그녀는 여러 나라를 가 봤다.

号 hào 名 ❶ 번호.¶你在这儿等我,我先去挂个~;내가 먼저 가서 접수할 테니, 너는 여기서 기다려라.|阅览室的书都编了~,看后请放回原处;열람실의 책은 번호가 매겨져 있으니, 본 후에 원래 자리에 놓아두세요.|看演出的时候请对~入座;공연을 관람할 때, 번호대로 앉으세요. ❷ 사이즈.¶他穿最大~的鞋;그는 가장 큰 사이즈의 신발을 신는다.|文章的标题用三~字;문장의 표제는 3호 자를 사용한다. 量 ❶ 배열의 순서나 날짜를 나타낸다.¶今天是12月28~;오늘은 12월 28일이다.|我们班在2~教室上

课；우리 반은 2호 교실에서 수업한다.| 该13~演员表演了；이 13번 배우가 공연할 차례이다. ❷ 사람 수에 쓰인다. ¶今天来了几十~人；오늘은 몇 십 명의 사람이 왔다.| 这个工厂有上千~人；이 공장은 수 천명의 사람이 있다.

号码 hàomǎ 名 번호. 숫자. 사이즈. ¶我家的门牌~是302；우리 집의 번지수는 302호이다.| 请告诉我你的电话~；당신 집 전화번호를 알려주세요.| 请在这儿写上你的护照~；이곳에 당신의 여권번호를 쓰세요.

号召 hàozhào 动 호소하다. ¶学校~大家积极为灾区捐款(juānkuǎn)；학교는 모두에게 재난지역에 적극적으로 기부할 것을 호소한다.| 政府~铁路部门要做好春运工作；정부는 철도청에 설 연휴 귀성객 운송 업무에 차질이 없도록 호소한다.| 国家~农民勤劳致富；국가는 농민에게 부지런히 일하여 부자가 될 것을 호소한다. 名 호소. ¶我们一定积极响应主席的~；우리는 반드시 의장의 호소에 적극적으로 호응해야 한다.| 这是政府为保护环境而发出的~；이것은 정부가 환경 보호를 위해 발표한 호소문이다.| 受这一伟大~的鼓舞，工人们工作更加努力了；이 위대한 호소에 고무되어, 노동자들은 더욱 열심히 일하게 되었다.

好 hǎo 动 좋아하다. ¶他从小就~看书；그는 어렸을 때부터 책 보기를 좋아했다.| 他这人~面子，从不求人；그는 체면을 중시해서, 여태껏 다른 사람에게 부탁을 해 본 적이 없다.| 我不~去人多的地方；나는 사람이 많은 곳에 가기를 좋아하지 않는다. 副 잘 …하다. …하기 쉽다. …하기 일쑤다. ¶他身体很弱，~生病；그는 몸이 약해서 병이 잘 난다.| 我女儿小时候~发烧；내 딸은 어렸을 때 열이 잘 났다.| 我~晕(yùn)车，所以不喜欢出门；나는 차멀미를 잘 해서, 외출하는 것을 좋아하지 않는다.

☞ hǎo

好奇 hàoqí 形 호기심이 많다. ¶他对什么事情都感到~；그는 어떤 일에 대해서나 호기심이 많다.| 看魔术(móshù)表演的时候，孩子们都睁大了~的眼睛；마술공연을 볼 때, 아이들은 모두 호기심이 가득한 눈을 크게 떴다.| 学生们~地看着新来的老师；학생들이 새로 온 선생님을 호기심 어린 눈으로 바라보고 있다.| 我们很~，这些事情他是怎么知道的；우리는 이 일을 그가 어떻게 알았는지 궁금하다.

好奇心 hàoqíxīn 名 호기심. ¶这孩子~很强；이 아이는 호기심이 강하다.| 他的事我也不太了解，所以不能满足你们的~；그의 일은 나도 잘 몰라서, 너희들의 호기심을 만족시켜 줄 수 없다.| 他的话引起了我们极大的~；그의 말은 우리에게 대단한 호기심을 불러일으켰다.

喝 hē 动 ❶ 마시다. ¶你~茶还是~咖啡？너 차 마실래? 아니면 커피 마실래?| 我每天早上都~一杯牛奶；나는 매일 아침 우유 한 잔을 마신다.| 这种饮料味儿不错，你~~看；이 음료 맛이 좋네, 너 한 번 마셔봐. ❷ 술을 마시다. ¶今天晚上一起~两杯怎么样？오늘 밤에 술 한 잔 어때?| 不好

意思,我不能再~了;미안하지만, 나는 더 이상 마실 수가 없어요.| 他又~醉(zuì)了;그는 또 술에 취했다.

合 hé 动 ❶ 덮다. 닫다. 감다. 다물다. ¶请把书~上;책을 덮으세요!| 儿子考上了大学,爸爸整天乐得~不上嘴;아들이 대학에 합격하자, 아버지는 온종일 기뻐서 입을 다물지 못한다.| 他已经两天两夜没~眼了;그는 이미 이틀 밤낮을 눈을 붙이지 못했다. ❷ 맞다. 어울리다. ¶食堂的菜不~我的胃口;식당 음식은 내 입맛에 맞지 않는다.| 这双鞋不~脚,穿着很不舒服;이 신발은 발에 맞지 않아서, 신고 있으면 불편하다.| 你这样做正~我意;네가 이렇게 하니 내 마음에 꼭 든다. 副 함께. 공동으로. ¶这个孔子学院是四川大学和又松大学~办的;이 공자학원은 쓰촨대학교와 우송대학교가 공동으로 주관한다.| 我们两个~唱这首歌吧;우리 둘이서 이 노래를 합창하자.| 他和朋友~租一间房子;그와 친구는 한 집에서 함께 세들어 산다.

合并 hébìng 动 합병하다. 합치다. ¶去年我们学校和他们学校~了;작년에 우리 학교와 그들의 학교가 합병했다.| 这几家小工厂要~成一个大工厂;이 몇 개의 작은 공장을 큰 공장으로 합병하려고 한다.| 这两段的内容可以~在一起;이 두 단락의 내용은 하나로 합칠 수 있다.

合理 hélǐ 形 도리에 맞다. 합리적이다. ¶他提的建议很~;그가 제기한 의견은 매우 합리적이다.| 大家的~要求我们会尽量满足;모두의 합리적인 요구를 우리가 가능한 만족시키도록

할 것이다.| 你应该学会~地安排时间;너는 합리적으로 시간을 안배하는 법을 배워야만 한다.

合气道 héqìdào 名 합기도. ¶~源于日本的近代武术;합기도는 일본의 근대 무술에서 기원한다.| 现在的~一般分为日式和韩式两个流派;현재의 합기도는 일반적으로 일본식과 한국식의 두 파로 나눈다.| 我想学习~;나는 합기도를 배우고 싶다.

合适 héshì 形 적당하다. 알맞다. 적합하다. ¶这件衣服你穿正~;이 옷은 네가 입으니 꼭 맞다.| 这个颜色对你很~;이 색깔은 네게 잘 어울린다.| 我想找一个~的机会告诉他这件事;나는 적당한 기회를 봐서 그에게 이 일을 얘기해 주고 싶다.

合同 hé·tong 名 계약(서). ¶我已经和学校签了~;나는 이미 학교와 계약을 체결했다.| 双方应该严格按照~规定来办事;쌍방은 마땅히 계약서의 규정에 따라 엄격하게 일을 처리해야 한다.| 你这样做是违反~的;네가 이렇게 하는 것은 계약을 위반하는 것이다.

合约 héyuē 名 (비교적 간단한) 협의. 계약. ¶我们应该签一份~;우리는 계약을 체결해야 한다.| ~内容我已经看过了;나는 계약 내용을 이미 읽어 보았다.| 这份~的有效期是五年;이 계약의 유효기간은 5년이다.

合作 hézuò 动 합작하다. 협력하다. ¶任务很多,我们要分工~;임무가 많으니, 우리는 일을 나누어서 협력해야 한다.| 我和她~多年了,一直~得很好;나와 그녀는 여러 해 동안 협력해 왔고, 줄곧 잘 협력하고 있다.| 希望

我们能够~愉快;우리가 즐겁게 협력할 수 있기를 바랍니다.

和 hé 连 …와. …과. ¶我 ~ 她是同学;나와 그녀는 급우이다.|游泳 ~ 跑步他都喜欢;그는 수영과 달리기를 다 좋아한다.|去 ~ 不去,你自己决定;갈 것인지 말 것인지, 네 스스로 결정해라. 介 ❶ …와. (함께 행동하는 대상을 나타낸다.) ¶我有事要 ~ 你商量;나 너랑 상의할 일이 있어.|我明天要 ~ 朋友见面;나는 내일 친구와 만날 생각이다.|上午我没 ~ 他在一起;오전에 나는 그와 함께 있지 않았다. ❷ …과(와). …에게. (동작이 미치거나 비교되는 대상을 나타낸다.) ¶这事 ~ 我没关系;이 일은 나와 상관없다.|我昨天刚 ~ 她联系过;나는 어제 막 그녀와 연락을 했었다.|你 ~ 我妹妹一样高;너와 내 여동생은 키가 똑같다.

和平 hépíng 名 평화. ¶中国人民是爱好 ~ 的;중국인은 평화를 사랑한다.|我们要共同努力,保卫世界 ~;우리는 세계 평화를 지키기 위해 함께 노력해야 한다.|经济发展需要 ~ 的环境;경제가 발전하려면 평화로운 환경이 필요하다.

和尚 hé·shang 名 중. 승려. ¶不能喝酒吃肉;스님은 술을 마시거나 고기를 먹어서는 안 된다.|后来,他出家当了 ~;후에, 그는 출가하여 중이 되었다.|这座庙里住着十个 ~;이 사찰에는 10명의 스님이 살고 있다.

和谐 héxié 形 잘 어울리다. 조화하다. 맞다. 의좋다. 정답다. ¶我们的目标是创建 ~ 的社会环境;우리의 목표는 조화로운 사회 환경을 만드는 것이다.|这套衣服和围巾的颜色很 ~;이 옷과 목도리의 색깔은 잘 어울린다.|这次活动以后,我们的师生关系更加 ~ 了;이번 행사 후에, 스승과 제자 간의 관계가 더욱 돈독해졌다.

河 hé 名 강. 하천. ¶我家门前有一条 ~;우리 집 문 앞에는 강이 하나 있다.|~ 里有很多鱼;강에는 물고기가 많이 있다.|我喜欢在 ~ 边散步;나는 강가에서 산책하는 것을 좋아한다.

河流 héliú 名 강의 흐름. 하천. ¶城外有一条十米宽的 ~;성 밖에는 10미터 넓이의 하천이 있다.|淮河和淮河以南的 ~,冬季不结冰;화이허와 화이허 이남의 강은 겨울에 얼지 않는다.|长江是中国水量最大的 ~;창장은 중국에서 수량이 가장 많은 하천이다.

河豚 hétún 名 복어. ¶~ 主要生活在海中;복어는 주로 바다에서 생활한다.|~ 的血液和肝脏有剧毒;복어의 피와 간에는 강한 독성이 있다.|~ 的肉味非常鲜美;복어의 고기 맛은 매우 신선하다.

核 hé 名 과실의 씨. 핵. ¶请不要乱扔果 ~;과일 씨를 함부로 버리지 마라.|这种枣的 ~ 很小;이 대추 씨는 매우 작다.|我在院子里种了两颗 ~ 桃;나는 정원에 호두나무 두 그루를 심었다.

核对 héduì 动 대조 검토하다. ¶年底的时候,公司要 ~ 账目;연말에 회사는 장부를 검토해야 한다.|身份证号码我已经认真 ~ 过了,没有差(chā)错;나는 이미 신분증 번호를 열심히 대해 보았는데 틀림이 없다.|这么多材料,我一个人 ~ 不过来;이렇게 많은

자료를 나 혼자서는 검토할 수가 없다.

▶용법주의: '核对'는 중첩하여 사용할 수 있고, 중첩 형식은 '核对核对'이다. ¶你把所有的账目都~~; 너는 모든 장부를 검토해라.

核心 héxīn 名 주요부분. 핵심. 중심. ¶这次会议的~就是安全问题; 이번 회의의 핵심은 바로 안전 문제이다. | 我们应该围绕这个~内容来讨论; 우리는 이 핵심 내용을 중심으로 토론해야 한다. | 他是这个事件的~人物; 그는 이 사건의 핵심인물이다.

盒 hé (~儿) 名 통. 함. 갑. (현재는 일반적으로 단독으로 쓰지 않는다.) ¶这个火柴~儿是空的; 이 성냥갑은 비었다. | 我的打印机没墨了, 我要去买一个墨~儿; 내 프린트기는 잉크가 없어서 잉크토너를 사러 가야 한다. | 帮我找一个空~把孩子的玩具装起来; 아이들 장난감을 담아 두도록 빈 통 하나 찾아 줘. 量 통. 함. 갑을 셀 때 쓰인다. ¶我给女儿买了一~饼干; 나는 딸 아이에게 과자 한 통을 사 줬다. | 你去办公室拿两~粉笔; 너 사무실에 가서 분필 두 통 가져와라. | 这~磁带多少钱? 이 테이프는 얼마에요?

黑 hēi 形 ❶ 검다. 까맣다. 검정색의. ¶在海边玩儿了几天, 他的脸都晒~了; 해변에서 며칠 놀더니, 그의 얼굴은 햇볕에 탔다. | 他的头发又~又亮; 그의 머리카락은 새까맣고 윤기가 난다. | 我喜欢用~墨水写字; 나는 검은 먹물로 글자 쓰는 것을 좋아한다. ❷ 어둡다. ¶天~了, 快回家吧; 날이 어두워졌으니, 빨리 집으로 돌아가자! |

屋里太~, 打开灯吧; 집이 너무 어두우니 불을 켜자! | 这条路很~, 我一个人不敢走; 이 길은 너무 어두워서 나는 감히 혼자서는 못 가겠다.

黑暗 hēi'àn 形 ❶ 어둡다. 깜깜하다. ¶楼道里没有灯, 一片~; 복도에 등이 없어서 깜깜하다. | 他就住在这间~的地下室里; 그는 이 어두운 지하실에서 산다. | 我不喜欢在~的地方; 나는 어두운 곳을 좋아하지 않는다. ❷ (정치가) 부패한. 암흑의. 암담한. ¶他敢于和~势力作斗争; 그는 암흑 세력과 용감하게 싸운다. | 在~的旧社会, 女孩子不能读书; 암울한 구사회에서 여자는 공부할 수 없었다. | 清朝(Qīngcháo)末期, 政治非常~; 청조 말기에, 정치는 매우 부패했다.

黑板 hēibǎn 名 흑판. 칠판. ¶教室正前方有一块~; 교실 앞쪽에 칠판이 있다. | 我喜欢在~上写字; 나는 칠판에 글씨 쓰는 것을 좋아한다. | 老师把明天的作业要求写在~上了; 선생님은 내일 숙제를 칠판에 썼다.

嘿 hēi 叹 ❶ 어이. 여보시오. (남을 부르거나 주위를 환기시킬 때 쓰인다.) ¶~, 小李, 等我一下! 어이, 이 군, 좀 기다려!! | ~, 没听见我叫你啊! 어이, 내가 부르는 소리를 못 들었어!! | ~, 你去哪儿? 어이, 어디가? ❷ 야. 이봐. (자랑스럽거나 만족스러운 기분을 나타내는 소리) ¶~, 我们班又得(dé)了第一名; 이봐, 우리 반이 또 1등 했어. | ~, 你写的字可真漂亮! 야, 네가 쓴 글씨는 정말 예쁘구나! | ~, 你真有两下子! 야, 너 정말 재주가 있구나! ❸ 하. 허. 야. (놀라움이나 경탄을 나타내는 말) ¶~, 下雪

了! 야, 눈이 내리네! | ~, 你怎么来了? 허, 네가 어떻게 왔니? | ~, 我的眼镜哪儿去了? 허, 내 안경이 어디로 갔지?

痕迹 hénjì [名] 흔적. 자취. ¶雪地上没有留下任何~; 눈 위에 어떤 흔적도 남기지 않았다. | 地上有刹(shā)车的~; 땅에 브레이크를 밟은 흔적이 있다. | 这件衣服上墨水的~已经很淡了; 이 옷 위의 잉크 자국은 이미 희미해졌다.

很 hěn [副] 매우. 대단히. 잘. 몹시. 정말. ¶他跑得~快; 그는 빨리 달린다. | 做完作业后, 他又~仔细地检查了一遍; 숙제 한 후에, 그는 또 자세히 한 번 검사했다. | 这是一所~有名的学校; 이곳은 유명한 학교이다. | 明天我~可能不来了; 내일 나는 아마 오지 않을 거야. | 你刚才的话~有说服力; 네가 방금 한 말은 매우 설득력이 있다. | 你的请求~让我为难; 너의 요구는 나를 힘들게 한다. | 我觉得这个消息不~好; 내 생각에 이 소식은 아주 좋은 것 같지는 않다. | 你刚才的做法~不好; 네가 방금 한 방법은 매우 좋지 않다. | 这个孩子粗心得~, 考试的时候忘了交试卷; 이 아이는 매우 부주의해서, 시험칠 때 시험답안 제출하는 것을 잊어버렸다.

恨 hèn [动] 원망하다. 증오하다. ¶他永远~那个杀死父亲的人; 그는 아버지를 죽인 그 사람을 영원히 증오한다. | 他真有些~儿子不争气; 그는 정말 아들이 변변치 못해서 원망스럽다. | 妈妈~死了那个偷钱的人; 엄마는 돈 훔친 사람을 매우 원망했다. | 虽然她骗了哥哥, 可是哥哥对她一点儿也~不起来, 因为哥哥太爱她了; 그녀는 오빠를 속였지만 오빠는 조금도 그녀를 미워하지 않는데, 오빠가 그녀를 사랑하기 때문이다.

哼 hēng [动] ❶ 신음하다. 끙끙거리다. ¶刚做完手术的那天夜里, 他疼得~了一夜; 막 수술을 마친 그 날 밤에, 그는 아파서 밤새 신음했다. | 虽然觉得很难受, 可他却一声也不~; 견디기 힘들었지만 그는 신음소리 한마디도 내지 않는다. | 他烧得很厉害, 不时~~几声; 그는 열이 심해서, 이따금 몇 마디 신음소리를 내었다. ❷ 콧노래를 부르다. 흥얼거리다. ¶儿子一边收拾东西, 一边~着歌; 아들은 물건을 정리하면서 콧노래를 부르고 있다. | 我哪里会唱歌, 只会瞎(xiā)~~几句; 내가 어디 노래하는 거냐, 되는대로 몇 마디 가사를 흥얼거리는 것 뿐이지. | 你刚才~的是什么歌? 挺好听的; 네가 방금 흥얼거린 노래가 뭐니? 정말 듣기 좋은 걸. ❸ 흥! (불만이나 불신의 뜻을 나타낸다.) ¶~, 我才不信他说的话呢; 흥, 나는 그가 하는 말을 믿을 수가 없어. | ~, 他才不是我的朋友呢; 흥, 그는 내 친구가 아니야. | 你不就是有钱吗? 有什么了不起的? ~! 너는 단지 돈 좀 있는 거잖아. 뭐가 잘 난 게 있니? 흥!

红 hóng [形] ❶ 붉다. 빨갛다. ¶我女儿从小就喜欢穿~衣服; 내 딸은 어렸을 때부터 빨간 옷 입는 것을 좋아한다. | 他一连加了几天班, 眼睛熬(áo)得~的; 그는 연달아 며칠 잔업을 하더니, 눈이 피곤해서 빨갛게 충혈 되었다. | 他一喝酒脸就~; 그는 술을 마시기만 하면 얼굴이 빨갛게 달아오른

다.| 这些花~得真好看；이런 꽃들은 빨개서 정말 보기 좋다. ❷ 순조롭다. 성공적이다. (사람들에게) 인기가 있다. ¶她是现在韩国最~的女演员；그녀는 현재 한국에서 가장 인기 있는 여배우다.| 他的歌已经~遍了全国；그의 노래는 이미 전국적으로 인기가 있다.| 小王可是领导面前的~人, 你可别得罪他；왕 군은 상사가 총애하는 사람이니, 너는 그에게 잘못 보여서는 안 된다.| 他六岁开始登台唱戏, 七岁就唱~了；그는 6살 때부터 무대에 올라 공연하기 시작해서, 7살 때 유명해졌다.| 这个饭店刚开业那天就来了很多客人, 真是开门~啊；이 호텔은 막 개업하는 날 손님이 많이 와서, 정말 성공적인 출발을 했다.

红参 hóngshēn 名 홍삼. ¶久服~, 可以提高人体的免疫(miǎnyì)力；홍삼을 오래 먹으면, 인체의 면역력을 높일 수 있다.| ~有很高的药用价值；홍삼은 높은 약용 가치가 있다.| 很多游客从韩国回来时都会买一些~制品作为礼物送给家人或朋友；한국을 여행하고 돌아오는 많은 여행객들은 홍삼 제품을 사서 가족이나 친구에게 선물한다.

红茶 hóngchá 名 홍차. ¶他给客人沏(qī)了一杯~；그는 손님에게 홍차 한 잔을 타 줬다.| 冬天我喜欢喝~；겨울에 나는 홍차를 즐겨 마신다.| 你来品一品这种~怎么样？이 홍차가 어떤지 네가 한 번 품평해 봐라.

红旗 hóngqí 名 ❶ 적기. 붉은 깃발. 홍기. ¶五星~在空中飘扬；오성 홍기가 공중에서 날리고 있다.| 国庆节那天, 天安门广场成了~的海洋；국경절 날, 천안문광장은 오성 홍기의 물결을 이루었다.| 运动员入场的时候, 走在最前面的队员举着一面~；운동 선수가 입장할 때, 가장 앞에서 걷는 선수가 홍기를 든다. ❷ 시합의 우승자에게 주는 붉은 기. 우승기. 선진적인 (모범적인) 것을 비유하기도 한다. ¶老师给表现好的小朋友发小~；선생님은 발표를 잘 한 어린이에게 작은 홍기를 준다.| 这次演讲比赛中, 三班得了~；이번 웅변대회에서 3반이 우승기를 획득했다.| 我们连续三年都是~单位；우리는 연속 3년간 모범 회사이다.

宏伟 hóngwěi 形 (계획, 규모가) 위대하다. 웅장하다. ¶长城非常~；장성은 규모가 매우 웅장하다.| 重建圆明园是一个非常~的计划；원명원 중건은 매우 위대한 계획이다.| 他从小就确立了~的理想——要成为一名科学家；그는 어려서부터 웅장한 꿈—과학자가 되려고 하는—을 확고히 세웠다.

猴子 hóu·zi 名 원숭이. ¶动物园里的~非常可爱；동물원의 원숭이는 매우 귀엽다.| 一群~正在山上跳来跳去地玩耍(shuǎ)；원숭이들이 산 위에서 오르락내리락 놀고 있다.| 峨嵋(Éméi)山的~非常多, 而且不怕人；어메이산에는 원숭이가 매우 많다. 또한 사람을 두려워하지 않는다.

后 hòu 名 ❶ 뒤. 후. ¶我家屋~种着一片玫瑰花；우리 집 뒤에는 장미가 심어져 있다.| 这本书~写着我的名字呢；이 책 뒤쪽에는 내 이름이 쓰여져 있다.| 快看你身~是谁？네 뒤에 누가

있는지 빨리 봐라! ❷(시간상으로) 뒤. 후. 다음. 장래. 나중. ¶我先来的, 你~来的, 你怎么站在我前面了? 내가 먼저 오고 너는 나중에 왔는데, 어떻게 네가 내 앞에 서 있니?│写完作业~要好好检查一下;숙제를 마친 후에는 잘 검사해야 한다.│老人的~代已经到齐了;노인의 후손들이 이미 모두 도착했다.│我们今天所做的一切,留给~人来评价吧;우리가 오늘 한 모든 일은 후손에게 남겨 평가하도록 하자. ❸ 순서의 뒤. ¶看电影的时候,我坐在~排,看得不太清楚;영화를 볼 때, 나는 뒷줄에 앉아 있어서 잘 보이지 않았다.│在这个名单里,我的名字比较靠~;이 명단에서 내 이름은 비교적 뒤에 있다.│前半夜我一直没睡着,直到~半夜才睡了一会儿;초저녁에 계속 잠을 못 자다가 밤이 깊어서야 겨우 잠간 잠이 들었다.

后辈 hòubèi 名 ❶ 후대. 자손. ¶他爷爷给~立了很多规矩;그 할아버지는 자손들에게 많은 규칙을 세워 놓았다.│许多伟人的~都是普普通通的老百姓;많은 위인의 자손들은 모두 평범한 일반인이다. ❷ 후배. ¶请您多帮助我们这些刚刚工作的~;방금 일을 시작한 저희 후배들을 많이 도와주세요.│这位大师一点架子也没有,很得(dé)~学子的尊敬和喜爱;이 대가는 조금도 거만하지 않아서, 후배학자들의 존경과 사랑을 받는다.

后边 hòu·bian (~儿) 名 뒤쪽. ¶我坐在第二排,小王就在我~儿;나는 두 번째 열에 앉고 왕 군은 내 뒤쪽에 앉는다.│请从前边儿上车,从~儿下车;앞쪽으로 타시고 뒤쪽으로 내리세요.│~儿的同学能看清黑板上的字吗? 뒤쪽에 앉은 학생들은 칠판의 글씨가 똑똑히 보이나요?

后悔 hòuhuǐ 动 후회하다. ¶小王很~昨天没有把作业做完;왕 군은 어제 숙제를 다 하지 못한 것을 후회한다.│我办事很少~;나는 한 일에 대해 거의 후회하지 않는다.│不要~了,已经这样了,~也没用;후회하지 마라,이미 이렇게 되었으니 후회해 봐야 소용없어.│这次去韩国旅游没去成济州岛,他~了好长时间;이번 한국 여행에서 제주도에 가지 못한 것을 그는 한참 동안 후회했다.

后来 hòulái 名 ❶ 그 후. 그 뒤. 그 다음. ¶他上个月就回家了,~一直没有他的消息;그는 지난 달에 집에 돌아가서는, 그 뒤론 줄곧 소식이 없다.│昨天我先去了图书馆,~又去了医院;어제 나는 먼저 도서관에 갔다가, 그 뒤 병원에 갔다.│开始公共汽车上人很多,~就只剩下我一个人了;처음에 버스를 탈 때는 사람이 많았는데, 나중에는 나 혼자만 남았다. ❷ 뒤에 온 사람. 뒤에 성장한 사람. 계승자. ¶我们的事业自有~人;우리 사업은 계승자가 있다.│先来的人已经坐好了,~的人就没有座位了;먼저 온 사람은 이미 앉았는데, 뒤에 온 사람은 좌석이 없다.│他是~的,很多情况都不了解;그는 뒤에 온 사람인지라 많은 상황을 이해하지 못한다.

▶용법주의: '后来'는 단어나 문장 뒤에 쓸 수 없고, 미래를 나타낼 수도 없다. ¶大学毕业后来,我就没有见过她(×)│欢迎你后来再来(×)│大学毕业以后,我就没有见过她;대학 졸업 후에,

나는 그녀를 만난 적이 없다.| 欢迎你以后再来;다음에 또 찾아주시기를 환영합니다.

后面 hòu·miàn 名 ❶ (공간, 위치가) 뒤쪽. 뒷면. ¶教室~有一排椅子;교실 뒤에 의자 한 줄이 있다.| 图书馆~就是操场;도서관 뒷쪽은 운동장이나.| ~的同学请坐到前面来;뒷쪽에 있는 학생들은 앞쪽으로 와서 앉으세요. ❷ (순서상) 뒷부분. ¶我先讲第一道题, ~的请张老师来讲;내가 먼저 첫 번째 문제를 설명할 테니, 뒷부분은 장 선생님이 설명하세요.| 同学们提的问题我在~会讲到;친구들이 제기한 문제는 내가 뒷부분에서 말할 것이다.| 这本书的~有一个很长的参考书目;이 책의 뒷부분에는 긴 참고 목록이 있다.

后年 hòunián 名 내후년. ¶今年是2011年, ~是2013年;올해는 2011년이고, 내후년은 2013년이다.| ~我就要毕业了;내후년에 나는 졸업할 것이다.| 他打算今年去北京学汉语, ~去上海找工作;그는 올해 베이징에 가서 중국어를 배우고, 내후년에는 상하이에 가서 일을 찾을 계획이다.

后期 hòuqī 名 후기. ¶佛教是公元4世纪~由中国传入韩国的;불교는 기원전 4세기 후기에 중국에서 한국으로 전래되었다.| 这件事发生在朝鲜时代~;이 일은 조선 시대 후기에 발생한 것이다.| 这部电影正在进行~制作;이 영화는 후편을 제작 중이다.| 新教学楼的修建已经到了~, 不久就可以完工了;새로운 강의동의 시공은 이미 후반에 접어들었고, 오래지 않아서 완공될 수 있다.

后天 hòutiān 名 모레. ¶今天是星期一, ~是星期三;오늘은 월요일이고 모레는 수요일이다.| ~就放假了, 你有什么安排? 모레가 방학인데, 너는 무슨 계획이 있니?| 我已经买了~的机票;나는 이미 모레 비행기표를 샀다.

后头 hòu·tou 名 ❶ (공간의 위치가) 뒤쪽. 뒤. (구어에서 많이 사용한다.) ¶屋子~有一片菜地;집 뒤에 채소밭이 있다.| 这个院子~有一个小池塘(chítáng);이 정원 뒤에는 작은 연못이 하나 있다.| 小王就在你~呢;왕군은 바로 네 뒤쪽에 있다. ❷ (순서가) 뒷부분. 뒤. ¶我先大概介绍一下, ~还要再详细讲;내가 먼저 대강 소개를 하고 뒤에 다시 상세히 설명할게.| 他前头讲的我没听到, 但~这一部分没有什么新鲜的东西;그가 앞에서 말한 부분을 나는 듣지 못했지만, 뒷부분은 별로 새로운 것이 없다.| 学生名单上~的几个名字我不熟悉;나는 학생 명단 뒷부분의 몇몇 이름은 잘 알지 못한다.

厚 hòu 形 ❶ 두껍다. ¶很~;매우 두껍다.| 哈尔滨的冬天很冷, 得穿~棉衣;하얼빈의 겨울은 매우 추워 두꺼운 솜옷을 입어야만 한다.| 冬天到了, 就得盖~一点儿的被子;겨울이 됐으니 약간 두꺼운 이불을 덮어야 한다.| 每到冬天, 这里都会下很~的雪;매번 겨울이 되면 이곳에는 매우 많은 눈이 내릴 것이다.| 这间房子很长时间没有人来打扫, 落了~~的一层土;이 집은 오랫동안 아무도 청소하러 오지 않아서 두꺼운 흙먼지가 앉았다.| 这本词典比那本词典~两厘米;이 사

전은 저 사전보다 2센티 두껍다. ❷ (사람의 얼굴, 낯가죽이) 두껍다. ¶他总是吃别人的东西，真是~脸皮; 그 사람은 뻔뻔하게도 늘 다른 사람 것을 먹는다.｜老王总是去麻烦别人，也不表示感谢，脸皮太~了; 라오왕은 늘 다른 사람들을 번거롭게 하고도 감사할 줄 모르니, 얼굴 참 두껍다. ❸ (감정이) 깊다. 두텁다. ¶深情~谊; 깊고 두터운 정.｜深情~爱; 깊고 두터운 애정.｜交情很~; 친분이 두텁다. 사귄 정이 깊다. ❹ (이윤이) 크다. ¶~利是影响投资者的重要因素; 큰 이익은 투자자에 영향을 미치는 중요한 요소이다. ❺ (선물의 가치가) 크다. ¶他给校长送了价值一万多元的~礼，希望能当系主任; 그는 총장한테 일만 위안의 가치에 달하는 선물을 주면서 학과장을 맡길 바란다고 하였다.｜我给韩国朋友带了一些茶叶作为礼物, 礼虽然不~, 但情意到了; 한국 친구에게 선물로 차를 좀 가져다 주었는데 큰 선물은 아니지만 정성이라고 할 수 있다. ❻ (집안이나 가산이) 부유하다. 넉넉하다. ¶家底儿~; 집안이 넉넉하다. 名두께. ¶这本词典足有10厘米~; 이 사전은 두께가 족히 10센티는 된다.｜昨天这里下了两厘米~的雪; 어제 이곳에 2센티 두께의 눈이 내렸다.

候选人 hòuxuǎnrén 名입후보자. ¶2008年韩国总统大选时，李明博、郑东泳、李会昌都是~; 2008년 한국 대통령 선거 때, 이명박, 정동영, 이회창은 모두 입후보자였다.｜今年学生会会长的~有三位; 올해 학생회 회장 입후보자는 세 명이다.

呼 hū 动❶숨을 내쉬다. ¶人活着就得不停地~气和吸气; 사람이 살려면 반드시 끊임없이 숨을 내쉬고 들이쉬어야 한다.｜检查胸部和肺部时，要先深深地吸一口气，然后再使劲儿(shíjìnr)~一口气; 흉부와 폐를 검사할 때 우선 숨을 깊이 들이쉰 뒤에 다시 힘껏 숨을 깊이 내쉬어야 한다.｜紧张时，可以做一下深~吸; 긴장했을 때 심호흡을 좀 해도 좋다.｜先深深地吸一口气, 然后再慢慢地~出来; 우선 깊이 숨을 한 모금 마신 뒤에 다시 천천히 내쉬어라.｜看到警察把小偷抓住了, 她长长地~了一口气; 경찰이 좀도둑을 붙잡은 것을 보고 그녀는 길게 한숨을 내쉬었다. ❷큰 소리로 외치다. ¶那个~口号的人是我的好朋友; 저 구호를 큰 소리로 외치는 사람이 내 절친한 친구다.｜图书馆里很安静，没有人大~大叫; 도서관 안이 매우 조용해서 큰 소리로 소리치는 사람이 아무도 없다.｜运动会上班长领着同学们~了一阵口号; 운동회에서 반장이 학생들을 통솔하며 구호를 한바탕 큰소리로 외쳤다. ❸ (방송국, 호출기 교환국이나 인터넷 상의 채팅 사이트에서 상대방을) 부르다. 호출하다. ¶以后有什么事儿, 就~我，我的号码是: 23579; 앞으로 무슨 일이 있으면 내게 호출해. 내 번호는 23579야.｜星期天我着急找你, ~了你好几次怎么也不回话? 일요일에 나는 너를 초조하게 찾고 있었는데, 네게 몇 번이나 호출해도 어떻게 대답하지 않니?

呼吸 hūxī 动호흡하다. ¶来到山上,他深深地~了一口新鲜空气; 산 위에 와

서 그는 신선한 공기를 한 모금 깊이 호흡했다.| 她病得很重,~十分困难;그녀는 병세가 매우 심각해서 호흡이 매우 곤란하다.| 有时间可以到大自然中~~新鲜空气;시간 있으면 대자연 속으로 가서 신선한 공기를 호흡해 보렴.| 他的~已经停止了;그의 호흡이 이미 정지됐다.| 他的~有点不正常,声音一会儿大一会儿小;그는 호흡이 비정상적이어서 소리가 커졌다 작아졌다 한다.

▶용법주의: 중첩 형식은 '呼吸呼吸'이다. ¶呼吸呼吸新鲜空气对你的健康有帮助;신선한 공기를 좀 마시는 것은 네 건강에 도움이 된다.

忽然 hūrán 副 갑자기. 별안간. 돌연. 문득. (일이 매우 빨리 발생해서 준비할 틈이 없음을 표시한다.) ¶今天的天气奇怪,刚才还好好儿地,~下起雨来了;오늘 날씨가 이상해서 방금까지도 좋았는데 갑자기 비가 오기 시작했다.| 我正在写字,~听到有人喊我;나는 글자를 쓰고 있는데, 갑자기 어떤 사람이 나를 부르는 소리를 들었다.| ~,门外传来一阵敲(qiāo)门声;별안간 문밖에서 노크 소리가 전해왔다.| ~老陈大笑起来,把我吓了一跳;라오천이 갑자기 크게 웃기 시작해서 나를 깜짝 놀라게 했다.

胡椒粉 hújiāofěn 名 후추가루. ¶鸡丝汤面里放了~和香油,香喷(pēn)喷,热乎乎的,还有一点点辣味,很好吃;닭복음탕에 후춧가루와 참기름을 넣으면 향기로운 냄새가 나고 뜨끈뜨끈하고 약간의 매운 맛이 있어 매우 맛있다.

胡乱 húluàn 副 ❶ 대충. 되는대로. 아무렇게나. ¶早上起晚了,我怕迟到,~穿上衣服就跑出家去了;아침에 늦게 일어나서 나는 늦을까봐 되는대로 옷을 입고 집을 뛰쳐 나갔다.| 考试题很难,我~写了一些字就交上卷子了;시험 문제가 매우 어려워서 나는 몇 글자를 대충 끄적거리고 답안지를 냈다. ❷ 제멋대로. 마음대로. 함부로. ¶你不了解情况,不要~解释;너는 상황을 이해하지 못했으니 제멋대로 변명하지 마라.| 这个案子还没有调查清楚,你怎么能~给他定罪? 이 사건은 아직 조사가 명확히 되지 않았는데, 너 어떻게 함부로 그에게 죄를 언도할 수 있니?

胡萝卜 húluó·bo 名 당근. 홍당무. ¶~中含有丰富的维生素A;당근에는 풍부한 비타민 A가 함유돼 있다.| 这块地里的~长得非常好;이 땅 속의 당근은 매우 잘 자란다.

胡同 hú·tòng 名 골목. 작은 거리. ¶这条小~儿里住了五户人家;이 작은 골목 안에는 다섯 가구가 산다.| 这是一条死~,走不出去;이곳은 막다른 골목이라 빠져 나갈 수 없다.| ~口儿有一家小超市;골목 입구에 작은 슈퍼마켓이 하나 있다.

胡子 hú·zi 名 수염. ¶他已经长成男子汉了,你看,~都长出来了;그는 이미 대장부로 성장했어, 봐봐, 수염이 벌써 났잖아.| 那位老爷爷的~都白了;그 할아버지는 수염이 온통 하얘졌다.| 我丈夫每天早上都会刮~;내 남편은 매일 아침마다 수염을 깎는다.

壶 hú 名 주전자. ¶这是一把新买的~,水开时可以自动断电;이건 새로 산 주전자인데, 물이 끓을 때 자동으로 전기가 차단돼.| 茶~;차 주전자.| 酒

~;술 주전자.| 咖啡~;커피 포트.| 铁~;쇠 주전자.| 瓷~;자기 주전자. [量]주전자. (주전자 안에 담긴 액체에 사용된다.) ¶他已经喝了两~水了, 还是觉得很渴;그는 이미 두 주전자의 물을 마셨는데 아직도 갈증 난다고 느낀다.| 小姐,请给我们上一~龙井茶;아가씨 우리에게 룽징차 한 주전자 주세요.| 一~咖啡多少钱? 커피 한 주전자에 얼마죠?| 他自己已经喝了半~酒了,再喝就该醉了;그는 벌써 반 주전자의 술을 마셨으니, 더 마시면 분명 취할 것이다.

湖 hú [名] 호수. ¶星期天我会带着孩子到~里划船;일요일에 나는 아이를 데리고 호수에 가서 배를 탈 것이다.| 中国最大的~是青海~;중국에서 가장 큰 호수는 칭하이호이다.| 周末我们在颐和园的~边儿散步,~面非常平静;주말에 우리는 이허위안 호숫가에서 산보했는데, 호수면이 매우 평온했다.

糊 hú [动] (풀로) 붙이다. 바르다. ¶中秋节就要到了,他~了一个大大的灯笼(dēng·long);곧 추석인데, 그는 크디큰 초롱을 붙였다.| 那个玩具盒坏了, 你把它~一下吧;그 장난감 상자가 부서졌으니, 너 그걸 좀 붙여봐.| 这个灯笼太大了,今天~不完了;이 초롱이 너무 커서 오늘 다 못 붙이겠어.| 你都~了一个下午了,就~了三个信封? 너는 벌써 오후 내내 붙였는데 편지 봉투를 겨우 3개 붙였다고?| 每年三月三号我们都会~风筝;매년 3월 3일에 우리는 연을 붙인다.

糊涂 hútu [形] ❶ 흐리멍덩하다. 얼떨떨하다. 어리둥절하다. (사물에 대한 인식이 모호하거나 혼란됨을 가리킨다.) ¶他奶奶已经九十多岁了,可是一点儿也不~;그의 할머니는 벌써 90여 세이시지만, 조금도 흐리멍덩하지 않다.| 我今天真~, 上课时点名又认错了学生;나는 오늘 정말 정신이 없어서, 수업 시간에 출석을 부를 때 또 학생을 잘못 알아봤다.| 我最怕跟~人一起办事;나는 흐리멍덩한 사람과 함께 일하는 것을 가장 두려워한다.| 他以前很明白,自从生病之后,越来越~;그는 예전엔 총명했는데, 병이 난 뒤부터 갈수록 흐리멍덩해진다.| 那天我们糊里糊涂地走了两个小时也没有找到电影院;그날 우리는 멍청하게 두 시간을 걸었는데도 극장을 찾지 못했다. ❷ (내용이) 엉망(진창)이다. 뒤범벅이다. (주로 회계, 안건 등을 가리킨다.) ¶他的公司财务有问题,做出的账(zhàng)有点~;그의 회사 재무에 문제가 있어, 작성된 장부가 좀 엉망이다.| 这是一个~案子, 人们都不太清楚内幕;이건 뒤범벅된 사건이라 사람들 모두 내막을 잘 알지 못한다.| 这是一笔~账(zhàng),怎么算也算不清楚;이건 엉망진창인 장부라 어떻게 계산해도 명확하지 않다.

▶용법주의:중첩 형식은 '糊里糊涂'이다. ¶他最近总是糊里糊涂的;그는 요즘 항상 정신이 없다.

互相 hùxiāng [副] 서로. 상호. (일반적으로 뒤에 쌍음절 단어와 호응한다.) ¶我们都是第一次到国外生活,应该~帮助;우리 모두 처음으로 해외에서 생활하는데 서로 도와야 한다.| 我们在工作上应该~支持,在生活上~关

心;우리는 업무에서 서로 지지해야 하고, 생활에서 서로 관심을 가져야 한다.| 你们都是从韩国来的,先~认识一下;너희 모두 한국에서 왔으니 우선 서로 좀 소개 좀 하렴.

▶용법주의:❶ 뒤에는 단음절 동사만 올 수 없다. ❷ 각 사람이 스스로 어떤 동작을 할 때 '互相'을 쓸 수 없다. ❸ 그 자체에 '互相'의 의미가 있는 동사나 동사 구조는 '互相'의 수식을 받을 수 없다. ¶外面路滑,他们得~扶才不会滑倒(×)| 教室里同学们都在认真地~听自己的磁带(×)| 到了火车站,他们就~告别了(×)| 听了老师的话,他们~你看看我,我看看你(×)| 外面路滑,他们得~扶着才不会滑倒;밖의 길이 미끄러워 그들은 서로 부축해야만 미끄러져 넘어지지 않는다.| 教室里同学们都在认真地各自听着自己的磁带;교실 안에서 학생들 모두 각자 자신의 테이프를 진지하게 듣고 있다.| 到了火车站,他们就相互告别了;기차역에 도착하자 그들은 곧 서로 작별 인사를 했다.| 听了老师的话,他们你看看我,我看看你;선생님의 말씀을 듣고 그들은 서로를 바라보기만 했다.

户 hù 名 ❶ 집. 세대. 가구. ¶他们家是外来~,十年前才来到这个村,在这里一个亲戚也没有;그들 집은 외부에서 들어와 정착한 세대로, 10년 전에야 이 마을에 왔는데, 이곳엔 한 명의 친척도 없었다.| 政府为困难~提供了很好的救济措施;정부는 생활이 어려운 가구를 위해 매우 좋은 구제 조치를 제공했다.| 这个村里有个养鸡专业~,依靠养鸡成了万元~;이 마을에 양계 전업 가구가 있는데, 양계로 연간 소득 일 만 위안의 가구가 되었다. ❷ (은행의) 계좌. 구좌. ¶在三家大银行中,这家银行的储~是最多的;세 큰 은행 중 이 은행의 예금 계좌가 가장 많다.| 我先在银行开个~,然后再把钱存进去;너 우선 은행에 계좌를 개설한 뒤에 다시 돈을 저금해라.| 银行账~;은행 계좌. 量 호. 집. 세내. 가구. ¶我们这个小区住着几百~;우리 이 소규모 거주 구역에는 수백 호가 살고 있다.| 每到过年的时候家家~~都会包饺子;설을 쇨 때면 집집마다 모두 만두를 빚을 것이다s.

▶용법주의: '家' 자체가 양사로 쓰일 수 있기 때문에, 다른 양사나 명사로 수량을 표시할 수 없다. ¶大年三十的晚上,每户家都要包饺子(×)| 大年三十的晚上,每家都要包饺子;음력 12월 30일 저녁에 모든 집마다 만두를 빚는다.

护士 hù·shi 名 간호사. ¶她从~学校毕业后就到这家医院当了一名~;그녀는 간호 학교를 졸업하자 마자 이 병원에 와서 간호사가 되었다.| ~是白衣天使;간호사는 백의의 천사다.| 她工作认真负责,被提拔为~长;그녀는 업무를 성실하게 책임져 수간호사로 발탁되었다.

护照 hùzhào 名 여권. ¶中国~;중국 여권.| 美国~;미국 여권.| 我的~快过期了,今天下午得去办~;내 여권이 곧 만기가 돼서 오늘 오후에 여권을 발급받으러 가야 한다.| 你的~号码是多少? 당신 여권 번호가 어떻게 되십니까?

花 huā 名 ❶ (~儿) 꽃. ¶妈妈特别喜欢这盆~儿;엄마는 이 꽃을 특히 좋아한

다.| 路边种满了各种各样的~儿;길가에 각양각색의 꽃들이 심어져 있다.| 春天来了,~都开了;봄이 오니 꽃들이 모두 피었다. ❷ 꽃 모양의 물건. ¶今天早上天上飘起了雪~儿;오늘 아침에 하늘에 눈꽃이 흩날렸다.| 建筑工地上的火~很危险,一定要离远一点儿;건축 현장의 불꽃은 매우 위험하니, 반드시 좀 떨어져 있어야 한다. ❸ 꽃무늬. ¶他今天上班穿了一条~裤子;그는 오늘 출근할 때 꽃무늬 바지를 입었다.| 小姑娘大多喜欢~裙子;꼬마 아가씨들은 대부분 꽃무늬 치마를 좋아한다.| 这件衣服上的~儿很好看,画了两只米老鼠;이 옷의 무늬는 매우 보기 좋은데, 미키마우스 두 마리가 그려져 있다. 形 ❶ 얼룩얼룩. 알록달록. ¶我们家的猫是一只~猫,身上有白色、黑色和黄色三种颜色;우리 집 고양이는 얼룩 고양이인데, 몸에는 흰색, 검정색 그리고 노란색 세 색깔이 있다.| 他今年只有四十多岁,可是头发已经~白了;그는 올해 사십 여 세밖에 안됐는데, 머리는 이미 희끗희끗해졌다.| 商场里摆满了~~绿绿的衣服;시장 안에 알록달록한 옷이 진열되어 있다. ❷ (눈이) 침침하다. 아물아물하다. 흐리다. ¶他已经六十岁了,眼睛已经~了,书上的小字都看不清了;그는 벌써 예순이라 눈이 침침해졌고, 책의 작은 글자가 잘 보이지 않는다. 动 소비하다. 쓰다. 소모하다. 들다. ¶老师~了很长时间给我们看作业;선생님은 긴 시간을 소모해 우리의 숙제를 봐 주신다.| 这次旅游玩了很多地方,可没~多少钱;이번 여행에서 많은 곳을 서 놀았지만, 얼마 쓰지 않았다.| 他白~了两天劝朋友,可是朋友不听;그는 이틀 동안 친구에게 헛되이 권했지만, 친구는 듣지 않았다.| 这个任务~上一个月时间也完不成;이 임무는 한 달을 소비해도 완수할 수 없다.| 这个地方一点儿也不好玩儿,门票~得不值;이 곳은 조금도 재미가 없어서, 입장권을 들일 가치가 없다.

花牌 huāpái 名 화투. ¶韩国人过年时喜欢玩~;한국인은 설을 쇨 때 화투치는 것을 좋아한다.| 他的~玩得比我好;그는 화투를 나보다 잘 한다.

花样滑冰 huāyànghuábīng 名 피겨 스케이팅. ¶她最喜欢看~比赛;그녀는 피겨 스케이팅 경기를 보는 것을 제일 좋아한다.| 她是世界著名的~运动员;그녀는 세계에서 유명한 피겨 스케이팅 선수이다.| 你喜欢~吗?너 피겨 스케이팅 좋아하니?

花园 huāyuán 名 화원. ¶学校一进门就是一个大~;학교를 들어가자 마자 곧 큰 화원이다.| ~里种满了各种各样的花;화원에는 각양각색의 꽃이 가득 피어 있었다.| 我们一起去~散步吧;우리 함께 화원에 산보하러 가자.| 这可真是个美丽的~;이곳은 정말 아름다운 화원이다.

划 huá 动 ❶ (배를) 젓다. 헤치다. ¶我们明天要进行~船比赛;우리는 내일 카누 경기를 할 것이다.| 在船上,我们用力~了很久才到岸上;배에서 우리는 오랫동안 힘들여 배를 저어야 비로소 기슭에 이르렀다.| 游泳时要用力~水;수영할 때는 힘껏 물을 헤쳐야 한다.| 咱们~到对面去吧;우리 맞은 편까지 배를 저어 가자.| 我已经

~不动了,你来~一会儿吧;나는 이미 배를 저을 수가 없으니, 네가 잠시 배를 저어라.│我们的船~得最快,得了第一名;우리 배가 가장 빨라 1등을 했다. ❷(뾰족한 물건으로) 자르다. 쪼개다. 상처를 내다. ¶我的手被~破了,流了很多血;내 손이 베여서 많은 피가 흘렀다.│塑料袋被笔~了一个口子;비닐 봉투가 펜에 긁혀 구멍이 났다.│他用刀子~开了玻璃;그는 칼로 유리를 잘랐다.│他~了一根火柴(huǒchái)点燃(diǎnrán)了生日蜡烛(làzhú);그는 성냥을 그어 생일초에 불을 붙였다.│我手上的口子~得很深,在医院缝了三针;내 손에 상처가 깊이 나서, 병원에서 세 바늘을 꿰맸다.

华丽 huálì [形] 화려하다. ¶她穿着~的服装参加女儿的结婚典礼;그녀는 화려한 복장을 입고 딸의 결혼식에 참가하였다.│故宫是一座宏伟(hóngwěi)~的宫殿(gōngdiàn);고궁은 웅장하고 화려한 궁전이다.│他家的客厅布置得很~;그의 집 응접실은 매우 화려하게 장식되어 있다.│这篇文章用词太~,我不太喜欢;이 문장은 어휘의 구사가 너무 화려해서, 난 별로 좋아하지 않는다.

滑 huá [形] 미끄럽다. 반들반들하다. 매끈매끈하다. ¶冰上太~了,小心摔跤(shuāijiāo);얼음 위가 너무 미끄러우니 넘어지는 걸 조심해라.│刚下过雪,地上很~;방금 눈이 내려서 땅이 매우 미끄럽다.│卫生间应该用防~地板;화장실에서는 미끄럼 방지 바닥을 써야 한다. [动] 미끄러지다. 미끄럼을 타다. ¶我第一次去冰场的时候,

刚进去就~了一跤;처음 스케이트장에 갔을 때, 막 들어가자마자 한 번 미끄러졌다.│下雪了,路上要小心,别~倒了;눈이 내려 길에서 넘어지지 않게 조심해야 한다.│咱们再~两个来回就回家吧;우리 다시 두 번 왔다 갔다 미끄럼을 타고 집에 돌아가자.

滑冰 huábīng [动](-//-)스케이트를 타다. ¶我以前没有滑过冰;나는 전에 스케이트를 탄 적이 없다.│我从十岁开始学习~;나는 10살 때부터 스케이트 타는 걸 배우기 시작했다.│她~滑得特别快,就好像在冰上飞一样;그녀는 스케이트를 특히 빨리 타는데, 마치 얼음 위를 나는 것 같다. [名] 스케이팅. ¶奥运会的比赛项目中,我最喜欢看~;올림픽 경기 종목 중에서 나는 스케이팅을 보는 걸 제일 좋아한다.│今年的运动会我报了~和游泳,比赛的时候来给我加油吧;올해 운동회에서 나는 스케이팅과 수영을 신청했으니, 경기할 때 와서 내게 응원해줘.

▶용법주의:'滑冰'이 동사로 쓰일 때는 이합사여서, 사용할 때 분리해서 쓸 수 있으며, 중간에 '过', '了', '着' 등을 넣을 수 있으며, 시간, 횟수 등의 수량 단어를 넣을 수도 있다. ¶我滑过五年冰;나는 5년 동안 스케이트 탔다.│他已经滑了两个小时冰了;그는 이미 두 시간 동안 스케이트를 탔다.│他一边滑着冰一边打手机;그는 스케이트를 타면서 휴대폰으로 전화 걸고 있다.

化 huà [动] ❶(얼음, 눈 등이) 녹다. 풀리다. ¶太阳出来了,雪慢慢地~了;태양이 떠오르자 눈이 서서히 녹았다.│春天来了,河里的冰开始~了;봄이 오자 강의 얼음이 녹기 시작했다.│得

早点儿把肉从冰箱里拿出来~着,不然没法炒菜;고기를 냉장고에서 좀 일찍 꺼내 녹여야지, 그렇지 않으면 음식을 볶을 수 없다. ❷ 용해되다. 용해되다. ¶把白糖放在水里,一会儿就~了;백설탕을 물에 넣으면 곧 용해된다. 尾 화(化) (하다). (명사나 형용사 뒤에 붙어 동사를 구성하며, 어떤 성질을 갖고 있거나 어떤 상태가 됨을 표시한다.) ¶绿~;녹화하다.│美~;미화(하다).│标准~;표준화(하다).│他的病情进一步恶~了,可能活不过三个月了;그의 병세가 한층 악화돼 3개월을 넘기지 못할 것 같다.│中国目前已经实现了现代~;중국은 지금 현대화를 이미 실현하였다.│简~;간략화(하다). 간소화(하다).│优~;최적화하다.│机械~;기계화(하다).

化学 huàxué 名 화학. ¶他是~老师,我是语文老师;그는 화학 교사이고, 나는 국어 교사이다.│弟弟是学~的;동생은 화학을 공부한다.│最喜欢做~试验,看物体怎么发生~变化;나는 화학을 실험해서 물체가 어떻게 화학 변화를 일으키는지 보는 걸 제일 좋아한다.

化妆品 huàzhuāngpǐn 名 화장품. ¶女人花在~上的钱是很多的;여자는 화장품에 들이는 돈이 매우 많다.│他给妻子买了一套名牌~作为生日礼物;그는 아내에게 생일 선물로 유명 메이커 화장품 세트를 사줬다.│~是她的最爱;화장품은 그녀가 제일 좋아하는 것이다.

☞ huà

划 huà 动 나누다. 구분하다. 분할하다. 굿다.│这个城市~为六个区;이 도시는 여섯 개 구로 나뉜다.│现在我们~好了活动范围,请大家不要到别人的区域活动;지금 우리는 행동 범위를 나누었으니, 모두 다른 사람의 구역에서 활동하지 말기를 바랍니다.│这块土地~成两块,一块给哥哥,一块给弟弟;이 땅을 두 조각으로 나누어, 하나는 형에게 또 하나는 동생에게 주었다.

☞ huá

画 huà 动 (그림을) 그리다. ¶他~猫~得很有名;그는 고양이를 잘 그리기로 매우 유명하다.│我用了半个月的时间才~完;나는 보름의 시간을 들여서 겨우 다 그렸다.│老师在黑板上~了一幅地图;선생님이 칠판에 지도 하나를 그리셨다.│你慢慢~吧,我先走了;너 천천히 그리렴, 나 먼저 갈게.│他~得挺快的;그는 매우 빨리 그림을 그렸다. (~儿) 名 그림. ¶这张~卖多少钱? 이 그림 얼마에 팔죠?│我宿舍的墙上挂着一幅~;내 기숙사 벽에는 그림 한 폭이 걸려 있다.│周末的时候我去学画~;주말에 나는 그림 그리는 걸 배우러 간다. 量 (글자의) 획. ¶"人"字有两~;'人'자는 2획이다.│这个字儿~? 이 글자는 몇 획이니?│他写字时一笔一~都写得很认真;그는 글자를 쓸 때 한 획 한 획마다 매우 진지하게 쓴다.

画报 huàbào 名 화보. ¶这本~是周一才出版的;이 화보는 월요일에야 비로소 출판된 것이다.│我给孩子订了一份儿童~;나는 아이를 위해 아동 화보 하나를 주문하였다.│如果有好的图片或照片儿可以往~社投稿;만약

좋은 그림이나 사진이 있다면 화보사에 투고해도 된다.| ~ 上把你的照片儿登出来了;화보에 네 사진이 게재돼 나왔다.

画面 huàmiàn 名 화면.¶这部电影 ~ 清晰;이 영화는 화면이 뚜렷하다.| 打开主页会出现登录(dēnglù) ~ ,请输入用户名和密码;홈페이지를 열면 등록 화면이 나타날 테니, 사용자명과 비밀 번호를 입력하시기 바랍니다.| 记者记录(jìlù)下了地震(dìzhèn)后十分钟的 ~ ;기자는 지진 발생 후 10분 간의 화면을 기록하였다.| 我的脑海里不时地显现出与孩子们分别时的 ~ ;내 머릿속에는 늘 아이들과 헤어질 때의 화면이 나타난다.

话 huà 名 ❶ 말. 이야기.¶听完他的 ~ ,大家禁不住大笑起来;그의 말을 다 들은 뒤, 모두 참지 못하고 크게 웃기 시작했다.| 现在请校长讲几句 ~ ;지금부터 총장님께 몇 말씀 청하겠습니다.| 你说的 ~ 太好了;네가 한 말 너무 좋아.| 他正在学说中国 ~ ;그는 중국어를 배우고 있다. ❷ 기록된 글이나 말.¶他正在看书上的 ~ ;그는 책 속의 글을 보고 있다.| 书上的这段 ~ 很有意思,你也看看;책 속의 이 말들은 매우 재미있으니, 너도 좀 보아라.

话题 huàtí 名 화제. 토픽.¶今天我们以"保护环境"为 ~ 来谈谈自己的看法;오늘 우리는 '환경 보호'를 화제로 삼아 자신의 견해를 이야기해 봅시다.| 爱情是永远的 ~ ;사랑은 영원한 화제이다.| 这个 ~ 大家都感兴趣;화제에 대해 모두 흥미가 있다.| 这是近期最热门的 ~ ;이것은 최근 들

어 가장 인기 있는 화제이다.| 请大家围绕(wéirào)"吸烟"的 ~ 展开讨论;모두 '흡연'을 둘러싼 화제에 대해 토론을 전개하세요.

怀疑 huáiyí 动 회의하다. 의심하다. 의심을 품다.¶丈夫 ~ 妻子在外面有别的男人;남편은 아내가 밖에 다른 남자가 있다고 의심하였다.| 他已经对你产生 ~ 了;그는 이미 네게 의심이 생겼다.| 你应该想办法消除他对你的 ~ ;너는 방법을 생각해 너에 대한 그의 의심을 해소해야 한다.| 他一直 ~ 这件事;그는 줄곧 이 일에 대해 의심을 품고 있다.| 我们不能 ~ 科学;나는 과학을 의심할 수 없다

怀孕 huái//yùn 动 임신하다.¶她已经 ~ 三个月了;그녀는 이미 임신한지 삼개월 됐다.| 怀了孕的妇女应该适量运动;임신한 여성은 적당한 운동을 해야 한다.| 她怀过两次孕;그녀는 두 번 임신한 적이 있다.| 妻子 ~ 以后,丈夫对她更关心了;아내가 임신한 후에 남편은 그녀에게 더욱 관심을 기울였다.

▶용법주의: '怀孕'은 분리하여 사용될 수 있으며, 중간에 '过','了','着' 등을 넣을 수 있으며, 시간, 횟수 등의 수량 단어를 넣을 수도 있다.¶她怀过三次孕;그녀는 세 번 임신했다.| 她已经怀了三个月的孕了;그녀는 벌써 임신 3개월이다.| 她怀着孕每天工作十个小时,很辛苦;그녀는 임신한 채 매일 10시간을 일하니 매우 힘들다.

坏 huài 形 ❶ 나쁘다. 좋지 않다.¶他小时候常常做 ~ 事:偷东西、打人;그는 어렸을 때 종종 나쁜 일을 했는데 물

건을 훔치고 남을 때렸다.│他常常给别人出~主意;그는 종종 다른 사람에게 나쁜 방도를 생각해준다.│他这个人~极了,没有比他更~的人了;그 사람은 대단히 나빠서, 그보다 더 나쁜 사람은 없을 정도이다. ❷(심리적으로나 육체적으로) 매우 …하다. …하여 죽겠다. ¶昨天去山上旅游忘了带水,又找不到卖东西的地方,把我渴~了;어제 산으로 여행갔는데 물을 가져가는 걸 잊어버린데다 물건 파는 곳도 찾지 못해서, 매우 갈증이 났다.│一天没吃东西了,他现在饿~了;하루 종일 뭘 먹지 못해 그는 지금 배고파 죽겠다.│爸爸刚做完手术,妈妈要照顾爸爸,照顾我和弟弟,还要上班,忙~了;아빠가 막 수술을 하셔서, 엄마는 아빠를 돌봐야 하는데다 나와 동생까지 돌보고 또한 출근까지 해야 되니 바빠 죽을 지경이다.│同学们一口气从山脚下跑到山顶,累~了;학생들은 산기슭에서 산 정상까지 단숨에 뛰어올라 피곤해 죽을 지경이다.│·听说自己考上北京大学了,妹妹高兴~了;자신이 베이징 대학에 합격했다는 말을 듣고 여동생은 매우 기뻐했다. 动 상하다. 고장나다. 망가지다. 탈나다. 못쓰게 되다. 썩다. ¶昨天吃剩下(shèng·xia)的饭忘记放在冰箱里,今天早上全~了;어제 먹고 남은 밥을 냉장고 속에 넣는 걸 잊어버려, 오늘 아침에 완전히 상했다.│杯子从桌子上掉下来摔~了;컵이 탁자에서 떨어져 깨져버렸다.│这些水果放得时间太长都~了;이 과일들은 너무 오래 놔둬서 모두 썩었다.

坏处 huài·chu 名 결점. 나쁜 점. 해로운 점. ¶吸烟对人只有~,没有一点儿好处;흡연은 사람에게 나쁜 점만 있을 뿐 조금도 좋은 점이 없다.│让孩子玩游戏~很多;아이들에게 게임을 하게 하면 해로운 점이 많다.│看电视剧的~是浪费时间;TV 연속극을 볼 때 나쁜 점은 시간을 낭비한다는 점이다.

欢送 huānsòng 动 환송하다. ¶我们的汉语老师明天就要回国了,今天晚上大家都来~她;우리 중국어 선생님이 내일이면 귀국하셔서, 오늘 저녁에 모두 그녀를 환송하러 왔다.│车站上都是来~毕业生的老师和学生;터미널엔 온통 졸업생을 환송하러 온 선생님과 학생들로 가득했다.│火车开走了,~的人也慢慢散去了;기차가 떠나자 환송하던 사람들도 천천히 흩어져갔다.

欢喜 huānxǐ 形 기쁘다. 즐겁다. ¶让我们欢欢喜喜地过新年;우리 즐겁게 새해를 보내자.│听说姐姐要回来了,他~得不得了;누나가 돌아온다는 말을 듣고, 그는 매우 즐거워했다.│弟弟考上了最好的大学,全家都~;동생이 가장 좋은 대학에 붙어 온 집안이 즐거워했다.

▶용법주의: 중첩 형식은 '欢欢喜喜'이다. ¶他知道自己通过了这次考试后就欢欢喜喜地回来了;그는 자신이 이번 시험에 통과한 것을 알고 기쁘게 돌아왔다.

欢迎 huānyíng 动 환영하다. ¶总统到机场~中国代表团来韩国访问;대통령께서 공항에 오셔서 중국 대표단의 방한을 환영하셨다.│小王,如果你来我们学校,我和同学们一定会热烈

(rèliè)~;왕군, 만약 네가 우리 학교에 온다면 나와 학우들이 뜨겁게 맞아 줄거야.│现在我们~金钟勋为我们唱一首歌;지금 우리 김종훈이 우리를 위해 노래 한 곡 부르는 것을 환영하자.│~的场面非常热烈(rèliè);환영하는 장면이 매우 열렬했다.│受到这么多老师和同学的~,我真的很高兴;이렇게 많은 선생님과 학생들의 환영을 받으니, 전 정말 기쁩니다.

还 huán [动] 갚다. 돌려주다. 반납하다. ¶我今天得去图书馆~书;나는 오늘 도서관에 책을 반납하러 가야 한다.│他昨天从我家借了一个书包,今天中午已经~了;그는 어제 우리 집에서 책가방 하나를 빌렸는데, 오늘 정오에 이미 되돌려주었다.│上次借的钱还没有~,他今天又来找我借钱了;지난 번 빌렸던 돈을 아직 갚지 않았는데, 그는 오늘 다시 내게 돈을 빌리러 왔다.│他借那么多钱,能~得起吗? 그가 그렇게 많은 돈을 빌렸는데 갚을 수 있느냐?│上次借的钱他已经~清了;지난 번에 빌린 돈을 그는 이미 다 갚았다.

☞ hái

还是 hái·shi [副] ❶ 아직도. 여전히. ¶已经是秋天了,怎么~这么热? 벌써 가을인데, 어떻게 아직도 이렇게 덥니?│她~那么年轻;그녀는 아직도 그렇게 젊다. ❷ …하는 편이 (더) 좋다. (비교를 거친 선택을 표시하며, 자신의 건의를 표명한다.) ¶以前都是你去找他,明天~你去吧;예전엔 모두 네가 그를 찾아갔는데, 내일은 네가 가는 게 좋겠다.│我看咱们~去故宫吧,八达岭长城(Bādálǐng Chángchéng)太

远了;내가 보기에 우리 고궁에 가는 편이 좋겠어, 바다링 장성은 너무 멀어.│我想咱们~先打个电话问问吧;내 생각엔 우리 먼저 전화를 걸어 묻는 편이 좋겠어.│我看~让王老师跟同学们一起去吧,大家都喜欢她;내가 보기에 왕 선생님이 학생들과 함께 가시도록 하는 게 좋겠어, 모두 그녀를 좋아하잖아. [连] 또는. 아니면. (의문문에서 선택을 나타낸다.) ¶你喝茶~喝咖啡? 너 차 마실래, 아니면 커피 마실래?│咱们明天去故宫~去长城? 우리 내일 고궁에 갈까 아니면, 장성에 갈까?│不知道明天是你去~王老师去;내일 네가 갈지 아니면 왕 선생님이 갈지 모르겠다.

▶용법주의:'或者','还是'는 모두 선택을 표시할 수 있지만,'还是'는 의문문에 쓰이며,'或者'는 일반적으로 의문문에 쓰이지 않는다. ¶你去北京或者去上海? (×)│明天还是你去,还是我去 (×)│你去北京还是去上海? 넌 베이징에 가니, 아니면 상하이에 가니?│明天或者你去,或者我去;내일 네가 가든지, 아니면 내가 간다.

还有 háiyǒu ❶ 그리고. 또한. (증가나 내용 보충을 표시한다.) ¶审讯后警察知道他偷来的钱~很多,都在家里放着呢;심문 후 경찰은 그가 훔쳐온 돈이 여전히 많으며, 모두 집안에 놓여 있음을 알았다. [连] ❷ 그리고. 또한. (문장 중간에서 앞에서 말한 내용에 대해 보충한다.) ¶明天你第一次做饭,要注意水不要放得太多,米要先洗干净,~,要在水开了之后把火关小了;내일 네가 처음으로 밥을 지으니, 물을 너무 많이 넣지 말고, 쌀은 깨끗하게 씻어야 함을 주의해라, 그리고 물이 끓은 뒤에 불을 줄여야 한다.│门外站着几个同学,教室里~一些同学;문 밖에 몇몇 학생이 서 있고, 교실 안에는 또한 학생들이 있다.│参加这次会议的有老师、学生、~一些学生的家长;이번 회의에 참가한 사람들로는 선생님, 학생이 있고, 그리고 학생의 가장들이 있다.│房子、家具、书籍、字画~存款,都是父亲的遗产;집, 가구, 서적, 서화와 예금은 모두 부친의 유산이다. ❸ 그리고. 또한. (여전히 존재함을 표시한다.)│回到老房子后我发现,以前我画在墙上的画现在~;옛 집으로 돌아온 후에 나는 예전에 벽에 그렸던 그림이 지금도 있음을 발견했다.

环 huán [名] 고리. 링. ¶奥林匹克运动有五~标志(biāozhì);올림픽에는 오륜 마크가 있다.│参加游园的孩子们手里都拿着花~;축하 행사에 참가한 아이들은 모두 손에 화환을 들고 있다.│他把铁丝(tiěsī)弯成一个小~儿;그는 철사를 작은 고리 모양으로 구부렸다.

环顾 huángù [动] (사방을) 둘러보다. (서면어에서 쓰인다.) ¶爬到山顶, ~四周,他感觉自己像是到了树的海洋;산꼭대기에 올라 사방을 둘러보니, 그는 꼭 나무의 바다에 와 있는것처럼 느꼈다.│在这个陌生(mòshēng)的地方,他~左右,没有一个认识的人;이 낯선 곳에서 그는 좌우를 둘러봤지만 아는 사람이 하나도 없었다.

环境 huánjìng [名] 환경. ¶这里自然~很美;이곳의 자연 환경은 매우 아름답다.│每个人都应该保护~;모든 사람

이 환경을 보호해야 한다.│刚来到这个陌生的地方,我得先熟悉(shúxī)一下~;막 이 낯선 곳에 왔으니, 난 우선 환경에 익숙해져야 한다.│他很快适应了这里的~;그는 매우 빨리 이곳 환경에 적응하였다.│要想学习汉语,最好还是去中国,那里的语言~好;중국어를 배우려면 제일 좋기는 중국에 가는 편이 좋다, 그곳의 언어 환경이 좋으니.

环视 huánshì [动] (사방을) 둘러보다. (서면어에서 쓰인다.) ¶台下响起长时间的掌声(zhǎngshēng),演讲者~会场并向观众致谢;연단 밑에서 오랫동안 박수 소리가 울리자, 강연자는 회장을 둘러보고 관객들에게 사의를 표했다.

缓缓 huǎnhuǎn [形] 느릿느릿하다. ¶快到家了,爸爸把车~地停下来;집에 거의 도착하려 하자, 아빠는 차를 느릿느릿 멈췄다.│今天是周末,路上又堵车了,半天汽车才~地走了不到一百米;오늘은 주말이고 도중에 또 차가 막혀 한참을 가도 느릿느릿 백미터도 못 갔다.│奶奶年龄太大了,听到别人叫她,只是~地抬头看一眼,就接着闭上眼睛休息;할머니는 연세가 너무 많으셔서, 다른 사람이 그녀를 부르는 걸 듣고도 다만 느릿느릿 고개를 들어 한 번 보시고, 이어서 눈을 감고 쉬셨다.

唤起 huànqǐ [动] ❶ (주의나 기억 따위를) 불러일으키다. 환기하다. ¶孩子用啼哭(tíkū)~母亲注意他,照顾他;아이는 크게 울어 어머니가 자신을 돌봐주고 관심 갖게 한다.│鸟儿的叫声~他对童年的回忆;새의 울음소리가 그

의 어린 시절에 대한 회상을 불러일으켰다.│照片~他对女朋友的思念; 사진이 그의 여자 친구에 대한 그리움을 불러일으켰다. ❷ 불러일으키다. 분기시키다. ¶政府希望通过每年一次的清洁日活动~全体国民自觉爱护环境的意识; 정부는 매년 한차례 청소의 날 행사로 오국민이 스스로 환경을 보호하는 의식을 갖도록 일깨우려한다.│残疾(cánjí)人奥运会的召开再次~残疾人的参与意识和奋斗(fèndòu)精神; 장애인 올림픽은 다시 한 번 장애인들에게 참여의식과 격렬하게 타오르는 스포츠 정신을 불러일으켰다.

换 huàn 动 ❶ 교환하다. 바꾸다. ¶今天我和妹妹~着穿衣服,我穿她的红毛衣,她穿我的白毛衣; 오늘 나는 여동생과 옷을 바꿔 입었는데, 나는 그녀의 붉은 스웨터를 입고, 그녀는 나의 흰 스웨터를 입었다.│我用两张中国邮票~了他三张韩国邮票; 나는 중국 우표 두 장을 그의 한국 우표 세 장과 교환했다.│我不喜欢喝可乐,你要是不喜欢喝果汁的话,咱们俩~~; 나는 콜라 마시는 걸 싫어하니, 네가 만약 주스 마시는 걸 싫어한다면, 우리 둘이 바꿔 마시자.│他用自己的苹果跟小朋友~回来一支铅笔; 그는 자신의 사과를 꼬마 아이의 연필 한 자루와 바꾸었다. ❷ 바꾸다. 갈다. 교체하다. ¶他最近~了工作,不当老师了; 그는 최근에 직업을 바꿔, 선생 노릇을 그만두었다.│我昨天买的衣服号太小了,今天得去~~; 내가 어제 산 옷의 사이즈가 너무 작아 오늘 바꾸러 가야 된다.│这学期我们~宿舍了,

我从一楼搬到了三楼; 이번 학기에 우리는 기숙사가 바뀌어, 난 1층에서 3층으로 옮겼다.│从学校到动物园要~三次车; 학교에서 동물원까지는 차를 세 번 갈아타야 한다.│房间已经~好了,请您去看看; 방이 이미 바뀌었으니, 살펴보시죠.│我今天想把人民币~成美元,可是银行周末不办公,我~不了; 나는 오늘 인민폐를 달러로 바꿀 생각이었지만, 은행이 주말에는 업무를 보지 않아. 나는 바꿀 수가 없었다.

患 huàn 动 (병에) 걸리다. 앓다. (일반적으로 단독으로 쓰이지 않으며, 뒤에 '病'이나 병의 명칭이 온다.) ¶他最近~了肝炎(gānyán),在家休息; 그는 최근에 간염에 걸려 집에서 쉬고 있다.│我从来没~过大病; 나는 여태껏 큰 병에 걸린 적이 없다.│去年他~了一年病,一直没有上学; 작년에 그는 1년간 앓아서 학교에 줄곧 다니지 않았다.

患者 huànzhě 名 환자. ¶医院里住满了~; 병원 안은 환자로 가득 찼다.│他是一位心脏病~; 그는 심장병 환자다.│医生很关心~的病情; 의사는 환자의 병세에 매우 관심을 갖는다.│这位大夫治好了很多~的病; 이 의사는 수많은 환자의 병을 치료하였다.

慌 huāng 形 당황하다. 허둥대다. 갈팡질팡하다. ¶他一上台讲话就~; 그는 연단에 올라 이야기를 시작하자마자 허둥댔다.│考试的时候千万不要~; 시험 볼 때 부디 당황하지 마라.│起床太晚了,他~得穿错了衣服; 너무 늦게 일어나자 그는 당황해서 옷을 잘못 입었다.│还有一个小时才开车呢,

你~什么? 车次出发하려면 한 시간이나 남았는데 너 뭘 허둥대니?| 马上要考试了,我~极了;곧 시험이 시작되려 하자 나는 매우 당황하였다. 动당황(해)하다. 어쩔 바를 몰라 하다. 안절부절 못하다. ¶他到机场才发现机票丢了,~了神儿;그는 공항에 도착해서야 비행기표를 잃어버린 걸 발견하고 당황해 했다.| 该付账的时候,他却找不到钱包了,不由得~了手脚;계산해야 할 때 그는 지갑을 찾지 못해 저도 모르게 당황해 어쩔 줄을 몰라했다.| 他做事总是~手~脚的;그는 일을 처리할 때 늘 어쩔 바를 몰라 한다.

慌乱 huāngluàn 形 당황하고 혼란하다. ¶听说妈妈住院了,他心里有些~;엄마가 병원에 입원하셨다는 말을 듣고 그의 마음은 약간 당황스러웠다.| 要迟到了,他~地处理了家里的事情就走了;늦을 것 같자 그는 집안 일을 황급히 처리하고 떠났다.| 起火后,现场一片~;불이 난 후에 현장은 온통 혼란스러웠다.| 明星的到场引起了~;스타가 현장에 나타나자 혼란을 불러일으켰다.| 会场里~起来了;회의장이 술렁거리기 시작했다.

皇帝 huángdì 名 황제. ¶他是中国历史上的第一位~;그는 중국 역사상 첫번째 황제이다.| 武则天(中国唐代的一位女皇)终于登上了~的宝座(bǎozuò);측천무후(중국 당 왕조의 여자 황제)는 결국 황제의 자리에 등극하였다.| 他做梦都想当~;그는 꿈 속에서도 황제 노릇을 하고 싶어한다.| 独生子女被宠(chǒng)成了家里的小~;외동 아들과 딸들은 집안의

작은 황제로 총애를 받았다.

黄 huáng 形 ❶ 노랗다. 누렇다. ¶秋天来了,树叶变~了;가을이 오자 나뭇잎이 누렇게 변했다.| 他的窗前开了几朵~花;그의 창 앞에 몇 송이 노란 꽃이 피었다.| 金善美喜欢穿~衬衫;김선미는 노란 블라우스 입는 걸 좋아한다.| 我们都是~皮肤,黑眼睛;우리는 모두 노란 피부와 검은 눈을 지녔다. ❷ 퇴폐적이다. 선정적이다. 음란하다. ¶目前正在进行扫~打非工作;현재 불법 음란물 소탕 작업을 진행하고 있다.| 工商部门去年全年查禁(chájìn)了近万本~书;상공 부문에서 작년 일 년 내내 근 만 권에 이르는 음란 서적을 조사하여 금지시켰다. 动 실패하다. 깨지다. 허사가 되다. ¶由于假期要加班,他旅游的计划~了;휴가 기간에 초과 근무를 해야 했기 때문에, 그의 여행 계획은 허사가 되었다.| 这笔生意已经~了,不要再想了;이 장사는 이미 허사가 되었으니, 다시 생각하지 마라.| 你放心,这事儿交给我肯定~不了;너 안심해라, 이 일은 나에게 넘기면 틀림없이 실패할 리 없으니까.

黄瓜 huángguā 名 오이. ¶我想买几根新鲜~来吃;난 신선한 오이 몇 개를 사서 먹을 생각이다.| 这里有~卖吗? 여기서 오이를 팝니까?| 我最喜欢吃炒~,喝~汤;나는 볶은 오이를 먹고, 오이국 마시는 걸 가장 좋아한다.| 他把~当水果吃;그는 오이를 과일 삼아 먹는다.| 她家院子里种着几棵~;그녀 집 뜰에는 오이가 몇 줄기 심어져 있다.

黄花鱼 huánghuāyú 名 황조기. ¶~很有

营养;황조기는 영양이 매우 풍부하다.| 我正在煎~;나는 황조기를 굽고 있다.| ~的刺(cì)很少;황조기는 가시가 매우 적다.

黄油 huángyóu [名] ❶ 버터. ¶他喜欢吃面包时抹(mǒ)上点儿~;그는 빵을 먹을 때 약간의 버터를 발라 먹는 걸 좋아한다.| ~煎土豆很香;버터로 감자를 부치면 매우 달콤하다.| 妈妈买了一些~;엄마는 버터를 약간 사셨다. ❷ 그리스. ¶自行车得上点~了;자전거에 그리스를 약간 발라야 한다.| 他干活弄得满手都是~;그는 일하다 온 손을 그리스 투성이로 만들었다.

谎话 huǎnghuà [名] 거짓말. ¶为了不让女朋友离开自己,他编倒了很多~;여자 친구가 자신에게서 떠나가지 않게 하려 그는 수많은 거짓말을 지어 냈다.| 他的~被揭(jiē)穿了,人们再也不相信他了;그의 거짓말이 폭로되어 사람들은 더 이상 그를 믿지 않는다.| 从小妈妈就告诉我不能说~;어려서부터 엄마는 내게 거짓말 해서는 안 된다고 말하셨다.

谎言 huǎngyán [名] 거짓말. (주로 서면어에 쓰인다.) ¶他编造(biānzào)~的目的是不想被人发现自己的罪行;그가 거짓말을 꾸며낸 목적은 사람들이 자신의 범법 행위를 발견하지 못하게 하기 위해서였다.| 任何~最终都会被戳(chuō)穿;어떠한 거짓말도 결국은 모두 탄로나는 법이다.| 他编织(biānzhī)了许多动听的~欺骗(qīpiàn)自己的妻子;그는 수많은 감동적인 거짓말을 꾸며내 자기 아내를 기만하였다.

灰 huī [形] 회색의. 잿빛의. ¶这件~大衣

真漂亮;이 회색 외투는 정말 아름답다.| 那顶~帽子多少钱?저 회색 모자는 얼마입니까?| 那件毛衣太~了;저 스웨터는 너무 어둡다. [名] ❶ 재. ¶一把大火把那一片草地烧成了~;큰 불이 저 초원을 재로 만들어버렸다.| 那封信已经烧成了~,没法看了;그 편지는 이미 타서 재가 되었으니, 볼 방법이 없다.| 稻草的~是很好的农业肥;볏짚의 재는 좋은 농업 비료이다. ❷ 먼지. ¶桌子全是~,快擦擦吧;탁자가 온통 먼지투성이니 빨리 닦아라.| 这里上课还用粉笔,每次上完课桌子上就有一层粉笔~;여기서는 수업할 때 여전히 분필을 써서, 매번 수업이 끝날 때면 탁자 위에는 분필 먼지가 쌓인다.| 一刮风到处都是~;바람이 한 번 불면 곳곳이 모두 먼지투성이다.

灰暗 huī'àn [形] 암담하다. 어둡다. 어둑어둑하다. 침울하다. ¶下午~的天空布满乌云,马上就要下大雨了;오후의 어두운 하늘엔 먹구름이 가득 깔려있어, 곧 큰 비가 오려 한다.| 有电灯之前,他家只有~的油灯;전등이 있기 전에는 그의 집엔 단지 등불만 있을 뿐이었다.| 这幅画上画满了~的线条,使人感觉作者的心情也那么~;이 그림에는 어두운 선들이 가득 그려져 있어, 사람들은 작가의 심정 역시 그렇게 암담하다고 느낀다.| 他感觉自己的前途一片~;그는 자신의 앞날이 암담하다고 느꼈다.| 由于天色~,路旁的景物已经模糊(móhu)不清了;하늘빛이 어두웠기 때문에, 길가의 풍경은 이미 모호해졌다.

灰尘 huīchén [名] 먼지. ¶这间屋子好长时

间没有人住了,桌子上有一层~;이 집은 오랫동안 아무도 살지 않아, 탁자 위에는 먼지가 쌓여있었다.| 教室里厚厚的~说明已经很久没有人来过了;교실 안의 쌓인 먼지는 이미 오랫동안 아무도 온 적이 없다는 것을 말해준다.| 一回到家,妈妈就忙着扫去床上的~;집에 돌아가자마자 엄마는 침대 위의 먼지를 급히 청소하셨다.

恢复 huīfù 动 회복하다. 회복되다. ¶姐姐生完孩子后,身材很快就~了;누나는 아이를 낳은 후에 몸매가 곧 회복되었다.| 经过医生的精心治疗,他已经~了健康;의사의 정성 어린 치료로 그는 이미 건강을 회복하였다.| 年龄大的人做手术~起来比较慢;연령이 높은 사람은 수술한 뒤 회복되는 것이 비교적 더디다.| 大夫,我的视力还能不能~? 의사 선생님, 저의 시력이 회복될 수 있나요?| 那天爬山太累了,我休息了一天,体力还没有~过来;그날 등산으로 인해 매우 피곤해서, 나는 하루를 쉬었지만 체력이 아직 회복되지 않았다.

挥 huī 动 휘두르다. 흔들다. ¶他一下车就向我~了~手;그는 차에서 내리자마자 나를 향해 손을 흔들었다.| 妈妈一见到我忙向我~了一下儿手让我回去;엄마는 나를 보자마자 나를 향해 잠시 손을 흔들고는 돌아가라고 하였다.| 小伙子~起拳头要打人,被拦住了;젊은 녀석이 주먹을 휘두르며 남을 패려 하다 저지당했다.| 班长~着小旗招呼我们快走;반장이 작은 깃발을 휘두르며 우리가 빨리 가도록 지시하였다.

挥动 huīdòng 动 (손이나 손 안의 물건을) 흔들다. 휘두르다. ¶警察~着小旗让车停下;경찰은 작은 깃발을 흔들며 차를 세웠다.| 他~着衣服向我们喊着;그는 옷을 흔들며 우리를 향해 외치고 있었다.| 他~着拳头(quántou)示意我不要说;그는 주먹을 휘둘러 내게 말하지 말라는 표현을 했다.

回 huí 动 ❶ 돌아오다. 돌아가다. ¶我明天就要~家了;나는 내일 집으로 갈 것이다.| 他已经~国了;그는 이미 귀국하였다.| 一到宿舍他就打开电视看起来;기숙사에 돌아오자 그는 곧 TV를 켜고 보기 시작했다. ❷ (되)돌리다. ¶他~过头来看了我一眼;그는 고개를 돌려 나를 한 번 보았다.| 妈妈~过身来却找不到自己的孩子了;엄마는 몸을 돌렸지만 자신의 아이를 찾을 수 없었다.| 这个地方太窄(zhǎi)了,~不过身来;이 곳은 너무 좁아 몸을 돌릴 수가 없다.| 小偷想逃跑,~手就给了警察一拳;도둑이 도망가려 손을 뒤로 뻗쳐 경찰에게 일격을 가했다. ❸ 대답하다. 회답하다. ¶我已经给他~信了;나는 그에게 벌써 회신하였다.| 妈妈让你给家里~个电话;너희 엄마가 네게 집에 전화하라고 하셨다.| 晚上给我~个E-mail 吧;너 저녁에 내게 이메일로 회답해주렴. 量 ❶ 번. 차례. (동작의 횟수를 나타낸다.) ¶我只去过一~上海;나는 상하이에 한 번 가본 적이 있을 뿐이다.| 这件事儿我问过他好几~了;이 일을 나는 그에게 몇 번이나 물어본 적이 있다.| 她一~~地来找你,到底有什么事儿? 그녀가 한 번 또 한 번 너를 찾아왔는데, 도대체 무슨 일이

있니?| 有一~我看到他自己进了电影院；한 번은 내가 그 스스로 극장에 들어간 걸 보았다.| 美国我一~也没去过；미국은 내가 한 번도 가본 적이 없다.| 他给我打过好几~电话；그는 내게 몇 번이나 전화를 걸었다.| 这~你请客，等下~我来请；이번엔 네가 사렴, 다음 번엔 내가 살 테니. ❷ (일의) 회. 번. 차례. ¶你上次说的那~事儿我已经办好了；네가 지난 번에 말했던 그 일을 나는 이미 다 처리했다.| 这是怎么~事儿？ 이게 어떻게 된 일이냐?| 原来是这~事, 你应该早点儿告诉我；알고 보니 이 일이었구나, 너는 좀 더 일찍 내게 알려줬어야 했다.| 他说的和你说的不是一~事；그가 말한 것과 네가 말한 것은 하나의 일이 아니다.| 你说的是另外一~事儿，跟我刚才说的不一样；네가 말한 것은 다른 일이고, 내가 방금 말한 것과는 다르다.| 你说的那~事儿我一点儿也不知道；네가 말한 그 일을 나는 조금도 모르겠다. ❸ (장회소설이나 설서의) 회. ¶《三国演义》共有一百二十~；《삼국연의》는 모두 120회로 이루어져 있다.| 小说的第五~写得特别好；소설의 5회가 특히 잘 묘사되어 있다.| 上一~讲到哪儿了？ 지난 회에 어디까지 이야기했지?

回答 huídá [动] 대답하다. 회답하다. ¶老师让他~问题时，他~得很全面；선생님께서 그에게 문제에 대답하라고 하셨을 때, 그는 매우 전반적으로 대답하였다.| 他~不出来记者的问题；그는 기자의 질문에 대답하지 못했다.| 这个问题他没有~清楚；이 문제를 그는 명확히 대답하지 않았다.| 会上领导一一~了职工的要求；회의에서 지도자는 직공의 요구에 하나하나 대답하였다. [名] 대답. 회답. ¶他的~非常准确；그의 대답은 매우 정확하였다.| 这样的~职工不会满意的；이런 대답을 직공들은 만족하지 않을 것이다.| 这就是领导作出的~；이게 바로 지도자가 한 대답이다.

▶용법주의: 편지에 대한 회답은 '回答'를 쓸 수 없다. ¶我前些天没有时间, 不能回答你的信(×)| 我前些天没有时间, 不能回复你的信；나는 요 며칠 시간이 없어서 네 편지에 회답할 수 없었다.

回复 huífù [动] (주로 편지에서) 회답하다. ¶他每天都要~读者的来信；그는 매일 독자의 편지에 회답해야 한다.| 我给他写了几封信, 他一直没有~；나는 그에게 몇 통의 편지를 썼지만 그는 줄곧 회답하지 않았다.| 为了保证您早日收到我们的产品, 请您及时~；당신께서 저희 상품을 조속히 받았다는 것을 보증하기 위해, 즉시 회답하시기 바랍니다.

回来 ❶ huí//lái [动] 돌아오다. ¶我刚从国外~；나는 외국에서 막 돌아왔다.| 他已经~一个月了；그가 돌아온 지 벌써 1개월이 되었다.| 我这次只去北京，三天应该回得来，如果回不来你就别等我了；나는 이번에 베이징만 가니 3일이면 돌아올 수 있겠지만, 만약 돌아오지 않으면 넌 날 기다리지 마라.| 我已经把书拿回家来了；나는 이미 책을 집으로 가지고 돌아왔다. ❷ [动] (방향동사) 동사 뒤에서 동사의 동작에 따라 원래 장소나 화자의 방향으로 돌아옴을 나타낸다. ¶他从

国外带~好多资料,还带回几件新衣服来;그는 외국에서 수많은 자료를 가지고 돌아왔으며, 또한 몇 벌의 새 옷을 가지고 돌아왔다.∣他从商店买~很多好吃的东西;그는 상점에서 수많은 맛있는 것들을 사가지고 돌아왔다.∣是小王送她~的;왕 군이 그녀에게 보내온 것이다.∣这本书我一周肯定还不~;이 책을 나는 틀림없이 한 주 내에 되돌려 주지 못할 것이다.∣他把孩子带回北京来了;그는 아이를 데리고 베이징으로 돌아왔다.

▶용법주의: ❶중간에 '得', '不' 및 장소 목적어를 삽입할 수 있다. ❷장소 목적어는 반드시 '回来'의 중간에 놓여야 하며, 명사로 된 목적어는 중간에 놓을 수도 뒤에 놓을 수도 있다. ¶他再也不想回来家了(×)∣我准备下个月坐飞机回来北京(×)∣他再也不想回家来了;그는 다시는 집에 돌아가지 않을 생각이다.∣我准备下个月坐飞机回北京来;나는 다음 달에 비행기를 타고 베이징으로 돌아올 작정이다. ❸'回来'는 동작의 방향만을 나타내며, '回'라는 동작이 다 다른 목적이나 결과가 있었음을 나타낼 수 없다. ¶昨天我回来北京后就去找他了(×)∣昨天我回到北京后就去找他了;어제 나는 베이징으로 돌아온 뒤에 그를 찾아갔다. ❹동작이나 변화를 일으키는 주체 혹은 장소 명사는 '回来'의 목적어가 될 수 없다. ¶我喊了他好几声,他也没有回来声音(×)∣我喊了他好几声,他也没有回答;나는 그를 몇 번이나 불렀지만, 그는 역시 대답하지 않았다.

回去 ❶huí//qù 动 돌아가다. ¶从来到韩国后,他一直没~过;한국에 온 뒤에 그는 줄곧 돌아간 적이 없다.∣今天没什么事,我们晚点儿~吧;오늘 무슨 일 없으면 우리 좀 늦게 돌아갈게.∣只有三个小时了,我们回得去吗?如果回不去,我们就住在这里吧;세 시간밖에 없는데 우리 돌아갈 수 있니? 만약 돌아갈 수 없으면 우리 이곳에 묵자. ❷动 (방향) 동사 뒤에서 동사의 동작에 따라 원래 장소로 돌아가거나 화자가 있는 곳을 떠남을 나타낸다. ¶他已经飞回韩国去了;그는 벌써 비행기를 타고 한국으로 돌아갔다.∣明天他想寄~两封信;내일 그는 두 통의 편지를 부칠 생각이다.∣这些东西不是你的,快送~吧;이것들은 네 것이 아니니 빨리 되돌려 줘라.∣这两箱苹果你带~吧;이 사과 두 박스를 네가 가져가라.

▶용법주의: ❶중간에 '得', '不'와 장소 목적어를 삽입할 수 있다. 위의 예문 참조할 것. ❷장소 목적어는 반드시 '回去'의 중간에 놓아야 하며, 명사로 된 목적어는 중간에 놓을 수도 뒤에 놓을 수도 있다. ¶他再也不想回去家了(×)∣行李已经寄回去北京了(×)∣他再也不想回家去了;그는 다시는 집에 돌아가지 않을 생각이다.∣行李已经寄回北京去了;짐은 이미 베이징으로 부쳤다.

回头 huítóu 副 ❶잠시 후에. 이따가. (구어로, 시간이 짧음을 나타낸다.) ¶我先走了,~见;나 먼저 간다. 이따 보자.∣你别急,我~给他打个电话说一声就行了;너 초조해 하지 마. 내가 이따 그에게 전화해서 한 마디 하면 돼. ❷잠시 후에. 이따가. (다른 동작 이후를 표시하며, 주로 '先', '再'와 호응한다.) ¶咱们先吃饭,这件事~再

说;우리 우선 밥을 먹고, 이 일은 이따 다시 이야기하자.丨你先上课吧,逛街的事~再商量;너 우선 수업 들어가라, 거리를 구경하는 일은 이따 다시 상의하자.丨我先付钱,~再算细账;내가 우선 돈을 지불할 테니 이따 다시 정산하자. 动❶ (-//-) 머리를 돌리다. 고개를 돌리다. 뒤돌아보다. ¶请你回过头来看一看;당신이 고개를 돌려 한 번 보세요.丨你一~可以看见他;네가 고개를 돌리기만 하면 그를 볼 수 있다.丨他回了两次头也没有找到是谁在喊他;그는 고개를 두 번 돌렸지만 누가 그를 부르고 있는지 찾지 못했다. ❷ 뉘우치다. ¶你已经做错了,现在~还不晚;너는 벌써 잘못했지만 지금 뉘우치면 아직 늦지 않았다.丨我看你还是及时~改正错误吧;내가 볼 때 네가 즉시 뉘우치고 잘못을 시정하는 게 낫겠다.

▶용법주의: 의미가 '고개를 돌려 뒤돌아보다' 일 때는 이합사로, 분리해서 사용할 수 있으며, 중간에 '过', '着', '了' 및 수량 단어를 넣을 수 있다. 위의 예문을 참조할 것.

回信 huíxìn 动 (-//-) 답장하다. ¶收到你的信后一直没时间~;네 편지를 받은 후에 줄곧 답장할 시간이 없었다.丨快给他回个信吧,别让他着急;빨리 그에게 답장해라, 그를 초조하게 만들지 말고.丨他现在忙得连回封信的时间都没有;그는 지금 답장할 시간조차 없을 정도로 바쁘다.丨我已经给他回过两封信了;나는 이미 그에게 두 통의 답장을 보냈다. 名 답장. 답신. ¶我一直没有收到~;나는 줄곧 답장을 받지 못했다.丨你的~已经收到了;네 답장을 이미 받았다.丨我刚给他写了一封~;나는 방금 그에게 답장 한 통을 썼다.

▶용법주의: 동사로 쓰일 때는 이합사로, 분리해서 사용할 수 있으며, 중간에 '过', '着', '了' 및 수량 단어를 넣을 수 있다. 만약 목적어를 가지면 '给某人回信'의 꼴로 쓰인다.

回忆 huíyì 动 회상하다. 추억하다. ¶年龄大了,总爱~过去;나이가 드니 결국 과거를 회상하길 좋아한다.丨每当~起自己的童年他就很伤心;자신의 어린 시절을 회상할 때마다 그는 매우 슬퍼한다.丨他常常~起小时候的事;그는 종종 어릴 때 일을 회상한다. 名 회상. 추억. ¶北京的留学生活给我留下了美好的~;베이징에서의 유학 생활은 나에게 아름다운 추억을 남겼다.丨这本小说是根据他的~写成的;이 소설은 그의 회상에 근거해 쓰여진 것이다.

▶용법주의: ❶'回忆' 뒤에는 '在…'를 붙이지 않는다. ¶听完他的话,我又回忆在往事里(×)丨听完他的话,我又回忆起往事;그의 말을 다 듣고 나서 나는 다시 지난 일을 회상하였다. ❷ 명사 '回忆' 앞에는 '惊醒', '展现' 등의 동사를 쓸 수 없다. ¶一阵电话铃惊醒了我的回忆(×)丨他在脑子里展现出对留学生活的回忆(×)丨一阵电话铃打断了我的回忆,한 번의 전화벨 소리가 나의 회상을 끊어놓았다.丨他在脑子里开始了对留学生活的回忆;그의 머릿속에서 유학 생활에 대한 추억이 떠오르기 시작됐다.

会 huì 动 ❶ 능숙하다. 잘 하다. ¶我只~汉语,不~韩语;나는 중국어만 할 수 있고, 한국어는 할 수 없다.丨他~

三门外语;그는 3개 국어를 할 수 있다. ❷ 이해하다. ¶老师今天讲的我都~了;선생님께서 오늘 강의하신 내용을 나는 모두 이해했다.∣这道题你~吗? 이 문제 이해했니? ❸ 능숙하다. 잘 하다. (동사 뒤에 보어로 쓰여 이해했거나 능숙해졌음을 표시한다.) ¶他已经学~骑自行车了;그는 이미 자전거 타는 법을 배웠다.∣他用一个小时就全看~了;그는 한 시간 만에 모두 알았다.∣我十天可以教~你打字;나는 10일이면 네게 타자를 가르칠 수 있다. [动] ❶ …할 수 있다. …할 줄 알다. ¶他~唱歌,也~跳舞;그는 노래 부를 수 있고, 춤도 출 수 있다.∣你~不~打乒乓球? 너 탁구칠 줄 아니? ❷ …을 잘 하다. …에 뛰어나다. (주로 '很', '真', '最' 등의 부사의 수식을 받는다.) ¶他很~说话,所有的人都喜欢他;그는 말을 매우 잘해서, 모든 사람들이 그를 좋아한다.∣她能写~画,是个才女;그녀는 글쓰기와 그림에 능한 재능 있는 재원이다.∣以前我不~过日子,到月底就没钱了;전에 나는 생활을 잘하지 못해서, 월말이 되기만 하면 돈이 떨어졌다. ❸ …할 것이다. ¶天阴得厉害,也许~下雨;날이 굉장히 흐리니 어쩌면 비가 올지 모른다.∣你去跟他说,他~答应的;네가 가서 그에게 말하면 그는 승낙할 것이다.∣明天你~不~来? 내일 너 올 거니? [名] ❶ (일정한 목적이 있는) 회. 모임. 집회. 회합. ¶明天咱们开个~;내일 우리는 회의를 연다.∣这个周末学校有舞~;이번 주말에 학교에서 무도회를 연다.∣明天的晚~你来吗? 내일 저녁 모임에 너 오니? ❷ 단체. 회. (주로 다른 단어와 결합하여 구를 이룬다.) ¶学生~已经成立了;학생회가 이미 결성되었다.∣工~是帮助工人争取权益的组织;노조는 노동자가 권리를 갖을 수 있도록 돕는 조직이다.∣研究生~;대학원생 회.∣作家协~;작가 협회. ❸ 주요 도시. 대도시. (일반적으로 단독으로 쓰지 않는다.) ¶上海是个大都~;상하이는 대도시이다.∣成都是四川省的省~;청두는 쓰촨성 성 소재지다.

▶용법주의: ❶ 동사 '会' 뒤에는 정태 보어를 쓸 수 없다. ¶他会踢球会得很好(×)∣他很会踢球;그는 축구를 매우 잘 한다. ❷ 조동사 '会'와 동사 사이에는 '了'를 쓸 수 없다. ¶他已经会了说一点儿汉语了(×)∣他已经会说一点儿汉语了;그는 벌써 중국어를 약간 할 수 있게 되었다. ❸ 술어를 수식하는 문장 성분은 '会'와 동사 사이에 놓여야 한다. ¶这次没有考好,今后他应该努力会学习的(×)∣这次没有考好,今后他应该会努力学习的;이번에 시험을 잘 못 봤으니, 앞으로 그는 열심히 공부할 것이다. ❹ '能'은 능력을 구비했음을, '会'는 어떤 류의 기량을 배웠음을 표시한다. ¶他一分钟会打一百个字(×)∣他一分钟能打一百个字;그는 일분에 백 자를 칠 수 있다.

会长 huìzhǎng [名] ❶ 회장. ¶他是音乐学会的~;그는 음악 학회 회장이다.∣明天商会~要来检查工作;내일 상인 단체 회장이 작업을 검사하러 올 것이다.∣我们这个协会有一位~,三位副~;우리 이 협회엔 회장 한 분과 부회장 세 분이 있다. ❷ 회장. 이사장.¶董事会选举产生的公司或企业的法人代表在中国称为董事长,在韩国称为~;이사회 선거를 통한 회사나 기업의 법인 대표를 중국에서는 '董事长'이라 부르고, 한국에서는 회장이라 부른다.│公司员工都希望~能同意这次的旅游计划;회사 직원들은 모두 회장이 이번 여행 계획에 동의하길 바란다.│在那家公司,所有的人都怕~;그 회사에서 모든 사람들이 회장을 무서워한다.

会场 huìchǎng 名 회의장.¶~布置得很漂亮;회의장을 매우 아름답게 꾸며놨다.│同学们很快地走出~;학생들은 서둘러 회의장에서 나왔다.│~在那座白楼的二层,我们一会儿在~见面吧;회의장은 저 흰 건물 2층에 있으니, 우리 잠시 후에 회의장에서 보자.

会话 huìhuà 动 회화를 하다.¶现在三个人一组用汉语~;지금 3인1조로 중국어로 회화를 한다.│他只学了半年韩语就能跟韩国人~了;그는 한국어를 반년 배웠을 뿐인데 한국인과 회화를 할 수 있다.│他经常跟英国朋友在一起,所以英语~水平提高得很快;그는 영국 친구들과 늘 함께 있기 때문에 영어 회화 수준이 매우 빨리 향상되었다.│我最喜欢~练习;나는 회화 연습하는 걸 제일 좋아한다. 名 회화.¶刚才的那段~说得很好;방금 그 회화를 잘 말했다.│他每周跟中国朋友练习三个小时的汉语~;그는 매주 중국 친구들과 세 시간의 중국어 회화를 연습한다.│今天的作业是每人准备一段有关买东西的~;오늘 숙제는 모든 사람들이 쇼핑과 관련된 회화

를 준비하는 것이다.

会见 huìjiàn 动 (주로 외교상으로) 회견하다. 접견하다.¶这是他最后一次~外宾;이것이 그가 마지막으로 외빈을 접견하는 것이다.│国家主席今天下午~了法国外交部长;국가 주석은 오늘 오후 프랑스 외교부장을 접견했다.│明天总统李明博将于青瓦台~各国大使;내일 이명박 대통령은 청와대에서 각국 대사들을 접견한다. 名 (주로 외교상의) 회견. 접견.¶这次~是在亲切友好的气氛中进行的;이번 회견은 친근하고 우호적인 분위기 속에 진행되었다.│我永远也不会忘记跟他的最后一次~;나는 그와의 마지막 회견을 영원히 잊지 못할 것이다.│下一次~定于明年三月;다음 회견은 내년 3월로 정해졌다.│参加~的共有二十二位代表;회견에 참가한 사람은 모두 22명의 대표이다.

会客 huì//kè 动 손님을 만나다. 손님을 접견하다.¶校长去开会了,不能~;총장님께서 회의에 참석하러 가셔서 손님을 접견할 수 없습니다.│经理正在~,请您稍等;사장님께서 손님을 접견 중이니 조금만 기다려 주십시오.│请您在~室稍等一会儿,主任马上就来;접견실에서 조금만 기다려주십시오, 주임이 곧 올 겁니다.│工作时间不许~;업무 시간에는 손님을 접견할 수 없습니다.│董事长只有两个小时的~时间;회장님은 두 시간의 접견 시간만 있으십니다.

▶용법주의: 분리해서 사용할 수 있고, 중간에 '过', '了', 수량, 단어 등을 삽입할 수 있다.¶我在上班时间从来没有会过客;나는 출근 시간에 지금까지

손님을 접견한 적이 없다.|昨天来访的客人比较多,我会了五六次客;어제 내방한 손님들이 비교적 많아서 나는 대여섯 차례 손님을 접견해야 했다.

会谈 huìtán 动 (쌍방 혹은 다자간에) 회담하다.¶双方~了两个小时;쌍방이 두 시간을 회담하였다.|明天将进行双方的最后一轮~;내일 쌍방의 마지막 회담을 할 것이다.|三方领导人直接~;3자의 영수들이 직접 회담하였다.|双方已经~了六次了,均未取得实质性进展;쌍방이 벌써 여섯 번을 회담했지만 모두 실질적인 진전을 얻지 못했다. 名 (쌍방 혹은 다자간의) 회담.¶朝核六方~将于明日举行;북한 핵 6자 회담이 내일 거행될 것이다.|经过三次部长级~后,两国仍有部分问题没有解决;세 차례의 장관급 회담을 거친 후에도 양국은 여전히 일부 문제를 해결하지 못했다.|~在亲切友好的气氛中结束了;회담이 친근하고 우호적인 분위기 속에서 끝났다.|~进行了两个多小时;회담이 두 시간 여 동안 진행되었다.

会议 huìyì 名 ❶ 회의.¶单位会定期召开工作~;기관에서 정기적으로 업무 회의를 열 것이다.|下午我还有个~要参加,咱们明天再见面吧;오후에 나는 또 참가할 회의가 있으니, 우리 내일 다시 만나자.|本次~主要讨论三个问题;이번 회의는 주로 세 가지 문제를 토론하였다.|这次~的规模很大;이번 회의의 규모는 매우 크다.|此次~的主持人是副校长;이번 회의의 사회자는 부총장이다. ❷ 회의. (중요 사무를 자주 토론하고 처리하는 상설 기구나 조직을 가리킨다.)¶中国人民政治协商~;중국 인민 정치 협상 회의.|部长~;장관 회의.

会员 huìyuán 名 회원.¶他是棒球协会的~;그는 야구 협회 회원이다.|每个~都得交会费;모든 회원들은 회비를 내야 한다.|这个消息一定要通知到每一位~;이 소식을 반드시 모든 회원에게 통지해야 한다.|~的服装已经准备好了;회원의 복장이 이미 다 준비되었다.

贿赂 huìlù 动 뇌물을 주다.¶用钱去~官员是一种违法行为;돈으로 관리에게 뇌물을 주는 것은 위법 행위다.|为了得到那个项目,他们给主管的领导~了很多钱;그 프로젝트를 따기 위해 그들은 관할 지도자에게 많은 돈을 뇌물로 주었다.|公司经理因为~而被捕;회사 사장은 뇌물을 주었기 때문에 체포되었다. 名 뇌물.¶他从来不收~;그는 지금껏 뇌물을 받지 않는다.|他因为收下巨额~而被捕;그는 거액의 뇌물을 받았기 때문에 체포되었다.

昏暗 hūn'àn 形 어둡다. 어두컴컴하다.¶房间里灯光~;방의 조명이 어둡다.|在~的灯光下看书很容易坏眼睛;어두컴컴한 조명 아래 책을 보면 눈이 상하기 쉽다.|太阳落山了,屋里渐渐~起来;태양이 산밑으로 떨어지자 방이 점점 어두워졌다.|因为天色~,黑板上的字看不清楚;하늘빛이 어두웠기 때문에 칠판의 글자가 잘 안 보인다.|路灯变得越来越~;가로등이 갈수록 어두컴컴해졌다.

昏迷 hūnmí 动 혼미하다. 의식 불명이다.¶他受伤之后一直~不醒(xǐng);그는 부상을 당한 후 줄

곧 의식불명이다.| 她又~过去了,快去叫医生;그녀가 또 의식불명이 되었으니 빨리 의사를 부르러 가라.| 孩子在医院里~了三天才醒过来;아이는 병원에서 3일 동안 의식불명이었다가 겨우 깨어났다.| 大夫,我的女儿今天已经~了两次了;의사 선생님, 제 딸은 오늘 두 번이나 의식불명이었습니다.| 他一直处于~状态(zhuàngtài);그는 줄곧 의식 불명 상태에 처해있다.

婚姻 hūnyīn 名 결혼. 혼인. ¶金姬善和李宰元的~很幸福;김희선과 이재원의 결혼 생활은 매우 행복하다.| 现在年轻人的~都是自己做主,可是以前人们的~都得由父母说了算;오늘날 젊은이들의 결혼은 모두 자신의 의지대로 하는 것이지만, 예전 사람들의 혼인은 모두 부모 말대로 결정되었다.| ~法规定了结婚的年龄;혼인법은 결혼 연령을 규정한다.

混 hùn 动 ❶ 섞다. 뒤섞다. ¶这两种颜色~在一起更好看;이 두 색이 하나로 섞여있으니 더욱 보기 좋다.| 人群里~进来几个小偷;군중 속에 몇몇 좀도둑들이 섞여 들어왔다.| 妈妈把新买的米和以前的米~在一起了;엄마는 새로 산 쌀과 예전 쌀을 한데 혼합시키셨다.| 水平不同的学生~在一起上课不好;수준이 다른 학생들을 한데 섞어 수업하면 좋지 않다. ❷ 속이다. ¶他没有买车票,是~上车的;그는 차표를 사지 않았는데, 속임수로 승차한 것이다.| 如果放电影中间没有人查票,今天就算~过去了;영화 상영 중에 아무도 표를 검사하지 않는다면, 오늘은 얼렁뚱땅 속여 넘긴 셈

이다.| 你怎么~到运动员队伍里了? 快出去;넌 왜 운동 선수 대열 속에 얼렁뚱땅 들어갔니? 빨리 나가.| 你先~~,如果查票不严,也许可以~过去;너 우선 얼렁뚱땅 속여라, 만약 표 검사를 엄격하게 하지 않는다면 어쩌면 얼렁뚱땅 속일 수 있을지 모른다. ❸ 그럭저럭 살아가다. 되는대로 살아가다. (주로 부정적인 의미로 쓰인다.) ¶他天天不来上课,整天~日子;그는 날마다 수업을 들으러 오지 않고, 온종일 그럭저럭 나날을 보낸다.| 你也不想想将来,想~到什么时候为止呢? 너는 또 장래를 생각하지 않으니, 언제까지 되는대로 살 셈이니?| 他想如果能~个官当该多好啊;그는 만약 그럭저럭 관리 생활을 할 수 있다면 얼마나 좋을까 생각했다.| 听说他在那个单位~得不错;듣자하니 그는 그 부서에서 그럭저럭 잘 살아간다고 한다.| 他现在实在~不下去了,才想起来好好学习;그는 지금 정말 되는대로 살아갈 수 없게 되어서야 열심히 공부할 생각이 들었다.

混合 hùnhé 动 혼합하다. 한데 섞다. ¶这两种颜色~在一起可以画出漂亮的晚霞;이 두 색을 한데 혼합하면 아름다운 저녁놀을 그릴 수 있다.| 中国大多数学校男女生~在一起上课;중국의 대다수 학교는 남녀 학생들이 한데 섞여 수업을 듣는다.| 好学生和差学生~在一个班上课对每个学生都没有好处;좋은 학생과 뒤떨어진 학생을 한 반에 섞어놓고 수업하는 것은 모든 학생들에게 좋은 점이 없다.| 他把几种酒~在一起喝,很快就醉了;그는 몇 종류의 술을 한데 섞어

마셔 곧 취해버렸다.

混乱 hùnluàn 形 혼란하다. ¶那个地区现在出现了社会~；그 지역은 지금 사회 혼란이 일어났다.｜发生枪击(qiāngjī)事件后,会场一片~；총격 사건이 발생한 후 회의장은 온통 혼란에 빠졌다.｜经过治理,市场的~状况得到改善；관리를 거쳐 시장의 혼란 상황이 개선되었다.｜受到这次打击(dǎjī)后,他的精神变得有些~；이번 타격을 당한 후 그의 정신은 약간 혼란스러워졌다.｜由于紧张,他的思路有些~,表达得不清楚；긴장 때문에 그의 사고가 약간은 혼란스러워져 명료하게 표현대지 못했다.

混杂 hùnzá 动 섞(이)다. ¶老师把那个字~在四个字形相似的字中间让同学们辨认；선생님이 그 글자를 모양이 비슷한 네 개의 글자 속에 섞고 학생들에게 분간하게 만드셨다.｜大米和小米~在一起煮出来的粥很好喝；쌀과 좁쌀을 한데 섞어 끓인 죽은 마시기가 좋다.｜几万名观众中~着少数恐怖分子；몇 만의 관객들 속에 소수의 테러리스트들이 섞어 있다.

活 huó 动 ❶ 살다. 생존하다. ¶我给你的鱼还~着吗?；내가 네게 준 물고기가 아직 살아있니?｜我奶奶~到八十六岁才去世；우리 할머니는 여든 여섯까지 생존하시다 돌아가셨다.｜他还要坚强地~下去；그는 여전히 꿋꿋이 살아가려 한다.｜那些小苗种在河边就能~；저 새싹들을 강가에 심으면 살 수 있다. ❷ 동사 뒤에 보어로 쓰여 살아있음을 표시한다. ¶这位医生救~了无数病人；이 의사는 무수 한 환자들을 구했다.｜这种鸟在笼子里养不~；이런 부류의 새는 새장 속에서 키울 수 없다.｜那些小树苗都种~了；저 묘목들이 모두 자라났다. 形 ❶ 살아있는. ¶他从市场上买了几条~鱼；그는 시장에서 산 물고기 몇 마리를 샀다.｜~鸡；산 닭.｜那里站着一个~人他都没看到；그곳엔 살아있는 사람 하나가 서 있었는데 그는 보지 못했다. ❷ 생기 있다. 활기차다. 생동적이다. 융통성이 있다. ¶这个老师的教学方法很~,学生们都很喜欢；이 선생님의 교학 방법은 매우 생동적이라 학생들이 모두 좋아한다.｜他的脑子~,总能想出好办法；그의 머리는 활기차서 늘 좋은 방법을 생각해낸다.｜这股~水是从山上流下来的；이 흐르는 물은 산 위에서 흘러내려온 것이다.｜他刚买了一个~页夹；그는 방금 생동적인 책갈피 하나를 샀다.｜我们以后在招生方面还要再~一些；우리는 앞으로 신입생 모집에 융통성을 더 보여야 한다.

活动 huódòng 动 ❶ 운동하다. (몸을) 움직이다. ¶他刚才到操场上~了一会儿；그는 방금 운동장에서 잠시 운동했다.｜坐的时间长了得起来~一下儿；앉아있는 시간이 길어지면 일어나 잠깐 움직여야 한다.｜睡觉以前~~可以睡得更好；잠자기 전에 운동을 하면 더 잘 잘 수 있다.｜他每天晚上从九点~到九点半；그는 매일 저녁 9시부터 9시 반까지 운동한다. ❷ 흔들리다. 동요되다. ¶这个椅子脚有点儿~了,快修一下吧；이 의자 다리는 약간 흔들리니 빨리 수리해라.｜我有一颗牙~了很长时间了；나는 오랫동안 흔들리는 이가 하나 있다. ❸

(어떤 목적을 위해) 활동하다. 행사하다.¶我们戏剧社下周一~;우리 연극 동아리에서는 다음 주 월요일에 행사가 있다.│你们这个社团已经两个月没~过了;너희 이 동아리는 벌써 두 달 동안 행사가 없다.│他们每两周~一次;그들은 이 주마다 한 번씩 활동한다.│合唱团这个星期得~~了;합창단이 이번 주에 행사를 해야 한다. ❹ 작업을 하다. 사정하다. 뇌물을 쓰다. 손을 쓰다.¶为了升官,他四处~;출세하기 위해 그는 도처에 손을 썼다.│我儿子的学校要开除他,你能不能帮我~~? 우리 아들 학교가 그를 제적하려 하니, 너 나를 도와 손을 좀 써줄 수 있니?│妈妈为我~了半天也没用;엄마는 나 때문에 한참을 사정했지만 아무 소용없었다. 名 ❶ 체육 활동. 체육 행사.¶我们学校的学生大多都喜欢体育~;우리 학교 학생들 대부분이 체육 활동을 좋아한다.│这里的~器械种类齐全,很多人都来这里健身;이곳의 운동 기기는 종류가 다 갖춰져 있어 수많은 이들이 이곳에 와서 몸을 단련한다. ❷ (어떤 목적을 위한) 활동. 행사.¶中韩两国开展了很多友好~;한중 양국은 수많은 우호 행사를 진행하였다.│每年国庆节学校都组织庆祝~;매년 건국 기념일마다 학교에서는 축하 행사를 조직한다.│他的朋友很多,~范围很广;그의 친구들이 많아 활동 범위가 광범위하다.│我们的班级~改在下周三下午了;우리 반 행사는 다음 주 수요일 오후로 바뀌었다.

▶용법주의: 동사로 쓰일 때 중첩 형식은 '活动活动'이다.¶我们出去活动活动吧;우리 나가서 좀 움직이자.

活泼 huó·po 形 활발하다. 활기차다. 생동적이다. 생기차다. (일반적으로 중첩해서 사용하지 않는다.)¶孩子们~可爱;아이들이 활발하고 귀엽다.│他比以前~多了;그는 예전보다 많이 활기차졌다.│弟弟可~了;동생이 정말 활발해졌다.│这台晚会开得很~;이번 이브닝 파티는 매우 활기차게 열렸다.│我觉得你挺~的;나는 네가 매우 활기차다고 느낀다.

活儿 huór 名 ❶ 일. (주로 육체노동을 가리킨다.)¶收拾家务这些~他从来不干;청소 같은 집안 일을 그는 여태껏 한 적이 없다.│那些重~留给男同志干;저 중노동들은 남자들이 하도록 남겨두시오.│绣花是细~,我可干不了;자수는 섬세한 일이라 나는 정말 할 수가 없다.│你的~快完了吗? 네 일이 거의 끝나가니? ❷ 제품. 상품.¶快下班了,咱们先去交~吧;퇴근이 가까워졌으니 우리 우선 상품을 넘기러 가자.│你今天的这批~做得真好;너는 오늘 이 제품들을 정말 잘 만들었구나.│这两天事儿太多,不出~;요 이틀 일이 너무 많아 제품을 생산하지 않았다.

活用 huóyòng 动 활용하다.¶我们应该~学过的理论,不能只是记住它;우리는 배운 이론을 활용해야 하며, 그것을 기억하기만 해선 안 된다.│只有~原则,不被原则所限制才能成功;원칙을 활용하고 원칙에 제약 받지 않아야만 성공할 수 있다.│我们应该活学~理论知识;우리는 이론 지식을 실제에 근거하여 배우고 활용해야 한

活跃 huóyuè 形 행동이 활발하고 적극적이다. 적극적으로 활동하다. ¶他在学生活动时非常~;그는 학생 활동을 할 때 매우 적극적이다.| 姐姐是学校歌唱团的~分子;누나는 학교 합창부의 적극적인 단원이다.| 每到夏季这都是最~的旅游线路;매 여름마다 이곳들이 가장 활성화된 여행노선이다.| 这次的讨论会开得很~,每个会员都发表了自己的意见;이번 토론회는 매우 활발하고 적극적으로 열렸는데, 모든 회원들이 자신의 의견을 발표하였다.| 联欢会的气氛很~;친목회의 분위기가 매우 활발하고 적극적이다. 动 활기를 띠게 하다. 분위기를 열렬하게 하다. ¶新的政策~了市场经济;새로운 정책이 시장 경제가 활기를 띠게 만들었다.| 他近几年一直~在世界足坛,成为最受欢迎的足球队员;그는 최근 몇 년간 줄곧 월드컵에서 활약을 펼쳐 가장 환영 받는 축구 선수가 되었다.| 学校举办的夏令营大大~了同学们的假期生活;학교에서 개최한 섬머스쿨은 학생들의 방학 생활에 크게 활기가 띠게 만들었다.| 快给我们讲个笑话,~~气氛;빨리 우리에게 우스갯소리를 해서 분위기를 띄워봐.| 她一到场气氛就~起来了;그녀가 도착하자마자 분위기가 활기를 띠기 시작했다.

▶용법주의: 동사로 쓰일 때 그 중첩형식은 '活跃活跃'이다.

火 huǒ 名 ❶ 불. ¶那家商店刚才着(zháo)~了;그 상점에 방금 불이 났다.| 大~烧了三天三夜;큰 불이 3일 밤낮 동안 났다.| 炉子上的~烧得正旺;아궁이의 불이 세차게 타는 중이다.| 现在已经是万家灯~了,这时去看夜景正合适;지금 벌써 수많은 집의 등불이 켜졌으니, 이 때 야경을 보러 가는 게 딱 적당하다.| 再过十分钟就可以点~了;십 분이 지나면 점화할 수 있다. ❷ 열. (중의에서 말하는 사람들의 염증, 붓기, 번조 등의 증상을 일으키는 병인) ¶你上~了,嗓子都肿了;너 열이 나서, 목이 다 부었다.| 吃点儿西瓜败败~吧;수박을 좀 먹어서 열을 낮춰 보거라. ❸ (~儿) 성. 화. 노기. ¶他一听说钱都丢了,就发起~儿来;그는 돈을 전부 잃어버렸다는 말을 듣자마자 화를 내기 시작했다.| 你的~儿也太大了,刚才把孩子吓坏了;네가 너무 크게 화를 내서, 아이가 방금 깜짝 놀랐다.| 老人听见他说的话这么难听,心中冒~儿,气呼呼地走了;노인은 그가 한 말이 듣기 거슬려 속으로 화가 치밀어 노발대발하며 떠났다. 动 노하다. 성내다. 화를 내다. ¶他一听就~了,冲着孩子大吵大叫起来;그는 듣자마자 노해서 아이들과 부딪히며 크게 소리치기 시작했다.| 他现在正~着呢,你别去惹他;그가 지금 몹시 화가 난 상황이니, 그를 건드리지 마라.| 爸爸脾气特别好,我从没见他~过;아빠는 성격이 유달리 좋으셔서 나는 그가 화를 내는 것을 본 적이 없다. 形 ❶ 번창하다. 흥성하다. 융성하다. ¶他的生意现在很~;그의 장사는 매우 번창한다.| 自从你们来了,这家饭店就~起来了;너희들이 온 뒤로 이 호텔이 번창하기 시작했다.| 他的店现在特别~;그의 가게는 특히 지금 번창하

다. ❷ 긴급하다. 절박하다. (마치 불난 것처럼 긴급함을 비유한다.) ¶这件事十万~急,你一定要抓紧时间办;이 일이 매우 긴급하니, 너는 반드시 시간을 다그쳐 처리해야 한다.│他收到电报后,~速买机票回国了;그는 전보를 받은 후에 서둘러 비행기표를 사서 귀국하였다.

火柴 huǒchái 名 성냥. ¶以前人们都用~点火;예전에는 사람들이 모두 성냥으로 불을 붙였다.│现在他点烟再也不用~了,改用打火机了;지금 그는 담뱃불을 붙일 때 더 이상 성냥을 사용하지 않고 라이터로 바꿔 쓴다.│~盒在这里,不过里面一根~也没有了;성냥갑은 여기 있지만 안에 성냥개비 하나도 없다.│请给我拿一盒~;제게 성냥갑 하나만 집어 주시죠.

火车 huǒchē 名 기차. ¶韩国的~分为三种:KTX、赛玛尔号和无穷花号;한국의 기차는 KTX, 새마을호, 무궁화호 세 종류로 나뉜다.│这列~从天津开往北京;이 기차는 톈진발 베이징행 기차다.│~进站了,快走吧;기차가 플랫폼에 도착했으니 빨리 가자.│爸爸给他买了一辆玩具~;아빠가 그에게 장난감 기차 하나를 사 주셨다.│~车厢里特别干净;기차의 객실이 무척 깨끗하다.

火光 huǒguāng 名 불빛. 화광. ¶~使迷路的人看到了希望;불빛이 길 잃은 사람에게 희망을 보게 만들었다.│那边有~,应该是一户人家,我们去看看;저곳에 불빛이 있어 인가가 있을 터이니 우리 가서 보자.│那边着火了,火势很大,~冲天;저쪽에 불이 났는데, 불기운이 세차 화광이 하늘을

찌른다.│她的脸被~映得通红;그녀의 얼굴이 불빛에 새빨갛게 비쳐졌다.

伙食 huǒshí 名 (주로 부대, 학교, 기관 등의 집단에서의 공동) 급식, 단체식. ¶这个学校的~不错;이 학교의 식단은 훌륭하다.│快到春节了,食堂准备改善一下~;곧 설이 다가오니 식당은 식사를 개선하려 준비한다.│现在孩子的~费又涨了;지금 아이들의 식비가 또 올랐다.│我们这儿的~搞得很好,又便宜,花样又多;우리 이곳의 식사가 잘 운영되어 싸기도 하고 가짓수도 많다.

或 huò 连 ❶ …하거나 …하다. (인접한 둘 혹은 둘 이상의 성분이 동시에 존재함을 표시한다.) ¶同学们~看书、~写字,教室里很安静;학생들이 책을 보거나 글을 쓰고 있어 교실 안이 매우 조용하다.│课余时间,我们~聊天儿、~听音乐、~打球,过得很快乐;과외 시간에 우리는 잡담을 하거나 음악을 듣거나 공놀이를 하면서 즐겁게 지냈다. ❷ 혹은. 또는. (두 개 또는 둘 이상 중에서 하나를 선택함을 표시한다.) ¶这个月~下个月我就回国了;이 달 또는 다음달에 난 귀국할 것이다.│吃米饭~包饺子都行;쌀밥을 먹거나 혹은 만두를 빚거나 모두 괜찮다.│无论明天下雨~不下雨,我都会来;내일 비가 오거나 안 오거나 나는 올 것이다. 副 아마. 어쩌면. (주로 서면어에 쓰이며, 단음절 동사 앞에서만 쓰인다.) ¶我寄出的信明天~可到,请查收;제가 보낸 편지가 어쩌면 내일 도착할 것이니 살펴보시기 바랍니다.│与会代表昨日起程,明日

下午~可到达;회의 참가 대표가 어제 출발했으니 어쩌면 내일 오후에 도착할 것이다.│他的发言对你的论文~有帮助;그의 발언이 네 논문에 어쩌면 도움이 될 것이다.

▶용법주의: ❶ 비교하는 대상을 소개할 때는 '或'를 쓸 수 없다. ¶这里的山景或桂林的不一样(×)│这里的山景和桂林的不一样;이곳의 산 경치는 꾸이린과는 다르다. ❷ '或多或少'는 고정 결합구이므로 '或者'로 바꿔 쓸 수 없다. ¶在比赛中,选手们或多或少都存在一些失误;경기에서 선수들에게 많든 적든 실수들이 존재한다.

或是 huòshì [连] …이거나 (혹은) …이다. …아니면 …이다. (선택을 표시하며, '或', '或者'와 같다. '是'는 '或是'에서 구체적인 의미를 지니지 않는다.) ¶去长城~去故宫都可以;장성을 가든 고궁을 가든 모두 괜찮다.│你今天晚上~明天再打个电话吧;너 오늘 저녁이나 내일 다시 전화해라.│业余时间他~看电影,~听音乐,~找朋友聊天儿;여가 시간에 그는 영화를 보거나 음악을 듣든지 친구를 찾아 이야기를 나눈다.

或者 huòzhě [连] ❶ …하거나 …하다. (인접한 둘 혹은 둘 이상의 성분이 동시에 존재함을 표시한다.) ¶自由活动的时候,孩子们~拼积木,~折纸;자유 활동을 할 때 아이들은 집 짓기 놀이를 하거나 종이 접기를 한다.│周末的时候,我们~爬山,~游泳,~打篮球;주말에 우리는 등산하거나 수영하든지 농구를 한다. ❷ 혹은. 또는. (두 개 또는 둘 이상 중에서 하나를 선택함을 표시한다.) ¶今天~明天

我得去理发;오늘 혹은 내일 나는 이발하러 가야 한다.│~去上海~去北京都可以买到这种配件;상하이에 가거나 혹은 베이징에 가야 이런 부품을 살 수 있다.│无论大人~孩子,都喜欢这部电影;어른이건 아이건 모두 이 영화를 좋아한다. [副] 아마. 어쩌면. (주로 서면어에 쓰이며, 단음절 동사 앞에서만 쓰인다.) ¶~他们明天就到了,我们还是再等等吧;어쩌면 그가 내일 올 터이니, 우리 더 기다리는 게 낫겠다.│如果你没生病,~我们就去旅游去了;만약 네가 병에 걸리지 않았더라면 우리는 여행 갔을 거야.│如果早点儿去买,~还能买到卧铺票呢;만약 일찍 사러 간다면 어쩌면 아직 침대표를 살 수 있을 것이다.

货 huò [名] 상품. 화물. 물건. ¶商店刚运来一车~;상점에 상품 한 차가 막 반되어 왔다.│这批~明天必须发出去;이 상품들을 내일 반드시 보내야 한다.│请你跟我一起去车站取~;저와 함께 역에 화물을 인수하러 가시죠.│这次我们要的都是进口~;이번에 우리가 원하는 것은 전부 수입품이다.│仓库里的存~还有一些呢;창고 안의 재고품이 약간 있습니다.│这个店不大,可是~真价实;이 상점은 크지는 않지만 상품도 확실하고 값도 적당하다.

获得 huòdé [动] 획득하다. 얻다. ¶这次比赛我们班~第一名;이번 시합에서 우리 반이 1등을 했다.│他每年都~奖学金;그는 매년 장학금을 획득하였다.│在这次的奥运会上他~了两块金牌;이번 올림픽에서 그는 금메달 두 개를 획득하였다.

机场 jīchǎng 名 공항. 비행장. ¶~离这里不远;공항이 여기서 멀지 않다.|去~需要一个多小时;공항까지는 한 시간 정도 걸린다.|这是一个民用~,这个城市没有军用~;이곳은 일반 공항이며, 이 도시엔 군용 비행장이 없다.|我们明天得七点就去~;우리는 내일 7시에 공항에 가야 한다.|飞机在~上空飞了很久才落下;비행기가 공항 위에서 오랫동안 날다 비로소 착륙하였다.

机场专线大巴 jīchǎng zhuānxiàn dàbā 名 공항 리무진. 공항 전용 버스. ¶坐~去机场又省钱又方便;공항 리무진을 타고 공항에 가면 돈도 절약할 수 있고 편리하다.|~不经过这里,我们还是去汽车站上车吧;공항 리무진이 이곳을 경유하지 않으니 우리 정거장에서 차를 타고 가는 게 낫겠다.|他已经坐上~了,再过一个小时就到了;그가 이미 공항 리무진을 탔으니 한 시간 있으면 곧 도착할 것이다.

机构 jīgòu 名 기구. (원 뜻은 기계의 내부 구조나 장치를 가리켰으나, 지금은 주로 기관, 단체 등의 사업 단위 혹은 그 내부 조직을 가리킨다.) ¶公安局、检察院和法院都属于国家~;공안국, 검찰청과 법원 모두 국가 기구에 속한다.|有些国家成立专门~对飞碟(UFO)进行研究;몇몇 국가들은 전문 기구를 설립하여 미확인 비행물체에 대해 연구한다.|你说的那个~在今年的~改革中撤销了;네가 말한 그 기구는 올해 조직 개편에서 폐지되었다.

机关 jīguān 名 ❶ 기관(부). (기계의 핵심이 되는 부분) ¶这个玩具有一个~,打开它玩具就可以说话;이 완구에는 기관이 있어 그것을 켜면 장난감이 말을 할 수 있다.|在这个地道里有一个~,一碰就会发射子弹,很厉害的;이 지하 갱도에는 기관 장치가 있어 만지기만 하면 총알이 발사되니 매우 무시무시하다.|小心不要碰到~;기관을 만지지 않도록 조심해. ❷ 기관. (사무를 처리하는 조직)¶他的父亲在一个国家~工作;그의 부친은 국가 기관에서 일하신다.|明天上级~要来检查;내일 상급 기관에서 조사하러 올 것이다.|他是一名~干部;그는 기관 간부이다.|~食堂的伙食很好;기관 식당의 음식이 좋다.

机会 jīhuì 名 기회. ¶到中国各地旅游是同学们学习汉语的好~;중국 각지를 여행하는 것은 학생들이 중국어를 배울 수 있는 좋은 기회가 된다.|这次去国外留学是一个很难得的~;이번에 외국에 유학 가는 것은 얻기 어려운 기회이다.|找~我请你吃北京烤鸭;기회를 봐서 내가 너에게 베이징 카오야를 대접할게.|我们国庆节放七天假,我想趁这个~回家看看;우리는 건국 기념일에 7일간 쉬니, 난 이 기회를 틈타 집에 돌아가볼 생각이다.

▶용법주의:'趁…机会'뒤에는 반드시 동사 구조가 와야 한다.¶总统明天要来学校演讲,我想趁这个访问的机会(×)|总统明天要来学校演讲,我想趁这个机会访问他;대통령께서 내일 학교에 강연하러 오시니, 난 이 기회를 틈타 그를 방문할 생각이다.

机器 jīqì 名 ❶ 기기. 기계. ¶这台~坏了,不能复印了;이 기계는 고장 나서 복사가 안된다.| 这是一台贵重~,我们得爱护;이것은 중요한 기계니 우리가 조심히 다루어야 한다.| 下班了,可以关~了;퇴근했으니 기계를 끌 수 있게 됐다. ❷ 기기. 기계. (인체 기관 또는 조직 기구를 비유한다.) ¶军队是重要的国家~;군대는 중요한 국가 기관이다.| 法律、军队等政府~是国家统治的重要手段;법률, 군대 등의 정부 기관은 국가 통치의 중요 수단이다.

机械 jīxiè 名 기계. 기계 장치. ¶远古时期人类就可以使用简单的~;상고 시대의 인류는 간단한 기계 장치를 사용하였다.| 中国古代的~发明有突出的成就,包括农业~、印刷~、交通~等各方面;중국 고대의 기계 발명은 특출한 성과가 있었는데, 농업 기계, 인쇄 기계, 교통 기계 등 각 방면을 포함한다.| 他是一位~工程师;그는 기계 엔지니어다. 形 기계적이다. 융통성이 없다. ¶小王办事太~,一点儿也不会变通;왕군은 일 처리가 너무 기계적이라 조금도 융통성을 발휘하지 못한다.| 学习语言不能只是~地背,要理解,要能灵活地运用;언어를 배우려면 기계적으로 외워서는 안 되며, 이해하면서 융통성 있게 운용할 수 있어야 한다.| 孩子听着妈妈的话,只是~地点头,一点儿也不理解;아이는 엄마의 말에 기계적으로 고개를 끄덕일 뿐이었고, 조금도 이해하지 못했다.

肌肉 jīròu 名 근육. ¶那位体操队员的胳膊上都是~;저 체조 선수의 팔은 온통 근육이다.| 马的耳部~很发达;말의 귀 근육은 매우 발달되어 있다.| 人全身有639块~;인간의 전신에는 639개의 근육이 있다.| 他的身上长着大块大块的~;그의 몸에는 굵직굵직한 근육이 나와 있다.

鸡 jī 名 닭. ¶那只母~下了一个蛋;그 암탉이 계란 하나를 낳았다.| 很多孩子爱吃炸~;많은 아이들이 계란 프라이 먹는 걸 좋아한다.| 奶奶喜欢养~,现在养了十只;할머니께선 닭 기르는 것을 좋아하셔서 지금 열 마리를 기르신다.| 每天早晨他一听到~叫就起床;매일 아침 그는 닭 우는 소리가 들리면 바로 일어난다.| ~翅、~腿、~胸和~脖儿的肉我都爱吃;나는 닭날개, 다리, 가슴, 목살 전부 다 잘 먹는다.

鸡蛋 jīdàn 名 계란. 달걀. ¶~很有营养;계란은 영양가가 높다.| 家里没~了,我再去买点儿~吧;집에 계란이 떨어졌으니 내가 계란 좀 사러 갈게.| 我最爱吃炒~,妹妹最爱吃煮~;나는 계란 볶음 먹는 걸 제일 좋아하고, 여동생은 삶은 달걀 먹는 걸 가장 좋아한다.| 咸~的~黄儿很好吃;소금에 절인 달걀 노른자는 맛있다.| 他今天中午做了点儿~汤;그는 오늘 점심에 계란탕을 좀 만들었다.

积极 jījí 形 ❶ 진취적이다. 열성적이다.

¶他对参加运动会很~,每天都早早儿地来锻炼;그는 운동회에 매우 열성적으로 참석하며, 날마다 일찍감치 단련하러 온다.| 姐姐对这次的表演最~,常常练习到很晚才回来;누나는 이번 공연에 매우 열성적이라서, 늘 늦게까지 연습하다 돌아온다.| 公司涨工资了,大家干起活儿来更~了;회사의 임금이 올라서 모두들 더욱 열성적으로 일한다.| 他这学期~的学习态度是取得好成绩的主要原因;그의 이번 학기의 열성적인 학습 태도가 좋은 성적을 거둔 주요 원인이다. ❷ 긍정적이다. 적극적이다. ¶明年我们要~开展在中国的业务;내년에 우리는 중국에서의 업무를 적극적으로 전개하려 한다.| 这本词典对学习汉语有~作用;이 사전은 중국어를 공부하는데 좋은 역할을 한다.| 观众的狂热对演员的表演既有~影响也有消极影响;관객의 열광은 배우의 공연에 긍정적인 영향과 부정적인 영향 둘 다 미친다.

积极性 jījíxìng 名 적극성. ¶老师的教学方法激发了同学们学习的~;선생님의 교육 방법은 학생들에게 학습의 적극성을 불러일으켰다.| 现在大家工作的~很高,每天都会超额完成任务;지금 모두 작업에 적극적이니, 날마다 임무를 초과 달성할 것이다.| 在课堂上,他会想办法发挥学生的~,引起他们说汉语的兴趣;교실에서 그는 학생들의 적극성을 발휘시키고, 그들이 중국어를 말하는 흥미를 불러일으킬 방법을 생각해낼 것이다.| 学习没有~就不可能学好;학습은 적극성이 없으면 잘 배울 수 없다.

积累 jīlěi 动 쌓이다. 누적하다. 축적하다. ¶他在教学工作中~了丰富的教学经验;그는 교학 업무에서 풍부한 교학 경험을 쌓았다.| 我已经~了很多资料,为将来写论文做准备;나는 이미 많은 자료들을 축적하여, 곧 다가올 논문을 쓰기 위해 준비하였다.| 他办厂的资金都是一点儿一点儿~起来的;그가 공장을 운영하는 모든 자금은 조금씩 조금씩 모은 것이다.| 要写出好的文学作品必须有丰富的生活~;좋은 문학 작품을 쓰기 위해선 반드시 풍부한 생활 경험이 축적돼야 한다.| 父母拿出全部的生活~给孩子买了一套房子;부모님께서 모든 재산으로 자식에게 집 한 채를 사주셨다.

基本 jīběn 形 기본적인. 근본적인. 기본의. ¶获得博士学位是进入这家公司工作的~条件;박사 학위를 취득하는 것은 이 회사에 들어가 일하기 위한 기본 조건이다.| 市场经济的~要求之一是有健全的法制;시장 경제의 근본적인 요구 중의 하나는 완벽한 법제가 갖추어져 있는 것이다.| 这是合同的~格式,请按这个准备两份;이건 계약서의 기본 격식이니 이에 따라 두 부를 준비하십시오.| 吃饭、睡觉是人类最~的需要;밥 먹는 것과 잠자는 것은 인류의 가장 기본적인 욕구이다. 副 대체로. ¶我们这一课已经~上讲完了;이 수업은 이미 거의 끝나간다.| 中国人和韩国人在外貌上~相同;중국인과 한국인은 대체로 외모가 같다.| 这孩子的听力~正常;이 아이의 청력은 대체로 정상이다.| 这座公园已经~完工了;이 공원은 벌써

대체로 완공되었다.

基础 jīchǔ 名 토대. 기초. (원 뜻은 건축물의 토대이지만, 지금은 사물 발전의 근본이나 기점을 가리킨다.) ¶你的汉语~不错,可以直接上二年级了；년 중국어 기초가 괜찮으니 2학년으로 바로 진학해도 된다.| 他从来没学过画画儿,在这方面没有~；그는 지금까지 그림 그리는 걸 배운 적이 없어 이 방면에는 기초가 없다.| 你先学一些舞蹈的~动作；너 우선 춤의 기초 동작들을 배워라.| 开始学一门语言时要打好~；언어 하나를 배우기 시작할 때는 기초를 잘 쌓아야 한다.| 这孩子的数学~有些差,需要补一补；이 아이의 수학 기초가 좀 떨어지니 보충할 필요가 있다.

基准 jīzhǔn 名 기준. (측량 시의 기산 표준, 기준을 통칭한다.) ¶你现在看到的是~汇率,我们可以在此基础上给你再适当优惠一些；당신이 지금 본 것은 기준 환율인데, 이를 기초로 당신께 적당한 우대를 좀 더 해 드릴 수 있습니다.| 这次展览要以体现民族特色为~；이번 전시는 민족적 특색을 기준으로 삼고자 한다.| 在中国,地方政府无权制定税收~；중국에서 지방 정부는 세수 기준을 제정할 권한이 없다.| 他们决定以现行物价为~来制定新的价格系统；그들은 현행 물가를 기준으로 삼아 새로운 가격 시스템을 제정하기로 결정하였다.

稽查 jīchá 动 (밀수, 탈세, 법률 위반 등의 활동을) 검열하다. 사찰하다. 조사하다. ¶从那年起国家开始强化税收~；그 해부터 국가에서는 세수 검열을 강화하기 시작했다.| ~走私或违规行为是海关一项基本工作；밀수나 위법 행위를 검열하는 것은 세관의 기본 업무 중의 하나이다.| 下个星期,市文化局要~文化市场中的违禁行为；다음주에 시 문화국은 문화 시장의 위법 행위를 사찰할 것이다.| 国务院已经派出工作组对十个省市进行税务~；국무원에서 이미 업무 팀을 파견하여 10개 성과 시에 세무 조사를 하였다. 名 검사원. 조사원. ¶那名犯错误的~已经被开除了；잘못을 저지른 그 조사원은 이미 면직당했다.| ~应该按规定对自己负责的单位进行检查；조사원은 규정에 따라 자신의 책임 단위에 대해 검사하였다.| 我们将派三位有经验的~帮助你；우리는 세 명의 경험 있는 검사원을 파견하여 당신을 도울 것입니다.

激动 jīdòng 形 (자극을 받아 극도로) 감격하다. 흥분하다. ¶他太~了,昨天晚上没有睡着觉；그는 매우 감격해서 어젯밤에 한 숨도 못 잤다.| 看到女儿又可以走路了,妈妈~得流下眼泪；딸이 다시 걷게 된 것을 보고 엄마는 감격해서 눈물을 흘렸다.| 一看到那位歌星,那些歌迷们就~得又跳又叫；그 유명 가수를 보자마자 그 팬들은 감격해서 뛰고 소리쳤다.| 听完这个令人~的故事,大家都说不出话来了；사람들을 감동시키는 이 이야기를 다 듣고 모두 말을 잇지 못했다.| 她无法控制自己~的心情,禁不住哭了起来；그녀는 자신의 흥분한 마음을 통제할 수 없어 참지 못하고 울음을 터뜨리기 시작했다. 动 감격시키다. 감동시키다. ¶国家队胜利的消息太~人心了；국가 대표팀의 승리한 소식

은 사람들을 매우 감동시켰다.
▶용법주의: 중첩해서 사용할 수 없다.

激烈 jīliè 形 (동작, 언론 등이) 격렬하나. 치열하다. ¶昨天的足球比赛很~; 어제 축구 경기가 매우 격렬했다.| 在辩论会上双方辩论员进行了~的辩论; 토론회에서 토론자 쌍방간에 치열한 토론을 하였다.| 现在大学毕业生面临着~的竞争; 지금 대학 졸업생들은 치열한 경쟁에 직면해 있다.| 他的意见遭到同学们的~反对; 그의 의견은 학생들의 격렬한 반대에 부딪혔다.

及 jí 连 및. 과. 와. (명사 또는 명사성 단어군을 연결시켜, 병렬 관계를 표시하며 주로 서면어에 많이 쓴다.) ¶请把你的名字~电话号码都写在这张表上; 당신의 이름 및 전화번호를 모두 이 표 위에 쓰세요.| 这次考试的形式、范围~时间、地点等问题, 下周会通知大家; 이번 시험의 형식, 범위 및 시간, 장소 등의 문제는 다음주에 모두에게 통지할 겁니다.| 这家商场的商品种类比较全, 服装、家电、首饰、化妆品及箱包等都有; 이 상가의 상품 종류는 비교적 많아서, 옷, 가전, 장신구, 화장품 및 트렁크 등이 모두 구비돼 있다.

▶용법주의: ❶ 만약 연결된 단어 앞뒤가 똑같이 중요하다면, '及'는 '和'에 상당하여 병렬항의 마지막 앞에 써야 한다. ¶请写下你的姓名、电话及住址; 당신의 성명, 전화 및 주소를 기입하시오. ❷ 만약 연결된 단어에 경중이 있으면 주요한 것을 앞에 쓰고, 부차적인 것은 '及'의 뒤에 놓는다. ¶参加这次学术会议的有本校的教师、学生及社会上的文学青年; 이번 학술 회의에 참가한 이들로는 본교 교사, 학생 및 사회의 문학 청년들이 있다. ❸ 때로는 '及' 뒤의 단어가 표시한 범위가 앞에 놓인 단어보다 넓다. ¶国家将支持棉花、大豆、甘蔗及其他一些经济作物的生产; 국가는 면화, 대두 및 기타 경제 작물들의 생산을 지원할 것이다.

及格 jí//gé 动 (시험 성적이) 합격하다. 규정된 최저 기준에 이르다. ¶这次考试他~了; 이번 시험에 그는 합격했다.| 我真怕这次考试及不了格; 나는 이번 시험에 불합격될까 정말 두렵다.| 他期中考试没考~; 그는 중간고사에서 합격하지 못했다.| 老师, 我这次及得了格及不了格? 선생님, 제가 이번 시험에 합격했나요 불합격했나요?| 我们的要求不高, 只要~就行; 우리의 요구는 높지 않은데, 합격만 하면 된다.

▶용법주의: 분리해서 사용할 수 있으며, '过', '得了(할 수 있음을 표시)', '不了(할 수 없음을 표시)' 와 수량 단어 등을 붙일 수 있다. ¶上学期他考试从没及过格, 这学期好一点儿, 及过两次格; 지난 학기에 그는 시험에 합격한 적이 없는데, 이번 학기엔 좀 나아져서 두 차례 합격했다.

及时 jíshí 形 시기 적절하다. 때맞다. ¶今天早上我~赶到教室, 没有迟到; 오늘 아침에 나는 적시에 교실에 도착해서 늦지 않았다.| 我正需要这份材料, 你送来得太~了; 나는 이 자재가 마침 필요하던 참인데 네가 아주 시기 적절하게 보내왔다.| 今天交钱还算~, 明天就晚了; 오늘 돈을 내는 것은 아직 시기 적절한 셈이다, 내일이

면 늦는다.| 前两周天气太干了,昨天的雨很~;요 2주 동안 날씨가 너무 건조했는데, 오늘 비는 매우 시기 적절하다.

级 jí 名 ❶ 등급. 급. ¶他正在学初~汉语;그는 초급 중국어를 배우고 있다.| 我妹妹的水平已经是中~了;내 여동생의 수준은 이미 중급 수준이다.| 他的爸爸是一名高~工程师;그의 아빠는 고급 엔지니어이다.| 去年我的HSK考了六~;작년에 나는 HSK 시험에서 6급을 땄다. ❷ 학년. ¶暑假后我们都要升~了,我们都将是大学三年级的学生了;여름 방학 후에 우리는 모두 학년이 올라갈 것이다. 우리 모두 대학 3학년 학생이 된다.| 小王由于成绩不好,留~了;왕군은 성적이 좋지 않아서 유급 당했다.| 我是八九~的大学生,一九八九年入学,一九九三年毕业;나는 89학번 대학생으로 1989년에 입학해서 1993년에 졸업했다.| 她学习很好,上小学时跳了一~,上完二年级直接就上了四年级;그녀는 공부를 잘 해서, 초등학교 다닐 때 한 학년을 월반해서 2학년을 마치고 바로 4학년을 다녔다.

即 jí 动 곧 …이다. 즉 …이다. (서면어로 주로 설명에 쓰인다.) ¶京广线~北京到广州的铁路;징광선은 곧 베이징부터 광저우까지의 철도 노선이다.| 在中国古代文献中,青色~指深蓝色;중국 고대 문헌에서 청색은 곧 곤색을 가리킨다.| 一个小时是六十分钟,一百二十分钟,~两个小时;한 시간은 60분이니, 120분은 곧 두 시간이다.

即刻 jíkè 副 곧. 즉각. (주로 서면어

에 쓰인다.) ¶病人有生命危险,必须~抢救;환자의 생명이 위험하면 반드시 즉각 응급 조치를 해야 한다.| 地震发生后,总理~赶到救灾现场;지진이 발생한 뒤에 총리는 즉각 재난 구조 현장에 서둘러 갔다.| 只要您拨通电话,~有服务人员上门服务;당신이 전화를 하시기만 하면 종업원이 바로 방문 서비스를 할 것입니다.

即使 jíshǐ 连 설령 …하더라도. 설사 …할지라도. a) 가정의 상황을 이끌어 내어 결과가 상황의 영향을 받지 않음을 나타낸다. ¶~大家都反对,我也要去;설사 모두가 반대할지라도 나는 갈 것이다.| ~今天晚上不睡觉,我也要把这篇文章写完;설령 오늘밤 잠을 못 자더라도 나는 이 문장을 다 쓸 것이다.| 工作太多了,~再添两个人帮忙,今天也做不完;일이 너무 많아서, 설령 두 사람이 더 돕는다 하더라도 오늘 다 끝낼 수 없다. b) 양보의 상황을 이끌어 낸 후 뒤에서 진일보한 설명을 추가한다. ¶~这次你真的考了第一名,也不应该骄傲;설사 네가 정말 일등을 했을지라도 자만 해서는 안 된다.| 这本书卖得很快,书店~有,也不会很多了;이 책은 금방 팔려서 설사 서점에 있더라도 많지가 않다.| 他工作很忙,~是星期天,也常常加班;그는 일이 바빠서, 설령 일요일이라 할지라도 자주 잔업을 한다.

极 jí 副 아주. 극히. 몹시. 매우. (가장 높은 정도를 표시한다.) ❶ '형용사/심리 동사+极+了'의 구조로 비교적 구어화 되었다. ¶他写的字好~了;그가 쓴 글자가 매우 좋다.| 小王跑得快~了,让他参加比赛准得第一;왕군

이 매우 빨리 달리니 그를 시합에 참가시키면 필시 1등할 것이다.|듣자니 자신이 제1명을 얻었다고 하면서 그는 매우 기뻐하였다; 자신이 1등했다는 말을 듣고 그는 몹시 기뻐하였다.|그녀는 엄마가 송아준 강아지가 매우 귀엽다고 느꼈다; 그녀는 엄마가 그녀에게 보낸 강아지가 매우 귀엽다고 느꼈다. ❷ 형용사 앞에 쓰인다. ¶他讲课~认真;그는 매우 진지하게 수업한다.|小英唱歌~难听;샤오잉의 노랫소리는 매우 듣기 싫다.|在那所学校上学,学费和生活费~高;그 학교에 다니면 학비와 생활비가 많이 든다. ❸ 조동사나 동사 앞에 쓰인다. ¶他这个人~能吃苦;그 사람은 고생을 극히 잘 견딜 수 있다.|灾区~需大批药品;재해 지역은 극히 대량의 약품을 필요로 한다.|这个孩子不大,可是~会安排自己的时间;이 아이는 크지 않지만, 자신의 시간을 매우 잘 안배할 줄 안다. ❹ '不+형용사' 앞에 쓰이며, 형용사는 일반적으로 적극적인 의미를 표시하는 쌍음절 단어이다. ¶这张地图画得~不清楚;이 지도는 극히 불명확하게 그려졌다.|因为他上班常迟到,领导对他~不满意;그가 출근 시간에 늘 지각했기 때문에, 지도자는 그에 대해 극히 불만족스러워한다.|那个钟~不准,快去修修吧;저 시계는 맞지 않으니 빨리 수리하러 가라.

极其 jíqí 副 지극히. 매우. (주로 서면어에 쓰이며, 뒤에 종종 쌍음절 단어가 붙는다.) ¶他听课~认真,不会漏掉一个字;그는 수업을 매우 진지하게 들어 한 글자도 흘릴 리가 없다.|哈尔滨的冬天~寒冷;하얼빈의 겨울은 매

우 춥다.|学校~重视学生提出的问题;학교는 학생들이 제기한 문제를 매우 중시한다.|这所学校为社会培养了大批~优秀的管理人才;이 학교는 사회를 위해 대량의 매우 우수한 관리 인재들을 양성했다.

▶용법주의: ❶ 형용사의 중첩 형식은 '极其'의 수식을 받지 못한다. ¶他工作得极其认认真真(×)|他工作得极其认真;그는 매우 성실하게 일한다. ❷ '极其+형용사'가 명사나 동사를 수식할 때, 형용사 뒤에는 반드시 '的'나 '地'가 있어야 한다. ¶爸爸极其仔细检查了我的作业(×)|看到妈妈极其严肃表情,我赶紧关了电视去写作业(×)|爸爸极其仔细地检查了我的作业;아빠는 내 숙제를 매우 자세하게 검사하셨다.|看到妈妈极其严肃的表情,我赶紧关了电视去写作业;엄마의 매우 엄한 표정을 보고 나는 재빨리 텔레비전을 끄고 숙제하러 갔다.

急 jí 形 ❶ 초조해 하다. 조급하게 굴다. ¶他等了一个小时了孩子还没回来,他有点儿~了;그는 한 시간을 기다렸지만 아이가 아직 돌아오지 않자, 약간 초조해졌다.|今天早上我~着来上课,不小心把钱包落在出租车上了;오늘 아침에 나는 급하게 수업에 오느라, 부주의하게 지갑을 택시에 떨어뜨렸다.|看着孩子难受的样子,妈妈~得直掉眼泪;아이의 괴로워하는 모습을 보자 엄마는 초조해서 눈물을 줄줄 흘렸다.|因为工作的事儿他已经跟秘书~过好几次了;업무와 관련하여 그는 이미 비서에게 몇 번이나 닦달했다. ❷ 성미가 급하다. 성급하다. 쉽게 화내다. ¶这孩子是个

~脾气;이 아이는 성미가 매우 급하다.|별看他平时笑呵呵的,工作中谁要出了错,他的脾气~着呢;그가 평소에 허허 웃는다고 보지 마라, 작업 중에 누가 잘못을 저지르면 그의 성미가 불 같아 지니까.|昨天我还没说几句话呢,他就~了;어제 나는 몇 마디 하지도 않았는데 그가 곧 화를 냈어. ❸ 빠르고 세차다. 급하다. ¶刚才下了一阵~雨,他跑了不到十米,衣服就湿透了;방금 비가 한 차례 내려, 그는 십 미터도 달리지 못했는데 옷이 다 젖었다.|那条河水流很~,一定要小心;저 강물은 매우 빠르고 세차니 반드시 조심해야 한다.|刚才那辆车一个~转弯,转到了一条胡同里去了;방금 저 차가 급하게 모퉁이를 돌아 한 골목 안으로 돌아 들어갔다.|外面敲门声怎么这么~? 快去看看;바깥의 노크 소리가 왜 이렇게 급하니? 빨리 가봐. ❹ 급박하다. 긴급하다. (관형어로 쓰일 때는 '的'를 첨가할 수 없다.) ¶这是一封~件,必须立刻送到校长办公室;이것은 긴급 서신이니 반드시 즉각 총장 사무실에 보내야 한다.|都晚上十二点了,你找老师有什么~事? 벌써 밤 12시인데, 네가 선생님을 찾다니 무슨 급한 일이 있니?|现在灾区~需要一批药品;지금 재해지역에는 일군의 약품들이 긴급하게 필요해. 动 조급하게 하다. 초조하게 하다. 애태우다. ¶都五点了还不来, 真~死人了;벌써 다섯 신데 아직 오지 않다니 정말 초조해 죽겠다.|每个人都有份,你~什么? 매 사람마다 몫이 있는데 너 뭘 그렇게 조급해 하니?

▶용법주의: ❶ '急'가 관형어로 쓰일 때 뒤에 '的'를 붙이지 않는다. ¶今天他有急的事,不能来了(×)|今天他有急事,不能来了; 오늘 그는 급한 일이 있어 올 수가 없다. ❷ '急'가 관형어로 쓰일 때도 중첩 형식을 쓰지 않는다.

急忙 jímáng 形 급하다. 바쁘다. 분주하다. (문장 속에서 부사어로 쓰이며, 뒤에 '地를 쓰지 않는다.) ¶听到妈妈回来了,他~关了电脑;엄마가 돌아오시는 소리를 듣고 그는 급히 컴퓨터를 껐다.|看到女朋友不高兴了,他~解释来晚的原因;여자친구가 기분이 좋지 않은 걸 보고, 그는 급히 늦게 온 원인을 변명하였다.|你急急忙忙的,这是要去哪儿呀? 너 부랴부랴 어딜 가려는 게냐?|我刚才看他急急忙忙地出去了,我问他去哪儿他也没说; 나는 방금 그가 급히 나가는 걸 보고, 그에게 어딜 가느냐고 물었지만 그는 아무말도 하지 않았다.

▶용법주의: 중첩 형식은 '急急忙忙'이다.

疾病 jíbìng 名 질병. (병의 총칭으로 주로 서면어에 쓰인다.) ¶我们平时应该加强身体锻炼来预防~;우리는 평소에 신체 단련을 강화하여 질병을 예방해야 한다.|中老年人易患心脑血管~;중,노년층 사람들은 심뇌혈관 질병에 걸리기 쉽다.|这种~在十岁以下儿童中比较常见;이런 질병은 10세 이하의 아동에게서 비교적 자주 발견된다.

集 jí 量 ❶ 편. (텔레비전, 영화나 저작 속의 상대적으로 독립된 부분)¶这个电视剧一共三十~,现在演到第十~了;이 텔레비전 연속극은 총 30편인

데, 지금 10편까지 방영되었다.|影片比较长, 共分上、下两~呢;영화가 비교적 길어서 상하 두 편으로 나뉘어 있는걸.❷ 집. (주로 서명에 쓰인다.)¶我刚买了一套《鲁迅全~》;나는 방금《루쉰 전집》한 세트를 샀다.|快看! 这儿有一本世界地图~;빨리 봐! 여기 세계 지도집이 있다.|我想去买一本诗~;나는 시집 한 권을 사러 갈 생각이다. 名❸ 농촌의 시장. 장.¶明天小镇上有~, 咱们一起去赶~吧, 有很多卖东西的;내일 읍에 장이 열리니 우리 함께 장에 가자꾸나, 물건 파는 수많은 이들이 있어.|妈妈到~上买衣服去了;엄마는 장에 옷 사러 가셨다. 动 ❹ 모으다. 수집하다. (주로 기타 단음절 동사와 함께 쓴다.)¶我喜欢~邮, 看到漂亮的邮票就想办法得到;나는 우표 수집을 좋아해서, 예쁜 우표를 보면 바로 구할 방법을 생각한다.|他已经~了一百多张地图了, 有中国的, 也有别的国家的;그는 이미 백여 장의 지도를 모았는데, 중국 것도 있고 다른 나라 것도 있다.

集合 jíhé 动 집합하다. 모이다. 집결하다.¶我们明天早上九点在图书馆门口~;우리 내일 아침 9시에 도서관 입구에서 모이자.|我们已经~好了, 可以出发了;우리는 이미 다 모였으니 출발할 수 있다.|都已经过了二十分钟了, 他们还是~不起来;벌써 20분이 지났는데도 그들은 아직도 모이지 않았다.

集体 jítǐ 名 집단. 단체.¶我们这个班是个团结友爱的~;우리 반은 단결되고 우애 있는 집단이다.|去年, 我们 学校被评为教学先进~;작년에 우리 학교는 교학 선진 단체로 평가받았다.|我们的班长是大家~选出来的; 우리 반 반장은 모두가 단체로 선출한 것이다.|这个任务是~完成的, 每个人都付出了努力;이 임무는 단체로 완성한 것으로, 개개인 모두 노력하였다.|这是一家~企业;이곳은 집단 기업이다.

集团 jítuán 名 (공동 목적을 위해 조직한) 집단. 단체. 그룹.¶他现在是一个大~公司的总裁了;그는 지금 대기업 회장이 됐다.|现代的企业~大多很重视人才;현대적 기업 그룹은 대다수가 인재를 중시한다.|他们三个人组成了一个流氓~, 做了很多坏事;그들 세 사람은 깡패 집단을 조직하여 수많은 나쁜 일들을 저질렀다.|这件事学校领导~内部已经取得了一致意见;이 일은 학교 지도자 그룹이 이미 의견 일치를 보았다.

集中 jízhōng 动 (분산된 사람, 사물, 역량 등을) 모으다. 집중하다. (의견, 경험 등을) 귀납하다.¶今后两年, 公司将~力量做好新产品的开发;금후 2년 동안 회사는 역량을 집중해 신상품 개발을 다할 것이다.|大地震后, 国家~人力、物力、财力来救灾;대지진 이후 국가는 인력, 물자, 재력을 집중하여 이재민을 구해냈다.|我们将把老师们的教学经验~起来编成一本书;우리는 선생님들의 교육 경험을 모아서 한 권의 책을 엮었다.|这次汽车博览会上~了世界各汽车公司的新品;이번 자동차 박람회는 세계 각 자동차 회사들의 신상품을 모아놨다.|请大家~注意力听老师讲课;모

두 주의력을 집중하여 선생님의 강의를 들었다.
▶용법주의: 중첩 형식은 '集中集中'이다.

几 jǐ [数] 몇. (1에서 9 사이를 대표하는 정수로, '十', '百', '千', '万', '亿' 등의 앞과 '十' 뒤에 쓰인다.) ❶ 숫자를 물으며 강하게 읽는다. ¶二加四等于~? 2 더하기 4는 몇이지?│小朋友, 你今年~岁了? 꼬마 친구, 너 올해 몇 살이니?│你在天津住了~天? 너 톈진에서 며칠 묵었니?│他今年四十~了? 그는 올해 사십 몇 살이지? ❷ 불확실한 숫자를 표시하며, 가볍게 읽으며, 뒤에 양사가 옴. ¶我昨天看了~页书就睡了; 나는 어제 몇 페이지의 책을 읽고 곧 잠들었다.│才来了半年, 他已经会说~百句英语了; 반 년을 겨우 있었는데, 그는 벌써 몇 백 구의 영어를 말할 줄 안다.│他才五十~岁就死了; 그는 겨우 오십 몇 살인데 벌써 죽었다. ❸ '没有(不)+几+양사'의 꼴로 쓰여 수량이 많지 않음을 표시하며, 앞에는 다른 수사를 쓸 수 없다. ¶已经快到关门时间了, 教室里没有~个人了; 벌써 문 닫을 시간이 되어, 교실 안에는 몇 사람 없다.│我跟他没见过~次面; 나는 그와 몇 번 만난 적이 없다.│他来了不~天就开始想家了; 그는 온 지 며칠 되지도 않았는데 집을 그리워하기 시작했다.

几乎 jīhū [副] ❶ 거의. (매우 근접함을 표시한다.) ¶北京的景点我~都去过了; 베이징의 명소들을 나는 거의 모두 가 본 적이 있다.│他昨天为了完成作业~一夜没睡; 그는 어제 숙제를 마치기 위해 밤새 거의 잠을 자지 않았다.│这本书比那本书~贵了一倍; 이 책은 저 책보다 거의 배가 비싸다. ❷ 하마터면. (눈앞에서 발생할 뻔 했으나 결과적으로 발생하지 않았음을 표시한다.) a) 발생하길 원하지 않는 상황이 거의 실현될 뻔 했으나 실현되지 않아 다행이라는 색채를 지닌다. 동사는 긍정이건 부정 형식이건 의미상 같다. ¶今天早上起得太晚了, 我~迟到(实际没有迟到); 오늘 아침에 너무 늦게 일어나 하마터면 늦을 뻔 했다.│要不是你及时提醒, 我~忘了带钱(实际带了); 네가 제 때 일깨워주지 않았다면 나는 돈을 갖고 가는 것을 하마터면 잊을 뻔 했다.│好久不穿滑冰鞋了, 今天刚穿上时~摔倒(实际没有摔倒); 오랫동안 스케이트화를 신지 않아, 오늘 처음 신었을 때 하마터면 넘어질 뻔 했다. b) 실현하고자 했던 상황을 거의 실현할 수 없을 뻔 하다 결국 실현하여 다행이라는 색채를 지닌다. 동사는 부정 형식만 쓸 수 있다. ¶没想到路上堵车, 我~没赶上火车(实际赶上了); 생각지도 않게 길에 차가 막혀 나는 하마터면 기차 시간에 대지 못할 뻔 했다.│出发前我的护照出了点儿问题, ~没上飞机(实际上了飞机了); 출발 전에 내 여권에 문제가 좀 생겨서 하마터면 비행기를 타지 못할 뻔 했다. c) 실현하길 바랬던 상황이 실현될 뻔 했으나 결국 실현되지 않아 애석한 의미를 표시한다. 동사는 긍정 형식만 쓸 수 있으며, '就'와 함께 사용된다. ¶他比赛的时候只慢了一秒, ~得了冠军(实际没有得冠军); 그는 경기에서 단지 1초 늦었을 뿐이

다. 거의 우승할 뻔 했는데.(사실상 우승을 놓침)| 这次考试他只比小王少了一分,~就得了第一名(实际不是第一名);그는 경기에서 단지 1초 늦었을 뿐이다. 거의 우승할 뻔 했는데.(사실상 우승을 놓침)

挤 jǐ 形 빽빽하다. 갑갑하다. (일정한 시간이나 공간 속에 사람이나 사물이 지나치게 많음을 표시한다.)¶北京的公共汽车以前特别~,现在好多了;베이징의 버스는 예전엔 특히 붐볐는데, 지금은 많이 좋아졌다.| 比赛快开始了,体育馆门前很~;경기가 막 시작되려 하자, 체육관 문 앞은 매우 붐볐다.| 这里太~了,我们到外面透透气吧;이곳은 너무 답답하니, 우리 밖에 나가 바람 좀 쐬자. 动 ❶ (사람, 사물이) 빽빽이 들어차다. 꽉 차다. 붐비다. (일이) 한꺼번에 몰리다.¶车上~满了人;차 안이 사람들로 빽빽하다.| 请大家再往里~~,车门关不上了;모두 다시 안으로 빽빽이 들어가세요, 차문이 닫히지 않아요.| 我的房间里只有一张床,咱们就~着睡吧;내 방은 침대 하나만 있으니 모두 빽빽이 자자꾸나.| 他前几天没上班,一周的活全~在今天干,累坏了;그가 며칠 전에 출근하지 않아서, 한 주일을 모두 한꺼번에 처리하려니 무척 피곤했다.| 上学期期末,又得复习考试,又赶上妈妈生病,爸爸出差,几件事都~在一块儿了;지난 학기 말에 시험을 복습하고 엄마도 병이 나시고 아빠도 출장 가셔서, 몇 가지 일이 한꺼번에 몰렸다. ❷ (혼잡한 환경에서 몸으로) 밀치다. 밀다. 비집다.¶别~着孩子了,请大家别~了;아이를 밀지 마

세요, 모두 밀지 마세요.| 一到夏天我最怕~公共汽车;여름이 되면 나는 버스에서 붐비는 것이 가장 두렵다.| 这次歌厅起火,有一百多人被~伤了;이번에 노래방에 불이 나서 일백여 명이 떠밀려 다쳤다.| 昨天我~了半天也没有~上那辆车;어제 나는 한참을 비집고 들어갔지만 그 차에 밀고 올라가지 못했다. ❸ 짜다.¶他把牙膏~到牙刷上;그는 치약을 칫솔에 짰다.| 孩子听说妈妈不给买玩具,从眼里~出几滴眼泪来;아이는 엄마가 장난감을 사주지 않겠다는 말을 듣고 눈에서 몇 방울의 눈물을 짜냈다.| 鞋油快没了,~了半天也没有~出来;구두약이 다 떨어져가서 한참을 짜도 짜낼 수 없었다. ❹ (정상적인 일, 생활할 시간을 줄여 다른 일을 할 시간을) 변통하다. 융통하다. 내다.¶明天我无论如何也得~出时间去医院看病;내일 나는 어떻게든 시간을 내 병원에 진찰하러 가야 한다.| 明天你~出点儿时间来一趟吧;내일 너 시간을 좀 내서 한번 와라.| 对不起,我实在~不出时间;미안해, 나 정말 시간을 낼 수 없어.

给 jǐ 动 공급하다. 제공하다.¶一些国家和地区在物资缺乏的情况下对物资供应采取了配~的办法;여러 국가와 지역에서는 물자 부족의 상황에서 물자 공급에 배급의 조치를 취하고 있다.| 这个小岛上的居民过着自~自足的生活;이 작은 섬의 주민들은 자급자족의 생활을 보내고 있다. 形 충족하다. 모자람이 없다.¶家~户足,这就是古代中国人设想的小康社会的景象;집집마다 충족한 것이 바로 고

대 중국인이 상상한 소강 사회의 모습이다.

另见206页 gěi

给予 jǐyǔ [动] 주다. 베풀다. 해주다. ¶在这件事上,他~了我们很大的帮助;이 일에서 그는 우리에게 큰 도움을 주었다. | 学校对参加这项工作的学生~了奖励;학교는 이 일에 참가한 학생에게 장려금을 주었다. | 对大家提出的问题,我们会尽快~答复;여러 사람이 제기한 문제에 대해 우리는 되도록 빨리 답을 해줄 것이다.

计划 jìhuà [名] 계획. ¶每位老师都有自己的教学~;각 선생님들마다 자신의 교학 계획을 갖고 있다. | 每学期开始,他都会做一份学习~;매 학기가 시작될 때면 그는 매번 학습계획을 짜곤 한다. | 请把这份工作~交给厂长;이 업무 계획을 공장장에게 제출하십시오. | 今天我们开会是想制定一下这份科研~;오늘 우리는 회의를 열어 이 과학 연구 계획을 제정할 생각이다. | 长期~;장기 계획. | 五年~;5개년 계획. [动] 계획하다. ¶这个假期我~去中国旅游;이번 휴가 때 나는 중국여행을 계획하고 있다. | 我们~下个月开一个讨论会;우리는 다음달에 토론회를 열 계획이다. | 这笔钱怎么花,我们得好好~~;이 돈을 어떻게 쓸 건지 우리 잘 계획해 보자. | 出发以前,我们得先~好;출발 전에 우리는 우선 계획을 잘 짜야 한다.

▶용법주의: 동사의 중첩 형식은 '计划计划'이다.

计算 jìsuàn [动] 계산하다. ¶请帮我~一下儿我们这个月的销售量;저를 도와 이번 달 판매량을 계산해 주세요. | 你这几道题方法都对,怎么全~错了? 太粗心了;너는 이 몇 문제의 방법은 모두 맞았는데 어떻게 계산이 전부 틀릴 수가 있니? 너무 데면데면하구나. | 这种~器得特别准确;이런 계산기는 아주 정확하게 계산한다. | 钱数我已经~出来了,一共是十万元;금액을 나는 벌써 계산해냈어, 합계가 10만 위안이야. | 你的~不太对,再重新~一下吧;너의 계산은 그다지 맞지 않으니, 다시 한번 계산해 보렴. | 按这样~,到明年我们还能剩多少钱? 이런 계산에 따르면 내년에 우리 얼마의 돈을 남길 수 있니?

计算机 jìsuànjī [名] 계산기. 컴퓨터. (원래는 계산기를 가리켰지만, 지금은 컴퓨터를 가리킨다.) ¶我们单位每个工作人员配备一台~;우리 단위의 모든 근무자들은 컴퓨터 한 대를 배정받았다. | 现在英语考试都在~上进行;지금 영어 시험은 모두 컴퓨터로 진행된다. | 我国设计制造大型~的水平已经位居世界前列;우리나라에서 설계 제조한 대형 컴퓨터의 수준은 이미 세계 선두를 차지하였다. | 个人微型~就是我们通常所说的"电脑";개인 마이크로 컴퓨터는 곧 우리가 통상 말하는 '컴퓨터'이다. | 以前人们都是用手写信,现在大多数人都用~发电子邮件联系;예전에 사람들은 손으로 편지를 썼지만, 현재 대다수 사람들은 모두 컴퓨터로 이메일을 보내 연락한다.

记 jì [动] ❶기억하다. ¶我已经~了一千多个生词了;나는 이미 천 여 개의 단어를 기억하였다. | 你让我办的事我一直~着呢;당신이 제게 처리하게 한

일을 저는 줄곧 기억하고 있습니다.│他说的话我~得清清楚楚;그가 말한 말을 나는 뚜렷이 기억한다.│这么多生词,我一晚上可~不过来;이렇게 많은 단어를 나는 하룻밤 만에 기억할 수 없다.│我已经~住你的电话号码了;나는 이미 당신의 전화번호를 기억했습니다. ❷ 记录하다. 적다. ¶他每天晚上都~日记;그는 매일 저녁마다 일기를 쓴다.│那个小本子是~电话号码用的;저 작은 노트는 전화번호를 기록하기 위한 것이다.│我已经把这笔账~在账本上了;나는 이미 이 금액을 장부에 적어놓았다.│她的笔记~得很清楚;그녀의 필기는 매우 정확하게 기록되었다.

记得 jì·de 动 기억하고 있다. ¶我还~你去年说的话;나는 네가 작년에 했던 말을 여전히 기억하고 있다.│我不~你跟我说过这件事;나는 네가 내게 이 일을 말한 적이 있다는 것을 기억하지 못한다.│我~你以前不爱吃辣的;나는 네가 전에 매운 걸 먹기 싫어한 것을 기억하고 있다.│他已经不~我了;그는 이미 나를 기억하지 못한다.│你还~我们以前去过的那家饭店吗? 너 우리 전에 갔던 그 호텔을 아직 기억하니?

▶용법주의: 부정 형식은 '记得' 앞에 '不'를 붙여야만 하며, '没'를 쓸 수 없다. ¶我没记得你说让我买面包(×)│我不记得你说让我买面包;나는 네가 빵을 사오라고 말했던 걸 기억하지 못한다.

记忆 jìyì 名 기억. ¶因为在车祸中脑子受伤,他失去~了;교통 사고에서 뇌에 손상을 입었기 때문에 그는 기억을 잃었다.│在这里生活的一年会永远保留在我的~里;여기서 생활했던 1년은 영원히 제 기억 속에 남아있을 겁니다.│在我的~中,他是一个爱说爱笑的小伙子;내 기억 속에서 그는 말하기 좋아하고 웃기도 잘하는 젊은이였다. 动 기억하다. ¶那件事深刻地~在他的脑子里,使他无法忘记;그 일은 그의 머릿속에 깊이 기억돼 잊지 못할 것이다.│电脑可以~我们实验的全过程;컴퓨터는 우리가 실험한 전 과정을 기억할 수 있다.

▶용법주의: '记忆'는 결과 보어와 정도 보어를 쓸 수 없다. ¶我们记忆住了老师的话(×)│那件事他记忆得很深刻(×)│我们记住了老师的话;우리는 선생님의 말씀을 기억하였다.│那件事他记得很深刻;그 일을 그는 매우 깊이 기억하였다.

记者 jìzhě 名 기자. ¶他是中央电视台的~;그는 CCTV 기자다.│~的工作很辛苦;기자의 업무는 매우 고되다.│她的理想是当一名新闻~;그녀의 이상은 뉴스 기자가 되는 것이다.│明星刚一出现,一大群~就围了上去;스타가 막 출현하자마자 한 무리의 기자들이 에워쌌다.

记录 jìlù 动 기록하다. ¶这份稿子~了他一生的经历;이 원고는 그의 평생 경험을 기록하였다.│老师所讲的内容,她~得清清楚楚;선생님께서 강의한 내용을 그녀는 분명하게 기록하였다.│你在学校的所有表现都会被~下来;너가 학교에서 보여주는 모든 태도가 기록 될 것이다. 名 ❶ 기록. ¶这是昨天会议的~,你看一看;이건 어제 회의 기록입니다, 한 번 보시죠.│董

事长要看会议的详细~,你快整理一份;이사장께서 회의의 상세한 기록을 보려 하시니 너 빨리 한 부 정리해라. ❷ 기록자. 서기. ¶这次答辩会请你来当~;이번 발표회는 당신이 서기를 담당하시죠. 他当了一天的~,手累得都抬不起来了;그는 하루 종일 서기 노릇을 하느라 피곤해서 손을 들지도 못했다. 这次会议的~是谁? 이번 회의의 서기는 누구냐?

纪录 jìlù 名 기록. 신기록. ¶在这次奥运会上,中国队员打破了多项世界~;이번 올림픽에서 중국 선수들은 여러 세계 기록들을 깼다. 这位运动员创造了两项新~;이 운동 선수는 두 개의 신기록을 세웠다. 他的成绩刷新了世界~;그의 성적은 세계 기록을 갱신하였다. 请破~的运动员上台领奖;기록을 갱신한 운동 선수께서는 단상에 올라 수상하시기 바랍니다. 一项新的全国~产生了;새로운 전국 기록이 탄생하였다.

纪律 jìlǜ 名 (단위, 단체, 학교 등에서 제정한) 규율. 기율. 질서. ¶学校有学校的~,每个同学都应该遵守;학교에는 학교의 규율이 있으니 모든 학생들이 준수해야 한다. 上课迟到是违反学校~的;수업 시간에 지각하는 것은 학교 규율을 위반하는 것이다. 这是一支~严明的部队;여기는 규율이 엄격하고 공정한 부대이다. 他由于违反考试~被取消了考试资格;그는 시험 규정을 위반했기 때문에 시험 자격이 취소되었다.

纪念 jìniàn 动 기념하다. ¶明天学校要开联欢会,~建校五十周年;내일 학교에서 친목회를 열어 개교 50주년을 기념할 것이다. 为~战争中的英雄,人们在市中心广场建了一座~碑;전쟁 중의 영웅을 기념하기 위해 사람들은 시 중심 광장에 기념비 하나를 세웠다. 为了~祖先,每到清明节,大家都会去扫墓;조상을 기념하기 위해 청명절 때마다 모두 성묘하러 갈 것이다. 名 기념(품). 기념물. ¶这支笔送给你留做~;이 펜을 네게 보내 기념으로 남긴다. 他请自己喜欢的明星在本上签名做~;그는 자기가 좋아하는 스타에게 책 위에 사인해달라 해서 기념으로 삼았다. 毕业生在校园种了一株松树,算是留给母校的~;졸업생들이 교정에 소나무 한 그루를 심었는데, 모교에 기념물을 남긴 셈이다.

▶용법주의: '纪念'은 반드시 그리워하기 때문에 행동이 있는 것이다. 다만 '그리워하기만' 하고 행동이 없으면 '纪念'을 쓸 수 없다. ¶自从他死以后,我天天纪念他,总睡不着觉(×) 自从他死以后,我天天想念他,总睡不着觉;그가 죽은 후에 나는 날마다 그를 그리워해서 늘 좀처럼 잠들지 못한다.

技能 jìnéng 名 기능. 솜씨. ¶他已经掌握了计算机的基本知识和~;그는 이미 컴퓨터의 기본 지식과 기능에 숙달했다. 说、学、逗、唱是相声演员的基本~;말하기, 배우기, 웃기기, 노래하기는 상성 배우의 기본 기능이다. ~低下的人会最先被公司开除;솜씨가 떨어지는 사람은 최우선적으로 회사에서 해고될 것이다. 她的多项~在工作中都得到运用,很快就得到了领导的重视;그녀의 여러 솜씨는 모두 업무에 활용되었고 매우 신속하게 지

도자의 중시를 받았다.| 要想提高汉语水平,我们就应该培养听、说、读、写四项~;중국어 수준을 제고시키려면 우리는 말하기, 듣기, 읽기, 쓰기의 네 가지 기능을 배양해야 한다.

技巧 jìqiǎo 名 기교. 테크닉. (주로 예술, 공예, 체육 등의 측면을 가리킨다.) ¶通过学习,小王的表演~有了很大的提高;학습을 통해 왕군의 연기 기교가 크게 업그레이드됐다.| 明天就要比赛了,大家比赛时要注意动作~,不要失误;내일 경기가 있을 것이니, 모두 경기중에 동작의 기교에 주의해라, 실수하지 말고.| 他已经熟练地掌握了画山画水的~;그는 이미 산수화기법을 능숙하게 익혔다.| 学汉语没有什么~,只能多学多练;중국어를 배우는 데는 다른 테크닉이 없어, 다만 많이 배우고 많이 연습하는 수밖에.

技术 jìshù 名 기술. 기술 장비. ¶他最近一直在钻研(zuānyán)网络~;그는 최근에 줄곧 네트워크 기술을 깊이 연구하고 있다.| 我们已经掌握了先进的~,不会落后于别人的;우리는 이미 선진 기술에 숙달했으니 다른 사람보다 뒤떨어질 리 없다.| 为了提高生产能力,我们必须进行~改造;생산 능력을 제고시키기 위해 우리는 반드시 기술 개조를 해야 한다.| 新~可以使我们的效率提高百分之二十;신기술은 우리의 효율을 20% 제고시킬 수 있다.

技术员 jìshùyuán 名 기술자. (중국 기술 인원의 직명 중의 하나로, 工程师(기사)보다 한 단계 낮다.) ¶他是一名农业~;그는 농업 기술자이다.| 他去

年还是~,今年已经被评为工程师了;그는 작년까지만 해도 여전히 기술자였는데, 올해는 이미 기사로 평가되었다.| ~不在,他只好自己想办法解决问题了;기술자가 없어서 그는 스스로 방법을 생각해 문제를 해결할 수밖에 없다.

季节 jìjié 名 계절. 철. ¶秋天是收获的~;가을은 수확의 계절이다.| 现在正是旅游的~,我们去爬山吧;지금은 바야흐로 여행철이니 우리 등산하러 가자.| 四个~中,你最喜欢哪一个? 4계절 중에서 너는 어느 계절을 가장 좋아하니?| 天鹅(tiān'é)每年都会做~性的迁徙(qiānxǐ);백조는 해마다 계절성 이동을 한다.

既 jì 连 (이왕) …한 바에는. (기왕) …한 이상은. (앞 절에 쓰여 어떤 사실을 인정하고, 뒷 절에서 이 사실에 근거해 판단이나 결론을 내림을 표시하며, 주어 뒤에서만 쓰일 수 있다.) ¶你~来了,就别走了;너 이왕 온 이상 가지 마라.| 他~想学,就给他报上名吧;그는 이왕 배울 생각이니 그에게 지원하게 해라.| 你~已经决定了,我也不说什么了;네가 벌써 결정했으니 나도 뭐라 말하지 않겠다. 副 …할 뿐만 아니라. …이며. …하고도.

既… jì… 连 …(‘又’, ‘也’ 등의 부사와 호응하여 두 가지 상황이 병존함을 표시한다.) ¶这件衣服~漂亮又便宜;이 옷은 아름답기도 하고 싸기도 하다.| 他~是我的朋友,又是孩子的朋友;그는 내 친구이기도 하고 아이의 친구이기도 하다.| 他们~没有见过我,也没有见过你;그들은 나를 본 적도 너를 본 적도 없다. 连 할 뿐만 아

니라 …하기도 하다. (연결 병렬 성분으로, 뒷부분은 진일보한 보충 설명을 표시하며 두 구조가 같거나 유사한 구를 연결한다.) ¶我们班~有欧洲人，也有亚洲人;우리 반엔 유럽인도 있고 아시아인도 있다. | 他~不认识我，我也不认识他，我们怎么会一起吃饭呢?그가 나를 모르고 나 역시 그를 모르는데 우리 어떻게 함께 밥을 먹을 수 있겠는가? | 你到国外留学，~要努力学习，也要注意身体;네가 외국에서 유학을 하려면 노력해서 배워야 하고 건강도 주의해야 한다. | 现在去旅游~不冷也不热;지금 여행을 가면 춥지도 덥지도 않다.

▶용법주의: '既', '也'모두 주어 뒤에 놓여야 하며, 앞뒤 구의 주어가 같을 때는 뒷 구는 주어를 생략할 수 있다. 앞뒤 구의 주어가 다를 때는 뒷 구의 주어는 '也'의 앞에 놓여야 한다. ¶我既没给他打电话，也他没给我打电话(×) | 我既没给他打电话，他也没给我打电话;나는 그에게 전화하지 않았을 뿐만 아니라 그 역시 나에게 전화하지 않았다.

既…又… jì…yòu… 连 …할 뿐만 아니라 …도. …하고 또 …하다. (연결 병렬 성분으로, 두 측면이 모두 있음을 표시하고, 형용사나 동사구를 연결한다.) ¶她的女儿既漂亮又聪明，可爱极了;그녀의 딸은 아름답기도 하고 총명하기도 해서 귀엽기 짝이 없다. | 我们这里的商品既便宜，质量又好;우리 이곳의 상품은 싸기도 하고 품질도 좋습니다. | 她既是我的好妈妈，又是我的好朋友;그녀는 나의 좋은 엄마이기도 하고 좋은 친구이기도 하다.

▶용법주의: '既', '又'는 모두 주어 뒤에 놓이며, 만약 앞뒤 구의 주어가 같으면, '又'앞에 주어를 쓰지 않아도 된다. 만약 앞뒤 구의 주어가 다르면, 뒷 구의 주어는 '又'앞에 놓아야 한다. ¶这种电视既贵，图像又不清楚，我们别买了(×) | 这台电视既贵，图像又不清楚，我们别买了;이 텔레비전은 비싸기도 하고 영상이 뚜렷하지도 않으니 우리 사지 말자.

既然 jìrán 连 이미 이렇게 된 바에야. 기왕 그렇게 된 이상. (앞 구에 쓰여 이미 현실이 되었거나 긍정한 전제를 제기하고, 뒷 구는 이러한 전제에 근거해 추단이나 결론을 제기한다. 둘째 구에서 항상 '就', '也', '还'와 호응함) ❶ 앞뒤 두 구의 주어가 다르면, '既然'은 주어 앞이나 뒤 모두 놓일 수 있다. ¶~你不同意，我就不去了;네가 이왕 동의하지 않은 이상 나는 가지 않겠다. | 他~已经认错了，你就原谅他吧;그가 벌써 잘못을 인정한 이상 네가 용서해라. | 大家都觉得这个办法好，你就同意了吧;모두 이 방법이 좋다고 생각한 이상 너 역시 동의 했겠지. ❷ 앞뒤 주어가 같으면, '既然'은 일반적으로 주어 뒤에 나타난다. ¶你~来了，就多待一会儿吧;기왕 온 이상 좀 더 머물러라. | 你~喜欢这件衣服，就买了吧;너 기왕 이 옷을 좋아하니 사려무나. ❸ 뒷 구의 추론이나 결론은 의문문이나 반어문으로 표시하며, 이 때는 '就', '也', '还'등의 부사를 쓰지 않는다. ¶~已经晚了，我们何必着急呢?이왕 벌써 늦었는데 우리 굳이 조급해할 필요가 있는가? | ~你还没有想好，为什么要给

我打电话? 아직 생각이 정리가 되지 않았는데, 왜 내게 전화했냐? | 钱~丢了,着急有什么用呢? 기왕 돈을 잃어버렸는데 조급해 해 봤자 무슨 소용이 있느냐?

▶용법주의:만약 뒷 구가 의문문이나 반어문이 아니면 반드시 부사 '就', '也' 또는 '还'를 써야 한다. ¶既然天已经晚了,你别走了(x)|既然天已经晚了,你就别走了;기왕 날이 이미 늦었으니 너 가지 마라.

济州岛 Jìzhōudǎo 名 제주도. ¶~是韩国最大的岛;제주도는 한국에서 가장 큰 섬이다. | ~上有"三多":石多、风多、女人多;제주도에는 '三多'가 있다. 돌이 많고, 바람이 많고, 여자가 많다. | 他们准备去~度蜜月;그들은 제주도에 신혼여행 갈 준비를 한다.

继续 jìxù 动 (활동을) 계속하다. ¶毕业后,他想~读研究生;졸업 후에 그는 대학원에서 공부를 계속할 생각이다. | 今天晚上我得~做实验,不回家了;오늘 밤에 나는 실험을 계속해야 해서 집에 돌아가지 않을 것이다. | 讨论又~了三个小时,仍然没有结果;토론이 다시 세 시간 동안 계속되었지만 여전히 결과가 없다. | 希望你~努力,取得更好的成绩;네가 계속 노력해서 더 좋은 성적을 거두길 바란다. | 我们今天这个会议是昨天会议的~;우리 오늘 이 회의는 어제 회의의 연속이다.

寄 jì 动 ❶ (우편으로) 부치다. 보내다. ¶我今天得去邮局~一封信;나는 오늘 우체국에 가서 편지 한 통을 부쳐야 한다. | 他昨天已经把钱~走了;그는 어제 이미 돈을 부쳤다. | 我以前在这里~过一些书;나는 전에 이곳에서 책들을 부친 적이 있다. | 她把东西~错地方了;그녀는 물건을 다른 곳으로 잘못 부쳤다. | 请把这封信~到中国;이 편지를 중국까지 부쳐주세요. | 她给我~来了一些风景明信片;그녀는 나에게 풍경 엽서들을 부쳐왔다. ❷ 맡기다. 기탁하다. 위탁하다. ¶我想先把东西~放在你这里,行吗? 저는 우선 물건을 당신 있는 곳에 맡길 생각인데 괜찮겠습니까?| 请先~存一下包;우선 보따리를 맡기십시오.| 老人都会~希望于下一代;노인들 모두 다음 세대에 희망을 맡길 것이다.

寄存 jìcún 动 (물건을) 맡겨두다. 보관시키다. ¶那边有行李~处,你把东西~在那里吧;저 쪽에 수화물 보관소가 있으니, 물건을 그곳에 보관해라. | 请把大衣~在衣帽间;외투를 옷 보관소에 맡기십시오.| 在这个商店顾客可以免费~行李物品;이 상점에서는 고객이 무료로 짐을 맡길 수 있다.

祭祀 jìsì 动 제사 지내다. ¶人们每年都会来这里举行~活动;사람들은 해마다 모두 이곳에 와서 제사를 지내곤 한다. | 每到过年的时候,我们都会~祖先;설 때마다 우리는 조상에게 제사 지내곤 한다. | 传统的庆祝或~的节日,是世界各民族的文化精粹(jīngcuì);전통적인 경축일이나 제사 지내는 명절은 세계 각 민족 문화의 정수이다.

加 jiā 动 ❶ 더하다. 보태다. ¶一~一等于二;1 더하기 1은 2다.| 听力作业~写作作业,两个小时也做不完;리스닝 숙제에 작문 숙제를 더하면 두 시간에도 다 하지 못한다.| 这些账目你再

帮我~一~;이 항목들을 네가 다시 나를 도와 더해주렴.|我已经~了三遍了,总是~不对;나는 이미 세 번을 더했지만 늘 더하기가 틀린다.❷늘리다. 증가시키다.¶再~两个人,今天也完不成任务;다시 두 사람을 늘려도 오늘 임무를 완성할 수 없다.|来的人太多,得~几把椅子;온 사람이 너무 많아 의자 몇 개를 늘려야 한다.|下个月老板要给我~工资了;다음 달에 사장이 나에게 임금을 늘려줄 것이다.|菜有点淡,再~点盐吧;요리가 좀 싱거우니 다시 소금 좀 더 쳐라.|我们班又~进来两个人;우리 반에 또 두 사람이 더 들어왔다.❸(본래 없던 것을) 붙이다. 달다. 첨가하다.¶这段文章太难了,你给我~上翻译吧;이 문장이 너무 어려우니 너 내게 번역을 달아줘.|你改过的地方一定要~上符号;네가 고친 곳에 반드시 부호를 달아야 한다.|这台晚会再~上一个节目怎么样?이번 이브닝 파티에 다시 프로그램 하나를 첨가하는 게 어때?|你这个标点~得不对;너 이 구두점을 잘못 붙였어.

加工 jiā//gōng 动 가공하다.¶他们的工作是把麦子(màizi)~成面粉;그들의 업무는 밀을 밀가루로 가공하는 것이다.|女工们把这些布和棉花~成棉衣和棉被;여공들은 이 천과 면화들을 솜옷과 솜이불로 가공한다.|这些产品都不合格,你们得再加加工;이 상품들은 모두 불합격이니 당신들은 재가공을 해야 합니다.|这家工厂~得不好,你还是换一家吧;이 공장에서 가공한 것이 좋지 않으니 다른 곳으로 바꾸려무나.|经过一番~,原来不起

眼的衣服变成了华丽(huálì)的晚礼服;한 번의 가공을 거쳐 원래는 볼품 없던 옷이 화려한 야회복으로 변했다.|他开了一家皮革~厂;그는 피혁 가공 공장을 열었다.

▶용법주의: 중첩 형식은 '加加工' 혹은 '加工加工'이다.

加强 jiāqiáng 动 강화하다.¶我们应该~办学力量;우리는 학교 경영 역량을 강화해야 한다.|韩国~了与中国的经济合作;한국은 중국과의 경제 협력을 강화하였다.|对食品卫生的管理还需要进一步~;식품 위생에 대한 관리는 여전히 더욱 강화할 필요가 있다.|他们的技术力量已经大大~了;그들의 기술 역량은 이미 크게 강화되었다.

▶용법주의: 일부 동사나 명사들은 '加强'과 함께 쓸 수 없는데, 예를 들어 '能力', '水平', '了解' 등을 들 수 있다.¶他的汉语水平大大加强了(×)|我要在中国加强自己的汉语听说能力(×)|这次两国领导人的会见加强了双方的了解(×)

加以 jiāyǐ 动 …을 가하다. …하다. (앞에서 언급한 사물을 어떻게 대하거나 처리할까를 표시하며, 쌍음절 동사 앞에 쓴다. '加以'는 실제적인 의미는 없으며, 동작하는 것이 그것 뒤의 동사임을 표시한다.)❶명사+조동사/부사+加以+동사¶已经毕业的同学的信息都应该~保存;이미 졸업한 학생들의 소식들은 모두 보존해야 한다.|我们一定要对这些具体问题~研究;우리는 반드시 이 구체적인 문제들을 연구해야 한다.|这篇文章稍微~修改就可以发表了;이 문장

은 약간 수정을 가한다면 발표할 수 있겠다. ❷ 전치사+명사+加以+동사 ¶我得对今天会议的内容~整理;나는 오늘 회의의 내용에 대해 정리를 해야 한다. | 只要把一年中所学的东西~总结,你就会发现自己的进步;1년 중에 배운 것들을 총괄하기만 한다면 너는 자신의 발전을 발견할 수 있을 것이다. ❸ 동사+명사 | 加以+동사 ¶单位想选一部分优秀的员工~培养;단위는 일부 우수한 직원들을 뽑아 육성할 생각이다. | 老师一边读一边找出语言点~解释;선생님께서는 한편으로는 읽으면서 다른 한편으로는 언어의 중점사항을 설명하셨다. | 发现孩子的进步应该及时~表扬;아이가 나아진 게 보이면 바로 칭찬해 줘야 한다. 连 게다가. ¶他本来就对汉语很感兴趣,~良好的语言环境,所以进步更快;그는 원래 중국어에 매우 관심이 있었던 데다 좋은 언어 환경 때문에 발전이 특히 빨랐다. | 他本来就学得不好,~考试时紧张,这次考得特别差;그는 원래 공부를 잘 못한 데다가 시험 때 긴장까지 해서 이번에 특히 시험을 못 봤다.

夹 jiā 动 ❶ (서로 반대된 방향에서 물체를) 집다. ¶烤肉好了,快用筷子~着吃吧;불고기가 다 익었으니 어서 젓가락으로 집어먹자. | 用这个把头发~一下,省得头发掉下来;머리카락이 내려오지 않게 이걸로 머리카락을 집어 보렴. | 请开一下门儿,我的衣服被~住了;내 옷이 끼었으니 문 좀 열어주십시오. | 这个游戏要求在一分钟内把这些玻璃球全部~到旁边的瓶子里;이 게임은 일 분 안에 이 구슬들을 몽땅 옆의 병 속에 집어넣어야 하는 겁니다. | 螃蟹爪子~人~得很疼,게가 집게로 무는데 참 아프네요. | 他~了几次才把菜~起来;그는 몇 차례나 젓가락질을 해서야 요리를 집었다. | 他的手上总是~着烟;그의 손에는 늘 담배가 들려 있다. | 你用筷子~一~试试,看能~起鸡蛋吗? 너는 젓가락으로 계란을 집을 수나 있겠는지 봐라. ❷ 겨드랑이에 끼다. ¶金老师的胳膊底下~着一本书走进教室;김선생님은 겨드랑이에 책을 낀 채 교실로 들어갔다. | 把体温表~好,五分钟以后再拿出来;체온계를 겨드랑이에 끼고 있다가 오 분 뒤에 꺼내세요. ❸ 끼우다. 사이에 두다. ¶我把那片红叶~在词典里做成了标本;나는 그 낙엽을 사전에 끼워두어 표본으로 만들었다. | 那本书里~了很多漂亮的剪纸;그 책에다 예쁜 전지들을 끼워두었다. | 他被两个警察~在中间,想跑已经晚了;그는 두 경찰 사이에 끼여 도망가고 싶어도 이미 늦었다. | 两座高楼~着这座平房,房子里总也见不到阳光;두 고층 건물 사이에 이 단층집이 있어 항상 햇볕을 볼 수가 없다. ❹ 뒤섞이다. 혼합하다. ¶他的普通话里~着洋腔洋调,一听就是外国人;그의 표준말에는 외국식 억양이 섞여 있어 대번에 외국인인 걸 알 수 있다. | 小雨中~着雪粒;가랑비에 눈이 뒤섞여 있다. | 他想~在学生的队伍中混进学校;그는 학생들 무리에 섞여 학교에 들어가고 싶었다. | 你怎么把坏苹果~在好苹果里卖呢? 넌 어떻게 상한 사과를 멀쩡한 사과에 섞어 팔 수 있니? | 笑声~

着歌声一次又一次从教室传出来;웃음소리가 노래 소리에 섞여 한 번 또 한 번 교실로부터 전해져 왔다.

家 jiā 名 ❶ 가정. 집. ¶我~有三口人:爸爸、妈妈和我;우리 집은 아버지, 어머니, 그리고 나 세 식구가 있다. | 今年寒假我们全~去中国旅游了;올해 겨울방학에 우리 가족 모두는 중국여행을 갑니다. | 我和英淑从小就是好朋友,我们两~关系很好;나와 영숙은 어릴 적부터 친구로 우리 두 집 사이도 참 좋답니다. | 他~很有钱;그의 집은 돈이 매우 많다. | 祝~~幸福快乐;가정마다 행복과 기쁨이 있으시길 바랍니다. ❷ 사는 집. ¶我~在这里住了三十多年了;우리는 여기서 삼 십여 년을 살아왔다. | 这儿是我的~;여기는 우리가 사는 집이다. | 我每天晚上都呆在~里;나는 매일 밤 집에서 지낸다. | 他的~在首尔;그의 집은 서울에 있다. | 她妈妈说她不在~,去朋友~玩儿去了;그녀의 어머니는 그녀가 집에 있지 않고 친구집에 놀러갔다 한다. | 他的~离学校很近;그의 집은 학교에서 가깝다. 量 가정, 가게, 기업 등을 세는 단위. ¶一~公司;한 회사. | 两~饭店;두 호텔 | 一~商店;한 상점 | 前面有一~银行;앞에 은행이 하나 있다. | 这~学校前面是一~医院,左边是一~出版社;이 학교 앞에는 병원이 하나 있고, 왼쪽에는 출판사가 하나 있다. 尾 ❶ 어떤 분야에 전문적인 지식이 있고 성취가 있어 그 분야에 종사하는 사람. ¶文学~;문학가. | 历史学~;역사학자. | 科学~;과학자. | 艺术~;예술가. | 要想成为一名画~很

不容易;화가가 되기란 참 어렵다. | 他现在只是一名歌手,还不是歌唱~;그는 지금 가수일 뿐이지 아직 명창은 아니다. | 十年前,她只是一名普通的舞蹈演员,现在已经成为舞蹈~了;십 년 전 그녀는 그저 평범한 무용수일 뿐이었는데, 지금은 이미 무용가가 되었다. | 现在中国的企业~越来越多;지금 중국의 기업가는 갈수록 많아진다. | 韩国多数经济专~分析认为,明年韩国经济发展速度将会放慢;한국의 많은 경제 전문가들은 내년 한국경제 발전의 속도가 눈에 띄게 느려질 것이라 분석한다. ❷ 어떤 직업에 종사하는 사람. ¶很多电子词典的厂~将工厂设在了中国;많은 전자사전 제조업자들은 공장을 중국에 세우려 한다. | 商~承诺保修三年;상점은 수리보상을 3년으로 하였다. | 他是装修方面的行(háng)~,没人能骗得了他;그는 인테리어 분야의 전문가로 어느 누구도 그를 속일 수 없다. | 我们走访了几户渔~,家家都有三四只渔船,还有电视、冰箱、音响等;우리는 어업에 종사하는 몇 집을 방문 취재했는데, 집집마다 어선이 서너 척씩은 있었고 또 텔레비전, 냉장고, 오디오 등이 있었다. ❸ 성별과 연령으로 나뉘어진 부류. ¶这是女人~的事,你们这些男人们不要管;이건 여자들의 일이니까 너희 남자들은 간섭하지 말아라. | 小孩子~不应该不尊敬老人;아이들은 노인을 존경하지 않으면 안 된다. | 古代的穷人大多认为女孩子~识字没什么用;옛날 가난뱅이들은 대부분 여자아이는 글을 알아도 소용이 없다 여

졌다.｜奶奶,我们给您老人~拜年来了;할머니, 우리 할머니께 새해 인사 하러 왔어요. ❹ 학파. ¶儒~;유가.｜法~;법가.｜道~;도가.｜春秋时期的百~争鸣,使中国的学术思想得到很大的发展;춘추시기의 백가쟁명은 중국의 학술사상에 커다란 발전을 가져왔다.｜你的解释只是一~之言;너의 해설은 한 학설에 불과할 뿐이다.

家伙 jiā·huo 名 〈口〉❶ 공구, 도구, 무기 등. ¶队长指着枪对他的士兵说:"把~带上";대장은 총을 가리키며 그의 병사들에게 '무기를 지녀라' 라고 말했다.｜昨天我从超市里把所有吃饭的~都买齐了;어제 나는 슈퍼에서 밥 먹을 거리 전부를 다 사놓았다. ❷ 사람을 지칭할 때 항상 농담조를 띠거나 혹은 그에 대한 경시를 나타낸다. ¶他指着孩子对我说:"这小~真可爱。";그는 아이를 가리키며 내게 '이 녀석 참 귀엽다니까' 라고 말했다.｜你这~怎么也不说一声就跑了? 너 이 녀석 어떻게 아무 소리 없이 도망갈 수 있니?｜警察把抓住的几个坏~送到了公安局;경찰은 체포한 몇 녀석들을 공안국에 넘겼다.｜在大家的帮助下,两个想干坏事的~被抓住了;모두의 도움 아래 나쁜 짓을 하려던 두 녀석들은 잡혔다. ❸ 동물을 지칭하는 말. ¶女儿每天都会对她的小狗说:"小~,多吃点儿,快快长大呀?"딸은 매일같이 그녀의 강아지에게 '얘, 더 많이 먹고 얼른 자라렴' 하고 말한다.｜妈妈指着那只小猫说:"这~天天可听话了";엄마는 그 고양이를 가리키며 '이 녀석 정말 날로 말 잘 듣는 다니깐' 하고 말했다.

家教 jiājiào 名 ❶ 가정교육. (가장의 아이에 대한 도덕이나 예절교육) ¶这个姑娘很有~;이 소녀는 가정교육을 잘 받았다.｜他们家严格的~使孩子们个个都成了社会的有用之才;그들 집안의 엄격한 가정교육은 아이들 하나하나 모두 사회의 유용한 인재로 만들었다.｜一个人如果没有~就没有好的发展空间;사람이 가정교육이 없으면 좋은 발전 공간이 없는 것이다. ❷ 가정교사의 준말. ¶我想请个~,你能帮帮我吗? 가정교사를 구할까 하는데, 도와줄 수 있니?｜现在已经有了专门的~介绍所;지금 이미 전문 가정교사 소개소가 생겼다.｜他现在每周做四个小时的~;그는 현재 매주 네 시간 가정교사를 한다.

家具 jiājù 名 가구. (가정용품으로 주로 탁자, 의자, 침대, 옷장 등을 지칭한다.) ¶他昨天刚买了一套新~,床、桌子、椅子、衣柜、电视柜、书橱都有了;그는 어제 새 가구들을 장만했는데, 침대, 탁자, 의자, 옷장, TV장식장, 책장 등이 전부 있다.｜她的房间没什么~,只有一张床、一张桌子;그녀의 방에는 가구라 할 게 없어 그저 침대, 탁자 하나씩 있을 뿐이다.｜这套~的样子和颜色我都很喜欢;이 가구들의 모양과 색깔 모두 맘에 꼭 든다.

家人 jiārén 名 ❶ 가족. (가족구성원으로 아버지, 어머니, 형제, 자매 등을 지칭한다.) ¶这件事我从来没听我的~讲过;나는 여태껏 가족들이 이 일을 얘기하는 것을 듣지 못했다.｜爸爸、妈妈、姐姐、哥哥、弟弟、妹妹、爷爷、奶奶都是我的~;아버지, 어머니, 누나, 형, 남동생, 여동생, 할아버지,

할머니 모두 내 가족이다.│他走之前给~写了一封信;그는 떠나기 전 가족한테 편지 한 통을 썼다.│我们应该爱~,也爱~以外的人;우리는 가족을 사랑해야 하며 가족 이외의 사람들도 사랑해야 한다.│中秋节是~团聚的日子;추석은 가족 모두 한 자리에 모이는 날이다. ❷ 옛날 하인을 지칭하는 말.¶原来他家有七八个~;원래 그의 집에는 7,8 명의 하인이 있었다.│~每天都来给他打扫房间;하인은 매일같이 그의 방을 청소해주었다.

家庭 jiātíng 名 가정. (혼인과 혈연관계를 기초로 한 사회단위로서, 주로 부모, 자녀와 기타 공동생활을 하는 친속 등을 포함한다.)¶他有一个幸福的~;그에게는 행복한 가정이 있다.│他想和女朋友结婚,组成~;그는 여자친구와 결혼해 가정을 꾸리고 싶어한다.│结婚之后,她就成了~妇女,不再工作了;결혼 후 그녀는 가정주부가 되어 더 이상 일하지 않는다.│孩子给我的~生活带来了很多乐趣;아이는 내 가정생활에 많은 즐거움을 가져왔다.

▶용법주의: 사는 집을 나타낼 때는 이 말을 쓸 수 없다.¶我们用了两个多小时才找到他的家庭(×)│我们用了两个多小时才找到他的家;우리는 두 시간을 들여서야 그의 집을 찾을 수 있었다.

家乡 jiāxiāng 名 (자신이 살아온) 고향.¶我的~这十年发生了很大的变化;내 고향은 요 십 년 동안 많은 변화가 있었다.│他离开~到很远的地方工作;그는 고향을 떠나 먼 곳에서 일

을 하였다.│每次回到~,看到~的人,~的景色,都感到特别亲切;매번 고향으로 돌아가 고향 사람과 고향 풍경을 볼 때면 매우 친근한 느낌이 든다.

家族 jiāzú 名 (혼인과 혈연관계를 유대로 맺어진) 가족. 친지.¶他们家是一个大~;그들 집안은 대가족이다.│那家公司是一个~企业;그 회사는 가족 친지로 이루어진 회사이다.

▶용법주의: 중국어에서 '가족' 이란 말은 넓은 의미로서의 가족으로 구체적으로 가족구성원을 의미하는 말로는 쓸 수 없다.¶我家族有五个(×)│他们结婚了,成为家族(×)│我家有五口人;우리 가족은 다섯이다.│他们结婚了,成了一家人;그들은 결혼해 한 가족을 이루었다.

假 jiǎ 形 진실되지 못한. 거짓의. 위조된. 허위의.¶他从来不骗人,说的不会是~话;그는 지금껏 사람을 속인 적 없어 말한 바 거짓이 있을 리 없다.│这些钱是刚从银行取出的,不可能是~钱;이 돈들은 방금 은행에서 인출해온 것으로 가짜 돈일 리가 없다.│他办公室里放的不是真花,是用塑料做的~花;그의 사무실에 놓인 꽃은 진짜가 아니고, 플라스틱으로 만든 조화이다.│警察发现他的身份证是~的;경찰은 그의 신분증이 가짜임을 알아차렸다.│他虽然觉得朋友讲的笑话不可笑,但为了礼貌还是~笑了一下;그는 친구의 농담이 우습지 않았지만 예의상 그저 웃어주었다.

假话 jiǎhuà 名 거짓말. 남을 속이는 말.¶崔峻赫从来不说~;최준혁은 여태

껏 거짓말을 하지 않았다.丨这个广告说的都是~,千万不要相信;이 광고에서 얘기한 것은 모두 거짓말이니 절대 믿지 말아라.丨他不爱说谎,这次讲~一定有原因;그는 거짓말을 잘 안 하는데, 이번에 한 거짓말은 분명 이유가 있을거야.

假面舞 jiǎmiànwǔ [名] 가면무. 탈춤. ¶跳~是韩国端午节时的一项特色活动;한국의 단오절 때 탈춤을 추는 것은 하나의 특별한 행사이다.

假如 jiǎrú [连] ❶ 가령. 만약. 만일. (이 말은 앞 구절에 쓰이고, 뒷 구절에는 결론 도출 혹은 문제 제기로서 항상 '那么', '那', '就' 등을 수반한다.) ¶~明天下雨,我们就不去爬山了;만약 내일 비가 내리면, 우리는 등산가지 말자.丨~这次考试不及格,就不能毕业;만약 이번 시험에 합격 못하면 졸업할 수 없다.丨~这个答案错了,那正确的答案是什么呢? 만약 이 답안이 틀렸다면 정확한 답안은 무엇이지?丨~她是一个正直的人,那么就不应该说谎话;그녀가 정직한 사람이라면 거짓말을 해선 안 된다. ❷ 만약. 만일. (뒷 구절에 이 말이 나올 때는 보충 설명의 뜻을 나타낸다.) ¶这里的风景太美了,我一定要再来一次,~有机会的话;여기 풍경이 너무 아름다워, 나는 만약 기회가 있다면 꼭 다시 올 것이다.丨他应该已经快到了,~他能按时起床的话;그는 곧 올 거야, 만약 그가 제 시간에 일어났다면 말이야.

假若 jiǎruò [连] 만약. 만일. (서면어의 의미가 강하다.) ¶一个人~连自己的母亲都不爱,那他不会真正地爱任何人;한 사람이 자신의 어머니조차 사랑하지 않는다면 어떤 이도 진정으로 사랑할 수 없다.丨~地震真的来了,我们应该怎么办?; 만약 지진이 정말 일어난다면 우린 어떡해야 하지?

假使 jiǎshǐ [连] 만약. 가령. 만일. ('假如'의 의미와 같다.) ¶~大家都同意,那我们明天早晨就出发;모두가 동의한다면 우리 내일 아침에 출발하도록 하자.丨~平时你多努力一点儿,考试就不会着急了;만약 평소 네가 노력을 좀 더 했으면 시험 때 조급해하지 않아도 됐을게야.

价 jià [名] ❶ 가격. ¶最近东西又涨~了;최근에 물건값이 또 올랐다.丨这件衣服好看是好看,就是~儿太高了;이 옷은 보기엔 좋은데 값이 너무 비싸다.丨皮包这个~可不贵,可以买一个;가죽가방이 이 가격이면 비싼 것이 아니니 하나 살 수 있겠다.丨在自由市场买东西可以还~;자유시장에서는 물건을 살 때 가격흥정을 할 수 있다. ¶市场应该进行等~交换;시장이라면 등가교환을 해야 한다.

价格 jiàgé [名] 가격. (물건 구매하는데 필요한 화폐) ¶这件衣服的~很便宜;이 옷의 가격은 저렴하다.丨商品~;상품가격.丨蔬菜~;채소가격.丨商家为了得到更多的利益,纷纷抬高~;상가는 더 많은 이익을 얻으려 잇달아 값을 올린다.丨这种电视机质量好,~又便宜,很受顾客欢迎;이러한 종류의 텔레비전은 품질도 좋고 가격도 저렴해 많은 고객들이 찾는다.丨政府通过稳定~来使百姓安心;정부는 가격을 안정시켜 백성들을 안심시킨다.丨因为急着用钱,他以很低的~

303

就把车卖了;돈 쓰기에 급급해 그는 낮은 가격으로 차를 팔았다.

价钱 jià·qián 名 가격. (구어에 많이 쓰인다.) ¶超市里蔬菜的~比较便宜;슈퍼의 채소 가격은 비교적 싸다. | 在自由市场买东西可以讲~;자유 시장에서는 물건을 살 때 가격 흥정을 할 수 있다. | 这么新鲜的苹果,一定能卖个好~;이렇게 싱싱한 사과는 반드시 좋은 가격에 팔 수 있다. | 这种帽子很漂亮,~也不贵,买一顶吧;이런 종류의 모자는 예쁘고 값도 비싸지 않으니 하나 사자.

价值 jiàzhí 名 ❶ 가치. ¶眼镜本身的~并不贵,但价格却很高;안경 자체의 가치는 비싸지 않지만 가격은 오히려 높다. | 这种饮料的~只有两元,价格却是五元;이러한 종류의 음료 가치는 2원밖에 안되지만, 값은 오히려 5원이나 한다. ❷ (적극적인 역할 혹은 중요한 의미로서의) 가치. ¶他的文章很有参考~;그의 문장은 참고 가치가 꽤 있다. | 这本书里的观点都过时了,没有什么~;이 책은 관점이 오래돼서 별 가치가 없다. | 这件衣服虽然漂亮,但没有什么实用~;이 옷은 예쁘긴 하지만 무슨 실용 가치가 없는 것이다.

架 jià 名 틀, 시렁, 골조. ¶这些新到的商品一定要在今天上~;이 새로 도착한 상품들은 반드시 오늘 진열해둬야 한다. | 那些过期的食品必须下~;저 기한이 지난 식품들은 반드시 내려 놓아야 한다. | 他是个科学家,书房里摆满了书~;그는 과학자로 서재에 책꽂이가 가득하다. | 他回到家里,把衣服脱下来挂在衣~上;그는 집에 돌아오면 옷을 벗어 옷걸이에 건다. 量 받침대가 있거나 혹은 기계가 있는 것을 세는 단위. ¶那天我们是乘坐同一~飞机来韩国的;그날 우리는 같은 비행기를 타고 한국에 왔다. | 她的房间里摆着一~钢琴;그녀의 방에는 피아노 한 대가 놓여 있다. | 她在窗户外面种了一~葡萄;그녀는 창문 밖에 포도 한 그루를 심었다. 动 세우다. 놓다. 걸다. ¶今年回家乡,发现家乡的小河上~起了一座桥;올해 고향에 돌아가 고향의 냇물 위로 다리 하나가 놓여 있는 걸 발견했다. | 他高高的个子,鼻子上~着一副眼镜;그는 큰 키에 코에 안경이 걸려 있었다. | 电线应该~在五米以上的高度;전선은 5미터 이상 높이에 달려 있어야 한다. | 为了方便到房顶晒东西,他在门边的墙上~了一个梯子;집 지붕 위로 물건을 말리기 좋게끔 그는 문가 벽 위로 사다리 하나를 놓아 두었다.

▶용법주의: 땅 위나 물 위로 다니는 교통수단에는 이 양사를 쓸 수 없다. ¶远处的河中划来了几架船(×) | 我昨天刚买了一架自行车(×) | 远处的河中划来了几艘船;강 멀리서 배를 저어 왔다. | 我昨天刚买了一辆自行车;난 어제 자전거 한 대를 막 샀다.

架子 jià·zi 名 ❶ 틀. 선반. ¶那边放着几个衣服~,你帮我拿来把衣服挂上;거기에 옷걸이 몇 개를 갖다 놓았으니 가져다 옷들을 좀 걸어주렴. | 他喜欢养花,家里摆了许多花盆~;그는 꽃 기르는 것을 좋아해 집에 화분을 많이 진열해두었다. ❷ 직권이나 직위 혹은 학식 있는 사람이 일부러 자

신을 과대포장하거나 으스대며 뽐내는 모습.¶他只是个办公室主任,官不大~却不小;그는 일개 사무실 주임인데도 맡은 관직에 비해 거드름을 피운다.|他是著名的作家,可是对读者非常耐心,一点儿~也没有;그는 저명작가임에도 독자에게 매우 참을성 있게 대하며 뽐내는 티도 전혀 안 낸다.|他这个人最爱摆官~,唯恐别人不知道他是局长;이 사람은 관료 티 내는 것을 좋아해, 걱정이라고는 오직 사람들이 국장인지 못알아 볼까하는 것이다.|做领导的应该放下~,深入到百姓生活中去;리더가 되면 관료 티를 벗고 백성 삶 속에 깊이 들어가야 한다. ❸ 자세. 폼. 모양.¶他拉开~开始打太极拳;그는 자세를 잡고 태극권을 하기 시작했다.

假条 jiàtiáo 名 휴가신청서. 결근계.¶他刚才交来了一张事~儿;그는 방금 결근계를 내러 왔다.|如果真的生病了,就要有医生开的病~儿;정말 병이 났다면 의사가 끊은 병가 신청서가 있어야 한다.|麻烦你把我的~交给老师;미안하지만 내 결석계를 선생님께 좀 전해주렴.

尖 jiān 形 ❶ 날카롭다. 뾰족하다.¶这支刚削好的铅笔很~,可以写出很细的字;방금 깎은 이 연필은 참 뾰족해서 매우 가는 글씨를 쓸 수 있다.|铅笔削得太~了,写出来的字不好看;연필을 너무 뾰족하게 깎아서 써진 글씨가 보기 안좋다.|小鸡~~的嘴巴一张一合,很可爱;병아리의 뾰족한 입이 벌어졌다 닫혔다 하는 모습이 참 귀엽다. ❷ (소리 등이) 날카롭다.¶女人的声音一般比男人~;여자의 소리는 보통 남자보다 날카롭다.|这个老师的声音太~了,学生听得时间长了会很累;이 선생님의 소리는 너무 날카로워 학생들이 오래 듣다 보면 피곤해질 것이다. ❸ (귀나 눈, 코의 감각이 매우) 예민하다.¶你的眼睛真~,一下子就发现了我写的错字;네 눈은 참 예민해서 내가 쓴 오자도 대번에 알아차린다.|小王的耳朵特别~,很小的声音他也能听见;왕 군의 귀는 특별히 민감해 매우 작은 소리도 들을 수 있다.|我姐姐的鼻子可~了,别人闻不到的味儿她也能闻到;내 누이의 코는 정말 예민해서 남이 맡지 못하는 냄새도 맡을 수 있다. 名 (~儿) (물체의 가장) 뾰족한 끝.¶我的铅笔~儿断了,得再削一下;내 연필 끝이 부러져 다시 깎아야 한다.|刀~儿很容易划破手;칼 끝에 쉬이 손을 벨 수 있다.|他的鼻~儿上长了个小黑点儿;그의 코끝에 작은 점이 생겼다.

尖锐 jiānruì 形 ❶ 뾰족하다. 날카롭다.¶玫瑰花枝上长满了~的刺;장미꽃 가지에 뾰족하고 날카로운 가시가 가득 나 있다.|这种钉子很~,小心别刺到手;이런 못은 뾰족하고 날카로워 손에 찔리지 않게 조심해야 한다.|他把刀子磨得十分~;그는 칼을 매우 날카롭게 갈았다. ❷ (소리가) 날카로워 귀에 거슬리다.¶窗外~的汽笛声让人难受;창밖의 찢어질듯한 기적 소리가 참 괴롭다.|她~的叫声把大家吓了一跳;그녀의 날카로운 비명소리에 모두가 깜짝 놀랐다. ❸ (문제에 대한 관찰과 인식이 매우) 날카롭다. 예리하다.¶他看问题非

常~，一下子就能看清事物的本质；그는 문제를 보는데 매우 날카로워 대번 사물의 본질을 파악할 수 있다. ｜这是一个很~的问题；이 문제는 첨예한 문제이다. ｜他刚读完这篇文章就~地指出了文章中一个很严重的问题；그는 글을 읽자마자 문장의 심각한 문제점을 날카롭게 지적했다. ❹ (논의, 투쟁 등이) 격렬하다. 깊이가 있다. ¶昨天开会的时候大家~地批评了小王考试作弊的问题；어제 회의했을 때 모두가 왕 군의 시험 부정행위에 대한 문제를 신랄하게 비판했다. ｜听了校长的报告，小王提了一个很~的问题，让校长一时不知道该如何回答；교장의 보고를 듣고 왕 군이 신랄하게 문제점을 제기해 교장은 순간 어떻게 대답해야 할 지를 몰랐다.

坚持 jiānchí 动 ❶ (바꾸거나 포기하지 않고) 견지하다. 고수하다. 끝까지 버티다. ¶这个观点他已经~了十年了；이 관점을 그는 벌써 십 년이나 고수해왔다. ｜外面天很黑又下着大雨，可她还是~要回家，我只好送她回去了；밖에 날도 어둡고 큰 비도 내리는데 그녀는 집에 가겠다고 고집해 난 결국 바래다줄 수밖에 없었다. ｜ 在外交活动中，无论是对哪个国家我们都应该~友好平等的原则；외교 활동 중에는 어느 나라를 막론하고 우리는 마땅히 원칙을 지켜야 한다. ❷ (쉬지 않고) 끝까지 해나가다. ¶我们应该每天~锻炼一个小时；우리는 쉬지 않고 매일 한 시간씩 단련해야 한다. ｜他生病了还~上完课才回家；그는 아픈데도 끝까지 수업을 마치고 귀가했다. ｜再~一下，马上就到医院了；조금만 더 참아, 곧 병원에 도착할거야.

坚定 jiāndìng 形 (입장, 주장, 의지등이) 변함없다. 확고하다. ¶无论发生什么事情，我都会~地支持爸爸；무슨 일이 있어도 난 변함없이 아버지를 지지할 것이다. ｜她的意志一点儿也不~，上午说过再也不吃零食了，可是现在又在吃饼干；그녀의 의지는 확고하지 않아 오전에 다시는 간식을 먹지 않겠다 해놓고선 지금 또 과자를 먹는다. ｜他~的态度使人相信他一定能成功；그의 확고한 태도는 사람들에게 그가 꼭 성공할 수 있다는 믿음을 주었다. (입장, 주장, 의지 등을) 굳히다. 흔들림 없게 하다. ¶老师对中国的介绍~了我去中国留学的决心；선생님의 중국에 대한 소개는 내가 중국에 유학하겠다는 결심을 굳혀주었다. ｜ ~信念；신념을 굳히다. ｜ ~立场；입장을 굳히다. ｜ ~努力的方向；노력의 방향을 굳히다.

坚决 jiānjué 形 (태도, 주장, 행동 등이) 단호하다. 결연하다. ¶在留学这件事上他态度很~，谁也不能使他改变；유학하는 이 일에 있어서 그의 태도는 단호해 누구도 그를 바꿀 수 없다. ｜这个办法不好，我~反对；이 방법은 좋지 못해 난 단호히 반대한다. ｜毕业时他~要留在北京工作；졸업할 때 그는 기어코 베이징에 남아있으려 했다.

▶용법주의: ❶'立场'이란 말 앞에는 '坚定'을 써야 하며, '坚决'는 쓸 수 없다. ¶无论妈妈怎么劝我都要坚决自己要去中国留学的立场(×) ｜我们每个人都应该有自己坚决的立场，不要随便改变(×) ｜ 无论妈妈怎么劝，我都要坚定自

己去中国留学的立场;엄마가 아무리 설득해도 난 중국에 유학 가겠다는 입장을 꺾지 않겠다.│我们每个人都应该有自己坚定的立场,不要随便改变;우리 모두 자신의 확고한 입장이 있어야지 맘대로 바꿔선 안된다. ❷'坚决'는 형용사로 뒤에 '意见'과 같은 명사, 목적어를 수반할 수 없다.¶我考虑了很长时间,还是坚决我的意见(×)│我考虑了很长时间,还是坚持我的意见;난 오랜 시간을 고민했으나 내 의견을 지켰다.

坚强 jiānqiáng 形 (의지나 신념 등이 흔들림 없이) 굳세다. 완강하다. 강경하다.¶这个孩子真~,头破了也没有哭;이 아이 참 굳세구나, 머리가 깨져도 울지 않네.│他是个~的人,什么困难也不怕;그는 강인한 사람으로 어떤 어려움도 두려워 않는다.│~点儿,别为这种小事儿难过,一切都会过去的;이런 작은 일에 괴로워 말고 좀 더 굳세어 지자, 모든 건 지나갈 것이다.│自从到国外留学后,她越来越~,遇到困难都自己想办法;외국으로 유학한 뒤에 그녀는 갈수록 꿋꿋해져 어려움을 만나도 스스로 방법을 생각해낸다.

▶용법주의: ❶태도나 입장을 가리킬 땐 '坚强'을 쓸 수 없다.¶他的态度非常坚强,谁也说服不了他(×)│他的态度非常坚定,谁也说服不了他;그의 태도는 매우 강경해 누구도 그를 설득시킬 수 없다. ❷사람의 감정 정도를 가리킬 땐 '坚强'을 쓸 수 없다.¶他对女朋友的感情坚强,谁也不能阻止他(×)│他对女朋友的感情很深,谁也不能阻止他们交往;그는 여자친구에 대한 감정이 깊어 누구도 그들이 교제하는 것을 막을 수 없다.

间 jiān 量 (방을 세는 양사) 칸.¶他家有三~卧室,一~客厅;그의 집에는 침실 세 칸이 있고 응접실 한 칸이 있다.│他住的那~房子比弟弟住的那~大一点儿;그가 사는 그 방은 동생이 사는 방보다 좀 크다.│他打算把新买的电脑放在这~房子里;그는 새로 산 컴퓨터를 이 방에 놓으려 한다.

肩 jiān 名 어깨.¶他昨天打篮球时左~受了伤;그는 어제 농구를 하다 왼쪽 어깨를 다쳤다.│这个箱子很重,可他放在~上就搬出去了;이 상자는 매우 무거웠지만 그는 어깨 위에 짊어지고 옮겨놓았다.│他个子很高,~也很宽;그는 키가 크고 어깨도 넓다.

肩膀 jiānbǎng 名 어깨.¶他的~又宽又厚;그의 어깨는 넓고도 두껍다.│老师拍着我的~说:"好好努力,你一定能考好";선생님은 내 어깨를 두드리며 '열심히 노력하면 시험을 잘 칠 수 있을거야'라고 말씀하셨다.

艰巨 jiānjù 形 (업무나 임무 등이) 어렵고 막중하다.¶半年学好汉语,这个任务太~了;반 년 동안 중국어를 다 배우라는 이 임무는 너무 힘들다.│老板把最~的任务交给了我;사장님은 가장 막중한 임무를 나한테 맡겼다.│这个~的工程需要在两年内完成;이 막중한 공정은 2년 내에 완수해야 한다.

艰苦 jiānkǔ 形 (생활이나 일 등의 여건이) 어렵다. 고생스럽다. 고달프다.¶他小的时候家里生活很~,一个月只能吃一次肉;그는 어릴 적 집이 어려워 한 달에 고기를 한 번 정도나 먹

을 수 있었다.|沙漠地区~的生活条件使四十岁的他看上去像六十岁了；사막 지역의 고생스런 생활여건은 마흔 살의 그를 예순 살 정도까지 보이게 한다.|虽然这里条件~，没有热水洗澡，没有自来水，没有电话和网络，可是他还是要留下来；비록 온수 없이 목욕해야 하고, 수돗물도 없으며, 전화와 인터넷도 없는 이곳 여건 속에도 그는 남아있으려 했다.

监察 jiānchá 动 감찰하다. 감독하다.¶中国现在已经有了3000多个劳动~机构；중국은 현재 이미 3000여 명의 노동감찰기구가 있다.|国家对救灾工作进行了专项~，对违法人员进行了严厉地惩治；국가에서는 재난구조 작업에 전담 감찰을 실시해 위법행위를 한 사람에 대해서 엄정하게 처벌하였다.

▶확장용법:¶~机关；감찰 기관.|~人员；감찰 요원.

监督 jiāndū 动 감독하다. 살피다.¶生产企业应该~产品质量；생산 기업은 생산품의 품질을 감독해야 한다.|为了让孩子考上好的大学，父母常常~孩子学习；아이가 좋은 대학에 갈 수 있도록 부모는 항상 아이의 공부를 살펴주어야 한다.|上级派人~了一个月；상부에서 사람을 파견해 한 달 동안 감독하였다. 名 감독.¶他是这家公司的财务~；그는 이 회사의 재정감독이다.|每部电影都有舞台~；영화마다 모두 무대 감독이 있다.

拣 jiǎn 动 고르다. 선택하다.¶妈妈说只能买一本书, 他从书架上~了一本自己最喜欢的；엄마가 책 한 권만 살 수 있다 해서 그는 책꽂이에서 자신이 제일 좋아하는 책 한 권을 골랐다.|她每次买东西都要挑挑~~的，花很长时间；그녀는 매번 물건 살 때마다 고르느라 너무 시간을 소비한다.|时间不多了, 你~重要的说吧；시간이 없으니 중요한 것만 골라 얘기하렴.

捡 jiǎn 动 (잃어버린 물건을) 줍다. 습득하다.¶那个孩子从地上~起了一片落叶；저 아이는 땅에서 낙엽 하나를 주웠다.|请帮我~一下儿钥匙；나한테 열쇠 좀 주워주십시오.|我的衣服掉在地上了, 他~起来递给了我；내 옷이 땅에 떨어지자 그는 주워다 내게 건네주었다.

检查 jiǎnchá 动 ❶ (자세하게) 점검하다. 살펴보다.¶上飞机以前机场要~旅客的行李；비행기 타기 전에 공항에서는 승객의 짐을 점검해야 한다.|我们每年都会~一次身体；우리는 매년 한 차례 신체검사를 한다.|交试卷之前, 他又认真~了一遍；시험지를 내기 전에 그는 또 진지하게 한 번 살펴보았다. ❷ (자신의 잘못이나 결점을 인정하고) 반성하다. 검토하다.¶每个月他都会认真~自己工作中的不足；매달 마다 그는 업무 중 부족했던 점을 진지하게 반성한다.|那个学生诚恳地~了自己的错误；저 학생은 자신의 잘못을 성의 있게 반성하였다. 名 반성문.¶他已经交了~了；그는 이미 반성문을 제출하였다.|领导让他写一份~；상사는 그에게 반성문을 쓰라고 했다.|小王的~写得不深刻, 老师让他重新写一份；미쓰 왕이 쓴 반성문은 성실하지 못해 선생님은 그녀에게 다시 쓰게끔 했다.

▶확장용법:¶~官；검찰관.|~员；검찰

요원.

检察 jiǎnchá 动 (법률감독 기관이 법이 지정한 순서에 따라 집행하는 행위로서) 검증하다. 수사하다. ¶~机关依法对前总统提起公诉; 검찰 기관은 법에 따라 전직 대통령을 제소하였다.

检讨 jiǎntǎo 动 (자신의 결점이나 잘못을 살펴보며) 깊이 반성하다. ¶他犯了错误, 应该~; 그는 잘못을 했으니 마땅히 반성해야 한다. | 这件事确实是我错了, 我应该自我~; 이 일은 확실히 내가 잘못했으니 마땅히 스스로 반성해야 한다. | 明明是他错了, 为什么要让我~? 분명히 그가 틀렸는데, 왜 나한테 반성하라 하지? 名 (자신의 잘못에 대해 입으로 또는 서면으로) 뉘우침. 반성. ¶这份~是他刚送来的; 이 반성문은 그가 방금 보내온 것이다. | 他已经做过口头~了; 그는 이미 구두로 반성하였다. | 他的这份书面~写得很深刻; 그의 이 반성문은 참 진지하게 썼다.

减 jiǎn 动 (전체 수량에서 일부분을) 빼다. 줄이다. 감소하다. ¶五－三等于二; 5 빼기 3은 2이다. | 他的工资~去生活费和房租还剩下两千元左右; 그의 봉급에서 생활비와 방세를 빼면 아직 2000위안 정도가 남는다. | 刚才计算的时候, 我~了两遍都是这个数; 방금 계산할 때 두 번을 뺐어도 이 숫자가 나왔다.

减肥 jiǎn//féi 动 살을 빼다. 다이어트하다. ¶你太胖了, 得赶快~; 넌 너무 뚱뚱해서 빨리 살을 빼야 해. | 我已经~减了一个月了; 난 벌써 다이어트한 지 한 달이 되었다. | 他~很成功, 三个月减了二十五公斤; 그는 다이어트에 성공해 석 달 동안 25킬로그램이나 줄였다.

减轻 jiǎnqīng 动 ❶ 덜다. 가볍게 하다. ¶她最近体重~了; 최근 그녀는 체중이 줄었다. | 白菜晒干了, 重量就~了; 배추가 햇볕에 말라 무게가 줄었다. | 她把书从行李中拿出来以~重量; 그녀는 무게를 줄이려고 짐속에서 책을 꺼냈다. ❷ 감소시키다. 줄이다. ¶今年单位来了两个新人, 我的工作量~了; 올해 직장에 신입사원이 두명 들어와 내 업무량이 줄었다. | 病人吃了两天药, 痛苦~了很多; 환자는 이틀간 약을 먹었더니 고통이 많이 줄었다. | 老师决定今后少留一些作业, ~学生的压力; 선생님은 앞으로 숙제를 줄여 학생의 부담을 줄여주기로 결정했다.

减少 jiǎnshǎo 动 줄어들다. 적어지다. 감소하다. ¶今天来参观的人比昨天大大~了; 오늘 참관하러 온 사람이 어제보다 크게 줄어들었다. | 冬天去公园的人~了很多; 겨울에 공원에 가는 사람이 많이 줄어들었다. | 今年的收入比去年~了百分之十; 올해 수입이 작년보다 10퍼센트 감소하였다. | 我这个月的收入少了很多, 已经~到上个月的一半了; 이번달 수입이 너무 줄어 벌써 지난달의 절반수준이다.

剪 jiǎn 动 (가위로) 자르다. 오리다. ¶我得(děi)去理发店~头发了; 난 이발소에 가서 머리 좀 잘라야겠다. | 妈妈给儿子~指甲~了半个小时; 엄마는 아들한테 손톱을 깎는데 30분이나 걸렸다. | 他想把绳子~短一点儿; 그는 노끈을 좀 짧게 자르고 싶었다.

简单 jiǎndān 形 간단하다. 단순하다. 쉽다. ¶这是一个~的问题;이것은 간단한 문제이다.|"人"这个字很~,我写了一遍就记住了;'人'이란 이 글자는 간단해서 나는 한번 써보고는 바로 기억했다.|这件事太~了,我一个人就可以做好;이 일은 너무 단순해 나 혼자서 해낼 수 있다.

见 jiàn 动 ❶ 보다. ¶你见到王老师了吗?너는 왕 선생님을 뵈었니?|我从来没~过这么漂亮的风景;난 지금껏 이렇게 아름다운 풍경을 본 적이 없다.|我一直在门口站着,可没~他进来;난 줄곧 문 앞에 서있었지만 그가 들어오는 걸 보지 못했다. ❷ 만나다. ¶她一个人在国外,很想~自己的家人;그녀는 혼자 외국에 있어 가족을 몹시 보고싶어 한다.|我们约好晚上六点在教室~;우리는 저녁 여섯시에 교실에서 만나기로 약속했다.|我就要回国了,也许以后再也~不到她了;나는 곧 귀국할거라 아마도 나중에 다시 그녀를 볼 수 없을 것 같다.|毕业以后我们已经好久没~了;졸업한 뒤에 우리는 이미 오랫동안 만나지 못했다. ❸ 접촉하다. 닿다. ¶他的眼睛一~风就流泪;그의 눈은 바람만 닿으면 눈물이 난다.|这种菜不能~阳光;이런 채소는 햇볕에 닿으면 안된다.|他的病不能~水;그의 병은 물에 닿으면 안된다. ❹ (효과나 결과 등이) 보이다. 보다. ¶吃了三天药,他的病已经~好了;약을 삼 일간 먹고 그의 병은 이미 좋아졌다.|路遥知马力,日久~人心;길이 멀어야 말의 힘을 알고, 사람은 지내보아야 안다.|这种减肥方法很~效,刚一个月她就瘦了五斤了;이 다이어트 방법은 효과적이어서 그녀는 한달 만에 2.5kg이나 빠졌다. ❺ (출처나 참고해야 할 곳을) 보다. ¶详细说明请~上图;상세한 설명은 위의 도표를 보시오.|参考文献~59页;참고문헌은 59쪽을 보시오.

见解 jiànjiě 名 견해. ¶他的~很独特;그의 견해는 참 독특하다.|王老师对中国的绘画艺术很有~;왕선생님은 중국 회화예술에 대해 견해가 남다르다.|同学们对这个问题的~基本一致;학우들의 이 문제에 대한 견해는 기본적으로 일치한다.

见面 jiàn//miàn 动 서로 만나다. 대면하다. ¶我们已经十年没~了;우리는 벌써 십 년 동안 만나지 못했다.|我们约好明天早晨七点在校门口~;우리는 내일 아침 일곱 시에 학교 문 앞에서 만나기로 약속했다.|今晚他要跟女朋友~;오늘 저녁 그는 여자친구와 만나려 한다.|我们以前见过面;우리는 전에 만난 적이 있다. ▶용법주의: ❶ '见面' 뒤에는 목적어가 나올 수 없으며, 목적어를 쓰려면 '跟' 혹은 '和'를 '见面' 앞에 두어야 한다. ¶我今天晚上~他(×)|我今天晚上跟他~;난 오늘 저녁 그와 만난다. ❷ '过' '了' '次' 혹은 사용한 시간 등은 '见面' 중간에 삽입해야 한다. ¶我们昨天见面过他一次(×)|我们昨天见过他一次面;우리는 어제 그와 한 번 만난 적 있다.

件 jiàn 量 ❶ (옷을 세는 양사로서 주로 상의를 가리킨다.) 벌. ¶我昨天新买了一~衬衣;난 어제 새로 셔츠 한 벌을 샀다.|这~毛衣是妈妈给我织的;이 스웨터는 엄마가 짜주신 것이다.

|外面很冷,再穿~大衣吧;밖이 추우니 외투 한 벌 더 입어라. ❷(개체로 된 기구나 용구, 기물 등을 세는 양사)¶这两~家具已经旧了;이 가구 두점은 이미 낡았다.| 他刚买回来三~艺术品;그는 방금 예술품 세 개를 사가지고 왔다.| 今天是我女朋友的生日,我给她买了一~礼物;오늘은 내 여자친구 생일이어서 난 그녀에게 선물을 하나 사주었다. ❸(일이나 공문, 안건문서 등을 세는 양사)¶这~事我已经知道了;이 일은 내가 이미 알고 있다.| 昨天法院共处理了十多~盗窃案;어제 법원은 모두 십 여 건의 절도 사건을 처리했다.| 我们已经收到二百多~公文了;우리는 이미 이백 여 건의 공문을 받았다.| 这家杂志社每天都会收到一百多~群众来信;이 잡지사는 매일 백 여 건의 편지를 받는다.

▶용법주의: ❶ 치마(裙子)나 바지(裤子) 같은 종류에는 '条'란 양사를 쓴다. ¶她今天买了一~裙子, 两~裤子(×)| 她今天买了一条裙子,两条裤子;그녀는 오늘 치마 한 벌과 바지 한 벌을 샀다. ❷ 개체로 된 기구나 용구, 기물 등을 세는 양사로 쓰일 때 명사는 반드시 가구나 예술품 같은 종류의 명칭이어야 하며, 책꽂이나 옷장, 소파처럼 구체적인 사물에는 쓰일 수 없다. ¶他家里摆着两~柜子, 两~书橱,墙上挂着一~国画(×)| 他家里摆着两个柜子,两个书橱,墙上挂着一幅国画;그의 집에는 옷장 둘, 책장 둘이 놓여 있고, 벽에는 국화 하나가 걸려 있다. ❸ 事件, 案件,信件,文件 등과 같이 명사 가운데 '件'이란 글자가 있으면 이 양사를 쓸 수 없다. ¶这~事件引起了国家领导的注意,给有关部门下达了两~文件(×)| 这~事引起了国家领导的注意,给有关部门下达了两个文件;이 사건은 국가 지도자의 주목을 끌어 관련 부처에 두 문건을 하달하였다.

建 jiàn [动] ❶ (건물이나 집, 다리 등 건축물을) 짓다. 세우다. 건축하다. ¶工人们正在~一座新教学楼;인부들은 한창 새로운 강의동을 짓고 있다.| 他的学校就~在那座山下;그의 학교는 바로 그 산 아래에 지어졌다.| 这座大桥是去年~成的;이 대교는 작년에 지은 것이다.| 我们公司新~的办公楼现在正在~着,明年才能~完;우리 회사에서 새로 짓는 사무실 건물은 현재 건설 중이며, 내년쯤에야 완공될 수 있다. ❷ (국가나 군대 또는 공장, 학교 등 조직을 나타내는 추상명사 등을) 세우다. 설립하다. 창설하다. ¶2008年是中国人民大学~校70周年;2008년은 중국 인민대학 개교 70주년이다.| 他用自己的钱~了一个贫困儿童基金会;그는 자신의 돈으로 빈곤 아동 기금회를 설립했다.| 朱元璋于1368年~都南京;주원장은 1368년에 난징에 수도를 세웠다.

▶확장용법: ¶~厂;공장 설립.| ~军;군대 창립.| ~国一百年;건국 백주년.

建立 jiànlì [动] ❶ (관계 또는 감정 등이) 생기다. 형성되다. 맺어지다. ¶在中国生活了十二年,我和同学们~深厚的友谊;중국에서 생활한지 12년이 되니 나와 학우들간에 두터운 우정이 생겨났다.| 中韩两国于1992年正式~外交关系;한 중 두 나라는 1992년에 정식으로 외교관계를 맺었

다.| 他和她交往一段时间后~了很深的感情;그와 그녀는 일정 시간 동안 사귄 뒤 깊은 애정이 싹텄다.| 他们的爱情~在共同爱好的基础上;그들의 사랑은 취미를 공유하는 데에서부터 생겨났다. ❷(원래는 없었던 조직이나 기구 등을) 세우다. 설립하다. 건설하다. ¶新中国是1949年10月~的;신 중국은 1949년 10월에 세워졌다.| 这个国际组织已经~六十年了;이 국제조직이 설립된 지 벌써 60년이 되었다.| 这个基金会刚~的时候人比较少;이 기금회가 막 설립되었을 때 사람들은 비교적 적었다.

▶용법주의: 국가나 조직, 기구 등에 모두 '建立' 또는 '成立'을 쓸 수 있으나 질서나 관계, 감정 등 추상사물에 대해서는 '建立'만 쓸 수 있을 뿐 '成立'은 쓸 수 없다. ¶两国成立了外交关系(×)| 成立了深厚的感情(×)| 新校长刚来就成立了威信(×)| 两国~了外交关系;두 나라 외교관계가 성립되다.| ~了深厚的感情;깊고 두터운 감정이 형성되다.| 新校长刚来就~了威信;새로운 교장이 오자마자 위엄이 생겼다.

建设 jiànshè 动 건설하다. ¶人们共同努力,~自己的国家;사람들이 모두 함께 노력해 자신의 국가를 건설하다.| 近二十年来,国家一直在加强经济~,要把中国~成一个经济大国;최근 20여 년 동안 중국은 경제대국이 되기 위해 줄곧 경제 건설에 박차를 가했다.| 工人们把城市~得越来越美;근로자들은 도시를 갈수록 아름답게 건설하였다.

建议 jiànyì 动 (자신의 견해나 의견을 다른 사람에게) 건의하다. ¶这两本书都很好,我~他两本都买;이 책 두 권 모두 괜찮아서, 나는 그에게 두 권 다 사라고 권했다.| 他~我们坐火车去旅行;그는 우리에게 기차를 타고 여행하자고 건의했다.| 你能不能向领导~一下儿,国庆节组织大家去旅游;네가 상부에 국경절에 모두가 여행 가게끔 건의해볼 수 있겠니? 名 건의. ¶领导采纳了他的~;지도부는 그의 건의를 받아들였다.| 我接受了你的~,两本书都买了;난 너의 건의를 받아들여 책 두 권 모두 샀다.| 这是一条很好的~,我们应该接受;이것은 참 좋은 건의로서 우리는 마땅히 받아들여야 할 것이다.| 我问他到学校怎么去方便,他的~是坐公共汽车;나는 그에게 학교에 어떻게 가는 게 편리한지 물었는데, 그는 버스를 타라고 제안했다.

建造 jiànzào 动 (건물, 가옥 등의 건축물을) 짓다. 건조(建造)하다. ¶这里正在~一个大花园;여기에 큰 화원을 짓고 있다.| 国家计划在这里~一个水电站;국가는 여기에 수력발전소를 지을 계획이다.| ~一座二十层以上的大楼至少需要两年;20층 이상의 큰 건물을 짓는 데에는 적어도 2년은 필요하다.

建筑 jiànzhù 动 ❶(건물이나 가옥, 다리 등을) 짓다. 건축하다. 건설하다. ¶为了发展这里的经济,人们在这里~了两条铁路;이 곳 경제를 발전시키기 위해 사람들은 여기에 철로 둘을 건설하였다.| 这条河上准备~三座大桥;이 강에 대교 셋을 건설할 준비를 하고 있다.| 这家~公司的~质量非常好;이 건축회사의 건축 품질은

매우 우수하다.｜在欧洲可以欣赏到很高的~艺术;유럽에서 매우 높은 건축예술을 감상할 수 있다. ❷ 건립하다.¶不能把自己的快乐~在别人的痛苦上;타인의 고통을 기초로 자기 행복을 일궈서는 안댄다. (건축된 가옥이나 다리 등을 가리키는) 건축물.¶这个城市到处都有古老的~;이 도시 어느 곳이든 오래된 건축물이 있다.｜六三大楼是首尔最高的~;63빌딩은 서울에서 가장 높은 건축물이다.｜这座城市发展得很快,~越来越多;이 도시의 발전은 매우 빨라 건축물이 갈수록 많아진다.

剑道 jiàndào 名 (스포츠 경기 종목으로 호구를 입고 죽도 혹은 목검으로 대련하는 무술) 검도.

健康 jiànkāng 名 건강.¶他很关心孩子的~,希望他不生病;그는 아이의 건강에 관심이 많으며, 그가 병 나지 않기를 바란다.｜空气污染危害人们的~;공기 오염은 사람들의 건강에 해를 준다.｜吸烟对~没有好处;흡연은 건강에 좋을 것이 없다.｜他最近喝酒太多,~状况很不好;그는 최근 술을 너무 많이 마셔 건강 상태가 매우 안좋다. 形 ❶ 건강하다.¶经常运动的人一般都很~;항상 운동하는 사람은 일반적으로 건강하다.｜不吸烟后,他的身体比以前~多了;금연한 후 그의 몸은 예전보다 훨씬 건강해졌다.｜孩子们都已经健健康康地长大了;아이들 모두 벌써 건강하게 자랐다. ❷ 건전하다. 정상이다.¶他的小说内容很~,可以给孩子们看;그의 소설 내용은 건전해서 아이들한테 보여줘도 괜찮다.｜我们应该教给孩子~向上的东西;우리는 아이들에게 건전하고 발전적인 것을 가르쳐야 한다.｜近几年国家经济得到~的发展;근 몇 년 동안 국가 경제는 건실하게 발전해왔다.

健壮 jiànzhuàng 形 건장하다.¶他是个~的小伙子,喜欢各种体育运动;그는 건장한 젊은이로 갖가지 스포츠 운동을 좋아한다.｜他希望自己的孩子越来越~;그는 자신의 아이가 갈수록 건장해 지기를 바란다.｜他把那棵~的苗移到了花盆里;그는 그 튼튼하게 자라난 모종을 화분에 옮겨 담았다.

渐渐 jiànjiàn 副 점점. 점차. 차츰차츰.¶孩子听着音乐,~地睡着(zháo)了;아이는 음악을 들으며, 점차 잠이 들었다.｜来到这里半年了,我~地适应了这里的生活;여기 온지 반 년이 되어 난 차츰차츰 이곳 생활에 적응했다.｜妈妈~忘记了那天发生的事儿;엄마는 조금씩 그 날 생겼던 일을 잊었다.｜冬天快到了,天气~地冷起来了;겨울이 곧 와서 날씨가 점점 추워지기 시작했다.

键盘 jiànpán 名 (컴퓨터, 타자 혹은 피아노나 풍금 같은 일부 악기에 배열되어 있는) 자판. 건반.¶电脑~;컴퓨터 자판.｜钢琴~;피아노 건반.｜以前的~坏了,他刚买了一个新~;이전 자판이 고장 나서 그는 금방 새 자판을 샀다.｜学电脑要先熟悉~;컴퓨터를 배우려면 우선 자판에 익숙해야 한다.

箭 jiàn 名 화살.¶他射出了一支~;그는 화살 한 발을 쐈다.｜一支利~射中了他的心脏;날카로운 화살 한 발이

그의 심장을 적중시켰다.

江 jiāng 名 강. ¶汉~;한강. | 长~;장강. | 一条~从城市中间流过,把城市分成两个部分;한 줄기 강이 도시 가운데로부터 흘러 들어가 도시를 두 부분으로 나눈다. | ~岸上新建了一座公园;강가에 공원 하나를 새로 세웠다. | ~上架起了一座大桥;강 위에 대교 하나를 세웠다.

姜 jiāng 名 (식물) 생강. ¶做水煮鱼的时候要放点~;수이주위(생선요리의 일종)를 만들 때 생강을 좀 넣어야 한다. | 用~煮水喝可以预防感冒;생강으로 물을 끓이면 감기를 예방할 수 있다.
▶확장용법:¶~粉;생강 분말. | ~茶;생강차.

将 jiāng 副 장차. 머지않아. 곧 …할 예정이다. ¶总统~于本月10日出国访华;대통령은 이번 달 10일에 출국하여 중국을 방문할 예정이다. | 从明天开始,她~在我们班学习;내일부터 그녀는 우리 반에서 공부할 것이다. | 他明年~不再当我们的校长了;그는 내년에 더 이상 우리의 교장이 아니다. | 飞机~在十分钟后起飞;비행기는 10분 뒤 이륙할 예정이다. 介 ('把'와 같이 목적어를 동사 앞에 두어 동작의 처리를 강하게 표시하는 작용을 한다.) …을. …를. ¶他~手表放在书包里;그는 시계를 책가방 속에 넣었다. | 他~自己的想法写成作文交给老师;그는 자신의 생각을 작문으로 써서 선생님께 제출하였다. | 校长要求老师们在本周内~这项工作完成;교장선생님은 선생님들에게 이번 주 안에 이 업무를 끝내놓

으라고 지시했다. | 请不要~孩子一个人留在家里;아이 혼자만 집에다 두지 마세요.

将军 jiāngjūn 名 장군. 장성. ¶他的父亲是一名~;그의 부친은 장군이다. | 他已经当上~了;그는 이미 장군이 되었다. | 这位~是我们的英雄;이 군은 우리의 영웅이다.

将来 jiānglái 名 장래. 앞날. 미래. ¶我弟弟~要当一名医生;내 동생은 장래에 의사가 되려 한다. | 你现在不认真学习,~会后悔的;너는 지금 열심히 공부하지 않으면 장래 후회할 것이다. | 不久的~,这里会更加美丽;멀지않은 장래에 여기는 더욱 아름다워질 것이다. | 20年后的生活是~的事情;20년 뒤 생활은 미래의 일이다.

将要 jiāngyào 副 머지않아. 곧. 장차. ¶他十天后~来北京;그는 열흘 뒤 곧 베이징에 올 것이다. | 他们~在八月八日结婚;그들은 장차 8월 8일에 결혼할 것이다. | 学校~建一座新的留学生宿舍楼,可能下个月开始动工;학교는 머지않아 새로운 유학생 기숙사 건물을 지을텐데 아마 다음달에 시공할 것이다. | 他对明天~发生的事情一点儿也不关心;그는 내일 곧 생길 일에 조금도 관심이 없다.

讲 jiǎng 动 ❶ 말하다. 얘기하다. ¶他正在给同学们~故事;그는 지금 학우들에게 이야기를 들려주고 있다. | 我们聊天儿时,他~过这件事;우리가 잡담하고 있을 때 그는 이 일을 얘기한 적 있다. | 你爱她,就应该对她~来;네가 그녀를 사랑한다면 그녀한테 말해야 한다. | 他进来后一句话也

不~,好像在生气;그가 들어온 뒤 한 마디도 얘기 안해 마치 화가 난 듯 하다. ❷ 해석하다. 설명하다. ¶老师~得太快了,我没听懂;선생님은 너무 빨리 설명해 난 알아듣지 못했다. | 他~了半天才~清楚;그는 한참을 설명해서야 명확히 설명하였다. | 老师简单地~了~那本书的内容;선생님은 간단하게 그 책의 내용을 해석해 주었다. | 不要只是~道理,我希望你能真正帮我做点儿什么;이치만 늘어놓지 말고 나를 도와 진정 뭔가 해주기를 바래. ❸ 따지다. 중시하다. ¶他很~礼貌,从来不说脏话;그는 예의를 무척 중시해 줄곧 욕을 안한다. | 他是个~卫生的孩子,每天都洗得很干净;그는 위생에 철저한 아이로 매일 깨끗이 씻는다. | 有的学生~吃~穿,总是比谁穿的是什么名牌,吃的是什么高级食品;어떤 학생은 먹고 입는걸 따져 항상 누가 무슨 브랜드를 입고 어떤 고급음식을 먹는지 비교한다. | ~能力,他不如我,可是他比我工作更努力;능력으로 말하자면 그는 나보다 못하지만, 그는 나보다 더욱 열심히 일한다. | 无论是~智力还是~品质,他都是公司最好的;지성이나 자질 그 무엇을 봐도 그가 회사에서 최고이다. | 要~成绩,他并不是最好的,可是同学们都喜欢他;성적으로 말한다면 그가 최고는 아니지만 학우들 모두 그를 좋아한다.

讲话 jiǎnghuà [动] 발언하다. 연설하다. ¶电视上总统正在~;지금 텔레비전에서 대통령이 연설하고 있다. | 现在请校长讲几句话;지금 교장 선생님께 연설 몇 마디 부탁하겠습니다. | 我们请您在毕业典礼上给大家讲讲话,好吗? 우리가 당신께 졸업식상에서 연설 좀 부탁할까 하는데 어떠세요? | 这个小孩儿很会~,大家都喜欢他;이 아이는 말을 썩 잘해 모두가 그를 좋아한다. [名] 연설. 담화. ¶我们正在听总统的电视~;우리는 지금 대통령의 텔레비전 담화를 듣고 있다. | 他的~赢(yíng)得了大家热烈的掌声;그의 연설은 모두의 뜨거운 박수갈채를 받았다. | 会后大家要讨论一下校长的~;회의 뒤 여러분은 교장 선생님의 담화에 관해 토론해야 합니다.

讲座 jiǎngzuò [名] 강좌. ¶今天晚上我们去听这个文学~吧;오늘 저녁 우리 이 문학강좌를 들으러 갑시다. | 这个~是关于中国文化的,我们去听听吧;이 강좌는 중국문화에 관한 건데 우리 가서 듣죠. | 我们每个周末都举办学术~;우리는 주말마다 학술강좌를 개최한다.

奖 jiǎng [动] 칭찬하다. 장려하다. 표창하다. ¶他工作很出色,公司~了他一辆汽车;그의 업무는 매우 뛰어나 회사는 그에게 차 한 대를 표창하였다. | 他学习很突出,学校~给他两千元钱;그는 학업이 우수해 학교는 그에게 2000위안의 장학금을 주었다. | 他把~给他的钱存在银行里了;그는 장려금으로 받은 돈을 은행에 저축하였다. | 他考了第一名,爸爸~的东西是一双滑冰鞋;그가 시험에서 일등을 해 아빠가 선물로 사준 것은 스케이트이다. 名 (격려나 칭찬을 위해 주는) 상. 선물. ¶这次比赛哥哥因为成绩好而得了~;이번 경기에 형은 성적

이 우수해 상을 받았다.｜她是我们年级最好的学生,每年都得~;그녀는 우리 학년에서 가장 우수한 학생으로 해마다 상을 받는다.｜校长亲自给他发了~;교장 선생님은 친히 그에게 상을 주었다.｜在电影方面,奥斯卡~影响最大;영화 쪽에서 오스카상의 영향이 가장 크다.

奖学金 jiǎngxuéjīn 名 장학금. ¶他的学习成绩很好,获得了学校的~;그는 학습 성적이 좋아 학교 장학금을 획득했다.｜最高的~只发给学习最好的学生;가장 높은 장학금은 공부를 제일 잘하는 학생에게만 지급된다.｜她用学校发的~买了很多书;그녀는 학교에서 지급한 장학금으로 많은 책을 샀다.｜他今年的成绩很好,打算向学校申请~;그는 올해 성적이 좋아 학교에 장학금을 신청할 예정이다.

降 jiàng 动 ❶ 떨어지다. 내리다. ¶飞机已经~下来了;비행기가 이미 하강했다.｜孩子们坐在空中飞椅上一会儿升,一会儿~,高兴极了;아이들은 공중 비행의자에 앉아 잠시 올랐다 떨어졌다 하며 매우 신나 했다.｜电梯已经从二十楼~到八楼了;엘리베이터는 벌써 20층에서 8층으로 내려왔다. ❷ (이전보다 더) 낮아지다. 내려가다. ¶今天气温~了五度,昨天是22度,今天只有17度;오늘 기온이 5도 내려가 어제는 22도였는데 오늘은 고작 17도밖에 안된다.｜现在水果多起来了,价格也~下来了;지금 과일이 많아지기 시작해 가격도 내려갔다.｜今天汇率又~了;오늘 환율이 또 내려갔다.

降低 jiàngdī 动 낮아지다. 떨어지다. 인

하하다. ¶明天气温要~十度,应该多穿一点儿;내일 기온이 10도 떨어지니 좀 더 많이 껴입어라.｜他回国后一直没有机会说汉语,汉语水平~了;그는 귀국한 뒤 줄곧 중국어를 말할 기회가 없어 중국어 실력이 떨어졌다.｜现在公司不太好,他的工资也~了;지금 회사가 별로 안 좋아져서 그의 급여도 낮아졌다.

将领 jiànglǐng 名 고위 장교. ¶他是一名海军~;그는 해군 고위 장교이다.｜在战争中有六位高级~牺牲了;전쟁에서 여섯 고위 장교가 희생되었다.｜爱国~一致要求对敌人开战;애국 고위 장교 모두가 적에 선전포고를 요구했다.

酱油 jiàngyóu 名 간장. ¶这种菜放点儿~才好吃;이런 요리엔 간장을 좀 넣어야 맛이 있다.｜~瓶儿倒了,~洒了一桌子;간장병이 넘어져 간장이 온 탁자에 쏟아졌다.｜~放得太多了,菜咸得没法吃;간장을 너무 많이 넣어 요리가 짜서 도저히 먹을 수 없다.

酱汤 jiàngtāng 名 된장국. ¶~是韩国人喜爱的食品;된장국은 한국인이 좋아하는 식품이다.｜韩国的大~里一般放豆腐和小南瓜之类的食材;한국의 된장국에는 일반적으로 두부와 애호박 같은 식재료를 넣는다.

交 jiāo 动 ❶ 주다. 내다. 제출하다. ¶老师说作业明天~;선생님은 숙제를 내일 제출하라 하셨다.｜我每个月都要~电费、水费和电话费;나는 매달 전기세, 수도세와 전화요금을 내야 한다.｜他家里很穷,~不起学费;그는 집이 가난해 학비를 낼 수 없다.｜这

件事你就~给我来办吧;이 일은 네가 나한테 넘겨서 하도록 하자. ❷ 사귀다. 교제하다. ¶咱们~个朋友吧;우리 친구하자. | 这个人非常好,值得~;이 사람은 참 괜찮아서 사귈 만하다. | 这样说话不算数的人,不可~;이렇게 말에 책임지지 않는 사람은 사귀어선 안된다. ❸ 연결하다. 교차하다. ¶这里是两国~界的地方;여기는 두 나라가 연결되는 곳이다. | 这两条直线~于一点;이 두 직선이 한 점으로 교차된다. 名 경계. 맞닿은 점. 교차점. ¶现在正是春夏之~,马上要进入夏天了;지금이 바로 봄 여름이 교차되는 때로 곧 여름으로 접어든다. | 二十世纪到二十一世纪之~的三十年间,是韩国经济迅速发展的时候;20세기가 21세기로 교차되는 30년 동안은 한국경제가 빠르게 발전한 때이다. | 正处在世纪之~的中国面临着新的发展机遇;세기가 교차되는 때에 중국은 새로운 발전의 기회에 직면해있다.

交换 jiāohuàn 动 바꾸다. 교환하다. ¶我们~了礼物,我送给他一本书,他送给我一块手表;우리는 선물을 교환하였는데, 난 그에게 책 한 권을 선물했고, 그는 내게 손목시계를 선물했다. | 我想和你~~意见,你先说,然后我再说;난 너와 의견 교환을 좀 하고 싶은데, 먼저 네가 말한 다음 내가 말할게. | 他们俩~了一下儿对这部电影的看法;그들 두 사람은 이 영화에 대한 견해를 나누었다.

交际 jiāojì 动 사귀다. 교제하다. ¶他不爱说话,不喜欢和人~;그는 말하길 싫어해 사람들과 교제하는 걸 안 좋아한다. | 他的~能力很强;그는 사교성이 매우 좋다. | 他很善于~,大家都愿意和他在一起;그는 교제하는데 뛰어나 모두들 그와 함께하고 싶어한다. | 语言是一种~工具;언어는 일종의 사교하는 수단이다.

交流 jiāoliú 动 교류하다. ¶中韩两国加强了各方面的~;한 중 양국은 여러 방면의 교류를 강화하였다. | 我们应该多~~学习心得;우리는 교류를 많이 해서 배우고 깨우쳐야 한다. | 聊天儿是一种重要的~思想的方法;수다는 일종의 중요한 사상 교류의 방법이다.

交通 jiāotōng 名 ❶ (버스, 택시 등 탈 것의) 교통. ¶这个城市的公共~很发达, 公共汽车和地铁都很方便;이 도시는 대중교통이 발달해서 버스와 지하철 모두 편리하다. | 经济发展离不开各种~手段;경제발전은 각종 교통수단과 떨어질 수 없다. ❷ (행인과 차량의) 왕래. 교통. ¶这个城市的~状况很糟糕,每天都会发生~堵塞;이 도시의 교통상황은 형편없어 매일같이 교통 체증이 발생한다. | 一位警察正在指挥~;한 경찰이 지금 교통정리를 하고 있다. | 他刚才开车超速,违反了~规则;그는 방금 과속해서 교통규칙을 위반하였다.

交往 jiāowǎng 动 왕래하다. 교제하다. 사귀다. ¶父母不让他跟一些坏孩子~;부모님은 그가 나쁜 아이들과 사귀지 못하게 하였다. | 他们两人~很密切;그들 두 사람은 매우 가깝게 사귄다. | 我跟她~过一两次;난 그녀와 한 두 번 왕래한 적 있다.

交易 jiāoyì 动 거래하다. 장사하다. 교역

하다.¶他刚做成了一笔大~;그는 방금 큰 거래를 한 건 성사시켰다.|我们这笔买卖一定要现金~;우리의 이 매매는 반드시 현금 거래여야 한다.|国家严厉打击非法~;국가는 불법거래를 강력 단속한다.|市场经济需要公平~;시장경제는 공정한 교역이 필요하다.|婚姻不是~,不能用金钱来衡量;결혼은 거래가 아니니, 금전으로 저울질할 수 없다.

郊区 jiāoqū 名 교외지역. 시외지역.¶他在市区有一套小房子,在~又买了一所大房子;그는 시내에 작은 집이 하나 있는데, 시외에도 또 큰 집을 하나 샀다.|每到周末他们就带着孩子到~爬山;매번 주말이 되면 그들은 아이를 데리고 교외로 등산하러 간다.|~的空气比市区好多了;교외의 공기가 시내보다 훨씬 좋다.

骄傲 jiāo'ào 形 ❶거만하다. 교만하다. 건방지다.¶他太~了,总是看不起别人;그는 너무 거만해서 항상 남을 무시한다.|这次考试他得了第一名,就~起来了;이번 시험에 그는 일등을 하더니 교만해지기 시작했다.|他们那副~的神态真让人生气;그들의 건방진 태도는 정말 화난다. ❷자랑스럽다. 자부하다. 뽐내다.¶我的孩子在比赛中得了第一名,我感到很~;내 아이가 시합에서 일등을 해서 난 참 자랑스럽다.|妈妈为他考上最好的大学而~;엄마는 그가 가장 좋은 대학에 합격해서 자랑스러웠다.|我的丈夫受人尊敬,我也感到~;내 남편은 남에게 존경 받아 나 역시 자랑스럽다.

教 jiāo 动 가르치다.¶张老师~我们学汉语;장 선생님은 우리들에게 중국어를 가르친다.|他当了十年老师了,~过很多学生;그는 10년 동안 선생님을 하면서 많은 학생들을 가르쳤다.|我不会包饺子,你~~我吧;난 만두 빚을 줄 모르는데 좀 가르쳐 주렴.

焦点 jiāodiǎn 名 초점. 포커스.¶人们在生活中关心的~是物价问题;사람들이 생활 중에 관심을 갖는 문제는 물가 문제이다.|这件事已经成为社会的~;이 일은 벌써 사회의 초점이 되었다.|刚才大家讨论的~到底是什么? 방금 사람들이 토론한 핵심은 도대체 뭔가요?

嚼 jiáo 动 (음식물을) 씹다.¶他嘴里正~着面包,没法说话;그는 입에 마침 빵을 씹고 있어 말을 할 수 없었다.|肉和菜要~碎了再咽下去;고기와 채소는 잘게 씹어 삼켜야 한다.|他~了半天也没有咽下去;그는 한참을 씹었어도 삼키지 않았다.

角 jiǎo 名 ❶(소, 양, 사슴 등 머리 위에 난) 뿔.¶牛的头上有两只~;소 머리에 뿔이 두 개 있다.|羊~很硬;양의 뿔은 참 딱딱하다.|这把梳子是用牛~做的;이 빗은 소 뿔로 만든 것이다. ❷(~儿) 모서리. 구석.¶这个方桌有四个~儿;이 네모난 탁자에는 네 개의 모서리가 있다.|墙~儿放着一堆东西;담 모퉁이에 물건더미들이 놓여있다.|教学楼在学校的西北~儿;강의동은 학교의 서북 모서리에 있다.|三楼楼梯的拐~儿处有个垃圾箱;3층 계단의 모서리를 돌면 쓰레기통이 있다. ❸각. 각도.¶三~形;삼각형.|这是一个60度的~;이

것은 60도의 각이다. ｜ 请大家用量~
器量一下这个~是多少度; 여러분은
각도기로 이 각이 몇 도쯤 되는지 재
어보세요. [量] ❶ 중국의 화폐단위로
서 一角은 十分과 같으며, 一元의 10
분의 1로 구어로는 '毛'라 부른다.:
《北京晚报》五~钱一份;《北京晚报》
는 한 부에 10 전이나. ｜ 这支笔三元
九~; 이 펜은 3 위안 90 전이다. ❷
원형의 것이 나뉘어진 반원형. ¶这张
饼切成了四~,我吃了一~; 이 떡을
네 조각으로 썰어 내가 한 조각 먹었
다. ｜ 妈妈,我想吃一~饼; 엄마, 나
떡 한 조각 먹고 싶어요.

角落 jiǎoluò [名] ❶ 모퉁이. 구석. ¶他把
不常用的东西堆在房间的~里; 그는
잘 쓰지 않는 물건들을 방 구석에 쌓
아두었다. ｜ 院子的每个~都放着几
个花盆; 정원의 모퉁이마다 화분 몇
개씩을 놓아두었다. ❷ (사람들이 잘
가지 않는) 외진 곳. 구석진 곳. ¶这是
一个偏僻的~, 很少有人来; 이는 편벽
한 곳으로 사람들도 좀처럼 오지 않
는다. ｜ 他找遍了城市的每一个~,都
没有找到孩子; 그는 도시의 외진 곳
까지 모두 찾아봤지만 아이를 찾지
못했다. ｜ 他的家在大山的一个~, 不
通汽车和火车; 그의 집은 큰 산의 한
외진 곳에 있어 자동차와 기차도 지
나지 않는다.

饺子 jiǎo·zi [名] 교자(만두). 물만두. ¶在
中国,每年春节家家都吃~; 중국에서
는 매년 설날 때 집집마다 물만두를
먹는다. ｜ 妈妈包的~特别好吃; 엄마
가 빚어준 만두는 매우 맛있다. ｜ 我
已经学会包~了; 난 이미 물만두를
빚을 줄 안다. ｜ ~可以煎(jiān)着吃,

也可以煮着吃; 교자는 구워먹을 수
도 있고 쪄서 먹을 수도 있다.

脚 jiǎo [名] 발. ¶每个人都有两只~; 사람
마다 두 발이 있다. ｜ 他昨天比赛时
右~受了伤; 그는 어제 시합 때 오른
쪽 발을 다쳤다.

搅 jiǎo [动] 휘젓다. 반죽하다. 이기다. ¶
快用筷子~一下锅, 要不面条都粘
(zhān)住了; 국수가 눌어붙지 않도록
얼른 젓가락으로 냄비를 저어라. ｜
请帮我~一~馅儿; 나를 도와서 소
를 좀 반죽해줘. ｜ 他不停地用勺子在
锅里~; 그는 쉼 없이 숟가락으로 냄
비를 저었다.

搅拌 jiǎobàn [动] 휘젓다. 반죽하다. 이기
다. (서면어에 주로 쓰인다.) ¶还是用
~机~吧, 用手太累了; 손으로는 너
무 힘드니 반죽기로 반죽하자. ｜ 做
泡菜时放了盐要~一下; 김치 담글
때 소금을 넣고 버무려야 해요. ｜ 他
不停地用勺子在锅里~着; 그는 쉼 없
이 숟가락으로 냄비 안을 젓는다.

缴 jiǎo [动] ❶ (의무 혹은 강요에 의해)
내다. 물다. 납부하다. ¶每个工商业者
都应该~税; 모든 상공업자는 세금
을 내야 한다. ｜ 去年公司向国家上~
利润达到一千万美元; 작년에 회사가
국가에 납부한 이윤은 일천 만 달러
에 달한다. ｜ 敌人已经~了枪; 적은
이미 총을 내놓았다. ❷ (포획한 적이
나 범죄자들로부터 무기를) 빼앗다.
노획하다. ¶我们一共~了敌人三门大
炮; 우리는 적들에게서 모두 대포 세
개를 빼앗았다.

叫 jiào [动] ❶ 외치다. 소리지르다. ¶他大
~一声, 吓昏过去了; 그는 큰 소리를
지르고선 놀라 혼절했다. ｜ 比赛时观

众大声~着"加油儿";시합 때 관중들은 큰소리로 '파이팅' 을 외쳤다.|她疼得忍不住~出声来;그녀는 아파서 참지못해 소리를 질렀다. ❷ (이름이 …라고) 부르다. …이다. ¶她~金喜善;그녀는 김희선 이라고한다.|请问你~什么名字? 당신의 이름은 무엇입니까? ❸ 부르다. ¶楼下有人~我,我下去一下;아래층에서 누군가 날 부르니 내려가 볼께요.|这儿有病人,快去~医生;여기에 병든 사람이 있으니 얼른 의사를 부르자.|我~了你好几声,你都没听见;내가 널 여러 차례나 불렀는데도 넌 못들었구나. ❹ …하게 하다. …를 시키다. ¶妈妈~我给她送杯水;엄마는 나더러 그녀한테 물 한 잔 갖다주라 했다.|这个消息太~人高兴了;이 소식은 사람들을 너무도 기쁘게 했다.|孩子的笑声~她不敢相信自己的耳朵;아이의 웃음소리는 그녀에게 자신의 귀를 의심케 했다. ❺ (차, 가마 등을) 부르다. (어떤 사람에게) 주문하다. ¶他病得太重了,你快~辆出租车吧;그는 병이 너무 위중하니 얼른 택시를 불러라.|菜快吃完了,再~俩菜吧;요리를 거의 다 먹었으니 요리를 좀 더 주문하자. ❻介 …에게 …를 당하다. ¶小声点儿,别~别人听见;조용히 좀 해. 남이 듣지 못하게 하란 말야.|他~小狗咬了一口;그는 강아지에게 한 번 물렸다.|我的词典~小王借走了;내 사전은 왕 군이 빌려갔어

▶용법주의: '叫' 가 개사(介词)로 쓰일 때 뒤에는 반드시 동작의 유발자가 있어야 하며 '被' 는 있을 수도 혹은 없을 수도 있다. ¶杯子叫打坏了(x)|杯子叫他打坏了;컵이 그로 인해 깨졌다.|杯子被打坏了;컵이 깨졌다.

叫喊 jiàohǎn 动 (큰소리로) 부르다. 외치다. ¶不要在医院里~;병원에서 큰 소리 내지 말아라.|观众们在台上高声~:"加油儿! 加油儿!";관중들은 관중석에서 큰소리로 '파이팅! 파이팅!' 을 외쳤다.|听到孩子的~声,老师赶紧跑出去看出了什么事儿;아이의 외침을 듣고서 선생님은 얼른 뛰어나가 무슨 일이 생겼는지 보았다.

叫做 jiàozuò 动 ❶ (명칭을) …라고 부르다. …라고 한다. ¶这种水果~苹果;이 과일은 사과라고 한다.|计算机又~电脑;컴퓨터는 또한 '电脑(전자뇌)' 라고도부른다.|中国人把十月一日~"国庆节";중국인은 10월1일을 '국경절' 이라고 부른다. ❷ (성어나 속어를 인용해 도리를 설명하면) …라고 한다. ¶你现在这样学习就~"事倍功半",很努力,可是效果却不好;네가 지금 이렇게 공부하는 것을 '일은 배 공은 반(事倍功半)' 이라 하는데, 노력하지만 효과가 오히려 안좋다는 얘기다.|中国有句俗语~"好借好还,再借不难",我及时还给你钱,万一再需要的时候,我还向你借;중국엔 '好借好还,再借不难' 란 속어가 있는데, 내가 제때에 돈을 갚으면 만약 내가 더 필요할 때 또 너한테 빌릴 수 있다는 뜻이다.

轿车 jiàochē 名 세단(sedan). 승용차(乘用车). ¶他家新买了一辆小~;그 집은 새로 승용차 한 대 장만했다.|我们的校车是一辆可以坐三十个人的大~;우리 스쿨버스는 30명이 탈 수 있

는 큰 차이다. | 现在买私家~的越来越多了;지금 자가용을 장만하는 사람들이 갈수록 많아지고 있다.

▶용법주의: 한국에서 쓰는 한자어 '乘用車'는 중국어에서는 쓸수 없다.

较 jiào 副 비교적. 보다. ¶她用~短的时间取得了~大的成绩;그녀는 비교적 짧은 시간을 들여 보다 큰 성과를 거두었다. | 用~少的钱办~多的事;비교적 적은 돈을 들여 보다 많은 일을 처리하다. | 我们都对数学~有兴趣;우리 모두 수학에 비교적 흥미가 있다. 介 ~에 비해. ~보다. ¶这所学校~其他学校收费要高一些;이 학교는 다른 학교보다 비용을 더 많이 받는다. | 上海~北京的经济发展要更快一点儿;상하이는 베이징의 경제보다 발전이 좀 더 빠른 편이다.

教材 jiàocái 名 교재. 자료. ¶她正在编一本供韩国人使用的~;그녀는 지금 한국인이 사용할 교재를 편찬하고 있다. | 这套~很适合我的汉语水平;이 교재 세트는 내 중국어 수준에 적합하다. | 上课以前先到办公室领~;수업하기 전에 먼저 사무실에 들러 교재를 수령해라.

教导 jiàodǎo 动 가르치다. 지도하다. ¶老师耐心地~学生做人应该诚实;선생님은 참을성 있게 학생들에게 성실하게 살아야 한다고 가르친다. | 妈妈~我们要热爱劳动;어머니는 우리들에게 노동에 애착을 가져야 한다고 가르치신다. | 这孩子很喜欢你,你好好儿~~他;이 아이는 널 좋아하니 잘 좀 가르치렴. 名 교육지도. ¶老师的~我永远不会忘记;선생님의 교육지도는 내가 영원히 잊지 않을 것이다. | 校长的~让我明白了很多道理;교장선생님의 교육지도는 나에게 많은 도리를 깨우치게 하였다. | 在妈妈的耐心~下,孩子终于认识了自己的错误;어머니의 인내심 있는 교육지도 아래 아이는 마침내 자신의 잘못을 알게되었다.

教会 jiàohuì 名 교회. ¶她小时候上的是~学校;그녀가 어렸을 때 다닌 곳은 미션스쿨이었다. | 圣诞节快到了,~组织了很多活动;크리스마스가 곧 다가와 교회는 많은 행사들을 마련했다. | 他每个周末都参加~活动;그는 주말마다 교회 활동에 참가한다.

教科书 jiàokēshū 名 교과서. ¶这门课没有~,每次都是老师发给我们讲义;이 수업에는 교과서 없이 매번 선생님이 우리들에게 강의할 것을 나누어주신다. | 还没开学,学校就把各年级的~准备好了;아직 개학하지 않았는데 학교는 각 학년별 교과서를 다 준비해놓았다. | 他告诉我在学校门口的书店可以买到~;그는 학교 입구에 있는 서점에서 교과서를 살 수 있다고 알려주었다.

教师 jiàoshī 名 교사. ¶我们学校有一百多位~;우리 학교에는 일 백여 분의 교사가 있다. | 我们这里有年轻的~,也有老~;有男~,也有女~;우리 여기에는 젊은 교사도 있고 또 나이든 교사도 있으며, 남자교사도 또 여자교사도 있다. | 她的理想是当一名~;그녀의 이상은 교사가 되는 것이다.

教室 jiàoshì 名 교실. ¶~里还亮着灯;교실에 아직 불이 켜져 있다. | 他们去~上课;그들은 수업하러 교실로 갔다. | ~里的窗户坏了;교실의 창문

이 망가졌다.

教授 jiàoshòu 名 (대학교) 교수. ¶一千多名教师中有五百多位~; 일천여 명의 교사 가운데 오백여 분의 교수가 있다. | 爸爸最近刚被聘为~; 아빠는 최근 교수로 초빙되었다. | 他是著名的语言学~; 그는 저명한 언어학 교수이다. 动 강의하다. 강해하다. ¶他在大学~古代文学; 그는 대학에서 고대문학을 강의한다. | 他最近两年主要~经济学; 그는 최근 이 년간 주로 경제학을 강의했다.

教学 jiàoxué 名 교학. 수업교육. ¶他有丰富的~经验; 그는 풍부한 교학 경험이 있다. | 张老师的~很受学生欢迎; 장 선생님의 수업교육은 학생들에게 많은 환영을 받는다. | 他正在写下学期的~计划; 그는 지금 다음 학기 수업계획을 작성하고 있다. | 学校最重视教师的~质量和~水平; 학교는 교사의 교육의 질과 수준을 가장 중시한다.

教训 jiào·xun 动 가르치고 타이르다. 꾸짖다. 훈계하다. ¶老师狠狠地~了他一顿; 선생님은 그를 한차례 호되게 꾸짖었다. | 他总是骗人, 应该好好~他; 그는 늘상 남을 속여 마땅히 제대로 좀 꾸짖어야 한다. | 不能用打孩子的方法来~孩子; 아이를 때리는 방법으로 훈계해선 안된다. 名 (잘못이나 실패로부터 얻는) 교훈. ¶这次考试给了我一个很好的~, 以后我一定按时复习; 이번 시험은 내게 앞으로 반드시 제때에 복습해야 한다는 훌륭한 교훈을 주었다. | 去年他酒后开车出了车祸, 现在他已经吸取了~, 再也不喝酒了; 작년에 그는 음주운전으로 차사고를 내어 지금 그는 이미 교훈을 얻어 다시는 술을 마시지 않는다. | 我们应该接受这次失败的~; 우리는 마땅히 이번 실패의 교훈을 받아들여야 한다.

教育 jiàoyù 动 교육하다. 지도하다. 가르치다. ¶妈妈总是~孩子要遵守纪律; 엄마는 항상 아이한테 규율을 지켜야 한다고 교육한다. | 这个学校~出很多优秀的人才; 이 학교는 많은 우수한 인재들을 가르쳤다. | 他~学生很有方法; 그는 학생을 지도하는 데 방법이 있다. 名 교육. ¶政府很重视~; 정부는 교육을 중시한다. | 他受过高等~; 그는 고등교육을 받은 적이 있다. | 父母希望孩子能受到最好的~; 부모는 아이가 가장 좋은 교육을 받을 수 있기를 바란다. | 最近几年, 中国的留学生~得到了很大发展; 최근 몇 년 동안 중국의 유학생 교육은 커다란 발전을 거두었다.

教员 jiàoyuán 名 교원. 교사. ¶你们学校有多少~? 너희 학교에는 교원이 얼마나 있니? | 目前应该加强~的管理; 지금 마땅히 교원의 관리를 강화시켜야 한다. | 他是海军学校的一名~; 그는 해군 학교의 교원이다.

▶용법주의: '教师'는 존칭이고, '教员'은 통칭으로 현재 중국의 군대 계통에서 일반적으로 교원이라 하며, 비정규학교의 교사를 칭할 때에도 교원이라 일컫는다. ¶他是一名光荣的人民教员 (×) | 他是一名光荣的人民教师; 그는 한 명예로운 인민교사이다.

阶层 jiēcéng 名 계층. 공통된 그룹. ¶每个社会都存在不同的~; 사회 마다 각기 다른 계층이 있다. | 知识分子~;

지식인 계층.|官僚~;관료 계층.|学生~;학생 계층.|工薪~;샐러리맨 계층.|政府应该听取社会各~的意见;정부는 마땅히 사회 각 계층의 의견을 경청해야 한다.

阶段 jiēduàn 名 단계. 레벨. ¶大学四年是我一生中最重要的~;대학 4년은 내 일생에 가장 중요한 단계이다.|他只学了三个月汉语,还在学汉语的初级~;그는 중국어를 고작 석 달 배워 아직 중국어 초급 단계에 있다.|我们的工作还处于准备~;우리 작업은 아직 준비 단계에 있다.|这个学期共分两个~,第一个~主要是学习语音;이 학기는 모두 두 단계로 나뉘는데, 첫 번째 단계는 주로 음성을 배우는 것이다.

▶용법주의:한국에서 '阶段'은 오르내리기 위해 건물 등에 만든 시설물을 말한다.중국에서는 계단을 '楼梯'라고 한다.

阶级 jiējí 名 계급. 계층. 등급. ¶~社会中存在着不同的~;계급 사회 중에 서로 다른 계급이 존재한다.|工人~;노동자 계층.|先进~;선진 계층.|消灭了~;계급이 소멸하였다.

结 jiē 动 (열매를) 맺다. ¶这棵苹果树~了很多果;이 사과나무는 많은 열매를 맺었다.|树上~满了梨;나무에 배가 가득 열렸다.|他家院子里~出了不少西红柿、黄瓜之类的蔬菜;그의 집 정원에 토마토, 오이 같은 채소들이 많이 열렸다.

☞ jié

结实 jiē·shi 形 ❶ 단단하다. 튼튼하다. ¶这张桌子非常~;이 탁자는 매우 튼튼하다.|这种塑料袋不~,不能放太多东西;이런 비닐봉지는 튼튼하지 못해서 물건을 많이 넣을 수 없다.|这种袜子~着呢,怎么穿都不会破;이런 양말은 튼튼해 아무리 신어도 구멍 나지 않는다.|这把椅子比以前的那把~多了;이 의자는 이전의 그것보다 훨씬 튼튼하다. ❷ (몸이) 건장하다. 튼튼하다. ¶孩子这两年经常运动,比以前~多了;아이는 이 몇 년 동안 항상 운동을 해서 이전보다 훨씬 건강해졌다.|他的身体像运动员一样~;그의 몸은 운동선수처럼 건장하다.|父亲已经七十多岁了,身体~着呢;아버지는 이미 일흔이 되었어도 몸이 건장하시다.

接 jiē 动 ❶ (손으로) 받다. 떠받치다. ¶我~过他送给我的礼物;나는 그가 보낸 선물을 받은 적 있다.|我把篮球扔给他,他~了一下儿,可没有~住;내가 농구공을 그에게 던졌고 그가 좀 받으려 했지만 받지 못했다.|这个运动员球~得很准;이 운동선수는 공을 정확하게 받는다. ❷ 마중하다. 영접하다. ¶我去车站~一位客人;나는 터미널로 손님 한 분을 마중하러 갔다.|我要到学校去~孩子;나는 아이를 마중하러 학교로 가려 한다.|我们去门口~他一下儿吧;우리 그를 마중하러 입구로 가보자. ❸ 받다. 접수하다. ¶刚才我~了一个电话,是妈妈打来的;방금 난 전화 한 통 받았는데, 엄마가 걸은 것이었다.|昨天他~到一封电报;어제 그는 전보 한 통 받았다.|他还没有~到入学通知;그는 아직 입학통지를 받지 못했다. ❹ 잇다. 연결하다. ¶助教让学生把电话线~到我的办公室里;조교는 학생에

게 전화선을 내 사무실로 연결하도록 시켰다. | 下课了,同学们一个~着一个地走出教室;수업이 끝나자 학우들은 한 명 한 명씩 교실을 나간다. ❺ 인계하다. 교대하다. 인수하다. ¶王老师走了,由李老师来~他的课;왕 선생님이 간 뒤 이 선생님이 그를 이어 수업한다. | 你把他的工作~下来吧,他得休息一个月;그는 한 달은 쉬어야 하니 네가 그의 일을 인수하도록 해라. | 他的工作太专业了,我可~不了;그의 일은 너무 전문적이라 난 인수할 수 없다.

接触 jiēchù 动 ❶ 닿다. 접촉하다. ¶孩子在外面玩儿,手~了不少脏东西;아이가 밖에서 놀아 손에 더러운 것들이 많이 닿았다. | 药水要放在孩子~不到的地方;물약을 아이의 손에 닿지 않는 곳에 넣어두어야 한다. | 不要~传染病人;전염병자와 접촉하지 마라. ❷ (사람과 사람이) 교제하다. 접촉하다. ¶我们是同学,经常~;우리는 학우들로 항상 만난다. | 以前由于工作关系我和他~过几次;전에 업무 관계로 나는 그와 몇 차례 만난 적이 있다. | 我和她从小就认识,~的时间很长;나와 그녀는 어릴 적부터 알아 교제한 시간이 길다. | 现在我们不在一个城市,~的机会不多;현재 우리는 한 도시에 있지 않아 만날 기회가 많지 않다. | 他是老师,~得最多的就是学生;그는 선생님으로 가장 많이 접촉하는 사람은 학생이다.

接待 jiēdài 动 접대하다. 응접하다. ¶这个旅馆一下子~不了这么多客人;이 여관은 한꺼번에 이렇게 많은 손님을 접대할 수 없다. | 校长正在~来访的外国专家学者;교장은 지금 방문한 외국 학자를 응접하고 있다. | 来参观的人太多了,她一个人~不过来;참관하러 온 사람이 너무 많아 그녀 혼자서 접대할 수 없다.

接到 jiēdào 动 ❶ 받다. 입수하다. ¶上午我~老师的电话;오전에 나는 선생님의 전화를 받았다. | 她已经~了我给她写的信;그녀는 이미 내가 그녀에게 쓴 편지를 받았다. | 我还没有~开会的通知,不知道什么时候开会;나는 아직 개회 통지를 받지 못해 언제 개회하는지 모른다. ❷ (어떤 장소에서) 영접하다. 맞이하다. ¶我们已经把客人~学校里了;우리는 이미 손님을 학교 안으로 맞이하였다. | 你去家乡把老人~北京来吧;너는 고향에 가서 노인을 베이징으로 맞이해오너라.

接见 jiējiàn 动 (지위가 높은 사람과) 접견하다. ¶总理将于明天~参加会议的代表;총리는 내일 회의에 참가한 대표와 접견할 예정이다. | 总统~了来访的外国客人;대통령은 방문한 외국 손님을 접견하였다. | 总统~过他好几次;대통령은 그를 여러 차례 접견한 바 있다.

接近 jiējìn 动 접근하다. 가까이하다. ¶他的汉语发音已经~中国人了;그의 중국어 발음은 이미 중국인에 가깝다. | 那里的经济已经~发达国家的水平了;그곳의 경제는 이미 선진국의 수준에 가깝다. | 考试日期渐渐~了,大家都忙着复习;시험 날짜가 점점 다가와서 모두들 복습하느라 바쁘다. 形 비슷하다. 가깝다. 근접하다. ¶中韩两国的文化比较~;한중 양국의

문화는 비교적 비슷하다.｜我们两人的看法总是比较~;우리 두 사람의 관점은 항상 비교적 비슷하다.｜这两个球队的水平比较~,都有可能得冠军;이 두 팀의 수준은 비교적 비슷해 모두 우승할 가능성이 있다.｜这两个汉字的发音很~;이 두 한자 발음은 비교적 가깝다.

接力赛跑 jiēlìsàipǎo 名 릴레이 경주. 이어달리기. ¶这次运动会有男、女4×100米、4×200米和4×400米~;이번 운동회에는 남녀 400미터, 800미터와 1600미터 이어달리기가 있다.｜我明天下午要参加女子4×100米~;나는 내일 오후 여자 400미터 릴레이 경주에 참가해야 한다.

接受 jiēshòu 动 ❶ 받다. 수령하다. ¶他~了我的礼物;그는 나의 선물을 받았다.｜那个孤儿~了好心人的捐款;그 고아는 마음씨 좋은 사람의 성금을 받았다. ❷ 받아들이다. 수락하다. ¶他已经~了一个重要任务;그는 이미 한 중요한 임무를 받아들였다.｜他不愿意~学校安排他和别人合住一个宿舍;그는 다른 사람과 한 기숙사에 묵도록 한 학교의 배정을 받아들이고 싶지 않았다.｜听到妈妈去世的消息,我~不了;엄마의 사망 소식을 듣고서 난 받아들일 수 없었다.

接着 jiē·zhe 动 잇따르다. 계속하다. 연잇다. ¶他休息了一会儿,又~复习;그는 잠시 쉬었다 또 계속 복습했다.｜他接完电话,又~看起电视来;그는 전화를 다 받고서 계속 텔레비전을 보았다.｜别停下来,~说;멈추지 말고 계속 말하세요. 连 …하고서. 곧장 …하다. ¶他洗完澡,~就睡觉了;그는 목

욕을 다 하고서 바로 잤다.｜我先介绍了一下自己,~他也介绍了他的情况;내가 먼저 자기소개를 하자도 그의 상황을 소개하였다.｜她听到母亲生病的消息,先愣了一下儿,~就哭起来;그녀는 모친의 병 소식을 듣고선 멍해 있다가 울기 시작했다. 动 (손으로) 받다. ¶~,我扔给你的书;받아라, 내가 네 책을 던져줄게.｜小土,~,你的钥匙;왕 군, 받어. 네 열쇠야.

揭发 jiēfā 动 (나쁜 사람이나 나쁜 일을) 폭로하다. 적발하다. ¶他的妻子向公安机关~了他的罪行;그의 아내는 공안기관에 그의 범행을 폭로하였다.｜他做过的坏事从来没有人~过;그가 저지른 나쁜 일은 여태껏 아무도 폭로한 적 없다.｜群众多次~这家企业制造并销售假药的事;군중들은 수차례 이 기업이 가짜 약을 제조하고 또한 판매한 일들을 적발하였다.

揭露 jiēlù 动 (숨겨진 것을) 들추어내다. 폭로하다. ¶这家媒体率先~了事情的真相;이 매체가 앞장 서 일의 진상을 들추어내었다.｜这部电影~了当前社会中存在的矛盾;이 영화는 당시 사회에 존재하던 모순을 폭로하였다.｜法庭希望受害者能当庭~违法者的罪行;법정은 피해자가 직접 법정에서 위법자의 범행을 폭로해주기를 희망하였다.

▶용법주의:'揭发'의 대상은 악인, 나쁜 일, 잘못 또는 결점 등에 쓰이지만, '揭露'의 경우 대상이 비교적 광범위해서 악인이나 나쁜 일 외에도 모순, 진상, 실질, 본질 등처럼 일반적인 사물에도 쓰일 수 있다. ¶揭发真相(×)｜

揭发事物的本质(×)|揭发矛盾(×)|揭露真相;진상을 폭로하다.|揭露事物的本质;사물의 본질을 폭로하다.|揭露矛盾;모순을 들추어내다.

街 jiē 名 ❶ 길. 거리. 대로.¶这条~上商店很多;이 거리엔 상점이 많다.|我家屋后的小~平时汽车不多,很安静;우리집 뒤의 작은 길엔 평소 자동차가 별로 없어 조용하다.|她站在~对面跟我打招呼;그녀는 길 맞은편에 서서 내게 인사한다.|国庆节到了,大~小巷都充满节日的气氛;국경절이 되어 큰길 작은 골목길 모두 명절 분위기가 가득하다. ❷ (상점이 비교적 많은) 시내.¶她上~买东西去了;그녀는 물건사러 시내에 갔다.|昨天我们逛了一天~,花了很多钱;어제 우리는 하루종일 시내에서 거리를 구경하며 돈을 많이 썼다.|她特别爱逛~,几乎每个周末都要去~上转转;그녀는 유독 시내 돌아다니길 좋아해 거의 모든 주말마다 시내에 가서 돌아다닌다.

街道 jiēdào 名 ❶ (길 양쪽으로 건축물이 있는) 큰 길. 거리.¶北京的~很宽;베이징의 거리는 매우 넓다.|~两边种满了树;큰 길 양쪽으로 나무들이 가득 심어져 있다.|这是市里最热闹的~;여기는 시내에서 가장 번화한 곳이다.|他每天天不亮就来打扫~;그는 매일같이 동트기도 전에 거리를 청소한다. ❷ 골목이나 큰 길 근처에 사는 주민들과 관련된 업무.¶~办事处是区政府或市政府的派出机构;지역 업무 사무소는 구정부 혹은 시정부의 파견기구이다.|他现在负责~工作,每天都很忙;그는 지금 지역 업무를 책임지느라 매일같이 바쁘다. ❸ 지역사무소.¶每到过年的时候,~都会对居民表示慰问;설을 쇨 때마다 지역사무소는 주민들에게 위문을 한다.|我们~每年春天都举行运动会;우리 지역사무소는 해마다 봄이면 운동회를 개최한다.|今年六一儿童节~组织了一次儿童绘画展览;금년 6월 1일 어린이날 지역사무소는 어린이 회화 전람회를 한 차례 열었다.

节 jié 名 명절. 절기.¶大家都盼着国庆~长假早日到来;모두들 국경절 장기연휴가 빨리 오길 고대하고 있다.|春~快到了,街上充满过~的气氛;설날이 곧 다가와 거리엔 설날 분위기가 가득하다.|五一国际劳动~;5월 1일 국제노동절.|清明~家家户户都到郊外踏青、祭祖;청명절에는 집집마다 교외로 가서 새 싹을 밟으며 산보하고 제사도 지낸다.|~前要把这项工作做完,过完~我们就要开始一项新工程了;명절 전에는 이 업무를 끝내야 명절 뒤에 우리가 새로운 공사를 시작할 수 있다. 量 건전지, 기차칸, 수업, 문장 등과 같이 마디로 나뉘어진 사물을 세는 양사.¶今天我们共有三~课,中间不休息;오늘 우리는 세 시간 수업이 있는데, 중간에 쉬지 않는다.|这列火车共有三十~车厢;이 기차는 모두 30개의 열차칸이 있다.|这个MP3要用两~5号电池;이 MP3는 두 개의 5호 건전지를 써야 한다.|这本书共有十章,每一章有五~;이 책은 모두 10장이 있으며 장마다 다섯 절이 있다.

节目 jiémù 名 (문예나 방송 등의) 프로그램. ¶这个~是妈妈最爱看的;이 프로그램은 엄마가 제일 좋아하는 것이다. | 这台联欢会共有二十个~;이 친목회는 모두 20개의 프로그램이 있다. | 他每天都看体育~和新闻;그는 매일 스포츠 프로그램과 뉴스 프로그램을 본다.

节日 jiérì 名 ❶기념일. ¶五一国际劳动节就要到了,到处充满~的气氛;5월 1일 국제노동절이 곧 다가와 곳곳마다 기념일 분위기로 가득하다. | 六一儿童节是孩子的~,这一天我们都会给孩子送~礼物;6월 1일 어린이날은 아이들의 기념일로 이 날에 우리들은 아이들에게 기념일 선물을 준다. ❷명절. ¶春节、端午节、清明节、中秋节都是中国的传统~;설날, 단오절, 청명절, 추석절 모두 중국의 전통 명절이다. | ~里人们都觉得很放松;명절에 사람들은 모두 여유를 느낀다. | 人们都已经穿上了~服装;사람들 모두가 벌써 명절 옷차림을 입었다.

节省 jiéshěng 动 아끼다. 절약하다. ¶不抽烟之后,我现在一个月可以~200元;금연한 뒤 난 지금 한 달에 200원을 절약할 수 있다. | 妈妈把~下来的钱都寄给了上大学的孩子;어머니는 절약한 돈을 모두 대학 다니는 자식에게 부쳤다. | 这里的水很少,得~着用;이곳의 물은 매우 적어 절약해 써야한다. 形 검소하다. ¶他过日子很~,希望能多攒些钱;그는 생활하는 데 검소해 돈을 좀 더 벌고 싶어한다. | 父亲希望孩子在生活上~一点儿;아버지는 아이가 검소하길 바란다. | 她花钱很~,从来不买没用的东西;그녀는 돈 쓰는데 검소해 여태껏 필요없는 물건은 사지 않는다. | 她家很有钱,可她还是很~,不乱花钱;그녀 집은 돈이 많지만 그녀는 검소해 함부로 돈을 쓰지 않는다.

节约 jiéyuē 动 아끼다. 절약하다. ('节省'보다 좀 더 큰 범위에서 사용된다.) ¶我们每个人都应该~能源;우리 모두는 마땅히 에너지를 절약해야 한다. | 我现在自己做饭吃,能~不少钱;난 지금 스스로 밥을 지어먹어 적지 않은 돈을 절약할 수 있다. | 这个月的钱不多了,我得~着花;이 달의 돈은 많지 않아, 난 절약해 써야 한다. | 每天复习实际上可以~时间,提高学习效率;매일 복습하는 것이 실제로는 시간을 절약할 수 있고 학습 효율을 올릴 수 있다. 形 검소한. ¶她过日子比我~多了,很少去饭馆吃饭;그녀는 생활하는 게 나보다 훨씬 검소해 좀처럼 식당에 밥 먹으러 가지 않는다. | 他是个比较~的人,你应该理解他;그는 비교적 검소한 사람으로 네가 그를 이해해야 한다. | 他的父母很~,可是他花钱却总是大手大脚;그의 부모는 검소하지만 그는 돈 쓰는 게 오히려 늘상 헤프다.

节奏 jiézòu 名 ❶리듬. 박자. ¶唱歌要掌握好~;노래 부를 때는 박자를 잘 파악해야 한다. | 刚才的音乐~太强了,我听得心都快跳出来了;방금의 음악 박자는 너무 강해 내가 듣기에 심장이 튀어나올 정도였다. | 他们俩随着音乐的~跳起舞来;그들 둘은 음악의 리듬에 따라 춤을 추기 시작했다. | 我不喜欢快~的音乐;난 박자

가 빠른 음악을 좋아하지 않는다. ❷일정한 규칙이나 순서, 진행과정을 비유하는 말.¶现代生活的~太快了;현대 생활의 리듬은 너무 빠르다.│工作、生活都要有一定的~,太快或太慢都不好;업무, 생활 모두 일정한 박자가 있어야 너무 빠르거나 너무 느리면 좋지 않다.│这部电视剧的~太慢了,我都快急死了;이 연속극의 진행은 너무 느려서 난 조바심이 나 죽겠다.

杰出 jiéchū 形 뛰어난. 걸출한. 출중한. ¶他是一位~的科学家;그는 뛰어난 과학자이다.│这位教育家曾经为教育事业作出过~的贡献;이 교육가는 일찍이 교육사업에 걸출한 공헌을 하였다.│他取得了~的成就;그는 뛰어난 성취를 거두었다.│这位作家写出了许多~的作品;이 작가는 수많은 걸출한 작품을 썼다.

洁白 jiébái 形 새하얀. 순백의. 순결한.¶她有一口~整齐的牙齿;그녀는 새하얗고 가지런한 치아를 가지고 있다.│他今天穿了一件~的衬衫;그는 오늘 순백색 셔츠를 입었다.│~的桌布被孩子弄脏了;새하얀 탁보가 아이 때문에 더러워졌다.

结 jié 动 ❶ 매다. 묶다. 짜다.¶蜘蛛每天都~网等着捉到小飞虫;거미는 매일같이 그물을 짜서 작은 벌레를 잡기다린다.│小姑娘的头上~了一个蝴蝶结;꼬마 아가씨의 머리에 나비 매듭을 묶었다. ❷ 어떤 관계를 맺다. 결성하다.¶他们两个去年~为夫妻了;그들 둘은 작년에 부부의 연을 맺었다.│这两个村子里的人为了用水~下了仇;이 두 마을의 사람들은 물쓰는 일 때문에 원수졌다.│这两家公司~成联盟共同反对我们;이 두 회사는 연맹하여 공동으로 우리에 반대한다. ❸ 끝나다. 결말 짓다.¶请给我~一下账;좀 계산해주십시오.│你欠我的钱已经~清了;네가 내게 빚진 돈은 이미 청산됐다.│这个案子恐怕短时间内还~不了;이 사건은 아마도 단시간 내에 종결 지을 수 없을 것 같습니다. 名 매듭. 리본.¶我最喜欢中国~;난 중국 매듭을 제일 좋아한다.│她想让妈妈给她用纱巾结一个蝴蝶~;그녀는 엄마가 스카프로 나비리본을 매주길 바랬다.│他把两个绳子上接在一起打了个死~,防止绳子断开;그는 두 개의 노끈을 한데 연결해 매듭을 만들어 노끈이 끊어지는 걸 방지했다.

☞jiē

结构 jiégòu 名 ❶ 구조. 구성. 조직.¶这套房子的~很好;이 집의 구조는 참 좋다.│这篇文章的~很严密;이 문장의 구성은 매우 꼼꼼하다.│老师在给学生们分析汉语句子的~;선생님은 학생들에게 중국어 문장의 구조를 분석해주고 있다.│现在市民的消费~发生了很大的改变;지금 시민의 소비구조에 커다란 변화가 생겼다. ❷ (건축물에서 중력과 외부압력을 떠받드는 구성으로서의) 구조물.¶以前的房子是砖木~的,现在的高楼大多是钢筋混凝土~的;이전의 집은 벽돌 나무 구조였지만, 지금의 고층 건물은 대부분 철근 콘크리트 구조이다.

结果 jiéguǒ 名 결과. 결실.¶这场比赛我没有看完,不知道~;이 경기를 난 끝

까지 못봐서 결과를 모른다. | 她听完考试~,高兴得跳了起来;그녀는 시험 결과를 다 듣고선 기뻐서 날뛰었다. | 谈判取得了圆满的~;담판에서 만족스런 결실을 얻었다. | 这是我们这次调查的全部~;이는 우리 이번 조사의 전체 결과이다. | 这件事我们还在讨论,还没有任何~;이 일은 우리가 아직 토론중이며 아직 어떠한 결과도 없다. 连 결국. 끝내. 마침내. 드디어. (두 번째 구절에 쓰여 앞 구절에서 말했던 상황이 어떤 결과를 낳았는지를 설명한다.) ¶她平时不认真学习,~没有考好;그녀는 평소 학습에 소홀해 결국 시험을 잘 못봤다. | 他昨天酒喝得太多,~今天头疼得不得了;그는 어제 술을 너무 많이 마셔서 오늘 머리가 너무 아팠다. | 本来说好是我请客,~他去先付了钱;원래 내가 한턱 내기로 말했는데도 끝내 그가 먼저 돈을 냈다.

结合 jiéhé 动 ❶ 결합하다. 결부하다. ¶老师让我们每个人~自己的情况制定出学习计划;선생님은 우리 모두에게 자신의 상황에 맞게 학습 계획을 만들어오게 하였다. | 要把学校教育和家庭教育~起来,才能对孩子有利;학교교육과 가정교육을 결합시켜야 비로소 아이에게 이익이 될 수 있다. | 学习知识要注意理论~实际;학습지식은 이론을 실제에 결부시키는 데 주의해야 한다. ❷ 부부의 인연을 맺다. ¶大家都觉得他们俩的~很合适;모두가 그들 둘이 부부의 인연을 맺는 게 참 어울린다고 생각한다. | 他们经过四年的恋爱,终于~在一起了;그들은 4년 간의 연애를 거쳐 마침내 부부의 인연을 맺었다. | 他们幸福地~了,所有认识他们的人都为他们祝福;그들은 행복하게 부부의 인연을 맺어 그들을 아는 모든 사람들이 그들을 축복해주었다.

结婚 jié//hūn 动 결혼하다. 혼인하다. ¶他们决定今年国庆节~;그들은 올해 국경절에 결혼하기로 결정했다. | ~十年来,他俩一直过得很幸福;결혼한 십 년 동안 그 두 사람은 줄곧 행복하게 살았다. | 他结过两次婚,都不幸福;그는 두 번 결혼 했지만 모두 행복하지 못했다. | 我姐姐上个月结的婚;내 누이는 지난달 결혼했다.
▶용법주의:'结婚'이란 말에는 목적어를 수반할 수 없다. ¶弟弟结婚了一个外国人(×) | 弟弟和一个外国人结婚了;동생은 한 외국인이랑 결혼했다.

结局 jiéjú 名 결국. 결말. 말로. ¶这个电视剧的~大家都没有想到;이 연속극의 결말은 모두가 예상치 못했다. | 最后两个人的~都很好;결국에는 두 사람의 결말은 모두 좋았다. | 孩子想给故事设计一个全新的~;아이는 이야기를 완전히 새로운 결말로 설정하고 싶었다.

结论 jiélùn 名 결론. 귀결. ¶这篇文章的~是可信的;이 문장의 결론은 믿을 만 하다. | 现在已知的情况还不多,不能随便下~;지금 알고 있는 상황이 아직 많지 않으니 함부로 결론 지을 수 없다. | 经过研究,他推翻了以前的~;연구를 거쳐 그는 이전의 결론을 뒤집었다. | 这是我们根据事实做出的~;이는 우리가 사실에 근거해 만든 결론이다.

结束 jiéshù 动 끝나다. 마치다. 종결하

다.¶这个学期快要~了;이 학기는 곧 끝난다.|总统圆满~了这次访问;대통령은 원만하게 이번 방문을 마쳤다.|这场足球赛十二点也~不了;이 축구 경기는 12시에도 끝마칠 수 없다.

姐姐 jiě·jie 名 ❶ 누나. 언니.¶现在独生子女很多,他们都没有~或妹妹,也没有哥哥或弟弟;지금은 외동들이 많아 그들 대부분 누나나 여동생도 없고, 형이나 동생도 없다.|我~比我大三岁,现在在北京工作;내 언니는 나보다 세 살 많으며 지금 베이징에서 일한다.|她是我叔叔的女儿,比我大两岁,我喊她~;그녀는 내 삼촌의 딸로 나보다 두 살이 많아 내가 누나라고 부른다. ❷ 자기보다 나이가 많은 여자를 부르는 호칭.¶老~,我是你的老邻居,还记得吗? 누님, 전 당신의 오랜 이웃이었는데 아직 기억하세요?|哎呀,好~,你快跟我说吧;아이고, 언니, 빨리 저에게 얘기하시라니까.

解 jiě 动 (묶인 것을) 풀다. 열다. 끄르다.¶一进门,他就把扣子~开了;문에 들어서자 그는 단추를 풀어 제쳤다.|他~开领带觉得凉快一些了;그는 넥타이를 풀자 좀 시원해진 듯 했다.|我的鞋带~不开了,你帮我~一下儿吧;내 신발끈이 안 풀어지는데 네가 좀 풀어주렴.|你来~这根绳子,我~了半天也没~开;네가 이 노끈 좀 풀어봐라, 내가 한참 풀어봐도 안 풀어지거든.

解答 jiědá 动 해답하다. 대답하다.¶学生们提出的问题老师都一一~;학생들이 제기한 질문에 선생님은 일일

히 대답해주었다.|咨询员耐心地~游客的问题;안내원은 참을성 있게 관광객의 질문에 대답해주었다.|我不太了解情况,无法~你的疑问;난 그다지 상황을 알지 못해 네 질문에 답할 수 없다.|这道题太难了,恐怕连老师也~不了;이 문제는 너무 어려워 선생님도 대답하지 못할 것 같다.

解放 jiěfàng 动 ❶ 해방되다. 벗어나다.¶考试一结束,同学们就~了;시험이 끝나자마자 학우들은 해방되었다.|有了机器就把人从重体力劳动中~出来了;기계가 생기자 인간은 중노동으로부터 벗어났다.|妇女的~不应该只挂在口头上;여성 해방은 단지 입으로만 해선 안된다.|妇女终于从家务劳动中得到了~;여성은 마침내 가사노동에서 해방되었다. ❷ 해방하다. (반동 통치를 전복시켰다는 특별한 의미를 가리킨다.)¶上海是1949年5月~的;상하이는 1949년에 해방되었다.|这里已经~五十年了,可是还比较落后;여기는 이미 해방된지 50년이나 됐는데 아직 비교적 낙후되었다.|这里以前是~区;여기는 이전에 해방구였다.|~前,这里的人生活很苦;해방 전 이곳 사람들의 생활은 참 고생스러웠다. 形 자유로운. 속박 없는.¶他的思想很~,想怎么打扮就怎么打扮;그 사람 생각이 참 자유로워서 내키는 대로 꾸민다.|应该让我们的思想更~一些,做事更大胆一些;우리의 생각을 좀 더 자유롭게 하고, 일하는데도 더욱 대담하게 해야 한다.

解决 jiějué 动 ❶ 해결하다.¶问题已经~了,你放心吧;문제가 이미 해결됐

으니, 너는 안심해라.│他经常帮助别人~困难;그는 항상 남을 도와 어려움을 해결한다.│他现在遇到了难题,我们能不能帮他~~? 그는 지금 어려운 문제를 만났는데 우리가 그를 도와 해결할 수 있을까?│不管问题~得了~不了,我们都要尽力去做;문제를 해결할 수 있든 없든 우리는 힘을 다해 해나가야 한다. ❷ (나쁜 사람을) 없애다. 소멸시키다. ¶剩下的敌人已经都被~了;남은 적들도 이미 모두 소멸되었다.│就这么一点儿敌人,我们五个人就都~了;이렇게 조금의 적들이라면 우리 다섯 명이 모두 없앨 수 있다.

解开 jiěkāi [动] ❶ (끈, 매듭 등을) 풀다. 해체하다. ¶他把那个绳子从柱子上~拿走了;그는 그 노끈을 기둥에서 풀어 갖고 갔다.│这个结儿得太结实了,想解都解不开;이 매듭은 너무 단단히 묶어서 풀고 싶어도 안 풀어진다.│这种扣子只有妈妈解得开,我解了半天也解不开;이런 단추는 엄마만 풀지, 나는 한참을 풀어도못 풀겠어. ❷ (답)해결책을 찾다. ¶他在工作中已经~了许许多多的难题;그는 작업 중에 이미 수많은 난제들을 해결 했다.│外星人是否存在还是一个没有~的谜;외계인이 존재하는지는 여전히 풀기 힘든 수수께끼다.│要~这个谜团,还需要我们共同努力;이 수수께끼를 풀려면 아직 우리의 공동 노력이 필요하다.

解释 jiěshì [动] (뜻, 이유, 원인 등을) 설명하다. 해명하다. ¶这句话是什么意思,请你~一下儿;이 말이 무슨 뜻인지 당신이 좀 설명해주세요.│你应该把事情的原因~清楚;넌 일의 원인을 분명히 설명해야 한다.│我刚才耐心地给他~了半天,他还是不明白;난 방금 인내심 있게 그에게 한참을 설명해주었지만 그는 여전히 이해하지 못한다. [名] 해석. 설명. 해명. ¶我觉得你的~比较合理;난 너의 해석이 비교적 합당하다 생각한다.│最近韩元的动荡还没有得到经济学上的~;최근 한국 원화 파동은 아직 경제학적으로 분석되지 않았다.│这个词的用法老师上课时已经做了详细的~;이 낱말의 용법은 선생님이 수업할 때 이미 상세하게 설명해주셨다.

▶용법주의: 사람에게 들려주며 알게 하는 의미로 '解释'를 쓸 수 없으며, '解释'의 목적어에는 인칭대명사를 쓸 수 없다. ¶他们解释我们到火车站怎么走(×)│他们告诉我们到火车站怎么走;그들은 우리에게 기차역을 어떻게 가는지 설명해주었다.

解体 jiětǐ [动] ❶ 해체하다. 무너지다. 분해하다. ¶1991年12月苏联~了;1991년 12월 소련이 붕괴되었다.│有人认为国有经济应该~;어떤 사람은 국유경제는 마땅히 해체되야 한다고 생각한다.│日本新进党的~和六个小党的成立使日本国会的势力对比发生了变化;일본 신진당의 붕괴와 여섯 개의 소정당의 성립은 일본 국회의 세력 균형에 변화를 주었다. ❷ 분해하다. 해부하다. ¶一颗垂死的恒星~后,大部分物质化成一股云烟和许多碎片飘散在太空中;죽어가는 항성이 분해된 뒤 대부분의 물질은 구름연기나 수많은 조각이 되어 우주를 떠돌게 된다.

解脱 jiětuō 动 ❶ (불교) 해탈하다. ¶佛教主张用自我~的方法消除烦恼;불교는 자아해탈의 방법으로 번뇌를 없앤다고 주장한다. | 这本佛经可以教人~的方法;이 불경은 사람에게 해탈의 방법을 가르쳐줄 수 있다. ❷ 벗어나다. 빠져나오다. ¶我们应该帮助他早日从失恋的痛苦中~出来;우리는 그가 빠른 시일에 실연의 아픔에서 벗어나도록 도와주어야 한다. | 我们可以找到更好的方法来~困境;우리는 더욱 좋은 방법을 찾아야 곤경에서 벗어날 수 있다. ❸ (죄나 과실에 대한 책임을) 회피하다. 전가하다. ¶你虽然是律师, 也不能为犯人~罪责;당신이 변호사라고는 하나 범인이 죄에 대한 책임을 회피하게 할 수는 없다. | 为了~责任他向许多人说了谎话;그는 책임을 회피하려고 많은 사람에게 거짓말했다.

介绍 jièshào 动 ❶ 소개하다. ¶他向我~了他的几个朋友;그는 나에게 그의 친구 몇 명을 소개했다. | 你从来没有向我~你的家人;너는 지금껏 내게 네 가족을 소개하지 않았다. | 这是校长写给您的~信, 是他让我来找您的;이것은 교장선생님이 당신께 쓴 소개서로 그는 제게 당신을 찾으라고 했습니다. ❷ (새로운 사람이나 사물 등) 소개하다. 불러들이다. 추천하다. ¶歌剧已经被~到了许多国家;오페라는 이미 많은 나라에 소개되었다. | 他~我到那个公司工作;그는 내게 저 회사에서 일하도록 추천했다. | 那位画家~他加入了美术家协会;저 화가는 그가 미술가협회에 가입하도록 추천했다. | 他又给我~了几本新书;그는 또 내게 새로운 책 몇 권을 추천해주었다. ❸ (잘 모르는 것을 이해하거나 익숙해지도록) 소개하다. ¶请你~一下这次会议的情况;이번 회의의 상황을 소개해보세요. | 老师请他给大家~ ~学汉语的经验;선생님은 그를 청해 사람들에게 중국어 학습의 경험을 소개하게 하였다.

▶용법주의: ❶ '介绍'의 목적어는 반드시 사람 혹은 사물을 알 수 있게 해야 한다. ¶我和女朋友散步时遇到了几个同学, 我介绍他们说:"这是我的女朋友王丽"(×) | 我和女朋友散步时遇到了几个同学, 我向他们介绍说:"这是我的女朋友王丽";나와 여자친구가 산책할 때 몇몇 학우들을 만났는데, 나는 그들에게 '내 여자친구 왕리야'라고 소개했다. ❷ 이 단어를 중첩할 때는 '介绍介绍'라고 해야 한다.

戒 jiè 动 (나쁜 습관이나 버릇을) 고치다. 끊다. ¶爸爸已经~烟了;아빠는 이미 담배를 끊었다. | 为了身体健康, 你应该~烟~酒;건강을 위해 넌 금주 금연해야 돼. | 他以前吸毒, 现在正在~毒;그는 예전에 마약을 했었지만 지금은 끊었다.

芥蒂 jièdì 名 (마음 속에 있는 불만이나 울분 등을 비유하는 말로) 꽉 막힌 것. ¶夫妻之间不能心存~;부부 간에는 마음 속 불만 같은 것을 가져선 안 된다. | 他们两个一起生活了十年, 从没产生过~;그들 둘은 같이 10년을 생활했지만 여태껏 마음 속 불만이란 게 생겨본 적 없다. | 两人之间的~解除了, 和解了;두 사람 사이의 울분 같은 건 풀려 화해했다.

届 jiè 量 (정기적으로 개최하는 회의, 시합 혹은 졸업연차를 세는 단위) 회. 차. 기. ¶他是北京大学1990~毕业生;그는 베이징대학 1990년 졸업생이다. | 中国把第二十九~奥运会办成了一~出色的奥运会;중국은 제29회 올림픽을 훌륭한 올림픽으로 치뤄냈다. | 新——~国家领导人将在这次会议上产生;새로운 국가 지도자는 이번 회의에서 탄생될 것이다. | 第十七~世界杯足球赛是在韩国和日本举办的;제17회 월드컵 경기는 한국과 일본에서 개최한 것이다.

界限 jièxiàn 名 ❶ 경계. 한계. ¶分清新旧思想的~;새롭고 낡은 사상의 경계를 확실하게 구분하다. | 我们要划清传统习惯和封建迷信的~;우리는 전통적 관습과 봉건 미신의 경계를 분명하게 구분해야 한다. ❷ 한도. 끝. ¶开玩笑也应该有个~,不能过了头;농담도 정도껏 해야지 지나쳐선 안된다. | 人的贪心有时是没有~的;인간의 욕심은 어떤 때 끝이 없다. | 海洋也是有~的;해양 역시 끝이 있다.

借 jiè 动 ❶ (다른 사람의 물건이나 돈 혹은 힘을 잠시) 빌리다. 꾸다. ¶我想~他的词典用一下;난 그의 사전을 좀 빌려쓰고 싶다. | 我的钱不够,向朋友~了两百元;내 돈이 부족해 친구한테 200원을 꾸었다. | 这辆汽车是他~的;이 자동차는 그가 빌린 것이다. | 从图书馆~书要有图书证;도서관에서 책을 빌리려면 도서증이 있어야 한다. | 你能不能~一百元钱给我? 너 나한테 100원 빌려줄 수 있니? ❷ (자신의 물건 혹은 돈, 힘 등을 다른 사람에게) 빌려주다. ¶图书馆今天不~书;도서관은 오늘 책 대출을 안한다. | 我把钱全~给他了;난 돈을 모두 그에게 빌려주었다. | 你~不~你的课本给小兰? 넌 네 교과서를 샤오란한테 빌려줄 거니? 介 …하는 김에. ¶他想~出差的机会去看看老朋友;그는 출장 가는 기회를 구실삼아 오랜 친구를 보러 가려 한다. | 我~着记者的身份进入赛场;나는 기자의 신분을 핑계삼아 경기장에 들어간다.

斤 jīn 量 (중국의 무게 단위) 근. ¶一~等于五百克(1 ~ = 500g);한 근은 500그램과 같다. | 一公斤就是二~;1킬로그램이 2근이다. | 她身高一米七,体重还不到一百二十~;그녀는 키가 170센티미터이지만 체중은 아직 120근도 안된다. | 牛肉一~多少钱? 쇠고기 한 근에 얼마입니까? | 他买了五~苹果;그는 사과 다섯 근을 샀다.

今后 jīnhòu 名 지금부터. 앞으로. ¶~我再也不抽烟了;앞으로 난 다시는 담배를 피우지 않을 것이다. | 她失业了,~的日子可怎么办呀? 그녀는 직장을 잃었으니 앞으로 어떻게 할까? | ~的五年对我来说非常重要;지금부터 5년은 나한테 매우 중요하다. ▶용법주의:'今后'는 오늘부터 시작되는 일정 시간을 나타내는 말로서 장래의 어떤 시간을 나타낼 때는 쓸 수 없다. ¶这个问题我们今后上课再讲(×) | 这个问题我们以后上课再讲;이 문제는 우리가 앞으로 수업하면서 얘기하도록 하자.

今年 jīnnián 名 금년. 올해. ¶~他十岁

了;올해 그는 열 살이다. | ~要在北京开奥运会;올해 베이징에서 올림픽이 열릴 것이다. | 他的儿子是~春天出生的;그의 아들은 금년 봄에 태어났다. | 明天是~的最后一天了;내일은 금년의 마지막 날이다.

今天 jīntiān 名 ❶ 오늘. 금일. ¶昨天是星期二,~是星期三;어제는 화요일이고, 오늘은 수요일이다. | ~他没有课;오늘 그는 수업이 없다. | ~天气很好,我们去爬山吧;오늘 날씨가 좋으니 우리 등산하러 가자. | ~晚上我要和孩子去看电影;오늘 저녁 난 아이와 영화 보러 갈거다. ❷ 현재. 지금. ¶我们是这里的学生,明天我们是国家的栋梁;지금 우리는 이곳의 학생이지만 내일 우리는 나라의 대들보가 될 것이다. | ~的中国和十年前大不一样了;지금의 중국과 10년 전 중국은 크게 다르다. | 只有充分利用~,才能给自己创造美好的明天;현재를 충분히 이용해야 자신에게 좋은 내일을 만들어낼 수 있다.

金 jīn 名 (귀금속의 일종으로) 금. 황금. ¶她戴着一条纯~项链;그녀는 순금 목걸이 하나를 차고 있다. | 这双筷子是~的;이 젓가락 한 짝은 금으로 되있다. | 他的嘴里镶了一颗~牙;그는 입에 금니 하나를 했다.

金达莱 jīndálái 名 진달래의 음역. ¶~又叫杜鹃花,象征长久的繁荣、喜悦和幸福;진달래는 두견화라고도 하며, 유구한 번영, 희열, 행복을 상징한다.

金浦机场 Jīnpǔjīchǎng 名 김포공항. ¶他们从~起飞去釜山;그들은 김포공항에서 부산으로 날아갔다. | ~以前是

国际机场;김포공항은 예전에 국제공항이었다. | 现在~是国内线航班的机场;지금 김포공항은 국내 노선 공항이다.

金融 jīnróng 名 금융. ¶银行是~机构;은행은 금융기관이다. | 这家公司的股票已经进入国际~市场了;이 회사의 주식은 이미 국제 금융시장으로 진입했다. | 国家发展需要~方面的人才;국가 발전에는 금융 방면의 인재가 필요하다. | 他是~专业的学生;그는 금융을 전공하는 학생이다.

金属 jīnshǔ 名 금속. ¶金、银、铜、铁都是~;금, 은, 동, 철 모두가 금속이다. | 他买回来一套~餐具;그는 금속 식기 한 세트를 사가지고 왔다. | 他把红参放在一个~盒子里了;그는 홍삼을 한 금속 상자 속에 넣었다.

筋疲力尽 jīn pí lì jìn 지쳐 힘이 다 빠지다. 기진맥진하다. ¶爬山回来他已经~了;등산하고 돌아오니 그는 이미 지쳐 힘이 다 빠졌다. | 那两位~的运动员同时到达了终点;저 두 기진맥진한 선수들은 동시에 종점에 도달했다. | 他~地拖着一个大箱子走进来;그는 기진맥진하며 큰 상자를 끌고 들어왔다.

仅 jǐn 副 ❶ 단지. 고작. ¶我~在国内旅游过,没出过国;난 고작 국내 여행만 해봤을 뿐이고 출국은 해본적이 없다. | ~我们班没有课,其他班都照常上课;단지 우리 반만 수업이 없지 다른 반은 모두 정상 수업한다. | 这次参加考试的~限于二年级的学生;이번 시험 참가는 2학년 학생에만 국한된다. ❷ 겨우. ¶我~收到他一封信;나는 그에게 겨우 편지 한 통 받았을 뿐

이다. | 昨天我们班~有五个人上课; 어제 우리 반엔 겨우 다섯 사람만이 수업했다. | ~你们两个人能干完这么多活儿吗? 겨우 너희 두 사람이 이렇게 많은 일을 다할 수 있단 말이니? | 我家到学校~五分钟; 우리집에서 학교까지 겨우 5분이면 간다. ❸오직 ~만으로. ¶昨天同学聚会时, ~啤酒他就喝了十瓶; 어제 학우들 모임 때 그는 오직 맥주만으로도 열 병은 마셨다. | 我今年花钱比较多, ~这两个月就和去年半年花得一样多; 난 올해 돈을 비교적 많이 써서, 요 두 달 동안만 해도 작년의 반 년 동안 쓴 것 만큼이나 많다.

仅仅 jǐnjǐn [副] 단지. 다만. 고작. ¶要学好汉语, ~会读还不行, 还要会写; 중국어를 마스터하려면 단지 읽는 것만으로는 안되며 쓸 줄도 알아야 한다. | 我在韩国~待了三天, 很多地方都没去; 난 한국에서 고작 삼 일 머물러서 많은 곳을 못 갔다. | ~因为我上班时打了一个私人电话, 老板就扣了我一个月的奖金; 내가 출근할 때 사적인 전화 한 통 했다는 것만으로 사장은 내 한 달치 보너스를 깎았다.

尽 jǐn [动] 될 수 있는 한. 가능한 한. ¶我会~可能帮助你的; 난 가능한 한 너를 도울 것이다. | 我们要~快把药品送到灾区; 우리는 가능한 빨리 약품을 수재 지역으로 보내야 한다. [介] ❶ 가급적 …하도록. 우선 …하도록. ¶在公共汽车上有空座的时候要先~着让老人和孩子坐; 공공 버스에서 빈자리가 생기면 가급적 먼저 노인과 아이가 앉도록 해야 한다. | 有好吃的东西妈妈总是~我吃; 맛있는 것이 있으면 엄마는 항상 내가 먹도록 해준다. 考试时要~着会做的题先做, 把不会的留到最后再做; 시험 치를 때 가급적이면 풀 수 있는 문제를 먼저 하고 모르는 건 마지막까지 남겨뒀다 풀어야 한다. ❷ 제일. 가장. 끄트머리. ¶他的宿舍在~东边; 그의 기숙사는 동쪽 끄트머리에 있다. | ~里面的那张床是我的; 안쪽끝에 저 침대가 내 것이다. | 他一直跑在~后面; 그는 줄곧 가장 끝에서 달리고 있었다.

☞ jìn

尽管 jǐnguǎn [副] 얼마든지. 마음대로. ¶有问题~问; 질문 있으면 언제고 하렴. | 有什么事情~说, 我会尽力帮忙的; 무슨 일 있으면 얼마든지 얘기하렴. 내가 힘 닿는 데까지 도와줄께. | 你~放心上班去吧, 我会送孩子上学的; 당신은 안심하고 출근하세요. 제가 아이 학교 가도록 보내줄께요. [连] 비록 …일지라도. …함에도 불구하고. ¶他已经用了最大的努力, 还是没有及格; 그는 이미 최대 노력을 했음에도 불구하고 합격하지 못했다. | ~现在工作很忙, 可他还是坚持锻炼; 지금 일이 바쁨에도 불구하고 그는 여전히 신체 단련을 지속하고 있다. | ~下了一场雨, 可天气还是很热; 한바탕 비가 내렸는데도 날씨가 여전히 덥다. | 他天天义务给老人送水, ~天气很热; 그는 날씨가 더울지라도 매일같이 노인에게 의무적으로 물을 날라준다.

▶용법주의: '尽管'이 접속사로 쓰일 때 뒤에는 확정된 어떤 사실을 지칭하는 단어를 쓸 수 없다. ¶尽管风多么大,

他也一定要去送信(×)｜尽管工作怎么忙,他也每给孩子打电话(×)｜不管风多么大,他也一定要去送信;바람이 아무리 불어도 그는 기필코 편지를 배달하러 간다.｜尽管风很大,他也一定要去送信;바람이 아무리 불어도 그는 기필코 편지를 배달하러간다.｜不管工作怎么忙,他也每天给孩子打电话;일이 아무리 바빠도 그는 매번 아이한테 전화한다.｜尽管工作很忙,他也每天给孩子打电话;일이 아무리 바빠도 그는 매번 아이한테 전화한다.

尽量 jǐnliàng 副 가능한 한. 최대로. 힘닿는 데까지. ¶这次运动会很重要,请大家~参加;이번 운동회는 매우 중요하니 여러분 가능한 한 참가하도록 하세요.｜我~不给你添麻烦;제가 가능한 한 당신이 번거롭지 않게끔 할게요.｜我们~少带点儿东西;우리 가능한 한 물건을 적게 지니도록 하자.｜~多吃点儿,你现在需要营养;될 수 있는대로 많이 먹도록 하세요. 당신은 지금 영양이 필요해요.

紧 jǐn 形 ❶ 팽팽하다. (단단히) 묶다. ¶鞋带系(jì)得有点~,我觉得不舒服;신발끈을 좀 바짝 묶어서 불편하다.｜绳子太~了,我的手进不去;끈을 너무 졸라매어 내 손이 안 들어간다.｜他把孩子裹得~~的,怕冻着孩子;그 아이가 추울까봐 단단히 감쌌다. ❷ 바짝. 바로 곁에. ¶这件衣服穿在身上太~了,不好看;이 옷은 몸에 너무 꽉 껴서 보기 싫다.｜我们的教室~挨着卫生间;우리 교실은 화장실 바로 옆에 붙어 있다.｜那个女孩~~跟在妈妈身边;저 여자 아이는 엄마 곁에 바짝 붙어 있다. ❸ 촉박한. 긴

박한. 연달아. ¶等八点再走时间有点儿~,我们还是七点走吧;여덟 시에 가면 시간이 좀 촉박하니 일곱 시에 가도록 하자.｜这次的任务很~,我们得(děi)抓~时间;이번 임무는 매우 긴박하니 우리 시간을 다그쳐야 한다.｜这个月一件事~接着一件事,我都快忙死了;이 달은 일이 연달아 있어 난 바빠 죽을 지경이다. ❹ (생활이) 여유롭지 못하다. 어렵다. ¶我现在手头有点儿~,你能不能先借给我点儿钱? 난 지금 좀 생활이 어려운데 먼저 돈 좀 빌려줄 수 있겠느냐?｜他家所有人都有工作,所以手头没~过;그의 집은 모두 직장이 있어 생활이 어렵지 않았다.｜过去我一直过~日子;예전에 난 줄곧 너무 궁핍하게 지냈다. ❺ 단단하다. 단단해서 움직이지 않다. ¶他抓~扶手,防止摔倒;그는 넘어지지 않도록 손잡이를 단단히 쥐었다.｜他~~捏着那张纸,真怕它会飞了;그는 종이가 날라갈까봐 그걸 꼭 집고 있다.｜我一定要~记爸爸今天的话;난 아빠의 오늘 말씀을 단단히 기억해둘 것이다. 动 (바짝) 죄다. (팽팽히) 잡아 당기다. ¶你再把螺丝~一~,不然会掉下来;네가 나사를 좀 더 바짝 죄어야지 그렇지 않으면 떨어지겠다.｜绳子太松了,再~一点儿;끈이 너무 헐렁하니 더 꽉 죄어라.｜他~了~鞋带,继续去踢球了;그는 신발끈을 단단히 동여매고 계속 공을 찼다.

紧张 jǐnzhāng 形 ❶ 긴장하다. (흥분하여) 불안하다. ¶考试的时候他特别~;시험 볼 때 그는 특히 긴장한다.｜不要~,你一定能表演好的;긴장하지

마. 년 꼭 잘 연기해낼거야. | 面试的时候，她~得都说不出话来了；면접 때 그녀는 긴장해 말도 나오지 않았다. | 他回答问题的时候显得很~；그는 질문에 대답할 때 긴장한 듯 보였다. ❷ 바쁘다. 긴박하다. ¶最近的工作很~,我已经两天没好好睡觉了；최근 일이 참 바빠서 난 벌써 이틀 동안 잠도 제대로 못잤다. | 现在的生活节奏比以前~多了；현재의 생활 리듬은 예전보다 많이 바빠졌다. | ~的学习生活就要结束了；빡빡한 학습 생활도 곧 끝난다. ❸ (공급이) 모자라다. 부족하다. ¶最近水果供应比较~,所以很贵；최근 과일 공급이 비교적 부족하므로 참 비싸다. | 每年夏天由于使用空调,都会出现电力~；매년 여름에 에어컨을 사용하느라 전력 부족이 나타날 수 있다. | 我们已经解决了粮食~的问题；우리는 이미 양식 부족의 문제를 해결했다.

▶용법주의: 이 말을 중첩할 때는 '紧紧张张'이라 한다.

尽 jìn 动 ❶ 다하다. 소진하다. ¶我们想~了办法,也没有把他救出来；우리는 방법을 다해도 그를 구해낼 수 없었다. | 他们用~了力气才把那个柜子搬开；그들은 온힘을 다해서야 그 궤짝을 옮길 수 있었다. | 大自然中有取不~的资源；대자연 중에는 소진되지 않는 자원이 있다. ❷ 다쓰다. 전부 사용하다. ¶他已经~了心了,虽然事情没有办成,我还是很感谢他；그는 이미 마음을 다했기에 일이 성사되진 않았어도 난 그에게 감사한다. | 李老师已经~全力帮助我们了；이선생님은 이미 온힘을 다해 우리를 도

왔다. | 这件事他已经~到自己的责任了；이 일은 그가 이미 자신의 책임을 다한 것이다. 副 전부. 모두. 다. ¶这份作业中~是错字；이 숙제 모두가 잘못된 글자들이다. | 幼儿园里~是女老师；유치원엔 전부 여선생님들이다.

☞ jǐn

尽力 jìn//lì 动 모든 힘을 다하나. 최선을 다하다. ¶我一定会~帮助你；난 꼭 최선을 다해 널 도울거야. | 我~在周六以前把文章写完；난 최선을 다해 토요일 전까지 글을 다 쓸 것이다. | 我已经尽了力了,可是问题还没有全部解决；난 이미 모든 힘을 다했지만 문제가 아직 전부 해결되지 못했다.

▶용법주의: 이 말 중간에 '了','过','最大的','不少' 등을 삽입할 수 있다.

尽量 jìnliàng 动 되도록. 힘닿는 데까지. ¶他已经喝了一瓶白酒了,还没有~；그는 벌써 배갈 한 병을 다 마셨는데도 아직 끝이 아니다.

进 jìn 动 ❶ (바깥에서 안으로) 들어가다. ¶我大学毕业想~大公司工作；난 대학 졸업하고 대기업에서 일하고 싶다. | 快请~；어서 들어오세요. | 她一回家就~厨房里去了；그녀는 집에 가자마자 부엌으로 들어갔다. | 他从来没~过我家的门；그는 지금껏 우리 집 문에 들어와본 적이 없다. ❷ (앞으로) 나아가다. ¶如果再向前~一步,就可以拿到那支笔了；한 걸음만 더 들어오면 저 펜을 가질 수 있다. | 原来我们只是普通朋友,现在我们的关系更~了一层,开始谈恋爱了；

원래 우리는 평범한 친구였는데 지금 우리 관계는 더 한층 진전이 있어 연애하기 시작했다.ㅣ同学们继续向前~;학우 여러분 계속 앞으로 나아갑시다.ㅣ今天再忙一天,离完成任务就又~了一步;오늘 하루만 더 바쁘면 임무 완수에 더욱 가까워진다. ❸ 들여놓다. 구입하다. ¶那家超市又~了一批新货;저 슈퍼마켓은 또 새로운 것들을 들여놓았다.ㅣ我们单位又~了几个新人;우리 직장에서는 또 새로운 사람 몇명을 들였다.ㅣ去年年底公司又~了几笔钱;작년 연말 회사는 또 목돈을 몇 들였다. ❹ (방향동사) 동사 뒤에 보어로 쓰여, 안쪽으로 들어감을 표시하다. ¶教室里走~一个陌生人;교실에 한 낯선 사람이 걸어들어왔다.ㅣ工厂最近买~了大批原材料;공장에서는 최근 대규모의 원재료를 사들였다.ㅣ我们已经搬~新的教学楼了;우리는 이미 새로운 강의 건물로 옮겨 들어갔다.

▶용법주의: 어떤 사람이 어떤 동작을 통해 바깥으로부터 어떤 곳에 들어올 때는 앞에 주요 동사를 붙여줘야 한다. ¶司机酒后驾车,把汽车进了河里(×)ㅣ司机酒后驾车,把汽车开进了河里;운전 기사는 음주운전을 하다 차를 강속으로 빠뜨렸다.

进步 jìnbù 动 진보하다. 발전하다. 향상되다. ¶这孩子最近~很快;이 아이는 최근 진보가 빠르다.ㅣ金喜贞的汉语比以前~多了;김희정의 중국어는 이전보다 많이 향상되었다.ㅣ大家都看到了我的~;사람들 모두 나의 발전을 보았다. 形 진보적이다. ¶他是一个思想~的人;그는 사상이 진보적인 사 람이다.ㅣ与敌人作斗争时应该多团结~人士;적과 투쟁할 때는 마땅히 진보인사와 많이 단결해야 한다.ㅣ他们年轻时都是~青年;그들은 젊었을 때 모두 진보적인 청년이었다.

进攻 jìngōng 动 ❶ 적을 공격하다. 진공하다. 진격하다. ¶我军正向敌人的阵地~;아군은 마침 적의 진지를 공격하고 있다.ㅣ敌人的~很猛烈;적의 진격이 참 매섭다.ㅣ敌人已经~了三天三夜了;적은 벌써 삼일 밤낮을 진공하였다.ㅣ我们又一次击退了~的敌人;우리는 또 한번 진격하는 적을 격퇴시켰다. ❷ (운동경기 중에) 공세를 취하다. 공격하다. ¶巴西队~起来速度很快;브라질팀이 공격하니 속도가 참 빠르다.ㅣ现在中国队发起~;지금 중국팀 공격이 시작되었다.ㅣ这次~被对方后卫给截住了;이번 공격이 상대 수비수에 막혔다.

进化 jìnhuà 动 진화하다. ¶从猿~到人经历了漫长的过程;유인원에서 인류로 진화하는데 기나긴 과정을 거쳤다.ㅣ只有随生存环境的变化而不断~的生物,才能生存下来;생존환경의 변화에 따라 부단히 진화한 생물만이 생존할 수 있다.ㅣ他专门研究生物~理论;그는 생물 진화이론을 전문으로 연구한다.

进军 jìnjūn 动 ❶ (군대가) 진군하다. ¶我军已经渡过黄河,正向敌人的阵地~;아군은 이미 황하를 건너 적의 진지를 향해 진군하고 있다.ㅣ听到~的号角,部队迅速开始行动;진군의 호각소리를 듣고서 부대는 신속하게 행동을 개시하였다. ❷ 원대한 목표를 실현하기 위해 노력하는 것을 비유하는 말.¶他决心向科学~；그는 과학을 향해 매진하기로 결심했다.｜我们公司全体员工齐心协力向高质量、高服务水平~；우리 회사 전체 사원들은 고품질, 고급 서비스 수준을 위해 합심해 협력할 것입니다.

▶용법주의: '进军'은 목적어를 받을 수 없고, '进军'의 목표에는 반드시 개사(介词)인 '向'이 있어야 한다.¶上级命令进军西北(×)｜他们努力进军四个现代化(×)｜上级命令向西北进军; 상부에서 서북으로 진군하라고 명령하였다.｜他们努力向四个现代化进军; 그들은 4개 현대화를 향해 진군하려 노력한다.

进口 jìnkǒu 动 수입하다.¶他家买了一辆美国~轿车; 그의 집은 미국 수입 승용차를 한 대 샀다.｜这个国家的粮食主要依靠~; 이 나라의 양식은 주로 수입에 의존한다.｜有的人喜欢国货,有的人喜欢~货; 어떤 사람은 국산을 좋아하고, 어떤 사람은 수입산을 좋아한다. 名(~儿) 들어가는 문. 입구.¶这座楼有四个~; 이 건물에는 네 개의 입구가 있다.｜在公园~等你; 공원 입구에서 기다릴게.｜这边是出口, ~在那边; 이곳은 출구고 입구는 저기에 있습니다.

进来 jìn//·lái 动 ❶ (밖에서 안으로) 들어오다.¶外面太热,快~凉快凉快吧; 밖이 너무 더우니 얼른 들어와 더위 좀 식혀라.｜从外面~一个老人; 밖에서 한 노인이 들어왔다.｜这间房子阳光进得来进不来? 이 방엔 햇볕이 들어올 수 있나요, 없나요?｜大家都进会议室来吧,马上就要开会了; 여러분 모두 회의실로 들어오세요. 곧 회의가 시작됩니다. ❷ (방향동사) 동사 뒤에 쓰여 동작의 발생에 따라 안으로 들어오는 것을 나타내며, 처소(处所)목적어는 반드시 '进来' 중간에 놓여야 하고, 사물(事物)목적어는 중간에 놓일 수도 있고 '进来' 뒤에 놓일 수도 있다.¶孩子从外面跑进屋里来,拿了玩具又跑出去了; 아이는 밖에서 집으로 뛰어들어와서는 장난감을 갖고 또 뛰어나갔다.｜飞~一只蝴蝶; 나비 한 마리가 날아 들어왔다.｜学校的后门汽车开不~,走前门就可以开~了; 학교 후문엔 자동차가 들어올 수 없고 앞문에 가면 들어올 수 있습니다.｜从窗户飞进一只蜜蜂来; 창문으로부터 꿀벌 한 마리가 날아들어왔다.

▶용법주의: 이 말 중간에 '得'나 '不'를 삽입하면 가능 여부를 나타낼 수 있다.

进去 jìn//·qù 动 ❶ (밖에서 안으로) 들어가다.¶已经到我家了, ~喝杯茶吧; 이미 우리집에 도착했는데 들어가 차 한 잔 합시다.｜小偷一定不是从门~的,可能从窗户~的; 도둑은 분명 문으로부터 들어간 것이 아니고 아마도 창문으로 들어갔을 것이다.｜刚才~的那个人是我的姐姐; 방금 들어간 저 사람은 내 언니이다.｜我没带钥匙,进不去; 열쇠를 안 갖고 와서 들어갈 수가 없다.｜咱们进那个超市去买点喝的吧; 우리 저 슈퍼마켓에 들어가 마실 것 좀 사자. ❷ (방향동사) 동사 뒤에 쓰여 동작의 발생에 따라 안으로 들어가는 것을 나타내며, 처소(处所)목적어는 반드시 '进去' 중간에 놓여야 한다. 사물(事物)목적어

는 중간에 놓일 수도 있고,'进来'뒤에 놓일 수도 있다.¶他已经把书都搬~了;그는 이미 책을 전부 옮겨 들어갔다.|这个门有点窄,我的车开不~;이 문은 좀 좁아서 내 차가 들어갈 수 없다.|他已经把衣服都放进箱子里去了;그는 이미 옷을 모두 상자 안에다 넣었다.|刚才中国队踢~一个球;방금 중국팀이 골을 차넣었다.|他刚才推进屋里去一辆婴儿车;그는 방금 유머차를 집에다 갖다놓았다.

▶용법주의: 이 말 중간에 '得'나 '不'를 삽입하면 가능 여부를 나타낼 수 있다.

进入 jìnrù [动] (어떤 범위 혹은 시기로) 들어가다. 진입하다. ¶毕业后他~一家公司工作;졸업 후 그는 한 회사로 들어가 근무한다.|再过两个月就~新学期了;두 달만 더 지나면 새학기로 들어간다.|比赛已经~最后阶段了,只要能保持住现在的比分,中国队就可能赢;경기는 이미 마지막 단계로 진입했는데, 지금의 점수만 지킬 수 있다면 중국팀이 이길 것이다.|成绩最好的八名队员可以~决赛;성적이 가장 좋은 여덟 명의 대원은 결승에 진출할 수 있다.

进行 jìnxíng [动] 진행하다. ¶目前我们正在对留学生汉语语音的学习情况~调查;지금 우리는 유학생 중국어 발음의 학습상황에 대해 조사를 진행하고 있습니다.|这次谈判~得很顺利;이번 담판은 순조롭게 진행되고 있다.|比赛正在~,场上比分是0:1,日本队落后一分;시합은 현재 진행 중이며, 경기 스코어는 0대1로 일본팀

이 한 점 뒤져 있다.|由于大家的意见完全不同,讨论~不下去了;모두의 의견이 완전히 달라 토론이 진행되지 못하고 있다.

▶용법주의: ❶'进行'뒤의 동사는 단음절(单音节)일 수 없다.¶进行说(×)|进行比(×)|进行唱(×)|进行写作业(×) ❷'进行'뒤의 동사는 목적어가 따라올 수 없다.¶他们正在进行调查事故(×)|他们正在进行讨论交通问题(×)|他们正在对事故进行调查;그들은 지금 사고 조사를 진행하고 있다.|他们正在对交通问题进行讨论;그들은 지금 교통문제에 관한 토론을 진행하고 있다. ❸'进行'뒤의 동사가 만약 쌍음절(双音节)이면 동사+목적어 구조의 동사일 수 없다.¶他正在进行睡觉(×)|我昨天去的时候他正在进行唱歌(X)|他正在睡觉;그는 지금 잠자고 있다.|我昨天去的时候他正在唱歌;내가 어제 갔을 때 그는 노래를 부르고 있었다.

进修 jìnxiū [动] (자신의 업무 능력을 향상시키기 위해 잠시 직장을 떠나 어떤 학습 조직에 참여하여 전문 지식에 관한 교육을 받는 것) 연수(研修)하다. ¶工作了一段时间后,单位派他去北京大学~一年;일정 시간을 근무한 뒤 직장에서는 그를 베이징대학에 일년 동안 연수하도록 파견했다.|为了提高员工的业务水平,这个公司已经派员工到大学~过两次了;직원의 업무 수준을 향상시키기 위해 이 회사에서는 이미 직원을 대학에 연수시키러 두 번 파견한 적이 있다.|经过~提高了员工的业务能力;연수를 거쳐 직원의 업무능력이 향상

되었다.｜学校每年都安排年轻老师去~；학교에서는 매년 젊은 선생님이 연수 가도록 배정한다.

进一步 jìn·yībù 副 진일보하여. 한 걸음 더 나아가. ¶我想~提高自己的汉语水平；나는 내 중국어 수준을 한 걸음 더 향상시키고 싶다.｜我现在对中国了解得不太多,想~了解了解；난 지금 중국에 대한 이해가 그리 많지 않아 한 걸음 더 이해를 하고 싶다.｜中韩两国领导人都希望~发展两国的经济合作；중한 양국 지도자 모두 양국의 경제 협력이 한걸음 더 나아가 발전되기를 희망한다.

▶용법주의:'进'과 '一步' 사이에 '了'나 '大' 등이 삽입될 수 있다. ¶使用新技术后,粮食产量比以前进了一大步；새로운 기술 사용 후 양식 생산량은 예전보다 더욱 크게 진보하였다.｜你的汉语水平比去年大大进了一步；너의 중국어 수준이 작년보다 훨씬 크게 진보하였다.

近 jìn 形 ❶ (공간적이나 시간적인 거리가) 가깝다. ¶银行离这儿很~；은행은 여기서 가깝다.｜从那条路走最~；저 길로부터 걸어가는 게 가장 가깝다.｜春节越来越~了；설날이 갈수록 가까워온다.｜我们两家住得很~；우리 두 집은 가까이에 산다. ❷ 가깝다. 친근하다. ¶我们两家关系很~；우리 두 집 사이는 매우 가깝다. 动 다가가다. 가까이하다. ¶我们俩年龄相~；우리 둘은 나이가 서로 비슷하다.｜他已经年~六十了,可是仍然显得很年轻；그는 벌써 나이가 육십에 가까운데 여전히 젊어 보인다.｜我们已经~十年没有联系了；우리는 이

미 거의 십여 년 연락을 안했다.

近代 jìndài 名 근대. 근세. ¶我们现在正在学习中国~历史；우리는 지금 중국 근대역사를 배우고 있다.｜电灯的发明是~的事儿；전등의 발명은 근대의 일이다.｜在世界~史上有很多重大的科技发明；세계 근대사에 많은 중대한 과학기술의 발명이 있었다.｜他对韩国古代、~、现代及当代的文学史很熟悉；그는 한국 고대, 근대, 현대 및 당대의 문학사에 대해 모두 익숙하다.

近来 jìnlái 名 근래. 요즘. 요사이. ¶他~身体不太好,总是去医院；그는 요즘 몸이 그리 좋지 않아 항상 병원에 간다.｜你~工作忙吗？ 넌 요즘 일이 바쁘냐?｜我们近十年来一直没有见面；우리는 근 십여 년 동안 줄곧 만나지 못했다.｜近日来他一直没有来找我；근래 들어 그는 줄곧 날 찾으러 오지 않았다.｜近年来我们的联系越来越少；근 몇 년 동안 우리 연락은 갈수록 적어졌다.

▶용법주의: ❶ 이 말 중간에 시간적인 말인 '年'이나 '日' 등을 쓸 수 있지만, '近天来', '近月来', '近周来' 같은 말은 쓸 수 없다. ❷ '近来' 라는 말은 과거로부터 오래지 않은 시간부터 지금까지를 가리켜 현재도 포함하므로, 현재를 포함하지 않으면 쓸 수 없다. ¶我们近来去了一趟北京,上周回来的(×)｜我们最近去了一趟北京,上周回来的；우리는 근래 베이징에 갔다가 저번주에 돌아왔다. ❸ 아직 실현되지 않은 일에는 '近来'를 쓸 수 없다. ¶近来如果我有时间,我就去看你去(×)｜过几天如果我有时间,我就去看你去；며

칠 후에 시간이 있으면 널 보러 가마.

劲 jìn 名 ❶(~儿) 힘. 기운. 체력. ¶他的~很大, 自己能搬动一百斤的大石头; 그의 힘은 세서 혼자 백 근이나 되는 돌을 옮길 수 있다. ǀ 他今天发烧, 身上一点儿~也没有; 그는 오늘 열이 있어 몸에 힘 하나 없다. ǀ 那个小伙子浑身是~; 저 젊은이는 온몸이 힘에 차 있다. ❷(~儿) 의욕. 기세. 열정. 정서. ¶他赛跑的时候有一股拼~; 그는 뛸 때 한 가닥 필사적인 의욕이 있다. ǀ 大家越干越有~; 모두가 하면 할수록 의욕이 생긴다. ǀ 现在大家很有干~; 지금 여러분에겐 열정이 있습니다. ❸(~儿) 기색. 태도. 표정. ¶听说妈妈给自己买了一辆新自行车, 你看他那个高兴~, 就别提了; 엄마가 자기에게 새 자전거를 사주셨다는 것을 듣고 그가 기뻐하는 기색은 말할 것도 없다. ǀ 得了第一后, 你看他那得意~; 일등을 차지하고 그의 저 득의양양하는 기색 봐라. ǀ 那孩子和妈妈的亲热~真让人羡慕; 저 아이와 엄마의 화목한 표정이 정말 부럽다. ❹ 흥미. 재미. ¶那本书一点儿~都没有; 저 책은 재미가 조금도 없다. ǀ 那部电影真带~; 저 영화는 정말 재미있다. ǀ 他俩聊天儿聊得正起~; 그들 두 사람 수다 떠는 게 마침 흥미를 일으킨다.

浸 jìn 动 ❶ (액체에) 담그다. 집어넣다. ¶这件衣服领子太脏了, 得(děi)先用洗衣液~十五分钟; 이 옷의 깃이 너무 더러워 먼저 세제에 15분쯤 담궈놔야 한다. ǀ 把花生豆先放在冷水里~一~; 땅콩을 먼저 찬물에 좀 담궈놓자. ǀ 把肉先放在调好的调料中~一 个小时再炒, 味道特别好; 고기를 먼저 준비된 양념에 한 시간 담궈두었다 볶으면 맛이 특히 좋습니다. ǀ 果实让蜜~过就不容易坏; 과실은 꿀에 담궈두면 잘 상하지 않는다. ❷ (액체가) 스며들다. 젖다. 배다. ¶汗水~透了他的衣服; 땀이 그의 옷을 흠뻑 적셨다. ǀ 他的胳膊受了伤, 血从衬衫里~了出来; 그의 팔은 상처를 입어 피가 셔츠로부터 스며나왔다. ǀ 鞋被海水~湿了; 신발이 바닷물에 젖었다.

禁止 jìnzhǐ 动 금지하다. 불허하다. ¶医院里~吸烟; 병원에서는 금연이다. ǀ 飞机起飞时~用手机和笔记本电脑; 비행기가 이륙할 때는 휴대폰과 노트북 컴퓨터 사용이 금지된다. ǀ 现在这条街~车辆通行; 현재 이 거리는 차량 통행이 금지된다. ǀ 乱摆摊(tān)的现象已经~过多次, 可总是~不了; 노점 난립 현상은 이미 여러 차례 금지된 적이 있지만, 금지 시킬 수 없다.

京剧 jīngjù 名 (중국의 주요 공연예술 가운데 하나) 경극. ¶妈妈从小就爱听~; 엄마는 어릴적부터 경극 듣길 좋아했다. ǀ 玛丽到中国后很喜欢看~表演, 可是听不懂; 메리는 중국에 온 뒤 경극 공연 보길 좋아하지만 알아듣지 못한다. ǀ 这个设计师专门设计~服装; 이 디자이너는 전문적으로 경극 복장을 디자인한다.

▶용법주의: '京剧'는 '京戏'라고도 부른다. 다만 '京戏'는 구어에서 더 많이 사용된다.

京戏 jīngxì 名 경극. ¶12岁那年他就开始学唱~; 열 두 살 그 해에 그는 경극 부르는 걸 배우기 시작했다. ǀ 梅兰

芳唱了一辈子~;메이란팡은 평생동안 경극을 노래했다. | 毛主席喜欢~,常常一边吃饭一边听;마오주석은 경극을 좋아해 항상 밥을 먹으면서 듣곤 했다.

经 jīng 动 ❶ 경과하다. 지나다. ¶这列火车~上海直达广州;이 열차는 상하이를 시나 광저우로 직행한다. | 飞机途~北京;비행기는 베이징을 경유한다. ❷ (어떤 과정 혹은 수속을) 거치다. ¶我需要做手术,~学校批准,我办理了休学手续;난 수술이 필요해 학교 비준을 거쳐 휴학수속을 했다. | ~调查,那天打架的人中确实没有他;조사를 거쳤더니, 그날 싸움을 했던 사람 중에는 확실히 그가 없었다. | 未~上级同意,你怎么能不给学生上课呢? 상사의 동의를 거치지 않고 네가 어떻게 학생들한테 수업을 안 할 수 있니? ❸ 견디다. 버티다. 이겨내다. ¶这孩子再也~不起这样的打击了;이 아이는 더 이상 이런 충격을 견뎌낼 수 없다. | 小王~住了女朋友的多次考验;왕 군은 여자친구의 여러 차례 시험을 이겨냈다. | 这个孩子还小,没~过什么大事,遇到麻烦还请您多关照;이 아이는 아직 어려서 어떤 큰 일도 겪어보지 못했을 테니 곤경에 처하면 많이 좀 보살펴 주세요.

经常 jīngcháng 形 보통의. 일반적인. 일상적인. 정상적인. ¶不来上课对他来说是~的事儿;수업에 안 오는 건 그에겐 일상적인 일이다. | 他当了国家级领导后仍然与我保持着~的联系;그는 국가급 지도자를 맡은 뒤에도 여전히 나와 일상적인 연락을 유지하고 있다. 副 항상. 늘. 자주. ¶他~迟到;그는 자주 지각한다. | 我们~见面;우리는 자주 만난다. | 他~带孩子来这里散步;그는 항상 아이를 데리고 여기로 와 산책한다. | 这就是我~去的那家饭馆儿;여기가 바로 내가 항상 가는 그 식당이다.

经过 jīngguò 动 ❶ (어떤 장소를) 지나다. 거치다. 경과하다. ¶从首尔坐火车到釜山要~大田;서울에서 기차 타고 부산으로 가려면 대전을 지나야 한다. | 我们去银行得~邮局和书店;우리가 은행에 가려면 우체국과 서점을 거쳐야 한다. | 我们从他家门口~时,看到他家院子里有很多人;우리는 그의 집 대문을 지나갈 때 그의 집 정원에 많은 사람들이 있는 걸 보았다. ❷ 시간을 나타내는 말 앞에 쓰여 어떤 일이 연속되고 있음을 나타낸다. ¶~半年,他的汉语已经有了明显的提高;반 년이 지나 그의 중국어는 이미 뚜렷한 향상이 생겼다. | ~八年时间,他们终于取得了成功;8년 시간이 지나 그들은 마침내 성공을 거두었다. | 我~好几年才渐渐了解了他;나는 여러 해가 지나서야 점차 그를 이해하였다. 名 과정. 경과. 경력. ¶他知道事情的~;그는 일의 경과를 안다. | 他把恋爱的~详详细细地讲了一遍;그는 연애의 과정을 상세하게 한 번 설명하였다. | 你给大家介绍一下这次旅游的~;모두에게 이번 여행의 경과를 소개해보세요. 介 …을 거쳐. …을 통해. (어떤 상황이나 일이 생기는데 필요한 과정을 통하거나 거치다. ¶~这件事,我更了解他了;이 일을 통해 나는 그를 더욱 이해하게 되었다. | ~老师的帮助,我的语法有了

很大的进步;선생님의 도움을 통해 나의 문법은 크게 진전이 있었다。|~认真考虑,我接受了他的建议;진지한 고민을 거쳐 난 그의 건의를 받아들였다。|~朋友帮助,我租到了一套房子;친구의 도움을 통해 나는 집 하나를 세 얻었다。

经济 jīngjì 名 ❶ 경제。¶中国以前实行计划~,现在实行市场~;중국은 이전에 계획경제를 실행했고, 지금은 시장경제를 실행하고 있다。|近十年来中国的~得到快速发展;근 10년 동안 중국의 경제는 빠르게 발전하였다。|目前两国的~交流更加频繁;지금 두 나라의 경제교류는 더욱 빈번해졌다。|世界~;세계경제。|民族~;민족경제。|商品~;상품경제。❷ 개인 생활비용。살림살이。¶他家的~条件不太好;그의 집 경제사정은 그리 좋지 못하다。|他一边上学,一边打工,以减轻父母的~负担;그는 학교 다니면서 아르바이트를 해 부모님의 경제부담을 덜어주고 있다。|这个月买了一台笔记本,~上有点儿紧张;이 달에 노트북 컴퓨터를 하나 사서 살림이 좀 빠듯하다。 形 ❶ (국민경제에) 유익한。가치 있는。영향을 주는。¶棉花、花生、大豆、芝麻等都属于~作物;면화、땅콩、대두、깨 등은 모두 국민경제에 유익한 작물이다。|蚕、蜜蜂等都是~昆虫;누에, 꿀벌 등은 모두 벌이가 되는 곤충이다。❷ (인력,물자,시간 등이) 경제적인。¶自己买菜做饭比下饭馆要~多了;스스로 찬거리를 사다가 밥을 하는 게 식당 가는 것보다 훨씬 경제적이다。|在这个小饭馆儿吃饭比较~;이 작은 식당에서 밥 먹는 게 비교적 경제적이다。|自己开车去旅游是最~的方法;직접 운전해서 여행하는 게 가장 경제적인 방법이다。|我正在考虑怎么才能更~地解决这个问题;난 어떻게 해야 더욱 경제적으로 이 문제를 해결할 것인지를 고민하는 중이다。

经理 jīnglǐ 名 (기업의) 책임자。지배인。사장。¶他是这家公司的~;그는 이 회사의 책임자이다。|这个公司有一位总~和三位副总~;이 회사에는 사장 한 분과 부사장 세 분이 있다。|李~在开会,请您稍等一会儿;이 이사님은 회의 중이니 잠깐만 기다려주세요。

经济学 jīngjìxué 名 경제학。(경제의 각 분야를 연구하는 일종의 학문) ¶他在大学学的是~;그가 대학에서 배우는 것은 경제학이다。|他的理想是当一名~家;그의 꿈은 경제학자가 되는 것이다。|目前,在很多国家和地区,~都是热门专业;현재 많은 국가와 지역에서는 모두 경제학이 환영받는 전공이다。

经历 jīnglì 动 겪다。경험하다。체험하다。¶他亲身~了那场大地震;그는 직접 그 대지진을 경험했다。|爸爸一生~过战争,也~过洪水;아빠는 일생 동안 전쟁도 겪어보고, 홍수도 경험해보셨다。|他想把自己~过的风风雨雨写下来留给后人;그는 자신이 겪었던 온갖 시련을 써서 후손들에게 남겨주고 싶었다。名 경험。경력。체험。¶这次失恋的~一直使他很痛苦;이번 실연의 경험은 줄곧 그를 아프게 하였다。|这真是一次有趣的

~;이는 정말 재미있는 체험이다.｜这本书是根据他的亲身~写成的;이 책은 그의 직접 체험에 근거해서 쓴 것이다.

经受 jīngshòu 动 참다. 견디다. 버티다. 이기다. ¶在研究中他~过失败的痛苦,也得到过成功的喜悦;연구하는 가운데 그는 실패의 고통을 참기도 했고, 성공의 희열을 얻기도 했다.｜每次执行任务,他都会~一次生死的考验;매번 임무를 수행할 때마다 그는 생사의 시련을 모두 이겨낸다.｜他正在~着疾病的折磨;그는 지금 질병의 고통을 견디고 있다.

经验 jīngyàn 名 경험. ¶李老师有丰富的教学~;이 선생님은 풍부한 교학 경험이 있다.｜我刚大学毕业,没有什么工作~;전 대학을 갓 졸업해서 근무 경험이랄 게 없습니다.｜请向同学们介绍一下你学汉语的~;학우들에게 중국어 학습 경험을 소개해 보세요.｜这位医生很有~,一定能治好你的病;이 의사는 경험이 참 많아서 반드시 당신의 병을 고칠 수 있을 겁니다..

经营 jīngyíng 动 경영하다. 관리 운영하다. ¶他和朋友共同~着一家电脑公司;그와 친구는 함께 한 컴퓨터회사를 운영하고 있다.｜目前外资银行有人民币~权的共有25家;지금 외자은행이 인민폐 경영권을 가진 곳은 모두 25개이다.｜这么大的公司我可~不了;이렇게 큰 회사는 난 경영할 수 없다.｜这家书店他已经~了十多年了;이 서점을 그는 벌써 십여 년 동안 운영해왔다.

惊慌 jīnghuāng 形 (놀라거나 무서워서) 당황하다. 허둥지둥하다. ¶他遇事从来不~;그는 어떤 일이 생겨도 지금껏 허둥대지 않았다.｜发生自然灾害时一定不要~;자연재해가 발생했을 때 절대 당황해서는 안된다.｜他现在~得连话也说不出来了;그는 지금 당황해 말도 나오지 않는다.

惊人 jīngrén 形 놀랄만한. ¶这儿的水鸟数量~;여기 물새의 수량은 놀랄만하다.｜十年来他们这个团队取得了~的成就;십 년 동안 그들 이 단체는 놀라운 성취를 거뒀다.｜这里的东西贵得~;이곳의 물건은 놀랄 만큼 비싸다.

精彩 jīngcǎi 形 훌륭하다. 뛰어나다. 출중하다. ¶他今天的演讲比上周~多了;그의 오늘 강연은 지난주보다 훨씬 훌륭했다.｜这位演员~的表演赢得了观众热烈的掌声;이 배우의 훌륭한 공연은 관중의 뜨거운 박수를 받았다.｜这篇文章写得很~,我一口气读了三遍;이 글은 참 뛰어나 난 단숨에 세 번을 읽었다.

精力 jīnglì 名 정력. ¶这个小伙子~充沛;이 젊은이는 정력이 왕성하다.｜我们应该集中~做好这件事;우리는 정력을 집중해 이 일을 해내야 한다.｜我们不要因为这种小事浪费~;우리 이런 작은 일 때문에 정력 낭비하지 말자.

▶용법주의:'精力'은 정신과 체력으로서 그 주체가 사람인 경우에만 사용할 수 있다.

精神 jīng·shen 形 ❶ 원기. 활력. 기운. ¶已经晚上两点多了,他的~还是很好;벌써 저녁 두 시가 되었는데도 그의 기운은 여전히 좋다.｜他昨天喝酒太

多了,今天一上午都没有~;그는 어제 술을 너무 많이 마셔서 오늘 오전에 활력이 없다. | 我们得打起~把工作做完,做不完不能回家;우리 정신 차려서 일을 다해야지 다 못하면 집에 갈 수 없다. | 他没有写完论文,~压力很大;그는 논문을 다 쓰지 못해 정신 스트레스가 많다. ❷ 精神(jīngshén) 주요 의의. 주지. ¶请王老师给大家传达一下这次会议的~;왕 선생님께서 여러분에게 이번 회의의 주지를 전달하시겠습니다. | 我们要认真贯彻执行文件的~;우리는 문건의 주요 의의를 진지하게 관철하여 집행해야 한다.

精神 jīngshén 名 정신. ¶在中国从学生时代就提倡学习雷锋助人为乐的~;중국에서는 학생시절부터 레이펑의 남 돕기를 기쁘게 생각하는 정신을 배우라고 독려한다. | 听了这个报告会,大家都被英雄的~感动了;이 보고회를 듣고 사람들은 모두 영웅의 정신에 감동 받았다. 形 (용모나 신체가) 멋있다. 준수하다. ¶这小伙子长得真~;이 젊은이는 참 멋있게 생겼다. | 他的两只眼睛显得格外~;그의 두 눈은 유독 멋있어 보인다. | 他早上打扮得精精神神,去见女朋友了;그는 아침에 멋지게 치장하고 여자친구 만나러 갔다.

▶용법주의: 이 말이 형용사로 쓰일 때는 '精精神神'으로 중첩한다.

井 jǐng 名 ❶ 우물. ¶这个院子里有一口~;이 정원에는 우물 하나가 있다. | 村子里的人都喝这口~里的水;마을의 사람들 모두 이 우물 속의 물을 마신다. | 这口~很深,看不到底;이 우물은 깊어서 우물 바닥을 볼 수 없다. ❷ 모양이 우물처럼 생긴 것. ¶新钻的油~出油了;새로 판 유전에서 기름이 나왔다. | 矿工们都下矿~工作去了;광부들은 모두 광산에 일하러 갔다.

颈 jǐng 名 ❶ 목. ¶动物园里有长~鹿;동물원에는 기린이 있다. | 他的~部有一块疤;그의 목에는 흉이 하나 있다. | 他的~椎不好,得住院治疗;그는 경추가 안 좋아 입원 치료해야 한다. ❷ 목처럼 생긴 부분. ¶那个花瓶的瓶~上有两个耳朵;저 꽃병의 병목에 귀 두 개가 있다. | 产品质量一直是这个公司发展的瓶~问题;상품의 질은 줄곧 이 회사 발전의 병목 문제이다.

景福宫 Jǐngfúgōng 名 경복궁. ¶~是朝鲜王朝时期韩国首尔的五大宫之一,也是朝鲜王朝的正宫;경복궁은 조선왕조 시기 한국 서울의 5대 궁 가운데 하나이자 조선 왕조의 정궁이었다. | ~已经有500年的历史了;경복궁은 이미 500여 년의 역사가 있다.

景气 jǐngqì 名 (생산의 증가, 실업의 감소, 신용의 활약 등 경제 번영 현상으로서의) 경기. ¶日本政府希望能尽快使经济恢复~;일본 정부는 조속히 경기를 회복시킬 수 있기를 희망한다. | 工业企业的~指数继续居各行业之首;공업 기업의 경기 지수가 각 업종의 수위를 계속 차지하고 있다. 形 경기가 좋다. 번창하다. ¶一些中小型企业会在经济不~时倒闭;일부 중소 기업이 경제가 불경기 때 도산한다. | 目前歌剧演出很不~;지금 오페

라 공연은 매우 불경기이다.｜这个工厂自建厂以来,生产一直不太~;이 공장은 건립 이래로 생산에 있어서 줄곧 경기가 그다지 좋지 못하다.

警察 jǐngchá 경찰.¶他的父亲是一名~;그의 부친은 경찰이다.｜有了问题可以去找~;문제가 생기면 경찰을 찾을 수 있다.｜~的工作很辛苦,也很危险;경찰 업무는 고달프고 또 위험하기도 하다.｜交通~正在指挥交通;교통경찰은 지금 교통 정리를 하고 있다.

警告 jǐnggào 动 경고하다.¶他已经迟到三次了,公司~他如果再迟到就会被开除;그는 벌써 세 번이나 지각해 회사에서는 그에게 다시 지각하면 해고 하겠다고 경고했다.｜我~过他不要在这里抽烟;나는 그에게 여기서 담배 피우지 말라고 경고한 바 있다.｜老师已经~过他好多次了,他还是迟到;선생님은 이미 그에게 여러 차례 경고했지만 그는 여전히 지각한다. 名 (잘못을 저지르거나 정당하지 못한 행위를 한 사람에 대해 내리는 처분으로서의) 경고.¶~是这个公司最轻的处分;경고는 이 회사의 가장 가벼운 처분이다.｜他因为迟到受到~处分;그는 지각해서 경고 처분을 받았다.｜他是第一次犯错误,就给个~吧;그는 처음 잘못한 것이니 경고만 주도록 하자.

警官 jǐngguān 名 경관. 경찰관.¶中国派三名~参与调查此案;중국은 세 명의 경찰관을 보내 이 사건 조사에 참여하도록 했다.｜参加这次会议的共有三十多名~;이번 회의에 참석한 사람으로 모두 30여 명의 경관이 있다.｜女~的数量远远少于男~;여자 경찰관의 수는 남자 경찰관보다 훨씬 적다.

竞技 jìngjì 动 (각종) 운동경기. 스포츠.¶这座~场成了世界八大名景之一;이 경기장은 세계 8대 명소 중 하나가 되었다.｜跳远是最古老的~项目之一;멀리뛰기는 가장 오래된 경기 종목 중 하나이다.｜~游泳包括自由泳、蛙泳、蝶泳和仰泳四种;수영 경기는 자유형, 평영, 접영과 배영 네 가지를 포함한다.

竞赛 jìngsài 动 경합하다. 시합하다.¶我们班从来没有和他们班~过;우리 반은 지금껏 그들 반과 시합해본 적이 없다.｜在车间里这两个小组正在~;작업장에서 이 두 조가 지금 경합을 벌이고 있다.｜你们可以~一下儿,看哪个队的实力更强;어느 팀의 실력이 더 센지 한번 시합해 봐도 된다. 名 시합. 경쟁.¶学校下个星期有英语~;학교에서 다음주에 영어 경연이 있다.｜这次数学~他得了第一名;이번 수학 경쟁에서 그가 일등을 했다.｜学校想在下个月举行一次智力~;학교는 다음 달에 아이큐 시합을 열 예정이다.｜~中要遵守规则;시합 중에는 규칙을 지켜야 한다.

竞争 jìngzhēng 动 경쟁하다. 겨루다.¶今年大选中他们两个要~总统之位;올해 대선에서 그들 두 사람이 대통령 자리를 놓고 경쟁한다.｜这次出国名额只有一个,有三个人在~;이번 출국 정원은 1명이며 세 사람이 경쟁하고 있다.｜在比赛中这两个队~得很激烈;시합 중에 이 두 팀의 경쟁이 매우 치열하다.｜我们公司是小企

业，~不过他们；우리 회사는 작은 기업으로 그들과 경쟁이 안된다. 名 경쟁. 경합. ¶适当的~可以使人进步得更快；적당한 경쟁은 사람이 더 빠르게 발전하도록 한다. | 他们之间的不正当~使双方都受到损失；그들 사이의 정당치 못한 경쟁은 쌍방 모두에게 손실을 입혔다. | 这个专业的入学~很激烈；이 전공의 입학 경쟁은 치열하다.

竞争力 jìngzhēnglì 名 경쟁력. ¶十年前这个品牌很有~，可是现在不行了；십 년 전 이 브랜드는 매우 경쟁력 있었지만 지금은 안 된다. | 公司在想办法提高产品的~；회사는 상품의 경쟁력을 높일 방법을 생각하고 있다. | 纺织和家电行业是中国最有~的行业；방직과 가전 업종은 중국의 가장 경쟁력 있는 업종이다. | 在这个项目的比赛中他是最有~的选手；이 종목의 경기 중에서는 그가 가장 경쟁력 있는 선수이다.

竞走 jìngzǒu 名 (스포츠 경기의 일종) 경보. ¶在1908年的奥运会上，~成为正式的比赛项目；1908년 올림픽에서 경보는 정식 경기 종목이 되었다. | 女子~目前以东欧、澳大利亚和中国为最强；여자 경보는 지금 동유럽, 오스트레일리아와 중국이 가장 강세이다. | 今天下午将举行女子10公里~比赛；오늘 오후에 여자 10킬로미터 경보 시합이 열릴 예정이다.

▶용법주의: 한국의 한자어 '竞走'는 '사람, 동물, 차량 따위가 일정한 거리를 달려 빠르기를 겨루는 일'의 의미로 중국어 '竞走'와는 완전히 다른 의미이다. 또한 한국어 한자어 '竞步'는

중국어 '竞走'에 해당하나 중국어에서는 사용할 수 없다.

敬爱 jìng'ài 动 경애하다. 공경하다. 존경하고 사랑하다. ¶妈妈从小就教育我们要~长(zhǎng)辈；엄마는 어릴 적부터 우리들에게 어른을 공경해야 한다고 교육하셨다. | ~的老师，我永远不会忘记您；존경하고 사랑하는 선생님, 저는 영원히 당신을 잊지 않을 것입니다. | 人们~这位伟大的总统；사람들은 이 위대한 대통령을 경애한다. | 这位老人帮助过很多人，大家十分~他；이 노인은 많은 사람을 도와서 모두가 그를 매우 존경하고 사랑한다.

敬礼 jìng/lǐ 动 ❶경례하다. ¶士兵见到他就会~；사병은 그를 보면 바로 경례한다. | 战士们向总统敬了一个军礼；전사들은 대통령을 향해 한 번 경례했다. | 他向自己的老师敬了一个礼；그는 자신의 선생님에게 한 번 경례하였다. ❷편지의 맨 끝에 쓰는 공손한 말로서 보통 '此致'와 결합해서 이 말을 사용한다.

▶용법주의: 이 말 중간에 '了', '过'와 수량단어(数量短语) 및 기타 성분이 삽입될 수 있다.

静 jìng 形 ❶조용하다. 잠잠하다. 고요하다. ¶晚上校园里很~；저녁 교정은 고요하다. | 她喜欢一个人~~地在操场上散步；그녀는 혼자서 조용히 운동장에서 산책하길 좋아한다. | 我们说话的时候，她一个人~~地听；우리가 말할 때 그녀 혼자서 조용히 듣고 있었다. ❷('动'과 상대되는 말로) 움직이지 않다. ¶男孩子在一起时，一点儿也~不下来；남자 아이들은 같이

있 을 땐 조금 도 가 만 있 지 않 는 다.│~~的湖水;잠잠히 움직이지 않는 호수.[动]조용히 하다. 차분하게 하다.¶请同学们~一~,我来说两句;학우 여러분 좀 조용히 하세요, 내가 몇 마디 하겠습니다.

静悄悄 jìngqiāoqiāo [形] 매우 조용한 모양. 매우 고요한 모양.¶夜深了,校园里~的;밤이 깊어 교정은 매우 고요하다.│教室里~的,好像没有人;교실 안이 매우 조용한 게 마치 사람이 없는 듯 하다.│在~的夜晚,他躺在草地上数星星;고요한 밤에 그는 풀밭에 누워 별을 세었다.│大家都~地等着好消息;여러분 모두 조용히 좋은 소식을 기다려 봅시다.

境地 jìngdì [名] 상황. 입장. 지경.¶歌剧事业正处在不景气的~之中;오페라 사업은 지금 불경기 상황에 놓여 있다.│现在帮助他的话,自己的工作就完不成,如果不帮助他又看他很为难,我现在处于进退两难的~;지금 그를 도와준다면 자기 일을 다할 수 없고, 그를 안 도와주자니 또 그가 참 난처해질 것 같아서 난 지금 진퇴양난의 입장에 처해있다.│这家公司受市场不景气的影响陷入亏损的~;이 회사는 시장 불경기의 영향을 받아 적자의 상황에 빠졌다.

镜子 jìng·zi [名] 거울.¶屋子里挂着一面大~;방에 큰 거울 하나 걸려 있다.│她每天早晨都先照~;그녀는 매일 아침마다 먼저 거울을 본다.│~在那边,去照照~看衣服合适不合适;거울은 저쪽에 있으니 가서 옷이 맞는지 거울을 좀 보세요.│屋子里没有~不方便;방에 거울이 없어 불편하다.

纠葛 jiūgé [名] 분쟁. 갈등. 다툼.¶这部小说充分表现了两个人的感情~;이 소설은 두 사람의 감정 갈등을 충분하게 표현하였다.│在日常生活中邻里之间难免发生~;일상 생활 중 이웃 간에 다툼이 발생하는 것을 면하기란 어렵다.│十年前他们两人之间有过~;10년 전 그들 두 사람 사이에 갈등이 있었다.

纠正 jiūzhèng [动] (결점이나 잘못 등을) 고치다. 바로잡다. 교정하다. 시정하다.¶老师正在帮我~发音;선생님은 지금 내 발음 교정을 도와주신다.│这个毛病一定要~;이 버릇은 꼭 고쳐야 한다.│老师~了好几遍,他才写对了;선생님이 여러 차례 교정해 주어서야 그는 비로소 맞게 썼다.│小孩子有了问题要及时~,如果形成习惯就~不过来了;아이는 문제가 있을 때 제때 바로 잡아주어야지 습관이 되면 교정할 수 없다.

究竟 jiūjìng [副] ❶ 도대체. 대관절.¶这次考试你~考了多少分?이번 시험에 넌 도대체 몇 점을 받은 것이니?│明天你~是去还是不去?내일 넌 도대체 가는 거니 안 가는 거니?│~怎么回事儿?你快说呀;도대체 어떻게 된 일이야?얼른 말해.│~什么事儿让你这么难过?도대체 무슨 일이길래 널 이렇게 피롭게 하니? ❷ 어쨌든. 아무튼. 결국.¶他~还是个孩子,看到好玩儿的东西就又高兴起来了;그는 어쨌든 아이인지라 재밌는 것만 보면 또 기뻐해하는다.│他~是外国人,对中国文化了解得没有那么深透;그는 결국 외국인이라 중국 문화에 대한 이해가 그리 깊

지 못하다.|现实~是现实,谁也改变不了;현실은 아무튼 현실이니 누구도 바꿀 수 없다.

九 jiǔ [数] 구. 9. 아홉.¶教室里有~个学生;교실에는 아홉 명 학생이 있다.|这件玉器卖~千~百~十~块;이 옥그릇은 9,999원에 판다.|百分之~十的学生都参加了昨天的活动;90퍼센트의 학생 모두가 어제 활동에 참가했다.|他住在~层;그는 9층에 산다.

九月 jiǔyuè [名] 구월. 9월.¶在中国,一般的学校都在每年~开学;중국에서 보통 학교들은 매년 9월에 개학한다.|她的生日在~;그녀의 생일은 9월에 있다.|~以后天气变得越来越凉了;9월 이후 날씨가 갈수록 선선해졌다.

久 jiǔ [形] 길다. 오래다.¶我等了很~老师才来;내가 한참을 기다려서야 선생님이 오셨다.|他对弹钢琴兴趣不大,学了不~就不学了;그는 피아노 치는 데 별로 흥미가 없어 배운지 얼마 안되어 그만두었다.|老师的话我~~不能忘记;선생님의 말씀을 난 오랫동안 잊을 수 없다.|这是很~以前的事了,他已经想不起来了;이것은 아주 오래 전 일이라 그는 이미 기억나지 않았다.

韭菜 jiǔcài [名] 부추.¶这里的~已经出口到美国了;이곳의 부추는 이미 미국으로 수출하고 있다.|今天的饺子是~鸡蛋的;오늘의 만두는 부추,계란으로 만들었다.|他最喜欢吃~馅的包子;그는 부추 소가 든 만두를 먹는 것을 제일 좋아한다.

酒 jiǔ [名] 술.¶他很爱喝~,白~啤~葡萄~都喜欢;그는 술 마시길 좋아해서 백주, 맥주, 포도주 모두 좋아한다.|我带了一瓶好~给他做生日礼物;나는 좋은 술 한 병 가져다가 그의 생일선물로 주었다.|他昨天喝~喝醉了;그는 어제 술 마시고 취했다.|他给我倒了一杯~;그는 내게 술 한 잔 따라주었다.

酒吧 jiǔbā [名] 바(bar). 술집.¶他每天都和朋友去~;그는 매일같이 친구와 바에 간다.|~白天人很少;술집은 낮에 사람이 적다.|他在那家~找到了弟弟;그는 저 술집에서 동생을 찾았다.

旧 jiù [形] ❶옛날의. 지난.¶这件衣服样式太~了,他不喜欢;이 옷의 스타일은 너무 지난 것이라 그는 안 좋아한다.|你说的那些制作方法有些~,现在已经有新的技术了;네가 말한 그 제작 방법들은 좀 오래됐고, 지금 이미 새로운 기술이 있다.|这是他家的~地址,现在他已经不在那里了;이것은 그의 집 옛주소로 지금 그는 이미 거기에 없다. ❷낡은.¶这件外套他穿了好几年了,已经~了;이 외투는 그가 여러 해를 입어서 이미 낡았다.|那本书看起来很~,纸都变黄了;저 책은 보기에도 낡았고 종이도 누렇게 변했다.|搬家的时候,他把以前的~家具都扔了;이사갈 때 그는 이전의 낡은 가구들을 전부 버렸다.

救 jiù [动] 구하다. 구조하다.¶他跳下水去把孩子~上来了;그는 물에 뛰어들어 아이를 구해냈다.|大夫,快~~我的孩子吧;의사 선생님, 어서 제 아이를 좀 구해주세요.|这个人伤得太重了,恐怕~不过来了;이 사람은 너

무 크게 다쳐 구할 수 없을 것 같다. | 我们一定要想办法把那个孩子从地震废墟中救出来; 우리는 반드시 방법을 생각해 그 아이를 지진의 폐허 속에서 구해내야 한다.

就 jiù 副 ❶ 곧. 바로. 즉시. ¶我~去, 你稍等一下儿; 내가 바로 갈 테니 잠깐만 기다리세요. | 你再等一分钟, 我~回来; 내가 바로 돌아올 테니 일 분만 더 기다리렴. | 别着急, 我一会儿~去帮你; 내가 좀 있다 곧 가서 도와 줄 테니 조급해마세요. ❷ 벌써. 진작에. 이미. ¶今天我八点~来了, 同学们都是十点才来; 오늘 난 8시에 벌써 왔는데 학우들은 10시가 되어서야 왔다. | 他昨天~走了; 그는 어제 벌써 갔다. | 他妈妈二十岁~结婚了; 엄마는 스무 살에 진작 결혼했다. | 姐姐从小~爱看电影; 언니는 어릴 적부터 이미 영화보길 좋아했다. ❸ (앞뒤의 일이 이어지는 의미로) …하자마자. …하면 바로. ¶听完他的话我~走了; 그의 말을 다 듣자마자 나는 곧 바로 갔다. | 他一下车~给我打了电话; 그는 차에서 내리자마자 내게 전화하였다. | 他看完电视~去洗澡了; 그는 텔레비전을 다 보자마자 목욕하러 갔다. | 我刚睡着~被电话铃吵醒了; 내가 막 잠이 들자마자 나는 전화 벨 소리에 깼다. ❹ 수량이 적거나 시간이 짧음을 나타내며, 수량사(数量词) 뒤에 쓰인 '就'는 약간 가볍게 읽어주고, '就' 앞의 수량사는 약간 강하게 읽어준다. ¶这种电子词典10万韩元~可以买到; 이런 전자 사전은 10만원이면 살 수 있다. | 我们买一斤苹果~够了; 우리는 사과 한 근 사면

충분해요. | 他一个星期~看完这本书了; 그는 일주일이면 이 책을 다 읽을 수 있다. | 他喝了两杯白酒~醉了; 그는 배갈 두 잔 마시고는 취했다. ❺ 수량이 많거나 시간이 길음을 나타내며, 수량사(数量词) 앞에 쓰인 '就'는 가볍게 읽어주고, '就' 뒤의 수량사는 강하게 읽어준다. ¶只上个星期我~花了二十多万元; 지난 주일 동안만 난 20여 만원이나 썼다. | 昨天去的人真不少, 我们班~去了二十多个; 어제 간 사람은 정말 많았는데, 우리 반만해도 20여 명이 갔다. | 在这次奥运会上, 他一个人在游泳比赛中~得了八枚金牌; 이번 올림픽에서 그는 혼자서 수영 경기에서만 8개의 금메달 땄다. ❻ 수량사(数量词) 앞에 쓰여 수량이 적음을 나타내며, '就'는 강하게 읽어준다. ¶我~这一本书; 나는 이 책 한 권뿐이다. | 他昨天~花了十几块钱; 그는 어제 십몇 원만 썼다. | 他~一个妹妹; 그는 여동생이 하나이다. ❼ 단지. 고작. ¶中国我~去过北京, 别的地方没去过; 중국은 고작 베이징만 가봤고 다른 곳은 못 가봤다. | 他~喜欢下棋, 其他的什么也不喜欢; 그는 바둑 두기만 좋아하고 다른 건 어떤 것도 좋아하지 않는다. | ~写错一个字, 不然我可以得一百分; 고작 한 글자만 틀렸지 그렇지 않으면 백점 맞을 수 있었다. | 我~告诉你一个人; 너한테만 알려줄께. ❽ 강조와 긍정의 어기를 나타내는 말. ¶这儿~是我的学校; 여기가 나의 학교야. | 我~是你要找的张老师; 내가 당신이 찾는 장선생님이요. | 我说不行~不行; 내가 안된다면 안되

는 거야. ❾ 어떤 조건이나 상황 아래에서 자연히 어떻게 연관됨을 나타내며, 앞 구절에는 항상 '如果', '既然', '只要', '因为' 등이 나온다. ¶如果明天不下雨, 咱们~去故宫; 내일 비가 오지 않는다면 우리 고궁에 가자. | 既然你已经答应了, ~应该做到; 기왕에 네가 이미 응락했으니 마땅히 해야지. | 只要认真学习, 你~能学好汉语; 진지하게 공부만 하면 너는 중국어를 마스터할 수 있다. | 因为没有红色的了, 我~买了这件白色的; 빨간 색이 없어서 난 이 흰색을 샀다. 连 ❶ 가설(假设)의 양보(让步)를 나타내는 말로서 주어 뒤에만 쓰이며 문장 가운데 항상 '也'와 호응한다. ¶他~不同意我也要去; 그가 동의하지 않아도 나는 갈 것이다. | 你~再胖点儿也没关系; 너는 살이 더 쪄도 괜찮다. | 她~没病也不会来看足球比赛的; 그녀는 아프지 않더라도 축구 시합 보러 오지 않을 것이다. ❷ 가벼운 전환을 나타내는 말로서 두 번째 구절 앞에 쓰여 앞 구절에 대한 보충과 설명을 해준다. ¶这件衣服价钱不贵, ~大了一点儿; 이 옷은 가격이 비싸진 않지만 좀 크다. | 这套房子真不错, ~贵了一点儿; 이 집은 정말 괜찮긴 한데 좀 비싸다. | 这个孩子什么都好, ~不爱说话; 이 아이는 다 좋은데 말하길 별로 안 좋아한다. 介 ❶ 동작의 범위 혹은 대상을 나타낸다. ¶大家~韩国的交通问题进行了讨论; 모두 한국의 교통 문제를 놓고 토론을 하였다. | 老师~同学们提出的问题做了解答; 선생님은 학우들이 제기한 문제에 대답하였다. | 他~这部

电视剧谈了谈自己的看法; 그는 이 텔레비전 드라마에 대한 자신의 견해를 얘기했다. ❷ 어떤 방면으로부터 논의한다는 의미로서 다른 사람 혹은 일을 비교할 때 쓰인다. a) 就…来说(来讲)¶~学生的发展来说, 还是应该减轻他们的学习压力; 학생의 발전을 위한 입장에서 말하자면, 아무래도 그들의 학습 부담을 덜어줘야 할 것이다. | ~现在的经济状况来讲, 不应该进行大规模的投资; 현재의 경제 상황으로 말하자면 대규모의 투자를 해선 안된다. | ~教学经验来说, 年轻教师不如老教师; 교학 경험으로 말하자면 젊은 교사는 나이든 교사만 못하다. b) 就…而言(而论)¶~我们学校的规模而言, 可以说是全国最大的; 우리 학교의 규모로 얘기한다면 전국 최대라 말할 수 있다. | ~产品的质量而言, 还是这个公司的产品更好一些; 상품의 질로 얘기한다면 아무래도 이 회사의 상품이 더 좋다. c) 就…(来看)¶~工作经验(来)看, 他比其他人更多一些; 근무경험으로 본다면 그는 다른 사람보다 좀 더 많다. | ~我来看, 不应该这样处理这件事; 내가 보기에 이 문제를 이렇게 처리해선 안 된다.

就是 jiùshì 副 한사코. 꼭. 반드시. ¶我想跟他一起去, 他~不答应; 난 그와 같이 가고 싶은데 그는 한사코 승낙하지 않는다. | 医生劝他不要抽烟, 他~不听; 의사는 그에게 담배 피우지 말라고 권고하지만 그는 한사코 듣지 않는다. | 他~想要这件衣服; 그는 꼭 이 옷만을 고집한다. 连 가설(假设)의 양보(让步)를 나타내는 말로, 기본

문형은 '就是 …也…'이다.¶~你们不同意,我也要去;너희들이 동의하지 않아도 난 갈 것이다. | 这次考试~考不了第一名,也可以得第二名或第三名;이 시험에 일등 하지 못해도 이등 또는 삼등은 할 수 있다. | 她今天病了,~不病她也不会来;그녀는 오늘 아팠다. 아프지 않더라도 오지 않을 것이다. | 他不爱喝酒,~喝也喝不多;그는 술 마시길 좋아하지 않아 마셔도 많이 안 마신다.

就是说 jiùshìshuō 그러니까. 다시 말하면. 바꾸어 말하면. ¶有人研究提出中国文字起源于夏朝以前一千年前,~距今有六千多年;혹자는 중국 문자가 하 나라 이전 일천 년 전에 기원했다고 제기했는데, 다시 말하면 지금과 육천여 년의 거리가 있다. | 其实联系不便是发展的主要问题,~说国际公司在国际市场上遇到的主要问题是语言、文化和民族的不同;사실 소통의 불편함이 발전의 주요 문제로, 다시 말해 글로벌 기업은 국제 시장에서 언어, 문화, 민족이 다르다는 주요 문제에 봉착하게 된다. | 语言学家估计世界上共有3000多种语言,~世界上有3000多种文化;언어학자는 세계에 모두 삼천여 종의 언어가 있다고 추정하고 있는데, 바꿔 말하면 세계에는 삼천여 종의 문화가 있는 것이다.

舅舅 jiù·jiu 名 외삼촌. ¶我有两个~,大~开了一家公司,二~在学校当老师;나에게 외삼촌이 둘 있는데, 큰외삼촌은 회사를 창업했고 둘째 외삼촌은 학교에서 선생님을 하신다. | 他最喜欢跟~出去玩儿;그는 외삼촌과 나가 놀기를 가장 좋아한다. | ~走后,他常给~写信;외삼촌이 떠난 뒤 그는 항상 외삼촌에게 편지를 쓴다.

舅妈 jiùmā 名 외숙모. ¶明天~要来看我;내일 외숙모가 나를 보러 오신다. | 舅舅和~生活得很幸福;외삼촌과 외숙모는 행복하게 사신다. | 妈妈想给~买一件礼物;엄마는 외숙모에게 선물 하나 사주고 싶어 하신다.

居民 jūmín 名 (고정적으로 어느 한 곳에 정착하여 사는) 주민. ¶这里的~定期举行~会议,讨论或处理生活中的问题;여기 주민은 정기적으로 주민 회의를 열어 생활 상의 문제를 토론하거나 처리한다. | 他是负责这一片~区治安的警察;그는 이 거주민 지구의 치안을 책임지는 경찰이다. | 在城市里,交通噪音带给~的影响很大;도시에서 교통 소음이 주민에게 주는 영향은 크다.

拘捕 jūbǔ 动 붙잡다. 체포하다. ¶那两名罪犯已经被公安机关~;저 두 명의 범죄자는 이미 공안기관에 붙잡혔다. | 他们单位没有~权;그들 부서는 체포권이 없다. | 某国前总统因贪污已经被警方~;어느 국가의 전직 대통령은 횡령으로 이미 경찰 측에 체포되었다.

拘捕证 jūbǔzhèng 名 체포영장. ¶这是~,你被捕了;이것은 체포영장으로 너는 체포되었다. | 警方向他出示了~,他只好跟他们走了;경찰 측이 그에게 체포영장을 보여주자 그는 그들을 따라 갈 수밖에 없었다. | 在中国,~由公安机关提出申请,检察机关来批准,最后再由公安机关来执行拘捕;중국에서 체포영장은 공안기관

이 신청하고 검찰기관이 비준하여 마지막에 공안기관이 체포를 집행한다.

局面 júmiàn 名 (일반적으로 정치, 군사, 생산 등 추상적 의미의 대사(大事)에 쓰이는 말로서) 국면. 형편. 상태. ¶国家经济要顺利发展需要一个和平稳定的政治~；국가 경제가 순조롭게 발전하려면 평화적이고 안정적인 정치 상태가 필요하다. | 在外交方面,我国已经打开了新的~；외교 방면에 있어 우리 나라는 이미 새로운 국면을 열었다. | 目前股票市场已经形成暴跌(bàodiē)的~；지금 주식시장에는 벌써 폭락세가 형성되었다.

局势 júshì 名 (정치나 군사 등의) 정세. 형세. 상황. ¶那个地区正在打仗,~十分紧张；저 지역은 지금 전쟁 중이어서 정세가 매우 긴장되어 있다. | 当前的国际~已经发生了很大的变化；지금의 국제 상황은 이미 커다란 변화가 생겼다. | 我军已经控制住了~,掌握了战场上的主动权；아군은 이미 상황을 제압하여 전쟁터에서의 주도권을 쥐었다.

局长 júzhǎng 名 국장. ¶他是教育局的~；그는 교육국의 국장이다. | 我们电话局有一名~,两名副~；우리 전화국에는 국장 한 명과 부국장 두 명이 있다. | 他最近刚当上公安局的~；그는 최근 공안국의 국장을 막 맡았다. | 这位是新来的副~；이 분은 새로 오신 부국장님입니다.

焗油 jú//yóu 动 (두발에) 트리트먼트를 하다.(hair treatment:오일이나 영양제 등을 머리에 바른 후 특수하게 제작된 기구로 증기를 머리에 쐬는 일종의 미용 방법) ¶我昨天去美容店~了；나는 어제 미용실에 가서 트리트먼트를 했다. | 经常~对人的头发不好；자주 트리트먼트를 하는 것은 사람의 두발에 좋지 않다. | 看你的头发那么干,快去焗焗油吧；네 머리가 너무 건조해 보인다. 빨리 가서 트리트먼트를 해라. | 焗营养油可以使受损的头发重新柔软亮泽；영양 트리트먼트를 하면 손실된 두발을 다시 부드럽고 빛나게 해준다.

▶용법주의:이 말 중간에 '了', '过'와 수량단어(数量短语) 등을 삽입할 수 있다. ¶我已经焗过三次油了；나는 트리트먼트를 세 번 한 적이 있다. | 焗了两次油后,我的头发好多了；트리트먼트를 두 번 한 후에 나의 머릿결은 매우 좋아졌다.

橘子 jú·zi 名 귤. ¶她最喜欢的水果是~；그녀가 가장 좋아하는 과일은 귤이다. | 昨天妈妈买回来一箱~；어제 엄마는 귤 한 상자를 사가지고 오셨다. | 儿子剥(bāo)了~给妈妈吃；아들은 귤을 까서 엄마한테 먹여주었다.

举 jǔ 动 ❶ (위로) 들다. 들어 올리다. ¶不想参加活动的同学请~手；활동에 참가하고 싶지 않은 학우들은 손 들어보세요. | 我~起过比这个箱子还重的石头；나는 이 상자보다 더 무거운 돌을 들어본 적이 있다. | 回答问题前,他把手~得很高,好让老师看到；문제에 대답하기 전에 그는 손을 높이 들어 선생님께서 잘 볼 수 있도록 했다. | 这个箱子太重了,他~了几次也~不动；이 상자는 너무 무거워서 그가 몇 번을 들어도 들리지 않았다. ❷ 제출하다. 제시하다. ¶请~一个例子来说明；예를 들어서 설명해보세

요.|他~出很多事实来说明这个道理;그는 많은 사실을 제시해 이 도리를 설명하였다.|为了让学生理解这个词的用法,老师~了很多例句;학생이 이 말의 용법을 이해하게끔 선생님은 많은 예문을 들어주셨다.

举行 jǔxíng 动 (집회나 경기 등을) 열다. 거행하다. 개최하다. ¶这次奥运会在北京~;이번 올림픽은 베이징에서 열린다.|我们这个学会已经~过三次年会了;우리 이 학회는 이미 세 차례 연례회의를 개최하였다.|我们明天~毕业典礼;우리는 내일 졸업식을 거행한다.

举重 jǔzhòng 名 (스포츠 종목의 일종으로) 역도. ¶在这次~比赛中他获得了冠军;이번 역도 경기에서 그가 우승을 차지했다.|他在初中曾是~冠军;그는 중학시절에 역도 챔피언이었다.|他这次打破了~的世界纪录;그는 이번에 역도 세계 신기록을 깼다.

巨大 jùdà 形 거대하다. 막대하다. ¶我的家乡最近十年发生了~的变化;내 고향은 최근 십년 동안 거대한 변화가 생겼다.|自然灾害给这里的人带来了~的损失;자연재해는 여기 사람들에게 막대한 손실을 가져왔다.|他承受着~的压力参加比赛;그는 막대한 스트레스를 짊어지고 시합에 참가하였다.

巨型 jùxíng 形 초대형의. ¶日本近年来培育出一种~苹果,最大的有小足球那么大;일본은 근년에 초대형 사과를 한 종 길러냈는데, 가장 큰 것은 작은 축구공만 하다.|广场中立着两个~雕像;광장에 두 개의 초대형 동상이 서 있다.|这所大学在~计算机研制方面取得了多项国际一流的技术成果;이 대학은 초대형 컴퓨터 연구 제작 방면에 여러 국제 일류의 기술 성과를 거두었다.

句 jù 量 (말의 도막을 세는 단위로) 마디. ¶这篇文章只有二十~话;이 글에는 단지 스무 마디 말만 있을 뿐이다.|他刚来中国时只会说一两~汉语;그가 중국에 갓 왔을 때에는 그저 중국어 한 두 마디 할 뿐이었다.|他说的~~都是真的;그가 말한 구절 구절은 모두는 진짜이다.|我高兴得一~话也说不出来;난 기뻐서 말 한 마디도 할 수 없었다.

句子 jù·zi 名 문장. 구절. ¶这个~我看不懂;이 문장은 난 모르겠다.|现在长~和短~都难不倒我;지금은 긴 문장과 짧은 문장 모두 나는 힘들지 않다.|请同学们用这个词造一个~;학우 여러분 이 단어로 문장 하나 만들어 보세요.

拒绝 jùjué 动 거절하다. 거부하다. ¶我~了他的无理要求;나는 그의 억지스런 요구를 거절하였다.|我们要求他们离开办公室,可他们~离开;우리는 그들이 사무실을 떠날 것을 요구했지만 그들은 떠나길 거부했다.|她~结婚的理由是自己还年轻;그녀가 결혼을 거절한 이유는 자신이 아직 젊어서였다.

具备 jùbèi 动 (필요한 조건이나 능력 등을) 갖추다. 구비하다. ¶他~了当翻译的能力;그는 통역 맡을 능력을 갖추었다.|我已经~当汉语老师的条件;난 이미 중국어 선생을 맡을 조건을 갖추었다.|当三个条件同时~时,我们就可以完成任务了;세 개의 조건

이 동시에 구비될 때 우리는 임무를 완수할 수 있다. | 哈尔滨已经完全~了举办冬运会的能力;하얼빈은 이미 동계 운동회를 개최할 능력을 완전히 구비하였다.

具体 jùtǐ [形] ❶ 구체적이다. ¶会议下个月举行,请你制订出~的计划;회의가 다음달 열리니 구체적인 계획을 만들어 놓으세요. | 文章中~说明了这件事的经过;글에서 이 일의 경과를 구체적으로 설명하였다. | 他说得很~,没有什么可以补充的了;그는 매우 구체적으로 말해 무슨 보충할 것이 없다. ❷ 특정한. ¶我们有三位副局长,每个人都有自己的~工作;우리는 부국장 세 분이 계신데, 사람마다 자신의 특정한 업무가 있다. | ~问题应该~分析;특정한 문제에는 특정한 분석이 있어야 한다. | 你找校长有什么~要求吗? 너 무슨 특별한 요구사항이 있어 교장 선생님 찾는 거니?

具有 jùyǒu [动] (일반적으로 추상적인 사물에 쓰이는 말로) 가지다. 구비하다. 갖추다. ¶这是一幅~中国民族特色的画儿;이것은 중국의 민족특색이 있는 그림입니다. | 西红柿~丰富的营养,多吃对身体有好处;토마토는 풍부한 영양을 갖고 있어 많이 먹으면 몸에 좋은 점이 있다. | 这是一场~国际水平的比赛;이것은 국제적 수준을 갖춘 시합이다.

俱乐部 jùlèbù [名] 클럽. 동호회. ¶学校成立了一个滑雪~;학교에 스키 동호회가 만들어졌다. | ~定期举行活动;클럽은 정기적으로 활동을 개최한다. | 他是那个足球~的主力球员;그는 저 축구 클럽의 주력 선수이다.

剧 jù [名] 극. 연극. ¶昨天我们一起看了一部话~;어제 우리는 함께 연극을 보았다. | 我很喜欢看京~、评~、越~等中国传统戏~;나는 경극, 평극, 월극 등 중국의 전통 희극 보길 좋아한다. | 国家~院明天要演一出歌~;국가 극장은 내일 오페라를 공연한다. | 她于1999年进入国家歌~舞~院成为一名演员;그녀는 1999년에 국가 오페라 무도극장에 들어가 배우가 되었다.

剧场 jùchǎng [名] 극장. ¶演出快开始了,观众陆续进入~;공연이 곧 시작되려하자 관중들은 극장으로 계속해서 들어갔다. | 这个~常常有京剧演出;이 극장은 항상 경극 공연이 있다. | 今天晚上~有杂技表演;오늘 저녁 극장에 서커스 공연이 있다. | 那天晚上演出时~的座位都坐满了;그날 저녁 공연 때 극장의 좌석이 꽉 찼다.

剧院 jùyuàn [名] ❶ 극장. ('剧场'과 같은 의미) ¶~里坐满了观众;극장이 관중으로 가득 찼다. | 学校旁边有一个大~;학교 옆에 큰 극장이 하나 있다. | 他去~看戏去了;그는 극장에 연극 보러 갔다. ❷ (비교적 큰 규모의) 극단. ¶少年儿童艺术~;소년 아동 예술극단. | 中国青年艺术~;중국 청년예술극단. | 北京人民艺术~;베이징 인민예술극단.

据说 jùshuō [动] (다른 사람의) 말에 근거하다. 말에 따르다. ¶~他曾经去过非洲的丛林;소문에 의하면 그는 예전에 아프리카의 밀림에 가봤다고 한다. | ~小王已经离开学校了;들리는 말에 따르면 왕군은 벌써 학교를 떠났다고 한다. | ~这件事的主要责任

불 재 그;소문에 근거해보면 이 일의 주요 책임은 그한테 있지 않다.

距离 jùlí 名 거리. 간격. ¶~太远了,走着去太累;거리가 너무 멀어서 걸어가면 너무 지친다. | 这两个城市之间的~是三百公里;이 두 도시 사이의 거리는 300킬로미터이다. | 后面的车应该与前面的车保持一定的~;뒤의 차는 앞의 차와 일정한 간격을 유지해야 한다. 动 ❶ (공간상의) 거리를 두다. 떨어지다. ¶天津~北京有120公里;톈진은 베이징에서 120킬로미터 떨어져 있다. | 你家~学校远不远?네 집은 학교와 거리가 머니? | 我在~你家二百米的那个小店门口等你;난 네 집에서 200미터 떨어진 저 작은 가게 입구에서 기다릴게. ❷ (시간상의) 거리를 두다. 떨어지다. ¶~电影开演还有二十分钟;영화가 상영되려면 아직 20분이 남았다. | ~寒假就剩一个月了,你假期有什么打算?겨울방학까지 이제 한 달 남았는데 넌 방학 기간에? | ~图书馆关门还有十分钟,我们快收拾东西吧;도서관이 폐관하려면 아직 10분의 시간이 있으니 우리 얼른 물건 챙기자.

聚会 jùhuì 动 (사람들이 함께) 모이다. ¶昨天我们同学~了;어제 우리 학우들이 모였다. | 我们大学同学每两年~一次;우리 대학 동창은 2년마다 한 번씩 모인다. | 今天我们能在一起~真是太不容易了;오늘 우리가 께 모인 것은 실로 쉽지 않았다. | 这次~有三个人没有到;이번 모임에 세 명이 오지 않았다.

捐献 juānxiàn 动 기부하다. 기증하다. 헌납하다. ¶昨天他把父亲的收藏~给了博物馆;어제 그는 부친의 수장품을 박물관에 기증하였다. | 他要求自己死后把遗体~给医学部门;그는 자신의 사후에 시신을 의료기관에 기증할 것을 요구했다. | 他们已经把我们~的财物运到灾区了;그들은 벌써 우리가 기부한 물자를 재난 지역으로 운송했다.

卷 juǎn 动 ❶ (물건을 둥근 모양으로) 둘둘 말다. 감다. ¶他正在~那幅画儿;그는 그 그림을 둘둘 말고 있다. | 你把挂历~歪了,再重新一下儿吧;너는 달력을 비뚤게 말았으니 다시 한 번 말도록 해라. | 孩子上课的时候总是~着书玩儿,把书都~坏了;아이는 수업 할 때마다 늘상 책을 감고 놀아 책이 모두 말려서 망가졌다. ❷ (큰 힘으로) 휘말다. 휩쓸다. ¶一个大浪把小船~走了;큰 파도가 작은 배를 휩쓸어 갔다. | 风~着雪花扑到人的脸上;바람이 눈꽃을 휘말며 사람의 얼굴을 스쳤다. | 他也被~进这件事中了;그도 이 일에 휘말렸다. 量 둥근 모양으로 만든 물건을 세는 단위. ¶我刚买了一~胶卷;나는 방금 필름 한 통을 샀다. | 桌子上有一~卫生纸,请递给我;탁자 위에 두루말이 화장지가 있으니 좀 건네주렴. | 这~纸是谁放在这儿的? 이 두루말이 종이는 누가 여기다 놓았니?

卷 juàn 量 (책을 셀 때 쓰는 단위) 권. ¶这本书共有上、下两~;이 책은 모두 상, 하 두 권이 있다. | 这本书的上~已经丢了;이 책의 상권은 이미 잃어 버렸다. | 明天你把那本小说的下~也借给我吧;내일 그 소설의 하권도 좀 빌려주세요. 名 (~儿) 시험 답안

지.¶现在开始发~儿,请把书和本子都收起来;지금 시험지를 나눠줄 테니 책과 노트 전부 넣으세요.│你什么时候交的~儿?넌 언제 시험지를 냈니?│老师正在改~儿;선생님은 지금 시험 답안지를 고치고 있다.

决 jué 副 결코. 절대로.¶我~不答应这件事;난 결코 이 일에 동의할 수 없다.│他~不会相信你的话;그는 절대 네 말을 믿지 않을 것이다.│我~没想到他会来;난 그가 오리라고 결코 생각치 못했다.

决不 juébù 결코 (절대로) …하지 않다.¶我~死在敌人手中;난 결코 적의 손에 죽지 않을 것이다.│不到最后时刻他~放弃比赛;마지막 시각이 오지 않고는 결코 시합을 포기하지 않을 것이다.│在困难面前,他~后退;어려움이 앞에 있어도 그는 결코 물러서지 않는다.

决定 juédìng 动 결정하다.¶他~明天去北京;그는 내일 베이징에 가기로 결정했다.│他还没~什么时候走;그는 언제 갈 것인지 아직 결정하지 않았다.│我总是~不下来去还是不去;난 항상 갈 것인지 안 갈 것인지 결정내리지 못한다. 名 결정. 결단.¶下个星期你可以休假一周,这是公司刚做的~;다음 주 당신은 한 주 쉴 수 있는데, 이것은 회사에서 방금 결정한 것입니다.│领导的~是不买这批产品;리더의 결정은 이 상품들을 안 사는 것이다.│我想宣布一下我的~,我准备明年去北京学习汉语;저는 내년에 베이징에 가서 중국어를 공부할 생각임을 알려드리고자 합니다.

决定性 juédìngxìng 名 결정성.¶你这个时候离开他是一个~的错误;네가 이때 그를 떠나는 것이 결정적 잘못이다.│我们已经取得了~的胜利;우리는 이미 결정적 승리를 거뒀다.│这次考试对我有~的意义,能不能继续学习汉语就看这次的考试结果了;이번 시험은 나에게 결정적 의미가 있는 것으로, 계속 중국어 공부를 할 수 있을지는 이번 시험 결과를 보아야 한다.

决心 juéxīn 名 결심. 각오.¶要想取得比赛胜利就要有吃苦的~;시합에 승리하려면 고생할 각오를 해야 한다.│他这次的~很大,得不了冠军就再也不踢球了;그의 이번 각오는 커서 우승하지 못하면 더 이상 공을 차지 않겠다고 했다.│他已经抱定了离家出走的~;그는 이미 가출할 결심을 품었다. 动 결심하다. 각오하다.¶我~去中国留学;난 중국으로 유학 가기로 결심했다.│他~把烟戒掉;그는 담배를 끊기로 결심했다.│他已经~跟妻子离婚了,谁劝也没有用;그는 이미 아내와 이혼하기로 결심한 터라 누가 설득해도 소용없다.

角色 juésè 名 (연극, 영화, TV에서의) 배역.¶他在这部电影中是主要~;그는 이 영화에서의 주요 배역이다.│她以前扮演过许多~;그녀는 이전에 많은 배역을 맡아 연기했었다.│这部电视剧中的小~也请了一些有名的演员来演;이 연속극 가운데 작은 배역도 일부 유명한 배우들을 불러 연기하도록 했다.

▶용법주의: 한국에서의 '配役'이란 한자어는 중국에서 쓰이지 않으며 '角色'

을 사용해야 한다.

绝对 juéduì 形 절대적인. ¶我~相信他的话, 因为他从来没有骗过我; 그는 지금껏 나를 속인 적이 없기에 난 그의 말을 절대적으로 믿는다. | 我~支持你的选择, 无论你选择离开还是留下; 네가 떠날건지 아니면 남을건지의 선택과 상관없이 난 너의 선택을 절대적으로 지지한다. | 这场比赛巴西队占~优势; 이 시합에 브라질팀이 절대적인 우세를 차지했다.

觉察 juéchá 动 깨닫다. 알아차리다. 감지하다. ¶他很快~到自己的错误; 그는 재빨리 자신의 잘못을 알아차렸다. | 他悄悄地从后门走进教室, 同学们都没有~; 그는 살그머니 뒷문으로 교실로 들어와 학우들 모두 눈치채지 못했다. | 他的犯罪行为公安机关已经有所~; 그의 범죄행위를 공안기관에서는 이미 다소 감지했다.

觉得 jué·de 动 ❶ …라고 느끼다. ¶我~教室里有点儿热; 난 교실이 좀 덥다고 느꼈다. | 他~头疼, 先回去了; 그는 머리가 아픈 걸 느껴 먼저 돌아갔다. | 玩儿了一天, 他~有点儿累; 하루를 놀고서 그는 좀 피곤함을 느꼈다. | 能见到你, 我~很高兴; 당신을 볼 수 있어 참 기쁩니다. ❷ …라고 여기다. 생각하다. ¶你~我们周末去爬山怎么样? 넌 우리가 주말에 등산하러 가는 것을 어떻게 생각하니? | 他~我刚买的这本书很好; 그는 내가 방금 산 이 책이 좋다고 여겼다. | 你觉不~这件衣服有点贵? 넌 이 옷이 좀 비싸다고 생각하지 않니?

觉悟 juéwù 动 깨닫다. 자각하다. 인식하다. ¶我们应该帮助那些犯了罪的人早日~过来; 우리는 죄를 저지른 저 사람들이 조속히 깨닫도록 도와줘야 합니다. | 他们两个同时犯了错误, 只是他~得早, 改正得也早; 그들 둘은 동시에 잘못을 저질렀지만, 그가 일찍 자각해 개선도 빨랐다. | 他躺在病床上才~到锻炼身体的重要性; 그는 병상에 누워서야 신체 단련의 중요성을 깨달았다. 名 각오. 의식. 각성. 자각. ¶他有很高的~, 对自己和家人的要求很严格; 그는 높은 의식이 있어 자신과 가족에 대한 요구가 매우 엄격하다. | 孩子的~会随着年龄的增长而提高; 아이의 자각은 나이가 들면서 높아진다. | 他要把孩子培养成有~有理想的人; 그는 아이를 의식이 있고 이상이 있는 사람으로 키워내려 한다.

▶용법주의: 한국어 한자어 '觉悟'는 '각오하다, 결심하다'의 뜻으로 중국어 '觉悟'와는 뜻과 용법이 틀리다.

觉醒 juéxǐng 动 깨닫다. 각성하다. ¶这件事说明当地人民主意识的~; 이 일은 현지인 민주의식의 각성을 설명해준다. | 他~得太晚了; 그는 너무 늦게 깨달았다. | 渐渐~过来的人们渴望能得到正确的引导; 점차 각성하기 시작한 사람들은 정확한 인도를 받길 갈망한다.

军 jūn 名 ❶ 군대. ¶我~已经占领了那块阵地; 아군은 이미 저 진지를 점령하였다. | 敌~已经被我们打败了; 적군은 이미 우리한테 패했다. | 在友~的帮助下, 我~很快就胜利了; 우방의 도움 아래 아군은 빠르게 승리했다. | 我们有自己的海~、陆~和空~; 우리는 자신만의 해군, 육군과 공

군이 있다. ❷ 군단.¶这次战争我方出动了一个~的兵力;이번 전쟁에 우리편은 한 군단의 병력을 출동시켰다.│我方一个~打败了敌方两个~;우리편 한 군단이 적의 두 군단을 이겼다.

军队 jūnduì 名 군대.¶每个国家都有自己的~;나라마다 자신의 군대가 있다.│~的任务是保卫国家;군대의 임무는 나라를 지키는 것이다.│他现在已经是~的指挥官了;그는 현재 이미 군대의 지휘관이다.│他们已经建立了一支强大的~;그들은 이미 강대한 군대를 건립하였다.

军官 jūnguān 名 장교. 사관.¶她的丈夫是一名~;그녀의 남편은 장교이다.│现在部队中的女~越来越多;지금 부대에 여자 장교는 갈수록 많아진다.│他去年从~学校毕业了;그는 작년에 사관학교를 졸업했다.

军人 jūnrén 名 군인.¶~要遵守部队的纪律;군인은 부대의 기강과 규율을 준수해야 한다.│她是~家属,她的丈夫是一名~;그녀는 군인가족으로 그녀의 남편은 군인이다.│~要有~的样子,不能和普通百姓一样;군인은 군인의 모습이 있어야 일반 국민과 같을 수 없다.

军事 jūn·shì 名 (군대 또는 전쟁에 관련된 모든 사무로서) 군사.¶那两个国家在~方面有很多合作;저 두 나라는 군사 방면에서 많은 협력이 있다.│这是~秘密,不能告诉别人;이것은 군사기밀로 다른 사람에게 알려서는 안 된다.│他是~专家,经常在电视上向大家介绍一些~常识;그는 군사 전문가로 항상 텔레비전에서 사람들에게 일부 군사 상식들을 소개해 준다.│国际社会希望两个国家不要采取~行动;국제 사회는 두 나라가 군사행동을 취하지 않기를 희망한다.

君 jūn 名 ❶ 군주. 임금.¶他们的国~被敌人抓住了;그들 나라의 임금은 적에게 붙잡혔다.│这位就是刚即位的新~;이분이 바로 갓 즉위한 새 군주이다.│一个朝代后期往往会出现一些昏~;한 왕조의 후기에는 늘상 아둔한 임금이 출현하기 마련이다. ❷ 남에 대한 존칭으로 보통 성씨 혹은 호 뒤에 놓인다.¶这位李~是我的朋友,请大家多照顾;여기 이 군께서는 저의 친구로 여러분의 많은 배려 부탁 드립니다.│请李~发表高见;이 군께서 고견을 발표해주시겠습니다.│读者诸~一定可以体会作者的深意;독자들은 반드시 작자의 깊은 뜻을 체득할 수 있을 것이다.

均衡 jūnhéng 形 균형이 맞다. 균형적인.¶欧洲的人口分布最~;유럽의 인구 분포가 가장 균형이 맞는다.│~的营养可以保证孩子发育正常;균형에 맞는 영양이 아이의 정상적 발육을 보장할 수 있다.│国家的产业结构得到~发展;국가의 산업 구조가 균형적으로 발전하였다.

咖啡 kāfēi 名 ❶ 커피나무.¶那个~园里种着几百棵~;그 커피나무 밭에는 몇 백 그루의 커피나무가 심어져 있다. ❷ 커피.¶浓~和苦~他都不喜欢;진한 커피와 쓴 커피를 그는 모두 안 좋아한다.│我正在煮~,一会儿尝尝吧;내가 지금 커피를 끓이고 있으니 좀 있다가 맛보세요.│我昨天请他到~馆喝~了;나는 어제 그에게 커피숍에서 커피를 사줬다.

咖啡厅 kāfēitīng 名 커피숍.¶这个城市有很多~;이 도시에는 커피숍이 많이 있다.│工作累了,可以去楼上的~休息休息;일에 지치면 윗층의 커피숍에 가서 쉴 수 있다.│我们约好了在~见面;우리는 커피숍에서 만나기로 약속했다.

卡 kǎ 名 카드(card)의 음역.¶我刚买了一张电话~;난 방금 전화 카드를 한 장 샀다.│用~打电话很方便;카드로 전화하면 참 편리하다.│他的钱包里有很多~,有信用~也有普通的银行~;그의 지갑 속에는 카드가 많이 있는데, 신용카드도 있고 보통의 은행카드도 있다.

卡车 kǎchē 名 화물트럭.¶他是~司机;그는 트럭 운전수이다.│爸爸开过两年~;아빠는 2년 동안 트럭을 운전한 적이 있다.│食品公司给那家商店送来了一~货;식품회사는 그 상점에 물건을 한 트럭 배달했다.

卡拉OK kǎlā-OK 名 노래방.¶他们周末要去~;그들은 주말에 노래방에 가려 한다.│考完试我们去唱~吧;시험 끝나고 우리 노래방에 노래하러 가자.

卡片 kǎpiàn 名 카드.¶这些资料~对你写论文有帮助;이 자료카드들은 네가 논문을 쓰는데 도움이 된다.│请把~按顺序排好;카드를 순서대로 배열해놓으세요.│我已经把~整理好了;나는 이미 카드를 다 정리했다.

卡通 kǎtōng 名 ❶ 만화영화.¶这部~片的主人公是个小男孩儿;이 만화영화의 주인공은 어린 남자아이이다.│这部电影中的~形象是他设计的;이 영화 중의 만화 캐릭터는 그가 디자인한 것이다. ❷ 만화.¶现在书店里到处是~书;지금 서점에는 어느 곳이든 만화책이 있다.│这部丛书的主人公都是同一个~人物;이 시리즈의 주인공은 모두 같은 만화인물이다.

开 kāi 动 ❶ (닫힌 것을) 열다. (꺼진 것을) 켜다.¶快~门,妈妈回来了;얼른 문 열어라, 엄마 왔다.│快~电视,比赛已经开始了;빨리 텔레비전 켜라, 시합이 벌써 시작됐다.│我没带钥匙,~不开门;난 열쇠를 안 갖고 와서 문을 열 수 없다.│妹妹终于~口说话了;여동생이 마침내 입을 열어 말했다. ❷ (닫혀 있거나 연결된 물건이) 열리다. 벌어지다. (꽃이) 피다.¶

那棵树~了好几次花了,可是这棵树一次花也没~过;저 나무는 꽃이 여러번 피었는데, 이 나무는 한 번도 꽃이 핀 적이 없다.│你的扣子~了;네 단추가 열렸다.│妈妈,我的鞋带~了,帮我系上吧;엄마, 내 신발끈이 풀어졌는데 좀 묶어주세요.│拉链坏了,衣服又~了;지퍼가 망가져 옷이 열렸다. ❸ (길을) 통하게 하다. 넓히다. 개척하다. ¶他觉得那间屋子太暗了,所以在墙上又~了一扇窗;그는 그 방이 너무 어둡다고 느껴 벽에 창 하나를 또 만들었다.│在这里~矿是违法的;여기에서 광산 채굴은 위법이다.│去年那里新~了一条公路;작년에 그곳에 새로 도로 하나를 개통했다. ❹ (자동차, 배, 비행기, 기계 등을) 운전하다. 조종하다. (총, 포 등을) 쏘다. ¶他刚才冲着天上~了一枪;그는 방금 하늘에 대고 총 한 발을 쐈다.│你~车~得太快了;넌 차를 너무 빨리 운전한다.│她爸爸会~飞机;그녀의 아버지는 비행기를 조종할 줄 안다.│本次列车由北京~往天津;이번 열차는 베이징에서 톈진까지 운행합니다. ❺ (부대 등이) 출동하다. 진군하다. ¶昨天晚上这个村子~来一支部队,今天早晨又~走了;어제 밤에 이 마을에 한 부대가 진군해 왔는데, 오늘 아침 또 진군해 갔다.│敌人就要~过来了;적이 곧 진군해 온다. ❻ (사업, 가게 등을) 열다. 개업하다. ¶他在山里~了一家食品加工厂;그는 산 속에 식품가공 공장 하나를 열었다.│她爸爸自己~了个眼镜店;그녀의 아버지는 직접 안경점을 개업했다.│酒吧、咖啡厅~得太多了;술집, 커피숍을 너무 많이 열었다. ❼ (회의, 행사 등을) 열다. 거행하다. ¶我们明天~会,请大家准时参加;내일 회의가 있으니 모두 시간 맞춰 참석하세요.│这个学会已经~过两次学术会议了;이 학회는 이미 두 번 학술회의를 개최 한 적이 있다.│第二十九届奥运会是在北京~的;제29회 올림픽은 베이징에서 열린다. ❽ 개설하다. 설립하다. 세우다. ¶下学期我要给学生们~一门新课;다음 학기 나는 학생들에게 새로운 과목을 하나 개설하려 한다.│我得先去银行~个户;나는 먼저 은행에 가서 계좌를 개설해야 한다.│你们都~过什么课? 너희들은 모두 무슨 과목을 개설해 보았니? ❾ (서류를) 쓰다. 작성하다. ¶我请系主任给我~了一封介绍信;나는 학과장에게 소개서 한 통을 써달라고 부탁했다.│大夫已经给他~了药方;의사는 이미 그에게 처방전을 써주었다.│请给我~一张发票;저에게 영수증 한 장 끊어주세요.│支票~出来了,我们去买东西吧;수표를 끊었으니 우리 물건 사러가자. ❿ (액체가 가열되어) 끓다. ¶水~了,下饺子吧;물이 끓었으니 만두를 넣자.│都过了半天了,锅怎么还不~;한참이나 지났는데도 냄비가 어떻게 아직 끓지 않지?│煮面条的水已经~过三次了;국수 삶는 물이 이미 세 번 끓었다. 量 (종이를 등분한 단위로서의) 절. ¶我们的书都是三十二~的;우리들의 책은 모두 32절지이다.│十六~的本子当作业本比较好用;16절지 노트를 숙제 노트로 삼는 것은 쓰기에 비교적 좋다.│

这部小说最好印成三十二~;이 소설은 32절지로 인쇄하는 것이 가장 좋다. [动] (방향동사) 동사 혹은 형용사 뒤에 놓여 a) 분리되는 것을 나타낸다. ¶给孩子解~扣子和鞋带;아이에게 단추와 신발끈을 풀어주다. | 这套家具可以分~摆;이 가구 세트는 나누어서 배치할 수 있다. | 他拉~抽屉拿出一本书;그는 서랍을 열어 책 한 권을 꺼냈다. | 妈妈把西瓜切~了;엄마는 수박을 잘랐다. b) 떠나감을 나타낸다. ¶没有老师的命令,请同学们不要走~;선생님의 명령 없이 학우 여러분 가지 마세요. | 他躲~大家,一个人走了;그는 대중을 피해 혼자 떠났다. | 请您站~一点儿,我把门关上;좀 물러나 서세요, 문을 닫겠습니다. c) 일정한 수량을 감당할 수 있음을 나타낸다. ¶这个屋子很大,能睡~四个人;이 방은 커서 네 명은 잘 수 있다. | 这个会议室二十个人能坐~,人再多了就坐不~了;이 회의실은 스무 명이 앉을 수 있으나 더 많으면 앉을 수 없다. | 床太大,那个房间里放不~;침대가 너무 커서 저 방에 놓을 수 없다. d) 확대 혹은 확장되는 것을 나타낸다. ¶这个消息已经在学校传~了;이 소식은 벌써 학교에 퍼졌다. | 红眼病已经在那个城市里传染~了;결막염은 이미 그 도시로 전염되었다. | 他扯~嗓子唱了起来;그는 목청을 돋구어 노래하기 시작했다. e) 어떤 동작이 시작됨을 나타낸다. ¶她还没有听完就笑~了;그녀는 아직 다 듣지도 않고 웃기 시작했다. | 主持人刚提到他的名字,他就唱~了;사회자가 막 그의 이름을 부르자 그는 바로 부르기 시작했다. | 孩子一看到妈妈就哭~了;아이는 엄마를 보자 울기 시작했다.

开辟 kāipì [动] ❶ (길을) 열다. 개통하다. ¶最近中国航空公司又~了一条新航道;최근 중국항공공사는 또 새로운 항로를 열었다. | 这家旅游公司新~的旅游线路很适合你的要求;이 여행사가 새로 개통한 여행노선은 당신의 요구에 잘 맞을 것입니다. | 这两个城市之间新~了一条高速公路;이 두 도시 사이에 새로 고속도로가 개통되었다. ❷ 개척하다. ¶他的这项科研成果为我们~了新的研究领域;그의 이 과학연구 성과는 우리에게 새로운 연구영역을 열어주었다. | 为了公司的发展,我们今年在~新的市场;회사의 발전을 위해 우리는 금년에 새로운 시장을 개척한다. | 这里是最早~的国家公园;여기는 가장 먼저 문을 연 국가 공원이다.

开场白 kāichǎngbái [名] (연극이나 공연의) 개막사. (비유의 의미로서) 머리말. 서두. ¶在毕业典礼上,校长的~很吸引人;졸업식에서 교장 선생님의 개막사가 사람을 매료시켰다. | 总统亲切的~使会场的气氛活跃起来;대통령의 친근한 개막사는 대회장의 분위기를 활기 있게 만들었다. | 听完他的~,大家心里都暖呼呼的;그의 개막사를 다 듣고서 사람들 마음이 모두 훈훈해졌다. | 这篇文章的~十分精彩;이 글의 서두는 매우 흥미진진하다.

开发 kāifā [动] ❶ 개발하다. 개척하다. ¶我们应该合理~利用自然资源;우리는 자연자원을 합리적으로 개발하고

이용해야 한다. ❷ (인재 혹은 기술 등을) 개발하다. 발굴하다. ¶这家公司~的多种数码产品在市场上很受欢迎;이 회사가 개발한 여러 종류의 디지털 상품은 시장에서 인기가 많다. | 这项法律对于软件~很有利;이 법률은 소프트웨어 개발에 유리하다. | 我们应该加强本公司的人力资源~与管理;우리는 본 회사의 인력자원 발굴과 관리를 강화해야 한다.

开放 kāifàng [动] ❶ (꽃이) 피다. ¶这种花春天~,一直到秋天才落;이런 종류의 꽃은 봄에 피었다가 가을이 되어서야 비로소 진다. | 公园里百花~,正是游园的时候;공원에 온갖 꽃이 피어 소풍가기 딱 좋은 때이다. ❷ (봉쇄, 금지령, 제한 등을) 풀다. 개방하다. 해제하다. ¶博物馆每天都~;박물관은 매일 개방한다. | "六一"儿童节的时候动物园免费对儿童~一天;6월 1일 어린이날 때 동물원은 무료로 어린이에게 하루 개방한다. | 深圳是最早~的城市之一;선전은 가장 먼저 개방한 도시 중의 하나이다.

开会 kāi//huì [动] 회의를 열다. 회의를 하다. ¶我们这个月开了两次会;우리는 이 달에 회의를 두 차례 열었다. | 他们每个月都要~;그들은 매 달마다 회의를 해야한다. | 一连开了五天会,真累啊;닷새를 연달아 회의를 하니 정말 피곤하다. | 昨天学校给新生开了一个联欢会;어제 학교는 신입생들에게 환영회를 열어주었다.

▶용법주의: 이 말 중간에 '了'나 '过'나 수량구(数量短语) 등을 삽입할 수 있다.

开课 kāi//kè [动] ❶ 수업을 시작하다. 개

강하다. ¶学校各学院~的日子都是12日;학교의 각 단과대학별로 개강하는 날은 모두 12일이다. | 他们已经开了两个星期课了;그들은 수업 시작한 지 이미 2주일이 되었다. | 学校已经~了,可还有些学生没有报到;학교는 이미 개강했는데 아직 일부 학생들이 도착 보고를 하지 않았다. ❷ (과목을) 개설하다. 담당하다. ¶系里今年开了三十门课;학과에서는 올해 30개 과목을 개설하였다. | 听说今年你又开了一门新课,是吗? 듣자하니 금년에 또 새로운 과목을 맡았다던데, 그런가요? | 他开的这门课,选修的人多吗? 그가 개설한 이 과목을 선택 수강한 사람이 많니?

▶용법주의: 이 말 중간에 '了'나 '过' 나 수량단어 등을 삽입할 수 있다.

开朗 kāilǎng [形] (생각, 마음, 성격 등이) 낙관적이다. 명랑하다. ¶他性格~,对人亲切,是个好人;그는 성격이 명랑하고 사람들에게 친절한 좋은 사람이다. | 这孩子比以前~多了;이 아이는 예전보다 훨씬 명랑해졌다. | 自从谈恋爱以后,他变得越来越~了;연애한 뒤부터 그는 갈수록 밝아졌다.

开门 kāi//mén [动] ❶ 문을 열다. ¶我没带钥匙,开不开门;나는 열쇠를 안 갖고 와서 문을 열수가 없다. | 快开门,我要进去;들어가게, 얼른 문 열어라. | 我敲了半天他才来~;내가 노크해서야 그가 문을 열었다. ❷ (영업을) 시작하다. 개시하다. ¶商店九点~;상점은 9시에 시작한다. | 我们去的时候,公园还没有~;우리가 갔을 때 공원은 아직 열지 않았다. |

今天是周末,博物馆只开半天门;오늘은 주말이어서 박물관은 반나절만 문을 연다.

▶용법주의: 이 말 중간에 '了'나 '过'나 수량구 등을 삽입할 수 있다. 이 말의 중첩(重叠)방식은 '开开门'이라 한다.

开始 kāishǐ 动 ❶ (처음부터) 시작하다. ¶运动会九点~;운동회는 9시에 시작한다. | 新学期~了,学生们又回到了学校;새 학기가 시작되어 학생들은 다시 학교로 돌아왔다. | 请从111页的第二行~看;111쪽의 두 번째 줄부터 보세요. ❷ 개시하다. 착수하다. ¶现在~上课;지금 수업 시작하겠습니다. | 他今年三月才~学汉语;그는 올해 3월에서야 중국어를 배우기 시작했다. | 什么时候~报名? 언제 등록 시작하죠? 名 (시작하는 첫 단계로서) 처음. ¶刚来到国外, ~总会遇到一些困难;갓 해외에 나오면 처음에 으레히 어려움들을 만나게 되지요. | ~他很喜欢这里, 可是后来就不喜欢了;처음에 그는 여기를 좋아했지만 나중에는 좋아하지 않게 되었다. | 现在只是~, 更有意思的比赛在后面呢;지금은 단지 시작일뿐, 더 재밌는 시합이 뒤에 있다.

开通 kāi·tōng 形 (사상이) 진보적이다. 진취적이다. ¶他已经快八十岁了,可是思想很~;그는 이미 곧 여든 살이 되지만 생각은 매우 진보적이다. | 你的思想得再~一点儿;당신의 생각은 좀 더 진취적이어야 한다. | 我是个很~的人, 可是也无法接受这种事;나는 진보적인 사람이지만 이런 일은 받아들일 수 없다. 动 (교통, 통신, 노선 등을) 열다. 개통하다. ¶那里已经~了十个卫星通信站;거기에 이미 10개의 위성 통신소를 열었다. | 中国承办了海洋信息网站项目并正式~;중국은 해양경보사이트를 개설하고 정식으로 운영중이다. | 运河~后,促进了南北交流和经济发展;운하 개통후 남북교류와 경제발전이 촉진되었다. | 那条高速公路已经完工并~使用了;그 고속도로는 이미 완공 되어 고 개통되어 사용중이다.

开玩笑 kāi//wánxiào ❶ 놀리다. 농담하다. ¶他是在跟你~, 别生气呀;그는 너한테 농담하는 거니까 화내지 말아라. | 你怎么能跟他开这种玩笑呢;넌 어떻게 그에게 이런 농담을 할 수 있니! | 他这个人很严肃, 跟他可开不得玩笑;그 사람은 참 진지해서 그한테 정말 농담할 수가 없다. ❷ (어떤 문제에 대해) 장난으로 여기다. 가볍게 대하다. ¶防火可不是~的事, 得严肃对待;화재 예방은 정말 가볍게 대할 일이 아니고 진지하게 대해야 한다. | 这种事情开不得玩笑, 会出人命的;이런 일은 장난으로 여겨선 안 되는데 자칫 인명을 앗아갈 수도 있다. | 签合同是大事, 可不能~;계약에 서명하는 것은 중대사니 가볍게 여겨선 안 된다.

开学 kāi//xué 动 개학하다. 학기가 시작되다. ¶学校九月一日~;학교는 9월 1일에 개학한다. | 等开了学我们再一起学习;개학하고 나서 우리 같이 공부하자. | 由于新学校的教室还没盖好, 所以开不了学;새 학교의 교실이 아직 완공되지 않아 개학할 수가 없다.

▶용법주의: 중간에 '了'나 '得了'나 '不了' 등을 삽입할 수 있다.

开演 kāiyǎn 动 (연극이나 영화 등을) 시작하다. ¶电影已经~了;영화가 이미 시작되었다.│妈妈最爱看的电视剧每天晚上八点~;엄마가 가장 보기 좋아하는 텔레비전 연속극은 매일 저녁 8시에 시작한다.│演出已经~半个小时了他才来;공연이 시작된 지 벌써 반시간이 되어서야 그가 왔다.

开展 kāizhǎn 动 (작은 범위에서 큰 범위로) 넓히다. 확대시키다. 전개시키다. ¶中国花样滑冰运动是从1949年~起来的;중국의 피겨스케이팅 운동은 1949년부터 전개된 것이다.│目前世界上已有100多个国家~这项运动;현재 세계의 100여 개 국가가 이 운동을 전개하고 있다.│学校去年~过一次教学调查, 发现了一些教学工作中的问题;학교는 작년에 교학 조사를 한 차례 전개하면서 일부 교학 업무 중의 문제들을 발견하였다.

刊登 kāndēng 动 (신문이나 잡지 등 출판물에) 싣다. 게재하다. ¶他的文章~在昨天的报纸上了;그의 글은 어제 신문에 실렸다.│报纸上~了一些寻人启事;신문에 일부 사람찾기 광고가 게재되었다.│他在报纸、杂志上~过几次广告;그는 신문, 잡지에 몇 차례 광고를 실었다.

看 kān 动 ❶ 지키다. 돌보다. 보살피다. ¶我妈妈现在给我~着孩子呢;엄마는 지금 나에게 아이를 봐주고 계신다.│我得去一趟卫生间, 请帮我~一下东西;난 화장실 좀 가야하는데 물건 좀 지켜주세요.│他们都出去玩儿了, 只留下我一个人~家;그들 모두 놀러나가서 나 혼자 남아 집을 본다.│那位大妈~了几十年孩子, 很有经验;저 아주머니는 몇십 년 동안 아이를 보살펴 경험이 많다. ❷ 감금하다. 감시하다. ¶他以前在看守所~过三年犯人;그는 예전에 구치소에서 삼 년 동안 범인을 감시한 바 있다.│你替我~一会儿他, 别让他跑了;그가 도망가지 못하게 너 나 대신 그 좀 잠깐 봐주렴.
☞ kàn

看护 kānhù 动 간호하다. 보살피다. 돌보다. ¶这位护士~病人很周到;이 간호사는 환자를 참 세심하게 간호한다.│我妈妈在家帮我~孩子;우리 엄마는 집에서 아이 돌보는 것을 도와준다.│幼儿园和小学都要注意对儿童的~和照顾;유치원과 초등학교 모두 어린이를 돌보고 배려하는데 신경 써야 한다.

看守 kānshǒu 动 ❶ 돌보다. 관리하다. ¶这位老人一直在这里~山林;이 노인은 줄곧 여기서 산림을 돌보았다.│这里的公园晚上不需要人~;여기 공원은 저녁에 사람이 관리할 필요가 없다.│他已经~了三年仓库了;그는 이미 삼 년 동안 창고를 관리해왔다. ❷ (죄인, 포로 등을) 감시하다. ¶在这个~所里, 他们共~着二百多名犯人;여기 교도소에서 그들은 모두 200여 범인들을 감시하고 있다.│他想向~人员问一些情况;그는 교도관에게 상황들을 좀 묻고 싶었다.│他工作时由于~不认真, 有两名罪犯逃跑了;그는 근무시 주의하지 않아 두 명의 범죄자가 도망쳤다.

砍 kǎn 动 ❶ (도끼로) 찍다. 패다. ¶昨天在~树的时候,他不小心把手~破了;어제 나무를 찍을 때 그는 조심하지 않아 손을 찍어 다쳤다. | 我去找他的时候,他上山~柴去了;내가 그를 찾아갔을 때 그는 산에 나무하러 갔다. | 那棵树太粗太硬了,我~了几十下也~不断;저 나무는 너무 거칠고 딱딱해서 내가 몇십 번을 찍어도 베어지지 않는다. ❷ 깎다. 삭감하다. 취소하다. ¶在市场买东西的时候可以~价;시장에서 물건 살 때 값을 깎을 수 있다. | 请你再重新看一看这份计划,将会议的部分~掉;다시 새로이 이 계획을 보고 회의 부분을 취소해라. | 机构调整时,公司~了两个部门;구조조정 때 회사는 두 부문을 삭감하였다.

砍价 kǎn//jià 动 (값을) 깎다. ¶买东西你要跟她一起去,她很会~;물건 살 때 넌 그녀랑 같이 가야 해, 그녀는 값을 참 잘 깎거든. | 那天买那件衣服时,我们跟老板砍了半天价,也没砍下来;그날 그 옷을 살 때 우리는 사장과 값을 한참동안 깎았지만 깎지 못했다. | 在那个市场买东西可以~,可是在商场、超市里不能~;저 시장에서 물건 사는 건 값을 깎을 수 있지만, 상점이나 슈퍼마켓에서는 값을 깎을 수 없다.

▶용법주의: 중간에 '了' '나' '过'와 수량구(数量短语) 등을 삽입할 수 있다.

看 kàn 动 ❶ (눈으로) 보다. ¶妈妈正在~电视,爸爸在书房~书;엄마는 지금 텔레비전 보시고, 아빠는 서재에서 책을 보신다. | 我们今天晚上去~京剧吧;우리 오늘 저녁 경극 보러 가자. | 那个电影我以前~过;그 영화는 내가 예전에 본 적이 있다. | 他~得真快,一天就~完了一本厚厚的小说;그는 정말 빨리 봐서 하루에 두꺼운 소설 한 권을 다 봤다. ❷ 방문하다. 문안하다. ¶我周末得去~外婆;난 주말에 외할머니 문안하러 가야한다. | 我的好朋友生病住院了,我得去~~她;내 친한 친구가 병이 나 입원해서 난 그녀를 좀 보러 가야한다. | 有空我再来~你;틈이 나면 또 뵈러 올게요. ❸ 관찰하다. …라고 보다. ¶我~你还是别去了,太冷了;날씨가 추우니 내 생각에 너 가지 않는 게 좋겠다. | 他~人~得很准;그는 사람보는 게 정확하다. | 都已经十点了,我~他不会来了;벌써 10시인데 내가 보기에 그는 안 올 것 같다. | 他这个人怎么样?现在还~不出来,得再~~;그 사람이 어떤지 지금은 아직 알 수 없으니, 더 지켜봐야겠다. ❹ 진찰하다. 진료하다. ¶我昨天去医院~病了,所以没有来;난 어제 병원에 진찰하러 가서 못 왔다. | 现在去医院只能~急诊了;지금 병원에 가도 응급 진료만 할 수 있어요. | 李大夫正在给病人~病,请稍等一会儿;이 (의사) 선생님은 지금 환자 진료 중이니 잠깐만 기다리세요. ❺ …에 결정되다. …에 달려있다. ¶我们的任务能不能按时完成就全~你的了;우리의 임무가 제 때에 완수될 수 있을지는 전부 너한테 달려있다. | 要不要给他处分,关键~他这一段时间的表现了;그에게 처분을 내려야 할지는 이 기간 동안의 그의 행동에 달려있다. | 这件事能不能办成,就~我们的运气了;

이 일이 성사될 수 있을지는 우리의 운에 달려있다. ❻ 주의하다. 조심하다. (상대방이 좋지 못한 일을 당하지 않도록 일깨워 줄 때 쓴다.)¶~车! 차 조심해! | ~着脚底下,别摔着;넘어지지 않게 발 아래를 조심해라. [助] 동사 혹은 동사 구조 뒤에 쓰여 시험 삼아 어떤 동작을 해보는 것을 나타낸다. 앞의 동사는 항상 중첩 혹은 동사 뒤 동량사, 시간보어 등이 쓰인다.¶这个音箱已经修好了,你再听听~,还有什么毛病再拿来;이 스피커는 이미 다 고쳤으니 네가 들어보고 또 무슨 문제가 있으면 가져오렴. | 我再找找~,也许我把钥匙放在抽屉里了;제가 더 찾아보죠, 아마 제가 열쇠를 서랍 속에 둔 것 같습니다. | 也不知道需要几天,我们先干两天~;며칠이 걸릴지 모르겠는데 우리 먼저 이틀만 해보자. | 也不知道他能不能治这种病,先去找找他~;그가 이런 병을 고칠 수 있을지는 모르겠지만, 우선 그를 찾아보지요.

☞kān

看病 kàn//bìng [动] ❶ (의사가 환자를) 진료하다. 진찰하다. ¶他正在给病人~; 그는 지금 환자 진료 중이다. | 这位老中医已经看了三十多年病了,经验很丰富;이 베테랑 한의사는 벌써 30여 년을 진료해서 경험이 풍부하다. | 我们医院看不了这种病,你得去综合医院;우리 병원은 이런 병을 진료할 수 없으니 당신은 종합병원으로 가야 합니다. ❷ (환자가 의사를 찾아) 병을 고치다. 진료하다. ¶我有一年多没看过病了;나는 일 년여 동안 진료를 받지 않았다. | 老师,我感冒了,得去医院~;선생님, 제가 감기 걸려서 병원에 진찰하러 가봐야 해요. | 你先看完病再来上课吧;넌 먼저 진료 받고서 수업하러 와라.

▶용법주의: 이 말은 중간에 '了', '过', '得了', '不了', '完' 와 수량구(数量短语) 등을 삽입할 수 있다.

看不起 kàn·buqǐ [动] 얕보다. 깔보다. 무시하다. 업신여기다. ¶他因为家里有钱而~别人;그는 집에 돈이 있어 남을 깔본다. | 你别~这本小词典,它对刚学汉语的人很有用呢;너는 이 작은 사전을 무시하지 마라, 이것은 중국어를 처음 배우는 사람에게 꽤 쓸모가 있단다. | 你如果不讲卫生,会被人~的;네가 위생을 중시하지 않으면 남에게 무시 당할 것이다.

看穿 kàn//chuān [动] (상대방의 본질 혹은 의도 등을) 꿰뚫어보다. 간파하다. ¶他一眼就~了孩子的心思;그는 한눈에 아이의 마음을 꿰뚫어보았다. | 他的想法总让人看不穿;그의 생각은 항상 남들이 간파해내지 못한다. | 那位侦探一眼就~了死者不是自杀,而是被谋杀的;그 탐정은 한눈에 죽은 자가 자살이 아니고 타살된 것이라고 간파하였다.

▶용법주의: 이 말 중간에 '不', '得'을 삽입할 수 있다. ¶他以为没有人看得穿他的想法;그는 아무도 그의 생각을 눈치채지 못할 것이라고 생각했다.

看法 kànfǎ [名] 관점. 생각. 의견. ¶我和妈妈的~完全一致;나와 엄마의 생각은 완전히 같다. | 刚才说的都是我个人的~,大家可以说一说自己的~;방금 말한 것은 모두 나 개인 생각으로, 여러분도 자신의 의견을 말씀해

주세요.| 大家的~不一样是很正常的;모두의 생각이 다른 것은 정상입니다.

看见 kàn//·jiàn 动 보다. 보이다. ¶我已经一个星期没有~王老师了;나는 벌써 일주일 동안 왕선생님을 보지 못했다.| 他的眼睛看不见东西了;그의 눈은 보이지 않게 되었다.| 你现在看得见看不见? 넌 지금 볼 수 있니, 없니?

▶용법주의: ❶ '看'은 동작동사(动作动词)로서, '看见'은 먼저 '보는' 동작 뒤에 결과를 아는 것을 가리킨다. ¶我去看一下他在不在; 난 그가 있는지 없는지를 보러 간다. ('보는(看)'이 동작을 통해 '있는지(在)' '없는지(不在)'를 알려고 한다.)| 我看见他出去了; 나는 그가 나가는 것을 보았다. (나는 이미 '보았고(看)', '그가 나갔다는(他出去了)' 결과도 안다. ❷ 이 말은 분리해서 쓸 수 있으며, 중간에 '得', '不'을 삽입할 수 있다.

看来 kànlái 连 보기에. 보아하니. ¶都这么晚了, ~他不会来了; 이렇게 늦었는데 보아하니 그는 안 올 것 같다.| 按照他的习惯,这事~他不会反对;그의 습관에 따르면 이 일은 그가 반대하지 않을 것으로 보인다.| 天阴得很厉害,~就要下大雨了;날이 심하게 흐린 게 보아하니 곧 큰비가 내릴 것 같다.

看破 kàn//·pò 动 간파하다. 알아차리다. 꿰뚫어보다. ¶他已经~红尘, 决定出家;그는 이미 속세를 간파하고 출가하기로 결심했다.| 他不想让人~自己的秘密;그는 남들이 자신의 비밀

을 알아차리게 하고 싶지 않았다.| 他们已经~了你的身份,你得赶快离开那里;그들은 벌써 너의 신분을 알아차렸으니 넌 얼른 그곳을 떠나야 한다.

▶용법주의: 중간에 '不', '得'을 삽입할 수 있다. ¶他总是看不破妻子的心事; 그는 항상 아내의 마음을 알아채지 못한다.

看起来 kàn·qǐlái 보아하니. 보니까. 보기에. ¶听你的话, ~你还知道很多事, 快说说; 네 말을 듣고 보니까 넌 많은 일을 알고 있는 것 같은데 얼른 말해봐라.| 今天晚上的月亮这么好, ~明天不会下雨; 오늘 저녁 달빛이 이렇게 좋은데 보기에 내일은 비가 올 것 같지 않다.| 已经七点五十五分了, ~小王又要迟到了; 벌써 7시 55분인데 보아하니 왕군은 또 지각할 것 같다.

看上去 kàn·shàngqù ❶ (아래에서) 위를 보다. ¶从山下~, 山峰已经插到云里去了; 산 아래에서 보니 산봉우리가 이미 구름에 닿아 있다.| 从这儿~, 只能看到那个亭子的一个角儿; 여기서 위를 보니 그 정자의 한 귀퉁이만 볼 수 있다. ❷ 보아하니. 보기에. ¶~, 他也就三十多岁; 보아하니 그는 삼십여 세는 된 것 같다.| 那位教授平时不注意打扮, ~就像一个农民; 저 교수님은 평소에 치장에 신경쓰지 않아 농부같이 보인다.| 实际情况并不像~那么糟;실제상황은 결코 보는 것 만큼 그렇게 엉망은 아니다.| 这孩子~很懂事;이 아이는 철 들어 보인다.

看样子 kànyàng·zi 副 보기에. 보아하니. ¶~你是刚从外地回来吧? 보아하니 넌 방금 외지에서 돌아왔지? l 这张照片~是秋天照的;이 사진은 보기에 가을에 찍은 것이다. l 看他现在的样子, 就可以知道外面很冷;그의 지금 모습을 보니 바깥이 춥다는 것을 알 수 있다. l 看你没精神的样子, 昨天没睡好吧? 기운이 없는 모습을 보아하니 어제 잠을 잘 못 잤지?

▶용법주의: 이 말 중간에 수식성분(修饰成分)을 삽입할 수 있다.

康乃馨 kāngnǎixīn 名 카네이션(carnation). ¶~象征母爱, 是慰问母亲的花;카네이션은 모성애를 상징하며 어머니를 위로하는 꽃이다. l 去医院探望病人时可以送~表示慰问;병원에 환자를 보러 갈 때 카네이션을 선물해 위문을 표할 수 있다. l 母亲节的时候, 他买了一大束~送给母亲;어버이날 때 그는 카네이션 큰 다발을 사서 어머니에게 선물했다.

扛 káng 动 (물체를 어깨에) 메다. 짊어지다. ¶远远的他看到儿子~着枪回来了;멀리서 그는 아들이 총을 매고 돌아오는 것을 보았다. l 你都~了半天了, 快把行李放在这儿歇一会儿吧;넌 한참을 짊어졌으니 빨리 짐을 여기에 놓고 잠깐 쉬도록 해라. l 他每天~着沙袋跑步;그는 매일같이 모래주머니를 짊어지고 뜀박질을 한다.

抗战 kàngzhàn 动 (적에) 대항하여 싸우다. 항전하다. ¶军事将领指挥战士英勇~;군사 고위장교는 전사들을 지휘하며 용감하게 대항하며 싸웠다. l 他带领全国人民~到底, 终于迫使侵略者坐下来谈判;그는 전국 인민들을 인솔해 끝까지 항전하여 마침내 침략자들을 앉혀 담판 짓도록 몰았다. l 名 (1937~1945) 항일전쟁(抗日战争). ¶这部小说反映的是~期间的事情;이 소설이 반영한 것은 항일전쟁 기간 동안의 일들이다. l ~胜利后, 他又开始从事科学研究;항전승리 후에 그는 또 과학연구에 종사하기 시작하였다. l 在~期间, 中国的大学曾经迁往西北地区;항일전쟁 기간에 중국의 대학은 일찍이 서북 지구로 옮겼었다.

抗争 kàngzhēng 动 항쟁하다. 투쟁하다. ¶这个孩子才十岁, 已经与白血病~了两年多了;이 아이는 겨우 열 살인데 백혈병과 투병한지 벌써 2년여나 되었다. l 双方家长都反对两个人谈恋爱, 他们奋起~;양가 부모님이 두 사람의 교제를 반대하자 그들은 맞서 싸웠다. l 我们应该勇敢地与坏人坏事~;우리는 마땅히 용감하게 나쁜 사람, 나쁜 일과 투쟁해야 한다.

考 kǎo 动 시험 보다. 시험 치다. ¶我们明天~听力;우리는 내일 듣기 시험을 본다. l 姐姐今年~上了北京大学;언니는 올해 베이징대학에 합격했다. l 这次他终于~及格了;이번에 그는 마침내 시험에 합격했다.

考虑 kǎolǜ 动 (어떤 결정을 내리기 위해) 고려하다. 생각하다. ¶这个问题我得~一下儿再答复你;이 문제는 제가 생각 좀 해보고 회답 드리겠습니다. l 我们不能只~个人利益, 不~别人;우리는 개인의 이익만 생각하고 다른 사람을 생각 안할 수 없다. l 你得~~孩子的前途;너는 아이의 앞날을 고려해야 한다.

▶용법주의: 이 말의 중첩방식은 '考虑考虑'이다.

考试 kǎo//shì 动 시험 치다. 테스트하다. ¶老师,我们什么时候~? 선생님, 우리 언제 시험 보나요?| 下周就要~了,我得好好复习复习;다음 주면 시험 봐야해서 난 열심히 복습해야 한다.| 我们考完试以后去歌厅怎么样? 우리 시험 다 본 뒤에 노래방 가는 것 어때? 名 시험. 테스트. ¶这次~,同学们都复习得很认真;이번 시험에 학우들 모두 진지하게 복습하였다.| 明天的~在202教室进行;내일 시험은 202호 교실에서 치른다.| 他不能参加这次~;그는 이번 시험에 참가할 수 없다.

▶용법주의: ❶ 이 말은 동사로 쓰일 때 중간에 '了','过','着','完' 등의 수량구(数量短语) 등을 삽입할 수 있다. ¶这学期我考了三次试;이 학기에 우리는 시험을 세 번 보았다.| 正考着试不能接听手机;시험 치면서 휴대폰을 받을 수 없다.| 我考完试就去找你;내가 시험 다 치고서 널 찾으러 갈게. ❷ 한국어 한자어 '试验'은 중국어 '考试'와 같은 의미이지만, 중국어에서는 사용할 수 없다. ¶他不能参加这次试验(×)

烤 kǎo 动 (불에) 굽다. 말리다. (불을) 쬐다. ¶今天我吃了一块~白薯;오늘 나는 군고구마 하나를 먹었다.| 我们今天晚上~肉吃,怎么样? 우리 오늘 저녁 고기 구워먹는 거 어때요?| 这只鸭子~得真好,香极了;이 오리를 참 잘 구워서 맛이 매우 좋다.| 外面太冷,快进来~~火吧;밖이 너무 추우니 얼른 들어와 불 좀 쬐렴.

烤五花肉 kǎo wǔhuāròu 삼겹살구이. ¶大家都比较爱吃~;모두들 삼겹살을 좋아하는 편이다.| 我们正在~吃;우리는 지금 삼겹살을 구워 먹고 있다.| 这家饭店的~比较好吃;이 식당의 삼겹살은 맛이 괜찮다.

靠 kào 动 ❶ (몸을) 기대다. ¶他们俩背~背坐着;그들은 등을 서로 기대며 앉아있다.| 中午困了,他就~在椅子上打个盹;점심에 졸리면 그는 의자에 기대 눈을 붙인다.| 孩子~在妈妈的怀里睡着了;아이는 엄마의 품에 기대 잠이 들었다. ❷ (물체를) 기대어 두다. 기대어 세우다. ¶他进屋后把雨伞~在墙边上了;그는 집에 들어온 후 우산을 벽에 기대어 두었다.| 你把梯子~在那边墙上吧;사다리를 저쪽 벽에 기대어 세워두어라.| 这个柜子得~墙放才不会倒;이 옷장은 벽에 기대어 두어야 쓰러지지 않을 것이다. ❸ 가까이하다. 다가가다. 닿다. ¶大家都往中间~;모두들 중간으로 다가갔다.| 请你把车子往边上~一下儿;차를 길가쪽에 대세요.| 行人请~边走;행인은 길 쪽으로 가세요. ❹ 기대다. 의지하다. ¶学习不能~别人,只能~自己努力;공부는 남한테 기대선 안되며, 오직 자신의 노력에 의지해야 한다.| 这儿的人~打渔生活;이곳 사람들은 고기잡이로 살아간다.| 他~自己的努力考上了研究生;그는 자신의 노력으로 대학원 시험에 합격하였다. ❺ 신뢰하다. ¶他是个很可~的人;그는 정말 믿을만한 사람이다.| 这个消息~得住,你不用担心;이 소식은 믿을만 하니 넌 걱정할 필요 없다.

靠近 kàojìn 动 ❶ (서로간의 거리가) 가깝다. ¶他的房间~走廊;그의 방은 복도와 가깝다.|她坐在~窗户的书桌前看书;그녀는 창문에 가까운 책상에 앉아 책을 본다.|这座小城~大海;이 작은 도시는 큰 바다와 가깝다. ❷ (목표에) 가까이 다가가다. 근접하다. ¶我们已经~目标了;우리는 이미 목표에 근접했다.|船慢慢地~码头了;배는 천천히 부두에 가까이 다가갔다.|越到~考试的时候,他越紧张;시험에 가까이 다가갈수록 그는 더욱 긴장한다.

科 kē 名 ❶ (학술 혹은 업무 상의 부류) 과. ¶他在大学学的是理~;그가 대학에서 배우는 것은 이과이다.|孩子病了应该看儿~;아이가 병이 나면 소아과로 가야한다.|这家医院的内~很有名;이 병원의 내과는 매우 유명하다.|牙~;치과.|妇~;산부인과.|外~;외과.|神经~;정신과.|眼~;안과. ❷ (기관이나 조직 체계에서 업무에 따라 분류한 구분 단위) 과. ¶他在学校的财务~工作;그는 학교의 재무과에서 근무한다.|人事~在八楼;인사과는 8층에 있습니다.

▶용법주의: 중국에서 대학의 학과를 표시할 때는 "系"를 사용한다.

科目 kēmù 名 과목. ¶我们这次考试共考六个~;우리는 이번 시험에서 모두 여섯 과목을 본다.|今年研究生入学考试的~和去年一样;올해 대학원 입학시험의 과목은 작년과 같다.|战士在半年的时间完成了全部~的训练;전사는 반 년의 시간 동안 모든 과목의 훈련을 완수하였다.

科学 kēxué 名 과학. ¶我们应该让孩子从小就学~,爱~;우리는 아이가 어릴 때부터 과학을 배워 과학을 좋아하도록 해줘야 한다.|他是搞自然~研究的,我是搞社会~研究的;그는 자연과학 연구를 하고, 저는 사회과학 연구를 합니다.|生命~现在越来越受到人们的重视;생명과학은 지금 갈수록 사람들의 중시를 받는다. 形 과학적이다. ¶这种方法不太~,得出的数据没有太大的说服力;이런 방법은 그다지 과학적이지 않아 얻어낸 수치도 그다지 큰 설득력이 없다.|你应该~地安排时间;너는 마땅히 시간 안배를 과학적으로 해야한다.|只要掌握~的学习方法,就可以事半功倍;과학적인 학습방법만 장악하면 적은 노력으로 큰 효과를 거둘 수 있다.

科学家 kēxuéjiā 名 과학자. ¶在制定环境保护的政策时,我们要多听听~的意见;환경보호 정책을 제정할 때 우리는 과학자의 의견을 많이 경청해야 한다.|这孩子的理想是成为一名~;이 아이의 이상은 과학자가 되는 것이다.|总统亲自为获奖的~颁奖;대통령은 친히 상을 탄 과학자에게 시상하였다.

科学院 kēxuéyuàn 名 과학원. ¶这份报告是国家生命~送来的;이 보고는 국가생명과학원에서 보내온 것이다.|他现在是中国~院士;그는 지금 중국과학원의 회원이다.|中国的~有三个:~、工程~、社会~;중국의 과학원은 과학원, 기술과학원, 사회과학원 세 개가 있다.

科研 kēyán 名 과학연구. ¶这项新的~成果已经投入生产了;이 새로운 과학연구 성과는 이미 생산에 투입되었

다.|请大家尽快将明年的~计划报上来;여러분은 최대한 빨리 내년도 과학연구 계획을 보고하도록 하세요.|大学里的老师大多都是一边讲课,一边搞~;대학의 선생님은 대부분 수업을 하면서 연구를 한다.

科长 kēzhǎng 名 (직장 직위로서) 과장. ¶我们~去开会了;우리 과장님은 회의하러 가셨습니다.|你找~有什么事?과장님을 무슨 일로 찾으시는지요?|~,这是我的工作报告;과장님, 이것이 제 업무보고입니다.

棵 kē 量 (식물을 세는 단위) 그루. 포기. ¶院子里种着一~桃树;정원에 복숭아 나무가 한 그루 심어져 있다.|公园里的一~草,一片叶都应该爱护;공원의 풀 한 포기, 나뭇잎 하나 모두 아껴주어야 한다.|快看,那~菊花开了;어서 봐, 저 국화가 피었어.

颗 kē 量 (과립 모양의 물건을 세는 단위) 알. 알갱이. ¶这串珍珠项链上~~珍珠都是极品;이 진주목걸이의 진주 한 알 한 알마다 모두 최상품이다.|这就是从你身体里取出的那~子弹;이것이 바로 당신 몸에서 꺼낸 그 총알입니다.|这孩子已经有两~蛀牙了;이 아이는 벌써 충치가 두 개 났다.|一~星;별 하나.|一~宝石;보석 하나.|几~葡萄;포도 몇 알.

咳嗽 ké·sou 动 기침하다. ¶他感冒了,一直~;그는 감기가 들어 계속 기침한다.|他都~了一个月了,吃了很多药也不好;그는 한 달 내내 기침해 많은 약을 먹었지만 낫지 않는다.|他昨天一直~到后半夜;그는 어제 줄곧 한밤중까지 기침했다.

可 kě 连 (역접의 의미로) …하지만. 那

个公园很小,~景色很美;저 공원은 작지만 풍경이 아름답다.|我很想打游戏,~妈妈不让我玩电脑;나는 오락을 하고 싶지만 엄마가 컴퓨터를 못하게 하신다.|他虽然年龄小,~读过的书很多;그는 나이는 어리지만, 읽은 책이 많다. 副❶ 강조의 어기(語氣)를 나타내는 말. ¶他的汉语说得~好了;그는 중국어를 무척 잘한다.|这件事儿我已经告诉你了,你~别说不知道;이 일은 내가 이미 너한테 알려줬으니 넌 진짜 모른다고 말하지 말아라.|明天还要考试呢,你~别睡得太晚;내일 시험도 봐야하니 넌 정말 늦게 자지 말아라. ❷ 반문(反問)하는 구절에 쓰여 반문의 어기(語氣)를 강하게 나타낸다. ¶这么多东西,我一个人~怎么拿得了呢?이렇게 많은 물건을 나 혼자서 어떻게 들 수 있겠니?|我们都只是听他这么说,~谁见过呢?우리 모두 그저 그가 이렇게 말한 걸 들었을 뿐이지 누가 보았다고 했니? ❸ 의문(疑問)하는 구절에 쓰여 의문의 어기(語氣)를 강하게 나타낸다. ¶好久不见,你一向~好?오랜만이군요, 그동안 잘 지내셨는지요?|你~曾去过北京?너는 베이징에 가 본적이 있니?|这件事~是真的?이 일이 정말입니까?

可爱 kě'ài 形 귀엽다. 사랑스럽다. ¶这些孩子们真~;이 아이들은 참 사랑스럽다.|他家养了一只~的小狗;그의 집은 귀여운 강아지 한 마리를 길렀다.|那个杯子~极了,你快买一个吧;저 컵은 너무 귀여운데 너도 얼른 하나 사렴.

可靠 kěkào 形 ❶ 믿을만하다. 믿음직스

373

럽다.¶他从不骗人,是个~的人;그는 사람을 속인적 없는 믿을만한 사람이다.|我总觉得老李办事不太~;난 아무래도 이 씨가 일 처리하는 게 그리 미덥지 못한 것 같다.|你有没有~的朋友? 넌 믿을만한 친구가 있니? ❷ 확실하다. 틀림없다. ¶我得到一个~的消息;난 확실한 소식 하나를 얻었다.|他们提供的数据比较~;그들이 제공한 데이터는 비교적 확실하다.|这家报纸上的新闻很~;이 신문사의 뉴스는 틀림없다.

可口可乐 kěkǒukělè [名] 코카콜라(Coca Cola). ¶~在中国的饮料市场占有比较重要的地位;코카콜라는 중국의 음료 시장에 비교적 중요한 위치를 차지한다.|很多孩子爱喝~;많은 아이들이 콜라를 좋아한다.| ~公司很注意宣传;코카콜라 회사는 광고에 신경쓴다.

可怜 kělián [形] ❶ 가련하다. 불쌍하다. 딱하다. 가엽다. ¶没有父母的孩子太~了;부모 없는 아이는 너무 불쌍하다.|我们一起帮帮这个~的老人吧;우리 함께 이 딱한 노인을 도와줍시다.|他看这个小狗很~,就抱回家了;그는 이 강아지가 참 가여워 안고 집으로 갔다. ❷ (수량이나 품질 등이) 형편없다. 빈약하다. 초라하다. ¶我们这儿是半干旱地区,水少得~;우리 이 곳은 반 가뭄 지역으로 물이 형편없이 적습니다.|他每个月工资少得~;그의 매달 봉급은 형편없이 적다.|我现在能听懂的韩语实在是少得~;내가 지금 알아들을 수 있는 한국어는 정말 초라하게 적다. [动] 불쌍하게 여기다. 딱하게 여기다. ¶ ~这个没 妈的孩子吧;이 엄마가 없는 아이를 불쌍하게 좀 여깁시다.|我不需要别人~我,我只需要帮助;난 남의 동정은 필요 없고 단지 도움이 필요할 뿐이다.|他~这些听不到声音的聋哑孩子,常常去看他们;그는 소리를 못 듣는 농아 아이들을 불쌍하게 여겨 항상 그들을 보러간다.

▶용법주의: 이 말은 형용사로 쓰일 때 중첩시킬 수 없으며 동사로 쓸 때 그 중첩은 '可怜可怜'이라 한다.

可能 kěnéng [形] 가능하다. ¶他跑得很快,这次运动会得冠军完全~;그는 아주 빨라 이번 운동회에서 우승은 따논 당상이다.|在~的条件下,我们应该增加学习时间;가능한 조건 아래서 우리는 학습시간을 늘려야 한다.|复习三个月就能考上北京大学? 这不~;석 달 복습하고 베이징대학에 합격할 수 있다고요? 말도 안되요. [副] 아마. 혹시. 어쩌면. ¶他今天~不来了;그는 오늘 아마 오지 않을 것이다.|我~明年去中国留学;나는 어쩌면 내년쯤 중국에 유학하러 갈 것이다.| ~他不知道今天要考试;혹시 그는 오늘 시험 본다는 걸 모를지도 모른다. [名] 가능성. ¶他们很有~已经去了,我们别等了;그들은 이미 먼저 갔을 가능성이 높으니 우리 기다리지 말자.|你不用担心,根本没有这种~;도저히 이러한 가능성은 없으니까 넌 걱정할 필요없어.|从目前的情况来分析,这件事的起因有两种~;지금의 상황에서 분석하면 이 일의 원인은 두 가지 가능성이 있다.

可能性 kěnéngxìng [名] 가능성. ¶他不来的~很大;그는 안 올 가능성이 크다.

| 在短时间内,韩元升值的~极小;짧은 시간 내에 원화 가치가 평가절상할 가능성은 극히 적다.| 你觉得~有多大? 너는 가능성이 얼마나 된다고 생각하니?| 我们现在也不能排除你所说的这种~;우리는 지금 네가 말한 이러한 가능성을 배제할 수 없다.

可怕 kěpà 形 두렵다. 무섭다. ¶大地震可真是一件~的事;대지진은 정말 두려운 일이다.| 他的样子太~了,我再也不想见到他;그의 모습은 너무 무서워 난 다시는 그를 보고싶지 않다.| 昨天晚上他做了一个~的梦;어젯밤 그는 무서운 꿈을 꾸었다.

可是 kěshì 连 그러나. 그렇지만. 하지만. ¶虽然爬山很累,~对身体很好;등산은 힘들지만 몸에는 좋다.| 她虽然个子不高,~长得很漂亮;그녀는 키가 크진 않지만 예쁘게 생겼다.| 我不想去,~他一定要我陪他去;난 가고 싶지 않지만 그는 꼭 내가 함께 가길 원한다.

可惜 kěxī 形 아깝다. 아쉽다. 애석하다. ¶这是个学习汉语的好机会,错过太~了;중국어를 공부할 수 있는 이런 좋은 기회를 놓친다면 너무 안타까울 것이다.| ~他这次没有得冠军;아쉽게도 그는 이번에 우승하지 못했다.| 你才住了两天就走,我觉得太~了;네가 겨우 이틀만 있다 가니 너무도 아쉽구나.

可以 kěyǐ 动 (조동사) ❶ …할 수 있다. ¶只要用功你是~通过HSK六级的;열심히만 한다면 넌 HSK 6급은 통과할 수 있어.| 有问题的话,你~直接给我打电话;무슨 문제가 있다면 나에게 연락해.| 一个小时之后飞机就~起飞了;한 시간 뒤 비행기는 바로 이륙할 수 있다. ❷ …해도 좋다. …해도 된다. ¶飞机上~免费托运20公斤的行李;비행기에 20킬로그램의 짐을 무료로 부칠 수 있다.| 我~进来吗? 제가 들어가도 될까요?| 今天的考试~带词典;오늘 시험은 사전을 갖고와도 된다. ❸ (어떤 용도에) 쓸 수 있다. ¶这块布~给孩子做两件上衣;이 천으로 아이에게 웃옷 두 벌은 만들 수 있다.| 这种护肤品~防止长皱纹;이런 피부보호제는 주름을 예방할 수 있다.| 采用这种新技术~节约能源;이러한 새로운 기술을 써서 에너지원을 절약할 수 있다. ❹ …할 가치가 있다. …할 만하다. ¶你的这个想法~考虑;너의 이 생각은 고려해볼 만하다.| 那儿的风景挺漂亮的,~去看看;그 곳의 풍경은 참 아름다워 가볼 만하다.| 那家饭店的菜很有特色,~去尝尝;그 식당의 요리는 매우 특색이 있어 맛보러 가볼 만하다.

▶용법주의: ❶ 아직 실현되지 않은 자연현상에 대한 추측에는 '会', '能(够)'을 쓰고 '可以'는 쓰지 않는다. ¶明天可以下雨吗?(×)| 都三年没下雨了,什么时候才可以下雨呀?(×)| 明天会下雨吗? 내일 비가 올까?| 都三年没下雨了,什么时候才能下雨呀? 삼 년이나 비가 오지 않았는데, 언제나 비가 올 수 있을까? ❷ ❶의 부정(否定)형식이 '不可以'인 것 외에 ❷❸❹의 부정형식은 모두 不能이다.

形 ❶ 좋다. 나쁘지 않다. 괜찮다. (이 말 앞에 '还'가 자주 놓인다.) ¶这篇作文写得还~;이 작문은 그런대로 잘

었다.ǀ我觉得在北京的生活还~,我已经习惯了;난 베이징의 생활이 그런대로 괜찮은 것 같아 지금은 익숙해졌어.ǀ他打球的水平还~,我们都不如他;그는 공을 잘 차는 편인데 우리는 모두 그만 못하다. ❷ (정도가) 대단하다. 심하다. ¶这天冷得真~,我把所有的衣服都穿上了还觉得冷;오늘은 정말 대단히 추워서 난 모든 옷을 껴입고도 아직 춥다.ǀ北京的公交车挤起来可真够~的;베이징의 공중버스는 붐비기 시작하면 정말 대단하다.

渴 kě [形] 목마르다. 갈증나다. ¶天气太热,我们都很~;날씨가 너무 더워 우리 모두 갈증난다.ǀ你要是~了,我们就买点儿喝的;갈증 나면 우리 마실 것 좀 사자.ǀ孩子~极了,一口气把一大杯水都喝光了;아이는 몹시 목이 타서 단숨에 큰 컵의 물을 다 마셨다.ǀ你们都~了一上午了,快进屋喝点儿水吧;너희들 모두 오전 내내 목말랐을텐데 얼른 방에 들어와 물 좀 마셔라.

克 kè [量] 그램(g). ¶一公斤等于一千~;일 킬로그램은 천 그램과 같다.ǀ在中国市场上买东西时,人们习惯用"斤",不习惯用"~";중국 시장에서 물건 살 때 사람들은 습관적으로 '근'을 쓰지 '그램'을 쓰는 습관이 없다.ǀ他买了一条十~重的金项链送给女朋友做生日礼物;그는 10 그램의 금목걸이를 사서 여자친구 생일 선물로 주었다.

克服 kèfú [动] ❶ 극복하다. 이겨내다. ¶你放心,任何困难他都能~;안심해, 어떤 어려움도 그는 이겨낼거야.ǀ你必须尽快~粗心的毛病;넌 될 수 있는 한 빨리 반드시 덤벙대는 버릇을 극복해야한다.ǀ他们~了种种不利条件,按期完成了任务;그들은 온갖 불리한 조건들을 극복하고 제때 임무를 완수하였다. ❷ 참다. 견디다. 자제하다. ¶会场上不许抽烟,请大家~一下儿;회의장은 금연이오니 좀 참아주시기 바랍니다.ǀ这儿的生活条件很差,你得~一下;이곳의 생활조건이 나쁘더라도 넌 견뎌야 한다.

刻 kè [量] (시간단위로서) 15분. ¶火车九点一~开,我们必须九点赶到车站;기차가 9시 15분에 출발하니 우리 9시에는 역에 도착해야 한다.ǀ已经十点三~了,他怎么还没来? 벌써 10시 45분인데 그는 어째서 아직 안 오는 거야?ǀ去机场的大巴每一~钟发一趟;공항 가는 리무진은 15분마다 한 번씩 있다. [动] 조각하다. 새기다. ¶他把自己的名字~在那块漂亮的小石头上送给女朋友;그는 자신의 이름을 그 예쁜 작은 돌 위에 새겨서 여자친구에게 선물하였다.ǀ那块石碑上的字很漂亮;그 석비에 새긴 글자는 참 예쁘다.ǀ这些字都是古代的人~上去的;이 글자들은 모두 고대의 사람들이 새긴 것이다.

刻苦 kèkǔ [形] 고생을 견뎌내다. 각고의. 매우 열심히 하다. ¶小王这学期学习很~,这次考试得了第一名;왕 군은 이번 학기에 공부를 매우 열심히 해 이번 시험에 일등했다.ǀ她现在每天都~练习,希望在下次运动会上拿冠军;그녀는 지금 매일같이 각고의 연습을 해서 다음 운동회에 우승을 거머쥐려 한다.ǀ李老师这些年一直~钻研,已经发表了很多有影响的学

술논문;이 선생님은 요 몇 년 동안 줄곧 각고의 연구로 이미 많은 영향력 있는 학술논문을 발표하였다.

客观 kèguān 形 ❶ (속성을 나타내는 말로서 주관에 상대되는 뜻으로) 객관적인. ¶~世界不会因为我们不喜欢它就发生改变;객관세계는 우리가 그것을 좋아하지 않는다고 해서 바뀌지는 않는다.│科学研究就是不断发现和认识~规律;과학 연구는 바로 끊임없는 발견과 객관적 법칙의 이해에 있다.│这是~现实,你改变不了;이것은 객관현실로서 넌 바꿀 수 없다. ❷ (사물의 본래 면모에 따라 관찰한 것으로서 개인적 편견이 더해지지 않은) 객관적이다. ¶他能够比较~地看问题;그는 비교적 객관적으로 문제를 볼 수 있다.│你说话太主观了,能不能~一点儿?넌 말을 너무 주관적으로 하는데 좀 객관적일 수 없니?│~地讲,他的话虽然不好听,但是很有道理;객관적으로 말해 그의 말은 (비록) 듣기엔 안 좋지만 (참) 일리가 있다.│我希望你能对这件事持一个~的态度;나는 네가 이 일에 대해 객관적인 태도를 갖길 바란다.

客气 kè·qi 形 공손하다. 친절하다. 겸손하다. ¶他对人说话很~;그는 사람에게 참 친절하게 말한다.│他很不~地拒绝了大家的请求;그는 사람들의 부탁을 매우 무례하게 거절했다.│妈妈客客气气地请客人坐下,还端来了一杯茶;엄마는 공손하게 손님에게 앉으라 권하고는 차 한 잔을 들고 왔다. 动 겸손의 말을 하다. 사양하다. 겸손한 행동을 하다. ¶千万别~,有什

么问题就来找我;제발 사양하지 말고 문제가 있으면 저를 찾아오세요.│我们是老朋友了,你不用~;우리 오랜 친구인데 사양할 필요 없어요.│昨天我们是第一次见面,免不了要先~~;어제 우리는 처음 만났는데 먼저 겸손하게 행동해야지요.

▶용법주의: 이 말은 형용사로 쓰일 때 중첩형식(重叠形式)은 '客客气气'라 하며, 동사로 쓰일 때에 중첩형식은 '客气客气'로 한다.

客人 kè·rén 名 ❶ 손님. 방문객. ¶你是~,怎么能让你干这些活儿呢?당신은 손님인데 어떻게 당신에게 이런 일들을 하라고 할 수 있겠어요?│今天来的~是妈妈的老同学;오늘 온 손님은 엄마의 옛 동창이다.│公司来了几位外国~;회사에 외국 방문객이 몇 분 왔다. ❷ 여행객. ¶又来了一批~,你快去帮帮忙;여행객이 또 한 무리 왔는데 얼른 도우러 가거라.│~的行李都存好了吗? 여행객의 짐은 모두 잘 두었니?│对~一定要热情;여행객한테 반드시 친절해야 한다.

客厅 kètīng 名 응접실. 거실. ¶这套房子的~很大;이 집의 응접실은 크다.│我们家~里有一台大电视;우리 집 거실에는 커다란 텔레비전이 한 대 있다.│她把~布置得很漂亮│그녀는 거실을 이쁘게 꾸며 놓았다. 他家~里铺着地毯;그의 집 거실에는 양탄자가 깔려있다.

▶용법주의: 한국어 한자어 '应接室'은 중국어 '客厅'과 같은 의미이지만, 중국어에서는 사용할 수 없다. ¶这套房子的应接室很大(×)

课 kè 名 ❶ 수업. 강의. ¶现在开始上~;

377

지금 수업 시작하겠습니다.| 下~后请大家把作业交到办公室;수업 끝나고 여러분 숙제를 사무실에 제출하세요.| 我昨天没有~;난 어제 수업이 없었다. ❷ 과목. ¶我这学期一共有三门~;나는 이 학기에 모두 세 과목이 있다.| 今年新开了两门~;올해 두 과목을 새로 개설했다. ❸ 수업의 시간단위. ¶他每天上午都有四节~;그는 매일 오전 모두 수업이 네 개 있다.| 有的学校一节~是四十五分钟, 有的学校一节~是九十分钟;어떤 학교는 45분 수업, 어떤 학교는 90분 수업이다. ❹ (교재의 한 단락) 과. ¶这本书共有二十~;이 책은 모두 20과가 있다.| 我们明天开始学习新~;우리는 내일 새로운 과 공부를 시작한다.

课本 kèběn 名 교과서. 교본. ¶请大家到七楼231室买~;여러분 7동 231호로 가서 교과서를 사도록 하세요.| 我们这学期换了新~;우리는 이 학기에 새 교과서로 바꾸었다.| 请大家翻开~55页;여러분 교과서 55쪽을 펴세요.

课程 kèchéng 名 교과 과정. 커리큘럼(curriculum). ¶这学期的~已经安排好了;이번 학기의 교과 과정은 이미 다 배정되었다.| ~表已经贴出来了, 快去看看;강의 시간표가 이미 붙었으니 얼른 가서 보자.| 你这学期都有什么~? 넌 이번 학기에 모두 어떤 커리큘럼이 있니?

课堂 kètáng 名 교실. 강의실. ¶我们经常进行~讨论;우리는 자주 강의실 토론을 한다.| 张老师上课时, ~气氛很活跃;장 선생님이 수업할 때 교실 분위기는 참 활기차다.| 公园是留学生了解中国社会和文化的大~;공원은 유학생이 중국 사회와 문화를 이해하는 커다란 교실이다.

课题 kètí 名 과제. ¶这是教育部公布的新的科研~;이것은 교육부가 공포한 새로운 과학연구 과제이다.| 这是摆在我们面前的重大~;이것은 우리 앞에 놓인 중대한 과제이다.| 这是一个复杂的~, 几年之内都不可能完成;이것은 복잡한 과제로서 몇 년 안에 완성할 수 없다.

课文 kèwén 名 (교과서의) 본문. ¶今天我们学习新~;오늘 우리는 새로운 본문을 배운다.| 请同学们预习新课的~和生词;(학우) 여러분 새로운 과의 본문과 새로 나온 낱말 예습하세요.| 读~;본문을 읽다.| 背~;본문을 외우다.

肯 kěn 动 (조동사) 기꺼이 …하다. …하길 원하다. ¶弟弟不~把玩具借给小朋友玩儿;동생은 장난감을 아이들이 놀도록 빌려주길 원치 않는다.| 我们劝他好好复习, 可是他不~;우리는 그에게 열심히 복습하라고 타일렀지만 들으려 하지 않았다.| 只要~努力, 一定可以取得好成绩;노력하려고만 한다면 반드시 좋은 성적을 거둘 수 있다.

▶용법주의: '肯'은 문제에 대답하는데 단독으로 쓸 수 있지만, 단독으로 사용할 때 정도부사(程度副词)가 붙을 수 없다. 어떤 동사 단어와 함께 사용할 때에만 앞에 정도부사를 붙일 수 있다. ¶他肯不肯参加比赛? 很肯(×)| 他肯不肯参加比赛? 肯;그는 시합에 참가하길 원하느냐?| 这孩子学习的时

候很肯动脑筋;이 아이는 공부할 때 머리를 쓰려 한다.

肯定 kěndìng [动] 긍정하다. ¶我们应该~他这一年来取得的成绩;우리는 그가 이 일년 동안 거둔 성적을 인정해야 한다. | 领导~了他们的做法;지도자는 그들의 방법을 인정하였다. | 他的论文得到了专家的~;그의 논문은 전문가의 인정을 받았다. [形] ❶ 긍정적인. ¶老师已经对这个问题做出了~的回答, 你就不要再反对啦;선생님은 이미 이 문제에 대해 긍정적인 대답을 했으니 넌 더 이상 반대하지 말아라. | 我问他同意不同意我的观点, 得到的回答是~的;나는 그에게 내 관점에 동의하는지 안 하는지를 물었고, 얻은 대답은 긍정적이었다. ❷ 분명하다. 확실하다. 확고하다. ¶你到底如何决定, 我希望能有一个~的答复;네가 도대체 어떻게 결정할 것인지, 분명한 답을 해주기 나는 바란다. | 明天下不下雨现在还不能~;내일 비가 내릴지 안 내릴지 아직은 확실하지 않다. | 他非常~地告诉我一定要去中国留学;그는 매우 확고하게 꼭 중국에 유학 갈 것이라고 알려주었다. [副] 틀림없이. 반드시. 꼭. ¶他明天~不会来;그는 내일 틀림없이 안 올 것이다. | 他平时不好好学习, 这次~又考不好;그는 평소 공부를 열심히 안해 이번에도 틀림없이 또 시험을 잘 못볼 것이다. | 都七点五十了, 他还没起床, 今天~又得迟到;7시 50분이나 됐는데, 그는 아직도 안 일어났으니 오늘도 틀림없이 지각할 것이다.

空 kōng [形] 텅비다. 공허하다. ¶放假了, 教室里已经~了;방학해서 교실은 이미 텅비었다. | 昨天我逛了一天街也没买到什么东西, ~着手回来了;어제 나는 하루종일 쇼핑했지만 아무것도 사지않고 빈손으로 돌아왔다. | 我现在口袋~~的, 一分钱也没有;난 지금 주머니가 텅비어 땡전 한푼 없다. | 现在没有条件, 你说的这些只是~想, 成不了现实;지금 아무런 여건도 안되니, 네가 말한 이것들은 그저 공허한 생각일 뿐 현실이 될 수 없다. [副] 괜히. 헛되이. 부질없이. ¶这次我可是~忙了一场, 我准备了很多好吃的, 可他没有来;이번에 헛수고만 했다. 맛있는 걸 많이 준비했지만 그는 오지 않았다. | 昨天他又~跑了一趟, 还是没有找到人;어제 그는 또 괜히 한바탕 뛰어다녔지만 사람을 찾지 못했다.

☞ kòng

空间 kōngjiān [名] 공간. ¶人类需要生存的~;인류는 생존의 공간이 필요하다. | 公司给员工提供了很大的发展~;회사는 직원에게 많은 발전의 공간을 제공해 주었다. | 这种新型汽车的车内~比较大;이러한 신형 자동차의 내부 공간은 비교적 넓다.

空气 kōngqì [名] ❶ 공기. ¶~中包含多种成分;공기 중에는 많은 종류의 성분이 포함되어 있다. | 这个地区~污染比较严重;이 지역의 공기오염은 비교적 심각하다. | 我们应该多去呼吸一下新鲜~;우리는 신선한 공기를 많이 마셔야 한다. ❷ 분위기. ¶我们班的学习~较重;우리 반의 학습분위기는 비교적 무겁다. | 他们激烈地争论使会场的~紧张到了极点;그들의 격

렬한 논쟁은 대회장의 분위기를 극도로 긴장시켰다.

空前 kōngqián 形 전례가 없는. 공전의. 전대미문(前代未聞)의. ¶这次大地震是一场~的灾难;이번 대지진은 전례가 없는 재난이다. | 经济学家指出, 国际金融市场1992年~旺盛;경제학자는 국제금융시장이 1992년에 전례 없는 호황이었다고 지적한다. | 第四届世界田径锦标赛,规模~,高手云集;제4회 세계 육상선수권대회는 전대미문의 규모로 고수들이 모여들었다.

空中 kōngzhōng 名 공중. ¶鸟儿在~自由地飞翔;새가 공중에서 자유로이 날아다닌다. | 这种鱼可以捉到~的昆虫;이런 물고기는 공중의 곤충을 잡을 수 있다. | 我刚才听到的声音好像是从~传来的;내가 방금 들은 소리는 하늘에서 들려온 것 같다.

孔 kǒng 名 구멍. ¶人身上有很多毛~;사람 몸에는 수많은 모공들이 있다. | 这个箱子上有排气~;이 박스에 배기구가 있다. | 颐和园里有一座十七~桥,是因为桥身有十七个~而得名的;이화원에는 17공교가 있는데, 다리에 17개의 구멍이 있어서 얻게 된 이름이다.

恐怖 kǒngbù 形 (생명의 위협을 느껴) 무섭다. 두렵다. ¶他很喜欢看~电影;그는 공포영화보는 걸 좋아한다. | 那个地区正在发生战争,那里的孩子都是在~中长大的;그 지역은 지금 전쟁이 일어나 그곳 아이들은 두려움 가운데 자라고 있다. | 那种声音使她~极了,想跑又跑不动;그러한 소리는 그녀를 극도로 두렵게 하여 도망치고 싶어도 도망칠 수가 없었다.

恐怕 kǒngpà 副 ❶ 아마. 대략. ¶都十一点了,~他不会来了;벌써 11시가 되었으니, 아마도 그는 안 올 것 같다. | 你~还不知道吧,我明天要出国了;아직 모르지? 나 내일 출국해. | 我~以后再也不会来这里了;저는 나중에 다시 이 곳에 오지 못할 것 같습니다. ❷ (어떤 일에 대한 달갑지않은 결과나 부정적인 추측으로) 아마 …일 것이다. …할 것 같다. ¶你先别跟妈妈说,~她不会同意;엄마가 동의하지 않을 것 같으니. 넌 우선 엄마에게 말하지 마라. | 他病得很厉害,~活不过今年冬天了;그는 병이 위독해 아마 올해 겨울을 넘기지 못할 것 같다. | 他这次真生气了,~以后再也不会理我了;그는 이번에 정말 화가 나서 아마 다시는 나를 상대하지 않을 것이다. 动 두려워하다. 걱정하다. 염려하다. ¶他~妈妈生气,赶紧去解释;그는 엄마가 화낼까봐 두려워 얼른 변명하였다. | 我晚上很少出门,~遇到坏人;나는 저녁에 나쁜 사람을 만날까봐 무서워 좀처럼 문밖을 나서지 않는다.

▶용법주의: '恐怕'는 어떤 상황이 발생할까봐 걱정될 때 주로 쓰는 말로서, 동사로 쓸 때에 목적어는 동사구조이어야 하며 정도부사(程度副词)를 사용해 수식할 수 없다. ¶他平时不努力学习,所以恐怕考试(×) | 他很恐怕女朋友生气,赶紧给她打电话(×) | 他平时不努力学习,所以害怕考试;그는 평소에 열심히 공부하지 않아 시험이 두렵다. | 他恐怕女朋友生气,赶紧给她打电话;그는 여자친구가 화낼까봐 두려워

얼른 그녀에게 전화하였다.

空 kòng 动 (시간이나 자리 등을) 내다. 비우다. ¶写文章时每一段的开头要~两格; 글을 쓸 때 매 단락의 처음은 두 칸은 비워야 한다. | 到这儿来坐吧, 这儿还~着两个座儿; 여기로 와서 앉으세요, 여기 아직 두 자리가 비어있어요. | 这家宾馆还~着几个房间, 我们就住这儿吧; 이 호텔은 아직 방 몇 개가 비어있으니 우리 여기에 묵도록 하자. 形 비다. ¶教室两边的~地也站满了人; 교실 양 편의 빈곳에 사람들이 빼곡히 서 있다. | 车箱里面还很~, 请大家往里走一走; 차 안이 아직 비어있으니 안으로 들어가세요. | 我们这儿没有~房, 请您再去别处看看吧; 우리 이곳엔 빈 방이 없으니 다른 곳을 찾아 보십시오.

☞ kōng

空儿 kòngr 名 틈. 간격. 공백. ¶这是一道填~题, 请大家把正确的答案填在横线上; 이것은 빈칸 채우기 문제로 정확한 답안을 가로선 위에 채워넣으세요. | 请你告诉小王, 让他抽~找我一趟; 왕군에게 시간 내서 한번 찾아 오라고 하렴. | 我们办公室一点~都没有, 放不下这张桌子; 우리 사무실은 조금의 공간도 없어 이 탁자를 놓을 수 없다.

控告 kònggào 动 (법률로) 고소하다. 기소하다. 고발하다. ¶发现假冒伪劣产品可以向工商局~; 가짜 상표나 불량 제품을 발견하면 공상국에 고발할 수 있다. | 有人向公安机关~他有贪污受贿的行为; 어떤 사람이 공안기관에 그의 뇌물수수혐의를 고소하였다. | 检察院每天都能收到很多~信; 검찰은 매일같이 많은 고발장을 받는다.

控诉 kòngsù 动 규탄하다. 성토하다. 고소하다. 고발하다. ¶她在法庭上~了犯罪分子对她的侮辱; 그녀는 법정에서 범죄자가 그녀에게 행한 모욕을 성토하였다. | 这部小说通过一对年轻人的爱情悲剧~了封建礼教的罪恶; 이 소설은 한 쌍의 젊은이의 애정 비극을 통해 봉건예교의 죄악을 고발하였다. | 她在电影中饰演一位~日本侵略军的老太太; 그녀는 영화에서 일본 침략군을 규탄하는 한 할머니 역을 맡아 연기하였다.

控制 kòngzhì 动 억제하다. 규제하다. 통제하다. ¶公司的资金由董事长一人~; 회사의 자금은 회장 한 사람이 통제한다. | 得~一下儿自己的感情, 不要太激动; 너는 자신의 감정을 좀 억제해야지, 너무 흥분해서는 안된다. | 我们得严格~留学生的人数; 우리는 유학생 수를 엄격하게 규제해야 한다.

口 kǒu 名 ❶ 입. ¶病从~人; 병은 입으로부터 들어간다. | 狼张开大~把小羊吃掉了; 늑대는 큰 입을 벌려 작은 양을 먹어치웠다. | 刚开~请他帮忙, 他就满~答应了; 내가 방금 입을 열어 그에게 도움을 청했더니 그가 흔쾌히 응락했다. ❷ (~儿) 용기의 주둥이. 입구. ¶这个瓶子~太大了; 이 병의 주둥이는 너무 크다. | 信还没有封~, 你帮我粘一下; 편지를 아직 봉하지 못했는데 네가 좀 붙여주렴. | 这个袋子的~得(děi)扎好, 别把东西掉出来; 이 주머니 입구를 꼭 다물어서 물건이 떨어지지 않도록 해라. ❸

(~儿)출입구.¶这个公园有两个出~,可以进出;이 공원은 두 개 출구로 출입할 수 있다.│我把客人送到了大门~;나는 손님을 대문 입구까지 배웅했다.│胡同~有一家邮局;골목 입구에 우체국이 있다. ❹ 터진 곳. 상처 난 곳.¶我的伤~疼得很厉害;내 상처가 굉장히 아프다.│手上的裂~越来越大了;손에 난 상처가 갈수록 커졌다.│他的裤子上撕了一个大~子;그의 바지가 찢어져 큰 구멍이 났다.

[量] ❶ 식구나 가축, 기물을 세는 양사.¶我们家有四~人;우리 집에는 네 식구가 있다.│他家养了三~猪;그의 집은 돼지 세 마리를 길렀다.│他请人打了一~好刀;그는 사람을 불러 좋은 칼 하나를 만들었다. ❷ 말을 세는 양사.¶他能说一~流利的普通话;그는 유창한 표준어를 구사할 수 있다.│他一~的广东话,我一句也听不懂;그의 광둥말은 한 마디도 알아들을 수 없다. ❸ 입으로 하는 동작을 세는 양사.¶他一~就把馒头咬下来半个;그는 한입에 만두를 반이나 베어물었다.│不小心被蛇咬了一~;조심하지 않아 뱀한테 한 입 물렸다.

□袋 kǒu·dai [名] ❶ 포대. 부대. 자루.¶把那个布~递给我;저 포대를 나한테 건네주렴.│那个塑料~里装的是你要的资料;저 비닐봉지에 담긴 것이 네가 원한 자료이다.│他把磨好的面装进~里背(bēi)走了;그는 다 빻은 밀가루를 포대에 담아 짊어지고 갔다. ❷ 호주머니. 포켓(pocket).¶这件上衣有四个~;이 상의에는 호주머니가 네 개 있다.│那件大衣的~设计得很独特;저 외투의 포켓은 디자

인이 매우 독특하다.│他的上衣~里装得鼓鼓的;그의 상의 호주머니가 가득 차 불룩하다.

□号 kǒuhào [名] 구호. 슬로건. 캐치프레이즈(catchphrase).¶人们一边走,一边高呼~;사람들은 걸으면서 구호를 크게 외쳤다.│这些标语~都是他编的;이 표어 캐치프레이즈들은 모두 그가 만든 것이다.│他的演说通篇都是政治性的~,没有什么实质内容;그의 연설 전부는 정치적 슬로건들로 어떤 실질적인 내용이 없다.

□语 kǒuyǔ [名] 구어. 회화.¶在~课上,我们学了很多~词;회화 수업에서 우리는 많은 회화 낱말들을 배웠다.│"小菜一碟"是~吗?'식은죽 먹기'는 구어체입니까?│他的阅读能力很强,可是~表达不太好;그의 독해능력은 우수하지만 회화 표현은 그다지 좋지 않다.

扣 kòu [动] ❶ (단추나 자물쇠 등을) 닫다. 잠그다. 채우다.¶快把扣子~上再出门;얼른 단추를 채우고서 나가거라.│这件衣服的扣眼儿太小了,扣子~不上;이 옷의 단추 구멍이 너무 작아 단추가 안 채워진다.│出去时,请帮我把门~好;나갈 때 문좀 잘 닫아 주세요. ❷ 덮다. 씌우다. 뒤집어놓다.¶我每次都把茶杯~在茶盘里;난 매번 찻잔을 차 쟁반에 뒤집어놓는다.│他把那口小锅~在头上当帽子戴;그는 그 작은 솥을 머리에 써서 모자 삼았다.│妈妈怕饭会放凉了,用盘子~在碗上;엄마는 밥이 식을까봐 쟁반을 그릇 위에다 덮어두었다.│快用这个杯子把那个小虫子~住;얼른 이 컵으로 저 벌레를 덮어

잡아라. ❸ 구금하다. 억류하다. 압류하다. ¶他的行李中因为带了违法物品被海关~下了;그는 짐 속에 위법 물품을 휴대했기 때문에 세관에 압류되었다. | 小王酒后驾车被警察~了驾驶本儿;왕군은 음주운전을 해 경찰에 면허증을 압류 당했다. | 他已经被派出所~过两回了;그는 파출소에 이미 두 번이나 구금되었다. ❹ 빼다. 떼다. 공제하다. ¶我的工资每个月都被~一百元;내 월급은 매달마다 일백 위안씩 공제된다. | 他因为迟到被~了三百元;그는 지각해서 삼백 위안 삭감 당했다. | 我现在~去租房的钱,就只剩下二百多元了;나는 지금 집세 낼 돈을 빼면 이백 위안 정도 밖에 안 남는다.

哭 kū 动 울다. 눈물을 흘리다. ¶孩子~着要妈妈给他买糖;아이는 울면서 엄마에게 사탕을 사달라고 한다. | 昨天晚上她一直~到天亮;어젯밤 그녀는 날이 샐 때까지 줄곧 울었다. | 她~着~着就睡着了;그녀는 울다가 잠들었다.

苦 kǔ 形 ❶ (맛이) 쓰다. ¶这个药非常~;이 약은 무척 쓰다. | 他喜欢吃苦瓜;그는 여주 먹길 좋아한다. | 他觉得那药~得吃不下去;그는 그 약이 써서 먹어넘기지 못할 것 같았다. ❷ 괴롭다. 고통스럽다. 힘들다. ¶做清洁工他觉得一点儿也不~;그는 청소부 하는 것이 조금도 힘들지 않다고 생각한다. | 他的母亲一个人养五个孩子,~了二十年,现在终于过上了幸福的生活;그의 어머니 혼자서 다섯 아이를 키우느라 20년 동안 고생하셨는데, 이제 마침내 행복한 삶을 보낼

수 있게 되었다. | 工作中她不怕~不怕累;근무 중에 그녀는 힘든 것도 피곤한 것도 두렵지 않다. 副 힘들게. 어렵게. 참으며. ¶运动员们~练规定动作,为参加全国运会做准备;운동 선수들은 규정된 동작들을 힘들게 연습하며 전국체육운동회에 참가하기 위해 준비한다. | 妈妈~~劝了她半天,她也不听;엄마는 참고 참으며 그녀를 한참 타일렀지만 그녀는 듣지 않았다. | 我们还要再~干一个月才能完成任务;우리는 한 달 더 참아야 임무를 완수할 수 있다.

苦闷 kǔmèn 形 고민하다. 번민하다. ¶没有考上大学,他感到很~;대학에 합격하지 못하자 그는 매우 고민스러웠다. | 当感觉生活~的时候,他就会用看书来调节自己的情绪;삶이 고민스럽게 느껴질 때 그는 책을 보면서 자신의 정서를 다스린다. | 他经常用酒帮助自己解脱~;그는 자주 술로 자신의 고민을 털어낸다.

苦恼 kǔnǎo 形 고통스럽다. 괴롭다. ¶儿子都快三十岁了还没找到对象,妈妈为此~了好长时间;아들이 서른 살이 되어서도 결혼 상대를 찾지 못하자 엄마는 이 때문에 한동안 괴로워했다. | 最近工作总是不如意,小张感到很~;최근 일이 항상 뜻대로 되지 않아 장군은 매우 고통스럽다. | 有什么~你就对我说,别憋在心里;무슨 괴로운 일 있으면 마음 속에 담아두지 말고 나한테 말해라. | 这件事一直~着他;이 일은 줄곧 그를 괴롭혔다.

裤子 kù·zi 名 바지. ¶我刚买了一条新~;나는 방금 새 바지를 하나 샀다. | 这

条~的颜色不适合你;이 바지의 색깔은 너한테 안 어울린다. | 请帮我改一改这条~,裤腿有点肥;바짓가랑이가 약간 헐렁하니 이 바지 좀 고쳐주세요.

夸 kuā [动] ❶ 칭찬하다. ¶大家都~他是个懂事的孩子;모두들 그가 철든 아이라고 칭찬한다. | 这次可得~~小刘了,她工作了一年一次错儿也没出;이번에 정말 류양을 칭찬 좀 해줘야겠다. 일년동안 근무 하면서, 실수한 적이 없다. | 这孩子可~不得,一~就骄傲;이 아이는 정말 칭찬해줘선 안 되는 게 칭찬해주면 바로 오만해진다. ❷ 과장하다. 허풍떨다. ¶他总~自己的儿子学习好,可这次却没考上大学;그는 항상 자기 아들이 공부 잘 한다고 허풍떨지만 이번에 대학에 떨어졌다. | 他把自己的女朋友~成了一朵花;그는 자기 여자친구를 한송이 꽃으로 과장하였다.

夸耀 kuāyào [动] 뽐내다. 자랑하다. 과시하다. ¶他经常向人~自己的女儿长得漂亮;그는 항상 사람들한테 자기 딸이 예쁘게 생겼다고 뽐낸다. | 这孩子最值得~的是做事情耐心细致;이 아이가 가장 자랑할만한 것은 일하는 데 참을성 있고 세심하다는 것이다. | 虽然两次获得科学奖,但他从不在别人面前~自己;두 차례나 과학상을 받았음에도 그는 남들 앞에서 뽐낸 적이 없다.

垮 kuǎ [动] ❶ 넘어지다. 무너지다. 붕괴하다. ¶那条通向山外的公路一个月前就~了;저 산밖으로 통하는 도로는 한 달 전에 무너졌다. | 在这次经济危机中,我们这里一下子~了四五个企业;이번 경제위기 중 우리 이곳은 일시에 4,5개 기업이 무너졌다. | 这段大堤在去年的洪水中~过两次;이 큰 둑은 작년 홍수 중에 두 번 무너진 적이 있다. ❷ 동사 또는 형용사 뒤에 보어(补语)로 쓰여 지탱하지 못한다는 사실을 나타낸다. ¶洪水再大也冲不~这座新修的大坝;더 큰 홍수가 와도 새로 만든 댐을 쓸어버리진 못한다. | 我们一定要打~敌人;우리는 꼭 적을 무너뜨려야 한다. | 连年劳累,她的身体终于累~了;연이은 피로로 그녀의 몸은 결국 지쳐 쓰러졌다.

跨 kuà [动] ❶ (큰 걸음으로) 내디디다. 뛰어넘다. ¶他一步就~过了那条水沟;그는 한걸음에 저 도랑을 넘었다. | 这条小溪太宽了,我~不过去;이 시내물은 너무 넓어 난 뛰어넘을 수 없다. | 孩子一脚~进门来,撞在妈妈身上;아이는 한 발로 문을 뛰어넘어 들어오다 엄마와 부딪쳤다. ❷ 두 다리를 벌리고 서다. 두 다리를 벌리고 앉다. ¶我总也忘不了他~着战马向敌人冲去的样子;나는 그가 전투마 위에 두 다리를 벌리고 앉아 적을 향해 돌진하던 모습을 아무래도 잊을 수 없다. | 他飞身~上马背;그는 몸을 날려 말 등에 두 다리를 벌리고 앉았다. | 杨花大桥横~在汉江两岸;양화대교는 한강의 양변에 가로놓여서 있다. ❸ (일정한 수량, 시간, 지역 등의 한계를) 뛰어넘다. 초월하다. ¶这是一次~年度的工作会议;이것은 한 차례의 해를 뛰어넘는 업무회의이다. | 现在出现了一大批~地区、~行业的新型经济联合体;지금 대

규모의 지역을 뛰어넘고 업종을 뛰어넘는 신형 경제연합체가 등장하였다.│亚洲地~寒、温、热三带;아시아 지역은 한, 온, 열대를 뛰어넘은 곳이다.

跨栏跑 kuàlánpǎo 名 장애물경주. 허들(hurdle)경주. ¶他很擅长~;그는 장애물경주에 뛰어나다.│他是今年世界田径锦标赛上~的冠军;그는 금년 세계육상 선수권대회 허들경주 우승자이다.

块 kuài 名 (~儿) 조각. 덩어리. ¶先把肉切成~,然后再放在锅里炒;먼저 고기를 덩어리로 썬 뒤에 냄비에 넣어 볶아라.│桌子上有糖~;탁자에 설탕 조각이 있다.│这些西瓜切得~太大了,再切小一点儿;이 수박 조각들을 너무 크게 썰었으니 좀 작게 썰어라. 量 ❶ 덩어리나 조각 모양으로 된 것을 세는 양사. ¶他从国外买回来三~世界名表;그는 해외에서 명품시계 세 개를 사가지고 왔다.│给我拿一~香皂;나한테 비누 하나만 갖다주렴.│两~西瓜;수박 두 조각.│十~砖;벽돌 열 개. ❷ 돈을 셀 때 쓰는 양사.'元'과 같으며 구어로 쓰인다. ¶五~钱;5위안.

快 kuài 形 ❶ (속도가) 빠르다. ¶他做事又~又好;그는 일을 빠르게 잘한다.│你的汉语进步很~;네 중국어 실력 향상이 빠르다.│老师讲得太~,我听不懂;선생님이 너무 빨리 말해 난 알아들을 수 없다. ❷ 날카롭다. 예리하다. ¶这把刀真~;이 칼은 정말 날카롭다.│他把刀磨得~~的,好切肉;그는 칼을 예리하게 갈아 고기 썰기에 좋다.│这把剪子不~了,

磨磨吧;가위가 무디니 좀 갈도록 해라. ❸ 영민하다. 현명하고 민첩하다. ¶这孩子脑子真~,我刚说完题他就做出来了;이 아이는 머리가 참 영특해 내가 문제를 내자마자 바로 다 풀었다.│幸亏你反应~,要不刚才我就被车撞着了;네 행동이 빨라서 다행이지 그렇지 않았으면 나는 방금 차에 부딪칠뻔 했다. 副 ❶ 얼른. 빨리. ¶你~来帮我一把,我拿不动了;얼른 와서 도와줘, 못 들겠어.│他昏过去了,~送医院;그가 기절했으니 얼른 병원에 데려가라.│~走,不然该迟到了;빨리 가, 안 그러면 지각하겠어. ❷ 곧 …하다. (보통 '快…了'의 방식으로 쓰인다). 他~回国了,我想送他一件礼物;그가 곧 귀국하니 그한테 선물 하나 하고 싶다.│他来到这里~一年了;그가 여기 온지 곧 일 년이 된다.│我们~毕业了;우리는 곧 졸업한다.

快活 kuài·huo 形 쾌활하다. 명랑하다. 즐겁다. 유쾌하다. 반갑다. ¶我希望今后能够生活得~一些;나는 앞으로 좀 더 유쾌하게 생활하길 바란다.│拿着妈妈给自己买的玩具,孩子~地笑了;엄마가 자기에게 사준 장난감을 들고 아이는 명랑하게 웃었다.│他想退休后快快活活地度过晚年;그는 은퇴한 뒤에 즐겁게 만년을 보내고 싶어한다.

▶용법주의: 이 말의 중첩형식은 '快快活活'라 한다.

快乐 kuàilè 形 즐겁다. 유쾌하다. 흡족하다. ¶祝你生日~;생일 축하해.│和学生们在一起,张老师觉得非常~;학생들과 함께 해서 장선생님은 무척

385

즐거웠다.│~的童年给他留下了美好的回忆;즐거웠던 어린 시절은 그에게 아름다운 추억을 남겨주었다.│这个假期,我每天都过得快快乐乐的;이 휴가기간 동안 난 매일같이 즐겁게 보냈다.

▶용법주의: 이 말의 중첩형식은 '快快乐乐'라 한다.

筷子 kuài·zi 名 젓가락. ¶中国人吃饭用~;중국사람은 밥 먹을 때 젓가락을 사용한다.│中国人一般用竹~或木~吃饭,韩国人一般用铁~吃饭;중국사람은 보통 대나무 젓가락이나 나무 젓가락으로 밥을 먹고, 한국사람은 보통 쇠젓가락으로 밥을 먹는다.│他昨天买了十双~;그는 어제 젓가락 열 벌을 샀다.

宽 kuān 名 폭. 너비. ¶这间屋子的~是六米;이 방의 너비는 6미터이다.│这张床是一米二;이 침대는 폭이 1.2미터이다. 形 ❶(폭, 범위, 면적 등이) 넓다. 新修的马路~极了;새로 포장한 도로가 무척 넓다.│这个小伙子高高的个子,~~的肩膀,非常帅;이 젊은이는 큰 키에 넓은 어깨로 매우 멋있다.│他也管得太~了,这些事不应该由他管的;그도 너무 오지랖이 넓어서, 그에게 이 일들을 맡겨선 안 된다. ❷관대하다. 너그럽다. ¶对孩子的要求不能过严,但也不能过~;아이에 대한 요구가 너무 엄해서도 안되지만 또 너무 관대해도 안 된다.│他这个人平时对己严,对人~;그 사람은 평소 자신에게 엄하지만 남에게는 너그럽다.│他主动承认错误了,希望学校能从~处理;그는 스스로 잘못을 인정했으니 학교가 너그러

이 선처해주길 바란다. ❸넉넉하다. 여유롭다. 풍족하다. ¶自从工作之后,他的手头比过去~多了;일을 한 뒤로 그의 형편은 과거에 비해 훨씬 여유로워졌다.│现在孩子们都上班了,他们的日子也越过越~了;지금은 아이들이 모두 출근하게 돼 그들의 생활도 갈수록 넉넉해졌다. 动 느긋하게 하다. 완화시키다. ¶他最近手头紧,还钱的期限就再~两周吧;요즘 그의 형편이 안좋으니 상환기한을 2주 더 완화해주자.│妈妈听说孩子的伤不严重,心就~了一半;엄마는 아이의 상처가 심각하지 않다는 말을 듣고서는 마음이 절반은 느긋해졌다.

宽敞 kuān·chang 形 넓다. 널찍하다. ¶这间教室真~,可以坐下一百多人呢;이 교실은 정말 넓어 족히 백 여명은 앉을 수 있다.│他家的客厅很~,有40多平米呢;그의 집 객실은 널찍해 40여 평방미터는 된다.│我家的院子~得可以停下十几辆小汽车;우리 집의 정원은 널찍해 승용차 열 몇 대는 주차할 수 있다.

宽大 kuāndà 形 ❶크다. 넓다. 널찍하다. ¶这个衣橱宽宽大大的,可以放很多衣服;이 옷장은 널찍해서 옷을 많이 넣을 수 있다.│妈妈夏天喜欢穿~的衣服;엄마는 여름에 넉넉한 옷 입기를 좋아한다.│他一回家就换上~舒服的睡衣;그는 집에 가자마자 크고 편안한 잠옷으로 갈아입었다. ❷(잘못한 사람이나 범죄를 저지른 사람에 대해) 관대하게 처리하다. 선처하다. ¶我已经认识到自己的错误,希望单位能对我的问题~处理;나는 이미 잘못을 인식하고 있으니 직장에

서 나의 문제에 대해 선처해주길 바란다. | 只要你能主动坦白, 我们可以考虑对你~处理; 네가 주동적으로 솔직히 털어놓으면 우린 너에 대한 선처는 고려할 수 있다. | 对于已经认识错误并且积极改正的人, 我们应该采取~政策; 이미 잘못을 인식하고 적극적으로 개선하려는 사람에 대해 우리는 관대하게 처리하는 정책을 취해야 한다.

宽广 kuānguǎng [形] ❶ (면적이) 크다. 넓다. ¶骑马奔跑在~的草原上, 他的心情一下子就开朗起来了; 드넓은 초원에서 말을 타고 달리자 그의 마음은 단숨에 유쾌해졌다. | 一条~的马路把大学分为东西两个校区; 넓은 도로는 대학을 동서 두 개의 구역으로 나누었다. | 他觉得人生的道路越走越~; 그는 인생의 길이 갈수록 넓어진다고 느낀다. ❷ (범위가) 크다. 폭넓다. ¶他的作品题材~, 社会生活的方方面面都有反映; 그의 작품은 제재가 폭넓어 사회생활의 여러 방면을 모두 반영하고 있다. | 这个课题时间跨度大, 涉及的领域也~, 因此难度也大; 이 과제는 시간의 경간(徑間)이 크고 다루는 영역도 넓어 난이도도 높다. ❸ (마음이) 넓다. (지식이) 해박하다. ¶华夏民族的胸怀也应该海洋般~; 중국민족의 포부도 바다처럼 넓어야 한다. | ~的视野使他比其他学生的思路更加宽; 해박한 시야는 그의 사고를 다른 학생들보다 더욱 폭넓게 하였다.

宽阔 kuānkuò [形] ❶ (면적이나 범위 등이) 넓다. 크다. 광활하다. ¶这条~的马路可以并排行驶八辆卡车; 이 넓은 도로는 트럭 여덟 대가 나란히 다닐 수 있다. | ~的大草原一眼望不到边; 광활한 대초원은 한눈에 끝을 바라볼 수 없다. | 她倚在丈夫~的胸膛上, 心里觉得很安全; 그녀는 남편의 넓은 가슴에 기대 마음이 편안해진 것 같았다. ❷ (마음, 견식 등이) 넓다. 크다. ¶比天空更~的是人的心灵; 하늘보다 더욱 넓은 것이 사람의 마음이다. | 他~的胸襟赢得了同事们的爱戴; 그의 넓은 마음은 동료들의 사랑을 얻었다. | 他处理问题思维敏捷, 思路~; 그는 문제를 처리하는 사고능력이 빠르고 생각도 넓다.

▶용법주의: '宽广'과 '宽阔' 모두 지면(地面), 수면(水面), 들판, 마음, 시야 등을 형용하는 데 쓸 수 있지만, 어떤 조합에는 바꿔 쓸 수 없다. 도로(马路), 동물 혹은 식물의 어떤 부위의 면적이 큰 데에는 '宽阔'만 쓸 수 있고, 인생의 길(道路), 연구의 과제, 창작 등의 범위가 넓은 것에는 '宽广'만 쓸 수 있다. ¶宽阔的马路; 드넓은 도로. | 阔叶树是叶子的形状宽阔的树, 如白杨、枫树等; 활엽수는 잎의 모양이 넓은 나무로 은백양(銀白杨), 단풍나무 등이다. | 人生的道路越走越宽广; 인생의 길은 갈수록 넓다. | 他创作的作品题材宽广; 그가 창작한 작품의 소재는 넓다.

款 kuǎn [名] ❶ 돈. 금액. 비용. ¶请您到收~台交~; 수납대로 가셔서 돈을 내세요. | 汇~可以到邮局; 송금은 우체국으로 가면 됩니다. | 他去银行存~了, 一会儿就回来; 그는 은행에 가서 예금하고 좀 있다 돌아올겁니다. ❷ (법령, 규약, 조항 등의) 조항. 조

목. ¶我们必须按照学校规定的各项条~做事;우리는 반드시 학교가 규정한 각 조항에 따라 일을 해야 한다. | 这份条约的~项不太清楚,恐怕得重新拟定;이 조약의 조항은 그리 분명치 않아 다시 입안해야 할 것 같습니다. ❸(~儿)(글씨나 그림 등에 적어 넣는) 서명. ¶这首诗的落~是毛泽东;이 시의 낙관은 마오쩌둥의 것이다. | 这封信的落~是王冰;이 편지의 낙관은 왕빙의 것이다. | 上~;글씨, 그림 따위의 처음에 받는 사람의 이름을 서명하는 것. | 下~;글씨, 그림 따위의 끝에 주는 사람의 이름을 서명하는 것. ❹(~儿)양식. 스타일(style). ¶这是今年的新~,您穿肯定合适;이것은 올해의 새로운 스타일로 당신이 입으면 분명 잘 어울릴겁니다. | 这家商店的橱窗里摆着各~儿童服装;이 상점의 쇼 윈도에 각 스타일 별 아동 패션이 진열되어 있다. 量❶어떤 양식이나 스타일(style)의 종류를 셀 때 쓰는 양사. ¶我们商店新到了三~风衣;우리 상점에 신상 바바리코트가 들어왔다. | 这两~都是去年的存货,所以比较便宜;이 두 양식은 모두 작년 재고로 비교적 저렴하다. ❷항(条文)안의 항목을 셀 때 쓰는 양사.) ¶第二条第三~;제2조 제3항. | 第五条第二~;제5조 제2항. | 新的制度共有十条三十~;새로운 제도로 모두 10조 30항이 있다.

款式 kuǎnshì 名 양식(樣式). 스타일(style). 패턴(pattern). 디자인(design). 격식(格式). ¶这个柜子的~已经过时了;이 옷장스타일은 구식이

다. | 这两种纸币~不同,应该不是同一个时期的;이 두 종류의 지폐는 양식이 다른걸. 보니. 같은 시기의 것이 아니다. | 这个厂家今年共推出六个~的空调,我们去看看吧;이 공장에서는 금년에 모두 여섯 개 스타일의 에어컨을 출시했는데 우리 보러 가자.

框 kuàng 名 ❶문틀. 창틀. ¶这间屋子的窗~和门~都得修一修了;이 방의 창틀과 문틀 전부 고쳐야 한다. | 新房子换了不锈钢窗户~;새 집을 스텐레스 창틀로 바꾸었다. ❷(~儿)틀. ¶他把相片放进了相~里;그는 사진을 액자 속에 넣었다. | 一走进他的房间就会看到一个大大的镜~;그의 방에 들어가면 바로 커다란 거울 틀이 보일 것이다.

葵花 kuíhuā 名 해바라기. ¶这里盛产~、松子、核桃;이곳에는 해바라기, 잣, 호두가 많이 난다. | 他家的地里种着大片大片的~;그의 집 땅에는 큼직큼직한 해바라기가 심어져있다. | ~籽可以榨油;해바라기의 씨로 기름을 짤 수 있다.

捆 kǔn 动 (끈으로) 묶다. 동여매다. ¶他已经把行李~好了;그는 벌써 짐을 다 묶었다. | 快把箱子~起来,用劲儿~,~得结实点儿;있는 힘껏 단단하게 얼른 박스를 묶어라. | 他把包~在自行车后架上;그는 가방을 자전거 뒤에 묶었다. 名(~儿)묶음. 다발. ¶他把被子~儿放在车上了;그는 이불묶음을 차에 두었다. | 他把钱扔在床上,钱都散了~儿,洒了一地;그는 돈을 침대 위로 던졌는데 돈 묶음이 풀어져 온 사방에 흩어졌다. 量

(~儿)단. 묶음. 나발. 묶어놓은 다발을 세는 양사. ¶他的包里放着一~~的钱;그의 가방에는 한 다발의 돈이 들어있다. | 妈妈买回来一~儿葱;엄마는 파 한 묶음을 사오셨다. | 这~行李应该是小王的;이 짐꾸러미는 왕군 것 같다.

捆绑 kǔnbǎng 动 (주로 사람을) 묶다. 결박하다. 포박하다. ¶孩子被人~在椅子上,嘴里塞着毛巾,难受极了;아이는 누군가에 의해 의자에 묶여있었고 입에는 수건이 물려있어 매우 괴로웠다. | 他们已经把敌人~起来了;그들은 이미 적을 결박하였다. | 昨天一名身上~着炸弹的恐怖分子被成功地抓住了;어제 몸에 폭탄을 묶은 한 테러리스트가 성공적으로 체포되었다.

困 kùn 形 졸리다. ¶我昨天晚上没睡觉,现在很~;난 어제 밤에 잠을 못 자서 지금 참 졸린다. | 你如果~了,就先去睡吧;너 졸리면 먼저 가서 자렴. | 他已经~得睁不开眼了,只好先去睡觉;그는 벌써 졸려 눈도 안 떠져 먼저 가서 잘 수밖에 없었다. 动 ❶ 고생하다. 곤경에 처하다. 궁지에 빠지다. ¶船员被~在那个小岛已经一个星期了;선원이 그 작은 섬에서 곤경에 처한지 벌써 일주일이 됐다. | 工作中的问题从来~不住他;근무 중의 문제는 한번도 그를 힘들게 하지 못했다. | 她小的时候为疾病所~,没有读过中学;그녀는 어렸을 때 질병 때문에 고생해서 중학교를 다니지 못했다. ❷ 가두어놓다. 포위하다. ¶我们已经把敌人~在山顶上了;우리는 이미 적들을 산꼭대기에서 포위하였

다. | 洪水把很多人~在房顶上等待求援;홍수가 많은 사람들을 집지붕 위로 포위해 구조를 기다리고 있다. | 你们一定要想办法把敌人~住;너희들은 꼭 방법을 강구해 적들을 가두어놓아야 한다.

困难 kùn·nan 形 ❶ (사정이) 어렵다. 힘들다. 곤란하다. ¶他家在偏远的山区,交通比较~;그의 집은 산간 벽지에 있어 교통이 불편하다. | 要在一个月内完成这个任务太~了;한 달 안에 이 임무를 완수하는 것은 너무 힘들다. | 他病得很厉害,连吃饭、说话都~;그는 병이 너무 위중해 밥 먹는 것도 말하는 것도 힘들다. ❷ (생활이) 어렵다. 쪼들리다. 곤궁하다. ¶以前他的家里生活很~,一年连一件新衣服都买不起;예전에 그의 가정형편이 어려워 일 년에 새 옷 한 벌도 사지 못했다. | 他在极其~的条件下,晚上打工,白天上学读完了大学;그는 극히 궁핍한 형편에 밤에는 아르바이트하고 낮에는 학교 다니면서 대학을 마쳤다. | 他们全家只靠父亲很少的一点儿工资过日子,生活很~;그들 가족은 아버지의 아주 적은 봉급으로 지내다 보니 생활이 많이 어렵다. 名 곤란. 어려움. 애로. 장애. ¶你一个人在国外生活,~一定很多;너 혼자 해외생활 하느라 어려움이 분명 많을 것이다. | 这么多作业都要在一天完成,~太大了;이렇게 많은 숙제를 하루에 다하기엔 어려움이 너무 크다. | 再大的~他也能克服;더 큰 장애도 그는 극복해낼 수 있다.

扩大 kuòdà 动 (범위, 세력, 영향, 규모 등을) 넓히다. 늘리다. 확대하다. ¶我

们学校已经~了留学生的招生人数，去年只有500人，今年已经达到了900多人；우리 학교는 이미 유학생 모집 인원을 늘려 작년엔 500 명에 불과 했지만 올해는 이미 900여 명에 달한다. | 全世界每年沙漠面积~5到7万平方千米；전 세계는 매년 사막 면적이 5에서 7만 평방킬로미터씩 확대되고 있다. | 我们应该利用网络~影响，吸引人才；우리는 인터넷으로 영향력을 키워 인재를 모아야 한다.

扩散 kuòsàn 动 확산하다. 퍼지다. ¶他的癌细胞已经~到全身，大夫也没办法了；그는 암세포가 이미 온몸으로 퍼져 의사도 어쩔수 없다. | 不到一上午，消息已经~到整个校园；오전도 안되어 소식이 벌써 온 학교로 퍼졌다. | 要防止这个消息的~；이 소식의 확산을 막아야 한다.

LG 集团 Lgjítuán 名 LG그룹. ¶ ~是韩国的著名企业集团;LG그룹은 한국의 유명한 대기업이다. | 海外有三百多家~的办事机构;해외에 300여 개 LG지사를 보유하고 있다. | 70年代是~走向国际化的转折时期;70년대는 LG그룹이 국제화로 나아간 전환기였다.

垃圾 lājī 名 ❶ 쓰레기. 오물. ¶你出去的时候顺便把~带出去;나가는 김에 쓰레기 좀 갖고 나가라. | 为了环保,应该对~进行分类;환경보호를 위해 쓰레기 분류를 해야 한다. | 不要随地乱扔~;아무데나 함부로 쓰레기를 버리지 마시오. ❷ 쓰레기(가치를 잃어버렸거나 좋지 못한 작용을 하는 사물을 비유하는 말.)¶现在我的邮箱里有很多~邮件;지금 내 우편함에는 스팸메일이 많이 있다. | 这些坏人就像是社会的~,需要清除;이런 나쁜 사람들은 쓰레기 같은 존재로 제거해야 한다.

拉 lā 动 ❶ 당기다. 끌어당기다. 잡아당기다. ¶她~开抽屉找东西;그녀는 서랍을 열어 물건을 찾는다. | 这个箱子太重了,我~不动;이 상자가 너무 무거워 나는 끌 수 없다. | 我们把绳子都~断了,也没有把它~上来;우리는 끈을 당기다 끊어져버려 그것을 당겨 올릴 수 없었다. | 要不是妈妈~住她,她就摔倒了;엄마가 그녀를 안 잡았으면 그녀는 넘어졌다. ❷ (차에 실을 물건이나 사람을) 운반하다. 나르다. 태우다. ¶这是辆~货的汽车,有时候也可以~人;이것은 화물을 운반하는 차로, 때론 사람도 태울 수 있다. | 他帮我用车把行李~到了火车站;그는 나를 도와 차로 물건을 기차역까지 날라주었다. | 他从瓜田里~了一车西瓜来卖;그는 수박밭에서 수박을 한 차 싣고 와 팔았다. ❸ (관현악기를) 켜다. 연주하다. ¶他~小提琴~得特别好;그는 바이올린을 특히 잘 연주한다. | 老师一边~着手风琴,一边教我们唱歌;선생님은 풍금을 연주하면서 우리들에게 노래를 가르친다. | 他已经~了两首曲子了;그는 이미 두 곡을 연주하였다. ❹ 끌다. 늘리다. 지체시키다. ¶他读课文的时候喜欢~长声音读;그는 본문 읽을 때 길게 끌며 읽기를 좋아한다. | 请跟前面的车~开距离,以免撞车;앞차와 부딪치지 않도록 거리를 유지하세요. | 这位师傅几下就把一块面~成又细又匀的面条;이 사부는 몇 번만에 밀가루 한 덩이를 가늘고도 고른 국수로 늘려놓았다. ❺ (주로 나쁜 일로) 끌어들이다. 연관시키다. ¶你自己做的事情,不要~上别人;너 자신이 하는 일에 남을 끌어들이지 마라. | 他自己犯错误了,把好朋友也~了进去;그 자신은 잘못을 해놓고선 친한 친구까지 끌어들였다. | 我不想掺和(chān·huo)这种事,你别把我~进去

나는 이런 일에 끼어들고 싶지 않으니 나를 끌어들이지 마라. ❻ 연락하다. 관계를 맺다. ¶他很喜欢~关系,走后门;그는 연줄을 통해 뒷구멍으로 들어가길 좋아한다. | 总统大选临近了,候选人为了~选票,要走街串巷发表演说;대통령 선거가 임박하자 입후보자들은 표몰이를 위해 길과 골목을 돌아다니며 연설을 하려한다. | 他想跟那个有钱人~~交情,希望人家能照顾自己的生意;그는 그 돈 많은 사람과 친분을 맺어 자신의 사업을 돌봐주길 바란다. 动(대변을) 보다. 배설하다. ¶小王~肚子,今天去医院检查了;왕군은 설사를 해 오늘 병원에 검사 받으러 갔다. | 孩子要~屎,快带他去卫生间;아이가 대변을 보려하니 얼른 그를 화장실로 데려가라. | 他这两天~肚子~得浑身无力;그는 요 며칠 설사를 해서 온몸에 힘이 없다.

▶용법주의: 소변 보는 데에는 이 말을 쓸 수 없고, '소변보다'는 '尿'(niào)를 쓴다.

落 là 动 처지다. 뒤처지다. (물건 등을) 빠뜨리다. 누락하다. (일반적으로 구어에서 'là' 로 읽는다.) ¶大家走得快,只有我一个人~在后面了;모두가 빨리 걷는데 나 혼자만 뒤에 처졌다. | 他把钱包~在刚才买东西的柜(gui)台上了;그는 지갑을 방금 물건을 산 계산대에 두고 나왔다.

辣 là 形 ❶ 맵다. ¶这道菜特别~;이 요리는 상당히 맵다. | 韩国人都比较爱吃~的东西;한국 사람은 매운 음식을 좋아하는 편이다. | 这个~汤我可喝不下去;이 매운탕은 정말 못 넘

기겠다. ❷ 무자비하다. 잔혹하다. 냉혹하다. ¶他这个人做事心狠手~,跟他合作要小心;그는 일을 냉혹하게 처리하므로와 함께 할 때 조심해야 한다. | 我不喜欢她,说得特别好听,可是总对人使坏心眼,是典型的口甜心~;나는 그녀를 좋아하지 않는데 말은 듣기좋은 말을 하지만 항상 나쁜 심보로 사람을 대하는 전형적인 겉과 속이 다른 사람이다. 전형적으로 말은 달콤하게 하면서 속으론 늘 남을 해칠 생각만 하는 사람이다. 动 (매워서) 얼얼하다. 아리다. 쏘다. ¶这个菜把我的眼泪都给~出来了;이 요리는 내 눈물까지 얼얼하게 나오게 한다. | 葱会~眼睛,所以切葱的时候要小心;파는 눈을 아리게 해서 파를 썰 때 조심해야 한다. | 切好的辣椒别用手去洗,会~手的;다 썬 고추는 손으로 씻지 말아야지 손이 아릴 것이다.

辣椒 làjiāo 名 고추. ¶他家院子里种了许多~;그는 집 정원에 고추를 많이 심었다. | 做鱼的时候放点儿~可以去腥味;생선 요리할 때 고추를 약간 넣으면 비린 맛을 없앨 수 있다. | 四川菜和湖南菜都要放~;쓰촨요리와 후난요리 모두 고추를 넣어야 한다.

辣椒粉 làjiāo fěn 名 고춧가루. ¶妈妈喜欢做汤的时候放点儿~;엄마는 탕을 끓일 때 고춧가루 넣기를 좋아하신다. | 这种~不太辣;이런 고춧가루는 별로 맵지 않다. | 这里有正宗的四川~;여기에 정통 쓰촨 고춧가루가 있다.

辣椒酱 làjiāo jiàng 名 고추장. ¶妈妈又做了一些~;엄마는 또 고추장을 조

금 만들었다.│用~炒菜又香又辣;고추장으로 요리를 볶으면 향긋하면서도 맵다.│他家的饭桌上从来少不了~;그의 집 밥상에는 고추장이 빠지지 않는다.

辣椒油 làjiāo yóu 名 고추기름. ¶~很香;고추기름은 참 향긋하다.│拌凉菜的时候放点儿~很好吃;냉채를 비빌 때 고추기름을 좀 넣으면 맛있다.│妈妈正在炸~;엄마는 지금 고추기름을 볶고 계신다.

啦 ·la 助 '了'와 '啊'가 합쳐진 발음으로 어떤 변화 또는 새로운 상황이 생겼음을 나타낸다. ¶我们终于到家~;우리는 드디어 집에 도착했다.│要上课~,快走吧;수업 시작했으니 빨리 가자.│你都结婚~? 怎么也不提前告诉我一声?;결혼했니? 어떻게 미리 나한테 말도 한마디 안하고...?

来 lái 动 ❶오다. ¶我家今天~了两位客人;우리집에 오늘 손님 두 분이 오셨다.│远处~了几个人;먼데서 몇 사람이 왔다.│他今天~过两次了,都没有见到你;그는 오늘 두 번이나 왔지만 너를 만나지 못했다. ❷(어떤 문제나 일 등이) 생기다. 일어나다. ¶问题~了也不要怕,先想解决办法;문제가 생겨도 두려워 말고 먼저 해결방법을 생각해라.│怎么一下~了这么多事情? 어떻게 한 번에 이렇게 많은 일들이 일어날 수 있지?│新任务马上就要~了,你要准备好;새로운 임무가 곧 생길 테니까 준비하고 있어야 한다. ❸(어떤 동작을) 하다. (의미가 더욱 구체적인 동사를 대신해서 쓰이는 말이다.)│你唱得太好了,再~一首;넌 노래를 너무 잘하는데 한 곡 더 불러봐라.│他会洗碗,让他自己~;그도 설거지 할 줄 아니까 본인이 하게 해.│咱俩~一盘棋吧;우리 바둑 한 판 두자. ❹다른 동사 앞에 써서 어떤 일을 능동적으로 혹은 적극적으로 시도함을 나타낸다.¶我们~唱首歌吧;우리가 노래 한 곡 부르자.│我~洗衣服,你~收拾房间,怎么样? 내가 빨래하고 너는 방 청소하고, 어때?│我带学生到你们这里参观~了;내가 학생 데리고 너희들 이곳에 참관하러 왔어. ❺(방향동사) 동사 뒤에 쓰여 a)동사가 말하는 사람이 있는 방향임을 나타낸다. ¶远处开~一辆小汽车;먼 곳에서 소형차 한 대를 운전해왔다.│他们向我们这儿走~了;그들은 우리 이곳으로 걸어왔다.│我给你带~了一个好消息;난 너에게 좋은 소식을 하나 갖고 왔다. b)'得' 또는 '不'와 함께 사용하여 가능 또는 불가능함을 나타낸다. ¶这首歌调太高了,我可唱不~;이 곡조는 너무 높아 난 정말 부를 수 없다.│这汤太辣了,我可喝不~;이 탕은 너무 매워 난 정말 먹을 수 없다.│她的身体很柔软,就是再难的动作她也做得~;그녀는 몸이 유연해 더 어려운 동작도 할 수 있다. c)"动+得(不)+来" 방식으로 쓰여 조화로움이나 조화롭지 못함을 나타낸다. ¶我们俩能说得~;우리 둘은 말이 통한다.│你跟他谈得~谈不~? 너는 그와 얘기가 통하니, 안 통하니?│他俩的脾气合得~吗? 一合不~;그들 둘 성미가 서로 맞니? 안 맞어. d)"动1+来+动2+去"의 방식으로 쓰여 동작이 여러 차례 반복됨을 나타내며, 动1과

动2는 보통 같은 낱말 또는 상관된 동사가 쓰인다. ¶他在屋里走~走去, 一定是有什么不好解决的问题;그가 방에서 왔다 갔다 하는 게 분명 무슨 해결하기 힘든 문제가 있는 것 같다. | 他想~想去, 也不知道怎么跟妈妈说这件事;그는 아무리 생각해봐도 어떻게 엄마한테 이 일을 말해야 할지 몰랐다. | 他昨天晚上翻~覆去睡不着;그는 어제 밤 이리저리 뒤척이며 잠에 들지 못했다. e)"看来、说来、想来、听来、算来"등은 삽입어로서, 짐작 또는 어떤 방면에서 심사숙고함을 나타낸다. ¶这个人看~得(děi)有五十多岁了;이 사람은 보아하니 오십여 세는 됐을 것이다. | 他走后算~也有十年了吧;그가 간 뒤 계산해보니 십 년은 된 것 같다. | 他的话听~比较有道理;그의 말을 들어보니 비교적 일리가 있다. | 这件事说~话长, 等有时间我再告诉你;이 일은 말하자면 긴데 시간 있을 때 알려주도록 하마. 助 남짓. 가량. 쯤. ¶教室里有二十~个人;교실에 스무 명 남짓 있다. | 这十~年他一直一个人过;요 십 년 가량 그는 줄곧 혼자 지냈다. | 我们一共收到一百五十~封信;우리는 모두 백오십 통쯤의 편지를 받았다.

▶용법주의:'十来斤重'과 '十斤来重'은 의미가 다른데, '十来斤重'은 열 근보다 한 두 근 정도 많거나 적은 것이고, '十斤来重'은 열 근보다 고작 한, 두 량 정도만 많거나 적은 것이다.

来不及 lái·bují 动 (시간이 촉박하여) 늦었다. 겨를이 없다. ¶飞机十点开, 你九点半走可~;비행기가 열 시에 출발하는데 아홉 시 반에 가면 정말 늦는다. | 考试的题太多, 他~多想就写答案了;시험 문제가 너무 많아 그는 많이 생각할 겨를 없이 답안을 썼다. | 他起床晚了, ~吃早饭就去上班了;그는 늦게 기상해 아침밥도 먹을 겨를 없이 출근했다.

来得及 lái·dejí 动 아직 시간이 있다. 늦지 않다. ¶火车九点才开, 现在走~;기차는 아홉 시에야 출발하니 지금 가도 늦지 않다. | 离上课还有一个小时呢, ~, 你别着急;수업 시간까지는 아직 시간이 있으니 조급해하지 말아라. | 你下周才走呢, 明天再收拾行李也~;너는 다음주에나 떠나니 내일 짐을 싸도 늦지 않다.

来年 láinián 名 내년. 이듬해. ¶今年冬天的雪很大, 估计~能有个好收成;올해 겨울 눈이 많이 와서 내년에는 수확이 좋을 거야. | 今年的事情今年完成, 不要拖到~;올해의 일은 올해 끝내야지 내년까지 끌어선 안된다. | 大雁每到秋天就向南飞, 等到~春天再飞回来;기러기는 가을마다 남쪽으로 날아가 봄에 되면 다시 온다.

▶용법주의: 중국에서는 '내년'의 의미로 '明年'을 주로 사용한다.

来信 láixìn 动 (~//~) 편지를 보내오다. ¶到了北京就给我来一封信;베이징에 도착하면 내게 편지 한 통 보내주렴. | 妈妈在国外的时候, 常常~告诉我那里的情况;엄마는 국외에 계실 때 항상 편지를 보내와 그곳 상황을 알려주었다. | 男朋友走后, 已经来过很多信了;남자친구가 떠난 뒤 벌써 많은 편지가 왔다. 名 보내온 편지. ¶ ~已经收到了;보낸 편지 잘 받았습니다. | 这是一封没有签名的~, 我

也不知道是谁写来的;이것은 서명이 없이 온 편지로 나도 누가 써서 보낸 건지 모르겠다. | 最近一直没有收到女朋友的~,他很着急;최근 여자친구의 편지를 계속 받지 못해 그는 조급해한다.

▶용법주의: 동사로 쓸 때 중간에 '了'나 '过', 수량구(数量短语) 등을 쓸 수 있다.

来自 láizì 动 …부터 오다. ¶ 我们班的学生大多~韩国,也有的~法国、英国等国;우리 반 학생의 대다수는 한국에서 왔고, 프랑스, 영국 등에서도 왔다. | 这位教授~国外一所名牌大学;이 교수는 국외의 명문대학으로부터 왔다. | 我们虽然~不同的国家,可我们却是好朋友;우리는 비록 다른 나라에서 왔지만 좋은 친구이다.

拦 lán 动 막다. 가로막다. 저지하다. ¶ 学校门口~了一条绳子,不让人进入;학교 입구에 띠를 둘러 사람이 들어가지 못하게 해놓았다. | 快把那辆车~住;얼른 저 차를 막아라. | 你想去就去吧,我也不~你;넌 가고 싶으면 가라, 나도 막지 않겠다. | 你别~着他,让他把话说完;넌 그를 가로막지 말고 그가 말을 다하게 해라.

蓝 lán 形 파란색의. ¶ 大海可真~啊;바다는 정말 파랗다. | 你画的这儿颜色有点儿浅,再~一点儿更好看;네가 그린 이 색깔은 좀 옅으니 좀 더 파랗게 해야 보기좋다. | ~~的天空中飘着几朵白云;파란 하늘에 하얀 구름조각이 떠돈다.

篮球 lánqiú 名 ❶ 농구. ¶ 我哥哥在国家~队;우리 형은 국가대표 농구팀이다. | 他们今年得了全国的~冠军;그들은 올해 전국 농구 선수권 대회에서 우승을 차지했다. | 明天跟我一起去看~比赛吧;내일 나와 같이 농구시합 보러 가자. ❷ 농구공. ¶我又买了一个新~;난 새 농구공을 또 하나 샀다. | 那个~打得气太足,昨天在太阳下给爆了;저 농구공은 너무 바람을 많이 넣어 어제 태양빛 때문에 터졌다. | 我们的~被小李抢走了;우리 농구공은 이 군이 뺏아갔다.

▶용법주의: 한국어 한자어 '籠球'는 중국어에서는 사용할 수 없으며 대신 '篮球'를 사용해야 한다. ¶我哥哥在国家笼球队(×)

懒 lǎn 形 게으르다. 나태하다. ¶这孩子太~了,什么活也不做;이 아이는 너무 게을러 아무 일도 하지 않는다. | 他的手比较~,不爱写信;그는 게을러서 편지 쓰길 좋아하지 않는다. | 像他这么~的人,我还是头一次见;그처럼 게으른 사람은 난생 처음 본다.

烂 làn 形 ❶ 흐물흐물하다. 말랑말랑하다. ¶肉已经煮~了,关了火吧;고기가 벌써 익어 흐물흐물해졌으니 불을 꺼라. | 这次的米饭蒸得很~,孩子吃没问题;이번에는 밥이 질게되서 아이가 먹는데 문제 없다. ❷ 떨어지다. 너덜너덜하다. 헐다. ¶把这些~纸整理一下卖了吧;이 너덜너덜해진 종이들을 정리해서 팔아라. | 那边有一堆~衣服;저쪽에 누더기 옷이 한 무더기 있다. | 他的鞋都穿~了也不肯换一双;그는 신발이 모두 너덜너덜 헤졌는데도 바꾸려 하지 않는다. ❸ 두서가 없다. 뒤죽박죽이다. ¶现在公司里有一笔~账还不知道该怎么收拾呢;지금 회사에 뒤죽박죽인 장부들이 있

395

어 어떻게 정리해야 할지 아직 모르겠다.│这个厂现在是个~摊子,没有人想接手管;지금 이 공장은 엉망진창이라 아무도 인수하려 하지 않는다. 动 부식되다. 썩다.¶这些苹果已经~了,不能吃了;이 사과들은 벌써 썩어 먹을 수 없다.│这种白菜一定有什么病,都是从心儿里往外~;이런 배추는 꼭 무슨 병이 있는 것처럼 전부 썩어 들어갔다.│桃和葡萄都容易~;복숭아와 포도는 상하기 쉽다.

狼 láng 名 늑대.이리.¶~是一种凶残的动物;늑대는 흉악한 동물이다.│~群离他们越来越近了;늑대 무리가 그들을 향해 가까이 접근해왔다.│猎人打死了一匹~;사냥꾼은 늑대 한 마리를 쏘아 죽였다.

朗读 lǎngdú 动 낭독하다. (글을 소리 내어) 읽다.¶老师让大家~课文;선생님은 모두에게 본문을 소리 내어 읽게 하셨다.│请同学们回家后自己把课文~三遍;여러분 집에 가서 본문을 세 번씩 낭독하세요.│~是学习外语的好方法;소리 내어 읽는 것은 외국어를 공부하는 좋은 방법이다.

浪 làng 名 물결. 파도.¶一个大~打来,他被冲进海水里去了;큰 파도가 쳐서 그는 바다 속으로 휩쓸려 갔다.│起风了,江面的~也越来越大了;바람이 불자 강 위의 물결도 갈수록 커졌다.│小船在大~中忽隐忽现;작은 배가 파도속에서 사라졌다 나타났다 한다.

浪费 làngfèi 动 낭비하다. 허비하다.¶买这么贵的衣服,太~钱了;이렇게 비싼 옷을 사다니 너무 돈 낭비다.│这里水资源紧张,不能~水;여기는 수자원이 부족하니 물을 낭비해서는 안된다.│食堂里饭菜~得很严重;식당의 음식 낭비가 심각하다.

捞 lāo 动 ❶ (물이나 기타 액체 속에서 물건을) 건지다. 잡다.¶小时候我常到河里~小鱼;어릴 적 나는 항상 강에 가서 물고기를 잡았다.│工作人员会定期划着船在湖面上~脏东西;작업 인부들은 정기적으로 배를 저어 호수 위의 더러운 물건들을 건져낸다.│他在水里~了半天也没有~到鱼虾;그는 물에서 한참을 건졌지만 물고기나 새우를 잡지 못했다. ❷ (정당하지 못한 수단을 써서) 취하다. 얻다.¶他利用职务上的便利,从公司~了很多钱;그는 직무상의 편리를 이용해 회사에서 많은 돈을 빼돌렸다.│干了半天,他什么好处也没~到;한참을 했지만 그는 어떤 좋은 점도 얻지 못했다.│你已经输了很多钱了,别赌了 —不行,我得把本钱~回来;넌 벌써 많은 돈을 잃었으니 노름 좀 그만해라 —안돼, 난 본전은 건져야 한단 말이야.

劳动 láodòng 名 노동. 일.¶建筑工地上的工作都是繁重的体力~;건축현장의 일은 전부 힘들고 무거운 육체노동이다.│他妈妈从事的是脑力~;그의 엄마가 종사하는 것은 두뇌노동이다.│你现在做的工作是一种创造性~;네가 지금 하는 일은 일종의 창조적인 노동이다. 动 일하다. 육체노동하다.¶对于犯罪的人要进行~改造;범죄자에 대해서는 노동개조를 해야 한다.│他不愿意~,只想吃现成的;그는 노동하길 원치 않고 이미 만들어져 있는 것들만 먹고 싶어 한다.│他

在农村~了十多年,什么农活都能干;그는 농촌에서 십여 년 동안 일을 해서 어떤 농사일도 해낼 수 있다.

劳动者 láodòngzhě 名 노동자. ¶工资是~的合法收入;임금은 노동자의 합법적인 수입이다. │ 无论是体力~还是脑力~,都没有高低贵贱之分;육체노동이든 두뇌노동이든 모두 빈부귀천의 구분이 없다. │ 五月一日是全世界~的节日;5월 1일은 세계 노동자의 날이다.

劳驾 láo//jià 动 (인사말) 실례합니다. ¶~,请让一下;실례합니다, 좀 비켜 주세요. │ 劳您驾,帮我买一张票吧;실례합니다, 표 한 장 사주세요. │ ~,请把那本书递给小王;실례합니다, 그 책을 왕군에게 건네주세요.

▶용법주의: 중간에 '您的','大' 등 수식성분이 삽입될 수 있다.

劳资 láozī 名 노동자와 자본가. 노사. ¶~关系如果过于紧张,不利于公司的发展;노사관계가 지나치게 긴장되면 회사의 발전에 불리하다. │ 雇主和雇员之间收入差距加大会引起~冲突,使~关系恶化;고용주와 고용원 사이의 수입차이가 커지면 노사충돌을 일으킬 수 있고, 노사 관계를 악화시킬 수 있다. │ 这家企业已经陷入~纠纷中了;이 기업은 이미 노사분규에 빠졌다.

▶용법주의:'劳资'는 한국에서는 같은 의미로 '劳社'라는 한자어를 사용하지만 중국어에서는 사용할 수 없다.

老 lǎo 形 ❶ 늙다. ¶他已经很~了,得有90岁了;그는 이미 늙어서 아흔은 됐을 것이다. │ 爷爷已经七十多岁了,可看起来还不~;할아버지는 벌써 일흔

이 넘으셨는데 그렇게 보이지 않는다. │ 他~得都走不动路了;그는 늙어 길을 걷지도 못한다. ❷ 오래되다. ¶我和小王是~朋友了,十几年前就在一起;나와 왕군은 오랜 친구로 십몇 년 전부터 함께 있었다. │ 我已经十年没回~家了;난 벌써 십 년이나 고향에 돌아가지 못했다. │ 这座~城已经有上千年的历史了;이 오랜 도시는 이미 천 년이 넘는 역사가 있다. ❸ (먹기에 알맞은 때가 지나) 쇠다. ¶肉炒得太~了,都咬不动了;고기를 너무 오래 볶아서 안 씹어진다. │ 这些黄瓜有点儿~,不好吃了;이 오이들은 약간 쇠어 맛이 없다. │ 玉米~一点比较香,就是有点硬;옥수수는 좀 쇠면 비교적 맛있지만 약간 딱딱하다. ❹ (어떤 방면에 경험이 풍부해) 노련하다. ¶新教师参加工作后要先跟着~教师学习学习;새로운 교사는 업무에 참가한 뒤에 먼저 선배 교사를 따라 배워야 한다. │ ~兵带新兵是部队的传统;노병이 신병을 인솔하는 것은 부대의 전통이다. │ 他六岁就登台表演,所以现在虽然年龄不大,却已经是个有十多年表演经验的~演员了;그는 여섯 살 때 무대 공연을 해서 지금 나이는 많지 않지만 이미 십여 년 공연 경험이 있는 베테랑 연기자이다. ❺ 낡은. 케케묵은. 진부한. ¶这些衣服的样式都太~了,卖不动;이런 옷들은 스타일이 모두 너무 구식이라 팔리지 않는다. │ 这个~机器已经不能用了;이 낡은 기계는 이미 쓸 수 없다. │ 这个颜色让孩子穿太~了;이런 색깔은 아이가 입기엔 좀 칙칙하다. 副 ❶ 자주. 종종. 늘. ¶他~迟到,老师

批评了很多次也不改;그는 항상 지각을 한다. 선생님이 여러 차례 꾸중해도 고치지 않는다.│我最近~胃疼,得去医院看看了;난 최근 위가 자주 아파 병원에 가봐야 한다.│爸爸年龄大了,记性不好,新学的东西~忘;아버지는 연세가 많아 기억력이 감퇴되어 새로 배운 것들을 자주 잊곤 한다. ❷ 오랫동안. 오래.¶~坐着对身体不好;오래 앉아 있는 건 몸에 안 좋다.│你怎么~不给我写信? 넌 왜 오랫동안 나한테 편지 쓰지 않니?│冰箱里的东西~不吃也会坏掉;냉장고의 물건을 오랫동안 먹지 않으면 상할 수 있다. ❸ 매우. 아주.¶他起床的时候,太阳都已经~高了;그가 기상했을 때 해가 벌써 매우 높이 떠있었다.│我今天~早~早就来这儿等你了;난 오늘 아주 일찍감치 여기 와서 널 기다리고 있었다.│那么~远的地方,咱们改天再去吧;그렇게 아주 먼 데는 우리 나중에 가도록 하자.

▶용법주의: 정도(程度)를 나타내는 '老'는 부정적인 형용사를 수식할 수 없고, 쌍음절(双音节) 형용사를 수식하지 않는다.¶这条河老深老深(×)│放假了,校园里老安静(×)│这条河很浅很浅;강은 매우 얕다.│放假了,校园里很安静;방학하고 학교는 매우 조용하다.│这条河老深了,那条河很浅;이 하천은 아주 깊고, 저 하천은 아주 얕다.│这本书老厚了,那本书很薄;이 책은 아주 두껍고, 저 책은 아주 얇다.

[头] 사람을 호칭할 때, 가족 관계에서 나이에 따른 순서를 따질 때, 몇몇 동식물의 이름등에 쓰이는 말.¶他有两个孩子,~大是儿子,~二是女儿;그는 두 아이가 있는데, 첫째는 아들이고 둘째는 딸이다.│~王和~李在一个办公室工作;왕형과 이형은 한 사무실에서 근무한다.│那只小~虎很可爱;저 새끼 호랑이는 참 귀엽다.│那边有卖~玉米的,我去买两个;저쪽에 옥수수 파는 데가 있는데, 내가 가서 두 개 사올게.

老百姓 lǎobǎixìng <口>名 국민. 백성. 주민. 서민. 평민.¶政府制定政策时要多考虑~的利益;정부는 정책 제정 시 국민의 이익을 많이 고려해야 한다.│这么贵的东西,普通~怎么买得起? 이렇게 비싼 물건을 일반 서민이 어떻게 살 수 있겠어?│这支部队深得当地~的爱戴;이 부대는 현지 주민들의 깊은 지지를 받는다.

老板 lǎobǎn 名 주인. 사장.¶他自己开了一家公司,当起了~;그가 직접 회사 하나를 열어 사장을 맡았다.│他很怕被~开除,所以工作很努力;그는 사장한테 해고될까 두려워 일을 열심히 한다.│你这样对待顾客,我要找你们~;당신 이렇게 고객을 대하다니 당신들 사장 좀 만나야겠다.

老大妈 lǎodàmā 名 어르신 할머니. (연세드신 부인에 대한 존칭). 노부인¶~,请问到火车站怎么走? 어르신, 기차역에 가려면 어떻게 갑니까?│我刚才看到有位~坐在这儿;난 방금 어떤 할머니가 여기에 앉아있는 걸 봤다.

老大娘 lǎodà·niáng <口>名 할머니. 아주머니.¶听那位~的口音像是外地人;저 할머니 발음을 들어보니 외지사람인 것 같다.│那位~迷路了,我们去帮帮她吧;저 할머니가 길을 잃은 것

같은데 우리 가서 도와드리자.| ~, 这里是三里河吗? 아주머니, 여기가 싼리허인가요?

老大爷 lǎodà·ye <口> 名 (연세드신 남자에 대한 존칭)할아버지. ¶ ~, 您多大年龄了? 할아버지, 연세가 얼마나 되세요? | ~, 我想去银行, 该坐哪路车? 할아버지, 세가 은행에 가려는데 몇 번 버스를 다야 하지요? | 今天在公共汽车上我给~让座了;오늘 버스에서 나는 할아버지에게 자리를 양보했다.

老虎 lǎohǔ 名 ❶ 호랑이. ¶ 我儿子最喜欢到动物园看~;내 아들은 동물원에 호랑이 보러 가길 제일 좋아한다. | 那只~肯定不是白头山的;저 호랑이는 틀림없이 백두산 호랑이가 아니다. | 这个动物园里有六只~;이 동물원에는 호랑이 여섯 마리가 있다. ❷ 대량으로 에너지 또는 원재료를 소비하는 설비를 비유하는 말. ¶ 这台老机子就是一只煤~, 我们必须得淘汰它了;이 낡은 베틀은 석탄을 많이 먹어, 우리는 반드시 그것을 처리해야 한다. | 许多企业耗电太多, 被称为电~;많은 기업들의 전기 소모가 너무 많아 전기 먹는 하마라 불린다.

老家 lǎojiā 名 고향. 고향집. ¶ 他已经三年没回~了;그는 벌써 삼 년이나 고향에 돌아가지 않았다. | 我的~在河北, 我现在在北京工作;내 고향은 허베이에 있고, 난 지금 베이징에서 근무한다. | 我的父母都在~;내 부모님은 모두 고향에 계신다.

老婆 lǎo·po <口> 名 마누라. 아내. 부인 ¶ 他~在幼儿园工作;그의 아내는 유치원에서 근무한다. | 小王都三十多了, 还没娶上~;왕군은 서른이 다 됐는 데도 아직 아내를 얻지 못했다. | ~要跟他离婚, 他不同意;부인은 그와의 이혼을 요구했지만 그는 동의하지 않는다.

老人 lǎorén 名 ❶ 노인. ¶ 这位~已经八十多岁了;이 노인은 이미 여든이 되었다. | 我们应该尊重~, 爱护孩子;우리는 노인을 공경하고 아이를 사랑하고 보호해야 한다. | 路旁站着一位~;길 옆에 노인 한 분이 서 있다. ❷ 어르신. (나이든 부모 또는 조부모를 일컫는 말.) ¶ 他家的~今年都来北京过年;그의 집 어르신은 올해 베이징에서 설날을 보내러 왔다. | 平常我们上班, 孩子由~来带;평소 우리는 출근하고 아이는 어르신이 데리고 계신다. | 你到北京就来个电话, 省得家里~担心;너는 베이징 가면 어르신 걱정하지 않게 전화하도록 해라.

老师 lǎoshī 名 선생님. (교사에 대한 존칭). ¶ ~说我现在汉语说得很好;선생님은 지금 내가 중국어를 잘 한다고 말하셨다. | 我每年放假都去看望我的小学~;나는 매년 휴가 때마다 내 초등학교 선생님을 뵈러 간다. | 我们的英语~很年轻;우리 영어 선생님은 참 젊으시다.

老实 lǎo·shi 形 ❶ 성실하다. 정직하다. 솔직하다. ¶ 弟弟很~, 从来不说谎;동생은 정직해 여태껏 거짓말을 한 적이 없다. | 他的态度太不~了, 说的没有一句实话;그의 태도는 너무 불성실해 진실한 말이 한마디도 없다. | 那家伙终于老老实实地交代了自己的问题;저 녀석은 결국 솔직하게 자신의 문제를 자백하였다. ❷ 단정하다.

반듯하다. 얌전하다. ¶这孩子太~了, 以后会吃亏的;이 아이는 너무 순진해 나중에 손해를 볼 것이다. ǀ 女孩子一般比男孩子~;여자아이는 보통 남자아이보다 얌전하다. ǀ 这孩子在家里很调皮, 可一到学校就~了;이 아이는 집에서는 개구쟁이지만 학교에 가기만 하면 얌전해 진다.

▶용법주의: 이 말의 중첩형식은 '老老实实'이다.

老太婆 lǎotàipó 名 (폄하하는 의미의) 노파. 늙은 여자. ¶这个~太坏了, 我再也不想理她了;이 노파는 너무 나빠 나는 다시는 그녀를 상대하고 싶지 않다. ǀ 那个~总是说别人的闲话;저 할머니는 늘상 남의 험담을 한다. ǀ 我都是~了, 哪儿能穿这么红的衣服;다 늙어서 어디 이렇게 붉은 옷을 입을 수 있겠어.

▶용법주의: 면전에서 '老太婆'라 부르는 것은 대단한 실례이다.

老太太 lǎotài·tai 名 ❶ 노부인. ¶这几个~天天在一起锻炼;이 몇몇 노부인은 날마다 함께 운동한다. ǀ ~, 我们这儿没有您要找的人;할머니, 이곳에는 찾으시는 분이 없습니다. ǀ 你这么年轻, 怎么跟~一样唠叨? 넌 이렇게 젊어서 어떻게 노인네마냥 잔소리 하느냐? ❷ (자신 또는 남의 어머니, 시어머니, 장모를 일컫는 말. 어머님). ¶他家~已经八十多了;그의 집 어머니는 벌써 여든이 넘으셨다. ǀ 这件事我家~不同意;이 일은 우리집 어머니가 반대하신다. ǀ 我们快回家吧, 要不~该着急了;우리 빨리 집에 가자, 안 그러면 어머님이 조바심 내실거야.

老头儿 lǎotóur 名 할아버지. (연로한 남자에 대한 호칭으로 친근한 뜻을 담고 있다.) ¶这个~很有意思, 总给我们讲笑话儿;이 할아버지는 참 재미있어, 항상 우리들한테 우스운 얘기를 해주시거든. ǀ 我们小区里的几个~总在一起下棋;우리 작은 구역의 할아버지 몇은 항상 같이 바둑을 둔다. ǀ 你说的那个~是我爸爸;네가 말한 그 할아버지가 내 아버지다.

老爷 lǎo·ye 名 ❶ 나리. (옛날에 관리나 권세를 가진 사람을 부르던 말.) ¶你以为你是来当~呢? 别忘了咱们是服务公司;넌 네가 나리라도 된 줄 아느냐? 우리는 서비스회사인 걸 잊지 마라. ǀ 公务员是为百姓服务的, 不是做官当~的;공무원은 국민을 위해 봉사하는 자로서 벼슬하는 나리가 아니다. ǀ 快收起你的~作风吧;너의 나리인양 하는 태도 빨리 걷어 치워라. ❷ 마님. 어르신. 나리. (옛날 관료나 지주 집의 하인이 남자 주인을 부를 때 쓰던 말이다.) ¶他家~是朝廷的宰相;그의 집 마님은 조정의 재상이다. ǀ ~, 前面就是官府了;나리, 앞이 바로 관청이옵니다. ǀ ~, 轿子已经备好了;어르신, 가마가 이미 준비됐습니다. 形 (차나 배 등의 스타일이) 오래된. 케케묵은. 구식. ¶这家婚纱店的婚车是一辆~车;이 신부 드레스 숍의 웨딩카는 구식차이다. ǀ 这只~船总给他找麻烦, 他决定将它淘汰掉;낡은 배는 늘 그에게 골칫거리여서 그는 그것을 없애버리기로 결정했다.

姥姥 lǎo·lao 名 외조모. 외할머니. ¶他的~是一位医生;그의 외할머니는 의사이다. ǀ 他是~看着长大的;그는 외

할머니가 키웠다.|~回家已经三年了,他十分想念~;외할머니가 집에 간 지 벌써 삼 년이 되어 그는 외할머니가 무척 그리웠다.

姥爷 lǎo·ye 名 외조부. 외할아버지. ¶~住在老家;외할아버지는 고향집에 사신다.|~从来不抽烟;외할아버지는 한 빈도 담배를 피우신 적이 없다.|~病得很重;외할아버지 병세가 위독하시다.

落 lào 动 얻다. 획득하다. 걸리다.¶~了一身病;(온몸이)병에 걸렸다.|工作了一辈子,他只~了一个好名声;한 평생 일을 하였지만, 그는 단지 명성만을 얻었다.|他不想让别人管这件事,你还是别管了,省得~埋怨(mányuàn);그는 다른 사람이 이 일에 관여하는 것을 원치 않으니, 괜한 원망듣지 않으려면 관여하지 않는 게 좋겠다.

乐观 lèguān 形 낙관적이다. ¶老张一向很~;장 형은 항상 낙관적이다.|~的生活态度使他看起来很年轻;낙관적인 삶의 태도는 그를 젊어 보이게 한다.|目前的经济形势不容~;지금의 경제 형세는 낙관할 만은 없다.|~的情绪可以使工作效率更高;낙관적인 태도는 업무 효율을 더욱 높여줄 수 있다.

乐天企业 Lètiān Qǐyè 名 롯데(Lotte)그룹.¶~是韩国著名的大企业之一;롯데그룹은 한국의 유명한 대기업 중의 하나이다.|~主要经营食品、饮料、物流、旅游、重工业、建筑业、化工、商贸、通信、金融等;롯데그룹은 주로 식품, 음료, 물류, 여행, 중공업, 건축업, 화공, 비즈니스, 통신, 금융 등을 경영한다.

乐透彩 lètòucǎi 名 로또(LOTTO)복권. ¶~在韩国彩票当中最受欢迎;로또 복권은 한국 복권 중에서 가장 인기있다.|纽约~开奖的准确时间你知道吗? 뉴욕 로또 복권의 정확한 추첨시간을 아니?|他每周都买一张~票;그는 매주 한 장의 로또 복권을 산다.

了 le 助 ❶동사나 형용사 뒤에 쓰여 동작 또는 변화가 이미 완료되었음을 나타낸다. a)(동작이) 이미 완료 되었을 때 사용한다.¶我买~两张去北京的机票;나는 베이징에 가는 비행기 티켓 두 장을 샀다.|昨天晚上我只睡~三个小时;어제 밤에 나는 겨우 세 시간 잤다.|她等~我两个多小时;그녀는 나를 두 시간 넘게 기다렸다.|新盖好的教学楼比宿舍楼高~10米;새로 지은 강의동은 기숙사보다 10 미터 더 높다. b) 상황이 완료될 것을 예상할 때 사용한다.¶明天下~课就去图书馆;내일 수업이 끝나면 곧바로 도서관에 간다.|我们看~电影再去唱歌,怎么样? 우리 영화 보고 노래 부르러 가자. 어때?|等妈妈到~家你要给我打个电话;엄마가 집에 도착하면 너는 나한테 전화 해라. c) 어떤 동작이나 변화가 완료되어 어떤 영향을 끼치게 될 때 사용한다.¶要是你看~我买的礼物,一定会高兴的;너는 만일 내가 산 선물을 본다면 분명 기뻐할 것이다.|困~就先睡一会儿,别太累了;졸리면 먼저 좀 자라, 너무 무리하지 말고.|万一是我们说错~,就得(děi)向他道歉;만일 우리들이 잘못 말했다면 그에게 사과 해야 한다. ❷문장 말미에 쓰이거나 문장 중간에 쓰인다. a) 변화를 표시한다.¶草绿

401

~,花开~,春天已经来~;풀이 푸르고, 꽃이 피었으니, 벌써 봄이 왔다.|他真的长(zhǎng)高~,裤子都短~;그는 키가 훌쩍 커서 바지가 모두 짧아졌다.|老师讲完后,大家终于都明白~;선생님 말씀이 끝난 이후 모두가 마침내 이해하게 되었다. b) 어떤 동작이나 변화가 앞으로 발생할 것을 나타낸다. 일반적으로 '快','要','该'와 결합하여 사용한다.¶火车快开~,我们快跑吧;기차가 곧 출발하려고 하니 우리 빨리 뛰어가자.|我要回国~,你有什么需要帮忙的吗? 나는 곧 귀국하려고 하는데 너는 무슨 도움이 필요하니?|我该去上课~,我们回头再聊吧;나는 수업하러 가야 하니, 우리 나중에 다시 이야기하자. c) 형용사의 뒤에 놓여, 어떤 상황이 이미 출현했음을 나타낸다.¶这件衣服你穿,小~,不好看;이 옷을 네가 입으면 작아서 보기 싫다.|今天来得晚~,大家都已经到了;오늘 늦게 왔더니 모두 이미 도착했다.|今天的菜咸(xián)~;오늘 요리가 짜다. d) 재촉하거나 말릴 때 사용한다.¶别生气~,他已经知道自己错了;화를 내지 마라, 그는 이미 자신이 잘못한 것을 안다.|快点儿走~,火车就要开了;빨리 가라, 기차가 곧 출발하려고 한다.|不要再喝~,再喝就要醉了;더 마시지 말아라, 더 마시면 취하게 된다. e) 정도가 심함을 나타낸다. 자주 '太/可…了'로 쓰인다.¶太好~;매우 좋다.|那里的风景可漂亮~;그곳의 경치가 참 아름답다.|那座山太高~;그 산은 매우 높다. f) 시간사의 뒤에 놓여 시간이 너무 늦었음을 나타낸다.¶都十二点~,怎么他还不来? 벌써 12시인데 그는 왜 아직 안 오는 거니? g) 시간사 혹은 수량 구 뒤에 쓰여 시간이 길거나 수량이 많음을 표시한다.¶两年~,我还没有忘记那件事(时间太长了);2년이 지났지만 나는 아직 그 일을 잊지 않았다.(시간이 너무 오래 되었다.)|我讲了三遍~,他还不明白(感觉三次太多);내가 세 번이나 말했는데도 그는 아직 이해하지 못 한다.(세 번은 많다고 생각)|你都喝了三瓶酒~,别再喝了.(三瓶太多了);너는 벌써 세 병이나 술을 마셨으니 더 마시지 말아라. (세 병은 너무 많다고 생각)

☞ liǎo

▶용법주의:'了'는 문장 안에서 동사 뒤와 문미에 동시에 사용되어 동작이 완료되었거나 상황이 바뀌었음을 표시한다.¶他已经写了回信了,你放心吧;그가 이미 답장을 썼으니, 너는 안심해라.|我已经买了词典了,你想用就来用吧;내가 이미 사전을 샀으니, 네가 사용하고 싶거든 사용해라.

雷 léi 名 우레. 천둥.¶夏天下雨的时候经常打~;여름에 비가 내릴 때 자주 천둥이 친다.|这孩子胆小,很怕~声;이 아이는 겁이 많아 천둥소리를 무서워한다.|昨天晚上的~可真响啊;어제 밤 천둥소리는 대단했다.

类 lèi 名 종류.¶把这些皮包按颜色分~;이러한 가죽 가방들은 색깔로 분류한다.|这所学校在同~院校中属于收费比较低的;이 학교는 이와 같은 학교 가운데 학비가 비교적 저렴한 곳에 속한다.|请把不同种~的化妆品放在不同的架子上;서로 다른 종류의 화장품은 각기 다른 선반 위로 놓아

두어라. 量성질 또는 특징이 같거나 비슷한 사물을 세는 양사. ¶这所大学是一所具有百年历史的著名学府,学科门~齐全,水平高;이 대학은 백 년 역사를 갖춘 저명한 학부로서, 모든 학과를 갖추었고 수준이 높다. | 他很喜欢看推理~的小说;그는 추리소설을 좋아한다. | 这~事儿就让学生自己去解决吧;이런 (종류의) 일은 학생들 스스로 해결하게 해라.

累 lèi 形 피로하다. 지치다. 힘들다. ¶下班回到家她~得连话也不愿意说;퇴근하고 집에 와서 그녀는 지쳐 말도 하고 싶지 않았다. | 上了一上午课,张老师有点儿~了;오전 내내 수업을 다 한 장선생님은 약간 피곤했다. | 早晨锻炼一个小时,他一点儿也不觉得~;그는 아침에 한시간 동안 운동을 했지만 조금도 힘든 줄 모른다. 动❶피로하게 하다. 지치게 하다. ¶整天坐在电脑前工作,会把眼睛~坏的;하루 종일 컴퓨터 앞에 앉아 일을 하면 눈이 쉽게 피로해질 수있다. | 编程序太~脑子了;프로그램 편성은 너무 머리 아프다. | 最近你总是加班,可别~坏了身体;최근 너는 항상 연장 근무하는데 정말 피로로 몸을 해치지 않도록 해라. ❷힘들게 일하다. 고생스럽게 노동하다. ¶父母已经~了大半辈子了,该让他们享享福了;부모님은 한평생 고생하셨으니 이제 편안하게 사시도록 해야 한다. | 妈妈,您~了一天了,快歇会儿吧;어머니, 하루종일 힘들게 일하셨으니 얼른 좀 쉬세요.

冷 lěng 形 ❶춥다. 차다. 这里的冬天不太~;이곳 겨울은 그리 춥지 않다. |

下雪不是最~的,化雪的时候才~呢;눈이 내릴 때 가장 추운 게 아니고, 눈이 녹을 때가 춥다. | 昨天气温到了零下十八度,我走在外面~得发抖;어제 기온이 영하 18도까지 내려가 밖에서 추위에 덜덜 떨었다. ❷차갑다. 냉담하다. ¶她对人太~,大家都不愿意接近她;그녀는 남한테 너무 차갑게 굴어 모두들 그녀한테 다가가길 원치 않는다. | 那个服务员总是一副~面孔,真讨厌;저 종업원은 늘상 쌀쌀맞은 표정이라 정말 싫다. ❸(비유의 뜻으로) 실망스럽다. 낙담하다. 의기소침하다. ¶这次高考没有考好,他有些心灰意~;이번 대입시험에 붙지 못해서 그는 약간 의기소침해있다. | 听说大夫对妈妈的病把握也不大,我的心~了半截;의사가 엄마의 병에 대해서 그리 자신이 없다는 말을 듣고 나는 절망에 빠졌다.

冷淡 lěngdàn 形 ❶냉담하다. 차갑다. 무관심하다. ¶妈妈对我的男朋友态度很~,让我很伤心;엄마의 내 남자친구에 대한 태도가 차가워 날 상심케 했다. | 他跟我说话时语气很~;그는 내게 말할 때 말투가 냉담하다. | 我们饭店的服务员对客人一定要热情,不能~;우리 호텔의 종업원은 손님한테 친절해야지 쌀쌀하면 안 된다. ❷한산하다. 불경기이다. ¶这个地方游客很少能来到,因此生意~;이 곳은 여행객이 적어 잘 안 된다. | 受国际油价的影响,国内的汽车销售市场这个月也~了很多;국제유가의 영향으로 자동차시장은 이번달에도 부진을 면치 못했다. ¶朋友来的时候,他的头疼得厉害,可他仍然强打精神说话,怕~

了朋友;친구가 왔을 때 그는 두통이 심했지만 친구를 푸대접 할까 걱정되어 계속 정신을 차리고 말했다. | 自从我离开了那家大公司,他对我的态度就~了下来;내가 그 큰 회사를 떠난 후, 나에 대한 그의 태도가 싸늘해 졌다. | 她觉得我不能继续帮她了,就开始~我;그녀는 내가 계속 도와주지 못할 거라고 생각하자 날 냉대하기 시작했다.

厘米 límǐ 量 센티미터(centimeter). ¶ 他身高185~;그의 키는 185센티미터이다. | 这块木板有20~厚;이 목판은 두께가 20센티미터 정도 된다. | 这个书桌应该有90~宽;이 책상은 너비가 90센티미터는 될 것이다.

离 lí 动 ❶ 분리하다. 떠나다. ¶他~家已经三年多了;그는 집 떠난지 벌써 삼년 여나 되었다. | 他的女儿~家走了;그의 딸이 가출했다. ❷ a) (공간상의 거리가) 떨어지다. ¶我家~学校不远;우리 집은 학교에서 멀지 않다. | 他俩只~着两三步;그들 둘은 겨우 두 세 걸음밖에 떨어져 있지 않다. | 天津~北京只有一百多公里;톈진은 베이징에서 겨우 100여 킬로미터 떨어져 있다. b) (시간상의 거리가) 떨어지다. ¶~圣诞节只有三天了;크리스마스가 3일밖에 안남았다. | ~开车还有三个小时;운전해서 아직 세 시간 정도 남았다. | ~我回国的日子不远了;내가 귀국할 날도 머지 않았다. c) (목적하는 것보다) 떨어지다. ¶我的成绩~老师的要求还差很多;내 성적은 선생님의 요구에 미치지 못한다. | 你现在的体质~一名真正的运动员还差很多呢;지금 너의 체질은 진정한

운동선수가 되기에 많이 부족하다. ❸ …없이. 모자라다. ¶这件事~了他可办不成;이 일은 그 없이 정말 해낼 수 없다. | ~了词典我就没法跟人交流;사전 없이 나는 사람들과 교류할 수 가 없다. | ~了眼镜,我几乎就成了瞎子了;안경 없이 나는 거의 장님이나 마찬가지다.

离婚 lí//hūn 动 이혼하다. ¶ 他们俩昨天~了;그들 둘은 어제 이혼했다. | 他离过两次婚;그는 두 번이나 이혼 한 적이 있다. | 她早就离了婚了,一直自己带着孩子;그녀는 진작에 이혼하고 줄곧 본인이 아이를 데리고 있다.

▶용법주의:이 말은 동사 역할 할 때 중간에'了','过','着','完','的'및 수량구(数量短语) 등을 삽입할 수 있다. 위의 예문을 참조하시오.

离开 lí//kāi 动 떠나다. 벗어나다. ¶他一下课就~了教室;그는 수업 마치자마자 교실을 떠났다. | 他们俩好得跟一个人似的,谁也离不开谁;그 둘은 한 쌍이다.누구도 상대를 떠날 수 없다. | 孩子已经长大了,离得开妈妈了;아이는 이미 컸으니 엄마의 손을 떠날 수 있다.

▶용법주의: 이 말 중간에'得'나'不'를 삽입해 가능여부를 나타낼 수 있다.

梨 lí 名 배. ¶ 他家的果园里种了很多~;그의 집 과수원에 많은 배를 심었다. | 今年的~大丰收了;금년 배 농사는 대풍년이다. | 这种~很好吃,又脆又甜;이런 배는 아삭아삭하고 달아 참 맛있다.

梨泰院 Lítàiyuàn 名 이태원. (서울의 한 지명)¶~是首尔市内最具异国风情

的地方;이태원은 서울 시내에서 가장 이국적인 정취를 풍기는 곳이다. | 1997年10月, ~被指定为观光特区;1997년 10월 이태원은 관광특구로 지정되었다. | 每天都会有来自世界各地的游客光顾~;날마다 세계 각지로부터 온 여행객들이 이태원을 찾는다.

礼拜日 lǐbàirì 名 일요일. ¶ 我打算下个~带孩子去公园玩儿;나는 다음주 일요일에 아이를 데리고 공원에 놀러 갈 생각이다. | 这个~我在家洗衣服了;이번 일요일에 난 집에서 빨래했다. | 平时工作忙, 只能到~回家看看父母;평소 일이 바빠 일요일에나 집에 돌아가서 부모님을 뵐 수 있다.

礼拜天 lǐbàitiān 名 일요일. ¶ 今天是星期六, 明天是~;오늘은 토요일이고, 내일은 일요일이다. | 上个~你去哪儿了? 지난주 일요일에 넌 어디 갔었니? | 每个~我都要睡会儿懒觉;매주 일요일이면 난 늦잠을 잔다.

▶용법주의: 한국어의 한자어 '日曜日'은 중국어의 '礼拜天', '礼拜日'와 같은 의미이지만, 중국어에서는 사용할 수 없다. ¶今天是星期六, 明天是日曜日 (×)

礼节 lǐjié 名 예절. ¶ 不同的国家有不同的~;나라마다 서로 다른 예절이 있다. | 那个地方~很多, 你要多注意;그곳은 지켜야 할 예절이 많으니 주의해야 한다. | 在国外生活要注意当地的~;해외에서 생활하면 현지의 예의범절에 주의해야 한다.

礼貌 lǐmào 名 예의. ¶ 这孩子很有~;이 아이는 참 예의 바르다. | 这个服务员说话太没~了;이 종업원은 말하는 게 너무 예의 없다. | 对老人说话应该讲~;노인에게 말할 때 예의를 중시해야 한다. 形 예의가 바르다. 예의가 있다. ¶ 服务员很~地把我们带进预订的房间;종업원은 예의 바르게 우리를 예약한 방으로 안내했다. | 你这样做太不~;넌 이렇게 하면 너무 예의가 없는 것이다. | 他~地谢绝了我的邀请;그는 정중하게 우리의 초대를 거절했다.

礼品 lǐpǐn 名 선물. 예물. ¶ 他特意买了一些~送给朋友;그는 특별히 선물들을 사서 친구에게 선물했다. | 去别人家做客, 应该准备一些小~;남의 집에 손님으로 가면 작은 선물이라도 준비해야 한다. | 学校门口新开了一家~店, ~的种类很多;학교 입구에 새로 선물가게가 생겼다. 선물의 종류도 다양하다.

礼堂 lǐtáng 名 강당. 홀(hall). 예식장. ¶ 周末学校~有电影;주말에 학교 강당에서 영화 상영이 있다. | 我们的毕业典礼在~举行;우리의 졸업식이 강당에서 거행된다. | 还不到两点, ~里已经坐满了人;두 시도 채 안되어 예식장에 벌써 사람들이 가득 찼다.

礼物 lǐwù 名 선물. ¶ 我买了一条项链送给妻子做结婚一周年的~;나는 아내에게 결혼 일주년 선물로 목걸이를 주었다. | 过生日的时候, 他收到很多~;그는 생일날 많은 선물을 받았다. | 这些~他都很喜欢;그는 이 선물들을 모두 좋아한다.

李舜臣将军 Lǐshùnchén Jiāngjūn 이순신 장군. (인물) ¶ ~是韩国著名的民族英雄;이순신 장군은 한국의 유명한 한 민족영웅이다. | 显忠祠供奉着

~的灵位;현충사에 이순신 장군을 모신 위패가 모셔져 있다. | 在首尔的光化门外,有一尊~的雕像;서울 광화문 밖에 이순신 장군 동상이 있다.

李子 lǐ·zi 名 자두나무. 자두. ¶ ~一般都有点儿酸;자두는 보통 약간 시다. | 吃多了~对身体不太好;자두를 너무 많이 먹으면 몸에 안 좋다. | 院子里的那棵~已经开花了;정원의 자두나무에 벌써 꽃이 피었다.

里 lǐ 量 리. (길이의 단위로, /리는 500미터이다). ¶ 从家到学校有三~多地;집에서 학교까지 삼 리 정도 된다. | 一公里等于二~;1 킬로미터는 2리와 같다. | 我走了五~多,才找到一家饭店;나는 오 리 정도 걸어서야 호텔 하나를 찾았다. 名 ❶ 안. 안쪽. ¶ 刚下车的代表请往~走;방금 차에서 내린 대표께서는 안으로 가십시오. | 他的衣服从~到外都是名牌;그의 옷은 안팎으로 전부 명품이다. ❷(~儿)(옷이나 이불 등의) 안. 속. 안감. 这件大衣~儿开线了;이 외투 안의 실밥이 터졌다. | 被~儿脏了,该拆洗了;이불 속이 더러워져 뜯어서 빨아야 한다. | 这边是~儿,那边是面儿;이 쪽이 안이고, 저 쪽이 겉이다.

里边 lǐ·bian 名 (어떤 시간, 공간, 범위의) 안. 속. 내부. ¶ 车子~的空间比较大;차 안의 공간이 비교적 넓다. | 屋子~有人吗? 안에 누구 계십니까? | 三年~他没有请过一次假;삼년 동안 그는 한 번도 휴가를 낸 적 없다. | 这些人~我只认识一个人;이 사람들 가운데 난 한 사람 밖에 모른다.

里面 lǐ·miàn (~儿) 名 (어떤 시간, 공

간, 범위의) 안. 속. 내부. ¶ 把书放进书包~去;책을 책가방 속에 넣다. | 我的钱包~没钱了;내 지갑 속에는 돈이 없다. | 这句话~还有其他的意思;이 말 속에는 또 다른 뜻이 있다.

里头 lǐ·tou 名 (어떤 시간, 공간, 범위의) 안. 속. 내부. ¶ 屋子~太热了,我得到外面凉快凉快;방 안이 너무 더워 난 바깥에 가서 더위를 식혀야겠다. | 周末的时候商店~的人太多了;주말이면 상점 안의 사람들이 너무 많다. | 他一个星期~至少要去三次酒吧;그는 일주일에 적어도 세 번은 술집에 간다.

理 lǐ 名 ❶ 도리. 사리. 일리. ¶ 他说的有~,我们按他的话办吧;그의 말이 일리 있으니 그의 말에 따라 하도록 하자. | 你的话与~不通;그의 말은 사리와 통하지 않는다. | 跟这种人没什么~好讲;이런 사람과는 무슨 이치를 따지기 힘들다. ❷ 자연과학. 이과. 물리학. ¶ 他在中学学的是~科;그가 중학교에서 배운 것은 이과이다. | 我们学校有个文~学院;우리 학교에는 문과대학이 있다. | 弟弟数化三门都很好;동생은 수학, 물리학, 화학 세 과목 모두 잘한다. 动 ❶ 정리하다. 가지런히 하다. ¶ 你快把这些书~一~,屋里太乱了;방이 너무 어지러우니 빨리 이 책들을 정리해라. | 她用手~了~头发;그녀는 손으로 머리를 가지런히 정돈했다. | 让会计把今年的账再~一下儿;회계한테 금년의 장부를 다시 정리하게끔 해라. ❷ 관리하다. 처리하다. ¶ 你已经是大姑娘了,该学一学~家的本事了;넌 벌써 다 큰 처녀가 됐으니 집안관리하는

법도 배워야 한다.│他算账从来糊里糊涂,不能让他~账;그는 장부 계산하는 게 데면데면하니 그더러 장부 관리를 하게 할 수 없다.│我们家都是我妈妈负责~财;우리집은 전부 엄마가 재테크를 도맡아 하고 있다. ❸상대하다. 거들떠보다.¶她这个人很坏,别~她;그녀란 사람은 참 못되먹었으니 상대하지 말아라.│他们吵架了,现在谁也不~谁;그들은 말다툼해서 지금은 서로 상대도 안한다.│我叫了他两声,他都没~我;난 그를 두 번이나 불렀지만 그는 나를 거들떠보지도 않았다.

理发 lǐ/fà 〖动〗이발하다. 머리카락을 다듬다.¶你该~了,头发太长了;넌 머리가 너무 길어 이발해야겠다.│他一个月理一次发;그는 한 달에 한 번 이발한다.│今天下午我想休息休息,洗洗澡,理理发;오늘 오후에 난 쉬면서 목욕도 하고 이발도 좀 해야겠다.│理了发,他就跟换了一个人似的;이발하고 나니 그는 마치 딴사람이 된 것 같다.│我去理个发,一会儿就回来;가서 이발 좀 하고 금방 돌아올께요.

▶용법주의: 이 말 중간에 '了', '过', '着', '完'과 수량구(数量短语)등을 삽입할 수 있으며, 중첩형식은 '理理发'라 한다.

理解 lǐjiě 〖动〗알다. 이해하다.¶他还太小,不~这些道理;그는 아직 너무 어려 이러한 도리를 알지 못한다.│夫妻之间应该相互~;부부지간에 서로 이해해야 한다.│要是有什么不~的地方,就给我打电话;만약 이해 안 되는 곳이 있으면 바로 저에게 전화 주

세요.〖名〗이해.¶朋友之间,~是最重要的;친구 사이엔 이해가 제일 중요하다.│通过几次交往,他们加深了~;몇 차례의 교제를 통해 그들은 서로를 깊이 알게 되었다.│你对题意的~错了;너는 문제 의미에 대한 이해를 잘못하고 있다.

理论 lǐlùn 〖名〗이론.¶这些~已经过时了;이러한 이론들은 이미 시대에 뒤떨어진 것이다.│企业管理人员应该懂一些经济~;기업관리자는 경제이론을 잘 알아야 한다.│经过学习,大家的~水平提高了;학습을 통해 모두의 이론적 지식 수준이 높아졌다.│只学习~还不够,还要把~应用到实践中去;이론학습만으로는 아직 부족하며, 이론을 실천에 응용해나가야 한다.〖动〗시비를 가리다. 논쟁하다.¶他正在气头儿上,你先不要和他~;그는 지금 화가 머리끝까지 났으니 넌 우선 그와 논쟁하지 말아라.│她这个人思维混乱,你跟她~得清吗? 그녀의 생각 자체가 잘못되었는데 그녀에게 정확히 따질 수 있겠니?

理念 lǐniàn 〖名〗❶ 이념. 사상.¶经过一年多的实践,他的经营~发生了变化;일 년여의 실천을 거쳐 그의 경영 이념에 변화가 생겼다.│我们公司引进了西方的管理~和方法,提高了管理水平;우리 회사는 서구의 경영이념과 방법을 도입해 경영수준을 보다 향상시켰다.│他的投资~为他创造了230亿美元的财富;그의 투자 이념은 그에게 230억 달러의 부를 창출해주었다. ❷ 신념.¶每个人都应该有自己的人生~;사람 마다 자신의 인생 철학이 있어야 한다.│一直以来

这两个党派的政治~都不同;이 두 당은 서로 다른 정치이념을 고수해왔다.

理想 lǐxiǎng 名 이상. 꿈. ¶他的~是当一名医生;그의 꿈은 의사가 되는 것이다. | 我的~已经实现了;나의 이상은 이미 실현되었다. | 每个年轻人都应该树立远大的~;젊은이들은 원대한 꿈을 세워야 한다. 形 이상적이다. ¶我觉得翻译是一种比较~的职业;나는 통역이 비교적 이상적인 직업이라 생각한다. | 今年毕业生的就业率不够~;올해 졸업생의 취업률이 낙관적이지 못하다. | 这个方案还比较~;이 방안은 그런대로 괜찮은 편이다.

理性 lǐxìng 形 이성적인. ¶科学技术的存在和其发展,是不可能完全离开~思维的;과학 기술의 존재와 그 발전은 이성적인 사유를 완전히 떠날 수 없다. | ~和科学的方法被领导们视为根本的方法;지도자들은 이성적이고 과학적인 방법을 근본적인 방법으로 간주했다. | ~和感性二者缺一不可;이성과 감성 모두 필수불가결한 요소다. 名 이성. ¶他喝得太多了,已经完全失去~了;그는 너무 많이 마셔서 이미 완전히 이성을 잃었다. | 他被这种行为气得丧失了~;그는 이러한 행위에 화가 나 이성을 잃어버렸다. | 无论出现什么情况,你一定不要失去~,一定要保持清醒;어떤 상황이 생겨도 이성을 잃지 말고, 반드시 정신 차려야 한다.

理由 lǐyóu 名 이유. 까닭. ¶请给我解释一下你迟到的~;네가 지각한 이유를 나한테 설명해보렴. | 我有充分的~不相信你的话;내가 네 말을 믿지 않는 충분한 이유가 있다. | 没有充足的~他是不会让你先走的;충분한 이유 없이 그는 너를 먼저 보내지 않았을 것이다.

力 lì ‖ 名 ❶ 역량. 힘. 능력. (보통 쌍음절 (双音节) 어휘로 많이 쓰인다.) ¶我们现在人~不够,再给我们派几个人吧;우리는 지금 인력이 부족하니 몇 사람 더 보내주어라. | 药~还没有过去,他还得等一会儿才能醒过来;약기운이 아직 가시지 않아 그는 좀 더 있어야 깨어날 수 있다. | 他的演讲很有说服~;그의 연설은 매우 설득력이 있다. ❷ 체력. ¶他是大~士;그는 힘이 장사이다. | 我感冒了,现在感觉四肢无~;난 감기가 들어 지금 온 몸에 힘이 없다. | 妈妈用~背起那个大包;엄마는 힘껏 그 큰 보따리를 짊어졌다.

力量 lìliàng 名 ❶ 역량. 힘. ¶他的~可真大,一个人就把大箱子搬走了;그는 힘도 세다. 혼자서 큰 박스를 옮겼다. | 一个人的~太小了,我们得团结起来才行;한 사람의 힘은 너무 미약하다. 우리가 단결해야만 해낼 수 있다. | 人多~大;사람이 많으면 힘도 크다. ❷ 능력. ¶我会尽最大的~帮你的;능력되는대로 최대한 너를 도울 것이다. | 你以后这两个月应该集中~练习汉语口语;너는 앞으로 두 달 동안 힘을 다해 집중해서 중국어 회화를 연습해야 한다. | 知识就是~;지식이 곧 능력이다.

力气 lì·qi (육체적인) 힘. 기력. ¶他的~大极了,举起一百五十公斤没问题;그의 힘은 엄청 쎄서 150kg도

거뜬히 든다.|比赛结束后,他累得连说话的~都没有了;시합이 끝난 뒤 그는 지쳐서 말할 기력도 없었다.|他干的是~活儿,不用动脑子;그가 하는 것은 힘쓰는 일로, 머리를 쓸 필요가 없다.

▶용법주의:'力量'과 '力气'는 신체의 힘을 가리킬 때 바꾸어 쓸 수 있지만, '力量'에는 또 다른 의미가 있고, '力气'는 없다.¶我们应该充分发挥科学的力气(×)|团结就是力气(×)|社会各阶层的力气(×)|我们应该充分发挥科学的力量;우리는 과학의 힘을 충분히 발휘해야 한다.|团结就是力量;단결은 곧 힘이다.|社会各阶层的力量;사회 각 계층의 힘.

力所能及 lì suǒ néng jí 成 자신의 능력으로 해낼 수 있다.¶应该让孩子做一~的事情;아이에게 자신의 능력으로 해낼 수 있는 일들을 하도록 해야 한다.|只要是~的,我一定会尽力帮你;내가 할수 있는 일이라면 최선을 다해 너를 돕겠다.|我们在~的条件下照顾残疾(cánjí)学生,帮他们解决生活中的问题;우리는 우리의 힘이 닿는 한 장애 학생들을 보살펴주고, 그들이 생활 중의 문제들을 해결하도록 도와주었다.

历史 lìshǐ 名 ❶역사.¶中国有悠(yōu)久的~;중국은 유구한 역사가 있다.|我们既要研究自然界的~,也要研究人类社会发展的~;우리는 자연계의 역사는 물론 인류사의 발전 역사도 연구해야 한다.|那些事早就成了~了;그러한 일들은 일찍감치 역사가 되었다. ❷역사학.¶明天上一课;내일은 역사 수업을 한다.|下周有~考试;다음주에 역사 시험이 있다.|他学的是~;그가 배운 것은 역사학이다.

历史学家 lìshǐxuéjiā 名 역사학자.¶他是我国著名的~;그는 우리나라의 유명한 역사학자이다.|他很喜欢读历史书,梦想成为一位~;그는 역사서를 즐겨 읽는다. 역사학자가 되는 것이 그의 꿈이다.

厉害 lìhai 形 ❶심하다. 사납다. 지독하다. 대단하다.¶他的眼光很~,一眼就可以认出谁是小偷;그는 안목이 대단해 한 눈에 누가 도둑인지 알아낸다.|这个女人的嘴巴太~了,谁也说不过她;이 여자는 입심이 너무 사나워서 누구도 그녀를 당해낼 수 없다.|这次比赛你会遇到一个十分~的对手;이번 시합에서 너는 한 매우 힘든 상대와 만날 것이다. ❷엄한. 매서운.¶这位是我们这儿最~的老师,同学们都怕她;이분은 우리 이곳의 가장 엄한 선생님으로 학우들 모두 그분을 무서워한다.

立 lì 动 ❶서다.¶他在教室后面~了一会儿就出去了;그는 교실 뒤에 잠깐 서 있다가 바로 나갔다.|他家门口~着几个陌(mò)生人;그의 집 입구에 낯선 사람 몇 명이 서 있다.|他已经~了两个多小时了;그는 이미 두 시간 넘게 서 있었다. ❷위로 세우다.¶把广告牌(pái)~稳了,千万别砸(zá)到过往的行人;광고 간판을 튼튼잘 세워서 행인과 부딪치지 않도록 해라.|这个箱子必须~着放;이 박스는 반드시 세워서 놓아라.|快把梯(tī)子~到这边儿来,我要下去了;내려가려고 하니 빨리 사다리를 여기에 세워놓아

라, ❸ 건립하다. 세우다. ¶他一心想着杀敌~功;그는 오로지 적을 죽여 공을 세울 생각을 하고 있다. | 弟弟~志要当一名医生;동생은 의사가 되려는 뜻을 세웠다. | 在这次救灾(zāi)过程中他~了大功,救出十几个人;이번 구조 과정에서 그는 열 몇 사람을 구출해 큰 공을 세웠다. ❹ 제정하다. 체결하다. ¶我今天到银行新~了一个户头;나는 오늘 은행에 가서 새로 계좌를 개설했다. | 我们和出版(bǎn)社~了合同,你不用怕;우리는 출판사와 계약을 체결했으니 넌 걱정할 필요 없다. | 国家以~法来保证义务教育的实施(shíshī);국가는 법 제정으로 의무교육의 실시를 보장하였다.

立场 lìchǎng 名 입장. 처지. ¶站在不同的~看问题,就会有不同的结论;다른 입장에 서서 문제를 보면 다른 결론이 있을 것이다. | 中国的~得到了世界很多国家的支持;중국의 입장은 세계 많은 나라의 지지를 받았다. | 你如果站在我的~上就能理解我了;네가 내 입장에서 생각하면 이해할 수 있을 것이다.

立即 lìjí 副 즉시. 즉각. 바로. ¶部队接到命令,~出发;부대는 명령을 받자마자 출발하였다. | 病人需要~输(shū)血;환자는 즉시 수혈이 필요하다. | 妈妈来电话让你~回家;엄마는 전화를 해 그에게 바로 집으로 오라고 했다.

立刻 lìkè 副 즉시. 당장. 바로. ¶他回来后让他~到我办公室来;그가 돌아오면 당장 내 사무실로 오라고 해라. | 请大家~去学校礼堂开会;여러분 회의가 있으니 지금 바로 강당으로 모

여주시기 바랍니다. | 这个明星一出场,会场~响起雷鸣般的掌(zhǎng)声;이 스타가 등장하자 대회장은 바로 우레와 같은 박수가 터져 나왔다.

立足 lìzú 动 ❶ 발을 붙이다. 입지를 세우다. ¶到2500年,世界人口将多到每人不到一平方米的~之地;2500년, 세계 인구는 1인당 1m²도 안되는 곳에서 살아야 할만큼 늘어날 것이다. | 他把队友和教练都得罪(dézuì)光了,在球队已经无法~了;그는 팀원과 코치한테 찍혀서 팀에 발 붙일 곳이 없다. | 那条街上有几个恶霸(èbà)总是找他的茬(chá),使他没办法在那里~,只好搬家了;그 거리의 악질 점거자들이 괴롭히는 바람에 그는 이사갈 수 밖에 없었다. ❷ (어떤) 입장에 서다. ¶这份报纸~于北京大学校园,向学生传递(chuándì)生活和就业信息;이 신문은 베이징대 학생 입장에 서서 재학생들에게 생활과 취업 정보를 전한다. | 国家干部要~基层,解决群众的具体问题;국가 간부는 서민의 입장에 서서 군중들의 실제적인 문제를 해결해야 한다.

利害 lìhài 名 손익. 이익과 손해. 이해관계 ¶我和他之间不存在~冲突;나와 그 사이엔 손익분쟁이 없다. | 这件事跟我们没什么~关系;이 일은 우리와 어떠한 손익 관계도 없다. | 做事情之前要分清~;일을 하기 전에 이해 관계를 분명하게 구별해야 한다.

利害 lì·hai 形 ❶ 심하다. 사납다. 지독하다. 대단하다. ('厉害'와 같은 의미이다.) ¶他很~,一眼就能分清哪是真货,哪是假货;그는 참 대단한 게 한 눈에 진짜와 가짜를 구분할 줄 안다. |

今年冬天冷得~;금년 겨울은 지독하게 춥다.|他的手被车撞(zhuàng)伤了,疼得~;그는 손을 차에 부딪쳐 다쳤는데, 심하게 아프다. ❷엄하다. 매섭다. ('厉害'와 같은 의미이다.)¶他不喜欢太~的老师,让人害怕;그는 너무 무섭게 대하는 호랑이 선생님을 별로 좋아하지않는다.|我们这儿的老师都很温和,一点儿也不~;우리 이곳 선생님은 모두 온화하셔서 조금도 무섭지 않다.

利息 lìxī 名 이자. ¶银行的存款~涨了一些;이 두 해 동안 은행 예금에 이자가 좀 불었다.|由于国内房屋贷款(dàikuǎn)的~不断上涨,买房受到影响;국내 주택 대출의 이자가 계속 올라 집을 사는데 영향이 있다.|这种保险存款的~很低;이런 보험 예금은 이자가 너무 낮다.

▶용법주의: 한국어의 한자어 '利子'와 같은 의미이나, 중국어에서는 '利子'를 사용할 수 없다.¶这两年银行的存款利子涨了一些(×)

利益 lìyì 名 이익. 이득. ¶做事不能只想得(dé)到个人~;일하는데 오직 개인 이익만 얻으려 하면 안된다.|当个人~与国家~冲突时,我们应该服从国家~;개인 이익과 국가 이익이 충돌할 때 우리는 마땅히 국가 이익에 따라야 한다.|不能只顾眼前~而损害大家的根本~;눈앞의 이익만 챙기느라 대다수의 근본적인 이익에 손해를 입혀선 안된다.

利用 lìyòng 动 ❶이용하다.¶我们应该充分~现有的条件;우리는 기존의 조건을 충분히 활용해야 한다.|应该教给孩子合理~时间;아이한테 시간

을 합리적으로 이용하는 방법을 가르쳐야 한다.|发达国家很注重废物~;선진국가는 폐품 이용을 중시한다. ❷(자신의 이득과 편리를 위한 수단으로) 이용하다.¶他总是~学生为自己办私事;그는 항상 학생을 이용하여 사적인 일을 처리한다.|官员不应该~职权为自己谋利益;관료는 직권을 이용해 사신의 이익을 도모해서는 안 된다.|他们俩总是互相~,根本不是朋友;그들은 늘 서로를 이용할 뿐 친구라고 할 수 없다.

例 lì 名 ❶예. 보기.¶请你举~说明自己的观点;예를 들어 자신의 관점을 설명해 보아라.|上~正可以说明我的观点;위의 보기는 나의 관점을 설명해줄 수 있다.|以下各~都是同学们自己做的句子;다음의 각 예들은 전부 학우들 스스로 만든 문장입니다. ❷경우. 사례.¶这三十个病~症(zhèng)状相同;이 서른 명의 환자는 증상이 서로 같다.|二十~中就有五~是你说的这种情况;스무 가지 경우 중 다섯 가지 경우가 네가 말한 이러한 상황이다.|通过调查,二十~不受影响,十八~有明显变化,还有三~情况不明;조사 결과 스무 가지 사례는 영향을 받지 않았고, 열여덟 가지 사례에는 뚜렷한 변화가 있었으며, 세 가지 사례의 상황은 불명확하다.

例如 lìrú 动 예를 들다.¶这家电器商店货物齐全,~冰箱、彩电、洗衣机、音响等应有尽有;이 가전제품 가게는 모든 상품이 갖춰져 있다. 예를 들면, 냉장고, 컬러텔레비전, 세탁기, 오디오 등 없는 것이 없다.|我们学校的留学生来自世界各地,~日本、韩国、

美国、英国、法国等;우리 학교의 유학생들은 세계 각국에서 왔는데, 예를 들면 일본, 한국, 미국, 영국, 프랑스 등이다. | 他的爱好很多,~唱歌、跳舞、看书等;그의 취미는 다양한데, 예를 들면 노래, 춤, 독서 등이다.

例子 lì·zi 名 예. 보기. ¶ 这个~正好可以证明你的观点;이런 예는 바로 너의 의견을 증명해줄 수 있다. | 请你举一个~;예를 하나 들어보세요. | 老师讲课时总是给大家举生活中常见的~;선생님은 수업시간에 항상 생활 속에서 자주 접할 수 있는 예를 들어주신다.

粒 lì 名 (~儿) 알. 알갱이. ¶ 这种药一天吃三次,每次两~;이런 약은 하루 세 번 두 알씩 복용한다. | 他把桌上的米~儿捡了起来;그는 탁자 위의 쌀알들을 줍기 시작했다. | 这包盐的盐~比较大;이 소금의 알갱이는 비교적 크다. 量 알갱이 모양의 사물을 세는 양사. ¶ 他偷偷地把一~棋子儿放在口袋里了;그는 바둑알 하나를 슬며시 주머니 속에 넣었다. | 姐姐把珍珠一~一~地串了起来;언니는 진주를 한 알 한 알씩 꿰기 시작했다. | 她的戒指(jièzhi)上有一~钻石;그녀의 반지에는 다이아몬드가 한 알 박혀 있다.

里·li 名 안. 속. 가운데. 곳. ¶ 他手~拿着书走进了教室;그는 손에 책을 들고서 교실로 걸어 들어갔다. | 箱子~有水果,你自己拿;박스 안에 과일이 있으니 네가 가져가라. | 这~有三家饭店;이 곳에 호텔이 세 곳 있다. | 那~没有银行;저 곳에는 은행이 없다.

俩 liǎ 数 ❶ 두 개. 둘. ¶ 小王和小李他~刚走;왕군과 이군은 방금 떠났다. | 姐姐,咱~一起去看电影吧;누나, 우리 (둘이) 영화 보러 같이 가요. | 明天弟弟和他女朋友要来,我得(děi)去车站接他~;내일 동생과 그의 여자친구가 온다고 해서 나는 정거장에 그 둘을 마중하러 가야 한다. ❷ 몇 개. 你就是真有~钱儿,也不能乱花吧;네가 돈이 좀 있다 해도 함부로 써서는 안된다. | 早上公共汽车上一共就那么~人,一点儿也不挤;아침에 버스에 사람이 많지 않아 전혀 붐비지 않았다.

▶용법주의: '俩' 의 뒤에는 양사(量词)가 붙을 수 없다. ¶ 我买了俩支钢笔(×) | 我们俩个是好朋友(×) | 买了俩钢笔;나는 펜 두 자루 샀다. | 我们俩是好朋友;우리 둘은 좋은 친구이다.

连 lián 动 연결하다. 잇다. ¶ 我们母子俩心~心;우리 모자의 마음과 마음이 이어졌다. | 你刚才说的这两句话~不起来;네가 방금 말한 이 두 마디 말은 연결될 수 없다. | 请同学们用合适的关联词语把下面两段话~在一起;여러분 알맞은 관련 단어로 아래 두 단락을 연결해보세요. 副 연속해서. 이어서. ¶ 我~发了三封信,他一直没回;나는 연속해서 편지 세 통을 보냈는데도 그는 답신이 없다. | ~下了三天大雨,路上积了很多水;연속 사흘 큰비가 내려 도로에 물이 많이 불어났다. | 他一面听我说,一面~点头;그는 내 말을 들으면서 계속해서 고개를 끄덕였다. 介 …까지. …을 포함하여. ¶ 这块肉~皮二十五斤;이 고기는 껍데기까지 25근이다. | 他吃苹果

从来不削(xiāo)皮，~皮一起吃;그는 사과 먹을 때 껍질을 벗기는 법이 없이. 껍질 채 먹는다. | 台风将大树~根拔起;태풍은 큰 나무의 뿌리까지 뽑았다.

连…都/也… 〈介〉lián…dōu/yě… (동작의 주체 또는 동작의 대상을 강조하는 말로서) …까지, …조차도. a) 명사 앞에 쓰일 때 ¶连小孩子都知道这个道理,别说大学生了;어린 아이도 아는 이치를 대학생은 말할 나위가 없다. | 他连一句话都没说就走了;그는 말 한마디 하지 않고 떠났다. | 你怎么连这个词都不认识了? 넌 어떻게 이 낱말도 모르니? b) 동사 앞에 쓰이며 뒷부분의 동사는 부정형식이다. ¶他连看也没看一眼就走了;그는 한번 보지도 않고 가버렸다. | 你连尝都没尝,怎么知道不好吃? 너는 맛도 보지 않고 어떻게 맛없는 걸 아니? c) 의문대명사를 포함한 구절 앞에 쓰인다. ¶我连他长得什么样都没看清;나는 그가 어떻게 생겼는지도 제대로 못 봤다. | 连老师说的什么意思他都没听懂,就举手要说话;선생님 말도 알아듣지 못하면서 손을 들어 말하려 한다. d) 수량사(数量词) '一' 앞에 쓰여 뒷부분의 동사는 부정형식이다. ¶他学了半年汉语了,连一个汉字也不会写;그는 중국어를 반 년 배우고도 한자 하나 쓸 줄 모른다. | 他说的话,我连一个字也没听懂;그가 한 말은 하나도 못 알아듣겠다. | 在北京住了五年,故宫他连一次也没去过;베이징에 오 년을 살았는데 고궁에 한번도 가 보지 못했다.

连接 liánjiē 〈动〉❶ '联接' 사물이 서로 이어지다. 잇닿다. ¶一进入山区,就会发现一座又一座山岭~不断;산자락에 들어서면 끊임없이 이어진 산봉우리들을 발견하게 될 것이다. ❷ 이어지게 하다. 잇닿게 하다. ¶他把那两根绳子~起来了;그는 그 두 끈을 이어지게 하였다. | 这两根管子~得不好,总漏(lòu)水;이 두 파이프가 잘 연결되지 못해서 항상 물이 샌다. | 这是一条~南北交通的重要铁路;이것은 남북 교통을 이어주는 중요한 철도이다.

连结 liánjié 〈动〉 (='联结'.) 연결하다. 연결시키다. ¶集市是~城乡的商品流通渠(qú)道;재래시장은 도시와 시골을 연결해 주는 상품의 유통 경로이다. | 新的地铁将把机场和火车站~在一起;새로운 전철은 공항과 기차역을 한데 연결시켜줄 것이다. | 医生这个职业和辛苦紧紧~在一起;의사란 직업과 고생은 뗄 수 없이 연결되어 있다.

连忙 liánmáng 〈副〉 서둘러. 얼른. 황급히. ¶看到客人来了,服务员~拿来了菜单;손님이 온 걸 보자 종업원은 얼른 메뉴를 가져왔다. | 看见有人招手,出租司机~把车停下来;어떤 사람이 손 흔드는 것을 보고 택시기사는 서둘러 차를 세웠다. | 一位孕(yùn)妇刚上车,他~站起来让座;한 임신부가 차에 오르자 그는 얼른 일어나 자리를 양보했다.

连续 liánxù 〈动〉 연속하여. 잇달아. ¶最近好消息~不断;최근 좋은 소식이 끊임없이 잇달았다. | 他开车以来,~十年无事故,被评为优秀司机;그는 운전한 이래 십 년 연속 무사고로 우수

413

기사로 평가 받았다.│他~在两届(jiè)奥(ào)运会获得金牌;그는 올림픽에서 두 번 연속 금메달을 땄다.

连衣裙 liányīqún 名 원피스(one-piece dress).¶她从小喜欢穿~;그녀는 어려서부터 원피스 입길 좋아한다.│她的衣柜里挂满了~;그녀의 옷장 안에는 원피스가 가득 걸려 있다.│~的款式变化很多;원피스는 스타일 변화가 많다.

莲花 liánhuā 名 연꽃.¶湖面上开满了~;호수 위에 연꽃이 가득 피었다.│白~和红~他都喜欢;그는 흰 연꽃과 붉은 연꽃 모두 좋아한다.│夏天的晚上,~的清香可以飘出很远;여름 날 저녁에 연꽃의 상쾌한 향기는 멀리까지 퍼질 수 있다.

联合 liánhé 动 연합하다. 단결하다.¶这个集团是由几家公司~起来组成的;이 그룹은 몇 개 회사가 연합해 만들어진 것이다.│只要我们几个班~起来,就一定能赢得(yíngdé)比赛;우리 몇 개 반이 단결하면 반드시 시합에 이길 수 있다.│这台晚会是几家电视台~举办的;이 이브닝 파티는 몇 개의 방송사가 연합하여 개최한 것이다. 形 연합의.공동의.¶几所大学发表~声明,坚决杜绝学术腐败(fǔbài);몇몇 대학이 학술적 부패를 막겠다고 공동성명을 발표했다.│这两所大学向社会~招收在职研究生;이 두 개 대학은 연합으로 직장인 대학원생을 공개 모집 했다.

联欢 liánhuān 动 (한 단체의 구성원 혹은 두 개 이상 단체에서 축하 혹은 단합하기 위해서) 함께 모이다. 친목회를 하다.¶今天晚上我们系有~会;오늘 저녁 우리 과에 친목회가 있다.│每年春节中央电视台都有春节~晚会;매년 설날마다 중국 중앙방송국(CCTV)은 설날특집방송을 방영한다.│我们两个学校今天晚上~;우리 두 학교는 오늘 저녁에 함께 모인다.

联接 liánjiē 动 ❶ (사물이 서로) 이어지다. 잇닿다.¶马路东边,都是住宅区,一座又一座高楼~不断;도로 동쪽은 주택가로 고층건물이 끊임없이 이어져 있다. ❷ 이어지게 하다. 잇닿게 하다.¶老师让他把几个词~成一个句子;선생님은 그에게 몇 개 낱말을 연결해 하나의 문장으로 만들게 하였다.│把电线~起来就够长了;전선을 이으니 충분히 길어졌다.│他用螺(luó)钉把两块板~好了;그는 나사못으로 두 판자를 이어놓았다.

联结 liánjié 动 (='连结') 연결하다. 연결시키다.¶开罗是~亚、非、欧三大洲的枢纽(shūniǔ);카이로는 아시아, 아프리카, 유럽 세 대륙을 연결하는 중추역할을 한다.│请用线条把这些点~起来,看看能画出什么;선을 이용해 이 점들을 연결시켜 무엇을 그릴 수 있는지 보자.│共同的爱好(hào)把他们两个人~到一起;같은 취미는 그들 두 사람을 함께 이어주었다.

联络 liánluò 动 연락하다.¶如果有什么问题,你可以和助教~;무슨 문제가 생기면 조교한테 연락해도 된다.│这是会议的~名单;이것은 회의의 연락 명단입니다.│毕业后,我们就失去了~;졸업한 뒤 우리는 연락이 끊겼다.

联系 liánxì 动 연결하다. 연락하다. 관계를 맺다.¶你先跟他~一下儿,介绍一下儿这里的情况;너는 먼저 그한테 연

락해서 이 곳의 상황을 소개해 주어라.│我已经跟张老师~上了;나는 이미 장선생님과 연락이 되었다.│参观的事我已经~好了;참관하는 일은 내가 이미 다 연결해놓았다. 名연락. ¶我们之间的~不是很多,我对他也不太了解;우리는 서로 연락이 뜸한편이라 나는 그에 대해 잘 모른다.│五年前,他搬家了,我们从此失去了~;오 년 전 그가 이사하고 우리는 이 때부터 연락이 끊겼다.│我和大学同学一直保持着~;나와 대학 동창은 줄곧 연락하며 지내고 있다.

脸 liǎn 名 ❶ 얼굴. ¶她的~圆圆的,眼睛大大的,很可爱;그녀는 얼굴이 둥글고 눈도 커서 참 귀엽다.│看着孩子们一张张的笑~,老师非常满足;아이들의 웃는 얼굴 하나 하나를 보면서 선생님은 무척 흡족해 하셨다.│每天早上一起床他就赶紧刷牙洗~;매일 아침 그는 일어나자마자 제일 먼저 이를 닦고 세수한다. ❷(~儿) (어떤 물체의) 앞부분. ¶这座楼的一层全是门~儿;이 건물의 일층은 전부 문 앞이다.│这双鞋的~儿有点儿长(cháng),夏天穿太热了;이 신발의 앞이 약간 길어 여름에 신으면 너무 덥다. ❸ 체면. ¶你不要以为上课时汉语说错了很丢~,不会的;수업시간에 중국어를 틀리게 말했다고 창피하게 생각하지마. 전혀 그렇지 않아.│一定要加油啊,可别丢了咱们班的~;꼭 힘을 내라, 정말 우리 반 체면을 잃어선 안된다.

脸红 liǎn//hóng 动 부끄러워하다. 수줍어하다. ¶他这个人不知羞耻(xiūchǐ),说瞎(xiā)话从来不~;그 사람은 (얼굴이 두꺼워) 거짓말을 하고서도 전혀 부끄러운 줄 모른다.│听完他的话,小王~了半天,也没有说话;그의 말을 다 듣고서 왕군은 한참을 수줍어서 말을 하지 못했다.│他说谎(huǎng)的时候脸不红,心不跳;그는 거짓말할 때 얼굴도 안 빨개지고 심장도 안 뛴다.

▶용법주의: 이 말 중간에 '不'나 '没'를 삽입할 수 있다.脸과 面은 모두 얼굴을 가리키는 단어이지만, 面은 특정한 단어에서 사용된다. 아래의 용법에서는 주로 面을 사용한다. ¶面带笑容; 얼굴에 웃음을 띠다.│面孔; 얼굴. 满面笑容; 만면에 미소를 띠다.│当面; 얼굴을 맞대고

练 liàn 动 연습하다. 훈련하다. ¶他每天都~毛笔字;그는 날마다 붓글씨를 연습한다.│你~过武吗? 너는 무술을 배운 적 있니?│你得(děi)多~~口语和听力;너는 말하기와 듣기를 많이 연습해야 한다.

练习 liànxí 动 (반복적으로) 연습하다. ¶他每天早晨~半个小时乒乓球;그는 매일 아침마다 30분씩 탁구를 연습한다.│你可以找一个中国人~一下口语;너는 중국 사람을 찾아 말하기를 연습할 수 있다.│为了准备奥运会,他每天~到很晚才回宿舍;올림픽 준비를 위해 그는 날마다 밤늦게까지 연습하고서야 기숙사로 돌아간다. 名 연습. ¶请大家回去把课后的~做一下;여러분, 돌아가서 본문 뒤의 연습 문제를 풀어보세요.│做完~,我们就学习新课文;연습을 끝내고 바로 새로운 본문을 공부하겠습니다.│平时多做~,考试时才不会紧张;

평소에 연습을 많이 해야 시험 때 긴장하지 않는다.

恋爱 liàn'ài 动 (남녀가) 연애하다. ¶他们俩是自由~后结婚的;그들 두 사람은 연애결혼했다. | 妈妈不希望我在大学里就~;엄마는 내가 대학에서 연애하는 걸 원치 않는다. | ~的双方应该互相尊重;연애하는 쌍방 모두 서로 존중해야 한다. 名 연애. ¶哥哥正在谈~;형은 지금 연애하고 있다. | 快给我们讲一讲你的~故事;어서 우리에게 당신의 연애 이야기를 얘기해 주세요. | ~是两个人互相爱,既然他不爱你,怎么能叫~呢? 연애는 두 사람이 서로 사랑해야 하는데, 그가 널 사랑하지 않는데 어떻게 연애라 할 수 있겠어?

良好 liánghǎo 形 양호하다. 만족스럽다. 좋다. ¶他的健康状况~,不用担心;그의 건강상태는 양호하니 걱정하지 마세요. | 孩子应该从一上学就培养~的学习习惯;아이는 학교 갈 때부터 좋은 학습 습관을 길러야 한다. | 大学四年,他的成绩一直是~;대학 4년 동안 그는 성적이 줄곧 좋았다.

凉 liáng 形 ❶ (온도가) 서늘하다. 차갑다. 선선하다. ¶到了十月,北京的天气就~了;10월이 되면 베이징의 날씨는 선선해진다. | 洗澡水太~了,再加点儿热水吧;목욕물이 너무 차가우니, 뜨거운 물을 좀 더 넣자. | 这里春天早晚都比较~;이곳의 봄은 아침, 저녁으로 비교적 서늘하다. | 他最喜欢喝~水;그는 차가운 물 마시는 것을 가장 좋아한다. | 夏天很热的夜晚,坐在河边~~的石头上会舒服一些;아

주 더운 여름날 밤에 강가의 서늘한 돌 위에 앉아있으면 편안해진다. ❷ 실망하다. 낙심하다. 맥이 빠지다. (이때 주어는 '心'만을 사용한다.) ¶听到自己考试不及格,他的心就~了;자신이 시험에 떨어졌다는 소식을 듣고 그는 낙심하였다. | 听说这次不是所有的同学都能出国,他的心就~了半截;이번에 모든 학우들이 출국할 수 있는 게 아니란 소식을 듣고, 그는 반쯤 풀이 죽었다.

凉快 liáng·kuai 形 시원하다. 선선하다. 상쾌하다. ¶今天气温是24度,很~;오늘 기온은 24도로 선선하다. | 太阳下面太热了,大树下面比较~,快来休息一下吧;햇빛 아래는 너무 덥고, 나무 밑이 비교적 시원하니 얼른 와서 좀 쉬어라. | 屋里太热了,有没有~的地方吗? 집안은 너무 덥다. (어디) 시원한 데가 없을까?! 太阳真毒啊,真想到空调屋里凉凉快快地吃一个冰激凌;햇볕이 너무 뜨거워서, 정말이지 에어컨 있는 실내에서 시원하게 아이스크림 하나 먹고 싶다. 动 더위를 식히다. 몸을 식히거나 시원하게 하다. ¶天气太热了,先~一会儿再干吧;날씨가 너무 더우니, 우선 몸 좀 식히고 다시 하자. | 昨天白天已经到了38度了,晚上下了一场大雨,今天可以~~了;어제 낮에는 이미 38도였는데, 저녁에 비가 한바탕 내렸으니 오늘은 시원해질 것이다. | 前面有个树荫,咱们先~一下再走吧;앞쪽에 나무그늘이 있으니, 먼저 더위 좀 식히고 다시 가자.

▶용법주의:'凉快'가 형용사일 때는 중첩형식이 '凉凉快快'가 되고, 동사

일 때에는 '凉快凉快'가 된다.

凉爽 liángshuǎng 形 (기온이나 습도가 적당하여) 시원하고 상쾌하다. ¶这个地方春秋~,夏天不太热,冬天也不太冷,很适合居住;이곳은 봄과 가을에는 시원하고, 여름에는 그리 덥지 않고, 겨울에도 그리 춥지 않아서 살기에 매우 적합하다.|夏天的晚上,~的风吹到脸上,舒服极了;여름 저녁에 시원한 바람이 얼굴에 불어오면 매우 상쾌하다.|这种~的布料最适合做夏天的裙子和上衣;이런 시원한 천은 여름 치마와 윗옷을 만드는 데 가장 적합하다.|北京又回到了~的季节;베이징에 또 시원하고 상쾌한 계절이 돌아왔다.|这个地方就是到了夏天,早晚也~舒适;이곳은 여름이 되면, 아침, 저녁도 시원하여 편안하다.

▶용법주의: ❶ '凉爽'은 서면어에 주로 쓰이고, '凉快'는 구어에 주로 쓰인다. ❷ '날씨', '기후', '장소', '시간', '느낌' 등을 수식할 때는 '凉快'와 '凉爽' 둘 다 사용 할 수 있다. ¶凉快/凉爽的天气;시원한 날씨.|凉快/凉爽的地方;시원한 곳.|凉快/凉爽的早晨/晚上;시원한 아침 또는 저녁 등. ❸ '凉爽' 뒤에 올 수 있는 명사가 훨씬 많다. ¶凉爽的风;시원한 바람.|凉爽的秋意;상쾌한 가을 기분.|凉爽的季节;시원하고 상쾌한 계절.

粮食 liáng·shi 名 곡물. 곡식. 양식. (곡류, 콩류, 감자류 등.) ¶今年地里种的~又多又好;올해 땅에 심은 곡식은 많고 좋다.|家里~断了,明天得去买点儿了;집에 양식이 떨어져서 내일 사러 가야 한다.|我们都不能浪费~;우리는 양식을 낭비해서는 안 된

다.|小麦是人们最早种植的~作物;밀은 사람이 제일 먼저 심은 곡물이다.|一只野鼠一个夏天要吃掉1公斤~;들쥐 한 마리가 여름 동안 곡물 1킬로그램을 먹어 치운다.

两 liǎng 数 ❶ 2. 둘. (양사나 '半、千、万、亿' 앞에 쓰인다.) ¶屋里摆了~张桌子,~把椅子;방에 탁자 두 개와 의자 두 개를 놓았나.|人都有~只手;사람은 모두 두 손이 있다.|爸爸妈妈~个人都上班;부모님 두 분 모두 일하신다. 这种草莓~块钱一斤;이 딸기는 1근에 2위안이다.|我已经工作~年了;나는 일한 지 벌써 2년이 되었다.|这座公园已经有~百多年的历史了;이 공원은 이미 이백 여 년의 역사를 가지고 있다.|他花了~千元给女友买了一套衣服;그는 여자 친구에게 이천 위안짜리 옷 한 벌을 사 주었다.|这个城市只有~万多人口;이 도시 인구는 겨우 2만명이다.|这部电影我看了~遍;나는 이 영화를 두 번 봤다.|他做作业用了~个半小时;그는 두 시간 반 동안 숙제를 했다. ❷ 일정치 않은 수를 나타낸다. '几'와 같다. ¶过~天我就去首尔看妈妈;며칠 있다 나는 엄마 보러 서울에 간다.|他高兴的时候最喜欢唱~句;그는 기분이 좋을 때 (노래) 몇 가닥 부르는 것을 가장 좋아한다.

▶용법주의: '十' 앞에는 '两'을 쓰지 않는다. 두 자리 수 이상일 때 십 자리 수와 한자리 수의 2는 모두 '两' 으로 읽거나 쓰지 않는다. ¶他今天买书花了两十五元(×)|这个书包六十两元(×)|他的电子词典很贵,二千两百两十元呢(×)|他今天买书花了二十五元;그는 오

늘 25위안어치 책을 샀다.| 这个书包六十二元;이 책가방은 62위안이다.| 他的电子词典很贵,两千二百二十二元呢;그의 전자사전은 매우 비싼데 이천이백 이십 이 위안이나 한다.

量 질량과 중량단위.(一两＝５０그램)¶她中午到食堂吃了二~水饺,二~米饭;그녀는 점심 때에 식당에서 만두 100그램과 밥 100그램을 먹었다.| 这些香蕉一共是八~多;이 바나나는 모두 400그램이 넘는다.

▶용법주의:'二两'은'两两'으로 말할 수 없다.¶老板,给我来两两饺子(×)| 老板,给我来二两饺子;사장님, 만두 100그램 주세요.

亮 liàng 动❶ 광채를 내다. 빛나다. 반들반들 윤이 나다. ¶夏天早上六点的时候天就~了;여름에는 아침 6시만 되면 날이 밝는다.| 他屋里的灯~了,应该是他回来了;그의 방에 불이 켜졌으니 분명 그가 돌아왔다.| 都晚上十二点多了,教室里还~着灯;이미 밤 12시가 넘었는데, 교실에는 아직 불이 켜져 있다. ❷ 소리를 높이다. ¶他~起嗓子唱了一首民歌;그는 목청을 높여 민요 한 곡을 불렀다.| 戏剧演员每天都得~嗓子;연극 배우들은 매일 목청을 돋구어야 한다. ❸ 드러내다. 나타내 보이다. ¶在这次毕业典礼中,教育部长都来~了~相;이번 졸업식에 교육부 장관도 모습을 드러내었다.| ~牌;패를 드러내다.| 他早把你的底儿~给大家了,我们都知道你没有考好;그가 모두에게 일찌감치 네 사정을 털어놔 우리는 모두 네가 시험을 못 본 것을 안다. 形❶ 빛이 강하다. ¶阳光照进来,屋子里很~;햇빛

이 들어와서 방안이 아주 밝다.| 他把灯开得~~的;그는 등을 아주 밝게 켜놓았다.| 这里光线不好,你找个~点儿的地方看书吧;이곳은 어두우니, 너는 밝은 곳에서 책을 보아라.| 在阳光的照射下,路面~得让人睁不开眼;햇볕을 받아 사람이 눈을 뜰 수 없을 정도로 길이 눈부시다. ❷ 광택, 윤기가 있다. ¶孩子的眼睛又黑又~,可爱极了;아이의 눈은 검고 초롱초롱해서 매우 귀여웠다.| 每天上班前,他都把皮鞋擦(cā)得很~;매일 출근하기 전에 그는 구두를 반들반들하게 닦는다. ❸ (마음, 생각 등이) 분명하다. 명확하다. ¶他是个心明眼~的人;그는 통찰력이 뛰어난 사람이다.| 我本来不知道该怎么办了,他的话使我心里~了起来;나는 원래 어떻게 해야 할지 몰랐는데, 그의 말이 내 생각을 분명하게 해주었다. ❹ (소리가) 크다. 우렁차다. 울리다. ¶她的歌声又脆(cuì)又~;그녀의 노랫소리는 맑고 우렁차다.

辆 liàng 量 대.(자동차와 자전거에 사용한다.)¶学校停车场上只停了一~汽车;학교 주차장에는 자동차 한 대만 세워져 있었다.| 他今天骑了一~新自行车;그는 오늘 새 자전거를 탔다.| 刚才两~消防车开过去了,一定是哪里着火了;방금 소방차 두 대가 지나갔는데, 분명 어딘가에 불이 났을 것이다.| 昨天在十字路口一~公共汽车和一~货车撞(zhuàng)在一起了;어제 사거리에서 버스 한 대와 화물차 한 대가 부딪쳤다.| 开完会了,人们的车一~一~地开走了;회의가 끝나자 사람들의 차량이 한 대씩 떠났다.|

他有两~红色的轿车;그는 붉은색 승용차가 두 대 있다.

量 liáng [动] 달다. 재다. (자, 온도계, 저울 등을 사용하여 사물의 길이, 크기, 무게, 높이 등을 재다.) ¶我刚给孩子~过体温,已经不发烧了;방금 아이의 체온을 쟀는데, 이제 열이 없다.| 她昨天~了~体重,比以前轻了三斤;그녀는 어제 체중을 재었는데, 이전보다 1.5킬로그램 빠졌다.| 那个超市里的尺子~身高不太准;그 슈퍼마켓의 자로 키를 재면 그다지 정확하지 않다.| 你帮我~~血压,是不是又高了? (너는) 내 혈압 좀 재줘. 또 (혈압이) 올라갔니?| 这间屋子你~着有多大?이 방이 얼마나 큰지를 재볼래?

☞ liàng

量 liàng [名] 양. 수량. 분량. ¶今年的降雨~超过了去年;올해 강우량은 작년을 초과했다.| 现在教师的工作~越来越大;현재 교사들의 업무량이 갈수록 많아진다.| 我们应该保质保~地完成这批药的生产任务;우리들은 품질과 양을 보장하면서 이 약의 생산임무를 완성해야 한다.

☞ liáng

聊 liáo <口> [动] 잡담하다. 한담하다. ¶我们昨天~了一晚上;우리는 어제 저녁 내내 이야기했다.| 我不知道他们在~什么;나는 그들이 무엇을 얘기하고 있는지 모른다.| 今天我和金钟民一直~到下午两点多才去吃午饭;오늘 나는 김종민과 오후 두시 넘어서까지 얘기한 뒤에야 점심 먹으러 갔다.| 我们只是随便~~,没说什么重要的事;우리는 그냥 잡담한 거지 무슨 중요한 일을 얘기한 게 아니다.| 听他们在屋里~得挺热闹的,不时传(chuán)出笑声;그들이 방안에서 즐겁게 담소를 나누며 웃는 소리가 들린다.| 午饭时间到了,咱们一起去食堂一边吃一边~吧;점심시간이 됐으니 우리 같이 식당에 가서 먹으면서 이야기하자.| 他们已经~了三个多小时了,还没有~够;그들은 이미 세 시간 넘게 얘기했는데도 아직 다 이야기하지 못 했다.

聊天儿 liáo//tiānr <口> [动] 한담하다. 잡담하다. ¶昨天晚上我和他一直~,什么也没干;어제 저녁에 나는 그와 계속 수다를 떠느라 아무것도 못했다.| ~可以使人心情放松;수다는 사람의 마음을 이완시켜준다.| 他最喜欢和姐姐~;그는 누나와 수다를 떠는 것을 가장 좋아한다.| 他总趁(chèn)别人~的工夫看书;그는 늘 다른 사람이 얘기할 때 책을 본다.| 咱们到我家去吧,可以安安静静地~;조용하게 이야기할 수 있게 우리 집에 갑시다.| 他们一边~,一边听音乐;그들은 음악을 들으면서 한담을 나눈다.| 我和他聊过几次天儿,感觉他懂得挺多的;나는 그와 몇 번 얘기를 나누었는데, 그는 아는 게 무척 많은 것 같다.| 你如果闷(mèn)了就到我办公室来聊会儿天儿;심심하면 우리 사무실에 와서 이야기나 나누렴.| 她和朋友聊起天儿来就没完没了;그녀는 친구와 수다를 떨기 시작하면 끝이 없다.| ~聊了三个小时;세 시간 동안 떠들었다.| 我们聊了一上午天儿;우리들은 오전 내내 수다를 떨었다.| 我们昨天~聊得热闹极了;우리는 어제 신나게 수다를 떨었다.

了 liǎo 动 ❶ 완성하다. 끝나다. 마치다. 종료하다.¶你做的饭太多了(le),我们吃不~;네가 밥을 너무 많이 해서, 우리는 다 먹을 수 없다.|他今天有事,来不~了(le);그는 오늘 일이 있어 올 수 없다.|这件案子已经两年多了,怎么还没~? 이 사건은 이미 2년이나 지났는데, 어째서 아직 안 끝났니? ❷ 동사 뒤에 쓰이고, '得', '不'과 결합하여 가능이나 혹은 불가능을 나타낸다.¶这么多饭,你吃得~吃不~? 이렇게 많은 밥을 너는 먹을 수 있니?|他生病了(le),来不~了(le);그는 병이 나서 올 수 없다.|看电视时间太长,眼睛可受不~;텔레비전을 너무 오래 보면 눈이 피곤하다.
☞ le

了不起 liǎo·buqǐ 形 보통이 아니다. 뛰어나다.¶他会说八国外语,真~;그는 8개 국어를 할 줄 아니 정말 대단하다.|这次HSK考试你考过了十级,真~啊;이번 HSK시험에서 네가 10급을 받다니 정말 대단하다.|他也只是个普通人,没有什么~的;그도 그냥 평범한 사람일뿐, 별로 대단할 게 없다.|造纸术是个~的发明;제지술은 대단한 발명이다.|他总以为自己~,看不起别人;그는 늘 자신을 대단하다고 여기고, 다른 사람을 무시한다.

邻居 línjū 名 이웃. 이웃집. 이웃사람.¶金永顺是我的~,我们很熟;김영순은 내 이웃이라, 우리는 잘 아는 사이이다.|我们的~是一对美国夫妇;우리 이웃은 미국인 부부이다.|我家~的孩子今年考上了名牌大学;우리 이웃집 아이는 올해 명문 대학에 합격하였다.

邻里 línlǐ 名 동네. 한 동네사람.¶~之间应该和睦(mù)相处(chǔ);이웃 간에는 응당 화목하게 지내야 한다.|节日来临,他们会精心准备一次聚会,邀请~参加;명절이 오면 그들은 정성스럽게 모임을 준비하여 동네사람(이 참석하도록)을 초대한다.

临时 línshí 形 임시적이다. 정식이 아니다.¶教师只是我~的工作,以后我想当记者;교직은 내가 잠깐 하는 일로, 나중에 나는 기자가 되고 싶다.|这家公司招了一批~工,他们的合同只有三个月;이 회사는 비정규직을 뽑았는데, 그들의 계약기간은 단지 3개월이다.|老张~来我们这里做领导,过一段时间会有新领导来;장씨는 임시로 이곳의 지도자가 되었는데, 시간이 지나면 새로운 지도자가 올 것이다. 副 일이 발생할 때가 되다. 때가 되다.¶我~决定到美国留学,以前并没有这个打算;나는 미국에 유학 가기로 결정하였는데, 예전에는 이런 계획이 전혀 없었다.|学校~决定这个周末去旅游;학교는 이번 주말에 여행가기로 결정됐다.|你先做好准备,如果还有什么问题,我们再~想办法吧;네가 먼저 잘 준비하고 있거라. 만일 또 무슨 문제가 생기면, 우리 그 때 가서 방법을 다시 강구해 보자.

▶용법주의:'临时' 뒤에는 '地'를 쓰지 않는다.¶我只是~地在这里帮几天忙(×)|我只是~在这里帮几天忙;나는 다만 임시로 이곳에서 며칠 돕는 것이다.

灵魂 línghún 名 ❶ 마음. 생각. 정신.¶孩子的~是最纯洁的;아이의 마음이 가장 순수하다.|每个人~深处的那份爱都不能用金钱来衡量(héngliáng);사

람마다 마음 깊은 곳에 자리잡고 있는 사랑은 돈으로 따질 수 없다.❷ 인격. 양심.¶这些商人为了发财而出卖~,生产假冒(jiǎmào)伪劣(wěiliè)的产品欺骗顾客;이런 상인들은 돈을 벌기 위해 양심을 팔아, 가짜 상품을 생산하여 고객을 속인다.❸ 영혼. 혼.¶佛教认为人的~是不灭的;불교에서는 사람의 영혼이 불멸한다고 여긴다.|你相信人有~吗?너는 사람이 영혼이 있다고 믿니?❹ 중심. 핵심. (주도적 작용을 하거나 결정적 작용을 일으키는 요소)¶文化是企业的~;문화는 기업의 핵심이다.|诗歌的~是真情;시가의 핵심은 진심이다.

灵活 línghuó 形 ❶ 민첩하다. 재빠르다.¶比赛的时候他的动作很~;시합할 때 그의 동작은 매우 민첩하다.|身体~的金智恩躲开守门员将球踢进了对方的大门;몸이 날렵한 김지은이 골키퍼를 피해 상대방의 골대에 공을 차 넣었다.|小鱼~地在水草间游来游去;작은 물고기가 수초 사이를 재빠르게 이리저리 헤엄쳐 다닌다.❷ 융통성이 있다. 신축성이 있다.¶我们老师讲课的方法很~,有的时候画图,有的时候还会让我们做游戏或表演;우리 선생님 수업방식은 매우 융통성이 있는데, 어떤 때는 그림을 그리고, 어떤 때는 우리들에게 게임이나 연기를 하게 한다.|人老了,头脑不如以前~,手脚也慢多了;사람은 늙으면 머리가 예전처럼 회전이 잘 안 되고, 손발도 많이 느려진다.|我们应该把学会的汉语~地用在生活中;우리는 배운 중국어를 생활 속에서 융통성 있게 사용해야 한다.|这家银行~的存款方式吸引了很多储(chǔ)户;이 은행은 융통성이 있는 예금 방식으로 많은 예금주를 끌어들였다.

铃 líng 名 ❶ 방울. 벨. 종.¶在我们这儿,上课下课都要打~;이곳에서는 수업할 때와 끝날 때 모두 종을 친다.|门~的音乐比以前的种类更多;예전에 비해 초인종 벨소리 종류가 많아졌다.|早晨我没听到闹钟的~响,所以迟到了;나는 새벽에 알람 소리를 듣지 못해 늦었다.|自行车的~坏了,我得(děi)再买个新的;자전거 벨이 고장나서, (나는) 다시 새 것을 하나 사야 한다.❷ 모양이 방울같이 생긴 물건.¶为了锻炼臂力,他每天举100次哑~;완력을 키우기 위해 그는 매일 아령을 100번씩 든다.|那个举重运动员一下把杠~举过了头顶;그 역도선수는 단숨에 바벨을 머리 위로 들어올렸다.

零 líng 数 ❶ 영. 공. 0.¶一减一等于~;1 빼기 1은 0이다.|我考试一定不会得(dé)~分;나는 시험에서 반드시 빵점 맞지 않을 것이다.❷ '0'은 숫자의 빈자리를 뜻하며, 숫자에서는 늘 '0'을 쓴다.¶他是二~~三年出生的;그는 2003년에 출생하였다.|他住在二~三号房间;그는 203호에 산다.❸ 두 숫자 사이에 놓여 큰 숫자 뒤에 작은 숫자가 따라올 때 사용한다.¶这些衣服一共二百~五块钱;이 옷들 전부 205위안이다.|八点~五分开车,我们得(děi)快点儿走;8시 5분에 차가 출발하니 우리 빨리 가야 한다.|我的孩子现在两岁~五个月了;우리 아이는 현재 2년 5개월 되었다.❹ 온도계의 도수.¶今天温度~下十

度,特别冷;오늘 온도는 영하 10도로 굉장히 춥다.

零花钱 línghuāqián 名 용돈. (평상시 일상의 조그만 물건을 살 수 있는 돈.) ¶妈妈给了他二十元~;엄마는 그에게 용돈 20위안을 주었다. | 如果你缺~,就跟我要吧;만일 용돈이 부족하면, 나한테 말해라. | 我一个月的~是五百块;나의 한 달 용돈은 500위안이다.

零钱 língqián 名 ❶ 잔돈. 액수가 작은 돈. ¶每次坐车,他都会准备一些~;차를 탈 때마다 그는 잔돈을 준비한다. | 您能把一万韩元换成一千一千的~吗? 만원 짜리를 천원 짜리 잔돈으로 바꿀 수 있습니까? | 对不起,我只有整钱,没有~了;미안합니다. 나는 큰돈만 있고 잔돈이 없습니다. ❷ 용돈. ¶身上没有~了,我得(děi)再跟妈妈要一点儿~;용돈이 없어서 나는 다시 어머니께 약간의 용돈을 달라고 해야 한다.

领 lǐng 动 ❶ 이끌다. 인솔하다. ¶我知道医院在哪儿,我~你去;내가 병원 있는 곳을 아니까 내가 너를 데려갈게. | 你先把孩子~到教室,老师一会儿就到;너는 우선 아이를 교실로 데리고 가라, 선생님이 잠시 후에 오신다. | 他来的时候还~一个孩子;그가 올 때 아이 한 명을 데리고 온다. ❷ (교부한 물건을) 받다. 수령하다. ¶刚开学时我~了二十支笔;막 개학했을 때 나는 펜 20자루를 받았다. | 今天~不了(liǎo)工资;오늘은 월급을 받을 수 없다. | 你~过奖学金了吗? 너는 장학금을 받은 적 있었니? | 你不用买笔了,到办公室去~几支吧;너는 펜을

살 필요 없다. 사무실에 가서 몇 자루 받아라.

领导 lǐngdǎo 动 이끌다. 지도하다. (주어는 일반적으로 당, 국가, 정부, 지도자, 상급자 또는 선생님 등이 사용되고, 목적어는 일반적으로 민중 또는 개인 등이 사용된다. 뒤에는 반드시 명사, 대사, 구를 이끈다.) ¶金大中韩国~了五年;김대중 대통령은 5년 동안 한국을 이끌었다. | 金大中总统~着韩国人民度过了金融(jīnróng)危机;김대중 대통령은 한국 국민이 금융위기를 넘기도록 이끌었다. | 还是你来~~这些孩子吧,他们喜欢你;아이들이 너를 좋아하니, 네가 아이들을 통솔하는 게 좋겠다. 名 영도자. 지도자. 리더. (통솔하는 일을 맡은 사람.) ¶学校~明天要来我们班听课;교장선생님이 내일 우리 반에 와서 수업을 듣는다. | 这个会议很重要,国家的~都参加了;이 회의는 아주 중요해서 국가의 지도자들이 모두 참가했다. | 我们都希望他当~;우리는 모두 그가 지도자가 되기를 희망한다. | ~的话不一定全对;지도자의 말이 전부 맞는 것은 아니다.

▶용법주의:'领导'일반적으로 칭찬의 뜻을 지니므로 주어는 안 좋은 의미를 지닌 사람이 올 수 없다. 또한'领导'는 대체로 추상적인 의미를 지니며 구체적인 동작을 나타내는 동사는 아니다. ¶日本~了韩国36年(×) 李明博总统~韩国代表团访问中国(×) 日本统治了韩国36年;일본은 한국을 36년 동안 통치했다. | 李明博总统率领(shuàilǐng)韩国代表团访问中国;이명박 대통령은 한국대표단을 이끌고 중국을 방문했

다.

领会 lǐnghuì 动 이해하다. 알다. 사물을 이해하고 인식하여 터득한 바가 있다. ¶通过看这本小说,他~了韩国的民族精神;이 소설을 읽고 그는 한국의 민족정신을 이해하였다.│老师讲的内容太难了,很多学生~不了(liǎo);선생님 강의내용이 너무 어려워 많은 학생들이 이해할 수 없었다.│这篇文章的内容很重要,你要好好~;이 문장의 내용은 매우 중요하니 너는 잘 이해해야 한다.

▶용법주의:'领会'는 동사로'정신','의미','의도','도리','본질'등과 같은 추상명사를 목적어로 이끈다. 또한 '领会'는 주어로 사용할 수 없다. ¶我这次到韩国旅游,~很多(×)│我这次到韩国旅游,体会很多;나는 이번에 한국에 여행 와서 체험한 것이 매우 많다.

领头 lǐng//tóu (~儿)动 앞장서다. 선두에 서다. 솔선수범하다. ¶下课了,他~儿走出教室,其他同学都跟在后面;수업이 끝나고 그가 앞장서서 교실 밖으로 나가자, 다른 학우들도 뒤따라 나갔다.│他是全村最富的人,捐(juān)款的事自然应该由他领个头儿;그는 마을에서 가장 부자이니 기부하는 일도 자연히 그가 솔선수범해야 한다.│班长是我们班的~儿人,我们都听他的安排;반장은 우리반의 리더니, 우리는 모두 그의 조치를 따라야 한다.

领悟 lǐngwù 动 깨닫다. 이해하다. (대부분 깊이 생각한 후에 갑자기 깨닫게 되는 경우를 가리킨다. '领会'보다 더 서면어이다. 뒤에 목적어가 있으면 '到','出','来','了'등이 함께 사

용된다. ¶他的做法使我~到企业发展的新思路和新方法;그의 방법은 나에게 기업 발전의 새로운 생각과 새로운 방식을 깨닫게 하였다.│有些文章一定要多读几遍,才能~出文字之外的内容;어떤 문장들은 반드시 여러 번 읽어봐야 비로소 문장 이외의 내용을 이해할 수 있다.

领袖 lǐngxiù 名 (국가나 단체조직의) 지도자. 영수. 우두머리. ¶他带领我们走出了经济危机,是民众尊重的~;그는 대중들이 존중하는 지도자이며 우리가 경제 위기에서 벗어나도록 이끌었다.│毛泽东是中国人民的~;마오쩌둥은 중국 인민의 영수이다.│他是学生~,同学们都听他的;그는 학생 리더로 학우들은 모두 그를 따른다.│历史上出现过很多~人物,他们对历史都有贡献;역사적으로 많은 지도자가 있었고, 그들은 모두 역사에 공헌을 했다.│~的作用很大,但民众的作用更大;지도자의 역할이 크지만, 민중의 역할은 더 크다.

领域 lǐngyù 名 ❶영역. (한 국가가 주권을 행사하는 구역) ¶任何国家都不应该侵犯(qīnfàn)其他国家的~;어떠한 국가도 다른 나라의 영역을 침범해서는 안 된다.│军事演习并没有超越我们国家的~;군사 훈련은 결코 우리나라 영역을 넘지 않았다. ❷학술사상이나 사회활동의 범위. ¶这些年民众的思想~有了一个较大的变化;요 몇 년 동안 민중의 사상적 면에서 비교적 큰 변화가 있었다.│科学的~无限宽广;과학 영역은 무한히 넓다.│他是社会科学~的专家;그는 사회과학 분야의 전문가이다.

另 lìng 代 다른. 그 밖의. (자주 수사구와 같이 쓰인다.) ¶我买了两件衣服，一件送给妈妈，~一件送给爸爸;나는 옷 두벌을 샀는데, 한 벌은 엄마에게 드리고, 다른 한 벌은 아빠에게 드렸다.│我们三个去了图书馆，~两个人去了食堂;우리 세 명은 도서관에 갔고, 다른 두 명은 식당에 갔다.│我觉得这件衣服好看，可他觉得~一件好看;나는 이 옷이 예쁘다고 생각하는데, 그는 다른 옷이 예쁘다고 생각한다. 副 따로. 달리. 별도로. (말한 것 외의 것을 나타내고, 자주 단음절 동사 앞에 쓰인다.) ¶这个办法不行，我们得(děi)~想办法;이 방법은 안 되니, 우리는 다른 방법을 생각해야만 한다.│他住院了，我们得(děi)~找人参加比赛;그가 입원했으니, 우리는 시합에 참가할 사람을 따로 찾아봐야만 한다.

▶용법주의: '另外' 뒤에 나오는 동사는 단음절 동사일 수도 있고 다음절 동사일 수도 있다. '另外'는 자주 '还', '再', '又'와 같이 쓰이는데, '另' 뒤에 나오는 동사가 단음절일 때는 일반적으로 '还', '再', '又'등과 같이 쓰이지 않는다. ¶你先穿这件衣服吧，我~还有一件(×)│你先穿这件衣服吧，我另外还有一件;네가 먼저 이 옷을 입어라. 나는 다른 한 벌이 더 있다.

另外 lìngwài 代 별도의. 다른. 그밖의. ¶这份卷子弄脏了，拿~一份吧;이 시험지가 더러워졌으니, 다른 한 부를 가져가라.│只有这本书可以借，~的书都被借走了;이 책은 빌릴 수 있는데, 다른 책들은 모두 대출되었다. 副 달리. 그밖에. 따로. (동사 앞에 쓰여 자주 '又', '再', '还'와 같이 사용된다.) ¶这篇文章你们先看一看，我~再写一篇交给学校;이 글은 너희가 먼저 보아라. 나는 다른 한 편을 다시 써서 학교에 제출할 것이다.│我每个月要交房租，~还得(děi)交水电费;나는 매달 방세를 내야 하고, 그밖에도 전기세와 수도세를 내야 한다.│下班的时间到了，我们~又约了谈话的时间;퇴근 시간이 되어서, 우리는 따로 이야기할 시간을 정했다. 连 이외에. 이 상황 외에. (주로 짧은 문장을 연결한다.) ¶我的身体不太好，~，妈妈也不让我出去，所以我不能找你去了;나는 몸이 좋지 않은 데다, 엄마도 못 나가게 해서 너에게 갈 수 없다.

▶용법주의: '另外'가 명사 앞에 쓰일 때에는 반드시 '的'를 쓰고, 수량사 앞에 쓰일 때에는 '的'를 쓸 수도 있고 안 쓸 수도 있다. ¶你们几个人住在这个房间，~同学住在203房间(×)│你们几个人住在这个房间，~的同学住在203房间;너희 몇 사람은 이 방에서 묵고, 나머지 학생들은 203호에 묵어라.

溜 liū 动 ❶ (매끄러운 표면이나 경사 위에서) 미끄러지다. ¶他先爬上去，又很快从滑梯上~了下来;그는 먼저 올라가더니 다시 빠르게 미끄럼대에서 미끄러져 내려왔다.│孩子们觉得从沙坡上~下来很有意思;아이들은 모래 위에서 미끄러져 내려오는 것을 매우 재미있어 한다.│他~冰~得很好;그는 스케이트를 잘 탄다.│我从来没~过冰，你能不能教教我? 나는 지금까지 스케이트를 타본 적이 없는데, 네가 나를 가르쳐 줄 수 있니? ❷ (사람이 알지 못하게 몰래) 빠져나가

다. 떠나다.¶上课时,趁老师不注意,他~出了教室;수업 시간에 선생님이 주의하지 않는 틈을 타서 그는 교실을 빠져나갔다.|开会的时候他悄悄地~走了;회의할 때 그는 살그머니 빠져나갔다.|还没有下班呢,小李又~到哪去了?아직 퇴근도 안 했는데, 이군은 또 어디로 사라진 겁니까?

留 liú 动 ❶ 묵다. 머무르다. 남다.¶他因为生病~在宿舍休息;그는 병이 나서 기숙사에 남아 쉬고 있다.|你们走吧,我~下来等他;너희는 가라. 내가 남아서 그를 기다릴게.|大学毕业后,我~在北京工作;대학 졸업 후, 나는 베이징에 남아 일한다. ❷ 머무르게 하다. 남게 하다. 만류하다.¶爸爸一定要~客人在家里吃饭;아버지께서는 분명히 손님을 남게 하여 집에서 식사하게 할 것이다.|他们分手的时候互相~了电话和地址;그들은 헤어질 때 서로 전화번호와 주소를 남겼다.|我给你~了个座位,你快来吧;내가 네 자리 맡아뒀으니 어서 와라. ❸ 보존하다. 남겨두다.¶他最近~了长发,我都认不出他了;그가 최근에 머리를 길러서 나는 그를 못 알아봤다.|她把从国外带来的好东西全都送人了,一份也没~;그녀는 외국에서 가져온 좋은 물건들을 모두 선물하고 한 개도 남겨두지 않았다.|你别都拿走,给我~下一点儿;네가 모두 가져가지 말고 나에게 조금만 남겨줘라.|我每个月都~一些钱存起来;나는 매달 약간의 돈을 남겨서 저축한다. ❹ 받다. 접수하다.¶我把他送的礼物~下了;나는 그가 준 선물을 받았다.|你送来的书我~下三本,其他的都送到书店去了;네가 보낸 책 세 권은 내가 받아 두었고, 다른 것은 서점에 보냈다. ❺ 남기다. 물려주다.¶这幅画是明代~下来的文物,非常昂贵(ángguì);이 그림은 명나라 때 남겨진 문물로 가격이 아주 비싸다.|祖先给我们~下来很多珍贵的文化遗(yí)产;조상들은 우리에게 진귀한 문화유산을 많이 남겨주었다.

留念 liúniàn 动 기념으로 남기다. (이별할 때 선물 등을 주어 기념하다.)¶快毕业了,同学们互相送礼物~;곧 졸업이어서 학생들은 서로 선물하며 기념을 남긴다.|我离开她家前,我们合影~;나는 그녀의 집을 떠나기 전에 함께 사진을 찍어 기념으로 남긴다.|姐姐出嫁的时候,妈妈把自己的项链送给她,作为~;언니가 시집갈 때, 엄마는 자신의 목걸이를 기념으로 그녀에게 선물하였다.

留学 liú//xué 动 (비교적 긴 시간 동안) 유학하다.¶他是韩国人,现在在中国已经~两年了;그는 한국인으로, 현재 중국에서 유학한지 이미 2년이 되었다.|他想去国外~;그는 외국에 가서 유학하고 싶어한다.|他以前曾经在美国留过几年学;그는 예전에 미국에서 몇 년간 유학한 적이 있다.|李明去美国~的目的是研究美国文学;리밍이 미국에 가서 유학한 목적은 미국 문학을 연구하기 위해서다.|妈妈从没留过学,不知道在国外学习什么感觉;엄마는 유학해 본적이 없어서, 외국에서 공부하는 것이 어떤 느낌인지 모르신다.

▶용법주의:'留学'사이에 '了','过',

'着','完','수량 구' 등의 성분을 첨가할 수 있다. ¶他在中国留了三年学;그는 중국에서 3년 간 유학했다.| 我要留完学就回国找工作;나는 유학을 마치면 곧바로 귀국해 일을 찾을 것이다.

留学生 liúxuéshēng 名 유학생. ¶ 我们学校有世界各国来的~;우리 학교에는 세계 각국에서 온 유학생들이 있다.| 各国~都住在学校的~宿舍里;각국 유학생들은 모두 학교의 유학생 기숙사에 산다.| 在中国的韩国~人数越来越多;중국의 한국 유학생 수가 점점 많아지고 있다.

流 liú 动 (액체 등이) 흐르다. ¶ 水往低处~;물은 아래쪽으로 흐른다.| 从山上~下来的泉水很凉;산 위에서 흘러 내린 샘물이 매우 시원하다.| 他的手被刀割(gē)破了, ~了很多血;그는 손을 칼에 베여 피가 많이 흘렀다.| 天太热了,他~了很多汗;날이 너무 더워 그는 땀을 많이 흘렸다.| 妈妈高兴得泪水都~下来了;엄마는 눈물을 흘릴 정도로 기뻐하셨다.

流传 liúchuán 动 (이야기, 행적, 명성 등이) 전해 내려오다. 널리 퍼지다. ¶ 这个故事从古代一直~到现在;이 이야기는 고대부터 지금까지 계속 전해온다.| 那个作家的作品~到了国外;그 작가의 작품은 외국까지 널리 펴졌다.| 他救人的事迹~得很广;그가 사람을 구한 행적이 널리 퍼졌다.| 关于他的坏话四处~;그에 관한 험담이 사방으로 퍼진다.

流感 liúgǎn 名 유행성 감기. ('流行性感冒'의 약칭) ¶ 今年的~很厉害;올해의 유행성 감기는 대단하다.| 这次使医院人满为患;이번 유행성 감기로 병원에 환자가 넘치다.| ~是一种常见的传染病;유행성 감기는 일종의 흔한 전염병이다.

流利 liúlì 形 말이 빠르고 정확하다. 유창하다. ¶ 他说汉语很~;그는 중국어를 유창하게 한다.| 他~地读了一遍课文, 老师说他读得很棒;그가 본문을 유창하게 읽자 선생님께서 매우 잘 읽었다고 말씀하셨다.| 他的汉语不~?;그의 중국어 실력은 유창합니까?| 他的文章写得很~;그의 글은 매우 잘 썼다.

流通 liútōng 动 ❶ (공기 등을) 통하다. 유통하다. ¶房间没开窗户, 空气不~;방에 창문을 열지 않아서 공기가 통하지 않는다.| 把窗户打开, 让空气~;창문을 열어 환기시키자. ❷ (상품, 화폐 등을) 유통하다. ¶这是中国古代的货币, 现在已经不~了;이것은 중국 고대 화폐인데, 지금은 유통되지 않는다.| 这个地区的商品~很快, 这说明经济比较发达;이 지역의 상품은 아주 빠르게 유통되는데, 이는 경제가 비교적 발달했다는 것을 설명한다.

流域 liúyù 名 강물이 흐르는 주위의 모든 지역. 유역. ¶ 长江~是中国经济文化比较发达的地区;장강 유역은 중국 경제 문화가 비교적 발달한 지역이다.| 外国企业纷纷到珠江~投资;외국 기업이 잇달아 주강 유역에 투자한다.| 那个~的环境受到了污染, 必须治理;그 유역의 환경은 오염되어 관리가 필요하다.

六 liù 数 육. 6. ¶ 二加四等于~;2 더하기 4는 6이다.| 还有~天我就放假了;6일 있으면 방학을 한다.| 这个班有

~十名学生;이 반에는 육십 명의 학생이 있다.| ~百年前,这里曾经有一座非常漂亮的桥;육백 년 전에 이 곳에는 매우 아름다운 다리가 하나 있었다.

六月 liùyuè 名 일년 중 6번째 달. 6월. ¶去年~他和爸爸去旅游了;작년 6월에 그는 아버지와 여행을 갔다.| ~的天就像孩子的脸,说变就变;6월의 날씨는 마치 아이의 얼굴처럼 자주 변한다.

龙 lóng 名 용. ¶~是中国古代的人想象出来的一种动物;용은 중국 고대 사람이 상상해낸 동물이다.| 传说~的尾巴像狮子的尾巴,身子像蛇,还长着脚,能在天上飞,会降雨;전설에 의하면 용의 꼬리는 마치 사자의 꼬리와 같고 몸은 뱀과 같으며, 또한 다리가 있고, 하늘을 날 수 있으며 비를 내리게 할 수 있다고 한다.| 那个柱子上刻了九条~;그 기둥에 아홉 마리의 용이 비 내리는 모습을 새겼다.| 中国人自古就把~当做自己民族的代表,称中国人为~的传人;중국인은 자고로 용을 자기민족의 대표로 여기며, 중국인을 용의 후계자라고 칭한다.

楼 lóu 名 ❶ 건물. ¶这个小区有十五座~;이 단지에는 15개의 건물이 있다.| 北京到处都是高~;베이징은 곳곳이 모두 빌딩이다.| 这座~真高啊,有七十多层呢;이 건물은 정말 높네요. 70층이 넘어요.| 我和小张住在同一座~里;나와 장군은 같은 건물에서 산다. ❷ 건물의 한 층. ¶一到五~是商店,六~是食堂;1층부터 5층까지는 상점이고, 6층은 식당이다.| 他住在七~711房间;그는 7층 711호에 산다.

楼梯 lóutī 名 계단. ¶我正下~,听到你们俩在说话;나는 마침 계단을 내려가다 너희 둘이 말하는 것을 들었다.| 在~上我遇见了一个奇怪的人;계단에서 나는 이상한 사람을 만났다.| 电梯坏了,我们只好走~了;엘리베이터가 고장이 나서, 우리는 어쩔 수 없이 계단으로 걸어 갔다.| 为了减肥,她每天都爬~,坚持不坐电梯;다이어트를 위해 그녀는 매일 계단을 오르고, 엘리베이터를 타지 않는다.

搂 lǒu 动 껴안다. 품다. ¶妈妈把孩子~在怀里;엄마가 아이를 품에 안는다.| 女儿紧紧地~着爸爸的脖子,不愿意松手;딸이 아빠의 목을 꽉 껴안고 놓으려 하지 않는다.| 这棵松树太粗了,三个人都~不过来;이 소나무는 너무 굵어서 3명도 껴안을 수 없다.| 妈妈不准我和女朋友~着肩膀走路;엄마는 나와 여자친구가 어깨를 껴안고 걷는 것을 허락하지 않으신다.

漏 lòu 动 ❶ 새다. 빠지다. ¶那辆汽车~油~得很厉害;그 차는 기름이 심하게 샌다.| 米袋坏了,米全~在地上了;쌀 가마니가 뜯어져서 쌀이 전부 바닥으로 샜다. ❷ (물체에 구멍이나 틈이 생겨) 새다. ¶一下雨这房子就~;비만 오면 이 집은 샌다.| 这个水桶~了,得(děi)修修了;이 물통은 새니 수리해야 한다.| 煤气管道~气可不得了(déliǎo),会出事的;가스관에서 가스가 새니 큰일이다. 일 나겠다. ❸ 누설하다. ¶你千万别把这件事~出去;너는 절대 이 일을 누설하지 마라.| 没说几句话,他就说~了嘴;몇 마디 안

했는데 그는 하지 말아야 할 말을 하였다.ㅣ谁把考试题~出去的? 누가 시험 문제를 발설했습니까? ❹빠지다. 빠뜨리다. ¶刚才数(shǔ)人数(shù)的时候,~了小张;방금 사람수를 셀 때, 장군을 빠뜨렸다.ㅣ你这句话~了两个字;너 이 말에서 두 글자를 빠뜨렸다.ㅣ到北京玩的时候,千万不要~了长城;베이징에서 놀 때, 절대 만리장성을 빠뜨리지 말아라.ㅣ刚才读课文的时候,你~了一段;방금 본문을 읽을 때, 너는 한 문단을 빠뜨렸다.

露 lòu 动 드러내다. 나타나다. 표현하다. ¶看到女儿回来了,妈妈脸上~出了笑容;딸이 돌아온 것을 보자 엄마의 얼굴에 미소가 나타났다.ㅣ他一头扎(zhā)入水中,半天才在远处~出头来;그는 머리를 물에 넣고 입수하더니, 한참 후에야 멀리에서 머리를 드러냈다.ㅣ天气冷了,睡觉时不要把胳膊或腿~在外面;날씨가 추워졌으니, 잘 때 팔이나 다리를 밖으로 내놓지 말아라.ㅣ弟弟从树后~出头来了;남동생이 나무 뒤에서 고개를 내밀었다.

露出 lòuchū 动 드러내다. 노출시키다. ¶听到孩子的哭声, 他脸上~不耐烦(nàifán)的样子;아이의 울음소리가 들리자, 그들 둘은 귀찮아 했다.ㅣ睡觉时,妈妈看到孩子的胳膊~来了,忙替他把被子盖好;잘 때, 엄마는 아이의 팔이 나와있는 것을 보고는 얼른 이불을 덮어 주었다.ㅣ弟弟从水里~头, 冲着我招了招手, 又向远处游去了;남동생은 물 속에서 머리를 내밀더니 나를 향해 손을 흔들고는 다시 멀리 헤엄쳐 갔다.

陆地 lùdì 名 육지. ¶地球表面只有约三分之一是~;지구 표면은 단지 약 삼분의 일만이 육지이다.ㅣ在大海里航行35天之后,前方终于看见了~;큰 바다에서 삼십오일 동안 항해를 하고 난 뒤에 마침내 전방에서 육지가 보였다.

陆续 lùxù 副 잇따라. 끊임없이. ¶电影快开演了,人们~坐在自己的座位上;영화가 곧 상영되려고 하여, 사람들이 잇따라 자신의 자리에 앉는다.ㅣ快上课了, 同学们陆陆续续地走进教室;곧 수업이 시작되려고 하자 학우들이 잇따라 교실로 들어 간다.ㅣ晚会结束的时候, 明星们~走下舞台与观众握手;파티가 끝날 때, 스타들은 잇따라 무대에서 내려와 관중들과 악수를 한다.ㅣ这几年北京又~建了十几座立交桥;요 몇 년 동안 베이징은 또 계속해서 열 몇 개의 입체교차로를 건설하였다.

▶용법주의: '陆续'의 중첩 방식은 '陆陆续续'이다.

录 lù 动 (기계를 사용하여) 녹음하다. ¶我已经把那几首好听的歌~下来了;나는 이미 듣기 좋은 노래 몇곡을 녹음했다.ㅣ你刚才说的话已经~下来了, 想听听吗? 네가 방금 한 말은 이미 녹음했다. 듣고 싶니?ㅣ这些节目用一盘磁(cí)带~不完;이 프로그램들은 테이프 하나에 다 녹음할 수 없다.ㅣ我刚听了一下儿, 你~得很清楚;내가 방금 잠깐 들어봤는데, 네가 녹음을 잘 했다.

录像 lùxiàng 动 (~//~) 촬영하다. ¶下午电视台的记者要来我们班~, 大家都穿漂亮点儿;오후에 방송국 기자가 우리 반에 와서 촬영을 하니, 모두

예쁘게 차려 입으세요.| 这台晚会的节目当时都录了像,你想看就来我这儿看吧;이 이브닝쇼 프로그램은 그 때 모두 녹화해 두었으니, (네가) 보고 싶으면 나한테 와서 봐라.| 这台机子~的效果很好;이 기계는 녹화가 매우 잘 된다. [名]녹화. 녹화물. 비디오. ¶学生们正在教室里看~;학생들은 지금 교실에서 비디오를 보고 있다.| 听说今天在学校礼堂放一部新~,我们去看看吧;듣자 하니 오늘 학교 강당에서 새 영상물을 방영한다던데 우리 가서 보자.| 影像图书馆里有很多~资料:电视剧~、电影~、教学~等;영상 도서관에는 매우 많은 영상 자료가 있다. 드라마 (녹화물), 영화 (녹화물), 교육 비디오 등.

▶용법주의:'录像'은 동사로 쓰일 때 이합사가 되어, 중간에 '了', '过', '着', '完', '수량구' 등의 성분을 첨가할 수 있다. ¶昨天电视台到我们班录了一个小时像;어제 방송국에서 우리 반에 와서 한 시간 동안 촬영하였다.| 他只在结婚时录过像;그는 단지 결혼 할 때 비디오를 찍어 본 적이 있다.| 他昨天录完像就回家了;그는 어제 녹화를 마치자마자 곧 바로 집으로 돌아갔다.

录音 lùyīn [动] (~//~) 녹음하다. ¶今天上课时老师给我们录了音;오늘 수업 시간에 선생님께서 우리를 녹음하셨다.| ~机正在~,你说的话都录上了; 녹음기가 지금 녹음 중이어서, 네가 하는 말이 모두 녹음되고 있다.| ~时应该保持安静;녹음할 때에는 반드시 조용히 해야 한다.| 在~室里~,效果比较好;녹음실에서 녹음하면 효과가 비교적 좋다. [名]녹음. 녹음한 것.¶你刚才听到的是他的~,他没有说话;네가 방금 들은 것은 그의 녹음 소리이지 그는 말하지 않았다.| 同学们一边听~一边跟着读;학우들은 녹음을 들으면서 따라 읽는다.| 这段~主要介绍中国的长城,听完~后,请大家回答几个问题;이 부분의 녹음은 주로 중국의 만리장성을 소개하고 있습니다. 녹음을 다 들은 후, 모두 문제에 대답해 주세요.

▶용법주의:'录音'은 동사로 쓰일 때 이합사가 되어, 중간에 '了', '过', '着', '完', '수량구' 등의 성분을 첨가할 수 있다. ¶他从来没有录过音,不知道自己的声音什么样;그는 여태껏 녹음을 해 본 적이 없어서 자신의 목소리가 어떤지 모른다.| 他录了两个小时音,感觉很累;그는 두 시간 동안 녹음을 하여 매우 피곤했다.| 他昨天录完就回家了;그는 어제 녹음을 마치고 바로 집으로 돌아왔다.

录音机 lùyīnjī [名] 녹음기. ¶我买了一台~,用它录广播汉语;나는 녹음기를 한 대 사서 그걸로 방송 중국어를 녹음한다.| ~里放出的音乐很好听;녹음기에서 흘러 나오는 음악이 매우 듣기 좋다.| 刚才我用~把我们的谈话录下来了;방금 나는 녹음기로 우리의 대화를 녹음했다.| 这台~的录音质量很好;이 녹음기는 녹음 질이 매우 좋다.

路 lù [名] ❶ 길. 도로. ¶我家门前是一条又宽又平的大~;우리 집 문 앞은 넓고 평평한 대로이다.| 前面正在修~,咱们绕(rào)着走吧;앞쪽에 도로를 보수 중이니, 우리 돌아서 가자.| 这条~不好走;이 길은 걷기에 나쁘다. ❷ 노

선.¶去青瓦台坐32~公共汽车;청와대에 가려면 32번 버스를 타야 한다.|你要到天安门去,有好几~车都可以坐;천안문에 가려면 아무 버스나 타도 된다.|请问,到博(bó)物馆坐几~车? 말씀 좀 묻겠습니다. 박물관에 가려면 몇 번 버스를 타야 하나요?|50~车的车站在哪里? 50번 버스정류장은 어디입니까? ❸ 노정. 여정.¶我今天走了二十多里~,快累死了;나는 오늘 20리가 넘는 길을 걸었더니 피곤해 죽겠다.|从家到学校,~很近,走着十分钟就到了;집에서 학교까지 거리가 가까워 걸어서 10분이면 도착한다.|祝你一~顺风;가는 길이 순조롭기를 바랍니다. ❹ 방법. 수단. 길.¶请你介绍一下你儿子的成才之~吧;당신의 아들이 인재가 된 방법 좀 소개해 주세요.|在他的帮助下,全村人都走上了致富(zhìfù)~;그의 도움 아래 마을 사람 모두가 부자의 길을 걷게 되었다.

路上 lù·shàng 名 ❶ 노상. 길바닥. 길.¶刚下完雨,~很湿;방금 비가 그쳐서 길이 질퍽하다.|在北京,~骑自行车的人很多;베이징에는 길에서 자전거를 타는 사람이 매우 많다.|~人多车多,一定要注意安全;길에 사람도 많고 차도 많으니 반드시 안전에 주의해야 한다.|前边~围(wéi)了很多人,一定是发生了车祸(huò);앞쪽 길에 많은 사람들이 에워싼 것이 분명 차 사고가 발생했다. ❷ 가는 도중.¶我已经下班了,正在回家的~;나는 이미 퇴근해서 집에 돌아가는 중이다.|昨天他回家的~下起了大雨;어제 그가 집에 가는 길에 큰 비가 내렸다.

|你明天要坐一天一夜的火车,~一定要注意安全;내일 하루 종일 기차를 타야 하니, 가는 도중에 반드시 안전에 주의해야 한다.

路线 lùxiàn 名 ❶ 노선. 여정.¶这条旅游~很热,人们都会选择来这里;이 여행 코스는 반응이 뜨거워 사람들은 모두 이 곳을 선택할 것이다.|这条黄色的是公共汽车的~;이 노란색이 버스 노선이다.|你刚才说的那条~有点远,我看还是另选一条吧;네가 방금 말한 그 노선은 조금 머니 내 생각엔 다른 길을 선택하는 게 좋겠다. ❷ 원칙. 방침.¶工作中我们应该坚持正确的~;일을 할 때 우리는 반드시 정확한 원칙을 견지해야 한다.|你要想了解毛泽东,必须研究他的思想~;네가 마오쩌둥을 잘 알고자 한다면, 반드시 그의 사고 방식을 연구해야 한다.

旅店 lǚdiàn 名 여관.¶这家~已经住满客人了,我们再换一家吧;이 여관은 이미 손님이 꽉 찼으니, (우리) 다른 곳으로 가자.|天晚了,我们先找一家住下吧;날이 저물었으니, 우리는 먼저 여관을 찾아 투숙합시다.

旅馆 lǚguǎn 名 여관.¶我上次来上海就住在这家~;나는 지난번 상하이에 왔을 때 이 여관에서 묵었다.|这家~很干净,服务也好;이 여관은 매우 깨끗하고 서비스도 좋다.|这里是旅游区,所以~很多;이 곳은 여행지이라서 여관이 매우 많다.

旅客 lǚkè 名 여행객.¶放假期间,火车上~很多;방학 기간에는 기차에 여행객이 많다.|各位~,飞机就要起飞了,请大家系(jì)好安全带;승객 여러분, 비행기가 곧 이륙하오니 모두 안

전벨트를 매주시기 바랍니다.| 请下车的~拿好自己的行李物品;내리실 승객은 자신의 수화물을 잘 챙기시기 바랍니다.| 服务员热情地为~服务,尽力满足~的要求;종업원은 친절하게 손님에게 봉사하고 최선을 다해 손님의 요구를 만족시킨다.

旅途 lǚtú 名 여행 도중. 여정.¶祝你~愉快;즐거운 여행이 되기를 바랍니다.| 我们~遇到了很多新鲜事儿;우리는 여행 도중에 많은 신선한 일들을 겪었다.| 明天你就要踏(tà)上~了,路上一定要注意安全;내일 네가 여행길에 오를텐데, 도중에 반드시 안전에 주의해야 한다.

旅行 lǚxíng 动 (비교적 먼 길로) 여행하다.¶假期我们全家想出国~;휴가 때 우리 가족 모두 해외 여행을 하고 싶어 한다.| 我以前到那里~过,风景很美;(나는) 예전에 그 곳을 여행 한 적이 있었는데 풍경이 매우 아름다웠다.| 这个~箱非常方便;이 여행 가방은 매우 편리하다.| 他是一个~家,每年都要去很多地方~;그는 여행가라서 매년 많은 곳을 여행 다닌다.

旅游 lǚyóu 动 여행하다. 관광하다.¶这是一家~公司;이곳은 여행사이다.| 我放假想到新疆去~;나는 방학 때 신장에 여행 갈 생각이다.| 我最喜欢一个人~,他最喜欢和朋友一起~;나는 혼자 여행하는 것을 좋아하고, 그는 친구와 함께 여행하는 것을 제일 좋아한다.| 这次在中国,我们一共~了两个星期;이번에 중국에서 우리는 모두 2주 동안 여행했다.| 这位是我~时认识的朋友;이 사람은 내가 여행할 때 알게 된 친구이다.| 苏州和杭州是~的好地方;수저우와 항저우는 여행하기 좋은 곳이다.

绿 lǜ 形 푸르다.¶春天来到,小草变~了,树叶也变~了;봄이 오자, 작은 풀도 푸르게 변했고, 나뭇잎도 푸르게 변했다.| ~~的草地上有很多孩子在做游戏;푸른 초원에서 많은 아이들이 게임을 하고 있다.| 他最喜欢~颜色;그는 초록색을 가장 좋아한다.

卵 luǎn 名 알.¶每年一到春天, 这种鱼就游到长江下游产~;매년 봄이 되면, 이 물고기는 장강 하류에 가서 산란한다.| 鸡蛋就是母鸡产的~;달걀은 암탉이 낳은 알이다.| 鱼产的~在汉语中叫鱼子;물고기가 낳은 알을 중국어로 '鱼子(어란)' 라고 부른다.

乱 luàn 形 무질서하다. 어지럽다. 두서가 없다. 조리가 없다.¶他的房间好久没收拾了, 很~;그의 방은 오랫동안 치우지 않아서 매우 어지럽다.| 桌子上太~了,得(děi)好好整理一下儿了;책상 위가 너무 어지러우니 잘 정리해야 한다.| 风很大,吹~了我的头发;바람이 너무 세서, 내 머리카락이 어지럽게 날렸다.| 你的作业太~了,一点儿也看不清;네 숙제는 너무 두서가 없어서 조금도 알아 볼 수가 없다. 副 제멋대로. 함부로.¶他总是~花钱,买了很多不该买的东西;그는 늘 함부로 돈을 써서 사지 말아야 할 물건들을 많이 샀다.| 在外面不要~吃东西,免(miǎn)得生病;병에 걸리지 않도록 밖에서 함부로 아무거나 먹지 말아라.| 请不要在公共场所~写~画;공공장소에서 함부로 낙서하거나 그림을 그리지 마세요.| 如果你不清楚这件事,不要~说;만약 네가 이 일에 대

해 확실히 모르면 함부로 말하지 말아라.

轮船 lúnchuán 名 기선. ¶ 远处开过来一艘(sōu)~;멀리서 기선 한 척이 다가온다.│我最喜欢坐~在长江上旅游,可以慢慢欣赏江边的美景;나는 배를 타고 장강을 유람하며, 천천히 강 주변의 아름다운 풍경을 감상하는 걸 제일 좋아한다.│爸爸给他买了一个~模型(móxíng);아버지는 그에게 기선 모형 하나를 사 주었다.

论文 lùnwén 名 논문. ¶ 教授写了一篇关于儿童教育的~;교수님은 아동 교육에 관한 논문을 한 편 쓰셨다.│他的~在杂志上发表了;그의 논문이 저널에 발표되었다.│这篇~的观点很新;이 논문의 관점은 매우 새롭다.│他的博士~就要写完了;그의 박사 논문은 곧 다 써 간다.│大学规定毕业前一定要写毕业~;대학 규정은 졸업 전에 반드시 졸업 논문을 써야 한다.

论争 lùnzhēng <口>动 논쟁하다. (일반적으로는 '争论'을 많이 사용한다). ¶ 他们观点不同,~得很激烈(jīliè);그들은 관점이 달라 격렬하게 논쟁하였다. 名 논쟁. ¶ 这场有关人类起源的讨论是人类历史上的重要~之一;이번 인류의 기원에 관한 토론은 인류역사상 중요한 논쟁 중의 하나이다.│他的论文对各学派的~进行了详细说明;그의 논문은 각 학파의 논쟁에 대해 상세하게 설명을 하였다.

萝卜 luó·bo 名 무. ¶ 他最爱吃的蔬菜是~;그가 가장 즐겨 먹는 채소는 무이다.│~排骨汤很有营养;무를 넣은 갈비탕은 영양가가 풍부하다.│用~可以做泡菜;무를 이용해서 김치를 만들 수 있다.

逻辑 luó·jí 名 ❶ 논리. ¶ 这个句子在语法上没问题,可是不合~;이 구절은 어법상 문제가 없지만 논리에 맞지 않는다.│他的文章写得很乱,没有~,让人看不懂;그의 문장은 두서없이 쓴데다 논리도 없어서 봐도 모르겠다.│他讲话时~性很强;그는 말할 때 우 논리적이다. ❷ 논리학. ¶ 他是教(jiāo)~学的教授(jiàoshòu);그는 논리학을 가르치는 교수이다.│为了更好地说明自己的观点,我们应该学一点儿~;자신의 관점을 더욱 잘 설명하기 위해서, 우리들은 논리학을 어느 정도 공부해야 한다.│我们这学期要学习"语言~"这门课;우리는 이번 학기에 '언어논리학' 수업을 배워야 한다.

落 luò 动 ❶ 떨어지다. ¶ 秋天来了,树林中树叶~了一地;가을이 되자, 숲 속의 나뭇잎들이 땅에 떨어졌다.│一场大雨过后,樱(yīng)花树下~满了樱花;한바탕 큰 비가 지나간 후 벚꽃나무 아래에 벚꽃이 가득 떨어졌다.│雪花从空中~下来,慢慢地~在地上;눈꽃이 하늘에서 내려와 천천히 땅 위에 떨어진다.│听到这个不幸的消息,她自己躲(duǒ)在屋里偷偷地~泪;이 안 좋은 소식을 듣고 그녀는 자신의 방에 숨어서 몰래 눈물을 흘렸다. ❷ 내리다. 하강하다. (태양 등이) 지다. ¶ 弟弟看到小鸟~在窗台上,很想抓住它;남동생은 작은 새가 창틀에 내리는 것을 보고 그것을 잡고 싶어했다.│太阳已经~下去了,天渐渐(jiànjiàn)黑了;해가 이미 져서 하늘이 점점 어두워졌다.

落后 luòhòu [形] 낙후되다. ¶这个国家的经济很~,人们生活水平不高;이 나라는 경제가 매우 낙후되어 사람들의 생활 수준이 높지 않다.| 这里是个~地区,没有自来水也没有电;이 곳은 낙후 지역으로 수돗물도 없고 전기도 없다.| 我们公司的技术已经　了;우리 회사의 기술은 벌써 낙후되었다. [动] 뒤처지다. 낙오되다. 뒤떨어지다. ¶一开始我们的成绩一样,可是后来我没有努力学习,成绩~了;처음에 우리들은 성적이 같았는데, 이후에 내가 열심히 공부하지 않아 성적이 뒤쳐졌다.| 他们走得很快,小张~了一百多米;그들의 걸음이 빨라서 장군은 100미터 넘게 뒤쳐졌다.

Mp3 名 ❶ 엠 피 쓰 리 (MPEG Audio Layer3). ¶这首歌现在网上有~可以下载(zǎi);이 노래는 현재 인터넷에 mp3가 있어 다운 받을 수 있다.|~格式的音乐占用的内存小;mp3 형식의 음악이 차지하는 메모리는 작다.|他昨天从网上下载了很多~音乐;그는 어제 인터넷에서 많은 mp3 파일을 다운 받았다. ❷ mp3기계. ¶昨天妈妈给他买了个~;어제 엄마는 그에게 mp3를 하나 사주셨다.|用~可以听音乐,还可以学英语;mp3로 음악도 들을 수 있고, 영어도 공부할 수 있다.

MT 名 엠티(MT)

妈妈 māma 名 어머니. 엄마. ¶我最喜欢爸爸和~;나는 아빠와 엄마를 가장 좋아한다.|~今年五十岁了,在学校工作;어머니는 올해 쉰이시고 학교에서 일하신다.|我~做的菜很好吃;나의 어머니가 만든 음식은 매우 맛있다.|~的朋友很多,她们经常一起聊天儿、锻炼(duànliàn);어머니는 친구가 많으신데, 그분들은 자주 함께 이야기하고 운동을 하신다.|~年龄大了,我要多陪陪她;어머니는 연세가 많으셔서 내가 자주 함께 있어드려야 한다.|~,祝您生日快乐! 어머니, 생신을 축하드립니다.

▶용법주의:'妈妈'는 직접 부를 때 사용하기도 하고, 다른 사람과 말할 때 사용하기도 한다. 때로는 줄여서 '妈'로 쓰기도 한다. ¶妈妈,我给您买了一套衣服,您看看怎么样? (当面称呼);어머니, 제가 어머니 옷 한 벌을 샀는데, 어떠세요?(직접 부를 때)|我妈妈最喜欢小孩子了(跟别人说话时用);우리 어머니는 어린 아이를 가장 좋아하신다. (다른 사람과 얘기할 때 사용한다.)|妈,您快休息一会儿吧(可以简称);어머니, 어서 좀 쉬세요.(줄여 부를 때.)|我妈现在身体挺好的(跟别人说话时也可简称);우리 어머니는 지금 매우 건강하시다.(다른 사람과 얘기할 때도 줄여서 부를 수 있다.)

麻烦 má·fan 动 귀찮게 하다. 성가시게 굴다. 폐를 끼치다. ¶他很怕~别人,有什么事都尽量自己想办法解决;그는 다른 사람을 귀찮게 하는 것이 싫어서 무슨 일이든 가능한 한 스스로 해결하려 한다.|阿姨,~您帮我看看这是什么字? 아주머니, 죄송하지만 이것이 무슨 글자인지 봐 주시겠습니까?|~您啦,谢谢! 폐를 끼쳤습니다. 감사합니다.|自己能做的事尽量不要~别人;자신이 할 수 있는 일은 가능한 한 다른 사람을 귀찮게 해서는 안 된다.|你可别去~他,他现在太忙了;(너는) 그를 귀찮게 하지 마라, 그는 지금 매우 바쁘다. 形 귀찮다. 번거롭다. 성가시다. ¶这件事很~,我得(děi)想想办法;이 일은 매우 까다로워서 나는 방법을 생각해야 한다.|这是个~的问题,你去问问张教授吧;이것은 복잡한 문제니, 너는 장 교수님

께 여쭤봐라.│这件事越来越~了;이 일은 점점 번거로워진다.│张大夫对病人很有耐心,从来不怕~;닥터 장은 환자에 대한 인내심이 강해서 여태껏 번거로움을 마다한 적이 없다.│入学手续一点儿也不~,很快就办好了;입학 수속이 조금도 번거롭지 않아서, 매우 빠르게 마쳤다. 名 걱정을 끼치는 사람. 번거로운 일. ¶我刚才遇到一点儿小~;나는 방금 사소한 문제에 부딪쳤다.│给您添(tiān)~了,真不好意思;번거롭게 해서 정말 죄송합니다.│这个孩子可真是个~,总是让人不放心;이 아이는 정말 골치거리여서 항상 사람을 불안하게 한다.│别担心,我们不会有~的;걱정하지 마라. 우리는 걱정할 일이 없을 거야.

麻雀 máquè 名 참새. ¶一只~;참새 한 마리.│小~;작은 참새.│一群~;참새 한 무리.│校园里有很多~;교정 안에 참새가 많이 있다.│窗外传来~叽叽喳喳(jījizhāzhā)的叫声;창 밖에서 재잘재잘 참새 소리가 들려온다.│~喜欢吃小米,也喜欢吃小虫;참새는 좁쌀 먹는 걸 좋아하고 작은 벌레 먹는 것도 좋아한다.

麻油 máyóu 名 참기름. ¶一瓶~;참기름 한 병.│做汤的时候放一点儿~,味道很好;탕국을 끓일 때 참기름을 조금 넣으면 맛이 매우 좋다.│我们一般不用~炒(chǎo)菜;우리는 일반적으로 참기름을 사용해 음식을 볶지 않는다.

马 mǎ 名 말. ¶这匹~跑得很快;이 말은 아주 빨리 달린다.│他从小就喜欢骑~;그는 어려서부터 말 타는 것을 좋아했다.│那里有个~场,养了很多

~;그 곳에 말 목장이 하나 있는데, 말을 많이 키운다.│现在已经看不到~车了;지금은 이미 마차를 볼 수 없게 되었다.│在古代战争中,战~很重要;고대 전쟁에서는 군마가 매우 중요하다.

马虎 mǎ·hu 形 소홀하다. 건성건성 하다. 무책임하다. ¶他做事太~,总是出错;그는 일을 너무 건성건성 해서 항상 실수를 한다.│工作时一定要认真,总是马马虎虎可不行;일할 때는 반드시 진지하게 해야지 데면데면 해서는 안 된다.│因为做事不认真,大家都叫他"小~";일을 진지하게 하지 않아서, 모두 그를 '덜렁이'라고 부른다.

▶용법주의: '马虎'중첩형식은 '马马虎虎'이다.

马克 mǎkè 名 (유로가 사용되기 전에 독일, 핀란드 등의 국가에서 쓰던 화폐) 마르크. ¶~是德国2002年以前的货币单位;마르크는 2002년 이전의 독일 화폐 단위이다.│1~可以换多少韩元? 1마르크는 한국 돈 얼마로 환전 됩니까?│请把~换成韩币;마르크를 한국 돈으로 환전해 주세요.│从2002年3月起,不再使用~;2002년 3월부터 마르크를 사용하지 않는다.

马拉松比赛 mǎlāsōng bǐsài 名 마라톤. 마라톤 경주. (전 세계에서 가장 긴 달리기 시합으로 42.195킬로미터를 달려야 한다.) ¶他获得了~的冠军;그는 마라톤 경주에서 우승을 했다.│~是奥运会上一项重要的比赛项目;마라톤은 올림픽에서 중요한 경기 종목이다.│很多人喜欢看~;많은 사람들이 마라톤 경주를 좋아한다.│他

是著名的~选手;그는 유명한 마라톤 선수이다.

马路 mǎlù 名 대로. 도로. 큰길. ¶这条~又宽又平,开起车来很舒服;이 도로는 넓고 평평해서 운전하기가 매우 편안하다.│一条~;큰길.│过~要注意安全;도로를 건널 때는 안전에 주의해야 한다.│他家就在~对面;그의 집은 큰길 맞은 편에 있다.│他在~边儿等了一个多小时也没看到女朋友来;그는 대로변에서 한 시간 넘게 기다렸는데도 여자 친구가 오는 것을 보지 못 했다.

马上 mǎshàng 副 곧. 즉시. ¶飞机~就要起飞了,请大家系(jì)好安全带;비행기가 곧 이륙하니, 모두 안전벨트를 매주시기를 바랍니다.│电影~要开演了,我们快进去吧;영화가 곧 시작하니, 우리 어서 들어가자.│~开始;곧 시작한다.│我一看她,她~不说话了;내가 그녀를 보자 그녀는 바로 말을 하지 않았다.│我们~就来,你稍等一下;우리가 곧 가니, 잠시 기다려라.

码头 mǎ·tóu 名 부두. 선창. ¶一个~;부두.│船~;배 선창.│江边的~上站着很多人;강변의 부두 위에 많은 사람들이 서 있다.│~上人很多;부두 위에 사람이 많다.│这个~水太浅,停不了大船;이 부두는 물이 얕아서 큰 배가 정박할 수 없다.│~工人的工作很辛苦;부둣가 인부의 일은 매우 힘들다.

骂 mà 动 욕하다. 꾸짖다. 질책하다. ¶~人是不对的;욕을 하는 것은 옳지 않다.│他刚才~了很多难听的话;그는 방금 매우 많은 듣기 거북한 욕을 퍼부었다.│我从来没有~你;나는 지금까지 너를 욕한 적이 없다.│孩子被他~哭了;아이는 그한테 혼나고 울었다.│今天我把他大~了一顿;오늘 나는 그를 한바탕 혼냈다.│从小到大他从来没有挨过~;어려서부터 클 때까지 그는 여태껏 혼나본 적이 없다.│~街;길에서 마구 욕을 하다.

吗 ma 助 ❶ 의문을 나타낸다. ¶他来了~? 그가 왔니?│你是韩国留学生~? 너는 한국 유학생이니?│你去过北京~? 너는 베이징에 가본 적이 있니?│你打电话有什么事~? 무슨 일이 있어서 전화했니? ❷ 반어문의 끝에 사용되고, '难道', '不是' 등과 함께 사용된다. a) 부정의 형식으로 사용하여 긍정의 의미를 강조한다. ¶你难道不想学好汉语~? (你想学好汉语);너 설마 중국어를 잘 배우고 싶지 않은 것은 아니겠지?(너는 중국어를 잘 배우고 싶어한다.)│你不是说今天去首尔~? (你原来说今天去首尔);너는 오늘 서울에 간다고 말하지 않니?(너 원래 오늘 서울에 간다고 말했잖아.)│这句话你没有说过~? (这句话你说过);이 말을 너는 말한 적이 없니?(이 말을 네가 했었어.) b) 긍정의 형식을 사용하여 부정의 의미를 강조한다. ¶难道你在家里装病也对~? (你在家里装病不对);네가 집에서 아픈 척 하는 게 옳다는 거니?(네가 집에서 아픈 척 하는 건 옳지 않다.)│作为一个老师,上课能迟到~? (不能迟到);선생님으로서 수업에 늦어도 됩니까?(늦으면 안 된다.)│随便不来上课,像话~? (不像话);멋대로 수업에 안 오는 게 말이나 되니?(말이 안 된다.)

嘛 ma 助 ❶ 뚜렷한 사실을 강조할 때 쓰인다. a) 서술문 끝에 사용한다. ¶我本来就不想来~;나는 원래 오고 싶지 않았다.│大家应该互相帮助~;모두가 마땅히 서로 도와야 한다.│不会就学~;못 하면 배우면 되잖아. b) '嘛'가 들어있는 단문 앞 또는 뒤에 반어문이 놓인다. ¶有事情就说~,你怎么不说呢? 일이 있으면 말하지 너는 왜 말을 안 하니?│他自己要说的~,我有什么办法? 그가 알아서 말하는데, 내가 무슨 방법이 있니?│谁说我迟到了? 我早就来了~;내가 늦었다고 누가 그래? 나는 일찍감치 와 있었어.│这不是小张吗? 快进来~;장군이 아니니? 빨리 들어와. ❷ 기대하거나 충고하여 말릴 때 사용한다. ¶老师请说慢一点~,我听不懂;선생님, 조금 천천히 말씀해 주세요. 저는 못 알아 듣겠어요.│你不喜欢去,就别去了~;네가 가기 싫으면 가지 마라.│让我去~,我还从来没有去过呢;내가 해 줘. 나는 아직 가 본적이 없어.│喝酒对身体不好,就不要喝了~;음주는 몸에 좋지 않으니 마시지 마라. ❸ 문장 중간에 쓰여 휴지(休止)를 나타내며, 듣는 이로 하여금 주의를 환기시키는 역할을 한다. ¶学生~,就得(děi)努力学习;학생은 열심히 공부해야 한다.│好~,我这就去找你;알았어. 내가 이 참에 너한테 갈게.│去~,我又不会唱歌;不去~,又怕大家不高兴;가자니 내가 노래를 못 하고, 안 가자니 모두가 흥이 깨질까 걱정이다.

埋 mái 动 (흙, 눈, 낙엽을 이용해) 묻다. 파묻다. 숨기다. ¶房子倒(dǎo)了,家具被~在下面了;집이 무너져서 가구가 아래로 묻혔다.│他的屋子里~了很多值钱的东西;그의 방에 많은 가치 있는 물건들을 숨겨 놓았다.│春天,我把花种(zhǒng)~在土里,等着它发芽;봄에 나는 꽃씨를 땅에 묻고 그것이 싹이 트길 기다린다.│种子~得太深了,不容易发芽;씨앗을 너무 깊게 묻어서 쉽게 싹이 나지 않는다.│这是在地下~了十年的好酒;이것은 땅에 10년간 묻어두었던 좋은 술이다.

埋头 máitóu 动 몰두하다. 집중하다. 열중하다. ¶他整天~学习,顾不上其他;그는 하루 종일 공부에 몰두하느라, 다른 것을 신경 쓸 여유가 없다.│大家都在~干活;모두가 일에 몰두하고 있다.│他~研究了十年,才发现了一种新的化学元素;그는 10년간 연구에 몰두하고 나서야 새로운 화학 원소를 발견했다.

▶용법주의: '埋头' 사이에 '着'를 첨가할 수 있다. ¶他整天只知道埋着头工作;그는 하루 종일 일에 몰두할 줄만 안다.

买 mǎi 动 사다. ¶~东西;물건을 사다.│~一张票;표 한 장을 사다.│我以前在这儿~过衣服;나는 전에 여기에서 옷을 산 적이 있다.│他想要的东西都~齐了;그가 사려고 하는 물건은 모두 샀다.│~得太多了,吃不完;너무 많이 사서 다 먹을 수 없다.│多~点儿吧;좀 더 사자.│你到底~不~? 너는 도대체 살거니 말거니?│一方要求十天以内到货;매수인은 10일 안에 상품이 도착하길 요구한다.

买卖 mǎi·mai 名 장사. 매매. ¶他刚做成

了一笔~;그는 방금 한 건의 매매를 성사시켰다.| 他们家做的是小~,刚可以维持生活;그들 집에서 하는 것은 자그마한 장사인데, 겨우 생활을 유지할 수 있을 정도이다.| 今天~怎么样?오늘 장사는 어떻습니까?

迈 mài [动] 큰 걸음으로 걷다. 성큼성큼 걷다. 활보하다. ¶ ~步;발걸음을 내딛다.| 他向前~了一大步;그는 앞을 향해 힘찬 발걸음을 내딛었다.| 运动员~着整齐的脚步进入会场;운동선수들은 질서 정연한 걸음걸이로 회의장을 들어갔다.| 这条沟(gōu)太宽了,我~不过去;이 도랑은 너무 넓어서, 나는 건너갈 수 없다.| 走了一天了,我累得~不动步了;하루 종일 걸었더니, 너무 힘들어서 더 이상 걸을 수가 없다.

麦克风 màikèfēng [名] 마이크(MIC).('麦克'라고도 한다.) ¶ 请把~递给我;마이크를 저에게 건네주세요.| 用~可以扩大音量;마이크를 이용하면 음량을 크게 할 수 있다.| 教室太大了,老师用~讲话同学们才能听清;교실이 너무 커서, 선생님이 마이크를 사용해 이야기를 해야만 학생들이 분명히 들을 수 있다.

卖 mài [动] ❶ 팔다. ¶ 他正在~水果;그는 지금 과일을 팔고 있다.| 那台旧电脑我~了三千元;그 오래된 컴퓨터를 내가 3000위안에 팔았다.| 你看的那间房子已经~掉了;당신이 본 그 집은 이미 팔렸다.| 那里的东西~得太贵,我们去别的商店看看吧;그 곳의 물건은 너무 비싸게 파니, 우리 다른 상점에 가서 좀 보자.| 你们~的电视质量有问题;당신들이 파는 텔레비전 품질에 문제가 있다. ❷ (자신의 이익을 위해 조국이나 친구를) 팔아먹다. ¶ ~国;나라를 팔아먹다.| 为了得到那笔钱,他把朋友也~了;돈을 한 몫 챙기기 위해, 그는 친구도 팔았다. ❸ 힘을 다하고 아끼지 않다. ¶ 他~力地表演,观众使劲为他鼓掌(gǔzhǎng);그는 힘을 다해 공연했고, 관중들은 그를 위해 힘껏 박수를 쳤다.| 这些年他一直为公司~命,现在公司却因为他年龄大把他辞退(cítuì)了;그동안 그는 줄곧 회사를 위해 목숨 바쳐 일했지만, 현재 회사는 오히려 그의 나이가 많다는 이유로 그를 해고했다.| 他为朋友的事儿没少~力气;그는 친구의 일을 위해 적지 않은 힘을 썼다.

卖春 màichūn [动] 매춘하다. 매음하다. (여자가 몸 파는 것을 말한다.) ¶ 现在~的人已经比以前少了;현재 매춘을 하는 사람은 이미 예전보다 줄었다.| 她以前靠~挣钱养活自己;그녀는 예전에 매춘으로 돈을 벌어 살았다.

卖淫 màiyín [动] 매음하다. ¶ 在中国,~是非法行为;중국에서 매음은 불법행위이다.| 我们应该坚决反对妇女~;우리는 마땅히 여성의 매음을 단호하게 반대해야 한다.| 有些娱乐(yúlè)场所的~活动很严重;일부 유흥가의 매음 활동은 매우 심각하다.

脉络 màiluò [名] ❶ 맥. (중의학에서 몸의 혈관과 경락을 가리킨다.) ¶ 要学好中医,一定要清楚人体的~;중의학을 잘 배우려면, 반드시 인체의 맥을 알아야 한다.| 他总是腿疼,中医大夫认为是他腿部的~不通,需要疏(shū)通~;그는 늘 다리가 아픈데, 한의사

는 그의 다리 혈관이 통하지 않아, 혈관을 통하게 하는 것이 필요하다고 여긴다. ❷조리. 두서. ¶这篇文章使我们看清了中世纪小说的发展~;이 문장은 우리에게 중세기 소설의 발전 맥락을 잘 알 수 있게 해준다.|他的发言~清楚,内容丰富,大家都很爱听;그의 발언은 조리가 분명하고, 내용이 풍부하여 모두들 듣기 좋아한다.

馒头 mán·tóu 名 소 없는 찐빵. ¶他一顿饭吃了三个~;그는 한끼에 세 개의 찐빵을 먹었다.|北方人喜欢吃~,南方人喜欢吃米饭;북방 사람은 찐빵 먹는 것을 좋아하고, 남방 사람은 쌀밥 먹는 것을 좋아한다.|今天妈妈给他蒸(zhēng)~;오늘 어머니께서 그에게 찐빵을 쪄 주신다.

鳗鱼 mányú 名 장어. ¶ ~营养价值很高;장어는 영양가치가 높다.|现在很多人开始养~;요새 많은 사람들이 장어를 기른다.|他最爱吃~饭;그는 장어덮밥을 가장 즐겨 먹는다.

满 mǎn 形 ❶ 차다. 가득하다. 그득하다. ¶我的杯子是~的,不用加水了;내 잔은 꽉 찼으니, 물을 부을 필요가 없다.|现在电影院里坐~了人;현재 영화관 안이 만원이다.|我给他盛了~~一碗饭;나는 그에게 밥 한 그릇을 가득 퍼주었다.|这个包装得太~了,拉不上拉链了;가방에 너무 가득 넣어서, 지퍼를 잠글 수가 없다. ❷ 전부. 모두의. ¶他家里~屋都是书;그의 온 방은 모두 책이다.|孩子回家时~身大汗;아이들은 이 집에 돌아오면 온몸이 땀투성이다.|他已经~口答应明天帮助我复习了;그는 이미 내일 내가 복습하는 것을 도와주기

로 두말없이 허락했다.|这个班~打~算只有14个人;이 반에는 전부 계산해 보아도 겨우 14명 뿐이다. 动 가득 채우다. 가득하게 하다. ¶招生的名额(é)已经~了;학생 모집 정원이 이미 다 찼다.|你的酒是半杯,快~上;당신 술이 반밖에 없으니, 어서 가득 채우시오.|到十月他就~十岁了;10월이 되면 그는 만 10살이 된다.|我在这儿住了不~一年;내가 여기에서 산 지 만 1년이 안 된다. 副 ❶ 매우. 대단히. 퍽. 아주. ('满…的' 형식으로 자주 사용한다.) ¶这本书~好的;이 책은 매우 좋다.|这座楼~高的;이 건물은 매우 높다.|这道题~难的;이 문제는 매우 어렵다. ❷ 완전. 전혀. 아주. ¶这次考试他~不在乎;이번 시험을 그는 전혀 신경 쓰지 않는다.|这件事他~有把握,你放心吧;이 일은 그가 아주 자신 있으니, 너는 안심해라.

满天星 mǎntiānxīng 名 안개꽃. ¶在鲜花市场上~卖得很好;생화 시장에서 안개꽃이 아주 잘 팔린다.|插花时,~常常是必备的材料;안개꽃은 꽃꽂이할 때 빼놓을 수 없는 재료다.

满意 mǎnyì 形 만족하다. 만족스럽다. 흡족하다. ¶妈妈对我的成绩很~;엄마는 내 성적에 매우 만족해 하신다.|他找到了一份~的工作;그는 매우 만족할만한 일을 찾았다.|他的作业改了三遍,老师才~了;그의 숙제는 3번 수정하고 나서야 선생님은 비로소 만족하셨다.|三天后,公司会给顾客一个~的答复;3일 후, 회사가 고객에게 만족스러운 답변을 할 것이다.|老师听了他的回答,~地笑了;선생

님은 그의 대답을 듣고, 만족스럽게 웃으셨다.

满足 mǎnzú 动 ❶ 만족하다. ¶他的成绩已经提高了十分了,可他还不~,要继续努力;그는 성적이 이미 10점이 향상되었으나 그는 아직 만족하지 않고, 계속 노력한다.│能听懂老师的话,他就~了;선생님의 말을 알아 들을 수 있자, 그는 만족했다.│他~于现在的生活,不想再多做工作了;그는 현재 생활에 만족하여 더 많은 일을 하고 싶어하지 않는다. ❷ 만족시키다. ¶虽然他的作业没有~题目的要求,可是老师还是很~,因为他用对了很多新学的词语;그는 제목대로 숙제를 완성하진 못했지만 선생님은 그가 새로운 단어를 적절히 사용했기 때문에 매우 흡족해 하셨다.│老师尽量~同学们的要求;선생님은 될 수 있는 대로 학생들의 요구를 만족시킨다.

▶용법주의:'满意'는 '사람이나 사물이 마음에 들다' 라는 뜻으로 내용이 주관적이다. '满足'는 객관적 상황이 자신의 요구에 도달하거나 또는 이미 자신이 원하는 수준에 도달하여, 더 높은 요구사항이 없어졌음을 가리킨다. ¶妈妈,我写的字你满意吗? 엄마, 내가 쓴 글씨 맘에 들어요?│他对房子很满意;그는 집에 대해 매우 만족한다.│孩子的愿望满足了;아이들의 소망이 만족되었다.

蔓延 mànyán 动 널리 퍼지다. 번지다. 만연하다. ¶大火正在向四周的树林~;큰 불이 사방 숲을 향해 번져나가고 있다.│这种传染病一旦~开来,就不好控制了;이러한 전염병은 일단 퍼지기 시작하면 막기 힘들어진다.│火势的~暂(zàn)时得到了控制;불길이 번지는 것을 잠시 막았다.

漫 màn 动 (물이 너무 가득 차서) 넘치다. 밖으로 흘러나오다. 범람하다. ¶洪水已经~过河堤(dī)了! 홍수가 이미 하천 둑을 범람했다.│水池里的水已经~出来了,快关水龙头;싱크대 안의 물이 이미 넘치니 어서 수도꼭지를 잠가라.

漫画 mànhuà 名 만화. ¶他正在看一幅~;그는 만화를 보고 있다.│这张~很有意思;이 만화는 참 재미있다.│他最喜欢画~;그는 만화 그리는 것을 가장 좋아한다.│这个周末在展览馆有~展览(zhǎnlǎn);이번 주말에 전시관에서 만화 전시가 있다.│我给孩子买了几本~书;나는 아이에게 몇 권의 만화책을 사 주었다.

慢 màn 形 느리다. ¶他办事特别~,你别着急;그는 일 처리가 매우 느리니, 조급해 하지 마라.│汽车开得很~,跟走路差不多;차가 너무 느려 걸어가는 것이나 마찬가지다.│我的表~了,应该十点了,我的表才九点五十;내 시계가 느려졌어. 분명히 10시인데 내 시계는 이제 9시 50분이야.│坐~车到上海要用十个小时,快车只要六个小时就到了;완행 열차를 타면 상하이까지 10시간이 걸리지만, 급행 열차는 6시간이면 도착한다. 动 늦추다. 미루다. 기다리다. ¶你~~说,不要急;천천히 말해, 서두르지마.│~着,现在先不要走,还有件事没有说呢;잠깐만! 아직 가지마, 할 말이 있어.

慢跑 mànpǎo 动 천천히 달리다. ¶~被认为是目前最适合中老年人的一种运

动;천천히 달리기는 현재 중. 장년층에게 가장 적합한 운동으로 여겨진다.|他每天坚持~半个小时;그는 매일 30분씩 천천히 달리기를 한다.

忙 máng [形] 바쁘다.¶他是个~人,我已经好几天没见他了;그는 바쁜 사람이야, 벌써 며칠째 그를 보지 못했다. [动] 서두르다. 조급하게 시간에 닥쳐서 하다.¶你最近~什么呢? 요즘 무슨 일로 바쁘세요?|他一个人~不过来,我们去帮帮他吧;그 혼자 바빠서 어쩔 줄 모르니, 우리가 가서 그를 좀 도와줍시다.

猫 māo [名] 고양이.¶这只~很可爱;이 고양이 참 귀엽다.|~最爱捉老鼠;고양이는 쥐 잡는 것을 가장 좋아한다.|妈妈最喜欢养~;엄마는 고양이 기르는 것을 가장 좋아하신다.

毛 máo [名] ❶ (동식물의) 털.¶羊~可以用来做衣服、被子等;양털로 옷, 이불 등을 만들어 쓸 수 있다.|这只小鸟还没有长(zhǎng)~;이 작은 새는 아직 긴 털이 나지 않았다.|他喜欢长~猫,可是我喜欢短~猫;그는 긴 털 고양이를 좋아한다. 그러나 나는 짧은 털 고양이를 좋아한다. ❷ 양모. 양 등의 동물 털을 원료로 하여 만든 물건.¶妈妈递给我一条~毯(tǎn);엄마, 나에게 담요 하나 건네주세요.|这件衣服是~的,不能用水洗;이 옷은 양모로 된 것이어서, 물로 세탁하면 안 된다. ❸ 곰팡이.¶点心放得时间长了就长(zhǎng)~了;과자를 오래 두었더니 곰팡이가 생겼다.|千万别吃长(zhǎng)~了的东西;절대 곰팡이가 생긴 것은 먹지 마라.|那件衣服都长(zhǎng)~了, 快拿去洗洗吧;그 옷은 곰팡이가 피었으니, 어서 가져가서 씻어라. [量] 마오.('角'의 일반적 명칭.) 인민폐 1위안의 10분의 1.¶这个本子三块六~钱;이 공책은 3위안 6전입니다.|我这儿有五~,给你吧;나는 5전이 있어, 너에게 줄게.

毛病 máo·bing [名] ❶ 결점. 나쁜 습관. 약점. 흠.¶他的~是上课爱迟到;그의 나쁜 습관은 수업시간에 지각을 잘하는 것이다.|你什么时候可以改掉抽烟的老~? 너는 언제쯤 담배 피는 나쁜 습관을 고칠 수 있을까?|半年没见,他的~越来越多了;반 년 동안 못 본 사이에 그의 단점이 훨씬 더 많아졌다. ❷ (기계 또는 물건의) 고장.¶这台电脑有~,越来越慢;이 컴퓨터는 고장이 나서, 점점 느려진다.|这只闹钟的~是不准;이 자명종의 문제점은 시간이 맞지 않다는 것이다.|电视又出~了,你快修修;텔레비전이 또 고장이 났어요. 빨리 좀 수리해 주세요. ❸ (일이나 학업 중에 생기는) 문제.¶我的工作中如果有什么~,请大家给我指出来;나의 업무 중에 만약 무슨 문제가 있으면, 여러분이 나에게 좀 지적해 주세요.|你的作业中有一个大~;너의 숙제 속에 큰 문제가 있다.

毛巾 máojīn [名] 수건. 타월.¶我的~找不到了;내 타월을 찾을 수 없다.|这条~的质量很好;이 타월은 품질이 매우 좋다.|请把~递给我;수건 좀 건네주세요.

毛衣 máoyī [名] 털옷. 스웨터.¶她织的~很漂亮;그녀가 짠 스웨터는 매우 예쁘다.|她最喜欢打~,每年要打好几件;그녀는 스웨터 짜는 것을 제일

좋아해서 매년 몇 벌을 짠다.| 她想拆(chāi)了这件~重(chóng)新织;그녀는 이 스웨터를 풀어서 다시 새로 짜고 싶어한다.| 有的~是手工织的,有的~是机器织的;어떤 스웨터는 수공으로 짠 것이고, 어떤 스웨터는 기계로 짠 것이다.

矛盾 máodùn 名 모순. 창과 방패. 갈등.¶真与假(jiǎ)是一对~;진실과 거짓은 모순되는 한 쌍이다.| 家庭~引起的社会问题正在减少;가정갈등으로인한 사회문제가 감소하고 있다.| 社会~;사회 갈등.| 民族~;민족 갈등.| 内心的~;마음의 갈등.| 感情上的~;애정문제.| 现在~的双方都不肯让步;현재 대립하고 있는 양측은 모두 양보하려고 하지 않는다.| 社会上目前出现了一些~;사회에 현재 약간의 갈등이 조성됐다. 形 모순되다. (말과 행동이) 앞뒤가 맞지 않다.¶这两种意见是~的;이 두 가지 의견은 모순된다.| 他的话前后~;그의 말은 앞 뒤가 안 맞는다.| 她~极了,不知道去还是不去;그녀는 가야 할 지 아니면 안 가야 할 지 정말 갈등이 심했다.

冒 mào 动 ❶ (바깥이나 위로) 내뿜다. 뿜어 나오다. 발산하다. 나다.¶孩子玩得头上都~汗了;아이들은 머리에 땀이 날 정도로 놀았다.| 刚出锅的馒头,还~着热气呢;방금 솥에서 꺼낸 찐빵은 여전히 김이 나고 있다.| 水从地下~出来了;물이 지하에서 뿜어져 나왔다.| 妈妈气得心里~火;엄마는 화가 나서 속에서 열불이 났다. ❷ (위험이나 악조건 등을) 개의치 않다. 무릅쓰다.¶昨天军人们~雨前进;어제 군인들은 비에 아랑곳하지 않

고 전진했다.| 他~着大火冲进教室救孩子;그는 화마를 무릅쓰고 교실 안으로 들어가 아이를 구했다.| 他~着生命危险救出了落水的儿童;그는 생명의 위험을 무릅쓰고 물에 빠진 어린아이를 구해냈다.| 你敢不敢~这个险?너는 이 위험을 감수할 수 있겠니?

贸易 màoyì 名 무역. 매매. 상업활동.¶这是一家对外~公司;이곳은 무역 회사이다.| 两国~;양국 무역.| 集市~;정기 시장에서 행해지는 거래.| 市场~;시장 거래.| 边境~;국경 무역.| 国家目前鼓励发展中韩两国双边~;국가는 현재 중한 양국의 무역 발전을 격려하고 있다.| 今年将继续扩大~,发展经济;올해는 계속해서 무역을 확대하고, 경제를 발전시킬 것이다.| 明天公司经理将进行~谈判;내일 회사 사장은 무역 교섭을 할 것이다.| ~自由;자유 무역.

帽子 mào·zi 名 ❶ 모자.¶昨天他新买了一顶毛线~;어제 그는 털모자 하나를 새로 샀다.| 天气冷了,出门要戴~;날씨가 추워져서, 외출할 때 모자를 써야 한다.| 屋里暖和,摘了~吧;집 안이 따뜻하니, 모자를 벗어라. ❷ 죄명. 레테르. 악평의 딱지.¶你不要给我戴高~(说好听的话);괜시리 비행기 태우지 마라. (듣기 좋은 말을 하다.)| 批评学生的时候不能只扣(kòu)大~,要有实际内容;학생을 꾸짖을 때 함부로 잘못을 뒤집어 씌우면 안 되며, 반드시 사실을 바탕으로 해야 한다.| 他被人扣(kòu)上了一顶"偷东西"的~;그는 물건을 훔쳤다는 누명을 뒤집어 썼다.

M

没 méi 动 ❶ 없다. 가지고 있지 않다. ('有'의 부정형식으로 의미는 '没有'와 같다. 구어에서 많이 사용한다.) ¶你要是~钱, 就跟我要; 돈이 없으면 나에게 달라고 해라.│他三十多岁了,还~女朋友呢; 그는 서른 살이 넘도록, 아직 여자 친구가 없다. ❷ 없다. 존재하지 않다. (존재의 부정을 나타내고, '没' 앞에 처소사 또는 시간사가 자주 쓰인다.) ¶我们今天~课; 우리는 오늘 수업이 없다.│教室里~人; 교실 안에 사람이 없다. ❸ 부족하다. 미치지 못 하다. (수량이 부족함을 나타낸다. '没' 뒤에는 수사를 사용해야 한다.) ¶这个孩子还~十岁, 已经会说三国语言了; 이 아이는 아직 10살이 안 되었지만, 이미 3개 국어를 할 줄 안다.│那间教室~十平方米; 그 교실은 10제곱 미터가 되지 않는다.│他来了~十分钟就走了; 그는 온지 10분도 되지 않아 바로 가버렸다. ❹ (비교문에 사용된다.) …만 못 하다. …에 못 미치다. ¶他的英语~我好; 그의 영어 실력은 나만 못 하다.│哥哥~弟弟高; 형은 동생만큼 키가 크지 않다. 副 이미 발생한 동작이나 상태 및 과거의 경험을 부정한다. ¶他还~走呢; 그는 아직 안 갔어요.│这次作业你~认真做; 너는 이번 숙제를 열심히 하지 않았구나.│我去过日本, 但~去过韩国; 나는 일본에 가본 적이 있지만, 한국에는 가 본 적이 없다.│他的小说我一本也~看过; 그의 소설을 난 한 권도 읽어 본 적이 없다.│我现在什么也~想; 나는 지금 아무것도 생각하지 않는다.

没错 méi//cuò 形 (~儿) 맞다. 옳다. 틀림없다. 잘못이 없다. 다른 사람이 옳다는 것을 인정한다. ¶我说的~; 내 말이 맞다.│这个句子~, 不过那个句子错了; 이 문장은 맞지만, 저 문장은 틀렸다.│这件事我没什么错, 为什么要我道歉? 이 일은 내가 아무런 잘못이 없는데, 왜 내가 사과해야 합니까?│你猜得~, 他今天没来; 네가 추측한 게 맞았어, 그는 오늘 오지 않았어.│~, 是我叫你来的; 맞아, 내가 너를 오라고 한 거야.│~, 他是美国人; 맞아, 그는 미국인이야.

没关系 méi guān·xi 괜찮다. 중요하지 않다. 걱정할 필요 없다. 상관없다. ¶今天写不完~, 明天接着写; 오늘 다 못 써도 괜찮다. 내일 이어서 쓰면 된다.│"谢谢你"——"~"; 감사합니다.-별말씀을요.│"对不起"——"~"; 죄송합니다.-괜찮습니다.│你去不去都~, 我自己也可以去; 네가 가든 안가든 상관없다. 나 혼자도 갈 수 있다.

没什么 méi shén·me ❶ 어떠한 …도 없다. 아무 것도 없다. ¶这里~好玩儿的, 咱们回去吧; 이곳에 재미있는 것이 아무 것도 없으니, 우리 돌아가자.│我现在~要问的了, 谢谢老师; 제가 지금 물어볼 것이 없어요. 선생님 감사합니다.│周末他~地方可去, 只好在宿舍休息; 주말에 그는 갈 곳이 아무 데도 없어서 할 수 없이 숙소에서 쉰다. ❷ 별 것 아니다. 괜찮다. 상관없다. (구어에서 많이 사용한다.) ¶"你感冒了?"——"只是鼻子不通气, ~."; '감기 걸렸어?'-'그냥 코가 막혔을 뿐이야. 별 것 아니야.'│"谢谢你的帮助"——"一点儿小事, ~."; '도와주셔서 감사합니다.'-'사소한

443

일인데요. 별거 아니에요.' | "对不起, 碰到你了吧?"——'~,我们走吧';'미안해요. 부딪쳤나요?'-'괜찮아요. 우리 그만 가자.'

没事儿 méi//shìr 动 ❶ (볼) 일이 없다. 한가하다. 시간이 나다. ¶国庆节我~,咱们一起去公园吧;국경일에 별일 없으니 우리 같이 공원에 가자. | 今天晚上他~,咱们去找他玩儿吧;오늘 저녁에 그가 한가하니, 우리 그를 찾아가 놀자. | 等~的时候带孩子来玩儿吧;일이 없을 때 아이들을 데리고 놀러 와라. | 你要~就帮我个忙;너 별일 없으면 나를 좀 도와줘. ❷ 괜찮다. 상대방이 사과할 때 하는 말. ¶"真对不起"——"~,~";'정말 죄송합니다.'-'괜찮아요.' | "打搅(jiǎo)你了"——"~";'실례했습니다.'-'아니에요. 괜찮아요.' | "哟,碰着了吧? 对不起"——"~";'어머! 부딪쳤나요? 죄송합니다.'—'괜찮습니다.' ❸ 사고나 문제가 없이 평안하다. ¶他上周病了,现在已经~了;그는 지난 주에 병이 났는데, 지금은 다 나았다. | 坐飞机~,挺安全的;비행기를 타는 것은 괜찮아. 아주 안전해. | 家里一切都好,没什么事儿;집은 모든 일이 다 순조롭고 아무 일도 없다. ❹ 책임이 없다. ¶这件事情由他负责,没我什么事儿;이 일은 그가 책임져야지 나는 아무 책임이 없다. | 这件事由我处理,你~了;이 일은 내가 처리할 테니 너는 아무 상관없다. | 经过调(diào)查,这件案子没他的事儿;조사에 의하면 이 사건은 그와 아무런 상관이 없다.

没意思 méi yì·si ❶ 무료하다. 심심하다. ¶爸爸退休了,觉得在家里很~;아

버지는 퇴직하시고, 집에서 매우 무료함을 느끼신다. | 你的这些话真~,别说了;너의 이런 말들은 지루하니 그만 말해라. ❷ 재미나 흥미가 없다. ¶这部电影没什么意思,我不想看了;이 영화는 재미없어서, (나는) 보기 싫다. | 这本小说没什么大意思;이 소설은 별 재미가 없다. | 放假的时候,一个人在家很~;방학 때 혼자 집에 있는 것은 재미없다.

没用 méi yòng 形 ❶ 쓸모가 없다. 도움이 안 된다. ¶这本书没什么用,你拿走吧;이 책은 별로 필요 없으니 네가 가져라. | 你的词典对我没一点儿用;네 사전은 나에게 전혀 도움이 안 된다. | 这药~,吃了这么多也没有好;이 약은 소용이 없다. 이렇게 많이 먹었는데도 좋아지지 않았다. | 他把~的东西都放在那个箱子里了;그는 필요 없는 물건을 모두 그 상자 안에 넣었다. ❷ 사용하지 않다. 쓰지 않다. ¶这些纸都还~,送给你吧;이 종이들은 아직 사용하지 않은 거니, 너에게 줄게. | 今年天气不热,我~空调;올해는 날씨가 덥지 않아서, 나는 에어컨을 사용하지 않았다. ❸ 재능이 없다. 능력이 없다. 쓸모없는. ¶不要总说他~,会伤害他的自尊心的;그에게 자꾸 능력 없다고 말하지 마라, 그의 자존심을 상하게 할 수 있다. | 这孩子真~,这么大了还不会洗衣服;이 아이는 정말 쓸모가 없다. 이렇게 컸는데 아직도 빨래를 못 한다. | 他总觉得自己~,挣钱太少;그는 돈을 적게 벌어 늘 자신이 아무 쓸모도 없다고 여긴다.

没有 méi·yǒu 动 ❶ 없다. 가지고 있지 않다. (소유의 부정을 나타낸다.) ¶我

~那本词典;나는 그 사전이 없다.| 她~理由不来上课;그녀가 수업에 오지 않을 이유가 없다.| 我~办法说服她;나는 그녀를 설득할 방법이 없다. ❷ 없다. 존재하지 않는다. (존재의 부정을 나타낸다.)¶钱包里~钱;지갑에 돈이 없다.| 办公室里~人;사무실 안에 사람이 없다.| 今天有~礼物送给我?오늘 나에게 줄 선물이 있습니까? ❸ ('谁'나'哪个'의 앞에 놓여) 아무도 …않다. 조금도 …않다.¶~谁不喜欢这里(全都喜欢这里);이곳을 좋아하지 않는 사람은 아무도 없다. (모두 여기를 좋아한다.)| ~哪个同意你的意见(所有人都不同意你的意见);너의 의견에 동의하는 사람은 아무도 없다.(모든 사람이 너의 의견에 동의하지 않는다.)| 这个地方~什么好玩儿的(这个地方一点儿也不好玩儿);이곳에는 재미있는 것이 조금도 없다.(이곳은 조금도 재미있지 않다.) ❹ 부족하다. 미치지 못 하다. (수량이 부족함을 나타낸다.)¶这个孩子~一岁就会走路了;이 아이는 1살이 채 되지 않았는데 걸음마를 뗐다.| 这个书包~5公斤重;이 책가방은 5킬로그램이 되지 않는다.| ~十天他就把北京玩儿遍了;열흘도 되지 않아 그는 베이징을 다 구경했다. ❺ (비교문에 사용되어) …만 못 하다. …에 못 미치다.¶我的个子~你高;내 키는 너만큼 크지 않다.| 今天~昨天热;오늘은 어제만큼 덥지 않다. 副 ❶ 이미 발생한 동작이나 상태를 부정한다. (동사 혹은 형용사 앞에 사용한다.)¶他还~来;그는 아직 오지 않았다.| 天还~凉快,等一会儿再出去吧;날씨가 아직 시원하지 않으니, 좀 있다가 나갑시다.| 老师~发现我迟到了;선생님은 내가 지각한 것을 알아차리지 못 하셨다. ❷ 과거 경험을 부정하고, 문장 중간에 '过'를 사용한다.¶我~去过上海;나는 상해에 가본 적이 없다.| 他~看过这部电影;그는 이 영화를 본 적이 없다. ❸ 현재 진행중인 동작에 대해 부정을 나타낸다.¶我们正在聊天儿,~看电视;우리는 지금 잡담을 나누고 있지, 영화를 보고 있지 않다.| 他还~休息,正在自习呢;그는 아직 쉬지 않고, 자습을 하고 있다.

媒介 méijiè 名 매개자. 매개물. 중개자. (두 사람의 관계를 발생시키는 사람이나 사물.)¶我们公司给贸易的双方做~;우리 회사는 무역을 하는 양측에게 중개자 역할을 해준다.| 他们想借助新闻~扩大影响;그들은 뉴스미디어의 도움을 빌려 영향력을 확대하고 싶어한다.| 我们只是起~作用;우리는 다만 중개자 역할을 할 뿐이다.

媒体 méitǐ 名 (대중) 매체. 매스컴(mass com). (신문, 텔레비전, 라디오 방송, 인터넷 등)¶新闻~种类很多,有报纸、电视、广播等;뉴스 매체의 종류는 신문, 텔레비전, 컴퓨터 등 많이 있다.| 广告~;광고 매체.| 我们的生活越来越离不开新闻~了;우리의 생활은 점점 뉴스 매체를 떠날 수 없게 되었다.| 这件事~已经报道了;이 일은 매체에서 이미 보도했다.| ~影响到人们生活的方方面面;매스컴은 사람들의 모든 면에 영향을 미친다.

煤 méi 名 석탄. (="煤炭")¶这里有的人家里取暖还烧~;여기 어떤 집은 난방

을 하기 위해 아직도 석탄을 땐다.|他家刚买了一车~;그 집은 방금 석탄을 한 수레 샀다.|山西是中国最大的产~省;산시성(省)은 중국 최대 석탄 생산지이다.|中国的~资源(zīyuán)非常丰富;중국은 석탄 자원이 매우 풍부하다.

煤气 méiqì 名 ❶ 가스.¶我们做饭、取暖都用~;우리는 밥을 짓고, 난방을 할 때 모두 가스를 이용한다.|~很方便;가스는 매우 편리하다.|他把~炉点着了;그는 가스레인지를 켰다. ❷ 일산화탄소. 탄내. (가스가 불완전 연소할 때 생기는 가스)¶他中(zhòng)~了, 被送到医院去了;그는 가스에 중독되어 병원으로 후송되었다.|冬天~中(zhòng)毒的人比较多;겨울에는 가스에 중독되는 사람이 비교적 많다.

每 měi 代 매. 각. …마다.¶~个学生都看过这本书;모든 학생이 다 이 책을 본 적이 있다.|楼里的~个窗户都亮着灯;건물의 모든 창문에 불이 켜져 있다.|他~个月去一次理发店;그는 매달 한 번씩 이발소에 간다.|他~次来都给孩子带礼物;그는 매번 올 때마다 아이에게 선물을 준다.|他~天洗一次澡;그는 매일 한 번씩 목욕을 한다. 副 늘. 항상. (같은 동작이 규칙적으로 반복하여 출현하는 것을 나타낸다.)¶他~过一个星期给妈妈打一次电话;그는 매주 한 주를 보내고 엄마에게 전화 한 통을 한다.|我们~学完三课就考试一次;우리는 매번 세 과를 배우고 시험을 한 번 본다.|~当想起女朋友,他就睡不着觉;여자 친구가 생각날 때마다, 그는 잠을 못 이룬다.|~逢(féng)假期,他都会来找我;매번 휴가 때마다 그는 항상 나를 찾아온다.

▶용법주의: '每'는 명사와 직접 결합할 수 없고, 중간에 반드시 양사가 놓여야 한다.¶每学校(×)|每部门(×)|每桌子(×)|每所学校;모든 학교.|每个部门;모든 부문.|每张桌子;모든 책상.

每天 měitiān 名 매일.¶他~六点起床;그는 매일 6시에 일어난다.|~晚上,他都给妈妈洗澡;매일 저녁, 그는 어머니를 목욕시켜 드린다.|姐姐~都叫我去锻炼;언니는 매일 나에게 운동을 하라고 한다.

美 měi 形 ❶ 아름답다. 예쁘다. 보기 좋다.¶那儿的风景~极了;그곳의 풍경은 매우 아름답다.|那个小姑娘长(zhǎng)得很~;그 소녀는 아주 예쁘게 생겼다.|秋天是北京最~的季节;가을은 베이징의 가장 아름다운 계절이다. ❷ 만족하다. 좋다. 훌륭하다.¶这道菜的味道很~;이 음식 맛은 아주 좋다.|他们小两口子的生活挺~的;그들 젊은 부부의 생활은 매우 만족스럽다.|这音乐听起来真~;이 음악은 듣기에 아주 훌륭하다. ❸ 의기양양하다.¶每次老师表扬了他,他都~得不得了(bùdéliǎo);매번 선생님이 그를 칭찬할 때마다 그는 매우 의기양양하다.|听了这么多赞扬(zànyáng)的话,他心里~滋滋(zīzī)的;그렇게 많은 칭찬을 듣고, 그는 속으로 흐뭇했다.

美好 měihǎo 形 좋다. 아름답다. 훌륭하다. 행복하다. (생활, 소망, 앞날 등 추상적인 것을 형용할 때 많이 쓰인

다.)¶世界多~呀！세계가 얼마나 아름다운가!| 这里的一切都显得那么~;여기에 있는 모든 것들은 매우 아름답게 보인다.| 我希望你能有一个~的未来;나는 네가 행복한 미래를 가질 수 있기를 희망한다.| 这种~的愿望一定能实现;이러한 아름다운 소망은 분명히 실현될 수 있다.| 不能耽误(dānwu)了孩子的~前途;아이의 아름다운 앞날을 그르칠 수는 없다.

美丽 měilì 形 아름답다. 미려하다. ¶ 她是一位~的姑娘;그녀는 아름다운 아가씨이다.| 这儿的风景~极了;이곳의 풍경은 정말 아름답다.| 这本书里记录了很多~的传说;이 책에는 많은 아름다운 전설들이 많이 수록되어 있다.

▶용법주의: ❶ '美丽'와 '漂亮'은 모두 풍경을 형용하는데 쓰일 수 있다. ¶ 美丽(漂亮)的校园;아름다운 교정.| 这儿的风景很美丽(漂亮);이곳의 풍경은 아름답다. 그러나 '美丽'는 복식, 물품, 건축물 등은 형용할 수 없다. ¶这身套裙真美丽(×)| 今年我刚买了一辆美丽的自行车(×)| 这身套裙真漂亮;이 치마는 정말 예쁘다.| 今年我刚买了一辆漂亮的自行车;올해 나는 방금 예쁜 자전거를 한 대 샀다. ❷ 사람을 형용할 때, '美丽'는 여성에게만 쓰이고, '漂亮'은 남녀 모두에게 쓰일 수 있다. ¶他是个美丽的小伙子(×)| 他是个漂亮的小伙子;그는 멋있는 총각이다. ❸ '美丽'는 '美好'의 뜻을 포함하고 있지만 '漂亮'은 그렇지 않다. ¶刚才他讲的是一个漂亮的传说(×)| 刚才他讲的是一个美丽的传说;방금 그가 말한 것은 아름다운 전설이다.

美术 měishù 名 미술. ¶ 他从小就喜欢~,后来成了一位画家;그는 어려서부터 미술을 좋아해서, 후에 화가가 되었다.| 他能写一手漂亮的~字;그는 예쁜 도안자를 쓸 수 있다.| 妈妈从事~工作;어머니는 미술계에 종사하신다.| 这个~展览(zhǎnlǎn)展出的都是古代的名画;이 미술전에 전시된 것은 모두 고대의 명화이다.

美元 měiyuán 名 미국 달러. ¶ 请帮我把~换成韩元;달러를 한화로 바꿔주세요.| 现在~的汇率(huìlǜ)很不好;현재 달러 환율이 좋지 않다.| 他这几年一直在美国工作,手里有很多~;그는 요 몇 년 줄곧 미국에서 일을 했기 때문에 수중에 달러가 많다.| 请问,我能用~结账吗? 실례합니다만, 달러로 계산할 수 있습니까?

妹妹 mèi·mei 名 누이 동생. ¶ 我有一个姐姐,一个~;나는 언니 한 명과 여동생 한 명이 있다.| 小张的~正在上大学,他每个月都给~寄钱;장 군의 여동생이 대학에 다니고 있어서, 그는 매달 여동생에게 돈을 부쳐준다.| 我有两个~,这是我的小~;나는 여동생 둘이 있는데 이 동생은 나의 막내 여동생이다.

▶용법주의: '妹妹'는 일반적으로 직접적인 호칭으로는 사용하지 않으며 면전에서는 직접 동생의 이름을 부른다. ¶妹妹,帮我把书拿来(×)| 小玲(妹妹的名字),帮我把书拿来;샤오링, 책 좀 가져다 줘라.

魅力 mèilì 名 매력. ¶ 北京是一座很有~的东方城市;베이징은 아주 매력적인 동방의 도시이다.| 京剧有很强的艺术~;경극은 강한 예술적 매력이

있다.| 她长得不是最漂亮的,但是却很有~;그녀는 가장 예쁘게 생긴 것은 아니지만 매력이 있다.| 我被这座雕塑(diāosù)的~所吸引,在那里站了很久;나는 이 조각의 매력에 푹 빠져 그곳에서 한참을 서 있었다.

闷 mēn 形 (기압이 낮거나 공기가 통하지 않아) 답답하다. 갑갑하다.¶ 天气太~了,一会儿肯定要下雨;날씨가 너무 후덥지근하니, 조금 있으면 분명 비가 올 것이다.| 屋里太~得慌了,开开窗户吧;방안이 너무 갑갑하니, 창문을 좀 열자.| 浴室里~得人喘(chuǎn)不过气来;욕실이 갑갑해서 숨조차 쉴 수가 없다. 动❶ 공기를 통하지 않게 하다. 밀폐하다. 꼭 덮다.¶ 茶刚泡(pào)上,再~一会儿味道更好;차를 방금 우려내서 잠시 덮어두면, 맛이 더 좋아진다.| 我把米饭~到锅里了;나는 밥을 냄비 안에 넣어 덮어두었다.| 他睡觉总喜欢把头~在被子里;그는 잘 때 항상 머리를 이불로 폭 덮고 자는 것을 좋아한다. ❷ 틀어박히다.¶ 这孩子老是~在家里不出门;이 아이는 항상 집에만 틀어박혀서 나가지 않는다.| 别老~在教室里看书,出去走走吧;계속 교실에 틀어박혀 책만 보지 말고 나가서 좀 돌아다니자.| 他一生气就自己~在房间里,谁也不见;그는 한번 화가 나면 자기 방에 틀어박혀 누구도 만나지 않는다.

☞ mèn

门 mén 名 ❶ 문. 출입구.¶ 这间教室有前、后两个~;이 교실은 앞뒤로 두개의 문이 있다.| 车~没有关好,请再关一下儿;차문이 제대로 닫히지 않았으니 다시 좀 닫아주세요.| 他家的入户~有两层,外面是一层防盗(dào)~,里面是一层木~;그의 집 현관문은 두 겹으로 되어있는데, 바깥문은 방범문이고 안쪽 문은 나무 문이다. ❷ (가구, 도구 따위의) 문. 여닫이.¶ 这个柜子~儿坏了,请人来修一下儿吧;이 옷장 문이 고장 났으니 사람을 불러서 고치세요.| 冰箱~儿没有关上;냉장고 문이 안 닫혔다.| 电~很危险,不要让孩子动;스위치는 매우 위험하니 아이가 만지지 않도록 해야 한다. 量 ❶ 가지. 과목. (학문ㆍ기술 따위의 항목을 세는 데 쓰이며 일반적으로 '门儿'로 말한다.)¶ 我这学期一共有六~儿课;나는 이번 학기에 모두 6과목이 있다.| 这~课很重要;이 과목은 매우 중요하다.| 他刚学了一~新技术;그는 막 새로운 기술을 배웠다. ❷ 문. (대포의 양사)¶ 这次战争我们打坏了敌人两~大炮;이번 전쟁에서 우리는 적군의 대포 두 문을 부쉈다.| 刚才我看到运来了一~高射炮;방금 나는 속사포 한 문을 운반해 오는 것을 보았다. ❸ 친척, 혼사 등을 셀 때 쓰인다.¶ 我家在北京也有两~亲戚(qīn·qi),不过好长时间没有来往了;우리 집은 베이징에 친척 두 분이 계시지만 오랫동안 왕래가 없었다.| 姐姐的这~婚事不完,妈妈总是不放心;언니의 이번 혼사가 끝나지 않아 엄마는 늘 마음을 놓지 못한다.

门口 ménkǒu (~儿) 名 입구. 현관.¶ 今天放学我在学校~等你;오늘 방과후에 내가 학교 입구에서 너를 기다릴게.| 学校~有个小饭馆,我常去那儿吃饭;학교 입구에 작은 식당이 하나

있는데, 나는 자주 그곳에 가서 먹는다.| 咱们楼~停了一辆车,你知道是谁的吗? 우리 건물 입구에 자동차가 한 대 서 있던데, 너는 누구 차인지 아니?

闷 mèn 形 답답하다. 편하지 않다. 우울하다. ¶他心里~得慌,可又不愿意找人说;그는 마음이 못 견디게 답답하지만 다른 사람을 찾아 얘기하고 싶지도 않다.| 他知道自己的成绩后,一直~~不乐的;그는 자신의 성적을 안 후로 계속 마음이 답답하고 울적하다.
☞mēn

们 men 尾 …들. (대명사나 사람을 가리키는 명사 뒤에 쓰여 복수를 표시한다.) ¶孩子~玩儿得很高兴;아이들은 아주 재미있게 논다.| 我~明天再去你~家吧;우리 내일 다시 너희 집에 가자.| 学生~正在准备今天晚上的晚会;학생들은 오늘 저녁의 연회를 준비하고 있다.
▶용법주의: ❶ 명사 앞에 수량사가 있거나 문장에 복수를 나타내는 다른 성분이 있을 때에는 뒤에 '们'을 붙이지 않는다. ¶三位老师们参加了这个晚会(×)| 三位老师参加了这个晚会;선생님 세 분이 이 저녁 모임에 참석했다. ❷ 사람이 아닌 명사에는 '们'을 사용할 수 없다. ¶教室里有很多桌子们(×)| 教室里有很多桌子;교실에 많은 책상이 있다.

梦 mèng 名 꿈. ¶我昨天夜里做了一个~;나는 어젯밤에 꿈을 꾸었다.| 刚才~里的情景就像真的一样;방금 꿈속의 상황이 마치 진짜 같다.| 祝你晚上做好~;밤에 좋은 꿈 꾸세요. 动

M

꿈을 꾸다. ¶你刚才~见谁了? 너는 방금 꿈에서 누구를 보았니?| 我刚才~到了妈妈;나는 방금 어머니 꿈을 꾸었다.

梦想 mèngxiǎng 动 갈망하다. ¶她从小就~成为一名演员;그녀는 어려서부터 배우가 되기를 갈망하였다.| 他~着到太空去旅行;그는 우주에 가서 여행하기를 갈망하고 있다.| 他~一夜之间成为百万富翁;그는 하룻밤에 백만장자가 되기를 갈망한다. 名 꿈. (마음속의 바람이나 이상을 가리킨다.) ¶她的~是一夜之间成为明星;그녀의 꿈은 하룻밤 사이에 스타가 되는 것이다.| 他多年的~一直没有实现;그의 오랜 꿈은 내내 실현되지 않았다.| 祝你~成真;당신의 꿈이 이루어지기를 바랍니다.| 每个人都有自己的~;모든 사람은 각각 자신의 꿈이 있다.

迷 mí 动 ❶ 헷갈리다. 판단력을 잃다. 갈피를 못 잡다. ¶我~路了,您能告诉我到北京大学怎么走吗? 제가 길을 잃었습니다. 베이징대학에 어떻게 가는지 알려주시겠습니까?| 他们在山里~了方向,正在等待救援(jiùyuán);그들은 산에서 방향을 잃어버려 지금 구조를 기다리고 있다.| 放心,我们~不了方向;안심해라. 우리가 방향을 잃어버릴 리 없다.| 刚来的时候我~了几次路;막 왔을 때 나는 길을 몇 번 잃었다. ❷ 빠지다. 심취하다. 탐닉하다. ¶他~上了足球;그는 축구에 빠졌다.| 我们都被那里美丽的风光~住了;우리는 모두 그곳의 아름다운 풍경에 도취되었다.| 那个姑娘长(zhǎng)得很~人,~住了很多

449

小伙子;그 아가씨는 매력적으로 생겨서 많은 청년들을 미혹시켰다.|那个~上京剧的小伙子是哪国人? 경극에 심취한 그 청년은 어느 나라 사람입니까? ❸ [尾] 애호가. 광.|他是个足球~,只要有足球他一定会去看;그는 축구광이어서 축구 경기만 있으면 반드시 보러 간다.|我们这里有很多戏~,一到周末就在花园里听戏、唱戏;우리 이곳에는 많은 연극 팬이 있어서 주말만 되면 화원 안에서 연극을 관람하고 공연한다.|妈妈是个舞~,一有时间就去跳舞;엄마는 댄스광이어서 시간만 나면 춤추러 가신다.

猕猴桃 míhóutáo [名] 다래. 키위.¶~含有丰富的维生素C;키위는 풍부한 비타민C를 함유하고 있다.|~是猕猴最爱吃的一种果实;키위는 짧은 꼬리 원숭이가 가장 좋아하는 과일이다.|中国是~的原产地;중국은 키위의 원산지이다.

米 mǐ [名] 쌀.¶他一粒~也不浪费;그는 쌀 한 톨도 낭비하지 않는다.|我今天从粮店买了些~;나는 오늘 쌀가게에서 쌀을 좀 샀다.|江南地区是中国的鱼~之乡;양쯔강 남쪽지역은 중국에서 살기 좋은 곳이다. [量] 미터.¶昨天我买了两~丝绸(chóu);나는 어제 비단 2미터를 샀다.|这间屋子长5~、宽3~;이 방은 길이가 5미터이고 너비가 3미터이다.|从宿舍到图书馆大约两百~;기숙사에서 도서관까지 약 200미터이다.

米饭 mǐfàn [名] 쌀밥.¶请再给我来一碗~;밥 한 그릇 더 주세요.|我到家的时候妈妈正在做~;내가 집에 도착했을 때 엄마는 밥을 짓고 계셨다.|我

把剩~放到冰箱里了;나는 남은 밥을 냉장고에 넣었다.|那个孩子最爱吃炒(chǎo)~;그 아이는 볶음밥을 가장 잘 먹는다.

米酒 mǐjiǔ [名] 미주. 곡주.¶~比米饭更有营养;곡주가 쌀밥보다 더 영양가가 있다.|~可以生吃,但是加水煮着吃味道更好;곡주는 그냥 먹어도 되지만 물을 넣고 끓여 먹으면 맛이 더 좋다.

秘密 mìmì [名] 비밀.¶这是我们两个人的~,不要告诉别人;이것은 우리 두 사람의 비밀이니 다른 사람에게 말하지 마라.|这个~只有他一个人知道;이 비밀은 그 혼자만 알고 있다.|每个人都有义务保守国家~;모든 사람은 국가비밀과 군사비밀을 지켜야 할 의무가 있다.|他很想去探索海洋的~;그는 해양의 비밀을 매우 탐색하고 싶어한다.|我已经打听到你的~了;나는 이미 너의 비밀을 알아보았다. [形] 비밀의.¶这些都是~文件,主要记录着一些~武器的使用情况;이것들은 모두 비밀문서로 주로 비밀무기의 사용 상황들을 기록하고 있다.|他们~地见过两次面;그들은 비밀리에 두 번 만났다.|他在那里~工作了三年;그는 그곳에서 비밀리에 3년을 일했다.

秘书长 mìshūzhǎng [名] 위원장. 사무총장. 비서장.¶他是作家协会的~;그는 작가 협회의 위원장이다.|参加会议的代表感谢会议~为大会做了大量的工作;회의에 참가한 대표는 회의위원장이 대회를 위해 많은 일을 한 것에 감사한다.|联合国~可以任期五年;UN사무총장은 5년 임기가 가능하

다.| 他当选为新一届(jiè)的~;그가 차기 위원장으로 당선되다.

密 mì 形 (사물간의 거리가) 가깝다. 조밀하다. 빽빽하다. ¶ 这个新建的小区楼群太~了;이 새로 지은 단지 건물 간격이 너무 빼곡하다.| 这里的树种得太~了,恐怕长不高;이곳의 나무는 너무 빽빽하게 심어져 크게 자라지 못할 것이다.| 他在书上~~地写满了笔记;그는 책에 빽빽하게 가득히 필기를 했다.

密码 mìmǎ 名 암호. 비밀번호. ¶ 我得(děi)给我的电脑设置一个~;나는 내 컴퓨터에 비밀번호를 설정해야 한다.| 他是破译~的高手;그는 암호 해독 전문가이다.| 我把银行卡的~忘了;나는 은행카드의 비밀번호를 잊어버렸다.

密切 mìqiè 形 (관계가) 밀접하다. 친밀하다. ¶ 我们两家的关系很~;우리 두 집안의 관계는 아주 친밀하다.| 最近他们俩来往~,是不是在谈恋爱? 최근 그들 둘의 왕래가 잦은데 연애하는 것이 아닌가요?| 大学毕业后,我们始终保持着~的关系;대학 졸업 후 우리는 시종 친밀한 관계를 유지하고 있다.| 我希望你们两个人能~合作,把工作做好;나는 너희 둘이 긴밀히 협력하여 일을 잘 하길 바란다.

蜜蜂 mìfēng 名 꿀벌. ¶ 这家农场养了很多~;이 농장은 많은 꿀벌을 기른다.| 最近院子里的玫瑰花开了,吸引了大群的~来采蜜;최근 정원에 장미꽃이 피어 꿀벌 떼들이 와서 꿀을 따도록 유인하였다.| 一只~在花丛中飞来飞去;꿀벌 한 마리가 꽃밭에서 이리저

리 날아다닌다.| ~会酿(niàng)蜜;꿀벌은 벌꿀을 만들 수 있다.

棉花 mián·hua 名 목화. ¶今年的~获得了大丰收;올해 목화는 대풍작을 거두었다.| 这个地区盛产~;이 지역은 목화를 생산한다.| 今年的~产量达到了历史最高水平;올해 목화 생산량은 역사상 최고수준에 도달했다.| 一团~从柜子里掉出来了;솜뭉치가 옷장에서 떨어졌다.

棉衣 miányī 名 무명옷. 솜옷. ¶ 冬天到了,很多人穿上了~;겨울이 오자 많은 사람들이 솜옷을 입었다.| 广州的冬天不太冷,不用穿~;광주의 겨울은 그다지 춥지 않아서 솜 옷을 입을 필요가 없다.| 妈妈正在灯下给孩子缝(féng)~;어머니는 등불 아래에서 아이의 무명 옷을 꿰매고 있다.| 他穿着~很暖和;그는 솜 옷을 입고 있어 아주 따뜻하다.

勉强 miǎnqiǎng 形 ❶ 가까스로. 억지로. ¶ 东西太多,拿不了就不要~;물건이 너무 많으니 가지고 갈 수 없으면 무리하지 마라.| 如果身体不好,不要~去上课了;만약 몸이 안 좋으면 무리하게 수업에 가지 마라.| 老张勉勉强强又工作了一年才退休;장 씨는 어려움을 참으며 일 년을 더 일한 후에 퇴직했다. ❷ 마지못하다. 어쩔 수 없다.| 他本来不愿意去,我求了他两次,他才~去了;그는 본래 가고 싶어 하지 않았는데 내가 그에게 두 번 부탁을 해서 마지못해 갔다.| 我跟他说了好几次,他才勉勉强强答应了;내가 그에게 여러 번 말하자 그는 마지못해서 승낙했다.| 他觉得这种菜很难吃,~吃了几口就不再吃了;그는 이런

음식은 매우 맛이 없다고 느껴 억지로 몇 입 먹고는 다시 먹지 않았다.
▶용법주의: '勉强'의 중첩형식은 '勉勉强强'이다.

腼腆 miǎn·tiǎn [形] 낯을 가리다. 부끄러워하다. 어색하다. ¶这个孩子很~,见到生人就往妈妈身后躲(duǒ);이 아이는 낯을 가려서 낯선 사람을 보면 엄마 뒤로 숨는다.|这是个~的学生,见到老师就脸红;이 학생은 부끄러움을 잘 타서 선생님을 보면 얼굴이 빨개진다.|孩子~地看了看我,又低下头跑开了;아이는 어색하게 나를 쳐다보고는 다시 고개를 숙이고 달아났다.

面 miàn [名] ❶(곡물의) 가루. 밀가루. ¶我今天买回来一袋白~;나는 오늘 밀가루 한 포대를 사가지고 돌아왔다.|这些~包饺子太少了,再加点儿吧;이 밀가루는 만두 싸기에 부족하니 조금 더 넣자.|~是用小麦磨(mò)出来的;밀가루는 밀을 갈은 것이다.|大夫给他开了些药~儿,让他用水冲服;의사는 그에게 가루약을 처방해주고 물에 타서 먹으라고 하였다. ❷국수. ¶今天中午吃~,不吃米饭;오늘 점심에는 국수를 먹고 밥을 안 먹을 거다.|我最喜欢吃乌冬~了;나는 우동을 가장 좋아한다.|他一顿能吃两碗牛肉~;그는 한끼에 소고기 탕면 두 그릇을 먹을 수 있다.|炸酱(zhájiàng)~是北京的一道特色主食;베이징 자장면은 베이징의 특색 있는 주식이다. [量] ❶평평한 물건을 세는데 쓰인다. ¶这个房间有四~墙;이 집은 사면이 벽이다.|一进门就能看见对面墙上挂着一~镜子;문에 들어서면 맞은편 벽에 걸려있는 거울을 볼 수 있다.|他

们每人手里都举着一~国旗;그들은 각자의 손에 모두 국기를 들고 있다.|这~鼓非常大,也非常响;이 북은 매우 큰데다 소리도 잘 난다. ❷만나는 횟수를 세는데 쓰인다. ¶我和他见过两~;나는 그와 두 번 만난 적이 있다.|我跟他一~都没见过,怎么会认识呢? 나는 그와 한 번도 만난 적이 없는데 어떻게 알 수 있겠어요?

面包 miànbāo [名] 빵. ¶每天早上我都吃两片~;매일 아침 나는 빵 두 조각을 먹는다.|妈妈正在烤(kǎo)~;엄마는 지금 빵을 굽고 있다.|每次路过那家~店都能闻到香甜的~味;매번 저 빵집을 지날 때마다 달콤한 빵 냄새를 맡을 수 있다.|那个孩子喜欢吃带馅儿(xiànr)的~;저 아이는 소가 들어있는 빵을 좋아한다.|~圈儿;도너츠.|切片儿~;토스트 식빵.

面包车 miànbāochē [名] 소형버스. 봉고차. ¶对面开来一辆~;맞은 편에서 봉고차 한 대가 온다.|那个幼儿园的校车是一辆黄色的~;그 유치원의 스쿨버스는 노란 봉고차이다.|~里坐满了人;봉고차에 좌석이 다 찼다.

面对面 miàn duì miàn [动] 면전에서. 얼굴을 맞대고. ¶他们两个人~坐着,谁也不说话;그들 둘은 마주보고 앉아서 아무 말도 하지 않는다.|我希望大家能~地提意见;나는 여러분이 일대일로 의견을 제시하길 바랍니다.

面粉 miànfěn [名] 밀가루. ¶面包、馒头都是用~做的;빵과 찐빵은 모두 밀가루로 만든 것이다.|我今天去买点儿~包饺子;나는 오늘 밀가루를 좀 사서 만두를 빚을 거다.|这种~很白

이 밀가루는 매우 하얗다.| 他把刚买回来的~搬进屋里,沾(zhān)了一手的~;그가 막 사온 밀가루를 방으로 옮기면서 손에 밀가루가 묻었다.

面积 miànjī 名 면적. ¶ 这个房间的~是12平方米;이 방의 면적은 12제곱미터이다.| 这张床很大,占去了屋子很大的~;이 침대는 커서 방의 많은 면적을 차지했다.| 这个房子的建筑~是105平方米,使用~是88平方米;이 집의 건축면적은 105제곱미터이고, 사용면적은 88제곱미터이다.

面貌 miànmào 名 ❶ 얼굴 모습. 용모. ¶ 刚才有人来找你,可我没看清他的~;방금 누가 너를 찾아왔는데, 나는 그의 얼굴을 제대로 보지 못 했다.| 那个姑娘~端正;그 아가씨는 용모가 단정하다.| 几年不见,那孩子的~有了很大改变;몇 년 못 본 사이에 그 아이의 얼굴이 많이 변했다. ❷ (비유) 면모. 상황. 양상. 상태. ¶近几年家乡的~变化很大;최근 몇 년간 고향 모습의 변화가 크다.| 最近,北京的城市~发生了很大变化;최근 베이징의 면모에 큰 변화가 생겼다.| 我们要在十年内改变交通落后的~;우리는 10년 내에 교통의 낙후 양상을 바꿀 것이다.| 这座古建筑终于恢复了历史~;이 옛 건축물은 마침내 역사적인 면모를 회복했다.| 思想~;의식 상태.| 精神~;정신 상태.| 社会~;사회 면모.

面前 miànqián 名 면전. 눈 앞. ¶ 他站在妈妈~,一句话也不说;그는 엄마 앞에 서서 한 마디도 하지 않는다.| 他的~堆满了书;그의 눈앞에 책이 가득 쌓여 있다.| 在困难~要勇敢;어려움 앞에서는 용감해야 한다.| 现在有

两条路摆在你~:或者继续读大学,或者退学结婚;지금 두 갈래 길이 네 앞에 놓여있다. 계속 대학에 다니든지 아니면 퇴학하고 결혼을 하든지.

面生 miànshēng 形 낯설다. 안면이 없다. ¶ 这个人看着~,你认识吗? 이 사람은 안면이 없어 보이는데 너는 아니?| 他当着~的人不好意思说话;그는 낯선 사람을 대하면 말하기 쑥스러워한다.| 我看你有点儿~,你也住这儿吗? 내가 보기에 약간 얼굴이 낯선데 당신도 여기 살아요?

面条儿 miàntiáor 名 국수. ¶ 我一会儿下点儿~吃;나는 조금 있다가 국수를 끓여 먹을 것이다.| 来,吃一碗~;자, 국수 한 그릇 먹어라.| 妈妈煮的~很好吃;엄마가 끓인 국수는 아주 맛있다.

描绘 miáohuì 动 그리다. 묘사하다. ¶ 这部小说~了城市居民的生活;이 소설은 도시주민의 생활을 묘사했다.| 这篇文章把景色~得很美;이 문장은 풍경을 아주 잘 묘사했다.| 我有一幅~得很精致(jīngzhì)的韩国民俗画;나는 정교하게 그려진 한국민속화 한 점을 가지고 있다.

描写 miáoxiě 动 묘사하다. ¶ 今天作文课我们学习人物~;오늘 작문시간에 우리는 인물 묘사를 배운다.| 这篇小说在~人物语言和场景方面都很成功;이 소설은 인물의 언어와 장면을 묘사한 부분이 모두 성공적이다.| 他在文章中~了中国的风俗习惯;그는 글에서 중국의 관습과 풍속을 묘사했다.| 这段生动的~给人留下了深刻的印象;이 생동감 있는 묘사는 사람들에게 깊은 인상을 남겼다.| 他对那里

的 景色做了细致的~;그는 그곳의 경치를 섬세하게 묘사하였다.

秒 miǎo 量 초. (시간을 계산하는 단위. 60秒=1분.) ¶他在百米赛跑中只用了十~;그는 백 미터 경주에서 단지 10초 걸렸다.｜他以47~60的成绩打破了男子百米自由泳比赛的记录;그는 47초 60의 성적으로 남자 100미터 자유형 경기의 기록을 깼다.｜比赛还有一分四十~就要结束了;경기는 1분 40초 후면 끝난다.｜他的手表没有~针;그의 손목시계는 초침이 없다.

藐视 miǎoshì 动 경시하다. 깔보다. 얕보다. ¶不要~不如自己的人;자기 보다 못한 사람을 깔봐서는 안 된다.｜我们应该~困难,不应该被困难吓倒;우리는 마땅히 어려움을 가볍게 봐야지 어려움에 놀라 쓰러지면 안 된다.｜你不应该对他采取~的态度;너는 응당 그에게 경시하는 태도를 취해선 안 된다.

妙 miào 形 훌륭하다. 아름답다. 절묘하다. 기발하다. ¶这个办法太~了! 이 방법은 정말 기발하다!｜你的主意~极了,我们一下子就解决问题了;당신의 생각은 정말 기발합니다. 우리는 단숨에 문제를 해결했습니다.｜情况不~,快跑! 상황이 좋지 않아. 얼른 뛰어!!｜比赛中他下了一招很~的棋;시합 중에 그는 절묘한 수를 하나 두었다.｜文章中这句话写得真~;문장 안에서 이 말은 정말 기막히게 쓰였다.

庙 miào 名 사당. 사원. 절. ¶这些和尚住在山顶的~里;이 스님들은 산 꼭대기의 절에 산다.｜这里有很多~,人们常来烧香;이곳에는 많은 사원이 있어

서 사람들은 자주 와서 향을 피운다. ｜~里供(gòng)着孔子的像;사당 안에 공자상을 모시고 있다.｜这座~已经有三百多年的历史了;이 절은 이미 삼백여 년의 역사가 있다.

灭 miè 动 ❶ 불이 꺼지다. ¶他出神地望着远方,连手里的烟~了都不知道;그는 집중해서 먼 곳을 바라보느라고 손 안의 담배가 꺼진 것도 몰랐다.｜蜡烛已经~了好几次了;촛불이 이미 여러 번 꺼졌다.｜这个楼里的灯全~了,是不是停电了? 이 건물의 등이 모두 꺼졌는데 정전되었습니까? ❷ 불을 끄다. ¶沙土可以~火;모래 흙으로 불을 끌 수 있다.｜他把蜡烛吹~了;그는 촛불을 불어서 껐다.

蔑视 mièshì 动 깔보다. 업신여기다. 멸시하다. 경멸하다. (서면어에 주로 쓰인다.) ¶当听说他是小偷时,很多人向他投去~的目光;그가 도둑이라고 들었을 때 많은 사람들이 그에게 경멸하는 눈빛을 던졌다.｜我非常~这种不文明的行为;나는 이러한 교양 없는 행위를 매우 경멸한다.｜她看那个老人时露出了~的神情;그녀는 그 노인을 볼 때 깔보는 표정을 드러냈다.｜他已经觉察出大家对他的~;그는 이미 모두가 그를 깔보는 것을 알아차렸다.｜邻居的~使他感到很生气;이웃의 멸시에 그는 화가 났다.

民间 mínjiān 名 ❶ 민간. ¶这是一首~音乐;이것은 민간음악이다.｜这是个~故事;이것은 민간고사이다.｜他的事迹在~广泛流传;그의 행적은 민간에 널리 퍼져 있다.｜他是专门研究~文学的;그는 전문적으로 민간 문학을 연구한다. ❷ 민간. (정부 당국에

속하지 않은 것을 가리킨다.)¶中韩两国要发展~贸易;중한 양국은 민간 무역을 발전시켜야 한다.|中日~交流开始得很早;중일 민간 교류는 매우 일찍 시작되었다.|总统亲自接见了一个来访的~代表团;대통령은 방문한 민간 대표단을 직접 접견했다.|中国有很多~组织;중국에는 많은 민간 조직이 있다.

民俗村 mínsúcūn 名 민속촌.¶中国现在有很多~;중국에는 현재 많은 민속촌이 있다.|深圳有一个中华~;선전에 중국민속촌이 있다.|有的~比较小,只体现当地的民俗特点;어떤 민속촌은 비교적 작아서 단지 현지의 민속 특징만 구현한다.

民众 mínzhòng 名 민중. 국민.¶政府非常重视~的要求;정부는 민중의 요구를 매우 중시한다.|~的生活是政府最关心的事情;국민의 생활은 정부가 가장 관심을 갖는 일이다.|作为国家领导,他一直很关心普通~的生活;국가 지도자로서 그는 언제나 보통 민중들의 생활에 관심을 갖는다.

民主 mínzhǔ 名 민주.¶每个人都有追求自由和~的权利;모든 사람은 자유와 민주를 추구할 권리가 있다.|我们实行的~制度很受欢迎;우리가 실행하는 민주제도는 매우 환영을 받는다.|他有~思想,一定可以做好;그는 민주사상을 가지고 있어 분명히 잘 해낼 것이다.|讲~;민주를 중시하다. 形 민주적이다.¶我们~选举出了自己的班长;우리는 민주적으로 우리 들 자신의 반장을 선출했다.|我们可以~地讨论一下这个问题;우리는 이 문제를 민주적으로 토론해 볼 수 있다.|他的作法不太~,所以同学们不喜欢他;그의 방법은 그다지 민주적이지 않아서 학우들은 그를 좋아하지 않는다.|我们要求公司的管理要~;우리는 회사측에 민주적 경영을 요구한다.

民主党 Mínzhǔdǎng 名 민주당.¶韩国~成立于1991年;한국의 민주당은 1991년에 창당했다.|美国的~是两大政党之一;미국의 민주당은 양대 정당 중 하나이다.

民主化 mínzhǔhuà 名 민주화.¶一个国家的~进程一定要符合自己国家的实际情况,不能盲目地学习别的国家;한 나라의 민주화 진행과정은 반드시 자기나라의 상황에 부합되게 해야지, 맹목적으로 다른 나라를 학습해서는 안 된다.|上世纪70年代到90年代,~运动是一项全球性的运动;지난 세기 1970년대에서 1990년대까지의, 민주화 운동은 전세계적인 운동이었다.

民主主义 mínzhǔzhǔyì 名 민주주의.¶~就是人民对国事有自由发表意见的权力的主义;민주주의는 국민이 국가 일에 자유롭게 의견을 발표하는 권한이 있는 체제이다.|他是一位著名的~作家;그는 저명한 민주주의 작가이다.|《斯巴达克思》是一部著名的~著作;《스파르타쿠스》는 유명한 민주주의 저서이다.

民族 mínzú 名 민족.¶中国有五十六个~;중국은 56개 민족이 있다.|韩国是一个~比较单一的国家;한국은 민족이 비교적 단일한 국가이다.|他想去少数~地区去旅游;그는 소수민족 지역에 가서 여행하고 싶어한다.|这

个~的风俗习惯很有意思;이 민족의 풍속은 매우 흥미롭다.

名 míng [名] (~儿) 이름. 명칭. ¶你不用叫我经理,叫我~儿就行了;당신은 나를 사장이라고 부르지 말고 이름을 부르면 됩니다. | 我们两个同~;우리 둘은 이름이 같다. | 作者正在给大家签~;작자가 모두에게 사인을 해주고 있다. | 这本书的书~是什么? 이 책의 이름은 무엇입니까? | 这本书里介绍了这个国家所有的城市~和主要城市中的主要街道~;이 책에는 이 나라의 모든 도시명칭과 주요도시의 주요도로명칭을 소개하였다. [动] 이름을 …라고 하다. ¶他姓刘~琦;그의 성은 류이고 이름은 기이다. | 孔子姓孔~丘;공자는 성이 공이고 이름은 구이다. | 我想知道帮助我的这个好心人姓甚~谁,可是他什么也没说就走了;나는 나를 도와준 이 마음씨 좋은 사람의 성과 이름을 알고 싶었지만 그는 아무 말도 하지 않고 가버렸다. [定] 名人,名画,名(著)용법주의:名胜의 名은 유명하다는 뜻이며, 아래의 용법에서도 마찬가지이다. ¶名人; 유명인 | 名著; 명저. | 名曲; 유명한 곡 | 名门; 명문가 [量] ❶ 사람을 세는 단위. ¶这个学校有两千多~教师;이 학교에는 2천명이 넘는 교사가 있다. | 我们学校有两万多~学生;우리 학교에는 2만 명이 넘는 학생이 있다. | 二十~学生参加了这个节目;20명의 학생들이 이 프로그램에 참가했다. ❷ 석차나 서열을 세는 단위. ¶这次考试他考了第一~;이번 시험에서 그가 1등을 했다. | 得(dé)了前三~的人有奖品;3등까지는 상품이 있다. | 谁也不

希望得(dé)最后一~;누구라도 꼴찌하기를 원하지 않는다.

名声 míngshēng [名] 평판. 명성. ¶这个学校的~一直很好;이 학교의 평판은 줄곧 좋다. | 这种做法损害了公司的~;이러한 방법은 회사의 명성을 훼손시켰다. | 每个人都希望有个好~;모든 사람은 좋은 명성이 있기를 희망한다. | 他最怕落下坏~;그는 평판이 나빠질까 제일 염려된다.

名胜 míngshèng [名] 명소. 명승지. ¶中国有很多~古迹;중국에는 많은 명승고적이 있다. | 这座山风景优美,可以算得上一处~;이 산의 풍경은 특히 아름다워 하나의 명소라고 할 수 있다. | 导游介绍了这处~的特点;가이드는 이곳 명승지의 특색을 소개했다. | 政府决定保护~文物;정부는 명승지의 문화재를 보호하기로 결정했다.

名誉 míngyù [名] 명성. 명예. ¶他很爱惜自己的~;그는 자신의 명예를 소중하게 생각한다. | 如果真的是处理错了,你们就要为她恢复~;만약 정말 잘못 처리했다면 여러분은 그녀에게 명예를 회복해줘야 합니다. | 他终于得(dé)到了自己应得(dé)的~和地位;그는 마침내 자신이 응당 받아야 할 명성과 지위를 얻었다. | 这家人的~不好;이 가족의 평판은 좋지 않다. | 他从不追求个人的~和地位;그는 이제껏 개인의 명성과 지위를 추구하지 않았다. [形] 명예의. 명예상의. (주로 명의를 주는 것을 가리키며, 존중의 뜻을 담고 있다. 주로 목적어에 쓰이는 명사를 수식한다.) ¶他被聘为我们学校的~校长;그는 우리 학교의 명예총장으로 초빙되었다. | 北京大学

授予(shòuyǔ)刚果总统~教授称号;베이징대학은 콩고 대통령에게 명예교수 칭호를 수여했다.|他先后获得了15个国家的~博士学位;그는 잇달아 15개 국가의 명예 박사학위를 얻었다.

名字 míng·zi 名 이름. 성명. ¶他的~叫金多炫;그의 이름은 김다현이다.|我忘记了那本书的~了;나는 그 책 이름을 잊어버렸다.|你叫什么~?당신의 이름은 무엇입니까?|他给孩子取了一个好听的~;그는 아이에게 듣기 좋은 이름을 지어주었다.|~只是一个人或一个事物的代号;이름은 단지 사람이나 사물을 대신하는 부호일 뿐이다.

明白 míng·bai 动 알다. 이해하다. ¶你解释了我才~;네가 설명해주니 내가 비로소 알겠다.|我真不~他为什么会退学;나는 그가 왜 학교를 그만두는지 정말 이해를 못 하겠다.|大家都~这个词的意思;모두가 이 단어의 뜻을 안다.|他始终没~过来小丽为什么生气;그는 샤오리가 왜 화가 났는지 끝내 이해하지 못 했다.|他很想再见她一回,只为弄~她那天为什么哭了;그는 단지 그녀가 그날 왜 울었는지 알기 위해 그녀를 다시 한번 만나고 싶어한다. 形 ❶ 분명하다. 명확하다. ¶小张喜欢她,她心里很~;장군이 그녀를 좋아하는 것을 그녀는 잘 알고 있다.|道理很~,我不想多说了;이치가 분명하니 나는 더 말하고 싶지 않다.|我很~地告诉他我明天不去了;나는 분명히 그에게 내일 안 간다고 알렸다.|现在事情明明白白的,根本不用多说了;지금 일이 분명해졌으니 전혀 더 말할 필요가 없다.|这篇文章的内容我们终于弄~了;이 문장의 내용을 우리는 마침내 이해했다.|老师刚才讲得明明白白的,可他还是听不懂;선생님이 방금 분명하게 설명했지만 그러나 그는 여전히 이해하지 못 한다. ❷ 총명하다. 현명하다. ¶他是个~人,不用多说他就知道;그는 총명해서 많이 말하지 않아도 바로 안다. ❸ (내용, 의미 등이) 공공연한. 공개적인. 숨김없는. ¶请你把话说~;숨김 없이 말해주세요.|如果有意见,请~提出来;만약 의견이 있으면 솔직하게 말하세요.|这件事要么不说,要说就要说得明明白白;이 일을 말하지 말거나, 말하려거든 숨김없이 말해야 한다.|话说~了才不会产生误会;솔직히 말해야만 비로소 오해가 생기지 않는다.

▶용법주의: 형용사일 때는 '明明白白'로 중첩하고, 동사일 때는 '明白明白'로 중첩한다.

明朗 mínglǎng 形 ❶ 밝다. 환하다. (주로 실외를 가리킨다) ¶看着窗外~的天空,他真想到外面去呼吸一下新鲜的空气;창 밖의 맑은 하늘은 보고 있노라니 그는 정말이지 밖에 나가 신선한 공기를 마시고 싶었다.|今晚的月色格外~;오늘 밤 달빛은 유난히 밝다. ❷ 분명하다. 뚜렷하다. ¶各小组出线的形势已经越来越~;각 팀의 진출 상황이 이미 점점 분명해지고 있다.|到目前为止,总统大选的形势仍不~;현재까지 대통령 선거 상황이 여전히 불분명하다. ❸ 명랑하다. 쾌활하다. 시원스럽다. 솔직하다. ¶这首乐曲洋溢(yángyì)着热情、美

好、~的情感;이 악곡은 열정과 아름다움, 명랑함이 넘쳐 흐른다.|他的作品大多具有一种乐观主义,一种既悲壮又~的色彩;그의 작품 대부분은 일종의 낙관주의와 일종의 비장하면서도 시원스런 색채가 충만하다.

明亮 míngliàng 形 ❶ 밝다. 환하다. ¶ 这间教室的灯比那间的~多了;이 교실의 등이 저쪽 교실보다 훨씬 밝다. | 他俩坐在~的月光下,不想离去;그들 둘은 밝은 달빛 아래에 앉아서 떠나고 싶지 않았다. | 一走进~的办公室,他的心情就好多了;환한 사무실에 들어서자 그는 기분이 한결 좋아졌다. ❷ 빛나다. 반짝거리다. ¶ 她的眼睛又大又~;그녀의 눈은 크고 빛난다. | 卫生间里有一面~的大镜子;화장실에는 반짝거리는 큰 거울이 있다. | 天边有一颗~的星星;하늘에 빛나는 별이 하나 있다. ❸ 명백하다. 분명하다. ¶ 听了老师的解释后,他心里~多了;선생님의 설명을 들은 후에 그의 마음이 훨씬 분명해졌다.

明年 míngnián 名 내년. ¶ 我打算~夏天出国;나는 내년 여름에 출국하려고 한다. | 今年是2011年,~是2012年;올해는 2011년이고 내년은 2012년이다. | 他想用~一年的时间学习汉语;그는 내년 일년 동안 중국어를 공부하려고 한다.

明确 míngquè 形 명확하다. ¶ 老师的意思很~,你应该在那个教室上课;네가 그 교실에서 수업해야 한다는 선생님의 뜻은 명확하다. | 他~表示不同意这样安排;그는 이러한 안배에 동의하지 않음을 명확히 표시했다. | 这句话说得不太~,同学们看不懂;이 말은 명확하지가 않아서 학생들은 보고도 이해하지 못 한다. 动 명확하게 하다. ¶ 今天开会就是想~一下每个人的分工;오늘 회의는 역할 분담을 명확하게 하는 것이다. | 那天经理已经~了我们这个月的销售(xiāoshòu)目标;그날 사장은 이미 우리의 이번 달 매출 목표를 명확히 했다. | 今天上课老师~了我们这学期的学习计划;오늘 수업에서 선생님은 우리의 이번 학기 학습계획을 명확히 했다.

明天 míngtiān 名 ❶ 내일. ¶ 今天是星期六,~是星期天;오늘은 토요일이고, 내일은 일요일이다. | ~你有什么打算?내일 무슨 계획이 있니?| 我们~去公园吧;우리 내일 공원에 가자. ❷ 가까운 장래. 앞날. ¶ 我们应该为了美好的~而努力;우리는 아름다운 내일을 위하여 노력해야만 한다. | 孩子们的~会更加幸福;아이들의 앞날은 더욱 행복할 것이다.

明显 míngxiǎn 形 뚜렷하다. 분명하다. 확실하다. ¶ 他的汉语水平已经~提高了;그의 중국어 실력은 이미 눈에 띄게 향상되었다. | 这几年,我们的生活发生了~的变化;요 몇 년 우리의 생활은 확실한 변화가 생겼다. | 这么~的道理,还用多说吗? 이렇게 분명한 이치를 더 말할 필요가 있습니까? | 如果不把他的家人安排好,他就会离开这里,这是很~的事情;만약 그의 가족을 제대로 배정하지 않으면 그가 이곳을 떠나리라는 것은 분명한 사실입니다. | 这件衣服有点儿脏,不过不太~;이 옷은 조금 더럽지만 그러나 그다지 눈에 띄지는 않는다.

明星 míngxīng 名 인기 있는 배우나 운

동선수. 스타.¶她是韩国早期的电影~;그녀는 한국 초기의 영화배우이다.¦他喜欢足球~,不喜欢影视~;그는 축구스타를 좋아하고, 드라마 스타는 좋아하지 않는다.¦成为~后,他还和以前一样生活;스타가 되고 나서 그는 여전히 예전과 같이 생활한다.¦她总是摆出~的架子,让人看了不舒服;그녀는 항상 스타 티를 내서 보는 사람을 불편하게 한다.

铭记 míngjì 动 명심하다. 마음에 깊이 새기다.¶十年前老师教导我的话,我至今~在心;십 년 전에 선생님께서 나에게 가르쳤던 말씀을 나는 지금까지도 마음에 새기고 있다.¦历史的教训必须~;역사의 교훈은 반드시 명심해야 한다.¦我们将永远~他为祖国所作的贡献;우리는 그의 조국에 대한 공헌을 영원히 잊지 않을것이다.

命 mìng 名 ❶ 생명.¶救~啊! 有人落水了! 사람 살려! 사람이 물에 빠졌어요!¦医生救了孩子一条~;의사가 아이의 생명을 구했다.¦他去年出车祸(huò)丧(sàng)了~;그는 작년에 교통사고가 나서 목숨을 잃었다.¦保~要紧,~都快没了,还要钱有什么用? 목숨을 부지하는 것이 중요하지, 다 죽게 생겼는데 돈이 무슨 소용 있냐? ❷ 운명.¶这孩子的~真苦啊, 从小就没有父母;이 아이의 운명이 정말 기구하구나. 어릴 적에 부모를 잃다니.¦你信~吗? 너는 운명을 믿니?¦我给你算算~吧;내가 너에게 점을 봐 줄게. ❸ 명령. (대체로 동사와 같이 쓰이고 단독으로 사용하지 않는다.)¶我们奉(fèng)~给您送来了两袋大米; 우리는 명령을 받들어 당신에게 쌀

두 포대를 가져왔습니다.¦部队在原地待~;부대는 원래 자리에서 명령을 기다리고 있다. 动 명령하다. (뒤에 반드시 목적어가 와야 하며, 대체로 서면어에 많이 쓰인다.)¶公司~你立即去上海;회사는 당신에게 즉시 상해로 가라고 지시했다.¦首长~他立即回部队;지휘관이 그에게 즉시 부대로 복귀하라고 명령했다.

命令 mìnglìng 动 ❶ 명령하다.¶你不是领导,没有权力~别人;너는 지도자가 아니니 다른 사람에게 명령할 권리가 없다.¦首长~部队立即出发;지휘관은 부대에게 즉시 출발하라고 명령했다. ❷ (상사가 하사에게) 지시하다.¶校长~我通知大家一定要在月底前完成任务;교장은 모두 반드시 월말 전까지 임무를 완성해야 한다고 나에게 통지하라고 지시했다.¦上级~各学校上交教学计划;상급 기관은 각 학교에 강의 계획을 제출하라고 지시했다.¦公司~他今天务必赶往广州;회사는 그에게 오늘 반드시 광저우에 가라고 지시했다.¦上级~我们天黑前赶到集合地点;상사는 우리들에게 날이 어두워지기 전에 서둘러 집합장소에 도착하라고 지시했다.¦他就爱~别人干这干那;그는 다른 사람에게 이것저것 시키는 것을 좋아한다. 名 상급자가 하급자에게 하는 지시나 명령.¶我们接到~今天八点以前赶到北京;우리는 오늘 8시 전까지 베이징에 도착하라는 지시를 받았다.¦他们正在等待上级的~;그들은 지금 명령을 기다리고 있다.¦军人应该服从~;군인은 명령에 복종해야 한다.

▶용법주의: ❶ '命令'과 '命'은 동사

로 쓰일 때 의미가 같다. 그러나 '命' 뒤에는 반드시 사람이 어떤 일을 하고 있는 상황이 나와야 한다. '命令' 뒤에는 사람이 오기도 하고 일이 오기도 하며, 또 이 두 가지 모두가 오기도 한다. ¶你没有权利命我(×)│他正在命转移到安全地带(×)│你没有权力命令我│너는 나에게 명령할 권리가 없다.│他正在命令大家转移到安全地带;그는 모두에게 안전지대로 이동하라고 명령하고 있다. ❷ '命'이 동사로 쓰일 때는 문장에서 주요 술어동사로만 쓰인다. 만약 주요 술어동사가 아니라면 '命'을 사용할 수 없고, '命令'을 사용해야 한다. ¶他总爱命别人干这干那(×)│他总爱命令别人干这干那;그는 다른 사람에게 이것저것 시키는 것을 좋아한다.

命运 mìngyùn [名] 운명. ¶他总想改变自己的悲惨(bēicǎn)~;그는 늘 자신의 비참한 운명을 바꾸고 싶어한다.│他不相信~;그는 운명을 믿지 않는다.│大家都很关心电视剧中主人公的~;모두들 드라마 속 주인공의 운명에 관심이 있다.│这个机会使她的~发生了很大的变化;이 기회는 그녀의 운명에 큰 변화를 가져왔다.│我们应该把握自己的~;우리는 마땅히 자신의 운명을 장악해야 한다.

摸 mō [动] ❶ (손으로) 만지다. 쓰다듬다. 짚어 보다. ¶他轻轻地~着那个花瓶;그는 가볍게 그 꽃병을 만지고 있다.│你~~孩子是不是在发烧;아이가 열이 나는지 네가 만져보아라.│妈妈~了~孩子的头, 觉得他有点儿发烧;엄마가 아이의 머리를 만져 보고, 열이 좀 있다고 느꼈다. ❷ (손으로) 더듬어 꺼내다. 집어내다. ¶他从书包里~出电子词典;그는 책가방에서 전자사전을 꺼냈다.│你~~衣服口袋里有没有钱;네가 옷 주머니 안에 돈이 있는지 더듬어 봐라.│他把手伸到包里~了半天, 终于~着(zháo)了那支笔;그는 손을 가방 속에 넣고 한참 동안 더듬거리더니, 결국 그 연필을 꺼냈다. ❸ (시험 삼아) 알아보다. 모색하다. 탐색하다. ¶这孩子的脾气我早就~透了;이 아이의 성깔은 일찍이 알아봤다.│他这些年一直研究, 终于~出一套经验来;그는 요 몇 년 줄곧 연구하여, 마침내 경험을 모색해 내었다.│你已经~到他的想法了吗?당신은 벌써 그의 생각을 알아챘습니까? ❹ (어둠 속이나 모르는 길을) 더듬어 가다. 더듬다. ¶今天晚上我们只好~黑前进了;오늘 저녁 우리는 어쩔 수 없이 어둠을 헤치고 전진해야 한다.│这几年没回家, 这次回来都~不着(zháo)回家的道儿了;요 몇 년간 집에 오지 않아, 이번에 돌아올 때는 집으로 가는 길조차 찾을 수 없었다.

模仿 mófǎng [动] 모방하다. 흉내를 내다. 본뜨다. 본받다. ¶孩子往往会~家长的言行;아이는 종종 가장의 언행을 모방한다.│他~鸟的叫声~得很像;그가 새 소리를 흉내 내는 것이 정말 비슷하다.│你快教教我们, 也让我们~~;우리도 흉내 낼 수 있도록 어서 가르쳐주세요.│大家都觉得这个动作太难了, ~不了;모두들 이 동작이 너무 어려워서 따라 할 수 없다.│他很善于~, 学什么像什么;그는 모방을 정말 잘하여, 배우는 대로 똑같이 흉내낸다.

模特儿 mótèr [名] ❶ 모델. (예술가나 작가 등이 표현의 대상으로 삼는 원래의 모형 또는 영감의 원천이 되는 사물이나 사람을 가리킨다.) ¶他曾经在这家美术学院做人体~;그는 일찍이 이 미술학원에서 인체 모델을 한 적이 있다.|这个~的造型(xíng)很奇特;이 모델의 조형은 매우 기이하다.|这个小说是以他为~写成的;이 소설은 그를 모델로 삼아 쓴 것이다. ❷ 모델. 마네킹. ¶她是世界著名的时装~;그녀는 세계에서 유명한 패션모델이다.|要想成为~,身高至少要达到175厘米;모델이 되려면 신장이 적어도 175센티미터는 되어야 한다.|那家商店门口摆了十个~,每个~身上的衣服样式都不同;그 상점입구에는 10개의 마네킹이 진열돼 있는데, 각 마네킹들이 입고 있는 옷 스타일이 전부 다르다.|我喜欢左边那个~身上的衣服,请给我拿来看看,好吗? 왼쪽 저 마네킹이 입고 있는 옷이 마음에 들어요. (저에게) 좀 보여주실 수 있으십니까?

模型 móxíng [名] ❶ 모형. 견본. ¶这个飞机~做得很精致;이 비행기모형은 매우 정교하게 만들었다.|公司已经做好了那座大楼的~;회사는 이미 그 빌딩모형을 제작하였다.|有的~比实际物品大,也有的~比实际物品小;어떤 모형은 실제물건보다 크고, 어떤 모형은 실제 물건 보다 작다. ❷ 거푸집. 주형(鑄型). '模子'라고도 부른다. ¶你看到的糕点都是用这些~做的;너가 본 케이크는 모두 이 틀을 이용해 만든 것이다.|他想自己再做一些~,丰富产品;그는 직접 모형들을 다시 만들어 제품을 다양하게 하고 싶어한다.|把泥放入这些~中可以做出各种小动物;진흙을 이 모형 틀 안에 넣으면 다양한 작은 동물을 만들어 낼 수 있다.

磨 mó [动] ❶ 마찰하다. 비비다. ¶他的裤角全都~破了;그의 바짓단은 모두 닳아서 헤졌다.|刚才拉绳(shéng)子的时候我的手都~红了;방금 밧줄을 당겼을 때 내 손이 빨개졌다.|走的路太多了,他的脚上~了两个泡;너무 많이 걸어서, 그의 발에 물집이 두 개 생겼다.|他想把这根绳子~断,可~了半天也~不断;그는 이 밧줄을 비벼 끊고 싶었지만, 한참 동안 비벼도 끊을 수 없었다. ❷ 갈다. 광을 내다. 문지르다. ¶帮我~~这把剪刀;이 가위를 갈아주세요.|他已经把那只生锈(xiù)的长钉~亮了;그는 이미 그 녹슨 긴 못을 문질러 광을 냈다.|他正在~墨准备写字;그는 먹을 갈아 글을 쓸 준비를 하고 있다.|他把~好的玻璃送来了;그는 광을 낸 유리를 보내왔다. ❸ 치근거리다. 괴롭히다. 고통스럽게 하다. ¶他~着妈妈带他去游乐园;그는 놀이 공원에 데리고 가달라고 엄마에게 떼를 쓰고 있다.|这个孩子太~人了;이 아이는 정말 성가시게 군다.|你再去跟老师~~,也许他就同意跟我们一起去了;네가 다시 선생님께 가서 떼를 쓰면, 아마 우리와 함께 가는 것을 동의하실 것이다. ❹ 시간을 낭비하다. 소모하다. 지연시키다. ¶你怎么这么~? 都已经过去一个小时了还没出门;너는 왜 이렇게 꾸물거리니? 벌써 한 시간이나 지났는데 아직도 나오지 않고.|这不是

在上班,简直就是在~时间;이건 출근하는 것이 아니라 솔직히 시간을 낭비하는 것이다.|快抓紧时间复习,别把时间都~过去了;시간을 아껴 복습해라. 시간 낭비하지 말고.

末 mò 名 ❶ 끝 (부분). 끝머리.¶1998年~,他离开了家乡;1998년 말, 그는 고향을 떠났다.|我昨天是坐~班车回家的;나는 어제 막차를 타고 집에 돌아왔다.|我们一起过周~吧;우리 같이 주말을 보내자.|每个月的月~他们发工资;매달 월말에 그들은 월급을 지불한다.|每到春~、秋~他们都会出去旅游;매년 늦봄과 늦가을이 되면 그들은 여행을 간다. ❷ (~儿)가루. 분말.¶别把茶叶~扔掉;찻잎 가루를 버리지 말아라.|他们家买了一些煤~;그들 집은 석탄가루를 샀다.

陌生 mòshēng 形 익숙지 않다. 낯설다. 생소하다.¶他对这个地方很~;그에게 이곳은 낯선곳이다.|我家昨天来了一个~人;어제 우리 집에 낯선 사람이 한 명 왔다.|到了~的地方只能多问;낯선 곳에 가면 많이 물어보는 수밖에 없다.|我刚来到异国他乡,感觉一切都那么~;내가 낯선 외국에 막 왔을 때 모든 것이 정말 생소했다.

墨水儿 mòshuǐr 名 ❶ 잉크.¶我的钢笔没~了,写不出字来;내 펜에 잉크가 없어서, 글씨를 쓸 수가 없다.|别忘了给钢笔再灌点~;펜에 잉크를 채우는 것을 잊지 마라.|我的钢笔灌的是蓝黑~,你的钢笔灌(guàn)的是黑~;내 펜에 넣은 것은 짙은 남색 잉크이고, 너의 펜에 넣은 것은 검은색 잉크이다.|他的书上不小心滴了一滴~;

실수로 그의 책 위에 잉크가 약간 떨어졌다. ❷ 학문. 문화 수준. 글 공부. 지식.¶他肚子里还真有点~;그는 글 공부를 약간 했다.|我那点儿~哪能跟你比? 你已经博士毕业了,我才是本科毕业;내 지식을 어디 너랑 비교할 수 있겠니? 너는 이미 박사를 졸업했고, 나는 겨우 학부 졸업생이다.|他白喝了十几年~,最后也没有找到合适的工作;그는 끝까지 적당한 일자리를 찾지 못해 십 여 년간 헛 공부한 셈이다.

某 mǒu 代 ❶ 어느. 모. 아무개. (확실하지 않은 사람이나 사물을 가리킨다.)¶写信时最后要写上~年~月~日;편지를 쓸 때 제일 마지막에는 몇 년 몇 월 몇 일을 써야 한다.|写信开头时一般要写"亲爱的~~";편지 첫머리에는 일반적으로 '친애하는 ~~'라고 써야 한다.|对一些不太确定的答案,考试时可以先画个问号;시험을 볼 때 확실하지 않은 답에 대해서 먼저 물음표를 표시해놔도 된다. ❷ 어느. 아무. 모. (특정한 사람이나 사물을 가리킨다. 단 특정한 사람이나 사물에 대해 화자는 이미 알고 있지만 말하고 싶지 않거나 말할 필요가 없을 때 사용한다.)¶这个地区去年~月曾(céng)发生过一次大地震;이 지역은 작년 모월에 대지진이 발생한 적이 있다.|这个陈~去年损坏公司物品被开除了;진 모씨는 작년에 회사물건을 훼손시켜 해고당했다.|由于~种原因,总统推迟了对中国的访问;어떤 이유로 대통령은 중국 방문을 연기했다. ❸ 모. 아무개. (본인을 가리킬 때 사용한다. 자신의 성씨 뒤에 두어

다른 사람과 얘기할 때 많이 사용한다.)¶我李~人从来不求人;나 이 모씨는 여태껏 남에게 부탁해 본적이 없다.|我张~人从来不看重金钱;나 장모씨는 지금까지 돈을 중시하지 않았다. ❹ 모. 아무개. (다른 사람의 이름을 대신할 때 사용한다. 무례한 어감을 지닌다.)¶请告诉刘~,我不会对他客气;류 모씨에게 알려주세요. 내가 가만 있지 않을 거라고.|他张~做事怎么能这么过分(fèn)呢? 그 장모씨는 일 처리를 어떻게 그렇게 지나치게 할 수 있니?

某个 mǒu·ge 代 ❶ 어떤. 어느.¶如果~晚上孩子没有回家,你一定要赶快去找;만약 어느 날 밤 아이가 집에 돌아오지 않는다면, 당신은 반드시 서둘러 찾아야 한다.|他会因为~朋友的事情而不顾自己的身体;그는 어떤 한 친구의 일 때문에 자신의 몸을 돌보지 않을 것이다.|在实验中如果~环节出现问题,结果就会出错;실험 중에 만약 어느 한 부분에 문제가 생기면 결과가 잘못될 것이다. ❷ 어느. 어떤. 한. (특정한 한 사람 또는 사물을 가리킨다.)¶他的~朋友出了车祸;그의 한 친구가 교통사고가 났다.|听说他在~公司当总经理;듣자 하니 그는 어느 한 회사에서 사장을 맡고 있다고 한다.

模样 mú·yàng 名 ❶ (~儿)사람의 용모. 옷차림. 모습.¶他的~跟他爸爸一样;그의 용모는 그의 아버지와 같다.|他已经不记得奶奶的~了;그는 이미 할머니의 모습을 기억하지 못한다.|你今天怎么打扮成这样一副怪~?오늘 너는 왜 이렇게 이상한 모습으로 치장을 했니?|这孩子的~真漂亮;이 아이의 모습은 정말 예쁘다.|他们是双胞胎,~长得却不同;그들은 쌍둥이이지만 생김새는 오히려 다르다. ❷ 쯤. 대략. 대강. (대략적인 상황을 나타내며 시간이나 나이에 많이 사용된다.)¶这个人大约三十岁的~;이 사람은 대략 30살쯤 되어 보인다.|他进去了大约一个小时的~才出来;그는 들어간 지 약 1시간쯤 되어서야 나왔다.

母 mǔ 名 ❶ 모친. 어머니.¶她们~女二人相依为命;그들 모녀 두 사람은 서로 의지하며 살아간다.|我家中还有老~等着我回去呢;집에 노모께서 내가 돌아오길 기다리고 계십니다. ❷ 동물의 암컷.¶他家养了一只~鸡;그의 집은 암닭 한 마리를 기른다.|那只~牛要生小牛了;그 암소는 곧 송아지를 낳으려 한다.

母亲 mǔqīn 名 모친. 어머니.¶她是我的~;그녀는 나의 어머니이시다.|这两位是小刘的父亲和~;이 두 분은 류군의 아버지와 어머니이시다.|~一直在医院工作;어머니는 줄곧 병원에서 일하셨다.|祖国就是我们伟大的~;조국은 바로 우리의 위대한 어머니이다.

母语 mǔyǔ 名 ❶ 모국어. (사람이 제일 처음 배우는 언어. 일반적으로 본 민족의 표준어 또는 방언)¶我的~是汉语;나의 모국어는 중국어이다.|~是英语的学生学习汉语时声调掌握起来比较难;영어를 모국어로 하는 학생들이 중국어를 배울 때 성조를 지키기가 비교적 어렵다.

亩 mǔ 量 묘. 토지 면적의 단위. 亩=

6.667아르.¶他家共有四~地,全都种(zhòng)了水稻;그의 집은 모두 4묘의 땅이 있는데, 모두 벼를 심었다.|他家承(chéng)包了一百多~果园;그의 집은 백여 묘가 넘는 과수원을 청부 맡았다.|今年小麦~产达到800斤;올해 1묘당 밀 생산량은 800근에 달했다.

牡丹 mǔ·dān 名 모란.¶我最喜欢绿~,但是这种花很少见;나는 녹색 모란을 가장 좋아하지만 이런 꽃은 보기 드물다.|洛阳的~节很有名,人们都说"洛阳~甲天下";낙양의 모란절은 매우 유명하여 사람들은 모두 '낙양의 모란이 천하 제일이다.'라고 말한다.

牡蛎 mǔlì 名 굴. 석화.¶他很爱吃~;그는 굴을 아주 좋아한다.|~可以提炼蚝(háo)油;굴은 굴소스를 추출할 수 있다.|妈妈做的~汤很好喝;엄마가 만든 굴 탕은 매우 맛있다.

木 mù 名 ❶ 나무.(일반적으로 단독으로 사용하지 않고 고정 어휘에 많이 사용한다.)¶果~;과수.|草~;초목.|树~;수목.|林~;수풀림.|我们应该爱护一草一~;우리는 풀 한 포기 나무 한 그루도 소중히 여겨야 한다.|林场现在禁止伐(fá)~;삼림농장은 현재 벌목을 금지한다. ❷ 나무로 제조한 것을 말한다.¶那里有一只~船;저기에 나무배가 한 척 있다.|房间里只有~桌子、~椅子、~床等;방 안에는 단지 나무 책상, 나무 의자, 나무 침대 등만이 있다.|那些~头是用来做窗户的;그 나무는 창문을 만드는데 사용한다. 形 마비되다.¶他的双手都冻~了;그의 양손은 모두 얼어 마비되었다.|休息一会儿吧,我的

脑子都~了;좀 쉬자. 머리마저 무감각하게 됐다.|听了这个不幸的消息,他~~地站在那里,不知道该怎么办才好;이 불행한 소식을 듣고, 그는 마비된 듯이 그곳에서 서서 어떻게 해야 좋을지를 몰랐다.

▶용법주의: ❶ 나무를 나타내는 '木'는 단독으로 사용할 수 없다. 일반적으로 구어체에서는 '树'를 사용한다.¶那个公园有一棵古老的大木(×)|校园里有很多木到秋天叶子就会变红(×)|那个公园有一棵古老的大树;그 공원에는 오래된 큰 나무가 있다.|校园里有很多树到秋天叶子就会变红;교정 안의 많은 나무들은 가을이 되면 잎이 빨갛게 물들 것이다. ❷ '木'는 '나무로 제작한'이라는 뜻을 나타낼 때, 단어 사이에 '的'를 넣을 수 없다.¶他的屋里有一张木的床(×)|他的屋里有一张木床;그의 집에는 목제 침대가 하나 있다.

木槿花 mùjǐnhuā 名 무궁화.¶~是韩国的国花;무궁화는 한국의 국화이다.|~全身都是宝;무궁화는 전체가 모두 진귀하다.|~拌面或拌饭都很好吃;무궁화 비빔국수나 비빔밥은 모두 아주 맛있다.

▶용법주의: 한국에서 사용하는 무궁화는 한자로 '无穷花'이다.

木头 mù·tou 名 ❶ 목재. 나무 재목. (일반적으로 구어에서 자주 쓰인다.)¶我喜欢~做的家具;나는 목재로 만들어진 가구를 좋아한다.|这个公寓(yù)里所有的家具都是~的;이 아파트 안의 모든 가구는 목재로 만들어졌다.|那边有一座~房子;저쪽에 목조 가옥이 있다. ❷ 사람이 어리석고 융통성이 없는 것을 비유한다.¶你

真是一块~,把话说这么明白还不懂;너 정말 우둔하다. 이렇게 분명하게 말했는데도 아직도 이해 못 하다니?|他的脑袋像是~的,转不过弯来;그의 두뇌는 마치 나무 토막같이 회전이 안 된다.

目标 mùbiāo 名 ❶ 목표물. 표적. 대상. ¶打枪要看准~;총을 쏠 때는 목표물을 정확히 봐야 한다.|在你左前方二十米处,发现了~;너의 왼쪽 전방 20m지점에서 목표물을 발견했다.|公安人员一直寻找的~终于出现了;경찰들이 계속 찾고 있던 대상이 드디어 나타났다.|快盯(dīng)住那个~;어서 저 표적을 주시해라. ❷ 목표. ¶我今年的~是学会一百句汉语;나의 올해 목표는 중국어 100문장을 습득하는 것이다.|我们俩的~一致,都要通过HSK 六级;우리 둘의 목표는 모두 HSK 6급을 통과하는 것이다.|他现在没有一个明确的~,所以学习没有动力;그는 지금 정확한 목표가 없어서 공부하는데 원동력이 없다.

目的 mùdì 名 목적. ¶我这次来北京的~是学习汉语;내가 이번에 북경에 온 목적은 중국어를 공부하기 위해서다.|我们终于到达~地了;우리는 드디어 목적지에 도착했다.|他说这句话的~很明朗;그가 이 말을 하는 목적은 매우 분명하다.|这次会议的唯一~就是解决大家生活中遇到的问题;이번 회의의 유일한 목적은 모든 사람들이 생활에서 부딪치는 문제를 해결하는 것이다.

目光 mùguāng 名 ❶ 시선. ¶大家的~都投向发出声音的方向;모두의 시선이 소리가 나는 쪽으로 향했다.|全班同学的~都集中在老师身上;모든 반 학생들의 시선이 선생님께 집중되어 있다. ❷ 눈빛. ¶老人已经快八十岁了,可~仍然炯炯(jiǒngjiǒng)有神;노인은 곧 여든 살이 되지만 눈빛은 여전히 살아 있고 기백이 넘친다.|老师向我投来鼓励(gǔlì)的~;선생님께서 나에게 격려의 눈빛을 보내신다.|孩子的眼中是期盼的~;아이의 눈에는 기대하는 눈빛이 역력하다. ❸ 안목. 식견. 사물을 관찰하는 능력. ¶~短浅的人不会有大的成就;안목이 짧은 사람은 큰 성취를 이룰 수 없다.|他凭(píng)借敏锐(mǐnruì)的~发现了合同中的问题;그는 날카로운 식견으로 계약서의 문제점을 발견했다.

目前 mùqián 名 현재. 지금. ¶我们~的主要任务是教学;우리의 현재 주요 임무는 가르치는 것이다.|~的国际形势比较复杂;현재 국제 정세는 비교적 복잡하다.|你的这些要求~还不能达到;너의 이러한 요구는 지금은 이룰 수 없다.|到~为止,共有一万多人在这次地震中死亡或失踪(zōng);지금까지, 모두 1만 여명의 사람이 이번 지진에서 사망하거나 실종되었다.

牧师 mù·shī 名 목사. ¶他是一个~;그는 목사이다.|~负责教徒的宗教生活和管理教堂事务;목사는 신도의 종교생활과 교회업무를 책임진다.|他想长大后做一名~;그는 커서 목사가 되고 싶어한다.

募集 mùjí 动 (광범위하게) 모집하다. ¶他们已经为灾区~到大笔资金;그들은 이미 재해지역을 위해 많은 자금

을 모았다.|学校为那个可怜的孩子~了治病的钱;학교는 그 불쌍한 아이를 위해 병을 치료할 돈을 모았다.|我们得(děi)为这次会议~经费;우리는 이번 회의를 위해서 경비를 모아야 한다.

募捐 mùjuān 动 (기부금이나 물품을) 거두다. 모으다. ¶学校鼓励(gǔlì)大家为灾区~;학교는 여러분이 재해 지역을 위해 기부금 모으는 것을 격려한다.|我们为那个得(dé)了癌症(áizhèng)的孩子~了二十万元人民币;우리는 그 암에 걸린 아이를 위해 인민폐 20만 위안을 모았다.|他每年都为希望工程~;그는 매년 희망프로젝트를 위해 기부금을 모은다.

拿 ná 动 ❶ (손 또는 다른 방식으로) 잡다. 쥐다. 들다. 옮기다. ¶你~一个包, 我~一个包;네가 가방 하나를 들고, 내가 가방 하나를 들자.｜他手里~着一把伞;그는 손에 우산 하나를 들고 있다.｜这个箱子太重了,他一个人~不动;이 상자는 너무 무거워서 그 사람 혼자서는 옮길 수가 없다.｜他一个人~不了,你快帮他把这些都~过去;그 사람 혼자서는 옮길 수 없으니, 네가 어서 그를 도와 이것들을 옮겨라. ❷ 가지다. 얻다. ¶这次比赛他一定要把冠军~到手;이번 경기에서 그는 반드시 우승을 손에 거머쥐려고 한다.｜中国队在这次比赛中只~到了一分;중국 팀은 이번 경기에서 겨우 1점을 획득했다.｜这次奥运会中国队共~了50多块金牌(pái);이번 올림픽에서 중국 팀은 모두 50여 개의 금메달을 획득했다.｜他只用了两年半就~到了博士学位;그는 단지 2년 반 만에 박사 학위를 취득했다. ❸ 장악하다. 파악하다. ¶他手中的权力被人~走了;그는 수중의 권력을 다른 사람에게 빼앗겼다.｜他的手里~着你什么短处？그가 너의 무슨 약점을 잡고 있니？ ❹ 생각해 내다. 확정하다. ¶这件事得让孩子自己~主意;이 일은 아이 스스로 결정하게 해야 한다.｜这次会议我们~出两套方案让大家讨论;이번 회의에서 우리는 2가지 방안을 내어 다같이 토론하도록 했다.｜会上讨论了半天,也没有~方案;회의 석상에서 한참 동안 토론했지만, 방안을 내지 못 했다. ❺ 잡다. 강제로 빼앗다. ¶那只小猫还没有~过耗(hào)子;그 어린 고양이는 아직 쥐를 잡은 적이 없다.｜二连已经~下了敌人的阵地;2중대는 이미 적의 진지를 점령했다. 介 ❶ 처치 또는 관계되는 대상을 끌어들이다. ¶你别~我开玩笑了;너는 나를 가지고 농담하지 마라.｜真~这孩子没办法;정말 이 아이는 어쩔 방법이 없다.｜他们是故意~我开心;그들은 일부러 나를 놀린다. ❷ …으로(써). (도구, 재료, 방법 등을 끌어들이다.) ¶得(děi)~尺子量(liáng),只~眼看是看不出来的;너는 사실을 근거로 네 말을 증명해야 한다.｜你得(děi)~事实证明你的话;너는 너의 말을 사실을 근거로 증명해야만 한다.

▶용법주의: ❶ '拿' 주어는 반드시 사람이어야 하고, 목적어는 사람 또는 사람의 신체가 올 수 없다. ¶那只兔子被一只老虎~走了(×)｜妈妈拿着他的手往前走(×)｜那只兔子被一只老虎叼(diāo)走了;토끼는 호랑이에게 물려갔다. ❷ 용기로 물을 받을 때는 '拿'를 사용할 수 없다. ¶渴了就自己用杯子去拿水(×)｜渴了就自己用杯子去倒水;목이 마르면 직접 가서 컵에 물을 따라라. ❸ '생각해 내다.', '확정하다.' 를 나타내는 '拿'는 정도 보어를 이끌 수 없

다.¶你这个主意~得好(×)| 你这个主意想得好;너의 이 생각은 아주 좋다.

哪 nǎ 代 ❶ 어느. 어떤. (의문을 나타낸다. 같은 종류의 사람이나 사물 가운데에서 어느 것 하나를 요구할 때 사용한다.)¶这件衣服和那件衣服你喜欢~件? 이 옷과 저 옷 중에 너는 어느 것이 마음에 드니?| 这里有三本书,~本是你的? 여기 3권의 책이 있는데, 어느 것이 네 것이니?| 这周你~天有时间? 이번 주에 너는 언제 시간이 있니?| 这张照片上~个是你? 이 사진에서 누가 너냐? ❷ 表示任何一个;임의적인 것을 나타낸다.¶你~天来都行,我都在这儿;네가 언제 와도 괜찮다. 나는 항상 여기에 있으니까.| ~件衣服他都不喜欢;어떤 옷도 그의 마음에 들지 않는다.| 我看~本书都行;나는 어느 책을 봐도 괜찮다. ❸ 表示不确定的一个;정해지지 않은 때를 가리킨다.¶我今天太忙了,等~天有空儿的时候再和你聊(liáo)吧;나는 오늘 너무 바쁘니, 언제 시간 날 때 다시 얘기하자.| 你~年回来,我就~年和你结婚;당신이 돌아오는 해에 나는 당신과 결혼할 것입니다.

▶용법주의: 회화 상에서 이 글자는 (něi)라고도 읽을 수 있다.

哪儿 nǎr 代 ❶ 어디. 어느 곳.¶你要去~?너는 어디 가니?| 他从~来? 너는 어디에서 왔니?| 这是~啊? 여기가 어디입니까?| 我的书在~呢? 내 책은 어디에 있니? ❷ 어디. (불특정한 장소 즉 장소의 범칭으로 사용된다.)¶来到这里后,我~都没去过;이곳에 온 이후 나는 아무데도 가본 적이 없다.| 他在家里~都找了,就是找不到那本书;그는 집에서 여기저기 다 찾아보았지만, 그 책을 못 찾았다.| 我现在身上~都不舒服;나는 지금 몸이 여기저기 다 안 좋다.| 咱们好像在~见过;우리 어디서 본 적이 있는 것 같은데요.| ~的东西物美价廉(lián), ~就人多;값싸고 질 좋은 곳에는 사람이 많다. ❸ 반어문에 쓰여 부정을 나타내고, 장소를 가리키지 않는다.¶我~说过这种话? 내가 언제 이런 말을 했었니?| 他~有你跑得快? 그가 어디 너보다 빠르게 달리니?| 宿舍~有教室里凉快? 숙소가 어디 교실보다 시원하다는 것이냐?

哪个 nǎ·ge 代 ❶ 어느 것. 어떤 것. (의문형에 사용된다.)¶~老师教你口语? 어떤 선생님이 너에게 회화를 가르치시니?| 你在~学校学习汉语? 너는 어느 학교에서 중국어를 배우니?| 这是~国家的国旗;이것은 어느 나라의 국기입니까?| 你能回答~问题? 너는 어느 문제에 대답할 수 있니? ❷ 임의적인 것을 나타낼 때 사용한다.¶~老师都喜欢他;어느 선생님이나 모두 그를 좋아한다.| ~医院都可以治这种小病;어느 병원이라도 이러한 작은 질병은 고칠 수 있다.| 他~国家都不想去;그는 그 어떤 나라도 가고 싶어하지 않는다.| 这些笔你喜欢~就可以拿~;이 펜들 중에서 네가 좋아하는 걸로 가져가도 된다.| 这些书你想看~就拿~;이 책들 중에서 네가 보고 싶은 걸로 가져가라.

哪里 ná·lǐ 代 ❶ 어디. 어느 곳. (장소를 묻는 말로 '什么地方'과 같고, 구어에서는 '哪儿'이라고 한다.)¶~有银行? 은행이 어디에 있습니까?| 你住在

~? 너는 어디에 사니?| 他到~去了? 그는 어디 갔니?| 咱们现在去~玩儿? 지금 우리는 어디로 놀러 가나요? ❷ (임의적인) 모든 장소를 가리킨다. ¶我小时候住在农村,~也没去过;나는 어릴 적에 농촌에 살아서 어디에도 가본 적이 없다.| 他走到~都可以找到朋友;그는 가는 곳마다 친구를 찾을 수 있다.| 我好像在~见过他;나는 마치 어디서 그를 만난 적이 있는 것 같다.| 他去~都会带着地图;그는 어디를 가든지 지도를 가지고 간다.| 我今天有时间陪你,你想上~咱们就去~;나는 오늘 시간이 되니, 네가 가고 싶은 곳을 가자. ❸ 반어문에 사용되어 부정을 나타낸다. 이때는 장소를 가리키지 않는다. ¶他~会做饭啊,在家里一直都是他妈妈做;그가 무슨 밥을 할 줄 알겠느냐? 집에서 늘 그의 어머니가 밥을 하시는데.| 我~有时间看电视啊;내가 텔레비전을 볼 시간이 어디 있니?| 她~有四十岁啊,看起来顶多三十岁;그녀가 무슨 40살이나 되니? 보아하니 많아야 30살 정도 되어 보인다.| 我们~吃得完这么多菜呀;우리가 어떻게 이 많은 요리를 다 먹을 수 있겠어? ❹ 겸양어. (일종의 예의를 갖춘 말로 다른 사람이 칭찬하거나 고마워 할 때 겸손히 부정하는 말이다.) ¶你的文章写得太好了! ——~,~;너 참 글을 잘 썼다.-별 말씀을요.| 你刚才的演讲太好了——~,我心里其实也很紧张;네가 방금한 연설은 너무 좋았다.-천만에요. 속으로는 정말 긴장 됐어요.| 真是太感谢你了——~,~,这都是我应该做的;정말 감사

합니다.-천만에요. 제가 마땅히 해야 할 일인데요.

哪怕 nǎpà [连] 설령. 가령. 혹시. ('即使', '就是'와 같고, 구어에서 많이 사용한다.) ¶~明天下雨,我要去长城;설령 내일 비가 온다 해도, 나는 만리장성에 갈 것이다.| ~校长批评我,我还是要说出自己的意见;설사 총장이 나를 꾸짖더라도, 나는 여전히 나의 의견을 말하겠다.| 工作再忙,妈妈也要每天陪孩子玩两个小时;아무리 일이 바쁠지라도, 엄마는 매일 아이와 2시간씩 놀려고 한다.| 每个人都得(děi)遵(zūn)守交通规则,~你是总统也不能例外;모든 사람은 교통법규를 준수해야 한다. 당신이 설령 대통령일지라도 예외일 수 없다.| 我一定要坚持,~他说出再多的理由;설령 그가 더 많은 이유를 댈 지라도 나는 반드시 내 주장을 견지할 것이다.| 我们一定要守住阵地,~只剩下一个人;설사 한 사람만이 남을지라도 우리는 반드시 진지를 지켜야 한다.

哪些 nǎxiē [代] 어느. 어떤. ('哪一些'와 같다. '哪'의 복수형이다.) ¶你去过~国家? 너는 어느 나라들을 가본 적이 있니?| 昨天都有~人没有来? 어제 어떤 사람들이 안 왔니?| 你喜欢~书? 너는 어떤 책을 좋아하니?| 这里的东西~是你的,~是他的? 여기 물건 중에 어느 것이 너의 것이고, 어느 것이 그의 것이니?| 一年中~月份最热? 일년 중 어느 달이 가장 덥습니까?

▶용법주의:'哪些' 뒤에 시간사가 올 때는 '天','年','月份','日子'등 만이 올 수 있고,'日','月','星期'등은 올

수 없다.¶你哪些星期在上海？（×）| 你哪些天在上海？너는 언제 상해에 있니?| 你哪些日住在朋友家？（×）| 你哪些日子住在朋友家？너는 언제 친구 집에서 지내니?| 广州哪些月最冷？（×）| 广州哪些月份最冷？광주는 어느 달이 가장 춥습니까?

那 nà 代 ❶ 그. 저. (비교적 멀리 있는 사람이나 사물을 가리킨다.) ¶~是谁？是小张吗？저 사람은 누구입니까？장 군입니까?| ~是你们的教室吗？저기가 너희 교실이니?| ~是银行;저기는 은행이다.| ~说话的人就是我的妈妈;저기 말하는 분이 우리 어머니이십니다.| ~支笔是小张的;그 펜은 장 군의 것이다.| ~个地方冬天不冷;그곳의 겨울은 춥지 않다.| ~孩子是你的儿子吗？저 아이가 너의 아들이니? ❷ '这'와 함께 쓰여 많은 사물을 표현한다. 어떤 사람이나 사물을 확실히 가리키는 것은 아니다.¶我说了很多办法,可他觉得这也不行,~也不行,真不知道该怎么办;나는 여러 방법을 말했지만, 그가 이것도 저것도 다 안 된다고 생각하니, 정말 어떻게 해야 할 지를 모르겠다.| 讨论的时候大家这个一句,~个一句,说得很热闹;토론할 때, 모두가 이런 저런 이야기를 매우 열띠게 말하였다.| 路上我们聊聊这,说说~,很快就到了;오는 중에 우리는 이런저런 이야기를 나누다 보니 어느새 도착하였다. ❸ '那些'와 같다. 먼 곳의 많은 사람이나 사물들을 가리킨다.¶~都是我的老师;저분들은 모두 우리 선생님이시다.| ~是新盖好的两座教学楼;저곳이 새로 지은 두 동의 강의동입니다.| ~是我刚买来的书,大约有四十本;저것들은 내가 방금 사온 책인데, 대략 40권 정도 된다.
▶용법주의:'那'뒤에 양사나 수량사가 올 때, 자주 (nèi)라고 읽는다.
连 (~儿) 그러면. 그렇다면. ('那么'와 같고, 자주 '如果', '既然', '要是'등과 같이 사용한다.) ¶既然下雨了,~我们就改天再去吧;비가 왔으니, 그럼 우리 다른 날 가자.| 如果你不想去,~就不要去了;만일 가고 싶지 않다면, 그럼 가지 말아라.| 要是他五点还不来,~我们就先走;만약 그가 5시가 되어도 오지 않으면, 그럼 우리 먼저 가자.

那边 nàbiān 代 저쪽. 그쪽. (말하는 사람으로부터 멀리 떨어져 있는 곳.) ¶他指着远处说:"~最高的那座楼就是我的宿舍";그는 먼 곳을 가리키며 말했다.'저 쪽에 가장 높은 저 건물이 바로 우리 숙소야.'| 咱们到~去吧,~暖和些;우리 저쪽으로 가자. 저쪽이 좀 더 따뜻해.| 在山的~有一个小村子;산 저쪽에는 작은 마을이 하나 있다.| 学校~没有多余的宿舍;학교 저 편에는 여분의 숙소가 없다.

那儿 nàr 代 그곳. 저곳. (구어에 많이 사용되고, '那里'와 같다.) ¶~就是我的家;저기가 바로 우리 집이다.| 你到~别忘了先给我的朋友打电话;그곳에 도착하면 내 친구에게 전화하는 것을 잊지 마라.| ~是谁的宿舍？저기는 누구의 숙소입니까?| 你怎么跑到~去了,快回来;너는 어떻게 거기에 갔니? 어서 돌아와라.

那个 nà·ge 代 ❶ 그. 저. 그것. 저것.

¶~院子里种着一棵柿(shì)子树;저기 정원에 감나무 한 그루가 심어져 있다.|~房子很大,我住的这个很小;저 집은 매우 크고, 내가 사는 이 집은 매우 작다.|~人就是我的口语老师;저분이 나의 회화 선생님이시다.|我们~个地方每到秋天都很漂亮;우리 그곳은 매년 가을이 되면 무척 아름답다.|他小时候~调(tiáo)皮的样子我现在都还记得;어릴 적 그 장난끼 많던 그의 모습을 나는 아직까지 기억한다. ❷그렇게. 저렇게. (동사나 형용사 앞에 쓰여 과장을 나타내고, 구어에 많이 사용된다.)¶听完他的话,同学们~笑啊!그의 말을 다 듣고, 학우들은 그렇게 웃었다.|昨天他~气呀,脸都变白了;어제 그는 그렇게 화를 내더니 얼굴마저 하얗게 변했다.|孩子穿上新衣服后心里~美啊;아이는 새 옷을 입고 난 후 속으로 그렇게 즐거워한다. ❸그것. 저것. (앞에서 언급한 적이 있는 사물이나 사실을 대신한다.)¶别提~,那是以前的事儿了;그 얘기 꺼내지 마라, 그건 옛날 일이다.|你刚才看的~是我哥哥的房间,这个是我的房间;네가 방금 본 것은 우리 오빠의 방이고, 이곳이 내 방이다. ❹'这个'와 대조를 이루어 많은 불특정한 사람이나 사물을 가리킨다.¶大家在一起聊聊这个,说说~,觉得很轻松;모두 같이 이런저런 얘기를 나누니 마음이 아주 홀가분하다.|同学们到学校后这个扫地,~擦(cā)黑板,教室一会儿就干净了;학우들은 학교에 도착한 후 누구는 바닥을 쓸고 누구는 칠판을 지우니, 교실이 순식간에 깨끗해졌다.|走进屋里,我看看这个,看看~,什么都觉得很新鲜;집에 들어와 이것저것 살펴보니 모든 것이 매우 새롭게 느껴졌다. ❺직접 하기 어려운 말을 대신하고 완곡한 의미를 담고 있다. 구어에서 많이 사용한다.¶你刚才说的话也太~了(不好);그가 방금 한 말은 너무 그렇다.(좋지 않다.)|你对妈妈的态度也太~(不应该);너의 엄마에 대한 태도가 너무 심하다.(그래서는 안 된다.)|他这样做也太~了(过分);그가 이렇게 하는 것은 너무 그렇다.(지나치다.)

▶용법주의: ❶'那个'는 형용사 앞에 놓인다.¶漂亮的那个姑娘是我姐姐(×)|那个漂亮的姑娘是我姐姐;그 예쁜 아가씨는 우리 언니이다. ❷'那个'는 동사 성분 앞에 놓일 수도 있고 뒤에 놓일 수도 있는데, 뒤에 놓일 때에는 차이점을 강조한다.¶那个坐着的人就是我们校长;저기 앉아있는 분이 우리 총장님이시다.|坐着的那个人是我们校长,站着的那个人是我们系主任;앉아있는 저분이 우리 총장님이시고, 서계신 저분은 우리학과 학과장님이시다.

那里 nàlǐ 代 그곳. 저곳. (비교적 먼 곳을 가리킨다. 구어에서는 '那儿'이라고 한다.)¶~很安静;저곳은 매우 조용하다.|~有一片大花园;저곳에는 큰 화원이 하나 있다.|他小的时候去过~两次;그는 어릴 적 그 곳에 두 번 가본 적이 있다.|放假跟我回我们家~玩玩儿吧;방학하면 나와 우리 집에 가서 놀자.|我们在~休息了一会儿就回去了;우리는 그곳에서 조금 쉬다가 돌아갔다.|你到~后给我打个电话;너는 그곳에 도착하면 나에게

전화해라.

那么 nà·me 代 ❶ 그렇게. 저렇게. 그런. 저런. (성질, 상태, 방식, 정도 등을 나타낸다.) ¶别~做,让人不好意思的;사람 난처하게 그렇게 하지 마라.│就按你说的~办;네가 말한 대로 그렇게 해라.│这个音不能~发,请跟我来读;이 발음은 그렇게 발음해서는 안됩니다. 나를 따라 읽어보세요.│这句话不能~说,不合语法;이 말은 그렇게 말해서는 안 된다. 어법에 맞지 않는다.│广州的冬天没有北京~冷;광저우의 겨울은 베이징만큼 그렇게 춥지 않다.│他~爱看足球,只要有比赛就一定要看;그는 그렇게도 축구를 좋아한다. 경기만 있다 하면 꼭 봐야 한다.│~贵的衣服,我可买不起;그렇게 비싼 옷을 나는 살 수 없다.│这里的风景~漂亮;여기 풍경은 그렇게 아름답다.│他今天不~高兴;그는 오늘 그다지 기쁘지 않다.│这家饭馆儿的菜不~好吃;이 식당의 요리는 그다지 맛있지 않다. ❷ 수량사 앞에 쓰여 수량이 많고 적음을 나타낸다. ¶我只去过~两次(数量少);나는 단지 두 번 가본 적이 있다.(수량이 적음을 강조한다.)│他只听了~一小会儿音乐就去上课了(数量少);그는 그렇게 잠깐 음악을 듣고 바로 수업을 하러 갔다.(수량이 적음을 강조한다.)│如果要想学好一门外语,怎么也得(děi)~四五年时间(时间长);만약 외국어 한 가지를 마스터하고 싶다면, 적어도 4,5년의 시간이 걸린다.(시간이 오래 걸린다.)│这篇文章里只有~十个错字,真不错(强调少);이 문장에는 틀린 글자가 겨우 10개 정도예요. 정말 훌륭해요.(틀린 것이 적음을 강조한다.)│你这篇文章一共就五百字,还有~十几个错字,太不像话了(强调太多);너의 이 글은 기껏해야 500자 정도인데, 틀린 글자가 열 몇 개가 되니 정말 말도 안 된다.(너무 많은 것을 강조한다.) 连 그러면. 그렇다면. 그런고로. (앞 문장을 이어받아 결과나 판단의 단문을 이끌어낸다. 자주 '如果', '要是', '既然' 등과 함께 사용한다.) ¶如果明天下不雨,~我们就去故宫;내일 비가 안 오면, 그럼 우리 고궁에 가자.│既然你已经决定了,~就按你说的做吧;이왕 네가 이미 결정을 했으니, 그러면 네 말대로 하자.│要是买不到票,~他就不去了;만일 표를 못 산다면, 그럼 그는 안 갈 것이다.│要是你喜欢这份工作,~等你大学毕业就来这里吧;만약 네가 이 일을 좋아한다면, 그럼 대학 졸업 후 이곳에 와라.

那时 nàshí 代 그 때. ¶妈妈说的都是我小时候的事,~我天天到河里去游泳;엄마가 말하는 것은 모두 내가 어릴 때의 일이다. 그 때 나는 매일 강에 가서 수영을 했다.│1990年他到了北京,~他刚18岁;1990년 그가 베이징에 왔는데, 그 때 그는 겨우 18살이었다.│~的商店没有现在多;그 시절에는 상점이 지금처럼 많지 않았다.│古代的生活条件比较差,~的人口不如现在多;고대의 생활조건은 비교적 낙후됐고, 그 시기의 인구는 지금만큼 많지 않았다.│我真盼着早点儿放假,到~我就可以看到妈妈了;나는 정말 하루빨리 방학하기를 고대한다. 그때가 되면 나는 엄마를 볼 수 있다.

|再过五十年,孩子们都已经老了,到~他们见了面也不一定认识了;50년후에는 아이들도 늙어 그때 그들이 만나도 알아 볼지 모르겠다.

那些 nàxiē 代 그것들. (비교적 멀리 있는 둘 이상의 사람이나 사물을 가리킨다.) ¶妈妈每年要把她年轻时的~衣服拿出来晒晒;엄마는 해마다 젊은 시절 옷들을 꺼내어 햇볕에 말린다. |从校门口走过来的~人都是开会的代表;학교 입구에서 걸어 나오는 사람들은 모두 회의의 대표들이다. |他说的~话我都不想听;그가 하는 말들은 나는 듣고 싶지가 않다. |在我上大学的~年,他一直帮助我;내가 대학을 다니던 그 몇 년간, 그는 줄곧 나를 도와주었다. |这些是给我的礼物,~呢? 이것들은 나에게 주는 선물이고, 저것들은?

▶용법주의: '那些'를 사용하여 물을 때는 모두 사물을 가리키고 사람을 가리키지 않는다. 사람을 가리킬 때는 '那些人'이라고 해야 한다.

那样 nàyàng 代 그렇게. 저렇게. (성질, 상태, 방식, 정도 등을 나타낸다.) ¶我想像他~,长大也当一名医生;나는 그처럼 커서 의사가 되고 싶다. |~的句子不合汉语语法;그러한 문장은 중국어 어법에 맞지 않는다. |真没想到他是~一种人;그가 그런 사람일 줄은 정말 생각도 못 했다. |你昨天把他气成~,今天应该去向他道歉;너는 어제 그를 그렇게 화나게 했으니, 오늘은 마땅히 가서 그에게 사과를 해야 한다. |你得赶紧告诉他,~他还来得及;너는 서둘러 그에게 알려주어라. 그래야 그가 늦지 않는다. |这个

教室里冷得不得了(bùdéliǎo),就~,同学们都坚持上完课才离开;이 교실 안은 무척 추웠지만, 그렇게 학우들은 끝까지 수업을 하고 갔다.

那种 nà zhǒng 그런 종류. 그런 품종. ¶他不喜欢~书;그는 그런 종류의 책을 좋아하지 않는다. |我们种的~树在这里找不到;우리가 심은 그런 품종의 나무는 여기에서 찾을 수가 없다. |他不喜欢这种梨,喜欢~水多的梨;그는 이런 종류의 배를 좋아하지 않고. 수분이 많은 그런 종류의 배를 좋아한다.

呐 nà 助 어기조사. ('啊' 앞 글자의 끝소리(운미)가 'n' 또는 'n'일 때, '啊'는 '呐' 또는 '哪'로 쓴다.) ¶这种劣质食品可真是害死人~;이런 불량 식품은 사람을 해친다. |你可真有经验~;당신은 정말 경험이 많군요. |那个地方我可熟得很~;그 지역은 내가 잘 안다. |现在停着电~,没法看电视;지금은 정전이라 텔레비전을 볼 수 없다.

哪 na 助 어기조사. ('啊' 앞 글자의 끝소리가 '-n'으로 끝날 때, '啊'가 '哪'로 변한다.) ¶你让我等了你整两年~;너는 나를 꼬박 2년이나 기다리게 했다. |这儿怎么没有人~? 여기는 왜 사람이 없습니까? |你得(děi)找他谈谈~;너는 그를 찾아서 얘기를 좀 해야 한다. |这电脑可真新~! 이 컴퓨터는 정말 새 것이로군요!

☞ nǎ

乃至 nǎizhì 连 심지어 ¶在北京~全国他都是著名的农业专家;그는 베이징은 물론 전국적으로 유명한 농업 전문가다. |买卖是双方~多方的事;매매는 쌍방 더 나아가 다자간의 거래이다.

| 由八十岁以上的老人组成的网球队在全国~世界都是第一支;80세 이상의 노인으로 구성된 테니스 팀은 국내는 물론 세계적으로도 처음 이다. | 西藏(xīzàng)可谓是中国~世界节日最多的地区;티베트는 중국은 물론 세계적으로 명절이 가장 많은 지역이라 할 수 있다.

奶酪 nǎilào 名 치즈. ¶ ~有丰富的营养;치즈는 영양이 풍부하다. | ~的种类很多,食用方法也越来越丰富;치즈는 종류도 다양하고, 먹는 방법 또한 점점 풍부해지고 있다. | 制作~需要花一些工夫;치즈를 만드는 데는 약간의 시간이 필요하다. | 我的早餐就是两片面包夹一片~;나의 아침 식사는 빵 두 조각에 치즈 한 조각을 넣은 것이다.

奶奶 nǎi·nai 名 ❶ 할머니. ¶我的~今年已经八十多岁了;우리 할머니는 올해 벌써 여든이 넘으셨다. | 他最喜欢~做的汤;그는 할머니가 만든 국을 가장 좋아한다. | 小张从小跟~长大;장군은 어릴 적부터 할머니와 함께 자랐다. | 我已经三年没有见过~了;나는 이미 3년 동안 할머니를 못 뵈었다. ❷ (할머니 연배의 부녀자를 부르는 호칭.) ¶孙~,您今年多大年纪了;손 부인, 올해 연세가 어떻게 되십니까?! | 在车上看到老~要让座;차에서 할머니를 보면 자리를 양보해야 한다. | 这孩子很有礼貌,看到年龄大的人就会叫"爷爷"或"~";이 아이는 정말 예의가 바르다. 나이 많은 사람을 보면 '할아버지' 또는 '할머니' 하고 부른다.

耐 nài 动 견딜 수 있다. 이겨낼 수 있다. | 这种布~洗,不容易坏;이런 천은 내구성이 좋아 빨아도 쉽게 해지지 않는다. | 这是一种能~高温的材料;이것은 내열성이 강한 재료이다. | 你看的这种鞋很适合运动,鞋底~磨(mó);보신 신발은 바닥이 잘 닳지 않아 운동용으로 좋습니다. | ~火砖;내화 벽돌.

耐心 nàixīn 形 인내심이 강하다. 참을성이 있다. 끈기가 있다. 조급해하지 않다. 귀찮아하지 않다. ¶张老师对学生很~;장 선생님은 학생들에게 아주 끈기가 있으시다. | 妈妈今天跟我说话时一点也不~;엄마는 오늘 나와 말할 때 조금도 참지 않으셨다. | 我可不能去教孩子,还是让小张去吧,他比较~;나는 정말 아이를 가르치러 갈 수 없으니, 장 군에게 가라고 하는 게 더 좋겠어요. 그는 비교적 인내심이 있어요. | 在老师的~帮助下,同学们的汉语进步很快;선생님의 끈기 있는 도움아래, 학우들의 중국어 실력이 아주 빠르게 발전했다. | 导游~的解说使游客很满意;여행 가이드가 참을성을 가지고 (자세히) 설명하여 관광객들은 아주 만족했다. | 我们~地等了一个小时他才来;우리가 인내심을 갖고 1시간을 기다리니 그가 그제야 왔다. 名 참을성. 인내성. ¶他工作的时候很有~;그는 일할 때 매우 인내심이 강하다. | 做这种工作需要~;이런 일을 하려면 끈기가 필요하다. | 他爸爸对孩子缺少~,总是发火儿;그의 아버지는 아이에게 인내심이 부족하다고 늘 화를 내신다.

耐用 nàiyòng 形 견디다. 오래가다. 오래 사용해도 잘 망가지지 않다. ¶这种

包很~,所以价钱也比较贵;이런 가방은 내구성이 좋고, 가격도 비교적 비싸다.| 他想买一双又便宜又~的鞋;그는 싸고 오래 신을 수 있는 신발을 사고 싶어한다.| 这种床样子不太好,可是一看就很~;이 침대는 모양이 그다지 예쁘지는 않지만, 딱 보니 오래 쓸 수 있을 것 같다.| 这种节能灯比以前的白炽灯泡~;이런 절전등은 예전의 백열등보다 오래간다.

男 nán [形] 남자.¶他是韩国著名的~演员;그는 한국의 유명한 남자배우이다.| 我想找个~大夫给自己看病;나는 남자 의사에게 진찰을 받고 싶다.| 我们班的~学生比女学生少;우리 반 남학생은 여학생보다 적다.| 不管~的还是女的,都可以来报名;여자든 남자든 모두 등록할 수 있다.[名] 남성. 아들 ¶我妈妈生了一~一女;우리 엄마는 일남일녀를 낳았다.| 现在提倡(chàng)~女平等;지금은 남녀평등을 주장한다.| 旧时代一直是~耕女织,~主外,女主内;구 사회에서는 줄곧 남자는 밭을 갈고 여자는 직물을 짰으며, 남자는 주로 밖에서, 여자는 주로 안에서 생활하였다.

男人 nánrén [名] 성년 남자.¶在矿工场工作的几乎全是~;광산에서 일하는 사람은 거의 대부분이 남자이다.| 那个部队里只有~,没有女人;그 부대 안에는 남자만 있고, 여자는 없다.| 这个村子里的~大多都出去打工了;이 마을의 남자 대부분은 외지로 일하러 갔다.| 人们都认为~应该比女人坚强;사람들은 남자가 여자보다 응당 강해야 한다고 생각한다.

男人 nán·ren [名] 남편.¶她~已经离开家一年多了;그녀 남편은 집을 나간 지 이미 1년이 넘었다.| 她丈夫很体贴她,是个好~;그녀의 남편은 아주 자상하고 좋은 남편이다.| 快让你~来一趟,这事儿应该他来做;어서 너희 남편을 오라고 해라. 이 일은 마땅히 그가 해야 한다.

男性 nánxìng [名] 남성.¶~和女性的生理结构不同;남성과 여성의 생리 구조는 다르다.| 年满18岁的~公民都有服兵役(yì)的义务;만 18세가 된 남자 국민은 모두 병역의 의무를 져야 한다.| 现在女性的人均寿命比~要长;현재 여성의 평균수명은 남성보다 길다.| 这种杂志的~读者比女性读者要多一倍;이런 잡지의 남성독자는 여성독자보다 배가 많다.

男子 nánzǐ [名] 남자.¶前面那个~就是她的男朋友;앞에 저 남자가 바로 그녀의 남자 친구이다.| 她希望找个长(zhǎng)得又帅又有钱的~结婚;그녀는 잘생기고 돈도 많은 남자를 찾아 결혼하고 싶어한다.| 一会儿要进行的是~200米接力赛;잠시 후 남자 200미터 릴레이 경기가 진행됩니다.| ~组的比赛已经快进行完了;남자 조의 경기는 곧 끝날 것이다.| 古代~满20岁就要举行成人礼;고대에는 남자가 만 20세가 되면 성인식을 거행하였다.

南 nán [名] 남쪽.¶中午时对着太阳的那一面是~;정오에 태양을 마주하는 쪽이 남쪽이다.| 我的卧室是朝(cháo)~的;내 침실은 남향이다.| 学校在马路~边儿;학교는 큰 길 남쪽에 있다.|

我一到这儿就分不清东~西北;나는 여기만 오면 동서남북을 구분 못 한다.

南北军事分界线 名 Nánběi Jūnshì Fēnjièxiàn 名 삼팔선. 남북군사경계선. (조선반도북위38도 부근에 위치하고 있다. 대한민국과 조선민주주의인민공화국의 임시 국경선이다.) ¶ ~南部为大韩民国,北部为朝鲜民主主义人民共和国;삼팔선 남부는 대한민국이고, 북부는 조선민주주의인민공화국이다.| 他的家离~不太远;그의 집은 삼팔선에서 그리 멀지 않다.| ~最早是由苏联和美国提出的;삼팔선은 제일 처음에 일본과 러시아가 제기한 것이다.

南边 nán·biānr (~儿) 名 남쪽. 남방. ¶ 教室的窗户在~,中午可以见到阳光;교실의 창문은 남쪽에 있어서 한낮에는 태양 빛을 볼 수 있다.| 快看~,那儿的红叶真漂亮;얼른 남쪽을 봐봐. 거기 단풍잎이 너무 아름다워.| 学校的~有一家银行;학교의 남쪽에는 은행이 하나 있다.| ~不远就是操场;남쪽에서 멀지 않은 곳이 바로 운동장이다.

南部 nánbù 名 남부. (남쪽에 가까이 위치한 지역) ¶ 这个国家的~是山区;이 나라의 남부는 산간 지역이다.| 明天四川~地区有大雨;내일 쓰촨 남부 지역에 많은 비가 내릴 것이다.| 我的家在韩国~的一个城市;우리 집은 한국 남부의 한 도시에 있다.

南方 nánfāng 名 ❶ 남쪽. ¶ 我们现在正往~走;우리는 지금 남쪽으로 가고 있다.| 这儿的路都是斜(xié)的,不好分清哪儿是~,哪儿是北方;이곳의 길은 모두 경사져서 어디가 남쪽이고 어디가 북쪽인지 분간하기 어렵다.| ~天空上有个很亮的星;남쪽 하늘에 아주 밝은 별이 떠 있다.| 候(hòu)鸟每年秋天就会飞到~过冬;철새는 매년 가을마다 남쪽으로 날아가 겨울을 난다. ❷ 남부 지역. (중국에서는 특히 양장강 유역 및 그 남쪽 지역을 가리킨다.) ¶ 在中国,北方和~的气候不一样;중국은 북방과 남방의 기후가 다르다.| 他们打算假期去~旅游;그들은 휴가 기간에 남방을 여행할 계획이다.| 他这次旅游吃到了正宗的~菜;그는 이번 여행에서 정통 남방 요리를 맛보았다.

南面 nán·miànr (~儿) 名 남쪽. ¶ 学校~有一片小树林;학교 남쪽에는 작은 숲이 하나 있다.| ~的小公园里环境很好;남쪽 작은 공원의 환경은 아주 좋다.| 我就在你们宿舍~的操场上呢;나는 너희 기숙사의 남쪽 운동장에 있다.| 我们再到~看看吧;우리 다시 남쪽에 가서 보자.

难 nán 形 어렵다. 힘들다. 곤란하다. ¶ 我觉得外语不~;나는 외국어가 어렵지 않다고 생각한다.| 昨天的考试~吗? —太~了;어제 시험이 어려웠니? -너무 어려웠어.| 你觉得韩语在什么地方?너는 한국어의 어떤 부분이 어렵다고 생각하니?| 他给我出了一道~题;그는 나에게 어려운 문제를 하나 냈다. 动 곤란하게 하다. 난처하게 만들다. ¶ 这句话真把我给~住了;이 말은 나를 참 난처하게 만들었다.| 我出一道数学题~~你;내가 너를 곤란하게 만들 수학 문제를 하나 내지.

难道 nándào 副 설마 …하겠는가? 그래 …란 말인가? (반어문에 쓰여, 반문의 어기를 나타낸다. 자주 '吗'와 같이 쓰인다.)¶你~真的想去吗?너 설마 진짜 가고 싶은 거야?|我们今天要去爬山,你~忘了吗? 우리 오늘 등산 가기로 했잖아. 너 설마 잊어버린 거야?|我们以前是同学,你~不认识我了吗? 우리는 예전에 동창이었잖아. 설마 날 못 알아보는 거니?|~我们就一点儿办法也没有了吗? 우리 설마 방법이 전혀 없는 건 아니겠죠?|~他记错了时间? 都十点了怎么还不来? 설마 혹시 그가 시간을 잘못 안 거 아닐까? 10시가 다 됐는데 왜 여태 안 오는 거야?|~说我就该被他们欺骗(qīpiàn)吗? 설마 내가 그들에게 속았다고 말하는 거야?

难过 nánguò 形 마음이 괴롭다. 슬프다.¶这次没有考好,他的心里很~;그는 이번 시험을 망쳐서 마음이 매우 안 좋다.|她的男朋友跟她分手了,她~得哭了;그녀는 남자친구와 헤어지고 견딜 수 없이 괴로워 울었다.|她的小猫死了,她感到~极了;그녀의 어린 고양이가 죽자 그녀는 아주 괴로워했다.|妻子去世后,他一直~得吃不下饭,睡不着觉;아내가 세상을 떠난 후, 그는 내내 슬퍼하며 밥도 못 먹고 잠도 잘 못 잔다. 动 생활하기 어렵다. 고생스럽다. 지내기 힘들다.¶没有网络的日子真~;인터넷 없이 생활하기는 정말 어렵다.|以前这里很穷,人们的日子很~;예전에 이곳은 매우 가난하여 사람들의 생활이 매우 어려웠다.|在激烈(jīliè)的市场竞争中,这家企业(qǐyè)的日子越来越~;치열한 시장 경쟁 속에서 이 기업도 갈수록 어려워진다.

难看 nánkàn 形 ❶ 보기 흉하다. 못 생기다.¶这件衣服太~了;이 옷은 너무 보기 흉하다.|这孩子长得不漂亮,也不算~;이 아이는 예쁘게 생기진 않았지만 못 생긴 편도 아니다.|我真不明白,他怎么会喜欢那么~的画;난 그가 왜 그렇게 흉측한 그림을 좋아하는지 정말 모르겠다.|你这身打扮~死了;네 옷차림은 정말 보기 흉하구나.|这双鞋~得让人没法穿;이 신발은 너무 안 이뻐서 신을 수가 없다. ❷ 떳떳하지 못 하다. 면목이 없다.¶穿这种运动服去参加宴会(yànhuì)太~了;이런 운동복을 입고 파티에 참가하는 건 정말 부끄럽다.|老师不会回答学生的问题并不~;선생님이 학생의 질문에 대답 못 하는 것은 결코 부끄러운 일이 아니다.|孩子没有考上大学,他觉得这件事让别人知道了挺~的;아이가 대학에 떨어져 그는 이 일을 다른 사람이 알면 매우 창피하다고 여긴다.

难受 nánshòu 形 ❶ (몸이) 불편하다. 아프다.¶他觉得肚子很~;그는 배가 너무 아팠다.|他昨天~极了,所以没来上课;그는 어제 많이 아파서 수업에 오지 않았다.|他刚做完手术,~得一夜没有睡着(zháo);그는 막 수술을 마쳤는데, 몸이 아파서 밤새 잠을 이루지 못 했다.|牙痛可真~啊;치통은 정말 괴롭다. ❷ (마음이) 불편하다. 괴롭다. 참을 수 없다. 견딜 수 없다.¶孩子病得很厉害,爸爸心里~得吃不下饭;아이가 심하게 아프자, 아빠는 마음이 괴로워서 밥이 넘어가

지 않는다.│听到这个消息,他心里很~;이 소식을 듣고, 그는 심기가 매우 불편했다.│我现在心里憋(biē)得~,你陪我出去走走吧;나는 지금 마음이 답답해 죽겠어. 나랑 나가서 좀 걷자.

难为情 nánwéiqíng 形 부끄럽다. 겸연쩍다. 난처하다. ¶学汉语就得多听多说, 不要~;중국어를 배우려면 많이 듣고 많이 말해야 하고 쑥스러워 해서는 안 된다.│那孩子看到陌生人还有点儿~;그 아이는 낯선 사람을 보면 아직도 약간 쑥스러워 한다.│老师表扬他的时候, 他有些~;선생님이 그를 칭찬하실 때 그는 약간 쑥스러웠다.│妈妈让她喊叔叔阿姨好, 她一脸的~;엄마가 그녀에게 큰소리로 삼촌과 이모에게 인사하라고 하자 그녀는 아주 쑥스러워 하였다.│要当着一千多人表演, 那多~啊! 천여 명의 사람 앞에서 공연을 하려면 얼마나 쑥스럽겠어요?

脑 nǎo 名 ❶ 뇌. ¶人~是动物界高度发展的产物, 任何动物的~都不能与人~相比;사람의 뇌는 동물계에서 고도로 발전한 산물로, 어떠한 동물의 뇌도 사람의 뇌와 비교할 수 없다.│猪~中的胆固醇(dǎngùchún)含量最多, 患高血压、心脏病和肥胖症的人不宜食用;돼지 뇌 속에는 콜레스테롤 함량이 매우 많아서 고혈압, 심장병, 비만 환자가 먹기에 적합하지 않다. ❷ 두뇌. 지능. (사고나 기억력 등의 능력) 머리. ¶每个同学都要动~想想有什么好办法;모든 학우들은 머리를 써 무슨 좋은 방법이 있는지 생각해 보아야 한다.│他因为用~过度而病

倒(dǎo)了;그는 머리를 너무 많이 써서 몸져누웠다.

脑袋 nǎo·dai 名 머리. ¶他正低着~想问题;그는 머리를 숙인 채 문제를 생각하고 있다.│你~里想的事情怎么总和我们不一样?네 생각은 왜 늘 우리와 다르니?│他摇着~说:"不行, 不行";그는 고개를 저으며 말했다. '안 돼, 안 돼.'│屋子里孩子太多了, 吵得我~疼;방 안에 아이가 너무 많아 내 머리가 아플 정도로 시끄럽다.

脑子 nǎo·zi 名 ❶ 뇌. 머리. ¶他小时候从高处摔(shuāi)下来, 把~摔坏了;그는 어렸을 때 높은 곳에서 떨어져 머리를 다쳤다.│在这里住的病人都是~有毛病的人;이곳에 입원한 환자들은 모두 머리에 문제가 있는 사람들이다. ❷ 지능. 사고력. 기억력. ¶他的~很好用, 学东西特别快;그는 기억력이 아주 좋아 뭐든 빨리 배운다.│这件事在我~里一点儿印象也没有;이 일은 내 기억 속에 조금도 남아 있지 않다.│他说了那么多, 我的~都乱了;그가 하도 말이 많아서 머리가 다 어지럽다.

闹 nào 形 시끄럽다. 떠들썩하다. ¶这里人多, ~得很;이 곳은 사람이 많아서 아주 시끄럽다.│外边太~, 我睡不着(zháo);바깥이 너무 소란스러워 잠을 이룰 수 없다.│大厅里~哄哄的, 人来人往, 不方便说话;로비는 시끌벅적하고 사람이 왔다갔다해서 말하기 불편하다. 动 ❶ 떠들다. 소란을 피우다. 방해하다. ¶为了考试成绩的问题, 他们俩已经~翻了;시험성적 문제로 두 사람은 이미 한 차례 소란을 피웠다.│他一喝完酒就~;그는 술만 마셨다

하면 소란을 피운다.¶小男孩儿一起玩哪有不~的?사내 아이들이 어울려 노는데 어찌 시끄럽지 않겠어요?¶我们俩从来没~过矛盾;우리 둘은 여태껏 사이가 틀어진 적이 없다. ❷ (감정을) 드러내다. 표출하다. (불평을) 늘어놓다. ¶每次考得不好他都会~脾气(píqi);매번 시험을 망칠 때마다 그는 신경질을 낸다.¶她这两天正在~情绪,活儿干得很少;그녀는 요 며칠 불평을 늘어놓으며 일을 아주 적게 한다. ❸ (재해나 질병 또는 안 좋은 일이) 발생하다. (사이가) 틀어지다. 벌어지다. ¶那个地方正在~水灾;그 지역은 수해를 겪고 있다.¶真怕孩子~肚子;아이가 배탈이 날까 너무 걱정된다.¶他身体好,~不了病;그는 몸이 건강하여 병이 날래야 날 수가 없다. ❹ (어떤) 활동을 하다. ¶最近英国工人正在~罢(bà)工;최근 영국의 노동자들은 파업 중이다.¶我得把这件事~清楚;나는 이 일을 분명히 해야만 한다.¶~了半天是你在开玩笑;실컷 말한 게 결국 농담이었어!

呢 ne 助 ❶ 어기조사. a) 의문문에 쓰여 의문의 어기를 나타낸다. ¶他怎么还不来~? 그는 왜 아직 안 오는 거야?¶你在哪儿~? 너 어디 있니?¶我怎么回答他~? 내가 어떻게 그에게 대답해야 하죠?¶是你去~还是我去~? 네가 갈래? 아니면 내가 갈까?¶我今天没有课,你~? 나는 오늘 수업이 없어. 너는? b) 반어문에 쓰여 반문의 어기를 강조한다. ¶没有你的帮助,我怎么能考好~?네 도움이 없었다면 내가 어떻게 시험을 잘 봤겠니?¶我哪里能忘记那些日子~? 내가 어떻게 그 나날들을 잊을 수 있겠니?¶你何必为了这点儿小事生气~? 너는 이렇게 작은 일로 화를 낼 필요가 있니? c) 진술문에 쓰여 감탄, 과장 등의 어기를 나타낸다. '可', '才', '还' 등과 자주 같이 쓰인다. ¶学汉语可有意思~;중국어를 배우는 건 참 재미있다.¶他可聪明~;그는 정말 똑똑하다.¶这家饭店的菜可贵~;이 식당의 요리는 굉장히 비싸다.¶他走了才好~,我们都不喜欢他;그가 떠나야 좋지. 우리는 모두 그를 좋아하지 않는다.¶你还是老师~,这么简单的题都不会; 그래도 선생님인데 이렇게 간단한 문제도 못 풀다니요. d) 문장 가운데 쓰여 휴지(休止)를 나타낸다. ¶明天~,我们打算去长城,你去不去?내일은 우리 만리장성에 갈 건데 너도 갈래?¶你要是不同意~,我就不去了; 네가 동의하지 않는다면 나는 가지 않겠다.¶我姐姐是护士,我妹妹~,还在上大学;언니는 간호사이고 여동생은 아직 대학생이다. ❷ 동태조사. (동사 뒤에 놓인다.) a) 지속적인 상태를 나타내며, 자주 '正', '正在', '在'와 함께 쓰인다. ¶他正在打电话~,请你稍等一下儿;그는 지금 통화 중이니 조금만 기다려 주세요.¶小张吃饭~,过一会儿就回来;장 군은 식사 중이니 곧 돌아올 거예요.¶领导正在开会~,请过一会儿再打来电话吧;대표님은 지금 회의 중이시니, 잠시 후 다시 걸어 주세요. b) 부정문에 쓰여 동작이 아직 실현되지 않았으나 곧 실현될 것을 나타낸다. ¶我的作业还没有写完~,写完了再睡; 숙제를 아직 다 못 해서 다 끝내고 잘 거다.¶他的

病还没有好~,等好了再去上学;그는 병이 아직 낫지 않아서 나으면 다시 학교에 갈 거다.|他的情况我还不太了解~;그의 상황이 아직도 나는 이해가 잘 안 된다.

内 nèi 名 안. 안쪽. 속. 내부.¶国~没有这种材料;국내에는 이런 재료가 없다.|我想年~就回国;나는 연내에 귀국하고 싶다.|室~已经有暖气了,很暖和;실내에는 이미 난방장치가 되어 있어서 매우 따뜻하다.|学生们大多住在校~;학생들 대부분 교내에서 기숙한다.|屋~屋外都站满了学生;집 안팎으로 학생들이 가득 서있다.

内部 nèibù 名 내부.¶这座楼外边看着有点破,可~很漂亮;이 건물 외형이 조금 낡아 보이지만, 내부는 아주 예쁘다.|这是学校~的问题,还是~解决比较好;이것은 학교 내부문제이니, 자체적으로 해결하는 것이 좋을 것 같다.|今天孩子们了解(liǎojiě)了地球的~构造;오늘 아이들은 지구의 내부구조를 이해했다.|今天饭店~整理,不营业;오늘 호텔은 내부수리를 해서 영업을 하지 않는다.|这本书是~出版物,在市场上买不到;이 책은 내부 출판물이므로 시장에서는 살 수 없다.

内存 nèicún 名 ❶ (전자) 메모리.¶~是电脑的主要部件;메모리는 컴퓨터의 주요부품이다.|这台电脑的~出了点儿问题;이 컴퓨터의 메모리에 약간의 문제가 생겼다.|我想再买一个~条装上;나는 메모리를 하나 더 사서 장착하고 싶다.|~的性能越来越高;메모리 성능은 점점 향상되고 있다. ❷ 메모리의 용량.¶这台电脑的~是1G;이 컴퓨터의 메모리 용량은 1기가이다.|我觉得家里的台式机~有点小;내가 보기에 집에 있는 데스크 탑 메모리 용량이 약간 작은 것 같다.|他想买一台~大一些的笔记本;그는 용량이 좀 큰 노트북을 사고 싶다.

内容 nèiróng 名 내용.¶这本书的~很好;이 책의 내용은 아주 좋다.|这篇文章的主要~是讲社会保障(báozhàng)问题;이 글의 주요 내용은 사회보장 문제이다.|他写的信~很简单;그가 쓴 편지내용은 매우 간단하다.|你给我介绍一下这部电视剧的~吧;이 드라마의 내용을 소개해줘.|我不太理解课文的~;나는 본문의 내용이 이해가 잘 안된다.

内心 nèixīn 名 내심. 속마음. 마음 속.¶他在~深处藏(cáng)了很多小秘密;그는 마음속 깊은 곳에 작은 비밀들을 숨겨두었다.|快考试了,我~很紧张;곧 시험이다. 나는 속으로 매우 긴장된다.|家长应该了解(liǎojiě)孩子的~世界;가장은 자녀의 속마음을 이해해야 한다.|对孩子取得的成绩他~感到很满意;아이가 받은 성적에 대해 그는 내심 아주 만족했다.|他一点儿也不了解我的~感受;그는 조금도 내 마음을 이해하지 못 한다.|在国外生活的这一年他给了我很大的帮助,我从~里感激他;외국에서 생활한 이 1년 동안 그는 나에게 아주 큰 도움을 주었다. 나는 마음으로부터 그에게 고마움을 느낀다.

嫩 nèn 形 ❶ 부드럽다. 연하다. 여리다. 어리다.¶春天,小草长(zhǎng)出了~芽;봄이 되면 풀들은 새싹이 돋아난

다.|柳(liǔ)树的叶子刚长(zhǎng)出来,~~的,绿绿的,很可爱;막 돋아난 버들잎은 연하고 파릇파릇하여 아주 사랑스럽다.|孩子们伸出又白又~的小手欢迎客人;아이들은 희고 부드러운 손을 내밀어 손님을 환영하였다. ❷(음식이) 말랑말랑하다. 씹기가 쉽다.¶这个饭店的豆腐炒得很~;이 호텔의 두부 요리는 아주 연하다.|今天的鱼~极了;오늘 생선 요리는 생장히 부드럽다.|请上一份牛排,~一点儿;비프스테이크 하나 주세요. 부드럽게 해주세요.|这个牛排做得太~了,好像还有血丝呢;이 스테이크는 너무 연하게 익혀 아직도 핏기가 있는 것 같다. ❸(색깔이) 연하다. 옅다.¶~绿~绿的叶子中间开着一朵红色的小花;연녹색 잎 가운데 작고 붉은 꽃 한 송이가 피어 있다.|孩子今天穿了一件~黄色的衣服;아이는 오늘 연노랑색 옷을 입었다.|这种颜色年轻人穿还可以,像我们这样五十来岁的人穿太~了;이런 색깔은 젊은이들이 입기에는 무난하지만, 우리 같은 50대가 입기에는 너무 연하다.

能 néng 动(조동사) ❶…할 수 있다. …할 줄 알다.¶我一个小时~走五公里;나는 한 시간에 5킬로미터를 걸을 수 있다.|你~喝多少瓶啤(pí)酒;너는 맥주 몇 병을 마실 수 있니?|你~学好汉语,我也~;네가 중국어를 마스터할 수 있으면 나도 할 수 있다. ❷(어떤 일에) 매우 능숙하다.¶这孩子~歌善舞,长大想当演员;이 아이는 노래도 잘하고 춤도 잘 춰서 커서 배우가 되고 싶어한다.|他~说会道,可以做外交工作;그는 언변이 좋아서 외교 방면 일을 할 수 있다.|四川人很~吃辣的;쓰촨 사람은 매운 것을 아주 잘 먹는다. ❸(어떤 방면에) 용도가 있다. 쓰임이 있다.¶狗~帮人看家;개는 사람을 도와 집을 지킨다.|游泳既~锻炼身体,又~减肥;수영은 신체 단련도 될 뿐 아니라 다이어트도 된다.|这种玩具~锻炼孩子的记忆力;이런 장난감은 아이의 기억력을 훈련시킬 수 있다. ❹발생할 가능성이 있음을 시사하며 추측의 어기를 지닌다.¶明天~晴天吗?내일 날씨가 맑겠습니까?|都过了半个小时了,他还~来吗?벌써 30분이나 지났는데 그가 올 수 있을까요? ❺사람의 보편적인 마음이나 도리 또는 어떤 조건 하에서 허가를 나타낸다. (부정과 의문에 많이 쓰인다.)¶考试时不~查电子词典;시험을 볼 때는 전자사전을 사용해서는 안 된다.|我~在屋里抽烟吗?제가 방 안에서 담배를 피워도 됩니까? 形 유능하다. 능력 있다.¶他是个~人;그는 유능한 사람이다.|今年咱们厂的生产~手是谁?올해 우리 공장의 생산의 달인은 누구입니까? 名 능력. 재능. (단음절어와 합성어를 이루거나 고정구에 주로 사용된다.)¶现在有很多高分低~的学生;요즘에는 점수는 높지만 능력이 떨어지는 학생들이 매우 많다.|智商低于70的儿童称为低~儿;IQ가 70보다 낮은 아동들은 저능아라고 불린다.

▶용법주의: ❶ 처음 습득한 동작이나 기능에는 '能'과 '会'를 다 쓸 수 있다. 하지만, 어떤 능력을 회복했을 때는 '能'만을 쓸 수 있으며 '会'를 쓸 수 없다.¶他一岁多一点儿就能(会)走路了;그

는 한 살이 좀 지나자 걸을 수 있었다. | 他经过治疗已经好了,明天就能来上班了(不能换成"会");그는 치료를 통해 건강이 좋아져 내일이면 출근할 수 있다. ('会'로 바꾸어 쓸 수 없다.) ❷ 어떤 수준에 도달했을 때는 '能'만을 쓰고, '会'는 쓸 수 없다. ¶他一分钟会打200个字(×) | 他一分钟能打200个字;그는 1분에 200타를 칠 수 있다. ❸ '不能不'는 '必须(반드시 해야 한다.)'의 의미이고, '不会不'는 '一定(꼭 …할 것이다.)'의 의미를 지닌다. ¶他不能不来(他必须来);그는 반드시 와야 한다. | 他不会不来(他一定会来);그는 안 올 리 없다. (그는 틀림없이 올 것이다.)

能否 néngfǒu 动 …할 수 있을까? ('能不能'의 형태와 같은 역할을 하며, 서면어에 많이 쓰인다.) ¶这种方法~成功还不知道;이런 방법이 성공할 수 있을지는 아직 모른다. | ~制造工具是区分人与猿(yuán)的根本标准;도구를 만들 수 있느냐 없느냐가 사람과 원숭이를 구분하는 근본적인 기준이 된다. | ~学好汉语的关键(jiàn)是多听多说多读多写;중국어를 잘 배울 수 있을 지의 관건은 많이 듣고 많이 말하고 많이 읽고 많이 쓰는 데에 있다.

能干 nénggàn 形 유능하다. 능력이 있다. 재능이 있다. 일을 잘 한다. 솜씨가 있다. ¶这小伙子可真~;이 청년은 정말 유능하다. | 妈妈~得很,什么事也难不倒(dǎo)她;엄마는 정말 유능하셔서 어떤 일도 그녀를 쓰러뜨리기 어렵다. | 他比我~得多;그는 나보다 훨씬 유능하다. | 这么~的人,还怕找不到工作? 이렇게 능력 있는 사람이 일자리를 못 찾을까 걱정하는 거야?

能够 nénggòu 动 (조동사) ❶ …할 수 있다. ¶我们~按期完成任务;우리는 기한 내에 임무를 완수할 수 있다. | 现在孩子已经~自己吃饭了;아이는 이미 혼자서 밥을 먹을 수 있다. | 我相信你~学好汉语;나는 네가 중국어를 잘 배울 수 있으리라 믿는다. ❷ 어떤 조건이나 도리상 허가를 나타낸다. ¶我的病已经好了,~去上课了;병이 다 나아서 수업에 갈 수 있다. | 你~帮我一个忙吗?너 날 도와줄 수 있니? | 我希望明天的考试你也~参加;내일 시험에 너도 참가할 수 있길 바란다.

能力 nénglì 名 능력. 역량. ¶这次车祸使他丧(sàng)失了生活~;이번 차 사고로 그는 생활 능력을 잃게 됐다. | 他的工作~很强;그의 업무 능력은 아주 뛰어나다. | 有学习~的孩子可以学到更多的东西;학습 능력이 있는 아이는 더 많은 것을 습득할 수 있다. | 我们现在很需要教学~强的老师;우리는 지금 강의 실력이 뛰어난 선생님이 간절히 필요하다.

能量 néngliàng 名 능률. 능력. 역량. 에너지. ¶大海中的波浪在起伏运动中具有巨大的~;바다의 파도는 출렁거릴 때 거대한 역량을 지닌다. | 这次火山爆(bào)发相当于20万颗原子弹爆炸(bàozhà)的~;이번 화산 폭발은 20만 개의 원자폭탄이 폭발하는 것과 같은 역량을 지닌다. | 糖是人体~的主要来源;탄수화물은 인체 에너지의 주요 근원이다. | 那个人的活动~很强,你找他想想办法;그 사람은 활

동 능력이 매우 뛰어나니, 너는 그를 찾아가 방법을 생각해 보아라.│运动员在比赛中会消耗(xiāohào)体内的~;운동 선수는 시합 중에 체내의 에너지를 소모한다.

能源 néngyuán 名 에너지원.¶中国有丰富的~;중국은 풍부한 에너지 자원을 가지고 있다.│节约~是每个人的责任;에너지 절약은 모든 사람의 책임이다.│我们不能浪费~;우리는 에너지 자원을 낭비해서는 안 된다.│真希望能开发出一种新型的无污染的~;오염 없는 신종 에너지 자원을 개발해 낼 수 있기를 간절히 바란다.│现在世界上的~越来越少;지금 세계의 에너지 자원은 갈수록 부족하다.

嗯 ńg 叹 감탄사. 응? (의문을 나타내고 단독으로 사용한다. 문장 앞뒤에 모두 쓸 수 있다.)¶~? 你说什么;응? 너 뭐라고 했니?│~? 怎么回事;응? 어떻게 된거야?│你去哪了? ~? 너 어디 가니? 응?

嗯 ňg 叹 감탄사. (생각지 못한 상황이나 뜻밖의 상황에 사용한다.)¶~! 怎么电脑又不出图像了;어! 왜 컴퓨터에 화면이 또 안 나오지?│~! 怎么是你在这里;어! 네가 왜 여기 있니?│~! 怎么还不走;어! 왜 아직 안 가니?

嗯 ǹg 叹 감탄사. (승낙 또는 동의를 나타낸다.)¶~, 就这么定了;좋아요, 그럼 이렇게 하죠.│~, 有道理;맞아, 일리가 있네.│~, 好的,你别担心;응, 알았어. 넌 걱정하지마.

泥 ní 名 ❶ 진흙.¶下雨后那段土路变成了~路;비가 내린 후 그 길은 진흙길이 되었다.│孩子的脚上全是~;아이의 발이 온통 진흙투성이다.│他的身上溅(jiàn)满了~点儿;그의 몸에 진흙이 잔뜩 튀었다. ❷ 진흙처럼 반고체 상태인 것.¶我喜欢吃枣~馅儿的月饼;나는 대추 소가 들어간 월병을 좋아한다.│茄子里放点蒜~很好吃;가지에 다진 마늘을 조금 넣으면 아주 맛있다.│孩子们在玩儿橡皮~;아이들은 고무점토를 가지고 놀고 있나.

泥鳅 níqiū 名 미꾸라지.¶~汤很有营养;추어탕은 매우 영양가가 있다.│目前~在市场上销路很好;요즘 미꾸라지는 판로가 아주 좋다.│无论是活~还是死~他都要;그는 산 것이든 죽은 것이든 미꾸라지라면 가리지 않고 모두 원한다.│我小的时候摸(mō)过~;나는 어렸을 때 미꾸라지를 만져 본 적이 있다.

你 nǐ 代 너. 당신.¶~叫什么名字? 이름이 무엇입니까?│刚才有人找了~;방금 어떤 사람이 널 찾았다.│这本书是我的,那本书是~的;이 책은 내 것이고, 저 책은 네 것이다.│~的画儿真漂亮;네 그림은 정말 예쁘다.│我们去~家吧;너희 집에 가자.

你们 nǐ·men 代 너희(들). 당신들.¶~班的同学都来了吗?너희 반 학생들은 다 왔니?│~四个人一起到我办公室来一下;너희 넷은 내 사무실로 좀 오렴.│我告诉~一个好消息;내가 너희들에게 한 가지 좋은 소식을 알려줄게.│很久不见了,很想念~;정말 오랜만이야, 너희가 너무 보고 싶었어.

年 nián 名 ❶ 해. 년. (태양이 지구를 한 바퀴 도는 시간)¶一~有12个月;1년은 12개월이다.│我1998~来过韩国;나는 1998년도에 한국에 왔었다.

|他~~都要去一次北京;그는 1년에 한 번씩 베이징에 가려 한다.|今~或明~我们就可以见面了;올해나 내년에 우리는 만날 수 있다.❷해마다.¶这次商品交易~会将在广州举行;이번 상품 교역 연례회는 광저우에서 거행된다.|今年棉花的~产量比去年翻了一番(fān);올해 목화의 연 생산량은 작년의 두 배가 되었다.量연 수를 계산할 때 쓴다.¶他在北京上了四~大学;그는 베이징에서 4년제 대학에 다녔다.|最近三~他没有来过;최근 3년 동안 그는 온 적이 없다.|我们每~都开一次会;우리는 매년 한 번씩 회의를 연다.

年代 niándài 名 ❶연대.¶这件事发生在上世纪八十~;이 일은 지난 세기 80년대에 발생했다.|他是20世纪80~出生的;그는 20세기 80년대에 출생했다.|1970年至1979年是20世纪70~;1970년에서 1979년까지가 20세기의 70년대이다.❷역사상의 한 시기. 시대. 시기.¶他们是在战争~认识的;그들은 전쟁 시기에 알게 되었다.|我们生活在和平~,不能体会战争时期的苦难(nàn);우리는 평화 시대에 살고 있어서 전쟁 시기의 고난을 이해할 수 없다.|现在这个~竞争非常激烈(jīliè);지금 이 시대는 경쟁이 매우 치열하다.

年度 niándù 名 연도.¶本~的任务已经完成了;이번 년도의 임무는 이미 완수했다.|我们今天讨论一下下一~的工作计划;우리 오늘 다음해의 업무 계획을 토론하자.|他已经写好了~总结;그는 이미 연말 결산을 작성하였다.

年糕 niángāo 名 (중국식) 설 떡. (찹쌀이나 쌀가루를 쪄서 만든 떡으로 설에 먹는 음식)¶每年过年的时候我家都蒸(zhēng)~;매년 설을 쇨 때마다 우리 집은 설 떡을 찐다.|南方人爱吃炒~;남방 사람들은 볶은 떡을 즐겨 먹는다.|大年三十吃年夜饭之前,都用~供祖先以表思念;음력 12월 30일 연야반(제야에 먹는 음식)을 먹기 전, 모두 조상님께 떡을 바치며 그리움을 표한다.|他们刚吃了几口~就不吃了;그들은 떡을 몇 입 먹고는 안 먹는다.

▶용법주의:'年糕'는'黏糕(niángāo)'와 뜻과 발음이 같지만 일반적으로'年糕'를 많이 사용한다.

年糕汤 niángāotāng 名 떡국. (중국에서 설 떡으로 만든 탕으로, 주로 육수로 만든다. 한국의 '떡국'은 설 음식으로 떡과 소고기, 파, 달걀 등을 넣어 만든다. 흔히들 떡국 한 그릇을 먹으면 나이를 한 살 더 먹는다고 말한다.)¶正月的头三天要吃~;정월의 처음 3일 동안은 떡국을 먹어야 한다.|请来一份~;떡국 1인분 주세요.|在我的家乡,新年期间要喝红豆~,用红豆、银耳、年糕和糖做成,希望在新的一年有一个美好甜蜜的开始;우리 고향에서는 새해에 팥과 목이버섯, 떡, 설탕을 넣어 만든 팥 떡국을 먹으며, 새해의 아름답고 행복한 시작을 기원한다.

年级 niánjí 名 학년.(학교에서 학생 연한에 따라 나눈 학년.)¶在中国,小学分为六个~,初中分为三个~,高中分为三个~;중국에서 초등학교는 6개의 학년, 중학교는 3개의 학년, 고등학교는 3개의 학년으로 나뉜다.│我的弟弟在上小学五~,妹妹上初中二~;내 남동생은 초등학교 5학년에 다니고, 여동생은 중학교 2학년이다.│在中国,一般的大学分为四个~,医学等特殊(shū)专业为五个~;중국에서 일반대학은 4개 학년으로 나뉘고, 의학 등 특수전공은 5개 학년으로 나뉜다.│他在大学二~时开始谈恋爱;그는 대학교 2학년 때부터 연애를 하기 시작했다.│新学年开始了,我们又升了一个~;새 학년이 시작되어 우리는 또 한 학년 진급하였다.

年纪 niánjì 名 (사람의) 연령. ¶他~很大了,身体还很好;그는 나이가 많지만 몸은 아직도 건강하다.│您多大了?연세가 어떻게 되세요?│刚才来找你的人~大约三四十岁;방금 당신을 찾아 온 사람은 대략 3~40세쯤 됐다.│他~不大就当上了领导;그는 젊은 나이에 지도자가 되었다.│那个孩子小小~就开始喝酒;그 아이는 아주 어린 나이에 술을 마시기 시작하였다.

▶용법주의:'나이'는 '大(많다)', '小(적다)'라고 말하며, '高', '低'라고 말하지 않는다. ¶他年纪高,得多照顾(×) │他年纪大,得多照顾;그분은 연세가 많으시니 잘 보살펴야 한다.

年龄 niánlíng 名 연령. ¶我们俩~相同,都是25岁;우리 둘은 나이가 모두 25살로 똑같다.│请在这里填上你的~;여기에 당신의 나이를 적어 주세요.│这棵树的~可不小了,得(děi)有三百岁了;이 나무의 수령이 꽤 돼서, 300살은 됐을 것이다.│在这个动物园里,那只老猴的~最大;이 동물원에서 저

원숭이의 나이가 가장 많다.│这孩子~虽然小,可是很会学习;이 아이는 나이는 어리지만 공부를 잘한다.│你的孩子今年才五岁,还不到上学的~;네 아이는 겨우 5살이어서 아직 학교에 갈 나이가 안 된다.

年青 niánqīng 形 젊다. ¶他~的时候读书很用功;그는 젊었을 때 아주 열심히 공부했다.│昨天的比赛中国队充分发挥了队员~、体力好的优势(yōushì);어제 시합에서 중국 팀은 선수들의 젊은 기량과 체력적인 우세를 충분히 발휘했다.│那个~人是一位著名的画家;그 젊은이는 유명한 화가이다.

年轻 niánqīng 形 ❶ 젊다. 나이가 많지 않다. 대부분 2~30대를 가리킨다. ¶我们班的学生都是二十出头的~人;우리 반 학생은 모두 갓 스무 살이 넘은 젊은이들이다.│我们单位~人比较多;우리 회사에는 젊은 사람들이 많은 편이다.│他已经不~了,跑不过你;그는 이미 젊지 않아서 너보다 빨리 뛸 수 없다. ❷ 어리다. ¶妈妈比爸爸~十岁;엄마는 아빠보다 10살 어리시다.│我比你~得多,当然应该多干一些;제가 (당신보다) 훨씬 어리니 좀 더 많이 해야죠.│现在比李明~的教授有很多;지금 리밍보다 젊은 교수가 아주 많다.│李处长显得很~;이 처장님은 아주 젊어 보인다.

念 niàn 动 ❶ 읽다. ¶请同学们跟我~一下课文;여러분 저를 따라 본문을 읽어 보세요.│他每天早晨都会~英语;그는 매일 이른 아침에 영어를 읽는다.│妈妈正在给孩子~故事;엄마는 아이에게 이야기를 읽어 주고 있다.

|每天~三遍课文;매일 본문을 세 번씩 읽는다.|别~出声,妈妈在睡觉;소리 내어 읽지 마라. 엄마가 주무시고 계신다.|快把信给奶奶~~;어서 할머니께 편지를 읽어 드려라. ❷ 학교에 다니다. 등교하다. ¶他只~到高中就去打工了;그는 고등학교까지만 다니고 일하기 시작했다.|姐姐已经~完大学;언니는 이미 대학을 마쳤다.|儿子在~小学,女儿在~中学;아들은 초등학교에 다니고 딸은 중학교에 다닌다.

鸟 niǎo (~儿)[名]새. ¶小~儿飞到树上去了;작은 새가 나무 위로 날아갔다.|不许逮(dǎi)~儿;새를 잡아서는 안 된다.|现在有很多人养~儿;요새 많은 사람들이 새를 기른다.|~是人类的朋友,我们应该爱护它们;새는 인류의 친구이며 우리는 마땅히 그들을 아끼고 보호해야 한다.

捏 niē [动] ❶ (손가락으로) 집다. ¶他手里~着一只小虫子;그는 손에 작은 벌레 한 마리를 집고 있다.|孩子小心地把石子儿从米里~出来;아이는 조심스럽게 쌀에서 돌멩이를 골라 내고 있다.|妈妈疼爱地~了~孩子的小脸儿;엄마는 귀엽다는 듯이 아이의 조그만 얼굴을 꼬집었다.|她~了一点儿盐放进锅里;그녀는 솥에 소금을 약간 집어 넣었다. ❷ (손가락을 사용하여 부드러운 것을 일정한 형태로) 만들다. 빚다. 빚어 만들다. ¶妈妈正在~饺子;엄마는 만두를 빚고 계신다.|孩子用橡皮泥~了一个小汽车;아이는 고무 점토로 작은 자동차를 만들었다.|我~不好,你快帮我~~;나는 잘 못 빚으니까 네가 빚는 걸 얼른 도와줘.|他~的泥人儿和爸爸很像;그가 빚은 찰흙 인형은 아빠와 매우 닮았다.|你~得可真像;너는 아주 비슷하게 잘 빚었다.

您 nín [代] 당신. 너희. ¶~是王老师吗? 我已经等~半天了;왕 선생님이신가요? 오래 기다렸어요.|路上有泥,请~慢走;길에 진흙이 있으니 천천히 가세요.|~忙~的,我过一会儿再来;하던 일을 하세요. 저는 잠시 후에 다시 올게요.|我想麻烦~点儿事儿;부탁이 있는데요.|~三位想喝点儿什么?세 분은 어떤 음료로 마시겠어요?|~几位慢走;모두들 안녕히 가세요.

▶용법주의: 여러 사람을 가리킬 때는 '您' 뒤에 수량사를 붙인다. 하지만 구어에서는 보통 '您们'이라고 하지 않는다. 서면어에서는 가끔 '您们'을 볼 수 있다.

凝视 níngshì [动] (주의력을 집중하여) 눈여겨보다. 주목하다. 응시하다. ¶他长时间地~着窗外;그는 오랫동안 창 밖을 바라보고 있다.|妈妈~了他半天,不知道该说什么;엄마는 그를 한참 동안 빤히 바라보기만 할 뿐, 무슨 말을 해야 할지 몰랐다.|他久久地~着山中的景色,想记住这里的一草一木;그는 오랫동안 산중의 풍경을 응시하며 이곳의 풀 한 포기, 나무 한 그루까지 기억해두고 싶어한다.

宁可 nìngkě [副] 차라리 (…하는 것이 낫다.). 오히려 (…할지언정.) a) '차라리…할지언정…않겠다.' ¶我~走着去,也不坐你的车;차라리 걸어가고 말지 네 차는 안 탄다.|他~多花点儿钱,也不想买质量不好的便宜货;그는

차라리 돈을 좀 더 쓰고 말지, 품질이 안 좋은 싸구려 제품을 사고 싶어 하지 않는다.|他~绕(rào)远,也不想违反交通规则;그는 차라리 돌아갈지언정 교통규칙을 위반하고 싶어하지 않는다. b) …하더라도…해야 한다. ¶我~不睡觉也要把作业做完;나는 잠을 못 자더라도 숙제를 마쳐야 한다.|他~多花点钱,也要租(zū)一处自己满意的房子;그는 돈을 좀 더 쓰더라도 자신이 만족할 만한 방을 구하고 싶어한다.|妈妈~自己吃不饱,也要先让孩子们吃饱;엄마는 자신은 배불리 먹지 못하더라도 우선 아이들을 배불리 먹이려 한다. c) …하는 것이…만 못 하다. …하느니, 차라리…하는 게 낫다. ¶我不喜欢足球,与其去看球赛,~在家睡觉;나는 축구를 좋아하지 않아서 축구 시합을 보러 가느니 차라리 집에서 잠을 자는 게 좋다.|与其求别人帮忙,~自己辛苦点儿干完了算了;다른 사람에게 도움을 구하느니, 차라리 조금 힘들지언정 자기 스스로 끝내고 만다. d) 기타 형식. ¶为了提高效率(xiàolǜ),他们~现在少生产一些,让工人去学会新技术;효율을 높이기 위해서 그들은 차라리 지금 생산을 좀 줄이더라도 노동자들에게 신기술을 배우도록 하였다.|为了吃到新鲜的蔬(shū)菜,他~起个大早去菜市场;신선한 채소를 먹기 위해 그는 아침 일찍 일어나 채소 시장에 간다.|为了保护环境,他~不开车,去挤公共汽车;환경보호를 위해 그는 차를 몰지 않고 만원버스를 탄다.

宁肯 nìngkěn 副 차라리 (…하는 것이 낫다.). 설령 (…할지라도.). ¶他~少睡会儿觉,也要完成任务;그는 잠을 조금 덜 잘지라도 임무를 완수하려고 한다.|老师~自己受累,也要给孩子们创造一个干净整洁的环境;선생님은 자신이 고생할지라도 아이들에게 깨끗하고 청결한 환경을 만들어 주려 하신다.|你要想听音乐会就自己去吧,我~在家里看电视;음악회에 가고 싶으면 혼자 가라. 나는 차라리 집에서 텔레비전을 보겠다.

宁愿 nìngyuàn 副 차라리 (…하고자 한다.). 차라리 (…할지언정). 오히려 (…하고 싶다.). ¶他~自己去打工挣钱,也不愿向朋友借钱;그는 스스로 일해서 돈을 벌지언정 친구에게 빌리는 것을 원치 않는다.|她~自己去,也不想跟他一起去;그녀는 혼자 갈지언정 그와 같이 가고 싶지는 않다.

牛 niú 名 소. ¶现在农村很多地方种地已经不用~了;현재 농촌의 많은 지방에서는 농사지을 때 이미 소가 필요없게 되었다.|这个牧(mù)场养了三百头奶~;이 목장은 300마리의 젖소를 키웠다.|这头母~刚产下一头小~;이 어미 소는 방금 송아지 한 마리를 낳았다. 形 고집스럽다. 교만하다. ¶他现在有钱了,说话很~气;그는 지금 부자가 되어서 말을 거만하게 한다.|你有什么可~的,不就是有钱吗;네가 허세부릴 게 뭐 있어, 고작 돈 있는 것 뿐이잖아?|这孩子又犯~脾气了,谁的话也不听;이 아이는 또 고집을 부리며, 누구의 말도 듣지 않는다.

牛奶 niúnǎi 名 우유. ¶临(lín)睡前喝杯~有利于睡眠(mián);자기 전에 우유를 한 컵 마시면 수면에 이롭다.|他正在挤~;그는 우유를 짜고 있다.|

487

你要不要在咖啡里加点儿~;커피에 우유를 조금 넣을까?| 我想买两瓶~,楼下小店里卖~吗?저는 우유 두 병을 사고 싶은데, 아래층 작은 가게에서 우유를 파나요?

牛排骨汤 niúpáigǔtāng 名 갈비탕. (소의 갈비를 물에 넣고 끓인 음식)¶ 我住院后,妈妈特意给我做了~送来;내가 입원한 뒤 엄마는 특별히 갈비탕을 끓여 보내 오셨다.| 这家饭店的~很独特;이 호텔의 갈비탕은 참 독특하다.| 炖(dùn)~时放点儿海带,味道更鲜美;갈비탕을 고을 때 미역을 조금 넣어 주면 맛이 더욱 좋다.

牛肉 niúròu 名 소고기.¶ 我爱吃~,炒(chǎo)~、炖(dùn)~、烤(kǎo)~都爱吃;나는 소고기를 좋아한다. 볶은 소고기, 삶은 소고기, 구운 소고기 모두 즐겨 먹는다.| 现在~不太贵,可以多买一点儿;지금은 소고기가 별로 비싸지 않으니 조금 많이 사도 된다.| 你应该多吃点儿~;너는 소고기를 많이 먹어야 한다.

牛尾汤 niúwěitāng 名 꼬리곰탕. (소꼬리로 끓인 탕)¶ 请给我上一份~;꼬리곰탕 1인분 주세요.| 我刚才点了~、牛排和蔬菜沙拉,你还想再点什么菜;나는 방금 꼬리곰탕, 갈비, 야채샐러드를 시켰는데, 더 시키고 싶은 요리 있니?| 孩子一口气喝完了一大碗~;아이는 단숨에 꼬리곰탕 한 사발을 다 먹었다.

扭 niǔ 动 ❶ 반대 방향으로 돌리다. 회전하다.¶ 他~头看了看,又接着往前走;그는 뒤돌아 보더니 계속 앞으로 갔다.| 一见到她,我忙把脸~过去了;그녀를 보자마자 나는 얼른 고개를 돌렸다.| 她~着脸不想理我;그녀는 고개를 돌린 채 나를 상대하려 하지 않는다. ❷ (근육이나 뼈를) 삐다.¶ 昨天锻炼的时候,他把腰~了;그는 어제 운동할 때 허리를 삐었다.| 她~伤了脚,得(děi)休息两天;그녀는 발을 삐어 이틀 간 쉬어야만 한다.| 孩子~着胳膊了,快去医院看看吧;아이가 팔을 삐었으니 어서 병원에 가 보자. ❸ 비틀다. 꼬집다.¶ 他把树枝~断了;그는 나뭇가지를 비틀어 꺾었다.| 你别~着孩子的胳膊,小心弄疼了他;너는 아이의 팔을 비틀지 말아라. 아이가 아프지 않게 조심해라.| 你都快把我的脖子~断了;네가 하마터면 나의 목을 꺾을 뻔 했다. ❹ 몸이 좌우로 흔들리다.¶ 她每天都去~秧(yāng)歌儿;그녀는 매일 모내기춤을 추러 간다.(扭秧歌儿:명절 때 추는 중국 춤의 일종)| 那几个孩子在台上~来~去地学着模特走路;몇 명의 아이들이 무대 위에서 몸을 좌우로 흔들며 모델 워킹을 배우고 있다.| 我跳不好,就随便~~吧;나는 춤을 못 추니 그냥 마음대로 흔들자.| 她走路一~一~的;그녀는 길을 걸을 때 몸을 흐느적거린다.| 别~屁股,要保持身体挺直;몸을 곧게 유지하려면 엉덩이를 흔들지 마라.

扭转 niǔzhuǎn 动 ❶ 반대 방향으로 돌다. 회전하다.¶ 他~身子,向相反的方向跑去;그는 몸을 돌려서 반대 방향으로 뛰어갔다.| 她听到我在身后叫她,~车把向我骑过来;그녀는 내가 뒤에서 부르는 소리를 듣고 차를 돌려 내 쪽으로 왔다. ❷ (방향을) 교정하다. 바꾸다.¶ 现在的局势对我方不利,

得(děi)把局势~过来;지금 정세가 우리 쪽에 불리하므로 정세를 돌려 놓아야만 한다.| 我们还没有完全~被动局面,大家还要继续努力;우리는 피동적 국면을 아직 완전히 돌려놓지 못했으므로 모두들 계속 노력해야 할 것이다.| 我们应该~目前的不良风气;우리는 지금의 좋지 않은 풍조를 바꿔 놓아야 한다.

农产品 nóngchǎnpǐn 名 농산물. 농산품. ¶小麦、稻子、棉花、烟草等都是~;밀, 벼, 목화, 담배 등은 모두 농산품이다.| 这是个~市场;이곳이 농산물 시장이다.| 今年~获得大丰收;올해 농산품은 큰 풍작을 이루었다.

农村 nóngcūn 名 농촌. ¶他的家在~,父母都种(zhòng)地;그의 집은 농촌에 있고 부모님은 모두 농사를 지으신다.| 我们吃的菜都是从~运来的;우리가 먹는 채소는 모두 농촌에서 운반해 온 것이다.| 现在的~已经有了很大的变化;현재 농촌에는 이미 큰 변화가 생겼다.| ~的空气比城市里的好;농촌의 공기는 도시보다 좋다.

农耕 nónggēng 动 (논밭을 갈아) 농사짓다. ¶那里的土地适宜~,盛产棉花、大豆;그 곳의 토지는 농사짓기에 적합하여, 목화와 대두 등을 많이 생산한다.| 在~地区,生产由男女共同承担(chéngdān);농경지에서는 남녀가 함께 생산을 맡아야 한다.| 中国是个以农业为主的国家,民间信仰(yǎng)有~社会的特色;중국은 농업위주의 국가로, 민간 신앙에 농경사회의 특색이 있다.| 这些画表现出深厚的~文化的特点;이 그림들은 깊은 농경문화의 특징을 나타낸다.

农活 nónghuó (~儿) 名 농사일. (밭 갈기, 파종, 수확 등의 일) ¶他平时上学,周末帮父母干~;그는 평상시에는 학교를 다니고 주말에는 부모님을 도와 농사일을 한다.| 他才十五岁,可样样~都会干;그는 겨우 15살이지만 각종 농사일을 다 할 수 있다.| 现在农村大部分~都由机器来做了;현재 농촌은 대부분 기계로 농사일을 한다.| 他想早点儿忙完~到城里去打工;그는 농사일을 서둘러 마치고 도시에 가서 일하고 싶어한다.

农民 nóngmín 名 농민. 농업에 종사하는 사람. ¶他的父母都是~;그의 부모님은 모두 농민이시다.| ~们很关心天气的变化;농민들은 날씨 변화에 관심이 많다.| 现在~看病比以前方便多了;지금은 농민이 진찰 받기가 예전보다 많이 편해졌다.| 他出生于~家庭;그는 농촌 출신이다.| 村里的~大多都外出打工了;마을의 농민은 대부분 밖으로 일하러 나갔다.

农事 nóngshì 名 농사일. (농업 생산과 관련된 갖가지 일) ¶他把自己积累(lěi)多年的~经验写成了一本书;그는 자신이 쌓은 다년간의 농사 경험으로 책을 한 권 썼다.| 春、夏、秋三季~繁(fán)忙;봄, 여름, 가을 세 계절은 농사일이 아주 바쁘다.

农田 nóngtián 名 농경지. 농토. ¶路边有几块~;도로변에는 몇 구획의 농경지가 있다.| 大水淹没(yānmò)了~和村庄;홍수에 농토와 마을이 잠겼다.| 他们已经把大片的沙漠(mò)改造成了~;그들은 이미 넓은 사막을 개조하여 농경지로 만들었다.| 爷爷活着时整日在~劳作;할아버지께서는 살아

계실 때 하루 종일 농경지에서 일하셨다.

农业 nóngyè 名 농업.(농작물 재배와 가축 사육의 일)¶中国是个~大国,~占有重要地位;중국은 농업 대국으로 농업이 중요한 위치를 차지하고 있다.|今年~获得(dé)大丰收;올해는 농업이 큰 풍년을 이루었다.|他们在发展工业的同时,也发展~;그들은 공업을 발전시키는 동시에 농업도 발전시킨다.|这个地区的~主要集中在蔬菜、水果等经济作物;이 지역의 농업은 주로 야채, 과일 등 경제작물에 집중되어 있다.|现在从事~生产的人比以前少了;지금은 농업생산 종사자가 이전보다 줄어들었다.

浓 nóng 形 ❶ (액체나 기체의 농도가) 진하다. 짙다. 농후하다. 조밀하다.¶这杯咖啡太~了,再冲点儿水吧;이 커피는 너무 진하니 물을 좀 타자.|我喜欢喝~茶;나는 진한 차를 즐겨 마신다.|一走进公园,~~的花香扑(pū)面而来;공원에 들어서자 짙은 꽃향기가 풍긴다.|昨天早上的雾太~了,开不了车;어제 아침엔 안개가 너무 짙게 끼어 운전을 할 수가 없었다.|这孩子~眉大眼的,真好看;이 아이는 눈썹이 짙고 눈이 부리부리하여 아주 보기 좋다. ❷ (정도나 분위기 등이) 심하다. 강하다. 왕성하다.¶快到圣诞节了,节日的气氛越来越~;곧 성탄절이어서 명절 분위기가 갈수록 무르익고 있다.|我们班的学习气氛很~;우리 반의 학습 분위기는 매우 진지하다.|他说话有很~的口音;그의 말투는 사투리가 심하다.

弄 nòng 动 ❶ 가지고 놀다. 만지다. 다루다.¶他整天~他的那些画儿,别的什么也不管;그는 온종일 그의 그림들만 만지작거리며 다른 것은 전혀 신경을 쓰지 않는다.|他又去~他那两只鸟儿去了,也不学习;그는 그의 새 두 마리와 놀기만 하고 공부는 하지 않는다.|年龄大了,在家~点儿花呀草的也不错;나이가 들면 집에서 화초를 돌보는 것도 괜찮다. ❷ 하다.¶妈妈正在厨房~菜呢,我去叫她;엄마가 주방에서 요리를 하고 계시니, 내가 부르러 가겠다.|我们把这些桌椅~进去吧;우리 이 책걸상을 들여놓자.|我的电脑坏了,你帮我~~吧;컴퓨터가 고장났는데 네가 좀 봐줄래.|你得(děi)把这个词~明白;너는 이 단어를 확실히 이해해야만 한다.|你把我的书~到哪儿去了;너는 내 책을 어디다 두었니? ❸ 구할 방법을 찾다. (얻을 방법을) 강구하다.¶你能不能帮我~两张去广州的机票?광저우행 비행기표 두 장을 끊어 줄 수 있니?|快去~点儿热水来;빨리 가서 뜨거운 물을 좀 가져오너라.|这么 晚了,到哪儿去~蛋糕?이렇게 늦었는데 어디 가서 케이크를 사오지? ❹ 농락하다. 놀리다. 조종하다.¶你别在我面前~这种没用的手段,骗(piàn)不了我;내 앞에서 이런 쓸데없는 수작 부리지 마라, 나를 속일 수 없단다.|他这个人太狡猾(jiǎohuá)了,你~不过他;그 사람은 정말 교활하여 너는 그를 놀려먹을 수 없다.|这个老板卖东西时总是~假;이 사장은 물건을 팔 때 종종 속임수를 쓴다.

奴隶 núlì 名 노예.¶~社会,~过着很悲惨(bēicǎn)的生活;노예 사회의 노

예는 비참한 생활을 하였다.| ~没有人身自由;노예는 생명, 건강, 행동, 명예 따위의 자유가 없다.| 我们不能做金钱的~;우리는 돈의 노예가 되어서는 안 된다.

奴隶制 núlìzhì 名(노예 사회의 통치 계급이 가지는) 노예 제도. ¶夏朝是中国历史上第一个~王朝;하나라 왕조는 중국 역사상 처음 노예 제도가 시행됐던 왕조이다.| 林肯是美国反对~的英雄;링컨은 노예 제도에 반대한 미국의 영웅이다.| 美国直到1865年才从法律上废除(fèichú)了~;미국은 1865년에 와서야 법률상 노예 제도를 폐지했다.

努力 nǔlì 形 열심이다. 정성이다. ¶姬善学习非常~;희선이는 아주 열심히 공부한다.| 李明工作比你~得多;리밍은 너보다 훨씬 열심히 일한다.| 我们应该~学习, ~工作;우리는 마땅히 열심히 공부하고, 열심히 일해야 한다. 动 (-//-) 노력하다. 힘쓰다. ¶如果再~一些, 你的成绩会更好;조금만 더 노력한다면 네 성적은 더 좋아질 것이다.| 要想取得比赛的冠军, 你还得(děi)再~才行;시합에서 우승하고 싶다면 너는 더 노력해야만 한다.

女 nǚ 形 여성의. 여자의. ¶我们这里~学生比男学生多;우리 이곳은 여학생이 남학생보다 많다.| ~教师越来越多;여선생이 갈수록 많아진다.| 这种不男不~的打扮很不好看;남잔지 여잔지 알 수 없는 이런 차림은 전혀 안 예쁘다.| 我们这儿不要~的;우리는 여자가 필요하지 않습니다.

▶용법주의: '女'는 사람의 성별만을 나타내고, 수식어로 사용될 때에는 반드시 중심어 앞에 놓인다. ¶那是一只女牛(×)| 那是一只母牛;그것은 암소이다.| 她是一位美丽的女年轻老师(×)| 她是一位美丽的年轻女老师;그녀는 아름다운 젊은 여선생이다.

女儿 nǚér 名 딸. ¶他家有两个~, 一个儿子;그의 집에는 딸 둘, 아들 하나가 있다.| 那个穿红衣服的女孩儿是我的~;저 빨간 옷을 입고 있는 여자아이가 제 딸입니다.| 他家大~去年参加工作了, 二~正在读研究生, 小~今年也考上了大学;그의 집 큰딸은 작년에 일하기 시작했고, 둘째 딸은 대학원에 다니고, 막내딸은 올해 대학에 합격했다.

▶용법주의: ❶ '女儿'은 보통 일반 여자아이에게 쓸 수 없다. ¶我在火车上认识了一个十六七岁的女儿(×)| 我在火车上认识了一个十六七岁的女孩儿;나는 기차에서 16~7세쯤 된 여자 아이를 알게 되었다.| 你已经是大女儿了, 不能再和姐姐抢东西了(×)| 你已经是大姑娘了, 不能再和姐姐抢(qiǎng)东西了;넌 이미 다 큰 아가씨다. 다시는 언니와 물건을 다투려 하지 마라. ❷ '女儿'과 '儿子', '女孩儿'과 '男孩儿'이 짝을 이루며, 혼용하여 사용할 수 없다. ¶他的妻子生了一个男孩儿, 一个女儿(×)| 他的妻子生了一个儿子, 一个女儿;그의 아내는 아들 하나, 딸 하나를 낳았다.

女人 nǚrén 名 여자. 여인. 성인 여자. ¶一个男人却穿着~的衣服, 让人看了不舒服;한 남자가 여자 옷을 입고 있어 사람들이 보고 불편해한다.| ~都希望自己漂亮;여자는 모두 예쁘기를 바란다.| ~们在一起聊天儿, 总是

离不开丈夫和孩子;여자들은 수다 떨 때 늘 남편과 아이 얘기를 빼놓지 않는다.

▶용법주의: ❶'女人'은 일반적으로 결혼한 여성을 가리킨다. '小伙子(청년)'과 대조하여 사용할 때는 마땅히 '姑娘(아가씨)'을 써야 한다.¶她长得很漂亮,是小伙子们都喜欢的女人(×)|她长得很漂亮,是小伙子们都喜欢的姑娘;그녀는 아주 예쁘게 생겨서 청년들이 모두 좋아하는 아가씨이다. ❷'女人'은 전체 여성을 가리킬 때는 사용할 수 없다.¶我们要努力促进世界女人事业的发展(×)|我们要努力促进世界妇女事业的发展;우리는 힘써 세계여성발전을 촉진시켜야 한다.

女人 nǔ·ren 名 <口> 아내.¶他的~对他很好;그의 아내는 그에게 매우 잘 한다.|他已经四十岁了,还没有~;그는 벌써 40살인데 아직 아내가 없다.

▶용법주의: '女人'은 'nǔrén'으로 읽으면 성인 여성을 나타낸다.¶那女人(nǔrén)结了两次婚;저 여인은 두 번 결혼한 적이 있다.

女士 nǔshì 名 부인. 여사. 학식이 있는 여자. (부녀자에 대한 존칭)¶~们,先生们,希望大家今天过得快乐;신사 숙녀 여러분, 오늘 즐거운 하루를 보내시길 바랍니다.|请前面的那些~把帽子摘(zhāi)下来;앞에 계신 숙녀분들은 모자를 벗어 주세요.|您拿的那种笔是专为~设计的;들고 계신 그 펜은 여성용으로 디자인된 것입니다.

女性 nǔxìng 名 여성. 这部小说写了两位性格完全不同的~;이 소설은 성격이 완전히 다른 두 여성을 묘사하였다.|~应该受到和男性一样的尊重;여

성은 마땅히 남성과 같은 존중을 받아야 한다.|她的身上充满了东方~的魅(mèi)力;그녀 몸에는 동양 여성의 매력이 넘쳤다.|我们要做21世纪的新~;우리는 21세기의 신여성이 되어야 한다.

女婿 nǔ·xu 名 사위.¶她的女儿嫁给了美国人,所以她现在有一个洋~;그녀의 딸이 미국인에게 시집을 가서, 그녀는 서양인 사위가 생겼다.|一到春节的时候,女儿~就回来看我们;설이 되면 딸과 사위는 우리를 보러 온다.

女子 nǔzǐ 名 여자.¶那个年轻的~要找你,你认识吗? 젊은 여자가 너를 찾던데 아는 사람이니?|这次运动会她获得(dé)了~百米的冠军;이번 운동회에서 그녀는 여자 100미터 우승을 차지하였다.|奥运会的~项目越来越多了;올림픽의 여성 종목이 점점 많아지고 있다.|他对面坐着一个年轻漂亮的~;그의 맞은편에는 젊고 예쁜 여자가 앉아 있다.

▶용법주의: 여성이 참가하는 운동 종목이나 운동 팀은 일반적으로 '女子'를 사용하여 수식한다.¶我们学校有一支女人篮球队(×)|我们学校有一支女子篮球队;우리 학교에는 여자 농구팀이 있다.|全国女性足球赛(×)|全国女子足球赛;전국여성축구시합.

暖 nuǎn 形 (기후, 환경 등이) 따뜻하다. 온화하다.¶春天到了,~风吹到脸上很舒服;봄이 되어 따스한 바람이 얼굴에 불어오니 아주 상쾌하다.|~~的阳光照在身上;따스한 햇빛이 몸을 비추고 있다.|春~花开;봄은 따뜻하고 꽃은 핀다. 动 따뜻하게 하다.¶冻得冰凉的手~了半天才~

过来;얼음장 같이 차가운 손은 한참을 녹이고 나서야 따뜻해졌다.| 外面太冷了,快进屋~~吧;밖은 너무 추우니 어서 들어와 몸을 녹여라.| 酒已经~热了,快喝吧;술이 이미 데워졌으니, 어서 마셔라.

暖和 nuǎn·huo 形 (기후, 환경 등이) 따뜻하다. ¶ 天气这么~,不用穿大衣了;날씨가 이렇게 따뜻하니 외투를 입을 필요가 없다.| 才~了两天,又冷起来了;고작 이틀 따뜻하더니 또 추워졌다.| 外边暖暖和和的,咱们还是去爬山吧;밖이 따뜻하니 우리는 등산하러 가는 것이 좋겠다.| 屋里已经够~的了,别开暖气了;방 안은 충분히 따뜻하니 난방을 켜지 마라.| 给孩子穿~点儿,明天要降温呢;아이를 좀 더 따뜻하게 입혀라. 내일은 온도가 떨어질 것이다. 动 따뜻하게 하다. 몸을 녹이고 불을 쬐다. ¶ 在外面走了半天了,快进屋~~吧;밖에서 한참을 돌아다녔으니 어서 집에 들어가 몸을 녹이자.| 这个房间太大,暖气片太少,~不了;이 방은 큰데 라디에이터가 너무 작아 따뜻하게 할 수 없다.| 他喝了一口热酒,身上立刻~起来了;그는 뜨거운 술을 한 모금 마시자, 몸이 바로 따뜻해졌다.

暖气 nuǎnqì 名 ❶ 스팀. 난방 설비. 라디에이터. ¶ 在中国黄河以北的地区都有~;중국 황허의 북쪽 지역에는 모두 난방 설비가 되어 있다.| 房间里的~烧得太热了;방안의 보일러를 뜨겁게 틀었다.| ~管子怎么是凉的?;스팀관이 왜 차갑지? ❷ 온기. 따뜻한 기체. ¶他一进屋,迎面扑(pū)来了一股(gǔ)~;그가 방에 들어오자 얼굴에 온기가 와 닿았다.| 这屋子好久没有人住了,里面很冷,一丝~也没有;이 방에는 오랫동안 사람이 살지 않아서 안이 매우 춥고, 조금의 온기도 없다.

暖水瓶 nuǎnshuǐpíng 名 보온병. ¶ 我的~坏了,得去再买一个;내 보온병이 망가져서 다시 하나 사야 한다.| 她从~中给我倒了一杯热水;그녀는 보온병에서 내게 뜨거운 물을 한 잔 부어주었다.

挪 nuó 动 (위치를) 옮기다. 이동하다. ¶ 他把桌子往窗户边儿上~了~;그는 책상을 창가 쪽으로 좀 옮겼다.| 你把那个床~到桌子边儿上来吧;그 침대를 책상 쪽으로 옮겨라.| 这个柜子太沉了,我一个人~不动;이 옷장은 너무 무거워서 나 혼자서는 옮길 수 없다.| 他在这儿工作了一年,住的地方已经~了三次了;그는 여기서 1년 일하는 동안 사는 곳을 벌써 3번이나 옮겼다.| 你能不能帮我把冰箱~一~?;냉장고 좀 같이 옮겨줄 수 있겠니?| 他在职期间,利用职权~用公款一百万元;그는 재직 기간 중에 직권을 이용하여 공금 1백만 원을 횡령했다.

挪动 nuó·dong 动 (위치를) 이동하다. 옮기다. 움직이다. ¶ 我想用周末把家里的家具~~;나는 주말을 이용하여 집안의 가구를 옮기고 싶다.| 孩子想买那个玩具,无论妈妈怎么说,他都不肯~一步;아이는 그 장난감을 사고 싶어서, 엄마가 뭐라고 해도 한 발짝도 움직이지 않으려 한다.| 昨天堵(dǔ)车很厉害,我们等了两个小时,车子才缓缓(huǎnhuǎn)向前~了一百米;

어제 차가 심하게 막혀서 우리는 두 시간을 기다리고 나서야 차가 겨우 천천히 100미터를 움직일 수 있었다.

偶然 ǒurán 形 우연하다. 우연스럽다. ¶发生这样的事儿太~了,我们都没有想到;이 일은 너무 우연히 일어나서 우리는 모두 생각시노 못 했다.｜在实验中出现~的失误是可能的;실험 중 우연한 실수는 가능한 일이다.｜你这次考得不好并非~,而是因为你平时不好好学习;네가 이번에 시험을 못 본 것은 우연이 아니라 평소에 공부를 열심히 하지 않았기 때문이다.｜一个~的机会,他认识了现在的妻子;그는 우연한 기회에 지금의 아내를 알게 되었다. 副 우연히. 뜻밖에. ¶昨天在图书馆,我~发现了这本小说;나는 어제 도서관에서 우연히 이 소설을 발견했다.

爬 pá 动 ❶ (곤충, 파충류 등이) 기다. 기어가다. ¶ 一条蛇正向他~过来;뱀 한 마리가 그를 향해 기어온다.| 乌龟~得很慢;거북이는 아주 느리게 긴다.| 孩子已经会~了;아이가 벌써 길 줄 안다.| 他浑(hún)身无力,~了半天才~了十米;그는 온몸에 힘이 없어서 한참을 기었는데도 겨우 10미터 기었을 뿐이다.| 它~了一趟(tàng)又一趟,最后终于~不动了;그것은 한 차례 또 한 차례 기더니, 결국 마지막에는 움직이지 못 했다. ❷ 기어오르다. ¶我们已经~到山顶了;우리는 이미 산 정상에 올랐다.| 不许~树;나무에 올라가면 안 된다.| 经常~~山对身体有好处;자주 등산을 하면 몸에 좋다.| 他从来没~过这么高的梯子;그는 여태껏 이렇게 높은 사다리에 올라가 본 적이 없다.

▶용법주의: '爬'는 단독으로 장소를 나타내는 목적어를 가질 수 없다. ¶蚂蚁爬洞了(×)| 蚂蚁爬进洞里了;개미는 동굴 안으로 기어 들어갔다.| 一只小虫子正在爬窗户上(×)| 一只小虫子正在窗户上爬;작은 벌레 한 마리가 창문 위에서 기고 있다.

爬山 pá//shān 动 등산하다. ¶ 我最喜欢秋天去~;나는 가을에 등산 가는 것을 가장 좋아한다.| ~对身体有好处;등산은 몸에 좋다.| 他平时就喜欢跑跑步,爬~山,锻炼锻炼身体;그는 평소에 조깅과 등산을 하며 체력 단련하기를 좋아한다.| 爬过高山,看过大海之后,他感觉自己的心胸开阔多了;높은 산도 오르고 넓은 바다도 보자 내 마음이 넓어지는 것 같다.| 周末我和朋友爬了一天山,累得都快走不动了;주말에 나는 친구와 하루 종일 등산을 했더니, 걸을 수 없을 정도로 피곤하다.

怕 pà 动 무서워하다. 두려워하다. 근심하다. 염려하다. ¶ 她胆子小,连小虫子都~;그녀는 겁이 많아서 작은 벌레도 무서워한다.| 我从来不~小动物;나는 작은 동물을 무서워해 본 적이 없다.| 这孩子很~见生人;이 아이는 낯선 사람 만나는 걸 꺼려한다.| 我夏天~热,冬天~冷;나는 여름엔 더위를 타고, 겨울엔 추위를 탄다.| 要想学好汉语就不能~麻烦;중국어를 잘 배우고 싶다면 귀찮아해서는 안 된다. ❷ 참을 수 없다. 견딜 수 없다. 버틸 수 없다. (…에) 약하다. (…을) 참아내지 못 하다. ¶这种药就~阳光直射;이런 약은 직사광선을 피해야 한다.| 他的病~受刺激(cìjī),要尽量让他心情平静;그의 병은 충격을 받으면 안되니 최대한 그의 마음을 편하게 해줘야 한다.| 这种花就~浇水太多,水一多就死了;이런 꽃은 물을 너무 많이 주면 안 된다. 물이 많으면 죽어 버린다. 副 아마 …일 것이다. …일지도 모른다. ¶天阴得这么厉害,~是要下雨了吧;날이 굉장히 흐린 것

이 아마도 비가 오려나 보다.丨都十点了他还没来,~是今天不会来了吧;벌써 10시인데 그가 아직도 안 왔으니, 아마 오늘은 오지 않겠지?丨他的病~是好不了(liǎo)了;그의 병은 아마도 호전되지 않을 것이다.丨现在才去买票,~是买不到了;지금에서야 표를 사러 가면 아마 살 수 없을 거다.

拍 pāi 动 ❶ (손바닥이나 납작한 물건으로) 치다. ¶那个小姑娘正在~球;그 어린 소녀가 공을 치고 있다.丨小朋友们~着手唱歌;꼬마 친구들이 박수치며 노래를 부른다.丨我~了~小张的肩膀,叫她跟我一起走;나는 미스 장의 어깨를 두드리며 같이 가자고 했다.丨他从地上爬起来,~了~身上的土;그는 땅에서 일어나 몸의 흙을 가볍게 털었다. ❷ 사진 찍다. 촬영하다. ¶我们在那个美丽的小岛上~了很多照片;우리는 그 아름다운 작은 섬에서 많은 사진을 찍었다.丨他们正在济洲岛上~电影;그들은 지금 제주도에서 영화를 찍고 있다.丨他已经~了多部电视剧了;그는 이미 여러 편의 드라마를 찍었다.丨那部纪录片就是在这里~的;그 다큐멘터리는 이곳에서 촬영한 것이다.丨他已经把那些令人难忘的场面都~下来了;그는 이미 잊을 수 없는 장면들을 모두 찍어 두었다. ❸ (전보 등) 치다. 보내다. ¶快去给他~电报,他的母亲病危(wēi);그의 모친이 위독하시다고 어서 그에게 전보를 쳐라.丨妈妈刚~回一封电报告诉我们她很好;엄마는 방금 우리에게 매우 잘 지내신다는 회신전보 한 통을 보내셨다.丨我从来没~过电报;나는 여태껏 전보를 쳐 본 일이 없

다. 名 (~儿) 물건을 치거나 두드리는 도구. 채. ¶我得(děi)买一个苍蝇~儿打蚊子;나는 모기를 잡을 파리채를 하나 사야 한다.丨快给我球~儿;어서 나에게 라켓을 주렴.丨羽毛球~;배드민턴 라켓.丨兵乓球~;탁구채.丨网球~;테니스 라켓.

排 pái 名 ❶ 줄. 열. 대열. ¶这次会议三年级坐在前~;이번 회의는 3학년이 앞줄에 앉는다.丨我们的票是第五~的;우리 표는 5번째 줄이다.丨后~的同学都往前面坐;뒷줄 학생들은 모두 앞쪽으로 앉아라. ❷ 스테이크. (서양 음식의 한 종류로 크고 두꺼운 고기 조각을 구워 만든 것) ¶妈妈正在做炸(zhá)牛~;엄마는 비프 스테이크를 만들고 있다.丨猪~、鱼~他都爱吃;그는 돈까스, 생선 까스를 모두 즐겨 먹는다.丨请给我来一份鸡~;치킨 까스 1인분 주세요. 量 줄. 열. (줄, 열을 셀 때 사용한다.) ¶教室里有三~桌子;교실에 책상이 3줄 있다.丨路边的两~白杨树高大挺拔(tǐngbá);도로변 양쪽에 두 줄로 늘어선 백양나무는 높고 곧게 뻗어 있다.丨一~~的桌椅摆放得十分整齐;한 줄 씩 놓여있는 책걸상은 아주 가지런하게 놓여 있다. 动 ❶ 차례대로 배열하다. 한 개씩 순서대로 놓다. ¶请大家~好队;여러분 줄을 서 주세요.丨同学们把椅子~成了两行;학우들은 의자를 두 줄로 배열했다.丨队伍~得整整齐齐;대열이 아주 질서 정연하게 줄지어 있다. ❷ 내보내다. (힘으로) 제거하다. ¶洗衣机正在~水,现在不要开盖儿;세탁기가 탈수 중이니 지금은 뚜껑을 열면 안 된다.丨我们现在得(děi)把

箱子里的废(fèi)气~出去;우리는 지금 상자 안의 폐기가스를 내보내야 한다.|大家要齐心协(xié)力~除一切困难完成任务;모두가 마음을 모으고 협력해서 모든 고난을 이겨내고 임무를 완성해야 한다.

排球 páiqiú 名 ❶ 배구. (구기운동종목의 하나)¶她是国家~队的老队员了;그녀는 국가대표 배구팀의 노장선수이다.|妈妈很喜欢看~比赛;엄마는 배구 시합을 즐겨 보신다.|我们去打~吧;우리 배구하러 가자. ❷ 배구공. ¶我想买一个新~;나는 새 배구공을 하나 사고 싶다.|这只~比以前的~好用;이 배구공은 예전 공보다 쓰기 좋다.|他的头被~打了一下;그는 배구공에 머리를 한 대 맞았다.

牌 pái 名 ❶ (~儿) (상호, 업종 등) 표지. 마크. (보통 단독으로 쓰이지 않으며 앞에 반드시 수식어가 온다.) ¶每个代表队前都有自己国家的标~;각 대표팀 앞에는 모두 자국의 마크가 있다.|那家商店门口有一个很大的广告~;그 상점 입구에는 아주 큰 광고판이 있다. ❷ (~儿) 간판. ¶我们家的门~上写着"解放路15号";우리 집 문패에는 '해방로 15호'라고 쓰여 있다.|汽车必须上了车~才能上路行驶(xíngshǐ);자동차는 반드시 번호판을 달아야만 길에서 운행할 수 있다.|看一看路~, 我们走到哪儿了? 도로표지판을 봐. 우리 어디로 가고 있는 거야? ❸ (~儿) 상표. ¶这是一块名~手表;이것은 명품 시계이다.|你买的这条裤子是冒~货;네가 산 이 바지는 가짜 상표이다.|这是一家老~名店, 他家的饺子最有名;이

곳은 아주 오래된 유명한 가게로 이 집의 만두가 가장 유명하다. ❹ 일종의 오락용품. (도박용으로 쓰인다). ¶我不会玩纸~;나는 트럼프를 할 줄 모른다.|他不喜欢玩扑克~;그는 포커 치는 걸 좋아하지 않는다.|爷爷退休以后有时会和朋友一起打~;할아버지는 퇴직 후 가끔 친구와 카드놀이를 하신다.|我刚买了一副~;나는 방금 카드를 샀다.

派 pài 动 (임명하여) 파견하다. ¶领导~他去广州(Guǎngzhōu)调查这件事;책임자는 그를 광저우에 보내어 이 일을 조사하게 하였다.|我们想近期~一个代表团去欧洲访问;우리는 가까운 시일내에 대표팀을 유럽에 보낼 생각이다.|组织~他去那个大学当校长;기관에서 그를 그 대학의 총장으로 파견하다.|他们部队已经被~到前线去了;그들 부대는 이미 전방으로 파견되었다. 名 ❶ 파. 파벌. 분파. (입장, 견해, 스타일, 습성 등이 같은 사람들.) ¶我们允许不同党~的人加入学会;우리는 다른 당파 사람이 학회에 가입하는 것을 허가한다.|小王是激进~, 小张是保守~, 两人一到一起就会争论起来;왕 군은 급진파이고 장 군은 보수파여서 두 사람은 모였다 하면 논쟁을 벌인다.|你是哪一~的? 당신은 어느 파인가요? ❷ 파이. (서양 간식)¶孩子很喜欢吃巧克力~;아이는 초콜릿 파이를 아주 좋아한다.|我买了两盒苹果~;나는 사과 파이 두 상자를 샀다.

派遣 pàiqiǎn 动 (정부, 기관, 단체 등이) 파견하다. ¶欧盟(ōuméng)将于本周内~一个贸易(màoyì)代表团前往中

国;유럽 연합은 이번 주 내에 무역대표단을 중국으로 파견 보낼 예정이다.│我们将继续扩大~留学生到国外学习先进的技术和理论;우리는 유학생을 해외에 파견해 선진기술과 이론을 배워 오게 하는 일을 계속 확대할 것이다.│敌人~了大批侦探兵企图摸清我方的兵力部署;적들은 대량의 정찰병을 보내어 우리군의 병력 배치를 분명히 파악하려 했다.│公司~他到上海做调查;회사는 그를 상하이로 보내어 조사하게 했다.

派系 pàixì 名 파벌.¶有些政党内部存在不同的~,他们往往观点不一致;일부 정당 안에는 다른 파벌들이 존재하는데, 그들은 종종 의견이 일치하지 않는다.│党内的~斗争对政党的发展不利;당내 파벌투쟁은 정당의 발전에 불리하다.│他们俩属于(shǔyú)不同的~;그들 둘은 다른 파벌에 속한다.

盘 pán 名 ❶(~儿) 접시.¶妈妈昨天买回来许多~子,有鱼~、方~、圆~;엄마는 어제 접시를 많이 사 오셨는데, 생선 접시, 네모난 접시, 둥근 접시를 사오셨다.│递给我个~放水果;저에게 과일 담을 접시 하나 건네주세요.│用托~端着还方便些;쟁반을 사용해 나르면 훨씬 간편하다. ❷모양이나 기능이 접시 같은 물건.¶你见过磨~吗?以前的人都用它磨(mò)面;맷돌을 본 적 있니? 예전에 사람들은 모두 그것으로 제분을 했다.│他打算~打得非常好;그는 주산을 아주 잘 한다.│我们摆上棋~下棋;우리는 장기판을 놓고 장기를 둔다.│这个键(jiàn)~坏了;이 키보드는 망가졌다.

人们现在基本上不用软~了;사람들은 요새 보통 플로피디스켓을 쓰지 않는다.│现在电脑的硬~比以前大多了;요새 컴퓨터의 하드 디스크 용량은 예전보다 많이 커졌다. 量 판. 대. 그릇. (접시와 같은 모양이나 기능을 지닌 것을 셀 때 사용한다.)¶我们俩昨天下了两~棋;우리 둘은 어제 장기 두 판을 두었다.│他点了一~蚊香;그는 모기향에 불을 붙였다.│快给我上一~饺子;빨리 만두 한 판을 주세요.│他送给我一~磁带;그는 나에게 테이프를 하나 주었다.

盘子 pán·zi 名 접시. 쟁반. (물건을 담는 얕고 낮은 그릇)¶妈妈把菜盛(chéng)在~里了;엄마는 음식을 접시에 담았다.│把那两个~递给我;그 접시 두 개를 나에게 건네다오.│妹妹在帮妈妈洗~;여동생은 엄마를 도와 설거지를 하고 있다.│~里装着满满的一~菜;접시에 요리가 한 가득 담겨 있다.

判断 pànduàn 名 판단. (추론이나 평론을 거쳐 얻어낸 결론)¶你的~是错误的;네 판단은 틀렸다.│我们应该根据现有的证据做出合理的~;우리는 지금 있는 증거를 근거로 합리적인 판단을 해야 한다.│这种~没有理论根据;이런 판단은 이론적 근거가 없다. 动 판단하다. 판정하다. 단정하다.¶我们来请老师~这句话对不对;우리 선생님에게 이 말이 맞는지 판단해 달라고 하자.│请大家~一下这句话是真的还是假的;모두들 이 말이 참인지 거짓인지 판단해 보세요.│我们应该有~是非的能力;우리는 시비를 판단할 능력이 있어야 한다.│你

来~~下面哪些句子是错的;너는 아래 어떤 문장이 틀렸는지 판단해 보아라.|我看了半天,也~不出来哪幅画儿是假的;한참을 보았지만, 어떤 그림이 가짜인지 판단할 수 없다.

判决 pànjué 动❶ 판결하다. 판결을 내리다.¶法庭现在~如下;법정의 판결은 아래와 같습니다.|那个案子至今还没有~;그 안건은 지금까지 판결이 나지 않았다.❷ 판단하다. 결정하다.¶在比赛中,队员要服从裁判的~;시합에서 선수들은 심판의 판결에 복종해야 한다.|刚才裁判~那个进球有效;심판은 방금 그 골이 유효하다고 판정했다. 名 판결.¶他正在等着法院的~;그는 법원의 판결을 기다리고 있다.|这是最后的~;이것은 최후의 판결이다.

盼望 pànwàng 动 간절히 바라다. 희망하다.¶我~早点放假;나는 빨리 방학길 바란다.|他~妈妈能早日回国;그는 엄마가 빠른 시일에 귀국하시길 바란다.|我们~着毕业那一天能早日来临;우리는 졸업하는 그날이 빨리 오기를 바라고 있다.|这一天他已经~了很多年了;이 날을 그는 아주 수년 동안 기다려 왔다.|到中国留学是他~已久的事;중국유학은 그가 오랫동안 바라던 일이다.

旁 páng 名❶ 옆. 곁.¶路~有一家快餐(cān)店;길 옆에 패스트푸드점이 하나 있다.|书架就在桌~;책꽂이는 책상 옆에 있다.|他身~有人吗? 그 사람 옆에 사람이 있나요?❷(~儿)한자의 편방.¶木字~的字很多;나무 목 변의 글자는 아주 많다.|言字~的字都和说话有关;말씀 언 변의 글자는

모두 말과 관련이 있다. 代 기타. 그 밖에.¶我不想管~人的事,只想能解决自己的问题;나는 제 3자의 일에 관여하고 싶지 않고 다만 내 자신의 문제를 해결하고 싶다.|你如果还有~的事儿就别来了;만약 다른 일이 더 있다면 오지 마라.

旁边 pángbiān (~儿) 名 방위사. 옆. 곁. 측면. 부근. 근처.¶马路~停着一些汽车;큰 길 옆에는 자동차들이 서 있다.|学校~有两家餐厅(cāntīng);학교 옆에 식당 두 곳이 있다.|她~那个人是她的男朋友;그녀 옆의 저 사람은 그녀의 남자친구이다.|笔就在词典~;붓은 사전 옆에 있다.

胖 pàng 形 뚱뚱하다. 살지다.¶我最近~了许多,得(děi)减肥了;나는 요즘 살이 많이 쪄서 다이어트를 해야 한다.|他太~了;그는 너무 살쪘다.|你比以前~多了;너 예전보다 살이 많이 쪘다.|这孩子~~的,真可爱;이 아이는 통통한 것이 참 귀엽다.|她生完孩子以后~起来了;그는 아이를 낳은 후 살이 찌기 시작했다.|那个~女人就是他的妻子;저 뚱뚱한 여자가 바로 그의 아내이다.

▶용법주의:'胖'은 일반적으로 사람에게만 쓰고 동물이나 다른 사물에는 쓸 수 없다.¶那条鱼又大又胖(×)|那条鱼又大又肥;그 물고기는 크고 살쪘다.|他穿了一条特别胖的裤子(×)|他穿了一条特别肥的裤子;그는 아주 헐렁한 바지를 입었다.

炮 pào 名❶ 대포.¶敌人的大~很厉害;적의 대포는 아주 대단하다.|向敌人开~;적군을 향해 대포를 쏘다.|我们又增加了两架高射~;우리는 또 고사

포 두 대를 늘렸다.| 敌人的~火太猛了;적군의 포화가 매우 맹렬했다. ❷ 폭죽.¶以前每年春节的时候我们都放~;예전에는 매년 춘절 때마다 우리는 폭죽을 터뜨렸다.| 弟弟最爱放鞭(biān)~;남동생은 폭죽 터뜨리기를 가장 좋아한다.| 孩子们最喜欢正月十五晚上放花~;아이들은 정월 대보름날 저녁에 폭죽 터뜨리는 것을 가장 좋아한다.

跑 pǎo [动] ❶ 달리다. 뛰다.¶他能一口气~五圈(quān);그는 단숨에 5바퀴를 달릴 수 있다.| 别~了,小心车!뛰지 말고 차조심해라!| 他~着~着,一下子摔倒(shuāidǎo)了;그는 달리고 달리다가 갑자기 넘어졌다.| 他从来没~过马拉松;그는 여태껏 마라톤을 달려본 적이 없다.| 这孩子~得可真快,一定可以得冠军;이 아이는 정말 빨리 달린다. 틀림없이 우승할 것이다.| 都~了半个小时了,我实在~不动了;벌써 30분을 뛰었다. 나는 정말 움직이지 못 하겠다.| 兔子~得(dé)很快;토끼는 아주 빨리 달린다. ❷ 도망가다.¶快抓住他,别让他~了!그가 도망가지 못 하게 빨리 그를 잡아라.| 他从监狱(jiānyù)里~出来了;그는 감옥에서 도망쳐 나왔다.| 要是让他们~了,可就不好抓了;만약 그들이 도망가면 잡기 힘들 것이다.| 放心,他们~不了;안심해, 그들은 도망갈 수 없다.| 一只老虎从动物园里~出来了;호랑이 한 마리가 동물원에서 탈출했다. ❸ 어떤 일을 위해 바삐 뛰어다니다.¶他这几年在全国各地~买卖;그는 몇 년 간 전국 각지를 돌며 장사를 한다.| 为了这笔生意,他特意

~了一趟(tàng)上海;이번 사업을 위해 그는 특별히 상하이에 한 차례 다녀왔다. ❹ (물체가 마땅히 있어야 할 자리에서) 벗어나다. 이탈하다. 빠져나가다. 새다.¶离那条电线远点儿,它~电;그 전선이 누전되니까 그 전선에서 멀리 떨어져라.| 我的自行车~气,早上刚打了气,中午就~光了;내 자전거는 바람이 샌다. 아침에 막 바람을 넣었는데 오후가 되니 다 빠졌다. ❺ 액체 또는 기체가 휘발되어 사라지다.¶瓶儿盖没有盖好,里面的汽油都~光了;병뚜껑을 잘 닫지 않아서 휘발유가 모두 날아가 버렸다.| 那瓶酒精~了一些,浓度不够了;그 술은 알코올이 조금 날아가서 도수가 모자란다.| 茶叶放在瓶子里容易~味儿;찻잎은 병 안에 두면 향기가 날아가기 쉽다.

跑步 pǎo//bù [动] 조깅하다. 달리다.¶他每天早上都~;그는 매일 아침 조깅을 한다.| 咱们去跑会儿步吧;우리 잠깐 조깅하러 가자.| ~是一项很好的运动;조깅은 매우 좋은 운동이다.| 我们平时跑跑步,游游泳,爬爬山,坚持锻炼身体;우리는 평상시에 조깅도 하고, 수영도 하고, 등산도 하며 꾸준히 체력 단련을 한다.| 他每天都要跑半个小时步;그는 매일 30분씩 조깅을 한다.| 他的脚受伤了,这两天跑不了(liǎo)步了;그는 발에 부상을 입어 요 며칠 조깅을 할 수 없게 되었다.

跑车 pǎochē [名] 경주용 자동차.¶他的~在比赛中出了点儿问题,得(děi)修修了;그의 경주용 자동차는 시합하는 중에 문제가 생겨서 수리해야만 한다.| 我想买一辆~;나는 경주용 자

동차를 한 대 사고 싶다.|爸爸送给我一辆新~作为生日礼物;아빠는 생일 선물로 나에게 경주용 자동차를 한 대 사 주셨다.

泡 pào 名 ❶ (~儿) 거품. ¶那边水面上直冒水~儿,下面一定有鱼;저 쪽 수면 위로 계속 물거품이 뿜어 올라오는 것이 아래쪽에 분명히 물고기가 있을 것이다.|洗衣盆里的肥皂~太多了;세숫대야 안에 비누거품이 너무 많다. ❷ 거품 같은 물건. 물집. ¶灯~坏了,得(děi)换一个了;전구가 망가져서 바꿔야 한다.|他昨天干活的时候手上磨(mó)了一个~;그는 어제 일할 때 손에 물집이 생겼다. 动 ❶ (비교적 긴 시간 동안) 액체에 담그다. ¶洗衣机里的衣服~得太多了;세탁기 안에 옷을 너무 많이 담가 두었다.|他的手在水里~得时间太长了,都~得发白了;그는 손을 물속에 너무 오래 담가서 하얗게 되었다.|快把西瓜放在凉水里~~;어서 수박을 찬 물에 담궈라. ❷ (일부러 시간을) 소모하다. 낭비하다. ¶我们俩下班后在酒吧~了两个多小时;우리 둘은 퇴근 후 술집(bar)에서 두 시간을 보냈다.|别在这儿~啦,快去干活儿去吧;여기서 시간 버리지 말고 빨리 가서 일해라.|在这儿~时间有什么用,快复习吧;여기서 시간 낭비하면 무슨 소용 있니? 어서 가서 복습해라.

泡菜 pàocài 名 김치. (중국 김치는 양배추, 배추, 무, 고추, 미나리 등 각종 제철 채소를 소금, 생강, 산초나무 열매, 회향, 황주, 고추 등을 넣어 끓여서 식힌 물에 담가 만드는 신맛을 가진 요리이고, 한국 김치는 채소를 주 원료로 하여 각종 야채를 배합하여 발효시킨 음식이다.) ¶四川的~很有特色;스촨의 김치는 아주 특색 있다.|没有~的饭不是为韩国人准备的;김치가 없는 밥상은 한국인을 위해 차린 것이 아니다.|韩国人的饭桌上总有~;한국인의 밥상에는 늘 김치가 있다.|~营养丰富;김치는 영양가가 풍부하다.

泡菜汤 pàocàitāng 名 김치찌개. ¶很多刚到韩国的人吃不惯~;한국에 막 온 많은 사람들이 김치찌개를 먹는 데 익숙하지 않다.|~是韩国人饭桌上的常备食品;김치찌개는 한국인의 밥상에 단골메뉴이다.

陪 péi 动 동반하다. 동행하다. 동석하다. ¶我昨天~客人去长城了;나는 어제 손님을 모시고 만리장성에 갔다.|你快去~客人;너는 어서 가서 손님 시중을 들어라.|明天我要出差,不了(liǎo)你了;나는 내일 출장을 가야 해서 너와 함께 할 수 없다.|小张不舒服,我~她去医院看看;장 양이 아파서, 나는 그녀를 데리고 병원에 진찰을 받으러 간다.

培养 péiyǎng 动 ❶ 배양하다. ¶我们这个基地近两年~了许多新品种;우리 기지에서는 최근 몇 년간 신품종을 많이 배양했다.|我们这里~出了不同品种的玫瑰(méigui)花;우리 이곳에서는 다른 품종의 장미꽃을 배양해 냈다.|这里不~花苗,只~树苗;여기서는 꽃 묘목을 배양하지 않고, 나무 묘목만을 배양한다.|他们这个实验室正在~一种细菌(xìjūn);그들은 실험실에서 세균을 배양하고 있다. ❷ 양성하다. 키우다. 배양하다. ¶这

是一所专门~教师的大学;이곳은 전문적으로 교사를 양성하는 대학이다.|近几年我们~出了一大批国际复合型人才;최근 몇 년 동안 우리는 글로벌멀티 인재를 대대적으로 배출해 냈다.|她有音乐天赋,要好好~~;그녀는 음악에 천부적인 소질이 있으니 잘 키워야 한다.|妈妈要把她~成一名歌唱家;엄마는 그녀를 성악가로 키우려고 한다.|没有老师的~,就没有我的成功;선생님의 가르침이 없었다면 나의 성공도 없었다.

培育 péiyù [动] 기르다. 재배하다. (인재를 양성하거나 교육할 때도 사용한다.)¶他们~了许多新的蔬菜品种;그들은 많은 신품종 야채를 재배했다.|教师辛勤(xīnqín)~着祖国的花朵;선생님은 부지런히 조국의 꿈나무들을 길러낸다.|这里的鱼苗~得很好;이곳의 치어는 양식이 잘 된다.|这里气温太低了,~不了(liǎo)那种花;이곳의 온도가 너무 낮아 그런 꽃을 재배할 수 없다.|把他们~成才是我们的任务;그들을 인재로 양성하는 것이 우리의 임무이다.

赔 péi [动] ❶ (자신의 행동으로 인해 다른 사람에게 손해를 끼쳐)배상하다. 변상하다. 보상해 주다. 물어주다.¶你的书是我弄丢的,我来~;네 책을 내가 잃어버렸으니, 내가 물어줄게.|这是我~你的新车;이것은 내가 너에게 물어준 새 차이다.|他昨天~给那位老大爷五百元钱;그는 어제 그 노인에게 500위안을 물어 주었다.|这幅画儿是珍贵的文物,你~得起吗? 이 그림은 진귀한 문화재인데, 네가 변상할 수 있겠느냐? ❷ (손해를 입히거

나 상처를 입힌 사람에게) 사과하다. 잘못을 빌다. 잘못을 인정하다.¶小张向你来~礼了,你就原谅他吧;장군이 너에게 사과를 하니 너는 그를 용서해라.|我先向你~罪,回头再给你买个新书包,行吗? 내가 먼저 너에게 사과하고 나중에 새 책가방을 사 주면 되겠니?|她已经~过礼了;그녀는 이미 사과했다.|我是来给您~个不是,请您多多原谅;당신께 제 잘못을 사죄 드리러 왔으니 부디 너그럽게 용서해 주세요. ❸ (장사를 하여)본전을 밑지다. 손해보다.¶去年他们公司~了两万多元;작년에 그들 회사는 2만여 위안을 손해 보았다.|这笔买卖我们~本了,大概~了三万多元;이번 장사에서 우리는 손해를 봤는데, 대략 3만여 원을 손해 봤다.|他这回连本钱都~进去了;그는 이번에 본전도 못 찾았다.|我一定要把~的钱都赚(zhuàn)回来;나는 반드시 손해 본 돈을 다시 벌 것이다.|你放心,这回我~不了钱;안심해라. 이번에는 손해보지 않을 거야.

▶용법주의: ❶'赔'가 술어로 사용되면 일반적으로'把'구문을 쓰지 않는다.¶你把我的书包弄坏了,你把那个书包赔我(×)|你把我的书包弄坏了,你赔我一个一样的;네가 내 책가방을 망가뜨렸으니 똑같은 걸로 물어내라. ❷'赔'의 목적어는 대명사가 올 수 없다.¶我的书被你弄丢了,你得赔它(×)|我的书被你弄丢了,你得赔我一本;내 책을 네가 잃어버렸으니, 네가 물어줘야 한다.

配 pèi [动] ❶ (적당한 기준이나 비율에 따라) 배합하다.¶我先给你~几副中

药试试;내가 우선 너에게 한약 몇 첩을 지어줘 보마.|千万别把药~错了;약을 잘못 조제하면 절대 안 된다.|这幅画儿里绿色~得太多了;이 그림에는 녹색이 너무 많이 들어갔다.|这两种颜色~在一起很难看;이런 두 가지 색이 한데 섞이니 보기 안 좋다.|这种药酒我们~了很长时间才~好;이런 약주는 장시간 섞였기 때문에 배합이 잘되었다. ❷ (모자라는 물건을) 보충하여 채우다. ¶我的眼镜得(děi)~个小螺(luó)丝钉;내 안경은 작은 나사못 하나를 끼워야 한다.|如果缺少什么零件,我们可以免费给~上;만약 부족한 부품이 있으면 우리가 무료로 채워줄 수 있다.|陪我一起去眼镜店~一副眼镜吧;나와 함께 안경점에 가서 안경을 하나 맞추자. ❸ (다른 사물에 의하여) 돋보이게 하다. 두드러지게 하다. 받쳐주다. ¶他在这部电影中是一个~角;그는 이 영화에서 조연이다.|这条裙子~什么样的上衣好看? 이 치마에는 어떤 윗도리가 어울릴까?|她特意为这件毛衣~了一个胸针;그녀는 특별히 이 스웨터에 브로치를 달았다. ❹ 어울리다. 부합하다. …할 자격이 있다. ¶只有他这么优秀的人才~当先进工作者;그처럼 우수한 인재만이 뛰어난 일꾼이 될 자격이 있다.|从外表看,他根本就~不上那个姑娘;겉으로 보기에 그는 그 아가씨와 도무지 어울리지 않는다.|你的这身打扮和你的身份不相~;너의 차림새는 너의 신분에 어울리지 않는다.

▶용법주의: 사람과 옷의 색깔이 어울리지 않거나 사이즈 등이 맞지 않을 때,'配'를 쓰면 안 된다. ¶这件衣服太大了,不配你穿(×)| 这件衣服太大了,你穿不合适;이 옷은 너무 커서 네가 입기에 적합하지 않다.

配合 pèihé 动 협동하다. 협력하다. 공동으로 (임무를) 완성하다. ¶他们两人的双打~得很好,已经拿过好几次冠军了;그들 둘의 복식 경기는 손발이 아주 잘 맞아서 이미 여러 번 우승한 바 있다.|请公司再派几个人来~我们完成任务;회사에서 몇 사람을 더 파견하여 우리와 함께 임무를 완성하게 해 주세요.|领导让我来~你工作;책임자는 나를 너와 같이 일하게 하였다.|在课题小组中搞科研,与同伴的~很重要;프로젝트 팀에서 과학연구를 할 때 동료와의 협력이 아주 중요하다.

喷 pēn 动 (액체, 기체, 분말 등이) 압력을 받아 내뿜다. 분출하다. ¶这辆汽车刚~完漆(qī),不要动它;이 자동차는 방금 래커칠을 마쳤으니 건드리지 마라.|他正在给果树~农药;그는 과일나무에 농약을 치고 있다.|那个山洞里不停地向外~着泉水;그 산굴 안에서는 끊임없이 밖으로 샘물이 흘러나온다.|听完这个笑话,他禁不住把嘴里的饭都~到了桌子上;이 우스갯소리를 듣고, 그는 참지 못 하고 입 안의 밥알을 책상 위에 내뿜고 말았다.|他感到有一股热气~到脸上;그는 뜨거운 열기가 얼굴에 뿌려지는 것을 느꼈다.

盆 pén (~儿) 名 (물건을 담거나 씻는 데 쓰는) 그릇. 대야. 화분. ¶他把那个漂亮的花~儿打碎(suì)了;그는 그

예쁜 화분을 깨뜨렸다.|他不喜欢用脸~洗脸;그는 세숫대야로 세수하는 것을 싫어한다.|孩子的浴(yù)~坏了;아이의 욕조가 망가졌다.|快把饭~拿来,我去食堂打饭;밥 타러 식당에 가게 빨리 식판을 가져와라.

朋友 péng·you 名 ❶ 친구.¶我们俩从小就是好~;우리 둘은 어릴 때부터 좋은 친구이다.|我有很多外国~;나는 외국인 친구들이 많다.|能不能请你的~帮我一个忙?네 친구에게 날 좀 도와 달라고 할 수 없을까? ❷ 연인. 애인.¶你有~吗?我能不能做你的男~?너 애인 있어? 내가 네 남자 친구 하면 안 될까?|姑娘都二十五了还没有~呢;아가씨는 벌써 25살인데 아직 애인이 없다.|今天我把女~带来跟大家认识一下;오늘 나는 여자친구를 데려와 사람들에게 인사시켰다.

捧 pěng 动 ❶ (두 손으로) 받쳐들다. 받들다.¶儿子~着一束花走进妈妈的病房;아들은 꽃다발을 가지고 엄마의 병실로 들어갔다.|他双手~着奖杯向教练走去;그는 양 손으로 트로피를 받쳐들고 코치에게 걸어갔다.|妈妈双手~着孩子的脸;엄마는 양손으로 아이의 얼굴을 받쳐들고 있다.|我一下哪里~得了那么多花生米?내가 어떻게 그 많은 땅콩을 들 수 있니? ❷ (사람을) 널리 알리다. (어떤 사람이 유명해지도록) 홍보하다. 추켜세우다. 비행기 태우다.¶他~红了很多影星;그는 많은 영화배우를 홍보하였다.|那些有钱的人就喜欢~年轻漂亮的女演员;몇몇 부자들은 젊고 예쁜 여배우를 추켜세우기 좋아한다.|现在新闻媒体都快把她~到天上去了;

지금 매스컴에서는 그녀를 하늘 높이 추켜세우고 있다.|咱们得(děi)去~~他,让他也出出名;우리는 그를 널리 알려서 유명해지게 해야 한다.

碰 pèng 动 ❶ 부딪히다. 충돌하다. 만지다.¶刚才在路上有人骑车~了我一下儿;방금 길에서 어떤 자전거가 나를 받았다.|我用手悄悄地~了~他,让他和我一起走;나는 손으로 가만히 그를 쿡쿡 찔러 나와 같이 가자고 하였다.|孩子被~伤了;아이가 부딪혀서 다쳤다.|那个雕像(diāoxiàng)~下一个角;그 조각상은 모서리가 부서졌다.|来,我们俩~个杯;자, 우리 둘이 건배하자. ❷ 우연히 만나다. 사전약속 없이 만나다.¶我在路上~到一位中学同学;나는 길에서 우연히 중학교 동창을 만났다.|真没想到在国外还能~到熟人;해외에서 지인을 만날 줄 생각도 못 했다.|我们约好周六早晨在公园门口~头;우리는 토요일 아침에 공원 입구에서 만나기로 약속했다.|我今天一出门就~上堵车(dǔchē),真倒霉(dǎoméi);나는 오늘 나오자마자 차가 막혔다. 정말 재수가 없다. ❸ (어떤 문제에) 부딪쳐 보다. 시도해 보다.¶这件事不能着(zháo)急,得(děi)~到机会才能成;기회를 만나야만 이룰 수 있으니, 이 일은 조급해 하면 안 된다.|这么晚了才去买票,有没有只能~运气了;이렇게 늦게 표를 사러 가니, (표가) 있을 지는 운에 맡겨볼 수 밖에.

碰见 pèng//·jiàn 动 우연히 만나다.¶昨天我在街上~杨老师了;어제 나는 길에서 양 선생님을 우연히 만났다.|真没想到在这儿~你;여기서 널 만

날 줄은 생각도 못 했다.│我们在街上~过几次;우리는 길에서 몇 번 마주친 적 있다.

碰面 pèng//miàn 动 우연히 만나다. ('碰面' 뒤에 목적어가 올 수 없다.)¶他不喜欢小张,尽量避免(bìmiǎn)和他~;그는 장군을 싫어해서 그와 만나는 것을 최대한 피하려 한다.│我们一年也碰不上几次面;우리는 1년에 몇 번 만나지 못 한다.│他们以后身处异国,~的机会不多了;그들은 앞으로 외국에서 지내게 되어 만날 기회가 많지 않다.

批 pī 量 대량의 물건이나 다수의 사람을 셀 때 사용한다.¶我们学校第一~去北京留学的学生已经出发了;우리 학교에서 첫 번째로 베이징에 유학 가는 학생들은 이미 출발했다.│图书馆最近进了两~新书;최근 도서관에는 두 무더기의 새 책이 들어왔다.│他刚进了一~货;그는 방금 대량의 물건을 들여왔다.│这次去香港旅游的人太多,我们分成了两~;이번에 홍콩을 여행가는 사람이 너무 많아서 두 무리로 나누었다.

批判 pīpàn 动 (잘못된 생각, 언론, 행위에 대해) 비판하다.¶对错误思想我们要严肃地~;잘못된 생각에 대해 우리는 엄숙하게 비판해야 한다.│他写文章~了这部小说;그는 이 소설을 비판하는 글을 썼다.│十年前~过这部电影;10년 전 전 이 영화를 비판한 적이 있다.│报纸上最近又发表了几篇~文章;신문에 최근 몇 편의 비평문을 또 게재하였다.│我们应该~地继承(jìchéng)前人的文化遗产;우리는 마땅히 선인의 문화유산을 비판적으로 계승해야 한다. 名 (잘못된 생각, 언론, 행위에 대한) 분석. 비판.¶这些错误行为应该受到~;이런 잘못된 행위는 마땅히 비판 받아야 한다.│他在文章中对这种错误行为进行了有力的~;그는 글에서 이런 잘못된 행위에 대해 강력하게 비판했다.

批评 pīpíng 动 (잘못이나 실수에 대해 의견을) 제기하다. 꾸짖다.¶老师很少~他 선생님은 그를 잘 혼내지 않으신다.│爸爸严肃地~他写作业不认真;아빠는 그가 숙제를 성실하게 하지 않는 것을 엄하게 혼내신다.│经理~她对顾客的态度不好;사장은 그녀가 고객을 대하는 태도가 좋지 않다고 꾸짖었다.│昨天妈妈把我~了一顿;어제 엄마는 나를 한바탕 혼내셨다.│上次老师~了我们半个多小时;지난 번에 선생님께서는 우리를 30분 넘게 혼내셨다. 名 (잘못이나 실수에 대한) 비판. 비평. 꾸지람.¶妈妈的~很严厉;엄마의 꾸지람은 아주 호되다.│大家的~都是诚心诚意的;모두의 비평은 모두 진심 어린 것이다.│这种~她愿意接受;그녀는 이런 질책을 받아들이고자 한다.│我们应该做~和自我~;우리는 마땅히 비판과 자기비판을 해야 한다.

批准 pī//zhǔn 动 (조약을) 비준하다. (상급이 하급의 의견, 건의, 혹은 요구에 대해 동의를) 표시하다. 허가하다.¶老板~他休假一个月;사장이 그에게 한 달의 휴가를 허락한다.│希望领导能~我们的请求;사장이 우리의 요구를 승인하기 바란다.│由于感冒,我想请假半天,请老师~;저는 감기 때문에 조퇴하고 싶으니 선생님께

서 허락해 주세요.| 我们不能~这种不合理的要求;우리는 이런 불합리한 요구를 비준할 수 없다.

披 pī 动 ❶ 덮다. (어깨 위에) 걸치다. ¶他给妈妈~上了一件大衣;그는 엄마에게 외투를 걸쳐 주었다.| 病人~着被子坐在床上;환자는 이불을 덮고 침대에 앉아있다.| 下雪了,大地~上了一层银装;눈이 내려서 대지가 은빛으로 단장하였다.| 你的棉衣破了,你先~着这件等我一会儿,我帮你缝(féng)一缝;네 솜옷은 낡았으니, 우선 이것을 걸치고 잠시 기다려라. 내가 꿰매 주마. ❷ (대나무 등) 쪼개지다. 갈라지다. 찢어지다. 터지다. ¶这根竹竿已经~了,小心别扎(zhā)着手;이 대나무 줄기가 갈라졌으니 손 찔리지 않게 조심해라.| 我的指甲~过两次了;나는 손톱이 두 번 부러졌다.| 那个椅子腿儿~了,得(děi)修一修了;그 의자는 다리가 부러져서 고쳐야 한다.| 竹子放在水里~不了;대나무는 물 속에 두면 부러지지 않는다.

皮 pí 名 ❶ 피부. 살갗. (동물의) 가죽. (식물의) 껍질. ¶昨天干活的时候我的手上碰掉了一块~儿;어제 일할 때 내 손은 부딪쳐서 살갗이 벗겨졌다.| 苹果~和西瓜~都扔到垃圾(lājī)箱里去吧;사과 껍질과 수박 껍질 모두 쓰레기통에 버려라.| 足球外面用的是牛~做外壳(ké);축구공 표면은 소가죽으로 만든다. ❷ 가죽 ¶这个~箱比较贵;이 가죽상자는 비교적 비싸다.| 我想买一双~鞋;나는 가죽구두를 한 켤레 사고 싶다.| 那件红色的~大衣比蓝色的好看;그 빨간색의 가죽 외투가 파란색보다 예쁘다. ❸ (~儿) 포장. 덮개. 싸는 것. ¶这本书的书~儿有点儿破了,换一张吧;이 책의 표지가 조금 낡았으니 한 장 바꾸어 주세요.| 这家饭店的饺子~儿薄(báo)馅(xiàn)儿大,很好吃;이 식당의 만두 피는 얇고 소는 많아 아주 맛있다.| 咱们今天买点儿豆腐~吃吧;우리 오늘 두부피(얇게 썰어 말린 두부)를 사서 먹자. 形 ❶ 눅눅하다. 질기다. 진득진득하다. ¶这些炒花生已经~了,不好吃了;이 땅콩볶음은 이미 눅눅해져서 맛이 없다.| 这盒酥(sū)糖放得时间太长了,已经~得咬不动了;이 사탕과자는 너무 오래 놔둬서 이미 진득진득해져 씹을 수 없다. ❷ 버릇이 없다. 까불다. 장난이 심하다. ¶这个孩子很~,妈妈说了他很多次了,他也不听;이 아이는 버릇이 없어서, 엄마가 여러 번 혼냈지만 듣지를 않는다.| 我儿子在家里可~了,到学校后却很听老师的话;우리 아들은 집에서는 아주 버릇이 없는데, 학교에서는 도리어 선생님의 말씀을 아주 잘 듣는다. ❸ (혼나거나 처벌을 받는 횟수가 많아) 아무렇지 않게 느끼다. 대수로워 하지 않다. 무감각하다. ¶他总挨说,~得很;그는 늘 혼나서 무감각하다.| 他总迟到,经理已经罚(fá)过他好几次了,他已经不在乎了,早就~了;그는 늘 지각을 해서 사장은 벌써 여러 차례 벌을 주었지만 그는 전혀 개의치 않고 일찌감치 무감각해졌다.

皮包 píbāo 名 (가죽으로 만든) 핸드백. 가방. ¶他给妻子买了一个~;그는 아내에게 가죽핸드백을 하나 사 주었다.| 这个~的颜色不太好;이 가죽가방은 색상이 별로 예쁘지 않다.

507

皮肤 pífū 名 피부. ¶最近我的~有点儿干;요즘 내 피부는 약간 건조하다.|一个夏天都在海边游泳,他的~晒(shài)得很黑;여름에 해변에서 수영을 해서 그는 피부가 새까맣게 그을렸다.|不同的人种~的颜色不同;다른 인종은 피부색이 다르다.|小孩子的~很嫩(nèn),要好好保护;아이의 피부는 아주 부드러우니 잘 보호해야 한다.

疲惫 píbèi <口> 形 (몸이나 마음이) 피곤하다. 피로하다. ¶最近工作很多,他感觉~不堪(kān);요즘 일이 너무 많아서 그는 피곤해 견딜 수 없다.|李老师昨天上课的时候显得有些~;이 선생님은 어제 수업할 때 조금 피곤해 보였다.|孩子得(dé)这种病后他一直到处求医,感觉身心~;아이가 이 병에 걸린 후 그는 줄곧 사방으로 의사를 찾아 다니느라 심신이 피로함을 느낀다.|看着他~的样子,妈妈很心疼;그가 피곤해하는 모습을 보니 엄마는 마음이 매우 아팠다.

疲乏 pífá <口> 形 피곤하다. 피로하다. ¶在考察过程中,他无论多么~无力,都坚持把见闻记入日记;현지조사를 하는 중에 그는 아무리 고되고 힘들어도 보고 들은 것을 일기에 써 나간다.|直到病人脱险后,医生才拖(tuō)着沉重~的身体回家;의사는 환자가 고비를 넘기고 난 후에야, 무겁고 피로한 몸을 이끌고 집으로 돌아갔다.|游泳和旅游,既可以解除身体的~又可以丰富业余生活;수영과 여행은 몸의 피로를 풀어줄 뿐 아니라 여가 생활을 풍요롭게 해준다.

疲倦 píjuàn 形 (노동이 과도하여) 지치다. 피로하다. 싫증나다. ¶在电脑前工作了一天,他感到很~;컴퓨터 앞에서 하루 종일 일한 그는 피로가 몰려오는 것을 느꼈다.|我昨天上了一上午课,非常~;나는 어제 오전 내 수업을 들었더니 너무 피곤하다.|她不知~地工作了一整天;그녀는 피곤한 줄도 모르고 하루 종일 일했다.

疲劳 píláo <口> 形 지치다. 피로하다. 고단하다. ¶看电脑时间长了,眼睛会~,要注意休息;컴퓨터를 오래 보면 눈이 피로해지니 휴식을 취해야 한다.|爬了一天山,他感到很~;하루 종일 등산을 했더니 그는 매우 피곤함을 느꼈다.|她一连坐了二十个小时的飞机,感觉~极了;그녀는 20시간 연속 비행기를 타더니 굉장히 피곤해 한다.|为了早日完成任务,大家忘记了饥饿和~,一直加班工作;조기에 임무를 완수하기 위해 모두들 배고픔과 피로를 잊고 계속해서 연장근무를 하고 있다.

啤酒 píjiǔ 名 맥주. ¶在北京人们喝得最多的是燕京~;베이징 사람들이 가장 많이 마시는 것은 연경 맥주이다.|昨天他们五个人喝了一箱~;어제 그들 5명은 맥주 한 상자를 마셨다.|一会儿我得(děi)开车,不喝~了;나는 잠시 후 운전을 해야 하니 맥주를 마시지 않겠다.

脾气 pí·qi 名 ❶성격. ¶她的~很温和,我从来没看见过她着急;그녀의 성격은 매우 온화하다. 나는 여태껏 그녀가 조급해 하는 것을 본 적이 없다.|这个孩子~有些古怪;이 아이는 성격이 조금 괴팍하다.|我们刚认识,不知道他~怎么样;알게 된 지 얼마 안되서

서 그의 성격이 어떤지 모른다.❷성깔. 화를 잘 내는 성질. 조바심.¶他妈妈很爱发~;그의 엄마는 화를 잘 낸다.|这个孩子很有~,不过学习倒(dào)是很认真;이 아이는 성깔이 있지만, 공부는 참 열심히 한다.|我们经理的~很大, 你说话要小心些;우리 사장은 성질이 있으니 너는 말할 때 조심해야 한다.

匹 pǐ 量 ❶ 필. (말, 노새 등 가축을 세는 단위)¶比赛时他骑的是他那~小红马;시합 때 그가 탄 것은 그의 작고 붉은 말이다.|两~骡子(luózi);노새 두 필. ❷ 필. (천, 비단 따위의 옷감의 길이 단위)¶昨天这家店进了三~红绸缎(chóuduàn);어제 이 상점은 세 필의 붉은 비단을 들여 왔다.|这两~布用来做西服, 那两~布做夹克衫(jiākèshān);이 두 필의 천은 양복을 만들고, 저 두 필의 천은 자켓을 만든다.

片 piān (~儿) 名 (뜻은 片과 같고, '相片儿(사진)', '唱片儿(음반)', '影片儿(영화)', '画片儿(그림 카드)' 등의 단어에 사용된다. 이 경우 1성으로 읽는 것에 주의한다.)¶这是一部好莱坞(wū)大~儿;이것은 헐리우드 블럭버스터 영화이다.|这是我在韩国照的相~儿;이것은 내가 한국에서 찍은 사진이다.|这位歌手新出了两张唱~儿;이 가수가 새로 음반 두 장을 냈다.
☞ piàn

偏 piān 副 ❶ 마침. 공교롭게도. 뜻밖에.¶本来昨天我们想去爬山, 可~赶上下雨, 没有去成;원래 어제 우리는 등산을 하고 싶었는데, 공교롭게도 비가 오는 바람에 가지 못 했다.|上周他来北京时, ~赶上我去上海开会, 没有见着;지난주 그가 베이징에 왔을 때, 공교롭게도 내가 회의 차 상하이에 간 바람에 만나지 못 했다. ❷ 기어코. 일부러. 한사코. (객관적 요구나 상황에 상반될 때 사용한다.)¶这里明明写着不许抽烟, 可他~要抽;여기 분명히 금연이라고 씌어있는데도, 그는 기어코 담배를 핀다.|我请了他三次了, 他~不来, 我有什么办法? 내가 세 번이나 그를 청했는데도 그는 한사코 오지 않으니 난들 무슨 방법이 있겠니?|让你早点儿起, ~不听, 现在迟到了吧? 너에게 일찍 일어나라고 해도 기어코 듣지 않더니 결국 늦었지?

篇 piān (~儿) 量 편. 장 (一篇=2페이지).¶他已经发表了三~论文了;그는 이미 세 편의 논문을 발표하였다.|他的作文一共写了五~儿纸;그의 작문은 모두 5장을 썼다.|这本书缺了几~儿;이 책은 몇 장이 빠졌다.|这本书里的文章他一~一~都看过了;이 책 안의 문장을 그는 한 장 한 장 모두 읽었다.

▶용법주의: 글이나 문장에 사용할 때는 끝에 '儿'을 붙일 수 없으나, 종이와 책장에 사용할 때는 '儿'을 붙여야 한다.

片 piàn 量 ❶ 조각을 이루는 물건에 사용한다.¶他早晨只吃了两~面包;그는 아침에 단지 빵 두 조각을 먹었다.|我再切几~牛肉给你下酒;내가 또 너에게 술안주 할 수육 몇 점을 썰어 줄게.|这药每次吃两~;이 약은 매번 두 알씩 먹어라.|我在书里夹了一~

509

红叶;나는 책 속에 단풍잎 한 장을 끼워놓았다. ❷ 지면과 수면 등에 사용한다. ¶我家楼前是一~草地;우리 집 앞은 풀밭이다.| 雨下得很大很急,只一会儿窗外就变成了一~汪洋;비가 아주 세차게 내리더니, 얼마 안 되어 창 밖이 온통 물바다로 변했다.| 以前这一大~全是庄稼(zhuāngjià)地;예전에 이 지역은 전부 농지였다. ❸ 경치, 날씨, 소리, 언어, 마음 등에 사용한다. ¶这个小礼物是我的一~心意,请你一定要收下;이 선물은 제 조그만 성의이니, 꼭 받아주시기 바랍니다.| 会场上一~欢腾(téng)声,肯定是我们的队员又进球了;회의장에 환호 소리가 나는 걸 보니, 분명히 우리 선수가 또 골을 넣었다.| 他的话简直是一~胡言,你不要信;그 사람 말은 그야말로 헛소리이니 믿지 말아라.| 秋天的田野到处是一~丰收的景象;가을의 들판은 온통 풍작을 이룬 풍경이다.[名](~儿)조각. 판. 편. (평평하고 얇은 물건을 나타낸다.)¶邮局新发行了一套明信~儿;우체국은 새로운 엽서를 발행했다.| 地上有一堆纸~儿;땅에 한 무더기의 종이조각이 있다.| 我刚买了两斤羊肉~,晚上咱们涮(shuàn)羊肉吃;내가 방금 양고기 2근을 샀으니, 저녁에 우리 샤브샤브를 해먹자.

☞ piān

片面 piànmiàn [形] 한쪽으로 치우치다. 일방적이다. 단면적이다. ¶你这种看法太~了;너의 이런 생각은 매우 단편적이다.| 小张~地理解了老师的话,结果在使用这个词时还是出错了;장 군은 선생님의 말씀을 단편적으 로 이해했기 때문에 결국은 이 단어를 사용할 때 여전히 틀린다.| 不应该~地看问题;일방적으로 문제를 봐서는 안 된다.

骗 piàn [动] (거짓말이나 간교한 계책으로 사람을) 속이다. 기만하다. ¶她~我们说她是报社的记者;그녀는 자기가 신문사의 기자라며 우리를 속였다.| 妈妈把弟弟~到了医院;엄마는 동생을 속여 병원에 갔다.| 你竟然敢~起自己的父母来了,胆子真是越来越大了;네가 감히 너의 부모님을 속였다니, 배짱이 정말 점점 커지는구나.| 他的钱让人~走了;그는 돈을 남에게 사기 당했다.| 我都被他~过好几次了;나는 그에게 몇 번이나 속았다.

漂 piāo [动] (물이나 액체표면에) 뜨다. 이리저리 떠다니다. 표류하다. 떠돌다. 이동하다. ¶从对面~过来一艘(sōu)小船;맞은 편에서 작은 배 한 척이 떠내려온다.| 水面上~着很多红叶;물 위에 많은 단풍잎이 떠 있다.| 皮球顺着水流~到了池塘的中心;고무공이 물줄기를 따라 연못 안으로 떠내려갔다.| 小纸船被打湿了,再也~不起来了;종이배는 젖어서 다시는 떠오를 수 없다.| 他在海上~了三天三夜,终于被过往的客船救了;그는 바다에서 삼일 밤낮을 떠다니다가, 결국 지나가는 여객선에 의해 구조되었다.

飘 piāo [动] (바람 따라) 나부끼다. 흔들리다. 날리다. 펄럭이다. ¶学术节到了,校园里到处彩旗~~;학술제 날이 되자 교정 곳곳에 채색 깃발이 휘날린다.| 外面~雪花儿了;바깥에 눈송

이가 휘날린다.| 一片片树叶随风~落,~到地上,~到河里;나뭇잎들이 바람에 흩날려 땅으로, 강으로 날아 떨어진다.| 半山腰~着几朵白云;산중턱에 흰구름 몇 점이 두둥실 떠있다.

票 piào 名 ❶ 표. 증서. ¶我先去买车~,你等我一下儿;나는 먼저 가서 차표를 살테니, 너는 잠시 기다려라.| 她去买电影~了,一会儿就回来;그녀는 영화표를 사러 갔으니 조금 있으면 곧 돌아온다.| 今天我们要投~选出同学们满意的班长;오늘 우리들은 투표를 해 학우들이 만족할만한 반장을 선출해야 한다.| 邮~;우표| 飞机~;비행기표 ❷ (~儿) 지폐. (보통 '~儿','~子'라 말한다.) ¶我身上只有一些零~儿;나는 액수가 작은 지폐만 조금 가지고 있다.| 你以为你有~子就能解决问题了吗;너는 네가 지폐가 있다고 문제를 해결할 수 있다고 생각하니?| 请给我把百元的大~儿换成零~儿;백 위안 짜리 지폐를 잔돈으로 바꿔주세요. ❸ (~儿) 인질. ¶这个检察官的儿子被绑~儿了;검사관의 아들이 인질로 잡혔다.| 绑匪威胁说,要想救回你的孩子,就赶紧拿钱来赎(shú)~儿;납치범은 위협적으로 당신의 아이를 구하고 싶으면, 당장 돈을 가지고 와서 인질을 데려가라고 말했다.

漂亮 piào·liang 形 ❶ 아름답다. 보기 좋다. ¶她是我们班最~的女生;그녀는 우리 반에서 가장 아름다운 여학생이다.| 这件衣服很~;이 옷은 참 예쁘다.| 春节的时候,人们都打扮得漂漂亮亮的;설에 사람들은 모두 예쁘게 꾸민다. ❷ 뛰어나다. 훌륭하다. ¶

你这件事办得太~了;너는 이 일을 훌륭하게 해냈다.| 那次他们打了一个~仗,消灭敌人两千多人;지난번 그들은 멋들어지게 싸워 적군 2천 명을 섬멸시켰다.| 昨天那场球踢得真~;어제 그 축구시합에서 (공을) 멋지게 찼다.| 你的汉语说得真~;당신은 중국어를 정말 잘 하시네요.

拼命 pīn//mìng 动 목숨을 걸다. 목숨을 버리다. ¶那个小偷拿出刀子要和人~;그 좀도둑은 칼을 꺼내 달려 들려고 한다.| 他工作的时候如果拼起命来,会忘了吃饭、睡觉;그는 일에 목숨 걸기 시작하면 밥 먹고 자는 것도 잊는다.| 你学习也别太~了;너 공부에 너무 목숨 걸지 말아라. 副 최대한도로. 필사적으로. 죽을 힘을 다해. 극도로. ¶他每天都~地工作;그는 매일 최선을 다해 일한다.| 比赛的时候,他~往前游,终于得了冠军;시합에서 그는 혼신을 다하여 수영해 결국 우승을 했다.| 他现在拼了命地学汉语,想通过HSK七级;그는 지금 온 힘을 다해 중국어를 공부해 HSK 7급을 받고 싶어한다.

贫苦 pínkǔ 形 생활이 어렵다. 빈곤하다. 가난하다. 곤궁하다. 생활 물자가 부족하다. ¶小时候的~生活使他的性格更加坚强;어렸을 적에 가난했던 삶은 그의 성격을 더욱 꿋꿋하게 만들었다.| 他工作的地方极其~,可是他还是坚持下来了;그가 일하던 곳은 매우 열악했으나, 그는 꿋꿋하게 견뎌냈다.| ~人家的孩子常常更会过日子;어려운 집의 아이들이 보통 생활력이 강하다.

贫困 pínkùn 形 생활이 어렵다. 빈곤하

511

다. 가난하다. 곤궁하다. ¶他的家在~的山区;그의 집은 빈곤한 산간지역에 있다.|生活在一线以下的人都可以得到政府的救助;생활보호대상자는 정부의 도움을 받을 수 있다.|最近十年,那个地方的~面貌彻底(chèdǐ)改变了;최근 10년 동안 그 지역의 빈곤한 모습은 철저히 탈바꿈했다.|饥饿、~是旧社会穷人面临的最大问题;기아와 가난은 구 사회 가난한 사람들이 직면한 최대의 문제였다.

贫穷 pínqióng [形] 가난하다. 빈곤하다. ¶我以前没有见过这么~的地方;나는 예전에 이렇게 가난한 지역을 본 적이 없다.|~往往会和落后联系在一起;가난은 종종 낙후문제와 연결되어 있다.|我们一定要努力消除~;우리는 반드시 가난을 탈피하기 위해 노력해야 한다.|以前那个~的小山村变得富裕(fùyù)起来了;예전에 가난했던 그 작은 산골마을이 부유해졌다.

品质 pǐnzhì [名] ❶ 품성. 소질. 인품. 본성. ¶从这件小事可以看出他的思想~很高尚;이 작은 일을 통해 그의 인품이 매우 훌륭하다는 것을 알 수 있다.|体育锻炼可以培养孩子很多优秀的~;체육 단련은 아이들의 우수한 인성을 배양할 수 있다.|政府官员应该培养清廉(lián)的思想~;정부 관리는 마땅히 청렴한 의식을 길러야 한다. ❷ 물건의 품질. ¶这种酒~优良;이 술은 품질이 우수하다.|实验证明,高山上栽种(zāizhòng)的蔬菜~更好;실험증명을 통해 알 수 있듯이, 높은 산에서 재배한 채소의 품질이 더

好.|他们生产的这一批产品~不合格;그들이 생산한 이 제품들의 품질은 불합격이다.

品种 pǐnzhǒng [名] 제품의 종류. 품종. ¶这两个梨不是同一个~;이 두개의 배는 같은 품종이 아니다.|这家商店的生活用品最近又添了新~,我们去看看吧;이 상점의 생활용품은 최근에 새로운 품목이 더 증가되었으니, 우리 보러 가자.|这家超市的商品~齐全,物美价廉(lián);이 슈퍼마켓은 상품 종류를 다 갖추고 있으며, 물건이 좋고 값이 저렴하다.|这个果园里的树~很多;이 과수원에는 나무 종류가 매우 많다.

乒乓球 pīngpāngqiú [名] 탁구. 탁구공. ¶中国的~技术水平居世界前列;중국의 탁구 실력은 세계 선두의 반열에 놓여있다.|他从小就喜欢打~;그는 어릴 때부터 탁구 치는 걸 좋아한다.|妈妈送给他一副~拍儿;엄마는 그에게 탁구채를 선물했다.|~台子已经支好了,我们打一会儿吧;탁구대를 이미 세워놨으니, 우리 잠깐 치자.|他得(dé)过两次~单打冠军;그들은 탁구 단식에서 두 번 우승을 했다.

平 píng [形] ❶ (표면이) 평평하다. 경사지지 않다. 기울지 않다. 고르다. ¶这条路不~,开车要小心;이 길은 고르지 않아 운전시 조심해야 한다.|冰箱放得不~,声音就很大;냉장고는 균형이 맞지 않으면, 소음이 매우 심하다.|这里的草地很~,可以踢球;이곳의 잔디는 평평해서 축구를 할 수 있다.|湖水~得像一面镜子;호수가 마치 거울처럼 평평하다.|快把桌布铺(pū)~了;서둘러 테이블 보를 반듯하

게 깔았다. ❷ 서로 우열을 가릴 수 없다. 막상막하(莫上莫下)다. 차이가 없다. ¶昨天我们下棋下成了~局;어제 우리는 바둑에서 비기는 게임을 했다.| 只要这场球赛双方能踢~,我们的球队就有希望进入决赛;이번 시합에서 양팀이 비기기만 하면, 우리 축구팀은 결승에 진출할 희망이 있다.| 他是我叔叔家的儿子,我们是~辈;그는 삼촌의 아들로, 우리는 같은 항렬이다. 动 ❶ 평평하게 하다. ¶这块地还得~一~;이 땅은 아직 더 평평하게 골라야 한다.| 使用机器以后,~一块地可以省很多时间;기계를 사용한 후로 땅을 고르는데 시간을 많이 절약할 수 있다. ❷ 도달하다. ¶在这次100米赛中,他~了世界纪录;이번 100미터 경주에서 그는 세계 기록에 도달했다. ❸ (화를) 진정시키다. ¶他正在生气呢,等他把气~下去了再说这件事;그가 지금 화가 나 있으니, 그가 화를 삭히고 나면 그 때 다시 이 일을 얘기해라.| 不把话说出来,他总觉得心里的这口气~不下去;말을 하지 않으면, 그는 항상 마음속의 노기가 가라앉지 않는 거 같이 느껴진다.

平安 píng'ān 形 평온하다. 안정되다. 무사하다. ¶明天你就要回国了,祝你一路~;내일 귀국하시는군요. 가시는 길 평안하길 빕니다.| 我们已经~到达了北京;우리는 베이징에 벌써 무사히 도착했다.| 他不想当名人,只想平平安安地生活;그는 유명인이 되기보다는 그냥 평온하게 살기를 바란다.

▶용법주의:'平安'은 중첩할 수 있으며, 중첩 형식은 '平平安安' 이다.

平常 píngcháng 形 보통이다. 특별하지 않다. ¶她是个很~的学生;그녀는 매우 평범한 학생이다.| 这是一句很~的话,可是很有道理;이 말은 아주 평범한 말이지만 매우 일리가 있다.| 他像普通人一样,平平常常地上班,平平常常地过日子;그는 보통 사람과 마찬가지로 평범하게 출근하고, 평범하게 지낸다. 名 평상시. 보통 때. ¶他~很少迟到;그는 평상시에 거의 지각하지 않는다.| ~我们都是自己做饭;평소에 우리는 밥을 직접 한다.| 如果~多用功的话,到考试的时候就不会紧张了;평소에 열심히 공부하면 시험 볼 때 긴장하지 않을 것이다.

▶용법주의: 형용사 의미의 '平常' 은 중첩할 수 있으며, 중첩 형식은 '平平常常' 이다.

平等 píngděng 形 평등하다. 대등하다. ¶法律面前人人~;법 앞에서 만인은 평등하다.| 现在男女~了,不能再歧视(qíshì)妇女了;지금은 남녀가 평등하니, 더 이상 부녀자를 차별대우해서는 안 된다.| 领导这次分配任务我觉得不太~,我们的任务很重,而另一个小组任务很轻;나는 지도부의 업무 배정이 우리의 임무는 막중하고, 다른 조의 임무는 가벼워서 공평하지 않다고 느낀다.| 这是不~条约,我们不能签(qiān);이것은 불평등 조약이므로 우리는 사인할 수 없다.

平凡 píngfán 形 평범하다. 희귀하지 않다. ¶这些劳动模范(mófàn)都是在~的工作中做出了不~的成绩;이 모범 노동자들은 평범한 일속에서 보기 드문 성적을 거두었다.| 去年对他来说

是不~的一年,因为他考上了大学,来到了北京;작년은 그에게 있어 평범하지 않은 한 해였다. 왜냐하면 그는 대학에 합격해서 베이징에 왔기 때문이다.| 我又度过了一个~的假期;나는 또 평범한 휴가를 보냈다.

平衡 pínghéng 形 균형이 맞다. 평형하다.¶ 这次金融危机打破了我们公司的产销~;이번 금융위기가 우리회사의 생산판매 균형을 깨뜨렸다.| 影响生态~的有自然因素,也有人为因素;생태균형에 영향을 미치는 것은 자연적인 요소와 인위적인 요소가 있다.| 中国的人口分布很不~;중국의 인구 분포는 불균형을 이룬다.| 我们应该努力保持男女比例~;우리는 마땅히 남녀성비가 균형을 이루도록 노력해야 한다. 动 평형이 되게 하다.¶ 这次出国留学的名额(é)有限,请各年级~一下,争取每个班能去一个人;이번 유학 인원수는 제한되어 있으니 각 학년은 균등하게 각반에서 한 사람씩만 가기로 합시다.| 我们应该把这两个队的实力~一下,不要把好的队员集中在一个队里;우리는 이 두 팀의 실력을 엇비슷하게 맞춰야 좋은 선수를 한 팀에 몰아 넣어서는 안 된다.

平静 píngjìng 形 (마음, 기분, 환경 등이) 평온하다. 조용하다. 고요하다.¶ 那天晚上,我们激动的心情久久不能~;그날 저녁에 우리들은 흥분된 마음을 오랫동안 가라앉힐 수 없었다.| 他一直在那里过着~的生活;그는 줄곧 그곳에서 평온한 삶을 보낸다.| 奥运会已经结束了,可是大家的心情总也~不下来;올림픽은 이미 끝났지만, 모두의 (들뜬) 기분은 좀처럼 가라앉지 않는다.| 今天大海显得特别~,海面上一点儿风也没有;오늘 바다는 매우 잠잠해서 바다위로 바람이 조금도 불지 않는다.| 听到这个坏消息,他心里很生气,可是看上去还是很~;안 좋은 소식을 듣고 그는 무척 화가 났지만, 겉보기에는 여전히 침착하다.

平均 píngjūn 动 총수를 몫으로 똑같이 나누다. 평균하다. 고르게 하다.¶ 我这儿有10支笔,你们俩~每人5支;내게 10자루의 펜이 있으니, 너희 둘은 각각 5자루씩 똑같이 나누어 가져라.| 你把这些苹果~一下,给大家分分;너는 이 사과들을 똑같이 나누어 모두에게 나누어 주어라.| 一年下来,你这个店~每个月可以挣多少钱;일년 동안 너의 가게는 매달 평균 얼마를 벌 수 있니? 形 (일의 경중이나 분량의 구분이 없이) 평균적이다. 균등하다. 고르다.¶ 这个孩子成绩很好,而且各科成绩~发展,不偏(piān)科;이 아이는 성적이 좋을 뿐만 아니라, 각 과목의 성적이 고르게 향상되어 한 과목에 치우치지 않는다.| 你不要着急,这些任务我们~分担,很快就可以完成了;너는 조급해하지 마라. 이 임무는 우리들이 균등하게 나누어 분담하면 곧 완성할 수 있다.| 你这样分配就很~,每个人都很满意;너의 균등한 분배에 모두들 만족한다.

平生 píngshēng 名 ❶ 종신. 일생. 평생.¶ 这是他~第一次看大海;이는 그가 평생 처음으로 바다를 본 것이다.| 在河里看到黑天鹅,在我还是~头一回;강에서 검은 백조를 본 건 내 평생 처음이다.| 去年在中国的旅游是

我~最有意思的一次旅游;작년 중국 여행은 내 평생 가장 재미있었던 여행이었다. ❷ 평소. 종래. 평상시. ¶这位老人~和烟酒无缘(yuán);이 노인은 평소 술 담배를 하지 않는다.│他~最喜欢画松和菊;그는 평상시 소나무와 국화 그리는 것을 제일 좋아한다.│他们虽然和那个女孩素昧(sùnmèi)~,却都无私地帮助她;그들은 비록 그 여자아이와 일면식도 없었지만 사심 없이 그녀를 도와준다.

平时 píngshí 名 보통 때. 평상시. ¶他~都是六点起床;그는 평상시 6시에 기상한다.│她现在能成为一名出色的翻译全靠~的努力;그녀가 현재 뛰어난 번역가가 될 수 있었던 것은 전부 평소의 노력에 의해서다.│他~不爱说话,但是跟女朋友在一起的时候话却很多;그는 평상시 말이 없으나 여자친구와 같이 있을 때는 오히려 말이 많아진다.│我们~很少见面,就打电话联系;우리는 평상시 잘 못 만나고 전화로 연락한다.

平素 píngsù 名 평소. 평상시. (주로 서면어에 쓰인다.) ¶他们俩~很少往来;그들은 평소 왕래가 드물다.│他这个人办事认真,~不苟(gǒu)言笑;그 사람은 일하는 태도가 진지해, 평소에 함부로 웃고 떠들지 않는다.│这幅国宝级的古画~放在玻璃(bōli)罩(zhào)里;이 국보급 고화(古畵)는 평소에 유리 커버 안에 둔다.

平原 píngyuán 名 넓은 평지. 평원. ¶我的家乡在~地区;내 고향은 평원지역이다.│~地区适于各种农作物生长;평원지역은 각종 농작물이 자라는데 적합하다.│中国著名的三大~是华北

~,东北~和长江中下游~;중국의 유명한 3대평원은 화북 평원, 동북 평원과 장강 중하류 평원이다.

评 píng 动 ❶ 평론하다. 비평하다. ¶请您给~一~这幅画画得好不好;이 그림이 잘 그려졌는지 평 좀 해 주세요.│《简~鲁迅的散文》;《노신 산문에 대한 단평》│《~电影〈红楼梦〉的得失》;영화'홍루몽'의 이해득실을 논한다. ❷ 판정하다. 심사하다. ¶请你给~一~这个理,到底是我错了,还是他错了;도대체 내가 틀렸는지 아니면 그가 틀렸는지 시비를 좀 가려 주세요.│我们请专家来~~他们的产品质量;우리는 전문가에게 그들의 제품 품질에 대한 심사를 요청한다.│他今年被~为学校的优秀学生;그는 올해 학교에서 우수학생으로 선정되었다.│他的论文~上了一等奖;그의 논문은 일등으로 선정되었다.

评估 pínggū 动 (공평s하게 잘잘못을 가려) 평가하다. ¶他们公司专门进行资产~;그들 회사는 전문적으로 자산 평가를 진행한다.│学校定期对教师的教学水平进行~;학교는 정기적으로 교사의 교육 능력에 대한 평가를 시행한다.│我们应该请专家对他们的产品质量进行~;우리는 마땅히 전문가에게 부탁해 그들의 제품 품질에 대해 평가를 해야 한다.│您能不能帮我们~一下他们的水平;당신은 그들의 능력을 평가해 주실 수 있습니까?

评价 píngjià 动 (가치를) 평가하다. ¶他在文章中对这位伟人的功过~得很客观公正;그는 글 속에 이 위인의 공적과 과실에 대해 공정하고 객관적으로 평가했다.│领导对你~很高;지도

부는 너를 높이 평가하고 있다.|你怎么~这届(jiè)学生的水平;너는 이번 학생의 수준을 어떻게 평가하니? 名 평가.¶在这次活动中他得到了很高的~;이번 활동에서 그는 아주 높은 평가를 받았다.|学生对他的教学方法给予(jǐyǔ)了很好的~;학생들은 그의 수업방법에 대해 매우 높은 평가를 주었다.|他没想到观众对这部电影的~这么低;그는 이 영화에 대한 관중들의 평가가 이렇게 낮을 줄 생각지 못 했다.|我希望得到公正的~;나는 공정한 평가를 얻기를 바랍니다.

评审 píngshěn 动 (서로 의논하여) 심사하다.¶经过专家~,他的论文获得特等奖;전문가들의 심사를 통해 그의 논문은 특별상을 수상했다.|我的毕业论文已经送给专家去~了;내 졸업논문은 벌써 전문가들에게 보내져 심사되었다.|这些材料他们~得很认真,~了很长时间;이 자료들은 그들이 아주 진지하게 오랜 시간 심사하였다.|对这些论文的~一定要在一个月内完成;이 논문들의 심사는 반드시 한달 안에 끝내야 한다. 名 심사를 담당하는 사람. 심사자. 심사위원.¶这次大奖赛共请了九名专家当~;이번 경연대회에는 모두 9명의 전문가를 심사위원으로 초빙했다.

坪 píng 量 땅이나 건물의 면적단위. (1평은 대략 3.3평방미터이다.)¶他现在租住在一套10~的房子里;그는 현재 10평짜리 집에 세 들어 살고 있다.|你想买多少~的房子? 너는 몇 평짜리 집을 사고 싶니?|他家还有个20~的院子呢;그의 집에는 또 20평의 마당이 있다.

苹果 píngguǒ 名 사과.¶~树上已经结满了~;사과 나무에 사과가 벌써 (주렁주렁) 열렸다.|妈妈这次买的~又大又甜;엄마가 이번에 사온 사과는 크고 달다.|出去玩儿的时候给孩子两个~吧;놀러 나갈 때 아이에게 사과 두 개를 주어라.|这个果园里~的种类很全;이 과수원에는 모든 종류의 사과나무가 있다.

屏幕 píngmù 名 ❶ 모니터.¶这台电脑的~坏了;이 컴퓨터의 모니터가 고장 났다.|电视~上的图像不太清楚;텔레비전 화면의 형상이 선명하지 않다. ❷ 형광판. 스크린.¶政府在每个十字路口装了一个~,显示空气质量;정부는 모든 사거리에 스크린을 설치하여 공기 오염 정도를 보여준다.|他已经很长时间没出现在电影~上了;그는 이미 오랫동안 영화 스크린에 출현하지 않았다.|这个大~是液晶的;이 대형 스크린은 액정화면이다.

瓶 píng 名 (~儿) 병. (단어를 구성하거나 고정형식으로 사용되고, 일반적으로 단독으로 쓰이지 않는다.)¶他刚才把那个花~打碎了;그가 방금 그 꽃병을 깨뜨렸다.|那几个药~都空了,扔了吧;그 약병들은 모두 비었으니 버려라.|塑料~可以回收;플라스틱 병은 회수할 수 있다.|小心,别把啤酒~打了;맥주병을 깨뜨리지 않도록 조심해라.|把~盖儿盖好;병뚜껑을 잘 덮다. 量 병처럼 생긴 물건이나 병에 담긴 물건을 셀 때 사용한다.¶昨天他一个人喝了三~酒;어제 그는 혼자 술 세 병을 마셨다.|只剩半~酱油了;단지 간장이 반 병정도 남았다.

|他把一~墨水全洒了;그는 먹물 한 병을 전부 쏟았다.|每天睡觉前喝一~牛奶,有利于睡眠;매일 자기 전 우유 한 병을 마시면 수면에 도움이 된다.

瓶子 píng·zi 名 병. 용기. (일반적으로 입구가 작고 몸통이 큰 용기를 가리킨다.)¶这些塑料~还可以用来做玩具;이 플라스틱 병들은 장난감을 만드는 데 사용할 수 있다.|别留着这些药~了;이 약병들을 남겨두지 말아라.|酒~一般是瓷的或玻璃的,饮料~一般是塑料的;일반적으로 술병은 자기나 유리이고 음료수병은 플라스틱이다.

坡 pō (~儿) 名 지형이 경사진 곳. 비탈진 곳.¶这条路的尽头有一个大~儿;이 길 끝에 큰 비탈길이 있다.|我家就在山~的那一边;우리 집은 산비탈 쪽에 있다.|爬过这个高~就到我们学校了;이 언덕을 넘으면 우리학교에 도착한다.|这个城市里的路一个~连着一个~,骑自行车不太方便;이 도시의 길은 겹겹이 경사라 자전거 타기가 불편하다.

迫切 pòqiè 形 절박하다. 절실하다.¶同学们现在学好汉语的愿望十分~;학생들은 현재 중국어를 마스터하려는 소망이 매우 절실하다.|我回国的心情越来越~;귀국하고 싶은 마음이 갈수록 절박해진다.|我能理解你现在的~心情;나는 너의 (지금) 절박한 심정을 이해할 수 있다.|病人目前很危险,~需要输血;환자는 현재 위험하여 수혈이 절실하다.

▶용법주의: '迫切'는 동사를 수식하지 않으며, 사람의 감정을 묘사할 때 도 사용하지 않는다.¶听说妈妈住院了,他迫切打的去了医院(×)|听说妈妈住院了,他急忙打的去了医院;어머니가 입원하셨다고 해서, 그는 서둘러 택시를 타고 병원으로 갔다.|由于孩子的病情越来越严重,孩子的妈妈显得特别迫切(×)|由于孩子的病情越来越严重,孩子的妈妈显得特别着急;아이의 병세가 점점 위독해져서, 아이의 어머니는 아주 초조해 보인다.

破 pò 动 ❶ 찢어지다. 찢다. 해지다. 파손되다. 부수다. 망가지다. 깨다. (온전한 물건이 손상을 받아 불완전해지다.)¶他的袜子~了一个洞;그의 양말은 구멍이 났다.|这条裙子已经~得不能穿了;이 치마는 찢어져서 입을 수 없다.|这间屋子的天花板~了都两个月了,一直也没人来修;이 방의 천장이 파손된 지 두 달이 되었는데 내내 고치러 오지 않았다. ❷ 동사 뒤에 쓰여 결과보어로 사용된다. a) 동작의 결과가 훼손되거나 파손되었음을 나타낸다.¶他的裤子磨~了;그의 바지는 닳아서 구멍이 났다.|这孩子一个星期就穿~了一双袜子;이 아이는 일주일에 양말 한 켤레를 구멍 냈다.|他的手被刀划~了;그의 손이 칼에 베였다. b) 동작의 결과를 나타낸다.¶他已经被大地震吓~了胆;그는 대지진에 의해 이미 혼비백산 되었다.|妈妈很固执,你就是磨~了嘴皮子她也不会听你的;어머니는 완고하셔서,네가 입이 닳도록 이야기해도 너의 말을 듣지 않을 것이다. ❸ 큰 돈을 잔돈으로 바꾸다.¶请给我~开一百元;백 위안을 잔돈으로 바꿔주세요.|请把十元的~成十个一元的;

10원 짜리를 1원 짜리 열 개로 바꿔 주세요. ❹(규정, 습관, 사상, 기록 등을) 깨다. 타파하다. 돌파하다. ¶他~过两次世界纪录;그는 세계 기록을 두 번 깬 적이 있다.ǀ咱们得~~这些老规矩;우리는 이 낡은 규칙들을 깨야 한다.ǀ我本来不喝酒的, 今天~个例, 为庆祝我们的胜利喝一杯;나는 본래 술을 마시지 않는데, 오늘은 전례를 깨고 우리의 승리를 축하하기 위해 한잔 마신다.ǀ他被~格提升为教授;그는 파격적으로 교수로 승진되었다. ❺쓰다. 소비하다. ¶今天让你~费了, 下次我请客;오늘 당신에게 폐를 끼쳤으니, 다음에 제가 대접할게요.ǀ只要大家高兴, 我~点财算什么? 모두가 즐겁기만 하다면 제가 돈 좀 쓰는 게 대수겠어요? ❻진상을 밝히다. 명백하게 하다. 분석하다. 들추어 내다. ¶案子已经~了一年了;사건이 밝혀진 지 벌써 1년이 되었다.ǀ别对他说~真相;그에게 진상을 밝히지 말아라.ǀ那条谜语谁也~不了;그 수수께끼는 누구도 밝힐 수 없다. 形 ❶낡다. 하찮다. 시시하다. 저질이다. ¶这辆车太~了, 快换一辆吧;이 차는 너무 낡았으니, 빨리 새 차로 바꾸자.ǀ这台电脑已经~得没法用了;이 컴퓨터는 이미 쓸 수 없을 정도로 낡았다.ǀ他不想再穿那件~夹克衫了;그는 그 낡은 자켓을 다시 입고 싶어하지 않는다.ǀ快把你的那些~玩具扔了吧;빨리 너의 그 낡은 장난감들을 버려라. ❷(물건이나 사람이) 저질이다. 시시하다. 하찮다. ¶这种~电影有什么好看的? 이런 저질 영화가 뭐 볼 게 있니?ǀ谁稀罕你的

~书,还给你;누가 너의 그 시시한 책을 소중히 여기겠니? 돌려줄게.ǀ这种~地方以后我再也不来了;이런 시시한 곳에는 다시는 안 올 것이다.

破坏 pòhuài 动 ❶(사물을) 파괴하다. (명예나 위신 등을) 훼손하다. ¶禁止~文物;문화재 파손 금지.ǀ~铁路和桥梁是违法的;철도와 교량을 훼손하는 것은 위법이다.ǀ地震使这座古城受到严重~;지진은 그 오래된 도시를 심하게 파괴하였다.ǀ他利用网络留言~了学校的名誉;그는 인터넷 댓글을 이용하여 학교의 명예를 훼손시켰다.ǀ谁也不能~我们的夫妻关系;누구도 우리 부부관계를 깨뜨릴 수 없다. ❷(규정, 조약 등을) 위반하다. ¶谁也不能~学校的制度;누구도 학교의 제도를 위반할 수 없다.ǀ是你们先~了协定, 应该为此负责;당신들이 먼저 협정을 위반했으니, 반드시 이것에 대해 책임을 져야 한다.

破裂 pòliè 动 ❶파열되다. 깨져 갈라지다. 균열이 생기다. ❷(감정, 관계 등이) 틀어지다. 결렬하다. ¶他们的感情已经~了, 最后只好离婚;그들은 감정이 틀어져서 결국 어쩔 수 없이 이혼했다.ǀ那次的误会使他们的友情~了;지난번 오해가 그들의 우정을 갈라놓았다.ǀ由于双方都不肯让步, 这次谈判~了;쌍방 모두 양보하려고 하지 않아 이번 협상이 결렬되었다.

破碎 pòsuì 动 깨져서 산산조각 나다. 분쇄하다. (비유와 서면어에 많이 쓰인다.) ¶这种破碎机可以~生活垃圾;이런 분쇄기는 생활쓰레기를 분쇄할 수 있다.ǀ岳飞看到祖国山河~, 很心痛;악비는 조국산천이 산산이 부서

진 것을 보고 그는 매우 마음이 아팠다.| 现在用任何语言也无法安慰她那颗~的心;지금 어떠한 말로도 그녀의 부서진 마음을 위로할 수 없다.

扑 pū 动 ❶ 앞을 향해 힘껏 돌진하다. 달려들다. 뛰어들다. (몸을) 바닥에 가까이 하다. 엎드리다. ¶孩子一下子~进了妈妈的怀里;아이가 단숨에 엄마의 품 속으로 뛰어 들었다.| 那个警察一下子把小偷~倒在地;그 경찰은 순식간에 도둑을 바닥에 엎으뜨렸다.| 他~过去救球的时候,不小心摔破了胳膊;그가 공을 잡으려고 달려들 때, 부주의하여 팔이 부러졌다.| 一进屋,热气~面而来;방에 들어오자 뜨거운 공기가 얼굴에 확 와 닿았다. ❷ (일, 사업 등에) 모든 기력을 쏟다. 붓다. 몰두하다. ¶他一心~在工作上,忘记了吃饭和睡觉;그는 온 힘을 일하는 데 쏟느라, 밥 먹고 잠자는 것도 잊어버렸다.| 去年他一心~在实验上,回到家里仍然惦(diàn)记着实验室;작년에 그는 모든 힘을 실험하는 데에 바쳤는데 집에 돌아와서도 여전히 실험실 걱정이다. ❸ 내리치다. 가볍게 두드리다. 흔들다. 날개짓 하다. ¶孩子们在草地上~蝴蝶;아이들이 잔디밭에서 나비를 잡는다.| 小鸟~~翅膀飞走了;작은 새가 날개를 파닥거리며 날아갔다.| 孩子身上长痱(fèi)子了,~点痱子粉吧;아이의 몸에 땀띠가 생겼으니, 땀띠 분을 좀 바르자.

铺 pū 动 (물건을) 깔다. (자리를) 펴다. ¶要睡觉了,快把被子~好;잘 거니까 빨리 이불을 깔아라.| 妈妈给我的小床~了一条新床单;엄마는 내 침대에 새 시트를 까셨다.| 这块地毯有点儿大,我一个人~不好,你帮我~一下;이 카펫은 조금 커서 나 혼자서는 깔 수 없으니 까는 걸 좀 도와줘라.| 这段路~得真平;이 길은 평평하게 깔렸다.| 这段公路今年~得完吗? 이 도로는 올해 다 깔 수 있습니까?| 他已经为儿子将来的发展~平了道路;그는 벌써 아이의 장래 발전을 위해 평탄한 길을 닦아놓았다.

蒲公英 púgōngyīng 名 민들레. ¶~的种子特别适于在风中传播;민들레의 씨앗은 특히 바람을 따라 잘 뿌려진다.| 在英国~已不是野生植物,而是一种农作物了;영국에서 민들레는 이미 야생식물이 아니라 일종의 농작물이다.| ~的嫩叶可以吃;민들레 새싹은 먹을 수 있다.

朴素 pǔsù 形 ❶ (색, 스타일 등이) 화려하지 않다. 소박하다. 수수하다. 심플하다. ¶她家庭条件很好,可是仍然衣着~;그녀는 집안 조건이 (매우) 좋지만, 여전히 수수하게 입는다.| 这件衣服~大方,我很喜欢;이 옷은 수수하면서 우아하여 마음에 든다. ❷ 아끼다. 사치하지 않다. 검소하다. ¶他生活很~,从不乱花钱;그는 생활이 매우 검소하여 예전부터 돈을 함부로 쓰지 않는다.| 几十年来,爷爷奶奶一直过着~的生活;수 십 년 동안, 할아버지와 할머니는 줄곧 검소한 생활을 하고 있다. ❸ 참되다. 과장이 없다. 거짓되지 않다. ¶我没有动听的语言,也没汽车豪宅,只有~真挚(zhì)的感情;나는 남을 감동시킬 언변도 없고, 자동차나 호화주택도 없다. 가진 건 오로지 진실한 마음뿐이다.| 老人~的

519

语言使身在困境中的他又看到了希望;노인의 진실된 말은 곤경에 처해있는 그에게 희망을 보게 하였다.|他的作品~而感情真挚;그의 작품은 진심이 꾸밈없이 담겨있다.

普遍 pǔbiàn 形 보편적이다. 일반적이다. 널리 퍼져 있다. ¶ 我们学校的男同学~比较喜欢看足球比赛;우리 학교 남학생들은 보통 축구경기를 즐겨 본다.|人们~认为学校门口的那家饭店比较实惠;대체적으로 사람들은 교문앞의 그 식당이 저렴하다고 생각한다.|大学生谈恋爱已经成为一种~现象了;대학생이 연애하는 것은 이미 보편적인 현상이 되었다.|现在三四十岁的人读MBA的现象相当~;요즘 3,40대가 MBA과정을 밟는 현상은 흔한 일이 되었다.|水污染在世界上相当~;수질오염은 세계적으로 상당히 보편적이다.

普通 pǔtōng 形 평범하다. 일반적이다. ¶ 他只是一个~学生,哪里会有那么多钱呢;그는 단지 평범한 학생인데, 어떻게 그렇게 많은 돈이 있을 수 있니?|我们新买的家具再~不过了;우리가 새로 산 가구는 지극히 평범하다.|这可不是~的眼镜,一副要一万块钱呢;이건 평범한 안경이 아니며 하나에 만 위안이나 한다.|就是这样一个普普通通的孩子在地震中救出了十几个人;이렇게 평범한 아이가 지진 중에 10여명을 구출해냈다.
▶용법주의: '普通'의 중첩형식은 '普普通通'이다.

七 qī 数 칠. 일곱. ¶一个星期有~天;일주일은 7일이 있다.|我们就看晚上~点的电影吧;우리 저녁 7시에 영화를 보자.

七月 qīyuè 名 칠 월. 7월. ¶北京的~是一年中最热的时候;베이징의 7월은 일년 중 가장 더운 때이다.|我们~7日放暑假;우리는 7월 7일에 여름방학을 한다.|明年~将有留学生入学;내년에는 장차 7월에 유학생이 입학할 것이다.

妻子 qī·zi 名 아내. ¶他娶了个漂亮的~; 그는 아름다운 아내를 얻었다.|我的~是一名教师;나의 아내는 교사이다.|他的中国~非常会做菜;그의 중국인 아내는 요리를 매우 잘한다.
▶용법주의 : 중국어에서는 처자(妻子)가 아내를 말하지만 한국에서의 처자(妻子)는 아내와 자식을 아울러 이르는 말이다. 이자동음어로는 처자(處子)가 있는데 결혼하지 않은 처녀를 말한다.

栖息 qīxī 动 (새 등이) 서식하다. 머물다. 쉬다. ¶这个小岛上~着很多候鸟;이 작은 섬에는 많은 철새들이 서식하고 있다.|这里水草丰美,是各种鱼类、贝类繁衍(fányǎn)、~的好地方;이곳은 수초들이 푸르게 우거져 있고, 각종 어류와 조개류가 많아 서식하기 좋은 곳이다.|青蛙平时~在稻田、池塘、水沟或河流沿岸的草丛中;개구리는 평소에 논밭이나 저수지, 도랑 또는 강의 연안지역 수풀에 서식하고 있다.

期 qī 名 예정된 시일. 기일. 시기. ¶到下周一图书馆的书就到~了;다음주 월요일이면 도서관에서 빌린 책이 만기가 된다.|现在年轻人买房都用分~付款的方式;현재 젊은이들은 집을 장만할 때 모두 정기 분할 지불 방식을 이용한다.|我刚到一家公司工作,试用~是三个月;나는 한 회사에서 일하게 되었는데, 수습기간이 3개월이다. 量 기. (시기를 나눈 것에 사용한다.) ¶这个普通话培训班已经办了二十~了,第二十一~将于五月十二日开班;이 표준어 양성반은 이미 20기를 운영하였고, 제 21기는 장차 5월 12일에 반을 개설할 것이다.|这本杂志已经出了六~了;이 잡지는 이미 6호를 발행하였다.

期待 qīdài 动 기대하다. 기다리다. ¶我~着妈妈早日从国外回来;나는 엄마가 빠른 시일내에 해외에서 돌아오기를 기대하고 있다.|人们迫切~这位作家的新作早日出版;사람들은 이 작가의 새 작품이 조속히 출간되기를 간절히 기다린다.|孩子们用~的目光看着老师,希望能早点下课;아이들은 기대하는 눈빛으로 선생님을 바라보며 일찍 수업이 끝나기를 바란다.

期间 qījiān 名 기간. ¶春节~各地的车票

都很紧张;설 기간에는 각 지역의 차표가 매우 부족하다.|节日~要注意防火防盗;명절기간에는 화재와 도난 방지에 주의해야 한다.|他在读书~就已经发表了两篇很有影响的学术论文;그는 학업 기간에 아주 영향력 있는 학술논문 두 편을 이미 발표하였다.

期望 qīwàng 动 (미래에 대해) 기대하다. 바라다. ¶他热切~自己的企业能早日进入中国市场;그는 자신의 기업이 빠른 시일 내에 중국시장에 진출할 수 있기를 간절히 바란다.|父母对孩子的~过高, 会使孩子产生压力;아이에 대한 부모의 기대가 너무 크면 아이가 스트레스를 받을 수 있다.|我真诚地~学生们能早日成材;나는 진심으로 학생들이 빨리 인재가 되기를 바란다.|我们决不辜负父母的~, 一定要好好学习;우리가 부모의 기대를 결코 저버리지 않으려면 반드시 열심히 공부해야 한다.

欺骗 qīpiàn 动 (허위적인 말 또는 행동으로) 사실을 덮다. 속이다. 기만하다. ¶他~朋友们说自己要出国;그는 친구들에게 자신이 출국한다고 속였다.|他的这种~行为令人厌恶(yànwù);그의 이런 기만 행위는 싫어하게 만든다.|他从来没有~过孩子;그는 이제까지 자식을 속인 적이 없다.|你的话~不了大家;네 말은 모두를 속일 수 없다.|他~过我好几次了;그는 나를 몇 번 속인 적이 있다.

齐 qí 形 ❶ 가지런하다. 질서정연하다. ¶孩子们排得很~, 正在等待出发;아이들은 매우 질서정연하게 줄을 서서, 출발을 기다리고 있다.|他们的队伍走得很~;그들의 대열은 매우 질서정연하게 걸어간다.|人的十个手指怎么能一样~呢?사람의 10개 손가락이 어떻게 똑같이 가지런할 수 있습니까? ❷ 같다. 일치하다. ¶这次比赛我们输了, 主要因为队员们人心不~;이번 시합에서 우리가 진 주요 원인은 선수들의 마음이 일치되지 않아서이다.|人心~, 泰山移;사람이 합심하면, 태산도 옮긴다.|他是著名的画家, 与徐悲鸿(hóng)~名;그는 유명한 화가로 쉬베이훙과 함께 이름이 나 있다. ❸ 완비하다. 완전하다. ¶开会的材料已经准备~了;회의 자료는 이미 완비되었다.|上课的时间快到了, 人还没有来~;수업할 시간이 곧 다가오는데, 사람들이 아직 다 오지 않았다.|下次你凑(còu)~了钱就来这里办手续;다음에 네가 돈을 다 모으면 수속하러 와라.|这些都是你要买的东西, 已经~了;이것들은 모두 네가 사려고 했던 것들로 이미 완비되었다. 动 (어떤 정도나 수준에) 다다르다. 이르다. 도달하다. ¶院子里的那棵花已经长得~腰高了;정원의 그 꽃은 이미 허리에 닿을 정도로 높이 자랐다.|连着下了几天雨, 河水已经涨(zhǎng)得~了岸;며칠 동안 연이어 비가 내리더니, 강물이 이미 해안까지 불어났다. 副 함께. 동시에. ¶百花~放;온갖 꽃이 일제히 피다.|只要我们大家~努力, 一定能完成任务;우리 모두 함께 노력하기만 하면, 반드시 임무를 완성할 수 있다.|妈妈把东西准备好, 我们大家~动手, 很快饺子就包好了;엄마가 모든 걸 준비하셔서 우리가 같이 시작하면 빨리 만두를 빚을 수

있을 것이다. 介(어떤 점이나 선에) 맞추어. ¶请同学们~着这条线再画一条平行线;학생 여러분, 이 선에 맞추어 평행선을 다시 그리세요.|他把这些小树都~根砍倒了;그는 이 묘목들을 모두 밑동에 맞추어 베었다.

其次 qícì 代 ❶ 다음. 그 다음. ('第二'과 같은 역할을 하며, 자주 '首先'과 호응하여 쓰인다.) ¶明天的演讲首先是你, ~就是我;내일 강연은 네가 먼저 하고, 다음이 바로 나다.|今天的演出首先出场的是一班, ~是我们班, 四班是第三;오늘 공연은 1반이 먼저 등장하고, 다음이 우리 반이고, 4반은 세 번째이다.|我首先给大家介绍一下情况, ~请大家讨论一下这件事的处理意见;제가 우선 여러분께 상황을 설명 드리겠습니다. 그 다음에 여러분들이 이 일의 처리방안을 토론해 주시기 바랍니다. ❷ 부차적인 지위. 위치. ¶大家的利益是主要的, 我的待遇问题还在~;모두의 이익이 중요한 것이지, 나의 대우문제는 그 다음이다.|写文章的时候, 内容是主要的, 形式还在~;문장을 쓸 때, 내용이 중요하고 형식은 그 다음이다.

其他 qítā 代 기타. 그 밖. 그 외. ¶你只管洗菜, ~的事交给我来做;너는 야채 씻는 것만 하고, 다른 일은 내가 하게 넘겨라.|这次考试我只是听力差一点儿, ~都不错;이번 시험에서 나는 단지 듣기가 약간 부족했고, 다른 것은 다 괜찮다.|我只随身带一些重要的物品, ~的东西都寄走;나는 중요한 물품들만 몸에 지니고, 다른 물건들은 모두 부칠 거다.|先吃饭, ~的事饭后再说;우선 밥부터 먹고, 다른 일들은 밥 먹고 다시 이야기하자.

其余 qíyú 代 남은 것. 나머지. 여분. ¶屋里的人除了他, ~的我都不认识;방 안의 사람들 중 그를 제외하고, 나머지는 모르는 사람들이다.|昨天除了两个人请假(jià), 我们班~的学生都去了长城;어제 두 사람이 결석계를 낸 것을 제외하고, 우리 반 나머지 학생들은 모두 만리장성에 갔다.|放假了, 宿舍楼里只剩下三个人了, ~的都回家了;방학을 하자, 기숙사 건물에는 단지 세 사람만이 남았고, 나머지는 모두 집으로 돌아갔다.

其中 qízhōng 名 그 중. 그 안. 그 속. ¶我买了五本书, ~三本都是汉语书;나는 책 다섯 권을 샀는데, 그 중 세 권은 중국어 책이다.|我们学校只有两个人得到这份奖学金, ~就有他;우리 학교는 단지 두 사람만이 장학금을 받는데, 그 중에 그가 있다.|妈妈在国外工作了四年, ~有两年是在美国;어머니는 해외에서 4년 동안 일을 하셨는데, 그 중 2년은 미국에 계셨다.|学校选拔优秀学生去国外留学, 我也在~;학교에서는 우수학생을 선발해 해외에 유학을 보내는데, 나도 그 안에 포함된다.|老师表扬了五位同学, 他也在~;선생님은 학생 5명을 칭찬하셨는데, 그도 그 안에 속한다.

奇怪 qíguài 形 ❶ 괴상하다. 기괴하다. 괴이하다. ¶这个房子里晚上总会有一种~的声音;이 방에는 밤에 늘 이상한 소리가 들린다.|这种~的动物我以前从没见过;이런 괴상한 동물을 나는 이전에 본 적이 없다.|他喜欢各种奇奇怪怪的东西;그는 각종 기괴한 물건들을 좋아한다.|这种贺卡的样

子很~;이 축하카드 모양은 매우 기이하다. ❷의아하다. 이상하다. 뜻밖이다. ¶他平时总是爱迟到,所以今天开会迟到一点儿也不~;그는 평소에 늘 지각하므로, 오늘 회의에 늦는 것은 조금도 이상하지 않다.ǀ妈妈~地问:"你不想去中国留学了?"엄마는 의아해 하며 '너는 중국으로 유학을 가고 싶지 않니?'라고 물으셨다.ǀ真~,她怎么还不来呢? 정말 이상하네. 그녀는 왜 아직도 안 오는 거야?ǀ近些年天气反常,出现了一些~的现象;최근 몇 년 동안 날씨가 비정상적으로, 약간 이상한 현상이 나타났다. 动 의아해 하다. 이상히 여기다. 이해하기 어렵다. ¶我~怎么这么晚了你还没有睡;나는 어떻게 이렇게 늦었는데 네가 아직 안 자는지 의아하다.ǀ晚上回到家的时候,他~为什么自己的屋里会亮着灯;저녁에 집에 돌아왔을 때, 그는 자기 방에 왜 불이 켜져 있는지 의아해 했다.

祈祷 qídǎo 动 기도하다. 빌다. ¶他每天都要向上帝~;그는 매일 하나님께 기도한다.ǀ妈妈默默地为儿子~,希望儿子一生幸福;엄마는 묵묵히 아이를 위해 기도하며, 아이가 일생 동안 행복하기를 바란다.ǀ教堂的钟声响了,~的时间到了;교회 종소리가 울리고, 기도시간이 되었다.

祈求 qíqiú 动 간절히 희망하다. 간구하다. 간청하다. ¶他到了晚年~长生不老;그는 노년이 되면 불로장생하기를 간절히 바란다.ǀ每年秋天这里的人都会举行仪式~来年能够大丰收;매년 가을에 이곳 사람들은 모두 의식을 거행하며 내년에 큰 수확을 거둘

수 있기를 간구한다.ǀ他们一起向月亮祷告,~能实现自己美好的愿望;그들은 함께 달을 향해 기도하면서, 자신의 아름다운 소망이 실현되기를 간구한다.ǀ孩子脸上~的神情令人难忘;아이의 얼굴에 간청하는 표정이 잊혀지지 않는다.

骑 qí 动 (가축 또는 자전거 등에) 올라타다. (걸터) 타다. ¶他从小就喜欢~马;그는 어릴 때부터 말 타는 것을 좋아했다.ǀ我想借你的自行车~;나는 너의 자전거를 빌려 타고 싶다.ǀ摩托车别~得太快;오토바이를 너무 빨리 몰지 말아라.ǀ我到家的时候,孩子正~在爸爸身上玩儿;내가 집에 도착했을 때, 아이는 아빠의 몸에 올라 타고 놀고 있었다.ǀ我~了两个小时的车才赶到车站;나는 두 시간 동안 자전거를 타고 가서야 겨우 역에 도착하였다.

旗袍 qípáo (~儿) 名 치파오. (중국 여성들이 입는 긴 원피스의 한 종류로, 원래 만주족 여성이 입던 옷이다.) ¶很多饭店的服务员都穿~;많은 호텔의 종업원들은 모두 치파오를 입는다.ǀ这件~的样式和花色都很好;이 치파오는 스타일과 색상 모두 좋다.ǀ留学生到北京一般都会买一件~穿;유학생은 베이징에 가면 일반적으로 치파오를 한 벌 산다.ǀ很多女同学身穿~来参加告别晚会;많은 여학생들이 치파오를 입고 송별회에 참가하러 온다.ǀ~可以显现女性的曲线美;치파오는 여성의 곡선미를 나타낼 수 있다.

旗子 qí·zi 名 깃발. ¶游行的人每人手里拿一面小~;여행객은 각자 손에 작은 깃발을 하나씩 쥐고 있다.ǀ教室

里挂满了各色~;교실 안에 여러 가지 깃발이 가득 걸려있다.|街道两边挂着很多彩色的~;거리 양 쪽에 많은 색상의 깃발이 걸려있다.|~的颜色和数量都还没有确定;깃발의 색과 수량은 아직 확정되지 않았다.|他举着~走在队伍的最前面;그는 깃발을 들고 행렬의 맨 앞쪽에서 걷는다.

企划 qǐhuà 动 기획하다. 계획하다.¶我们公司现在急需~人员;우리 회사는 현재 기획 인원이 급히 필요하다.|国务院总理昨天会见了韩国经济~院次官;국무원 총리는 어제 한국경제기획차관을 접견했다.|这部电影在放映前请了很多高手担任宣传~;이 영화는 상영 전에 많은 홍보전문가를 불러 기획을 맡겼다.

企图 qǐtú 动 (어떤 일을) 꾀하다. 도모하다. 의도하다. 기도하다. (대부분 부정적인 뜻을 지닌다. 목적어는 일반적으로 동사 또는 동사구조이다.)¶敌人~逃跑,我们快追;적들이 달아나려고 도모하니, 빨리 쫓아가자.|恐怖分子~破坏这座建筑;테러리스트는 이 건물을 파괴하려고 도모한다.|被抓住后,他还~隐瞒(mán)真相;체포된 후에도 그는 여전히 진상을 은폐하려고 한다. 名 사전계획. 의도. 기도. (대부분 부정적인 뜻을 지닌다.)¶他想逃跑的~被公安人员发现了;그가 달아나려던 계획은 경찰에 의해 발각되었다.|工商人员识破了那个奸商以次充好的~;상공업자들은 그 교활한 상인이 나쁜 물건을 좋은 물건으로 속여 팔려는 의도를 간파했다.

企业 qǐyè 名 기업.¶工厂、矿山、铁路、各种公司等都属于~单位;공장, 광산, 철로, 각종 회사 등 모두 기업체에 속한다.|这家~去年被评为全国的先进~;이 기업은 작년 전국의 우수기업으로 평가되었다.|现在中国的~既有国有~,也有私营~,既有外资~,独资~,又有合资~;현재 중국의 기업은 국유기업뿐 아니라 개인기업도 있고, 외자기업, 독자기업뿐 아니라 합자기업도 있다.|自从换了新的董事长,经过一年多的努力,这家公司已经从亏损~转变为盈(yíng)利~了;새로운 회장으로 바뀐 뒤부터, 1년 여의 노력을 통해, 이 회사는 이미 적자기업에서 흑자기업으로 바뀌었다.

企业管理 qǐyè guǎnlǐ 名 기업관리. 기업경영¶~专业是目前比较热门的专业;기업경영 전공은 현재 비교적 인기 있는 전공이다.|~应该以人为本;기업관리는 마땅히 인간을 근본으로 삼아야 한다.

企业界 qǐyèjiè 名 기업계.¶这次会议请的都是~的精英;이번 회의에 초청된 사람은 모두 기업계의 엘리트들이다.|到~去实习是欧洲MBA课程的一部分;기업체 연수는 유럽MBA과정의 일부분이다.|美国总统大选离不开~的支持;미국의 대통령선거는 재계의 지지를 벗어날 수 없다.

启发 qǐfā 动 계발하다. 계몽하다. 일깨우다.¶我们应该用讲故事的方法来~孩子;우리는 이야기를 하는 방법으

로 아이들을 계몽해야 한다.| 这些益智类玩具能~孩子们思考;이런 지능 계발 완구들은 아이들의 사고를 계발할 수 있다.| 你要不断地~他,他会明白这个道理的;네가 끊임없이 그를 일깨워야만, 그는 이 도리를 이해할 것이다.| 你还是举个例子~~他吧;네가 역시 예를 들어 그를 깨우쳐 주거라.| 老师的一句话~了我,我一下子全明白了;선생님의 한 마디가 나를 일깨워, 나는 단번에 모두 이해했다. [名] 계발. 계몽. 깨우침. 일깨움.¶老师的~使学生们理解了这篇课文的含义;선생님의 가르침은 학생들이 이 본문의 내포된 의미를 이해하게 했다.| 你的话对我很有~;너의 말은 나에게 많은 자극이 되었다.| 这件事不仅教育了孩子,我们也受到了某种~;이 일은 아이들을 일깨웠을 뿐만 아니라 우리 또한 모종의 자극을 받았다.

起 qǐ [动] ❶ 일어나다. 일어나 앉다.¶他本来坐在椅子上,看到老师来了,忙~来迎接;그는 본래 의자에 앉아 있었는데, 선생님이 오신 것을 보고, 서둘러 일어나서 맞이하였다.| 他每天早上六点~床;그는 매일 아침 여섯 시에 일어난다.| 应该培养孩子早睡早~的习惯;아이는 일찍 자고 일찍 일어나는 습관을 길러야 한다. ❷ (물집, 뽀루지, 땀띠가) 나다.¶每到夏天他额头上都会~痱(fèi)子;매 번 여름마다 그는 이마에 땀띠가 난다.| 由于对这儿的空气过敏,他的身上~了很多小疙瘩(gēda);이곳 공기에 민감해서, 그는 몸에 많은 뽀루지가 났다.| 她的皮肤很好,很少~青春痘;그녀

의 피부는 매우 좋아서 여드름이 잘 나지 않는다. ❸ 발생하다. 생기다.¶外面~风了;밖에 바람이 분다.| 最近丈夫总是回家很晚,妻子不禁对他~了疑心;최근 남편이 늘 집에 늦게 와서, 아내는 자기도 모르게 그에 대한 의심이 생겼다.| 他们在中韩经济合作中~到了非常重要的作用;그들은 중한 경제협력에 있어 매우 중요한 역할을 했다. ❹ 초안을 세우다. 기초하다.¶这份文件是他~草的;이 문건은 그가 초안을 세운 것이다.| 孩子的名字是妈妈给~的;아이의 이름은 엄마가 지어준 것이다.| 我们给这只小狗儿~个名字吧;우리가 이 강아지에게 이름을 지어주자. ❺ 시작하다. (주로 '由', '从', '自' 등과 함께 쓰인다.)¶从明天~,我们就在201教室上课;내일부터 우리는 201호 교실에서 수업한다.| 由那座白色的楼~,一直到学校的最南端,都是教学楼;그 흰 건물부터 학교 남쪽끝까지 모두 강의동이다.| 本条例自公布之日~生效;본 규정은 공포한 날로부터 효력이 발생한다.| 从现在~,你就是我们学校的学生了;지금부터 너는 우리학교의 학생이다. ❻ 동사 뒤에 쓰인다. a) 동작이 아래에서 위로 향하는 것을 나타낸다.¶他举~手想回答问题;그는 손을 들고 문제에 대답하고 싶었다.| 我们俩才能抬~这个箱子;우리 둘이 겨우 이 상자를 들어올릴 수 있다.| 他拿~地上的书包就出门了;그는 바닥에 있는 책가방을 들고 나갔다. b) …하기 시작하다. (다른 동사 뒤에 놓여 동작의 개시를 표시하고, 지속적인 의미를 지닌다.)¶会场上响~热

烈的掌声;회의장에서 우레같은 박수 소리가 울려 퍼진다.| 老师刚说完话,孩子们就唱~歌、跳~舞来;선생님께서 말을 마치자, 아이들은 바로 노래 부르고 춤을 추기 시작한다.| 广场上奏~中国的国歌;광장에서 중국의 국가가 연주되기 시작한다. c) 시작하다. (일반적으로 '从','由'등의 개사와 어울리며 뒤에 명사를 이끌지 않는다.) ¶你的工作时间从下月一号算~;너의 근무시간은 다음 달 1일부터 계산한다.| 我们就从毕业那个时候说~吧;우리 졸업하던 그 때부터 말해보자.| 十年前学的英语早都忘了,他决定从头学~;10년 전에 배운 영어를 일찍감치 다 잊어버린 그는 처음부터 공부하기로 결정했다. d) 동사 뒤에 쓰여 동작이 사람 또는 일에 관련됨을 나타낸다. 동사는 일반적으로 '说','谈','想','问','提','回忆'등에 국한한다. ¶一提~过去,老人就落泪;과거를 언급하기만 하면 노인은 눈물을 흘린다.| 她想~孩子小时候的事就想笑;그녀는 아이의 어렸을 적 일을 생각하면 웃음이 난다.| 他总跟我提~你;그는 늘 나에게 네 얘기를 한다.| 我时常会回忆~大学的时光;나는 자주 대학시절을 회상한다. e) 동사 뒤에 '得'또는 '不'와 같이 쓰여 할 수 있는지 없는 지에 대한 능력을 나타낸다. ¶这件衣服太贵了,我买不~;이 옷은 너무 비싸서 나는 살 수 없다.| 他总是瞧不~别人;그는 항상 다른 사람을 무시한다.| 谢谢你这么看得~我,请我吃饭;이렇게 저를 대우해 주시고 식사를 대접해 주셔서 감사합니다.| 他经受不~女

朋友的考验,两人分手了;그는 여자친구의 시험을 견딜 수 없어, 두 사람은 헤어졌다.| 这种人谁也惹不~,还是离他远点儿吧;이런 사람은 누구도 건드릴 수 없으니 차라리 그를 좀 멀리해라.

起床 qǐ//chuáng 动 일어나다. 기상하다. ¶他每天六点半~;그는 매일 여섯시 반에 일어난다.| 都八点了,他还没~;벌써 8시인데, 그는 아직 안 일어났다.| 他病得很重,已经起不来床了;그는 병세가 심각하여 이미 일어날 수 없다.| 五点钟你能起得了床吗? 5시에 일어 날 수 있니?| 他真不想这么早~;그는 정말 이렇게 일찍 일어나고 싶어하지 않는다.

▶용법주의:'起床'은 사이에'了','完','得了(…할 수 있다.)','不了(…할 수 없다.)'를 첨가할 수 있다.

起点 qǐdiǎn 名 기점. 출발점. ¶我们现在在同一个~学习汉语;우리는 지금 같은 선상에서 중국어를 배운다.| 这次考试是同学们继续学习的一个新~;이번 시험은 학우들이 계속 공부해야 할 새로운 출발이다.| 这次展览会上展览的商品~很高,都是一些高端新产品;이번 전람회에 전시된 상품은 기준이 매우 높은 모두 첨단 신제품이다.| 百米赛跑的~在这里;백 미터 달리기의 출발점은 여기다.

起来 qǐ·lái 动 ❶ 일어나다. ¶你先~,让这位老奶奶坐一会儿;너는 일어나고 할머니를 잠시 앉으시게하렴.| 你已经躺了一天了,快~活动活动;너는 이미 하루 동안 누워있었으니, 빨리 일어나 몸을 움직여라.| 他的腿不好,起不来;그는 다리가 좋지 않아서 일어

날 수 없다.| 孩子坐在草地上，就是不肯~;아이는 잔디에 앉아 일어나려고 하지 않는다. ❷ 일어나다. 기상하다. ¶你明天八点去他家，他一定起得来;너가 내일 8시에 그의 집에 가면 그는 분명히 일어나 있을 거다.| 如果明天早上我六点还起不来，你就敲我的门;만일 내일 아침에 내가 6시에 일어나지 못 하면 너는 바로 내 방문을 두드려라.| 明天早上我一定七点以前~;내일 아침에 나는 반드시 7시 전에 일어날 것이다. ❸ 동사 뒤에 쓰이고, 분리하여 사용할 수 있다. a) 동작이 아래에서 위로 향하는 것을 나타낸다. ¶他的腿已经好了，现在又可以站~了;그의 다리는 이미 좋아져서 지금은 일어날 수 있다.| 他从地上捡起一个钱包来;그는 땅에서 지갑 하나를 주웠다.| 太阳升~了;태양이 떠올랐다.| 他一个人就能举起来这块大石头;그는 혼자 이 큰 돌을 들어올릴 수 있다. b) 동작이 시작해서 계속 지속됨을 나타낸다. ¶听完他的故事，大家不禁笑~;그의 이야기를 듣고, 모두들 웃음을 참지 못 한다.| 孩子们，让我们唱~，跳~吧;얘들아, 우리 노래하고 춤 추자.| 街上的路灯已经亮~了;거리의 가로등은 이미 켜졌다. c) 동사 뒤에 쓰여, 동작이 완성되거나 목표가 달성됨을 나타낸다. ¶我会把大家的问题集中~向上级反映;나는 모두의 문제를 모아 상급자에게 건의할 것이다.| 有人来了，快把钱收~;누가 왔으니, 빨리 돈을 치워라.| 这个球队虽然刚组织~一年多，可是已经参加过多次比赛了;이 축구팀은 비록 조직된 지 1년여 밖에 안 되

지만, 이미 많은 경기에 참가해 보았다.| 这里以前是草地，现在已经建起一大批住宅楼来;이 곳은 이전에 풀밭이었지만 지금은 이미 많은 주택들이 건설되었다.| 他把几张纸粘(zhān)~组成了一幅画;그는 몇 장의 종이를 붙여 한 폭의 그림을 완성했다. d) '看','算' 등 단음절 동사 뒤에 쓰여 추측이나 견해를 나타낸다. ¶天阴得很厉害，看~今天要下雨;날씨가 매우 흐린 것으로 보아 오늘 비가 올 것 같다.| 算~，我们已经有十年没见面了;따져보니, 우리는 벌써 10년 동안 보지 못 했다.| 他虽然看汉语书问题不大，但说~还是不行;그가 비록 중국어 책 보는 것은 문제가 없을지라도 말하는 것은 아직 안 된다.| 这件衣服的料子摸~真的很好，难怪卖得贵;이 옷의 옷감은 만져보니 정말 좋다. 어쩐지 비싸게 판다. ❹ 형용사 뒤에 쓰여 어떤 상태나 정도가 점점 심해짐을 나타낸다. ¶快考试了，大家都紧张~了;곧 시험이라 모두 긴장하기 시작했다.| 天气渐渐热~了;날씨가 점점 더워지기 시작한다.| 天亮了，路上的车多~了;날이 밝자, 도로에 차들이 많아지기 시작했다.

起码 qǐmǎ 形 최소 한도의. 최저 한도의. 최소의. ¶这个任务最~也要一个月才能完成;이 임무는 최소한 적어도 한 달은 있어야 완성할 수 있다.| 会说汉语是进入我们公司最~的条件;중국어를 할 줄 아는 것은 우리 회사에 들어오기 위한 최소한의 조건이다.| 你如果不回家吃饭，~也要给妈妈打个电话;네가 만약 집에 가서 밥을 먹지 않을 거면 적어도 엄마에게

전화라도 드려라.|完成作业是老师对学生最~的要求;학생에 대한 선생님의 최소한의 요구이다.

起亚汽车 Qǐyà qìchē [名] 기아자동차. ¶他买了一辆~;그는 기아자동차 한 대를 샀다.| ~公司是韩国最早的汽车制造商;기아자동차 회사는 한국 최초의 자동차 제조업체이다.| ~已被韩国现代汽车兼并;기아자동차는 이미 한국의 현대자동차에 합병되었다.

气 qì [名] ❶ 기체. 공기. (쌍음절에 많이 쓰인다.) ¶这个篮球漏(lòu)~了;이 농구공은 바람이 빠졌다.|这屋里空~不好,快开窗换换~吧;이 방은 공기가 안 좋으니, 어서 창문을 열어 환기시켜라.|这个空调的冷~很足;이 에어컨은 냉매가 충분하다. ❷ (~儿) 숨. 호흡. ¶他已经没~儿了;그는 이미 숨을 거두었다.|看你累得上~不接下~的,快坐下来喘(chuǎn)口~儿;너 숨차 보이는데 어서 앉아서 한숨 돌리렴. ❸ 냄새. (쌍음절에 많이 쓰인다.) ¶怎么这里有一股臭~?;왜 여기서 구린내가 나지?|这种花散(sàn)发出很浓的香~;이런 꽃은 아주 짙은 향기를 발산한다.|大雨过后,芳香的泥土~使人觉得很清新;큰 비가 지나간 후의 향기로운 진흙 냄새는 사람을 상쾌하게 한다. [动] ❶ 화내다. 분노하다. ¶妈妈~极了,举起手就要打他;엄마는 몹시 화가 나 손을 들어 그를 때리려 하였다.|听完这件事,我~得一句话也说不出来;이 일을 듣고, 나는 화가 나서 한 마디도 할 수 없었다. ❷ 사람을 화나게 하다. 약을 올리다. ¶这个服务员真够~人的,我们坐下半天了也不理我们;이 종업원은

정말 사람을 화나게 한다. 우리가 한참을 앉아 있었는데도 거들떠보지도 않는다.|朋友们故意~我,说我的女朋友把我甩(shuǎi)了;친구들은 일부러 나를 약 올리려고 내 여자친구가 나를 찼다고 말한다.|他总不希望我们考好,我们拿着这次的成绩去~~他;그는 언제나 우리가 시험 잘 보는 것을 바라지 않으니까 우리 이번 성적으로 그에게 약을 좀 올려 주자.

气氛 qìfēn [名] 분위기. ¶圣诞(shèngdàn)节快到了,街上充满了节日的~;성탄절이 곧 다가오니. 거리에는 성탄절 분위기로 가득하다.|我们班的学习~很浓;우리 반의 학습 분위기는 매우 진지하다.|他很幽默(yōumò),走到哪里都能带来欢乐的~;그는 유머스러워 어디를 가든지 즐거운 분위기를 가져다 준다.|我们口语课上同学们发言很积极,~很活跃(yuè);우리 회화 수업에서 학생들이매우 적극적으로 애기해 분위기가 아주 활발하다.|为了活跃课堂~,老师上课总会先给我们讲个笑话;활기찬 수업 분위기를 위해서 선생님은 수업할 때 늘 먼저 우리에게 재미있는 이야기를 해 주신다.

气候 qìhòu [名] ❶ 기후. ¶北京夏天时~炎热;베이징은 여름에 기후가 무덥다.|今年的~不太正常,冬天北方不是太冷,可南方却很冷;올해 기후는 그리 정상적이지 않아서. 겨울인데 북방은 그다지 춥지 않고, 남방이 도리어 춥다.|我们这里是温带大陆性~,台湾是海洋性~;이곳은 온대 대륙성 기후이고, 대만은 해양성 기후이다.|亚洲地跨(kuà)寒、温、热三个~

带,~复杂多样,以季风~为主;아시아는 한대, 온대, 열대 세 지대에 걸쳐 있다. 기후가 복잡하고 다양하며, 계절풍 기후가 주를 이룬다. ❷ 동향. 정세. 효과. ¶经济~对汽车销售影响很大;경제 동향은 자동차 판매에 큰 영향력을 끼친다.| 那几个名不见经传(jīngzhuàn)的年轻人折腾(zhēteng)了这么几年,竟然也成了~,公司资产已经达到几个亿;그 이름없는 몇몇 젊은이들은 그렇게 몇 년을 고생하더니 놀랍게도 성공하여, 회사 자산이 이미 몇 억에 이른다.

气流 qìliú 名 ❶ 기류. 공기의 흐름. ¶最近受南方暖湿~的影响,会有大面积的降雨;최근 남방의 온난 다습한 기류의 영향을 받아, 넓은 면적에 비가 내릴 것이다.| 这股冷~会对华北地区的气温有较大的影响;이 냉기류는 화베이 지역의 기온에 비교적 큰 영향을 줄 수 있다. ❷ 숨. ¶~是发音的动力;(폐의 팽창이나 수축으로 인해 빨아들이거나 내뿜는) 기운은 발음의 원동력이다.|汉语拼音中的"p"、"t"、"k"发音时要用力吐出~;중국어 병음 중의 'p','t','k'를 발음할 때는 힘껏 숨을 뱉어야 한다.|发鼻音时,要让~从鼻腔(bíqiāng)通过;비음을 낼 때는 숨이 콧구멍을 통과해야 한다.

气味 qìwèi 名 ❶ 냄새. 향기. ¶玫瑰花的~很好闻;장미꽃의 향기는 아주 좋다.| 房间里有一股难闻的~;방에서 고약한 냄새가 난다.| 她对~很敏(mǐn)感,鼻子特别好使;그녀는 냄새에 아주 민감한데, 코가 특히 냄새를 잘 맡는다. ❷ 성격. 성미. 기질. 성

향. 취향. (주로 부정적인 의미로 많이 쓴다.) ¶这两个坏蛋~相投,决定绑架(bǎngjià)那个孩子得(dé)一笔钱;이 두 악당은 서로 의기투합하여 그 아이를 납치해서 돈을 뜯어내기로 결정했다.| 这份调查报告中的商业~太浓,学术含量不够;이 조사 보고서는 상업적 성격이 너무 짙고, 학술 내용이 부족하다.

气温 qìwēn 名 기온. ¶最近~会有所下降,大家要注意保暖;요새 기온이 다소 떨어질 것이니, 모두들 따뜻이 입도록 신경 써야 한다.| 一到夏季,北京的~升得很快;여름이 되면 베이징의 기온은 아주 빨리 올라간다.| 这两天的~又回升了,不像前几天那么冷了;요 며칠 기온이 또 다시 올라가서, 며칠 전처럼 그렇게 춥지 않다.

气象 qìxiàng 名 ❶ 대기의 상황. 각종 자연 현상. 기상. ¶刮风、下雨、下雪、闪电等都属于~信息;바람이 불고, 비가 내리고, 눈이 내리고, 번개가 치는 것 등은 모두 기상 정보에 속한다.| 电视里每隔一个小时就会有~预报;텔레비전에서는 한 시간 간격으로 기상예보가 있다.| 他懂得很多~知识;그는 매우 많은 기상 지식을 알고 있다.| 她从小就喜欢观测~,长大想当一名~学家;그녀는 어렸을 때부터 기상 관측을 좋아했는데, 커서 기상학자가 되고 싶어한다. ❷ 광경. 주위의 상황. 분위기. 양상. ¶如今的市场什么东西都可以买到,一片繁荣(fánróng)~;오늘날의 시장은 어떤 물건도 다 살 수 있는 발전된 모습을 지닌다.| 黄山的景色非常壮观,~万千;황산의 경치는 아주 장관이고, 광경이 변화무

쌍하다.| 以前平静的小山村,改革开放后展现出一派(pài)新~;이전의 평온했던 산골 마을은 개혁개방 후 새로운 분위기가 나타났다.

汽车 qìchē 名 자동차. ¶~至少有四个轮子,有些大型货车甚至有十二个轮子;자동차는 최소한 4개의 바퀴가 있고, 어떤 대형 화물차는 심지어 12개의 바퀴가 있다.| 现在中国有~的家庭越来越多;지금 중국에는 자동차가 있는 가정이 갈수록 많아지고 있다.| 这辆公共~上人不算太多;이 버스에 사람이 많이 탔다고는 할 수 없다.| 他是一名~司机;그는 운전 기사이다.| 我今年要考取~驾驶执照(jiàshǐ zhízhào);나는 올해 자동차 운전면허증을 따려고 한다.

▶용법주의:용법주의 : 중국어에서는 기차(汽车)가 자동차를 말하지만 한국에서의 기차(汽车)는 궤도(軌道)를 달리는 열차(列車)를 가리키는 말이다. 한국에서 말하는 기차는 중국어로 火车이다.

汽水 qìshuǐ (~儿) 名 사이다. 탄산음료. ¶天气很热,他给孩子买了一瓶~;날씨가 더워서 그는 아이에게 사이다를 한 병 사 주었다.| 你想喝什么味儿的~? 橘子儿还是葡萄味儿? 너는 무슨 맛의 탄산음료를 마시고 싶니? 귤 맛 아니면 포도 맛?| 我最不喜欢喝~;나는 사이다를 가장 싫어한다.

汽油 qìyóu 名 휘발유. 가솔린. ¶受金融危机的影响,现在~涨(zhǎng)价了;금융 위기의 영향을 받아 지금 휘발유 값이 올랐다.| ~很容易燃烧;휘발유는 연소되기 쉽다.| 他把一桶~都倒(dào)在马路上了;그는 휘발유 한 통을 모두 길바닥에 쏟아 부었다.

契约 qìyuē 名 계약(서). ¶按照我当时租(zū)房时的~,水管坏了应该由房东负责;当时 내가 세 들 때의 계약서에 따르면, 수도관이 망가지면 마땅히 집주인이 책임져야 한다.| 买卖双方应该订立~;매매하는 쌍방은 마땅히 계약서를 체결해야 한다.| 请你在这张~上签(qiān)名;당신은 이 계약서에 서명해 주세요.| 保险公司和保户之间是一种~关系;보험 회사와 보험 가입자는 일종의 계약 관계이다.

器皿 qìmǐn 名 그릇. 식기. ¶玻璃~很容易碎(suì);유리 그릇은 깨지기 쉽다.| 这种溶液可以用于~消毒(dú);이런 용액은 그릇을 소독하는 데 쓸 수 있다.| 那座古墓中出土了大量青铜~;그 고분에서 대량의 청동기가 출토되었다.| 这些金、银制成的~都是他买来收藏(cáng)的;이런 금, 은으로 된 그릇은 모두 그가 사서 소장한 것이다.

千 qiān 数 천. 1000. ¶这个工厂有一~多人;이 공장에는 천 여 명의 사람이 있다.| 这所大学有五~多名教职工;이 대학에는 오천 여 명의 교직원이 있다.| 他已经学会了两~多个汉字;그는 이미 이천 여 개의 한자를 마스터했다.| 上~名观众围(wéi)在歌星入场的地方等着见他一面;수천 명이 넘는 관중이 가수가 입장하는 곳을 에워싸고는 그를 만나려고 기다리고 있다.

千万 qiānwàn 副 부디. 제발. 절대로. (명령문에서 '要', '不能', '别'등의 단어와 자주 쓰인다.) ¶上下班的时候人多车多,骑车~要小心;출퇴근 시간에는 사람도 차도 많아서 자전거

를 탈 때 반드시 조심해야 한다.| 이 件事儿你~别让外人知道;이 일은 절대로 외부 사람이 알게 해서는 안 된다.| 明天考试可~不要迟到;내일 시험에 절대로 늦어서는 안 된다.

迁移 qiānyí 动 이사하다. 이전하다. 원래의 소재지를 떠나 다른 지방으로 바꾸다. 시세(时世)가 변하다.¶这所大学已经把本科教育~到城郊(jiāo)的校区了;이 대학은 이미 본과를 교외로 이전하였다.| 他们一家十年前是从河南~到这里来的;그들 가족은 10년 전에 허난에서 이곳으로 이전해 왔다.| 随着时间的~,他渐渐淡忘了这件事;시간이 흘러감에 따라 그는 점점 이 일을 잊어 갔다.

牵 qiān 动 끌다.¶他从田里~着牛回来了;그는 밭에서 소를 끌고 돌아왔다.| 为了避免(bìmiǎn)孩子自己在家寂寞(jìmò),妈妈给他~回来一只小羊;아이가 혼자 집에서 외로워 하지 않게 하기 위해, 엄마는 새끼 양을 한 마리 끌고 왔다.| 到了陌生的环境,孩子紧紧~着妈妈的手;낯선 곳에 이르자, 아이는 엄마의 손을 꼭 잡았다.| 他已经把那匹马~走了;그는 이미 그 말을 끌고 갔다.

铅笔 qiānbǐ 名 연필.¶他喜欢用~写作业;그는 연필로 숙제 하기를 좋아한다.| 小孩子开始学习写字的时候最好用~;아이가 처음 글자를 배우기 시작할 때는 연필을 사용하는 것이 가장 좋다.| 妈妈给他买了一盒彩色~;엄마는 그에게 색연필 한 통을 사 주셨다.| 他已经会自己削(xiāo)~了;그는 이미 스스로 연필을 깎을 줄 안다.

签订 qiāndìng 动 조인하다. (조약을) 체결하다.¶中韩两国~了经济合作意向书;중한 양국은 경제협력 의향서를 체결했다.| 我和公司~了三年的工作合同;나는 회사와 3년간 노동 계약을 체결했다.| 他来公司工作以来只~了一份销售合同;그는 회사에 와서 일한 이래로 단지 한 건의 판매 계약을 체결했을 뿐이다.| 这份合同已经~了三年了;이 계약은 이미 체결된지 3년이 되었다.

前 qián 名 ❶ (장소) 앞.¶他家房~种着两棵树;그의 집 앞에는 나무 두 그루가 심어져 있다.| 他整天坐在电脑~工作;그는 온종일 컴퓨터 앞에 앉아서 일한다.| 他上课时总爱坐在~排;그는 수업 시간에 늘 앞쪽에 앉기를 좋아한다.| 不要总是坐在书桌~工作,책상 앞에 앉아서 너무 일만 하지 마라. ❷ (시간) 앞.¶~几天我去上海开会了;며칠 전 나는 회의 차 상하이에 갔다.| 他是~年夏天来的北京;그는 재작년 여름에 베이징에 왔었다.| ~几年妈妈一直不让他交女朋友;지난 몇 년 동안 엄마는 줄곧 그에게 여자친구를 사귀지 못 하게 하셨다. ❸ 미래. 앞날.¶凡事要往~看,不要考虑太多;모든 일은 앞을 내다 보고, 너무 많은 것을 고려해서는 안 된다.| 你应该多为孩子的~程考虑(lǜ);너는 마땅히 아이의 장래를 위해 많이 고려해야 한다.| 这家公司的发展~景很好;이 회사의 발전 전망은 아주 좋다.

前辈 qiánbèi 名 선배. 연장자.¶这位老中医是医学界的老~;이 한의사는 의학계의 대선배이다.| 我们今天的幸福生活都是~们努力创造出来的;우리의 오늘날 행복한 생활은 모두 선배

들의 노력이 만들어 낸 것이다.

▶용법주의: 중국어에서의 '前辈'는 흔히 나이가 자신보다 많은 사람을 가리키며, 자신과 동년배가 아니거나 또는 어떤 업종에서 아주 일찍 종사한 사람을 가리킨다. 한국어에서의 '선배(先辈)'와는 그 의미상 약간의 차이가 있다.

前边 qián·bian 名 ❶ (~儿) (어떤 사람이나 사물의) 앞. ¶ ~那座楼就是教学楼;앞쪽의 그 건물이 바로 강의동이다.│他就在~,你快跑几步就能追上他;그는 바로 앞에 있으니 네가 서둘러 뛰어가면 따라잡을 수 있다.│教学楼~有一个大操场;강의동 앞쪽에는 큰 운동장 하나가 있다. ❷ (순서의) 앞. ¶你来晚了,~的内容没有听到;네가 늦게 와서 앞의 내용을 듣지 못했다.│我们~已经讲了三道题了,现在我讲第四道题;우리는 앞에서 이미 세 문제를 이야기했고, 지금은 네 번째 문제를 이야기하고 있다.│他每次上课都坐在最~一排;그는 매번 수업할 때마다 맨 앞줄에 앉는다.

前进 qiánjìn 动 전진하다. ¶休息之后,大家又继续~;휴식을 취한 후, 모두들 계속하여 전진했다.│小船顺着风向迅速(xùnsù)~;작은 배가 풍향을 따라 빠르게 전진한다.│在~的道路上我们总会遇到一些困难;전진하는 도중에 우리는 언제나 어려움을 만날 것이다.│在困难面前,我们只能~,不能后退;어려움 앞에서 우리는 전진해야만 하고, 후퇴해서는 안 된다.

前面 qián·miàn 名 ❶ (~儿) (공간, 장소 등의) 앞부분. 앞. ¶教室~有两棵小树;교실 앞쪽에 작은 나무 두 그루가 있다.│~就是我们家了,一起到我家坐坐吧;앞이 바로 우리 집이니 같이 우리 집에 가자.│走在最~的那个人就是我姐姐;제일 앞쪽에서 걷는 저 사람이 바로 우리 언니이다. ❷ (시간, 순서 등의) 앞부분. ¶这次考试我排在他~;이번 시험에서 내가 그의 앞이다.│老师~讲的内容跟后面的不一样;선생님께서 앞에서 말씀하신 내용은 뒤의 내용과 다르다.│这个问题我~已经讲过了,现在不再讲了;이 문제는 내가 앞에서 이미 이야기했던 것이니, 지금 다시 이야기하지 않겠다.

前年 qiánnián 名 재작년. ¶现在是2011年,~是2009年;지금이 2011년이니, 재작년은 2009년이다.│~八月我跟妈妈一起到中国去旅游了;재작년 8월에 나는 엄마와 함께 중국으로 여행을 갔다.│我今年的工资比~高了很多;나의 올해 월급은 재작년보다 훨씬 많아졌다.│他是从~开始学习韩语的;그는 재작년부터 한국어를 공부하기 시작했다.

前期 qiánqī 名 전기. (어떤 기간의 앞 기간을 가리킨다.) ¶会议的~准备工作已经完成了;회의의 전 단계 준비 작업은 이미 끝났다.│这部小说反映了19世纪~中国的现状;이 소설은 19세기 전기의 중국 상황을 반영했다.│他上了大学之后,~一直表现很好,

只是到了后来开始不好好学习了;그는 대학에 들어간 후, 처음에는 줄곧 잘 하더니, 끝에 가서 공부를 소홀히 했다.

前提 qiántí [名] 전제. 전제 조건. 선결 조건. ¶提高自己的能力是找到好工作的~;자신의 능력을 끌어올리는 것이 좋은 직업을 찾는 전제 조건이다.| 我当然希望你来我们公司工作了,可~是你必须拿到HSK7级的证书;나는 당연히 네가 우리 회사에 와서 일하기를 바라지만, 전제 조건은 네가 반드시 HSK 7급 증서를 취득해야 하는 것이다.| 免费到中国留学一年的~是连续两年所有的课程都是A;무료로 1년 동안 중국에 유학 가는 전제 조건은 2년 연속 전 과목 A를 받는 것이다.

前天 qiántiān [名] 그저께. ¶我是~到的韩国;나는 그저께 한국에 도착했다.| ~我们没有上课;우리는 그저께 수업이 없었다.| ~的口语考试很容易;그저께 회화 시험은 아주 쉬웠다.| 今天是12号,~是10号, 我就是~给他发的信;오늘이 12일이고, 그저께가 10일이니, 나는 바로 그저께 그에게 편지를 보냈다.

前途 qiántú [名] 전도. 장래. ¶这件事会影响到公司的发展~;이 일은 회사의 장래 발전에 영향을 끼칠 것이다.| 孩子的~是最重要的;아이의 장래가 가장 중요하다.| 你还这么年轻,~会更加美好;넌 아직 이렇게 젊으니 미래가 더욱 좋아질 것이다.| 这孩子在音乐方面很有天赋(fù),好好培养的话,~远大;이 아이는 음악 쪽에 천부적인 소질이 있으니, 잘만 키우면, 전도가 유망하다.| 他觉得自己的专业不好找工作,看不到自己的~;그는 자신의 전공으로 직업을 구하기가 어려워, 자신의 미래가 보이지 않는다.

前言 qiányán [名] 머리말. 서문. ¶这本书的~对书中的内容概括(gàikuò)得好;이 책의 서문은 책 내용에 대해 아주 잘 개괄하였다.| 我正在写论文的~部分;나는 지금 논문의 머리말 부분을 쓰고 있다.| 我的写作意图在~中已经提到了,在这一章主要进行详细的分析;나의 저술 의도는 서문에서 이미 제시하였고, 이 장에서는 주로 구체적인 분석을 하려 한다.

前奏 qiánzòu [名] ❶ 서곡. 전주(곡). ¶这首音乐的~很有特点;이 음악의 전주는 매우 특징 있다.| 你刚才听到的只是一个~,更精彩的音乐还在后面呢;네가 방금 들은 건 단지 전주일 뿐이고 더 멋진 음악이 아직 뒤에 있다. ❷ 일이나 행동의 발단. 예고. ¶这次议会选举是总统大选的~;이번 의회 선거는 대통령 선거의 예고이다.| 那次亚运会是2008年奥运会的~,所有的饭馆都按奥运会的要求来准备;지난 아시안 게임은 2008년 올림픽의 서막으로, 모든 호텔은 다 올림픽의 요구에 따라 준비된다.

钱 qián [名] ❶ 돈. 화폐. 금액. 재화. ¶他正在等着售货员找零~;그는 판매원이 잔돈을 거슬러 주기를 기다리고 있다.| 你身上的~带得多不多?네가 가지고 있는 돈이 많니?| 我想借你一百块~;나는 너에게 100원을 빌리고 싶어.| 现在很多年轻人吃饭付~都采用AA制;요즘 많은 젊은이들

은 식사할 때 더치페이로 돈을 지불한다.|这笔~是我要买车用的;이 돈은 내가 차 살 때 쓸 돈이다.|昨天吃的饭是他付的~;어제 먹은 밥은 그가 계산했다. ❷(~儿)가운데 구멍이 뚫린 동전처럼 생긴 물건.¶榆(yú)树上结的榆~儿可以吃;느릅나무에 열리는 느릅나무 열매는 먹을 수 있다.|过去人们用的都是圆形方孔~;옛날에 사람들이 쓰던 것은 모두 원형의 네모난 구멍이 뚫린 돈이었다.|中国很多地方习惯给死了的人烧纸~;중국의 많은 지방에는 죽은 자에게 지전을 태워주는 습관이 있다.

钳 qián 动 (집게로) 집다.¶快把这个钉子~出来吧;어서 이 못을 뽑아 내라.|你~稳(wěn)这个小细管的这头儿,我在另一头儿拧(nǐng);네가 이 작고 가느다란 관의 이 쪽을 잘 잡고 있으면, 내가 다른 한 쪽에서 틀겠다.|他把那根铁丝~断了;그는 그 철사를 잘 랐다.

钳子 qián·zi 名 집게. 뺀찌. 족집게. (물건을 잡아서 고정하거나 잡아서 절단하는 기구)¶递给我一把~,我把这根铁丝钳断;나에게 뺀찌를 줘, 내가 이 철사를 자를게.|你用~钳住这个钉子别动;너는 뺀찌로 이 못이 움직이지 않게 잘 잡아라.

浅 qiǎn 形 ❶ (상하나 안팎의 거리가) 짧다. 얕다. 옅다. 좁다.¶这里的水很~,只到我的脚面;이곳의 물은 아주 얕아서, 겨우 내 발등까지 온다.|他只在游泳池的~水区游泳;그는 단지 수영장의 얕은 구역에서만 수영한다.|这个山洞很~,我只走了几步就出去了;이 동굴은 매우 얕아서, 내가 몇 걸음 걸으니 바로 나왔다. ❷ (내용) 간단하다. 알기 쉽다.¶这本书比较~,适合七八岁的孩子看;이 책은 비교적 이해하기 쉬워서, 7~8세의 아이가 보기에 알맞다.|我们的汉语水平还很~,听不懂(dǒng)这么长的句子;우리의 중국어 실력은 아직 매우 낮아서, 이렇게 긴 문장은 알아듣지 못한다.|你的水平比较高,这本教材太~了,我给你换一本难一点儿的吧;네 수준은 비교적 높은데, 이 교재는 너무 쉽구나. 내가 좀 더 어려운 것으로 바꿔 줄까? ❸ (색깔이) 연하다.¶他很喜欢这种~黄色的小菊花;그는 이런 연노랑색의 소국을 아주 좋아한다.|夏天应该穿~颜色的衣服;여름철에는 마땅히 옅은 색의 옷을 입어야 한다.|这件上衣的颜色太深了,有~一点儿的吗? 이 윗도리는 색이 너무 진한데, 좀 옅은 것 있어요? ❹ (감정, 친분 등이) 두텁지 않다. 깊지 않다.¶他们俩虽然一起工作了将近三年,可是交情很~;그들 둘은 비록 3년 가까이 함께 일했지만, 친분이 두텁지는 않다.|他们俩从小一起长大的,关系~不了;그들 둘은 어렸을 때부터 함께 자라서 친분이 두텁지 않을 수가 없다.

欠 qiàn 动 ❶ 몸을 위로 뻗다.¶孩子还太小,~着脚也够不着桌子上的糖(táng);아이가 아직 너무 작아서 까치발을 들어도 책상 위의 사탕에 닿지 않는다.|他向前~了~身,想看清楚广告牌上的字;그는 몸을 세워 광고판 위의 글자를 정확히 보고 싶어 했다.|她~起身子想看清楚我的脸;그녀는 발돋움을 하며 나의 얼굴을 자세히

보고 싶어 했다. ❷빚지다. ¶他去年借了我三百块钱,一直~着没还(huán);그는 작년에 나에게 300원을 빌렸는데, 아직까지 갚지 않고 있다.|我还~他一个人情呢;나는 아직 그에게 신세를 지게 있다.|那笔钱他已经~了三年了;그 돈이 그가 빚진 지 이미 3년이 되었다.

枪 qiāng 名 ❶총. 창. ¶武器库里放满了各种各样的新式武器,有手~;무기 창고에는 각양각색의 신식무기가 가득한데, 권총도 있다.|步~;소총.|机关~;기관총.|公安机关已经抓住了那个持~抢劫(qiǎngjié)的罪犯;공안당국은 총 들고 강도 짓 하던 범인을 이미 잡았다.|他给儿子买了一把玩具~;그는 아들에게 장난감 총을 한 자루 사 주었다. ❷(모양, 성능이) 총 같은 공구. ¶那个工人手里握着射钉~正在钉衣柜;그 인부는 손에 타정총을 잡고 지금 옷장 못을 박고 있다.|我们得用焊(hàn)~把这个秋千的铁架重新焊接在一起;우리는 용접 토치로 그네 틀을 다시 용접해야 한다.

强 qiáng 形 ❶힘이 세다. 강하다. ¶我们要努力使自己的国家成为一个~国;우리는 자국이 강국이 되도록 노력해야 한다.|他们小组的科研能力挺~的;그들 팀의 과학연구능력은 아주 뛰어나다.|这两个球队的实力都很~;이 두 축구팀의 실력은 아주 막강하다.|我国的国力增~了;우리 나라의 국력이 강화되었다. ❷우월하다. (비교에 많이 쓰인다.) ¶他的汉语口语水平比我~多了;그의 중국어 회화 실력은 나보다 훨씬 뛰어나다.|我们现在的办公条件比以前~;우리의 현재 작업환경은 이전보다 좋다. ❸(감정이나 능력이) 높은 수준에 다다르다. 강하다. ¶张老师责任心很~, 对学生特别负责;장 선생님은 책임감이 강하신데, 특히 학생에 대해 책임감이 강하시다.|她是个女~人, 事业上很有成就;그녀는 유능한 여성으로 사업에서 많은 성과를 이루었다.|这孩子的自尊心很~, 批评他的时候得注意方式;이 아이의 자존심은 강해서, 그를 혼낼 때는 방법에 주의해야 한다.

强大 qiángdà 形 (힘, 능력 등이) 풍부하다. 강대하다. ¶这个国家的军事力量很~;이 국가의 군사력은 강하다.|这次的世界跳水比赛我国的运动员阵容十分~;이번 세계 다이빙 시합에 우리나라 선수들의 구성은 아주 훌륭하다.|最近将有一股~的冷空气经过我国北部地区;최근에 강한 찬 공기가 우리 나라 북부 지역을 지나갈 것이다.|我们的祖国越来越~;우리 조국은 갈수록 강대해진다.

强盗 qiángdào 名 강도. ¶他在回家的路上遇到~, 把他身上的钱全抢(qiǎng)走了;그는 집에 돌아오는 길에 강도를 만났는데, 몸에 지니고 있던 돈을 전부 빼앗아 갔다.|这里的治安很好, 从来没有小偷和~;이곳 치안은 잘 돼 있어서 여태껏 도둑과 강도가 없었다.|你这样把别人的文章拿来写上自己的名字就是一种~行为;너 이렇게 다른 사람의 글을 가져다 자기의 이름을 쓰는 것은 일종의 강도 행위이다.

强调 qiángdiào 动 강조하다. ¶老师特别~同学们放假要注意安全问题;선생님께서는 특별히 학생들에게 방학 동

안 안전 문제에 주의할 것을 강조하셨다.∣这篇文章多处~要注意保护环境;이 글은 여러 차례 환경 보호에 주의해야 한다고 강조하고 있다.∣经理反复~上班的时候不能迟到;사장은 출근 시 지각해서는 안 된다고 끊임없이 강조한다.∣这件事情的重要性我已经反复~过多次了;이 일의 중요성은 내가 이미 몇 번이나 되풀이하여 강조했다.

强度 qiángdù 名 ❶ (힘, 소리, 빛, 전기, 자성 등의) 강약. 강도. ¶大赛就要到了,运动员都加大了训练~;대회가 다가오자 선수들은 모두 훈련 강도를 높였다.∣他做的是一种劳动~很大的工作;그가 하는 것은 노동 강도가 아주 센 일이다.∣我们强烈要求降低工作~;우리는 노동 강도를 낮추어 줄 것을 강력하게 요구하고 있다.∣这里的灯光~不够,照出来的照片效果不太好;이곳의 조명은 강도가 부족하여, 사진이 찍히는 효과가 별로 좋지 않다. ❷ (물체의 외부작용에 대한) 저항력. ¶这种建筑材料的~够高吗? 이런 건축 재료의 저항력은 강합니까?∣炼钢的时候加入这种物质可以增加钢铁的~;제강할 때 넣으면 이런 종류의 물질을 넣으면 강철의 강도를 높일 수 있다.

强化 qiánghuà 动 강화하다. ¶我们暑假要举行一个汉语~班;우리는 여름방학 때 중국어 심화반을 열려고 한다.∣口语课要对学生的汉语口语表达进行~训练;회화 수업은 학생들의 중국어 회화 표현에 대해 강화 훈련을 하려고 한다.∣我们要~学生的安全意识;우리는 학생의 안전 의식을 강화

해야 한다.

强劲 qiángjìng 形 강력하다. 세차다. ¶~的西北风卷走了大量黄沙;강력한 북서풍이 대량의 황사를 몰고 왔다.∣在这次奥运会上,中国运动员在跳水、体操和乒乓球等项目显示出~的实力;이번 올림픽에서 중국 선수들은 다이빙과 체조, 탁구 등의 종목에서 막강한 실력을 과시했다.∣他在商场上,被~的对手击败(bài)而宣(xuān)布破产了;그는 상업계에서 막강한 라이벌에 패배하여 파산을 선언했다.

强烈 qiángliè 形 ❶ 강렬하다. ¶青藏高原日照太~;칭장 고원의 일조는 매우 강렬하다.∣去年那里发生了~的地震;작년에 그곳에서 강한 지진이 발생했다.∣孩子们的眼睛里充满了~的求知欲,紧紧盯着老师;아이들의 눈에는 강렬한 향학열이 가득하여 선생님을 바짝 주시하고 있다. ❷ 선명하다. 정도가 강하다. ¶作者在这首诗中表现了~的爱国情感;작가는 이 시에서 강한 애국심을 나타냈다.∣姐姐很安静,妹妹却一点儿也不老实,两个人形成了~的对比;언니는 아주 조용한데, 동생은 조금도 온순하지 않아 두 사람은 강렬한 대조를 이룬다.∣大家要求涨工资的愿望非常~;모두들 월급 인상 요구에 대한 기대가 매우 강하다. ❸ 강경하다. 격렬하다. ¶我们~要求换教材,这本教材太难了;이 교재가 너무 어려워 우리는 교재를 바꿀 것을 강력하게 요구하고 있다.∣明星崔真实自杀在韩国社会引起~的反应;연예인 최진실의 자살은 한국 사회에서 격렬한 반응을 일으켰다.

强盛 qiángshèng 形 강대하고 번성하

다. (주로 국가, 민족의 강성함을 가리킨다.) ¶我们要把祖国建设得越来越~;우리는 조국을 갈수록 강성하게 건설해야 한다.│每个人都应该为了祖国的繁荣(fánróng)~而努力学习和工作;모든 사람은 마땅히 조국의 번영과 강성을 위해 열심히 공부하고 일해야 한다.│国家的强大,民族的~需要全国人民的努力奋斗;국가의 강대함과 민족의 강성함은 전국인민의 노력과 분투를 필요로 한다.

强硬 qiángyìng [形] 강경하다. ¶在伊拉克问题上,美国一直坚持~的态度;이라크 문제에서 미국은 줄곧 강경한 태도를 견지하고 있다.│这次比赛中他会遇到一些~的对手;이번 시합에서 그는 조금 강력한 라이벌을 만날 것이다.│老师批评他时语气很~;선생님은 그를 혼내실 때 말투가 매우 강경하시다.

强制 qiángzhì [动] (정치, 경제 등에서) 강제하다. 강압하다. 강요하다. ¶罚款是~让犯错误的人交纳一定的钱,以示教育和警戒(jǐngjiè);벌금은 범법자에게 일정한 돈을 강제로 납부하게 함으로써, 가르침과 경계를 보여준다.│刑罚(xíngfá)是用以~惩(chéng)罚犯罪的一种方法;형벌은 강제로 범죄를 징벌하는 방법이다.│学生们的思想问题不能用~手段来解决;학생들의 사상 문제는 강제적 수단으로 해결할 수 없다.│任何国家不能~其他国家服从自己的命令;어떤 나라도 다른 나라에게 자기 나라의 명령을 따르라고 강요해서는 안 된다.

强壮 qiángzhuàng [形] (몸이) 강건하다. 건장하다. ¶身体~的人不容易生病;신체가 건강한 사람은 쉽게 병이 나지 않는다.│袋鼠的后腿~有力;캥거루의 뒷다리는 튼튼하고 힘이 세다.│一群猴子中,最~的那只就是猴王;원숭이 무리들 중에서 가장 튼튼한 저놈이 바로 원숭이의 왕이다.

▶용법주의: '强壮'은 일반적으로 사람이나 동물에 쓰고 식물에는 쓸 수 없다. ¶这棵树越来越强壮(×)│这棵树越来越壮;이 나무는 갈수록 튼튼해진다.

墙 qiáng [名] 벽. 담. ¶校园外建了一道围~;캠퍼스 밖에 담장을 세웠다.│这堵(dǔ)~把他们两家隔开了;이 울타리가 그 두 집을 갈라 놓았다.│这个房间的~不隔音;이 방의 벽은 방음이 안 된다.

墙壁 qiángbì [名] 벽. 담. ¶新盖的住宅楼~比较厚;새로 지은 주택 건물의 벽은 비교적 두껍다.│幼儿园南面的~上贴(tiē)满了孩子们的画儿;유치원 남쪽 벽에는 아이들의 그림을 잔뜩 붙여 놓았다.│他把自己的奖状贴在自己屋里的~上;그는 자신의 상장을 자기 방 벽에다 붙여 놓는다.

抢 qiǎng [动] ❶ 빼앗다. 다투다. ¶他把我的书给~走了;그는 내 책을 빼앗아 갔다.│对方队员跑过来和他~球;상대방 선수가 뛰어와 그에게서 공을 빼앗는다.│哥哥的力气太大,我~不过他;오빠는 힘이 아주 세서 나는 그를 이길 수 없다. ❷ 앞다투다. ¶老师刚说完问题,他就~着回答;선생님께서 문제를 말씀하시자마자 그는 질세라 대답했다.│现在工作不好找,有时候100多个人~一份工作;요즘은 일자리를 찾기가 어려워서, 100여 명이

하나의 일자리를 놓고 다툰다.| 他一上车就赶紧~占了一个座位;그는 차에 타자마자 서둘러 자리를 차지했다. ❸ 급히 하다. 서두르다. ¶大家想~在春节前完成任务;모두들 설 전에 서둘러 임무를 마치고 싶어한다.| 节日前,家家户户都在~购过节的物品;명절 전에는 집집마다 모두 서둘러 명절 물품을 구매한다.| 为了让灾民早日回家,救灾人员正在~修房屋;이재민들을 하루빨리 집으로 돌려보내기 위해 구조대원들은 서둘러 집을 수리하고 있다.

强迫 qiǎngpò 动 강박하다. 강요하다. 강제로 시키다. 핍박하다. 압력 따위를 가하여 복종하게 하다. ¶孩子不想去就算了,你别~他;아이가 가고 싶어 하지 않으면 그만둬라. 강요하지 말아라.| 妈妈~我去学弹钢琴;엄마는 나에게 피아노를 배우라고 강요하신다.| 你怎么能~学生接受你的观点呢? 넌 어떻게 학생에게 네 관점을 받아들이라고 강요할 수 있니?| 这次学生活动是自愿的,我们不会~任何人参加;이번 학생 활동은 자원하는 것이므로, 우리는 어떤 사람도 참가를 강요하지 않을 것이다.

悄悄 qiāoqiāo (~儿) 形 (소리가) 조용하다. (행동이) 은밀하다. ¶已经上课了,他~地走进教室;이미 수업이 시작해서, 그는 조용히 교실로 들어왔다.| 他~地对我说:"外面有人找你";그는 조용히 나에게 말했다. '밖에 누가 널 찾아왔어.'| 回到宿舍,我的同屋已经睡着(zháo)了,我轻轻地关上门,~地躺在了自己的床上;기숙사로 돌아와 보니, 내 룸메이트는 이미 잠들어 있어서 나는 살며시 문을 닫고 조용히 내 침대 위에 누웠다.| 他们之间的爱情之花已经~地盛开了;그들 사이의 사랑의 꽃은 이미 남 모르게 만발하였다.

▶용법주의: '悄悄'는 소리 없이 다른 사람을 방해하지 않는 데 중점을 두고 '偷偷'는 일부러 다른 사람이 모르게, 다른 사람이 알까 두려워하는 것에 중점을 둔다. 그러므로 일반적으로 바꾸어 쓸 수 없으며, 가끔 그들이 같은 동사를 수식하더라도 그 의미는 다르다. ¶电影已经开始了,他才偷偷地走进来(×)| 电影已经开始了,他才悄悄地走进来;영화가 이미 시작해서, 그는 조용히 걸어 들어왔다.| 他悄悄地把这个消息告诉我了(指他说话时声音很小);그는 조용히 그 소식을 나에게 알려주었다.(그가 말할 때의 목소리가 매우 작음을 가리킨다.)| 他偷偷地把这个消息告诉我了(指他不想让人知道他告诉我这件事);그는 그 소식을 나에게 몰래 알려 주었다.(그가 다른 사람이 알지 못하도록 나에게 이 일을 알려 주었음을 가리킨다.)

敲 qiāo 动 ❶ 두드리다. 치다. 때리다. ¶在这里每到正月十五就会~锣(luó)打鼓地扭(niǔ)秧(yāng)歌儿;여기서는 매번 정월 15일이 되면 징을 치고 북을 두드리며 모내기 춤을 춘다.| 外面有人~门;밖에 누가 문을 두드린다.| 那面鼓被他~破了,不能用了;그 북은 그가 치다 찢어져서 쓸 수 없다. ❷ 속이다. 속여 빼앗다. 지나치게 비싼 값을 부르다. ¶那个商人见他是外地人,~了他一百块钱;그 상인은 그가 외지인인 것을 보고는 그에게

100원을 더 비싸게 불렀다.|他被~去了一大笔钱;그는 아주 큰 액수의 돈을 사기 당했다.|那个出租车司机以为他不认识路,想~他一下儿;그 택시 기사는 그가 길을 모를 것이라 생각해 그를 속이려 한다.

桥 qiáo 名 다리. 교량. ¶我家门前有一座木~;우리 집 문 앞에 큰 나무다리가 하나 있다.|那座石~有一千多年的历史了;그 돌다리는 천 년이 넘는 역사를 가지고 있다.|江面上又修了一座铁~;강 위에 또 철교를 세웠다.|北京有很多立交~;베이징에는 아주 많은 입체 교차교가 있다.|过了前面的铁路~就快到了;앞쪽의 철로를 지나면 바로 다리가 나온다.

桥梁 qiáoliáng 名 ❶ 교량. 다리. ¶他是一位~设计专家;그는 교량 건축 전문가이다.|我们准备在汉江再建一座现代化的~;우리는 한강에 현대식 다리로 재건하려고 한다.|这个工程队在修建~方面很有经验;이 작업 팀은 교량 건설 방면에 매우 경험이 있다. ❷ 소통작용을 하는 사람 또는 사물. 중개. 매개. 다리. ¶乒乓球是两国建交的~;탁구는 양국의 외교관계를 맺는 다리이다.|交流的学生是促进两所大学友好交往的~;교환 학생은 양측 대학의 우호적인 왕래를 촉진시키는 다리이다.|电影在他们两人之间架起友谊的~;영화는 그들 둘 사이에 우정의 다리를 놓아주었다.|语言在人类交往过程中起到了~作用;언어는 인류가 교류하는 과정에서 매개작용을 한다.

瞧 qiáo 动 보다. ¶~!那个饭店换店名儿了;봐라! 저 호텔이 간판을 바꿨다.|你~什么呢? 너 뭘 보니?|你手里拿的什么好东西? 快让我~~;너 손에 가지고 있는 것이 무슨 좋은 물건이니? 어서 좀 보여 줘라.|他去医院~病了,一会儿就回来;그가 병원에 진찰받으러 갔으니 조금 있으면 온다.|老人眼睛不太好了,~了半天才认出是谁;노인은 눈이 좋지 않아서 한참을 보고 나서야 누군지 알아봤다.

巧 qiǎo 形 ❶ 솜씨가 있다. 공교(工巧)하다. ¶妈妈的手可~了,我的衣服都是妈妈做的,大家都以为是买的;어머니께서 손재주가 매우 좋으시다. 내 옷은 모두 엄마가 만든 것인데, 모두들 산 것인 줄 안다.|这个姑娘可~了,剪什么像什么;이 아가씨는 솜씨가 좋아서, 무엇이든 오리기만 하면 모양이 난다.|人们都说他心灵手~,做出的家具又漂亮又实用;사람들은 모두 그가 영리하고 손재주가 좋아서 만들어 내는 가구들이 예쁘고 실용적이라고 말한다. ❷ 영민하다. ¶这孩子的嘴可~了,学谁像谁;이 아이는 말솜씨가 좋아서, 누구든지 잘 따라 한다.|他就是嘴~,说出来的话很好听,可是做起事来可就不是这样了;그는 말솜씨가 좋아서 말은 잘 하지만, 하는 일은 그렇지 못 하다. ❸ 공교롭다. ¶你来得真~,我正要找你,你就来了;너 마침 잘 왔다. 내가 막 너를 찾았는데, 네가 왔구나.|太~了,我一出门就碰上他了;참으로 공교롭게도 내가 문을 나서자마자 그와 마주쳤다.|真是不~,他今天刚好出差(chāi)了;정말 운이 없게도 그는 오늘 막 출장을 갔다.|那天~得很,我们竟然在火车上遇到了;그 날 아주 공교롭게도, 우

리는 뜻밖에 기차에서 마주쳤다.

巧妙 qiǎomiào [形] 교묘하다. ¶这台电脑设计得十分~;이 컴퓨터는 매우 교묘하게 설계되었다.| 这篇小说~地运用了比喻和拟人的方法;이 소설은 비유와 의인의 방법을 교묘하게 운용하였다.| 圆明园的布局非常~;위앤밍위안의 배치는 매우 교묘하다.| 在比赛中,他~地利用对方球员的一个错误,取得了这场足球赛的胜利;경기에서 그는 상대 선수의 실수를 교묘히 이용하여 이번 축구 경기에서 승리를 거두었다.| 诸葛亮用~的办法帮助刘备逃离了吴国;제갈량은 교묘한 방법을 이용해 유비가 오나라를 빠져 나갈 수 있도록 도와 주었다.| 这幅画构思~;이 그림은 구상이 교묘하다.| 他用电脑把两张不同的照片~地剪接在一起;그는 컴퓨터로 두 장의 서로 다른 사진을 교묘하게 하나로 편집했다.

俏丽 qiàolì [形] (주로 여성의 용모를 가리켜) 곱다. 멋지고 아름답다. 맵시 있다. 수려하다. ¶他娶了一个容貌~的女子为妻;그는 용모가 수려한 여자를 아내로 맞이하였다.| 那天舞会上,他认识了一位聪明~的姑娘;그날 무도회에서 그는 총명하고 아름다운 아가씨 한 명을 알았다.

切 qiē [动] (칼로) 끊다. 자르다. 썰다. 저미다. ¶我回到家里,妈妈正在~菜做饭;내가 집에 돌아왔더니 엄마가 야채를 썰고 밥을 하고 계셨다.| 天太热了,他~开一个西瓜大吃起来;날씨가 너무 더워서 그는 수박 한 덩이를 잘라 마음껏 먹기 시작했다.| 妈妈一边~着黄瓜,一边给孩子讲着故事;엄마는 오이를 자르시면서 아이에게 이야기를 하고 계셨다.| 他把肉~得很细;그는 고기를 매우 잘게 썰었다.| 请把~好的苹果送到客人桌上去;다 자른 사과를 손님 탁자 위에 가지고 가세요.| 快来~~这些白菜,我太忙了;빨리 와서 이 배추를 썰어라, 내가 너무 바쁘다.| 他把一大块肉~成了肉末;그는 큰 덩어리의 고기를 잘게 다진 고기로 저몄다.| 他~起菜来又快又好;그는 야채를 빠르면서도 잘 썰었다.| 这把刀我刚磨过,你~一下试试;이 칼을 내가 막 갈았으니 너 한번 썰어봐.

▶용법주의: ❶ 'qiè'로도 읽을 수 있다. ☞亲切 ❷ 칼로 물건을 자를 때는 '切'를 쓸 수 없고 '剪'을 써야 한다. ¶理发师把她的长头发切短了(×) | 他用剪刀从那张纸上切下一小块(×)

且 qiě [副] ❶ 잠시. 잠깐. 짧은 시간. ¶你~等几天,看看情况再做决定;너는 잠깐 며칠 기다리면서 상황을 좀 보다 다시 결정하자.| 你~不要急着去写,应该先想好写什么;너는 잠시 쓰는 것을 서두르지 말고, 먼저 생각을 잘 한 뒤 뭔가를 써야 할 것이다.| ~慢,我们还是等张先生来了再行动吧;잠깐만! 우리 장 선생님이 오시면 다시 행동합시다. [连] 게다가. 또한. 그리고. ¶这里的天,高~蓝,空气也很清新;이곳의 하늘은 높고 푸르며 공기 역시 맑고 상쾌하다.| 该下班了,我们~走~谈吧;퇴근해야 하니, 우리 가면서 이야기 합시다.| 她很聪明,~工作努力,没几年就做出了一些成就;그녀는 총명하고 또한 일도 열심히 해서 몇 년이 지나지 않아서 성과들을 이루

어 냈다.

怯 qiè 形 담이 작다. 겁이 많다. ¶这孩子一见生人就胆~;이 아이는 낯선 사람만 보면 겁먹는다.│因为~场,他高考的时候没考好;긴장해서, 그는 대입 시험 때 잘 보지 못했다.│见到这么多生人,她有点儿~;이렇게 많은 낯선 사람들을 보자 그녀는 조금 겁이 났다.

亲爱 qīn'ài 形 (감정이나 관계가) 깊음. 가까운. 친애하는. 사랑하는. ¶那年,他告别了~的祖国,一个人来到这里学习;그 해에 그는 사랑하는 조국에게 이별을 고하고 혼자서 이곳에 와 공부했다.│~的妈妈,您辛苦了;사랑하는 어머니, 고생 많으셨습니다.│~的老师同学们,你们好! 친애하는 선생님, 학우 여러분, 안녕하십니까!

▶용법주의: '亲爱'는 일반적으로 상황어로만 사용하며 반드시 '的'를 뒤에 붙인다.

亲戚 qīn·qi 名 친척. ¶我们两家是~;우리 두 집은 친척이다.│我家在上海只有一门~;우리 집은 상하이에 친척이 한 집밖에 없다.│我很好客,~们常来我家玩儿;나는 손님 접대를 좋아해서 친척들이 자주 우리 집에 놀러 온다.

亲切 qīnqiè 形 ❶ 친절하다. 다정하다. ¶老师对我们很~,就像妈妈一样;선생님은 우리에게 마치 엄마처럼 친절하게 대하신다.│我刚来这里时,他对我说了很多~的话,让我很感动;내가 이곳에 막 왔을 때, 그는 나에게 많은 다정한 말을 해줘서 나는 매우 감동했다.│老师看到他脸色不好,~地

问:"你不舒服吗?";선생님은 그의 안색이 좋지 않은 걸 보시고는 친절하게 '너 어디가 불편하니?'라고 물으셨다.│她的微笑让顾客觉得很~;그녀의 미소는 고객들이 매우 친절함을 느끼게 한다. ❷ 친밀하다. 친근하다. ¶在这里很难听到~的乡音;이곳에서는 친근한 고향 말투를 듣기가 어렵다.│我已经十年没回家乡了,今年回来了,一切仍然是那么~;나는 이미 십 년 동안 고향에 돌아오지 않다가 올해 돌아왔는데도 모든 것이 여전히 그렇게 친근할 수 없다.

亲自 qīnzì 副 몸소. 친히. 직접. ¶发生地震后,总理~到达灾区指挥救灾;지진이 발생한 후, 총리께서 몸소 재난 지역에 오셔서 이재민 구호를 지휘하셨다.│你要不相信,可以~去问他;네가 믿겨지지 않으면 직접 그에게 물어도 된다.│校长~来机场迎接外国的专家学者;총장님께서 외국 전문가와 학자들을 영접하러 친히 공항에 오셨다.

侵害 qīnhài 动 ❶ 침해하다. ¶这种新出产的农药能够有效地防止害虫对西瓜的~;이런 새로 생산된 농약은 해충의 수박 침해를 효과적으로 방지할 수 있다.│这是一种可以~人类、马、猪和一些鸟类的病毒;이것은 인류, 말, 돼지와 일부 조류들을 침해할 수 있는 바이러스다. ❷ (폭력이나 불법 수단으로 주로 사람의 권리나 이익에게) 침해하다. 해치다. ¶今年~妇女权益的案件比去年减少了20%;올해 여성의 권익을 침해한 사건이 작년보다 20% 감소하였다.│有些人认为大量进口牛肉~了养牛人的利益;어떤 사람들은 소고기의 대량 수입이 양우 농가의 이익을 침해하였다고 생각한다.

侵略 qīnlüè [动] 침략하다. ¶ 我们坚决反对大国~小国;우리는 큰나라가 작은 나라를 침략하는 것을 단호히 반대한다. | 我们反对一些超级大国对别国的经济~和文化~;우리는 일부 초강대국들의 다른 나라에 대한 경제 침략과 문화 침략을 반대한다.

禽流感 qínliúgǎn [名] 조류독감. ¶ ~主要通过粪便传播;조류독감은 주로 분변을 통해 전파된다. | 我国已经掌握了可快速检测~的技术手段;우리나라는 이미 조류독감을 빠른 시간에 검사 측정할 수 있는 기술을 보유하고 있다.

禽兽 qínshòu [名] ❶ 날짐승과 길짐승. 금수. ¶ 这次画展中展出的作品有花草、鱼虫、~、人物等;이번 회화 전람회에서 전시한 작품에는 화초, 물고기, 동물, 인물 등이 있다. | ~也有自己的生存法则;짐승도 자신의 생존 법칙을 갖고 있다. ❷ 금수 같은 사람. (행위가 비열하고 나쁜 사람을 비유하는 말) ¶ 衣冠~;옷 차림이 금수 같다. | ~行为;금수 같은 행위.

青 qīng [形] ❶ 푸르다. ¶ 这是个山~水绿的好地方;이곳은 산과 물이 푸른 좋은 곳이다. | 春天来了,小草~了,花也开了;봄이 오니 풀이 푸르르고 꽃도 피었다. | 他买了几个~苹果,特别酸;그는 푸른 사과 몇 개를 샀는데 매우 시었다. | ~~的草,蓝蓝的天,真是太美了;푸르디 푸른 풀과 새파란 하늘이 정말 너무 아름답다. ❷ 검다. (주로 옷감이나 의복을 가리킨다.) ¶

他带了一顶~布小帽;그는 검은 색 천 모자를 썼다. | 他很喜欢穿~布衣服;그는 검은색 옷 입는 걸 매우 좋아한다. | ~眼看人,指对人喜爱或重视,是因为人看东西高兴时黑眼珠在中间;검은 눈으로 사람을 본다는 것은 사람에 대해 좋아하거나 중시하는 것을 가리키는데, 사람이 물건을 보고 즐거워할 때 검은 눈동자가 중간에 있기 때문이다. [名] ❶ 풋곡식. 햇곡식. ¶ 每年三四月份都是~黄不接的时候;매년 3, 4월은 묵은 곡식은 다 떨어지고 햇곡식이 아직 수확되지 않을 때다. | 看(kān)~;햇곡식을 지키다. ❷ 푸성귀. ¶ 每年春天,学校都组织学生们去踏~;매년 봄이면 학교에서 학생들을 조직해 답청하러 간다.

青少年 qīngshàonián [名] 청소년. ¶ ~是国家的希望;청소년은 나라의 희망이다. | 我们应该关心~的生活和学习;우리는 청소년의 생활과 학습에 관심을 기울여야 한다. | ~时期是人一生中最宝贵的时期;청소년기는 인생에서 가장 귀중한 시기이다. | 他把自己~时代的照片整理在一个相册里;그는 자신의 청소년 시절의 사진을 앨범에 정리하였다.

青瓦台 Qīngwǎtái [名] 청와대. (한국의 대통령 관저) ¶ 他上次去首尔参观了~;그는 지난 번 서울에 가서 청와대를 참관하였다. | 李明博总统在~会见了美国外交部长;이명박 대통령은 청와대에서 미국 국무부 장관을 회견하였다.

轻 qīng [形] ❶ 가볍다. ¶ 他比我~10斤,我100斤,他90斤;그는 나보다 5킬로그램 가볍다. 나는 50킬로그램, 그는

543

45킬로그램이다.|我的包很~,小孩子也可以拿得动;내 가방은 가벼워서 어린아이도 들 수 있다.|经过一个月的锻炼,他比上个月~了五公斤;한 달간의 운동을 거쳐 그는 지난 달에 비해 체중이 5킬로그램 가벼워졌다. ❷ (수량이) 적다. (나이가) 어리다. ¶他年纪很~就当上了教授;그는 어린 나이에 교수가 되었다.|这个月我的工作比较~,每天都有时间看报纸;이번 달에는 일이 비교적 적어서 나는 매일 신문 볼 시간이 있다. ❸ (정도가) 가볍다. 경미하다. ¶她晚上睡觉很~,一点动静都能把她吵醒;그녀는 밤에 잠이 깊이 들지 않아 약간의 인기척도 그녀를 깨울 수 있다.|他只是受了点~伤,没什么事;그는 가벼운 상처만 입었을 뿐 별탈이 없다. ❹ (동작이) 경쾌하다. 가뿐하다. ¶他走路很~,没有什么声音;그는 걸음걸이가 가벼워 거의 소리가 나지 않는다.|他~~地关上门;그는 살짝 문을 닫았다.|他~~一跳,就跳了三米远;그는 가볍게 도약하여 3미터를 뛰었다.

▶용법 주의:명사를 수식할 때 중첩할 수 없다. ¶他拿着一个~的包离开了家(×)|他拿着一个很~的包离开了家;그는 가벼운 가방을 들고 집을 떠났다.

轻便 qīngbiàn 形 가볍고 편리하다. 간편하다. ¶这台笔记本电脑很~,只有12吋大,1.5公斤重;이 노트북은 매우 간편하다. 겨우 12인치 크기에 1.5킬로그램이다.|这种~的旅行箱适合登山时使用;이 간편한 여행용 가방은 등산 때 사용하기에 적합하다.

轻松 qīngsōng 形 ❶ 긴장하지 않다. 마음이 편하다. 수월하다. ¶拿到试卷后,他一看试题自己都会做,感觉~多了;시험지를 받고 모든 문제를 자신이 풀 수 있다고 생각하자 그는 마음이 많이 편해졌다.|这次比赛由于对手的水平比较差,我赢得很~;이번 경기는 상대 선수의 수준이 비교적 떨어져 나는 수월하게 승리했다.|他和老师的谈话很~,也很愉快;그와 선생님의 대화는 편하고 유쾌했다.|你最近太累了,明天出去~一下吧;너는 요즘 몹시 지쳐 있으니 내일 나가서 한번 기분을 풀어라. ❷ 부담스럽지 않다. 홀가분하다. 가뿐하다. ¶我现在的工作很~,每天只干两个小时就没事儿了;나의 현재 업무는 부담이 없어 매일 두 시간만 일하고 나면 한가하다.|考完试后,同学们觉得~多了;시험이 끝난 후 학우들은 많이 홀가분해했다.|他把重重的行李放在车上,感觉身上一下子~了;무거운 짐을 차에 내려놓자 그는 몸이 단숨에 홀가분해 짐을 느꼈다.|我的大学生活过得~愉快;나는 대학 생활을 매우 가뿐하고 유쾌하게 보냈다.

倾泻 qīngxiè 动 (많은 물이 높은 데서) 세차게 흘러내리다. 퍼붓다. 쏟다. ¶瀑布从山上~而下,形成大片的水雾;폭포가 산에서 쏟아져 내려 거대한 물안개를 일으켰다.|洪水冲出上游水坝,~而下,一下子吞没了这个小村庄;홍수가 상류 댐을 뚫고 세차게 흘러내려 이 작은 마을을 단번에 삼켜 버렸다

倾注 qīngzhù 动 ❶ (감정이나 주의력, 역량 따위를) 집중하다. 쏟다. 기울이다. ¶他把全部精力都~在工作上了,一直没有结婚;그는 온 정력을 일에

쏟아 아직까지 결혼을 하지 않았다.ǀ 엄마는 모든 애정을 나와 동생에게 기울였다.ǀ 이 작품~了他全部的智慧;이 작품에 그의 모든 지혜가 집중돼 있다.ǀ 他把自己的才能都~到医学研究中了;그는 자신의 재능을 전부 의학 연구에 쏟아 부었다. ❷ (물이) 위에서 아래로 흐르다. ¶一股山泉~到山下的湖水中;한 줄기 샘물이 산 아래 호수로 흘러든다.

清 qīng 形 ❶ 맑다. 깨끗하다. ¶他家门前有一池~水,可以看见底;그의 집 앞에는 맑은 연못이 있는데 밑바닥을 볼 수 있다.ǀ 一条~的小河流过小村边;맑디 맑은 개울이 작은 마을 곁을 흘러 지나간다.ǀ 这种油很~,没有一点杂质,质量是最好的;이 기름은 매우 깨끗해 불순물이 전혀 없고 품질이 가장 좋다. ❷ 명백하다. 분명하다. ¶你能看~黑板上的字吗? 너 칠판의 글씨를 또렷이 볼 수 있니?ǀ 他的声音太小,我听不~他的话;그의 목소리가 너무 작아서 나는 그의 말이 분명하게 들리지 않는다.ǀ 这件事你说得~说不~? 이 일을 명확하게 이야기할 수 있니?ǀ 我已经想~了,决定明天就去上学;나는 이미 생각을 분명하게 해서, 내일 학교에 가기로 결정했다. ❸ 남김이 없다. 말끔하다. 철저하다. ¶刚拿到第一个月的工资,他就把所有的钱都还~了;첫 월급을 받자마자 그는 모든 돈을 빚 갚는데 썼다. ❹ 动 (장부를) 청산하다. 결산하다. ¶这家商店每到月底~一次账;상점은 매월 말 장부를 한 차례 정리한다.ǀ 住旅馆时,一定要~了账才能离开;여관에 묵을 때는 반드시 계산을 끝내야 떠날 수 있다.ǀ 这一千元钱还给你,这回我们两~了;이 1,000위안을 너에게 돌려주마. 이것으로 청산된 거야.

清澈 qīngchè 形 깨끗하고 투명하다. 맑다. ¶水~如镜,看着让人心情愉快;물이 거울처럼 맑아, 보고 있으면 마음이 유쾌해진다.ǀ 她长着一双~纯真的大眼睛;그녀는 맑고 순진한 큰 눈동자를 가졌다.ǀ ~的河水从村边流过;깨끗한 강물이 마을 옆을 흐른다.

清晨 qīngchén 名 새벽. 아침. ¶每天~,公园里都有很多来锻炼的人;매일 새벽, 공원에는 운동하러 오는 사람들이 많다.ǀ ~的空气很清新;새벽 공기가 참 맑다.ǀ ~,天上飘起了雪花;새벽녘에 하늘에서 눈꽃이 날리기 시작했다.

清除 qīngchú 动 전부 없애다. 철저히 제거하다. ¶让他一个人~这么多垃圾,可能三天也~不完;그 한 사람에게 이렇게 많은 쓰레기를 치우게 한다면 3일이 지나도 다 치우지 못할 것이다.ǀ 这种药能~脸上的青春痘;이 약은 얼굴의 여드름을 완전히 없앨 수 있다.ǀ 我们一定要把贪污的人从领导位置上~出去;우리는 탐욕스러운 사람을 지도자의 위치에서 철저히 제거해야 한다.

清楚 qīng·chu 形 ❶ 식별이 용이하다. 뚜렷하다. 분명하다. ¶黑板上的字你能看~吗? 칠판의 글씨를 뚜렷이 볼 수 있니?ǀ 路灯太暗了,前面的路看不~;가로등이 너무 어두워 앞 길이 잘 보이지 않는다.ǀ 你的作业写得太乱了,看不~;네 숙제의 글자가 너무 어

545

지러워 분명하게 보이지 않는다.|屋子里太乱了,我听不~他在说什么;방 안이 너무 소란스러워 나는 그가 무슨 말을 하는지 뚜렷이 들을 수 없다.❷이해하기 쉽다. 명백하다. 명확하다.¶这个问题老师讲得很~,同学们都听明白了;이 문제를 선생님이 명확히 설명해서 학생들이 모두 분명하게 알아들었다.|我还是不太~,请你再说一遍;잘 모르겠어요. 다시 한번 말씀해 주세요.[动]이해하다. 알다.¶你~去中国旅游要花多少钱吗?너는 중국 여행에 얼마가 필요한지 잘 알고 있니?|我不~他到底是几点走的;나는 그가 도대체 몇 시에 떠났는지 잘 모르겠다.|快到毕业考试了,他很~自己应该做什么;졸업시험이 다가오자 그는 자신이 뭘 해야 할지 너무도 잘 알고 있었다.

清单 qīngdān [名] 장부. 명세서. 목록.¶每次进货之后,他都要开一份进货~;매번 물품이 들어온 뒤에 그는 물품 명세서를 작성해야 했다.|要出国了,妈妈把要带走的东西列了一个~;출국을 앞두고 어머니는 가져가야 할 물건을 목록으로 만들어 열거하였다.

清洁 qīngjié [形] 깨끗하다. 청결하다.¶走进这间~明亮的教室,同学们一下子就喜欢上了这里;깨끗하고 밝은 이 교실에 들어서자 학생들은 금새 이곳을 좋아하게 되었다.|我们应该保持室内~;우리는 실내 청결을 유지해야 한다.|请注意比赛场地的~卫生;경기장의 청결과 위생에 주의하세요.

清酒 qīngjiǔ [名] 청주. (한국 술의 일종)¶~是韩国的传统酒;청주는 한국의 전통 술이다.|他最喜欢喝~;그는 청주 마시는 걸 제일 좋아한다.

清扫 qīngsǎo [动] 깨끗이 치우다. 청소하다.¶每天清洁工人都来~这条小街;매일 청소부들이 이 작은 거리를 청소하러 온다.|每个周末他都会把房间~一遍;주말이면 그는 방을 한 차례 말끔히 청소한다.

清晰 qīngxī [形] 뚜렷하다. 분명하다.¶黑板上的字很~,同学们看得很清楚;칠판의 글자가 뚜렷하여 학생들이 분명하게 알아볼 수 있다.|他说话时思路~,反应也很快,老师很喜欢他;그는 말을 할 때 사고가 분명하고 반응도 빨라 선생님이 그를 매우 좋아한다.|这位老师~的讲解让同学们一下子就明白了;이 선생님의 명석한 강의가 학생들을 단번에 이해하게 만들었다.|他的话让我的思路越来越~了;그의 말은 내 생각을 갈수록 분명하게 만들었다.

情 qíng [名] ❶감정.¶水火无~,平时做饭时一定要小心;물과 불은 감정이 없으니 평소 밥을 할 때 조심해야 한다.|母子~深;모자간에 정이 깊다.|母亲对孩子有深深的~,浓浓的爱;어머니는 아이에 대해 깊은 정과 진한 사랑을 갖고 있다.|虽然他在国外很多年了,可他对国家和家人的~和爱却一直没变;그는 비록 해외에 다년간 나가 있었지만 국가와 가족에 대한 정과 사랑은 줄곧 변하지 않았다.❷애정. 사랑.¶大学生期间正是谈~说爱的年龄,校园常常看到一对对的情侣;대학생 때는 한창 사랑을 속삭일 나이여서 교정에서 한 쌍 한 쌍의 연인들을 종종 볼 수 있다.

❸ 안면. 체면. 속사정. ¶你去给我求求~吧;내 체면 좀 봐 주라. | 他已经知道自己错了,让我来给说说~;그는 이미 자신이 잘못했음을 알고 내게 사정 좀 얘기해 달라고 했다.

情报 qíngbào 名 (기밀 상황에 관한) 소식이나 보고. 정보. 기밀. ¶他在一家~机关工作;그는 정보 기관에서 일한다. | 他因为泄露公司的经济~而被开除了;그는 회사의 경제 기밀을 누설하여 해고되었다. | 他一直在收集科技方面的~;그는 과학 방면의 정보를 줄곧 수집하고 있다. | 军事~;군사 정보. | 秘密~;비밀 정보.

情调 qíngdiào 名 분위기. 정서. ¶这座小城充满异国~;이 작은 성은 이국적 분위기로 충만하다. | 这间咖啡屋很有浪漫~,很多年轻人都愿意来;이 카페는 분위기가 낭만적이어서 많은 젊은이들이 오고 싶어한다. | 她的房间布置得洁净明亮,~高雅;그녀의 방은 깨끗하고 밝게 꾸며져 있어 분위기가 고아하다. | 应该选择那些~健康的书给孩子看;저런 건전한 분위기의 책들을 골라서 아이들에게 보여줘야 한다.

情分 qíng·fen 名 정분. 정리. 인정. ¶夫妻~;부부의 정. | 兄弟~;형제의 정. | 看到丈夫和别的女人在一起,她感觉他们的夫妻~已经到头了;남편이 다른 여자와 함께 있는 것을 보자 그녀는 그들 부부의 정이 이미 다했음을 느꼈다. | 你对我的~我一辈子也不会忘;나에 대한 당신의 애정은 평생 잊을 수 없을 것이다.

情境 qíngjìng 名 광경. 정경. 상황. ¶听到自己考上北京大学时的~让他一生都难以忘怀;그는 자신이 베이징대학에 합격한 소식을 들었을 때의 광경을 평생 잊지 못하였다. | 在韩国教学时那种教学相长的~使我难以忘怀;한국에서 수업할 때 교학상장의 모습을 난 잊기 어렵다.

情况 qíngkuàng 名 상황. 정황. 형편. ¶这种~很常见;이런 상황은 흔히 보인다. | ~紧急,请大家快跟我来;상황이 긴급하니 모두들 빨리 나를 따라오세요. | 我对这个学校的~一点儿也不了解;이 학교의 상황에 대해 나는 조금도 알지 못한다. | 明天的天气~怎么样? 내일 날씨 상황이 어떠냐? | 出国一年多了,~变了,我的想法也变了;출국한 지 1년이 넘어 상황이 변했고 나의 생각도 변했다.

情趣 qíngqù 名 ❶ 취미. 흥미. 취향. ¶他们两人~相投,很快就成了无话不谈的朋友;그들 두 사람은 취향이 서로 맞아 금새 못하는 얘기가 없는 친구가 되었다. | 我想找一个和我~相同的人做妻子;나는 나와 취미가 맞는 사람을 찾아 아내로 삼고 싶다. ❷ 흥취. 정취. ¶这幅画画得很有~;이 그림은 매우 정취가 있다. | 这里远离喧闹的大城市,安静幽雅,别有一番~;이곳은 떠들썩한 대도시에서 멀리 떨어져 있어 조용하고 그윽하여 색다른 정취가 있다 | 台球比赛是一种健身游戏,也是一种很有~的竞赛活动;당구 경기는 건강에 좋은 오락이자 매우 재미있는 경기이기도 하다.

情形 qíng·xing 名 상황. 정황. 형세. ¶我还记得王老师给我们讲课时的~;나는 왕 선생님이 우리에게 수업하시

던 모습을 아직 기억하고 있다.｜那一年发生了全国性的大停电,这种~在加拿大还是第一次;그 해 전국적인 대정전이 발생했는데, 이러한 상황은 캐나다에서는 처음이다.｜在当时那种~下,我们只好先回来了;당시 그러한 정황 속에서 우리는 먼저 돌아올 수밖에 없었다.

▶용법 주의: ❶ '情形'과 '情况'은 많은 경우 호환될 수 있다.¶在这种情形(情况)下;이런 상황(정황) 하에.｜他把当时的情形(情况)介绍了一下;그는 당시의 상황(정황)을 소개했다. ❷ 그러나 의미상 약간의 차이가 있다. '情况'은 일의 상황, 상태, 새로운 변화 등을 표시할 수 있으나 '情形'은 이러한 뜻이 없다. 따라서 아래 예에서는 '情况'만 쓸 수 있고 '情形'은 쓸 수 없다.¶健康情况;건강 상태.｜学习情况;학습 상태.｜新情况;새로운 상황.｜重要情况;중요한 상황.

情绪 qíngxù 名 ❶ 정서. 기분. 마음가짐. ¶姐姐又说又笑,~很好,可是妹妹却半天没有说话,看来~不太好;언니는 이야기하기도 하고 웃기도 하며 기분이 매우 좋았으나 여동생은 한참 동안 말이 없는 것이 기분이 썩 좋지 않아 보였다.｜孩子的~变化太快了,一会儿哭,一会儿笑;어린아이는 정서 변화가 매우 빨라 잠깐 사이에 울었다 웃었다 한다.｜比赛前运动员应该保持~稳定;시합 전 운동선수 들은 정서적 안정을 취해야 한다.｜明天就要比赛了,大家的~都很高,相信我们一定会赢;내일 시합인데 모두들 기분이 고양되어 있으니 우리가 반드시 이길 거라 믿는다. ❷ 불평. 불만. ¶他听说比自己考得

差的学生都拿到奖学金,而自己却没有,心里开始有~,想找老师问问原因;그는 자기보다 성적이 뒤처진 학생이 모두 장학금을 받고 정작 자신은 받지 못하자, 불만이 생겨 선생님을 찾아가 이유를 물어보고 싶었다.｜她考试成绩不好时会闹~,你要劝劝她;그녀는 시험 성적이 좋지 않을 때는 불평을 터트리는데 네가 잘 달래야 한다.｜有什么意见说出来,别闹~;의견이 있으면 말로 하고 불평을 터트리지 마라.

情谊 qíngyì 名 우의. 우정. ¶长期以来,中韩两国人民结下了深厚的~;오랫동안 중한 양국의 국민은 깊고 두터운 우의를 맺어 왔다.｜大家都很珍视四年大学生活培养出的同学~;모두들 4년의 대학 생활 동안 쌓인 친구들과의 우정을 소중히 여긴다.｜来到中国后,我时时处处感受到老师和同学们的友好~;중국에 온 후 나는 언제 어디서나 선생님과 동학들의 우호적인 우정을 느낀다.

情意 qíngyì 名 호의. 애정. ¶千里送鹅毛,礼轻~重;천리 먼 곳에 거위 털을 보내도 예는 가벼우나 정은 무겁다.｜时间已经过去十多年了,可是我们之间的~却没有变;시간이 이미 10여 년이 흘렀으나 우리 사이의 정은 변하지 않았다.｜他给女朋友写了一封~绵绵的长信;그는 여자친구에게 애정 어린 장문의 편지를 썼다.

晴 qíng 形 맑다. 개다. ¶天~了,我们快走吧;날씨가 개었으니 우리 빨리 가자.｜刚~了两天,又开始下雨了;이틀간 개이더니 또 비가 오기 시작했다.｜天还没~,咱们再坐一会儿吧;하늘이 아직 개지 않았으니 우리 조금 더 앉아 있자.

晴朗 qínglǎng [形] 운무가 없이 햇빛이 가득하다. 쾌청하다. 맑다 ¶~的天空中没有一丝云;맑은 하늘에 구름 한 점 없다. | 天气~的周末我们全家都要去爬山;날씨가 쾌청한 주말에 우리 온 가족이 산에 올라가려 한다. | 今天的天空格外~,空气也很新鲜;오늘은 하늘이 유달리 맑고 공기도 매우 신선하다.

请 qǐng [动] ❶ 바라다. 요청하다. ¶~到办公室来一下儿;사무실에 한번 와 주세요. | ~帮我个忙,好吗? 절 좀 도와주시겠어요? | ~别忘了给老师打电话;선생님께 전화하는 것 잊지 마세요. ❷ 손님을 초대하다. 한턱 내다. ¶这顿饭我~了;이번 식사는 내가 한턱 내마. | 总是你~我们,大家都觉得不好意思了;늘 네가 우리에게 한턱 내니까 모두들 미안해 한다. ❸ 초청하다. ¶我们学校~来的专家;우리 학교에서 초청해 온 전문가. | 婚礼你打算~多少人参加? 결혼식에 몇 명을 초청할 생각이냐? ❹ 초빙하다. ¶~了一个家教学习汉语;가정 교사를 초빙해 중국어를 배우다. | 我们公司得~一位律师做法律顾问;우리 회사는 변호사를 초빙해 법률 고문으로 삼아야 한다. ❺ 상대에게 어떤 일을 정중히 부탁할 때 사용. ¶~进;들어 오세요. | ~坐;앉으세요. | ~喝茶;차 드세요. | 您先~;먼저 하시죠.

请假 qǐng//jià [动] (상급기관이나 선생님에게) 휴가를 청하다. 결석이나 조퇴를 청하다. ¶你不能去上课,最好向老师请个假;넌 수업을 들을 수 없으니 선생님께 결석계를 내는 게 가장 좋다. | 他已经请过假了;그는 이미 휴가를 신청했다. | 今天王老师~去医院看病去了;오늘 왕 선생님은 병가를 내고 진찰 받으러 병원에 가셨다. | 他请了两个星期的假;그는 2주간의 휴가를 신청했다. | 小丽请病假了,我们晚上去看看她;샤오리가 병가를 냈으니 저녁 때 그녀를 보러 가자. ▶용법 주의:목적어를 가질 수 없다. ¶他~老师了(×) | 他向老师~了;그는 선생님께 결석계를 냈다.

请客 qǐng//kè [动] 손님을 초대하다. 한턱 내다. ¶今天我~,咱们一起去吃烤肉;오늘은 내가 한턱 쏠 테니 불고기 먹으러 가자. | 明天是你的生日,得请请客吧? 내일이 네 생일인데 손님을 초대해야 하겠지? | 昨天晚上我们一起去看电影了,小王~;어제 저녁에 우리는 영화 보러 갔었는데 왕 군이 한턱 냈다. | 他都请了两回客了,下次该我了;그가 두 번이나 날 대접했으니 다음은 내 차례다.

请求 qǐngqiú [动] 요청하다. 청구하다. ¶这里的情况很危险,应该~支援;이곳 상황이 매우 위험하니 지원을 요청해야 한다. | 他~妈妈让他再玩一会儿电脑;그는 컴퓨터를 조금 더 할 수 있게 해 달라고 엄마에게 부탁했다. | 我向校长~过多次,希望派我去欧洲教学;나는 총장님께 유럽에 파견하여 수업하게 해 줄 것을 여러 번 부탁 드렸다. [名] 요청. 요구. 청구. ¶妈妈拒绝了他的~,让他马上去睡觉;어머니는 그의 부탁을 거절하고 즉시 잠을 자도록 했다. | 老师批准了我的~,我能跟三年级的同学一起参加考

试了;선생님이 나의 요구를 들어 주셔서 나는 3학년 학생과 함께 시험을 치를 수 있었다. | 我们不同意她去中国留学的~,是因为她缺课太多了;우리는 중국에 가서 유학하려는 그녀의 요구에 찬성하지 않는다. 왜냐하면 그녀가 결강이 너무 많았기 때문이다.

请问 qǐngwèn 动 저기요. 죄송한데요. (상대에게 정중하게 질문할 때 쓰는 말)¶~,去青瓦台怎么走? 말씀 좀 묻겠습니다. 청와대 가려면 어떻게 가지요? | ~,这件衣服多少钱? 저기요. 이 옷이 얼마죠? | ~,这里有没有紫菜包饭? 죄송한데요. 여기 김밥 있습니까?

庆典 qìngdiǎn 名 축하 행사. 경축 의식. ¶明天学样举行建校一百周年~;내일 학교에서 개교 100주년 기념행사를 거행한다. | 这家公司主要就是帮助客户举办各种~活动;이 회사는 주로 고객을 도와 각종 행사나 활동을 개최하는 일을 한다. | 今年一年他参加了无数次大大小小的~;금년 한해 그는 무수히 많은 크고 작은 행사에 참가하였다.

庆祝 qìngzhù 动 기념하다. 경축하다. ¶~两国建交二十周年;양국 수교 20주년을 경축하다. | 今天是你的生日,我们得好好~一下儿;오늘이 네 생일인데 우리가 한바탕 축하해 줘야지. | 明天我们就结婚十周年了,怎么~~? 내일 우리 결혼 10주년인데 어떻게 기념하지? | 为了~建校一百周年,全校师生放假一天;개교 100주년을 축하하기 위해 전교의 교사와

학생이 하루를 쉬었다.

穷 qióng 形 궁하다. 가난하다. ¶这个山区以前~极了,人们~得连饭也吃不上;이 산간지대 사람들은 이전에 매우 빈궁하고 너무 가난하여 끼니조차 잇지 못했다. | 他不愿意到那个~地方去工作;그는 그러한 궁핍한 곳에 가서 일하기를 원하지 않았다. | 老王把自己家吃~了;왕씨는 가산을 탕진했다. 副 공연히. 부질없이. 쓸데없이. ¶以前家里没钱,可他还总是~讲究,故意在别人面前装阔气;이전에 집에 돈이 없었는데도 그는 늘 쓸데없이 일부러 남 앞에서 부자인 척 하였다. | 每到周末他就在家里~折腾,把家里弄得乱七八糟的;주말이면 그는 집에서 공연히 소란을 피워 집안을 온통 엉망으로 만들어 버렸다.

穷苦 qióngkǔ 形 곤궁하다. 빈궁하다. ¶他出生在一个~的小山村;그는 빈궁한 작은 산촌에서 태어났다. | 一想起那段~的生活,他就伤心;그 때의 곤궁했던 생활이 떠오르자 그는 마음이 아팠다. | 二十年前,这里还~得很,现在已经富起来了;20년 전 이곳은 매우 궁핍했으나 지금은 이미 부유해졌다.

秋刀鱼 qiūdāoyú 名 꽁치. ¶~有很丰富的营养;꽁치는 영양이 매우 풍부하다. | 妈妈今天要给我烤~吃;어머니께서 오늘 내게 꽁치를 구워 주시려 한다. | 听说~炒着也好吃;꽁치는 볶아 먹어도 맛있다고 한다.

秋季 qiūjì 名 가을철. 추계. ¶北京的~是一年中最美的季节;베이징의 가을은 1년 중 가장 아름다운 계절이다. | 一

进入~,天气就凉起来了;가을철로 접어들자 날씨가 선선해졌다.| 我参加过2008年的~汉语培训班;나는 2008년 추계 중국어연수반에 참가한 적이 있다.

秋天 qiūtiān 名 가을.¶~是收获的季节;가을은 수확의 계절이다.| 我准备明年~去中国留学;나는 내년 가을 중국에 유학 갈 작정이다.

▶용법 주의: '秋季'와 '秋天'은 의미는 같으나 다만, '秋季'는 계절 전체를 가리키는 데 중점을 두었고, '秋天'은 가을 중 어느 하루를 강조하는 데 중점을 두되 특정 일자를 가리킬 수도 있고 가을 전체를 가리킬 수도 있다. '秋季'는 서면어에, '秋天'은 구어에 많이 쓰인다. ¶今年的秋天语言研修班9月1日开学(×)| 他真希望把天高气爽的某一个秋季定位体育节(×)| 今年的秋季语言研修班9月1日开学;금년 추계 언어 연수반은 9월1일 개강한다.| 他真希望把天高气爽的某一个秋天定位体育节;그는 하늘이 높고 기후가 상쾌한 가을의 어느 하루를 체육의 날로 정하기를 진심으로 바랐다.

求 qiú 动 ❶ 청하다. 요구하다. 부탁하다. ¶~您帮我个忙吧;저를 좀 도와주세요.| ~~你,答应我这个要求吧;부탁드립니다. 저의 이 요구를 들어 주십시오.| 这么点儿小事,何必~人呢?;이렇게 사소한 일을 남에게 부탁할 필요가 있니? ❷ 추구하다. 탐구하다. 구하다. ¶他的~知欲很强;그는 탐구욕이 매우 강하다.| 做事不要光~快,也要~好;일을 할 때는 단지'속도'만 추구하지 말고'내용'도 추구해야 한다.

球 qiú 名 ❶ 구기.¶我和弟弟都喜欢~类运动;나와 동생 모두 구기 운동을 좋아한다.| 今天晚上我们去体育场看~;오늘 저녁 우리는 구기 경기를 보러 체육관에 간다.| 下午有~赛,他是~迷,一定会去看;오후에 구기 경기가 있는데 그는 매니아니까 반드시 보러 갈 것이다.| 打~;(야구, 테니스 따위에서) 공을 치다.| 踢~;공을 차다. 축구하다.| 玩~;공을 가지고 놀다.| 羽毛~;배드민턴.| 排~;배구.| 篮~;농구. ❷ 지구.¶他想进行一次环~旅行;그는 세계 일주를 한번 하려고 한다.| 现在全~气候变暖;지금 전 지구의 기후가 온난화되고 있다.| 中国处于北半~;중국은 북반구에 위치한다. ❸ 구. 기구. (구형에 가까운 물건)¶她给孩子买了一个红色的气~;그녀는 아이에게 빨간색 풍선을 사 주었다.| 人类已经登月~了;인류는 이미 달에 올랐다.| 他最想知道外星~的秘密;그는 외계 행성의 비밀을 가장 알고 싶어한다.| 他把信团成一个纸~扔了;그는 편지를 종이 공처럼 말아 던졌다.| 棉~;소독용 솜. 둥글게 감은 무명실.| 玻璃~;구슬.

球场 qiúchǎng 名 경기장. 구장.¶学校里有一个~;학교에 구장이 하나 있다.| 他们正在~上活动;그들은 구장에서 한창 운동하고 있다.| 足~;축구장.| 篮~;농구장.| 排~;배구장.| 羽毛~;배드민턴 경기장.

球门 qiúmén 名 골. 골문.¶他一脚把足球踢进了对方的~;그는 발로 축구공을 상대 골문으로 차 넣었다.| 对方~前有多位球员防守;상대 골문 앞에 많은 수비수들이 있다.| 足球和冰球

运动中都有~;축구와 아이스하키에는 모두 골문이 있다.

区 qū 名 구. (행정 구역의 단위) ¶西藏自治~;티벳 자치구.│北京市有16个~和两个县;베이징시에는 16개의 구와 2개의 현이 있다.│他想找~长反映情况;그는 구청장을 찾아가 상황을 보고하려고 했다.

区别 qūbié 名 구별. 차이. ¶这两个词在意义上没什么~,只是用法不同;이 두 단어는 의미상 아무런 차이가 없고 단지 용법이 다를 뿐이다.│这两件衣服在颜色上~大,但在样式上~很小;이 두 옷은 색상은 차이가 크지만 스타일에 있어서는 차이가 별로 없다.│这两件事情没有本质的~;이 두 가지 일은 본질적인 차이가 없다.│我看不出这两个孩子的~;나는 이 두 아이의 다른 점을 잘 분간하지 못 하겠다. 动 구별하다. 분별하다. 식별하다. ¶你能~中国人和韩国人吗?;너는 중국인과 한국인을 구별할 수 있니?│我总是~不开这两个词的意义和用法;나는 아무래도 이 두 단어의 의미와 용법을 잘 구별하지 못 하겠다.│我们要~清楚这两件事的性质;우리는 이 두 가지 일의 성질을 분명히 구별해야 한다.│对不同风俗习惯的学生要~对待;다른 풍속과 습관을 가진 학생을 구분해서 대해 주어야 한다.

区分 qūfēn 动 구분하다. 구획하다. ¶他很善于~主要工作和次要工作;그는 중요한 일과 부차적인 일을 구분하는 데 뛰어나다.│把这些样品按级别~一下儿;이 견본품을 등급별로 한번 구분해 보아라.│他说的话让我无法~真假;그의 말은 나로 하여금 정말 진위를 구별할 수 없게 한다.│这种~方法可以很快帮我们整理好文件;이러한 분류법은 우리가 문건을 빠르게 정리하는 데 도움을 준다.

区间车 qūjiān chē 名 (일정 구간만 운행하는 차. 구간 운행 버스. ¶320支~,只从北京大学到西客站;320번은 구간 운행 버스로 베이징대학에서 시커역까지만 간다.│你帮我打印一份~停靠站的明细表;구간 운행 버스의 정류장 명세표를 한 부 출력해 주세요.│~主要是为了缓解某些客流量较大路段的乘车拥挤问题;구간 운행 버스는 주로 통행량이 많은 구간의 차량 정체 문제를 완화하기 위한 것이다.

区域 qūyù 名 구역. 지구. ¶在这个警察局负责的~内,这几年治安一直很好;이 경찰서의 책임 구역 내에서는 이 몇 년간 치안상태가 줄곧 좋았다.│在地图上,不同的国家或~用不同的颜色来表示;지도에서 서로 다른 국가와 구역은 별개의 색으로 표시한다.│上级想扩大他们的管理~;상급 기관에서는 그들의 관리구역을 확대하려 한다.│中国在少数民族聚居的地方实行~自治;중국은 소수민족이 모여 사는 곳에 지역, 자치제도를 실시하고 있다.

曲棍球 qūgùnqiú 名 필드하키. ¶~是奥运会球类项目之一;필드하키는 올림픽 구기종목 가운데 하나이다.│比赛时,双方各有11名~运动员上场;시합 때 양팀에서 각 11명의 필드하키 선수가 경기장에 나온다.│女子~1980年列为奥运会比赛项目;여자 필드하키는 1980년 올림픽 경기 종목에 들었다.

屈服 qūfú 动 굴복하다. 복종하다. ¶这个民族从来不会~;이 민족은 이제까지 굴복할 줄 몰랐다.|用武力无法使她~;무력으로는 그녀를 복종시킬 수 없다.|她~于父母的压力,与男朋友分手了;그녀는 부모님의 압력에 굴복하여 남자친구와 헤어졌다.|面对困难,他们不会~;곤란에 직면해서도 그들은 굴복하지 않을 것이다.

趋势 qūshì 名 추세. 경향. ¶这件衣服代表了今年春天服装流行的~;이 옷은 올 봄 패션 유행 경향을 대표한다.|从目前市场对石油的强烈需求来看,涨价已经成为必然的~;현재 석유에 대한 시장의 강렬한 수요로 볼 때 가격 상승은 이미 필연적인 추세이다.|目前人口老龄化已经是普遍~;현재 인구의 노령화는 이미 보편적인 추세이다.|目前韩元对美元的汇率呈现下降~;지금 달러에 대한 원화 환율은 하향 추세를 보이고 있다.

趋向 qūxiàng 动 …하는 경향. ¶现在妈妈的病情已经~好转;지금 어머니의 병세는 이미 호전되어 가고 있다.|这个企业由小到大,由简陋~完善;이 기업은 작은 규모에서 큰 규모로, 초라한 모습에서 완벽한 모습으로 발전하였다.|他的思想到晚年~保守;그의 사상은 만년에 보수적인 경향으로 기울었다. 名 추세. 경향. ¶发展经济和科技,增强综合国力,是各国的主要战略~;경제와 과학을 발전시켜 총체적인 국력을 증강하는 것은 각국의 주요 전략 경향이다.|事情的~已经很明显,她不会听父母话的;일의 추세가 이미 분명해져 그녀는 부모님의 말을 따르지 않을 것이다.|今年的服装设计有复古的~;금년의 패션 디자인은 복고적인 경향이 있다.

渠 qú 名 (인공) 수로. ¶这条~最深的地方有五米;이 수로는 가장 깊은 곳이 5미터이다.|人们在路边挖了一条水~;사람들이 길가에 인공 수로를 팠다.|~水很清,可以一眼望到水底;수로의 물이 매우 맑아 한눈에 밑바닥을 볼 수 있다.|自从修好了这条~,附近的人用水方便多了;이 수로를 만든 이후 부근 사람들의 물 이용이 많이 편해졌다.

取 qǔ 动 ❶ 가지다. 찾다. ¶我刚下飞机,得先去~行李;나는 방금 비행기에서 내려 먼저 짐을 찾으러 가야 한다.|他下午到银行~了一些钱;그는 오후에 은행에 가서 돈을 좀 찾았다.|我们先到存包处~下儿包再走;우리 먼저 보관소에 가서 짐을 찾은 후에 가자.|我的包被别人~走了,一定是~错了;내 짐은 다른 사람이 찾아 갔는데 틀림없이 잘못 가져간 것이다.|请帮我把行李架上的包~下来好吗? 선반에서 짐을 좀 내려주시겠습니까? |邮局已经关门了,包裹今天~不了了;우체국이 이미 문을 닫아 오늘은 소포를 수령할 수 없다. ❷ 고르다. 선발하다. ¶他就要做爸爸了,要先给孩子~个名儿;그는 곧 아빠가 되는데 먼저 아이에게 이름을 지어주어야 한다.|这张照片的景~得不错;이 사진은 장면이 멋지게 잡혔다.|这次比赛只~前三名,

我得了第五名,没被~上;이번 시합은 3등까지만 선발하는데 나는 5등을 해서 뽑히지 못했다.

取得 qǔdé 动 얻다. 갖다. 취득하다. ¶经过一学期的努力,这次考试他终于~了好成绩;한 학기 동안의 노력을 거쳐 그는 이번 시험에서 마침내 좋은 성적을 얻었다. | 我们一定想办法和他~联系;우리는 반드시 방법을 생각해내 그와 연락을 취해야 한다. | 一般人很难~他的信任;일반 사람들은 그의 신임을 얻기가 아주 어렵다.

取消 qǔxiāo 动 취소하다. 제거하다. ¶由于他考试作弊被~了考试资格;그는 시험에서 부정행위를 하여 시험 자격을 취소당했다. | 他们单方面~了合同,应该承担责任;그들이 일방적으로 계약을 취소했으니 책임을 져야 한다. | 原定本周三举行的运动会因故~;이번 주 수요일 거행하기로 했던 운동회가 사고로 취소되었다. | 这项计划早就~了;이 계획은 일찌감치 취소되었다. | 因经费紧张公司~了本周末的旅行;경비 부족으로 회사에서 이번 주말의 여행을 취소했다.

去 qù 动 ❶ 가다. 떠나다. ¶我正要~教室;나는 마침 교실로 가려던 참이다. | 昨天参观景福宫,我们班一共~了九个人;어제 경복궁을 참관했는데 우리 반에서 모두 9명이 갔다. | 我给她~过几封信,可一直没收到回信;나는 그녀에게 몇 통의 편지를 보냈는데 여태 답장을 받지 못했다. | 我今天有课,~不了了,明天再~吧;나는 오늘 수업이 있어 갈 수 없으니 내일 다시 가도록 하자. ❷ 제거하다. 없애다. ¶菠萝要~了皮吃;파인애플은 껍질을 벗기고 먹어야 한다. | 喝点儿绿茶~~火;녹차를 마셔 체내의 열을 내리게 해라. | 这段话可~不得,~了意思就变了;이 말은 생략할 수 없다. 생략하면 뜻이 변한다. ❸ 동사 앞에 쓰여 어떤 일을 해야 함을 나타낸다. ¶今天我要~唱歌;오늘 나는 노래를 불러야 한다. | 你快到车站~接你妈妈吧;너 빨리 역에 어머니를 마중 나가라. | 这件事怎么办你自己~考虑吧;이 일을 어떻게 할건지 너 스스로 생각해라. ❹ 동사나 동사구조 뒤에 쓰여 동작이 화자가 있는 곳에서 발생하지 않음을 나타낸다. ¶明天我和姐姐一起参观画展~;내일 나는 누나와 함께 미술전시회 참관하러 간다. | 他去火车站接他妈妈~了;그는 어머니를 마중하러 기차역에 가려 한다. | 昨天我们参加比赛~了;어제 우리는 시합에 참가하러 갔다. ❺ 동사나 동사구조의 뒤에 쓰여 사람이나 사물이 동작의 결과 화자가 있는 곳으로부터 떠나감을 나타낸다. (뒤에는 명사나 수량구가 올 수 있고 '了'를 붙일 수 있다.) ¶下课了,同学们向教室外走~;수업이 끝나자 학생들이 교실 밖으로 나갔다. | 你的书让小张拿~了;네 책은 장군에게 갖고 가게 했다. | 我今天给他送~了两箱苹果;나는 오늘 그에게 사과 두 상자를 보내주었다. | 他从家里带了一个手提电脑~;그는 집에서 노트북 한 대를 가지고 갔다. | 他把电话打到办公室~两次,我都不在;그는 사무실에 두 차례 전화했으나 그때 모두 내가 없었다. ❻ 동사

나 동사구조 뒤에 쓰여 사람이나 사물이 동작의 결과 원래 있던 곳에서 떠나감을 나타낸다. ¶他在那场战争中失~了双眼;그는 그 전쟁에서 두 눈을 잃어버렸다. | 车祸夺~了他的右手;교통사고가 그의 오른팔을 빼앗아 갔다. | 剪~枯叶后,这盆花显得精神多了;시든 잎을 잘라내니 이 화분의 꽃이 생생하게 보인다. ❼'随','让' 등의 단어와 결합되어 사용하며 '맡기다', '마음대로 하게 하다' 란 뜻이 있다. (뒤에 목적어를 가질 수 없다.) ¶这些饮料随他喝~,都喝完也没关系;이 음료를 그 사람 마음대로 마시게 해라. 다 마셔도 상관없다. | 今天中午的饭随老王做~,你今天也休息休息;오늘 점심은 왕 군에게 맡기고 너는 오늘 쉬도록 해라.

▶용법주의: ❶ 다른 곳으로부터 화자가 있는 곳으로 옴을 표시할 때는 '去'를 쓸 수 없다. ¶姐姐,我已经去北京了,一个小时前刚到,现在正想去你家(×) | 姐姐,我已经来北京了,一个小时前刚到,现在正想去你家;누나, 나 벌써 북경에 왔어. 한 시간 전에 막 도착했는데 지금 정말 누나 집에 가고 싶어. ❷ '떠나다' 란 뜻을 표시한다. 떠나서 어디로 가는지 설명이 없을 때는 '去'를 쓸 수 없다. ¶她不喜欢足球,在操场边儿上看了十分钟就去了(×) | 她不喜欢足球,在操场边儿上看了十分钟就走了;그는 축구를 좋아하지 않아서 운동장 옆에서 10분간 구경한 뒤 가버렸다. ❸ 문장 중 '在','正在' 가 있을 때는 동사에 '去'를 쓸 수 없다. ¶小王正在杭州去旅行(×) | 这是我第一次独自在韩国去买东西(×) | 小王正在杭州旅行;왕 군은 한창 항저우를 여행 중이다. | 这是我第一次独自在韩国买东西;이것은 내가 처음으로 혼자서 한국에서 산 물건이다.

去年 qùnián 图 작년. 지난해. ¶今年是2011年, ~是2010年;금년이 2011년이니까 작년은 2010년이다. | ~夏天我去中国旅行了;작년 여름 나는 중국에 여행을 갔다. | 我~还一句汉语也不会说;나는 작년에 중국어를 한 마디도 못했다.

去世 qùshì 动 (성인이) 죽다. 사망하다. ¶我爷爷十年前就~了;우리 아버지는 십 년 전에 돌아가셨다. | 他~得太早了;그는 너무 일찍 죽었다. | 她的妈妈~五年了;그녀의 어머니가 돌아가신 지 5년이 되었다. | 这位科学家的~,对国家来说是一个很大的损失;이 과학자의 사망은 국가적으로 큰 손실이다. | 他~的消息使所有人都感到意外;그의 사망 소식에 모든 사람들은 뜻밖이라고 느꼈다.

趣味 qùwèi 图 흥취. 흥미. 재미. ¶他觉得跳舞~无穷;그는 춤추는 재미가 무궁무진하다고 느꼈다. | 他觉得读爱情小说有无限的~;그는 멜로 소설 읽는 것이 무한한 흥미가 있음을 느꼈다. | 孩子们都喜欢~数学;아이들은 모두 수학에 관심이 있다. | 从她的衣着上可以看出来她是个~高雅的人;그녀의 옷차림을 보면 그녀가 취향이 고상한 사람임을 알 수 있다. | 一个正直的人不可能跟有低级~的人交朋友;정직한 사람이 취향이 저급한 사람과 친구를 맺을 리가 없다.

▶용법주의: 용법주의 : 중국어에서는 취미(趣味)가 흥미, 흥취 등을 말하지

만 한국에서의 취미(趣味)는 전문(專門)이나 본업은 아니나 재미로 좋아하는 일을 가리키는 말이다. 한국에서 말하는 취미(趣味)는 중국어로 爱好이다.

圈 quān [名] ❶ 원형 혹은 원형의 물건. (구어에서 늘 '儿'이 붙는다.) ¶他在纸上画了几个彩色的~;그는 종이에 천연색 원을 몇 개 그렸다. | 他家门口放着一个铁~;그의 집 문 앞에 쇠고리가 놓여져 있었다. | 我每天都围着操场跑两~;나는 매일 운동장을 두 바퀴 돈다. | 同学们把椅子摆成了一个~儿;학생들은 의자를 둥글게 배열하였다. | 教室外围了一~儿人;교실 밖에 둥그렇게 사람들이 둘러서 있다. ❷ 집단이나 활동의 범위. 권. ¶知识分子~里的话有时不好懂;지식인 집단의 말은 때론 이해하기 어렵다. | 中国队终于进了决赛~;중국 팀이 마침내 결승권에 진입했다. | 他们已经冲出了敌人的包围~;그들은 이미 적군의 포위망을 뚫고 나갔다. [动] ❶ 둘러싸다. 포위하다. ¶警察已经把出事地点~起来了;경찰이 벌써 사고 지점을 둘러싸기 시작했다. | 他用篱笆(lí·ba)在院子里~了一小块菜地;그는 정원의 작은 채소밭을 울타리로 둘러쳤다. ❷ 원을 그리다. ¶请同学们把书上不认识的词~出来;학생들은 책에서 모르는 단어에 동그라미를 치세요. | 老师正在~我作业中的错误呢;선생님께서 내 숙제의 틀린 부분에 동그라미를 치는 중이다.

权力 quánlì [名] 권력. 권한. ¶全国人民代表大会是中国的最高~机关;전국 인민 대표대회는 중국의 최고 권력기관이다. | ~太大,掌握~的时间太长,如果再缺乏监督,就会出现腐败现象;권력이 지나치게 비대하고 권력 장악 기간이 오래될 경우, 만약 이를 감독할 기능마저 결여된다면, 부패 현상이 나타날 것이다. | 国家~不能由一个人掌握;국가 권력을 한 사람이 장악해서는 안 된다. | 总统的~很大;대통령의 권한은 매우 크다. | 新校长开始行使校长~了;새 교장은 교장의 권한을 행사하기 시작했다. | ~之争在历史上经常发生;권력 투쟁은 역사상 늘 일어났다.

权利 quánlì [名] 권리. 권한. ¶国家颁布法律保护妇女和儿童的~;국가는 법률을 반포하여 여성과 아동의 권리를 보호한다. | 每个公民都有享受九年义务教育的~;모든 공민은 9년 간의 의무교육의 권리를 갖는다. | 他有~保持沉默;그는 침묵을 지킬 권리가 있다. | 因为犯罪他被剥夺政治~三年;범죄로 인해 그는 3년 간 정치적 권리를 박탈당했다. | 我们不能只享受~而不尽义务;우리는 권리를 향유하기만 하고 의무를 다하지 않으면 안 된다.

权威 quánwēi [名] ❶ 권위. 위신. ¶他很有~,年轻人都很信服他;그는 권위가 있어 젊은이들 모두 그를 믿고 따른다. | 总经理想了很多办法来维护自己的~;사장은 여러 방법으로 자신의 위신을 유지하고 싶어했다. | 班长通过组织同学们出去旅游提高了自己的~;반장은 학생들을 조직해 여행을 감으로써 자신의 위신을 높였다. ❷ 권위자. 권위 있는 사물. ¶他是语言学界的~;그는 언어학계의 권위자이다. | 要学习汉语词汇,这本词典就是~;중국어

를 배우려 한다면 이 사전이 권위 있는 책이다.｜~的话我们当然要认真考虑,但也不能太迷信;권위 있는 말을 우리가 당연히 진지하게 고려해야 하지만 그것을 지나치게 맹신해서는 안 된다.

全 quán 形 ❶ 있어야 할 것이 모두 있다. 완비하다. 완전하다. ¶这个超市里的日用品很~;이 슈퍼마켓은 일용품이 다 갖추어져 있다.｜图书馆里这套书是~的,一本也不少;도서관에는 이 세트의 책이 한 권도 빠짐없이 완비되어 있다.｜你收集的资料已经~了,可以写论文了;네가 수집한 자료가 이미 완전하게 갖추어졌으니 논문을 써도 된다.｜这种衣服的花色现在不~了,所以减价处理;이런 옷의 색깔이 지금 완전치 않아 헐값에 처분한다 ❷ 전부의. 전체의. ¶他们~家都去首尔了;그들 가족 모두 서울로 갔다.｜希望~社会都来关心残疾人;전 사회가 장애인에게 관심을 가지길 희망한다.｜我们~班只有他没有去;우리 반 전체에서 그만 가지 않았다. 副 완전히. 모두. ¶我说的话,他~忘了;내가 했던 말을 그는 완전히 잊었다.｜家乡的面貌~变了;고향의 모습이 완전히 변했다.｜我的作业没~写完,还剩下一道不会;나는 숙제를 다 못했다. 아직 풀지 못한 문제가 하나 남았다.｜我们~没去他家,他白等了两个小时;우리 모두 그의 집에 가지 않아서 그는 두 시간이나 헛되이 기다렸다.｜明天他们不~来,因为有几个同学有事儿;몇몇 학생이 일이 있어 내일 그들이 다 오지는 않을 것이다.｜我想下个星期请大家吃饭,可他们有事,~不来;나는 다음 주 모두를 식사에 초대하려고 했는데, 그들에게 일이 생겨 전부 오지 못한다.

全部 quánbù 名 모든 부분. 전부. ¶为了通过HSK六级,他现在~时间都用来学汉语;HSK 6급에 합격하기 위해 그는 모든 시간을 중국어 공부하는데 쓴다.｜妈妈把~的资金和精力都用在她开的小店上了;어머니는 모든 자금과 정력을 문을 연 작은 가게에 쏟아 부었다.｜他买来了那位作家的~作品;그는 그 작가의 작품 전부를 사 왔다.｜孩子们已经~到齐了,出发吧;아이들이 모두 도착했으니 출발하자.｜问题还没有~解决,任务也没有~完成,我们还要继续努力;문제가 아직 모두 해결되지 않았고, 임무 역시 전부 완성된 것이 아니므로 우리는 계속 노력해야 한다.

▶용법주의:'全部'인원의 총합에는 전부를 쓸 수 없다. ¶我代表学校全部员工欢迎您｜我代表学校全体员工欢迎您;저는 학교 전체의 직원과 노무자를 대표해서 당신을 환영합니다.

全都 quándōu 副 전부. 모두. (예외가 없음을 나타낸다. '全', '都'에 비해 총괄하는 의미가 더 분명하다.) ¶大家~同意我的意见;모두들 나의 의견에 동의한다.｜他的钱~丢了;그는 돈을 몽땅 잃어버렸다.｜今天的任务~完成了;오늘 임무를 모두 완수하였다.｜~怪你,出来得那么晚,没赶上火车;모두 너 때문이야. 그렇게 늦게 와서 기차를 타지 못 했잖아.｜这件事没有办好也不是他的责任;이 일이 잘 처리되지 못한다 해도 모두 그의 책임은 아니다.

全面 quánmiàn 形 모든 방면. 전면적으

로. 전반적으로.¶学生应该~发展,既要学习好,也要身体好;학생은 공부도 잘 하고 몸도 튼튼하게 전반적으로 성장해야 한다.｜校长~总结了学校的情况;교장은 학교 상황을 전체적으로 총괄하였다.｜李老师考虑问题~周到;이 선생님은 문제를 전면적이고 주도면밀하게 고려한다.

▶용법주의: 개괄을 표시할 때는 '全面'을 쓸 수 없다.¶所有的问题已经全面解决了(×)｜明天我们学校全面放假(×)｜所有的问题已经全都解决了;모든 문제가 이미 해결되었다.｜明天我们学校全都放假;내일 우리 학교는 전부 방학이다.

全身 quánshēn 名 온몸. 전신.¶他用尽~的力气才把那个箱子搬到屋子里;그는 온힘을 다해 가까스로 그 상자를 집안으로 옮겼다.｜我在发烧,~一点儿力气也没有;나는 열이 나서 온몸에 힘이 하나도 없다.｜那只小鸡~乌黑;그 작은 새는 온몸이 새까맣다.｜血管像网一样密布~;혈관은 그물처럼 온몸에 촘촘하게 퍼져 있다.｜庙里有孔子的~像;사당에는 공자의 전신상이 있다.

全体 quántǐ 名 전체. 전부.¶明天的会议请大家~出席;내일 회의에 전원 출석해 주십시오.｜明天我们~都去香山吧;내일은 우리 모두 샹산에 가자.｜这个班~要求换老师;이 반의 학생 전원이 선생님을 바꿔줄 것을 요구한다.｜我们学校的~师生都参加了新年庆祝会;우리 학교의 교사와 학생 모두 신년 경축회에 참가하였다.

拳击 quánjī 名 권투. 복싱.¶他很喜欢看~比赛,自己也买了~手套去学习~;그는 권투 경기 보는 걸 매우 좋아하며, 직접 글러브를 사서 권투를 배우기도 했다.｜在这次奥运会上他获得男子95公斤级~比赛的冠军;이번 올림픽에서 그는 남자 복싱 95킬로그램 급에서 우승을 차지했다.｜这家~俱乐部有很多~运动员;이 복싱 클럽에는 많은 복싱 선수들이 있다.

拳头 quán·tóu 名 주먹.¶他紧张地握起~;그는 긴장해서 주먹을 꽉 쥐었다.｜他想用~让小朋友都听他的;그는 주먹을 써서 꼬마들이 자기 말을 듣게 하고 싶었다.｜他把~握得紧紧的;그는 주먹을 꽉 쥐었다.｜我当时真想给他一~,太让人生气了;나는 그때 그에게 주먹을 정말 한 대 날리고 싶을 정도로 그는 나를 화나게 했다.

犬 quǎn 名 개.¶军~在侦查中作用很大;군견은 정탐 때 역할이 아주 크다.｜他的那条猎~在那次打猎时救了他的命;그의 그 사냥개는 지난 번 사냥 때 그의 목숨을 구해주었다.｜警察牵着警~搜查罪犯留下的痕迹;경찰이 경찰견을 끌고 범인이 남긴 흔적을 수색했다.

劝 quàn 动 권하다. 타이르다.¶你要~他多喝水少抽烟;너는 그가 물을 많이 마시고 담배를 적게 피도록 권해야 한다.｜我们都~了他很多次了;우리는 여러 번 그를 타일렀다.｜小明不高兴了,你去~~他吧;샤오밍이 기분이 좋지 않으니 가서 달래 주어라.｜~了她半天,她还是想不通;한참이나 그녀를 설득했지만 그녀는 이해하지 못했다.｜她一心想离婚,谁都~不动;그녀가 일단 이혼을 생각하자 누구도 설득할 수 없었다.

缺 quē 动 ❶ 결핍하다. 모자라다. 부족하다. ¶我想买一套房子，可手头上还~几万块钱；나는 집을 한 채 사고 싶은데 수중에 수 만 위안이 모자란다. ǀ 这个教室还~两把椅子；이 교실에는 아직 의자 두 개가 부족하다. ǀ 这个学校~教师；이 학교에는 교사가 부족하다. ❷ 결석하다. ¶昨天上课时全班同学就~你一个人；어제 수업 때 모든 학생 중 너 혼자 결석했다. ǀ 这次考试有三位同学~考；이번 시험에 세 명의 학생이 결석했다. ǀ 他这个学期一直没有~过课，可是他的妹妹~的课却很多；그는 이번 학기 내내 결강한 적이 없지만, 그의 여동생은 빠진 수업이 매우 많다. ❸ 부서지다. 파손되다. ¶这个椅子~了一条腿；이 의자는 한쪽 다리가 부서졌다. ǀ 这本书~了二十页；이 책은 20쪽이 파손되었다. ǀ 这张人民币~了一个角儿；이 인민페는 한쪽 귀퉁이가 이지러졌다.

缺点 quēdiǎn 名 결점. 단점. ¶每个人都有~；모든 사람에게는 단점이 있다. ǀ 这个孩子的~是做事马虎；이 아이의 단점은 일을 대충 한다는 것이다. ǀ 我们要帮助他克服~；우리는 그가 결점을 극복하도록 도와주어야 한다. ǀ 这种笔记本的~是重量太重；이 노트북의 결함은 너무 무겁다는 점이다.

缺乏 quēfá 动 부족하다. 모자라다. 결핍되다. ¶他刚参加工作，~工作经验；그는 막 업무에 참여해서 업무 경험이 부족하다. ǀ 他最大的缺点是~责任心；그의 최대 단점은 책임감이 부족하다는 점이다. ǀ 对父亲的突然去世他~足够的心理准备；부친의 갑작스런 별세에 대해 그는 충분한 마음의 준비가 없었다. 形 부족한. 모자란. ¶多吃些水果和蔬菜就可以补充体内~的维生素；과일과 채소를 많이 먹으면 체내의 부족한 비타민을 보충할 수 있다.

缺少 quēshǎo 动 모자라다. 결핍되다. ¶这个教室还~两把椅子；이 교실에는 아직 의자 두 개가 모자란다. ǀ 现在家里就~一台电视机了；지금 집에 텔레비전 한 대가 부족하다. ǀ 我们这里就~像他这样的人才；이곳에는 그와 같은 인재가 부족하다. ǀ 校长说明天就可以把~的设备送来；교장은 내일이면 부족한 설비가 배송될 것이라고 설명했다.

却 què 副 도리어. 오히려. 반대로. 그러나. ❶ 단독으로 사용되어 역접의 의미를 갖는다. ¶离开家的时候我有很多话要说，一时~说不出来；집을 떠날 때 나는 할 얘기가 많았지만 얼른 말이 나오지 않았다. ǀ 平时会写的字，现在~想不起来了；늘 쓰던 글자가 지금 생각나지 않는다. ǀ 暖气开着呢，她~还觉得冷；스팀을 틀었는데도 그녀는 여전히 춥다고 느꼈다. ❷ ('虽然'이나'尽管'등과 함께 쓰여) …이기도 하지만. ¶虽然我不喜欢看电影，~不反对你看；나는 비록 영화 보는 것을 좋아하지는 않지만 네가 보는 것을 반대하지는 않는다. ǀ 尽管我不同意他去，他~一点儿也不生气；나는 그가 가는 것을 반대했지만, 그는 조금도 화내지 않았다. ❸ ('但是', '可是', '然而'등과 함께 쓰여) 그러나. 그런데. ¶本来八点就该到了，可是

他~到九点了才来;원래 8시면 도착해야 하는데, 그는 9시에야 왔다. | 他平时不努力学习, 但是考试时成绩~很好;그는 평소에 열심히 공부하지 않지만 시험 때는 성적이 좋다. | 他游泳的时间不是很长, 然而在这次比赛中~得了冠军;그가 수영을 한 시간은 길지 않지만, 이번 시합에서 우승을 차지했다.

▶용법 설명: '却'는 부사로 주어 앞에 쓰일 수 없다. ¶我来了, 却他走了(×) | 我了, 他却走了;내가 오니까 그가 가는구나.

确保 quèbǎo 动 보증하다. ¶我们一定要~这一周不出现交通堵塞现象;우리는 이번 주는 교통체증 현상이 발생하지 않는다고 보증한다. | 他们会想办法~按时完成任务;그들이 방법을 생각하여 제때 임무를 완수할 수 있으리라고 보증한다. | 医生准备了五套治疗方案以~手术成功;의사는 다섯 가지 치료 방안을 준비하여 수술의 성공을 보증했다.

确定 quèdìng 动 확정하다. ¶会议日程已经~了;회의 일정이 이미 확정되었다. | 这次会议~了候选人名单;이번 회의에서 후보자 명단을 확정하였다. | 他们已经~了恋爱关系;그들은 이미 연애 관계를 확실히 하였다. | 我们今天把参加比赛的人数~一下儿;우리 오늘 시합에 참가할 인원수를 확정합시다. | 放假的日期现在还~不下来, 等~下来了我再告诉你;방학 기간이 아직 확정되지 않았으니 확정되길 기다렸다 내가 너에게 다시 알려주마.

确认 quèrèn 动 확인하다. ¶经专家~, 这是一种对人体有益的细菌;전문가들이 확인한 바에 의하면 이것은 인체에 유익한 세균의 일종이다. | 证人已经~过了, 他就是那个罪犯;증인은 그가 바로 그 범인임을 이미 확인했다. | 小明已经~那天的事是他做的;샤오밍은 그날의 일은 그가 한 것이라고 이미 확인했다. | 这批出土文物经专家~, 是明朝皇家用品;전문가의 확인에 의하면 이 출토 문물들은 명대의 황실에서 쓰던 물건이다. | 各位代表在会上再次~这些原则;각 대표들은 회의에서 이러한 원칙을 재차 확인하였다.

确实 quèshí 形 믿을 만하다. 확실하다. ¶这是一个~的消息;이건 확실한 소식이다. | ~的数字要等电脑计算一下才能知道;확실한 숫자는 컴퓨터 계산을 기다려 봐야 알 수 있다. | 我听得确确实实, 一点儿错也没有;내가 확실히 들었는데 틀림없다. | 他确确实实说过这句话;그는 확실히 이 말을 한 적이 있다. 副 확실히. 정말로. ¶我昨天~没看到你;나는 어제 정말로 너를 보지 못했다. | 这间教室~比那间大一点儿;이 교실은 확실히 저 교실보다 조금 크다. | 你的汉语~进步很大;네 중국어가 정말 많이 향상되었다. | 这个消息对我来说~太好了;이 소식은 나로서는 정말 좋은 소식이다. | ~, 如果让我一个人来, 一定会迷路的;만약 나 혼자 오게 했다면 틀림없이 길을 잃었을 거야.

裙子 qún·zi 名 치마. 스커트. ¶他给女朋友买了一条~;그는 여자친구에게 치마 한 벌을 사 주었다. | 冬天也有很多女孩子穿~;겨울에도 많은 아가씨

들이 치마를 입는다.│她的衣橱里摆满了长~、短~;그녀의 옷장에는 길고 짧은 치마들이 가득 진열돼 있다.

群 qún 量 무리. 군. ¶一~~学生笑着走过去;한 무리의 학생들이 웃으며 지나갔다.│一~~的旅客走出车站;한 무리의 여행객들이 역을 빠져 나갔다.│草原上走过一大~羊;초원에 큰 무리의 양떼들이 지나갔다.│湖里一~一~的鱼游来游去;호수에 물고기들이 무리를 지어 왔다 갔다 한다. 名 ❶ 무리. 떼. ¶人~开始向入口移动了;군중들이 입구 쪽으로 이동하기 시작했다.│鸡~里跑进来一只老鼠;닭의 무리 가운데로 쥐 한 마리가 뛰어 들어왔다.│那边的一大片建筑~就是北京最大的居住区;저 쪽의 거대한 건축물들이 바로 베이징 최대의 거주 지역이다. ❷ 모든사람. 군중. 대중. ¶他能力超~,对我们帮助很大;그의 능력은 모든 사람을 능가하여 우리에게 도움이 무척 크다.│遇到困难时,我们~策~力就一定可以解决问题;어려움을 만났을 때 우리가 모든 사람의 지혜와 힘을 모은다면 반드시 문제를 해결할 수 있다. 形 무리를 이룬. ¶远看~峰就像披着一层轻纱似的;멀리 봉우리들을 보니 가벼운 비단을 두른 듯하다.│蚂蚁是~居动物;개미는 군집동물이다.│同学们~集在一起等着听结果;학생들이 한 자리에 모여 결과를 기다리고 있다.

群众 qúnzhòng 名 군중. 민중. 대중. ¶广场上聚集了很多~;광장에 많은 군중들이 모였다.│无论是总统还是普通人,做事都不能损害~利益;대통령이 됐든 일반인이 됐든 일을 할 때 대중의 이익을 해쳐서는 안 된다.│只有多听取~的意见,才能得到~的拥护;민중의 의견에 귀를 기울여야 그들의 지지를 얻을 수 있다.│这件事遭到~的反对,引起~的不满;이 일은 대중들의 반대에 부딪쳤고 그들의 불만을 초래했다.

然而 rán'ér [连] 그러나. 그런데. a) 앞의 뜻과 관련된 또 다른 사실을 이끌어 이에 대한 보충과 설명을 한다. ¶ 这里的办公条件和工作环境都很好,~最让人满意的还是这里的人都很热情;이곳은 근무 조건과 업무 환경이 모두 좋다. 그런데 가장 만족스러운 것은 이곳 사람들이 모두 열정적이라는 점이다. | 我本来不想让他来,~这件事不能由我一个人决定;나는 원래 그를 오게 하고 싶지 않았지만 이 일을 나 혼자 결정할 수 없다. b) 종종 '虽然', '尽管'과 같이 사용되어 앞의 뜻과 상반된 사실을 이끈다. ¶ 尽管他这次考得不太好,~他并不灰心,继续努力学习,想下次取得好成绩;비록 이번 시험을 잘 보지 못했지만 그는 결코 낙담하지 않았으며, 계속 열심히 노력하여 다음에는 좋은 성적을 거두려 한다. | 虽然他答应今天八点来帮我,~一直到九点他都没来;그는 오늘 8시에 나를 도와주러 온다고 대답했는데 9시가 되도록 오지 않았다. | 我们是同学,在一个班学习了三年,~很少互相说话;우리는 동급생으로, 3년을 같은 반에서 공부했지만 서로 얘기를 나눈 적이 드물다. | 虽然今天雨下得很大,~同学们一个迟到的也没有;비록 오늘 비가 많이 왔지만 학생 누구도 지각하지 않았다.

然后 ránhòu [副] 연후에. 그리고 나서. ¶ 今天我们先吃饭~再干活;우리 오늘 밥부터 먼저 먹고 나서 일을 하자. | 这次旅游我们打算先去上海,~再去苏州和杭州;이번 여행에서 우리는 먼저 상하이로 간 다음에 쑤저우와 항저우로 가려고 한다. | 你得先去报名,~再去买教材;너는 먼저 가서 등록을 한 후에 교재를 사라. | 昨天我收拾了房间,洗了衣服,写完了作业,~还和朋友一起去踢了一会儿足球;어제 나는 방 청소와 빨래를 하고 숙제를 마치고 나서 친구와 함께 잠깐 축구를 했다.

燃烧 ránshāo [动] 연소하다. 타다. ¶ 消防车扑灭了~的大火;소방차가 타오르는 큰불을 껐다. | 最初只是厨房着火了,可后来整个房子都~起来;처음에는 주방에서만 불이 났는데 나중에 온 방이 불타기 시작했다. | 那场森林大火一直~了一个星期;그 삼림에 난 큰불은 계속해서 1주일을 타올랐다. | 听完孩子的话,他胸中的怒火~起来,他真想马上抓到那个坏蛋;아이의 말을 다 듣고 나자 그는 가슴에서 분노의 불길이 타오르기 시작해, 당장이라도 정말 그 나쁜 녀석을 붙잡고 싶었다. | 妈妈的话就像~的火焰,温暖着我的心;어머니의 말씀은 타오르는 불꽃 같아 나의 마음을 따뜻하게 한다.

染 rǎn [动] ❶ 물들이다. 염색하다. ¶ 我看着他把这块白布~成了红色;나는 그가 이 하얀 천을 붉은 색으로 물들

이는 것을 보았다. | 师傅,我想~发,就~成栗子色的吧;(선생님), 저 염색하고 싶어요. 밤색으로 해 주세요. | 我从来不~指甲;나는 이제껏 한번도 손톱에 물들인 적이 없다. | 这件衣服本来是白色的,洗衣服时不小心~上了一点儿蓝色,不能穿了;이 옷은 원래 흰색이었는데 빨 때 조심하지 않아 남색이 약간 물들어 입을 수 없다. | 请帮我把这两件衣服~一下儿;이 옷 두 벌 염색하는 것을 좀 도와주세요. | 我得~一个小时才能~完,你再等一下儿;한 시간 동안 염색해야 끝이 나니, 너 조금 더 기다려라. ❷ 감염되다. 걸리다. 물들다. ¶ 他跟那么坏孩子一起玩,~了一身恶习;그는 그렇게 나쁜 아이들과 어울려 놀아 나쁜 습관이 몸에 배었다. | 他住校后~上了抽烟的毛病;그는 학교 기숙사에 산 뒤로 담배 피우는 나쁜 버릇이 들었다. | 她每天都把家里收拾得一尘不~;그녀는 매일 집안을 먼지 하나 없이 청소한다.

染发 rǎn//fà 动 (머리를) 염색하다. ¶ 我不喜欢~,只喜欢头发原来的颜色;나는 염색하는 걸 좋아하지 않고 원래의 머리 색깔을 좋아한다. | 他已经染过两次发了;그는 이미 머리를 두 번 염색한 적이 있다. | 妈妈一直没有染过发;어머니는 줄곧 머리를 염색하신 적이 없다. | 她昨天~染了一个多小时才染完;그녀는 어제 한 시간 넘게 머리 염색을 해서야 염색이 끝이 났다.

嚷 rǎng 动 외치다. 고함치다. 떠들다. 말다툼하다. ¶ 别~了! 我们正在上课;떠들지 마라. 우리 수업 중이

다. | 听老师说下课了,同学们~着冲出教室;수업 끝이라는 선생님의 말씀을 듣자 학생들은 왁자지껄 떠들며 교실을 빠져나갔다. | 他把嗓子都~哑了,也没有人来;그는 목이 쉬도록 고함을 쳤지만 한 사람도 오지 않았다. | 那小两口怎么又~起来了? 저 부부가 왜 또 말다툼하지? | 那些孩子昨天在屋里~了一晚上,邻居们都没休息好;그 아이들이 어제 밤새 집에서 떠들어 이웃 사람들이 제대로 쉬지 못했다.

让 ràng 动 ❶ 양보하다. 사양하다. ¶ 在公共汽车上应该给老人和孩子~座;버스에서는 노인과 어린이에게 자리를 양보해야 한다. | 他在家里总是~着妹妹;그는 집에서 늘 여동생에게 양보한다. | 每次下棋爸爸都~我两个子儿;매번 바둑 둘 때 아버지는 나에게 두 점을 양보하신다. | 他把自己的房子~给弟弟住了;그는 그의 집을 동생이 묵도록 양보했다. | 我已经~过她好几次了,这次她也该~~我了;내가 이미 그녀에게 몇 차례 양보했으니, 이번엔 그녀가 내게 양보해야 한다. ❷ 권하다. 안내하다. ¶ 他忙把客人~到客厅里;그는 바삐 손님을 응접실로 안내했다. | 见客人进屋了,爸爸连忙~茶~烟;손님이 집안으로 들어오는 것을 보고 아버지는 분주히 차와 담배를 권하셨다. | 你怎么只顾自己吃,也不知道~~客人? 너는 어떻게 자기 먹는 것만 신경 쓰고 손님에게 권하지를 않니? | 她~了两次,见小王真的不想喝酒,也就算了;그녀는 두 번이나 권했으나 왕 군이 정말 술을 마시고 싶어하지 않는 것을 보

자 그만두었다. ❸ 떠나다. 피하다. 비키다. ¶我看汽车开过来,急忙~开了;나는 기차가 들어오는 것을 보고 급히 물러섰다. | 车来了,大家快~一~;차가 온다. 모두 빨리 비켜서라. | 快~开! 树要倒了! 빨리 비켜! 나무가 넘어간다! | 那两辆车互不相~,结果撞上了;그 두 차량은 서로 피하지 않아 결국 부딪쳤다. ❹ …하도록 시키다. …하게 하다. ¶是妈妈~给你送来的;어머니가 네게 보내온 것이다. | 爸爸不~我学武术;아버지는 내가 무술을 배우지 못하게 하신다. | 她的话真~人不舒服;그녀의 말은 정말 사람을 불편하게 한다. | ~他说吧,说出来就好了;그가 말하게 두어라. 말하고 나면 좋아진다. | 真对不起,~你久等了;정말 미안하다. 널 너무 오래 기다리게 했다. ❺ (소유권이나 사용권을) 이전하다. 넘겨주다. 양도하다. ¶出国前他把车~给了朋友;출국 전에 그의 차를 친구에게 양도했다. | 他新买的电子词典~给我了,因为他姐姐送给他一个更好的;그는 새로 산 전자사전을 내게 넘겨주었는데, 그의 누나가 더 좋은 것을 보내주었기 때문이다. 介 …에게 …당하다. ¶他~自行车撞倒了;그는 자전거에 부딪쳐 넘어졌다. | 我的笔~他摔坏了;내 펜을 그가 내던져 망가졌다. | 玻璃~风刮坏了;유리가 바람에 날려 깨졌다. | 水果都~他一个人吃完了;과일을 그가 혼자 다 먹어버렸다.

绕 rào 动 ❶ 휘감다. 두르다. 얽다. ¶昨天我帮姐姐把毛线~成了线团;어제 나는 누나가 털실을 감아 타래를 만드는 것을 도와주었다. | 他正在帮我~毛线呢;그는 내가 털실 감는 것을 도와주는 중이다. | 你把铁丝~在笔上做什么? 너는 철사를 펜에 감아 뭘 만드냐? | 再过五分钟,这些线能~完吗? 5분 더 지나면 이 실을 다 감을 수 있겠니? | 刚才绳子~得太紧了,再松松吧;방금 끈이 너무 꽉 감겼으니 느슨하게 풀어라. ❷ 돌다. 회전하다. ¶运动会开始时,运动员先要~场一周;운동회가 시작될 때 운동선수들은 먼저 운동장을 한 바퀴 돌아야 한다. | 月亮~着地球转,地球~着太阳转;달은 지구를 돌고 지구는 태양을 돈다. | 我们每天晚上围着操场~几圈;우리는 매일 저녁 운동장을 몇 바퀴씩 돈다. | 我在山上迷路了,~了两圈了,又~到原来的地方;나는 산에서 길을 잃어 두 바퀴나 돌다가 원래 있던 곳으로 돌아왔다. ❸ 돌아서 가다. 에돌다. 우회하다. ¶前方施工,请行人车辆~行;전방에 공사 중이니 행인과 차량은 우회하시오. | 今天我坐出租车的时候师傅~远了,多要了我十几块钱;오늘 내가 택시를 탔을 때 기사가 멀리 우회하여 나에게 십 몇 위안을 더 요구했다. | 汽车~过这座山就到我家了;자동차가 이 산을 에돌아 우리 집에 도착했다. | 这条近路不好走,我们~着走吧;이 지름길은 걷기에 좋지 않으니 우리 돌아서 가자. ❹ 뒤얽히다. 뒤얽히다. ¶他的话把~糊涂了;그의 말은 날 어리둥절하게 만들었다. | 他已经被你的话~住了,一时不会明白过来的;그는 이미 너의 말에 갈피를 못 잡아서 얼른 이해하지 못할 것이다. | 这个问题~住了

很多人,可让老师一讲,大家都明白了;이 문제는 많은 사람을 얼떨떨하게 만들었으나 선생님이 설명하시자 모두들 이해하게 되었다. | 这些天发生的事儿~在他的脑子里,使他不能入睡;요 며칠 동안 발생한 사건이 그의 머리를 뒤죽박죽으로 만들어 잠들지 못하게 하였다.

惹 rě 动 ❶ (좋지 않은 일을) 일으키다. 야기하다. ¶ 这孩子很老实,~不了事儿;이 아이는 매우 성실해서 사고를 일으키지 않는다. | 妈妈就怕儿子给她~麻烦;엄마는 아들이 말썽을 일으킬까 봐 걱정이다. | 你出门可千万别~祸啊;너는 밖에 나가서 절대 화를 일으키지 말아라. ❷ (말, 행동이 상대방의 기분을) 건드리다. ¶他脾气坏,不太好~;그는 성질이 나빠 섣불리 건드릴 수 없다. | 谁~你了,这么大的火气?누가 너를 건드렸길래 이렇게 화가 났어? | 咱们别去~他了,~火了可就麻烦了,快走吧;우리 그를 건드리지 말자. 화나면 정말 귀찮아지니까 얼른 가자. ❸ (사람 또는 사물의 특징이 애증의 반응을) 불러일으키다. ¶他的穿着很~人注意;그의 옷차림새가 사람들의 주의를 끈다. | 你这副样子太~人讨厌了;너의 이런 꼴은 사람들의 혐오를 불러일으킨다. | 他一句话~得大家哈哈大笑;그의 말 한마디가 모두를 박장대소하게 만들었다.

热 rè 形 ❶ (온도가) 높다. 뜨겁다. ¶ 水太~了;물이 너무 뜨겁다. | 天气~了,预报说今天三十九度呢;날씨가 너무 덥다. 일기예보에서 오늘 39도라고 하더라. | 已经立秋了,~不了几

天了;벌써 입추이니 얼마 덥지는 않을 것이다. | 油烧~了,快放菜吧;기름이 끓으니 어서 채소를 넣어라. ❷ 인기가 높다. 많은 사람의 환영을 받다. ¶ 这部电影现在很~;이 영화는 현재 아주 인기가 있다. | 这种样式今年~起来了,你也买一件吧;이 스타일이 올해 인기가 있으니 너도 하나 사라. | 这首歌现在~得不得了,你怎么会不知道? 이 노래는 현재 인기 절정인데 어떻게 모를 수가 있니? 名 ❶ 열. 열량. ¶没有光和~,人类就无法生存;빛과 열이 없으면 인류는 생존할 수 없다. | 摩擦生~;마찰은 열을 발생한다. 인기가 높다. 많은 사람의 환영을 받다. ❷ 붐. 유행. 열기. ¶ 汉语~;중국어 붐. | 足球~;축구 붐. | 旅游~;여행 붐. | 中国现在掀起了考研~,人们纷纷去考研究生;중국에는 지금 대학원 붐이 불어 사람들이 너도나도 대학원 시험을 본다. 动 가열하다. 덥히다. ¶再把饭~一下吧;다시 밥을 한번 데워라. | 饺子~好了,快吃吧;만두가 다 익었으니 얼른 먹자. | 请帮我把汉堡――~;햄버거 데우는 것 좀 도와주세요

热爱 rè'ài 动 열렬히 사랑하다. 애하다. ¶ 她很~自己的工作;그녀는 자신의 일에 매우 애착을 갖는다. | 我们从小就~祖国;우리는 어릴 때부터 조국을 열렬히 사랑한다. | 他~那片土地,也~那里的人民;그는 뜨겁게 저 땅을 사랑하고 그 곳 사람들 역시 열렬히 사랑한다.

热烈 rèliè 形 열렬하다. 뜨겁다. ¶ 会场的气氛很~,人们都争着发言;회의장 분위기가 매우 뜨거워 사람들이 앞다

투어 발언을 한다. | 他表演完了, 观众送给他~的掌声;그의 공연이 끝나자 관중들이 그에게 우레같은 박수를 보냈다. | ~欢迎代表团回国;대표단의 귀국을 열렬히 환영한다. | 我们那天~地讨论了北京的交通问题;우리는 그날 베이징의 교통 문제에 대해 열띤 토론을 벌였다.

热闹 rè·nao 形 열렬하다. 뜨겁다. ¶ 快到春节了, 街上~起来了;곧 설이라 거리가 붐비기 시작했다. | 那天的联欢会开得很~;그날의 친목회는 매우 왁자지껄했다. | 大家一起热热闹闹地过个年吧;모두 함께 시끌벅적하게 설을 보내자. | 我不太喜欢~的地方;나는 시끌시끌한 장소를 좋아하지 않는다. | 校庆日的时候校园里十分~;개교기념일 때는 교정이 매우 왁자지껄하다. 团 (기분을) 유쾌하게 하다. ¶ 今年过年时把同学们聚到一起~一下吧;올 해 설을 쇨 때는 친구들을 한데 모아 함께 떠들썩하게 놀아보자. | 年龄大了, 也应该常常去和朋友们~~;나이가 들어도 늘 친구들과 어울려 즐겁게 놀아야 한다. | 以后我们每两年就~一回, 怎么样? 이후 우리 2년마다 모여서 흥겹게 노는 게 어때?

热情 rèqíng 名 열정. 열기. 정열. ¶他的爱国~令人感动;그의 애국적 열정은 사람들을 감동시킨다. | 随着比赛的进行, 观众的~越来越高;시합이 진행됨에 따라 관중들의 열기가 갈수록 높아졌다. | 最近你的工作~不太高, 是不是遇到了什么事? 최근 너의 업무에 대한 열의가 그다지 높지 않은데 무슨 일이 있는 거냐? | 工作人员满腔~地帮助乘客登上飞机;승무원은 가슴 가득한 열정으로 승객들이 비행기에 오르는 것을 도왔다. 形 열정적이다. 친절하다. ¶服务员~地接待顾客;종업원이 친절하게 고객을 접대한다. | 老师~地邀请我们去他家做客;선생님은 친절하게도 우리를 그의 집에 초대하였다. | 很多~的观众向他献花;많은 열정적인 관중들이 그를 향해 꽃을 바쳤다. | 这篇文章~歌颂了祖国十年间的巨大变化;이 글은 조국의 10년간의 거대한 변화를 열정적으로 찬양하였다.

热水瓶 rèshuǐpíng 名 보온병. ¶ ~里没热水了, 再烧一些吧;보온병에 뜨거운 물이 없으니 다시 끓여라. | 他正在往~里倒开水;그는 보온병 안에 뜨거운 물을 붓고 있다. | 那个~不保温了;저 보온병은 보온이 안 된다.

热心 rèxīn 形 열정적이다. 적극적이다. ¶ 她是个~人, 很爱帮助别人;그녀는 매우 적극적인 사람이라 다른 사람을 돕는 것을 좋아한다. | 姐姐对班里的工作很~;언니는 학급 일에 매우 열심이다. | 老师~地向他讲解当地人的生活习惯;선생님이 열정적으로 그에게 현지인의 생활 습관에 관해 설명하셨다. | 在他的~帮助下, 我的汉语提高得很快;그의 열과 성으로 나의 중국어 실력이 빠르게 향상되었다.

人 rén 名 사람. 인간. ¶ 每个~都想得到别~的尊重;사람은 누구나 다른 사람의 존중을 받고 싶어한다. | ~不能离开空气和水;사람은 공기와 물을 떠날 수 없다. | 我是中国~, 他是韩国~;나는 중국 사람이고 그는 한국 사람

이다. | 我已经问过许多~了,没有~见过他;벌써 많은 사람들에게 물어봤지만 그를 본 사람이 없었다.

人才(人材) réncái 名 인재. ¶ 我们现在急需汉语~;우리는 지금 중국어 인재가 급히 필요하다. | 企业发展需要法律和管理方面的高级~;기업의 발전은 법률과 관리 분야의 고급 인재를 필요로 한다. | 我们学校已经向社会输送了大批专业~;우리 학교는 이미 사회에 대량의 전문 인력을 공급하였다. | 他是个特殊~,十分难得;보기 드문 특별한 인재이다. | 这个省的~引进政策吸引了大批高学历的人;이 성의 인재 도입정책이 대량의 고학력자를 수용하였다.

人格 réngé 名 ❶ 인품. 품격. 품위. ¶ 他的高尚~令人敬佩;그의 고상한 인품은 사람들을 감복시킨다. | 妈妈从小就教育我要做~高尚的人;어머니는 어릴 때부터 내게 인품이 고상한 사람이 되라고 교육하셨다. | 无论做什么事都不要丧失~;무슨 일을 하든지 품위를 잃어버리지 마라. | 怎么能为了利益丢掉~呢?어떻게 이익을 위해서 인격을 버릴 수 있는가? ❷ (사회의 권리와 의무의 주체가 될 수 있는) 자격. 인격. ¶希望你尊重他的~;네가 그의 인격을 존중해 주길 바란다. | 侵犯别人的~也是一种违法;타인의 인격을 침범하는 것 역시 일종의 위법이다. | 虽然他是总统,可是在~上我们是平等的;그가 비록 대통령이지만 인격적으로 우리는 평등하다.

人工 réngōng 形 인위적인. 인공의. ¶ 为了缓解这里的旱情,已经进行了三次~降雨;이곳의 가뭄 상태를 완화시키기 위해, 벌써 인공 강우를 3차례 뿌렸다. | 这座公园里有一条~河,很漂亮;이 공원에는 인공으로 만든 강이 있는데 매우 아름답다. | 前面那面山是~的,没看出来吧? 앞에 있는 산은 인공 산인데, 알아차리지 못했지? | 病人很危险,快做~呼吸;환자가 매우 위험하니, 빨리 인공호흡을 해라.

人际 rénjì 形 사람 사이의. ¶ 要想处理好~关系,需要掌握一些技巧;좋은 인간 관계를 맺기 위해서는 몇 가지 기교를 익히는 것이 필요하다. | 这个人的~关系很复杂;이 사람의 인간 관계는 매우 복잡하다. | 这孩子在~交往方面有些问题;이 아이는 사교 방면에서 조금 문제가 있다. | 好的领导应该有很强的~沟通的能力;좋은 리더는 인간관계에서 강력한 소통 능력을 갖고 있어야 한다.

人家 rénjiā 名 ❶ 인가. 가구. 집. ¶ 这里原来有百十户~;이곳은 원래 100 가구의 인가가 있었다. | 我们这儿又新搬来一户~;우리 이곳에 또 한 가구가 새로 이사 왔다. | 这里住的都是有钱~;여기 사는 사람들은 모두 돈 많은 집이다. ❷ 시댁. 신랑감. ¶ 他们家姑娘已经有了~了;그 집 딸에게는 이미 정해둔 남자가 있다. | 你帮我女儿找个好~吧;우리 딸에게 좋은 신랑감 좀 알아봐 줘.

人家 rén·jia 代 ❶ 남. 다른 사람. ¶~不怕,我们就不怕;다른 사람이 두려워하지 않으면 우리 역시 두렵지 않다. | 你总说是~的错,怎么不说自己错在哪儿了? 너는 늘 다른 사람의 잘

못은 말하면서 어째서 자신의 잘못이 어디에 있는지는 말하지 않니? | ~做得好,我们就得向~学习;다른 사람이 잘 하면 우리는 그 사람에게 배워야 한다. ❷ 어떤 사람. 그. ¶小王学习很努力,你得好好向~学习学习;왕 군이 공부를 열심히 하니, 너는 그에게 잘 좀 배워야 한다. | 听说~张明的女儿考上北京大学了;듣자 하니 그 사람 장밍의 딸이 베이징대학에 합격했다고 한다. | 他帮了你那么多忙,咱得好好儿谢谢~;그가 너를 그렇게 많이 도와주었다니, 우리는 그 사람에게 깊이 감사해야 한다. ❸ 나. (화자 자신을 가리킨다.) ¶快告诉我吧,~都等你半天了;빨리 내게 알려줘, 나 벌써 너를 반나절이나 기다렸단 말이야. | 你明明知道~不会跳舞,还让我跳;너는 분명히 내가 춤추지 않을 걸 알면서, 내게 춤을 추라고 한다. | 我快急死了,你还跟~开玩笑,太过分了吧? 나는 급해 죽겠는데, 농담이나 하다니 너무한거 아니니?

人间 rénjiān 名 (인간) 사회. 세상. ¶我真不相信~还有这么漂亮的地方;세상에 이렇게 아름다운 곳이 있다니 나는 정말 믿기지가 않는다. | 这里才是~天堂;여기가 정말 지상 천국이구나. | 现在已经是春满~了;지금 이미 세상에 봄 기운이 가득하다.

人口 rénkǒu 名 ❶ 인구. ¶中国共有13亿~;중국은 모두 13억의 인구가 있다. | 中国和印度都是~大国;중국과 인도는 모두 인구 대국이다. | 这个城市的外来~很多;이 도시는 외래 인구가 많다. ❷ 식구. ¶我们家是个大家庭,~很多;우리 집은 대가족이라 식구가 많다. | 他家~少,只有三个人;그 집은 식구가 적은데, 3명뿐이다.

人类 rénlèi 名 인류. ¶与动物的主要区别是能够制造工具;인류와 동물의 가장 다른 점은, 도구를 제작할 수 있다는 것이다. | ~社会在不断进步;인류 사회는 끊임없이 발전하고 있다. | 我们应该尽力保护~生存的环境;우리는 온 힘을 다해 인류의 생존 환경을 보호해야 한다.

人力 rénlì 名 ❶ 인력. ¶现代化的很多工厂用机器代替了~;현대화 된 많은 공장들이 기계로 인력을 대신하였다. | 现在参加北京的"胡同游"还可以坐一坐~车;현재 베이징의 '골목 기행'에 참가하면 여전히 인력거를 탈 수 있다. | 这件事不可能靠~来完成;이 일은 인력에 의존해서는 완성할 수 없다. ❷ 노동력. 인력. ¶我们应该合理利用现有的~资源;우리는 기존의 노동 자원을 합리적으로 이용해야 한다. | 我们这儿~不足,您看能不能再增加一些? 이곳에 인력이 부족한데 당신이 더 늘려줄 수 없습니까? | 准备这次展览会,需要多少~? 이번 전시회 준비에 인력이 얼마나 필요한가?

人们 rén·men 名 사람들. ¶最近几年,~越来越注意体育锻炼了;최근 몇 년간 사람들은 체력 단련에 갈수록 관심을 기울이게 되었다. | ~的生活水平已经大大提高了;사람들의 생활수준이 이미 많이 향상되었다. | 春节时~都会穿上节日的服装走亲访友;설에는 사람들이 모두 명절 복장을 하고 친척과 친구를 방문한다. | 早上八

点到九点正是~的上班高峰期;아침 8시부터 9시까지가 바로 사람들의 출근 러시아워이다.

人民 rénmín 名 인민. ¶ 中国~是热爱和平的;중국 인민들은 평화를 사랑한다.| 新的交通法得到了~群众的支持;새 교통법은 인민 대중의 지지를 받았다.| 在工作中我们应该注重~的利益;일을 할 때 우리는 인민의 이익을 중시해야 한다.

人民币 rénmínbì 名 인민폐. 위안화.¶你如果去中国旅游,得先兑换点儿~;네가 만약 중국 여행을 간다면 먼저 인민폐로 환전해야 한다.| 最近两年~一直没有贬值;최근 2년간 인민폐는 줄곧 평가절하되지 않았다.| 在中国的商店买东西时一般需要使用~;중국 상점에서 물건을 살 때는 일반적으로 인민폐를 사용해야 한다.

人气 rénqì 名 인기. ¶ 他是今年最有~的男演员;그는 올해 최고 인기 있는 남자배우다.| 这个商场~很旺,人们都愿意到这里来买东西;이 가게는 매우 인기가 높아서 사람들이 모두 여기 와서 물건을 사고 싶어한다.| 要想使经济繁荣,得先凝聚~,人多了,生意才能兴旺;경제를 번영시키고자 한다면 먼저 인기를 얻어야 한다. 사람이 많아져야 사업이 번창해질 수 있다.| 你知道今年~最旺的歌手是谁? 너 올해 가장 인기가 많은 가수가 누구인지 아니?

人参 rénshēn 名 인삼.¶ 韩国的~很有名;한국의 인삼은 유명하다.| ~有很高的药用价值;인삼은 매우 높은 약용 가치가 있다.| 他很不喜欢~的味道;그는 인삼 맛을 매우 싫어한다.| 在这里可以买到各种~制品;여기에서는 각종 인삼 제품을 살 수 있다.

人参茶 rénshēn chá 名 인삼차. ¶ 喝~可以增强免疫力;인삼차를 마시면 면역력을 증강 시킬 수 있다.| ~是一种补品;인삼차는 일종의 자양제이다.| ~有很多种,有花旗参茶,红参茶等;인삼차는 종류가 다양한데 화기삼차, 홍삼차 등이 있다.

人生 rénshēng 名 인생. 삶.¶~是短暂的, 而~的道路是曲折的;인생은 짧지만 인생의 길은 곡절이 많다.| 我觉得读书是~最大的乐趣;나는 책을 읽는 것이 인생 최대의 즐거움이라고 생각한다.| 我觉得他的~态度很乐观;나는 그의 삶의 태도가 매우 낙관적이라고 생각한다.| 真诚的希望每个人都能有幸福的~;모든 사람들이 행복한 삶을 누릴 수 있기를 진심으로 희망한다.

人士 rénshì 名 인사.¶主席台上坐着的都是一些著名的爱国民主~;의장석에 앉아 있는 사람들은 모두 저명한 애국 지사와 민주 인사이다.| 我们应该团结党内外~共同创造未来;우리는 당 내외 인사를 단결시켜 함께 미래를 창조해야 한다.| 他是物理学方面的权威~;그는 물리학 분야의 권위 있는 인사이다.

人物 rénwù 名 ❶ 인물. ¶ 我们应该向英雄~学习;우리들은 영웅들에게 배워야 한다.| 这次大会将表彰一批先进~;이번 대회에서 선진적인 인물들을 표창할 것이다.| 最近他已经成了新闻~;최근 그는 화제의 인물이 되었다. ❷ 등장 인물. ¶《三国演义》中你最喜欢哪个历史~?《삼국연의》중 너

는 어떤 역사적 인물을 가장 좋아하니?|小说中的~描写很成功;소설에서 인물 묘사가 성공적이다.|他的~画儿画得非常好;그의 인물화는 매우 잘 그려졌다.

人员 rényuán 名 인원. ¶ 我们公司急需要有经验的销售~;우리 회사는 경험 있는 판매 사원이 급히 필요하다.|他们都是这里的工作~;그들은 모두 이곳의 직원들이다.| 在职~的培训工作是今年的工作重点;재직 인원의 연수 업무가 올해의 중점 업무이다.

人造 rénzào 形 인공의. 인조의. ¶ 这是~的珍珠还是天然珍珠? 이것은 인조 진주입니까 자연산 진주입니까?|那是一株~的塑料花,或看上去就跟真的一样;저것은 인공으로 만든 조화인데 보기에는 진짜와 똑같다.|近年医学上开始使用~器官,效果比较好;최근 의학에서 인조 기관을 사용하기 시작했는데 효과가 비교적 좋다.|我国又发射了一颗~卫星;우리나라는 또 인공위성을 발사했다.

仁川 Rénchuān 名 인천. ¶ ~有韩国最大的国际机场;인천에 한국 최대의 국제 공항이 있다.|韩国第二大贸易港口城市是~;한국에서 두 번째로 큰 무역 항구 도시는 인천이다.|~有丰富的海上旅游资源;인천은 풍부한 해상 자원을 갖고 있다.|~的中国城是韩国最大的中国城;인천의 차이나타운은 한국 최대의 차이나 타운이다.

仁川国际机场 名 Rénchuān Guójì Jīchǎng 인천 국제공항. ¶ ~是韩国最大的民用机场;인천 국제공항은 한국 최대의 민간공항이다.|这个航班到达~的时间是上午九点三十分;이번 비행기가 인천국제공항에 도착하는 시간은 오전 9시 30분이다.

仁寺洞 Rénsìdòng 名 인사동. ¶ ~是韩国最有特色的文化街;인사동은 한국에서 가장 특색 있는 문화 거리이다.|坐地铁去~很方便;지하철을 타고 인사동에 가면 매우 편리하다.| 在~,你可以看到很多传统店铺、画廊、茶馆和饮食店;인사동에서 너는 여러 전통 상점과, 화랑, 찻집, 음식점을 볼 수 있다.

忍 rěn 动 ❶ 참다. 인내하다. ¶ 他~着眼泪告别了家人;그는 눈물을 참으며 가족들과 헤어졌다.|你再一~,过一会儿就不疼了;조금만 더 참아라. 조금 지나면 아프지 않을 거야.|听到这个好消息,她~不住跳了起来;이 좋은 소식을 듣자 그녀는 참지 못하고 껑충껑충 뛰었다.|我已经~了很久了,现在实在~不下去了;난 이미 오래 동안 참아왔는데, 지금은 정말로 참을 수가 없다. ❷ 모질게 …하다. 차마 …하다. ¶ 孩子还这么小,你就~得下心让他自己到国外生活? 아이가 아직 이렇게 어린데 모질게도 혼자 외국에 나가 살게 할 생각이냐?|这样做他会很痛苦,我于心不~;이렇게 하면 그가 고통스러워할 텐데, 나는 차마 그러지 못하겠다.

忍耐 rěnnài 动 참다. 인내하다. ¶ 就快到站了,你再~一下儿,下车就好了;곧 역에 도착하니 조금만 더 참아라. 차에서 내리면 괜찮아질 거야.|他~着心中的怒火,把孩子的话听完;그는 마음속의 노여움을 참으며 아이의 말을 끝까지 들었다.|他已经~得太久了,实在~不下去了;그는 이미 오랫동

안 참아왔는데 정말 더는 참을 수가 없었다.| 要想成功,就需要一种~的精神;성공하고 싶으면 인내의 정신이 필요하다.| 我们的~是有限度的;우리의 인내력은 한계가 있다.

忍受 rěnshòu 动 견디다. 감내하다. ¶这种病疼起来一般人无法~;이러한 병은 통증이 생기면 일반인들은 견디낼 수 없다.| 她~着失去亲人的痛苦,继续工作;그녀는 가족을 잃은 고통을 견디며 계속 일 했다.| 他无法~这种被欺骗的行为;그는 이런 기만적 행위를 참을 수가 없다.| 他~着一次又一次的打击:妈妈去世了,工作也丢了,女朋友分手了;그는 어머니가 돌아가시고, 직장을 잃고, 여자친구와 헤어진 충격을 하나 하나 이겨내고 있다.| 你打算~到什么时候? 넌 언제까지 참을 것이냐?

认 rèn 动 ❶ 식별하다. 분간하다. ¶孩子已经~字了;아이가 벌써 글자를 안다.| 你的作业太乱了,我~了半天也没有~出来写的是什么;네 숙제는 아주 난잡해서 한참이나 봤지만 뭐라 쓴 건지 알아보지 못하겠다.| 我一眼就~出他来了;나는 한눈에 그가 온 것을 알았다.| 你仔细~一~,这是不是你丢的那个包;자세히 봐라. 이게 네가 잃어버린 그 가방이니? ❷ 남과 새로운 관계를 맺다. ¶他已经~老李为师傅了,跟老李学习修电脑;그는 이씨를 스승으로 모시고 그에게 컴퓨터수리를 배운다.| 你如果~我为师的话,我可以免费教你学游泳;네가 만약 나를 선생님으로 여긴다면 공짜로 수영을 가르쳐 줄 수 있다.| 妈妈已经~她做女儿了,我也只好~她做

妹妹;엄마가 그녀를 벌써 딸처럼 여기고 있으니, 나 역시 그녀를 좋은 동생으로 여길 수밖에 없다. ❸ 동의하다. 승인하다. ¶他已经~过错了,你就原谅他吧;그가 이미 잘못을 인정했으니 그를 용서해라.| 你上周明明借了我的钱,怎么现在不~了呢? 너는 지난 주에 분명히 내 돈을 빌려갔는데 지금 어째서 인정하지 않니?| 他是大家公~的好人;그는 모두가 공인한 호인이다.| 现在我~输了,你确实比我跑得快;지금 난 패배를 인정한다. 넌 확실히 나보다 빨리 달린다.

认得 rèn·de 动 알다. ¶这个人我~,是我的同学;이 사람 내가 알아, 내 동창이야.| 我不~这个字;나는 이 글자를 모른다.| 他们俩早就~,不用我介绍;그들 둘은 일찍감치 아는 사이니 내가 소개할 필요가 없다.

认定 rèndìng 动 굳게 믿다. 주장하다. 인정하다. ¶他~是孩子做错了,根本不听孩子解释;그는 아이가 잘못했다고 굳게 믿고서는 아이의 변명을 전혀 듣지 않는다.| 你怎么~这就是小王干的呢? 넌 어째서 이게 왕 군이 한 거라고 믿는 것이니?| 这家公司的产品已经被国家~为优等品了;이 회사의 상품은 이미 국가에서 우등품으로 인정하였다.

认可 rènkě 动 허가하다. 승인하다. ¶只要领导~这个计划,我们就做;지도자가 이 계획을 허가하기만 하면 우리는 실행한다.| 学校~了他在国外获得的学位;학교는 그가 해외에서 취득한 학위를 승인했다.| 她本人已经~了,我们当然没有意见;그녀 본인이 이미 허락했으니 우리는 당연히 이의

가 없다.| 他说的是事实,大家也都点头~;그가 말한 것은 사실이며 모두들 머리를 끄덕이며 인정했다.| 我的男朋友已经得到了妈妈的~;내 남자친구는 이미 어머니의 승낙을 받아냈다.

认识 rèn·shi 动 ❶ 알다. ¶我不~他;나는 그를 잘 모른다.| 这种花我~,是君子兰;이 꽃을 내가 아는데, 군자란이라는 거야.| 我来介绍你们~~;내가 소개할 테니 너희들 알고 지내라.| 我们已经~二十多年了;우리는 이미 20년간 알고 지낸 사이이다. ❷ 깨닫다. 알다. ¶他已经~到自己的错误了;그는 이미 자신의 과오를 깨달았다.| 他对这件事~得清清楚楚;그는 이 일에 대해서 명백히 알고 있다.| 我们十年前就是朋友了,可直到今天我才~到她这么贪心;우리는 10년 전부터 친구였는데 오늘에서야 그녀가 그렇게 욕심이 많은지 알았다.| 我们已经~到了事情的严重性;우리는 이미 일의 심각성을 깨달았다. 名 인식. ¶我们应该对现在的形势有一个清醒的~;우리는 지금의 형세에 대해 뚜렷한 인식이 있어야 한다.| 你对他的~并不全面;그에 대한 너의 인식은 결코 완전하지 않다.| 通过了解,我们对这件事有了新的~;이해를 통해 우리는 이 일에 대해 새로운 인식이 생겼다.| 家长应该帮助孩子提高~;가장은 아이가 인식을 제고할 수 있도록 도와야 한다.

认为 rènwéi 动 판단하다. 여기다. 생각하다. ¶我~汉语没有你说的那么难学;나는 중국어가 네가 말한 것처럼 그렇게 어렵지 않다고 생각한다.| 这本书我觉得挺好的,可他~没有意思;이 책은 내가 생각하기에 매우 좋은데, 그는 재미없다고 생각한다.| 这部电影被~是今年最好的电影;이 영화는 올해 최고의 영화로 여겨진다.

认真 rènzhēn 形 진지하다. 성실하다. ¶他学习很~;그는 성실히 공부한다.| 我们昨天~研究了这份计划;우리는 어제 이 계획을 진지하게 연구했다.| 做实验一定要有~的态度;실험을 할 땐 반드시 진지한 태도를 가져야 한다.| 只要你~学习,一定会取得好成绩;성실히 공부하기만 하면 넌 반드시 좋은 성적을 얻을 수 있을 것이다.| 他把作业又认认真真地检查了一遍;그는 진지하게 숙제를 다시 한번 검사했다.| 你写字太不~了,错很多;너는 글씨를 착실히 쓰지 않아서, 틀린 게 많다. 动 (~//~) 정말이라고 믿다. 진실로 받아들이다. ¶我是跟你开玩笑呢,你怎么就认起真来了?;난 너한테 농담한 건데 넌 왜 그렇게 진담으로 받아들이니?| 刚才的话就当我没说,你千万别~;방금 그 말은 내가 하지 않은 걸로 치고 절대 곧이곧대로 듣지 마라.

任何 rènhé 代 어떠한. (흔히 '都'나 '也'와 호응하여 쓰임) ¶~人都得遵守交通规则;누구든지 교통규칙을 준수해야 한다.| 现在我不太舒服,不想吃~东西;난 지금 몸이 그다지 좋지 않아 어떤 음식도 먹고 싶지 않다.| 平时他比班里的~同学都努力;평소에 그는 학급의 누구보다도 열심히 노력한다.| ~困难也吓不倒他;어떠한 어려움이라도 그를 놀라게 할 수 없다.| 那里~危险也没有;그곳엔 어떠한 위

험도 없다.

任务 rèn·wu 名 임무. 책임. ¶ 我们今天一定要完成~;우리는 오늘 반드시 임무를 완수해야 한다.| 他今天的~是翻译一份说明书;그의 오늘 임무는 설명서 한 부를 번역하는 것이다.| 完不成~,他就不睡觉;임무를 다하지 못하면 그는 잠을 자지 않는다.| 昨天领导又给我增加了两个~;어제 지도자가 또 우리에게 두 가지 책임을 다시 부가했다.| 老师给每一位同学都分配了~;선생님께서 각 학생들에게 임무를 배분하셨다.| 他们今年超额完成了生产~;그들은 올해 생산 임무를 초과 달성하였다.

任意 rènyì 副 제멋대로. 마음대로. ¶ 在超市里,你可以~挑选商品;슈퍼마켓에서 너는 마음대로 상품을 고를 수 있다.| 在这个幼儿园里,孩子可以~行动,不会有危险;이 유치원에서는 아이들이 마음껏 행동해도 위험이 없을 것이다.| 请大家~点自己喜欢的菜;모두들 자신이 좋아하는 요리를 마음대로 주문하세요.

妊娠 rènshēn 动 임신하다. ¶ 母亲~期营养不良对儿童的智力发展不利;임신기에 어머니의 영양이 불량하면 아이의 지능 발달에 이롭지 않다.| 这种~试纸可以很快测试出有没有怀孕;이런 임신 테스트지는 임신 여부를 빨리 측정할 수 있다.| 她的~反应很严重,只好在家休息;그녀의 입덧이 매우 심해서 집에서 쉴 수밖에 없다.

扔 rēng 动 ❶ 던지다. ¶ 孩子最喜欢~石子儿玩儿;아이는 돌을 던지고 노는 것을 제일 좋아한다.| 快把球~给我;빨리 공을 나한테 던져라.| 这个球很重,你一定~不远;이 공은 너무 무거워서 넌 틀림없이 멀리 못 던질 거야.| 他~给我一支烟;그는 나에게 담배 한 가치를 던져 주었다. ❷ 내버리다. 던져버리다. ¶ 你出去的时候顺便把垃圾~出去;네가 나가는 김에 쓰레기 좀 내다 버려라.| 这些奶已经过了保质期,~了吧;이 우유들은 유통기한이 이미 지났으니, 내다버려라.| 他从来没~过书;그는 이제껏 책을 버린 적이 없다.| 她的箱子里~着很多还没有穿过的衣服;그녀의 상자에는 입지도 않고 버린 옷이 많다.| 孩子把玩具~得满地都是;아이는 장난감을 곳곳에 던져버렸다.

仍 réng 副 아직도. 여전히. ¶ 已经吃了一个星期的药了,他的病~没有好;일주일 치 약을 벌써 다 먹었는데도, 그의 병이 여전히 좋아지지 않았다.| 已经深夜两点多了,她~在看小说;벌써 새벽 2시가 넘었는데 그녀는 아직도 소설을 보고 있다.| 你先出国学习一年,回来后~当厂长;너는 우선 외국에 나가 1년 간 공부한 후 돌아와서 다시 공장장을 맡아라.

仍旧 réngjiù 副 변함없이. 여전히. ¶ 我们十年没见了,他~是老样子;우리는 10년 동안 만나지 못했지만 그는 여전히 옛날 모습 그대로다.| 已经十一月了,天气~不冷;벌써 11월인데도 날씨는 여전히 춥지 않다.| 他回国后~回到原来的公司工作;그는 귀국 후에도 변함없이 원래 있던 회사로 돌아가 일한다.

仍然 réngrán 副 여전히. 아직도. 원래대로. ¶ 他看完信后,把信叠好~放进信封里;그는 편지를 다 본 후에 편지

를 잘 접어서 봉투에 원래대로 넣었다.| 已经开学了,学校~是那么安静;벌써 개학을 했는데 학교는 여전히 그렇게 조용하다.| 我们跟他解释了很多遍,他~没理解我们的意思;우리는 그에게 몇 번이나 설명했지만 그는 여전히 우리의 생각을 이해하지 못한다.| 上小学我们就在一个班,上了中学我们~在一个班;초등학교에 입학해서 우리는 같은 반이었는데 중학교에 입학해서도 변함없이 같은 반이었다.

日 rì 名 ❶ 태양. ¶这种化妆品要避免~光直接照射;이런 화장품은 직사광선을 피해야 한다.| 我想去海边看~出;나는 해변에 일출을 보러 가고 싶다.| 昨天~落时,晚霞很美;어제 일몰 때, 저녁놀이 아름다웠다. ❷ 낮. ¶出国后,他~~夜夜想念家中的亲人;출국 후, 그는 밤낮으로 가족들을 그리워했다.| ~场电影比较便宜;주간에 상영하는 영화는 비교적 싸다. ❸ 하루. 날. 일. ¶从北京坐火车,次~就可以到广州;베이징에서 기차를 타면 다음날이면 광저우에 도착할 수 있다.| 原定于九月十二~的运动会改在九月十五~举行;원래 9월 12일로 예정된 운동회가 9월 15일로 바뀌어 거행된다.| 今天我太忙,这件事我们改~好好谈;오늘은 내가 너무 바쁘니까 이 일은 우리 다른 날 얘기해 보자. ❹ 매일. 나날이. ¶这家食品厂饼干的~产量居全国第一;이 식품 공장의 1일 과자 생산량은 전국에서 1위를 차지한다.| 你现在的汉语水平真的是~见提高;너의 현재 중국어 실력은 정말로 나날이 향상되고 있다. ❺

(Rì) 일본. ¶唐代,中~交流十分密切;당대에 중일 교류는 매우 긴밀했다.| ~元跟韩元的汇率又涨了;엔화에 대한 원화의 환율이 또 올랐다.| 他正在学~语;그는 일본어를 배우고 있다. 量 일. 날. ¶服药三~后再来;3일 동안 약을 복용한 후에 다시 오세요.| 我们已经多~不见了;우리는 이미 여러 날 못 보았다.

日常 rìcháng 形 일상의. 일상적인. ¶我刚到这里时,先去超市买了一些~用品;여기에 막 도착했을 때 나는 우선 슈퍼마켓에 가서 일용품들을 샀다.| 他把~工作处理完,还有一些时间;그는 일상적인 업무를 다 처리하고 나서도 약간의 시간이 남았다.| 我现在已经会说一些英语的~用语了;나는 이제 영어의 일상적인 용어들을 조금 구사할 수 있다.| 要培养孩子在~生活中的观察能力;일상생활에서 아이들의 관찰력을 키워야 한다.

日程 rìchéng 名 일정. ¶会议~已经安排好了;회의 일정이 이미 잘 안배되었다.| 这是我们这个月的工作~;이것이 우리의 이번 달 업무 일정이다.| ~如果有变化,我们会提前通知大家的;일정에 만약 변화가 있다면 우리가 모두에게 사전에 통지할 것입니다.| 我们现在在安排一下这次活动的~;우리 이제 이번 행사의 일정을 짜 봅시다.

日记 rìjì 名 일기. ¶他每天都记~;그는 매일 일기를 쓴다.| 这是我的工作~;이것은 나의 업무 일기이다.| 他一直保存着恋爱时的~;그는 연애 시절의 일기를 줄곧 보관하고 있다.| 我把今天的事都写进了~;나는 오늘의 일을

일기에 썼다.

日期 rìqī 名 날짜. 시기. 기간. ¶离回国的~还有十天;귀국하는 날까지 아직 열흘 남았다.| 开会的~是十月十五日到十八日;개회 시기는 10월 15일부터 18일까지이다.| 这个包装上没有生产~;이 포장에는 제조일이 없다.

日用品 rìyòngpǐn 名 일용품. ¶毛巾、肥皂、牙刷等都是~;수건, 비누, 칫솔 등은 모두 일용품이다.| 学校门前开了一家~商店;학교 앞에 일용품 상점이 문을 열었다.| 中国制造的~在很多国家都可以看到;중국에서 제조한 일용품을 많은 나라에서 볼 수 있다.| 现在的~又实用又丰富;지금의 일용품은 실용적이면서 풍부하다.

日语 Rìyǔ 名 일본어. 일어. ¶他已经学了两年~了;그는 이미 일본어를 2년 간 배웠다.| 他的~讲得不太好;그는 일본어를 잘 구사하지 못한다.| ~中有很多汉字;일본어에는 많은 한자가 있다.

日文 Rìwén 名 일본어. 일어. ¶他的~水平很高;그의 일본어 실력 수준은 매우 높다.| 他懂英文也懂~;그는 영어도 알고 일어도 안다.

日元 Rìyuán 名 엔화. 엔. ¶我还有一些~;나는 아직 엔화가 좀 있다.| 到中国后,你得把~换成人民币;중국에 도착한 후 너는 엔화를 인민폐로 바꿔야 한다.| ~和韩元的汇率是多少?;엔화와 한화의 환율이 얼마입니까?| 这台设备要七十万~;이 설비는 70만 엔입니다.

日子 rì·zi 名 ❶ 날. 날짜. ¶好容易盼到了回国的~;기다리고 기다리던 귀국

날짜가 다가왔다.| 今天是个值得记住的~;오늘은 기억할 만한 날이다.| 今天是什么~? 你打扮得这么漂亮;오늘 무슨 날이니? 예쁘게 차려 입었는데. ❷ 날수. 시일. ¶他走了有些~了;그가 간 지 여러 날이 되었다.| 好些~没有见到她了;오랫동안 그녀를 보지 못했다.| 这些~一直没有你的消息,你上哪儿去了? 요즘 너의 소식을 듣지 못했는데 어디 갔었냐? ❸ 생활. 삶. 살림. 처지. ¶他们的~越来越幸福;그들의 생활이 갈수록 행복해졌다.| 什么样的苦~他都不怕;어떤 고생스런 처지도 그는 두려워하지 않는다.| 我们希望他们能过上好~;우리는 그들이 좋은 삶을 보낼 수 있길 바란다.

容纳 róngnà 动 받아들이다. 수용하다. ¶这个教室可以~一百个人;이 교실은 백 명을 수용할 수 있다.| 我们要建一座能~三千人的图书馆;우리는 3,000명을 수용할 수 있는 도서관을 세울 것이다.| 货太多了,这个仓库~不下;물품이 너무 많아서 이 창고에 다 넣을 수 없다.| 他的心胸很宽广,什么事儿都可以~得下;그는 마음이 넓어서 어떠한 일이든 다 수용할 수 있다.

容许 róngxǔ 动 허용하다. 허가하다. ¶考场上不~考生互相说话;시험장에서는 수험생끼리 서로 이야기하는 건 허용되지 않는다.| 你应该~别人给你提意见;너는 다른 사람이 너에게 불만을 제기하는 것을 허용해야 한다.| 我绝不~你上学期间谈恋爱;나는 네가 학교 다니는 동안 연애하는 것을 결코 허락할 수 없다.| 学校和

575

家长对大学生假期打工大多持~的态度;학교와 학부모들은 대부분 대학생들의 방학기간 아르바이트를 허용하는 태도를 갖고 있다.

容易 róngyì 形 ❶ 쉽다. 용이하다. ¶ 我觉得这次考试挺~的;나는 이번 시험이 상당히 쉬웠다고 생각한다.│考试的时候应该先做~的题,后做难的题;시험 볼 때는 우선 쉬운 문제부터 풀고 어려운 문제는 나중에 풀어야 한다.│这次考试比上次~多了;이번 시험은 지난번보다 많이 쉬워졌다.│那个地方很~找到;그 곳은 찾기가 매우 쉽다.│这件事虽然不大,可做起来肯定~不了;이 일은 비록 큰일은 아니지만, 막상 해보면 틀림없이 쉽진 않을 것이다. ❷ …하기 쉽다. …하기 일쑤다. ¶ 这个瓷碗很漂亮,可是给小孩子用太~打碎了;이 사기그릇은 예쁘긴 하지만 아이가 사용하기엔 너무 쉽게 깨진다.│这件衣服~掉色,你不要用温水洗;이 옷은 빛이 바래기 쉬우니, 온수로 세탁하지 마라.│不讲卫生~生病;위생관리에 소홀하면 병에 걸리기 쉽다.│浅色的衣服太~脏了;연한 색 옷은 더러워지기 쉽다.

溶液 róngyè 名 용액. ¶ 伤口可以用75%的医用酒精~来处理;상처는 75%의 의약용 알코올 용액으로 조치할 수 있다.│将食盐放入水中就形成盐~;식염을 물속에 넣으면 소금 용액이 만들어진다.│这种~的浓度很高,用的时候要小心;이 용액은 농도가 높으니, 사용시 조심해야 한다.│请化验一下这种~的成分;이 용액의 성분을 화학 실험하세요.

柔道 róudào 名 유도. ¶ 1964年~成为奥运会比赛项目;1964년에 유도는 올림픽 경기종목이 되었다.│~起源于中国武术,但传到日本后发展得极其广泛,因此日本素有"~之国"的称号;유도는 중국 무술에서 기원했지만 일본에 전해진 뒤 매우 광범위하게 발전하였다. 이 때문에 일본은'유도의 나라'라는 칭호를 얻었다.│他是今年全国~比赛的冠军;그는 올해 전국 유도 대회의 우승자다.

柔软 róuruǎn 形 부드럽다. 유연하다. ¶ 这块棉布很~,适合做内衣;이 면직물은 매우 부드러워 내의를 만드는 데 적합하다.│他把身体缩在~的沙发上睡着了;그는 부드러운 소파에서 몸을 웅크린 채 잠이 들었다.│春天,公园里的草地上长出了~的小草;봄에 공원의 풀밭에 부드러운 풀이 돋아났다.│体操运动员的身体很~;체조 선수들은 신체가 매우 유연하다.│他们俩在~的沙滩上漫步;그들 둘은 부드러운 백사장을 한가로이 거닐었다.│摸着小猫身上~的毛,真是舒服极了;고양이 몸의 부드러운 털을 쓰다듬고 있으면 마음이 정말 편안해진다.

肉 ròu 名 ❶ 살. 고기. ¶ 最近没有锻炼,又长~了;요즘 운동을 안 해서 또 살이 쪘다.│运动员身上的肌~很发达;운동선수들은 몸의 근육이 매우 발달되었다.│鸡~、牛~、猪~都可以吃;닭고기, 소고기, 돼지고기 모두 먹을 수 있다. ❷ 과육. 과일의 살. ¶ 这种水果只吃果~,果皮不能吃;이런 과일은 오직 과육만 먹을 수 있지, 과일 껍질은 먹을 수 없다.│葡萄~嫩多

汁,小孩子没长牙也可以吃;포도 과육은 연하고 즙이 많아서 이가 나지 않은 아기들도 먹을 수 있다.∣这种冬瓜皮薄~厚,很好吃;이 동과는 껍질이 얇고 과육이 두터워서 매우 맛있다.

肉体 ròutǐ 名 신체. 육체. ¶这种病给病人带来~上和精神上的双重痛苦;이러한 병은 환자에게 육체적, 정신직으로 이중의 고통을 가져다 준다.∣人有~上的需要,要吃,要穿;也有心灵上的需要,要友情,要爱情;사람에게는 먹는 것, 입는 것 등의 육체적 욕구가 있으며, 또한 우정, 애정 등 정신적 욕구도 있다.∣人泡在温泉水中,从精神到~的所有紧张都缓解了;사람이 온천수에 몸을 담그면 정신부터 육체까지 모든 긴장이 완화된다.

如 rú 动 ❶ 따라가다. 미치다. 필적하다. ¶我不~他学得好;나는 그보다 공부를 못한다.∣她不~姐姐漂亮;그녀는 언니만큼 예쁘지 않다.∣坐火车不~坐飞机快;기차를 타는 것은 비행기를 타는 것만큼 빠르지 않다.∣你现在的水平连小学生都不~;너의 지금 실력은 초등학생만도 못하다. ❷ …와 같다. ¶他十年~一日,天天坚持跑步;그는 10년을 하루 같이 매일 달리기를 하고 있다.∣听说儿子住院了,妈妈心急~火;아들이 입원했다는 말을 듣고 엄마는 애가 탔다.∣那里风景~画,非常值得去;그곳은 풍경이 그림 같아 가볼만한 가치가 있다.∣正~你所说的,他对人很热情;네가 말한 것처럼 그는 사람들에게 매우 친절하다. ❸ 예를 들면. 예컨대. ¶唐代有很多著名的诗人,~李白、杜甫、王维等;당대

에는 많은 저명한 시인들이 있다, 예를 들면, 李白、杜甫、王维 등이다.∣这个商店主要卖电器,~冰箱、洗衣机、电视等;이 상점은 주로 가전제품을 판다. 예를 들면 냉장고, 세탁기, 텔레비전 등이다. ❹ 맞추다. 따르다. ¶无论我做什么,都不能~妈妈的意;내가 무엇을 하든지 어머니의 뜻에 따르지 않을 수 없다.∣会议将~期举行;회의는 일정에 맞게 거행되었다. 介 …보다. ¶我们现在的生活一年强~一年;우리의 현재 생활은 해마다 나아진다. 连 만약 …한다면. (가정이나 조건 또는 양보를 표시) ¶~有问题,请及时提出;만약 문제가 있으면 즉시 제기해라.∣~有困难,可打电话咨询;어려움이 있으면 전화해서 문의해도 된다.∣~有变化,我们会及时通知您;변화가 있으면 우리는 즉시 당신에게 통지 할 것입니다.

如果 rúguǒ 连 만약 …한다면. (가정이나 조건 또는 양보를 표시한다.) a) '那,那么,就,则'등과 상응하여 쓰이며, 이때 '如果'는 생략할 수 있다. ¶~明天不下雨,我们就去爬山;만약 내일 비가 오지 않으면 우리는 등산을 갈 것이다.∣~有什么问题,就打电话问我;만약 무슨 문제가 있으면 전화해서 나한테 물어봐라.∣~小王回来了,让他去一下我的办公室;왕 군이 돌아오면 내 사무실로 오라고 해라.∣~有时间的话,我会去找你;시간 있으면 너를 찾아 갈게. b) 복문의 두 번째 단문에 쓰이며, 이때 '如果'는 생략할 수 없다. ¶你一定是小李的男朋友吧,~我没有猜错的话;너는 분명 샤오리의 남자친구임이 틀림없어. 만

약 내 추측이 틀리지 않았다면 말이야.| 我一定会好好请你一顿,~你真的能让她原谅我;내가 너에게 거하게 밥 한 끼 살게. 만약 정말로 그녀가 나를 용서할 수 있게만 해 준다면 말이야. c)'如果……呢'의 형식으로, 대화 중 단독으로 하는 질문에 사용한다.¶我们明天去爬长城吧——~明天下雨呢?(如果明天下雨,怎么办?)우리 내일 만리장성에 가자. 만약 내일 비가 온다면? (만약 비가 내리면 어쩌지?)|你明天得提前一个小时开会,你快去通知大家——~大家都走了呢?(怎么办?)네가 내일 회의를 1시간 앞당겨 해야 한다면 모두에게 빨리 알려줘라. 만약 모두들 가버리면? (어떡하지?)

如何 rúhé 代 어떻게. 왜. 어째서. 어떠냐.¶最近工作进展~? 요즘 일은 잘 되가?|这件事应该~办理? 이 일을 어떻게 처리해야 하지?|人们都说这部电影~~好看,我觉得没什么意思;사람들 모두 이 영화가 어떻게 어떻게 재미있다고 하는데 나는 아무런 재미가 없다.|这件事你觉得应该~处理就~处理;이 일은 네가 생각하는 대로 처리해라.|你应该告诉学生每个词~发音,~运用;너는 학생들에게 각 단어들을 어떻게 발음하고 어떻게 사용하는지 알려줘야 한다.|这件事交给你来办,~? 이 일을 너에게 맡겨 처리하는 게 어때?

如今 rújīn 名 지금. 이제. 오늘날.¶以前这个学校只有百十名学生,~却成为全国的重点学校;예전에는 이 학교에 학생이 110명밖에 되지 않았지만, 지금은 전국의 명문 학교가 되었

다.| 事到~,我们不能再拖下去了,必须立即解决这个问题;일이 지금처럼 되었으니 우리는 더 이상 끌고 나갈 수 없이 즉시 이 문제를 해결해야 한다.| 昔日的一个小小的码头,~已经发展成著名的沿海城市了;옛날에 조그마했던 부두가 오늘날 유명한 연해 도시로 발전했다.

▶용법 주의: '现在'는 비교적 긴 시간을 가리키기도 하고 매우 짧은 시간을 가리키기도 한다. 그러나 '如今'은 비교적 긴 시간만을 가리킨다.¶你别着急,我如今就去医院(×)| 你别着急,我现在就去医院;너 조급해 하지 마라. 나는 지금 병원에 간다.

儒教 Rújiào 名 유교. 유가.¶许多人信奉~,尊崇孔子和孟子;많은 사람들이 유교를 신봉하고 공자와 맹자를 존중한다.| 中国有三教:~、道教和佛教;중국에는 유교, 도교, 불교는 3가지의 종교가 있다.| 在一些重要方面,日本的~与中国的~不同;몇몇 중요한 측면들에서 일본의 유교와 중국의 유교는 다르다.

入 rù 动 ❶ 들어오다. 들어가다.¶请运动员~场;선수들 경기장에 입장하세요.|我们从这边~,一会儿从那边出;우리는 이쪽으로 들어가서 잠시 후 저쪽으로 나온다.|今年~冬以来,天气一直不是很冷;올해 겨울로 들어선 이후 날씨가 줄곧 춥지 않았다.|会议期间,禁止出~;회의 기간에는 출입을 삼가해 주십시오. ❷ 가입하다. 참가하다.¶孩子已经够了~学年龄;아이가 벌써 취학 연령이 되었다.|他是去年~党的;그는 작년에 공산당에 가입했다.|明年他就得参军~伍了;내

년에 그는 입대해야 한다. ❸ 동사 뒤에 놓여 동작의 결과나 또는 어떠한 목적에 도달했음을 나타낸다. ¶姐姐去年考~了北京大学;언니는 작년에 베이징대학에 입학했다.|他的经历已经写~这本书中了;그의 경력은 이미 이 책에 적혀 있다.

入口 rù//kǒu 动 입으로 들어가다. ¶这种食物不能直接~,吃以前要加工;이 음식물은 바로 식용할 수 없고 먹기 전에 가공해야 한다.|我一眼没看着,那块糖就入了你的口;내가 잠시 한눈판 사이 그 사탕이 네 입으로 들어갔구나.|直接~的食物应该有小包装;직접 입으로 들어가는 음식물은 포장을 작게 해야 한다. 名 (~儿) 입구. ¶体育场~有一个很明显的标志;운동장 입구에 뚜렷한 표지판이 있다.|这座楼共有五个~;이 건물에는 5개의 입구가 있다.|我在电影院~处等你;내가 영화관 입구에서 너를 기다리마.

入学 rù//xué 动 ❶ 입학하다. ¶明天他得参加~考试;내일 그는 입학 시험에 참가해야 한다.|我们是去年九月~的;우리는 작년 9월에 입학했다.|请尽快办理~手续;되도록 빨리 입학 수속을 하세요.|入了学以后,你自己要安排好自己的生活;입학 후에는 너스스로 자신의 생활을 잘 꾸려나가야 한다. ❷ 취학하다. ¶儿子明年就该~了;아들은 내년에 취학해야 한다.

软 ruǎn 形 ❶ 부드럽다. (물체가) 말랑말랑하다. ¶家里新买的沙发很~,坐上去非常舒服;집에 새로 산 소파는 매우 부드러워 앉아보면 참 편안

하다.|妈妈蒸的馒头特别~,很好吃;어머니가 찐 만두는 매우 부드럽고 맛있다.|~木;코르크 나무.|~糖;젤리.|~面饺子;부드러운 물만두. ❷ (몸에) 힘이 없다. ¶这两天身体不舒服,感到两腿发~;요즘 몸이 좋지 않아 두 다리에 힘이 없음을 느꼈다.|身子发~;몸에 힘이 없다.|腿~;다리에 힘이 없다. ❸ 태도가 강하고 견실하지 못하다. 나약하다. ¶老师一看学生哭了,心就~了,没有批评他;선생님은 학생이 우는 것을 보고, 곧 마음이 약해져서 그를 나무라지 못했다.|他耳根子太~,没有立场;그는 귀가 너무 얇아 주관이 없다.

软件 ruǎnjiàn 名 ❶ 소프트웨어. ¶这个公司是搞~开发的;이 회사는 소프트웨어를 개발하는 회사이다.|~公司;소프트웨어 개발 회사.|~市场;소프트웨어 시장. ❷ 생산, 연구, 경영인원들의 소질이나 관리 수준 등 외부적 설비 외의 요소. ¶这个公司的硬件不错,~不行;이 회사의 하드웨어는 괜찮지만, 소프트웨어는 좋지 않다.|这所百年老校虽然硬件设施落后了,但~仍然是国内一流水平;백년이 된 이 오래된 학교의 하드웨어 설비는 비록 낙후됐지만, 소프트웨어 부분은 여전히 국내 일류 수준이다.

软盘 ruǎnpán 名 플로피 디스크. 디스켓. ¶我前几年买了不少~,到现在还没用完;나는 몇 년 전에 디스켓을 적지 않게 샀었는데, 지금까지 아직 다 쓰지 못했다.

瑞格舞 ruìgéwǔ 名 서인도 제도의 춤이나 무곡의 일종. ¶我对~不太了解;나는 서격무에 대해 그리 잘 알지 못

579

한다.| 韩国年轻人比较喜欢~;한국의 젊은이들은 비교적 서격무를 좋아한다.

若干 ruògān 代 일정치 않은 (적은) 수량. 약간. 어느 정도. 조금. ¶ 这篇文章存在~问题;이 문장은 약간의 문제가 있다.| 这个决定影响到~教学人员的利益;이 결정은 교육 인원들의 이익에 약간의 영향을 주었다.| 本年度有~结余资金;본 년도에는 어느 정도의 잉여 자금이 있다.| ~意见;몇 가지 의견.| ~人员;몇 명의 인원.| ~规定;몇 가지의 규정.

弱 ruò 形 ❶ 약하다. 뒤떨어지다. …만 못하다. ¶ ~国无外交;약한 나라는 외교가 없다.| ~势群体需要全社会的关爱;약소계층은 전 사회의 관심과 사랑이 필요하다.| 这个足球队的实力比较~;이 축구팀의 실력은 뒤떨어지는 편이다. ~者;약자. ❷ (체력 등이) 나약하다. 허약하다. ¶请自觉给老~病残者让座位; 스스로 노약자, 병자 및 장애인에게 자리를 양보해 줍시다.| 他体~多病;그는 몸이 약하고 병이 많다.| ~女子;약한 여자.

S

撒 sā 动 ❶ 풀어 놓아 주다. 개방하다. 열다. 벌리다. ¶这件事你不能~手不管;이 일은 네가 수수방관해서는 안 된다.|~网捕鱼;그물을 풀어 고기를 잡다.|他一~手,风筝就飞出去了;그가 손을 놓자, 연이 곧 날아가 버렸다. ❷ 표면에 드러내다. 마음껏 …하다. 제멋대로 하다. ¶他总是拿孩子~气;그는 항상 아이에게 화풀이를 한다.|~酒疯;술주정하다.|~野;제멋대로 하다. 거칠게 굴다. 행패를 부리다.

撒 sǎ 动 (과립, 가루형태의 것을) 뿌리다. 치다. 살포하다. ¶春天来了,农民在地里~麦种;봄이 오자 농민들이 보리 종자를 땅에 뿌린다.|豆子~了一地;콩을 땅에 뿌리다(심다). 往年糕上~点糖;옛날 떡에는 설탕을 뿌렸다.|~种;씨를 뿌리다.

洒 sǎ 动 ❶ (물이나 액체 등을) 뿌리다. 쏟다. ¶奶奶不小心碰倒了瓶子,油~了一地;할머니가 조심하지 않고 병을 건드리는 바람에 기름이 온데 쏟아졌다.|当心!别弄~了汤;국을 쏟지 않도록 조심해라.|~水;물을 뿌리다. ❷ (용기 속의 것을) 쏟다. 흘리다. 흩뜨리다. ¶桌上的米粒是谁~的? 탁자 위의 쌀알은 누가 흘린 것이냐?|她把~在地上的豆子一颗一颗地捡了起来;그녀는 땅에 떨어진 콩들을 한 알 한 알씩 줍기 시작했다.

赛 sài 动 시합하다. 경쟁하다. 우열을 가리다. ¶这两个球队曾经~过几回, 基本上分不出高低;이 두 구기팀은 예전에 이미 몇 번 시합한 적이 있는데, 기본적으로 우열을 가릴 수 없다.|~跑;(달리기) 경주.|~歌;노래 시합.|~诗;시회. 백일장. 名 시합 활동 및 장소. ¶世界杯足球~下周开始;월드컵 축구 경기는 다음주부터 시작이다.|~场;경기장.|~事;경기상황.

三 sān 数 ❶ 숫자. 3. 셋. ¶他来中国~年了;그는 중국에 온지 3년이 되었다.|我有一个好朋友;나는 세 명의 친한 친구들이 있다. ❷ 다수 혹은 여러 번을 뜻한다. ¶老师再~强调不要迟到;선생님은 재차 지각하지 말 것을 강조하였다.|~番五次;누차. 거듭 거듭. 여러 번.

三八线 Sān bā xiàn 名 38선. ¶~宽约4公里,长度约248公里;38선의 폭은 4km 이고 길이는 248 km 이다.

三文鱼 sānwényú 名 연어. ¶~味道不错,我吃过几次;연어는 맛이 좋아 나는 몇 번을 먹어본 적이 있다.|我朋友特别喜欢~;내 친구는 연어를 무척 좋아한다.

三星企业 Sānxīng qǐyè 名 삼성기업. ¶~是韩国的名牌企业;삼성기업은 한국의 유명기업이다.|~的产品逐渐受到了消费者的认同;삼성기업의 제품들은 점점 소비자들의 인정을 받았

다. | ~的手机等电子产品已经进入中国市场;삼성기업의 핸드폰 등 전자제품들은 이미 중국시장에 진출했다.

三月 sānyuè 名 3월. ¶今年我们学校~一日开学;올 해 우리학교는 3월 1일에 개학한다. | ~已经是春天了,花都开了;3월이면 완연한 봄이다. 꽃도 피었다.

伞 sǎn 名 우산. ¶一把雨~;우산 한 자루. | 阳~;양산. 形 우산처럼 생긴 것. ¶降落~;낙하산. | 灯~;전등 갓. | ~兵;낙하산 병.

散步 sànbù 动 산책하다. 마음 내키는 대로 활보하다. ¶我每天晚饭后去~;나는 매일 밤 저녁을 먹은 후 산책을 한다. | 老人喜欢在河边儿~;노인은 강변에서 산책하기를 좋아한다. | 经常~有利于健康;늘 산책을 하면 건강에 좋다.

▶용법주의: ❶ 중간에 '了','过','着','完','得了'등을 넣어 표현할 수 있고, '不了'를 넣어서는 표현 할 수 없다. ❷ 중복표현으로는 '散散步'등으로 불리우기도 한다.

散发 sànfā 动 분산하다. 나누어 주다. 뿌리다. ¶请把这些广告~出去;이 광고를 뿌려주시기 바랍니다. | 丁香花~着浓郁(yù)的香味儿;라일락이 짙은 향기를 뿜어내다. | ~传单;전단지를 뿌리다.

桑拿 sāngná 名 사우나. 목욕. ¶洗~浴很解乏;사우나는 피로를 풀어준다. | ~在中国的大城市已经比较普及了;중국의 대도시에는 사우나가 이미 보편화되었다. | 我从来没有洗过~,听说很舒服;나는 지금까지 사우나를 해 본 적이 없지만 듣자니 매우 편안하

다고 한다.

嗓子 sǎng·zi 名 목. 목구멍. ¶这两天感冒了,~有点疼;요 며칠 동안 감기에 걸려서 목이 좀 아프다. | 老师讲课时间太长了,~都哑了;선생님의 강의시간이 너무 길어 목이 다 쉬었다. | 她有个好~,唱起歌来非常好听;그녀는 아주 좋은 목청을 가져서 노래 부르면 아주 듣기 좋다.

扫 sǎo 动 ❶ (먼지나 쓰레기를 빗자루 등으로) 쓸다. 청소하다. ¶妈妈每天早晨起来都要~地擦桌子,家里非常干净;어머니는 매일 새벽 일찍 일어나 바닥을 쓸고 탁자를 닦아 집안이 매우 깨끗하다. | 孩子们特别喜欢雪,可以堆雪人;아이들은 눈을 쓸고 눈사람을 만드는 것을 매우 좋아한다. | ~大街;거리를 청소하다. | ~地;바닥을 청소하다. | ~房;방을 청소하다. ❷ 제거하다. 정리하다. ¶我爷爷在~盲班学了一些文化;나의 할아버지는 문맹인 퇴치반에서 글자를 약간 배우셨다. | 在前线~雷的战士时刻都面临生命危险;전선에서 지뢰를 제거하는 병사들은 시시각각 생명의 위험에 처해있다. ❸ 아주 빨리 좌우로 움직이다. ¶老师走进班里,~了一眼,发现好几个学生没来;교실에 들어오신 선생님은 빠르게 훑어보시고 몇몇 학생이 오지 않은 것을 파악하셨다.

扫描仪 sǎomiáoyí 名 스캐너. ¶~是非常方便的办公设备;스캐너는 대단히 편리한 사무기기이다. | 我们学校刚刚添置了一台~;우리학교는 방금 스캐너 한 대를 추가 설치하였다. | 我们经常用~处理文件;우리들은 항상

스캐너를 이용해 문건을 처리한다.

扫墓 sǎo//mù 动 성묘하다. ¶中国人在清明节会给故去的亲人~;중국인은 청명절에 작고한 가족 친지께 성묘한다.|学校每年清明都组织学生去烈士陵园为牺牲的先烈们~;학교는 매 청명절에 학생들을 조직하여 열사공원에 가서 희생된 선열들을 성묘하게 한다.|最近几年比较忙,只扫过两次墓;최근 몇 년 동안 비교적 바빠서 두 번밖에 성묘하지 못했다.

▶용법주의: '扫墓'는 한국어 한자어로 '省墓'라고 하지만 '省墓'는 중국어에서 사용 할 수 없다. ¶中国人在清明节会给故去的亲人省墓(×)

嫂子 sǎo·zi 名 ❶ 형수. ¶我~对我很好,有时候比我哥哥还好;형수님은 나한테 참 잘 대해주시는데 어떤 때는 우리 형보다도 더 잘해준다.|~在家里很辛苦;형수님은 집안에서 고생이 많으시다.|做~的都是这样,得照顾家人;형수 노릇은 이렇듯 가족 모두를 보살펴야 한다. ❷ 자기보다 나이가 많은 친구의 부인이나 애인을 부르는 존칭. ¶~在家忙吧;형수님은 집에서 바쁘시겠지요.|叫~一起来吃吧! 형수를 불러 같이 먹자!

▶용법주의: '嫂子'는 한국어 한자어로 '兄嫂(형수)'라고 말하지만 '兄嫂'는 중국어에서 사용 할 수 없다. ¶我兄嫂对我很好(×)

色 sè 名 ❶ 색깔. 색. ¶我们的国旗是红~的;우리의 국기는 빨간색이다.|蓝~的大海;푸른색 바다.|我喜欢深~的衣服;나는 짙은 색 옷을 좋아한다.|浅~;옅은 색깔.|冷~;찬 색, 푸른 색 및 그 계통의 색.|暖~;따뜻한 색 및 그 계통의 색.|~调;색조.|~谱;색 표준. 색보.|~盲;색맹. ❷ 모양. 경치. 정경. ¶秋天的山~很美;가을 철 산의 경치는 참 아름답다.|秋~;가을 경치.|春~;봄의 경치.|夜~;야경. 밤의 경치.

色彩 sècǎi 名 ❶ 색채. ¶这件衣服~艳丽;이 옷은 색채가 화려하다.|秋山~丰富;가을 산의 색채가 매우 풍부하다.|这幅画~过于灰暗了;이 그림의 색채는 지나치게 어둡다. ❷ 경향. 편향. ¶她的语言很有感情~;그녀의 말은 매우 정감이 있다.|京剧的地方~很浓;경극의 지방 색채가 매우 짙다.|这件作品有浓郁的时代~;이 작품은 시대적 색채가 강하다.|你说话最好不要有政治~;너의 말에 정치적 편향이 없었으면 정말 좋겠다.

色拉 sèlā 名 샐러드. ¶我已经习惯吃~了;나는 이미 샐러드 먹는 것이 익숙해졌다.|~做起来很容易;샐러드를 만드는 것은 매우 쉽다.|~酱;샐러드 소스.|~的口味儿很多,可以选择自己喜欢的;샐러드의 맛은 여러 가지인데, 자신이 좋아하는 것을 고를 수 있다.

森林 sēnlín 名 삼림. ¶保护~对保持地球生态平衡十分重要;삼림을 보호하는 것은 지구 생태환경의 평형을 유지하는데 대단히 중요하다.|东北的~资源特别丰富;동북의 삼림자원은 특히 풍부하다.|秋冬季节容易发生~火灾;가을과 겨울철에는 산불이 발생하기 쉽다.

杀 shā 动 ❶ 살인하다. 죽이다. ¶他因为犯~人罪被判死刑;그는 살인죄를 범해 사형선고를 받았다.|家里~鸡的

583

活儿从来都是爸爸来做;집에서 닭을 잡는 일은 지금껏 아버지께서 모두 해오셨다.| 侵略者~了很多民众;침략자는 많은 민중을 죽였다.| ~人放火;살인방화. 살인과 방화.| 枪~;총살. 총으로 쏴 죽이다.| 仇~;원한으로 살해하다.| 暗~;암살하다.| 谋~;모살하다. 살해를 계획하다. ❷ 전투하다. 돌진하다. 돌격하다. ¶战士们~出重围,赶上了大部队;전사들은 포위를 뚫고 나와 대부대를 따라잡았다. | 他多次~入敌群救出不少乡亲,非常勇敢;그는 여러 번 적진을 돌격해서 많은 고향사람들을 구출해 내었는데 대단히 용감하다.| 冲~;(돌격)돌진하다.| 刺~;(척살)암살하다. 찔러 죽이다. ❸ 없애다. 처리하다. ¶这种农药~虫效果不错;이런 종류의 농약은 해충을 없애는데 효과가 좋다.| 用开水烫一下生菜吧,~菌;살균해야 하니 뜨거운 물로 상추를 데워라.| 紫外线照射可以~毒;자외선을 쬐어 소독할 수 있다.

杀害 shāhài 动 (목적을 가지고 고의로 사람을) 죽이다. 살해하다. ¶特务还是~了那位著名的律师;특별 임무는 역시 저 유명한 변호사를 죽이는 것이다.| 战争时期,不少学生领袖都被~了;전쟁시기에 적지 않은 학생 지도자들이 죽임을 당했다.

沙发 shāfā 名 소파. ¶新买的~颜色不错,式样也可以;새로 산 소파는 색깔도 괜찮고, 모양도 괜찮다.| 妈妈不喜欢坐~;어머니는 소파에 앉는 것을 별로 좋아하지 않는다.

沙拉 shālā 名 샐러드. ('色拉'라는 용어로도 해석) ¶我已经习惯吃~了;나는 샐러드 먹는 것이 익숙해졌다. | ~做起来很容易;샐러드를 만들어 보니 참 쉽다.| ~酱;마요네즈.| ~的口味儿很多,可以选择自己喜欢的;샐러드의 맛은 여러 가지가 있으니 자기가 좋아하는 것을 고르면 된다.

沙漠 shāmò 名 사막. ¶由于环境遭到破坏,地球上~的面积越来越大;환경파괴로 인해 지구상의 사막면적이 갈수록 넓어지고 있다.| ~里缺水,几乎没有植物能够存活;사막에는 물이 부족하여 식물들이 살 수 없다.| 独自在~里旅行是很危险的;혼자 사막을 여행하는 것은 매우 위험하다.

沙子 shā·zi 名 미세한 돌 가루. 모래. ¶风真大,刮得到处是~;바람이 정말 세게 불어 온통 모래투성이다.| 米里有~,要好好淘一淘;쌀 속에 돌 가루가 있으니 잘 씻어내야 한다.

傻 shǎ 形 ❶ 지혜롭지 못하다. 어리석다. 멍청하다. ¶他有点~,但心眼儿很好,很善良;그는 좀 어리석지만 마음씨가 좋고 선량하다.| 那孩子不~,就是不太努力,所以成绩不好;저 아이는 머리가 나쁘지 않은데 노력하지 않아 성적이 좋지 않다. ❷ 융통성이 없다. 민첩하지 못하다. 고지식하다. ¶他特别实在,就知道~干活;그는 매우 현실적이라 오직 고지식하게 일만한다.| 别~等了,他不会来了;그는 오지 않을 테니 무작정 기다리지 마라.

傻瓜 shǎguā 名 ❶ 지혜롭지 못한 사람. 어리석은 사람. 바보 같은 사람. ¶他是个~,听不懂你跟他说什么;그는 바보 같은 사람이라 네가 그에게 무엇을 말했는지 알아 듣지 못한다. ❷

아주 가깝고 친한 친구에게 농담 식으로 부르는 말. ¶你真是个大~;너는 정말 바보야.|他是个~,别跟他啰唆;그는 바보이니 그와 시시콜콜 얘기하지 마라.

傻子 shǎ·zi 名 ❶ 지혜롭지 못한 사람. 어리석은 사람. 바보. ¶你不想变成~吧;너는 바보가 되고 싶지 않겠지.|真是个~,什么也不懂;정말 바보라 아무것도 모르는구나. ❷ 아주 가깝고 친한 친구에게 농담 식으로 부르는 말. ¶他是个~,别理他;그는 어리석은 사람이니 상대하지 마라.

▶용법주의:'傻','傻瓜','傻子'는 모두 욕할 때 쓸 수 있는 말이기 때문에 사람 앞에서 함부로 사용해서는 안 된다.

霎时间 shàshíjiān 지극히 짧은 시간. 삽시간. 순식간. ¶刚才天还很晴, ~乌云满天,下起大雨来;방금까지 하늘이 맑았는데 순식간에 먹구름이 하늘에 가득하더니 비가 쏟아지기 시작했다.|在地震发生的~,许多生命消失了;지진이 발생하는 순간 수많은 생명들이 사라졌다.

晒 shài 动 햇볕을 쬐다. 햇볕이 내리 쬐다. 햇볕에 말리다. ¶这个夏天真热,太阳把柏油路都要~化了;이번 여름은 정말 더워 태양이 아스팔트 길을 전부 쬐어 녹여버렸다.|阳光一~,河里的冰就开始融化了;햇볕이 한 번 내려쬐니 강의 얼음이 곧 녹기 시작했다.|今天不出去了,太~;오늘은 햇볕이 너무 내리쬐어 나가지 않을 것이다.|~黑了;햇볕에 타다.|~透了;햇볕이 스며들다.|~得厉害;햇볕이 강하다.|冬天~太阳很舒服;겨울철

에 내리쬐는 햇볕은 참 편안하다.|今天天好,我想~被子;오늘은 날씨가 좋아 햇볕에 이불을 말리고 싶다.|~衣服;햇볕에 옷을 말리다.|~粮食;식량을 말리다.

山 shān 名 산. ¶中国是一个多~的国家;중국은 산이 많은 나라이다.|我和几个同学商量好了,周末去登~;나와 몇몇 학우들은 주말에 등산하기로 했다.|秋天~上的景色很美;가을 산 정상의 경치는 매우 아름답다.|雪~;설산. 눈으로 덮인 산.|冰~;빙산. 얼음 산.|茶~;다산. 조선시대 실학자 정약용의 호.|高~;고산. 높은 산.|小~;작은 산.

山脉 shānmài 名 산맥. 같은 방향으로 뻗어 있는 산. ¶中国的西藏~起伏,连绵不断;중국 티베트의 산맥은 높고 낮은 산이 길게 이어져 있다.|喜马拉雅~有世界最高峰;히말라야 산맥은 세계에서 가장 높다.|这个地区~纵横,耕地面积很小;이 지역의 산맥은 종횡으로 나있어 경작지의 면적이 매우 작다.

山区 shānqū 名 많은 산들이 운집해 있는 지역. 산악지역. 농촌지역이나 산간벽지를 뜻한다. ¶~的孩子上学还比较困难,他们要走很远的路才能到学校;산간 지역의 아이들은 매우 먼 길을 걸어야 학교에 갈 수 있어 학교 다니기가 힘들다.|考察队到了~,看到不少以前没有见过的植物;조사대는 산간지역에 와서 이전에 보지 못한 식물들을 많이 보게 되었다.|他个人投资,在~建了一座希望小学;그가 개인적으로 투자하여 산간 지역에 희망학교를 건립했다.|支援~;산

간벽지를 지원하다.| 建设~;산간지역을 건설하다.| 贫困~;빈궁한 산간벽지.| ~小学;벽촌의 초등학교.

删 shān 动 (문자나 문구, 그림, 도표 따위를) 삭제하다. 치우다. ¶这个文件我还有用,千万别~掉呀;이 문건은 내가 아직 쓸 테니까 절대 버리지 말아라.| 桌面上不要放太多图标,你可以~一下;바탕화면에 아이콘을 많이 깔지 말고 좀 삭제해라.| 这段文字有些重复,最好~了它;이 단락은 중복된 문장이 좀 있으니 그것들을 삭제하는 것이 좋겠다.

删除 shānchú 动 삭제하다. 지우다. ¶刚写好了东西,不小心按了~键,全都没了;방금 썼던 것들을 실수로 삭제버튼을 누르는 바람에 전부 다 지워졌다.| 写文章要学会~多余的话,不要什么都说;문장을 쓸 때 불필요한 말들을 삭제할 줄 알아야지 아무 말이나 다 말하려고 하면 안 된다.| 他的名字最终还是从名单上~了,人数实在有限;인원수 제한이 있어 그의 이름이 결국 명단에서 삭제되었다.

闪 shǎn 动 ❶ 몸을 피하다. 재빨리 비키다. ¶汽车一过来,路边的行人就~到一边,因为车速快路又窄;자동차가 좁은 길을 빠른 속도로 달려와 도로변의 사람들은 얼른 한 쪽으로 몸을 피했다.| 请大家往后~,留出通道来;여러분들은 뒤로 비켜 통로를 남겨주십시오. ❷ 갑자기 나타나다. 갑자기 밝아지다. 번뜩이다.| 电灯~了一下,就亮了;전등이 번뜩이자 곧 밝아졌다. ❸ 번개. ¶天阴得厉害,还打~,可能有场大雨;날이 잔뜩 흐리고 또 번개까지 치는 걸 보니 큰 비가 올 것 같다.

闪耀 shǎnyào 动 ❶ 반짝이며 빛나다. 눈부시게 하다. ¶城市的夜晚,灯光~,景色迷人;도시의 밤은 불빛이 눈부시게 빛나며, 경치가 사람을 미혹시킨다. ❷ 빛이 갑자기 밝아졌다 어두워지다. ¶夏天的夜晚,星光~;여름 밤, 별 빛이 밝아졌다 어두워진다.

扇贝 shànbèi 名 가리비. ¶这家饭店的~做得最好吃;이 식당이 가리비 요리가 제일 맛있다.| 今年~的产量不高,所以比较贵;올해의 가리비 생산량이 많지 않아 비교적 비싸다.

善良 shànliáng 形 선량하다. 어질다. 착하다. ¶她是一个心地~的老人;그녀는 마음이 선량한 노인이다.| 人太~了有时候也会被人欺负;사람이 너무 착하면 때로 다른 사람에게 괴롭힘을 당한다.| 你的愿望是~,但不一定能帮助他解决问题;너의 희망사항은 좋지만 그가 문제를 해결하는데 도움이 될지는 모르겠다.

善于 shànyú 动 …에 능숙하다. …를 잘하다. ¶他很~处理人际关系;그는 인간관계를 처리하는데 매우 능숙하다.| 你不~独立思考,所以学习很吃力;너는 독립적인 사고를 잘 못해서 공부하는데 애를 먹는 것이다.| 要~听取别人的建议;다른 사람의 의견을 잘 들어야 한다.

伤 shāng 名 상처. ¶我爷爷身上有多处枪~;우리 할아버지 몸에는 총상이 여러 군데 있다.| 我受~了;나는 상처를 입었다. 动 손해나다. 상하다. 다치다. 해롭게 하다. ¶抽烟~肺,你最好戒掉;흡연은 폐를 상하게 하니 금연을 하는 게 바람직하다.| 有话慢慢说,别~了感情;감정을 상하게 하

지 말고, 할 말이 있으면 차근 차근 해라.

伤口 shāngkǒu 名 상처. ¶手术后最怕~感染;수술 후에 상처가 감염되는 것이 가장 무섭다.|~还没长好她就急着出院,因为惦记家里的孩子;그녀는 집안의 아이들이 걱정되어 상처가 다 아물지도 않았는데 서둘러 퇴원을 했다.

▶용법주의:'伤口'는 한국어 한자어로 '伤处(상처)'라고 하는데'伤处'는 중국어에서 사용할 수 없다. ¶手术后最怕伤处感染(×)

伤心 shāng//xīn 形 상심 하다. 슬퍼하다. 마음 아파하다. ¶听说我的好朋友在国外生了重病,我很~,真想去看看他;나의 친한 친구가 외국에서 중병에 걸렸다는 얘기를 듣고 나는 마음이 아파 그를 보러 가고 싶었다.|他的态度让老师有点~;그의 태도는 선생님을 (조금) 마음 아프게 한다.|这个孩子让他父母伤透了心;이 아이는 부모님의 속을 썩였다.

商标 shāngbiāo 名 상표. ¶~注册后是受法律保护的;상표는 등록 후에 법의 보호를 받을 수 있다.|这个~很多人都认识,非常有名;이 상표는 많은 사람들이 다 알고 있는 것으로 대단히 유명한 것이다.|~设计十分讲究,设计得好,顾客就容易记住;상표 디자인은 매우 중요하다. 잘된 디자인은 고객들이 기억하기 쉽다.

商场 shāngchǎng 名 ❶ 백화점. 규모가 비교적 큰 종합상점. ¶这家~在市中心,销售利润很高;이 상점은 도시 중심에 위치하고 있어 판매이윤이 매우 높다.|我特别喜欢跟朋友一起逛~;나는 친구와 같이 상점 구경하기를 좋아한다.|北京的西单~不错,可以去看看;베이징의 시단상점이 좋으니 가서 보아라. ❷ 각종 상점. 시장. ¶火车站~的东西比较多,也便宜;기차역 상점에는 물건들이 비교적 많으며 값도 싸다.|星期天咱们去新开的大~看看吧,听说那里的东西不错;일요일에 우리 새로 문을 연 큰 상점에 가보자, 듣자 하니 그곳의 물건들이 좋다고 한다. ❸ 상업계를 지칭. 시장. ¶~如战场,想站住脚并不容易;시장은 마치 전쟁터 같아 입지를 확보하기가 결코 쉽지 않다.

商店 shāngdiàn 名 상점.실내에서 판매를 하는 비교적 규모가 작은 상점.가게. ¶家里的日用品我喜欢在附近的小~买,很方便;나는 가정의 일용품들을 부근의 작은 가게에서 사기를 좋아하는데 매우 편리하다.|这条街~特别多,有食品~、服装~等等,平时来买东西的人也很多;이 거리에는 식품점, 옷집 등 가게들이 특히 많아 평상시 물건사러 오는 사람들이 많다.

商量 shāng·liang 动 의견을 상호 교환하다. 상의하다. ¶这件事咱们~一下吧;이 일을 우리 서로 상의해 보자.|她遇到事情总喜欢找妈妈~;그녀는 무슨일이 생기면 엄마와 상의하는 것을 좋아한다.|这么长时间了,还没~出个结果来吗? 이렇게 오랜 시간이 지나갔는데 어째서 아직 상의한 결과가 없느냐?

商品 shāngpǐn 名 상품. 제품. ¶小商店一般只卖些日用小~;소규모 상점에는 일반적으로 작은 일용품들만 판다.|有些~的质量太差,所以卖不出

去;어떤 제품은 질이 너무 떨어져 팔리지않는다.

商业 shāngyè 名 상업. ¶我有不少同学在~部门工作;많은 친구들이 상업계에 종사한다.| 我家附近就有一个很大的~区,购物非常方便;우리 집 부근에는 매우 큰 상업구역이 있어 물건을 사기가 대단히 편리하다.| ~银行;상업은행.| ~部门;상업부문.| ~行为;상업행위.

上 shàng ❶ 动 ❶ 낮은 곳에서부터 높은 곳으로 오르다. ¶每天回宿舍要~五层楼,挺累的;매일 기숙사에 갈 때 다섯 층을 올라가야 해서 참 힘들다.| ~山的路很陡,你小心点;산에 오르는 길이 가파르니, 조심하여라.| 这孩子总是爬树~墙的,真淘!이 아이는 항상 나무를 타고 벽에 올라가는데, 정말 개구장이다. ❷ (어디) 가다. 이르다. 달하다. ¶咱们周末~街逛逛吧;주말에 우리 쇼핑 가자.| 昨天~哪儿了? 老师到处找你;어제 어디를 갔었니? 선생님이 널 찾아 헤매셨어.| 星期天~朋友家玩了一天;일요일에 친구 집에 가서 하루 종일 놀았다. ❸ 정해진 시간에 맞추어 어떤 일을 시작하다. …하다. ¶同学们,我们现在~课;학우 여러분, 우리 지금 수업을 하겠습니다! | 明天还要~班,早点睡吧! 내일 또 출근해야 하니, 좀 일찍 자자! ❹ 증가하다. 더하다. 보태다. 보충하다. ¶小店今天~货,不开门;오늘은 상점에 물건이 들어와, 문을 열지 않는다.| 火车在这里~水,所以停了两分钟;기차가 여기서 물을 채워야 해서 2분 정도 멈춰 섰다. ❺ 등재하다. 올리다. 게재하다. 기입하다. 선포하다. ¶这条消息很快就~了报,大家全都知道了;이 소식은 매우 빨리 신문에 실려 모두들 다 알게 되었다.| 这笔费用应该及时~账;이 비용은 마땅히 제때에 계산을 끝마쳐야 한다. ❻ (음식 등을) 올리다. 더하다. 주다. ¶~茶还是~水;차를 주느냐, 아니면 물을 주느냐.| 可以~菜了;요리를 올려도 된다.| 过一会儿再~饭;조금 있다가 식사를 올려라. ❼ (어떤 부품 등을) 안장하다. 부착하다. 장치하다. 달다. ¶新居民楼这两天正在~门窗,过些日子就能完工;새 주택에 요 며칠 동안 창문을 달고 있는데, 얼마 있으면 곧 완공 될 것이다. ❽ 등장하다. 나오다. 출장하다. ¶到时间了,还不见演员~场;시간이 되었는데, 아직 배우가 나온 걸 보지 못했다.| 今天的球赛主力队员都没~场;오늘 축구경기에 주전 선수가 모두 출전하지 않았다. ❾ 칠하다. 바르다. 더하다. ¶这张画不~颜色不好看;이 그림에 색깔을 칠하지 않으면 보기가 안 좋다. ❿ (일정한 정도에) 이르다. 달하다. ¶这次~千人参加了集会,规模不小;이번에 천 명 이상이 집회에 참가해서 규모가 작지 않다.| ~岁数的人出门要特别小心;나이 든 사람들은 밖에 나갈 때 각별히 조심해야 한다. 名 (방위사) ❶ 위. 윗부분. 상층. ¶往~走吧,也许能碰到他;위로 가보아라, 아마도 그를 만날 수 있을 것이다.| 黄河~游的水还是清一些;황하 상류의 물이 아무래도 더 맑다.| 这堵墙的~部不够平整,重新收拾吧;이 담의 위 부분은 평평하지 않으니, 다시 정돈하여라.| 小姑娘~身

穿红衬衫,下身是白色休闲裤,看上去很精神;이 작은 아가씨는 위에 빨간색 브라우스를 입고, 밑에는 하얀색 캐주얼 바지를 입었는데, 참 멋있어 보인다.│这座居民楼的~方是高压线,很不安全;이 주택의 윗 부분에 있는 고압선이 안전하지 않다. ❷ (방위사) 선행 순서. 먼저 번에. (어떤) 시간의 발생 전의. ¶这部书的~卷我看完了,但借不到下卷;이 책의 상권은 내가 다 보았는데, 하권은 아직 빌리지 못했다.│~次见到他到现在已经八年了,他还是那么精神;저번에 그를 보고 지금 벌써 8년이나 되었는데 그는 여전히 그렇게 멋있다.│~半场两队都没进球,看下半场谁能进了;전반전에는 두 팀 모두 골을 넣지 못했으니, 후반전에 누가 골을 넣는지 보자. ❸ (등급이나 품질 등이) 좋다. 우량하다. 상급이다. ¶铁观音应该属于红茶中的~品了吧;철관음은 마땅히 홍차 중에서도 상급 차에 속할 것이다.│这些都是~等货,收购价很高的;이것들은 모두 상급의 물건이라, 판매가격이 매우 높다.│这是~级的指示,只好执行;이것은 상급의 지시라 집행할 수 밖에 없다. ❷ 动 ❶(방향동사) (동사 뒤에 쓰인다.) 낮은 곳으로부터 높은 곳으로 도달하는 것을 표현한다. 동작이 낮은 곳에서 높은 곳으로 일정 정도에 이르다. ¶他很快就爬~了山顶;그는 매우 빨리 산 정상에 올랐다. ❷ 목적이나 결과를 표시한다. ¶他今年终于考~了医学院;그는 금년에 드디어 의과대학 시험에 합격하였다.│我回来的时候,宿舍的大门已经锁~了;내가 돌아왔을 때, 기숙사문은 이미 잠겨 있었다. ❸ 시작과 계속을 표시한다. ¶她渐渐爱~这个专业了;그녀는 점점 이 전공을 좋아하게 되었다.│今天家里要来客人,妈妈一大早就忙~了;오늘 집에 손님이 오시는 일로, 어머니는 이른 아침부터 바빴다.

上·shang 名 ❶(방위사) 명사 후에 쓰여 어떤 물체의 정상부분이나 표면을 나타낸다. ¶山~还有积雪;산 위에 아직도 눈이 쌓여 있다.│地~都是水;지상에는 모두 물이다.│墙~挂满了孩子的画;벽에 아이의 그림이 가득 걸려 있다.│窗~;유리창 위.│床~;침대 위.│桌子~;탁자 위.│天~;천상. 하늘 위.│脸~;얼굴 위.│身~;몸. 신체. ❷ 어떤 범위 안을 표시한다. ¶只有五个学者在会~发了言;겨우 다섯 명의 학자들이 회의 석상에서 발언하였다.│课~老师布置了作业,让我们课下做;수업시간에 선생님이 숙제를 내주시며 방과후에 하라고 하셨다.│书~报~的话也不能都信;책에서 말하는 것과 신문지상에서 말하는 것도 모두 믿을 수만은 없다. ❸ 어떤 방면을 표시한다. ¶他在业务~很棒,生活~有点随便;그는 업무는 잘 하지만 생활면에서는 좀 자기 마음대로이다.│这件事虽然没错,但感情~很难接受;이 일은 비록 틀리지 않았지만, 감정상 받아들이기가 매우 어렵다.

上班 shàng//bān (~儿) 动 출근하다. ¶我~的地方离家很远,中午不能回家;내가 일하는 곳은 집에서 멀리 떨어져 있어, 점심 때 집으로 돌아 올 수 없다.│他刚刚找了一个工作,明天就

去~;그는 방금 일 자리를 찾아 내일부터 출근한다.| 上了一天班很累吧? 하루 종일 일해서 피곤하지?

▶용법주의:'上班'은 한국어 한자어로 '出勤'이라고 하는데'出勤'은 중국어에서 사용할 수 없다.¶我出勤的地方离家很远,中午不能回家(×)

上边 shàng·bian (~儿)[名] 위. 위쪽.¶我的书柜~放书,下边放报纸;내 책장 위에 책을 놓았고, 아래 쪽에 신문을 놓았다.| 奶奶家的窗户~贴满了窗花,非常漂亮;할머니 집의 창문에 장식지들을 가득 붙여 매우 예쁘다.| 几天不在家,桌子~全是灰尘;며칠 집을 비우니, 책상 위가 온통 먼지 투성이다.

上当 shàng//dàng [动] 속다. 꾐에 빠지다.¶你要小心,别~;속지 않도록 조심하여라.| 我已经上过一次当了,这次不会了;나는 이미 한 번 속은 적이 있는데, 이번에는 당하지 않을 것이다.| 做生意嘛,~受骗的事情经常会有;사업을 하다 보면 속임을 당하는 일이 자주 있다.

上级 shàngjí [名] 상급. 같은 계통이나 계보에 있어 비교적 높은 위치의 조직이나 인원.¶今天~领导来检查工作;오늘 상급 지도자가 업무 감사하러 온다.| ~机关;상급 기관.| ~单位;상급 기관.| ~组织;상급 부서.| 他是我的老~了,我一直很尊重他;그는 나의 오래된 상관으로 나는 그를 존경한다.

上课 shàng//kè [动] 수업을 하다.¶星期天不~;일요일은 수업을 하지 않는다.| 每天下午两点~;매일 오후 두 시에 수업한다.| 已经~了,他还在吃东西;이미 수업이 시작되었는데, 그는 아직까지 먹고 있다.| 老师上了一天的课,嗓子都哑了;선생님은 하루 종일 수업을 하느라, 목이 다 쉬었다.| 上完了课你几个同学把教室打扫一下;수업이 끝난 후에 너희 몇 명의 학우들이 교실 청소를 해라.

上来 shànglái ❶ [动] 시작하다. 처음 하다.¶他一~就说了一通感谢的话;그는 처음부터 곧 감사의 말을 하기 시작했다.| 这小伙子一~就很卖力气;이 녀석은 처음부터 힘을 쓴다.| ~先少说话,看看对方的态度再说;처음에는 좀 적게 말하고, 상대방의 태도를 본 후에 말해라. ❷ [动] (방향동사) (동사 뒤에 쓰여) 동작이 아래에서 위로 그리고 멀리서 가까이로 행해지는 것을 나타낸다.¶月亮~了,很圆很亮;달이 떴는데, 매우 둥글면서 매우 밝다.| 我一直在楼上等他,可是没见他~;나는 줄곧 건물 위에서 그를 기다렸지만 그가 오는 것을 보지 못했다. ❸ [动] (방향동사)¶他很快就追~了;그는 매우 빨리 따라왔다.| 爷爷把一大桶水背上山来,累坏了;할아버지가 큰 물통을 등에 메고 산에 올라, 녹초가 되셨다.| 今天我从河里钓上一条大鱼来;오늘 나는 강에서 큰 물고기 한 마리를 잡아 올렸다.

▶용법주의:'上来'가 동사 뒤에 보어로 쓰일 때는 통상 경성으로 읽는다. 그러나 부정형식에 있는 문장에서는 원음으로 읽는다.¶这些字太难了,我读不上来;이 글자는 너무 어려워 내가 읽을 수 없다.| 我认识他,就是叫不上来他的名字;나는 그를 알지만, 그의 이름을 부를 수 없었다.| 他一直没赶上来

可能走错路了吧;그가 계속 따라오지 못하는 것을 보니, 아마도 길을 잘못 들은 것 같다.

上面 shàng·mian (~儿) 名 ❶ 위. 위쪽. ¶我俩住一栋楼,他住我~一层;우리 둘은 1동에 살고, 그는 우리보다 한 층 위에 산다.| 长江~已经有不少大桥了;장강 위 쪽에 이미 많은 다리들이 놓여 있다.| 这种冰箱的冷藏柜在~,跟我家的不一样;이 냉장고는 냉장하는 곳이 위에 있어, 우리 집의 것과 다르다.| 衣柜~那一层全是女儿的衣服;옷장 위쪽에 저 한 층 모두는 딸 아이의 옷이다. ❷ 물체표면. ¶屋顶~挂满了蜘蛛网;지붕 위에 거미줄이 가득 쳐있다.| 窗户~贴着剪纸;창문 위에 전지가 붙어 있다.| 不要在墙~贴广告!벽에 광고지를 붙이지 말아라. ❸ 순서의 앞. ¶~说的是这次活动的目的,下面说一下注意事项;앞에 말한 것은 이번 활동의 목적이며, 다음은 주의 사항을 말하겠다.| 我~讲过的内容大家听懂了吗?내가 먼저 말한 내용을 여러분들은 모두 알아들었나요?| 我家有三个孩子,我~有一个姐姐,下面是一个弟弟;우리 집에는 세 명의 형제가 있는데, 내 위에는 누나가 하나 있고, 밑으로 동생이 하나 있다.

上去 shàng//·qù ❶ 动 올라가다. ¶咱们从小路~,比较近;우리 작은 길로 올라가자, 비교적 가깝다.| 都说在电视塔上可以看城市夜景,我一直没有~过;모두가 방송 탑 위에서 도시의 야경을 볼 수 있다고 하는데, 나는 지금까지 올라가 본 적이 없다.| 那座山太高了,我上不去;저 산은 너무 높아 내가 올라갈 수 없다. ❷ 动 (방향동사) (동사 뒤에 보어로 쓰여) 낮은 곳에서 높은 곳으로, 그리고 가까운 곳에서 먼 곳으로, 또는 주체에서 대상으로 옮아가는 것을 나타낸다. ¶他先爬~了,我没敢爬;그가 먼저 올라갔지만, 나는 감히 올라가지 못했다.| 迎亲的车一到,大家就围了~;신부를 맞이하는 가마가 도착하자, 모두가 둘러쌌다.| 我把所有的劲都使~也没用,门就是打不开;나는 모든 힘을 다 써봤지만 소용이 없었다. 문은 열리지 않았다.

▶용법주의:'上去'가 동사 뒤에 나와 보어로 쓰일 때는 경성으로 읽는다. 그러나 부정사 형식을 취할 때는 원음으로 읽는다. ¶泰山,我爬不上去;태산은 내가 오를 수 없다.| 纸还是没贴上去;종이가 아직 붙지 않았다.

上升 shàngshēng 动 ❶ 상승하다. 올라가다. ¶飞机快速~时还是有些不舒服;비행기가 빠른 속도로 날아 오를 때 조금은 불편하다.| 水位不断地~,大坝十分危险;수위가 끊임없이 상승하면, 큰 댐이 대단히 위험하다. ❷ (등급, 정도 등이) 올라가다. 높아지다. ¶他的地位不断~,人也变得脾气大了;그의 지위가 상승하면서 그의 성격도 괴팍해졌다.| 这半年工厂的生产水平~了,工人们的情绪也好多了;반년 동안 공장의 생산수준이 올라가 근로자들의 기분도 역시 많이 좋아졌다.| 入夏以来,气温不断~,看来又是一个难熬的夏天;여름 들어 기온이 계속해서 올라가는 것을 보니 이번에도 참기 힘든 여름이 될 것 같다.

上头 shàng·tou 名 ❶ 위. 위쪽. ¶我俩住上下铺, 我~是小张; 우리 둘은 위아래 침대를 쓰는데, 내 위가 바로 장 군이다. ǀ 我家住一楼, ~还没人住; 우리 집은 1층이고, 위층에는 아직 사람이 살지 않는다. ǀ 他在书柜~放了好多报纸; 그는 책장 위에 신문들을 많이 올려놓았다. ǀ 衣柜~那一层还空着, 给你用吧; 옷장 위 한 층은 아직 비워두었으니, 네가 쓰거라. ❷ (순서가) 위에. 앞선. 앞에. ¶我家只有两个孩子, 我~有一个哥哥; 우리 집에는 형제가 둘밖에 없는데, 내 위에 형이 하나 있다. ǀ 我们~还有好几级单位呢! 우리 위에도 몇 개의 부서가 있다.

上网 shàng//wǎng 动 인터넷을 하다. ¶~已经成了人们生活中非常重要的事情了; 인터넷 하는 것은 이미 사람들의 생활에 대단히 중요한 일이 되었다. ǀ 我喜欢晚上~查资料; 나는 밤에 인터넷으로 자료를 검색하는 것을 좋아한다. ǀ 很多信息都是~查的, 很方便; 많은 정보들은 모두 인터넷에서 검색한 것들로, 참 편리하다. ǀ 我刚刚~, 你就要下网了? 나는 방금 인터넷에 접속했는데, 너는 인터넷을 끝내려고 하니?

上午 shàngwǔ 名 낮 열두 시 이전의 시간. 오전. ¶我~有四节课, 下了课就12点了; 나는 오전에 4교시 수업이 있는데, 끝나면 12시다. ǀ ~去不了了, 下午去吧! 오전에는 갈 수가 없으니, 오후에 가자!

上学 shàng//xué 动 ❶ (학교에 가서) 수업을 하다. ¶孩子们~去了, 就剩下妈妈一个人在家; 아이들 모두 학교에 가서, 어머니 혼자 집에 남았다. ǀ 你上了这么多年的学, 还没有真正接触过社会呢! 너는 이렇게 몇 년 동안 공부를 했지만, 아직 진정으로 사회를 겪어 보지 못했다! ❷ 어린 아이가 초등학교에 입학해 공부하는 것. ¶儿童7岁开始~; 어린 아이는 7살이 되면 학교에 가기 시작한다.

上衣 shàngyī 名 윗옷. 상의. ¶这件~有点长, 换件短的吧; 이 웃옷은 조금 긴 것 같으니 좀 짧은 걸로 바꿔라. ǀ 你的~跟裤子的颜色不太协调; 너의 상의와 바지의 색깔이 별로 어울리지 않는다. ǀ 昨天洗的~到现在还没干呢! 어제 빨래한 웃옷이 아직도 마르지 않았다!

上涨 shàngzhǎng 动 (물가가) 오르다. 상승하다. (물이) 붇다. ¶雨季到了, 河水在不停地~; 우기가 도래하여 강물이 계속해서 불어 오른다. ǀ 油价~得很厉害; 기름 값이 무섭게 오른다. ǀ 物价持续~已经对人们的生活造成了一定的影响; 물가가 계속해서 오르면서 이미 사람들 생활에 어느 정도 영향을 끼쳤다.

烧 shāo 动 ❶ 태우다. 불사르다. 타다. ¶以前是~火做饭, 现在可以用电磁炉做饭了; 이전에는 불을 지펴 밥을 했지만, 지금은 전기밥솥으로 밥을 할 수 있다. ǀ 大火~毁了大片的原始森林; 큰 불이 넓은 원시삼림을 태워 버렸다. ǀ 小的时候, 一到清明节就跟奶奶到山上~纸; 어렸을 때 청명절이 되면 할머니를 따라 산에 올라 종이를 태웠다. ❷ 열을 더하다. 덥히다. 가열하다. 끓이다. ¶我想~点开水泡茶喝; 나는 물을 좀 데워 차를 마셔야겠

다.|你就知道看电视,饭都~糊了;너는 오직 TV에만 눈이 팔려 밥을 모두 태웠구나.|这几天没~暖气,屋里很冷;요 며칠 동안 방에 불을 지피지 않았더니 방안이 춥다. ❸열이 나다. 화끈거리다.¶这孩子昨天夜里~到39度;이 아이는 어제 밤에 열이 39도까지 올랐다.|他~得很厉害,要赶快送医院;그의 몸이 불덩이 같으니 빨리 병원에 데려가야 한다.¶~是退了,身上还是没劲;고열은 떨어졌지만 몸에 기운이 없다.|再不退~就得打针了;고열이 더 이상 내리지 않으면 곧 주사를 맞아야 한다. ❹(조리방법의 한 종류) 먼저 기름에 튀긴 후 다시 볶거나 약한 불에 오래 조리하는 것, 혹은 삶은 다음에 기름에 튀기는 것.¶妈妈能~各种家常菜,非常可口;엄마는 여러 가지 가정요리를 잘 조리할 줄 아는데 모두 입에 잘 맞는다.|这位师傅~得一手好菜,远近闻名;이 요리사가 직접 조리한 요리는 널리 정평이 나있다.|这道菜叫~茄子,好做又好吃;이 요리는 가지볶음이다. 만들기도 쉽고 맛도 좋다. 名 정상적인 것보다 체온이 높은 것. 고열. 이상체온.

烧毁 shāohuǐ 动 불태워 없애다. 소각하다.¶很多珍贵的资料在那场大火中被~了;귀중한 많은 자료들이 큰 화재 중에 모두 불타 버렸다.|他在被捕以前就~了所有犯罪证据;그는 체포되기 이전에 모든 범죄 증거들을 소각하였다.|以前的古寺(sì)被一场山火~了,眼前这座是后来重建的;이전의 옛 사찰은 큰 산불에 의해 불타 버렸고, 앞에 있는 것은 나중에 다시

지은 것이다.

烧酒 shāojiǔ 名 소주. 백주.¶这个地方的~很有名;이 지방의 백주는 매우 유명하다.|在林子里干活的人们喜欢喝点~;숲에서 일하는 사람들은 백주 마시기를 좋아한다.|~的种类很多,不知道你父亲喜欢那一种;백주의 종류는 많은데 네 부친이 어떤 종류를 좋아하시는지 모르겠다.

稍 shāo 副 약간. 조금. 좀. 잠시.¶经理在开会,请~等;사장님께서는 지금 회의 중이니 잠시 기다리시기 바랍니다.|新衣服~肥了一点;새 옷은 조금 넉넉해야 한다.|书房的光线~暗了一点,对眼睛不好;서재의 빛이 좀 어두운데 눈에 별로 안 좋다.

稍微 shāowēi 副 조금. 약간. 다소. 좀.¶今天~有点冷;오늘은 좀 춥다.|他~有点发烧;그는 약간의 열이 있다.|盐可以~多放一些;소금은 조금 더 넣어도 된다.|你~等他一下,他说马上就来;그가 곧 온다고 했으니 조금만 기다려 주세요.

▶용법주의:'稍'와'稍微'는 기본적으로 같은 의미로 사용된다. 다만'稍'는 서면어로 많이 사용되고,'稍微'는 비교적 구어로 많이 쓰인다.

勺子 sháo·zi 名 조금 큰 국자. 큰 숟가락. 후두부.¶我女儿用不好筷子,平时总喜欢用~;내 딸은 젓가락질을 잘 못해 평소 큰 숟가락 쓰기를 좋아한다.|这把~是银质的,很漂亮;이 국자는 은으로 만든 것이라 참 예쁘다.|~把儿太长了,不好用;숟가락의 손잡이가 너무 길어 사용하기 불편하다.

少 shǎo 形 (수량이) 적다.¶人太~了,

晚会没开成;사람이 너무 적어 저녁 모임을 열지 못했다.|东西~,大家分分吧;물건이 적으니 다 같이 나누자.|这种事情实在~见;이런 일은 정말 보기 힘들다.[动]❶ 모자라다. 결핍되다. ¶文件~了好几页,赶快找找;서류 몇 쪽이 빠져 있으니, 빨리 찾아보아라.|明天的活动大家都参加,一个也不能~;내일 행사는 모두 참석하여야 하며, 한 명도 빠져선 안 된다.|你~加了一个数,所以总数不对了;네가 하나의 수를 적게 더해서 총합이 맞지 않았다. ❷ 잃어버리다. 없어지다. ¶家里进了小偷,~了一些东西;집 안에 좀도둑이 들어와 일부 물건들이 없어졌다.|没~东西就好,以后小心点;물건을 잃어버리지 않았으면 됐으니 앞으로 조심하여라.

▶용법주의: '少'는 명사 앞에 쓰이지 않는다. '少人'이나 '少东西' 같은 구절은 문법에 맞지 않다.

少数 shǎoshù [名] 소수. 비교적 적은 수량. ¶还有~同学没交作业;아직 몇몇의 학우들이 숙제를 내지 않았다.|只有极~的人攀(pān)登过太白山;극히 적은 사람들만이 태백산을 등반하였다.|意见不统一,只好~服从多数了;의견이 통일되지 못했으니 소수가 다수의 의견을 따를 수 밖에 없다.

少年 shàonián [名] 10~16세의 어린 소년. ¶爸爸的~时代是在国外度过的;아버지는 소년시절을 외국에서 보냈다.|他还是个~,很多事情都不太懂;그는 아직 어린 소년이라 많은 일들을 잘 모른다.|~宫的文体活动很多,孩子们挺喜欢;소년궁의 문화활동은 매우 많고, 아이들도 매우 좋아한다.|~之家;소년의 집.|~犯;소년범.

少女 shàonǚ [名] 미혼인 젊은 여자. ¶这条裙子很适合她这个年龄的~;이 치마는 저 젊은 소녀에게 아주 잘 어울린다.|~时代转眼就过去了;소녀시대는 눈 깜짝할 사이에 지나갔다.|她的身材还像~一样好;그녀의 몸매는 아직 소녀 같이 좋다.

舌头 shé·tou [名] 혀. 혓바닥. ¶~可以辨别不同的味道;혀는 다른 맛들을 구분할 수 있다.|刚才喝开水烫(tàng)了的~;방금 뜨거운 물을 마시다가 혀를 데였다.|你~的位置不对,所以这个音发得不准;너는 혀의 위치가 잘못되어 이 음을 발음하는데 정확하지 않은 것이다.

蛇 shé [名] 뱀. ¶~是一种爬行动物;뱀은 파충류 이다.|我从小就怕~;나는 어릴 적부터 뱀을 무서워했다.|这是一条毒~;이것은 독사이다.

设备 shèbèi [名] 설비하다. 갖추다. ¶这家工厂的~先进,生产效益也不错;이 공장의 설비는 선진화되어있으며, 생산효율 역시 좋다.|小区配套~齐全,生活方便;주택단지의 부대설비는 완벽히 갖추어져 있어, 생활이 편리하다.|最近学校换了一批教学~,教学条件改善了不少;최근 학교는 교육 설비들을 바꾸어 교육 조건이 많이 개선되었다.

设定 shèdìng [动] 가정하다. 설정하다. ¶你可以暂时~会议人数在一百人左右,先做一个食宿预算;너는 우선 회의 참석 인원을 백 명 정도로 잡고 숙식예산을 짜라.|你们~的目标距离这里有多远;너희들이 잡은 목적지는 여기에서 얼마나 먼가.|上次~的方

案还有不少问题,再讨论一次吧!저번에 설정한 방안은 여전히 많은 문제가 있으니, 다시 한 번 토론해 보자!

设计 shèjì 动 설계하다. 디자인하다. ¶他一生参与~了许多重要的建筑;그는 일생 동안 수많은 중요한 건축설계에 참여하였다.|这座商厦~得不错;이(비즈니스) 빌딩은 설계가 잘 되었다.|他的演出服都是名师~的,非常符合他的风格;그의 공연복은 모두 유명한 디자이너가 디자인 하였는데, 그의 스타일에 무척 잘 어울린다. 名 설계방안. 계획. 구상. ¶你的发型~很时髦;네 헤어 스타일이 참 패션어블하다.|两种~方案各有优点, 也都有不足;두 가지 설계방안은 각자의 장점도 있지만 부족한 점도 있다.|这款(kuǎn)新车的外形~不太漂亮, 我不喜欢;이 신형차의 디자인이 예쁘지 않아 맘에 들지 않는다.

设施 shèshī 名 시설. 설비. ¶新的购物中心~齐全, 吸引了不少顾客;새로운 쇼핑몰은 모든 설비를 갖추어져 있어, 많은 손님들을 끌어들인다.|新校区的生活、教学~还不够配套, 需要一段时间完善;새로 지은 학교 부지의 생활과 교육시설이 아직 완비되지 않아 완공까지는 시간이 필요하다.|文化~;문화 시설.|商业~;상업 시설.|交通~;교통 시설.|服务~;서비스 시설.

设置 shèzhì 动 ❶ 설립하다. 설치하다. ¶政府~了专门机构, 负责这次大型活动的准备工作;정부는 이번 행사의 준비작업을 맡길 담당부서를 마련하였다.|这所学校是专为聋哑儿童~的;이 학교는 전문적으로 농아아동들을 위해 설립된 것이다.|这学期学校又为我们专业~了几门新的选修课;학교는 이번 학기에도 우리 전공의 새로운 선택과목을 개설하였다. ❷ 안배하다. 설치하다. ¶尽管在这里~了路障, 还是有人强行通过;여기에 바리게이트를 설치했는데도 무시하고 지나가는 사람들이 있다.|这套房间~了两套卫生间, 用很方便;이 집은 두 개의 화장실을 만들어, 쓰기에 매우 편리할 것이다.

社会 shèhuì 名 사회. ¶我一直在上学, 没有多少~经验;나는 줄곧 학교만 다녀서, 사회경험이 별로 없다.|~上的事情很复杂, 一下子很不适应;사회상의 일들은 매우 복잡하여, 금방 적응이 안된다.|这是全~都非常关注的问题;이것은 전 사회가 모두 관심을 갖고 보는 문제이다.|~存在;사회적 존재.|~分工;사회적 분업.|~责任;사회적 책임.|~环境;사회환경.|~活动;사회 활동.|~制度;사회 제도.

社会主义 shèhuìzhǔyì 名 사회주의. (중국어 중에 '사회주의'라 함은 '사회주의 사회'를 가리킨다.) ¶中国是一个~国家;중국은 사회주의 국가이다.|~十分注重发展生产, 改善人民的生活;사회주의는 생산력 발전과 국민 생활의 개선에 매우 주의를 기울인다.

社论 shèlùn 名 사설. ¶人民日报发表了新年~;인민일보는 신년 사설을 발표했다.|这篇~提出的观点引起了社会各界的广泛讨论;이 사설이 제시한 관점은 사회 각계 각층의 폭넓은 토론을 이끌어내었다.

▶용법주의:'社说'은 한국어 한자어로 '社说'라고 하는데 '社说'은 중국어에서는 사용 할 수 없다.¶人民日报发表了新年社论(×)

社团 shètuán 名 (노동조합, 학생회 따위의) 조직. 단체. ¶我在课余时间参加了好几个~的活动,有文学艺术~,有科技~,还有志愿者~,我感到大学生活丰富而充实;나는 수업시간 외에 몇 개의 단체 활동에 참가했는데, 문학예술단체도 있고, 과학기술단체도 있으며, 또 자원봉사단체도 있어서, 대학생활을 풍부하면서도 충실하게 하고 있다고 생각한다.

社团活动 shètuánhuódòng 名 단체활동. 조직활동. ¶小区开展了各种~,居民们的生活变得丰富多彩;주택단지는 여러 가지 단체활동을 전개하여 주민들의 생활이 다양하고 풍부하게 바뀌었다.| 你已经三年级了,不要因为过多的~耽误了学业;나는 이미 3학년이 되었으니, 필요이상으로 많은 서클활동으로 인해 학업을 지체해선 안 된다.

射 shè 动 ❶ (힘이나 탄력 등을 이용해서) 쏘다. 발사하다. ¶子弹还是~中的他的右臂,他受伤了;총알이 그의 오른쪽 어깨에 맞아 그가 부상을 입었다.| 甲队今天多次~门都没有成功;갑 팀은 오늘 여러 번 슛을 쏘았지만 모두 성공하지 못했다.| 据说这种古代弓箭能~很远;(듣기에) 이런 종류의 고대 활은 아주 멀리까지 쏠 수 있다고 한다. ❷ (액체 같은 것을) 내뿜다. 분사하다. ¶大门口的喷(pēn)水设备压力不够,水~不高;대문에 분수 설비의 압력이 충분하지 않아 물

을 내뿜는 것이 높지 않다.| 注~;주사(하다).| 喷~;물을 내뿜다. ❸ (열이나 빛을) 방출하다. ¶太阳出来了,光芒四~;태양이 떠올라 사방에 빛을 발산했다.| 照~;(빛을) 비추이다.| 辐~;방사하다. 복사하다.| 反~;반사하다.

射箭 shèjiàn 名 양궁. 궁도. ¶她曾经是国家~队的主力队员;그녀는 예전에 양궁 국가대표팀의 주전 선수였다.| 最近几年他的~成绩不太好;최근 몇 년간 그의 양궁 성적은 별로 좋지 않다.| ~需要很好的臂力,你不适合练~;양궁은 어깨힘이 좋아야 하는데, 너는 양궁을 연습하기에 부적합하다.

申报 shēnbào 动 (서면으로) 상급기관이나 관련 기관에 보고하다. ¶明年的预算应该提前~;내년의 예산은 (마땅히) 사전에 보고해야 한다.| 他刚刚给这个领养的孩子~了户口;그는 방금 막 입양한 아이의 호적을 올렸다.| 我今年~了一个研究课题,还没有批下来;나는 올해 연구 과제를 하나 보고했으나, 아직 비준이 나지 않았다.

申请 shēnqǐng 动 신청하다. ¶我~出国进修一年,领导批准了;나는 1년의 연수를 신청했고, 지도부에서 허가가 났다.| 你可以~奖学金;너는 장학금을 신청할 수 있다.| 他已经~调动工作了,最近可能就要离开这里;그는 이미 인사 이동을 신청해서, 조만간 이곳을 떠날 것이다. 名 신청서. 你写个~,学校会考虑的;네가 신청서를 쓰면 학교측에서 고려해 볼 것이다.| ~写好以后交到办公室;신청서를 작성한 후 사무실에 제출해라.

申诉 shēnsù 动 (소속기관이나 상급기관에) 제소하다. (법원의 판결 등에 불복하여) 상고하다. ¶他已经向中级人民法院提出~,要求重新审理他的案子;그는 이미 중급 인민법원에 제소하여 그의 안건을 검토해 주기를 요구하였다.|你~的理由不充分,法院可能不受理;당신이 상고한 이유가 불충분하여 법원은 아마도 받아드리지 않을 것이다.

伸 shēn 动 펴다. 전개하다. 내뻗다. ¶他~长了脖子还是看不见;그는 목을 길게 뺐는데도 보이지 않았다.|这种相机的镜头是可以~缩的;이러한 사진기의 렌즈는 줌 기능이 있다.|~手;손을 뻗다.|~腿;다리를 뻗다.|~舌头;혀를 길게 빼다.

身 shēn 名 ❶ 신체. 몸. ¶他~高一米八,个子很高;그의 키는 1미터 80으로 키가 매우 크다.|你转过~去,猜猜我给你买了什么;뒤 돌아봐, 내가 너한테 무엇을 사왔는지 알아맞춰봐.|他翻了个~,又睡着了;그는 몸을 뒤집어 또 잠이 들었다.|他~上有好几处打仗时留下的伤疤;그의 몸에는 전쟁으로 인한 상처가 많이 있다. ❷ 자기자신、자기 스스로. ¶对孩子要言传~教,做他的榜样;아이들에게 말과 행동으로 가르쳐 그들의 모범이 돼야 한다.|你能以~作则,学生们才会服你;네가 솔선수범한다면 학생들이 너를 따를 것이다. ❸ 물체의 중요한 부분. ¶车~太长,转起弯来挺困难的;차체가 너무 길어 커브 돌기가 매우 어렵다.|船~受损严重,已经难以继续航行了;배에 큰 손실을 입어 계속해서 운항한다는 것은 어렵게 되었

다. 量 (~儿)벌. (옷을 세는 양사) ¶我给妈妈买了一~新衣服,她一定高兴;내가 어머니께 드릴 새 옷을 한 벌 샀는데, 반드시 기뻐할 것이다.|你这~衣服不适合这种场合,换一~吧;이 옷은 이러한 장소에 어울리지 않으니, 다른 걸로 바꿔 입어라.|她一年添了好几~新衣服;그녀는 일 년 동안 새 옷을 몇 벌 더 샀다.

身边 shēnbiān 名 ❶ 곁에. 몸 주변. ¶老人~只有一个女儿陪伴着;노인 곁에 딸 한 명만이 그를 모시고 있다.|你~的男孩儿是男朋友吗? 네 곁에 있는 남자가 애인이니? ❷ 몸. ¶爸爸出门~总是带着手机,随时能找到他;아버지는 문을 나설 때 반드시 휴대폰을 가지고 나가니, 언제든지 그를 찾을 수 있다.|今天~没钱,能不能先借你的? 오늘 수중에 돈이 없는데, 네 돈을 빌려도 될까?

身份 shēn·fen 名 ❶ 신분. ¶来人~不明,没敢让他进门;온 사람의 신분이 명확하지 않으니, 함부로 들어오라고 할 수 없다.|他总以长者的~跟我们说话,让人很不舒服;그는 항상 연장자의 신분으로 우리들에게 이야기하니 정말 사람을 불편하게 한다. ❷ (존경을 받는)지위. 품위. ¶这样说话可有失~啊;이렇게 말하면 품위를 잃을 수도 있다.|你是个有~的人,说话办事要有分寸;당신은 지위가 있는 사람이니, 말하고 일을 처리하는 데 있어 분별있게 처신해야한다.

身高 shēngāo 名 신장. 키. ¶他的~、体重都很标准,你的~就偏矮了;그의 신장과 체중 모두 표준인데, 너의 신장은 작은 편이다.|听说孩子睡眠太少对

~会有影响;아이들의 수면 시간이 적으면 신장에 영향을 준다고 한다.

身体 shēntǐ 名 신체. 몸. 건강. ¶ ~健康是最重要的;신체의 건강이 제일 중요하다. | 你最近~不好,注意休息;최근에 네 건강이 좋지 않으니 휴식을 취해라. | 他的~很结实,像个运动员;그의 몸은 매우 튼튼해서 마치 운동선수 같다.

参鸡汤 shēnjītāng 名 삼계탕. ¶ 这家餐厅的~味道很好;이 식당의 삼계탕은 아주 맛있다. | 我喜欢吃~;나는 삼계탕을 좋아한다. | 韩国人习惯在夏天吃~;한국인은 여름에 삼계탕을 즐겨 먹는다.

深 shēn 形 ❶ 깊다. ¶这条河很~,游泳不太安全;이 강은 매우 깊어 수영하기에 그리 안전하지 않다. | 这条老胡同又~又狭窄(xiázhǎi),但还是有不少游人来参观;이 오래된 골목은 깊고 좁지만, 적지 않은 관광객들이 구경하러 온다. | ~山老林里有不少珍贵的药材;깊은 산 속에는 진귀한 약초들이 많다. | ~井;깊은 우물. | ~洞;깊은 굴. | ~水;깊은 물. ❷깊이. ¶这口井已经挖了三米~了,还是不出水;이 우물을 이미 3미터나 깊게 파냈지만 아직 물이 나오지 않았다. | 山洞~五米,有一人多高,够好几个人藏身的;산 굴의 깊이는 5미터나 되고 사람의 키보다 높으니 몇 명이라도 몸을 숨기기에 충분하다. | 进~;깊이있게 들어가다. | 纵~;(군대) 종심, 전선에 배치된 부대의 최전선에서 후방 부대까지의 세로의 선. ❸심오하다・어렵다・쉽게 알 수 없는. ¶这个课本太~了,不适合一年级学生;

이 교과서는 너무 어려워 1학년 학생들에게 적합하지 않다. | 讲课要由浅入~,这样学生容易理解;강의 내용은 쉬운 것부터 어려운 것으로 들어가야 학생들이 쉽게 이해할 수 있다. ❹ 깊이가 있다. 깊다. ¶前年去西藏给我留下的印象太~了,一辈子都忘不了;재작년 티베트에 갔을 때 평생 잊을 수 없는 강한 인상을 받았다. | 这次我们俩谈得很~,都说了自己的心里话;이번에 우리들은 깊은 대화를 나눴다. 서로 속 얘기까지 다 털어놨다. ❺ (감정이) 깊고 두텁다. ¶我跟妈妈感情最~;나는 엄마와 가장 정이 깊다. | 我们是~交多年的老朋友了;우리들은 수년간 깊이 사귄 오랜 친구이다. | 老两口一辈子相亲相爱,情~意切,真让人羡慕! 두 노인은 평생을 서로 사랑하며 깊은 정을 나누었으니 정말 부럽다. ❻ (색깔이) 진하다. ¶你的衣服颜色太~了,显得皮肤很暗;너의 옷 색깔이 너무 진하여 피부가 (매우) 어둡게 보인다. | 家里的地板选择了我喜欢的~色调;집안의 마루는 내가 좋아하는 진한 색상을 선택했다. | ~红色;진한 빨강색. | ~绿;진한 녹색. | ~蓝;진한 감청색. ❼ 시간이 오래되다. ¶夜~了,快睡吧;밤이 깊었으니 빨리 잠자리에 들어라. | 到了~秋,树叶差不多都落了;늦은 가을이 되어 나뭇잎들이 거의 떨어졌다. 副 매우. 전혀. ¶对他的诚实我是~信不疑的;그의 성실함에 대해서 나는 전혀 의심치 않는다. | 妈妈~知女儿的脾气,所以从来不强迫她做什么;어머니는 딸의 성격에 대해 매우 잘 알고 있다. 그래서 지금까지 딸에게

무엇을 하라고 강요하지 않았다.|你说的这些我也~有同感;당신이 말한 이것들은 나 역시 깊이 동감한다.|对受害人我们~表同情;피해자들에게 심심한 위로의 마음을 표한다.

深度 shēndù 名 ❶ 심도. 깊이, 깊고 얕음의 정도.¶井的~还不够,所以没水;우물의 깊이가 아직 모자라 물이 없다.|昨天刚刚测量了河水的~,今天又涨了很多;어제 막 하천의 깊이를 측량했는데, 오늘 또 물이 많이 불었다.|这种伤口的~让医生也很吃惊;이 상처의 깊이는 의사조차 매우 놀라게 하였다. ❷ 인식 정도. 이해 정도.¶你这篇论文基本观点正确,但~不够;너의 논문은 기본적 관점은 정확하지만 깊이가 부족하다. 形 (정도가 매우) 심하다.¶病人处在~昏迷状态;환자는 깊은 혼미상태에 빠져있다.|你的眼睛已经~近视,只能戴眼镜了;너의 눈은 이미 심한 근시니, 안경을 쓸 수밖에 없다.

深厚 shēnhòu 形 깊고 두텁다. 탄탄하다. 튼튼하다. 견실하며 풍부하다.¶他的功底~,不是一般演员能够超越的;그는 연기력이 아주 탄탄해서 다른 배우들이 따라올 수 없다.|他的英语底子不算~,但非常用功,进步明显;그의 영어실력은 기초가 탄탄하진 않지만, 열심히 노력해 눈에 띄게 발전했다. ❷ 깊고 두텁다.¶我们不是亲兄弟,但感情~,就像亲兄弟一样;우리들은 친형제는 아니지만, 감정이 깊고 두터워 마치 친 형제와 다름없다.|他们爱得如此~,是不会分开的;우리들의 사랑이 이처럼 깊고 두터우니 (우리는)헤어지지 않을 것이

다.

深刻 shēnkè 形 ❶ (감정, 도리 등이) 깊이가 있다. 깊다.¶你的见解非常~;너의 견해는 매우 깊이가 있다.|文章分析的很~;문장 분석이 매우 깊이가 있다.|这番话的含义~,好好想想吧;이 말이 내포하고 있는 것은 매우 깊이가 있으니 잘 생각해 보아라. ❷ (느낌의 정도가) 매우 깊다.¶这个地方我来过,印象~;이 곳은 내가 와 보았는데 매우, 인상이 깊었다.|对这件事我还有~的记忆;이 일에 대해 나는 아직 깊은 인상을 가지고 있다.|离开了家,才~体会到家的温暖;집을 떠나보니, 비로소 집의 따뜻함을 깊이 깨달았다.

深入 shēnrù 形 투철하다. (상황이해나 사리 분석이) 매우 상세하고 심도가 있다. 철저하다. 본질에 접근하다. 깊이 들어가다.¶他对问题的分析非常~,大家都很信服;문제에 대한 그의 분석은 매우 심도가 있어, 모두가 매우 믿고 따른다.|事故的原因还需要~调查后才能做出来;사고원인은 철저히 조사한 뒤 알 수 있다.|你对他还缺少~了解,可能误解他了;너는 그에 대해 아직 깊은 이해가 없어 아마 그를 오해했을 것이다. 动 사물의 핵심에 도달하다. 사물의 이치에 깊이 이해하다.¶~生活才能写出有真情实感的作品;삶 속에 깊이 들어가봐야 비로소 진정으로 실감나는 작품을 써 낼 수 있다.|考察队~山区寻找标本,发现不少珍稀树种;산 속에 깊이 들어가 표본을 찾던 조사대는 진귀한 나무의 종들을 많이 발견했다.

什么 shén·me 代 ❶ 무엇. 무슨.¶那是

~? 저것은 무엇이에요?|你说~?뭐라고?|~是"内存"? 무엇이 안에 있다는 것이냐?|你的新车是~颜色的? 너의 새 차는 무슨 색이야.|这是~地方? 여기가 어디죠? ❷ 불확정적인 사정. 무엇이나. 무엇이든지. ¶那些人在干~? 저 사람은 뭐하는 거냐?|今天想吃点儿~? 오늘 뭐 좀 먹고 싶다?|咱们喝点~吧,边喝边聊;우리 뭐 좀 마시자, (한편으론) 마시면서 얘기하자. ❸ 무엇이나. 그 어떤 것이나. (항상 '也'나 '都'가 같이 수반된다.) ¶她~都想学;그녀는 뭐든지 배우고 싶어한다.|他~也不会;그는 아무것도 할 줄 모른다.|天黑的~也看不见;날이 어두워져 아무것도 보이지 않는다.|你想说~就说~,别怕;어려워 하지말고 하고싶은 말을 해봐라. ❹ 뭐. 무엇이. 뭐라고. (놀람이나 불만을 나타낸다.) ¶这是~笔呀,真难用;무슨 펜이 이래. 정말 안써지는군.|~! 钱包丢了,丢哪儿了? 뭐! 지갑을 잃어버렸다고, 어디서 잃어버렸니? ❺ 따져 책망하거나 따져 비난하는 말. ¶有~好笑的; 뭐가 웃기냐.|说~怪话;무슨 그런 이상한 말을 하니.|凑~热闹! 뭘 함께 떠드니.

什么的 shén·me·de 代(몇 개의 병렬 성분 뒤에 쓰인다.) 등등. 따위. ¶一开学我就去买了本子、笔、墨水~,上课要用的;개학이 되자 나는 수업 중에 쓸려고 공책, 펜, 잉크 등을 샀다.|妈妈到超市采购了油、酱油、盐、糖~一大堆东西,差点儿拿不回来了;어머니는 시장에서 기름, 간장, 소금, 설탕 등등 물건들을 한 무더기 사왔는

데, 하마터면 가지고 오지 못할 뻔 했다.

什么时候 shénme shíhou ❶ 언제(쯤). ¶你~回来;너는 언제 돌아오니.|火车~到站? 기차가 언제 도착하니? ❷ 장래의 불확실한 시간을 표시. ¶~咱们也去趟公园吧; 언제 우리도 공원에 한 번 가자.|~能住上自己的房子就好了;언젠가 내집에 살 수 있으면 좋겠다.

神 shén 形 기묘하다. 신기하다. 신비롭다. 신령스럽다. 특출 나다. ¶你这么快就来了,真~啊;네가 이렇게 빨리 오니, 정말 신기하다.|这事被他越说越~,我都不相信了;이 일은 그가 말할수록 신기해서, 나는 도무지 믿지 못했다.|这种药真有那么~吗? 이런 약이 정말 특효가 있니? 名 ❶ 정신. 정기. 정력. 생기. ¶这孩子的一双大眼睛特别~;이 아이의 두 눈은 대단한 정기가 서려있다.|注意听讲,不要走~;강의에 주목해. 딴생각하지 말고.|这件事情太劳~了,我做不了;이 일은 정말 힘들어, 나는 할 수 없다. ❷ 고대의 전설과 종교에서 보이는 천지만물의 창조자, 혹은 비범한 능력을 가진 자. ¶你相信这世上有~吗? 너는 이 세상에 신이 있다고 믿니?|我一直是个无~论者;나는 지금까지 줄곧 무신론자였다.

神话 shénhuà 名 신화. ¶我喜欢看~故事,《山海经》我很早就读熟了;나는 신화이야기 보는 것을 좋아하는데,《山海经》은 이미 오랜 전에 숙독하였다.|~能够反映古代先民对美好生活的向往;신화는 고대 조상들의 아름다운 삶에 대한 추구를 보여준다.|社会发展了,许多~都变成了现实;사회

가 발전하여, 수많은 신화들이 모두 현실로 변화되었다.

神经 shénjīng 名 (生理) 신경. ¶人的行为是受~支配的;인간의 행위는 신경의 지배를 받는다.│终于考完了,可以好好放松一下紧张的~了;끝내 시험이 끝났으니, 긴장했던 신경을 풀어 주어라.│爸爸最近~衰弱(suāiruò),晚上常常睡不着觉;아버지는 요즘에 신경이 쇠약해져서 밤에 늘 잠을 못 이루신다.

审查 shěnchá 动 심사하다. 심의하다. 검열하다. ¶这个案子需要重新~;이 사건은 다시 한번 심의가 필요하다.│你的出国材料已经~过了,近期就可以办手续;당신의 출국관련 자료는 이미 심사를 마쳤으니, 빠른 시일에 수속을 밟아도 좋다.│~结果还没出来,只好再等等;심사의 결과가 아직 나오지 않았으니, 더 기다릴 수 밖에 없다.

▶확장용법: ¶~方案; 심의 방안.│~计划;심사 계획.│~经费;심사 경비.

审判 shěnpàn 动 심리하다. 심판하다. 재판하다. 판결하다. ¶法院最近~了一批贩(fàn)毒罪犯; 법원은 최근에 마약범죄에 대해 판결을 내렸다.│~结果已经公开;재판결과는 이미 공개하였다.

▶확장용법: ¶~程序; 심리 단계.│~员;심판원. 재판원.│~长;재판장.

甚至于 shènzhìyú 连 심지어. …까지도. …조차도. …마저. ¶你不努力,考试会不及格,~不能毕业;너는 노력하지 않으면 시험에 합격할 수 없으며, 심지어 졸업도 할 수 없다.│这个地区还很闭塞(sè),别说上网了,~看电视都不太容易;이 지역은 너무 외져 인터넷은 고사하고 TV시청조차 하기 쉽지 않다.

升 shēng 动 ❶ 오르다. 올라가다. 올리다. ¶这种机器~降自如,非常方便;이 기계는 마음대로 올리고 내릴 수 있어 대단히 편리하다.│月亮~起来了,是一轮圆月;둥근 달이 떠 올랐다.│清晨,广场上有不少人等待着看~旗仪式;새벽에 많은 사람들이 국기게양식을 보려고 기다린다. ❷ (등급이) 오르다. 상승하다. ¶今年的~学考试改在6月初,复习时间不太多了;올 해 진학시험이 6월 초로 바뀌어서 복습할 시간이 그리 많지 않다.│我女儿明年就~三年级了;내 딸은 내년에 곧 3학년에 올라간다.│他刚~了官,当副厂长了;이제 막 그는 승진해 부공장장이 되었다.│~格;승격 되다.│~级;승급되다.│~迁;높은 지위로 오르다.│~温;온도가 오르다.

升值 shēngzhí 动 평가 절상하다. ¶去年朋友买的债券(quàn)~了,他想今年再多买一些;작년에 친구가 산 채권이 평가 절상되어 그는 올해 좀 더 많이 살 생각을 하고 있다.│我还不清楚邮票的~空间如何,不敢多买;나는 아직도 우표의 평가 절상 여지가 얼마나 될지 잘 몰라 감히 많이 사지 못하고 있다.│都说股票能~,但风险也很大;모두가 증권이 평가 절상 될 것이라고 말하지만, 위험성 또한 매우 크다.

生 shēng 动 ❶ 낳다. 태어나다. ¶我~在山东,长在北京;나는 산둥에서 태어났고, 베이징에서 자랐다.│她~于1989年,今年整整21岁;그녀는 1989년 출생이니, 올해로 딱 21세이다.

❷ 성장하다. ¶我种的花已经~根发芽了;내가 뿌린 꽃씨가 이미 뿌리에서 발아되었다.│土豆~芽了,不能吃了;감자가 발아되어 먹지 못한다. ❸ 발생하다. 생산하다. ¶孩子~病了,我得请一天假带他去医院;아이가 병에 걸려 하루 휴가를 내 아이를 병원에 데리고 갈 것이다.│这种药不可能那么快~效;이런 종류의 약은 그렇게 빠른 효과를 볼 수 없다. ❹ 점화하다. 불을 붙이다. ¶以前家里用煤炉子做饭,总是妈妈早早地起来~火;이전 집에서는 석탄난로를 이용해 밥을 지었기 때문에 어머니는 일찍 일어나서 불을 붙이셔야 했다. 形 ❶ (과일 따위가) 덜 익다. ¶西瓜有点~,不好吃;수박이 좀 덜 익어 맛이 없다.│买了几个~苹果,凑合吃吧;사과를 몇 개 샀으니, 아쉬운 대로 그냥 먹자. ❷ 데우거나 끓이지 않은 식물. 요리하기 전의 생채. ¶夏天吃~食一定要洗干净;여름 철에 날로 먹을 때는 반드시 깨끗하게 씻어서 먹어야 한다.│肉还有点~,再煮煮吧;고기가 아직 덜 익었으니, 더 삶아라. ❸ 낯설다. 생소하다. ¶我们已经不是~人了,不用客气;우리는 이제 처음보는 사이도 아니니 예의를 차릴 것 없다.│这篇课文里~词太多了,读不下去;이 본문내용에는 생소한 단어가 너무 많아, 읽어 나갈 수가 없다.│很久没弹琴,手~了;오랫동안 가야금을 켜지 않아 손에 낯설다. 副 매우. 몹시. ¶我~怕写错了,练了好多遍;나는 글씨가 틀릴 까봐 몇 번을 연습했다.│你的手真重,打得我~疼;너는 손이 정말 매워 때리면 몹시 아프다.

生菜 shēngcài 名 ❶ 아직 요리되지 않은 싱싱한 생 야채. 상추. ¶多吃~对健康有好处;상추를 많이 먹으면 건강에 좋다.│吃~一定要洗干净;상추를 먹으려면 반드시 깨끗이 씻어야 한다. ❷ 생채. ¶喜欢吃~的人很多,我也喜欢这种蔬菜;생채 먹는 것을 좋아하는 사람들이 많은데, 나 역시 이러한 종류의 야채를 좋아한다.│其实~也可以熟吃,又是一种味道;사실 생채도 익혀 먹을 수 있는데, 이 또한 하나의 맛이다.

生产 shēngchǎn 动 ❶ 생산하다. ¶有了先进的技术,能够~出更多的产品;선진화된 기술이 있다면, 더욱 많은 상품들을 생산할 수 있다.│粮食的~是最重要的;식량생산이 제일 중요하다.│十年前~的这批汽车现在已经滞销了;10년 전에 생산된 이 자동차를 지금은 생산하지 않는다.│工业~;공업생산.│粮食~;식량생산.│农副产品~;농부산품. ❷ 출산하다. ¶他的妻子下月~,可能会很忙的;그의 아내는 다음 달에 출산하는데, 매우 바쁠 것이다.│产妇在~时,医院允许家属陪护;임산부가 출산할 때, 병원에서는 가족들이 곁에서 보살필 수 있도록 허락하였다.

生产力 shēngchǎnlì 名 생산력. ¶科学技术是~;과학 기술은 생산력이다.│改进生产工具,可以有效地提高~;생산 도구를 개량하면 생산력을 효율적으로 높일 수 있다.│解放~;생산력을 해방하다.│发展~;생산력을 발전시키다.

生词 shēngcí 名 새로 나온 단어. ¶这篇课文的~太多了,一晚上都没查完;

이 교과서 본문에 새로 나온 단어가 너무 많아, 하룻밤에 다 찾을 수 없다.| ~表;새로 나온 단어표.| ~本;새로 나온 단어장.

生存 shēngcún 动 생존하다. ¶ 没有水，人就不能~;물이 없다면 사람은 생존할 수 없다.| 这个地区气候恶劣, ~条件很差;이 지역은 기후가 열악해 생존 조건이 나쁘다.| 这种小动物有很强的~能力;이런 종류의 작은 동물은 매우 강한 생존 능력을 갖고 있다.

生动 shēngdòng 形 생동적이다. 생기발랄하다. 생생하다. ¶ 我被~的画面感动了;나는 생동적인 화면에 감동 받았다.| 小孩儿的话非常~真诚,在场的人都哭了;어린 아이의 말이 대단히 생동적이고 진실되어, 현장에 있던 사람들 모두 울었다.| 这个人物造型~活泼,大家都很喜欢;이 인물의 캐릭터는 생기발랄하여 모두가 좋아한다.

生活 shēnghuó 名 생활. 생계. 살림. 생활수준. ¶ ~条件虽然艰苦,但大家很开心;비록 생활 수준이 힘들고 고생되어도 모두 몹시 즐거워 한다.| 现代人的~节奏越来越快了;현대인들의 생활 리듬이 갈수록 빨라진다.| 你这种~方式可不利于健康啊;너의 이러한 생활방식은 건강에 좋지 않다.| 观察~;생활을 관찰하다.| 体验~;생활을 체험하다.| 热爱~;삶을 즐기다.| ~安定;생활이 안정적이다.| ~单调;생활이 단조롭다.| ~幸福;생활이 행복하다. 动 생활하다. 생존하다. ¶ 我一直跟父母~在一起;나는 줄곧 부모님들과 함께 생활한다.| 今后我要独立~了;오늘 이후로 나는 독

립생활을 할 것이다.| 他在国外~得不错,你们就放心吧;그는 외국에서 잘 살고 있으니 너희들은 안심해라.

生命 shēngmìng 名 생명. ¶ 人的~是最宝贵的,因为它只有一次;인간의 생명은 한 번 밖에 없기 때문에 가장 귀하다.| 现在这个病人只能靠药物维持~了;현재 이 환자는 오직 약에 의지해 생명을 유지해 나간다.| 又一个可爱的小~诞生了;또 하나의 귀여운 작은 생명이 태어났다.| 挽救~;생명을 구하다.| 延续~;생명을 지속시키다.| 珍惜~;생명을 아끼다.

生气 shēng//qì 动 (어떤 원인이나 이유로 인해) 화내다. 화가 나다. ¶ 第一次看到妈妈这么~,我很害怕;어머니가 화내는 것을 처음 보았는데, 정말 무서웠다.| 你这么不守时,我真的~了;네가 이렇게 시간을 지키지 못하면, 나는 정말 화가 난다.| 你跟他生什么气呀,他还是个不懂事的孩子;그는 아직 철 모르는 어린아이인데, 너는 그에게 무슨 화를 내느냐. 名 생명력. 생기. ¶ 年轻人就是有~;젊은 사람은 생기가 있다.| 参加开幕式演出的小伙子个个充满~;개막식에 참가해 공연하는 젊은이마다 생기가 넘친다.| 病了多日,脸上一点~也没有;오랫동안 병을 앓았더니, 얼굴에 생기가 전혀 없다.

生日 shēng·ri 名 생일. ¶ 今天是妈妈的~,我们全家为她祝贺;오늘이 어머니의 생신이어서 우리 가족은 축하인사를 전했다.| 祝妈妈~快乐;어머니 생신을 축하드립니다.| 过~的那天,我想叫我的朋友们到家里玩;생일을 지낼 때 나는 나의 친구들을 집으로 불

603

러 놀고 싶다.

生物 shēngwù 名 생물. ¶~包括动物、植物和微生物;생물에는 동물, 식물과 미생물 등이 포함된다.|~科学;생물과학.|~工程;생체 공학.|~系;생물계. 생체계.|~专业;생물(학) 전공.

生意 shēng·yi 名 장사. 사업. ¶父亲这两年的~做得不错;2년 동안 아버지가 하시는 장사는 괜찮았다.|最近服装~也不太好做了;최근 옷 장사 역시 하기가 쉽지 않다.|~兴隆(lóng);사업이 번창하다.|~清淡;장사가 불경기이다.|~人;장사하는 사람.|~经;장사의 방법.

生鱼片 shēngyúpiàn 名 생선회. ¶这几年~是比较受欢迎的一道菜;요 몇 년간 생선회는 비교적 환영 받는 요리이다.|这家饭店的~味道不错,每次跟朋友到这里吃饭都会点这道菜;이 식당의 생선회가 맛있어서, 매번 친구와 이곳에 와서 식사할 때 이 요리를 시킨다.

▶용법주의: '生鱼片'은 한국어 한자어로 '生鲜脍'라고 하지만 '生鲜脍'는 중국어에서 사용 할 수 없다. ¶我最喜欢吃生鲜脍(×)

生育 shēngyù 动 출산하다. 낳아 기르다. ¶她结婚好几年了,但还没有~;그녀는 결혼한지 몇 년이나 되었지만, 아직까지 출산하지 못했다.|这个年龄~很合适;이 나이는 출산하기에 적당하다.|母亲一生~了我们三个孩子;어머니는 한평생 우리 세 아이를 낳아 기르셨다.

生长 shēngzhǎng 动 ❶생장하다. 성장하다. 나서 자라다. ¶这种植物~得很快;이 식물의 성장은 매우 빠르다.|阳光和水是植物~的必要条件;햇빛과 물은 식물성장에 필요조건이다.|~期;생장기. 성장기.|~条件;성장조건. ❷출생하다. 자라다. ¶我从小~在北京,那里就是我的故乡;나는 어렸을 때부터 베이징에서 자랐으니, 그곳이 곧 나의 고향이다.|不要让这种消极情绪在你脑子里~,它是有害的;이러한 부정적인 정서를 네 머리속에 키우지 마라. 이는 해로운 것이다.|新生事物总是~得很快;갓 태어난 사물은 항상 성장이 빠르다.

声 shēng 名 (~儿);소리. ¶你在公共场所说话最好小点~;공공 장소에서 말을 할 때 소리를 좀 낮추는 게 좋다.|外面的雨~很大,看来雨一时停不下来;밖에 비 오는 소리가 매우 요란한데, 보아하니 한동안 그치지 않을 것 같다.|尽管他的脚步~很轻,我还是听见了;그의 발 소리가 가볍지만 나는 그래도 들린다. 量 번. 마디. (소리를 나타내는 횟수를 나타낸다.) ¶我喊了他三~他都没有答应,可能睡着了;내가 그를 세 번이나 불렀지만 대답이 없는 걸로 봐서, 아마도 잠이 들었나 보다.|夜里,听到邻居家的狗叫了几~;한 밤중에 이웃 집의 개가 몇 번 짖는 소리를 들었다.|他说得很激动,一~比一~高;그는 흥분해서 말할 때마다 톤이 높아진다.

声调 shēngdiào 名 ❶말투. 어조. 목소리. 톤. ¶他说话~低沉,看上去情绪不太好;그의 말투가 나지막한 것을 보니 기분이 별로 좋지 않은 것 같다.|看你激动的,~都变了;너는 감정이 격해지면 말투가 변한다. ❷성조. ¶汉

语的每个字音都有不同的~,很难掌握;중국어는 글자마다 성조가 있어 배우기 어렵다.| 这个字的~是阳平,你读错了;이 글자의 성조는 양평(2성)인데 잘 못 읽었다.| 汉语拼音都标有~,你要注意它的读法;한어 병음에는 모두 표준 성조가 있으니, 너는 그 읽는 법에 주의해라.

声卡 shēngkǎ [名] 사운드 카드. ¶我的电脑可能是~出问题了,明天得送去修理一下; 내 컴퓨터의 사운드 카드에 문제가 생긴 것 같아, 내일 보내서 수리를 해야 한다.| 请问,修一下~多少钱? 말씀 좀 묻겠습니다, 사운드 카드를 수리하는데 얼마지요?

声明 shēngmíng [动] (공개적으로 태도를) 밝히다. 표시하다. 성명하다. ¶我~我退出这次活动; 나는 이번 활동에 빠진다고 밝혔다.| 有不同意见请提前~;다른 의견이 있으면 미리 태도를 밝혀라.| 我已经~过多次了,这件事与我无关;나는 이 일이 나와 무관하다고 여러 번 밝혔다. [名] 성명서. ¶政府发表了~,表明国家的立场;정부는 성명서를 발표해 국가의 입장을 표명했다.| 他最终还是在网上发表了一个~,说明了自己的态度;그는 최종적으로 인터넷에 성명을 발표하여 자신의 태도를 설명하였다.| 这些双方都很关心的条件在联合~中全提到了;양측이 모두 관심이 있어 하는 조건은 연합 성명 가운데 전부 제시하였다.

声音 shēngyīn [名] 목소리. 소리. 음성. ¶她说话的~特别好听;그녀의 목소리는 대단히 듣기 좋다.| 教室里一点儿~都没有,安静极了;교실 안에 조그만 소리조차 없어 대단히 조용하다.| 一听~就知道你来了;소리를 듣고 나는 곧 네가 온 줄 알았다.

绳子 shéng·zi [名] 새끼. 밧줄. 노끈. ¶这根~这么长,足够你用的了;이 밧줄이 이렇게 길으니 네가 사용하기 충분할 것이다.| 你把~拉紧点;밧줄을 꽉 잡아라.| 用~捆起来吧,这样好提;밧줄로 묶어라, 이래야 들기 좋다.

省 shěng [动] ❶ 절약하다. 아끼다. ¶走这条近路比较~时间;이 가까운 길로 가면 비교적 시간을 아낄 수 있다.| 如果你想~点钱, 就去小商店买东西;네가 돈을 좀 아끼고 싶으면 작은 상점에 가서 물건을 사라.| 妈妈过日子很~,什么都舍不得买;어머니의 생활은 매우 검소하여 뭐든 사는 것을 아까워 한다. ❷ 빼다. 감하다. 생략하다. ¶这事由你管,就~得我操心了;이 일을 네가 맡아주니 내가 신경 쓰지 않아도 되겠다.| 这几个字是不能~的, ~了,人家就看不懂了;이 몇 글자는 뺄 수 없다, 만약 빼면 사람들이 알아볼 수 없을 것이다.| 这孩子太不让人~心了;이 아이는 정말이지 너무 걱정하게 한다. [名] 중국 중앙정부에 속해 있는 행정 구획단위. 성(省). ¶河北~;허베이성.| 山东~;산둥성.| 黑龙江~;헤이룽장성.

胜 shèng [动] ❶ 승리하다. 싸워 이기다. ¶今天上海队大~广州队;오늘 상하이 팀이 광저우팀을 크게 이겼다.| 只要你心态平稳,肯定能~;네가 마음을 편하게 가지면 확실히 이길 수 있을 것이다.| ~不骄,败不馁(něi);승리해도 교만치 않으며, 패한다 해도 낙담하지 않는다. ❷ 낫다. 우월하다. (일반적

으로 '于', '过'와 연계해서 사용한다.) ¶行动~过言语;행동이 말보다 낫다. | 事实~于雄辩;사실은 웅변보다 낫다. | 他的一个眼神~过千言万语;그의 눈빛이 많은 말보다 낫다.

胜利 shènglì [动] ❶ 상대방에 싸워 이기다. 승리하다. 성공하다. ¶比赛终于~了;끝내 시합에 이겼다. | 战斗~了;전투에서 승리했다. | 我们~了;우리가 승리했다. ❷ (일이나 사업이) 예정한 목표에 도달하다. 기대한 성과를 거두다. ¶我们坚信我们的事业一定能够~;우리는 우리의 사업이 성공할 것을 믿어 의심치 않는다. | 今年的生产任务~完成了;금년의 생산임무를 완벽히 완성하였다. | 大会~闭幕了,大家对大会非常满意;대회를 성공적으로 마쳤다. 모두들 대회에 매우 만족하였다.

盛 shèng [形] ❶ 흥성하다. 번성하다. 번영하다. ¶李白是~唐时期的伟大诗人;이백은 성당 시기의 위대한 시인이다. | 太平~世,人们安居乐(lè)业;태평성세에는 사람들이 모두 편안하고 즐거운 생활을 한다. | 现在这个行业很兴~;현재 이 사업은 매우 흥하고 번영한다. | 今春的花开得很~;올 봄에 꽃들이 매우 화려하게 피었다. ❷ 왕성하다. 성대하다. ¶我们有幸看到了我国历史上最大的一次体育~会;우리들은 다행히도 우리나라 역사상 가장 크고 성대한 체육대회를 맞이하게 되었다. | 这样的~典令人终生难忘;이러한 성대한 의식은 사람들로 하여금 평생 잊지 못하게 한다. | 新年到来之际,政府~宴款待在华工作的外国专家和学者;새해가 밝아 올 무렵, 정부는 성대한 잔치를 벌여 중국에서 일하고 있는 전문가들과 학자들을 대접하였다. | ~况;성황. 성대한 분위기. | ~事;성대한 일(사업). ❸ 보편적이다. 널리 퍼져있다. ¶这种铺张浪费的风气~行可不是好事;이렇게 허세를 부리며 낭비하는 분위기가 성행하는 것은 결코 좋은 일이 아니다. ❹ 크다. 깊고 두텁다. ¶谢谢你的~情款待;당신의 환대에 감사드립니다.

剩 shèng [动] 남다. …만 남다. ¶菜不要做得太多,~了不好吃;요리가 남으면 맛이 없으니 너무 많이 하지 마라. | 宿舍就~我一个人了;숙소에 나 혼자 남았다. | 姐姐每回去商场,钱都花得一分不~;누나는 매번 상점에 갈 때마다 한푼도 남기지 않고 모두 써 버린다. | 假期过得真快,就~十天了;방학이 너무 빨리 지나가, 이제 겨우 열흘 정도 남았다.

剩余 shèngyú [动] 남다. (어떤 수량 중에 얼마간의 부분을 뺀) 나머지 부분. ¶没想到还~了一些纪念品,分给大家吧;기념품이 일부 아직 남았다는 것을 생각하지 못했으니, 모두에게 나눠주어라. | ~的钱不要乱花,留着下次再用;남은 돈은 마음대로 쓰지 말고, 남겨 두었다가 나중에 다시 써라.

失 shī [动] ❶ 잃다. 놓치다. ¶这次他~血太多,需要马上输血;이번에 그는 피를 너무 많이 흘려 바로 수혈을 할 필요가 있다. ❷ (정상에서) 벗어나다. (상태를) 변화시키다. ¶这些照片有些~真,相机有问题吧;이 사진기가 실상을 좀 놓쳤는데, 사진기에 문제가

있는 것 같다.| 他的双眼~神,不知道出了什么事;그의 두 눈이 생기를 잃어버렸는데 무슨 일이 생겼는지 잘 모르겠다. ❸ 어기다. 배반하다. ¶ 明天见,你不要~约啊;내일 보자, 너 약속을 어기지 마라.| 你放心,我从不~信;안심해라, 나는 여태까지 약속을 어긴적이 없다.| 这是~职;이것은 직무유기이다.| ~礼了,对不起!실례했습니다, 미안합니다.

失败 shībài 动 ❶ (상대방에게) 패하다. (상대로 인해) 실패하다. ¶ 这回比赛我们~了,但是并没有失去信心;이번 시합은 우리들이 실패하였지만 자신감마저 잃어버린 것은 아니다.| 这个队很强,几乎没有~过;이 팀은 정말 강해, 거의 진 적이 없다.| 我们是不会甘心~的;우리들은 실패를 달가워하지 않는다. ❷ 실패하다. 예기한 목표에 도달하지 못하다. ¶ 这项试验~过无数次,这次终于成功了;이 실험은 무수한 실패를 하였지만, 이번엔 끝내 성공하였다.| ~是成功之母;실패는 성공의 어머니이다.| 我们应该从~中吸取教训;우리들은 마땅히 실패 속에서 교훈을 얻어야 한다.

失掉 shīdiào 动 ❶ 없다. 잃어버리다. ¶ 因为误会,我~了一个最好的朋友;오해 때문에 나는 가장 친한 친구를 잃어 버렸다.| 他在进入沙漠不久就跟大家~了联系;그는 사막으로 들어간 후, 다른 사람들과 연락이 끊겼다. ❷ (기회 등을) 놓치다. 늦추다. ¶ 这次你~了一个好机会;이번에 너는 좋은 기회를 놓쳤다.| ~这个机遇真是可惜;이번 기회를 놓쳐 정말 안타깝다.

失去 shīqù 动 (효력, 기회 등을) 잃다. 잃어버리다..¶ 失败了也不要~信心;실패하더라도 자신감을 잃어버려선 안 된다.| 伤员失血过多,已经~了知觉;다친 직원이 피를 너무 많이 흘려, 이미 의식을 잃어버렸다.| 我~了好多机会,这回一定要把握住;나는 기회를 수없이 잃었지만 이번에는 반드시 잡을 것이다.

▶용법주의:'失掉'와 '失去'는 기본적으로 그 의미가 같으며 많은 부분에서 서로 호환할 수 있다. 예를 들면 '나는 좋은 친구를 하나 잃어버렸다(失掉)'라는 말은 '나는 좋은 친구를 하나 잃어버렸다(失去)'와 같이 쓸 수 있다. 다만 다른 것은 '失掉'는 '失去'보다 구어에서 더 많이 사용되고, 그 의미가 구어에서 더 농후하다.

失手 shīshǒu 动 ❶ (기회, 상황 등을) 놓치다. 떨어뜨리다 제어하지 못하다. ¶ 我今天~打碎了妈妈最喜欢的花瓶;나는 오늘 어머니가 가장 좋아하는 꽃병을 떨어뜨려 깨뜨렸다.| 他~打伤了同学,心里非常不安;그는 실수로 학우를 때려 다치게 하더니 심리적으로 매우 불안해한다. ❷ (의외적으로) 이해나 실리를 잃다. ¶ 这位有经验的运动员今天~输给了新队员;경험이 많은 이 선수는 오늘 신인 선수에게 졌다.| 保持平常心就不会~了;평상심을 유지한다면 실리를 잃지 않을 것이다.

▶용법주의: 중국어에서는 실수(失手)는 동사로 쓰여 기회 등을 놓치는 것을 말하지만 한국에서의 실수(失手)는 조심하지 아니하여 어떤 일을 그르치는 것을 말하며, 일반적으로 '실수

혹은 실수하다'라는 명사와 동사로 많이 사용된다. 또한 문장에 따라 많은 의미를 포함한다.

失望 shīwàng 动 실망하다. 자신감을 잃다. ¶入学通知书一直没来,我已经彻底~了;입학 통지서가 지금까지 오지 않아, 나는 크게 실망하였다.|听说开幕式的入场券(quàn)早已经卖完了,孩子~极了;개막식의 입장권이 이미 모두 팔렸다고 하는 이야기를 듣고, 아이가 대단히 실망하였다.|不要太~,下次会有机会的;너무 실망하지 마라, 다음 번에 기회는 또 있을 것이다.

失误 shīwù 动 실책을 범하다. 실수를 하다. ¶你的~给大家带来了很多麻烦;너의 실책이 사람들에게 많은 번거로움을 가져다 주었다.|他传球~;그는 패스 미스를 하였다.

▶확장용법:¶判断~;판단 실수.|决策~;결정을 실책 하다.|操作~;조작 실패.

失业 shī//yè 动 직업을 잃다. 실직하다. ¶爸爸~两年了,到现在还没有找到合适的工作;아버지는 실직한지 2년이 되었으며, 아직까지 적당한 직업을 찾지 못하셨다.|厂子接不到活,我们可能要~了;공장 인수가 안 되면 우리들은 아마 실직할 것이다.|她失了三次业了,但从来没有失去信心,最近又找到了工作;그녀는 세 번 이나 실직했지만, 줄곧 신념을 잃지 않아 최근 또 일자리를 찾았다.

师弟 shīdì 名 ❶ 스승과 제자. (같은 스승 밑에 있는 제자로서 자신보다 뒤에 합류한 제자를 선배제자가 부를 때 쓰는 호칭) 후배. ¶他是我~;그는 나의 후배이다.|这个~比我低两届;이 후배는 나보다 2년이 늦다. ❷ 자기보다 나이 어린 스승의 아들. 자기보다 나이 어린 아버지의 제자. ¶我~比我小三岁;나의 사제는 나보다 세 살이 적다.|~的专业跟我相同,但成绩比我好;사제의 전공이 나와 같은데도, 성적은 나보다 낫다.

师傅 shī·fu 名 ❶ (학문, 기예 등의) 스승. (예술이나 기술을 전수해 주는) 스승. ¶我~的手艺够我学一辈子了;내 스승의 손재주는 내가 평생을 배우기에 충분하다.|~对我们要求很严格,俗话说,严师出高徒嘛!;속담에 엄격한 스승에게 훌륭한 제자가 나온다 하는데, 스승님은 우리들에 대한 요구가 매우 엄격하시다. ❷ 예술이나 기술적인 능력이 있는 사람에 대한 존칭. ¶司机~;택시 기사.|木匠~;목수.|大~;큰 스승.|老~;숙련된 기술자.

师姐 shījiě 名 ❶ 스승과 제자. (같은 스승 밑에 있는 제자로서 자신보다 먼저 합류한 여 제자를 후배제자가 부를 때 쓰는 호칭으로) 동문 여자선배. ¶她是我~;그녀는 나의 여자선배이다.|我这个~比我高三届,我进校时她都毕业了;이 여자 선배는 나보다 3년이 빨라, 내가 학교에 들어갈 때 그녀는 곧 졸업했다. 名 스승의 딸. 아버지의 제자 중 자신보다 나이가 많은 여자. ¶我~比我只大一岁,但比我成熟多了;스승님의 딸은 나보다 한 살밖에 많지 않지만, 나보다 훨씬 성숙해 보인다.|~是我们这个专业里最出色的学生;이 여자 선배는 우리 전공에서 가장 뛰어난 학생이다.

师妹 shīmèi 名 ❶（한 스승을 따르며 공부하는 자 중 자기보다 나이 어린）여 후배. 동문 여자후배.¶她是我~，非常出色吧;그녀는 나의 여자 후배인데, 매우 뛰어나지요?|我这个~比我低两届,以前见面机会不多;나의 이 여자후배는 나보다 2기가 늦어, 이전에 볼 수 있는 기회가 적었다. ❷ 스승의 딸. 아버지의 제자 중 자신보다 나이가 적은 여자.¶我~比我只小一岁;스승님의 딸은 나보다 한 살이 적다.|~的专业跟我相同,但她不喜欢这个专业;이 여자 후배는 나와 전공이 같지만, 그녀는 이 전공을 좋아하지 않는다.

师兄 shīxiōng 名 ❶ 스승과 제자.（같은 스승 밑에 있는 제자로서 자신보다 먼저 합류한 남자 제자를 후배제자가 부를 때 쓰는 호칭으로）동문 남자선배.¶这是我~,他给我不少帮助;이 분은 저의 남자 선배이며, 그는 나에게 적지 않은 도움을 주었습니다.|我~比我高一届,但年龄比我还小一点;나의 선배는 나보다 1기가 높으나 나이는 나보다 조금 적다. ❷ 스승의 아들. 아버지의 제자 중 자신보다 나이가 많은 남자.¶我~比我大两三岁;스승님 아들은 나보다 두세 살이 많다.|~在专业上已经有所建树了,我很佩服他;사형은 이미 전공분야에 있어 공적을 세웠으며, 나는 그의 공적에 매우 감탄하고 있다.

诗人 shīrén 名 시인.¶李白是中国历史上最著名的~;이백은 중국 역사상 가장 유명한 시인이다.|唐代是~辈出的时代;당나라 시대는 시인들이 배출되던 시대이다.

施工 shīgōng 动 시공하다. 공사하다.¶这条新的高速公路正在~;이 새로운 고속도로는 한창 공사중이다.|~现场很忙,咱们不要进去了;공사 현장이 매우 바쁘니, 우리 들어가지 말자.|昨天讨论了大楼的~方案,大家的意见已经基本一致,不久就可以开始~了;어제 건물의 시공방안을 토론했다. 모두의 의견은 이미 기본적으로 일치하니 머지 않아 공사를 시작할 수 있을 것이다.|~中一定要注意安全;공사 중에는 반드시 안전에 주의해야 한다.

狮子 shī·zi 名 사자.¶~生活在非洲和亚洲西部;사자는 아프리카와 아시아 서부에서 산다.|我儿子喜欢~,在他的图画本上画满了大大小小的~;나의 아들은 사자를 좋아해서 그의 그림책에는 크고 작은 사자들이 가득 그려져 있다.|周末我准备带孩子去动物园看~;주말에 나는 아이를 데리고 동물원에 사자를 보러 가려고 한다.

湿 shī 形 축축하다. 물기가 있다.¶回家的时候下了大雨,衣服都~了;집에 돌아올 때 큰 비가 내려 옷이 다 젖었다.|我刚洗完澡,头发还是~的;나는 방금 목욕을 해서 머리가 아직 축축하다.|小心点,别弄~了鞋子;신발이 젖지 않도록 조심해라.

十 shí 数（숫자）10. 열.¶这个小区共有~座居民楼;이 작은 지역에는 모두 열 개의 주민 건물이 있다.|我们班50个同学,只有~个男生;우리 반에는 50명의 학우들이 있는데 그 중 10명의 남학생만 있다.|这次国际马拉松比赛我朋友获得了第~名;이번 국

제 마라톤 대회에 내 친구는 10등을 했다.

十二月 shíèryuè 名 12월. ¶~是一年中的最后一个月;12월은 1년 중 마지막 한 달이다.| 他的生日在~;그의 생일은 12월이다.| 我喜欢~,因为可以过圣诞节;나는 성탄절을 보낼 수 있기 때문에 12월을 좋아한다.

十分 shífēn 副 매우. 대단히. ¶这个学期老师对我~满意;이번 학기 때 선생님은 나에게 매우 만족하셨다.| 他做事~认真;그는 일하는 것이 매우 진지하다.| 这里的景色~迷人;이 곳의 경치는 아주 매혹적이다.

十一月 shíyīyuè 名 11월. ¶我们国家的~天气已经很冷了;우리나라는 11월이면 벌써 날씨가 쌀쌀하다.| 我准备~休假;나는 11월에 휴가를 내려고 한다.| ~的工资已经发下来了,跟原来一样;11월의 월급은 원래와 같이 이미 지급하였다.

十月 shíyuè 名 10월. ¶我最喜欢~,气候不冷不热,又有各种瓜果;날씨가 춥지도 덥지도 않고, 또 각종 과일들을 먹을 수 있어 나는 10월을 가장 좋아한다.| 我打算选择明年~出去旅游;나는 내년 10월로 선택해 여행을 가려고 한다.

石榴 shí·liu 名 석류(나무). ¶我家院子里种了一棵~树,每年结不少~;우리 집 정원에 석류나무를 한 그루 심었는데, 해마다 석류를 적지 않게 얻는다.| 传统的中国画、中国瓷器等艺术作品中经常出现~,因为人们认为~象征着多子多福;사람들은 석류가 많은 자손과 많은 복을 상징한다고 생각하기 때문에 중국의 전통 그림

과 자기 등의 예술작품에는 항상 석류가 등장한다.

石头 shí·tou 名 돌. ¶这块地尽是~,没法种庄稼;이 땅은 전부 돌이라 농작물을 심을 수 없다.| 这是一座~房子,很漂亮;이것은 돌로 만든 집인데, 참 예쁘다.| 山上滚下来一块大~,挡在路上,来往的车都被堵住了;산 위에서 큰 돌이 굴러 내려 길을 막아 왕래하던 차들의 길이 모두 막혔다.

石油 shíyóu 名 석유. ¶~在地球上的储(chǔ)量是有限的,不应该无节制地开采;지구 상의 석유는 그 매장량이 유한해 무절제하게 개발 채취해서는 안 된다.| ~一直在涨价;석유 값이 계속 오르다.| 这个~基地是六十年代建设的,现在产油量已经很少了;이 석유기지는 60년대 건설된 것이라, 지금은 산유량이 매우 적다.

石子儿 shízǐr 名 (부서진) 작은 돌멩이. 자갈. ¶以前这是一条~路,现在已经修成宽阔的大路;이전에 이곳은 자갈 길이었는데, 현재는 이미 수리되어 넓게 닦았다.| 河滩上有很多漂亮的小~,我经常去捡;모래톱에는 예쁜 작은 돌멩이들이 많이 있어 나는 자주 주우러 간다.| 小孩子都喜欢玩~;어린 아이들은 돌멩이를 가지고 놀기 좋아한다.

时 shí 名 ❶때. 시간. ¶上课~不要吃零食;수업시간에는 군것질을 하지 말아라.| 明天早晨咱们7点准~出发,大家不要迟到;내일 이른 아침 우리는 7시 정각에 출발할 테니 모두 늦지 말아라.| 你应该定~去医院检查身体;너는 정기적으로 병원에 가서 건강검진을 받아봐야 한다. ❷비교

적 긴 시간을 나타냄. 때. 시기. 시대. ¶这还是上大学~买的书呢,我一直保存到现在;이것은 내가 대학 때 샀던 책인데, 지금까지 계속 보관하고 있다.│他是我儿~的伙伴儿;그는 어릴 적 친구이다.│在中国留学~交了不少好朋友;중국유학시절에 많은 친구들을 사귀었다. ❸ 계절. 철. ¶该下种子了,不能误农~;씨앗을 뿌릴 때가 되었으니, 농사철을 놓쳐서는 안 된다.│这个市场卖的都是~鲜蔬菜,我常去买;이 시장에서 파는 것들은 제철 야채라서 나는 자주 산다. 量시각. 시제. 때. ¶上午八~整飞机抵(dǐ)达首都机场;오전 8시 정각에 비행기는 수도공항에 도착했다.│145次特快的开车时间是十七~五十三分;145호 고속열차의 출발시각은 17시 53분이다. 副 늘. 항상. 자주 때때로 이따금. ¶妈妈的病~好~坏,让我们非常担忧;어머니의 병은 때때로 좋아지기도 하고 또 나빠지기도 하니, 걱정이 된다.│大震后余震还~有发生,还需继续防震;대지진이 있은 후에는 여진이 늘 발생하니, 계속해서 대비를 해야 한다.│我不得不~~提醒自己办事要仔细;나는 어쩔 수 없이 일을 할 때 세심하게 해야 한다고 자신을 늘 일깨운다.

时常 shícháng 副 늘. 항상. 자주. ¶这个地区到了春季~刮风;이 지역은 봄이 되면 늘 바람이 분다.│那家商场我~去,已经很熟悉了;저 상점은 내가 늘 가는 곳이라 이미 익히 알고 있다.│上学期因为身体不好~误课,这学期一定要好好补一下;저번 학기에 나는 몸이 안 좋아 늘 수업을 그르쳤

는데, 이번 학기에는 반드시 보충을 잘 할 것이다.

时代 shídài 名 시대. (경제와 정치, 그리고 문화 등을 구획하여 나눈 역사적 단계로서) 시기. ¶封建~,妇女是没有地位的;봉건 시대에는 부녀자들이 아무런 지위도 없었다.│现在是信息~了,工作和生活节奏变得越来越快;현재는 정보화시대이므로 일과 생활 리듬의 변화가 갈수록 빨라지고 있다.│我的少年~是在家乡度过的,那时真的非常快乐;나는 소년시기를 고향에서 보냈는데, 그 때는 정말 참 즐거웠다.

时光 shíguāng 名 시기. 세월. 때. 시절. ¶大学的快乐~我一辈子也忘不了;대학의 즐거웠던 시절은 내 평생 잊지 못할 것이다.│我们应该努力,不要浪费了大好的~;우리는 좋은 시절을 낭비하지 말고 노력해야 한다.

时候 shí·hou 名 ❶ (일단의) 시간. 때. 시기. ¶小的~,经常到村头的小河里游泳;어린 시절에는 마을 입구에 있는 작은 강에서 늘 수영을 했다.│这座大庙是古~留下来的,还很坚固;이 큰 사원은 고대로부터 남겨진 것으로 아직도 튼튼하다.│放假的~特别想念同学们;방학기간에는 친구들이 특히 생각난다. ❷ 어떤 시점. ¶你今天什么~去公司?너는 오늘 언제 회사에 가?│客人什么~到?손님은 언제 도착하느냐?│到上车的~了,怎么还不走?차를 탈 시간인데, 어째서 아직 가지 않니?

时机 shíjī 名 시기. 기회. ¶这是公司发展的好~,我们要把握住;이것은 회사 발전의 좋은 기회이니까 우리는 이

기회를 잡아야 한다.| 错过了~,事情就难办了;시기를 놓치면, 일은 처리하기 힘들어진다.| 现在的~不好,再等等看吧;지금 시기가 좋지 않으니 조금만 더 기다려봐라.| 把握~;기회를 포착(장악)하다.| 抓住~;기회를 잡다.| 利用~;기회를 이용하다.| 错过~;기회를 놓치다.| 不失~;기회(시기)를 잃지 않다.

时间 shíjiān 名 ❶ 시간. 시각. ¶~是不会停止的;시간은 멈추지 않는다.| 我们不要浪费~;우리는 시간을 낭비하지 말아야 한다.| ~是倒不回去的;시간은 되돌릴 수 없다. ❷ 시. 일정한 시간대. ¶你吃一顿午饭要花多长~;너는 점심 한 끼를 먹는데 시간이 얼마나 걸리니?| 课间的这段~我们商量一下郊游的事情;수업시간 중간에 우리는 소풍 갈 일에 대해 상의했다.| ~不多了,你最好快一点;시간이 별로 없으니 네가 좀 서둘렀으면 좋겠다. ❸ 시점. 시간. ¶这个~我正好有事,不能去车站接你了;이 시간에 마침 일이 생겨서 정거장에 널 마중 나가지 못하겠다.| 现在是什么~?;지금이 무슨 시점이냐?| 明天上课的~已经改了,你还不知道吧?;내일 수업시간이 이미 변경되었는데, 너는 아직 모르고 있지?

时节 shíjié 名 시절. 계절. 철. 절기. ¶现在正是播种的农忙~;지금은 바로 씨를 뿌리는 농번기이다.| 初春~的北方还有点冷,要多穿点衣服;초봄에 북방은 여전히 약간 추우니 옷을 좀 더 껴입어야 한다.| 清明~雨水比较多;청명절에는 비가 좀 많이 내린다.

时刻 shíkè 名 (어떤) 시각. 시간. ¶这是我一生中最幸福的~;이 때가 내 일생에 가장 행복한 시간이었다.| 危险~妈妈总是最先想到孩子;위험한 순간에도 어머니는 제일 먼저 자식을 생각한다.| 这是手术的关键~,一定要小心;이는 수술 중에 가장 중요한 때이니, 반드시 조심하여야 한다. 副 늘. 항상. 시시각각. ¶这些战士~准备着参加战斗;이 전사는 늘 전투에 참가할 준비를 하고 있다.| 在国外的日子我~都惦念着家人;해외생활을 하면서 나는 항상 가족들을 걱정한다.| ~不忘责任才能做好工作;항상 책임을 잊지 않을 때 일을 잘 할 수 있다.

时期 shíqī 名 일정한 시간적 단계. 시기. ¶妈妈出生在战争~,没有机会上学读书;어머니는 전쟁시기에 태어나서, 학교에 가 공부할 수 있는 기회가 없었다.| 我的童年~很快乐;나의 어린 시절은 매우 유쾌하였다.| 他最近大病了一场,现在还在恢复~;그는 최근에 큰 병을 앓았으며, 지금은 아직 회복시기에 있다.| 危险~;위험한 시기.| 非常~;비상시기.| 过渡~;과도기.| 准备~;준비시기.| 发展~;발전시기.

实际 shíjì 名 (객관적으로 존재하는 사물이나 현상으로) 실제. ¶理论和~往往不一致;이론과 실제는 가끔 불일치한다.| 他的想法不切合~;그의 생각은 실제에 부합하지 않는다.| 办任何事情都应该从~出发;어떤 일을 하던지 모든 일은 마땅히 실제에서 출발해야 한다. 形 ❶ 구체적이다. ¶光说不行,要看你的~行动;단지 말만 해선 안 되며, 너의 실제 행동을 봐야

한다.| 请你举一个~的例子说明一下;실제적 예를 하나 들어 설명해 주시기 바랍니다.| 你就按照~情况处理吧;너는 바로 실제적 상황에 따라 처리해야 한다. ❷(사실에) 부합되는. 현실적인. ¶我看你的想法不~,肯定办不成;내가 보기에 너의 생각은 현실에 부합되지 못하므로, 틀림없이 일을 성사시킬 수 없을 것이다.| 他们的方案很~;그들의 방안은 매우 현실적이다.| 这些都是需要解决的~问题;이들은 모두 현실적 해결이 필요한 문제들이다.

实践 shíjiàn 动 실천하다. 이행하다. ¶不知道这个设想对不对,没有~过;이 구상이 맞는지 아닌지 몰라서 이행해 보지 않았다.| 最好用你的实际行动~你的誓言;제일 좋은 것은 너의 실제 행동으로 네가 맹세한 말을 실천하는 것이다.| 老师傅的~经验很丰富;노 선생님의 실천경험은 매우 풍부하다. 名 실천. ¶社会~可以帮助年轻人了解社会;사회 실천은 젊은 이들이 사회를 이해하는데 도움을 준다.| ~证明你的看法是错误的;실천은 너의 생각이 틀렸다는 것을 증명하였다.

实名制 shímíngzhì 名 실명제. ¶现在在银行存取款都实行~了;현재 은행에는 예금이나 출금이나 모두 실명제를 하고 있다.| ~刚实行了几年;실명제는 실행한 지 몇 년 안됐다.

实情 shíqíng 名 실정. 실제 사정. ¶你不了解~,不要乱说;너는 실정을 잘 이해하지 못하니 함부로 말하지 마라.| 他最终还是说出了~;너는 결국 실제 사정을 말해 주었다.| 你觉得他

说的是~吗? 너는 그가 말한 것이 실제상황이라고 생각하니?

实施 shíshī 动 실시하다. ¶这个计划还没有~;이 계획은 아직 실시하지 않았다.| 等新的草案~后再看效果如何;새로운 초안이 실시된 후에 효과가 어떤지 보자.| 明年就要~新的管理制度了;내년에 곧 새로운 관리 제도를 실시한다.

实事求是 shí shì qiú shì 成 실제에서 출발하여 어떤 일이나 문제를 처리하고 해결하는 것. 실사구시. ¶我们应该~地看待老师们的成绩;우리들은 마땅히 실사구시적으로 선생님들의 성과를 대하여야 한다.| 这篇文章基本上是~的;이 문장은 기본적으로 실사구시적이다.| 请你~地反映情况,不要夸大;너는 과장하지 말고 실사구시적으로 상황을 반영해야 한다.

实体 shítǐ 名 실체. ¶这是一个在国际上很有名的经济~;이것은 국제상 매우 유명한 경제실체이다.| 他是那个政治~的核心人物;그는 저 정치실체의 핵심인물이다.| 那个公司是个空架子,根本没有~;저 회사는 단지 형식 뿐이고 내용이 없는 것이니, 근본적으로 실체가 없다.

实现 shíxiàn 动 (이상이나 계획 등을) 실현하다. 달성하다. ¶我们的愿望会~的;우리의 소망은 실현될 것이다.| 希望你能~你的理想;너의 이상이 실현되길 바란다.| 看来我的梦想很难~了;보아하니 나의 꿈은 실현하기 어렵겠다.

实行 shíxíng 动 실행하다. ¶这个制度~后出现了不少问题,还需要完善;이 제도를 실행한 뒤 많은 문제가 발견

613

되었다. 더욱 정비할 필요가 있다.|新的作息时间从下学期开始~;새로운 수업시간 배치는 다음주부터 실행할 것이다.| 这种方法我们也~过,因为效果不好停了;이런 방법도 실행해 보았으나 효과가 좋지않아 중단했다.

实用 shíyòng 形 실용적이다. 실제로 쓰다. ¶他们公司的新产品都很~,很受欢迎;그들 회사의 신제품은 모두 실용적이라 큰 환영을 받는다.| 给父母送点~的礼物吧;부모님께 실용적인 선물을 보내드려라.| 这个书柜好看,但不~;이 책장은 보기 좋은데, 실용적이지 못하다.| ~生活小窍门;실용적인 생활 노하우.

实在 shízài 形 허구가 아니다. 실재하다. ¶这个人特别~,从来不会说谎;이 사람은 대단히 진실해, 여태까지 거짓말을 한 적이 없다.| 他为人~,大家都喜欢他;그 사람이 진실되, 모두가 그를 좋아한다.| 你这话说得不够~;네 말은 실재적이지 않다. 副 확실히. 참으로. 정말. ¶我~是不知道你病了,否则不会不去看你的;네가 병에 걸린 줄 나는 정말 몰랐다. 그렇지 않다면 너를 보러 안 가지 않았을 것이다.| 我不参加你们的聚会了,~没时间;정말 시간이 없어, 나는 너희들의 모임에 참석할 수 없었다.| 我~太累了;나는 정말 너무 피곤하다.

拾 shí 动 줍다. 모으다. ¶昨天~到一个钱包;어제 지갑 하나를 주웠다.| 每到暑假,我都回老家跟奶奶到地里~麦穗;매번 여름방학에 나는 고향에 돌아가 할머니와 땅에서 보리이삭을 줍는다.| 珠子太小了,掉到地上很难~起来;구슬이 너무 작아, 땅에 떨어지면 줍기가 어렵다. 名 (증빙서류 따위의 금액을 기재하는 데 쓰이는) 숫자. 대문자 10. 열(개). ¶这个~是大写的;이 십은 대문자이다.| 昨天去银行取钱才学会大写的~;어제 은행에 가서 돈을 찾을 때 비로소 대문자 10을 쓰는 걸 배웠다.

食品 shípǐn 名 식품. ¶这家的~挺有名,我常去;이 집의 식품은 대단히 유명해서 나는 늘 거기에 간다.| ~质量问题跟每个人都有密切关系;식품의 품질문제는 모든 사람과 밀접한 관계가 있다.| 这种~已经过了期保质了;이런 식품은 이미 유통기한이 지났다.

食堂 shítáng 名 구내 식당. ¶学校~的饭菜比外边饭馆的便宜;학교 구내 식당의 음식은 밖의 음식점보다 더 싸다.| 我们单位~周末也开;우리 회사의 구내 식당은 주말에도 문을 연다.| 我从小就在~吃饭,现在就想吃家里做的饭;나는 어렸을 적부터 구내 식당에서 밥을 먹어서, 지금은 집에서 한 밥을 먹고 싶다.

食物 shíwù 名 음식물. 먹거리. ¶连年大旱造成这个地区~短缺;계속 된 가뭄으로 이 지역의 식량이 부족하다.| 找不到~,这里的动物也不能存活了;먹거리를 찾지 못하면 이곳의 동물들 역시 생존할 수 없다.| 他的症状像是~中毒;그의 병세는 음식물에 의한 식중독 같다.

食用油 shíyòngyóu 名 식용유. ¶粮食涨价,~的价格也涨了;식량 가격이 오르자, 식용유의 가격도 올랐다.| 那家超市出售的~有质量问题;저 슈퍼

에서 파는 식용유는 품질 문제가 있다.|~的种类不少,我喜欢花生油;식용유의 종류가 많지만, 나는 땅콩식용유를 제일 좋아한다.

使 shǐ 动 ❶ 쓰다. 사용하다. 소모하다. ¶这种笔我没~过,好~吗?이런 종류의 펜을 나는 써 보지 못했는데, 잘 써지니?|能让我~一下你的词典吗?내가 너의 사전을 써도 되겠니?|这把刀子~了不到一个月就坏了;이 칼은 사용한지 한 달도 안돼 곧 망가졌다. ❷ (사역동사) …에게 …하도록 하다. ¶这件事~我很为难;이 일은 나를 곤란하게 한다.|我们会~大家满意的;우리는 여러분들을 만족하게 할 것이다.|新的奖励政策~大家很有干劲;새로운 장려 정책은 사람들을 의욕적으로 만들었다.

使得 shǐ·de 动 (의도나 계획, 사물 따위가) …한 결과를 낳다. …하게 하다. (목적어로 절을 취한다.) ¶物价上涨~市民的购买力下降了;물가의 상승은 시민들의 구매력 하락을 가져왔다.|引进新技术~生产水平提高了很多;새로운 기술의 도입은 생산수준을 많이 끌어 올렸다.

使用 shǐyòng 动 사용하다. 쓰다. ¶这个公司很会~各种人才;이 회사는 여러 종류의 인재들을 잘 쓸 줄 안다.|不会用可以看看~说明;사용할 줄 모르면 사용 설명을 봐도 된다.|校外人员不能~校内的健身房;학교 밖의 사람들은 학교 내의 헬스장을 사용할 수 없다.

始终 shǐzhōng 副 시종(일관). 시말. 처음과 끝. ¶我们~支持你;우리는 시종일관 너를 지지한다.|她的学习成绩~保持在年级前三名;그녀의 학습성적은 시종 학년에서 상위 3등을 유지한다.|他的体温~不正常;그의 체온은 계속 비정상적이다.|我~不知道这个词是什么意思;나는 처음부터 이 단어가 무슨 뜻인지 알 수가 없다.

氏 shì 名 ❶ 성씨. ¶张~父子经营的小店生意不错;장 씨 부자가 경영하는 점포는 장사가 잘 된다.|关于宋~三姐妹的传说非常多;송씨 세 자매에 관한 전설이 매우 많다. ❷ 전문가나 명사(名士)등을 부를 때 쓰는 호칭. ¶张~的著述对后来的学者影响不少;장 씨의 저술이 후세 학자들에게 끼친 영향은 적지 않다.

▶용법주의:'氏'는 오직 성씨와 같이 사용하며 단독으로도 사용된다. 성이 …인 사람으로 해석된다.

世纪 shìjì 名 세기. ¶新~又过去了八年;새로운 세기가 지난 지 8년이 되었다.|这位百岁老人出生在上个~;이 100세의 노인은 지난 세기에 출생하였다.

世界 shìjiè 名 ❶ (자연계와 인류사회의 총화로서의) 세계. ¶这个~充满着矛盾;이 세계는 갈등으로 가득 차 있다.|人类在不断地认识~;인류는 끊임없이 세계를 알아갔다.|~上的很多现象人类还不能解释;세계적인 많은 일들을 인류는 아직 설명하지 못하고 있다. ❷ 지구상의 모든 지방. ¶我最大的愿望就是周游~,看看这个~究竟有多大;나의 가장 큰 소망은 전 세계를 유람하며 이 세계가 도대체 얼마나 큰 지 보는 것이다.|~各地的风光各不相同;세계 각지의 경치는 각각 서로 다르다.|这种产品已经

615

达到了~先进水平;이런 상품은 이미 세계의 선진수준에 도달하였다. ❸영역.¶科学~还有很多课题需要探讨;과학의 세계에는 아직 많은 과제들이 탐구를 필요로 한다.|他始终活在自己的精神~里;그는 시종 자신의 정신세계 속에 살고 있다.|妈妈的内心~非常丰富,活得很充实;어머니는 풍부한 심리세계가 있어 충실하게 사신다.

世界杯足球场 名 Shìjiè bēi zúqiú chǎng 월드컵 축구경기장.¶位于韩国首尔的~是专为第17届世界杯足球赛修建的;한국 서울에 위치한 월드컵 축구경기장은 제 17회 월드컵 축구경기를 위해 전적으로 건설된 것이다.|我去过一回~,建筑规模很大;나는 월드컵 축구경기장을 한 번 가보았는데, 건축 규모가 대단히 컸다.

世界杯足球赛 名 Shìjiè bēi zúqiú sài 월드컵 축구경기.¶~吸引着很多球迷;월드컵 축구경기는 수많은 축구 팬들을 끌어들인다.|我也是~的忠实观众;나 역시 월드컵 축구경기의 충실한 관중이다.

世界观 shìjièguān 名 세계관.¶成年人的~已经形成了,不容易改变;성인의 세계관은 이미 형성되어있어 바꾸기가 쉽지 않다.|~也是可以改造的;세계관은 바꿀 수 있는 것이다.|我们的~不同,看问题的方法也不同;우리들은 세계관이 다르며 문제를 보는 시각 역시 다르다.

世贸组织 名 Shì mào zǔzhī 세계무역기구(WTO).¶~成立于1995年1月1日;세계무역기구는 1995년 1월 1일에 성립되었다.|~的职责之一是规范、协调、促进世界范围内的贸易活动;(세계무역기구)WTO의 임무 중 하나는 국제적인 무역 거래를 제도화하고 조절하여 촉진하는 일이다.

世上 shìshàng 名 세상. 사회.¶~的事情很复杂,有很多我们不能理解;세상의 일은 매우 복잡하며 우리들이 이해할 수 없는 것들이 많다.|人生活在~很不容易;세상에서 삶을 살아가기란 참 쉽지 않다.

世宗大王 Shìzōng dàiwáng 名 세종대왕.¶在韩国人的心中~是最杰出的国王;한국인 마음 속에 세종대왕은 가장 뛰어난 임금이다.|朝鲜的国王~成功地创造了韩字;조선의 임금인 세종대왕은 성공적으로 한글을 창제했다.

市 shì 名 ❶ 행정 구역으로의 시.¶北京~是中国的首都;베이징시는 중국의 수도이다.|北京、上海、天津和重庆是直辖~;베이징, 상하이, 톈진과 충칭시는 직할시이다.|海南省的省会是海口~;하이난성의 성도는 하이커우시이다. ❷ 상품의 매매가 이루어지는 장소, 시장, 저자(거리).¶新鲜蔬菜已经上~了;신선한 채소들은 이미 출시되었다.|夜~的生意也不错;야시장 장사도 괜찮다.|到米~买米还是便宜一些;쌀 시장에서 쌀을 사는 것이 조금 더 싸다. ❸ 도시.¶~中心很繁华,你可以去看看;도시의 중심가는 매우 번화하니 한번 가서 보는 것도 괜찮다.|周末我们一家人喜欢去~郊玩;주말에 우리 가족들은 교외에 가서 노는 것을 좋아한다.|~花是一个城市的象征;도시의 꽃은 그 도시의 상징이다.

市场 shìchǎng 名 상품의 교역장소. 시장. ¶市郊刚刚建了一个农贸~, 货物很丰富; 도시 근교에 이제 막 농산물 거래 시장이 생겼는데, 상품이 많다. | 新产品投放~后比较受欢迎; 새로 출시된 신제품은 인기가 많다. | 公司明年准备开发国外~; 회사는 내년에 외국 시장을 개발할 준비를 하고 있다. | 服装~; 의류 시장. | 菜~; 채소 시장. | 自由~; 자유 시장.

市场营销 shìchǎng yíngxiāo 名 판매시장. 시장 영업. 마케팅. ¶他的专业是~; 그의 전공은 마케팅이다. | 近年来不少年轻人选择~专业; 요즘 많은 젊은이들이 마케팅을 전공으로 선택한다. | 你不了解市场, 想做一个称职的~专业人员是不可能的; 너는 시장을 잘 모르니 시장 영업을 담당하는 전문인이 되는 것은 불가능하다.

市民 shìmín 名 시민. ¶这些年~的居住环境好多了; 요 몇 년 동안 시민의 주거 환경이 많이 좋아졌다. | ~们为这次运动会做了很多服务工作; 시민들은 이번 운동회를 위해 많은 봉사를 했다. | ~是一个城市的主人; 시민은 그 도시의 주인이다.

市内 shìnèi 名 시내. 도시 내의. ¶~交通状况急需改善; 시내의 교통상황 개선이 시급하다. | 我家住在~, 他家住市郊, 我们见面不太容易; 우리 집은 시내에 있고, 그의 집은 시외에 있어 만나기가 쉽지 않다. | 我周末去~购物, 你想去吗? 나는 주말에 물건을 사러 시내에 갈 건데 너 가고 싶니?

示威 shìwēi 动 상대에게 위력을 보이다. 시위하다. 데모하다. ¶市民们决定明天举行~游行; 시민들은 내일 시

위를 거행하기로 결정하였다. | ~的群众集中在市政府前的广场上; 시 정부 앞에 있는 광장에 시위대들이 집중되어 있다. | 工人们停产~三天, 抗议厂方单方面降低工人工资; 근로자들은 생산을 멈추고 삼일 동안 시위를 하며 공장측의 일방적인 월급삭감에 항의했다.

式 shì 名 ❶ 양식. 모양. ¶王老师喜欢穿中~衣服, 李老师喜欢西~的; 왕 선생님은 중국 스타일의 옷 입기를 좋아하며, 이 선생님은 서양식 스타일의 옷 입기를 좋아한다. | 这种电脑是新~的, 喜欢吗? 이 컴퓨터는 새로운 모델인데, 맘에드니? ❷ 의식. 예식. 爸爸妈妈都参加了我的毕业~; 아버지와 어머니 모두 나의 졸업식에 참가하였다. | 国庆的阅兵~特别吸引人; 국경절의 열병식은 특히 사람들을 사로잡는다. ❸ 문법상의 분류의 하나. ¶在这儿你应该用陈述~而不是命令~; 여기서 너는 마땅히 진술식으로 써야지 명령식이 아니다.

式样 shìyàng 名 양식. 스타일. ¶这件衣服的~比较新潮, 年轻人喜欢; 이 옷의 스타일은 비교적 유행하는 것이라 젊은 사람들이 좋아한다. | 那套家具的材料不错, 但~太旧, 不好看; 저 가구들의 자재는 괜찮지만 스타일이 너무 구식이라 보기 좋지 않다.

似的 shì·de 助 닮다. 비슷하다. ¶看她笑的, 像朵花~; 그녀의 웃는 모습을 보니 한 송이의 꽃 같다. | 这棉花白得像云~; 이 목화는 구름처럼 하얗다. | 看你嘴甜得像吃了蜜~; 네 말솜씨가 꿀처럼 달콤하다. | 奶奶高兴得什么~; 할머니의 기뻐하시는 모습이

617

무엇같다.

事 shì (~儿) 名 ❶ 일. ¶他很热心,喜欢给大家办点~;그는 열성적인 사람이라 다른 사람을 위해 무언가 하는 걸 좋아한다.| 这件~办得不错;이 일은 처리가 잘 됐다.| 小李的办~能力很强;이 군은 일을 처리하는 능력이 뛰어나다. ❷ 사고. 사건. ¶那个煤矿又出~了;저 탄광에 또 사건이 터졌다.| 没有预防措施,出了~就晚了;예방조치가 없이 사고가 나면 늦는다.| 放心好了,出不了~;사고가 날 수 없으니 안심해라. ❸ 일. 일거리. 작업. ¶他最近下岗了,刚刚找了个~做;그는 최근에 실직해서, 이제 막 일을 찾아서 하고 있다.| 小王毕业两年了,还是天天待在家里没~可做;왕 군은 졸업한 지 2년이 되었는데, 아직까지 할 일이 없어 매일 집에 있다. ❹ 관계. 책임. ¶这不关你的~,你别管;이것은 너와 상관없으니, 너는 상관하지 말아라.| 好,现在没你的~了,你回去吧;그래, 이제 네가 할 일은 없으니 돌아가도 좋다.

事故 shìgù 名 사고. 사건. ¶这是一起医疗~,应该由院方负责;이것은 의료 사고이니, 마땅히 병원 측에서 책임을 져야 한다.| 每天都有交通~发生;매일 교통사고가 발생한다.| 这次~造成人身和财产损失上百万元;이번 사고로 몇백 위안에 달하는 인명과 재산 피해를 냈다.

事件 shìjiàn 名 (일반적으로 일어나지 않는) 큰 사건이나 일. ¶这起爆炸~的原因还在调查中;이번 폭발 사건의 원인은 아직 조사 중이다.| 他在这次的政治~中扮演了不光彩的角色;그는 이번 정치적 사건에 있어 떳떳하지 못한 역할을 맡았다.| ~的真相还不清楚;사건의 진상은 아직 명확하지 않다.

事例 shìlì 名 사례. ¶这是一个典型~;이것은 하나의 전형적인 사례이다.| 这个~很能说明问题;이 사례는 문제를 잘 설명해주고 있다.| 你举几个具体的~学生更容易理解;네가 몇 개의 구체적인 사례를 들어주면 학생들이 더욱 이해하기 쉬울 것이다.

事情 shì·qing 名 ❶ (사회활동 중의 각종) 활동. 사정. 일. 사건. ¶最近~太多了,都没顾上回家;요즘 일이 너무 많아, 집에 돌아갈 생각조차 할 수 없다.| 学校还有一大堆~等着我呢;학교에 내가 해야 할 일이 산더미처럼 쌓여있다.| 你不了解~的经过,不要乱说;너는 일의 경위를 잘 모르니 함부로 말하지 말아라.| 这是人命关天的大~,马虎不得;이것은 인명이 달린 큰 사건이니, 대충해서는 안 된다. ❷ 일. 작업. ¶他给父亲在公司找了个~做;그는 회사에서 부친이 할 만한 일을 찾아 드렸다.| 你们单位有没有合适的~给我介绍一个;너희 회사에 내가 할만한 일이 있으면 내게 소개해 줄 수 있니. ❸ 사고. 사건. ¶听说矿上又出~,严重吗?듣자 하니 광산에 또 사건이 생겼다고 하는데, 심각하니?| 大家必须注意安全,不能再出~了;모두들 반드시 안전에 주의해, 또 다시 사고가 발생하지 않도록 해라.| 这段公路连续出~,不知道问题在哪儿;이 도로에 연속해서 사고가 발생했는데, 문제가 어디에 있는지 모르겠다.

事实 shìshí 名 사실. ¶ 你说的情况与~不符;네가 말하는 상황과 사실이 맞지 않는다.| 你了解~真相吗;너는 사실의 진상을 알고 있느냐.| ~证明我的决定是正确的;사실은 나의 결정이 정확하다는 것을 증명한다.| 我们只相信~;우리는 오직 사실만을 믿는다.

事实上 shìshí shàng 사실상. 사실적으로. 실재적으로. ¶ 我也是第一次到这里来;사실 나 역시 이곳에 처음 와 봤다.| 他说这件他来办, 可~他早就忘记了;그는 이 일을 자기가 하겠다고 했지만, 사실 그는 벌써 이 일을 잊어버렸다.| ~我根本不认识这个人;사실 나는 이 사람을 전혀 알지 못한다.

事态 shìtài 名 (일이 되어가는) 상태. 사태. (비교적 부정적인 면에 사용한다.) ¶ 必须控制~的发展;반드시 사태의 발전을 통제해야 한다.| ~比较严重;사태가 비교적 심각하다.| ~有所缓和;사태가 다소 완화되다.

事物 shìwù 名 사물. ¶ ~是发展变化的;사물은 변화발전 하는 것이다.| 年轻人容易接受新鲜~;젊은 사람은 새로운 사물을 쉽게 받아들인다.| 表示抽象~的词语往往不容易理解;추상적인 사물을 나타낸 단어는 가끔 이해하기 쉽지 않다.

事先 shìxiān 名 사전에. 일이 있기 전에. ¶ 这件事我~不知道;이 일을 나는 사전에 몰랐다.| 明天开大会,我们最好~准备一下;내일 열리는 대회는 우리가 사전에 준비를 해두는 것이 제일 좋다.| 你要是不参加, 就~打个招呼;네가 만일 참가하지 않는다면 사전에 알리도록 해라.

事项 shìxiàng 名 사항. 일의 항목. ¶ 会谈的~已经商量过了;회담의 사항들은 이미 상의하였다.| 下面宣布比赛注意~;다음으로 시합의 주의 사항을 말씀 드리겠습니다.| 保密~制定得不够完善;제정한 비밀사항이 완벽하지 못하다.

事业 shìyè 名 사업. ¶ 这项公共卫生~一定要办好;이번 공공위생사업은 반드시 잘 처리해야 한다.| 教育~需要全社会来关心;교육사업은 전 사회의 관심이 필요하다.| 他把一生都献给了科学~;그는 일생을 과학사업에 바쳤다.

侍奉 shìfèng 动 (어른을) 모시다. 잘 섬기다. 봉양하다. ¶ 妈妈一直在老家~爷爷奶奶;어머니는 줄곧 고향에서 할아버지와 할머니를 모셨다.| 老人总喜欢说他不需要别人~;노인들은 다른 사람의 봉양이 필요 없다고 늘 말한다.| 晚辈有责任~老一辈;아랫사람이 어른을 모실 책임이 있다.| 因为她~得好,奶奶的晚年很幸福;그녀가 어르신을 잘 모신 덕분에 할머니의 노년이 행복하다.

势力 shìlì 名 (정치, 경제, 군사 등 방면의) 역량. 세력. ¶ 双方都在扩充自己的~;양측 모두 자신들의 세력을 확충하였다.| 他们的~越来越大;그들의 세력은 갈수록 커졌다.| 我们需要发展进步~;우리들은 역량을 발전, 진보시킬 필요가 있다.| 消除落后~的影响;낙후한 세력의 영향을 없애다.

视角 shìjiǎo 名 (문제를 관찰하는) 각도. 시각. ¶ 咱们俩的~不同,所以看

법도 다르다;우리 둘은 시각이 다르니 견해도 다르다.| 你可以试着换一个~;너는 시각을 한 번 바꿔 보아라.| 多~的研究能够发现更多的问题;다양한 시각을 가지고 연구를 하면 더욱 많은 문제들을 볼 수 있다.

视频 shìpín [名] 주파수. 영상. 동영상.¶这个~短片拍得很感人;이 짧은 영상은 감동적이다.| 我常上你们的~网站;나는 항상 너희들 동영상 사이트에 들어간다.| 这个时间的~效果不好;이 시간의 영상신호 효과는 좋지 않다.

视线 shìxiàn [名] 시선. 눈길.¶听到这个消息,我的~模糊了;이 소식을 듣자 나의 시선이 모호해졌다.| 明星刚一出现,大家的~都集中在他的身上;인기 스타가 나타나자마자, 모두의 시선이 그에게 집중되었다.| 人们的~已经转移了;사람들의 시선은 이미 옮겨갔다.

试 shì [动] 시험하다. 시험 삼아 해보다.¶你~过那件新衣服吗;너는 저 새 옷을 입어 봤느냐.| 车子修好了,你~~好不好骑;자전거를 고쳤으니 너는 괜찮은지 한 번 시험해 보아라.| 你不~怎么知道不好用;너는 써보지도 않고 안 좋은지 어떻게 아느냐.

试卷 shìjuàn [名] 시험 답안. 시험 문제지.¶现在可以发~了;지금 시험지를 교부해도 된다.| 收上来的~正好60份,没有问题;거둔 시험지는 딱 60부로 아무런 이상이 없다.| 注意,在~上写上自己的姓名和考号;시험지상에 자신의 이름과 응시번호를 기재하는 것에 주의하여라.

试图 shìtú [动] 시도하다.¶他们~把成本降到最低限度;그들이 원가를 최저 한도까지 내리는 것을 시도하였다.| 我一直~说服他,但是不行;나는 줄곧 그를 설득하려 시도했지만 안 됐다.| 他最近~开始写第三部长篇小说了;그는 최근 소설의 제3부를 쓰려고 한다.

试验 shìyàn [动] 시험하다. 테스트하다.¶这是一块小麦~田;이곳은 보리 시험 재배밭이다.| 没做过~的新仪器还不能用;테스트해보지 않은 새 측정기구는 아직 사용할 수 없다.| 经过多次~,证明这种药的疗效很好;몇 번의 테스트를 거쳐 이 약의 치료효과가 매우 좋다는 것을 증명하였다.| ~结果过几天才能出来;시험 결과는 몇 일이 지난 후에야 나온다.

室 shì [名] ❶ 방. 실.¶这家宾馆的~内装修很讲究;이 호텔은 실내 인테리어에 신경을 많이 썼다.| 现在~内外的温差很大;현재 실내와 실외의 온도 차이가 크다.| 我刚买了一套两~一厅的公寓;나는 이제 막 방 두 칸짜리 (거실 하나) 아파트를 샀다. ❷ 기관. 학교 등의 사무실.¶妈妈一直在学校的医务~工作;어머니는 줄곧 학교 양호실에서 일을 하신다.| 实验~;실험실.| 资料~;자료실.| 值班~;당직실.| 图书~;도서실.| 会议~;회의실.

室内 shìnèi [名] (방의) 실내. 내부.¶~空气不好,开会儿窗户吧;실내 공기가 좋지 않으니 창문을 좀 열어라.| 我的工作在~,条件很好;나는 실내에서 일하는데 환경이 좋다.| ~的温度比室外高一点;실내의 온도는 실외의 온도보다 조금 더 높다.

是 shì [动] ❶ (응답을 표시) 맞다. 그래.

응.¶~,我这就去办;그래, 내가 곧 처리할 것이다.|~,知道了;응, 알았다.|~啊,我第一次来中国;맞아, 나는 처음 중국에 왔어. ❷ (양자의 관계나 연계를 표시한다.) …이다.¶小王~我同学;왕 군은 나의 학우이다.|这~我家;여기는 나의 집이다. ❸ ('的'와 연계하여 분리와 설명을 나타낸다.) …것이다. …이다.¶这本书~新的;이 책은 새 것이다.|那间房子~专为你准备的;저 방은 특별히 너를 위하여 준비한 것이다.|他~来找你的;그는 너를 찾아 온 것이다. ❹ 존재를 표시한다.¶看吧,浑身都~土;봐라, 온 몸이 모두 흙투성이다. ❺ 상관 없는 것을 표시한다.¶他~他, 我~我, 没什么关系;그는 그이고, 나는 나이다, 아무런 관계가 없다.|房子~房子, 车子~车子, 两码事;방은 방이고, 차는 차이니, 별개의 일이다. ❻ 강조를 표시한다.¶书~你撕破的,你得赔;책을 네가 찢었으니 물어내야 한다.|~我先来的;내가 먼저 왔다.|我找的就~这支笔;내가 찾던 것이 바로 이 펜이다. ❼ 확실하다. 확실히 …이다(하다).¶这天气~够冷的;이 날씨는 확실히 춥다.|那孩子~胖;저 아이는 확실히 뚱뚱하다.|他~来过, 但很快就走了;그는 왔지만 곧 가 버렸다.

是的 shì·de (상대방의 말에 답하거나 긍정을 표시) 그래. 맞다.¶~,我见过他;맞아, 나는 그를 본 적이 있다.|~,我只是想出去走走;응, 그냥 나가서 좀 걸으려고.|~,这本书写得不错;맞지, 이 책은 잘 썼다.

柿饼 shìbǐng 图 곶감.¶孩子喜欢吃~,因为~很甜;곶감은 달기 때문에 아이들이 좋아한다.|这家卖的~好吃,买点吧;이 집 곶감은 맛있으니 좀 사라.|听说~很有营养;곶감은 영양가가 높다고 한다.

柿子 shì·zi 图 ❶ 감나무.¶这里家家户户的院子里都有~树;이 곳은 집집마다 정원에 감나무가 있다.|我家的~种了好多年了;우리 집의 감나무는 심은 지 여러 해가 되었다.|奶奶家有棵老~树, 每年都结好多柿子;할머니 집에는 오래된 감나무가 있어, 매년 많은 감이 열린다. ❷ 감.¶今年~丰收了;올해 감이 풍년이다.|~已经上市, 不贵;감이 이미 시장에 나왔다. 비싸지 않다.|妈妈特别爱吃~;엄마는 감을 아주 좋아하신다.

适当 shìdàng 形 적당하다. 적절하다. 알맞다.¶要是有~的机会,我想去国外看看;만일 적당한 기회가 있다면 나는 외국에 가 보고 싶다.|一下子没找到~的话劝他;잠시 그에게 권고할 적절한 말을 찾지 못했다.|找个~的时间咱们好好聊聊;적당한 시간을 찾아 우리 한번 잘 얘기해 보자.

适合 shìhé 动 (실제 상황 등에) 부합하다. 합당하다. 적합하다.¶你们的办法不~我们;너희들의 방법은 우리들에게 적합하지 않다.|这件衣服不~你;이 옷은 네게 어울리지 않는다.|我想找一个更~我的工作;나는 나에게 더 맞는 일을 찾고 싶다.

适应 shìyìng 动 적응하다.¶我们已经~这里的气候了;우리는 이미 이곳의 기후에 적응하였다.|到了新地方,要有一个~的过程;새로운 곳에 도착하면 적응 과정이 필요하다.|孩子~不

621

了 这么 大 的 运动量;아이는 이렇게 많은 운동량에 적응하지 못한다.

适用 shìyòng 形 적용하다. 사용에 적합하다. ¶ 这种治疗仪只~那一种病;이런 치료기구는 오직 그러한 병에 적용해야 한다. | 科学的管理模式在哪里都~;과학적 관리 방법은 어디에서나 모두 적용할 수 있다. | 这么大的电视机不~,你们房间太小;너희들의 방이 너무 작아 이렇게 큰 TV는 적당하지 않다.

逝世 shìshì 动 (비교적 장엄한 표현) 서거하다. 세상을 뜨다. ¶ 这位科学家的~是国家的损失;이 과학자의 서거는 국가적인 손실이다. | 在他~一周年的时候,各地都组织了纪念活动;그가 서거한지 일주년이 되는 해 각지에서 기념행사가 진행되었다. | 祖父于1990年~;조부는 1990년에 세상을 뜨셨다.

嗜好 shìhào 名 특별한 애호. 기호. 취미. ¶ 爸爸有抽烟的~;아버지는 담배를 즐겨 피신다. | 你的这个~应该改改;너는 이 취미를 반드시 고쳐야 한다. | 喝酒已经成他的~了,一天不喝就想;술 마시는 것은 이미 그의 기호가 되어 하루라도 술을 안 마시면 생각이 난다.

▶용법주의: '嗜好'는 '爱好'보다 더욱 심한 상태를 나타낸다. 거의 하나의 습관처럼 된 것을 의미한다. 그러므로 비교적 좋지 않은 습관을 많이 가리킨다. 그 밖에 '嗜好'와 '爱好'는 모두 명사이지만 동사로도 쓰일 수 있다. 예를 들어 '서예는 그의 애호이다'와 '그의 애호는 서예이다' 처럼 쓰인다.

收 shōu 动 ❶ (분산 된 무엇들을 한 곳에) 모으다. 거두다. 거두어 넣다. 간수하다. ¶ 快点~衣服,要下雨了;비가 오려고 하니 빨리 옷을 거두어라. | 豆子撒了一地,你~一下吧;콩이 땅에 흩어졌으니 모아 놓아라. | 睡觉前把书~到书包里,省得明天忘了;내일 잊어버리지 않도록 자기 전에 책들을 책가방에 넣어두었다. | 你的玩具玩完了也不~;너는 장난감을 가지고 논 다음에도 정리하지 않았다. ❷ 되찾다. 가지고 돌아오다. ¶ 两个月没~房租了;두 달간 방세를 받지 못했다. | 这些东西是要~关税的;이 물건들은 관세를 받아야 한다. | 班长,把作业~上来吧;반장, 숙제를 모두 걷어와라. ❸ 수확하다. ¶ 家里的人都去~麦子了;집안 사람들이 모두 보리를 수확하러 갔다. | 秋粮要马上~进仓库;추수된 양식은 곧 창고로 들어간다. ❹ 받다. 접수하다. 용납하다. 받아들이다. ¶ 我们老师今年又~了5个研究生;우리 선생님은 금년에 또 다섯 명의 연구생을 받았다. | 师傅不想再~徒弟了;스승님은 다시 제자를 받을 생각이 없다. | ~到好多学生寄来的贺卡,真高兴;많은 학생들이 보내온 축하 카드를 받아 정말 기쁘다. ❺ (일을) 끝내다. 마치다. 그치다. 그만두다. ¶ 工人们已经~工回家了;근로자들은 이미 일을 끝내고 집으로 돌아갔다. | 戏都快~场了你才来!연극이 곧 끝나가는데 이제서야 오니!

收藏 shōucáng 动 수집 보존하다. 수장하다. ¶ 现在不少人在~古代瓷器;현재 많은 사람들이 고대 자기를 소장하고 있다. | 你~什么?너는 무엇을 소장하고 있니? | 爸爸~了一些名人

字画;아버지는 일부 명인들의 서화를 소장하고 계신다.|地方博物馆也~了不少有特色的文物;지방 박물관 역시 특색 있는 문화재들을 많이 소장하고 있다.

收到 shōudào 动 받다. 수령하다. 얻다. ¶你带来的东西我~了;네가 가지고 온 물건은 내가 받았다.|最近经常~学生的邮件;요즘 학생들의 이메일을 자주 받는다.|给妈妈的信也不知道她~没有;어머니께 보낸 편지를 받으셨는지 모르겠다.

收回 shōuhuí 动 거두어 들이다. 회수하다. ¶银行要~贷款了;은행은 대출금을 회수하려고 한다.|不到两年, 他的小店就~了成本;2년이 되지 않아 그의 작은 점포는 원금을 회수하였다.|宿舍钥匙管理员已经~了;기숙사 열쇠는 관리인이 이미 회수하였다. ❷ 취소하다. 철회하다. 무효로 하다. ¶我宣布~我刚才的建议;나는 내가 방금 건의한 것을 취소한다.|我不打算~我的意见;나는 나의 의견을 철회할 생각이 없다.|领导是不会给你的处分的;지도자는 너에 대한 처분을 취소하지 않을 것이다.

收获 shōuhuò 动 (농작물이나 이미 성숙하게 자란 작물들을) 거두어 들이다. 수확하다. 추수하다. ¶海南岛一年~三季水稻, 产量特别高;하이난다오는 1년에 벼를 세 차례 수확하는데 수확량이 매우 많다.|今年家里~了上万公斤西瓜;금년에 집에서는 만 근 가량의 수박을 수확하였다. 名 수확, 성과, 소득 ¶这趟旅游~很多;이번 여행에서 얻은 것이 많다.|参加这个会议~不小;이번 회의에 참가하여 얻

은 것이 많다.|上了一年大学,说说你的~吧;일 년 동안 대학을 다니면서, 네가 얻은 것을 말해 보아라.

收集 shōují 动 모으다. 수집하다. 채집하다. ¶我在~毕业论文的资料;나는 졸업 논문의 자료를 수집하고 있다.|那孩子坚持~废电池有两年了;저 아이는 폐 건전지 수집하는 것을 2년째 계속하고 있다.|警察们在抓紧~这次案件的犯罪证据;경찰들은 서둘러 이번 사건의 범죄 증거를 모으고 있다.|这种老家具现在很难~到了;이렇게 오래된 가구는 현재 수집하기가 어렵다.

收入 shōurù 名 수입. 소득. ¶今年的财政~已经完成了计划指标;금년 재정 수입은 이미 목표치에 도달하였다.|农民的年~有所提高;농민들의 연간 수입이 다소 높아졌다.|我的工作~不高, 但不累;내 일은 수입은 많지 않지만 힘들지는 않다.|全家数你~最低;전체 식구들 중 네 수입이 제일 낮다.

收拾 shōushi 动 ❶ 정리하다. 수습하다. 정돈하다. ¶周末在家~房间, 比上班还忙呢;주말에 방 정돈을 하는 것이 출근하는 것보다 더 바쁘다.|你们办公室~得真干净;너희 사무실은 정말 깨끗하게 잘 정돈되었다.|客人快到了, 赶快~~屋子吧;손님이 곧 도착하니 빨리 방을 정리해라. ❷ 고치다. 수리하다. 손질하다. ¶自行车~了几回, 还是不好骑;자전거를 몇번이나 고쳤는데 아직도 타기에 좋지 않다.|我家的水龙头坏了, 你能帮我~一下吗? 우리 집의 수도꼭지가 고장 났는데, 네가 나를 도와 고쳐 줄 수 있

623

겠니? ❸ 벌을 주다. 혼내다. ¶这条街上没人能～得了这个家伙;이 거리에서 저 녀석을 손 봐줄 사람이 없다.│公安局早晚得～这帮坏蛋;공안국은 조만간 저 나쁜 놈들을 혼내줘야 한다.│小心爸爸回来～你! 아버지가 돌아와 혼낼지 모르니 조심해라!

收音机 shōuyīnjī 名 라디오. ¶我每天都听～;나는 매일 라디오를 듣는다.│这个～用了好几年了;이 라디오는 사용한 지 여러 해가 되었다.│～里正在播天气预报;라디오에서 마침 일기예보를 하고 있다.

手 shǒu 名 ❶ 손. ¶吃饭以前要洗～;밥 먹기 전에 먼저 손을 씻어야 한다.│～冷吗？戴上手套吧;손이 시리니? 장갑을 껴라.│妈妈的～特别巧, 什么都会做;어머니는 정말 손재주가 뛰어나 무엇이든지 다 만든다. 副 직접. 친히. 몸소. ¶我看过这个故事的～抄本;나는 이 이야기의 필사본을 본 적이 있다.│这种～写本很珍贵;이렇게 손으로 직접 쓴 원본은 매우 귀중한 것이다. 量 재주. 기능. 능력. ¶这可是个电脑高～;이 사람은 정말 컴퓨터 고수이다.│他写一～好字;그는 글씨를 잘 쓴다.│妈妈做一～好菜;어머니가 맛있는 요리를 해주신다.│没想到他还真有一～;그가 한 재주하는 줄 미처 몰랐다.

手表 shǒubiǎo 名 손목 시계. ¶这块～走得很准;이 손목 시계는 매우 정확히 간다.│～忘在宿舍了, 不知道现在几点了;기숙사에 손목 시계를 놓고 와서 지금 몇 시인지 모르겠다.│我还是习惯戴～, 很方便;나는 그래도 손목시계를 차는 게 편하다.

手段 shǒuduàn 名 ❶ 수단. 방법. 수법. ¶你应该采用合法～解决你们的问题;너는 마땅히 합법적 수단으로 너희들의 문제를 해결해야 한다.│可以采用法律～制止这种行为;법률적 수단을 써서 이러한 행위를 제지할 수 있다. ❷ 부정한 방법. 잔꾀. 잔재주. ¶怎么能用这种～对付同事呢;어떻게 이런 방식으로 동료를 대할 수 있는가.│这个人总是耍～;이 사람은 늘 잔꾀를 부린다.│你骗钱的～并不高明;네가 금전을 편취하는 잔재주는 별로 대단하지 않다.

手法 shǒufǎ 名 기교. 수법. ¶作家的表现～很独特;작가의 표현 기법이 매우 독특하다.│这篇小说采用的创作～很新颖;이 소설 채택한 창작 기법은 매우 신선하다.

手工 shǒugōng 名 ❶ 수공. 수공예. ¶～制品的价格比机制的高;수공 제품의 가격은 기계 제품보다 높다.│～毛衣很受欢迎;수공으로 만든 스웨터는 인기가 좋다. ❷ 품삯. ¶请问做一件大衣的～费是多少; 한 벌의 외투를 만드는데 품삯은 얼마인가요.│～费快赶上料子钱了;수공비가 원료비를 곧 따라 잡았다.│自己做可以省下～钱;스스로 만들면 수공비를 절감할 수 있다.

手机 shǒujī 名 이동전화. 휴대폰. ¶我的～丢了;나의 휴대폰을 잃어버렸다.│上课时应该关上～;수업시간에는 휴대폰을 꺼야 한다.│～已经普及了;휴대폰은 이미 보편화 되어 있다.

手机短信 shǒujīduǎnxìn 名 휴대폰 문자. ¶用～交流确实很方便;휴대폰 문자를 통해 교류하는 것은 확실히 편

리하다.| 小年轻发~的速度都特快; 젊은이들이 문자를 보내는 속도는 모두 대단히 빠르다.| 一天到晚地发~也很耽误时间;하루 종일 문자를 보내는 것도 시간을 허비하는 것이다.

手绢 shǒujuàn (~儿) 名 손수건. ¶妈妈还是习惯用~;어머니는 아직도 손수건을 쓰시는 습관이 베어있다.| 有些~非常漂亮;어떤 손수건은 대단히 예쁘다.| 现在的年轻人已经不太用~了;현재 젊은이들은 손수건을 별로 사용하지 않는다.

手帕 shǒupà 名 손수건. (지역 방언으로 많이 쓰인다.) ¶小宝宝的~又丢了;아기의 손수건을 또 잃어버렸다.

手球 shǒuqiú 名 핸드볼. ¶我们国家~还不普及;우리 나라는 아직 핸드볼이 보편화되지 않았다.| 我不太熟悉~的比赛规则;나는 핸드볼 경기 규칙에 대해 잘 모른다.| 他是个优秀的~选手;그는 뛰어난 핸드볼 선수이다.

手术 shǒushù 名 수술. ¶今天的~很成功;오늘 수술은 매우 성공적이다.| 心脏~是个大~, 要有思想准备;심장 수술은 큰 수술이니 마음의 준비를 해야 한다.| 妈妈刚做过~, 还在恢复阶段;어머니는 막 수술을 받아 아직 회복 단계에 있다.| ~方案;수술 방안.| ~室;수술실.| ~刀;매스.| 外科~;외과 수술.| 大~;큰 수술.| 小~;작은 수술.

手套 shǒutào 名 장갑. 글러브. ¶天冷, 骑车上班要戴一双厚~;날씨가 추우니 자전거를 타고 출근할 때는 두꺼운 장갑을 껴야 한다.| 妈妈给我织了一双~;어머니는 내게 장갑을 하나 짜 주셨다.| ~又丢了一只;장갑 한

쪽을 또 잃어버렸다.

手续 shǒuxù 名 수속. 절차. ¶出国~真多;출국 수속이 정말 많다.| ~终于办完了;수속을 결국 끝냈다.| 报名~倒是没花多长时间;등록 수속에 별로 많은 시간이 걸리지 않았다.| 入学~;입학 수속.| 存款~;예금 수속.| 结婚~;결혼 수속.| 借书~;책 대여 절차.

手艺 shǒuyì 名 손재간. 솜씨. 수공기술. ¶老师傅的~在整个工厂都是一流的;노 선생님의 솜씨는 공장전체에서 일류이다.| 我也想学学这个~;나도 이 수공기술을 배우고 싶다.| 他是个~人, 一辈子靠~吃饭;그는 수공예인이며 한 평생을 수공기술에 의지해 먹고 살았다.

手掌 shǒuzhǎng 名 손바닥. ¶他的~上磨了个水疱(pào);그의 손바닥에 물집이 생겼다.

手指 shǒuzhǐ 名 손가락. ¶小姑娘弹钢琴的~真灵活;피아노를 치는 소녀의 손가락이 정말 민첩하다.| 这两天~伤了,不能写字了;요즘 손가락을 다쳐서 글씨를 쓸 수 없다.

手指头 shǒuzhǐ·tou 名 손가락¶宝宝伸出三个~说,我三岁了;아이는 세 손가락을 펼치며 나는 세 살이라고 말했다.| 这孩子的~很长,适合学小提琴;이 아이의 손가락은 매우 길어 바이올린을 배우기에 적합하다.

首 shǒu 名 ❶머리. 우두머리. 지도자. 수령. ¶队员们个个昂(áng)~挺胸;대원들은 하나 같이 모두 고개를 들고 가슴을 폈다.| 明天去~饰店看看吧;내일 액세서리 가게에 가서 보자. ❷ 제일의. 최고의. ¶他是~席执行官;그는 CEO 이다.| 这是我们公司

~创的产品;이것은 우리 회사가 처음 만든 제품이다.| 书写时,~字母应该大写;글을 쓸 때, 처음 자모는 크게 써야 한다.| ~府;자치구. 자치주의 인민 정부 소재지.| ~日;첫째 날.| ~次;첫 번째. 최초.| ~航;처녀 취항(항해).| ~映;개봉 상영.| ~班车;첫 (출근) 차. 量수. (시, 노래 따위를 세는 양사)¶我写了两~诗,你看看怎么样;내가 시 두 수를 썼는데, 네가 보기에 어떠하냐.| 这~歌人人都会唱;이 노래는 사람들 모두 부를 줄 안다.| 同一~歌有不同的演唱风格;같은 노래도 다른 스타일의 창법이 있다.

首都 shǒudū 名 (한 나라의) 수도. ¶北京是中国的~;베이징은 중국의 수도이다.| ~是全国的政治中心;수도는 전국의 정치 중심지이다.| 去一个国家不能不去~;어떤 나라에 갈 때 수도를 안 갈 수는 없다.

首尔 Shǒu'ěr 名 (대한민국의 수도) 서울. ¶~是韩国的首都;서울은 한국의 수도이다.| 我去过~两次,但住的时间都不长;나는 서울에 두 번 가봤지만, 머문 시간이 길지 않았다.| ~在韩国的北部;서울은 한국의 북부에 있다.

首脑 shǒunǎo 名 수뇌. 영도자. 지도자. ¶很多国家的~参加了这届盛会的开幕式;수많은 나라의 지도자들이 이번 성회 개막식에 참석하였다.| 今天举行两国~会谈;오늘 두 나라의 정상회담이 열린다.| 坐在主席台上的是各国的~人物;의장석에 앉은 사람들은 각 국의 정상들이다.

首脑会谈 shǒunǎo huìtán 名 정상회담. ¶这次~的内容是边境问题;이번 정상회담의 내용은 국경 문제이다.| 两国就经济合作问题进行了~;양국은 경제협력 문제에 관해 정상회담을 가졌다.| ~的结果令人满意;정상회담의 결과는 사람들을 만족시켰다.
▶용법주의: '首脑会谈'는 한국어 한자어로 '顶上会谈'이라고 하지만 중국어에서는 사용하지 않는다. ¶这次顶上会谈的内容是边境问题(×)

首饰 shǒushì 名 머리의 장식품. 장신구. 액세서리. ¶年初的~柜台增添了很多新的款式;연초 액세서리 코너에 새롭고 다양한 스타일이 많이 늘어났다.| 妈妈过生日时,我想送她一件漂亮的~;어머니 생신 때, 나는 예쁜 액세서리를 선물할 생각이다.| 你的~已经不少了,别再买了;너의 액세서리가 이미 적지 않으니, 더 사지 마라.

首席 shǒuxí 形 수석의. ¶他是~代表;그는 수석대표이다.| 先由~律师发言;먼저 수석 변호사가 발언을 하다.| 他担任了这家公司的~顾问;그는 이 회사의 수석고문을 맡았다. 名 맨 윗자리. 상석대표석. ¶您应该坐在~;마땅히 상석에 앉으셔야 합니다.| ~的位置给您留着呢;대표석은 당신께 드리려고 남겨 놓았습니다.| 这个位置就是~;이 자리가 바로 대표석입니다.

首先 shǒuxiān 名 가장 선. 무엇보다 먼저. 첫째로. ¶我们~要解决的是环境问题;우리들이 가장 먼저 해결해야 할 것은 환경문제이다.| 大家注意,到机场后~去换钱;모두들 주목해라, 공항에 도착한 후 먼저 환전부터 해라.

连 먼저. 우선. ¶ ~,由经理致辞;먼저, 사장님께서 인사말을 하시겠습니다. | ~,各部门经理汇报情况;우선, 각 부문의 사장들이 상황을 보고 하겠습니다.

首相 shǒuxiàng **名** 수상. ¶ ~ 是国家的最高长官;수상은 국가의 최고 장관이다. | 日本 ~ 近日访华;일본 수상이 최근 중국을 방문하였다. | 英国 ~ 在华期间参观了新建的大坝;영국 수상이 중국을 방문하는 동안 새로 건설한 큰 댐을 참관하였다.

寿司 shòusī **名** 생선초밥. 김밥. ¶ ~ 是一种食品;초밥은 일종의 식품이다. | 我只在日本餐馆吃过一次 ~;나는 단지 일본 식당에서 초밥을 한 번 먹어 본 적이 있다.

受 shòu **动** ❶ 받다. 받아들이다. ¶ 孩子们已经到了 ~ 教育的年龄;아이들은 이미 교육을 받을 나이가 되었다. | 在这方面他 ~ 过严格的训练;이 방면에 대해 그는 엄격한 훈련을 받은 적이 있다. | 因为成绩突出,他 ~ 到校方的奖励;성적이 매우 뛰어나서, 그는 학교에서 표창을 받았다. ❷ (손해, 고통, 재난 따위 등을) 받다. 입다. 당하다. ¶ 去年 ~ 了灾,收成不好;작년에 재난을 입어서 수확이 좋지 않다. | 让你 ~ 委屈了;너에게 억울함을 당하게 하였구나. | 奶奶 ~ 了一辈子苦,晚年该享享福了;할머니께서는 평생 고생만 하셨으니, 만년에는 복을 누려야 한다. ❸ 참다. 견디다. ¶ 还有一个小时才能下班,你 ~ 得了吗?;아직 한 시간이 있어야 퇴근할 수 있는데, 참을 수 있니?| 我的房间冷得 ~ 不了;내 방은 추워서 견딜 수 없다. |

我实在 ~ 不了他的坏脾气;정말 그의 나쁜 성미를 나는 참을 수 없다.

受苦 shòu//kǔ **动** 고통을 받다. 고생하다. ¶ 这几年让你 ~ 了,对不起;요 몇 년 동안 고생시켜서 미안하다. | 都受了一辈子苦了,还不享受享受;평생 고생만 하고 아직 행복을 누리지 못하고 있다. | 你没受过苦,所以不珍惜现在的生活;너는 고생을 안 해봐서 현재의 생활을 소중히 여기지 못하고 있다.

受伤 shòu//shāng **动**. 상처를 입다. 다치다. ¶ 他 ~ 了,不能上班;그는 다쳐서 출근하지 못한다. | 我只是受了点轻伤,不影响工作;나는 그냥 조금 다쳤을 뿐이니 일하는 데는 지장이 없다. | ~ 后他的脾气变坏了;다친 후에 그는 성격이 나빠졌다.

瘦 shòu **形** ❶ 마르다. 여위다. ¶ 你太 ~ 了;너는 너무 말랐다. | 我比他 ~ 多了;나는 그보다 더 많이 말랐다. | 你怎么越来越 ~ 了;너는 어째서 갈수록 마르냐. ❷ (의복 등의 폭이) 작다. ¶ 那件衣服我穿太 ~,你穿刚好;그 옷은 나에겐 너무 작은데 네가 입으니 딱 맞는구나. | 一双鞋太肥,一双又太 ~,都不合适;신발이 한 켤레는 너무 크고 한 켤레는 너무 작아 모두 맞지 않는다.

书 shū **名** 책. 서적. ¶ 我去图书馆借 ~;나는 도서관에 책을 빌리러 간다. | 那三本 ~ 都是我的;저 세 권의 책은 모두 나의 것이다. | 他写过很多 ~,读者也很多;그는 많은 책을 썼고, 독자들도 많다.

书包 shūbāo **名** 책가방. ¶ 妈妈给孩子买了一个新 ~;어머니는 아이에게 새

책가방을 하나 사주셨다.| 小学生的~太重了;초등학생의 책가방이 너무 무겁다.

书店 shūdiàn 名 책방. 서점. ¶ ~不大,但书的种类很齐全;서점은 크지 않지만 책의 종류는 모두 갖추어져 있다.| 周末我喜欢逛~;주말에 나는 서점 가는 것을 좋아한다.| 学校对面又新开了一家~;학교 맞은 편 문에 또 하나의 서점이 문을 열었다.

书房 shūfáng 名 서재. ¶ 我的~有点小, 想换一间大点儿的;나는 서재가 좀 작아서, 좀 더 큰 칸으로 바꾸고 싶다.| 爸爸整天关在~里写书,太辛苦了;아버지는 온 종일 서재에서 책을 쓰시느라 너무 고생하신다.

书记 shū·ji 名 (공산당이나 청년단 등의 주요 책임자) 서기. ¶ 他当选了党中央的总~;그는 당 중앙의 총서기로 선출되었다.| 今天下午学校党委~作报告;오늘 오후 학교의 당위원회 서기가 보고를 하였다.| 他是最年轻的团委~;그는 제일 젊은 청년단 서기이다.

书架 shūjià 名 책꽂이. 서가. 책장. ¶ ~上摆满了书;책꽂이에 책이 가득하다.| 那本书就放在~上了, 怎么会找不到呢;그 책을 책꽂이 위에 놓았는데, 어째서 찾을 수가 없느냐.| 那么多书, ~上都放不下了;저렇게 많은 책들은 모두 책꽂이에 놓을 수 없다.| 再买一个~吧; 책장을 하나 더 사자.

书生 shūshēng 名 독서인. 서생. 학자. 선비. 지식층. ¶ 我不过是个~, 只关心学问的事;나는 일개 서생에 지나지 않고, 오직 학문적인 일에만 관심이 있다.| 那个人的~气十足;저 사람은 선비 냄새가 물씬 풍긴다.| 原来是个白面~啊;알고 보니 백면서생이었구나.

▶용법주의:'书生'이란 옛날 독서인이나 학자에 대한 또 다른 호칭이었으며, 현재는 그 사용이 매우 드물다.'书生气'란 의미 또한 오직 책만 읽는 것을 좋아하고, 사회를 잘 알지 못하며 실제나 현실적인 것들에 대해 말하지 못하는 사람들을 지칭하기도 한다.

书信 shūxìn 名 편지. 서신. 서한. ¶ 我们多年来一直保持着~往来;우리은 다년간 계속해서 편지를 주고받았다.| 妈妈还保存着年轻时的~;어머니는 젊었을 때의 편지를 아직도 보존하고 있다.| ~有它特殊的格式要求;편지는 특수한 격식이 요구된다.

书桌 shūzhuō (~儿) 名 책상. ¶ 你的~真大;네 책상은 정말 크구나.| 好几天没收拾~了;몇 일 동안 책상을 치우지 못했다.| 这张~是上个月才买的;이 책상은 저번 달에야 비로소 산 것이다.

叔叔 shū·shu 名 ❶ 숙부. 작은아버지. 삼촌. ¶ 我~人很幽默,我喜欢他;나의 숙부는 매우 유머가 있어 나는 숙부를 좋아한다.| 已经很久没见到~了;이미 오랫동안 삼촌을 보지 못했다. ❷ 아버지와 같은 연배의 사람. 아저씨. ¶ 你刘~很会画画, 跟他学学吧;유 아저씨가 그림을 잘 그리니 너는 그에게 배워봐라.| 工人~工作很辛苦;근로자 아저씨의 일은 고생스럽다.| 你喜欢解放军~是吗? 너는 해방군 아저씨들을 좋아하니?

舒服 shū·fu 形 ❶ (몸이나 마음이) 편안하다. 상쾌하다. 개운하다. ¶ 洗了

个热水澡,真~;뜨거운 물로 목욕을 하니 정말 개운하다.| 躺在床上看小说很~;침대 위에 누워 소설책을 보니 매우 편안하다.| 让我干这个活儿心里不太~;나에게 이 일을 하라고 하니 마음이 별로 편안하지 않다.| 我就盼着放假,能好好~几天;몇 일 동안 편안하게 지낼 수 있어 나는 방학을 고대하고 있다. ❷(편안히) 알맞다. 적당하다. 적절하다.¶ 这张床非常~;이 침대는 참 편안하다.| 高跟鞋不~,我很少穿;하이힐은 불편해서 나는 잘 안 신는다.

舒适 shūshì 形 쾌적하다. 편안하다.¶ 家里的日子很~,真不想往外跑;집 안에서 지내는 날이 편안해, 정말 밖에 나가 돌아다니고 싶지 않다.| 这家宾馆让人感到~;이 호텔은 정말 사람의 기분을 쾌적하게 한다.| 人们终于过上了~的日子;사람들은 마침내 편안한 생활을 보내었다.

输 shū 动 ❶운송하다. 나르다.¶病人急需~血;환자가 수혈이 급히 필요하다.| 必须马上给伤员~氧;부상자에게 바로 산소를 공급해야 한다.| ~油管安装好了,可以试试;송유관 설치를 끝냈으니, 한 번 시험해 보아라. ❷ 실패하다. 지다.¶这场球咱们又~了;이번 축구경기에서 우리는 또 졌다.| 这回~得好惨;이번에 참혹하게 졌다.| ~球也是正常现象,比赛总是有赢有~嘛! 축구경기에서 지는 것도 정상적인 현상이다. 시합이란 결국 이기기도 하고 지기도 하는 것 아니냐!

输出 shūchū 动 ❶(안에서 밖으로)내보내다.¶血液是通过心脏~的;혈액은 심장을 통과하여 내보내진다. ❷

수출하다.¶那是个石油~国;저 나라는 석유 수출국이다.| 资本~;자본 수출.| 劳务~;노동 수출. ❸ (신호나 에너지를) 출력하다. 내보내다.¶ 为什么没有~信号? 어째서 신호 출력이 없느냐?

输入 shūrù 动 ❶ (밖에서 안으로) 들여보내다. 들여오다.¶血液很快~了患者体内;혈액이 급속히 환자의 체내로 들어왔다. ❷ 수입하다.¶商品~国;상품 수입국. ❸ (신호나 에너지를) 입력하다.¶这些信息已经~电脑了;이 정보들은 이미 컴퓨터에 입력되었다.

蔬菜 shūcài 名 채소.¶ 多吃~对身体有好处;채소를 많이 먹으면 몸에 좋다.| ~的品种不少,你喜欢吃哪种;채소의 품종이 적지 않는데, 너는 어떤 것을 좋아하느냐.| 这些新鲜~是刚刚送来的;이 신선한 채소들은 방금 막 들여온 것이다.

▶용법주의: '蔬菜'는 한국어 한자어로 '菜蔬'라고 한다. 그러나 중국어에서는 '菜蔬'라고 말할 수 없다.¶多吃菜蔬对身体有好处(×)

熟 shú 形 ❶ (식물 등이)익다. 성숙하다.¶苹果~了;사과가 익었다.| 葡萄~了;포도가 익었다.| 西瓜还不太~;수박이 아직 잘 익지 않았다. ❷ (식물 등에 가열하여 식용이 가능한 정도로) 삶다. 익히다.¶米饭~了;밥이 익었다.| 白菜还不太~;배추가 아직 삶기지 않았다.| 时间来不及,就买点~食吃吧;시간이 늦었으니, 조리된 음식을 사서 먹자. ❸ 가공이나 단련이 된 것.¶这是个~铁盆;이것은 단련된 철 그릇이다.| 这件衣服是用羊~

皮做的;이 옷은 무두질한 양가죽으로 만든 것이다.∣种花最好弄点~土;꽃은 양토질의 땅에 심는 것이 가장 좋다. ❹익숙하다. 잘 알다. ¶这条路我太~了;이 길은 내가 잘 안다.∣我跟她不~;나는 그녀와 잘 알지 못한다.∣这是个老~人;이 사람은 오랫동안 알던 사람이다. ❺(일이나 기술 방면에 대해) 경험이 있다. 숙련되다. 정통하다. ¶这个活儿我已经很~了;이 일에 나는 이미 매우 익숙하다.∣他刚刚出徒,技术还不~;그는 이제 막 견습이 끝나 기술이 아직 숙련되지 못했다.∣各种电子游戏他都~,他天天玩;그는 각종 게임에 능숙해 매일 게임한다. ❻정도가 심한. 상세하다. ¶孩子总算睡~了;아이가 겨우 깊이 잠들었다.∣这几天太累了,晚上睡得很~;요 몇 일 동안 피곤해서, 저녁 때 곤히 잠이 들었다.∣爷爷一睡~就打呼噜;할아버지는 잠이 들자마자 코를 골며 깊이 잠 들었다.

熟练 shúliàn 形 숙련되다. 능숙하다. ¶他的动作非常~;그의 동작이 대단히 숙련되어 있다.∣现在爸爸开车比原来~多了;현재 아버지의 운전은 예전보다 훨씬 숙련되어 있다.∣工厂里最喜欢要~工;공장에서는 숙련공을 선호한다.∣这个曲子基本上能弹了,但还不够~;이 곡은 기본적으로 연주할 수 있으나 아직 능숙하게 하지는 못한다.

熟悉 shú·xi 动 잘 알고 있다. 충분히 알다. 상세히 알다. ¶我太~他的脾气了;나는 그의 성질을 너무나 잘 알고 있다.∣他刚来,对周围环境还不~;그는 방금 와서 아직 주위환경에 대해

잘 알지 못한다.∣你慢慢~吧,不用着急;조급할 필요 없으니 급할 것 없으니 천천히 익숙해 지면 된다.∣这个地方你比我~多了;이 곳은 네가 나보다 더 많이 알고 있다.

暑假 shǔjià 名 여름 방학. 여름 휴가. ¶快放~了;여름 방학이 곧 온다.∣我得做一个~计划;나는 여름 휴가 계획을 짜야 한다.∣~里你去了哪些地方? 여름 방학 동안 너는 어느 곳에 가보았니?

属 shǔ 动 ❶예속하다. (관할) 하에 있다. …에 속하다. ¶我们学校~教育部直接管理;우리 학교는 국가 교육부 직속 관할 하에 있다.∣成都市~四川省;청뚜시는 쓰촨성에 속해 있다. ❷(십이지의) …띠이다. ¶小张~马,他弟弟~猪;장군은 말띠이고, 그의 남동생은 돼지띠이다.∣你~什么? 너는 무슨 띠니? ❸…에 속하다. …의 것이다. ¶只要我们努力,成功终~我们;우리가 노력만 한다면 성공은 결국 우리의 것이다. ❹…이다. ¶这本小说人物纯~虚构;이 소설의 인물은 완전히 허구이다.∣他的犯罪报告已经查明~实;그의 범죄 진술은 이미 사실로 조사되었다.

▶용법주의:'이다' 라는의미의'属'는, 일반적으로'纯属虚构(chúnshǔ xūgòu)', '查明属实(chámíng shǔshí)'로 자주 쓰인다. 名 ❶(생물에서의) 속. (과(科)와 종(種) 사이에 있는 생물 분류상의 한 단계) ¶老虎是猫科豹~动物;호랑이는 고양이과 표범 속 동물이다. ❷가족. 친속. ¶他家是军~;그의 집안은 군인 가족이다.

属于 shǔyú 动 속하다. 소속되다. ¶在中

国, 土地 ~ 国家所有;중국에서 토지는 국가의 소유에 속한다.| 这个公寓 ~ 我妹妹的财产(cáichǎn);이 아파트는 우리 누나의 재산에 속한다.

树 shù 〈名〉나무. ¶ 明天是植 ~ 节,全校师生都到后面的山上种 ~;내일은 식목일이라 전교의 선생님들과 학생들은 뒷산에 가서 나무를 심을 것이다.| 在所有的 ~ 里, 我最喜欢白杨 ~;나무 중에 나는 은백양나무를 제일 좋아한다.| 老 ~ 上有个大鸟窝;오래된 나무 위에 큰 새집이 하나 있다.

树丛 shùcóng 〈名〉나무 숲. ¶ 路边的小 ~ 长得很密实;도로변의 작은 나무숲은 촘촘히 자랐다.| 球被踢进 ~ 了;공이 나무 숲 속으로 들어갔다.| 那片 ~ 里还有小松鼠呢;저 나무 숲에는 다람쥐도 있다.

树根 shùgēn 〈名〉나무 뿌리. ¶ 松树的 ~ 很大;소나무 뿌리는 매우 크다.| 种树时不要伤了 ~;나무를 심을 때 뿌리를 다치게 해선 안 된다.| 没想到这棵小树的 ~ 扎得那么深;이 작은 나무의 뿌리가 이렇게 깊이 박혀 있는지 전혀 생각지 못했다.

树林 shùlín 〈名〉수풀. 숲. ¶ 小时候经常跟爷爷到 ~ 里玩;어렸을 때 늘 할아버지와 숲 속에 가서 놀았다.| 这片 ~ 里有不少野生药材;이 숲 속에는 야생 약재들이 적지 않게 있다.

树枝 shùzhī 〈名〉나무 가지. ¶ 那棵老松树的 ~ 弯弯曲曲的, 特别漂亮;저 소나무의 나무 가지는 구불구불하여, 매우 멋있다.| 我喜欢柳树那种柔软的 ~;나는 버드나무같은 부드러운 나뭇가지를 좋아한다.| 我们拾了些干 ~ 来烧水;우리들은 마른 나뭇가지를 주

워다 불을 지폈다.

竖立 shùlì 〈动〉(수직으로) 세우다. ¶ 广场上 ~ 着一排旗杆;광장에 깃대가 하나 세워져 있다.| 山坡上 ~ 着许多墓碑;산비탈에 수많은 묘비들이 세워져 있다.

数 shù 〈名〉수. 숫자. ¶ 这个班的人 ~ 统计了吗?이 반의 인원 수를 통계하였느냐.| 那回来了不少人, 记不清 ~ 了;그 때 사람이 적지 않게 와서 숫자가 잘 기억나지 않는다. ❷ 수학 개념. ¶ 自然 ~;자연수.| 有理 ~;유리수.| 整 ~;(우수리가 없는) 일정 단위의 수. | 分 ~;분수. ❸ 어법 범주의 일종. ¶ 单 ~;단수.| 复 ~;복수.| 算算钱 ~, 看够不够;금액을 계산해 보고 충분한 지 보아라. 数 몇. 몇 번의. ¶已经找过他 ~ 次他都不在家;이미 몇 번이나 그를 찾았지만, 그는 집에 없었다. | ~ 十年来我都是这样过的;몇 십 년 동안 나는 이렇게 지내왔다.| 病了 ~ 日没能上班;몇 일 동안 병을 앓아 출근하지 못했다.

数额 shù'é 〈名〉일정한 수. 액수. 정액. ¶ 他的发明得到了一笔 ~ 可观的奖金;그의 발명은 상당한 액수의 보너스를 얻었다.| 超出规定 ~, 单位不能给你报销;규정된 액수를 초과하면 부서에서 네게 결산해 줄 수 없다.| 公司用于这个项目的 ~ 是有限的;회사가 쓸 수 있는 이 항목의 액수는 한정되어 있다.

数量 shùliàng 〈名〉수량. ¶ 这种产品的生产 ~ 很有限;이 상품의 생산량은 한정적이다.| 这次打折的商品 ~ 不少;이번에 할인된 상품의 수량이 적지 않다. | 高校的招生 ~ 又减少了;대학교의 학

생 모집 수가 또 줄었다.

数码相机 shùmǎ xiàngjī 名 디지털 카메라. ¶我的~买了八年了,还很好用;내 디지털 카메라는 산 지 8년이 되었는데 아직도 쓸 만하다. | 外出旅游带个~就是方便;여행갈 때 디지털 카메라를 가지고 가면 편리하다. | ~已经很普及了;디지털 카메라는 이미 보편화되었다.

数学 shùxué 名 수학. ¶这位~家已经去世多年了;이 수학자는 죽은 지 오래되었다. | 我是~系的,你呢?나는 수학과인데 너는? | 他的~一直不好;그의 수학 성적은 줄곧 좋지 않다.

数字 shùzì 名 ❶ 숫자. ¶这个地方应该用大写~;이 부분에서는 숫자를 크게 써야 한다. | 你的~写得不清楚,很容易认错;네가 쓴 숫자가 불분명해서 잘못 알아보기 쉽다. ❷ 수량. ¶看~是不少了,可是质量怎么样呢;보아하니 수량은 적지 않은데, 품질은 어때? | 不要只是追求~;오직 수량만을 추구하지 마라. | 这个~够多的了,别不知足;이 정도면 충분하니 만족할 줄 알아라.

刷 shuā 动 (솔, 브러시 등으로) 닦다. 솔질하다. ¶这孩子总是不想~牙;이 아이는 늘상 이를 닦으려 하지 않는다. | 卫生间的地面得使劲~才行;화장실 바닥은 힘껏 닦아야 한다. | 你的球鞋该~了;너의 축구화는 솔질을 해야겠다. | 我做饭,你~碗;나는 밥을 할 테니 너는 그릇을 닦아라.

衰弱 shuāiruò 形 (신체가) 쇠약하다. (세력이) 쇠약해지다. ¶老人看上去十分~;보아하니 노인은 몹시 쇠약하다. | 他神经~,常常失眠;그는 신경이 쇠약해 늘 잠을 이루지 못한다. | 一家人看着爷爷一天比一天~,毫无办法;가족들은 할아버지가 나날이 쇠약해 지는 것을 보면서도 아무런 방법이 없었다.

摔 shuāi 动 ❶ 자빠지다. 넘어지다. ¶孩子不小心~了一跤(jiāo);아이는 조심하지 못해 넘어졌다. | 这一下~得不轻;이번엔 가볍게 넘어지지 않았다. | 小孩~一下没事的;아이가 한 번 넘어지는 건 괜찮다. ❷ 떨어뜨려 부수다. 깨뜨리다. ¶我不小心~了花瓶;나는 조심하지 못해 꽃병을 깨뜨렸다. | 轻点,别把椅子~坏了;살살해라, 의자를 떨어뜨려 망가뜨리지 말고. | 你怎么一生气就~东西呀;너는 어째 화만 내면 물건을 부수니. ❸ 떨어지다. ¶听说昨天又~了一架飞机;어제 또 비행기 한 대가 추락했다고 한다. | 孩子从床上~到地板上,哭得很厉害;아이가 침대 위에서 바닥으로 떨어져 심하게 울고 있다.

摔跤 shuāi//jiāo 动 넘어지다. ¶您别走得太快,容易~;너무 빨리 가지 마라, 넘어지기 쉽다. | 孩子学走路时也不知道摔了多少跤;아이가 걸음마를 배우면서 몇 번을 넘어졌는지 모르겠다. | 不~哪能学会走路呀;넘어지지 않고 어떻게 걸음마를 배우겠느냐. 名 일종의 체육 종목. 씨름. ¶下午有~比赛,我要去看;오후에 씨름 시합이 있어 나는 보러 가려 한다. | 他学~一年,进步很快;그는 씨름을 배운지 1년 밖에 안 됐지만 진도가 빠르다.

甩 shuǎi 动 ❶ 흔들다. 휘두르다. 뿌리치다. ¶儿子~着小胳膊走的飞快;아이는 팔을 휘저으며 빨리 걸어갔다. |

小狗~~尾巴跑了;강아지가 꼬리를 흔들며 뛰어갔다.| 小女孩特别喜欢~辫子;어린 소녀는 땋은 머리 흔드는 것을 특히 좋아한다. ❷ 밖을 향해 힘을 쓰다. 힘껏 던지다. ¶他一挥胳膊,把书~出去好远;그는 팔을 휘둘러 책을 멀리 던졌다.| 看你,墨水~了一地;이것 봐! 바닥에 잉크가 떨어졌잖아.| 天阴了,床单还是在洗衣机里~干吧;날이 흐리니 이불보를 세탁기로 탈수시키자. ❸ 떼어놓다. 내버리다. 던져버리다. ¶他很快就把同组的选手~在后面了;그는 금새 같은 조의 선수를 뒤로 제쳤다.| 他刚刚~了原来的女朋友;그는 원래의 여자친구를 바로 지금 차버렸다.| 你是不是想~下我自己去呀? 너는 나를 제쳐두고 혼자 가고 싶으냐?

率领 shuàilǐng 动 인솔하다. 이끌다. ¶总统~国内一些知名企业家到国外考察了一周;대통령은 국내 저명한 기업가들을 이끌고 해외에 가서 1주일 동안 시찰하였다.| 这支球队在他的~下得(dé)了冠军;이 축구 팀은 그의 지도 하에 우승을 했다.| 给你100人的队伍,你能~得了(liǎo)吗? 당신에게 100명의 군대를 준다면 당신은 통솔할 수 있습니까?| 李将军~的队伍经常打胜仗;이 장군이 이끄는 군대는 늘 승리한다.

双 shuāng 形 두 개의. 쌍방의. ¶~方都不肯让步;쌍방이 모두 양보하려 하지 않는다.| 俗话说,"好事成~";속담에 이르기를 좋은 일은 쌍을 이룬다고 한다.| ~方家长都不同意他们的婚事;쌍방의 부모들은 모두 그들의 결혼에 동의하지 않았다. 量 짝. 켤레. ¶一~鞋;한 켤레의 신발.| 两~袜子;두 켤레의 양말.| 三~筷子;세 짝의 젓가락.

双打 shuāngdǎ 名 (체육경기의) 복식. ¶他们得了~冠军;그들은 복식경기에서 우승을 하였다.| 这场男女混合~很精彩;이번 남녀 혼합복식 경기는 매우 훌륭했다.| ~最讲究配合;복식경기는 조화를 제일 중시한다.

双方 shuāngfāng 名 쌍방(의). ¶他们男女~的家在同一个城市;그들 남녀 쌍방의 집은 모두 같은 도시에 있다.| 谈判~的意见还是不能统一;담판지어 보았지만 아직 통일되지 못하고 있다.| 你们~都有一定的责任,不要只埋怨对方;너희들 쌍방 모두 어느 정도 책임이 있으니, 상대방만을 원망하지 마라.

谁 shuí 又音 shéi 代 ❶ 누구. ¶请问你找~? 실례지만 누구를 찾습니까.| 这是~的书? 이것은 누구의 책이냐? ❷ (반문) 누가. ~知道呢;누가 알겠느냐.| ~没生过病呀;누가 병에 걸려 본 적이 없겠느냐.| ~不想过好日子! 누군들 편하게 지내길 원치 않겠는가! ❸ 아무. 누구. 아무개. ¶我的笔不知道~拿走了;나의 펜을 누가 가져갔는지 모르겠다.| 也不知道~把门锁上了;누가 문을 잠궜는지 모르겠다.| 屋里好像~在说话;방 안에서 누군가 말을 하고 있는 것 같다. ❹ 어떤. 누구(든). 어떤 사람. ¶这种现象~都没见过;이런 현상은 그 누구도 본 적이 없다.| ~都想拿冠军,不光是你;너 뿐만 아니라 누구든지 일등이 되길 바란다.| ~有意见~就提出来;누구든지 의견이 있으면 제시하여라.|

633

他们俩~都不服~;그들 둘은 누구도 상대에게 지려하지 않았다.| 现在有一个出国进修的名额,大家看~去好;지금 해외 연수 자리가 하나 생겼으니, 누가 가는 게 좋을지 보아라.

水 shuǐ 名 ❶ 물. ¶生命离不开~;생명은 물을 떠날 수 없다.| 人要是没有~就无法生存了;인간에게 물이 없다면 생존할 수 없다.| 真渴,想喝~了;정말 목이 말라 물을 마시고 싶다. ❷ 즙. 용액. ¶药~;약물.| 墨~;잉크.| 橘子~;오렌지 주스. 量 번. 물. (옷을 씻은 횟수) ¶这件衣服刚洗了一~就不能穿了;이 옷은 한 번 빨래하자 더 이상 입을 수 없게 되었다.| 被单多洗几~没关系;침대 시트는 몇 번을 세탁하여도 상관없다.

水参 shuǐshēn 名 수삼. ¶~是韩国锦山的特产;수삼은 한국 금산의 특산물이다.| 晒干之前的人参通常也叫~;말리기 전의 인삼을 일반적으로 수삼이라고도 한다.

水稻 shuǐdào 名 논 벼. ¶今年的~长势不错;올해는 벼가 괜찮게 자랐다.| ~是这个地区的主要作物;벼는 이 지역의 주요 작물이다.| 快到收割~的时间了;벼를 수확할 때가 곧 다가온다.

水分 shuǐfèn 名 ❶ 수분. ¶这块地的~比较充足;이 땅은 수분이 비교적 충분하다.| 这个品种的苹果~很大, 好吃;이 품종의 사과는 과즙이 많아 맛있다.| 刚下过雨, 空气里~很足;방금 비가 내려 공기 중에 수분이 충분하다. ❷ 과장. 과대(포장). ¶这件事情~不小吧;이 일은 과장이 적지 않은 것 같은데.| 他说话从来都是有

的, 你要小心;그의 말은 항상 과장이 많으니, 조심해야 한다.| 不知道这个数字里有多大~;이 숫자가 얼마나 과장된 것인지 모르겠다.

水果 shuǐguǒ 名 과실. 과일. ¶商店里~的种类很多, 随便挑;상점 안에 과일의 종류가 많으니 마음껏 골라라.| 每天吃~对健康有好处;과일을 매일 먹으면 건강에 좋다.| 有些~不太好存放, 只能现买现吃;어떤 과일들은 보관이 그리 쉽지 않아 사는 대로 바로 먹을 수 밖에 없다.

水泥 shuǐní 名 시멘트. ¶这个工程需要大量~;이 공사에는 대량의 시멘트가 필요하다.| 工地上的~不多了;공사현장에 시멘트가 부족해졌다.| 这种~的强度有问题, 不能用;이 시멘트는 강도에 문제가 있어 사용할 수 없다.

水平 shuǐpíng 名 수평. 수준. ¶他的专业~很高;그의 업무 수준은 매우 높다.| 这人真没~;이 사람은 정말 수준 이하이다.| 他技术~高, 人也和气;그는 기술 수준도 높고, 사람도 상냥하다.| 我们的飞机设计已经接近先进世界~了;우리들의 비행기 설계 능력은 이미 선진국 수준에 근접하였다.

▶용법주의: 중국어에서는 수평(水平)은 어떤 일에 있어서 그 수준을 말하지만 한국에서의 수평(水平)은 기울지 않고 평평한 상태를 말한다.

水芹菜 shuǐqíncài 名 미나리. ¶~挺好吃的;미나리는 정말 맛있다.

水准 shuǐzhǔn 名 ❶ 수평면. ¶~基点;수평 기점.| ~仪;수준의. 수평기.| ~平面;수평면. ❷ 수평. 수준. ¶这是个高~的课题;이것은 높은 수준

의 과제이다.|你的朋友太不够~了;네 친구는 수준이 한참 모자란다.|看来你买车的~不低呀;보아하니 네가 산 차의 수준이 낮지 않다.

税 shuì 名 세금.¶纳~是每个公民的义务;세금을 내는 것은 모든 국민의 의무이다.|关~;관세.|营业~;영업세.|个人所得~;개인 소득세.|~额;세액.|~率;세율.|~种;세금의 종류.

税金 shuìjīn 名 세금.¶你应该按时交纳~;너는 마땅히 제때 세금을 내야 한다.|这个月营业税的~是多少?이번 달 영업세는 얼마인가?

睡 shuì 动 자다. 잠 자다.¶他晚上9点就~了;그는 밤9시면 잠을 잔다.|星期天一觉~到了中午,才觉得~足了;일요일에는 점심 때까지 잠을 자야 충분한 것 같다.|这么晚了,怎么还不~?이렇게 늦었는데 어째서 아직까지 잠을 안 자고 있느냐?

睡觉 shuì//jiào 动 수면상태로 있다. 잠 자다.¶关灯~了;불을 끄고 잠을 자다.|这孩子~很轻,有点声音就醒;이 아이는 설 잠을 자는데, 조그만 소리가 들려도 곧 깬다.|睡不着(zháo)觉的滋味不好受;잠을 못 이루는 심정은 정말 견디기 힘들다.

顺 shùn 动 ❶ 같은 방향으로 향하다. 거스르지 않다.¶今天上班时~风,下班就顶风了;오늘 출근할 때는 순조로웠는데 퇴근할 때는 그렇지 못했다.|船是在~水行驶,所以很快;배는 물결을 따라가기 때문에 빠르다. ❷ 방향이 같게 하다. 정돈하다. 조리가 있도록 하다.¶你还是把桌子~过来吧,这样地方大一点;네가 탁자를 잘 정돈해 보아라, 이래야 이 면적이 좀 넓어질 것이다.|把你们的车~着停;너희들은 차를 같은 방향으로 세워라. ❸ 알맞다. 적합하다. 적당하다.¶我在单位过得不~心;나는 부서에서 일하는 것이 마음 편치 않다.|他看谁都不~眼;그는 누구를 보든지 눈에 거슬려 한다.|看来这件衣服还~她的意;보아 하니 이 옷은 그런대로 그녀가 마음에 들어한다. ❹ 따르다. 순종하다.¶你不能事事~着孩子,都把他惯坏了;너는 모든 일마다 아이를 따라서는 안 된다. 그러면 그의 습관이 나빠진다.|还是~着妈妈的意思做吧;그래도 어머니의 뜻에 따르도록 하자.|小张喜欢~着领导,很少提出个人的看法;장 군은 지도자에게 순종하는 것을 좋아해서 거의 개인의 의견을 제기해 본 적이 없다. 形 순리. 순조롭다.¶事情办得~吗?일을 순조롭게 처리했나요?|这趟旅游还~吧;이번 여행이 그런대로 순조롭지. |这几年她一直很~,没遇到什么麻烦;이 몇 년 간 그녀는 줄곧 순조로웠으며 어떤 번거로운 일도 만나지 않았다. 介 …를 따라서. …하는 김에.¶你~着大路走就能看到那个车站;큰 길을 따라 쭉 가면 너는 곧 그 정거장을 볼 수 있을 것이다.|咱们还是~着右边走吧;우리는 우측으로 가도록 하자.

顺便 shùnbiàn 副 …하는 김에.¶你去商店,~帮我买两支铅笔吧;상점에 가는 김에 내게 연필 두 자루 좀 사다 주어라.|下周去北京开会,~看一下女儿;다음 주 베이징 회의에 가는 김에 잠깐 딸도 보겠다.|咱们去学校时~了解一下这批留学生的情况;우리가 학교에 갔을 때 유학생들의 상황

을 이해하려 한다.

顺利 shùnlì [形] 순조롭다. ¶ 这一路走得非常~;이 길이 가기에 매우 순조롭다.|事情办得还算~;일이 그런대로 순조롭게 처리된 셈이다.|这些年来一直不太~,麻烦事不断;이 몇 년 동안에 줄곧 그다지 순조롭지 못했다. 성가신 일들이 끊이지 않았다.

顺路 shùnlù [副] 가는 길에(김에). 오는 길에(김에). ¶ 回家时~到书店买了两本书;집에 돌아가는 길에 서점에 들러 책을 두 권 샀다.|我刚下飞机,~来看看你;나는 방금 막 비행기에서 내려 너를 보러 왔다.|菜我每天下班后~买就行了,不用专门跑一趟;반찬은 내가 퇴근 길에 오면서 사면 되지 일부러 나갈 필요까지는 없다. [形] 길을 빙빙 돌지 않다. 우회하지 않다. 직선 거리로 가다. ¶ 我想步行回家,从哪儿走~呢;나는 걸어서 집에 돌아가려고 하는데 어느 쪽에서 가는 것이 가까운 길이냐.|这样就绕道了,不~;이러면 우회하는 것이지 직선거리가 아니다.

顺序 shùnxù [名] 순서. 차례. ¶ 卡片的~已经乱了;카드의 순서가 이미 엉망이 되었다.|这是面试的~;이것이 면접 순서이다.|昨天排好的~没变,就按那个~一个个来吧;어제 배정한 순서는 바뀌지 않았으니 그 순서에 따라 하나씩 오도록 해라. [副] 차례차례로. 순서대로. ¶ 请大家不要挤,~下车;여러분들은 밀지 말고 차례대로 차에서 내리시기 바랍니다.|演出结束后观众们~退场,秩序很好;공연이 끝난 후 관중들은 차례대로 퇴장해 질서가 매우 좋았다.

瞬间 shùnjiān [名] 순간. 순식간. ¶ 大地震中,这个城镇~变成了废墟;큰 지진 중에 도시와 마을은 순식간에 폐허로 변했다.|山洪~冲毁了山下的小村庄;산간 지역의 홍수가 산 밑의 작은 마을을 순식간에 휩쓸어 버렸다.

说 shuō [动] 말하다. 이야기하다. ¶ 怎么不~话了;어째서 말하지 않느냐.|你会~汉语? 什么时候学的? 네가 중국어를 말할 줄 안다고? 언제 배운 것이니? | 别急,慢慢~;급할 것 없으니 천천히 말해라. ❷ 설명하다. 해설하다. ¶ 这个题让老师~一下吧;이 문제는 선생님께서 설명하게 해라.|怎么跟他~不明白呀;어떻게 그에게 이해하지 못 하겠다고 말하니.|那孩子一~就懂,不用多~;저 아이는 한 번 말하면 곧 알아들으니 많이 설명할 필요가 없다. ❸ 비평하다. 꾸짖다. 야단치다. ¶ 今天老师~你了吧;오늘 선생님이 너를 야단쳤지.|我~他他根本不听;나는 그를 꾸짖었지만 그는 도통 듣지 않았다.|你~他吧,这孩子太没有礼貌了;네가 그를 꾸짖어라, 이 아이는 너무 예의가 없다.

说话 shuōhuà [动] (~儿~) ❶ 말하다. 이야기하다. ¶ 听音乐会时不要~;음악회를 들을 때는 말하지 마라.|今天不想跟他~;오늘은 그와 말하고 싶지 않다. ❷ 잡담하다. 한담하다. ¶ 家里人都上班了,连个~的都没有;가족이 모두 출근해서 집에는 한담할 사람조차 없다.|咱们说会儿话吧,太闷了;너무 답답하니 우리 한담이라도 하자.|你们俩怎么有说不完的话! 너희 둘은 어째서 끝도 없이 잡담하느냐. [副] 잠시 기다려라. ¶ 等等,

我~就来;기다려라 내가 곧 올 테니.

说明 shuōmíng 动 ❶ 설명하다. 해설하다. ¶请你~请假的理由;휴가 내려는 이유를 설명해 보아라.|这些问题需要~一下;이런 문제들은 설명이 좀 필요하다.|客人~了来访的原因;손님이 방문한 이유를 설명했다. ❷ 증명하다. 입증하다. (분명히) 말하다. ¶他不回答,~他没听懂;그가 대답하지 못한다는 것은 알아 듣지 못했다는 것을 증명한다.|事实~你们的判断不对;사실은 너희들의 판단이 잘못되었음을 입증하고 있다.|这种证据~不了问题;이러한 증거로는 문제를 입증하지 못한다. 名 설명하는 말이나 글. 설명서. ¶这儿有使用~,你看看吧;여기에 사용 설명서가 있으니 네가 좀 보아라.|每张图片下面都有~;매 사진 아래에 모두 설명이 있다.|这个~写得不清楚;이 설명은 분명하지 않다.

丝 sī 名 ❶ 실. ¶这种~的品质优良;이 실은 품질이 좋다. 名 실과 같이 가늘고 긴 물건. ¶钢~;(강철의) 철사. 강사.|铁~;철사.|土豆~;감자채 요리. 量 (극히 적은 양을 표시) 극히 조금. 약간. ¶这个零件的尺寸一~不差;이 부품 치수는 조금도 모자라지 않다.|我房间的窗户一~风都不透;내 방의 창문은 바람이 조금도 들어올 수 없다.

丝绸 sīchóu 名 (견직물의 총칭) 비단. 실크. ¶传统的旗袍大多采用~面料;전통적인 치파오는 대부분 비단을 사용해 만든 것이다.|~的品质极好,柔软,透气,很多人都喜欢;비단은 품질이 매우 좋으며 부드럽고 공기도 잘

통해 많은 사람들이 좋아한다.|这是家~服装店,专门做~服装;이것은 비단 의상점이라 전문적으로 비단을 가지고 옷을 만든다.

司机 sījī 名 기사. ¶出租车~每天工作的时间很长;택시 기사들은 매일 일하는 시간이 길다.|长途汽车的~很辛苦;장거리 버스 기사는 매우 고생한다.|北京的公交车有不少女~;베이징의 버스에는 여자 기사들이 적지 않게 있다.

私 sī 形 ❶ 사적인. 개인적인. 개별적인. ¶这座别墅是~产;이 별장은 사유 재산이다.|这是~事;이것은 개인적인 일이다.|我的~信,不要看;나의 사적인 편지 보지 마라. 你怎么总是公~不分呀!너는 어째서 항상 공사를 구별 못하느냐! ❷ 이기적이다. ¶这人~心太重;이 사람은 이기심이 너무 많다.|说话办事不要有~心;말하고 일을 처리하는데 있어 이기심이 있어선 안된다. ❸ 비밀의. 비합법적인. ¶他~吞了不少公款;그는 비합법적으로 많은 공금을 횡령했다.|法律是保护个人隐~权的;법률은 프라이버시를 보호하는 것이다. ❹ 위법적으로 어떤 상품을 운반하거나 판매하는 행위. ¶走~;밀수 하다.|缉~;밀매, 밀수업자를 잡다.

私家车 sījiāchē 名 자가용. ¶现在的~越来越多了;현재 자가용이 갈수록 많아진다.|~多是大城市交通拥堵的原因之一;자가용이 많은 것은 대도시 교통 체증의 한 원인이다.

私人 sīrén 名 ❶ 개인. ¶这套房子是~财产;이 집은 사유재산이다.|这些年~企业发展很快;요즘은 민간 기업의

637

발전이 매우 빠르다.| 她是老板的~秘书;그녀는 사장님의 개인 비서이다. ❷ 개인과 개인지간.¶我们俩的~关系很好;우리 둘은 사적인 관계가 좋다.| 不要因为~感情影响工作;개인적인 감정으로 일에 영향은 주지마라.| 我们有些~交往,但跟公司业务无关;우리는 개인적인 교류가 조금 있었지만 회사의 업무와는 무관하다.

思考 sīkǎo 动 사고하다. 사유하다. 깊이 생각하다. ¶这是经过周密~得出的结论;이것은 심사숙고를 통해 얻은 결론이다.| 问题比较复杂,还需要~一段时间;문제가 비교적 복잡하니 아무래도 한동안 생각 좀 해야겠다.| 要学会独立~;독립적인 사고를 할 줄 알아야 한다.

思想 sīxiǎng 名 ❶ 사상. 의식.사고방식.他岁数不大,但很有~;그는 나이는 어리지만 생각이 깊다.| 爷爷的~还是有些保守;할아버지의 사고방식은 아무래도 조금 보수적이다.| ~问题不解决,什么事情也别想做好;사고방식 문제를 해결하지 못하면 무슨 일이든 잘 하려고 생각하지 마라. ❷ 생각. 견해. 마음.¶他早就有出国定居的~,只是没有机会;그는 일찍부터 외국에 나가 정착할 생각을 하였지만 기회가 없었을 뿐이다.

撕 sī 动 (천이나 종이 따위를 손으로) 잡아 찢다. 떼다. ¶儿子把新书~破了;아이들이 새 책을 찢어 버렸다.| 我把以前的信都~了;나는 이전의 편지를 모두 찢어 버렸다.| 小广告贴的到处都是,~都~不下来;도처에 작은 광고물이 부착되어 있어 아무리 떼

어 내도 다 떼어 낼 수 없었다.

死 sǐ 动 생명을 잃다. 죽다.¶他~了三年了;그가 죽은 지 3년이 되었다.| 咱们种的树~了;우리가 심은 나무가 죽었다.| 小心,别把小鱼弄~了;조심해라, 작은 물고기를 죽여서는 안 된다. 形 ❶ 어울릴 수 없는. 조화가 되지 못하는.¶他们是~对头;그들은 숙적이다.| 他们是我们的~敌;그들은 우리의 불구대천지 원수이다. ❷ 몹시 …하다. 굉장히 …하다.¶见到孩子,我快高兴~了;아이를 보자 나는 몹시 기뻤다.| 这事笑~人了;이 일은 사람을 너무 웃기게 만든다.| 我要烦~了;귀찮아 죽겠다. ❸ 융통성이 없다. 고정되다. 굳다.¶这是一座~火山;이것은 휴화산이다.| 你真是个~脑筋;너는 정말 앞 뒤가 꽉 막혔구나.| 这都是些~规定;이것은 모두 죽은 (융통성이 없는) 규정들이다.| 你还是把时间定~比较好;너는 아무래도 시간을 딱 정하는 것이 낫겠다. ❹ 통하지 않는. 작용하지 못하는. 발전하지 못하는.¶我们走到~路上了;우리는 막다른 길에 다다랐다.| 这是个~胡同;이곳은 막다른 골목이다. 副 필사적으로. 죽을 때까지.¶你要~守球门;너는 죽을 각오로 골문을 지켜야 한다.| 看来他们是要~拼了;보아하니 그들은 죽을 각오로 하려한다.

四 sì 数 숫자 4. 넷.¶二加二等于~;2 더하기 2는 4이다.| 我家有~口人;우리집은 네 식구이다.| 你已经请假~天了,不能再请了;너는 이미 4일 동안 휴가를 내서 더는 신청할 수 없

四合院 sìhéyuàn (~儿)[名]사합원. (중국 화베이, 베이징의 전통적인 건축양식으로'ㅁ'자의 형태를 띤다.)¶我们喜欢~;우리는 사합원을 좋아한다.|现在, ~越来越少了;현재 사합원은 갈수록 적어진다.|政府应该设法保护~;정부는 대책을 세워 사합원을 보호해야 한다.

四月 sìyuè [名]사월. 4월.¶~是春暖花开的季节;4월은 꽃이 피는 따뜻한 계절이다.|我喜欢~;나는 4월을 좋아한다.|女儿的生日在~;딸 아이의 생일은 4월이다.

寺 sì [名]❶ (불교의) 사찰. 절. 사원.¶护国~和碧云~都是名~;호국사와 벽운사는 모두 유명한 사찰이다.|僧人住在~里;스님은 사찰에 산다. ❷ 이슬람교의 경전을 설교하는 장소.¶这是一座最大的清真~;이곳은 최대의 모스크 사원이다.

寺庙 sìmiào [名]절. 사원.¶这座宏伟的~是隋唐时期的建筑;이 웅장하고 위대한 사원은 수당시기에 건축된 것이다.|~保留了古代建筑的风格, 是珍贵的文化遗产;사원은 고대 건축의 품격을 보존하고 있는 진귀한 문화 유산이다.|五台山有不少~;오대산에는 적지 않은 사원들이 있다.

似乎 sìhū [副]마치 …인 것(듯) 같다.(하다).¶这本小说我~看过;이 소설책은 본 것 같다.|我~见过她, 但想不起来在哪儿见的;나는 그녀를 본 것 같은데 어디서 봤는지 생각이 나지 않는다.|她~没有听懂我的意思;그녀는 마치 나의 뜻을 못 알아 들은 것 같다.

松饼 sōngbǐng [名]송편.¶韩国中秋节的时候吃~;한국은 추석 때 송편을 먹는다.|我吃过两回~;나는 송편을 두 번 먹어 보았다.

松树 sōngshù [名]소나무.¶这棵~有上百年的树龄了;이 소나무는 수령이 백 여년쯤 되었다.|~四季常青, 象征着青春常在;소나무는 사계절 늘 푸르러 청춘을 상징한다.

松 sōng [名]소나무.¶青~;푸른 소나무.|~枝;소나무 가지.|~林;소나무 숲.|~涛;솔바람 소리. [形]❶ 느슨하다.¶鞋带~了;신발 끈이 느슨해졌다. ❷ 여유가 있다. 넉넉하다. 관대하다. 엄격하지 않다.¶这个月我手头~, 咱们出去一趟吧;이번 달에 내 주머니 사정이 좀 넉넉하니 우리 한번 나가자. [动]❶ 늦추다. 느슨하게 하다.¶把绳子~开吧;밧줄을 좀 느슨하게 해라.|看到孩子回来, 他才~了一口气;아이가 돌아온 것을 보고 그는 그제야 안도의 한숨을 쉬었다. ❷ 풀다. 풀어놓다.¶抓紧绳子, 别~手;손을 놓지 말고, 밧줄을 꽉 잡고 있어라.|你~了它吧, 让它自己飞;스스로 날게 그것을 풀어 주어라.

送 sòng [动]❶ 보내다. 배달하다. 전달하다.¶小张每天给小区的居民们~报纸;장 군은 매일 동네 주민들에게 신문을 배달한다.|~奶的车快到了;우유 배달 차가 금방 도착할 것이다.|信刚~来;편지가 방금 배달되었다. ❷ 증정하다. 선사하다. 주다.¶这本书是老师~我的;이 책은 선생님이 나에게 준 것이다.|我想~妈妈一张生日贺卡;나는 어머니께 생일 축하 카드를 보낼 생각이다.|这些礼品是~给会议代表的;이 예물들은 회의대표에

게 보낼 것이다. ❸ 배웅하다. 전송하다. 바래다 주다. ¶爸爸去～客人了;아버지가 손님을 배웅하셨다.│我现在每天早上都～孩子上学,下午再接;나는 매일 아침 아이를 학교에 바래다 주고, 오후에 마중 간다.│咱们去车站～他吧;우리 터미널로 그를 전송하러 가자.│别～了,快回去吧;나오지 말고, 얼른 들어가세요.

送行 sòng/xíng 动 ❶ 배웅하다. 전송하다. ¶前来～的朋友已经在车站等着了;배웅 나온 친구가 이미 정거장에서 기다리고 있다.│明天我们到机场给你～;내일 우리가 공항에 너를 배웅하겠다. ❷ 송별. ¶明天在东方酒店给你～;내일 동방 호텔에서 너를 위한 송별회를 연다.│咱们一起吃个饭,就算是给你们送个行吧;우리 같이 식사를 하는 것으로, 너희들에 대한 송별을 대신하자.

搜查 sōuchá 动 (범죄자나 금지된 물품을) 수사하다. 조사하다. ¶罪犯的住处已经～过了,没发现证据;범인의 거주지를 이미 조사했으나 증거를 발견하지 못했다.│警察要求停车～;경찰이 정차할 것을 요구하고 조사하였다.│他们从一辆货车上～出了大量毒品;그들은 한 화물차에서 대량의 마약을 수색해 냈다.

素材 sùcái 名 (작품의) 소재. ¶这些都是他长年积累的～,很珍贵;이것들은 모두 그가 오랜 기간 동안 쌓아온 소재로서 매우 진귀한 것이다.│没有生活体验,很难发现有价值的创作～;생활 체험이 없다면 가치 있는 창작 소재를 발견하기 쉽지 않다.│他下乡搜集～去了;그는 소재를 수집하러 시

골로 내려갔다.

速度 sùdù 名 ❶ (물리적인) 속도. ¶发射前,飞船的飞行～已经精确地计算过了;발사 전에, 우주 비행선의 비행 속도를 이미 정확히 계산하였다. ❷ 빠르고 느린 정도. 속도. ¶他开车的～太快了,很不安全;그는 운전을 너무 빨리 해 매우 위험하다.│这种树的生长～很慢;이 나무의 성장 속도는 매우 느리다.│需要放慢经济发展的～;경제발전의 속도를 늦출 필요가 있다.

宿舍 sùshè 名 숙소. 기숙사. ¶～条件不错;기숙사 조건이 괜찮다.│我跟他住一个～;나는 그와 같은 기숙사에 산다.│～管理比较严格,很安全;기숙사의 관리가 비교적 엄격하여 매우 안전하다.│晚上十一点以前必须回～;밤 11시 이전에 반드시 기숙사로 돌아와야 한다.

塑料 sùliào 名 (화합물, 합성물의 총칭) 플라스틱. 비닐. ¶～的用途很广泛;플라스틱의 용도는 광범위하다.│现在的日用品大都是～的;현재의 일용품들은 대부분 플라스틱이다.│～布;비닐 천.│～脸盆;플라스틱 세숫대야.│～椅子;플라스틱 의자.│～梳子;플라스틱 빗.

酸 suān 形 ❶ (맛이나 냄새가) 시다. 시큼하다. ¶我喜欢吃～的;나는 신 것을 좋아한다.│～奶;요구르트.│～菜;시큼한 배추요리.│梅汤;오매탕.│馒头～了;만두가 쉬었다.│菜～了;요리가 쉬었다.│屋里一股～味,快开开窗户吧;방 안에 쉰내가 나니 빨리 창문을 열어라. ❷ (마음이) 쓰리다. 비통하다. 슬프다. ¶看着朋友上了火

车,心里~~的直想哭;친구가 기차에 올라타는 걸 보니 마음이 아파 울고 싶어진다.丨看到孩子,我鼻子一~,泪就下来了;아이를 보니, 코가 시큰거리더니 눈물이 흘러내렸다.丨那真是一段让人心~日子啊;정말 사람의 마음을 쓰리게 했던 날이었다. ❸ (몸이) 시큰거리다. 시큰하다. ¶这几天腰~腿疼得很不舒服;몇 일 동안 허리가 시큰거리고 다리가 아파 매우 불편하다.丨我觉得脖子有点~;목이 좀 시큰거리는 것 같다.

蒜 suàn 名 마늘. ¶吃生~可以杀菌;생마늘을 먹으면 살균기능이 있다.丨做菜时放点~能提味儿;요리할 때 마늘을 좀 넣으면 맛이 좋아진다.丨~头;통마늘.丨~瓣儿;마늘 쪽.丨~苗;마늘 종.丨~泥;다진마늘.

算 suàn 动 ❶ (숫자를) 계산하다. 셈하다. ¶现在的小学生笔~、珠~、心~都学;지금의 초등학생들은 필산, 주산, 암산 등을 모두 배운다.丨奶奶年轻时能写会~的,在乡下算是文化人了;할머니가 젊었을 때는 글도 잘 쓰고 셈도 잘하여, 고향에선 교양인이었다.丨这笔账你~得不对呀;이 빚은 네가 잘못 계산했다s. ❷ 계산에 넣다. 치다. 포함시키다. ¶这次爬山~我一个;이번 등산은 나 한 사람이다.丨登机时,这种随身的小包可以不~重量;비행기에 탈 때 몸에 지니는 이러한 작은 가방은 중량으로 치지 않는다.丨~上老师,咱们明天要去30个人;선생님까지 포함하여 우리는 내일 30명이 갈 것이다. ❸ 추측하다. 추산하다. ¶他是个~命的,我可不信他能~出我的命运来;그는 점쟁이지만, 나

는 그가 나의 운명을 볼 수 있다고 믿지 않는다.丨你~~我今年多大了;내가 금년에 몇 살인지 네가 한 번 추측해 보아라. ❹ …로 치다. …라고 여기다. …로 하다. ¶他~是个聪明人;그는 총명한 사람이라 할 수 있다.丨你~不上好学生;너는 좋은 학생이라고 할 수 없다.丨这个夏天不~热;이번 여름은 덥다고 할 수 없다. ❺ …로 간주하다. …로 치다. ¶这事我说了~;이 일은 내가 책임진다.丨我向来说一句~一句;본래부터 내가 한 마디 하면 그것이 곧 그렇게 되는 것이다. ❻ 더 이상 따지지 않다. 그만두다. (항상 뒤에 '了'가 붙음) ¶我看这事就~了,别再提了;이 일은 내가 보기에 그만 됐으니 다시는 언급하지 마라.丨这事不能就这么不明不白地~了,你得给个说法儿;이 일은 이렇게 불명확하게 끝내선 안되니, 너는 해결할 방법을 내놓아야 한다. 副 결국. 마침내 …. ¶这回~弄清楚了;이번엔 마침내 명확하게 되었다.丨可~到家了,真累;결국 집에 도착했군, 정말 피곤하다.丨到昨天才~有了最后的结果;어제서야 비로소 최종 결과가 나왔다.

算了 suàn·le 口 됐다. 그만두다. 따지지 않다. ¶~,这次就原谅你了,下次不能这样了;됐다, 이번에 너를 용서하겠으니, 다음 번에는 이러지 말아라.丨这事不能就这么~,得让他赔礼道歉;이 일은 이렇게 그만 둘 수 없으니 그에게 사과하라고 해라.丨~,去睡吧,明天再说;됐다, 가서 자라, 내일 다시 얘기하자.丨你自己去吧,我们就~;너 혼자 가라, 우리는 됐다.

算是 suànshì 副 ❶ …인 셈이다. ❷ 겨

우 …이다. 마침내 …한 것으로 되다. ¶这趟~没白来,学了不少东西;이번에 많은 것을 배웠으니 헛걸음한 건 아닌 셈이다. 배운 셈이니 헛되이 온 것이 아니다.|你的钱~白花了,那孩子根本不想学;저 아이는 도무지 배우고 싶어하지 않는데, 너는 돈을 헛되이 쓴 셈이다|爸爸总~找了个不错的工作,真不容易;아버지는 결국 괜찮은 일을 찾았는데, 정말 쉽지 않았다.

虽然 suīrán 连 비록 …일지라도. 설령 …일지라도. ¶~工作很忙,我还是经常回家看看父母;일이 바빠도 나는 자주 집에 가서 부모님을 뵙는다.|~已经到了秋天,但是并不很冷;이미 가을이 왔는데도 별로 춥지 않다.|我~很想去看电影,可是作业太多去不了;나는 영화 보러 가고 싶었지만 숙제가 너무 많아 갈 수 없었다.

随 suí 动 ❶ …의 뒤를 따르다. 따라가다. ¶~着孩子一天天长大,我们都老了;매일 같이 커 가는 아이를 따라 우리들도 늙어간다.|经济发展了,老百姓的生活也~着改善了;경제가 발전함에 따라 서민들의 생활도 개선되었다.|你先去吧,我~后就到;먼저 가라, 내가 곧 뒤따를 것이다. ❷ 순종하다. 따르다. ¶这事我~你,你说怎么办吧;이 일은 내가 너의 뜻대로 따를 것이니 네가 하고 싶은 대로 하여라.|咱们就客~主便吧;우리 손님은 주인하자는 대로 따르자. ❸ 맡기다. 마음대로 하게 하다. ¶~他怎么想都行,我无所谓;나는 괜찮으니 그가 하고픈 대로 하게 하여라.|这杯酒我全喝了,你~意;이 잔의 술은 내가 전부 마

실 테니 너는 알아서 편하게 마셔라.|这是通票,~你坐几站都行;이것은 전 구간을 갈 수 있는 표이니, 네 마음대로 몇 정거장을 더 가도 다 괜찮다.

随便 suíbiàn 动 (~//~)(제한이나 구속이 없이) 자유롭다. 마음대로 하다. 제한을 두지 않다. ¶到家里就~点儿,不必拘束;집에 오면 구애 받을 것 없이 좀 편하게 해도 된다.|吃什么随你的便吧;아무거나 네가 먹고싶은 걸로 해라.|这些东西你~挑;이 물건들은 네 마음대로 골라라. 形 함부로 하다 제멋대로 하다. ¶这个人太~了,经常迟到早退;이 사람은 너무 제멋대로이다, 항상 늦게 와서 일찍 간다.|在学校不是在家,不能这么~;학교는 집이 아니니, 이렇게 제멋대로 해선 안된다.|你上课时总是~说话,影响课堂秩序;너는 수업시간에 언제나 제멋대로 말을 하니 교실 질서에 방해된다. 连 …를 막론하고, …라 할것없이. ¶~你怎么劝,他们就是不走;네가 어떻게 권하든 그들은 가지 않는다.|~你怎么说,反正我不信;네가 어떻게 말하던지 어쨌든 나는 믿지 않는다.

随身听 suíshēntīng 名 워크맨. 휴대용 소형 녹음기. ¶你买了个新~呀;새 워크맨을 샀구나.|我的~用了好几年,还挺好的;내 워크맨은 몇 년 썼는데, 아직도 쓸만하다.|现在的学生不太用~了;요즘 학생들은 워크맨을 잘 사용하지 않는다.

随时 suíshí 副 ❶ 수시로. 언제나. ¶你们~都可以来问问题;너희들이 언제든지 와서 궁금한 것을 물어보아도

괜찮다.| 车子停在楼下，~可以用;차는 건물 아래 세워 놓았으니 언제든지 쓸 수 있다.| 那个餐厅昼夜服务，你~都可以去吃饭;저 식당은 주야로 영업하니, 너는 언제든지 가서 밥을 먹을 수 있다. ❷ 시시각각.¶秋天到了，大家~注意防火;가을이 왔으니, 여러분은 언제나 화재 예방하는 것에 주의해야 한다.| 这间旧房子~都可能倒塌;이 오래된 집은 언제라도 무너질 수 있다.| 他伤得很重，~都有生命危险;그가 매우 심하게 다쳐 언제라도 생명이 위험할 수 있다.

随心所欲 成 suí xīn suǒ yù 자기의 뜻대로 하다.¶我已经~惯了，不喜欢被人管着;나는 이미 내 마음대로 하는 것이 버릇이 되어서 남에게 간섭받는 것을 싫어한다.| 在这儿可不能~呀;여기서는 자기 마음대로 해서는 안 된다.| 能~地过日子当然好啊! 자기마음대로 하면서 살 수 있다면 당연히 좋지!

随意 suí//yì 副 뜻대로, 마음대로. 생각대로.¶在超市可以~挑选自己想要的物品;슈퍼에서는 자기가 사고 싶은 물건을 마음대로 고를 수 있다.| 你们没有权利~开除工人;너희들은 근로자들을 마음대로 해고할 권리가 없다.| 这事就随你的意吧;이 일은 네가 좋은 대로 하여라.

岁 suì 量 나이.¶今年几~了? 올해 몇 살이니?| 看不出来你都三十~了;너는 서른 살처럼 보이지 않는다.| 我二十二~参加工作，现在已经快十年了;나는 스물 둘에 일을 하기 시작해서 지금은 이미 10년이 다 되어간다.

岁月 suìyuè 名 세월. 시절.¶~不饶(ráo)人啊，转眼间我们都老了;세월은 사람에게 관용을 베풀지 않으며 눈 깜짝할 사이 우리는 모두 늙어간다.| 现在还常常想起那段艰苦的~;지금도 늘 그때 고생했던 세월들이 생각난다.

碎 suì 动 부서지다. 부수다.¶玻璃~了;유리가 깨졌다.| 我把花瓶打~了;내가 꽃병을 깨뜨렸다.| 今天又打~一个碗;오늘 또 그릇 하나를 깨뜨렸다. 形 ❶ 불완전한. 부스러진. 자질구레한.¶谁扔了一地~纸片啊;누가 자잘한 종이 조각을 땅에 버렸느냐.| 把~头发扫干净;자질구레한 머리카락을 깨끗이 청소하다. ❷ 말이 많다.¶他那人嘴~，什么都说;저 사람은 수다스러워 뭐든지 다 말한다.| 都是些闲言~语，别往心里去;모두 쓸데없는 말들이니 마음에 두지 말아라.

损失 sǔnshī 动 손실을 입다. 손해보다.¶这次交易我们公司~了上百万元;이번 거래에서 우리 회사는 수백 만원의 손실을 입었다.| 粮库火灾~粮食上千吨;식량 창고에 불이 나 식량 수천 톤의 손실을 입었다.| 战争年代~的文物不计其数;전쟁시대에 손실을 입은 문물은 그 수를 헤아릴 수 없다. 名 손해. 손실.¶我们可以要求保险公司赔偿火灾~;우리는 보험회사에 화재로 인한 손해에 대해 배상 요구할 수 있다.| 算一下这次地震的~吧;이번 지진으로 인한 손해가 얼마인지 계산해 보아라.| 这个地区的~最大;이 지역의 손해가 제일 크다.

缩 suō 动 ❶ 줄어(오그라)들다. 수축하

643

다.¶这件衣服~水了;이 옷은 물에 줄어들었다.│裤子下水后就~得穿不下了;바지가 물에 젖은 뒤 수축되어 입을 수 없게 되었다.│没想到这种面料会~这么多;이런 옷감이 이렇게 많이 줄어들 거라고는 생각지 못했다. ❷물러나다. 후퇴하다.¶一有困难你就往后~,没出息;어려움이 있다고 바로 뒤로 물러나면 발전이 없다.│上了阵地谁也不准往后~;진지에 나가면 누구도 후퇴를 허락하지 않을 것이다. ❸ (쭉 폈다가) 움츠리다.¶风真大, 我不由地把头一进大衣里;바람이 세서 나도 모르게 외투속으로 머리를 묻었다.│小王办事总是~手~脚的,一点都不干脆;왕 군은 일을 처리하는 것이 우유부단하여 조금도 시원스럽지 못하다.

缩短 suōduǎn 动 (길이, 시간, 거리 등을) 단축하다. 줄이다.¶我们要~会议时间;우리는 회의시간을 단축할 것이다.│我们找到了一条便道,到学校的距离~了不少;우리는 지름길을 찾아 학교에 도착하는 거리를 적잖이 단축시켰다.│实行双休日制度后,工作时间~了;주5일제를 실행한 후, 근무 시간이 단축되었다.

缩小 suōxiǎo 动 축소하다. 줄이다.¶我们需要~查找范围;우리는 범위를 축소해서 찾아 볼 필요가 있다.│新住宅的面积~了,但房子的质量比原来的好;새 주택의 면적은 축소되었지만 집은 원래 것보다 좋다.

所 suǒ 名 장소. 곳.¶这是一家律师事务~;이것은 변호사 사무소이다.│托儿~;탁아소.│招待~;초대소.│诊~;진료소.│交易~;교역소.│研究~;연구소. 量 (집, 학교 따위의 건축물을 세는 양사) 채. 동.¶路对面是一~小学;길 건너편은 초등학교이다.│那是一~建于上世纪初的老医院;저것은 지난 세기 초에 지어진 오래된 병원이다.│这~老房子现在已经没人住了;이 오래된 집은 현재 이미 아무도 살지 않는다.

所 suǒ 助 ❶ '为'혹은 '被'와 연계해 피동을 나타낸다.¶他为学生的真诚~感动,答应留下来;그는 학생들의 성의에 감동받아 남아있기로 하였다.│不要被表面现象~迷惑;표면적인 현상에 미혹되지 말아라. ❷명사가 됨. 뒤에 오는 명사를 수식하거나 대신함.¶我~认识的人里面有不少是公务员;내가 아는 사람들 중에는 공무원들이 적지 않게 있다.│你~了解的情况我们也听说了一些;네가 아는 상황들도 우리들도 조금은 들어 알고 있다. ❸ 실시하는 주체 및 대상과 동작의 관계를 강조함.¶这也正是我~关心的;이것 역시 바로 내가 관심을 가지는 것이다.│这就是你~说的新房子吧,真是不错;이것이 네가 말한 새 집이구나, 정말 멋지다.

所得 suǒdé 名 소득. 얻는 것.¶你需要交个人~税;너는 개인 소득세를 내야 한다.│这些是我的个人~,与他人无关;이들은 내 개인 소득이니 타인과는 무관하다.│交了各种税,这个买卖~有限;각종 세금을 내기 때문에 이러한 매매 소득은 한계가 있다.

所谓 suǒwèi 形 ❶ 일반적으로 말하는. 이른바.¶~文字,就是语言的书写符号系统;이른바 문자란, 언어의 서사 부호 시스템이다.│这就是~的甲骨

文吧? 이것이 소위 갑골문이지? ❷ (어떤 사람이) 말한 바의. 소위. ¶你~的自由就是谁也管不了你;네가 말한 자유란 곧 아무도 너를 간섭할 수 없다는 것이다.| 这就是你~的好学生? 이것이 소위 네가 말한 훌륭한 학생이니?

所以 suǒyǐ 连 (인과관계의 문장에서 결과나 결론을 나타낸다. 주로 원인을 나타내 '因为', '由于' 등과 함께 쓰인다.) 그래서. 그런 까닭에. ¶因为我是你们的老师,~我要对你们负责;나는 너희들의 선생님이기 때문에 너희들에 대해 책임을 져야한다.| 由于连日大雾,~机场的航班都要延时起飞;연일 안개가 많이 껴서 공항의 비행기 이륙시간이 모두 연기되었다.| 我~跟你说这些话,是因为我相信你的为人;내가 너에게 이런 말을 하는 것은 너의 사람됨을 믿기 때문이다.

所有 suǒyǒu 形 전부. 모든. 일체의. ¶这是咱们家~的财产;이것은 우리 집의 전 재산이다.| 我把~想法都告诉你了,你考虑吧;나의 모든 생각을 네게 말했으니 생각해봐라.| ~问题最终都解决了;모든 문제가 결국에는 다 해결되었다. 动 소유하다. 점유하다. ¶土地归国家~;토지는 국가 소유로 귀속된다.| 这套房子属于私人~; 이 집은 개인 소유에 속한다.

所有者 suǒyǒuzhě 名 점유한 사람. 소유자. ¶他们都是这些生产资料的~; 그들은 모두 이 생산필수품의 소유자이다.| 这些是财产~的基本权利;이것들은 재산 소유자의 기본 권리이다.

所属 suǒshǔ 形 ❶ 휘하의. 산하의. 관할의. 예하의. ¶公司~单位今天也都放假;회사 산하의 부서들은 오늘도 모두 휴가이다.| 这是我们学校~的分校;이것은 우리 학교 산하의 분교이다. ❷ 소속의. 자신이 예속되어 있는. ¶你到~的街道办事处办手续吧;네가 소속된 행정사무실에 가서 수속을 하여라.| 孩子的户口在父母~的派出所办理;아이들의 호적은 부모가 소속된 파출소에 가서 처리한다.

645

他 tā 代 ❶ (3인칭 대명사) 그. ¶ ~是我的同学;그는 나의 학교 친구이다.│我很早就认识~了;나는 오래 전부터 그를 알았다.│~的个子很高;그는 키가 매우 크다. ❷ (지시대사) 다른. 딴. 그 밖의. 다른 사람의. 남의. ¶做好你的事,别管~人怎么样;네 일이나 잘하고, 남들은 어떻든 관여하지 말아라.│人在~乡都很想家;타향에 있으면 모두 집을 그리워한다. ❸ (인칭대사) 구체적인 사람이나 사물을 가리키지 않음. ¶真想好好睡~一觉;정말이지 잠 한번 늘어지게 자고 싶다.│一口气喝了~三大碗;한 번에 큰 그릇으로 세 사발을 다 마셨다.

他们 tā·men 代 그들. 저 사람들. ¶~都是新生;그들은 모두 신입생이다.│学校希望~能很快习惯大学生活;학교는 그들이 빨리 대학생활에 적응하기를 희망한다.│~的宿舍也是新建的;그들의 기숙사 역시 새로 지은 것이다.

它 tā 代 사람 외에 사물을 가리킴. 그 (것들). 저 (것들). ¶你家小狗病了吗? 带~去诊所看看吧;네 집의 강아지가 병에 걸렸니? (그를) 데리고 병원에 가 보아라.│这是药,记着睡觉以前吃了~;이것은 약인데, 잊지 말고 잠자기 전에 먹어라.│我用不着~,你用吧;나는 그것이 필요 없으니 네가 써라.

它们 tā·men 代 두 개 이상의 사물을 지칭. ¶这些鞋穿不着就把~收起来吧;이 신발들은 신을 수 없으면 치워라.│都是些什么树呀,以前没见过~;무슨 나무들이냐, 예전에 본 적이 없는데.│~的用处不少,买了吧;그것들의 용도가 적지 않으니 사자.

她 tā 代 ❶ 그녀. 그 여자. ¶~是我的姐姐;그녀는 우리 누나이다.│请你告诉~我明天去看~;내가 내일 보러 간다고 그녀에게 알려주세요.│~今天穿得很漂亮;그녀는 오늘 옷을 참 예쁘게 입었다. ❷ 그것. 그곳. (조국, 고향, 국기 등처럼 자신이 존경하거나 애착을 갖는 사물을 부르는 칭호) ¶我们祝愿祖国母亲,希望~永远和平;우리는 우리 조국이 영원히 평화롭기를 축원한다.│国旗高高飘扬,我们都向~致敬;국기가 높이 나부끼자 우리 모두 그것을 향해 경의를 표했다.│我的家乡是一个漂亮的小山村,~常常在夜晚走进我的梦里;내 고향은 아름다운 작은 산촌으로 그곳은 항상 밤마다 내 꿈 속에 들어온다.

她们 tā·men 代 그녀들. 그 여자들. ¶~都是我的同学;그녀들은 모두 내 학교 친구이다.│请把~的情况介绍一下儿;그녀들의 상황을 소개해 주십시오.│在晚会上,~表演了一个女声合唱;저녁 모임에서 그녀들은 여성 합창을 공연하였다.

▶용법주의:'她们'은 약간의 여성들에게만 쓸 수 있으며, 남녀가 섞인 경우 '他们'을 쓰며, '她们'은 쓸 수 없다. ¶昨天爸爸妈妈和姐姐来看我, 她们想在这里玩儿几天(×) | 昨天爸爸妈妈、姐姐来看我, 他们想在这里玩儿几天;어제 아빠와 엄마, 누나가 날 보러 왔는데, 그들은 여기서 몇 일 놀다 가려 한다.

塌 tā [动] ❶ 무너지다. 무너져 내려 앉다. 붕괴되다. ¶暴雨期间不少民房的屋顶~了;폭우가 내렸을 때 많은 민가의 지붕이 무너져 내렸다. | 今天市内一座尚未完工的高架桥~了;오늘 시내에서 아직 완공되지 않은 고가도로가 무너졌다. | 被洪水冲过的公路~下去一段, 交通暂时中断;홍수에 휩쓸린 도로가 일부 붕괴되어 교통이 잠시 중단되었다. ❷ 꺼지다. 쏙 들어가다. 움푹하게 되다. ¶印象中那个人好像是~鼻梁, 别的记不清了;그 사람의 인상은 아마 콧대가 쏙 들어간 것 같고, 나머지 다른 것은 기억나지 않는다. | 这些日子累得他眼窝都~下去了;요 며칠 피곤하여 그는 눈두덩이 움푹 들어갔다. ❸ 안정시키다. 진정시키다. 가라앉히다. ¶希望你能~下心来学习;네가 마음을 가라앉히고 공부할 수 있기를 바란다. | 孩子不回来, 我的心总是~不下来;아이가 돌아오지 않으니 마음을 진정시킬 수가 없다.

塔 tǎ [名] ❶ 불교의 건축물. 탑. ¶这座石~是魏晋时期的, 至今完好如初;이 석탑은 위진 시기에 만들어진 것으로, 오늘날까지 옛모습을 유지하고 있다. | 山西应县有全国最大的木~;산

시 잉셴에는 전국에서 제일 큰 목탑이 있다. ❷ 탑 모양의 건축물. ¶船没靠岸, 先看到了高耸的灯~;배는 해안에 가까이 오지 않고 먼저 높은 곳의 등대를 보았다. | 很想去埃及看看金字~;이집트에 가서 피라미드를 보고 싶다.

胎儿 tāi'ér [名] 태아. 모체 내의 유아체. ¶~发育正常, 你放心吧;태아의 발육이 정상이니 마음 놓으시길 바랍니다. | 现在能看到~的照片, 真有意思;지금 태아의 사진을 볼 수 있다니 정말 재미있다. | 现在吃药对~不好;지금 약을 먹으면 태아에 좋지 않다.

台 tái [名] ❶ 누대. 높고 평평한 건축물. 단상. ¶这是古代的望~;이것은 고대의 망루이다. | 观礼~上坐满了参加国庆庆典活动的代表;관람대에는 국경절 행사에 참가한 대표들이 앉아 있다. ❷ 무대. ¶今天我第一次登~演讲;오늘 나는 처음 무대에 올라 강연을 한다. | 老师站在讲~上显得很精神;선생님은 강단에 서니 매우 멋있게 보인다. | 临时的舞~已经搭好了;임시 무대를 이미 세웠다. | 请来的嘉宾都坐在主席~上;초청되어 온 귀빈들이 모두 주석단에 앉았다. ❸ 받침대 구실을 하는 것. ¶窗~很宽, 可以放花盆;창턱이 넓어 화분을 놓아도 좋다. | 奶奶家的灶~很干净;할머니 집의 부뚜막은 매우 깨끗하다. ❹ 탁자나 탁자 같은 류의 기물. ¶我有一张很大的写字~;나에게 매우 큰 책상이 하나 있다. | 乒乓球~;탁구대. | 操作~;조작대. [量] ❶ 편. 회 무대의 연출이나 공연의 횟수. ¶这~晚会不错;이 저녁 무대는 훌륭하다. | 一~戏排

647

练了一年;한 연극을 1년 동안 연습했다.❷ 기계 등의 계량에 쓰임.¶公司买了一~大型运输车;회사는 대형 운송차를 한 대 구입했다.|这~仪器是进口的;이 측정기구는 수입한 것이다.

台球 táiqiú 名 ❶ 당구.¶~这种运动比较容易普及;당구같은 운동은 비교적 쉽게 보급 된다.|不少小年轻喜欢在街边玩~;많은 젊은이들은 거리에서 당구 치는 것을 좋아한다. ❷ 당구공.
▶용법주의:'台球'는 한국어 한자어로 '撞球'라고 하는데 '撞球'는 중국어에서 사용 할수 없다.¶我喜欢在街边玩撞球(×)

抬 tái 动 ❶ 높이 들다. 들어 올리다.¶把头~起来;머리를 들어 올려라.|你~~脚;다리를 들어 올려라.|小贩们一起~价;행상인들이 동시에 가격을 올렸다. ❷ (몇 사람이 손이나 어깨 등으로) 들어 옮기다. 맞들다.¶把床~到墙边吧;침대를 벽쪽으로 옮겨 놓아라.|我一个人~不动,你帮我一下;나 혼자 옮기려 해도 움직이지 않으니 네가 좀 도와줘라.

抬高 tái//gāo 动 높이다. 높이 끌어올리다.¶把手~点儿,得(děi)让他们看见;손을 좀 높게 들어올려서 그들이 볼 수 있게 해라.|怎么能随便~价格呢;어째서 마음대로 가격을 올리느냐.|不要总是~自己,贬低别人;자신을 높이면서 남을 업신여기지 말아라.|他喜欢把自己的地位抬得很高;그는 자신의 지위를 높이는 것을 좋아한다.

跆拳道 táiquándào 名 태권도.¶~已经正式列入奥运会的比赛项目了;태권도는 이미 정식으로 올림픽 경기 종목이 되었다.|几位~选手的实力不相上下;몇몇 태권도 선수들의 실력이 서로 막상막하이다.

太 tài 副 ❶ 지나치게. 너무.¶人~多了,过一会儿再来吧;사람이 너무 많으니 좀 있다가 와라.|你的话也~多了吧;너 역시 말이 너무 많구나.|水~凉了,都不敢下手;물이 너무 차서 손도 담글 수 없다. ❷ 높은. 아주. 대단히. 매우.¶这个公园~好了;이 공원은 아주 좋다.|这东西~好吃了;이것은 아주 맛있다.|那个画家~有才了;저 화가는 재능이 대단하다. ❸ 별로. 그다지.¶他觉得泡菜很好吃,我觉得不~好吃,太辣;그는 김치가 맛있다고 하는데,내 생각에는 너무 맵고 맛이 별로 없다.|我的考试成绩不~好;나의 시험 성적은 그리 좋지 않다.

太极旗 tàijíqí 名 태극기.¶~是韩国的国旗;태극기는 한국의 국기이다.|今天是光复节,大街小巷都插上了~;오늘은 광복절이라 온 거리에 태극기가 꽂혀 있다.

太太 tài·tai 名 ❶ 부인. 결혼한 여자에 대한 호칭.¶这位~的打扮很得体;이 부인의 치장을 어울리게 잘 하였다.|请问这位~,您找谁?부인께 묻습니다,당신은 누구를 찾습니까? ❷ 아내. 처.¶我~明天有事,就不参加了;내 아내는 내일 일이 있어 참가하지 못한다.|你~去吗?네 부인도 가니?

太阳 tàiyáng 名 ❶ 태양. 해.¶~出来了;해가 솟았다.|~落山以前我们能到家;해가 (산 너머로) 지기 전에 우리는 집에 도착할 수 있다.|儿子就喜欢画~;아들은 태양 그리기를 좋아

한다. ❷ 햇빛. 태양광. 태양빛. ¶晒晒~有好处;햇빛을 쬐면 좋은 점이 있다.

态度 tàidù 名 ❶ (일에 대한 견해나 취하는) 행동. 태도. ¶他的~非常自然;그는 태도가 매우 자연스럽다.| 你对他的~太冷淡了;그에 대한 너의 태도가 너무 차갑다. 名 태도. 모습. ¶你的工作~不对;너는 업무 태도가 잘못 되었다.| 这种学习~应该鼓励;이러한 학습 태도는 장려해야 한다.| 他做事的~一贯认真;그가 일하는 태도는 일관적이고 진지하다.

贪心 tānxīn 名 탐욕. 탐욕스러운 마음. ¶人不能有~;사람은 탐욕이 있어서는 안 된다.| 那个人的~太重;저 사람은 탐심이 너무 많다. ❷ 욕심. ¶你太~了吧;너는 너무 욕심을 부리는구나.| 别~,差不多就行了;너무 욕심부리지 마, 웬만하면 됐지 뭐.

贪欲 tānyù 名 탐욕. ¶那个人~太强;저 사람은 너무 탐욕스럽다.| 人一旦有了~,就可能做坏事;사람이 일단 탐욕이 생기면 나쁜 일을 저지를 수 있다.

谈 tán 动 말하다. 이야기 하다. ¶请你~一下你的看法;당신의 의견을 말해 보시오.| 你们俩~,我先走了;나 먼저 갈 테니, 너희 둘이 이야기 해라.| 大家~得都不错,这次先~到这儿吧;모두 좋은 얘기를 해주었다, 이번에는 여기까지만 하겠다.

谈话 tán//huà 动 이야기를 나누다. 서로 이야기 하다. ¶他们俩正在~,你稍等一会儿;그들이 마침 이야기 중이니 조금 기다리시오.| 老师找我了;선생님이 나를 찾아 이야기를 나

누었다.| 你们谈了这么长时间的话还没谈够呀;너희들은 이렇게 긴 시간을 이야기 했는데 아직도 모자라냐. 名 대화의 방식을 빌어 견해를 표현. ¶现在~栏目很受欢迎;요즘 토크쇼가 인기가 많다.| 这位~节目的主持人非常优秀;이 토크쇼의 사회자는 대단히 우수하다.

谈判 tánpàn 动 담판하다. 회담하다. ¶两国代表团之间的~持续了三天;양국 대표단의 회담은 3일이나 계속되었다.| 双方的贸易~定在下个月举行;쌍방의 무역 회담은 다음 달에 거행하기로 정해졌다.| ~双方针锋相对,气氛紧张;쌍방의 회담이 첨예하게 대립되어 분위기가 긴장되었다.

坦白 tǎnbái 形 담백하다. 허심탄회하다. 솔직하다. ¶这是个非常~的人,不说假话;이 사람은 대단히 솔직한 사람으로 거짓말을 하지 않는다.| ~地说,我不喜欢你的作风;솔직하게 말해서 나는 너의 스타일을 좋아하지 않는다. 动 (자신의 결점이나 잘못을) 사실대로 털어놓다. 숨김없이 고백하다. ¶我看你就~了吧;사실대로 털어놓는게 어때?| 你必须老老实实~你的罪行;너는 반드시 솔직하게 너의 잘못을 숨김없이 고백하여야 한다.

坦率 tǎnshuài 形 (의견 따위를 발표하는 것이) 솔직하다. 정직하다. 시원시원하다. ¶他性格~,很有人缘;그는 성격이 솔직해서 사람들에 인기가 많다.| 你能不能~一点,怎么想的就怎么说;너는 좀 정직할 수 없니, 생각나는 대로 바로 말하거라.| 我觉得你不够~;내 생각에 너는 솔직하지 못한 것 같다.| 他十分~地表明了他的意

见;그는 자신의 의견을 대단히 솔직하게 표명하였다.

毯子 tǎn·zi 名 담요. 모포. ¶天冷了,给你一条厚~盖;날씨가 추우니 두꺼운 모포를 하나 줄게.│这是妈妈留给我的~;이것은 어머니가 나에게 남겨준 담요이다.│那条~是全毛的,质量很好;저 담요는 전부 털로 만든 것이라 품질이 좋다.

探 tàn 动 ❶ 탐색하다. 찾다. 구하다. 알아보다. ¶他们要进山~矿;그들은 산으로 들어가 광맥을 찾으려 한다.│我在前面~路,你们跟着我;내가 앞서 길을 찾을 테니 너희들은 나를 따라와라.│你去~~他的口气;너는 가서 그의 어조가 어떤지 알아보아라. ❷ 찾아가다. 방문하다. ¶我这趟回乡~亲的;이번에는 가족들을 보기 위해 고향에 가는 것이다.│今天又是~监的日子,妈妈一大早就走了;오늘은 또 감옥에 면회 가는 날이라 어머니는 이른 아침부터 바로 가셨다. ❸ 내밀다. ¶他从窗口~出头来看了看,外面没有人;그는 창문으로 머리를 내밀고 보았지만 밖에는 아무도 없었다.│他往前~~身子跟我说了;그는 앞으로 몸을 내밀며 나에게 말했다.

探子 tànzi 名 ❶ 정찰병. 밀정. 정탐원. ¶对手派了一名~来了解他们公司的情况;상대는 한 명의 밀정을 보내와 그들 회사의 상황을 이해했다.│那个网络~的计谋被我们破了;그 인터넷 정탐원의 계획이 우리에게 발각되었다. ❷ 어떤 것을 찾을 때 사용하는 기다란 관 모양의 도구. ¶新开发的这种粮食~非常实用,而且很方便;새로 개발된 이 색대(가마니나 섬 속에 든 곡식을 찔러 빼 보는 연장)는 매우 실용적이며 또한 매우 편리하다.

探究 tànjiū 动 탐구하다. ¶很多自然现象还需要~;많은 자연 현상들은 아직 탐구가 필요하다.│这种现象的成因人们正在~;이러한 현상의 원인을 사람들은 찾고 있다.│有些问题还没有~清楚;어떤 문제들은 아직 정확히 탐구하지 못했다.

探索 tànsuǒ 动 탐색하다. 찾다. ¶人类一直在~生命的起源;인류는 계속해서 생명의 기원을 탐색하고 있다.│~宇宙的奥秘是我的理想;우주의 신비를 탐색하는 것은 나의 꿈이다.│父亲一生都在~真理;부친은 일생 동안 진리를 찾으셨다.

汤 tāng 名 (음식물을 끓인) 국물. 국. 탕. ¶妈妈总说吃饭先喝~,大概有道理吧;어머니는 늘 밥 먹기 전에 국물을 마시라고 말씀하셨는데, 일리가 있는 것 같다.│我们家每顿饭都有~;우리 집은 끼니 때마다 국이 있다.│今天有排骨~喝;오늘은 갈비탕이 있다.

唐装 tángzhuāng 名 (중국식의 전통 복장.) 당대(唐代)의 복장. ¶过春节时有不少人穿~;설날 때 많은 사람들이 중국 전통 옷을 입는다.│我喜欢~的含蓄和典雅;나는 중국 전통 옷의 함축미와 우아함을 좋아한다.│今年我也买了一件~,想在春节穿;금년에 나도 중국 전통 옷을 한 벌 샀는데, 설 때 입으려고 한다.

糖 táng 名 ❶ 설탕. 사탕. ¶大米和面粉里都含有大量的~;쌀과 밀가루에는 대량의 설탕이 함유되어 있다.│病人需要注射葡萄~补充营养;환자는 포

도당을 주사하여 영양을 보충할 필요가 있다.❷엿, 캐러멜, 캔디, 초콜릿 등 단 음식의 총칭.¶胖人最好少吃点~;뚱뚱한 사람은 단 것을 적게 먹는 것이 좋다.│她做的这道菜好吃是好吃,就是~放得太多了;그녀가 만든 이 음식은 맛있기는 맛있는데, 단 것을 너무 많이 넣었다. ❸ 사탕. 과자. 캔디.¶孩子一天吃好几块~,牙都吃坏了;아이는 하루에도 여러 개의 사탕을 먹어서, 이가 모두 나빠졌다.│买点~吧;사탕을 좀 사라.

躺 tǎng 动 눕다. 드러눕다.¶累了就会儿吧;피곤하면 좀 누워라.│妈妈病了,在床上~了一天;어머니가 병에 걸려 하루 종일 침대 위에 누워 계셨다.│别~着看书,对眼睛不好;눈에 좋지 않으니 누워서 책을 보지 마라.

烫 tàng 动 화상 입다. 데다.¶慢点,小心~了手;천천히 해라, 손을 데지 않게 조심해라.│孩子的脚被开水~了;아이의 발이 뜨거운 물에 데였다.│他的手被~了水疱;그의 손은 데여서 물집이 생겼다. 形 뜨겁다.¶暖气真~;난로가 정말 뜨겁다.│汤已经不~了,喝吧;국은 이제 뜨겁지 않으니 마셔라.│尽量别喝太~的水;되도록이면 너무 뜨거운 물은 마시지 마라.

烫发 tàng//fà 动 (머리를) 파마하다.¶明天我去~,你去不去?내일 나는 파마하러 갈 건데, 너는 가겠느냐?│我刚烫过发几天,不能烫了;나는 파마한 지 며칠 안 되서 파마할 수 없다.

趟 tàng 量 차례. 번.¶去你家一~要用半个小时;너희 집에 한 번 갈려면 30분은 걸린다.│咱们明天去~学校吧;우리 내일 학교에 한번 가보자.│那

~火车已经开了,等下一~吧;그 기차가 출발했으니 다음 차를 기다려 보자.│今天就剩最后一~车了,千万别错过;오늘은 막차만 남았으니 절대 놓치면 안 된다.

掏 tāo 动 ❶ 꺼내다. 끄집어내다.¶他从口袋里~出五块钱给了孩子;그는 주머니에서 5위안을 꺼내어 아이에게 주었다.│小时候我们经常上树~鸟窝;어렸을 적에 우리는 늘 나무에 올라 새집을 뒤졌다. ❷ 파다. 퍼내다. 파내다.¶这口井都~了两米多了,还是不见水;이 우물은 2미터 이상 파냈는데 아직도 물이 보이지 않는다.│施工的工人从那个洞里~出好多铜钱;공사장의 근로자들이 그 구덩이 속에서 많은 동전을 파냈다.

逃 táo 动 달아나다. 도망치다.¶遇到事情他~得最快;(어떤) 일을 만났을 때 그는 제일 빨리 도망간다.│见到我们,小松鼠转身就~;우리를 보자 작은 다람쥐가 몸을 돌려 얼른 도망쳤다.

陶瓷 táocí 名 도자기.¶景德镇的~十分有名;징더젼의 도자기는 매우 유명하다.│到中国可以买几件~送给朋友;중국에 가면 도자기를 몇 개 사서 친구에게 선물해도 좋다.│这几件都是老~,有收藏价值;이 몇 개는 모두 오래된 도자기로 소장할 가치가 있다.

讨论 tǎolùn 动 토론하다. 의논하다.¶我们开始~,每个人都可以发表意见;토론을 시작하니 각자 의견을 발표해도 좋다.│这个方案上次~过了,没有可行性;이 방안은 지난 번에 토의한 적이 있는데, 실행 가능성이 별로 없다.│都~几次了,还没有结果吗? 모두 몇 번을 토론하였는데 아직 결과

가 없느냐? |名| 토론. ¶今天的~很热烈;오늘 토론은 매우 격렬하였다.|他在~中始终没发表意见;그는 토론 중에 시종 의견을 발표하지 않았다.|这样的~以后常有;이런 토론은 앞으로도 자주 있을 것이다.

讨厌 tǎoyàn |形| ❶ 밉살스럽다. 혐오스럽다. ¶这个人特爱管闲事,挺~的;이 사람은 쓸데없이 참견하기를 좋아해서 너무 밉살스럽다.|别老说这种~的话好不好? 자꾸 이런 혐오스런 말 하지 않는 게 어때? ❷ 성가시다. 번거롭다. 귀찮다. ¶这种慢性病就是~,不好治;이런 만성병은 번거로워 치료하기 쉽지 않다.|这个~的雨,下起来没完没了的;이런 얄궂은 비는 내리기 시작하면 한도 끝도 없다. ❸ 싫어하다. 미워하다. ¶我一直~她;나는 줄곧 그녀를 미워한다.|我最~这个地方的潮湿;나는 이곳의 습한 날씨가 제일 싫다.

套 tào |动| ❶ (덧)씌우다. 껴입다. ¶风大,~件风衣吧;바람이 세니 코트를 입어라.|这件衣服是~在外面穿的;이 옷은 밖으로 껴입는 옷이다. ❷ 모방하다. 본뜨다. 틀에 맞추다. ¶不许~用课文里的话,自己编;본문 중의 말을 모방하지 말고 스스로 창작하여라.|他~网上的论文,被老师看出来了;그는 인터넷 상의 논문을 베꼈다가, 선생님한테 들켰다. ❸ (참뜻이나 실제 사실을) 실토하게 하다. 유도하다, 끌어내다. ¶你别想从我这儿~题,我不会说的;너는 나로부터 문제를 끌어낼 생각 말아라, 나는 말하지 않을 것이다.|咱们~~老师的话,看他是怎么想的;우리가 선생님의 말씀을 유도하여 그가 어떻게 생각하는지 한 번 보자.|老师的嘴很严,一句话也~不出来;선생님의 입은 매우 무거워 한 마디도 이끌어낼 수 없었다. |量| ❶ (한 조를 이루고 있는 기물에 쓰임) 조. 벌. 세트. ¶这~邮票一共十二张,我还缺三张;이 세트의 우표는 모두 12장인데, 나는 아직 3장이 모자라다.|我刚买了一~西装;나는 방금 양복 한벌을 샀다. ❷ (기구, 제도, 방법, 언어, 재능 등의 체계를 이루고 있는 추상명사에 쓰인다.) 련. 가지. 他们制定了一整~奖励办法;그들은 한 가지 완전한 인센티브 방법을 제정하였다.|他有自己的一~思维方式;그는 자기 나름의 사유방식이 있다. ❸ 어떤 수단이나 방법을 표시. ¶你的那一~我早领教过了;너의 그 수법은 나도 일찌감치 알고 있다.|别跟我来这~;나한테 그런 수법은 안 통한다.

特 tè |副| ❶ 대단히. 매우. ¶这种机子~好用;이런 베틀은 대단히 쓰기 좋다.|他~能干;그는 능력이 아주 좋다.|这条路~宽;이 도로는 매우 넓다.|今天~冷;오늘은 아주 춥다. ❷ 전문적인. 전적으로. 특별히. ¶今天是~来拜访您的;오늘은 특별히 당신을 뵈러 온 것입니다.|我们~来向你祝贺;우리는 특별히 너를 축하하기 위해 왔다.

特别 tèbié |形| 일반적이지 않다. 특별하다. ¶这件衣服的样式很~;이 옷의 스타일이 매우 특별하다.|我采用一种~的办法,效果不错;나는 특별한 방법을 하나 써 봤는데 효과가 괜찮다.|这套家具没有什么~的地方;이

가구 세트들은 무슨 특별한 곳이 없다. [副] ❶ 대단히. 매우. 유달리. 아주. ¶今天的天气~好;오늘 날씨가 아주 좋다.│他说话~慢,真让人着急;그는 말하는게 너무 느려 속을 태운다.│我儿子~喜欢看足球比赛;우리 아들은 축구시합 보는 것을 매우 좋아한다. ❷ 특히. 특별히¶我喜欢看中国电影,~是武打片;나는 중국 영화 보는 것을 좋아하는데 특히 무술영화를 좋아한다.│大家要按时交作业,~是你,已经好几次没交了;모두들 제때 맞추어 숙제를 내라, 특히 너는 이미 여러 번 내지 않았다.

特此 tècǐ [副] (공문이나 편지 등에 쓰이며) 이상(이에) …을 알립니다. ¶五一放假两天,~通知;5.1절 이틀 동안 휴무입니다. 이상 통지를 알립니다.│图书馆内部维修,闭馆一周,~通告;도서관 내부수리 중 일주일간 폐관하니 이에 통보합니다.

特点 tèdiǎn [名] 특색. 특징. 특성. ¶四季如春是昆明的~;사계절 모두 봄 같은 것은 쿤밍의 특징이다.│每个人都有自己的~;매 사람마다 모두 자신의 특징이 있다.│请问,这种产品的~是什么? (실례지만), 이러한 상품의 특징은 무엇입니까?

特定 tèdìng [形] ❶ 특정의. 특정한. ¶他是这次出国进修的~人员;그는 이번에 출국하여 연수를 할 특별히 지정된 인원이다.│这次出差有~的任务;이번 출장에는 특정한 임무가 있다. ❷ 일반적인 것과 어떤 면에서 다름. ¶那是~时期的产物;그것은 (어느) 특정한 시기의 산물이다.│在~环境中,植物的生长规律会有一些变化;특정한 환경에서 식물의 생장 리듬이 조금은 변화될 수 있다.│这种政策只适用于~地区;이러한 정책은 단지 특정한 지역에서만 적용 가능하다.

特殊 tèshū [形] 특수하다. 특별하다. ¶这种情况很~,以前没有遇到过;이러한 상황은 매우 특수하여 이전엔 겪어본 적이 없다.│他们俩的关系~;그들 둘의 관계는 특별하다.│~问题可以用~的办法处理;특수한 문제는 특수한 방법을 사용하여 처리할 수 있다.

特性 tèxìng [形] 특성. ¶不同民族的文化都有自己的~;다른 민족의 문화에는 모두 자신들만의 특성이 있다.│我们上节课讲了水的~,谁能说说;우리 저번 시간에 물의 특성에 대해 설명했는데, 누가 (한 번) 말해 보아라.│我还不太了解这种花的~,所以总是养不好;나는 아직 이런 꽃의 특성을 이해하지 못해 항상 잘 기르지 못한다.

特征 tèzhēng [形] 특징. ¶那个地方的~我已经记不清了;그 지방의 특징을 나는 이미 잘 기억하지 못한다.│他的相貌~我还记得;나는 아직도 그의 얼굴 특징을 기억한다.│这部文学作品比较真实地反映了时代的~;이 문학 작품은 시대적 특징을 비교적 진실하게 반영하였다.

疼 téng [形] 아프다. ¶这两天总是头~;요 며칠 동안 머리가 자꾸 아프다.│我的牙经常~,但这一次~得特别厉害;나는 이가 자주 아팠었는데, 이번에는 너무 아프다.│你哪儿~,跟医生说说;너는 어디가 아픈지 의사에게 말해봐라. [动] 사랑하다. 아끼다.¶奶奶

653

特别~我,有好吃的总是给我留着;할머니는 특별히 나를 예뻐하셔서 먹을 것이 있으면 반드시 나를 주려고 남겨 두신다.

疼痛 téngtòng 动 (참기 어려울 만큼) 아프다. ¶他忍着~自己走到了医院;그는 통증을 참으며 병원으로 걸어 갔다.│打了针,~的感觉轻了一点;주사를 맞고서야 통증이 좀 나아졌다.

腾 téng 动 비우다. 내다. 오르다. 힘차게 달리다. 뛰어 오르다. ¶你给新同学~个位置;너는 새로운 친구에게 자리 하나를 내어주어라.│我把柜子~空了,你用吧;내가 장을 비워 놓았으니 네가 써라.│这座仓库短期内~不出来,你想别的办法吧;이 창고는 단기간 내에 비울 수 없으니 너는 다른 방법을 생각해 보아라.

踢 tī 动 (발로) 차다. 때려 부수다. ¶我喜欢~球,也喜欢~毽子;나는 축구를 좋아하고, 또 제기 차기도 좋아한다.│老人不小心被马~伤了;노인은 조심하지 못 해 그만 말에게 채여 다쳤다.│你~那个同学是不对的;저 친구를 내가 발로 찬 것은 잘못한 것이다.

提 tí 动 ❶ (손에) 들다. ¶我试着~了一下箱子,~不动,太重了;나는 시험 삼아 상자를 한 번 들어봤는데 꿈쩍도 안 하는 것이 정말 무겁다. ❷ (사물로 하여금 위로) 올라가게 하다. 끌어 올리다. 높이다. ¶最近石油又~价了;최근 석유값이 또 올랐다. ❸ 제기하다. 제시하다. ¶有意见你就~;의견이 있으면 곧 제기해 보아라.│他又~出一个新方案;그는 또 새로운 방안을 제시하였다.│这个建议我是第二回~了;이 건의를 나는 두 번이나 제시하 였다. ❹ 취하다. 찾다. ¶明天就是~货时间;내일이 물건을 찾는 날이다.│上午我必须去银行把款~出来;오전에 나는 반드시 은행에 가서 맡긴 돈을 찾아야 한다. ❺ 말하다. 언급하다. ¶他又~起小时候的事情了;그는 또 어렸을 적의 일들을 말했다.│你不~我还真忘了,明天就去交款;네가 말하지 않았으면 정말 잊을 뻔 했는데, 내일 바로 대금을 지불하겠다.│一~他我就头疼;그의 말만 꺼내면 난 골치가 아프다. ❻ 추천하다. 밀다. 앞세우다. ¶选班长的时候你别~我,我不想当;반장을 선출할 때 너는 나를 추천하지 말아라, 나는 할 생각이 없다.│我们~了两个人选都没通过;우리는 두 사람을 추천했지만 모두 통과하지 못했다.

提倡 tíchàng 动 제창하다. 주창하다. ¶国家~使用普通话;국가는 표준어를 쓸 것을 주장했다.│现在~节约能源,我们都应该积极响应;현재 자원절약을 제창하니 우리 모두 적극적으로 호응해야 한다.│这种好风气应该~;이러한 좋은 기풍은 제창되어야 한다.

提出 tíchū 动 제출하다. 신청하다. 제기하다. 꺼내다. ¶每个人都可以~自己的看法;각 사람마다 자신의 견해를 제기 할 수 있다.│有想法你就~来,让大家都听听;의견이 있으면 모두 같이 듣게 제기해 봐라.│如果你想休学,要自己先~申请;만약 휴학하고 싶으면 먼저 휴학신청을 해야 한다.

提高 tígāo 动 향상시키다. 높이다. ¶交了中国朋友以后,我的汉语水平~了

不少;중국 친구를 사귄 후, 나의 중국어 수준이 많이 향상되었다.|听说最近汇率又~了;듣자 하니 요즘 환율이 또 올랐다고 한다.|这种产品的数量已经很多了,不过质量还需要~;이런 상품의 수량은 매우 많지만 품질은 아직 좀 향상시킬 필요가 있다.|~效率;효율을 향상시키다.|~价格;가격을 올리다 ~技术기술을 향상시키다.|~产量;생산량을 제고시키다.|~水平;수준을 향상시키다.

▶용법주의:'提高'는 한국어 한자어로 '向上'이라고 하지만'向上'은 중국어에서 사용할 수 없다.¶听说最近汇率又向上了(×)

提供 tígōng 动 제공하다. 주다.¶这趟列车为旅客~多种服务,很受欢迎;이 열차는 손님들에게 많은 서비스를 제공해 주어 인기가 많다.|地震发生后,各国都向我们~了援助;지진이 발생한 후에, 각국에서 우리에게 원조를 제공하였다.|他~的情报不准确;그가 제공한 정보는 정확하지 않다.|~方便;편리를 제공하다.|~帮助;도움을 주다.|~信息;정보를 주다.|~经验;경험을 전수하다.

提交 tíjiāo 动 (토론이나 결정할 문제, 건의 등을 관련 기관이나 부서에) 회부하다. 신청하다. 제기하다. 제출하다.¶你应该向法院~你掌握的证据;너는 법원에 네가 가지고 있는 증거를 제출하여야 한다.|我准备参加这次学术会议,并向大会~我的论文;나는 이번 학술회의에 참가해 나의 논문을 제출하려 한다.|新的方案可以~给代表大会讨论;새로운 방안은 대표대회에 제출하여 토론을 하게 할 수

있다.

提起 tíqǐ 动 ❶ 말을 꺼내다. 언급하다.¶~这件事我就不舒服;이 일을 꺼내면 나는 편안하지 않다.|我朋友经常跟我~你;내 친구는 늘 나에게 네 얘기를 언급한다.|~这个歌手,人们就能想起她唱的几首歌;이 가수를 말하면, 사람들은 곧 그녀가 부른 몇 곡의 노래를 생각한다. ❷진작하다. 분발시키다. 가다듬다.¶希望你能~精神来好好工作;네가 정신을 가다듬고 일을 잘 하기를 바란다.

提前 tíqián 动 (예정된 시간이나 기한을) 앞당기다. 사전에(먼저) …하다.¶听说你回国的时间~了;듣자 하니 네 귀국 시간을 앞당겼다면서.|'十一'以后,下午上班的时间~到两点;국경절(10월1일) 이후, 오후 근무시간이 두 시로 앞당겨졌다.|今天我~半小时到学校,把作业做完了;오늘 나는 30분 미리 학교에 도착해서 숙제를 모두 마쳤다.

提问 tíwèn 动 문제를 제기하다. 묻다. 질문하다.¶大家准备好,现在我来~;여러분 준비됐나요. 이제 질문합니다.|~的时候尽量简单一点,他们都是初学者;질문할 때 되도록 간단히 하여라, 그들은 모두 처음 배우는 사람들이니까.|记者不停地~,让他非常反感;기자는 끊임없이 질문을 하여 그로 하여금 반감을 가지게 하였다.

题 tí 名 제목. 표제. 문제.¶这次考试只出了五个大~,但是不太容易回答;이번 시험에는 큰 문제 5개만 나왔지만, 답하기가 별로 쉽지 않았다.|这些~是家庭作业,下课以后再做;이 문

655

제들은 숙제이니 방과 후에 하여라. | 有一道~我一直没弄懂;나는 한 문제가 계속 이해가 안된다. 动 적다. 쓰다. 서명하다. ¶我想请老先生给我~个字;나에게 서명해 주기를 나는 노 선생에게 부탁할 것이다. | 没想到他还给我们的科研小组~了词;그가 우리 과학연구 모임에 격려의 글을 써 주리라고는 생각하지 못했다. | 这次有不少老科学家为大会~名留念;이번에 많은 노장 과학자들이 대회에 기념할 서명을 해주었다.

题目 tímù 名 ❶ 표제. 제목. ¶你这篇作文的~不太好, 改改吧;너의 작문 제목이 별로 좋지 않으니, 바꿔보아라. | 从~上应该可以看出文章的大致内容;제목에서 당연히 문장의 대략적 내용을 알아 볼 수 있다. | 注意, ~不要太长;제목이 너무 길지 않게 주의해라. ❷ (연습, 시험 등의) 문제. ¶期中考试的~不要出得太多;중간 고사 시험의 문제가 너무 많지 않게 하여라. | 这次托福考试的~有点难度, 不好答;이번 토플시험의 문제는 좀 어려워 답하기가 쉽지 않았다. | 你没看清楚~就忙着回答, 结果都错了;네가 문제를 정확히 보지 못하고 급하게 답을 하는 바람에 결과적으로 모두 틀렸다.

体操 tǐcāo 名 체조. ¶有些体育项目一直是我们的强项, 比如~;어떤 체육 종목들은 우리의 주 종목인데, 예를 들면 체조 같은 것이다. | 我喜欢看女子~比赛;나는 여자 체조 경기 보는 것을 좋아한다. | 现在的~运动员年龄越来越小了;요즘 체조 선수들은 연령이 갈수록 낮아지고 있다.

体会 tǐhuì 动 느끼다. 체득하다. 체험하 여 터득하다. ¶我想去欧洲好好~一下异国风情;나는 유럽에 가서 이국의 풍경을 느껴보고 싶다. | 小的时候~不到妈妈的良苦用心;어렸을 적에는 어머니의 마음 고생을 느껴보지 못했다. | 我~不出这首诗有什么深刻的意义;나는 이 시에 어떤 심원한 의의가 있는지 깨닫지 못했다.

体积 tǐjī 名 체적. 부피. ¶你的行李不太重, 但~太大了, 不能上车;너의 여행 가방은 별로 무겁진 않지만 부피가 너무 커서 차에 실을 수 없다. | 好好整理一下你的物品, ~能缩小一些;너의 물품을 잘 정리하여 부피를 좀 줄여보아라. | 登机的行李对~和重量都有严格限制;비행기에 실을 여행가방은 부피와 중량 모두에 엄격한 제한이 있다.

体力 tǐlì 名 체력. ¶每个人的~都是不一样的;사람마다 체력이 같지 않다. | 你还年轻, ~当然比老年人好;너는 아직 젊어 체력이 당연히 노인보다 좋다. | 最近干点重活就累, ~不如以前了;최근에 힘든 일을 하면 지친다. 체력이 예전 같지 않다.

体系 tǐxì 名 체계. 체제. ¶我们的语言研究还没有形成自己的理论~;우리의 언어 연구는 아직 자체 이론 체계를 형성하지 못했다. | 尽快建立一套完整的教育~十分必要;되도록 빨리 완전한 교육 체제를 수립하는 것이 매우 필요하다. | 现行的管理~还有不少需要完善的地方;현행의 관리 체계는 아직 완전히 해야 할 부분이 적지 않게 있다. | 工业~;공업 시스템. | 价格~;가격 시스템. | 语法~;어법 체계. | 思想~;사상 체계.

体验 tǐyàn 动 체험하다. ¶这些大学生最缺乏的是对社会生活的~;이 대학생들에게 제일 부족한 것은 사회생활에 대한 체험이다.|独立生活的艰难你还没有~过,这次慢慢去~吧;독립생활의 고통을 너는 아직 체험해 보지 못했으니 이번에 천천히 체험해 보아라.|艺术家不去~生活,就创作不出优秀作品;예술가가 생활의 체험을 해보지 못했다면 우수한 작품을 창작해 낼 수 없다.

体育 tǐyù 名 체육. 스포츠. ¶我们一周只有一次~课,只能在课外多参加一些~活动了;우리는 일주일에 한 번밖에 체육수업이 없어서 과외시간에 스포츠활동을 할 수밖에 없다.|我们一家人都喜欢看~比赛;우리 가족들은 모두 스포츠경기 보기를 좋아한다.|~用品;스포츠 용품.|~场馆;체육관.|~项目;스포츠 종목.

体育场 tǐyùchǎng 名 운동장. 스타디움. 그라운드. ¶这个~建成时间不长,设备很先进;이 운동장은 건설된 지 오래지 않아서 설비가 매우 신식이다.|今晚有世界杯足球赛,~的看台上坐满了观众;오늘 밤 월드컵 축구경기가 있어, 경기장 관중석에는 관중들로 꽉 차 있다.|我们学校的~每个周末都有学生的健美操比赛;우리 학교 운동장에는 매주 주말마다 학생들의 에어로빅 시합이 있다.

体育馆 tǐyùguǎn 名 체육관. ¶为了奥运会,北京新建了不少现代化的~;올림픽을 위하여 베이징은 현대화된 체육관을 많이 건설하였다.|这场篮球赛今晚在首都~举行;이번 농구경기는 오늘 밤 셔우두 체육관에서 거행될 다.|我很想去看看北京新建的几个~;나는 베이징에 새로 건설된 체육관 몇 곳을 보러 가고 싶다.

体制 tǐzhì 名 체제. 체계. 조직제도. ¶进一步完善教育~是非常必要的;진일보한 완벽한 교육 체제가 절실하다.|这个公司的管理~基本上稳定了;이 회사의 관리 체계는 기본적으로 안정되어 있다.|我们不太了解这个国家的政治~;우리는 이 나라의 정치 체제에 대해 별로 모른다.

替 tì 动 대신하다. 대신해 주다. ¶这回演出一定要来呀,否则没人能~你;이번 공연에 반드시 와야 한다, 그렇지 않으면 너를 대신할 사람이 없다.|你平时总让同学替你做作业,我看考试的时候谁~你;너는 평상시에 친구에게 너의 숙제를 대신하게 하는데, 시험 볼 때는 누가 너를 대신할 지 지켜 보겠다. 介 …를(을) 위하여. ¶李老师病了,你~他上这两节课吧;이 선생님이 병이 났으니 네가 대신 두 시간 수업을 해 주어라.|你是~同学请假吧? 让他自己来;친구를 대신해 네가 결석계를 내는 거지? 그에게 직접 하라고 해라.|我想请老师~我写一封推荐信;나는 선생님께 나의 추천서 한 장을 써달라고 부탁할 생각이다.|我是~你考虑的,你怎么不明白呀;내가 너를 위해 생각해 준건데, 너는 어째서 모른단 말이냐.

天 tiān 名 ❶ 하늘. ¶今天的~很晴;오늘 하늘은 매우 청명하다.|~上飘着白云;하늘에 하얀 구름이 떠다닌다.|鸟在~上自由地飞翔;새가 하늘을 자유롭게 날아 다닌다. ❷ 물건의 꼭대기에 있거나 공중에 설치된 것. ¶朋

的新车有个~窗,车里光线很好;친구의 새 차에는 썬루프(Sun roof)가 있어 차 안으로 들어오는 빛이 매우 좋다.|爸爸在阳台上搭个~棚;아버지는 베란다에 천막을 설치했다. ❸ 날. 일. 낮. 주간. ¶我这次准备去北京住十~;나는 이번에 베이징에 가서 열흘 동안 묵을 예정이다.|现在-短了,才六点~就黑了;요즘에는 낮이 짧아 여섯 시가 되면 벌써 날이 어두워진다. ❹ 날씨. 기후. ¶冬~,不想出门;겨울에는 나가고 싶지 않다.|~冷了,该加衣服了;날씨가 추워졌으니 옷을 껴 입어라. ❺ 자연. 천연. ¶人活在世上,~灾人祸都会遇到;사람이 세상에 살면서 천재와 인재 모두 만날 수 있다. [量] 계산 날짜. 날. 일. ¶爸爸出差了,这是第三~;아버지가 출장을 갔는데, 오늘이 3일 째이다.|今天是新学期的第一~;오늘이 새 학기의 첫날이다.|忙了一~了,早点休息吧;하루 종일 바빴으니 조금 일찍 쉬어라.

天空 tiānkōng [名] 하늘. 공중. ¶蓝色的~没有一丝云彩;파란 하늘에 구름 한 점 없다.|我们看到飞船迅速地升上~,消失在云层里;나는 비행선이 빠른 속도를 내며 창공으로 날아올라 구름 속으로 사라져가는 것을 보았다.

天气 tiānqì [名] 날씨. ¶~真不错,咱们出去玩吧;날씨가 정말 좋으니 우리 나가서 놀자.|最近~变化很大,注意给孩子添加衣服;최근에 날씨 변화가 커서 아이에게 옷을 좀 더 많이 입혀야 한다.|~预报说明天有雨;일기예보에 내일 비가 온다고 한다.

天真 tiānzhēn [形] 천진하다. 순진하다. ¶孩子们都很~;아이들이 매우 순진하다.|这些孩子~活泼,真可爱;이 아이들은 천진난만하며 정말 귀엽다.|爷爷有的时候~得像个孩子;할아버지는 어쩔 때 보면 천진한 아이 같다. ❷ 단순하다. 유치하다. ¶你的想法太~了;네 생각은 너무 유치하다.|看来我们想得太~了,不可能办成;보아하니 우리가 너무 순진했던 것 같다. 일이 성사될 것 같지 않다.

添 tiān [动] 보태다. 첨가하다. 덧붙이다. ¶水放少了,~点吧;물이 적으니 좀 더 부어라.|来,我给你再~点饭;자, 내가 밥 좀 더 줄게.|办公室一下子~了好几张桌子,显得很挤;사무실에 몇 개의 탁자들이 더 들어오니 좁아 보인다.

添加 tiānjiā [动] 증가하다. 첨가하다. ¶这场戏还需要~几件道具;이번 연극에는 아직 몇 가지 도구를 추가해야 한다.|这种食品有大量~剂,最好少吃;이런 식품에는 대량의 첨가물이 (들어) 있으니 적게 먹는 것이 좋다.

田 tián [名] 밭. 논. 경작지. ¶爷爷是个种~人,一辈子辛苦劳作;할아버지는 농사꾼이라, 일생 동안 힘들게 일하셨다.|农场的麦~真大,一眼望不到边;농장의 보리 밭이 정말 커서 한 눈에 다 볼 수가 없다.|试验~;실험 농지.

田地 tiándì [名] 경작지. 논. 밭. ¶家里所有的~都种了玉米;집 안의 모든 경작지에 옥수수를 심었다.

田径运动 tiánjìngyùndòng [名] 육상운동. ¶~不是我们的强项;육상은 우리의 주 종목이 아니다.|这所学校的~开展得比较好;이 학교는 육상종목이 비교적 잘 운영되고 있다.

▶용법주의:'田径运动'은 한국어 한자어로 '陆上运动'이라고 하지만 '陆上运动'은 중국어에서 사용 할 수 없다.¶陆上运动不是我们的强项(×)

田野 tiányě 名 전야. 들판. 들.¶春天,~上开满了五颜六色的无名小花;봄날, 들판에는 이름없는 형형색색의 꽃들이 만개했다.|我喜欢那片绿色的~;나는 저 녹색의 들판을 좋아한다.

甜 tián 形 ❶ 달다. 달콤하다.¶新疆的葡萄格外~;신장의 포도는 유난히 달다.|我喜欢吃~面包;나는 달콤한 빵을 좋아한다.|你最好让孩子少吃~食;너는 아이에게 단 음식을 적게 먹게 하는 것이 좋다. ❷ (생활이) 즐겁다. 달콤하다. 행복하다.¶这几句话说得我心里~~的;이 몇 마디가 내 마음을 즐겁게 한다.|那个小姑娘笑的真~;저 여자아이는 정말 행복하게 웃는다.|儿子睡得很~;아들이 달콤하게 잠을 잔다.

甜不辣 tiánbulà 名 덴뿌라. 튀김.¶今天刚买了~;오늘 방금 튀김을 사왔다.|我现在吃饭已经少不了~了;나는 이제 밥 먹을 때 튀김을 빼놓을 수 없게 됐다.|妈妈亲手做的~最好吃;어머니가 손수 만든 튀김이 제일 맛있다.

填 tián 动 ❶ 메우다. 채우다.¶有人把那个大坑~上了;어떤 사람이 저 큰 구덩이를 메웠다.|这口井不用了,里面~满了垃圾;이 우물은 그 안이 쓰레기로 가득 차 있어 쓸 수가 없다. ❷ (일정한 양식에) 써 넣다. 기입하다.¶大家把登记表~好后交给我;모두들 등록양식을 다 기입한 뒤에 나

에게 주세요.|这张表你会~吗?;이 표를 너는 기입할 줄 아느냐?|需要~的内容不少,拿回家慢慢~吧;써넣어야 할 내용이 많으니 집에 가지고 가서 천천히 써 넣어라.

挑 tiāo 动 ❶ 선택하다. 고르다.¶这几支笔你——支用吧;이 몇 자루의 펜 중 하나를 골라 써라.|学校要在你们班~几个口语好的同学去做志愿者;학교는 너희 반에서 회화실력이 좋은 학생을 몇 명 뽑아 자원봉사자로 활동하게 하려 한다.|你~来~去的到底想要哪个? 너는 이것 저것 골라보는데, 도대체 어떤 것으로 할 생각이냐? ❷ (부정적인 것이나 결점을) 들추어 내다. 찾아내다.¶他是故意~毛病,别理他;그가 일부러 결점을 들추어 낸 것이니 신경쓰지 마라.|从他的文章里也能~出不少错误来;그의 문장 속에서도 많은 잘못을 찾아낼 수 있다. ❸ (들추어) 메다. (어깨에) 메다.¶爸爸~着行李还走得飞快;아버지는 짐을 메고서도 매우 빠르게 걷는다.|妈妈生病以后,家里的生活担子就由我来~了;어머니가 병이 난 후, 집안의 모든 짐은 내가 짊어지게 되었다.

挑选 tiāoxuǎn 动 (좋은 것을) 고르다. 선택하다.¶这次~志愿者要求很严格;이번에 자원봉사자 선발 조건이 엄격하다.|奶奶买东西一向~得很仔细;할머니는 물건을 사실 때 줄곧 매우 세심하게 고르신다.|他们~到一个很有培养前途的体操运动员;그들은 발전 가능성이 있는 체조선수를 선발했다.

条 tiáo 量 ❶ 가늘고 긴 물건을 세는데

659

쓰인다.¶一~绳子;한 가닥 밧줄.| 一~街;한 길가.| 一~河;한 줄기 강. | 一~鱼;한 마리의 물고기.| 一~线; 한 가닥 실 ❷ 조목. 항목.¶工人们提了五~建议,希望公司考虑;근로자들이 5가지 건의 사항을 제기했으니 회사측에서 고려해 주기 바란다.| 这个规定的第三~不合理,我们不能执行;이 규정의 세 번째 조항은 불합리하여 우리는 집행할 수 없다.| 我给你提几~意见吧;너에게 몇 가지 의견을 제시하겠다.

条件 tiáojiàn 名 ❶ 조건.¶这个地区的自然~不好;이 지역의 자연 조건은 좋지 않다.| 阳光是植物生长的必要~;햇빛은 식물이 자라는데 필요한 조건이다. ❷ (상태로서의) 조건. 상황. 환경.¶他的家庭~不允许他继续上学了;그의 가정 환경은 그가 계속 학교에 다니는 걸 허락하지 않았다. | 做演员对身体~是有要求的,你不合适;배우를 하려면 좋은 신체 조건이 요구된다.| 山区的医疗~还不够好;산간 지역의 의료 환경이 아직은 좋지 않다. ❸ (요구로서의) 조건.¶你提的~我们很难接受;네가 제시한 요구 조건을 우리는 받아들이기가 매우 힘들다.| 现在报考的~比以前放宽了;현재 응시 조건은 예전보다 훨씬 수월해졌다.| 他找对象的~太高,所以总是找不到合适的女朋友;그는 배우자에 대한 요구 조건이 너무 높아 결국 적당한 여자 친구를 찾지 못했다.

条约 tiáoyuē 名 조약.¶两国前不久刚刚签署了边境安全~;양국은 얼마 전 국경의 안전 조약에 서명하였다.| 这个~已经生效;이 조약은 이미 발효되었다.| 两个国家根据~的规定,今年开始互派科研人员;양국은 조약의 규정에 근거하여 올해 상호 과학연구 인원을 파견하기 시작하였다.| 签订~;조약을 체결하다.| 修订~;조약을 수정하다.| 执行~;조약을 집행하다.| 废除~;조약을 폐기하다.

调和 tiáohé 动 ❶ 분규를 해결하다. 조정하다. 화해시키다.¶亏你从中~他们的关系;네가 사이에서 그들의 관계를 화해시킨 덕분이다.| 是她出面~了矛盾;그녀가 나타나 모순을 해결했다.| 你看这次的冲突还能~吗?너는 이번 충돌이 해결될 수 있을 것으로 보냐? ❷ 알맞다. 어울리다. 조화롭다.¶这幅画的色彩很~;이 그림의 색채는 조화롭다.| 他穿的衬衫和西装颜色非常~;그가 입은 와이셔츠와 양복의 색깔이 아주 잘 어울린다.| 今年的雨水比较~,会是一个丰收年;올해는 비가 비교적 알맞게 내려 풍년이 될 것이다. ❸ 타협하다. 양보하다.¶他的态度好像没有~的余地;그의 태도는 타협의 여지가 없는 것 같다.| 我正在考虑一个~的方案;나는 지금 타협의 방안을 생각하고 있다. | 和他谈话的时候措辞要~一点儿;그와 이야기할 때는 단어 선택이 타협적이어야 한다.

调料 tiáoliào 名 조미료.¶我带来了一些中国~;나는 중국 조미료 몇 가지를 가지고 왔다.| 这种~是辣味的;이런 종류의 조미료는 맵다.| 请不要放那么多~;조미료를 그렇게 많이 넣지 마십시오.

调整 tiáozhěng 动 조정하다.¶我们单位最近有人员~;우리 회사는 최근에 인

T

원을 조정했다.| 我们需要~一下原来的方案;우리는 원래의 방안을 조정할 필요가 있다.| 政府近期将~物价;정부가 최근에 물가를 조정하려고 한다.

跳 tiào 动 ❶ (껑충)뛰다. 뛰어 오르다. ¶见到妈妈, 孩子高兴地~了起来;어머니를 보자 아이는 기뻐서 껑충 뛰었다.| 你太胖了, ~都~不起来;너는 너무 뚱뚱해서 뛰어도 뛰어오르지 않는다.| ~高;높이 뛰기| ~远;멀리 뛰기 ❷(심장 따위가) 뛰다. 맥동하다. ¶跑了一会儿, 心~得很厉害;조금 뛰었더니 심장이 매우 빨리 뛴다.| 这几天没休息好, 眼皮总~;요 며칠 제대로 쉬지 못했더니 눈꺼풀이 떨린다. ❸ 뛰어넘다. 건너뛰다. ¶这孩子上小学时就从一年级~到三年级, 现在又从初一~到初三了;이 아이는 초등학교에 다닐 때 1학년에서 3학년으로 월반을 하더니 지금은 또 중학교 1학년에서 3학년으로 월반을 하였다.

跳绳 tiào//shéng 动 줄넘기를 하다. ¶~对身体很有好处;줄넘기는 몸에 좋은 점이 많다.| 妈妈坚持每天~半小时, 现在身体好多了;어머니는 매일 줄넘기를 30분 동안 해서, 지금은 몸이 많이 좋아졌다.

跳舞 tiàowǔ 动 춤을 추다. ¶你天天~, 不累吗;너는 매일 춤을 추면 안 피곤하니.| ~的人要有个好身材;춤을 추는 사람은 몸매가 좋아야 한다.| 咱们一起~吧;우리 같이 춤을 추자.| 我从小就不爱~, 总觉得不好意思;늘 부끄럽다고 여겨서 나는 어릴 때부터 춤추는 것을 좋아하지 않았다.

贴 tiē 动 ❶ 붙이다. 붙여 놓다. ¶把这张通知~在小黑板上, 不要~在墙上;이 통지문은 작은 칠판에 붙여야지 벽에 붙여서는 안 된다.| 报名表应该~一寸的照片;신청서에는 반 명함판 사진을 붙여야 한다. ❷ 접근하다. 바싹 붙다. ¶她~在我耳朵上小声跟我说了她的秘密;그녀는 내 귀에다 대고 작은 목소리로 비밀을 말하였다.| 车上太挤了, 人~人;차 안이 무척 혼잡해 사람들이 서로 바싹 붙어 있다. ❸ (경제적으로) 돕다. 보조해 주다. ¶你这样大手大脚地花钱, 家里可~不起;네가 이렇게 돈을 물 쓰듯 마구 헤프게 쓰면 집에서도 도울 수 없다.| 这几年我的钱已经~给家里不少了;나는 몇년 동안 집에 돈을 적잖이 보태 주었다.| 你欠的钱总不能让我来~吧? 네가 빚진 돈을 나더러 도와달라고 하면 안되겠지?

铁 tiě 名 ❶ 쇠. 철. ¶这种食品含~量比较高;이러한 식품은 철분 함량이 비교적 높다.| 生活中用到的~制品很多;생활에 쓰이는 철 제품은 매우 많다. 形 강철같이 단단한. 굳센. ¶那是个~汉子;저 사람은 굳센 대장부이다.| 看他这回是~了心了;그를 보니 이번에 마음을 굳게 먹은 것 같다.| 现在已经没有什么~饭碗了, 好工作要靠自己去争取;이제 철밥통 같은 건 없다. 좋은 직장은 스스로 찾아서 쟁취해야 한다.| 这是~的事实, 谁也无法否定;이것은 확고한 사실이니 누구도 부정할 수 없다.

铁路 tiělù 名 철로. ¶现在的~非常发达;요즘 철도는 매우 발달하였다.| ~运输既快捷又安全;철도 운수는 빠를 뿐만 아니라 또 안전하다.| 这

个小县城最近也通~了;이 작은 현에도 최근에 철도가 개통되었다.│京广和京沪~是贯穿中国南北的~运输大动脉;베이징, 광저우 노선과 베이징, 상하이 철도는 중국의 남북을 관통하는 운수의 대동맥이다.

听 tīng [动] ❶ 듣다. ¶声音太小了,~不见;소리가 너무 작아 들리지 않는다.│大家~清楚了吗? ~清楚了;여러분 잘 알아들었습니까? 알아들었습니다.│这篇课文的录音我~过好多遍了;이 본문의 녹음을 나는 여러 번 들었다. ❷ (의견이나 권고 등을) 받아들이다. 듣고 따르다. ¶这孩子不~劝;이 아이는 권고를 받아들이지 않는다.│你先~~大家的意见再做决定;먼저 모두의 의견을 들은 후 결정을 해라.│我给他提了意见,但他~不进去;나는 그에게 의견을 제시했지만 그는 받아들이지 않는다.

听见 tīng//jiàn [动] 들리다. 듣다. ¶我叫你好几声,你没~呀?내가 너를 몇 번이나 불렀는데 너는 들리지 않았느냐?│不行,现在太吵,听不见你说话;안돼, 지금 너무 시끄러워 네 말이 들리지 않는다.│我好像~有人敲门;누군가 문 두드리는 소리를 들은 것 같다.

听讲 tīngjiǎng [动] 강의나 강연을 듣다. ¶你上课不~,当然不会做作业了;수업 시간에 강의를 잘 듣지 않으면 너는 당연히 숙제를 할 수 없다.│同学们要认真~,听不懂可以问老师;학생들은 열심히 강의를 들어야 하고 못 알아들으면 선생님에게 질문을 해도 된다.

听说 tīngshuō [动] …라고 들었다. 듣자니 …라고 한다. ¶~你要出国留学了,是真的吗? 듣자 하니 네가 (출국해서) 유학을 간다고 하는데 정말이니?│这个消息我早就~了;이 소식을 나는 일찍 들었다.│你~的事没什么准儿;네가 들은 일은 확실하지 않다.

听写 tīngxiě [动] 받아쓰기를 하다. ¶这节课~生词;이번 수업에는 새 단어 받아쓰기이다.│昨天的~还可以,大多数同学都写对了;어제 받아쓰기는 그런대로 괜찮았으며, 대부분 학생이 모두 맞게 썼다.│这次~的内容比上次难;이번 받아쓰기의 내용은 저번보다 어렵다.

庭院 tíngyuàn [名] 정원. 뜰. ¶这座老宅子有个不错的~;오래된 이 주택에는 훌륭한 정원이 있다.│现在的大城市里,有~的房子已经很少见了;지금 대도시에서 정원이 있는 집은 이미 보기가 드물다.

停 tíng [动] ❶ 정지하다. 멎다. 멈추다. 这场雨一时半会儿~不了,咱们还是别去了;이번 비는 한동안 멈추지 않을 테니 우리 아무래도 가지 말아야겠다.│今天又~电了;오늘 또 정전이 되었다.│请您~一下车,我在这儿下去;세워주세요. 저는 여기서 내리겠습니다. ❷ 머무르다. 체류하다. ¶我们没有~下来玩的时间了;우리는 머무르며 놀 시간이 없다.│你在我这儿~两天再回去吧,咱们好好聊聊;여기서 며칠 묵으며 얘기나 하다 가는 게 어때. ❸ (차가) 서다. 정박하다. ¶商场前不许~车;상가 앞에는 주차를 할 수 없다.│风大,船一直~在码头等待着;바람이 세서 배가 계속 부두에 정박해

기다리고 있다.| 路边~满了自行车;가로변에 자전거가 빼곡히 서있다.

停留 tíngliú 动 (잠시) 머물다. 묵다. 멈추다. ¶我出国前在北京~了两天;나는 출국 전에 베이징에서 이틀 간 머물렀다.| 我们没有~的时间了;우리는 머물 시간이 없다.| 这里气温很低,不能~时间太长;이곳의 기온이 낮아 오랜 시간 머물 수 없다.| 你不努力,你的外语就只能~在初级水平上;네가 노력하지 않으면 너의 외국어 실력은 그저 초급 수준에 머물 것이다.

停止 tíngzhǐ 动 정지하다. 중지하다. ¶这个体育馆近期维修,已经~使用了;이 체육관은 요즘 수리 중이라 이미 사용을 중지하였다.| 因为技术原因,发射暂时~;기술적 원인 때문에 발사가 잠시 중지되었다.| 这种纸币早几年就~使用了;이런 지폐는 일찍이 몇 년 전에 사용을 중지하였다.

挺 tǐng 动 ❶ 곧다. 꼿꼿하다. ¶你把腰~起来;(너는) 허리를 꼿꼿이 펴라.| 他~着脖子不敢往下看;그는 목을 꼿꼿이 들고 감히 아래를 내려다 보지 못했다. ❷ 억지로 버티다. 참다. ¶妈妈病了好几天了,可她一直~着不肯去医院;어머니는 병이 난 지 한참이 되었지만 계속 참으며 병원에 가려하지 않는다.| 还有多远? 我已经~不住了;얼마나 남았니? 나는 벌써 버티기 힘들다. 副 매우. 꽤. 대단히. ¶我一直~喜欢他的;나는 줄곧 그를 매우 좋아했다.| 孩子说在国外~顺利的,让我们放心;아이는 해외생활이 매우 순조롭다며 우리를 안심시켰다.| 我家的房子~大的,今晚住下吧;우리 집의 방은 꽤 크니 오늘 밤 묵어라.

你的毛笔字写得~不错嘛! 너의 붓글씨가 꽤 괜찮구나!

通 tōng 动 ❶ 통하다. 뚫리다. 연결되다. ¶管子没问题,是~的;파이프는 문제 없다, 뚫려 있다.| 感冒了,鼻子不~气;감기가 걸려 코가 막혔다. ❷ (길이)통하다. ¶这个村子最近也~车了;이 촌락에는 최근에 차량이 통행되었다.| 这条小路能~到学校后门;이 작은 길은 우리 학교의 후문으로 통할 수 있다. ❸ 전달하다. 알리다. 연락하다. 교류하다. ¶你们~个话吧;서로 연락(전화)해 보아라.| 最近没有跟家里~消息;최근에 집과 소식을 주고 받지 못했다. ❹ (깨달아) 이해하다. 알다. 납득하다. ¶他这个人不~人情;그는 인정이 통하지 않는다.| 这位老先生~好几门外语;이 어르신은 몇 개의 외국어에 능통하다.| 这个问题你还没弄~,下去好好想想;너는 이 문제를 아직 이해하지 못했으니 좀 더 잘 생각해 봐라. 形 (문맥이나 의미가) 통하다. ¶这个句子不~;이 문장은 의미가 통하지 않는다.| 这段话还是不太~,改改吧;이 말은 아직 통하지 않으니 좀 더 수정해 보아라.

通常 tōngcháng 形 통상적인. 일반적. 보통인. ¶我~七点起床,今天起晚了;나는 보통 7시에 일어나는데 오늘은 좀 늦게 일어났다.| ~的方法是先学语音,再学词汇和语法;일반적인 방법은 먼저 발음을 공부하고 어휘와 어법을 공부하는 것이다.| 人们~都是得了病才想到要保养;사람들은 보통 병에 걸린 후에야 건강관리에 신경쓴다.

通过 tōng//guò 动 ❶ 지나가다. 통과하다. ¶前方山体滑坡,汽车暂时不能~;전방에 산이 무너져 차들이 잠시 지나가지 못한다.| 汽车~山洞时应该减速;차가 터널을 지나갈 때는 속도를 줄여야 한다. ❷ (의견이나 안건 등이) 통과되다. 채택되다. 가결되다. ¶代表们的提议大会已经~了;대표들의 제의는 회의에서 이미 통과되었다.| 大会没有~这个议案;회의에서 이 안건은 통과되지 못했다.| 听说你的出国申请学校没~;듣자 하니 너의 출국 신청이 학교에서 통과되지 못했다며.| 还不知道这个方案能不能通得过呢;이 방안이 통과될지 안 될지 아직 모르겠다. ❸ (규정된 표준에) 도달하다. (시험에)합격하다 ¶他已经~托福考试了,打算明年出国;그는 이미 토플시험에 통과해 내년에 출국할 예정이다.| 这次期中考试全班只有一个同学没~;이번 중간고사 시험에서 전체 반 학생 중 오직 한 명만이 통과하지 못했다.| 如果你不努力,期末考试你还通不过;네가 노력하지 않는다면 기말 시험에 또 통과하지 못할 것이다.| 按他现在的水平,笔试没问题,但口试可能通不过;지금 그의 실력이면 필기 시험은 문제가 없지만 회화 시험은 통과하지 못할 것이다.

通通 tōngtōng 副 전부. 모두. ¶你太粗心了,今天的作业~重做一遍;너는 너무 꼼꼼하지 못하니 오늘의 숙제는 전부 다시 한번 해라.| 搬了新房子就把家具~换掉;새 집으로 이사를 왔으니 가구를 모두 바꿔라.| 我想把这些烦心事~忘掉,好好开始新的生活;나는 이런 번거롭고 귀찮은 일들은 모두 잊어 버리고 새로운 생활을 시작할 생각이다.

通讯 tōngxùn 名 뉴스 기사. ¶这篇~报道了这次地震救援的具体情况;이 뉴스 기사는 이번 지진의 구체적인 구조 상황을 보도하였다.| 做记者必须会写~;기자를 하려면 반드시 뉴스 기사를 쓸 줄 알아야 한다. 动 통신하다. ¶~社;통신사.| ~网;통신망.| ~员;통신원.| ~设备;통신 설비.| ~器材;통신 기계.

通信 tōngxìn 动 ❶ (소식 혹은 편지를) 전하다. 편지를 주고 받다. ¶他走了以后我和他常常~;그가 떠난 이후 그와 나는 자주 편지를 주고 받는다.| 我和我的朋友是用~的方式联系的;나와 나의 친구는 서신의 방식으로 연락한다. ❷ (전자파나 광파 등의 신호로 문자나 영상을) 전송하다. 통신하다. ¶中国移动~集团公司是中国规模最大的移动~运营商;중국이동통신회사는 중국에서 규모가 가장 큰 이동 통신 운영 회사이다.

通知 tōngzhī 动 통지하다. 알리다. 공고. ¶明天的活动你~大家吧;내일의 활동을 네가 모두에게 알려라.| 具体时间我们另外~;구체적인 시간은 우리가 별도로 통지한다.| 你~同学们明天上课的教室改为302了;너는 학생들에게 내일 수업할 교실이 302호실로 바뀌었다고 알려라.| ~得太晚了,大多数人已经下班回家了;통지가 너무 늦었다, 대다수 사람들은 이미 퇴근해 집으로 돌아갔다. 名 통지서. 통지. 연락. ¶公司昨天发的~你看到了吗?회사가 어제 발송한 통지서

를 (너는) 보았니?|请你写一个~贴出去吧;통지서 하나를 써 붙이세요.|那只是个口头~, 所以不少人不知道;저것은 단지 구두 통지라서 많은 사람이 모른다.

同 tóng [形] 같다. …와 같은. ¶我们俩~岁;우리 둘은 동갑이다.|你们俩情况不~;너희 둘의 상황은 같지 않다.|我们今天是坐一辆车来的;우리는 오늘 같은 차를 타고 왔다. [介] …와. …과. ¶今年的情况~往年不太一样,雨特别多;올해는 지난해와 다르게 비가 특별히 많이 온다.|这学期~上学期要求一样,没有改变;이번 학기와 저 번 학기의 요구는 같으며 바뀌지 않았다.|你~其他同学相比还是差一点;너는 다른 친구들에 비해 아직 좀 부족하다. [副] 같이. 함께. ¶他们是好朋友,除了~住一个宿舍外,还经常~用一台电脑,~吃一份饭;그들은 좋은 친구들이라 같은 숙소에 사는 것 외에 항상 컴퓨터도 같이 사용하고 밥도 같이 먹는다. [连] …과. …와. ¶你~他都没有交作业;너와 그는 모두 숙제를 내지 않았다.|我~你一起走吧;내가 너와 같이 갈게.

同情 tóngqíng [动] ❶ 동정하다. ¶你家很困难大家都很~,但是你自己要努力学习;너희 집의 어려움에 대해 모두들 동정하고 있지만 너는 스스로 노력해서 공부해야 한다.|这个人一点~心都没有;이 사람은 조금의 동정심도 없다. ❷ 찬성하다. 공감하다. ¶我们非常~你们;우리는 너희에게 매우 공감한다.|我们不需要别人的~;우리는 다른 사람의 공감 따위는 필요없다.

同时 tóngshí [名] 같은 시간. 동시. ¶我们是~出发的,但还是他们先到了;우리는 동시에 출발했지만 그들이 먼저 도착했다.|他们俩~上学, 又~参加工作,一直是好朋友;그들 둘은 같은 시기에 학교에 들어갔고, 또 같은 시간에 일도 하며 줄곧 좋은 친구 관계를 유지했다. [连] '又', '也' 등과 연계하여 병렬관계를 나타낸다. 동시에 또한 게다가. ¶现在我是老师,教你们汉语,~又是学生,跟你们学韩语;현재 나는 선생님으로서 너희들에게 중국어를 가르치지만 또 학생으로서 너희한테 한국어를 배운다.|你到中国留学,可以学汉语,~也可以了解中国文化;네가 중국에 유학하면 중국어를 배울 수 있고 또 동시에 중국 문화도 이해할 수 있다.

同事 tóngshì [名] 함께 일하는 사람. 동료. ¶他是我的~;그는 나의 동료이다.|~们给我帮了不少忙;동료들은 나에게 많은 도움을 주었다.|今天有个~病了,我下了班去看他,晚点回家;오늘 한 동료가 병에 걸려서 나는 퇴근하고 그를 보러 가느라 집에 조금 늦게 돌아갈 것이다. [动] 함께 일하다. ¶我们俩已经~多年了;우리 둘은 이미 같이 일한 지 여러 해가 되었다.|你忘了? 咱们俩五年前还同过事呢;잊었느냐? 우리 둘은 5년 전에 같이 일하지 않았느냐.|~这么多年你还不了解我! 같이 일한 지 이렇게 여러 해 되었는데 너는 아직 나를 이해하지 못하느냐!

▶용법주의: 한국에서는 같은 직장에서 함께 일하는 사람을 동료(同僚)라고 하여 중국어의 同事와 구별된다. 同

事는 한국에서 단지 '같은 일을 하다' 라는 동사로 쓰인다.

同屋 tóngwū [名] 같은 방에서 사는 사람. 룸메이트. ¶他是我的~;그는 나의 룸메이트이다.| 你跟~关系怎么样? 너와 룸메이트의 관계는 어떠니?| 你们进来坐吧,~不在;너희들은 들어와서 앉아라. 룸메이트는 지금 없다.| 我~是历史系的;나의 룸메이트는 역사학과생이다.

同行 tóngháng [名] 동종업자. ¶我们是~,所以有很多共同语言;우리는 동종업자여서 매우 많은 공통 화제거리가 있다.| 刚才在车上遇到一个~,聊了一会儿;방금 차 안에서 동종업자를 만나 잠시 이야기를 나누었다.

同学 tóng//xué [名] ❶ 학우. 학급 친구. ¶他是我的大学~;그는 나의 대학 동창이다.| 以前的中学~已经很少见面了;예전 중학교 시절 친구들은 이제 거의 안 만난다.| 看来咱们还是~呢,你在哪个系? 우리는 같은 학교 친구인 것 같은데 너는 무슨 과니? ❷ 학생. ¶~,请问化学系在哪里;학생, 화학과가 어디에 있지?| ~们都回家了,老师还在改作业;학생들은 모두 집으로 돌아가고 선생님은 아직 숙제를 고치고 있다.

同学会 tóngxuéhuì [名] 동창회. 학우회. ¶我们~打算组织一次活动,你看什么时间合适? 우리 학우회는 활동을 한 번 조직할까 하는데 네가 보기에 언제가 좋을 것 같으냐?| 大家都推荐他做这届~的负责人;모두들 그를 이번 학우회의 책임자로 추천하였다.| ~给大家创造了不少见面的机会;학우회는 모두에게 많은 만남의 기회를 만들어 주었다.

▶용법주의 : 한국에서는 한 학교를 졸업한 사람들이 모여 서로 친목을 도모하고 모교와의 연락을 하기 위하여 조직한 모임을 동창회(同窓會)라고 한다. 같은 말은 동문회(同門會)이다. 한국은 반드시 졸업생들이 모여 조직한다.

同样 tóngyàng [形] 같다. 차이가 없다. 마찬 가지이다. ¶我们需要参加~的考试;우리는 같은 시험에 응시해야 한다.| 这两套题的难度是~的;이 두 세트 문제의 난이도가 같다.| ~的问题我不想再重复了;똑같은 문제를 나는 더 이상 중복하고 싶지 않다.

同一 tóngyī [形] 동일한. 같은. ¶我们双方持~观点,又能站在~立场上看问题,完全可以合作嘛;우리 쌍방은 동일한 관점을 견지하며 또 동일한 입장에 서서 문제를 보니 완전히 협력할 수 있다.| 它们属于~形式,差别极小;그들은 동일한 형식에 속해 차이가 거의 없다.

同意 tóngyì [动] 동의하다. 찬성하다. ¶他们~我的看法;그들은 나의 생각에 동의하였다.| 老师不~我观点,我也不~他的;선생님은 나의 관점에 동의하지 않았으며, 나 역시 선생님 관점에 동의하지 않았다.| 经理不会~你现在出国的;사장님은 네가 지금 출국하는 것에 동의하지 않을 것이다.| 不管领导~不~我都得调走了;지도자가 동의를 하건 말건 나는 다른 데로 옮겨야 한다.

同志 tóngzhì [名] 동지. 뜻이 같은 사람. ¶~,请问北京大学怎么走;동지, 베이징대학은 어떻게 갑니까?| 这个小~

很能干;이 어런 동지는 매우 유능하다.|谁愿意给这位女~让个座位?谢谢;누가 이 여자 동지에게 자리를 양보해 주실 겁니까? 감사합니다.

茼蒿 tónghāo [名] 쑥갓. ¶现在的~很贵,因为刚刚上市;방금 시장에 나왔기 때문에 현재 쑥갓은 매우 비싸다.|我不喜欢~的味道,但听说很有营养;나는 쑥갓의 맛이 싫지만 영양가가 많다고 들었다.

铜 tóng [名] 구리. ¶这是一把老~锁,现在不多见了;이것은 오래된 구리 열쇠인데 지금은 많이 볼 수가 없다.|~这种金属很容易生锈;동, 이런 금속은 쉽게 녹이 슨다.

童话 tónghuà [名] 동화. ¶我从小就喜欢~,里面的很多人物都记着呢;나는 어렸을 적부터 동화를 좋아해서 그 안의 많은 인물들을 기억하고 있다.|这本~集已经再版很多次了,很受欢迎;이런 동화집은 이미 여러 차례 출판됐는데 인기가 많다.

统一 tǒngyī [动] 통일하다. 통일 되다. ¶你们领导不能~观点,问题就没法解决;너희 지도자가 관점을 통일시킬 수 없다면 문제는 해결할 방법이 없다.|我们的看法终于~起来了;우리들의 의견은 결국 통일되었다. ~意见 의견 통일.|~思想 사상 통일. ❷ [形] 일치한. 통일된. ¶讨论到现在还没有得出~的意见;토론을 지금까지 했는데 아직 의견의 통일을 보지 못하고 있다.|意见不~,行动也就不能~;의견이 통일되지 못하면 행동 역시 통일되지 못한다.

统治 tǒngzhì [动] 통치하다. 다스리다. ¶这个地区被侵略者~了一百年;이 지역은 침략자들에게 백 년 동안 통치되었다.|这个政权的~时间很短;이 정권의 통치 기간은 매우 짧다.|封建~已经被推翻了;봉건통치는 이미 전복되었다.

桶 tǒng [名] 통. 초롱. ¶以前用木~,现在基本上都用铁或塑料~了;예전에는 나무로 된 통을 사용했지만 지금은 보통 철이나 플라스틱으로 된 통을 사용한다.

痛 tòng [形] 아프다. ¶我今天头~得厉害;나는 오늘 머리가 몹시 아프다.|因为打了麻药,没感到~;마취 주사를 맞아서 통증을 느끼지 못한다. [副] 심하게. 몹시. 철저히. ¶我真想~打他一顿;나는 정말 그를 흠씬 패주고 싶다.|她把自己关在屋里~哭了一场;그녀는 자신의 방안에 들어 앉아 몹시 슬피 울었다.|遇到多年不见的老朋友,他们到小酒馆~饮了整整一夜;몇 년 동안 보지 못한 오랜 친구를 만나자 그들은 작은 술집에 가서 밤새 술을 잔뜩 마셨다.

痛苦 tòngkǔ [形] 고통스럽다. 괴롭다. ¶他的病让他非常~;그의 병은 그를 매우 고통스럽게 하였다.|我心里的~不知道该对谁诉说;내 마음 속의 괴로움을 누구에게 호소해야 할지 모르겠다.|生活就是这样,有快乐,也有~;생활은 원래 이렇다. 즐거움이 있으면 또 고통도 있다.|那段~的经历我一辈子都忘不了;저 고통스러웠던 경험을 나는 평생 동안 잊을 수 없다.

痛快 tòng·kuài [形] ❶ 통쾌하다. 유쾌하다. 상쾌하다. ¶今天天气好,心里~;오늘 날씨가 좋아서 마음이 상쾌하다.|因为考试成绩不好,他一直不太~;

시험 성적이 좋지 않아서 그는 줄곧 기분이 그다지 유쾌하지 않다. ❷ 마음껏 즐기다. 유쾌하다. ¶今天大家一起去登山, 玩得特别~;오늘 모두가 함께 등산가서 마음껏 신나게 놀았다.| 洗了个~的凉水澡;시원하게 찬물로 목욕을 했다.| 跟老同学聊了一晚上, ~极了;옛 학우들과 밤새도록 이야기를 하니 매우 즐거웠다. ❸ (성격이) 시원스럽다. 솔직하다. ¶他说话办事都很~;그는 말이나 일처리가 모두 시원스럽다.| 你说话能不能~点儿! 좀 솔직하게 말할 수 없니!

偷 tōu [动] 훔치다. 도둑질하다. ¶昨天在商场我的钱包被~了;어제 상점에서 내 지갑을 털렸다.| ~东西;물건을 훔치다.| ~车;차를 훔치다. [副] 남몰래. 슬그머니. ¶考试~看别人的答案是作弊行为;시험에서 다른 사람의 답안을 몰래 보는 것은 부정 행위이다.| ~听;도청하다.| ~拍;몰래 촬영하다.| ~渡;밀입국하다.

偷窃 tōuqiè [动] 훔치다. 절도하다. ¶昨天, 省博物馆有四件文物被~了;어제 성(省)박물관에서 문화재 4점을 도난 당했다.| ~国家情报是犯罪行为;국가 정보를 빼내는 것은 범죄행위이다.| 他有~行为;그는 절도 경력이 있다.

▶용법주의: 남의 물건을 몰래 훔치는 행위는 한국어에서는 '절도(窃盗)'라고 말하지만, 중국어에서는 '偷窃'라고 말해야 한다.

偷偷 tōutōu (~儿) [副] 남몰래. 살짝. 슬그머니. ¶上数学课时, 他总是~地看小说;수학 수업 시간에 그는 항상 몰래 소설을 읽는다.| 考试卷一发下来, 他就~地撕了;시험지를 배부하자마자 그는 몰래 찢었다.| 他俩上中学就~谈恋爱了;그들 둘은 중학교 때 몰래 연애를 하였다.| ~打听;남몰래 알아보다.| ~拍照;몰래 찍다.

头 tóu [名] ❶ 머리. ¶今天感冒了, ~有点疼;오늘 감기에 걸려서 머리가 약간 아프다.| 他不停地点~表示同意;그는 계속해서 머리를 끄떡이며 동의를 표시한다. ❷ 머리카락. ¶洗~;머리를 감다.| 理~;이발하다.| 梳~;머리를 빗다.| 平~;상고머리.| 寸~;정수리의 머리카락은 한 치 정도 남겨두고, 양 귀밑과 뒤의 가장자리 머리는 정수리보다 짧게 깎은 남자의 머리 모양. ❸ (~儿) 물체의 꼭대기나 끝 부분. ¶山~;산봉우리.| 笔~;붓끝.| 绳子的两~;끈의 양 끝. ❹ (~儿) 일의 처음(시작)과 끝. 맨 앞. ¶这话得从~说起;이 말은 처음부터 말해야 한다.| 他一说起来就没~儿;그가 말하기 시작하면 끝이 없다.| 这个说明书没~没尾的, 没看明白;이 설명서는 밑도 끝도 없어 이해가 안 간다. ❺ (~儿) (물건의 쓰고 남은 부분)조각. 꽁다리. ¶布~;천 조각.| 粉笔~;분필 토막. [数] (순서가 처음인 것을 나타낸다.) 첫 번째의. ¶这条新闻上了~版~条;이 뉴스는 톱기사로 실렸다.| 加油呀! 争取拿~一名;파이팅! 1등을 해라.| ~等舱;(비행기) 일등석.| ~班车;첫차.

☞tou

头 ·tou [尾] ❶ (~儿) 명사 접미사. 명사의 뒤에 쓰인다. ¶这块石~够大的;이 돌은 매우 크다.| 木~;나무.| 骨~;뼈. ❷ (~儿) 동사성 어휘 뒤에 쓰

인다. ¶这本书没什么看~;이 책은 볼 만한 것이 없다.| 听~;들을 만하다.| 想~;생각할 만하다. ❸ 형용사의 뒤에 쓰여 추상명사를 만든다. ¶他说话一向没有准~;그가 한 말은 여태껏 확실한 것이 없다.| 尝到了甜~;단맛(이익,덕)을 보다.| 吃了苦~;고생을 하였다. ❹ 방위사의 뒤에 쓰인다. ¶我的座位在教室的前~;나의 자리는 교실의 앞쪽이다.| 后~;뒤.| 上~;위.| 下~;아래. ❺ (~儿) 名 책임자.리더. ¶昨天下班以后,~带我们去了一家新开的餐厅;어제 퇴근 후에 리더는 새로 연 음식점으로 우리를 데리고 갔다.

☞ tóu

头发 tóu·fa 名 머리카락. ¶她把~剪短了,看上去很精神;그녀는 머리카락을 잘라 말끔하게 보인다.| 他的~又黑又亮;그의 머리카락은 검고 윤이 난다.| 我爷爷60岁了,连白~都没有呢! 우리 할아버지는 60세인데, 흰 머리카락이 하나도 없다.

▶용법주의: 중국어에서 '理发(이발하다)', '烫发(파마하다)', '理头(이발하다)', '烫发(파마하다)' 라고 자주 쓰지만 '理头发', '烫头发' 라고 거의 안 쓴다.

头脑 tóunǎo 名 두뇌. 사유 능력. ¶总经理很有~,公司经营得很好;사장은 매우 명석하여 회사 경영을 잘 한다.| 这个人很有~;저 사람은 매우 똑똑한 사람이다.| ~简单,办事不周到;머리가 단순하여, 일을 하는데 주도면밀하지 못하다.| ~清楚;두뇌가 명석하다.| ~混乱;머리가 혼란하다.

投 tóu 动 ❶ 던지다. ¶他~篮的技术很高;그의 슛 기술은 매우 뛰어나다.| 他手榴弹~得又高又远;그는 수류탄을 높고 멀리 던진다.| ~石问路;돌을 던져 길을 묻다. ❷ 집어넣다. ¶选民们今天参加了~票选举;유권자들은 오늘 투표선거에 참가하였다.| ~资;투자하다. ❸ 뛰어들다. ¶~河自杀;강에 뛰어들어 자살하다.| ~井;(죽으려고) 우물에 뛰어들다. ❹ 참가하다. ¶~军;군에 들어가다.| ~考;시험에 응시하다.| ~宿;투숙하다.| ~亲靠友;친척에게 몸을 의지하고 친구에게 기대다. ❺ (마음이) 맞다. 영합하다. ¶我们俩很~脾气;우리 둘은 매우 성격이 맞는다.| ~缘;의기 투합하다.| ~机;잘 통하다.| ~其所好;남의 마음에 들도록 비위를 맞추다.

投入 tóurù 动 ❶ 투입하다. ¶公司为这个项目~了大量资金;회사는 이 프로젝트를 위해 대규모 자금을 투입하였다.| 这个新产品已经~生产了;이 새 상품은 이미 생산에 돌입하였다.| ~时间;시간을 투입하다.| ~精力;정력을 쓰다. ❷ 뛰어들다. 참가하다. ¶妈妈的怀抱;엄마의 품에 들어가다.| ~比赛;시합에 참가하다. 名 (자금 등의) 투자. ¶政府决定加大教育~;정부는 교육분야의 투자를 확대하기로 결정하였다.| 资金~;자금 투자.| 少~,多产出;적게 투자하고 많이 생산하다.

投影仪 tóuyǐngyí 名 영사기. 프로젝터 (Projector). ¶我们单位没有~;우리 회사에는 영사기가 없다.| ~是一种精密仪器;영사기는 정밀한 기구다.| 这部~的价格比较高;이 프로젝터의 가격은 비싼 편이다.

▶용법주의: 빛을 이용하여 영사막에 확대하여 비추는 기계는 한국에서는 '영사기(映写机)'라고 부른다. 그러나 중국어 작문을 할 때에는 '投影仪'이라고 써야 한다.

投资 tóuzī 动 투자하다. ¶ 这家公司~家用电器, 比较成功;이 회사는 가정용 전기제품에 투자하여 비교적 성공하였다. | ~房地产是有风险的;부동산에 투자하는 것은 위험하다. | ~办学;학교 설립에 투자하다. | ~建厂;공장건립에 투자하다. 名 투자(금). ¶ 近几年国家对教育的~又有增加;최근 몇 년, 국가의 교육에 대한 투자가 또 증가하였다. | 他们预期三年内收回~;그들은 3년 내에 투자를 회수할 것으로 예상한다.

透 tòu 动 ❶ (액체나 광선 따위가) 통과하다. 뚫고 지나가다. ¶阳光~过窗户照在身上,非常暖和;햇빛이 창문을 통과하여 몸을 비추니, 매우 따뜻하다. | 这种布料不好,不~气;이러한 천은 좋지 않다. 공기가 통하지 않는다. | 家里的门锁得很严实,不~风;집안의 문이 꼭꼭 닫혀서 바람이 통하지 않는다. ❷ 몰래 알리다. (비밀을) 누설하다. ¶有人给我~了信儿;어떤 사람이 나에게 소식을 알려주었다. | 关于人事变动的事情,老板连一点儿消息都没~;인사 이동에 대해서 사장님은 조금의 정보도 누설하지 않았다. ❸ 나타나다. …처럼 보이다. ¶他疗养回来气色很好,脸上~着红润,很精神;그가 요양하고 돌아오니 안색이 매우 좋아지고, 얼굴이 붉으스레 보이고 매우 활기차다. | 小宝宝的眼睛里~着天真;어린 아이의 눈에 천진난만함이 어려있다. | 这小伙子浑身~着机灵;이 젊은이는 영리해 보인다. 形 ❶ 명확하다. 철저하다. ¶老师应该把原理说~;선생님은 원리를 명확하게 말해야 한다. | 我早就看~他的心思了;나는 일찌감치 그의 마음을 꿰뚫어 보았다. | 这个人脾气很怪,摸不~;이 사람은 성격이 매우 이상해서 헤아릴 수가 없다. ❷ 충분하다. 그지없다. ¶庄稼还没熟~;농작물이 아직 완전히 여물지 않았다. | 天已经黑~了;날이 이미 완전히 저물었다. | 事情糟~了;일이 완전히 뒤죽박죽이 되었다. | 这个人坏~了;이 사람은 나쁘기 그지없다. | 倒霉~了;정말 재수없다.

突出 tūchū 形 초월하다. 뛰어나다. ¶他在班里成绩非常~;그는 반에서 성적이 매우 뛰어나다. | 这位专家在水稻育种方面做出过~贡献;이 전문가는 벼 육종 방면에서 월등한 공헌을 하였다. | 有~表现的职员得到了公司的奖励;뛰어난 성과가 있는 직원이 회사의 표창을 받았다. 动 두드러지게 하다. 돋보이게 하다. ¶讲课要~重点;강의는 중점을 돋보이게 해야 한다. | 这则广告~了产品最新的设计思想;이 광고는 상품의 최신 설계 아이디어를 돋보이게 한다. | 他在任何场合都喜欢~个人;그는 어떤 장소에서도 본인을 돋보이게 하기를 좋아한다.

▶용법주의: 한국의 '돌출(突出)'은 일반적으로 예기치 못하게 갑자기 불쑥 나오는 것에 대한 행위를 가리킨다. 예를 들어 돌출 발언, 행동 등. 한자는 같지만 한국과 중국에서의 쓰임은 약간

다르다. 따라서 중국어 작문을 할 때 주의해야 한다.

突击 tūjī [动] 단기간에 총력을 집중하다. 매진하다. ¶工人正在~抢修被洪水冲毁的大桥;노동자들은 홍수로 부숴진 큰 교량을 긴급 보수하는 데에 매진하고 있다.│下学期我准备~一下英语;나는 다음 학기에 영어에 매진하려고 준비한다.│考试前~复习效果不好;시험 전에 벼락공부 효과는 좋지 않다.│我连续~了三个晚上才把论文写完了;나는 3일 밤을 연속 매진하고서야 비로소 논문을 다 썼다.

▶용법주의: 한국의 '돌격(突击)'은 일반적으로 공격 전투의 마지막 단계에 적진으로 돌진하여 공격하는 것을 가리킨다. 예를 들어 '돌격대', '앞으로 돌격!' 등. 한자는 같지만 한국과 중국에서의 쓰임은 약간 다르다. 따라서 중국어 작문을 할 때 주의해야 한다.

突然 tūrán [形] 갑작스럽다. 뜻밖이다. ¶学生们正在上晚自习,~停电了;학생들이 저녁자습을 하고 있는데 갑자기 정전이 되었다.│地震来得很~,伤亡很大;지진 발생이 너무 갑작스러워 사상자가 매우 많다.│他~接到母亲病重的消息,十分焦急;그는 모친의 병이 위중하다는 소식을 갑자기 접하고 매우 초조해 하였다.│他~回来了,大家都很吃惊;그가 갑자기 돌아와서 모두들 매우 놀랐다.│~离去;갑자기 떠나가다.│~倒下;갑자기 쓰러지다.│~听到;뜻밖에 듣다.│~想起;문득 생각나다.

突显 tūxiǎn [动] 갑자기 나타나다. ¶他的报告~了他的新观点;그의 보고서는 그의 새로운 관점을 드러냈다.│产品质量往往~一个企业的实力;상품의 품질이 종종 기업의 실력을 나타낸다.│整台晚会~着幸福和谐的气氛;이 저녁 파티는 행복과 화해의 분위기를 드러냈다.

图 tú [名] 그림. 도표. ¶几张~用了不同的颜色,非常醒目;몇 장의 그림은 서로 다른 색깔을 이용하니 눈에 확 띄었다.│用看~识字的办法教小孩子学外语,效果不错;그림을 보고 글자를 인식하는 방법을 이용하여 아이에게 외국어를 가르치는 것은 효과가 매우 좋다.│你还是给他画一张~吧,免得他找不到路;그가 길을 찾지 못 하는 것을 피하기 위해서, 네가 아무래도 그에게 그림 한 장을 그려줘야겠다.│~纸;설계도.│~片;그림.│~例;(도표 기호의) 범례.│插~;삽화.│绘~;도면.

图书馆 túshūguǎn [名] 도서관. ¶国家~藏书量极大;국가 도서관은 장서량이 아주 많다.│我很喜欢去~看书;나는 도서관에 가서 책 보는 것을 매우 좋아한다.│最近~又在整理藏书,每周有一天不对读者开放;최근에 도서관의 장서를 정리하고 있어서 매주 하루는 독자에게 개방하지 않는다.

图像 túxiàng [名] (그리거나 촬영된) 형상. 영상. ¶我家电视~清晰;우리 집 텔레비전은 화면이 뚜렷하다.│屏幕上的~突然模糊起来,看不清楚;화면 상의 영상이 갑자기 흐려져서 잘 보이지 않았다.│你的电脑可能有问题吧? 只有声音, 没有~;너의 컴퓨터가 문제 있는 것 맞지? 소리만 있고 영상이 없다.

▶용법주의: 영사막이나 브라운관, 모니터 따위에 비추어진 상을 한국에서는 '영상(映像)'이라고 부른다. 그러나 중국어 작문을 할 때에는 '图像'이라고 써야 한다.

徒弟 tú·di 名 제자. ¶三年前,师傅收我做了他的~;3년 전에 사부님께서 저를 거두어 그의 제자가 되었다.│他的~很努力,手艺快赶上师傅了;그의 제자는 매우 열심히 노력하여 솜씨가 스승을 곧 따라잡을 것이다.│~跟了师傅多年,感情很好;제자가 스승을 오랫동안 따라서 사이가 아주 좋다.

▶용법주의: 스승으로부터 가르침을 받거나 받은 사람을 한국에서는 '제자(弟子)'라고 쓴다. 그러나 중국어 작문을 할 때에는 '徒弟'라고 써야 한다.

徒然 túrán 形 소용없다. 쓸데없다. 헛되다. ¶你本事再大也是~;당신의 능력이 더 크다고 하더라도 소용없다. 副 공연히. 쓸데없이. 헛되이. ¶他没有经过考虑就投资房地产,~损失了几百万;그는 생각없이 부동산에 투자하여 공연히 몇 백만 원을 손해를 보았다.│让他做这件事情就是~浪费时间,不会有任何结果;그에게 이 일을 시키는 것은 쓸데없이 시간을 낭비하는 것으로 아무런 결과도 얻을 수 없을 것이다.

涂 tú 动 ❶ (페인트, 석회, 물감, 약물 등을) 칠하다. 바르다. ¶爸爸把家里的旧箱子~了一层漆,看上去像新的一样;아버지께서 집안의 낡은 상자에 페인트를 한 겹 칠하니 마치 새것처럼 보였다.│村民把院墙都~成了白色;마을 주민들은 벽을 흰색으로 모두 칠하였다.│还是~点药膏吧,能好得快一点;그래도 연고를 발라라. 빨리 나을 것이다. ❷ 지우다. ¶他把写错的部分都~了;그가 잘못 쓴 부분을 모두 지웠다.│他写文章总是~~改改的,很少一次写成;그는 문장을 쓸 때 썼다 지웠다를 반복하며 한번에 완성한 적이 거의 없다. ❸ 마음대로 쓰거나 그리다. ¶几个小孩用彩笔把一面墙~得乱七八糟;몇 명의 아이들이 크레용을 사용해서 벽에 엉망진창으로 그렸다.│小宝宝拿着笔在我的书上乱~一气,这书没法看了;아이가 연필로 내 책에 엉망으로 써서 이 책을 볼 수가 없다.

土 tǔ 名 토양. 진흙. 먼지. 흙. ¶花盆里的~已经干了;화분 안의 흙이 이미 말랐다.│这段~墙被暴雨冲垮了;이 흙벽이 폭우에 무너졌다.│大风过后,屋子里到处都是~;태풍이 지나간 후에 집안 곳곳이 모두 진흙이다.│黄~;황토.│红~;붉은 흙.│沙~;모래 흙.│黏~;점토. 形 토속적이다. 향토색이 짙다. ¶这些~产品是奶奶从乡下捎来的;이 토산품들은 할머니께서 고향에서 가져오신 것이다.│他刚来北京的时候说着一口~话;그가 막 베이징에 왔을 때 그는 사투리로 말하였다.│他是我们这里的~专家,很多乡亲们遇到技术问题都喜欢找他帮忙;그는 우리 이 지역의 토박이 전문가로, 많은 마을 사람들이 기술 문제에 부딪치면 모두 그를 찾아서 도움 청하기를 좋아한다.│~布;수직기로 짠 무명.│~烟;국산 담배.│~货;토산품.│~著;본토박이.│~语;지역 방언.│~秀才;시골 수재.│~配方;민간 비법.│~办法;재래식 방법.

土地 tǔdì 名 ❶ 토지. ¶ ~就是农民的生命;토지는 바로 농민의 생명이다.│这里~肥沃,农产品十分丰富;이 곳은 농토가 비옥하여 농산물이 매우 풍부하다. ❷ 영토. 국토. ¶这块~从古到今都是中国的;이 영토는 옛날부터 지금까지 중국의 것이다.│自己国家的~一寸也不能丢;자기 국가의 영토는 한 치도 잃어버릴 수 없다.

土豆 tǔdòu (~儿) 名 감자. ¶ ~的营养价值很高,可以常吃;감자는 영양가가 매우 높아 자주 먹어도 된다.│把~做成~泥也是一种不错的吃法;감자를 으깨먹는 것도 좋은 방법이다.

吐 tǔ 动 ❶ 토하다. ¶ 不要随地~痰,很不卫生;아무데나 가래를 뱉지 말아라. 매우 더럽다.│小孩子吃西瓜的时候常~不出子儿来어린 아이는 수박을 먹을 때 항상 씨를 뱉지 못한다. ❷ 말하다. ¶他~字不清;그가 내뱉는 말이 분명하지 않다.│那件事情他不肯~一个字;그 일에 대해 그는 한 마디도 말하려 하지 않았다.│酒后~真言;술을 마신 후에 진심을 말하다. ❸ 나오다. ¶地里的麦子已经~穗了;땅속의 보리가 이미 싹 텄다.│初春,柳枝上~出了小芽;초봄, 나뭇가지 위에 새싹이 나왔다.│弟弟养的蚕真的~丝了,他特高兴;동생이 기르는 누에가 정말로 실을 뽑아내어 그는 매우 기뻤다.

☞ tù

吐 tù 动 구토하다. 게우다. ¶孩子消化不好,刚吃了奶都~了;아이가 소화가 되지 않아 방금 먹은 우유를 모두 토했다.│他喝醉了,没走到家就~了;그가 술에 취해서 집에 가기도 전에 토했다.

☞ tǔ

兔子 tù·zi 名 토끼. ¶我小时候养过三只小~,都是白的,可爱极了;내가 어렸을 때 작은 토끼 세 마리를 키웠는데 모두 하얗고 너무나 귀여웠다.│~的眼睛是红的,尾巴很短,跑得很快;토끼의 눈은 빨갛고 꼬리는 짧으며 매우 빨리 달린다.

团 tuán 名 ❶ 단체. 집단. ¶考察~到山区了解到不少真实情况;시찰단이 산간지역에 가서 많은 실제 상황을 조사했다.│演讲~在各大学演讲了一个月,学生们的反映很好;연설단이 각 대학에서 한 달 동안 강연을 했는데 학생들의 반응이 매우 좋았다.│代表~;대표단.│参观~;참관단.│慰问~;위문단. ❷ 연대. ¶工兵~所有官兵都参加了抢修灾区公路的工作;공병단의 모든 장교와 사병들이 재난지역 응급도로 복구사업에 참여했다.│~上有师, ~下有营;연대 위에는 사단이 있고 연대 아래에는 대대가 있다. 动 둥글게 빚다. ¶他把空烟盒~了扔进纸篓;그는 빈 담배갑을 둥글게 뭉쳐 종이 휴지통에 던져 넣었다.│小孩子喜欢~泥巴玩;아이는 진흙을 둥글게 빚어 노는 것을 좋아한다. 量 덩어리. 뭉치. ¶今天帮妈妈缠了一~线;오늘 엄마가 털실 한 꾸러미를 감는 것을 도왔다.│地上扔着一~废纸,大概是爸爸写坏的稿子吧;땅바닥에 던져진 폐지 한 뭉치는 아마도 아빠가 잘못 쓴 원고인 가 보다.│织一条围脖有三~毛线就够了;목도리 한 개를 짜는데 털실 세 꾸러미면 충분하다.

团结 tuánjié 动 단결하다. 결속하다.

673

¶ ~起来，一定能战胜地震灾害;단결하면 반드시 지진 재해를 극복할 수 있다.│ ~朋友，一起奋斗;친구 간에 단결하여 함께 분투하자.│ 遇到困难的时候，我们~得像一个人一样;어려움을 만났을 때 우리는 마치 한 사람처럼 단결한다.│ ~才有力量;단결해야만 비로서 힘이 생긴다. 形 사이가 좋다. 화목하다. ¶ 我们班上的同学来自不同的国家，但是非常~;우리 반 학우들은 서로 다른 국가에서 왔지만 매우 사이가 좋다.│ 邻里之间很~;이웃간에 사이가 매우 좋다.│ 一个团队需要~协作;팀은 단결과 협력이 필요하다.│ 他们住在一个宿舍，但不太~;그들은 같은 기숙사에 살지만 그지 화목하지 않다.

团体 tuántǐ 名 단체. ¶ 这个文艺~组成几十年了，一直非常活跃;이 문예단체는 조직된 지 몇 십년이 되었는데, 계속해서 매우 적극적으로 활동한다.│ 不要因为私事耽误了~活动;사적인 일로 단체활동에 지장을 주지 말아라.│ 这次运动会的开幕式上有大型~操表演，非常精彩;이번 체육대회의 개막식에 대형 매스게임이 거행되었는데 매우 훌륭했다.│ 群众~;군중 단체.│ 艺术~;예술 단체.│ 机关~;기관 단체.

推 tuī 动 ❶ 밀다. ¶ 推土机很快就~走了堆积在工地上的碎砖瓦;불도저가 현장에 쌓인 부서진 벽돌 기와를 매우 빨리 밀어부쳤다.│ 妈妈总是~着宝宝去买菜;엄마는 항상 아이를 유모차에 끌고 가서 채소를 산다.│ 他突然~门进来，吓了我一跳;그가 갑자기 문을 밀고 들어와서 나는 깜짝 놀랐다. ❷ (공구를 이용하여) 갈다. 깎다. ¶ 小时候，一直都是爸爸给我~头;어렸을 때, 항상 아빠가 내 머리를 깎아 주셨다.│ 他今天去理发馆~了个光头;그는 오늘 이발소에 가서 머리를 밀었다.│ ~草机挺好用的，小院儿的草坪~得很整齐;잡초기가 매우 유용하다. 뜰의 잡초가 매우 가지런히 깎여졌다. ❸ 미루다. 연기하다. ¶ 我看这个会往后~几天吧，现在太忙了;내가 볼 때 이 회의를 며칠 뒤로 연기하는 게 좋겠어, 지금은 너무 바빠.│ 他们的婚期又~了一周;그들의 결혼 날짜를 또 일주일 연기하였다.│ 定好的日期你已经~了好几次了，大家很有意见;결정된 날짜를 너는 이미 몇 번이나 연기해서 모두들 불만이다. ❹ 사양하다. 맡지 않다. 거절하다. ¶ 这件事你可~不掉，只能由你来做;이 일은 네가 거절할 수 없다. 오직 너만 할 수 있다.│ 一遇到问题，他就把责任~给别人;문제에 부딪치면 그는 책임을 다른 사람에게 떠넘긴다.│ 他请我去吃饭，我~了，实在没时间去;그가 나에게 밥을 먹으러 가자고 하여 나는 거절하였다. 정말이지 갈 시간이 없다.

推迟 tuīchí 动 연기하다. 미루다. ¶ 会议的日期~了;회의 날짜가 미뤄졌다.│ 如果来不及准备，可以~出发时间;만약에 준비하지 못했으면 출발 시간을 뒤로 미뤄도 된다.│ 系里决定~考试时间;과에서 시험 시간 연기를 결정하다.│ ~比赛;시합을 미루다.│ ~演出;공연을 미루다.│ ~回家;귀가를 미루다.

推动 tuīdòng 动 촉진하다. 추진하다. ¶

科学的发展能够~社会进步;과학의 발전은 사회발전을 촉진시키기에 충분하다.| 我们双方一起~这个项目;우리 쌍방이 함께 이 프로그램을 추진하다.| ~工作;일을 촉진하다.| ~历史;역사를 촉진하다.| ~生产;생산을 촉진하다.

▶용법주의: 다그쳐 빨리 나아가게 하다라는 뜻으로 한국에서는 '촉진하다(促进)'라고 쓴다. 그러나 중국어 작문을 할 때에는 '推动'으로 써야 한다

推广 tuīguǎng 动 널리 보급하다. ¶~普通话已经取得了不小的成绩;중국어 표준어를 확대하는 일은 이미 적지 않은 성과를 얻었다.| 这个新方法不错, 值得~;이 새로운 방법은 매우 좋아 널리 보급할 가치가 있다.| 现在正是~这种新技术的好时机;지금이 바로 이러한 새로운 기술을 널리 보급할 좋은 시기이다.| ~先进经验;선진 경험을 널리 보급하다.| ~新产品;새로운 생산품을 확대하다.

推进 tuījìn 动 추진하다. ¶科学研究可以~生产发展;과학 연구는 생산발전을 추진할 수 있다.| ~教育改革;교육개혁을 추진하다.| ~经济;경제를 추진하다.| ~教学;교학을 추진하다.

托 tuō 动 ❶ (손이나 물건으로)받치다. 받쳐 들다. 괴다. ¶他双手~着一个木盘, 木盘里是一大碗汤;그는 두 손으로 목판을 받쳐 들었는데, 목판에는 큰 국그릇의 탕이 있었다.| 体育老师用手了~他一下, 帮助他上了单杠(dānggàng);체육 선생님은 손으로 그를 받쳐 들어 그가 철봉에 오르도록 도와 주었다. ❷위탁하다. 부탁하다. ¶他临走前~了我一件事;그는 떠나기 전에 나에게 한 가지 일을 부탁했다.| 我想~你把这个箱子带给我儿子;나는 너에게 이 상자를 나의 아들에게 가져다 주도록 부탁할 생각이다.

脱 tuō 动 ❶ 빠지다. 벗어지다. 떨어지다. ¶蛇每年都要~一次皮;뱀은 매년 한번씩 탈피를 한다.| 因为接受放射治疗, 病人的头发很快~光了;방사선 치료를 받기 때문에, 환자의 머리는 모두 다 빠지려고 한다. ❷ 없애다. 제거하다. 벗다. ¶屋里暖和, 把大衣~了吧;방안이 따뜻하니, 외투를 벗어라.| 进屋请~鞋;방안으로 들어 올 땐 신발을 벗어 주세요. ❸ 벗어나다. 이탈하다. ¶他很机警(jījǐng), 多次逃~敌人的追捕;그는 눈치가 빨라 여러 차례 적들의 추적에서 벗어났다.| 公司正在想办法摆~困境;회사는 지금 곤경에서 벗어날 방법을 생각하고 있다.

挖 wā 动 파다. 파내다.¶ 村民们一连~好几口井都没有水;마을 주민들이 연이어 몇 개의 우물을 팠지만 모두 물이 없었다.| 一群小孩儿在海滩上~沙子,玩得可开心呢;아이들 무리가 해변의 모래사장에서 모래를 파면서 참 재미있게 놀았다.| ~土;흙을 파다.| ~坑;구덩이를 파다.| ~野菜;산나물을 캐다.

袜子 wà·zi 名 양말.¶ 我还是喜欢棉线~;나는 여전히 무명 양말을 좋아한다.| 现在~的种类太多了,有不少非常漂亮;요즘은 양말의 종류가 너무 많고 매우 예쁜 것도 많다.| 穿~;양말을 신다.| 脱~;양말을 벗다.| 洗~;양말을 빨다.

哇 wa 助 '啊'의 음이 변한 형식. 어음 제시. ('啊'가 만약에 앞 자의 끝 음절이 'u'나 'ao'인 경우, 이러한 어음 변화가 발생 가능하다.)¶快走~!要下雨了;빨리 가! 비가 오려고 하는구나.| 你让我等得好苦~;너 나를 참 힘들게 기다리게 하는구나.| 他能这样想该多好~!그가 이렇게 생각할 수 있다면 얼마나 좋을까!

歪 wāi 形 ❶ 비스듬하다. 비뚤다.¶ 画挂~了;그림이 비뚤게 걸렸다.| 线画~了;선을 비스듬히 그렸다.| 帽子戴~了;모자를 비뚤게 썼다. ❷ 옳지 않다. 바르지 않다.¶ 老师一批评他,他就强调一些~理;선생님이 그를 비판하자 그는 억지 논리들을 강변하였다.| 这种~风邪气不能助长;이런 좋지 않은 풍조는 조장해서는 안된다.

外 wài 名 ❶ 바깥.¶ 北京的冬天室内~温差很大;베이징의 겨울은 실내외 온도 차이가 크다.| 老师~出一周了,学生这段时间在上自习;선생님이 일주일 동안 출장을 가셔서 학생은 이 기간 동안 자습을 하고 있다.| 你只是受了一点~伤,很快就会好的;약간의 외상만 입었으니 금방 나을 것이다. ❷ 다른 데. 다른 곳.¶ 我爸爸一直在~地工作,很少回家;우리 아빠는 줄곧 외지에서 일하셔서 집에 거의 오시지 않는다.| 孩子十几岁就去~省读书了;아이는 열 몇 살 때에 다른 성으로 가서 공부하였다. ❸ 친척 관계에서 여자 쪽의 호칭.¶ ~祖父;외할아버지.| ~婆;외할머니.| ~孙女;외손녀. ❹ 친밀하지 않다.¶ 家里的事情最好不要告诉~人;집안 일은 다른 사람에게 말하지 않는 것이 가장 좋다.| 咱们两家就用不着见~了;우리 두 집안은 남처럼 대할 필요가 없다. ❺ 외국.¶ ~商;외국상인.| ~币;외국돈.| ~汇;외환.| ~文;외국어.| ~宾;외빈.

外边 wài·bian 名 ❶ 밖. 바깥쪽.¶ ~很冷,要出去就多穿点;밖이 매우 추우니 나가려거든 옷을 좀 더 입어라.| ~好像有人敲门,去看看是谁;밖에

서 누군가가 문을 두드리는 것 같으니 가서 누군지 봐라.| 这件事咱们自己都不知道, ~却已经传开了;이 일은 우리 자신도 모르는데 외부에는 오히려 이미 다 퍼졌다. ❷ 표면.¶纸箱的~还包了一层塑料布;종이 상자의 겉을 또 비닐로 한 겹 쌌다.| 这座楼房~看上去还可以, 里面已经不像样了;이 건물은 외관상으로는 그럭저럭 괜찮지만 안은 이미 꼴이 말이 아니었다. ❸ 외지.¶他刚从~回来就被公司的人叫去了;그는 막 외지에서 돌아오자마자 회사 사람에게 불려갔다.| 在~开会这些天孩子只能去姥姥家了;외지에서 회의를 하는 며칠간 아이는 외할머니 집에 갈 수 밖에 없었다.| ~再好也不如家里;타향이 아무리 좋아도 집만 못 하다.

外表 wàibiǎo 名 표면. 겉 모양.¶看人不能只看~;사람을 볼 때 겉모습만 볼 수는 없다.| 这件瓷器看~还可以;이 도자기는 겉모양을 볼 때 그럭저럭 괜찮다.| 这款车~美观, 性能也不错;이 차는 외관이 멋있고 성능도 좋다.

外部 wàibù 名 ❶ 외부. 밖. 바깥.¶这仅仅是个~消息, 不一定准确;이것은 그저 외부의 소식이라서 반드시 정확한 것은 아니다.| ~世界的变化对他似乎没有影响;외부 세계의 변화는 그에게 마치 어떤 영향도 없는 것 같았다. ❷ 표면. 겉면.¶新教学楼还在做~装修, 估计下学期可以使用;새 강의동은 아직도 외부 수리 중이니 다음 학기에나 사용할 수 있을 것이라고 생각한다.| 我们只了解事物的~特征, 并不知道它的本质属性;우리는 오직 사물의 외부 특징만을 이해했지 결코 그것의 본질적 속성을 모른다.

外地 wàidì 名 외지. 타지.¶儿子在~工作, 到过年过节时才能回家;아들은 외지에서 일을 해서 설날이 되어 명절을 보낼 때야 집에 올 수 있다.| 来北京打工的~人越来越多了;베이징에 와서 일하는 외지인이 점점 많아진다.| 他每回出差都给父母带一些~的土特产;그는 매번 출장에서 돌아올 때마다 부모님께 외지의 특산품을 가져온다.

▶용법주의: 다른 지방이나 지역을 가리키는 말로 한국에서는 외지 이외에도 '타지(他地)' 라고 부른다. 그러나 중국어 작문을 할 때에는 '外地' 라고 써야 한다

外公 wàigōng 名 외할아버지.¶我~今年70岁了, 身体还很健康;나의 외할아버지는 올해 70세지만 여전히 매우 건강하시다.| ~喜欢钓鱼, 每周总要去钓两三回;외할아버지는 낚시를 좋아하셔서 매주 항상 2-3회 낚시를 가신다.

外国 wàiguó 名 외국.¶我们学校有不少~留学生;우리 학교에는 많은 외국 유학생이 있다.| 公司的~专家准备提前回国;회사의 외국 전문가는 일정을 앞당겨 귀국하려고 한다.| 现在到~旅游已经不是新鲜事了;현재 외국으로 여행하는 것은 더 이상 신기한 일이 아니다.

外交 wàijiāo 名 외교.¶我们两国有~关系;우리 두 나라는 외교 관계가 있다.| 他是著名的~家;그는 유명한 외교가이다.| ~关系;외교관계.| ~事务;외교업무.| ~活动;외교활동.|

677

部;외교부.| ~官;외교관.

外界 wàijiè 名 외계. 외부. ¶ 他从小到大几乎没有离开过家, 对~社会了解很少;그는 어릴 때부터 클 때까지 거의 집을 떠나본 적이 없어서 외부 세계에 대해 잘 모른다.| 报社需要随时注意~舆论;신문사는 수시로 외부 여론에 주의해야 한다.| 最近~对物价问题反映强烈;최근 외부에서는 물가 문제에 대해 강렬하게 반응한다.

外来 wàilái 形 외부에서 오다. ¶ 北京~人口很多;베이징은 외지에서 온 인구가 매우 많다.| 韩语中的~词比较多;한국어에는 외래어가 비교적 많다.

外面 wàimiàn (~儿) 名 ❶ 바깥. 밖. ¶ 今天别出去了, ~太热;오늘 나가지 마라. 밖이 너무 덥다.| 小李, ~有人找你;이 군, 밖에서 누군가 자네를 찾네.| 这些东西还是放在屋子~吧;이런 물건들은 집 밖에 두자. ❷ 겉면. 표면. ¶ 这座建筑从~看还可以, 其实里面已经很破旧了;이 건축물은 외관상으로 보면 괜찮지만 사실 내부는 이미 매우 낡았다.| 那种项链~镀了一层金, 看上去很像金项链;그런 종류의 목걸이 표면은 금으로 도금하여 금목걸이와 매우 흡사해 보인다.

外婆 wàipó 名 외할머니. ¶ 他的~一直住在老家;그의 외할머니는 줄곧 고향 집에서 사신다.| 我从小就喜欢听~讲故事, 不少故事到现在还记得呢;나는 어렸을 때부터 외할머니가 이야기 해 주시는 것을 듣기를 좋아하였고, 지금까지도 많은 이야기를 기억하고 있다.

外套 wàitào 名 ❶ (~儿) 외투. ¶ 我刚买了一件~, 黑色的;나는 최근에 외투 한 벌을 샀는데 검은 색이다.| 这件~不合适, 有点长;이 외투는 맞지 않는다, 조금 길다. ❷ 반코트. ¶ 天凉了, 出门穿件~吧;날씨가 추우니 밖에 나갈 때 반코트를 입어라.| 妈妈总是穿那件旧~, 好多年了都没有买件新的;엄마는 항상 그 낡은 반코트를 입으시고 몇 년 동안 새 것을 사지 않으셨다.| 这件~的款式有点时了;이 반코트 스타일은 유행이 좀 지난 것이다.

外头 wài·tou 名 바깥. 밖. ¶ ~跟屋里差不多, 都不暖和;밖과 집안이 비슷하게 모두 따뜻하지 않다.| 最近他总在~跑业务, 很少回家;최근에 그는 항상 밖에서 업무를 보아 집에 잘 안 간다.| 你在~等我一会儿吧, 我马上出来;너는 밖에서 잠시 기다려, 금방 나올게.

外语 wàiyǔ 名 외국어. ¶ 她是~系二年级的学生;그녀는 외국어학과 2학년 학생이다.| 想学~还是年龄小一点好;외국어를 배우고자 하면 나이가 어린 게 좋다.| 持续了这么多年的~热也该降降温了;이렇게 오랫동안 지속되었던 외국어 열풍도 진정되어야 한다.

外文 wàiwén 名 외국어. ¶ 我经常去~书店买书;나는 자주 외국어 서점에 가서 책을 산다.| 今年爸爸订了一份~杂志, 三份中文杂志;올해 아빠는 외국어잡지 한 부와 중국어 잡지 3부를 주문하셨다.| 这种~商标不少人看不懂;이 외국어 상표는 많은 사람들이 이해하지 못한다.

▶용법주의: 다른 나라의 말을 가리키는 단어로 한국에서는 '외국어(外国语)'

라고 부른다. 그러나 중국어 작문을 할 때에는 '外文'이나 '外语'라고 써야 한다.

外祖父 wàizǔfù [名] 외할아버지. ¶ 我的~年事已高,但还很健康;나의 외할아버지는 연세가 이미 많으시지만 아직도 매우 건강하시다. | 他的~是有名的中医,周围的居民经常找他看病;그의 외할아버지는 유명한 한의사이셔서 주변 주민들은 항상 그를 찾아 병을 치료한다.

外祖母 wàizǔmǔ [名] 외할머니. ¶ 我的~非常慈祥可亲,附近的孩子们都喜欢她;나의 외할머니는 매우 자상하시고 친절하여 부근의 아이들 모두가 좋아한다. | 他家几个孩子都是~带大的;그의 집 아이들 모두 외할머니께서 키우셨다.

弯 wān [形] 꼬불꼬불하다. ¶ 我们走了一条~路;우리는 꼬불꼬불한 길을 걸었다. | 雪真大,树枝都被压~了;눈이 많이 와서 나뭇가지가 눌려서 구부러졌다. | 这双筷子是~的,不好用;이 젓가락은 휘어져서 사용하기 불편하다. [动] 굽히다. 구부리다. ¶ 妈妈的腰受过伤,~不下去;엄마는 허리를 다친 적이 있어서 구부릴 수 없다. | 他~着腰干活,看上去很吃力;그가 허리를 굽혀 일하는 것이 매우 힘들어 보인다. | 他把一根竹条~成弧形,想做成一张弓;그는 대나무를 활모양으로 구부려서 활을 만들려고 한다.

弯曲 wānqū [形] 꼬불꼬불하다. ¶ 一条~的山路看不到尽头;꼬불꼬불한 산길은 끝이 보이지 않는다. | 这里的小河差不多都是弯弯曲曲的;이곳의 하천은 거의 모두 꼬불꼬불하다. | 村头老树就剩下几根~的树枝了;마을 어귀의 노송에는 꼬불꼬불한 몇 개의 나뭇가지만 남았다.

完 wán [动] ❶ 완성하다. 끝내다. ¶ 这个项目什么时候~工?拖的时间太长了;이 프로젝트는 언제 끝납니까? 너무 많이 지체됐습니다. | 这点活做~就可以回家了;이 일을 다하면 곧바로 집에 갈 수 있다. ❷ 완결하다. 종결하다. ¶ 节目刚~;프로그램이 막 끝나다. | 官司终于~了;소송이 마침내 끝났다. ❸ 다하다. 다 소비하다. (주로 '了'를 동반하여 보어로 쓰인다.) ¶ 打印纸用~了;복사 용지가 다 떨어졌다. | 米快要吃~了;쌀은 거의 다 먹어간다. | 这孩子,水都没喝~就跑了;이 아이는 물도 다 마시지 못한 채 도망갔다.

完成 wán//chéng [动] (예정대로, 계획대로) 완성하다. 끝내다. ¶ 工程总算按时~了;공사는 결국 제 시간에 완공되었다. | 他们的任务总是提前~;그들의 임무는 언제나 앞당겨서 마친다. | 完不成作业不要回家;숙제를 다 못하면 집에 가지 마라. | 这么一点事情还完不成吗? 이런 일도 아직 다 못했니?

完美 wánměi [形] 매우 좋다. 완벽하다. ¶ 这真是一个~的设计方案;이것은 매우 완벽한 설계 방안이다. | 你不要事事都追求~;너는 일마다 모두 완벽하게 하려고 하지 말아라. | 他总是认为这是最~的艺术形式;그는 늘 이것이 가장 완벽한 예술 형식이라고 생각한다. | ~的人格;매우 좋은 성격. | ~演出;완벽한 연출. | ~的设计;완벽한 디자인.

679

完全 wánquán 形 완전하다. 충분하다. ¶谈判用的材料还不太~,需要再补充一些;협상용 자료가 그다지 충분하지 않으니 다시 보충해야 한다.|如果第一个问题说~了,可以说第二个;만약에 첫 번째 문제를 완벽하게 말했으면 두 번째 문제를 말할 수 있다. 副 전부. 완전히. 모두. ¶如果大家~同意我的意见,就这么办吧;만약에 여러분이 나의 의견에 동의한다면 이렇게 합시다.|他病了好几个月,到现在还没有~恢复;그는 아픈지 여러 달이 되었지만 지금까지도 완전히 회복되지 않았다.|那孩子~变了,这回见到都认不出来了;그 아이는 완전히 변해서 이번에 만났을 때에 알아보지 못했다.

完善 wánshàn 形 완벽하다. 나무랄 데가 없다. ¶这座公寓的设施已经很~了;이 아파트의 시설은 이미 매우 완벽했다.|公司的管理制度还不够~;회사의 관리 제도는 아직 충분히 완벽하지 못하다.|我们期待尽快建立~的农村医疗保险体系;우리는 되도록 빨리 완벽한 농촌 의료보험 체계가 갖추어지기를 기대한다. 动 더 좋아지게 하다. 완벽해지게 하다. ¶你的论文还需要进一步~;너의 논문은 아직 한층 더 완벽하게 해야 한다.|~生产设备是工厂今年要解决的最大问题;생산 설비를 더욱 좋게 하는 것이 공장이 올해 해결해야 할 가장 큰 문제이다.|请你把材料好好~~再交给我;자료를 더욱 완벽하게 해서 다시 저에게 주세요.

▶용법주의: 결함이 없이 완전함을 나타내는 뜻으로 한국에서는 '완벽하다(完璧)'라고 사용한다. 그러나 중국어 작문을 할 때에는 '完善','完整','完美'라고 써야 한다.

完整 wánzhěng 形 완전무결하다. 온전하다. 제대로 갖추어져 있다. ¶这套古书还非常~;이 고서는 여전히 매우 완전무결하다.|陶罐保存~,没有一点损伤;도자기 단지가 완벽하게 보존되어 약간의 손상도 없다.|请把问题~地写下来交给秘书;문제를 빠짐없이 써서 비서에게 제출하세요.|你放心,这些书我一定完完整整地还给你;안심해라, 내가 반드시 이 책들을 온전하게 너에게 돌려줄 테니.

玩 wán (~儿) 动 ❶ 놀다. 놀이하다. 장난하다. ¶孩子喜欢~水,让他~吧;아이가 물장난을 좋아하니 놀게 내버려 둬라.|周末我会带孩子去游乐场~;주말에 나는 아이를 데리고 놀이동산에 가서 놀 것이다.|今天孩子们~得都很开心;오늘 아이들 모두가 매우 신나게 논다. ❷ (운동활동이나 오락활동에서) 놀다. ¶周末一起~球吧;주말에 같이 공놀이 하자.|他不喜欢~球,成天关在屋里~电脑;그는 공놀이를 싫어해서 하루 종일 집안에 틀어박혀 컴퓨터를 한다.|一家人到了周末常常一起~扑克,挺开心的;온 가족이 주말이 되면 항상 함께 카드놀이를 하는데 매우 재미있다. ❸ (부당한 방법 또는 수단 등을) 부리다. 쓰다. ¶他一贯不诚实,喜欢~花招;그는 시종일관 불성실하고 잔꾀 부리기를 좋아한다.|不要~心眼儿,我知道你没说实话;수작 부리지 마라, 난 네가 진실을 말하지 않은 것을 안다.|我们看看他到底能~出什么花样儿来;그

가 도대체 무슨 잔재주를 부릴 수 있는지 한번 보자.

玩跷跷板 wán qiāoqiāobǎn 시소를 타고 놀다. ¶ 小时候常常~,很有意思; 어렸을 때 항상 시소를 타고 놀았는데 매우 재미있었다.| 现在很少见到孩子们~了,电子游戏等新鲜游戏太多了; 요즘은 아이들이 시소를 타고 노는 것을 보기 힘든데, 컴퓨터 게임 등 새로운 놀이가 너무 많다.

玩笑 wánxiào 名 농담. 우스개 소리. ¶ 跟你开个~,别当真啊; 너에게 농담을 한 것이니 진지하게 생각하지 마라. | 爸爸的~特多,大家都喜欢跟他在一起; 아빠는 우스개 소리를 많이 하셔서 모두들 아빠와 함께 있는 것을 좋아한다. | 千万别拿工作当~,工作一定要认真; 제발 일을 가지고 농담거리로 삼지 말아라, 일은 반드시 진지하게 해야 한다. | 这个~开得过头了,她会多心的; 이 농담은 도가 지나쳐서 그녀가 공연히 걱정할 거야.

玩意儿 wányìr 名 ❶ 장난감. 완구. ¶ 小时候,爸爸每次出差回来都给我们带回几样小~来; 어릴 적에 아빠는 매번 출장에서 돌아오실 때마다 우리에게 몇 가지 장난감을 가지고 오셨다. | 家里的小~太多了,别再买了; 집안의 장난감이 너무 많으니 더 이상 사지 말아라. ❷ (옛 베이징에서 만담, 마술 따위) 곡예. 기예. 놀이. 공연. ¶ 我爷爷就喜欢这些传统的~; 할아버지께서는 이러한 전통 놀이를 좋아하신다.

晚 wǎn 名 저녁. 밤. ¶ 我今~有个会,不回家吃饭了; 나는 오늘 저녁 회의가 있어서 집에 가서 밥먹지 못한다. | 明~没事,一起看电影吧; 내일 밤에 한가하니 같이 영화 보자. 形 ❶ 늦다. ¶ 你来~了,音乐会已经开始了; 네가 늦었다. 음악회는 이미 시작하였다. | 下班以后~点回家,我有事请你帮忙; 퇴근 후에 조금 늦게 집에 가라, 너의 도움이 필요한 일이 있다. | 天~了,明天再说吧; 날이 저물었으니 내일 다시 말하자. | 火车~点了,没接到朋友; 기차가 늦게 와서 친구를 마중하지 못했다. ❷ (세대나 순차가) 늦은. 뒤의. ¶ 你是~辈,要懂得尊重长辈; 너는 후배이니 선배를 존중해야 하는 것을 알아야 한다. ❸ 늦은. 끝나가는. ¶ 今年~稻丰收了; 올해 늦벼가 풍작이었다.| 他的病已经到了~期; 그의 병이 이미 말기가 되었다.| 这些都是~清的作品; 이러한 것들은 모두 청나라 말기의 작품이다.

晚饭 wǎnfàn 名 저녁밥. 저녁식사. ¶ ~很丰盛; 저녁식사가 매우 풍성하다.| 我妈妈的~基本上是粥和一些蔬菜; 엄마의 저녁 식사는 기본적으로 죽과 약간의 야채이다.| 学校的~5点多就开了,这个时间吃~有点早; 학교의 저녁식사는 5시가 넘어야 시작되니 이 시간에 저녁식사하기는 좀 이르다.

▶용법주의: 저녁 식사라는 의미로 한국에서는 '만찬(晚餐)'이라고 말한다. 그러나 중국어 작문을 할 때에는 '晚饭'이라고 써야 한다.

晚会 wǎnhuì 名 이브닝 파티. 저녁파티. ¶ 我们全家人总是一起看春节~; 우리 온 가족은 언제나 함께 '설날 특집 프로그램(春节晚会)'을 본다.| 联欢~的气氛很好; 친목 만찬의 분위

기가 매우 좋다.|同学们计划搞一个别开生面的篝火~;학우들은 새로운 모임을 여는 모닥불 파티를 할 계획이다.

晚上 wǎn·shang 名 저녁. 밤.¶我~喜欢待在家里看电视;나는 저녁에 집에서 텔레비전을 보는 것을 좋아한다.|~的时间我一般跟家人在一起;저녁 시간에 나는 보통 가족과 함께 있다.|今天~公司有活动,可能要晚一点回家了;오늘 저녁에 회사 행사가 있어 아마도 좀 늦게 집에 갈 것이다.

碗 wǎn 名 공기. 그릇.¶在家里吃饭都是我刷~;집에서 밥 먹으면 내가 설거지 한다.|瓷~;사기 그릇.|木~;목기.|塑料~;플라스틱 그릇.|~筷;그릇과 젓가락.|~柜;찬장. 量 그릇. 공기. 사발.¶他今天就吃了一~饭;그는 오늘 밥 한 공기를 먹었다.|我吃了三~面条;나는 국수 세 그릇을 먹었다.|喝~汤吧,挺好喝的;국 한 그릇 먹어봐. 아주 맛있어.

万 wàn 数 ❶ 만.¶我们学校有一~三千多名学生;우리 학교에는 13,000여 명의 학생이 있다.|几~人参加了这次庆祝活动;몇 만의 사람들이 이번 경축 행사에 참가했다. ❷ 매우 많음.¶他~事不操心,家务都是妈妈在操持;그는 아무런 일도 걱정하지 않는다. 집안 일은 모두 어머니께서 처리하고 있다.|世间~物都有自己的法则;세상 만물은 모두 저마다 규칙이 있다.|俗话说得好,行千里路,读~卷书;속담에 천리 길을 가는데 만 권의 책을 읽으라는 좋은 말이 있다.

万一 wànyī 名 만일. 뜻밖의 일. 만분의 일.¶带上伞吧,~下雨呢;우산을 가져 가거라. 혹시 비가 올지도 모르니까|出门多带点钱,以防~;만일을 방지하기 위하여 돈을 넉넉히 가지고 외출하거라.|俗话说,不怕一万,就怕~;만가지 일이 두려운 것이 아니라 만에 하나가 두렵다는 속담이 있다. 连 만일. 만약. 만에 하나라도.¶~我来不了,你就替我主持会吧;만약 내가 올 수 없다면 네가 나를 대신해서 회의를 책임지고 주관하거라.|您收好发票,~发现质量问题,可以来商场调换;영수증을 잘 챙기세요. 만약에 품질에 문제가 생기면 상점에 오셔서 교환할 수 있어요.

王 wáng 名 ❶ 우두머리. 수령.¶牡丹是花中之~;모란은 꽃중에 왕이다.|老虎被称为兽中之~;호랑이는 동물의 왕이라 칭한다.|蜂~;여왕벌.|蚁~;여왕개미.|~牌;에이스. 트럼프 카드. ❷ 고대의 왕. 군주.¶国~;국왕.|女~;여왕.

王朝 wángcháo 名 조정. 왕조.¶北京曾经是元明清三代~的都城,古迹很多;베이징은 일찍이 원, 명, 청 3대 왕조의 수도로 고적이 매우 많다.|封建~;봉건왕조.|清~;청왕조.

网吧 wǎngbā 名 PC방. 오락실.¶这个学生最近去~的时间太长了,已经影响了学习和正常生活;이 학생은 최근에 PC방에 가는 시간이 너무 길어 이미 학습과 일상 생활에 영향을 주고 있다.|这条街上有好几家~;이 거리에는 여러 PC방이 있다.|未成年孩子进~是有限制的;미성년자가 PC방에 들어가는 데는 제약이 있다.

网虫 wǎngchóng 名 인터넷 중독자.¶你天天在网上耗着,简直成了~了;넌

날마다 인터넷에서 시간을 보내니 정말로 인터넷 중독자가 되었구다.| 我的同学里~不少;내 친구 중에 인터넷 중독자가 적지 않다.

网卡 wǎngkǎ 名 랜카드. ¶ 我的笔记本电脑需要一个~才能上网;나의 노트북은 랜카드가 있어야 인터넷을 할 수 있다.| 有了~上网就没问题了;랜카드가 있으면 인터넷을 하는데 문제가 없다.

网络游戏 wǎngluò yóuxì 名 온라인 게임. ¶ 这孩子最近迷上了~,作业不做,饭也顾不上吃;이 아이는 최근에 온라인 게임에 빠져 숙제도 안하고 밥도 먹으려고 하지 않는다.| ~的种类很多,有的确实很好玩;온라인 게임의 종류가 매우 많은데 어떤 것은 확실히 매우 재미있다.| 爸爸告诉他玩~的时间不许超过一小时;아빠는 그에게 온라인 게임을 하는 시간을 한 시간을 넘겨서는 안 된다고 말씀하셨다.

网球 wǎngqiú 名 ❶ 테니스. ¶ 在中国,~运动不如乒乓球开展得普遍;중국에서 테니스는 탁구처럼 보편화되지 못했다.| 学校最近建成了一个~场,去打球的人很多;최근 학교에 테니스 코트를 설치했는데 공을 치러 가는 사람이 매우 많다.| 明天有场~比赛,我很想去看;내일 테니스 시합이 있는데 나는 정말로 보러 가고 싶다. ❷ 테니스 공. ¶ 训练场上准备了好多~,还是不够用;훈련 코트에 많은 공이 준비되어있지만 여전히 충분하지 않다.| 买一副网球拍,再要五个~;테니스 라켓 한 벌을 사고 또 공 5개가 필요하다.

网游 wǎngyóu 名 온라인 게임. ('网络游戏'의 축약어.) ¶ 他最近迷上了~常常旷课;그는 요 며칠 온라인 게임에 빠져서 자주 수업을 빼먹는다.

网友 wǎngyǒu 名 인터넷 친구. 네티즌. 누리꾼.¶他是我的~,我们还没有见过面呢;그는 나의 인터넷 친구지만, 우리들은 아직 만난 적이 없다.| 最近我又认识了一个很有趣的~,我们约好下周见个面;최근에 나는 재미있는 인터넷 친구를 또 알았는데 우리들은 다음주에 만나기로 약속했다.| 这个问题~们已经讨论很久了,大家的看法差不多;이 문제는 네티즌들이 토론한 지 이미 오래되었는데 모두들의 견해가 거의 비슷하다.

网站 wǎngzhàn 名 웹 사이트. ¶ 近来又出来几个不错的~,你可以上去看看;최근에 또 몇개의 좋은 사이트가 생겼는데, 한번 접속해서 봐라.| 我同学也开办了一个自己的~,真不容易;내 친구도 자신의 사이트를 만들었는데 정말로 쉽지 않았다.| ~是不少,但我只上这两个,习惯了;사이트가 많지만 나는 이 두 사이트만 접속하는 것이 습관이 되었다.

往 wǎng 介 …(을) 향해. ¶ 火车开~北京;기차는 북경으로 간다.| 这个航班是飞~釜山的;이 비행기편은 부산행이다.| 这些货物运~青岛;이 화물들은 청도로 운반된다.| 寄~;…로 부치다.| 送~;…로 보내다.| 派~;…로 파견하다.| 通~;…로 통하다.| 一下课他就慌慌张张~外走,好像有急事;수업이 끝나자마자 그는 허둥대며 밖으로 나가는 것이 마치 급한 일이 있는 것 같다.| 你~前看,那人你认识吗? 앞을 봐, 저 사람을 너는 아니?

动 가다 향하다. ¶你~东,我~西,咱们走不到一起;너는 동쪽으로 가고 나는 서쪽으로 가니 우리들은 함께 못 간다.|咱们去看看他吧,有来有~嘛;우리 가서 그를 보자, 오는 것이 있으면 가는 것도 있겠지.|街上人来人~,热闹极了;거리에 사람들이 끊임없이 오고 가니 매우 시끌벅적하다.

往来 wǎnglái 动 ❶ 왔다갔다하다. 왕래하다. 오가다. ¶高速公路上~车辆十分密集;고속도로에 오가는 차량이 매우 많다.|这地方~的游客特别多,车票一直不好买;이 지방을 왕래하는 여행객이 특히 많아 줄곧 차표를 사기 힘들다.|过马路千万注意~车辆;길을 건널 때 제발 오고가는 차량을 주의해라. ❷ 상호 방문하다. 교제하다. ¶近几年两国~频繁,关系密切;최근 몇 년 양국의 왕래가 빈번하여 관계가 친밀하다.|我们两家有些~,但不太多;우리 두 집안은 왕래가 좀 있지만 그다지 많지는 않다.|他们~过一段时间,后来不知为什么分手了;그들은 일정 기간 사귄 적이 있었지만 후에 왜 헤어졌는지 모른다.

往往 wǎngwǎng 副 왕왕. 늘. 항상. ¶他~周末去办公室,你到家里可能找不到他;그는 늘 주말에 사무실에 가니까 네가 집에 가면 아마도 그를 찾을 수 없을 거야.|输球的问题~出在紧张上,所以比赛一定要放松;경기에서 패하는 문제는 주로 긴장감에서 나오므로 시합에서는 반드시 긴장을 풀어야 한다.|年轻人结了婚~不喜欢跟父母住在一起;젊은 사람들은 결혼한 후에 흔히 부모와 함께 있기를 싫어한다.

▶용법주의: '往往'과 '常常'은 간혹 바꿔 쓸 수 있지만 완전히 같지는 않다. 첫째, '往往'은 과거에 발생한 일을 가리켜 미래에 대해서는 사용할 수 없으나 '常常'은 가능하다. 예를 들어 '我常常希望能去非洲看看(나는 항상 아프리카에 가볼 수 있기를 희망한다)'라고는 할 수 있으나 '往往'으로는 교체될 수 없다. 둘째, '往往'은 객관적인 규율을 표현하지만 주관적인 희망은 표현하지 않는다. 그러나 '常常'은 가능하다. 예를 들면 '我常常喜欢一个人去逛街(나는 항상 혼자서 거리구경 가는 것을 좋아한다)'라고는 할수 있지만 '往往'으로는 바꿔 쓸 수 없다.

忘 wàng 动 까먹다. 잊다. ¶别~了吃药;약 먹는 것을 잊지 마라.|我学过日语,但是已经~光了;나는 일본어를 배운 적이 있지만 이미 다 까먹었다.|我~了告诉你,明天不上课;나는 너에게 내일 수업이 없다는 것을 알려주는 것을 까먹었다.|这孩子就是~不了玩电子游戏;이 아이는 컴퓨터 게임하는 것을 잊을리 없다.

忘记 wàngjì 动 잊어버리다. ¶那时候的事情我已经~了;그 때 일을 나는 벌써 잊어버렸다.|你的话我不会~的;너의 말을 난 잊을 수 없을 것이다.|今天来得太匆忙,~带手机了;오늘 너무 급히 와서 핸드폰을 가져오는 것을 잊어버렸다.

望 wàng 动 ❶ (먼 곳을) 바라보다. 조망하다. ¶春天,家乡的油菜花一眼~不到边;봄, 고향의 유채꽃이 한 눈에 끝없이 펼쳐져 있다.|在山顶上远~,景色更美;정상에서 멀리 바라보니 경치가 더욱 아름답다.|远远~去,像是小王;멀리서 바라보니 왕 군인 것 같

다.❷희망하다. 바라다.¶看来这次成功有~啊;보아하니 이번에 성공할 희망이 있구나!丨这回可让他大失所~了;이번에 그를 크게 실망시켰다.丨下午三点在系会议室开会,~老师们准时参加;오후 3시에 학과회의실에서 회의를 여니, 선생님들은 제때에 참석해주시기 바랍니다.

危害 wēihài 动 해를 끼치다. 손상시키다. 해치다.¶你的做法是~公共秩序的;너의 행위는 공공 질서를 해치는 것이다.丨知道吸烟~健康就应该戒掉;흡연이 건강을 해친다는 것을 안다면 마땅히 끊어야 한다.丨河流污染已经严重~了人们的日常生活;강의 오염은 이미 사람들의 일상 생활에 심각한 해를 끼쳤다.

危机 wēijī 名 위기. 곤란.¶经济~导致物价上涨;경제 위기는 물가상승을 야기한다.丨公司出现了人才~;회사가 인력난에 직면했다.丨他现在处在感情~中;그는 현재 냉전 중에 처해있다.丨信仰~;신앙 위기.丨能源~;에너지 위기.丨石油~;석유 위기.丨粮食~;식량 위기.

危险 wēixiǎn 形 위험하다.¶这条路非常~,你们还是不要去冒险;이 길은 매우 위험하니 위험을 무릅쓰면서 가지 말아라.丨病人还处于~期,不能探视;환자가 위급한 상황에 처해있으니 병문안은 할 수 없다.丨前面就是~区,大家当心;앞은 위험 구역이니 모두 조심해라.丨我觉得这个活动太~,不想让孩子参加了;나는 이 활동이 매우 위험하다는 생각이 들어 아이들을 참가시키고 싶지 않았다.丨~已经过去了,放心吧;위험은 이미 지나갔으니 안심해라.

威胁 wēixié 动 ❶위협하다.¶这个男子用刀子~老人拿出了身上所有值钱的东西;이 남자가 칼로 노인의 몸에 있는 모든 값이 나가는 물건을 내놓으라고 위협한다.丨罪犯~说,你要再喊就杀了你;또 소리를 지르면 죽여버리겠다고 범인이 위협적으로 말했다.丨侵略者用武力~手无寸铁的村民;침략자가 손에 어떠한 무기도 가지고 있지 않은 시골사람들을 무력으로 위협했다. ❷위험을 조성하다.¶频繁的余震仍然~着震区的每一个人;빈번한 여진은 여전히 지진지대의 사람들을 위협하고 있다.丨严重的空气污染~着城市居民的健康;심각한 공기 오염은 도시 주민의 건강을 위협하고 있다.丨不断上涨的洪水~水库下游的村庄;끊임없이 수위가 오르는 홍수는 댐 하류의 마을을 위협한다.

微软 Wēiruǎn 名 마이크로소프트.¶这是~的产品,质量应该不错吧;이것은 마이크로소프트 제품이니 품질은 당연히 좋을 것이다.丨他前年进了~公司,做得不错;그는 재작년에 마이크로소프트사에 들어갔는데 일을 잘 한다.丨~在全世界都有相当大的影响力;마이크로소프트사는 세계적으로 상당한 영향력이 있다.

微笑 wēixiào 动 미소를 짓다. 소리없이 웃다.¶老师总是~着走进教室;선생님은 언제나 미소를 지으시며 교실에 들어오신다.丨爸爸只是冲我~了一下,没说什么;아빠는 단지 나에게 미소지을 뿐 아무 말씀도 하지 않으셨다. 名 미소. 스마일.¶护士的~给病人不少安慰;간호사의 미소는 환자

에게 많은 위로를 준다.| 现在服务行业提倡~服务;현재 서비스 업종은 스마일 서비스를 제창한다.| 我永远忘不了妈妈的~;나는 영원히 엄마의 미소를 잊을 수 없다.

为 wéi 动 ❶ (주로 '以…为…'로 쓰여) …이 되다. …로 생각하다. …으로 삼다. ¶ 我一直以父亲~榜样, 希望自己能像他那样优秀;난 줄곧 아버지를 거울로 삼아 아버지처럼 훌륭한 사람이 되고 싶다.| 大家一致推选他~我们的队长;모두가 만장일치로 그를 우리들의 대장으로 추천하여 뽑았다.| 我已经拜他~师了;나는 이미 그를 찾고 스승으로 모셨다.| 我过惯了四海~家的日子, 很少回家乡;온 세상을 집으로 삼는 생활이 익숙하여 고향에 많이 못 간다. ❷ …은 …이다. ¶ 这套公寓的面积~200平方米;이 아파트의 면적은 200m²이다.| 你们的实习期~一年;너희들의 실습 기간은 1년이다.| 我们的服务对象~外国专家, 大家要尽心尽职;우리들의 서비스 대상은 외국 전문가이므로, 모두들 마음을 다하여 직책에 충실해야 한다. 介 …당하다. …에 의해 …가 되다. ¶ 这种用法已经~多数人所接受;이 방법은 이미 많은 사람들에게 받아들여졌다.| 京剧也~不少年轻人所喜爱, 不仅仅限于老年人;경극도 많은 젊은이들에게 사랑을 받아 노인층에만 국한되지 않는다.| 以前, 街舞还不能~群众所接受, 现在已经成为人们喜闻乐见的娱乐形式了;이전에는 비보이 댄스가 대중들에게 받아들여질 수 없었지만, 지금은 이미 사람들이 즐기는 오락 형식이 되었다.

▶用法注意:'为'가'介词'로 쓰일 때에는, 항상'所'와 함께 쓰여, '为…所…' 형식으로 구성되며, 주로 서면어로 쓰인다.

为什么 wèi shén·me 副 왜? ¶你昨天~没来上课? 可以解释一下吗?너는 어제 왜 수업에 오지 않았니? 설명할 수 있니?| 你们吵架是~? 너희들은 왜 싸웠니?| 你一下了班还不回家? 너는 퇴근했는데 왜 아직도 집에 돌아오지 않니?| 他今天又没来上班, 不知道~;그는 오늘도 출근을 안 했는데 왜 그런지 모르겠다.

围 wéi 动 둘러싸다. 에워싸다. ¶ 网球场被~着, 平时不开门进不去;테니스장은 둘러싸여져 있어, 평소에는 문을 열지 않으면 들어갈 수 없다.| 他一下飞机, 就被记者们~了起来;그가 비행기에서 내리자 마자, 기자들에게 둘러싸이기 시작했다. 妈妈用一条大围巾把孩子~得严严实实;어머니께서 큰 목도리로 아이를 꽁꽁 둘러싼다.

围绕 wéirào 动 ❶ 둘러싸다. 주위(둘레)를 돌다. ¶ 地球~着太阳旋转 지구는 태양의 주위를 돌고 있다.| 雕像周围~着鲜花;조각상 주위가 생화로 둘러싸여 있다.| 孩子们~在妈妈身边听妈妈唱山歌;아이들은 엄마 주위를 둘러싸고 엄마가 부르는 민요를 듣는다. ('山歌'는 남방의 농촌 혹은 산촌에서 유행하던 산이나 들에서 일을 할 때 부르는 민간노래이다.) ❷ (시간이나 일 또는 문제를) 둘러싸다. …을 중심에 놓다. ¶ 今天, 各位就~污水处理问题提一些建议吧;오늘, 여러분은 오수 처리문제를 중심

으로 여러 의견을 제시해 주세요.| 会议~这次恶性交通事故的定性问题进行了充分的讨论 회의는 이번의 악질 교통사고에 대한 성질 규정 문제를 둘러싸고 충분한 토론을 진행하였다.| 你写文章要注意~一个中心去展开,不要什么都说;너는 문장을 쓸 때 하나의 중심을 가지고 전개해야지 무엇이든 다 말하려고 하지 마라.

违反 wéifǎn 动 위반하다. ¶ 对不起,你~了交通规则,需要交罚款;미안합니다, 교통규칙을 위반했으니, 범칙금을 내야 합니다.| 上课不能~课堂纪律,请同学们记住;수업 중에는 교실 규율을 위반해서는 안되니 학생 여러분들 기억하십시오.| 这种做法是~自然规律的;이런 방법은 자연법칙에 위반되다.| 公司不能~制度给你请假,这件事请你下班后自行解决;회사는 규칙을 어기며 당신에게 휴가를 줄 수 없으니 이 일은 당신이 퇴근 후에 스스로 해결하십시오.

唯独 wéidú 副 유독. 단지. ¶ 大家都按时到了,~你不守时;모두들 제 시간에 도착했는데 유독 너만 시간을 지키지 않는다.| 别的事情还可以商量,~这件事不行;다른 일은 협상할 수 있지만, 이 일만은 안 된다.| 其他体育项目我都不喜欢,~对游泳感兴趣;다른 운동 종목은 내가 모두 싫어하는데, 수영만은 관심이 있다.

唯一 wéiyī 形 유일한. 하나 밖에 없는. ¶ 现在,妈妈是他~的亲人了;지금은 어머니가 그의 유일한 가족이다.| 这是~可行的手术方案,其他的都被否决了;이것은 실행 가능성이 있는 유일한 수술 방안으로 다른 것은 모두 부결되었다.| 他今年~的希望就是找一个合适的工作;그의 올해 유일한 희망은 자기에게 맞는 일자리를 찾는 것이다.

维持 wéichí 动 유지하다. ¶ 目前最重要的是~这个地区的生态平衡;지금 가장 중요한 것은 이 지역의 생태 균형을 유지하는 것이다.| 法院驳回了他的上诉,~原判;법원은 그의 상소를 기각하고 원심을 유지하였다.| 这些收入勉强可以~一家人的生活;이 수입으로 간신히 한 가족의 생활을 유지할 수 있다.| 这种局面很难再~下去了;이런 국면은 계속 유지해가기가 매우 어렵다.| 警察迅速赶到集会现场~秩序;경찰이 신속하게 집회 현장에 도착해서 질서를 유지했다.

维护 wéihù 动 지키다. 보호하다. 수호하다. ¶ 我们都有义务~集体利益;우리 모두는 집단이익을 보호할 의무가 있다.| 在世界任何一个地方,都要~祖国的尊严;세상 어디에서나 조국의 존엄을 수호해야 한다.| 只有保证质量才能真正~产品的信誉;오직 품질을 보증해야만 상품의 신용을 진정으로 보호할 수 있다.| 这个地区的古建筑得到了比较好的~;이 지역의 고건축물은 비교적 잘 보호되었다.| ~和平;평화를 수호하다.| ~主权;주권을 지키다.| ~名誉;명예를 지키다.

喂 wéi 叹 여보세요. ¶ ~,请问是金老师吗;여보세요. 실례지만, 김 선생님이십니까?| ~,请问你找谁? 여보세요. 실례지만 누구를 찾으세요?

☞ wèi

喂 wèi 叹 야. 어이. 여보세요. ¶ ~,你去哪儿? 야, 너 어디 가니?| ~,你的东

西掉了;어이, 물건이 떨어졌어.| ~, 你可能打错了,这里不是中文系;여보세요. 전화 잘못 거셨어요. 여기는 중문과가 아닙니다.

☞ wéi

▶용법주의: '喂(wéi)'와 '喂(wèi)'는 모두 전화를 걸 때 사용되며, 큰 차이가 없다. '喂(wéi)'는 다만 전화를 걸 때 사용되고, '喂(wèi)'는 다른 장소에서 사람을 부를 때 사용할 수 있다.

喂 wèi 动 ❶ (동물에게) 먹이를 주다. ¶ 小时候在老家,每天都要割草~猪;어릴 때 고향에서 매일 풀을 베어 돼지에게 먹였다.| 我家~了好多鸡,每天都有新鲜鸡蛋吃;우리 집은 많은 닭을 길러서 매일 먹을 수 있는 신선한 달걀이 있다.| ~牲口;가축을 기르다. | ~牛;소를 기르다. ❷ (음식이나 약을) 먹이다. 먹여 주다. ¶她夜里也得给孩子~奶,很累;그녀는 밤에도 아이에게 젖을 먹여야만 해서 매우 피곤하다.| 妈妈住院的时候,总是女儿守在床边~水~药;어머니가 병원에 입원할 때, 언제나 딸이 침대 곁을 지키며 물과 약을 먹여 준다.| 孩子又饿了,~~他吧;아이가 또 배고프니 젖을 먹여라.

伟大 wěidà 形 위대하다. ¶在我心里,他是最~的领导人;내 마음속에 그는 가장 위대한 지도자이다.| 这项~的工程令世人瞩目;이 위대한 공정은 세계인의 주목을 받았다.| 居里夫人具有~的品格和~的科学成就;퀴리부인은 위대한 인품과 대단한 과학적 업적을 가지고 있다.| ~的祖国;위대한 조국.| ~的事业;위대한 사업.| ~的人物;위대한 인물.| ~的科学家;위대한 과학자.

尾巴 wěi·ba 名 ❶ 꼬리. ¶动物的~是用来保持身体平衡的;동물의 꼬리는 몸의 균형을 유지하는데 사용한다.| 兔子的~很短;토끼의 꼬리는 매우 짧다.| 孔雀的~很漂亮;공작의 꼬리는 매우 아름답다. ❷ (물건의) 꼬리부분. 끝. ¶飞机~着火了;비행기 꼬리에 불이 났다.| 彗星拖着一个又大又亮的~;혜성은 크고 빛나는 꼬리를 끌고 있다.| 汽车~突突地排着废气;자동차 끝부분에서 두두두하며 매연을 내뿜고 있다. ❸ 나머지. 잔여. 마무리. ¶他办事一向利索,从来不留~;그는 항상 깔끔하게 일을 처리한다. 지금까지 마무리를 제대로 하지 않은 적이 없다.| 这件事拖了一年,到现在还留着个~;이 일은 일년을 끌었는데 아직까지도 마무리를 제대로 하지 않았다.| 这回要彻底解决问题,不要再留~;이번에는 철저히 문제를 해결해야 하니, 또 나머지 일을 남기지 마라.

委员 wěiyuán 名 (위원회의) 위원. ¶他是国际奥委会的~;그는 국제 올림픽 위원회의 위원이다.| ~们全都出席了今天的开幕式;위원들 모두 오늘 개막식에 참석했다.

委员长 wěiyuánzhǎng 名 위원장. ¶大会选举出了新一任~;총회에서 신임 위원장을 선출했다.| ~一到任就展开了工作;위원장이 부임하자 마자 사업을 전개했다.

委员会 wěiyuánhuì 名 ❶ (정당, 학교, 기관의) 위원회. ¶ 中央~;중앙위원회.| 国际数学~;국제수학위원회.| 校务~;교무위원회. ❷ (전문 조직

의) 위원회. ¶ 招生~;학생모집위원회.| 评审~;심판위원회.| 伙食管理~;단체급식관리위원회.| 治丧~;장례위원회.

卫生 wèishēng 形 깨끗하다. 위생적이다. ¶ 这个餐馆比较~;이 식당은 비교적 깨끗하다.| 教室太不~了,好好打扫一下;교실이 너무 더러우니, 열심히 청소해라. 名 위생. ¶ 讲究~,减少疾病;위생에 신경써야지 질병이 줄어든다.| 大家应该自觉维护公共环境的~;모두들 자각적으로 공중환경의 위생을 지켜야 한다.| ~所;보건소.| ~常识;위생 상식.

卫生间 wèishēngjiān 名 화장실. ¶ 这套公寓设有两个~,用起来很方便;이 아파트에는 2개의 화장실이 갖추어져 사용하기에 편리하다.| 这里卫生间的条件不错 여기는 화장실 환경이 좋다.| 这是公共~;이것은 공중화장실이다.

▶용법주의: 한국어 '변소(便所)'와 같은 의미이지만, 그러나 중국어로 '卫生间' 혹은 '厕所'라고 써야 한다.

卫星 wèixīng 名 ❶ 위성. ¶ 月亮是地球的~;달은 지구의 위성이다.| ~自身是不发光的;위성은 스스로 빛을 내지 못 한다. ❷ 인공위성. ¶ 前不久,我国又成功地发射了一颗气象~;얼마 전에 우리나라는 또 다시 성공적으로 기상위성을 발사하였다.| 通信~;통신위성.| 科学实验~;과학실험위성.| 人造~;인공위성.

为了 wèi·le 介 …을 위하여. ¶ ~能出国留学,我这一年一直在突击外语;외국으로 유학가기 위해 나는 올 한 해 동안 줄곧 외국어에 매진하고 있다.| 她~取得这块金牌付出了好几年的努力;그녀는 이 금메달을 따기 위해서 몇 년 동안 노력하였다.| 我是~学习汉语来中国的,你呢？나는 중국어를 배우기 위해 중국에 왔는데, 너는？

未 wèi 副 아직 …하지 않다. ¶ 会议时间~定;회의 시간이 아직 정해지지 않았다.| 他们还~成年,不宜参加这次活动;그들이 아직 미성년이므로 이번 활동에 참가하는 것은 좋지 않다.| 病人尚~脱离危险;환자가 아직 위험에서 벗어나지 못하였다.| 爸爸~能找到工作;아버지는 아직 일자리를 찾지 못했다.| ~婚;미혼.| ~知;모르다.| ~了(liǎo);끝내지 못하다.| ~曾;일찍이 …적이 없다.

未婚 wèihūn 动 미혼이다. ¶ 他们都是~青年;그들은 모두 결혼하지 않은 젊은이다.| 这次人选的条件之一就是~;이번 인선의 조건 중 하나가 바로 미혼이다.

未来 wèilái 名 미래. ¶ ~的生活会更好;미래의 생활은 더 좋을 것이다.| ~属于青年(人);미래는 젊은이의 것이다.| 展望~;미래를 전망하다.| 迎接~;미래를 맞이하다.| 面向~;미래를 향해 가다.| 幸福的~;행복한 미래.| 我们的~;우리들의 미래. 形 조만간. 멀지 않은 장래. ¶ ~三天有暴雨,请做好防汛准备;앞으로 3일간 폭우가 있으니, 철저히 홍수를 대비하십시오.| ~几天的比赛会更加精彩;앞으로 며칠 간의 시합은 더욱 더 멋질 것이다.| ~24小时天气预报;앞으로 24시간의 일기 예보.

位 wèi 量 분. 명. ¶ 这~先生,请问您去哪里？선생님, 실례지만 어디에 가십

니까?| 各~先生,女士,大家好;신사 숙녀 여러분 안녕하십니까.| 每~代表都发表了自己的意见;각 대표자들은 모두 자기의 의견을 발표했다.| 二~请这边坐吧;두 분은 이쪽에 앉으십시오. 名 숫자의 자리.| 个~;일자리.| 十~;십자리.| 百~;백자리.| 记得一共几~吗? 不要搞错了~数;모두 몇 자리인지 기억하니? 자릿수를 틀리지 말아라.

位置 wèi·zhì 名 ❶ 위치. 자리. | 请说一下你们学校的~;당신 학교의 위치를 말씀해 주십시오. | 这个~不错,能看清楚;자세히 볼 수 있는 이 위치가 좋다. | 报纸上头版~的文章一般都比较重要;신문 제1면에 위치한 글이 일반적으로 비교적 중요하다. | 咱们换换~吧;우리 자리를 바꾸자. ❷ 지위. | 这部作品在文学史上占有重要的~;이 작품은 문학사상 중요한 지위를 차지한다. | 他在该领域的~是他人难以取代的;이 분야에서의 그의 지위는 다른 사람이 대신하기가 어렵다. ❸ 직위. | 在领导的~上不容易吧? 需要操心的事很多;지도자의 직위가 쉽지 않지요? 신경써야 할 일이 너무 많아요. | 我好不容易熬到这个~,不能不好好干啊;나는 어렵게 참고 견디어 이 직위까지 왔으니, 열심히 하지 않을 수 없다. | 现有的几个~都不太合适,还是再找找吧;현재 있는 몇 개의 직위가 모두 맞지 않으니 아무래도 다시 찾아봐라.

位子 wèi·zi 名 ❶ 자리. 좌석. | 我的~跟你的挨着;내 자리는 너의 자리와 붙어 있다. | 你去得早就给我占个~;네가 일찍 가서 내 자리를 맡아 줘.| 这个~还行,看得挺清楚的;이 자리는 매우 잘 보여서 괜찮다. ❷ 직위. | 你能得到这个~够不错了,好好干吧;네가 이 좋은 직위를 얻다니 잘 됐다. 열심히 일해라. | 他在科长这个~上一干就是十年,一直没有提升的机会;그는 과장이라는 직위에서 일한 지 10년이지만 줄곧 승진할 기회가 없었다.

味儿 wèir <儿> 名 ❶ 맛. | 这东西吃起来好像有点苦~;이 음식은 먹기에 약간 쓴 것 같다. | 你做的糖醋鱼可变了,不怎么样;네가 만든 탕추위는 맛이 변해서 그저 그렇다. | 酸~;신맛. | 甜~;단맛. | 咸~;짠맛. ❷ 냄새. | 楼道里有股怪~;복도 안에서 이상한 냄새가 난다. | 这种花的香~很好闻;이 꽃의 향기가 매우 좋다. | 臭~;나쁜 냄새, 악취. | 霉~;곰팡이 냄새. | 异~;괴이한 냄새. ❸ 재미. 흥미. 운치. 느낌. | 这篇文章写得有~;이 문장은 재미있게 썼다. | 他俩聊得津津有~;그들은 흥미진진하게 이야기하고 있다. | 这个曲子越听越有~;이 노래는 들을수록 좋다.

味道 wèi·dào 名 ❶ 맛. | 这道菜的~好极了,你一定要尝尝;이 음식은 맛이 매우 좋으니, 너는 꼭 먹어봐라. | 鱼的~鲜美又有营养,可以多吃一点;생선은 맛도 좋고 영양도 있으니 많이 먹어도 된다. | 饭菜的~不错,下回还到这儿吃;음식 맛이 좋으니 다음에도 또 여기에 와서 먹자. ❷ 흥취. 재미. 흥미. | 她唱的京剧特别有~;그녀가 부른 경극은 특히 재미가 있다. | 这本小说写得有点儿~,你看看吧;이 소설은 약간 재미있게 썼으니 읽어봐

라.| 你的小日子过得挺有~呀! 살림을 재미있게 하고 있구나!

畏惧 wèijù 动 무서워하다. 두려워하다. ¶这项活动是有些危险, 但也用不着~, 有安全措施的;이 활동은 약간 위험하지만 안전한 조치가 있어 무서워 할 필요가 없다.| 我胆子大, 做事从不~什么;나는 대담해서 지금까지 무슨 일을 할 때 아무것도 두려워하지 않는다.| 上台演讲前还是有~心理, 生怕自己会出错;무대에 올라 강연하기 전에는 아무래도 실수를 할까 걱정되어 두려워 하는 심리가 있다.

畏缩 wèisuō 动 주눅들다. 무서워 움추리다. 위축되다. ¶他这个人就是这样, 遇到点儿困难就~不前;그는 원래 이렇다, 어려움에 부딪치면 주눅들어 나서지 않는다.| 到了关键时刻, 他肯定~;결정적인 순간이 되었을 때, 그는 틀림없이 위축될 것이다.

胃 wèi 名 위. ¶最近~不舒服, 不敢吃太辣太凉的东西;최근 위가 불편해서 너무 맵거나 많이 차가운 것을 먹지 못 한다.| 他有~病, 看上去很瘦;그는 위장병이 있어, 매우 말라 보인다.| ~疼;위가 아프다.| ~炎;위염.

温度 wēndù 名 온도. ¶屋里的~太高了;방안의 온도가 너무 높았다.| 外面~很低, 出门多穿点;밖의 온도가 매우 낮으니, 외출 시에 (옷을) 많이 입어라.| 北京的冬天室内外~相差不少, 不习惯吧? 베이징의 겨울 실내외 온도 차이가 큰데, 익숙하지 않지?

温和 wēnhé 形 ❶ (기후가) 따뜻하다. ¶今年的春天气候比较~;올해 봄 날씨가 비교적 따뜻하다.| 昆明气候~, 四季如春;쿤밍은 기후가 따뜻해서, 사계절이 봄과 같다. ❷ (태도가) 부드럽다. 온화하다. ¶我们老师态度~, 从不跟我们发火;우리 선생님은 (태도가) 부드러워 지금까지 우리에게 화를 내지 않는다.| 妈妈说话一向~, 今天好像有点儿不同;어머니는 늘 부드럽게 말씀하시는데, 오늘은 약간 다른 것 같다.| 这个同事性情~, 跟大家关系都很好;이 동료는 성품이 온화해서, 모두와의 관계가 매우 좋다.

温暖 wēnnuǎn 形 따뜻하다. 따스하다. ¶这里四季~如春, 游人不断;여기 사계절이 봄처럼 따뜻해서 관광객이 끊이지 않는다. 动 따뜻하게 하다. ¶几句~的问候让她流下泪来;몇 마디 따뜻한 안부 인사는 그녀를 눈물 흘리게 한다.| 他的关心让我心里很~;그의 관심은 내 마음을 매우 따뜻하게 한다.

文本 wénběn 名 원문. 텍스트. 문건. ¶请把合同的正式~送到经理室来;계약의 정식 문서를 사장실로 보내주세요.| 这个文件只有中文和英文两个~;이 공문서는 중국어와 영어의 두 개 원문만이 있다.

文化 wénhuà 名 ❶ (한 사회의 물질 및 정신의 총화의) 문화. ¶我国有悠久的历史和灿烂的~;우리 나라는 유구한 역사와 찬란한 문화를 가지고 있다.| 年轻人应该更多地了解传统~, 继承优秀的~遗产;젊은이들은 더욱 많이 전통 문화를 이해해야 하고, 우수한 문화유산을 계승해야 한다.| ~交流;문화 교류.| ~传播;문화 전파.| ~事业;문화 사업. ❷ 지식. ¶他的~水平很高;그의 지식 수준이 매우

높다.| 在这个地区还需要普及~知识;이 지역에서는 아직도 문화 지식을 보급하는 것이 필요하다.| 奶奶岁数大了，可是学~的劲头十足;할머니께서는 연세가 많으시지만 지식을 배우려는 열의가 대단하시다.| 我是高中~程度;나는 고등학교 지식 수준이다. ❸ (사람들의 사고와 생각의) 문화. ¶ 近年来，企业~发展得很快;최근 몇 년 이래로 기업문화가 매우 빨리 발전한다.| 这个地区很重视发展旅游~;이 지역은 여행문화발전을 매우 중시한다.| 饮食~;음식문화.| 校园~;캠퍼스 문화. ❹ (역사적 특징의) 문화. ¶ 这里是龙山~遗址;여기가 용산문화 유적지이다.| 仰韶~;앙소 문화. (중국 황허 중류의 채도(彩陶)를 동반한 신석기문화)| 半坡~;반파 문화.

文化遗产 wénhuà yíchǎn 名 문화 유산. ¶ 保护~;문화 유산을 보호하다.| 继承~;문화유산을 계승하다.

文件 wénjiàn 名 ❶ 문건. 공문서. 서류. 우편물. ¶ 这些~不必拿给经理看了;이 서류들은 사장님께 가지고 가서 보여드릴 필요가 없었다.| 你需要起草一个~;네가 공문서 초안을 잡아야 한다.| 下午传达重要~;오후에 중요한 서류를 전달하다.| 正式~;정식 문서.| 普通~;보통 문서.| 机密~;기밀 문서. ❷ 파일. 목록. 디렉토리. ¶ 文本~;원문 파일.| 图像~;영상 파일.| 数据~;데이터 목록.| 命令~;명령 파일.| 染毒~;바이러스에 오염된 파일.| ~架;문서를 올려놓는 선반.

文明 wénmíng 名 ❶ 문명. ¶ 我国是一个~古国;우리 나라는 오랜 역사를 지닌 문명 국가이다.| 黄河流域是中华民族~的发祥地;황허 유역은 중화민족 문명의 발상지이다.| 古代~;고대 문명.| 现代~;현대 문명.| 物质~;물질 문명.| 精神~;정신 문명. 形 ❶ 문명의. ¶ 文字的出现是人类~的里程碑;문자의 출현은 인류문명의 이정표이다.| ~社会;문명 사회.| ~阶段;문명 단계. ❷ 교양이 있다. ¶ 每一个公民都应该讲~，懂礼貌;모든 공민은 모두 교양을 중시하고 예절을 알아야 한다.| 随地吐痰是不~的表现;아무데나 가래침을 뱉는 것은 교양이 없는 모습이다.| ~点儿，别说脏话! 좀 교양있게 굴어라, 천한 말을 하지 말고!

文物 wénwù 名 문물. 문화재. ¶ 前不久陕西又出土了一批珍贵~;얼마 전에 산시에서 대량의 진귀한 문물이 또 출토되었다.| 这座木塔是国家级重点保护~;이 목탑은 국가급 중점 보호 문화재이다.| 故宫博物院收藏了大量的重要~，很值得去一饱眼福;고궁박물관은 대량의 중요한 문물을 소장하고 있어 정말로 가서 눈요기를 할 만한 곳이다.

文学 wénxué 名 문학. ¶ 小说、诗歌、散文、戏剧等都属于~，你喜欢哪种? 소설, 시가, 산문, 희곡 등은 모두 문학에 속한다? | 最近几年的~创作仍然很丰富;최근 몇 년간의 문학창작이 여전히 활발하다.| 我喜欢~，所以大学时就选择了~专业;나는 문학을 좋아해서 대학에서 문학전공을 선택하였다.| ~刊物;문학 간행물.| ~修养;문학 수양.| ~爱好者;문학 애호

가.| 古典~;고전문학.| 现代~;현대문학.| 儿童~;아동문학.| 大众~;대중문학.

文学家 wénxuéjiā 名 문학가. ¶鲁迅是影响一个时代的~;루쉰은 한 시대에 영향을 준 문학가이다.| 中国历史上有很多著名的~;중국 역사상 저명한 문학가가 매우 많다.| 成为一个~是我儿时的梦想;문학가가 되는 것은 내 어릴 적 꿈이었다.

文艺 wényì 名 문예. ¶~复兴的思想特征是提倡人文主义;르네상스의 사상적 특징은 인문주의 제창이다.| 开幕式前有大型~表演;개막식 전에 대형 문예공연이 있다.| 他是~界的元老,很有威望;그는 문예계의 원로로서 위세와 명망이 높다.| ~团体;문예 단체.| ~形式;문예 형식.| ~批评;문예 비평.

文章 wénzhāng 名 ❶ 문장. 저작. 저술. ¶这篇~写得不错;이 문장은 잘 썼다.| 报纸上有大量评论,这次事件的~,你可以看看;신문에는 많은 평론이 있는데, 이번 사건의 문장은 볼 만하다.| 最近几年发表了不少~吧;최근 몇 년간 적지 않은 문장을 발표하였다.| 写~;문장을 쓰다.| 修改~;문장을 수정하다.| ~的风格;문장의 풍격.| ~的特点;문장의 특점. ❷ 생각. 전략. 계략. (일에 관한) 방법. ¶发展企业文化还是大有~可做的;기업 문화를 발전시키는 것은 역시 실행할 만한 큰 전략이 있어야 한다.| 可以考虑在这方面做做~;이 방면에서 전략을 세우는 것을 고려할 수 있다.| 咱们还是好好来做产品质量的~吧,不要总盯着广告;광고에만 기댈 것이 아니라, 제품의 품질에 대해 계획해 보자.

文字 wénzì 名 ❶ 문자. ¶~的发明标志着人类进入了文明时期;문자의 발명은 인류가 문명시기로 진입했다는 것을 상징한다.| 象形~;상형문자.| 拼音~;병음문자.| 古~;고문자.| ~改革;문자개혁. ❷ 글. ¶这篇文章的内容不错,但~还需要好好加工;이 문장의 내용은 좋지만 글은 아직도 적당한 가공이 필요하다.| 他的文章一向~通顺流畅,读起来很舒服;그의 문장은 변함없이 글이 매끄럽고 유창하여 읽기가 매우 편하다.| 你的~功底还不够厚实,好好练吧;너의 글은 기초가 아직 튼튼하지 않으니 열심히 연습해라.

闻 wén 动 냄새를 맡다. ¶我~到香味儿了;나는 향기로운 냄새를 맡았다.| 你~~香不香;향기로운지 아닌지 냄새를 맡아봐라.| 我感冒了,什么味儿也~不到;나는 감기에 걸려서 아무 냄새도 못 맡는다.

稳 wěn 形 ❶ 확고하다. 튼튼하다. 안정되다. ¶登山的时候脚要踩~,不要着急;등산할 때에는 조급해하지말고 발을 안전하게 디뎌야 한다.| 桌子没放~,一动就晃;테이블을 안정되게 놓지 않아서 움직이면 흔들거린다.| 要进山了,大家坐~;곧 산으로 들어가려고하니 모두 앉아주세요. ❷ 안정되다. ¶这一带最近形势不~,外出时小心点;이 일대의 최근 형세가 불안정하니 외출할 때에는 조심해라.| 他的情绪不~,动不动就发脾气;그의 정서가 불안하여 걸핏하면 화를 낸다. ❸ 확실하다. 틀림없다. ¶他办事很~,你

放心好了;그는 확실하게 일을 하니 마음을 놓아도 된다.| 看来这事十拿九~了;보아하니 이 일은 확실하다.| 进了这个球,甲队的冠军就~拿了;이 골이 들어가면 갑 팀의 우승이 확실해진다. [动] 진정시키다. 가라앉히다. ¶当务之急是~住局势;급선무는 정세를 안정시키는 것이다.| 咱们先得~住群众,防止事态扩大;우리는 먼저 군중을 안정시켜 사태가 커지는 것을 막아야 한다.| 你先~一~自己的情绪再说;너는 우선 자신의 마음을 진정시키고 이야기하자.

稳定 wěndìng [形] 안정하다. 가라앉다. 변동이 없다. ¶我们需要~的社会环境;우리는 안정된 사회 환경이 필요하다.| 最近的物价比较~;최근의 물가는 비교적 안정적이다.| 他的情绪不够~;그의 정서는 충분히 안정적이지 못하다. [动] 안정시키다. 가라앉히다. ¶~市场;시장을 안정시키다.| ~物价;물가를 안정시키다.| ~人心;인심을 안정시키다.| ~情绪;기분을 안정시키다.

问 wèn [动] 묻다. ¶不懂就~,不要不好意思;부끄러워하지 말고 이해가 안되면 물어봐라.| 这个题不会做,去~老师吧;이 문제는 풀 수 없으니 가서 선생님께 여쭤보자.| 不知道的电话号码可以~114;모르는 전화번호는 114로 물어볼 수 있다.| ~路;길을 묻다.| ~事;일을 묻다.| ~问题;문제를 묻다.

问好 wèn//hǎo [动] 안부를 묻다(전하다). 문안 드리다. ¶请向同学们~;우들에게 안부를 전해주세요.| 请替我问老师好;저 대신에 선생님께 안부를 전해주세요.| 问个好;인사를 하다.| 问声好;안부를 묻다.

▶용법주의: 어떤 사람이 편안하게 잘 지내는지 그렇지 않은 지에 대한 소식이나 인사로 그것을 전하는 일을 한국에서는 '안부(安否)를 묻는다' 라고 한다. 그러나 중국어 에서는 '问好' 나 '问候' 라고 써야 한다.

问候 wènhòu [动] 안부를 묻다(전하다). ¶请代我~师母;저 대신에 사모님께 안부를 전해주세요.| 我会替你~的;내가 너 대신에 안부를 전할게.| 我这次是专程来~您的;저는 이번에 특별히 당신의 안부를 물으러 왔습니다.| 经理今天去医院~住院的员工;사장님께서 오늘 병원에 가셔서 입원한 직원에게 안부를 묻는다.

问题 wèntí [名] ❶ 문제. ¶这一课的~太多,需要下课后好好思考;이 과의 문제가 너무 많아서 수업 후 잘 생각해야 한다.| 老师只解答了两个~,还有几个类似的让大家自己找答案;선생님께서는 두 문제만을 풀어주시고, 나머지 유사한 몇 개의 문제는 우리 스스로 풀게 하였다.| 这次测验有五个~,我只做对了两个;이번 테스트는 5개 문제가 있었는데, 나는 두 개만 맞혔다. ❷ 문제. 과제. ¶这个项目~不少,需要重新考虑它的可行性;이 프로젝트는 문제가 많아 다시 그것의 실행 가능성을 고려해야 한다.| 工作中总会遇到~的,很正常;일하는 중에 문제에 부딪치는 것은 매우 정상이다.| 这是思想~;이것은 사상 문제이다.| 社会~;사회 문제.| 价格~;가격 문제.| 学术~;학술 문제.

我 wǒ [代] ❶ 나. 저. ¶~见过你;나는 너

를 본 적이 있다.| 这是~妈妈;이 분이 나의 어머니이시다.| ~的位子在前面;내 자리는 앞에 있다.| 你不用等~,~想晚点走;나를 기다리지 마라, 좀 늦게 가려고 한다. ❷ 우리(들). ¶ ~国;우리나라.| ~军;아군.| ~校;우리 학교.| ~方;우리 측.

我们 wǒ·men 代 ❶ 우리(들). ¶这是~国家的首都;이것은 우리나라의 수도이다.| ~一直在等你;우리들은 줄곧 너를 기다리고 있다.| 现在~上课吧;우리 지금 수업하자.| 你应该相信~;너는 (응당) 우리를 믿어야 한다.| ~的办公室刚刚装修过;우리 사무실은 막 인테리어를 하였다. ❷ 나. 저. ¶~家住得很远;우리집은 먼 곳에 있다.| ~老公就喜欢钓鱼;우리 남편은 낚시를 좋아한다.| ~孩子已经上中学了;우리 아이는 이미 중학교에 갔다.

▶용법주의: '我'와 '我们'은 간혹 통용되기도 한다. '我'는 자신을 가리키며, '我们'과 비슷하다. '我'의 뒤에 단음절명사가 온다. 예를 들어 '我国'라고 말할 수 있지만, '我们国'라고는 말하지 않는다. '我们'은 '我'로 대체할 수 있으나 일반적으로 구어체에서 친밀함을 나타낼 때 쓰인다. 예를 들면 '我们家', '我们老公', '我们孩子' 등은 모두 '我'로 바꿔 쓸 수 있다.

卧 wò 动 ❶ 눕다. ¶爷爷长年~床,一直靠爸爸照顾;할아버지는 오랫동안 침대에 누워 줄곧 아빠의 보살핌을 받았다.| 我习惯侧~,听说这样睡比较解乏;나는 옆으로 눕는 것이 습관인데, 이렇게 자면 약간 피로를 풀 수 있다고 들었다.| 战士们每天光练~倒就不知道多少次,很辛苦;전사들은 매일 포복 훈련만 몇 번이나 하는지 모르니 매우 힘들다. ❷ (새나 짐승이) 땅에 엎드리다. 웅크리다. ¶小花猫懒懒地~在暖气边上;작은 얼룩고양이는 마지못해 난방기 근처에 엎드렸다.| 老母鸡~在窝里不出来;늙은 암탉은 둥지에 웅크리고 나오지 않는다.| 老牛~在地头儿;늙은 소가 논두렁에 엎드려 있다.

卧室 wòshì 名 침실. ¶ 朝南的房间当~比较好;남향의 방은 침실로 사용하기 비교적 좋다.| ~千万不要过度装修;침실은 절대로 과도하게 장식하지 마라.| 这就是你的~,还满意吧?;이곳이 바로 너의 침실이야. 맘에 들지?

握 wò 动 (손으로) 쥐다. 잡다. ¶你的~笔姿势不对;너는 연필을 잡는 자세가 틀렸다.| 你~得不紧,一碰就掉;네가 꽉 잡지 않아 부딪치면 바로 떨어진다.| 帮我一下,我~不住了;나를 도와줘, 잡고 있을 수가 없어.| 请大家双手~拳,拳心向上;모두 두 주먹을 쥐고 주먹을 위로 올리세요.

握手 wò//shǒu 动 악수하다. ¶ 学校领导走上台来跟我们得奖的同学一一~,表示祝贺;학교 지도자들이 단상에 올라 상을 탄 우리 친구들과 일일이 악수를 하며 축하해 주었다.| 咱们~再见吧;우리 악수하고 헤어지자.| 我们握一下手吧;우리 악수 좀 하자.

污染 wūrǎn 动 오염시키다. ¶这家工厂的废气严重~了周围环境,必须治理;이 공장의 폐기는 주위 환경을 심각하게 오염시키므로 반드시 처리해야 한다.| 这些海产品已经被~了,不能吃;이 해산물들은 이미 오염되어 먹

695

을 수 없다.| 这种不健康的东西~了青少年的精神;이러한 건전하지 않은 물건은 청소년의 정신을 오염시켰다.| 不少人认为过多地使用外来词会~我们的语言;많은 사람들은 너무 많이 외래어를 사용하는 것은 우리의 언어를 오염시킬 수 있다고 생각한다. 名 오염. ¶ 环境~;환경오염.| 农药~;농약 오염.| 空气~;공기 오염.| 河水~;하수 오염.| 精神~;정신 오염.| 语言~ 언어 오염.

屋 wū 名 방. ¶ 这套公寓有两间南~, 一间北~;이 아파트에는 두 개의 남향 방이 있고 한 개의 북향 방이 있다.| ~里光线充足;방안은 빛이 충분하다.| 我一天到晚都呆在~里, 快要闷死了;나는 아침부터 저녁까지 방안에만 있었더니 답답해 죽을 뻔 했다.

屋顶 wūdǐng 名 지붕. ¶ 这套公寓的~是平的, 可以当阳台用;이 아파트의 지붕은 평평하여 베란다용으로 쓸 수 있다.| 我的书房~很高, 光线充足;나의 서재 천장은 매우 높아 빛이 충분하다.| ~的吊灯坏了;천장의 펜던트 등이 고장났다.

屋子 wū·zi 名 방. ¶ 你住这间~吧, 暖和一点;네가 이 방에서 묵어라. 조금 따뜻하니까| ~不大, 但很舒服;방은 크지 않지만 매우 편하다.| 把你的~打扫干净! 너의 방을 깨끗하게 청소해라!

无 wú 动 없다. ¶ 我们的工厂从~到有, 从小到大, 终于有了现在的规模;우리의 공장은 무에서 유를 창조하고, 작은 규모에서 큰 규모가 되어 마침내 지금의 규모가 되었다.| 你不要相信那些~根据的传言;너는 그런 근거 없

는 소문을 믿지 마라.| 今日~雨;오늘 비가 오지 않는다.| 我~话可说, 你看着办吧;난 할말이 없으니, 네가 알아서 해라.| 这种药对人有益~害, 你可以放心吃;이런 약은 사람에게 유익하나 해가 없으니 넌 안심하고 먹어도 된다. 连 …을 막론하고. ¶ 人~高低贵贱, 生命都只有一次;사람의 귀천을 막론하고 생명은 모두 한 번 뿐이다.| 事~大小, 他件件过问;큰 일이든 작은 일이든 간에 그는 사사건건 참견한다.

无理 wúlǐ 动 무리하다. 비합리적이다. 억지스럽다. ¶ 他总是这样~辩三分, 让大家很不喜欢;그는 항상 이렇게 무리하게 억지주장을 하여 모두가 매우 싫어한다.| 我看是你~, 不是他;내가 보기에 네가 억지스럽지 그는 아니다.| 这是~要求, 不要理他;이것은 무리한 요구이니 그에게 신경쓰지 마라.| 请你不要~取闹;무리하게 소란을 피우지 마세요.| 俗话说, 有理走遍天下, ~寸步难行;속담에 이르기를, 도리가 있으면 세상을 다 돌아다니고, 도리가 없으면 한 걸음도 걷기 힘들다라고 한다.

无论 wúlùn 连 …에 관계없이. …에도 불구하고. ¶ ~下不下雨, 我都会按时到的;비가 오든 안 오든 관계없이 나는 제시간에 도착할 수 있다.| 现在他~说什么我都不相信了;지금 그가 무슨 말을 하든 나는 아무것도 믿지 않는다.| ~环境有多艰苦, 我们都能坚持下去;환경이 많이 힘들지라도 우리들은 끝까지 버틸 수 있다.

无论如何 wúlùn rúhé 어찌되었든 관계없이. 어쨌든. ¶ ~我都要自己去一趟;

어쨌든 내가 직접 한 번 가야겠다.|到这个月底,~要把这个项目做完;어쨌든 이번 달 말까지 이 프로젝트를 완성해야 한다.|你今天~得给我一个明确的答复;오늘 너는 어쨌든 나에게 명확한 답변을 줘야 한다.

无穷花 wúqiónghuā 名 무궁화. ¶ ~象征了坚强不屈的精神;무궁화는 굴하지 않는 강인한 정신을 상징한다. | ~花期很长;무궁화의 개화기는 아주 길다. | 在韩国有一种列车的型号就叫"~";한국에는 '무궁화' 라고 불리는 열차가 있다.

无视 wúshì 动 무시하다. 업신여기다. ¶ 他一贯~法纪,结果犯了罪;너는 계속해서 법과 규칙을 무시하더니 결국 죄를 저질렀구나. | 不要~公共道德;공공도덕을 무시하지 마라. | 你不要~他人的能力,比你能干的人多得很;타인의 능력을 무시하지 마라, 너보다 뛰어난 사람이 매우 많다.

无数 wúshù 形 무수하다. 매우 많다. ¶ 夜空中闪烁着~颗星星,十分迷人;밤하늘에 반짝이는 무수한 별들이 사람의 마음을 사로잡는다. | 你现在就是有~个理由也说不清了;너는 지금 수많은 이유가 있어도 분명하게 설명할 수 없다. | 我在心里想过~次了,还是想不通;나는 마음속으로 수만 번 생각했지만 여전히 이해할 수 없다.

无条件 wútiáojiàn 形 무조건의. ¶ 你们只能~服从公司的规定,没有条件可讲;너희들은 무조건 회사의 규정에 따라야 한다. | 1945年,随着日本~投降,中国的抗日战争取得了最后的胜利;1945년, 일본의 무조건적인 항복에 따라 중국의 항일 전쟁은 최후의

승리를 거두었다.|我~接受法院的判决,不再上诉;나는 무조건 법원의 판결을 받아들이고 다시 상소하지 않는다.

无限 wúxiàn 形 무한하다. 끝없다. ¶ 我们对祖国有着~的爱;우리는 조국에게 무한한 사랑을 가지고 있다. | 年轻人前途~,但要努力;젊은이는 앞길이 무한하지만 노력해야 한다. | 他对未来抱有~希望;그는 미래에 대해 무한한 희망을 가지고 있다. | 荣光~;대단히 영광스럽다. | ~风光;끝없는 풍경.

无意 wúyì 动 …할 생각이 없다. ¶ 你~参加我们的社团,我们也不勉强你;우리의 동아리에 참가할 생각이 없는 이상 우리도 너에게 강요하지 않겠다. | 我~上场,觉得那样生活太累;나는 무대에 오를 생각이 없다니, 그런 생활은 너무 피곤하다고 생각한다. | 既然~跟她继续相处,就早点讲明白;그녀와 계속 지낼 생각이 없는 이상 미리 분명하게 말해라. 副 무심결에. 뜻밖에. ¶ 我~中知道了他的秘密;나는 그의 비밀을 뜻밖에 알게 되었다. | 我是~间听说这个消息的;나는 무심결에 이 소식을 들은 것이다. | 几个农民在挖地窖时~中发现了这几件青铜器,没想到都是国宝;농민 몇 명이 구덩이를 팔 때, 뜻밖에 이 몇 개의 청동기를 발견하였는데, 뜻밖에도 모두 국보이다.

无意识 wúyì·shí 副 무의식의. ¶ 这就是些~的动作,连他自己也不知道;이는 바로 무의식적인 동작들로 그 자신 조차도 모른다.

五 wǔ 数 (숫자) 오. 다섯. ¶ 星期~的课

不多;금요일 날 수업은 많지 않다.| 我们一周只上~天课;우리는 일주일에 5일만 수업한다.| 我在北京住了~年;나는 베이징에서 5년을 살았다.

五月 wǔyuè 오월. ¶ 我最喜欢~;나는 오월을 가장 좋아한다.| 我的生日是~;나의 생일은 5월이다.| 端午节也叫~节;단오절은 오월절이라고도 부른다

午饭 wǔfàn 名 점심(밥). ¶ 今天~在食堂吃;오늘 점심은 식당에서 먹을 것이다.| 已经到吃~的时间了;이미 점심 먹을 시간이 되었다.| 你~想吃点什么?점심에 뭘 먹고 싶니?

武器 wǔqì 名 무기. 병기. ¶ 刀、枪、炮、导弹等都是~;칼, 총, 대포, 탄환 등은 모두 무기이다.| 这些新式武器具有极强的杀伤力;이러한 신형 무기는 강력한 살상력을 가지고 있다.| 核~;핵무기.| 化学~;화학 무기.| 细菌~;세균 무기.| 秘密~;비밀 무기.

武术 wǔshù 名 무술. ¶ 这是一所~学校,培养了很多优秀的~运动员;여기는 무술학교로 매우 많은 우수한 무술인을 양성하였다.| ~包含的种类很多,有徒手的太极拳、南拳等,还有使用器械的剑术、刀术、枪术等;무술에 포함되는 종류가 많은데 맨손으로 하는 태극권, 남권 등이 있고, 무기를 사용하는 검술, 도술, 총술 등이 있다.| ~中的太极拳已经成为普及性的运动项目了;무술 중에 태극권은 이미 보편적인 운동 종목이 되었다.

舞 wǔ 名 춤. 무용. ¶ 前不久举行了全国民族~比赛,我们学校的选手获得了一等奖;일전에 전국 민족 무용 시합이 열렸는데, 우리학교 선수가 1등을 획득했다.| 这孩子从小就喜欢跳~;이 아이는 어릴 때부터 춤추기를 좋아했다.| 给大家跳个~吧;모두에게 춤 좀 춰주세요.| 芭蕾~;발레.| 街~;비보이 댄스.| 双人~;페어 댄스.| 独~;독무. 动 휘두르다. ¶ 这孩子就喜欢~刀弄枪,长大了去当兵吧;이 아이가 칼과 총을 가지고 노는 것만 좋아하니 커서 군대에나 가게 합시다.

舞蹈 wǔdǎo 名 무용. 춤. ¶ 她今年考上了~学院,实现了她的愿望;그녀는 올해 무용대학에 합격하여 그녀의 꿈을 이루었다.| ~专业;무용 전공.| ~演员;무용 배우.| ~表演;무용 연출.| ~比赛;무용 시합.

舞台 wǔtái 名 ❶ 무대. ¶ 这座音乐厅有一个现代化的~;이 음악홀에는 현대화된 무대가 있다.| 我们老家过年的时候总要搭起一个临时的~唱一个月的戏,特别热闹;우리 고향은 설날에 항상 임시 무대를 세워 한 달 정도 공연을 하는데 대단히 시끌벅적하다.| ~艺术;무대 예술.| ~生活;무대 생활. ❷ 비유어. ¶ 这个曾经无比辉煌的王朝终于退出了历史~;일찍이 비교할 바 없이 찬란했던 왕조가 마침내 역사 무대를 떠났다.| 他登上政治~后一直非常顺利;그는 정치무대 등장 이후 줄곧 매우 순조로웠다.| 他在国际~上扮演着重要角色;그는 국제 무대에서 중요한 역할을 맡고 있다.

物价 wùjià 名 가격. 물가. ¶ 最近~不太平稳;요즘 물가가 그다지 안정적이지 않다.| ~上涨了20%;물가가

20% 올랐다.| 当务之急是稳定~,保证居民的正常消费;당장 급한 일은 물가를 안정시키고, 주민의 정상적인 소비를 보장하는 것이다.| 调整~;물가를 조정하다.| 监督~;물가를 감독하다.| 抬高~;물가를 올리다.

物理 wùlǐ 名 물리.¶ 他是北京大学~系的学生;그는 베이징대학 물리학과 학생이다.| 我也喜欢~专业;나도 물리 전공을 좋아한다.| 今天上午有~试验课;오늘 오전에 물리 실험 수업이 있다.| 我期中的~考试得了满分;나는 학기중 물리 시험에서 만점을 받았다.

物品 wùpǐn 名 물품.¶ 请保管好自己的~;자기 물건은 잘 보관하세요.| 您的贵重~不要交给他人保管;타인에게 당신의 귀중품을 맡기지 마세요.| 机场规定,您随身携带的~不能超过20公斤;공항 규정상 휴대할 수 있는 물품은 20킬로그램을 초과할 수 없다.| 仓库里堆满了卖不掉的积压~;창고에는 팔지 못 한 재고 물품으로 가득 쌓였다.

物体 wùtǐ 名 물체.¶ 我们的地球是一个运动的~;우리 지구는 운동하는 하나의 물체이다.| 这种~十分坚硬;이런 물체는 매우 단단하다.| 在高温下,这种~会发生变化;고온에서 이런 물체는 변할 수 있다.

物质 wùzhì 名 ❶ 물질.¶ 世界是~的;세계는 물질이다.| ~不灭定律是自然界的基本定律之一;물질 불멸의 법칙은 자연계의 기본 법칙 중 하나이다.| 这是一种特殊~;이것은 일종의 특수 물질이다. ❷ (정신적인 것의 반대) 물질.¶ 他对~生活要求很高;그는 물질생활에 대해 요구가 매우 높다.| 人除了需要~条件外,还应该有精神生活;인간은 물질조건이 필요한 것 이외에노 또한 정신생활이 있어야 한다.| 不要只追求~享受;물질적인 향유만을 추구하지 마라.| 这家工厂给工人的~待遇很差;이 공장은 노동자에게 주는 물질적인 대우가 매우 나쁘다.

误会 wùhuì 动 오해하다.¶ 请不要~,我没有怪你;오해하지 마세요. 나는 당신을 탓하지 않아요.| 这是一场~,现在解释清楚了;이것은 한 바탕 오해로, 지금 깨끗하게 해결되었다.| 你总是~我意思,真没办法!너는 항상 내 뜻을 오해하니 정말 방법이 없구나!

雾 wù 名 안개.¶ 今天~大,开车当心点;오늘 안개가 짙으니 운전 조심해라.| 我们的车队在大~里慢慢行驶着;우리의 차량 행렬은 짙은 안개 속에서 천천히 운행하고 있다.| 太阳一出来,~就散了;태양이 뜨자마자 안개가 걷혔다.

西 xī [名] 방위사. 서쪽. ¶太阳从~边落下了;태양은 서쪽으로 졌다.│你从这里一直往~走就能看到火车站;너는 여기에서 서쪽으로 쭉 걸어가면 기차역을 볼 수 있다.│我们俩住在一座楼里,只是一东一~;우리 두 사람은 한 건물에서 사는데 하나는 동쪽 하나는 서쪽이다.│我的卧室~晒,夏天很热;나의 침실은 서향이라서 여름에 매우 덥다.

西北 xīběi [名] 서북쪽. ¶我去过中国的大~,地域开阔,风光壮美;나는 중국의 대서북쪽을 가본 적이 있는데 지역이 광활하고 풍경이 웅장하며 아름답다.│昨夜刮起了~风,天气变冷了;어젯밤에 서북 바람이 불기 시작하더니 날씨가 추워졌다.│考察队进山后就往~方向走了,还没联系上;탐사대가 산으로 들어간 후 서북쪽 방향으로 걸어갔는데 아직 연락이 되지 않는다.

西边 xī·bian (~儿) [名] 서쪽. ¶邮局在学校的~;우체국은 학교 서쪽에 있다.│商店在这条路的~,别走错了;상점은 이 길의 서쪽에 있으니 길을 잘못 들지 마라.│你住东边那间吧,我住~;너는 동쪽 저 방에서 묵어라 나는 서쪽 방에서 묵을게.

西部 xībù [名] 서부. ¶我一直想去非洲看看;나는 줄곧 아프리카 서부를 가보고 싶었다.│中国的~是一个缺水的地区;중국의 서부는 물이 부족한 지역이다.│不少大学生毕业后志愿去~工作;많은 대학생이 졸업 후에 서부에 가서 일하는 것을 지원한다.│美国的~片很吸引人;미국의 서부영화는 매우 인기가 좋다.

西餐 xīcān [名] 양식. 서양 음식. ¶现在有不少年轻人喜欢吃~;현재 많은 젊은이들이 양식 먹는 것을 좋아한다.│我还不习惯用~的刀叉;나는 아직 양식의 나이프와 포크 사용이 익숙하지 않다.│今天的晚宴有中餐,也有~;오늘의 만찬은 중식도 있고 양식도 있다.

西方 xīfāng [名] ❶ 서쪽. ¶太阳早晨从东方升起,晚上从~落下;태양은 새벽에 동쪽에서 떠서 저녁에 서쪽으로 진다.│那片树林是我们林场试验林;서쪽의 숲은 우리 삼림농장의 실험 숲이다.

▶용법주의: '西边', '西面'과는 달리 '西方'은 일반적으로 큰 범위 내의 방위에 쓰인다. 비교적 명확하고 구체적인 방위는 '西方'을 사용하지 않고 '西边', '西面'등을 사용한다. 이런 연유로, 구어체에서는 '西方'을 사용할 기회가 많지 않다.

❷ (유럽, 미국 등의) 서양. ¶资本主义首先在~国家出现;자본주의는 먼저 서양국가에서 출현하였다.│这些留学生来自~,对东方文化非常好奇;이 유학생들은 서양에서 왔는데 동방 문화에 대해 호기심이 아주 많다.

|~国家;서양 국가.|~人;서양인.

西瓜 xīguā 名 수박.¶今年的~又丰收了;올해 수박은 또 풍년이다.|这个~特别甜,听说是引进的新品种;이 수박은 매우 달다. 듣자하니 새로 도입한 신품종이라고 한다.|咱们买个~吧!우리 수박 한 통 사자!

西红柿 xīhóngshì 名 토마토.¶也叫"番茄",听说是从西方引进的;토마토는 '番茄(fānqié)'라고도 부르는데, 듣자하니 서양에서 들여온 것이라고 한다.|~的营养价值很高;토마토의 영양가는 매우 높다.|我喜欢吃凉拌~,但是妈妈更喜欢鸡蛋炒~;나는 토마토 무침 먹는 것을 좋아하지만, 엄마는 토마토계란볶음을 더욱 좋아한다.

西面 xī·miàn (~儿) 名 서쪽.¶我们家住在商场~,买东西很方便;우리 집은 상점 서쪽에 있어 물건을 살 때 매우 편하다.|你住哪座楼,东面的还是~的;너는 어느 건물에 사니? 동쪽이니 서쪽이니.|你进了大门往~走,第一楼右边就是我家;네가 대문에 들어가서 서쪽으로 첫 번째 건물 오른쪽이 우리 집이다.

西南 xīnán 名 서남쪽.¶四川在中国的~;쓰촨은 중국의 서남쪽에 있다.|~地区的物产十分丰富;서남지역의 물산은 매우 풍부하다.|水力资源丰富是~的特点之一;수력 자원이 풍부한 것은 서남쪽의 특징 중 하나이다.|~有许多著名的旅游景点;서남쪽에는 유명한 여행 명소가 아주 많이 있다.

西洋 xīyáng 名 ❶ 서양.¶这是典型的~风景画;이것은 전형적인 서양 풍경화이다.|这副~镜已经称得上文物了;이 요지경은 이미 문물이라고 말할 수 있다.|他很有~人的特点;그는 서양인의 특징이 뚜렷하다. ❷ 서양.(중국의 현대 이전에는 동남아시아와 인도양 일대를 서양으로 지칭한적이 있음. 현재는 이러한 의미로 사용할 수 없음)¶明代航海家郑和曾七下~,创造了航海史上的壮举;명나라 항해가 정화는 일찍이 서양을 7번 항해하여 위대한 항해 역사를 창조하였다.|爷爷早年在~生活,现在我的伯父一家住在马来西亚;할아버지께서는 오래전에 서양에서 생활하셨는데 지금도 큰아버지 식구들이 말레이시아에 살고 있다.|广东、福建两省曾经有不少人下~谋生;광둥성과 푸젠성 두 성에서는 일찍이 많은 사람들이 서양으로 건너가 생계를 도모하였다.

吸 xī 动 ❶ 들이마시다. 빨아들이다.¶我想到外面~点新鲜空气;나는 밖으로 나가 신선한 공기를 마시고 싶었다.|婴儿~不出奶来,使劲哭;갓난 아기는 젖을 빨아도 나오지 않자 있는 힘껏 울었다.|离远点,别把灰尘都~进肚子里了;멀리 떨어져라, 먼지를 모두 뱃속으로 마시지 마라.|~烟会损害健康;흡연은 건강을 해칠 수 있다. ❷ 들이다. 섭취하다.¶中国书画用的宣纸~水性很强;중국 서화용 화선지는 흡수성이 매우 좋다.|墨水撒到桌上了? 赶快用粉笔~一下;잉크가 책상 위에 흘렀니? 빨리 분필로 빨아들여라. ❸ 끌어당기다. 흡인하다.¶吸铁石可以把铁钉~上来,也可以~附在铁器上;자석은 쇠못을 끌어 당길 수 있고 또한 철기에 흡착할 수 있다.

吸收 xīshōu 动 ❶ 흡수하다. 빨아들이다. ¶ 植物的根能从土壤里~水分;식물의 뿌리는 흙 속에서 수분을 빨아들일 수 있다.│医生说经常晒太阳有利于钙的~;의사는 자주 햇빛을 쬐는 것이 칼슘의 흡수에 유리하다고 말한다.│营养过多,人体也~不了;영양이 과다하면 인체 역시 흡수할 수 없다. ❷ 받아들이다. ¶学会今年又~了一批会员;학회는 올해 일단의 회원을 받아들였다.│这位是我们科研小组~的新成员;이 분은 우리 과학 연구팀이 받아들인 새로운 구성원이다.

吸烟 xīyān 动 흡연하다. ¶公共场合,禁止~;공공 장소에서는 흡연 금지이다.│开会的时候请不要~;회의할 때에는 담배를 피우지 마세요.│我不会~,也不想学;나는 담배를 피지 못하고, 또한 배울 생각도 없다.

吸引 xīyǐn 动 매료시키다. 사로잡다. 끌어들이다. ¶花园里的鲜花~着成群的蜜蜂和蝴蝶飞来飞去;화원의 생화는 이리저리 날아다니는 꿀벌과 나비떼를 유인한다.│这场比赛~了好多观众;이 시합은 매우 많은 관중을 사로잡았다.│我真的无法抵制这个位置对我的~;나는 정말로 이 자리가 나에게 주는 매력을 거부할 수 없다.│他是个很有~力的人;그는 매우 흡인력이 있는 사람이다.

希望 xīwàng 动 희망하다. ¶我~能去欧洲旅游;나는 유럽 여행을 갈 수 있기를 바란다.│~你能回国工作;네가 귀국하여 일하기를 바란다.│妈妈~孩子生活幸福快乐;엄마는 아이가 행복하고 즐겁게 살기를 희망한다. 名 ❶ 소망. ¶你的这个~会实现的;너의 이 소망은 실현할 수 있다.│我从小的~是当一名教师;나는 어려서부터 소망이 선생님이 되는 것이었다. ❷ 희망. ¶年轻人是国家未来的~;젊은이는 국가 미래의 희망이다.│妈妈把全部~寄托在这个孩子身上;엄마는 모든 희망을 이 아이에게 걸었다. ❸ 희망. 가능성 ¶找到水源的~不大吧;수원을 찾을 수 있는 가능성(희망)은 크지 않지.│打赢今天这场球有~吗? 오늘 이 시합에서 이긴다는 희망이 있니?│看来这事没~了,你还不死心? 보아하니 이 일은 희망이 없는데, 넌 아직도 단념하지 않았니?

牺牲 xīshēng 动 ❶ 희생하다. ¶他们几个年轻人~休息时间去做志愿者;몇 명의 젊은이들이 휴식시간을 희생하고 봉사자 활동을 한다.│你不能为了自己舒服~大家的利益;자기의 편안함을 위해 모두의 이익을 희생할 수 없다.│真对不起,~了你这么多时间;정말 미안하구나, 이렇게 많은 시간을 낭비하다니. ❷희생하다. 헌신하다. ¶很多战士为祖国的解放~了;많은 전사들이 조국의 해방을 위해 희생하였다.│这次战斗~了不少好战士;이번 전투는 많은 우수한 전사들을 희생시켰다.│这位教师是在地震中为保护学生~的;이 선생님께서는 지진 중에 학생을 보호하기 위해 희생되셨다.

稀少 xīshǎo 形 드물다. 희귀하다. ¶这个地区气候恶劣,人烟~;이 지역 기후가 열악하여 인가가 드물다.│这种植物在这一带已经十分~了;이런 식물은 이 일대에서 이미 매우 희귀해졌다.│今年雨水~;올해 강우량이 적다.

| 晚上小城的街道上行人~;저녁에 소도시의 길에는 행인이 적다.

膝盖 xīgài 名 무릎. ¶ 孩子跑得太快,摔破了~;아이가 빨리 달리다가 넘어져서 무릎이 까졌다.| 一到阴天我的~就疼;날씨가 흐리기만 하면 나의 무릎이 쑤신다.| 我喜欢穿超过~的短裙;나는 무릎 위로 올라오는 미니스커트를 입는 것을 좋아한다.

习惯 xíguàn 动 적응하다. 익숙해지다. ¶ 我已经~了新的生活环境;나는 이미 새로운 생활 환경에 익숙해졌다.| 老人一直不~大城市的生活;노인은 줄곧 대도시 생활에 적응하지 못하였다.| 别担心,小孩子很快就会~的;걱정하지 마라, 아이들은 매우 빨리 적응한다. 名 습관. ¶ 他的生活~不好;그의 생활 습관은 좋지 않다.| 早睡早起是个好~;일찍 자고 일찍 일어나는 것은 좋은 습관이다.| 这个~是从小养成的, 现在很难改了;이 습관은 어렸을 때부터 생겨서 지금은 매우 고치기 어렵다.

媳妇 xífù 名 ❶ 며느리. ¶ 李爷爷家的~很能干;이 씨 할아버지댁 며느리는 매우 일을 잘 한다.| 今天是他家娶~的日子,家里特别热闹;오늘은 그 집에 며느리를 들이는 날이라서 집안이 매우 떠들썩하다. ❷ 아내. ¶ 我~病了,我得请几天假照顾她;아내가 병이 나서 내가 며칠 휴가를 내 그녀를 돌봐줘야만 한다.| 小王找了个漂亮~;왕 씨가 예쁜 아내를 얻었다.| 三十多岁了,怎么还不娶~?서른 살이 넘었는데 어떻게 아직도 장가를 안 가니?

洗 xǐ 动 ❶ 씻다. 제거하다. ¶ 你~脸了

吗? 没~干净吧;세수했니? 깨끗이 씻지 않았구나.| 我只好晚上~衣服了;나는 할 수 없이 저녁에 옷을 빨았다.| 衣服上的油漆只能用汽油~了;옷에 묻은 페인트는 오직 휘발유로만 제거할 수 있다.| ~碗;설거지하다.| ~车;세차하다. ❷ 지우다. ¶ 不小心把那段录音~了;실수로 그 녹음을 지웠다.| 以前的录像没用了, ~了吧;예전에 녹화한 것은 필요가 없으니 지워라. ❸ (사진을) 현상하다. ¶ 照片~出来了,照得不错;사진을 현상했구나. 잘 찍었네.| 这张照片请~五张;이 사진을 다섯 장 더 현상해 주세요.

洗牌 xǐpái 动 (카드놀이에서) 패를 뒤섞다. ¶ 谁输了谁~;지는 사람이 패를 뒤섞는다.| 他~又快又好, 我不怎么会~;그는 패를 뒤섞는 것을 빠르게 잘 하지만, 나는 별로 패를 잘 섞지 못한다.

洗手间 xǐshǒujiān 名 화장실. ¶ ~在三楼右边;화장실은 3층 오른쪽에 있다.| ~的水管坏了,暂时不能用;화장실의 수도관이 고장나서 잠시 사용할 수 없다.

▶용법주의 : 한국에서는 소변과 대변을 보는 곳을 화장실(化粧室)이라고 한다. 이것을 통해 한국과 중국의 인식 차이를 추측할 수 있는데, 중국은 화장실에서 손을 씻는 곳이라는 인식이 강하여 洗手间이라고 하였고, 한국에서는 화장실에서 화장을 하는 곳이라는 인식이 강하여 化粧室이라고 하였다. 실제로 한국의 경우 많은 여성들이 화장실에서 화장을 고친다.

洗衣机 xǐyījī 名 세탁기. ¶ 这种~是最新的品牌;이 세탁기는 최신 브랜드이

703

다.| 家里有了~,洗衣服非常方便;집에 세탁기가 있어서 빨래하기가 매우 편하다.| 请帮忙修理一下~吧!세탁기를 수리하는 것 좀 도와주세요.

洗澡 xǐ//zǎo [动] 목욕하다. 샤워하다. ¶晚上睡觉前~最科学;저녁 잠자기 전에 목욕하는 것이 가장 과학적이다.| 公司对面新开了一家~堂,生意不错;회사 맞은편에 새로 목욕탕이 문을 열었는데 장사가 잘 된다.| 天太热了,真想洗个凉水澡;날씨가 너무 더워 정말이지 냉수욕을 하고 싶다.

喜爱 xǐ'ài [动] 좋아하다. 애호하다. 호감을 갖다. ¶爷爷特别~他的小孙子;할아버지는 그의 어린 손자를 특히 좋아하신다.| 他从小就~唱歌;그는 어릴 때부터 노래하기를 좋아한다.| 我们俩都~京剧,经常一起去看演出;우리 둘 모두 경극을 좋아하여 자주 함께 공연을 보러 간다.| 这是我最~的一幅画,我一直保存着;이것은 내가 가장 좋아하는 그림이어서 계속 보관하고 있다.

喜欢 xǐ·huan [动] 좋아하다. 마음에 들다. ¶我~运动,但她不~,我们玩不到一起;나는 운동을 좋아하지만 그녀가 좋아하지 않아서 우리는 같이 놀지를 못 한다.| 你要是真的~他就应该告诉他;네가 만약 정말로 그를 좋아한다면 그에게 말해야 한다.| 这是我最~的品牌;이것이 내가 가장 좋아하는 상표이다.

喜悦 xǐyuè [形] 기쁘다. 유쾌하다. ¶回到家里心里充满~;집에 돌아오니 즐거움으로 가득하다.| 见到孩子的~心情简直无法形容;아이를 보는 즐거움은 그야말로 말로 형언할 수가 없다.| 我考上大学时,全家人都感到十分~;내가 대학에 합격했을 때, 온 가족들 모두 굉장히 기뻐했다.

戏 xì [名] 극. 연극. ¶我爷爷最喜欢看~,是有名的~迷;나의 할아버지는 연극 보기를 가장 좋아하시는데, 유명한 연극광이시다.| 听说这个~的演员都是一流水平的,我得去看看;듣기에 이 연극의 배우 모두가 일류 수준이라고 하니 꼭 가서 봐야만 한다.| 你记得那个~的名字吗;그 연극의 제목을 기억하니?| ~台;연극 무대.| ~院;극장.| ~装;무대 의상.

戏剧 xìjù [名] 연극. 극. 희극. ¶她从~学院毕业后就进了一个剧团做演员了;그녀는 연극 학교를 졸업 후에 곧바로 극단에 들어가 배우가 되었다.| 现在的年轻人也有不少喜欢~的;요즘 젊은이 가운데 (전통)극을 좋아하는 사람이 많다.| 我爸爸一辈子搞~创作;나의 아버지는 한평생 희극 창작 일을 하셨다.

戏曲 xìqǔ [名] (중국 전통의) 희곡. ¶这个小姑娘学~的条件很好;이 어린 소녀는 희곡을 배울 조건이 매우 좋다.| 在中国,喜欢~的人很多;중국에는 희곡을 좋아하는 사람이 매우 많다.| 几种传统~中,我最喜欢昆曲;몇 개의 전통 희곡 중에 나는 곤곡을 가장 좋아한다.

戏院 xìyuàn [名] 극장. ¶以前的剧场叫~,老北京城里的~特别多;이전의 극장은 '戏院'이라고 불렸는데 옛날 베이징 도시 안에는 '戏院'이 매우 많았다.| 我爷爷家对面就有一个旧~,现在已经不用了;우리 할아버지댁 맞은

편에는 오래된 극장이 있었는데 지금은 이미 사용하지 않는다.| ~维修, 两三个月都不能演出了;극장이 수리 중이어서 2-3개월 동안 공연을 할 수 없다.

系 xì 名 과. 전공. ¶ 我们学校有20个不同的~;우리 학교에는 20개의 서로 다른 과가 있다.| 我在中文~, 我的朋友在物理~;나는 중문과이고, 나의 친구는 물리과이다.| 这个教学计划应该交到~办公室去;이 강의 계획은 마땅히 학과 사무실에 가서 제출해야 한다.

系列 xìliè 名 계열. 시리즈. ¶ 新出了一套古代史~丛书,听说不错;새로 나온 고대사 시리즈 총서가 듣자하니 괜찮다고 한다.| 这是~产品,你还可以试试别的;이것은 시리즈 상품이니 너는 또 다른 것을 시험해 볼 수 있다.| 最近一直在看一个电视~片;최근에 계속 텔레비전 미니시리즈를 보고 있다.

系统 xìtǒng 名 계통. 시스템. ¶我父母都在教育~工作;나의 부모는 모두 교육 계통에서 일하신다.| 最近不想吃饭,医生建议我检查一下消化~;최근에 밥맛이 없어서 의사가 소화 계통을 검사하라고 건의하였다. 形 체계적이다. ¶你查的这些材料不成~,不能用;네가 찾은 이런 자료는 체계적이지 않아서 사용할 수 없다.| 我们~地复习一下已经学过的内容;우리들은 이미 배웠던 내용을 체계적으로 복습해 보자.| 软件设计我学过一些,但不太~;나는 소프트웨어 설계를 배운 적이 있지만 그리 체계적이지는 않다.

细 xì 形 ❶ 가늘다. ¶这根绳子太~了,找一根粗一点的吧;이 끈은 너무 가느니 좀 굵은 것을 찾아보자.| 我喜欢用~一点的铅笔;나는 가는 연필을 사용하는 것을 좋아한다.| 你的胳膊真~,我的太粗了;네 팔은 정말 가는데, 나의 팔은 너무 굵다. ❷ (알이) 잘다. ¶这种面粉磨得很~,用它包饺子挺好的;이런 가루를 아주 잘게 빻아서 그것을 사용해 만두를 빚으면 아주 좋다.| 老家的海滩有大片的~沙,躺在上面特舒服;고향의 해변에 넓은 고운 모래가 있는데, 위에 누워 있으면 아주 편하다. ❸ (목소리가) 작다. ¶妈妈说话从来都是一声一语的,特别温柔;어머니는 말씀하시는 목소리가 작고 다소곳하며 온화하시다. ❹ 정밀하다. ¶这件衣服做工很~;이 옷은 매우 정교하게 만들었다.| 这是景德镇的~瓷,漂亮吧;이것은 경덕진의 정교한 도자기인데, 아름답지!| 玉器雕得越~越好;옥기는 정교할 수록 좋다. ❺ 세심하다. ¶老师的心很~,学生的心思她都知道;선생님의 마음이 매우 세심하셔서 학생의 마음을 모두 다 아신다.| 这件事我就不~说了;이 일은 내가 자세히 말하지 않겠다.| 他办事很~,一般不会出错;그는 매우 꼼꼼하게 일 처리를 해서 보통 실수가 나오지 않는다.

细胞 xìbāo 名 세포. ¶ 植物和动物都有~;식물과 동물은 모두 세포가 있다.| ~能够运动,也能繁殖;세포는 운동할 수 있고 또한 번식할 수도 있다.

细菌 xìjūn 名 세균. ¶ 自然界中有很多~;자연계에 매우 많은 세균이 있다.| 有的~是有益的,有的~有害,会使

人或动物生病;어떤 세균은 유익하고 어떤 세균은 해로워 사람이나 동물을 병들게 할 수 있다.|用开水洗碗,可以杀死一些有害的~;뜨거운 물로 설거지를 하면 해로운 세균을 죽일 수 있다.

细嫩 xìnèn 形 부드럽다. 살결이 곱다. ¶她的皮肤~,真好看;그녀의 피부가 고운데, 정말 이쁘다.|这样做出来的肉非常~,口感很好;이렇게 만든 고기는 정말 부드럽고, 맛이 좋다.

细腻 xìnì 形 ❶부드럽다. 매끄럽다. 살결이 곱다. ¶这种瓷器质地~,造型也漂亮;이런 도자기의 재질은 매우 부드러우며 모양 또한 아름답다.|女孩的皮肤一般都比较~;여자 아이의 피부는 일반적으로 비교적 곱다. ❷섬세하다. ¶这件玉器的雕刻手法~;이 옥기의 조각 솜씨가 섬세하다.|她的表演~,感人至深;그녀의 연기가 섬세하여 매우 감동적이다.|《红楼梦》的人物描写得~生动;《홍루몽》의 인물 묘사가 매우 세밀하고 생동감이 있다.

细心 xìxīn 形 세심하다. ¶他是个~人;그는 세심한 사람이다.|你做作业不~,里面错误比较多;너는 숙제를 꼼꼼하게 하지 않아 잘못된 곳이 비교적 많다.|他以前很粗心,现在变得~了;그는 이전에 매우 건성건성했지만 지금은 세심하게 변했다.|~点儿,千万不要弄错了;제발 틀리지 말고, 좀 세심하게 해라.

虾酱 xiājiàng 名 새우젓. ¶~是用小虾做成的,比较有营养;새우젓은 작은 새우로 만든 것으로 비교적 영양이 많다.|这是奶奶自己做的~,给你一瓶尝尝;이것은 할머니께서 직접 만드신 새우젓인데, 한 병 줄 테니 맛 좀 봐라.

峡谷 xiágǔ 名 (좁고 험한) 골짜기. 협곡. ¶雅鲁藏布江大~非常神奇;브라마푸트라강 대협곡은 매우 신기롭다.|科罗拉多大~很有名,应该去看看;그랜드캐년은 매우 유명하므로 마땅히 가봐야 한다.|这个地区地质结构复杂,高山~很多;이 지역 지질 구조가 복잡하여 높은 산과 협곡이 매우 많다.

狭窄 xiázhǎi 形 ❶(폭이) 비좁다. ¶北京有很多~的胡同;베이징에는 비좁은 골목이 아주 많다.|这条街太~了,两辆车同时过都困难;이 길은 너무 좁아 차 두 대가 동시에 지나기에도 어렵다.|这么~的房间怎么能住这么多人呢;이렇게 좁은 방에서 어떻게 이렇게 많은 사람들이 살 수 있지요? ❷편협하다. 옹졸하다. ¶他这人心胸~;그는 마음이 옹졸하다.|我的知识面~,还得多看点书;나의 지식 범위는 편협하여 역시 책을 좀 많이 봐야 한다.

下 xià 动 ❶(위에서 아래로) 내려가다. ¶~山的路不好走;산을 내려가는 길은 걷기에 나쁘다.|他先~楼了;그가 먼저 아래층으로 내려갔다.|上车~车的人多,当心点!승하차하는 사람이 많으니 조심해라! ❷내리다. ¶~雨了;비가 내렸다.|好久没~雪了;오랫동안 눈이 내리지 않았다.|今天~了霜,天冷了;오늘 서리가 내려 날씨가 춥다. ❸공표하다. 발표하다. ¶明天不上课,~个通知吧;내일 휴강이니 통지해라.|领导~命令了,这家工厂必须停产整顿;지도자가 명령을 내렸

으니 이 공장은 반드시 생산을 멈추고 정리를 해야 한다.| 你们的请柬~晚了,很多人都没来;너희들의 초대장이 늦게 발송되어 많은 사람들이 오지 못했다. ❹ 가다. ¶老王~乡调查去了;왕 씨가 조사하러 시골로 내려갔다.| 我爸爸最近也~厨房了;우리 아빠는 최근에도 손수 요리를 하신다.| 他们夫妻俩都不做饭,天天~馆子;그들 부부 두 사람은 모두 밥을 하지 않고 매일 음식점에 가서 밥을 먹는다. ❺ 해내다. ¶现在~结论太早了;지금 결론을 내리는 것은 너무 서두르는 것이다.| 老师~的定义好像有点问题;선생님께서 내린 정의는 문제가 있는 듯 하다.| 老师给我~评语说我进步了;선생님이 나에게 내가 향상됐다고 평가해 주셨다. ❻ 힘들이다. 노력하다. ¶他很聪明,但学习不肯~功夫;그는 매우 영리하지만 열심히 공부하지 않는다.| 你~笔太重,纸都写破了;너는 연필을 잡는데 너무 힘을 줘서 종이가 모두 찢어졌다.| 这小伙子干活特别~力气;이 젊은이는 일을 하는데 특히 힘껏 일한다. ❼ 넣다. ¶水开了,~面条吧;물이 끓었으니 면을 넣자.| 我不会包饺子,但~饺子我很拿手;나는 만두를 빚지 못하지만 만두를 끓이는 것은 가장 잘 한다.| 现在正是~种的节气,不要误了农时;지금이 바로 파종하는 절기이니 농사철을 놓치지 말아라. ❽ (동물이) 생산하다. 낳다. ¶奶奶养的猪要~小猪仔了;할머니께서 키우는 돼지가 새끼를 낳으려고 한다.| 这只老母鸡每天都~一个蛋;이 암탉이 매일 달걀을 하나씩 낳는다.| 这是昨天刚~的

小牛犊,样子很可爱;이것은 어제 막 태어난 망아지로 모습이 매우 귀엽다. 量 (~儿) 번. ¶我敲了三~窗户他才抬头;내가 세 번 창문을 두드리자 그가 마침내 고개를 들었다.| 他拿起瓶子摇了几~,发现是空的;그는 병을 들고 몇 번 흔들어 보고 빈 것임을 알았다. 名 ❶ 낮은 곳. ¶我在楼~等你;내가 건물 아래에서 기다릴게.| 你往~看,那就是我们学校;아래 쪽을 봐라, 저 곳이 바로 우리들의 학교다.| 山~有个小村庄;산 아래에 작은 마을이 있다. ❷ 낮다. ¶我是他的~级;나는 그의 하급자이다.| ~层社会的情况我们了解不多;하층 사회의 상황에 대해 우리는 많이 이해하지 못한다.| 黄河~游的自然条件很好;황허 하류의 자연 조건은 매우 좋다. ❸ 다음. ¶~学期不开英语课了;다음 학기에는 영어 수업을 개설하지 않는다.| 这是~半年的预算;이것은 하반기의 예산이다.| 他准备~个月回国;그는 다음 달 귀국하려고 한다. ❹ 일정 범위의 방위사. ¶这笔账记在我的名~吧;이 빚은 나의 명의로 적어놔라.| 在这位经理手~干比较愉快;이 사장님의 밑에서 일하는 것은 비교적 즐겁다.| 这种情况~我不便发表意见;이런 상황에서 내 의견을 발표하는 것은 불편하다.| 在一定条件~坏事有可能变成好事;어느 정도 조건이 갖춰지면 나쁜 일이 좋은 일로 변할 가능성이 있다.

下 //·xià 动 ❶ (방향동사) (높은 곳에서 낮은 곳으로) 가다. 이동하다. ¶坐~吧;앉아라.| 快躺~;빨리 누워라.| 把书包放~;책가방을 내려놓아라. ❷

공간이 있고 없음을 표시.¶宿舍住不~这么多人;숙소는 이렇게 많은 사람들이 살 수 없다.|这个书包刚好能放~这些书;이 책가방은 이만큼의 책들을 넣기에 딱 좋다.|好了,碗里盛不~了;됐어, 그릇에 더 담을 수가 없어. ❸동작의 완성 혹은 결과를 표시.¶前人已经打~了基础;앞사람이 이미 기초를 다져 놓았다.|你们自己定~的计划为什么不执行;너희들 스스로가 정한 계획을 왜 집행하지 않니?|我拍~了这个感人的场面;나는 사람을 감동시키는 이 장면을 찍었다.

下班 xià//bān (~儿)动 퇴근하다.¶~后一起吃晚饭吧;퇴근 후 같이 저녁 먹자.|快到~时间了;곧 퇴근 할 시간이다.|他下了班就回家了;그는 퇴근하자마자 집에 갔다.

下边 xià·bian (~儿)名 밑. 아래쪽.¶笔掉到桌子~了;연필이 탁자 아래로 떨어졌다.|大家自由活动,下午4点在山~集合;모두 자유 활동을 갖고, 오후 4시에 산 아래에서 모이자.|~一个问题更难;다음 문제는 더 어렵다.

下次 xiàcì 다음.¶这回没找到,~再找吧;이번에 찾지 못했으니 다음에 다시 찾자.|这次原谅你了,~就不能原谅了;이번에 용서하였으나 다음에는 용서하지 않겠다.|欢迎~再来;다음에 다시 오시는 것을 환영합니다.

下降 xiàjiàng 动 하강하다. 떨어지다.¶气温一下子~了7度;기온이 갑자기 7도나 떨어졌다.|飞机突然~让人觉得有些难受;비행기가 갑자기 하강하여 사람들로 하여금 조금 힘들게 했

다.|改变了进货渠道,成本~了不少;물건 구매 경로를 바꾸었더니 원가가 많이 줄어들었다.

下课 xià//kè 动 수업이 끝나다.¶到~时间了;수업이 끝날 시간이 되었다.|~以后去踢球吧;수업이 끝난 후 축구하러 가자.

下来 xià//·lái ❶动 내려오다.¶他们还没从山上~,再等一会儿;그들이 아직 산에서 안 내려왔으니 좀 더 기다려 보자.|你快点~,大家都等着呢;빨리 내려와라, 모두가 기다리고 있다.|老人下不来了,我去帮他一下;노인이 내려오시지 못하니 내가 가서 그를 돕겠다. ❷动 ❶(방향동사) (높은 곳에서 낮은 곳으로) 오다. (위쪽에서 아래쪽으로) 오다. 내려오다.¶请把那本书拿~我看看;저 책을 내려주세요, 제가 좀 볼게요.|水是从山上流~的;물은 산 위에서 아래로 흐른다.|架子修好了,东西掉不~;선반을 다 고쳐서 물건이 떨어지지 않는다. ❷ (동사 뒤에서) 결과를 표시.¶天已经黑~了,快回家吧;날이 이미 어두워졌으니, 빨리 집에 돌아가자.|车的速度慢~了;차의 속도가 느려졌다.|雨一下子停不~;이 비는 단시간 내에 멈추지 않을 것이다.

下面 xià·miàn 名 ❶(~儿) 아래.¶这座山的~有个小村庄;이 산 아래에 작은 마을이 있다.|你在~等我一会儿,我上去拿点东西;아래에서 좀 기다려라, 올라가서 물건 좀 가져올게.|我俩上下铺,我住在~;우리 둘은 위 아래 침대로 나는 아래에서 산다. ❷ 다음.¶请看~一个题;다음 문제를 보세요.|~我们介绍一下产品的性能;다

음으로 우리가 상품의 성능을 좀 소개하겠습니다.| 我~想说的是食品卫生问题;내가 다음에 이야기하려는 것은 식품위생에 관한 문제이다.

下去 //xià//·qù ❶ 动 (높은 곳에서 아래로) 이동하다. 내려가다. ¶你先~吧,我还有点事;먼저 내려가라, 나는 아직 일이 있다.| 你怎么还没~?大家都等着呢;넌 어째서 아직도 내려가지 않았니? 모두가 기다리고 있잖아.| 那孩子爬到楼上就下不去了;그 아이는 건물 위로 기어올라가서는 내려오지 못한다. ❷ 动 ❶ (방향동사) (높은 곳에서 낮은 곳 또는 먼 곳에서 가까운 곳으로) 내려가다. ¶一块大石头从山上滚~了;큰 돌이 산 위에서 굴러 내려갔다.| 小心点,别摔~了;넘어지지 않도록 좀 조심해.| 没事,摔不~;괜찮아, 넘어지지 않아. ❷ (동사 뒤에서)계속 이어짐을 표시. ¶风还会刮~的;바람은 여전히 불 것이다.| 他说不~了;그는 말을 잇지 못한다.| 只要我们坚持~,一定能走到那里;우리가 견디기만 하면 반드시 그곳에 갈 수 있다.

下午 xiàwǔ 名 오후. ¶~上课有点困;오후 수업은 약간 졸립다.| 明天~没事,出去玩吧;내일 오후 일이 없으니 나가 놀자.| 那孩子玩了一~,到现在还没回来呢! 그 아이는 오후 내내 놀고도 지금까지 아직 돌아오지 않았다.

吓 xià 动 놀래다. ¶把我~了一跳;나를 놀래켰다.| 差点儿~死我;하마터면 놀라 죽을 뻔 했어.| 看到蛇,她~得直发抖;뱀을 보자 그녀는 놀래서 계속 떨었다.| 你别~着孩子;너는 아이

를 놀라게 하지 마라.

夏季 xiàjì 名 여름철. 하계. ¶四季中我最喜欢~;사계절 중 나는 여름철을 가장 좋아한다.| 这里的~温度特别高;이곳의 여름은 온도가 매우 높다.| 今年在大连举行~服装节;올해 따렌에서는 여름철 의류 축제가 열린다.

夏天 xiàtiān 名 여름. ¶我不喜欢~,太热;나는 여름을 좋아하지 않는다. 너무 덥다.| 这个~你出去旅行吗;이번 여름에 넌 여행가니?| 今年~的雨水比往年少;올해 여름철 강우량은 예전보다 적다.

先 xiān 名 먼저. ¶事~我提醒过你,你不听;사전에 난 너에게 주의를 주었으나 넌 듣지 않았다.| 这件事没有~例;이 일은 선례가 없다.| 别急,总要有~有后嘛;조급해 하지 마라, 어쨌든 선후가 있다. 副 ❶ 먼저. ¶你~去,我随后就到;네가 먼저 가라, 내가 뒤이어 도착할게.| 他总是比我~做完作业;그는 항상 나보다 먼저 숙제를 완성한다.| 你~说吧! 네가 먼저 말해라. ❷ 잠시. ¶这事我~考虑考虑再答复你吧;이 일은 내가 생각 좀 해보고 난 후에 다시 대답하겠다.| 旅游的事~放一放,现在没时间;여행 일은 잠시 나중으로 미루자, 지금은 시간이 없다.| 这个消息~别告诉她,免得她着急;이 소식은 그녀가 초조해하지 않도록 잠시 그녀에게 말하지 마라.

先后 xiānhòu 副 연이어. 차례로. ¶两位老人一年里~都去世了;노인 두 분이 일년 사이에 차례로 돌아가셨다.| 去年我~去了美国、加拿大等好几个

国家;작년에 나는 미국, 캐나다 등 몇 개국을 차례로 갔다.| 他一周~给我发了十个邮件;그는 일주일 사이에 나에게 10개의 메일을 보냈다. 名 먼저와 나중.¶ 他做事不分~,没有计划性;그는 일을 하는데 선후 구별을 하지 않아 계획성이 없다.| 大家按~次序进来,不要乱;모두 앞뒤 순서에 따라 들어오세요. 소란 피우지 마세요.

先进 xiānjìn 形 (다른 것보다 수준이) 뛰어나다. 앞서다. 선진적이다.¶ 他们的航天技术很~;그들의 우주비행 기술은 매우 뛰어나다.| 我们应该学习~的管理方法;우리들은 앞선 관리 방법을 배워야 한다.| 我们的产品也达到国际~水平了;우리들의 상품 역시 국제 선진 수준에 도달하였다. 名 선진적인 사람이나 단체.¶ 他是我们单位的~;그는 우리 회사의 선진적인 인물이다.| 明天的大会是表彰~, 大家按时参加;내일 대회는 선진적인 인사를 표창하니 모두 시간 맞춰 참석해주세요.

先前 xiānqián 名 이전. 예전.¶ 现在的孩子比~幸福多了;요즘 아이들은 예전보다 훨씬 행복해졌다.| 经过训练, 他的技术水平比~提高了;훈련을 통해 그의 기술 수준은 이전보다 향상되었다.| 爷爷~也是老师;할아버지는 예전에도 선생님이셨다.

▶용법주의:'先前'과 '从前','以前'의 뜻은 서로 매우 비슷하여 일반적으로 서로 바꿔 쓸 수 있다. 그러나 서로 다른 용법 또한 있다.'以前'은 동사 혹은 동사성 구문 뒤에서 시간을 표시한다. 그러나 '先前'과 '从前'은 이러한 용법이 없다.¶吃饭以前要洗手;식사 전에 손을 씻어야 한다.| 睡觉以前洗澡是最好的;잠 자기 전에 목욕하는 것이 가장 좋다.

先生 xiānsheng 名 ❶ 선생님.¶ ~一生教书,平静充实;선생님은 평생동안 교편을 잡으셨는데, 매우 담담하시다.| 这位~是中文系的,退休好多年了;이 선생님은 중문과이셨고, 퇴직한 지 몇 년이 되셨다. ❷ 지식인.¶ 张~最近出版了一部学术著作;장 선생님은 최근에 학술저서를 출판하셨다.| 他是位学识渊博的老~;그는 학식이 깊고 넓은 노선생님이시다. ❸ 남자에 대한 존칭.¶ 这位~,请问您要什么?;선생님, 실례지만 무엇이 필요하세요?| ~们、女士们,晚上好! 신사,숙녀 여러분, 안녕하십니까! ❹ 자기 혹은 다른 사람의 남편.¶ 她~在外地工作;그녀의 남편은 외지에서 일한다.| 我~饭做得不错;내 남편은 밥을 잘 한다.

▶용법주의:'先生'이 남편을 가리킬 때에는 앞에 응당 인칭대사 '我', '你', '她' 등이 와야 한다.

纤维 xiānwéi 名 섬유.¶ 这种植物的~比较粗;이 식물의 섬유는 비교적 굵다.| 棉花的~越长越好;목화의 섬유는 길면 길수록 좋다.| 这是一种人工合成的~;이것은 일종의 인공 합성 섬유이다.

掀 xiān 动 쳐들다. 들추다.¶ 她~开门帘请客人进来;그녀는 문발을 걷어올려 손님이 들어오도록 하였다.| 把锅盖~开;솥뚜껑을 열다.| 这个井盖太沉,~不动;이 우물 뚜껑이 너무 무거워 들출 수가 없다.

鲜 xiān 形 ❶ 신선하다. ¶今天超市的~鱼~肉都不错;오늘 슈퍼마켓의 생선과 고기는 모두 좋다.| 这种~桃真好吃;이런 싱싱한 복숭아는 정말로 매우 맛있다.| 别吃干虾,我家有~的,我去拿;말린 새우를 먹지 마라. 우리 집에 싱싱한 새우가 있으니 내가 가서 가져오겠다. ❷ (반찬이) 맛있다. ¶这汤很~,尝尝吧;이 탕은 매우 맛있으니, 먹어 봐라.| 妈妈做的鱼特别~;엄마가 만든 생선은 매우 맛있다.| 做的菜总是不~,不知道为什么;만드는 요리마다 항상 맛이 없는데 왜 그런지 모르겠다.

鲜花 xiānhuā 名 생화. ¶母亲节时我送妈妈一束~;어머니 날에 나는 엄마에게 생화 한 다발을 드렸다.| 楼下新开了一个~店;아래층에 꽃집이 새로 문을 열었다.| 春天,公园里到处都是盛开的~;봄날, 공원 안은 곳곳마다 모두 활짝 핀 꽃들이다.

闲 xián 形 ❶ 한가하다. 할 일이 없다. ¶这几天在家~着没事,看了两本小说;요 며칠 집에서 할 일 없이 빈둥거리면서 소설책 2권을 읽었다.| 我忙得要命,他~得难受;나는 바빠 죽을 지경인데 그는 할 일이 없어 미칠 지경이다.| 他是我们家的大~人;그는 우리 집 백수이다. ❷ 사용하지 않다. ¶这间屋子一直~着,让你同学住吧;이 방은 계속 비어 있으니 네 학교 친구가 살도록 해라.| 你的自行车~着也是~着,就借我骑两天吧;너의 자전거는 계속해서 놀려두고 있으니 내가 며칠 동안 타게 빌려줘라.| 那台机器已经~了一年多没人用了;이 기계는 이미 1년이 넘도록 사용하는 사람이 없다.

衔 xián 动 물다. 머금다. ¶燕子~泥做窝;제비가 진흙을 물어와 둥지를 짓다. 名 직함. 등급. ¶你知道他是什么头~吗?그가 무슨 직함인지 압니까?| 朋友刚刚晋升上校军~;친구가 막 장교 계급으로 승진하였다.

嫌疑 xiányí 名 의심. 혐의. ¶他有作案的~;그는 범죄 혐의가 있다.| 这次案件的~人都被调查过了;이번 사건의 용의자는 모두 조사를 받았다.| ~犯目前在逃;피의자는 현재 도피 중이다.

显得 xiǎndé 动 드러나다. …처럼 보이다. ¶他今天~很精神;그는 오늘 매우 생기있어 보인다.| 客厅换了窗帘,~很大;거실 커튼을 바꿨더니 거실이 매우 커 보인다.| 你穿这件衣服~你有点瘦;네가 이 옷을 입으니 약간 말라보인다.

显然 xiǎnrán 形 분명하다. 명백하다. 두드러지다. ¶你~没预习,一个生词都不认识;새로운 단어를 하나도 모르다니, 예습을 안했구나.| 灯都亮了,他~回来了;등이 모두 켜진 걸 봐서는 그가 분명히 돌아왔다.| 你~没有听懂我的意思;너는 분명히 나의 뜻을 알아듣지 못 했다.

显示器 xiǎnshìqì 名 모니터. ¶我电脑的~出毛病了,用不成;내 컴퓨터의 모니터가 고장나서 사용할 수 없다.| 这种~的质量有问题;이런 모니터의 품질은 문제가 있다.| 你的~好像比我的好一些,什么牌子? 너의 모니터는 내 것보다 좋아보이는데 무슨 상표니?

显眼 xiǎnyǎn 形 눈에 띄다. 두드러지

다.¶你去把通知贴到~的地方;네가 가서 잘 보이는 곳에 통지문을 붙여라.|我不喜欢太~的颜色;나는 너무 눈에 띄는 색을 좋아하지 않는다.|这么~的标志你看不到?我不相信;이렇게 두드러진 표시를 못 봤다구? 믿을 수 없다.

显著 xiǎnzhù 形 현저하다. 탁월하다. ¶这种药吃了以后有点作用,但不~;이 약은 먹은 후 약간 효과가 있지만 눈에 띄게 좋진 않다.|给他补了一个月的课,进步很~;그에게 한달 간의 수업을 보충하였더니 눈에 띄게 향상 되었다.|他在水稻育种方面做出了~成绩;그는 벼 육종 방면에서 탁월한 성적을 거두었다.

县 xiàn 名 현. ¶这个~最近几年发展很快;이 현은 최근 몇 년간 매우 빠르게 발전하였다.|我们~要编县志,我负责编写物产部分;우리 현은 현의 잡지를 만들려고 하는데 나는 생산물 자료를 편집해 쓰는 책임을 맡았다.|西北还有不少贫困~需要援助;서북 지역에는 많은 가난한 현들이 있어 원조가 필요하다.

现 xiàn 副 임시로. 곧. 당장. ¶油条是~炸的,又香又酥;유타오는 막 튀긴 것이 맛있고 바삭바삭하다.|午饭要我自己回家~做,时间有点紧;점심을 혼자 집에 가서 당장 해 먹으려면 시간이 좀 빠듯하다.|这是他上台之前~编的歌词,还不错吧;이것은 그가 무대 오르기 전에 즉흥적으로 만든 가사지만 그런대로좋다. 动 ¶看到女儿,妈妈脸上~出了笑容;딸을 보니 엄마 얼굴에 웃음꽃이 피었다.|那个小偷最后还是~了原形;그 도둑은 마지막에 결국 정체를 드러냈다.|人早晚是要~出本性的;인간은 언젠가는 본성을 드러낸다.

现场 xiànchǎng 名 ❶현장. ¶警察赶到~时,嫌疑犯已经逃走了;경찰이 현장에 서둘러 도착했을 때, 피의자는 이미 도망갔다.|注意保护事故~;사고 현장을 보전하는 것에 주의해라. ❷현장. ¶要是能到火箭发射~看发射就好了;만약 미사일 발사 현장에서 발사를 볼 수 있다면 좋겠다.|在~看演出跟在电视上看就是不一样;현장에서 공연을 보는 것은 텔레비전으로 보는 것과 다르다.|那天庆祝活动的~很热闹;그날 경축 활동 현장은 매우 시끌벅적하였다.

现代 xiàndài 名 현대. ¶~社会的机会很多;현대 사회는 기회가 매우 많다.|你是~人,怎么还是这么不开通?너는 요즘 사람인데 어떻게 아직도 이렇게 답답하니?|从古代汉语到~汉语已经有了很大的变化;고대 한어부터 현대 한어까지는 이미 매우 큰 변화가 있었다.

现代化 xiàndàihuà 动 현대화. ¶北京已经发展成~大都市了;베이징은 이미 현대화 된 대도시로 발전하였다.|一旦实现农业~,粮食问题就彻底解决了;일단 농업의 현대화를 실현하면 식량문제는 곧 철저히 해결된다.|这个公司完全采用~管理模式,发展前景很好;이 회사는 완전히 현대화 관리 시스템을 도입하여 발전 전망이 매우 좋다.

现代企业 Xiàndài qǐyè 名 현대 기업. ¶这是一家有名的~,你没听说过吗?이것은 유명한 현대 기업인데 너는

들어본 적이 없니?|~需要现代化的管理;현대 기업은 현대화 관리가 필요하다.| 目前这个地区的几家~经营状况都不错;현재 이 지역의 몇 개 현대 기업의 경영 상황은 모두가 좋다.

现金 xiànjīn 名 현금.¶ 在这种小店买东西只能付~;이러한 작은 상점에서 물건을 살 때에는 현금으로만 지불할 수 있다.| 外出旅游还是少带~;출장 여행 때에는 현금을 적게 소지해라.| 你随时可以兑换~;너는 언제든지 현금으로 환전을 할 수 있다.

现实 xiànshí 名 현실.¶ 理想和~不是一回事,我们必须尊重~;이상과 현실은 다르니 우리는 반드시 현실을 존중해야 한다.| ~是无情的;현실은 냉정한 것이다.| 不要幻想了,好好正视~吧! 환상에 사로잡히지 말고 똑바로 현실을 직시해라. 形 현실적이다.¶我看你的想法不~;내가 보기에 너의 생각은 비현실적이다.| 这次做的计划还算~;이번에 만든 계획은 비교적 현실적이다.| 你的家庭负担是个~问题,想办法解决吧;네 가정의 현실적인 문제이니 방법을 생각해 해결해라.

现实主义 xiànshí zhǔyì 名 리얼리즘. 현실주의.¶~是一种写实的创作方法;현실주의는 일종의 사실적인 창작방법이다.| 杜甫的诗歌创作是~的;두보의 시가 창작은 현실주의이다.| 这部小说是有名的~作品;이 소설은 유명한 현실주의 작품이다.

现象 xiànxiàng 名 현상.¶ 语言是社会~,不是自然~;언어는 사회현상이지 자연현상이 아니다.| 这是一种奇怪的~;이것은 이상한 현상이다.| 出现

这种~肯定是有原因的;이런 현상이 나타나는 것은 반드시 원인이 있다.

现行 xiànxíng 形 현행의.¶~的管理制度比较科学;현행의 관리제도는 비교적 과학적이다.| ~的粮食收购政策对农民有利;현행의 식량 수매정책은 농민에게 유리하다.| ~法律还有需要完善的地方;현행법률은 아직도 보완해야 할 부분이 있다.

现在 xiànzài 名 현재.¶喂,你~在哪儿? 여보세요! 지금 어디십니까?| 我~就去找你,等我;내가 지금 너를 찾아갈 테니 기다려라.| ~的社会秩序比原来好多了;지금의 사회질서는 예전보다 많이 좋아졌다.| ~的年轻人都喜欢流行音乐;요즘 젊은이들은 모두 대중가요를 좋아한다.

限制 xiànzhì 动 한정하다. 제약하다. 구속하다.¶ 办公楼应该~一下用电量;사무실 건물은 마땅히 용전량을 제한해야 한다.| 文章的字数最好~在五千以内;문장의 글자 수는 오천 자 이내가 가장 좋다.| 在这里的活动不受任何~;여기에서의 활동은 어떠한 제약도 받지 않는다.| 我不~你的自由, 遇到事情自己做主吧;나는 너의 자유를 구속하지 않을 테니 무슨 일이 생기면 스스로 결정해라.

线 xiàn 名 ❶ 실. 선. 줄.¶家里没有白~了,我去买;집에는 흰 실이 없으니까 내가 가서 사올께.| 这根电~不够长, 换一根吧;이 전선이 길지 않은 것 같으니 바꾸자.| 毛~;털실.丝~;비단실.| 棉~;무명실. ❷ (기하학상의) 선.¶两点之间的直~最短;두 개 점 사이의 직선이 가장 짧다.| 请你在黑板

上画一条直~,一条曲~;칠판에 직선과 곡선을 하나씩 그리세요. ❸ 선로. ¶你可以坐地铁一号~,三号~也行,但要转车;너는 지하철 1호선을 타도 되고 3호선을 타도 되지만, 버스로 갈아타야 한다. ❹ 교통 노선. ¶新开通的这条运输~非常繁忙;새로 개통된 이 수송선은 매우 바쁘다.| 我每年回家都坐京广~,对那条~太熟悉了;나는 매년 집에 갈 때마다 베이징 광저우 노선을 타서 이 노선에 대해 매우 익숙하다. ❺ 경계선. ¶我国有很长的海岸~;우리 나라는 매우 긴 해안선이 있다.| 那里离国境~不远了;그곳은 국경선과 멀지 않다.| 这些战士刚从前~回来;이 전사들은 막 전선에서 돌아왔다. [量](추상적인 사물에 쓰이고 수사로는 '一'와 함께 쓰여 아주 작음을 나타낸다.) 줄기 가닥. ¶只要还有一~生机就不要放弃;조금 잘 될 가능성만 있다면 포기하지 마라.| 一~阳光从小窗上照进来;한 줄기 빛이 작은 창문으로 비춰 들어왔다.| 现在就剩下最后一~希望了;지금 최후의 한 가닥 희망이 남아있다.

▶용법주의: '线'이 양사 일 때에는 극소량을 나타내며 오직 수사 '一'와 결합할 수 있다.

宪法 xiànfǎ [名] 헌법. ¶ ~规定了公民的权利和义务;헌법은 공민의 권리와 의무를 규정하였다.| 新~的内容跟以前的有所不同;새로운 헌법 내용은 이전의 것과 다소 다르다.

宪法法庭 xiànfǎ fǎtíng [名] 헌법법정. ¶韩国的"宪法法庭"是专门处理有关宪法的各种问题;한국의 헌법법정은 전문적으로 헌법과 관련된 각종 문제를 처리한다.

羡慕 xiànmù [动] 부러워하다. 선망하다. ¶我特别~她的漂亮;나는 특별히 그녀의 미모를 부러워한다.| 咱们不要~人家,过自己的日子;우리는 다른 사람들을 부러워하지 말고 자신의 삶을 살자.| 他有一个让人~的好职位;그는 남들이 부러워하는 좋은 직위에 있다.

献 xiàn [动] ❶ 바치다. 드리다. ¶孩子们跑上去给外宾~花;아이들이 뛰어가서 외빈에게 꽃을 드렸다.| 我愿意把青春和才智~给我的祖国;나는 청춘과 재능을 내 조국에게 바치고 싶다. ❷ 나타내다. 보이다. ¶他这人很会给领导~殷勤;그 사람은 지도자에게 극진하게 대한다.| 几位著名厨师当场~技,让在场的人赞叹不已;몇 명의 유명한 요리사가 현장에서 솜씨를 보이자 현장의 사람들이 감탄하였다.

乡 xiāng [名] ❶ 향. ¶这里是~政府的办公楼;여기가 향 정부의 사무실이다.| 爸爸到~里办事去了,晚上回来;아빠가 향으로 일을 보러 가셨다가 저녁에 돌아오실 것이다. ❷ 농촌. ¶城~的生活条件还是有差别的;도시와 농촌의 생활조건은 아직 차이가 있다.| 这么多年他的~音都没变;이렇게 많은 세월동안 그의 사투리는 변하지 않았다.

乡下 xiāng·xia [名] 농촌. 시골. ¶星期天想带孩子到~看奶奶;일요일에 아이를 데리고 시골로 가서 할머니를 뵙고 싶다.| ~的空气好,在这里多待几天吧;시골 공기가 좋으니 여기서 며칠 더 지내자.| ~人比城里人更朴实;시

골의 사람은 도시 사람보다 더 소박하다.

相 xiāng 副 서로. ¶ 两家~距不远;두 집은 서로 거리가 멀지 않다.| 我们~识才一个月,但是关系很好;우리들은 서로 안 지가 1개월밖에 안 되었지만 관계가 매우 좋다.| 他们俩长得很~像;그들 둘은 생김새가 서로 비슷하다.

相传 xiāngchuán 动 전해지다. 전수하다. ¶ 这件瓷器一辈辈~,已经好多年了;이 도자기는 대대손손 전해졌는데 이미 오래 되었다.| 我们都是一脉~的同胞;우리들 모두는 한 혈통으로 이어진 동포이다.

相当 xiāngdāng 副 상당히. 꽤. ¶ 这篇课文~难背,我一直没背下来;이 본문은 상당히 외우기 어려워, 나는 계속 외우지 못하고 있다.| 他的汉字写得~不错;그는 한자를 꽤 잘 쓴다.| 这种机器~落后,已经没人用了;이런 기계는 상당히 낙후되어 이미 아무도 사용하지 않았다. 动 엇비슷하다. 대등하다.¶他们两人的技术水平基本~;그들 두 사람의 기술 수준은 기본적으로 엇비슷하다.| 他还没结婚,因为一直找不到条件~的对象;그는 이제껏 조건이 맞는 상대를 찾지 못하여 아직 결혼하지 못하였다.| 我看你的汉语水平也就~于三级;내가 보기에 너의 중국어 수준은 기껏해야 3급 정도이다. 形 적합하다. 적당하다.¶这个位置还空着,到现在还没有~的人选;이 자리가 여전히 비어있는데 지금까지 아직 적당한 사람이 없다.| 这个韩语词很难找到~的汉语词翻译;이 한국어에 적당한 중국어 번역 찾

기가 매우 어렵다.

相当于 xiāngdāngyú 动 …에 맞먹는다. …해당하다. ¶这孩子的智力~三岁的;이 아이의 지능은 3세에 해당한다.| 这一顿饭的花销~十个孩子一年的学费;이 한 끼 식사의 비용은 10명 아이의 1년 학비와 맞먹는다.| 我的文化水平~初中毕业;나의 지식 수준은 중학교 졸업에 해당한다.

相对 xiāngduì 动 ❶ 서로 마주 대하다. ¶ 两个人~站着,谁也不说话;두 사람이 서로 마주 서 있는데 누구도 말하지 않는다.| 两座山~,一东一西;두 개 산이 서로 마주하고 있는데 한쪽은 동쪽 한쪽은 서쪽이다. ❷ 서로 대립이 되다. ¶ 美和丑、大和小都是~的;아름다움과 추함, 큰 것과 작은 것은 모두가 서로 대립된 것이다.| 请同学们说出跟"好"~的词;학우 여러분, '좋다'와 서로 대립되는 단어를 말해 보세요. 形 ❶ 상대적이다. ¶事物的发展都是~的;사물의 발전은 모두 상대적이다.| 聪明和笨也是~的;영리함과 어리석음 또한 상대적이다. ❷ 비교적. ¶这段时间物价~稳定;이 기간 물가가 비교적 안정되었다.| 从现在的情况看,甲队的实力~强一些;현재의 상황으로 볼 때 갑팀의 실력이 비교적 강하다.

相反 xiāngfǎn 形 상반되다. ¶ 这两个方向~,到底该往哪儿走呢? 이 두 방향은 상반되는데, 도대체 어느 쪽으로 가야 하니?| 情况正好跟你说的~;상황이 마침 네가 말한 것과 반대이다.| 他提出了完全~的意见,听上去很有道理;그는 완전히 상반되는 의견을 제기하였는데, 듣자니 매우 일리가

715

있었다.【连】반대로.¶他没有停下来，~，比以前跑得更快了;그는 멈추지 않고, 반대로 이전보다 더 빨리 달렸다.｜吃了这种药，病没有好，~，比先前更重了;이 약을 먹었으나 병은 호전되지 않고 오히려 이전보다 더 심해졌다.

相逢 xiāngféng【动】상봉하다.¶我们分别10年又~了，真让人高兴;우리가 헤어진 지 10년 만에 다시 만나니 정말 기쁘다.｜两个萍水~的人能走到一起，说明他们很有缘分;우연히 만난 두 사람이 같이 갈 수 있다는 것은 그들이 매우 인연이 있다는 것을 의미한다.｜~的时光总是过得很快;만남의 시간은 늘 매우 빠르게 지나간다.

相关 xiāngguān【动】관련되다.¶稳定粮油价格与每一个市民的生活息息~;식량과 식용유의 물가를 안정시키는 것은 모든 시민의 생활과 긴밀히 연결되어 있다.｜~规定我都知道了，不必担心;나는 관련된 규정을 모두 알았으니 걱정할 필요가 없다.｜把~的材料整理一下送到办公室吧;관련된 자료를 정리하여 사무실에 보내라.

相互 xiānghù【副】상호. 서로.¶同学们之间~关心，~帮助，关系非常好;친구들끼리 서로 관심을 갖고, 서로 도와주는 등 관계가 매우 좋다.｜两个国家在历史上就~影响，关系密切;두 국가는 역사적으로 서로 영향을 주며 관계가 밀접하다.｜我们还是应该~信任;우리는 여전히 상호 신뢰해야 한다.｜事物之间是~作用的;사물 간에는 상호작용을 한다.

相见 xiāngjiàn【动】만나다.¶老同学~格外激动;오랜 친구들을 만나니 너무나 감격스럽다.｜一对恋人终于又~了;한 쌍의 연인은 마침내 다시 만났다.｜我们俩真是~恨晚啊;우리 둘은 너무 늦게 만났구나.

相似 xiāngsì【形】닮다. 비슷하다.¶这是两个~的图形;이것은 서로 닮은 두 개의 도형이다.｜兄弟两个相貌~，性格也差不多;형제 두 사람은 용모가 비슷하고 성격 또한 비슷하다.

相通 xiāngtōng【动】서로 통하다.¶这几条路都是~的;이 몇 개의 길은 모두 통한다.｜想要做到信息~已经不是困难的事了;정보를 서로 통하게 하려는 것은 이미 어려운 일이 아니다.｜不同门类的艺术都是~的;서로 다른 종류의 예술은 모두 서로 통하는 것이다.

相同 xiāngtóng【形】서로 같다.¶这两篇论文内容~;이 두 편의 논문 내용은 서로 같다.｜咱们想法~;우리 생각은 서로 같다.｜我们用了~的方法，可是结果却不同;우리는 같은 방법을 사용하였지만 결과는 오히려 다르다.

相像 xiāngxiàng【形】서로 닮다.¶他们太~了，差点认错了;그들은 너무 닮아 하마터면 잘못 알아볼 뻔 했다.｜两座楼看上去很~，别走错了;이 두 건물은 서로 매우 비슷하게 보이니 길을 잘못 가지마라.｜姐妹俩长得很~，性格却不同;자매 두 사람은 얼굴이 서로 닮았지만 성격은 오히려 다르다.

相信 xiāngxìn【动】믿다.¶我们还是~科学吧;우리들은 여전히 과학을 믿는다.｜我~他说的是真话;나는 그가 말한 것이 진실이라고 믿는다.｜我不~他能赢，你~吗? 나는 그가 이길 수 있다고 믿지 않는데, 너는 믿니?｜我非

常~自己的判断力;나는 나의 판단력을 매우 믿는다.

相遇 xiāngyù 动 만나다. 마주치다. ¶没想到咱们又~了;뜻밖에도 우리가 또 만났다.ㅣ他们第一次~是在火车上;그들이 처음 만난 것은 기차에서이다.ㅣ希望咱们能再次~;우리가 다시 만날 수 있기를 희망한다.

香 xiāng 形 ❶ 향기롭다. ¶这儿的气味真~;이곳의 냄새는 정말 향기롭다.ㅣ老远就闻到排骨汤的~味儿了;저 멀리서 갈비탕의 향기로운 냄새를 맡았다.ㅣ你闻闻,这种花特别~;냄새를 맡아봐라, 이런 꽃은 특히 향기롭다. ❷ 맛있다. ¶妈妈做的饭最~;엄마가 한 밥이 최고 맛있다.ㅣ这个饭馆的菜不~,以后不来了;이 식당의 반찬이 맛 없어서 앞으로는 오지 않겠다. ❸ 입맛이 좋다. ¶你看他吃得多~啊;그가 얼마나 맛있게 먹는지 봐라.ㅣ前些日子没胃口,吃什么都不~;며칠 동안 입맛이 없어서 무엇을 먹어도 맛이 없다. ❹ (잠이) 달콤하다. ¶看孩子睡得那么~,真不想叫醒他;아이가 저렇게 달콤하게 잠자는 것을 보니 정말이지 그를 깨우고 싶지 않다.ㅣ考试以前我很紧张,吃不好,睡不~;시험 전에 나는 매우 긴장해서 잘 먹지도 못하고 잘 자지도 못한다. 名 향. ¶房间气味儿不太好,点根~吧;방 냄새가 별로 좋지 않으니 향을 피워라.ㅣ妈妈去寺院上~,中午回来;엄마는 절에 가서 향을 피우시고 점심 때 돌아오셨다.ㅣ今晚蚊子太多,只能点蚊~了;오늘 밤에는 모기가 너무 많아 모기향을 피울 수 밖에 없다.

香肠 xiāngcháng 名 소시지. ¶这家小店的~好吃,价钱也合适;이 작은 상점의 소시지는 맛있고 가격도 적당하다.ㅣ中午就吃了一根~,现在好饿呀;점심 때 소시지 하나만 먹었더니 지금 배가 너무 고프다.ㅣ我不太喜欢吃~;나는 소시지 먹는 것을 별로 좋아하지 않는다.

香瓜 xiāngguā 名 참외. ¶到冬天~很贵;겨울이 되면 참외가 매우 비싸다.ㅣ两个国家的~品种不一样;두 국가의 참외 품종이 다르다.ㅣ我喜欢吃~;나는 참외 먹는 것을 좋아한다.

香蕉 xiāngjiāo 名 바나나. ¶~的营养价值很高;바나나의 영양가는 매우 높다.ㅣ这里生产~;여기에서 바나나를 생산한다.ㅣ北京的~都是从南方进的;베이징의 바나나는 모두 남쪽에서 들여온 것이다.

香味 xiāngwèi 名 향기. ¶奇怪,这是哪来的~呀;이상하구나, 어디에서 나는 향기지?ㅣ这种~太浓,我不喜欢;이런 향기는 너무 짙어 나는 좋아하지 않는다.ㅣ这花挺好看,但没什么~;이 꽃은 매우 아름답지만 어떤 향기도 없다.

香烟 xiāngyān 名 담배. ¶爸爸一天要抽一包~,是不是太多了? 아빠는 하루 한 갑의 담배를 피우시는데 너무 많은 것 아니니?ㅣ这种老牌子的~现在已经不生产了;이런 오래된 상표의 담배는 현재 이미 생산하지 않는다.ㅣ胡同口有个卖~的小摊子,生意不错;골목 입구에 담배 파는 노점이 있는데 장사가 잘 된다.

▶용법주의:'香烟'은 학명이다. 구어로는 보통 '烟'이라고 한다. 어떤 때에는 문어체에서도 '香烟'을 사용하지 않

는다. 예를 들어 '禁止吸烟(흡연금지)', '吸烟有害健康(흡연은 건강을 해칩니다)' 등의 문구에서는 모두 '香烟'을 사용하지 않는다.

香油 xiāngyóu 名 참기름. ¶我知道~是用芝麻磨(mó)出来的;나는 참기름이 참깨를 갈아 나온 것임을 안다.¦我觉得小作坊的~味道更香;나는 작은 공장의 참기름 맛이 더욱 좋은 것 같다.¦这汤要是放点~就更好了;이 탕에 참기름을 넣으면 더욱 맛있을 것이다.

香皂 xiāngzào 名 세숫비누. ¶上次出差忘了带~,这回可得记着;지난 번 출장 갈 때 세숫비누 챙기는 것을 잊었는데, 이번에는 꼭 기억해야 한다.¦多买几块~吧,反正要用的;세숫비누를 몇 개 더 사라, 어쨌든 사용할 거니까.¦她只用这个品牌的~;그녀는 오직 이 상표의 세숫비누만 사용한다.

箱子 xiāng·zi 名 상자. 트렁크. ¶托运的时候我的~被摔坏了;운송할 때 나의 트렁크가 떨어져 망가졌다.¦我想买一只上飞机可以带的~;나는 비행기에 가지고 탈 수 있는 트렁크를 사고 싶다.¦~没地方放,先放在床底下吧;상자를 놓을 곳이 마땅치 않으니 우선 침대 밑에 놔라.

详细 xiángxì 形 상세하다. 자세하다. ¶请你~介绍一下那所大学的情况;그 대학의 상황을 자세히 소개해 주세요.¦把~地址给我留下,有事好找你;일이 있으면 쉽게 당신을 찾을 수 있도록 자세한 주소를 나에게 남겨 주세요.¦这次的计划最好做得~一点;이번 계획은 좀 더 자세하게 세우는 것이 가장 좋다.

享受 xiǎngshòu 动 향수하다. 누리다. 즐기다. ¶我们都希望妈妈退休后好好~生活;우리 모두는 엄마가 퇴직 후에 편안한 생활을 누리기를 바란다.¦听音乐是我最好的~;음악을 듣는 것이 내가 가장 좋아하는 즐거움이다.¦能住这样的房子够~了,还不知足;이런 집에 살 수 있는 것은 충분히 누리는 것인데 아직도 만족을 못한다.¦晒晒太阳,~~阳光吧;햇볕 좀 쬐며, 햇빛을 즐겨라.

享有 xiǎngyǒu 动 향유하다. 가지고 있다. ¶每个公民都~这个权利;모든 국민은 이 권리를 갖는다.¦这位老先生在学术界~很高的威望(wēiwàng);이 노선생님은 학술계에서 매우 높은 위엄과 명망을 가지고 계신다.¦这个品牌在全国都~盛(shèng)名;이 상표는 전국에서 훌륭한 명성을 가지고 있다.

响 xiǎng 动 소리를 내다. 소리가 나다. ¶家里的闹钟不~了,修修吧;집의 자명종이 울리지 않으니 고쳐라.¦夜里汽车的喇叭(lǎba)声~个不停,没法睡觉;밤에 차의 경적 소리가 계속 울려서 잠을 잘 수가 없다. 形 소리가 크다. ¶鞭炮声太~了,你说什么根本听不见;폭죽 소리가 너무 커서 네가 무슨 말을 하는지 도무지 알아 들을 수가 없다.¦你的声音不够~,后边的人很难听到;너의 목소리가 작아서 뒷 사람은 매우 듣기 힘들다.¦你的手机铃声真~;너의 휴대폰 소리가 정말로 크다.

响应 xiǎngyìng 动 호응하다. 응답하다. ¶我们的倡议得到了很多学生的~;우리들의 제안은 많은 학생들의 호응

X

을 얻었다.|他也是~政府的号召到贫困地区做志愿者的;그도 정부의 호소에 호응하여 빈곤지역에서 자원봉사자가 되었다.|我把想法一说,大家纷纷~;내가 생각을 말하자 모두가 잇달아 호응하였다.

想 xiǎng 动 ❶ 생각하다. ¶这个问题你~明白了吗? 이 문제를 너는 이해했니?|你~个办法吧,反正我~不出来;방법을 생각해라, 어쨌든 나는 생각이 안난다.|告诉我,你在~什么? 네가 무슨 생각을 하고 있는지 알려줘. ❷ 추측하다. ¶我~他可能是病了,不然他不会缺课;그는 아마도 아플거야, 그렇지 않으면 결석할 리가 없어.|你~他说的是实话吗? 너는 그가 말한 것이 진실이라고 생각하니?|我~今天不会下雨的;나는 오늘 비가 오지 않을 거라 생각한다. ❸ 바라다. …하려 하다. ¶我一直~当老师;나는 줄곧 선생님이 되고 싶었다.|他~上大学;그는 대학에 가고 싶어 한다.|我们都~暑假去四川旅游,你呢? 우리들은 여름휴가 때 쓰촨으로 여행을 갈 생각인데, 너는? ❹ 그리워하다. ¶刚来的时候特别~家,现在好多了;막 왔을 때는 집이 매우 그리웠지만 지금은 많이 좋아졌어.|~妈妈就给妈妈打个电话吧;엄마가 그리우면 바로 엄마에게 전화해라.|你~不~咱们大学同学? 我挺~他们的;너는 우리 대학 동창들이 그립니? 나는 그들이 매우 그립다.

想法 xiǎngfǎ 名 생각. 의견. ¶你们~不同,但都有一些道理;너희들 의견이 다르지만 모두 일리가 있다.|这种~很特别,我想不到;이런 생각은 매우 특별해서, 나는 생각지도 못 했다.|你有什么~尽管说;무슨 의견이 있으면 얼마든지 말해라.

想念 xiǎngniàn 动 그리워하다. ¶在国外的时候特别~祖国;외국에 있을 때 특히 조국이 그립다.|过节的时候最~家人;명절을 지낼 때 가족이 가장 그립다.|好久不见了,非常~,你还好吗? 오래간만이야, 몹시 그리웠어, 잘 지내니?

向 xiàng 动 향하다. ¶这间屋子~阳,冬天暖和;이 방은 남향이어서 겨울에 따뜻하다.|我们学校的大门~南,别走错了;우리 학교의 정문은 남향이니 길을 잘못 들지 마라.|我家住那栋面~公路的公寓;우리 집은 도로 쪽으로 향한 저 아파트에 산다. ❷ 介 …을 향하여. ¶你~北走,一拐弯就能看到;너는 북쪽으로 가라, 커브를 돌면 볼 수 있다.|后退一退吧,前面过不去了;뒤로 물러나라, 앞으로 지나갈 수 없다.|他突然驾车冲~右边的小路;그는 갑자기 오른쪽의 작은 길로 차를 몰아 돌진하였다.|每回见面她都~我问好;매번 만날 때마다 그녀는 항상 나에게 안부를 묻는다.|老师的目光转~我时,我很紧张;선생님의 시선이 나를 향했을 때 나는 매우 긴장하였다.

项 xiàng 名 ❶ 항목. ¶这项研究已经立~,很快会有成果出来;이 연구는 이미 항목이 세워져서 매우 빨리 성과를 낼 수 있을 것이다.|请你尽快把结~报告做出来;가능한 빨리 결과 보고서를 만드세요. ❷ 비용. 금액. ¶请把进~、欠~、存~等详细情况汇报一下;수입, 부채, 잔액 등 자세한 사항

719

을 보고하세요. [量]조항. 항목. 항.¶这几~规定都很重要;이 몇 개의 규정은 매우 중요하다.|还有几~要求没有写进去,下次补上;아직 몇 개 요구는 써 넣지 않았으니 다음에 보충하겠다.|这是咱们最重要的一~工作;이것은 우리의 가장 중요한 일이다.

项目 xiàngmù [名]항목. 사항. 프로젝트.¶今年的运动会你报哪几个~?올해 운동회에서 너는 어느 몇 개 종목에 등록을 했니?|体检时所有~我都做了,没问题;나는 신체검사할 때 모든 항목을 다 검사하였다.|这是公司今年刚接到的~;이것은 회사가 올해 금방 받은 프로젝트이다.|我负责的研究~快完成了;내가 책임지고 있는 연구 프로젝트는 곧 완성된다.

相机 xiàngjī [名]카메라.¶以前的~坏了,刚刚买了一个新的;이전의 카메라가 고장나서 방금 새 것을 샀다.|你的新~好用吗?너의 새 카메라는 사용하기 좋니?|这种品牌的~很贵,但质量确实不错;이 상표의 카메라는 매우 비싸지만 품질은 확실히 좋다.

象 xiàng [名]코끼리.¶~大概是陆地上最大的动物了;코끼리는 아마도 육지에서 가장 큰 동물일 것이다.|前不久动物园又添了一头非洲~;얼마 전 동물원에 또 다시 아프리카 코끼리가 들어왔다.|~的长鼻子最有特点;코끼리는 긴 코가 가장 특징이 있다.

象征 xiàngzhēng [动]상징하다.¶鸽子~着和平;비둘기는 평화를 상징한다.|红色~着吉祥幸福,所以中国人结婚时穿红色的衣服;붉은 색은 상서로움과 행복 상징하기 때문에 중국 사람들은 결혼할 때 붉은 색 옷을 입는다.|

松树~坚强不屈;소나무는 의지가 강하여 굽힐 줄 모름을 상징한다. [名]상징.|牡丹是富贵的~;모란은 부귀의 상징이다.|火炬是光明的~;성화는 광명의 상징이다.

像 xiàng [动]❶ 닮다. 비슷하다.¶这孩子长得很~爸爸,但脾气更~妈妈;이 아이의 생김새는 아빠를 꼭 닮았지만 성격은 어머니를 더 닮았다.|她从小就~男孩子,很淘气;그녀는 어려서부터 마치 남자 아이처럼 장난이 심하다. ❷ (예를 들어) …와 같다.¶北京的名胜古迹很多,~长城、故宫、颐和园等等;베이징의 명승고적은 매우 많은데, 예를 들면 만리장성, 고궁, 이화원 등이다.|我去过不少国家了,~中国、日本、英国、加拿大等;나는 많은 국가를 가 보았는데, 예를 들어 중국, 일본, 영국, 캐나다 등이다. [名] (인위적으로 본뜬) 형상. 모양.¶这张~照得不错;이 사진은 잘 찍었다.|我想让画家给妈妈画一副肖~;나는 화가에게 어머니의 초상화를 그리게 하고 싶다.|这座铜~是创建这所学校的前辈;이 동상은 이 학교를 세운 선배이다.

(好)像…似的 (hǎo)xiàng…shìde [副]❶ (마치) …와 같다.¶这孩子淘的像个小猴子似的;이 아이의 장난끼는 마치 어린 원숭이와 같다.|看那小宝宝的脸蛋,像个红苹果似的;저 아이의 얼굴을 보아라, 마치 붉은 사과와 같다. ❷ (실제와 상반되는) (마치) …같다.¶叫了你好几声,你像没听见似的;너를 몇 번을 불렀는데도 너는 마치 못 들은 척한다.|离开家才一个月,(好)像一年似的;집을 떠난 지 불

과 한 달밖에 안 되었지만 마치 일년이나 된 것 같다.| 听你这口气,好像你是老师似的;너의 말투를 들으니 마치 네가 선생님인 것 같다.

(好)像…一样 (hǎo)xiàng…yīyàng 副 ❶ (마치) …와 같다.¶这些孩子(好)像花朵一样可爱;이 아이들은 마치 꽃처럼 귀엽다.| 天上的白云就像棉花一样;하늘의 흰 구름이 마치 목화와 같다.| 她像妈妈一样照顾我们这些没家的孩子;그녀는 어머니처럼 집이 없는 우리 같은 아이들을 돌본다. ❷ …와 같다.¶我也像你一样是今年刚上的大学;나도 너와 같이 올해 막 대학에 들어갔다.| 他的汉字写得像你的一样漂亮;그는 한자를 너처럼 예쁘게 쓴다.| 她像你一样活泼可爱;그녀는 너처럼 활발하고 귀엽다.

▶용법주의: ❶'像…一样'이 비슷하다라는 뜻으로 쓰일 때에는 그 의미가 '像…似的'와 기본적으로 같다.¶天上的白云像棉花一样;하늘의 흰구름이 마치 목화와 같다. ❷'…와 같다.'라고 할 때에는 일반적으로 '像…似的'와 대체할 수 없으며 또한 '好像'도 사용하지 않는다. 예를 들어 다음과 같이 말할 수 없다.¶你的汉字写得好像他的似的漂亮(×)

消除 xiāochú 动 삭제하다. 없애다. (나쁜 요소) 제거하다. 퇴치하다.¶我们需要尽快~这种不良影响;우리는 가능한 빨리 이런 좋지 않은 영향을 제거해야 한다.| 事故的隐患(yǐnhuàn)还没有真正~;사고의 잠재된 위험은 아직 진정으로 제거되지 않았다.| 世界人民都希望彻底~战争,长久和平;세계 모든 사람들은 철저히 전쟁을

없애고 영원히 평화롭기를 희망한다.| 两个国家应该~隔阂(géhé),增进友谊;두 국가는 마땅히 장벽을 없애고 우의를 증진시켜야 한다.

消费 xiāofèi 动 소비하다.¶在大城市生活~很高;대도시에서의 소비생활은 매우 높다.| 现代都市人过着高~的生活;현대 도시인은 높은 소비 생활을 한다.| 人们的~水平和能力不同;사람들의 소비 수준과 능력은 다르다.| 低~;저소비.| 盲目~;맹목적 소비.| ~品;소비품.| ~基金;기금을 소비하다.| ~资料;자료를 소비하다.

消费者 xiāofèizhě 名 소비자.¶每年的3月15日是~权益日;매년 3월 15일은 소비자 권익의 날이다.| 生产厂家应该对~负责;생산자는 마땅히 소비자에 대해 책임을 져야 한다.| 这家商场出售过期食品,侵害了~的利益;이 상점은 유통기간이 지난 식품을 팔아 소비자의 이익을 침해하였다.

消化 xiāohuà 动 ❶ 소화하다.¶食物吃下去以后,要在胃里慢慢~;음식물은 먹은 후 위에서 천천히 소화된다.| 这种食物不好~,不要吃得太多;이런 음식물은 소화가 잘 안 되니 너무 많이 먹지 마라.| 医生说他的~系统有点毛病,可以吃一些助~的药;의사는 그의 소화계통에 약간의 문제가 있어 소화를 돕는 약을 먹을 수 있다고 말한다. ❷ (배운 지식을) 소화하다.¶一节课讲这么多内容学生~不了;한 시간 수업에 이렇게 많은 내용을 강의하면 학생들이 다 소화를 할 수 없다.| 看来学过的东西你们还没有~;보아하니 배운 것을 아직 다 소화를 못했나 보다.| 留出复习时间就是想

让大家好好~~学过的知识;复习할 시간을 남기는 것은 바로 여러분이 배운 지식을 잘 소화하도록 하는 것입니다.

消灭 xiāomiè 动 ❶ 없애다. 소멸하다. 소멸시키다. ¶想要彻底~苍蝇不是件容易的事;완전히 파리를 박멸하는 것은 간단한 일이 아니다.│应该~这种坏习惯;마땅히 이런 나쁜 습관을 없애야 한다.│~贫穷还需要很长时间的努力;빈곤을 없애는 것은 오랜 시간의 노력이 필요하다. ❷ 없어지다. 소멸하다. ¶封建制度已经~了,但封建思想还存在;봉건 제도는 이미 없어졌지만 봉건사상은 아직 존재한다.│这种小麦害虫已经~多年了;이런 밀 해충은 이미 몇 년 전에 없어졌다.

消失 xiāoshī 动 소실하다. 사라지다. ¶卫星很快在天空中~了;위성은 매우 빨리 하늘에서 사라졌다.│从前的热情已经~了;이전의 열정은 이미 사라졌다.│妈妈脸上刚刚露出的笑容又~了;어머니의 얼굴에 방금 전에 나타난 미소가 또 사라졌다.│这种现象~了一段时间,最近又出现了;이런 현상은 일정기간 사라졌다가 최근에 다시 나타났다.

消息 xiāo·xi 名 ❶ 소식. ¶一直没有他的~,不知道他现在怎么样了;줄곧 그의 소식이 없어서 그가 지금 어떠한지 모른다.│我听到他回国的~了,但还没有见过面;그가 귀국했다는 소식을 들었지만 아직 만나본 적이 없다. ❷ 뉴스. ¶现在发布大风降温~;지금 강풍이 불고 온도가 내려간다는 소식을 발표한다.│报上有登山队的最新~,看看吧;신문에 등산팀의 최근 소식이 있으니 봐라.│这个~从哪里听来的? 报纸上的~也不一定可靠;이 소식은 어디에서 들었니? 신문에 있는 소식도 완전히 믿을 수 없다.

销售 xiāoshòu 动 팔다. 판매하다. ¶快过节了,~量比较大;곧 명절을 보내니 판매량이 비교적 많다.│这种新产品已经~世界很多国家了;이러한 신상품은 이미 세계 여러 나라에 판매되었다.│周末有降价~食品,看看去;주말에 가격을 내려 판매하는 식품이 있는데 보러 가자.│他们的~渠道不通畅,大量商品积压在仓库里;그들의 판매 루트는 원활하지 못 하여 대량의 상품이 창고에 쌓여있다.

小 xiǎo 形 ❶ 작다. 적다. ¶房间太~了;방이 너무 작다.│他的年龄还很~;그의 나이가 아직 너무 어리다.│声音~,听不见;소리가 작아 들리지 않는다.│衣服~了;옷이 작다.│这个苹果比那个~多了;이 사과는 저 것보다 많이 작다.│这双鞋更~了,不能穿了;이 신발은 더욱 작아져서 신을 수가 없다.│这是件~号的;이 것은 작은 칫수이다.│我住一个~房间;나는 작은 집에 산다. ❷ (연소자) 호칭어. ¶~张;장 군.│~王;왕 군.│~李;이 군. ❸ 막내. ¶他是我家老~;그는 우리집 막내이다.│这是我~儿子;애는 나의 작은 아들이다.│他家~姑娘都上大学了;그의 집 막내 아가씨는 이미 대학에 갔다.│我的~女婿快要回国了;내 막내 사위가 곧 귀국할 것이다.

小孩儿 xiǎohár 名 ❶ 어린이. ¶那个~找不到妈妈了;저 아이는 엄마를 찾

지 못 하였다.| ~不装病;아이는 꾀병을 부리지 않는다.| 这个~太淘气了;이 아이는 너무 개구장이다. ❷ 자녀.¶你家有几个~? 너는 몇 명의 아이가 있니?| 现在一家一个~,都挺娇气的;지금은 한 집에 한 명의 아이만 있어 모두 너무 나약하다.| ~的爸爸在哪里工作? 아이의 아빠가 어디에서 일하니?

小伙子 xiǎohuǒ·zi 名 젊은이. 총각. ¶这~真帅;이 젊은이는 정말로 잘생겼다.| 我们单位姑娘少, ~多;우리 회사는 아가씨가 적고 총각이 많다.| 干体力活还得靠~;육체 노동은 여전히 젊은이에게 의지해야 한다.

小姐 xiǎojiě 名 ❶ 아가씨. ¶~, 请问餐厅怎么走? 아가씨, 식당이 어떻게 가죠?| 那位~看上去有些面熟;저 아가씨는 보아하니 약간 낯이 익다.| 对不起, ~, 这是你的包吗? 실례지만 아가씨, 이것은 당신의 가방입니까? ❷ (서비스업에 종사하는 젊은 여성) 아가씨. ¶饭店新招了一批服务~;호텔은 근무할 아가씨들을 새로 고용하였다.| 这次空中~的选拔很严格;이번에 스튜어디스의 선발은 매우 엄격하였다.| 参加奥运会的礼仪~训练很苦;올림픽에 참가하는 도우미 아가씨 훈련은 매우 고달프다.

小麦 xiǎomài 名 밀. ¶今年~长得不错;올해 밀이 잘 자랐다.| 这个~品种产量很高;이 품종의 밀은 생산량이 매우 많다.| 这里是主要的~产区;여기는 주요 밀 생산지이다.

小朋友 xiǎopéngyǒu 名 어린이. 아이. ¶~们都盼着"六一"儿童节呢, 因为这是他们自己的节日;아이들 모두가 6월 1일 어린이날을 기대하고 있는데, 이것은 그들 자신의 기념일이기 때문이다.| 咱们班上新来了一位~, 大家认识一下吧;우리 반에 새로 온 아이다, 모두들 인사해라.| ~, 你叫什么名字? 애, 너의 이름이 뭐니?

▶용법주의: 아이를 가리킬 때에는, '小朋友'가 '小孩儿'보다 더 정식적이며, 직접적인 칭호로 많이 사용된다. '小孩儿'은 구어체적인 색채가 비교적 강하며, 일반적으로 직접적인 호칭에는 사용하지 않는다. 아이 앞에서는 응당 '小朋友'라고 부르며 '小孩儿'이라고는 부르지 않는다. 예를 들어 다음과 같이 말할 수 있다. ¶小朋友, 你找谁? 애, 너 누구를 찾니?| 小孩儿, 你找谁?(×)

小时 xiǎoshí 名 시간. ¶走到学校需要一~;걸어서 학교에 가는 데에는 한 시간이 걸린다.| 去机场花了四个~时间;공항에 가는데 4시간이 걸렸다.| 会开了不到一个~就散了;회의는 1시간도 못 되어 해산하였다.| 现在有一种~工的工作, 是按~支付报酬的;지금 일종의 시간제 일이 있는데 시간에 따라 보수를 지불하는 것이다.

小说 xiǎoshuō (~儿) 名 소설. ¶这是一部优秀的长篇~;이것은 우수한 장편 소설이다.| 我一直喜欢读~;나는 줄곧 소설 읽는 것을 좋아한다.| 爸爸学着写了一篇~, 还想拿去发表呢! 아빠는 한 편의 소설을 흉내내며 썼는데, 그래도 발표하고 싶어한다.

小心 xiǎoxīn 动 조심하다. ¶~路滑;길이 미끄러우니 조심해라.| 奶奶下楼的时候不~扭了脚;할머니가 건물을 내려올 때 조심하지 않아 발을 삐었

다.|千万~,别摔着;넘어지지 않도록 정말 조심해라. 形 조심스럽다. 주의 깊다. ¶老张办事一贯~,生怕出问题;장 형은 일을 하는데 한결같이 조심하여 일이 생길까 두려워하였다.|她是一个非常~的人;그녀는 매우 조심스러운 사람이다.

小心翼翼 xiǎoxīn yìyì 成 엄숙하고 경건하다. 매우 조심스럽다. ¶他~地问经理能不能请一天假;그는 매우 조심스럽게 하루를 휴가낼 수 있는지를 물었다.|我一直~的,可还是弄错了一笔账;나는 줄곧 매우 조심하였지만 여전히 장부 계산을 잘 못하였다.|人们~地把伤员抬上了救护车;사람들은 조심스럽게 부상자를 응급차로 들어 옮겼다.

小学 xiǎoxué 名 초등학교. ¶这孩子明年九月就要上~了;이 아이는 내년 9월에 초등학교에 간다.|我们家附近就有所~,孩子上学方便;우리집 근처에 초등학교가 있는데 아이가 학교 다니기 편리하다.|我儿子已经上~五年级了;내 아들은 이미 초등학교 5학년에 다닌다.

小子 xiǎo·zi 名 ❶ 사내아이. ¶你家~就是淘(táo);너희 집 아이는 장난꾸러기이다.|听说他家刚刚生了个胖~;그의 집은 이제 막 통통한 아이를 낳았다고 한다.|爷爷就是喜欢~,不喜欢丫头;할아버지께서는 사내 아이를 좋아하고, 계집 아이는 좋아하지 않는다. ❷ 녀석. ¶这~特别坏;이 녀석은 특히 나쁘다.|那~又说谎了;저 녀석은 또 거짓말을 하였다.|你~成天惹(rě)是生非,真让人受不了;녀석, 하루 종일 문제를 일으켜 정말 참을 수 없게 한다.

小组 xiǎozǔ 名 소그룹. 팀. ¶今天研究~开会讨论问题;오늘 연구 팀은 회의를 열어 문제를 토론하였다.|我们有一个课外阅读~,很有意思;우리는 수업외 강독 소그룹이 있는데 매우 재미 있다.|上午开大会,下午分~讨论;오전에 대회가 열리고 오후에 팀별로 나눠 토론하였다.

晓得 xiǎo·de 动 알다. ¶这事我~了;이 일을 나는 알았다.|集合时间提前了,你还不~吧;집합시간을 앞당겼는데 너는 아직도 모르는구나.|这件事我一点都不~;이 일은 나는 조금도 모른다.

效果 xiàoguǒ 名 ❶ 효과. ¶这回的治疗~还可以;이번 치료 효과는 그런대로 좋다.|吃了好几天药了,但~不明显;며칠 동안 약을 먹었지만 효과가 뚜렷하지 않다.|刘老师讲课~一直很好,学生们都喜欢听他的课;류 선생님의 강의 효과는 줄곧 매우 좋아 학생들 모두 그의 수업을 듣는 것을 좋아하였다. ❷ (공연 등의) 효과. ¶这部电影的音响~不错;이 영화의 음향 효과가 좋다.|这次做的雨雪~特别像真的;이번에 만든 비와 눈 효과가 매우 진짜 같았다.|这位就是我们的音响~师;이 분이 바로 우리 음향 효과 선생님이다.

效率 xiàolǜ 名 효율. ¶这家工厂的生产~还可以;이 공장의 생산 효율은 그런대로 좋다.|你这样做事根本没有~;네가 이렇게 일을 해서는 도무지 아무런 효율이 없다.|使用新技术可以提高生产~;신기술을 사용하면 생산 효율을 높일 수 있다.

校长 xiàozhǎng 名 교장. 총장. ¶在校庆会上,首先由~致辞(cí);개교기념식 상에서 먼저 교장이 치사를 하였다.|这届~非常能干;이번 교장은 매우 재능이 있다.|今天见到~,觉得他挺和气的;오늘 교장을 만났는데 그는 매우 상냥한 것 같다.

笑 xiào 动 ❶ 웃다. ¶她的脸上露出了~容;그녀의 얼굴에 미소가 나타났다.|你不说也不~,有什么烦心事吗?너는 말도 하지 않고 웃지도 않고 무슨 걱정 있니?|听了这个消息,大家全都大~起来;이 소식을 듣고 모두 다같이 웃기 시작하였다.|他~了~,没说什么;그는 웃기만 하고 아무 말도 하지 않았다. ❷ 비웃다. ¶别~他,你还不如他呢;그를 비웃지 마라, 너는 아직 그만도 못 하다.|在场的人都~他不懂事;현장의 사람들은 모두 그가 철이 없다고 비웃었다.

笑话 xiàohuà 名 ❶ (~儿) 우스운 이야기. ¶爷爷很会说~;할아버지께서는 우스운 이야기를 매우 잘 하신다.|这个~挺有意思;이 우스운 이야기는 매우 재미있다.|昨天听了个~,快笑死我了;어제 우스운 이야기를 들었는데 웃겨 죽을 뻔 했다. ❷ 비웃다. ¶我试试吧,你可别~我;내가 한 번 해 볼 테니 너는 비웃지 마라.|我不去了,怕人家~;사람들이 비웃을까 봐 두려워 나는 안 갔다.|他总喜欢~别人;그는 항상 다른 사람을 비웃는 것을 좋아한다.

些 xiē 量 ❶ (확정적이 아닌 적은 수량) 조금. 약간. ¶我前~日子出差了;나는 며칠 전에 출장을 갔다.|这~足够了,用不着那么多;이 정도면 충분하다, 그렇게 많이 필요없다.|因为一~原因,他今天不来了;이런 원인으로 그는 오늘 안 왔다. ❷ 조금. 약간. ¶你能不能快~走,要迟到了;좀 빨리 갈 수 없니? 지각하겠다.|他好~了,明天应能上班;그는 좋아져서 내일 출근할 수 있을 것이다.|把声音再放大~,听不清楚;볼륨을 약간더 높이여라 잘안들린다.

歇 xiē 动 ❶ 쉬다. ¶累了吧? ~会儿;피곤하지? 좀 쉬어라.|最近身体不舒服,想~几天;최근에 몸이 좋지 않아 며칠 쉬고 싶다.|不早了,~着吧;늦었다, 쉬어라. ❷ 멈추다. 그만두다. ¶商场装修,~业一周;상점이 내부 수리하느라 일주일 쉰다.|因为连日暴雨,工地只能~工了;연일 폭우로 인해 공사장은 공사를 멈출 수 밖에 없었다.

协调 xiétiáo 形 잘 어울리다. 조화롭다. ¶两种颜色很~;두 가지 색이 참 조화롭다.|你的动作不~,所以不好看;너의 동작은 어울리지 않아 보기 좋지 않다.|她的穿着(zhuó)总是很~,让人看着很舒服;그녀가 입는 옷은 항상 잘 어울려서 사람들이 보기에 편하다. 动 조정하다. ¶两个部门的关系还需要~;두 부서의 관계는 아직도 조정이 필요하다.|前些日子没有~好他们的关系,挺影响工作的;얼마 전에 그들의 관계를 잘 조정하지 못하여 일에 많은 영향을 주었다.|这事你去~,我就不插手了;이 일은 네가 가서 조정해라, 나는 끼어들지 않겠다.

协定 xiédìng 名 협정. ¶双方签订了贸易~;쌍방이 무역 협정을 체결하였다.|这个~需要双方共同遵守;이 협

정은 쌍방의 공동 준수가 요구된다. | ~的有效期是五年;협정의 유효기간은 5년이다. 动 협정하다. ¶ 双方~,明年一同开发这个项目;쌍방은 내년에 함께 이 프로젝트를 개발하기로 협정하였다. | 已经~好的事情为什么又变了? 이미 협정한 일이 왜 또 변했니?

协力 xiélì 动 협력하다. ¶ 这件事情需要我们大家~去办;이 일은 우리 모두가 협력하여 처리해야 한다. | 大家齐心~,困难总会解决的;모두가 한마음 한 뜻으로 협력하면 어려움을 언젠가 해결할 수 있다.

协商 xiéshāng 动 협상하다. ¶ 两个国家经过共同~,制订了双边协议;두 국가는 공동 협상을 통하여 양쪽의 합의서를 작성하였다. | 这件事完全可以通过双方~来解决;이 일은 완전히 쌍방의 협상을 통해 해결 할 수 있다. | 这个问题已经~了多次,都没有得出任何结果来;이 문제는 이미 수 차례 협상하였지만 모두 아무런 결과도 도출하지 못하였다.

协议 xiéyì 动 협의하다. ¶ 两个厂家~今年年底共同开发新产品;두 공장은 올해 말 함께 신상품을 개발하기로 협의하였다. | 代表们~下届研讨会在上海举行;대표들은 다음 포럼을 상하이에서 개최하기로 합의하였다. 名 합의서. ¶ 各方意见不统一,~迟迟做不出来;각 측의 의견이 달라 합의서가 지지부진 나오지 않았다. | 经过谈判,双方制定了贸易~;회담을 통해 쌍방은 무역합의서를 작성하였다. | ~的条款基本体现了双方的共同利益;합의서의 조항은 기본적으로 쌍방의 공동 이익을 구현하였다. | 男方提出了离婚~,但女方拒绝在~书上签字;남자 쪽은 이혼합의서를 제출하였지만 여자 쪽은 합의서에 사인하는 것을 거절하였다.

▶용법주의:'协定'과 '协议'는 서로 의미가 비슷하지만 용법에 다소 차이점이 있다. '协定'은 '协议'보다 더 정식적이며 서면어 색채가 더 농후하다. 그래서 일반적으로 국가 간이나 정당 간의 일에 사용되어 비교적 정식적이고 장중하게 보인다. '协议'는 좀 더 구어체이며 정식적인 장소나 일반적인 장소에서 모두 사용할 수 있다. 회사간이나 개인간의 일 등이다. ¶离婚协议;이혼협의. | 离婚协定(×)

协作 xiézuò 动 협력하다. ¶ 我们两个单位已经~多年了;우리 두 회사는 이미 오랫동안 협력하였다. | 希望你们~愉快;너희들이 즐겁게 협력하기를 희망한다. | 那几个厂是~单位,关系密切;저 몇 개의 공장은 협력 회사로 관계가 밀접하다.

斜 xié 形 기울다. 비스듬하다. ¶ 那条路是~的,所以越走离家越远;이 길은 기울어져서 집에서 걸어가면 갈수록 멀다. | 我家住公司~对面,上班很近;우리집은 회사 비스듬히 맞은편에 있어 출근하기에 가깝다. 动 한쪽으로 기울어지다. ¶ 太阳已经向西~了;태양은 이미 서쪽으로 기울었다. | 你不要总是~着身子,坐正;너는 항상 몸을 비뚤게 하지 말고 똑바로 앉아라. | 从右边~下去就能看到车站;오른쪽에서 비스듬히 내려오면 곧 기차역을 볼 수 있다.

谐调 xiétiáo 形 어울리다. 조화가 잘 되

다.¶这两件衣服配在一起很~;이 두 개의 옷을 함께 입으면 참 잘 어울린다.|这段曲子的节拍不太~;이 곡의 리듬은 그다지 조화롭지 않다.|婚礼的气氛很~;결혼식의 분위기가 매우 조화롭다.

▶용법주의:'协调'와'谐调'는 모두 '조화롭다'라는 뜻이 있지만 '协调'는 형용사 이외에도 동사가 될 수 있다. 그러나 '谐调'는 오직 형용사로만 사용된다.

鞋 xié 名 신발.¶昨天买的~有点小,今天去商场换一双大的;어제 산 신발이 좀 작아서 오늘 상점에 가서 큰 것으로 바꾸었다.|这双~的式样挺新的,刚买的吗? 이 신발의 스타일이 매우 새로운데 방금 산 거니?|咱们对门那家~店正在打折,去看看吧!우리 맞은 편 저 신발 가게가 할인 판매를 하고 있으니 가보자.

鞋子 xié·zi 名 신발.¶你的~跟我的一模(mú)一样;너의 신발은 내 것과 똑같다.|别给小孩穿这么硬的~,会伤脚的;아이에게 이렇게 딱딱한 신발을 신기지 마라, 발을 다치게 할 수 있다.|去换一双舒服一点的~吧;가서 좀 편안한 신발로 바꾸어라.

▶용법주의:'鞋'와 '鞋子'는 모두 신발 이라는 뜻을 가지고 있지만 용법은 서로 다르다. ❶'鞋'는 기타 다른 단어 와 조합하여 매우 많은 신발 관련 어휘 가 될 수 있다.¶鞋店;신발 가게.|鞋厂;신발 공장.|运动鞋;운동화.|旅游鞋;여행용 신발.|皮鞋;구두.|凉鞋;샌달.|鞋带;신발 끈.|鞋底儿;신발 창.|鞋垫儿;신발 깔개. ❷'鞋子'는 오직 신발 하나만을 가리킨다.¶把鞋子拿给我;

가죽 신발을 나에게 가져와라.|你的鞋带开了;너의 신발 끈이 풀렸다.|把皮鞋子拿给我(×)|你的鞋子带开了(×)

写 xiě 动 ❶쓰다.¶今天的作业是把学过的生词~一遍;오늘의 숙제는 배운 새 단어를 한 번 쓰는 것이다.|你~字很快,但是~得不好;너는 글씨를 빨리 쓰지만 잘 쓰지는 못 한다.|这个字我已经~了好多次了,还是记不住;이 글자는 난 이미 많이 써보았지만 아직도 기억하지 못 한다. ❷글을 쓰다.¶你不是刚~完一本书吗?너는 막 한 권의 책을 쓰지 않았니?|他文章~得很好;그는 글을 참 잘 쓴다.|以前没~过小说,学着~;예전에 소설을 써 본 적이 없어서 흉내내며 쓴다.

写作 xiězuò 动 글을 쓰다. 저작하다.¶他从事多年~,出版了好几部作品了;그는 여러 해 동안 글쓰기에 종사해 작품을 몇 권 출판하였다.|这学期有~课,同学们的~能力会有不少的提高;이 학기에 쓰기 수업이 있는데, 학생들의 글쓰기 능력이 많이 향상될 것이다.|你的~技巧还需要好好练练;너의 글짓기 기교는 아직 꾸준한 연습이 필요하다.

谢谢 xiè·xie 动 고맙습니다. 감사합니다.¶~您;감사합니다.|太~你了;대단히 고맙습니다.|~你帮我;저를 도와주셔서 감사합니다.|~你们这些天的照顾;요 몇일 당신의 보살핌에 감사드립니다.

心 xīn 名 ❶심장.¶~是人体最重要的器官之一;심장은 인체의 가장 중요한 기관 중 하나이다.|我最近的~跳不太正常;최근 심장 박동이 그리 정상이 아니다. ❷마음. 생각. 감정. 기

727

분.¶我~想,今天朋友会来找我的;내 생각에 오늘 친구가 와서 나를 찾아올 것이다.|他看上去好像有什么~事;그는 마치 무슨 걱정거리가 있는 것 같이 보인다.|你太伤我的~了;너는 나의 감정을 너무 상하게 하는구나.

心肠 xīncháng 名 마음씨. 성격.¶妈妈的~太软了;어머니의 마음이 너무 여리다.|你的~真好,谢谢;너는 정말 성격이 좋구나. 고마워.

心得 xīndé 名 경험. 터득한 지식. 기술. 인식.¶这次出国进修有很多~;이번 출국 연수에서 매우 많은 깨달음이 있었다.|你有什么学习~跟老师说说;배우면서 깨달은 바가 있으면 선생님한테 말해보렴.|我的~不多,但很深刻;나의 깨달음은 많지 않지만 매우 깊이가 있다.

心慌 xīnhuāng 形 당황하다.¶上台演讲以前我特别~,生怕忘了词;나는 무대에 올라 강연하기 전에 무척 당황하여 문장을 까먹을까 두렵다.|一看天都黑了孩子还没回家,我就有点儿~;날이 어두워졌는데 아이가 아직 집에 돌아오지 않아 나는 약간 당황하였다.|你别~,不会有问题的;당황하지 마라, 아무 문제 없을 거야. 动 심장이 빨리 뛰다.¶最近心脏不好,动不动就~;최근에 심장이 좋지 않아 걸핏하면 심장이 빨리 뛴다.|这个~的毛病得去看看,别拖着;이런 심장이 빨리 뛰는 병은 뒤로 미루지 말고 가서 검사해봐라.

心里 xīnli 名 ❶ 가슴속.¶妈妈说她~有点不舒服,可能心脏有问题;어머니께서 가슴이 약간 불편하다고 말하였는데, 아마도 심장에 문제가 있는 것 같다.|我觉得~发闷,喘不上气来;나는 가슴이 답답함이 느껴지며 숨이 막힌다. ❷ 마음속. 심중.¶我~想,这个人不太好打交道;내 마음 속으로 이 사람은 사귀기가 그리 쉽지 않다고 생각했다.|你~是怎么想的别人当然不知道;네가 마음속으로 어떻게 생각하는지 다른 사람은 당연히 모른다.|听了他的话,我~很不舒服;그의 말을 들으니 내 마음속이 매우 불편하였다.|他把老师的话记在~了;그는 선생님의 말을 마음속에 기억하였다.

心理 xīnlǐ 名 ❶ 심리.¶人的~是一个复杂的过程;사람의 심리는 하나의 복잡한 과정이다.|~学是专门研究~的学科;심리학은 심리를 전문적으로 연구하는 학과이다. ❷ 심리상태.¶最近他的~状态不好;최근에 그의 심리상태가 좋지 않다.|孩子是不是有一个健康的~很重要;아이가 건강한 심리상태를 가지고 있느냐 없느냐는 매우 중요하다.|你这完全是~作用;너의 이것은 완전히 심리 작용이다.

心情 xīnqíng 名 마음. 기분.¶出去玩了一天,~特别好;나가서 하루 놀았더니 기분이 무척 좋다.|~不好的时候可以听听音乐或者出去走走;기분이 안 좋을 때에는 음악을 듣거나 밖으로 나가 산책하는 것도 좋다.|我能理解你的~;나는 너의 마음을 이해할 수 있다.

心胸 xīnxiōng 名 ❶ 도량. 마음.¶~宽广,精神状态也会好;마음이 넓으면 정신상태도 좋아진다.|他是个~狭窄的人,什么事都斤斤计较;그는 속이 좁

은 사람이라서 무슨 일이든지 모두 하나하나 따진다. ❷포부. 뜻. ¶这小伙子是个有~有理想的人;이 젊은이는 포부와 이상이 있는 사람이다.|能不能成就事业要看你有没有这个~了;사업을 이룰 수 있느냐 없느냐는 네가 이런 포부가 있느냐 없느냐에 달려있다.

心脏 xīnzàng 名 ❶심장. ¶这孩子刚刚做过~手术;이 아이는 방금 심장수술을 받았다.|爸爸的~一直不太好,但他总是不在意;아빠의 심장은 줄곧 그리 좋지 않았지만 항상 개의치 않았다.|~病;심장병.|~移植;심장 이식. ❷중심부. 심장부. ¶首都是一个国家的~;수도는 한 국가의 중심부이다.|发动机是汽车的~;엔진은 자동차의 심장부이다.|打起仗来,指挥部就是这个部队的~;전쟁을 시작하면 지휘부가 이 부대의 심장부다.

心中 xīnzhōng 名 심중. 마음속. ¶这件事情我~没数,不知道能不能办好;이 일이 잘될지 안될지 나도 확신이 안 선다.|我对老师~充满了感激,只是不知道怎么表达出来;내 마음속에 선생님에 대한 감사함이 가득하지만 단지 어떻게 표현해야 할 지 모르겠다.|那天我终于把藏在~的想法告诉他了;그 날 나는 마침내 마음속에 숨겨둔 생각을 그에게 말하였다.

辛苦 xīnkǔ 形 고생하다. 고생스럽다. ¶爸爸是火车司机,工作很~;아빠는 기관사여서 일이 고생스럽다.|他~工作了一辈子,该休息休息了;그는 한평생 고생스럽게 일을 하였으니 응당 쉬셔야 합니다.|这个活儿虽然~,但挣钱也多;이 일은 비록 고생스럽지만 돈도 많이 번다. 动 수고하셨습니다.¶今天~您了,谢谢;오늘 수고하셨습니다, 고맙습니다.|又让你~一趟,真过意不去;또 다시 한번 수고롭게 해서 정말 죄송합니다.|拜托大家再~两天吧;여러분 이틀 더 수고해 주시길 부탁합니다.

辛劳 xīnláo 形 고생하다. 애쓰다. ¶爷爷在田里~了一生,没过什么好日子;할아버지는 밭에서 한평생을 고생하셨고 좋은 세월을 보낸 적이 없다.|工人们日夜~,还是挣不够养家糊口的钱;노동자들은 밤낮으로 고생하였지만 여전히 가족을 부양할 돈을 충분히 벌지 못한다

新 xīn 形 ❶새롭다. 새로운. ¶到了一个~环境里,一下子还不适应;새로운 환경에 봉착하면 곧바로 적응을 하지 못한다.|这是一座~城市;이곳은 신도시이다.|眼前所有一切都是~的;눈 앞의 모든 것이 다 새롭다.|对我来说,这是个~问题;나에게 있어 이것은 새로운 문제이다. ❷ 사용하지 않은. ¶女儿穿着~衣服上学去了;딸이 새 옷을 입고 등교하였다.|这些家具都是~的,旧的没往~房子搬;이 가구들은 모두 새 것이다. 예전 것은 새 집으로 가져오지 않았다. ❸신혼의.¶他们~婚不久;그들의 신혼은 오래되지 않았다.|我们还没见过你的~媳妇儿呢;우리들은 아직 너의 새 색시를 본 적이 없다.|他家~女婿(nǚxu)挺帅的;그의 집의 새 사위는 참 잘 생겼다. 副 금방. 갓. ¶学校~建的图书馆可以借书了,去看看吧;학교의 새로 지은 도서관에서 책을 빌릴 수 있으니 가보자.|门口~开了一家餐馆,生

729

意不错;입구에 식당이 개업했는데 장사가 잘 된다.| 你~买的那本书看了吗? 네가 새로 산 그 책은 보았니?

新年 xīnnián [名] 새해. 신년. ¶又快过~了,一年一年地过得真快;또 곧 새해를 보낸다. 한 해 한 해 정말 빨리 지나간다.| ~愉快;즐거운 새해되세요.| 快要回家过~了;곧 집으로 돌아가 새해를 보낼 것이다.

新娘 xīnniáng [名] 신부. ¶ ~的婚纱真漂亮;신부의 웨딩드레스는 정말 예쁘다.| 看看~漂亮不漂亮;신부가 예쁜지 안 예쁜지 봐라.| 现在新郎~给来宾敬酒;지금 신랑, 신부가 내빈에게 술을 권한다.

新闻 xīnwén [名] ❶ (신문이나 방송 따위의) 뉴스. ¶ 我每天晚上看电视~,报纸上的~吃早饭的时候看;나는 매일 저녁에 텔레비전 뉴스를 보고, 신문 뉴스는 아침을 먹을 때 본다.| 这条~我昨天就知道了;이 뉴스는 내가 어제 알았다.| ~广播;뉴스 방송.| ~记者;뉴스 기자.| ~报道;뉴스 보도. ❷ 새로운 일. ¶最近国内有什么~呀? 최근 국내에 무슨 새로운 일이 있니?| 你又从哪里听到的~,说得那么起劲;너는 또 어디서 새 소식을 듣고 그렇게 재미있게 이야기를 하니.| 他特爱打听,周围有什么~他都知道;그는 수소문하는 것을 매우 좋아하여 주위에 어떤 새로운 일이 있는지 다 안다.

新鲜 xīn·xiān [形] ❶ 신선하다. 싱싱하다. ¶这可是真正的~水果,刚刚从树上摘的;방금 나무에서 딴 이것이야말로 진정 신선한 과일이다.| 每天清晨他们都挑着自家地里产的~蔬菜进城

去卖;매일 이른 아침 그들 모두는 자기 집에서 난 신선한 야채를 메고 도시로 가서 판다.| 这些黄瓜已经不~了;이 오이들은 이미 신선하지 않다. ❷ 신선하다. ¶还是~肉好吃,冻过的味道差远了;역시 생고기가 맛있다, 냉동 고기와는 비교가 안된다.| 这条鱼不~了,别吃;이 생선은 싱싱하지 않으니 먹지 마라.| 这家卖的虾比较~,我常来买;이 집에서 파는 새우는 비교적 싱싱하여 나는 자주 와서 산다. ❸ 깨끗하다. ¶这地方空气~,有利健康;이 지방의 공기는 신선하여 건강에 이롭다.| 我们全家到了周末就到郊区去呼吸呼吸~空气;우리 가족 모두는 주말이 되면 교외로 나가서 신선한 공기를 마신다. ❹ 밝고 곱다. 산뜻하다. ¶这花的颜色真~;이 꽃의 색깔이 참 곱다.| 这么~的颜色我可穿不出去;이렇게 밝은색을 입고 나갈 수 없다.| 这件衣服的颜色洗得不~了;이 옷의 색깔은 빨아도 산뜻하지 않다. ❺ 보기 드물다. ¶现在的~事儿真是不少啊;요즘은 보기 드문 일이 정말 많다.| 数码相机现在已经不是~东西了;디지털 카메라는 지금은 더 이상 보기 드문 물건이 아니다.

薪金 xīnjīn [名] 월급. ¶ 我的~不多,但足够花的了;나의 월급은 많지 않지만 충분히 쓸만하다.| 这份工作的~不低,可是很辛苦;이 일은 봉급이 적지 않지만 매우 힘들다.

▶용법주의: '薪金', '薪水'과 '工资'의 뜻은 그리 큰 차이는 없지만 가장 많이 사용하는 것은 '工资'이다.

信 xìn [名] (~儿) 편지. ¶ 以前总是给家里写~,现在打个电话就行了;이전에는

늘 집으로 편지를 썼지만 지금은 전화하면 된다.| 我保存了不少以前亲朋好友的~,很有意思;나는 이전의 친한 친구들의 편지를 많이 보관하고 있는데 참 재미있다.| 请你给孩子捎个~吧;아이에게 편지를 전해주세요. [动]❶ 믿다. ¶听说他考上大学了,我真有点不~;듣자니 그가 대학에 붙었다고 하는데 나는 정말이지 약간은 믿지 않는다.| ~不~由你,我快出国了;믿건 안믿건 네 마음이지만 나는 곧 출국한다.| 他说的话你~吗?反正我不~;그가 말하는 것을 너는 믿니? 아무튼 나는 믿지 않는다. ❷ (종교를) 믿다. 신봉하다. ¶他们一家都~天主教;그들 집안은 모두 천주교를 믿는다.| 我妈妈~佛教,我什么教也不~;우리 어머니께서는 불교를 믿지만 나는 어떤 종교도 믿지 않는다.

信封 xìnfēng [名] 편지 봉투. ¶我买了一打(dǎ)~,你要用就自己拿;내가 편지 봉투 한 묶음 샀으니 네가 쓰려거든 가져 가라.| 这是我们学校的~,有点纪念意义;이것이 우리 학교의 편지 봉투로 기념적인 의미가 있다.| 我得再买点~去;나는 편지 봉투를 더 사러 가야 한다.

信号 xìnhào [名] 신호. ¶~枪一响,运动员们就冲出去了;신호 총이 울리자 운동 선수들이 뛰어나갔다.| 收音机突然没有~了;라디오가 갑자기 아무 신호가 없었다.| 你开车怎么能不看交通~灯呢,太危险了;네가 운전할 때 어떻게 교통 신호등을 보지 않을 수 있니? 너무 위험하다.

信件 xìnjiàn [名] 우편물. ¶经理办公室的~每天都处理不完;사장 사무실의 우편물은 매일 모두 처리하지 못한다.| 那些私人~你最好存在另一个抽屉里;저런 개인적인 우편물은 다른 서랍 안에 보관하는 것이 가장 좋다.| 今天的~还没送来;오늘의 우편물이 아직 배달되지 않았다.

信息 xìnxī [名] ❶ 소식. 뉴스정보. ¶这些~很重要,备份后再存;이런 정보들은 매우 중요하니 백업하고 다시 저장해라.| 这类市场~需要我们自己分析确认;이런 시장 소식은 우리 자신의 분석과 확인이 필요하다.| 你们的~来源不太可靠吧? 千万当心! 너희의 소식 근원지는 그다지 믿을 수 없지? 제발 조심해라! ❷ 정보. ¶~论;정보론.| ~传输系统;정보 전송 시스템.| ~时代;정보 시대.| ~处理;정보 처리.| ~科学;정보 과학.| ~时代;정보 시대.

信心 xìnxīn [名] 자신. 확신. 신념. ¶对这个项目我很有~;이 프로젝트에 대해 나는 매우 자신이 있다.| 比赛前~很重要,还没上场你就没~了,那怎么行? 시합 전 자신감이 매우 중요한데 아직 시합도 하기 전에 자신감이 없으니 어떻게 되겠니?| 我~十足,这次一定拿第一名;나는 자신감이 넘치니 이번에는 반드시 일등을 하겠다.

信仰 xìnyǎng [动] 믿다. ¶现代社会~宗教的人不少;현대 사회에서 종교를 믿는 사람은 적지 않다.| 每个人都有~的自由,你可以~宗教,也可以不信;모든 사람들은 신앙의 자유가 있으니 너는 종교를 믿어도 되고 믿지 않아도 된다. [名] 신앙. 신조. ¶有人说年轻人出现了~危机;누군가가 말하기

를 젊은이들에게 신앙위기가 나타났다고 한다.│我不想改变自己的~;나는 내 신앙을 바꾸고 싶지 않다.│我的~很坚定;나의 신조는 매우 확고하다.

信用 xìnyòng [名] 신용.¶人要讲~;사람은 신용을 중시해야 한다.│你不要失去~;너는 신용을 잃지 마라. [形] (경제적) 신용.¶那笔~贷款的期限是两年;그 신용대출의 기한은 2년이다.│附近的村民就在这个~社办理贷款;부근의 마을 사람들은 바로 이 신용사에서 대출업무를 보았다.

信用不良者 xìnyòng bùliángzhě [名] 신용불량자.¶银行可以拒绝给~办理信贷业务;은행은 신용불량자에게 대출업무 보는 것을 거절할 수 있다.│这个用户属于~,不能再次办理贷款;이 고객은 신용불량자라서 다시 대출업무를 볼 수 없다.

兴奋 xīngfèn [形] 흥분하다. 감격하다.¶这场球打赢了,队员们一得一夜没睡觉;이 시합을 이겨 팀원들은 흥분하여 밤새 한숨도 못 잤다.│我们从韩国回来好几天了,还处在~当中呢;우리는 한국에서 돌아온 지 며칠이 지났지만 아직도 흥분해있다.│飞机还没到首都机场我就~起来,就要回家了!;비행기가 아직 셔우두 공항에 도착하지도 않았는데 나는 흥분되기 시작하여 집으로 가려고 한다.

兴趣 xìngqù [名] 흥미. 취미.¶女儿从小就对画画有~;딸은 어려서부터 그림에 흥미를 가지고 있다.│他的~不在学习上;그의 흥미는 공부에 있지 않다.│大家可以说说自己的~爱好;모

두들 자신의 취미를 말해봐라.

星 xīng [名] ❶ 별.¶那颗最亮的~是什么~? 저 가장 빛나는 별은 무슨 별이냐?│~光;별빛.│~座;별자리.│大熊~;큰 곰 자리.│小熊~;작은 곰 자리.│北斗七~;북두칠성. ❷ (~儿) 부스러기. 별처럼 작은 것.¶火没灭,还有火~呢;불이 꺼지지 않아 아직 불씨가 남아 있다.│墙上溅满了油~;벽에 가득 기름방울이 튀었다. ❸ 스타.¶那人还是个歌~呢;그 사람은 여전히 스타 가수다.│现在的球~骄傲得很;요즘 축구스타들은 매우 교만하다.│不少小姑娘都想当影~;많은 어린 아가씨들은 모두 무비스타가 되기를 바란다.

▶용법주의: '星'은 매우 드물게 단독으로 사용되며, 일반적으로는 구어체에서는 '星星'을 사용한다.

星期 xīngqī [名] 요일.¶一个~有七天;일주일은 7일이다.│这个~我有事,下个~见面吧;이번 주는 내가 일이 있으니 다음주에 만나자.

星期六 xīngqīliù [名] 토요일.¶这个~咱们去公园吧;이번 주 토요일에 우리 공원에 가자.│~你也不休息呀;토요일에도 안 쉬니?│我们说好~几个朋友去爬山;우리는 토요일 몇몇 친구들과 등산을 가기로 하였다.

星期日 xīngqīrì [名] 일요일.¶这个~我想回家看看妈妈;이번 주 일요일은 집에 가서 어머니를 뵈려고 한다.│~我们都出去玩了,就剩小王在宿舍里抄笔记;일요일에 우리는 모두 나가 놀았는데 왕 군은 숙소에 남아 필기한 것을 베꼈다.

星期天 xīngqītiān 名 일요일. ¶~玩得太累了,但是很开心;일요일에 너무 피곤할 정도로 놀았지만 매우 즐거웠다.|这个~你们去哪儿了? ~商场的人特别多;이번 주 일요일 너희들은 어디를 가니? 일요일에는 상점에 사람들이 매우 많다.

星星 xīng·xing 名 별. ¶你看,满天都是~;보아라, 온 하늘이 모두 별이다.|今天的~很多也很亮;오늘 별이 매우 많고 밝다.|我喜欢看~;나는 별 보는 것을 좋아한다.

刑事 xíngshì 名 형사. ¶这是一起~案件,已经立案侦查了;이것은 같은 형사 안건이라서 이미 조사를 시작하였다.|公安局正在通缉(jī)一个~犯;경찰서는 형사범을 지명수배하고 있다.|这次的交通事故司机要负~责任;이번 교통사고는 운전수가 형사책임을 져야 한다.

行 xíng 动 좋다. 괜찮다. ¶你看这里这样填~吗? ~,就这样填;여기 이렇게 빈 칸을 채웁니까? 좋아요, 이렇게 채우세요.|~啊,这事你就看着办吧;좋다, 이 일은 네가 알아서 처리해라. 形 뛰어나다. 유능하다. ¶你还真~,这么大的箱子都搬回来了,我可没你~;이렇게 큰 박스를 옮겨 왔다니 정말 대단하구나, 나는 너처럼 능력이 없다.|那人挺~的,什么都会;그 사람은 매우 능력이 있어 무엇이든 할 줄 안다.|我还是不如你~,你每回都考第一,我就这一次;나는 아직 너만큼 능력이 안되어 너는 매번 시험에서 일등을 하였지만 나는 이번이 처음이다.

行动 xíngdòng 动 ❶ 걷다. 거닐다. ¶他的腿摔伤了,~不方便,今天不来了;그는 다리를 다쳐 걷기 불편해 오늘 오지 않는다.|岁数大了,~艰难,你们年轻人去吧;나이가 많아 걷기가 힘드니 너희 젊은이들이 가거라. ❷ 활동하다. 행동하다. ¶到了山下,各小组就分头~吧;산 밑에 도착해서는 각 조가 알아서 행동해라.|这是这次游行示威的~纲领,看看还有什么要补充的?;이것은 이번 시위행진의 행동강령인데, 보충해야 될 것이 무엇이 있는지 봐라. 名 행동. 행위. ¶你们的~人家看得清清楚楚,还说是秘密~呢;너희들의 행동을 모두가 똑똑히 보았는데 아직도 비밀행동이라고 말 하느냐.|这是一次大规模的军事~,涉及不少国家;이번은 대규모 군사행동이어서 많은 국가가 관련되었다.

行李 xíng·li 名 짐. ¶先生,你的~超重了;선생님, 당신의 짐이 무게를 초과하였습니다.|这次~不多,我们不打车了;이번에는 짐이 많지 않아 우리들은 택시를 타지 않았다.|我出门的~还没顾上收拾呢!;나는 외출할 짐을 아직 정리 할 겨를이 없다.

行为 xíngwéi 名 행위. ¶这种~不太文明;이 행위는 야만적이다.|他最近的~有点儿奇怪,不知道为什么;최근 그의 행위는 약간 이상한데 왜 그런지 모르겠다.|你的~让人很难接受;너의 행위는 사람들이 받아들이기 힘들다.

行政 xíngzhèng 名 행정. ¶他在我们学校的~部门工作;그는 우리 학교의 행정 부서에서 일한다.|我不想搞~,还是希望能搞专业;나는 행정직 보다는

733

전문직을 원한다.│他是~管理专业的毕业生;그는 행정관리 전공의 졸업생이다.

行政首都 xíngzhèng shǒudū 名 행정도시. ¶韩国的~在忠清南道附近;한국의 행정도시는 충청남도 부근에 있다.

形成 xíngchéng 动 형성하다. 이루다. ¶他的小说创作已经~了自己的风格;그의 소설 창작은 이미 자기의 스타일을 형성하였다.│这场大地震~了很多新的湖泊;이번 대지진은 많은 새로운 호수를 만들었다.│多年~的习惯一下子很难改变;여러 해 형성된 습관은 단번에 바꾸기 힘들다.

形容 xíngróng 动 묘사하다. 형언하다. ¶你把那个地方~得太美了;너는 그 곳을 아주 아름답게 묘사하였다.│那里的景色美得无法~;그 곳 풍경의 아름다움은 형언할 수 없다.│他长什么样?你给~一下;그는 어떻게 생겼니? 묘사해 보아라.

形式 xíngshì 名 형식. 구성. ¶今年的春节晚会~上有不少改变;올해 설 특집 프로그램은 형식상 많이 변하였다.│~变了,内容没变;형식은 변했어도 내용은 변하지 않았다.│你不要只看~,~只能说明表面的问题;너는 형식만 보지 말아라. 형식은 표면적인 문제를 말해줄 뿐이다.│表演~;공연 형식.│艺术~;예술 형식.│组织~;조직 구성.

形势 xíngshì 名 정세. ¶今年国家的经济~不错;올해 국가의 경제 정세가 괜찮다.│比赛~不太乐观;시합 정세가 그리 낙관적이지 않다.│这种~发展下去对我们不利;이러한 정세로 발전하면 우리에게 불리하다.

形态 xíngtài 名 ❶ (사물의 형태나 표현으로서의) 형태. ¶冰是水的另一种~;얼음은 물의 또 다른 형태이다.│这种社会~的出现是必然的;이런 사회형태의 출현은 필연적이다.│人们的意识~并不相同;사람들의 의식 형태는 결코 같지 않다. ❷ (단어의 어형 변화 형식의) 형태. ¶汉语~变化不丰富;중국어는 형태변화가 풍부하지 않다.│我还不太懂什么是词的~变化,你能举几个~变化的例子吗? 나는 아직 무엇이 단어의 형태변화인지 잘 모르겠다, 너는 형태변화의 예를 들어 줄 수 있니?

形象 xíngxiàng 名 (구체적인) 형상. 이미지. ¶人的思维分~思维和抽象思维两大类;사람의 사유는 형상사유와 추상사유로 크게 두 종류로 나뉜다.│他的~感不错,有比较强的想象力;그의 형상감은 좋고, 비교적 강한 상상력이 있다.│你告诉孩子那种东西的具体~他才容易理解;네가 아이에게 그 물건의 구체적인 형상을 알려주어야 비로소 쉽게 이해한다. 形 구체적이다. ¶你描述得真~,我都能想象出来她的样子;네 묘사가 정말 구체적이어서, 내가 그녀의 모습을 모두 상상할 수 있다.│他模仿得特别~;그의 모방은 특히 구체적이다.│你的表演还不够~;너의 공연이 아직 충분히 구체적이지 않다.

形状 xíngzhuàng 名 형상. 물체의 외관. ¶这里各种~的镜子都有,你要哪种? 이곳에는 각종 모양의 거울이 다 있는데, 너는 어느 것을 원하니?│那种苹果的~和颜色都很好,味道不

知道怎么样;그 사과의 모양과 색깔이 모두 좋지만 맛은 어떠한지 모른다.|这种~的南瓜我还是第一次见;이런 모양의 호박은 난 처음 본다.

醒 xǐng 动 깨다。¶孩子半夜~了,一个劲地哭;아이가 한밤중에 깨더니 계속 울었다.|早晨那么大的铃声都没把你叫~,太能睡了;아침에 그렇게 큰 벨소리도 너를 깨우지 못하다니 정말 잘 잔다.|这两天不知道怎么了,睡不~;이틀 간 어떻게 된 일인지 모르지만 잠에서 깨어나지 못하였다.|他半夜~了就再也睡不着了;그는 한밤중에 깨어나서는 더 이상 잠을 자지 못하였다.

性格 xìnggé 名 성격。¶这人~内向,一天到晚难得说一句话;이 사람 성격이 내성적이라서 하루 종일 말 한마디 하기도 어렵다.|他的~好吗? 그의 성격은 좋니?|这种~的人朋友一定很多;이런 성격의 사람은 친구가 분명히 많을 것이다.|~开朗;성격이 명랑하다.|~温和;성격이 온화하다.

性能 xìngnéng 名 성능。¶这种仪器的~不错,你可以试试;이 측정 기구의 성능이 좋으니 네가 시험해 보아도 좋다.|这个品牌的电脑~不够稳定,不敢买;이 상표의 컴퓨터 성능이 불안정하여 감히 사지 못하겠다.|说明书上介绍了这种产品的~,但用了以后觉得~没有那么好;설명서에 이 상품의 성능을 설명하였지만 사용한 이후에 성능이 그렇게 좋지 않은 것 같다.

性质 xìngzhì 名 성질。성격。¶我们对这种物质的~还缺乏真正的了解;우리는 이 물질의 성질에 대해 아직 진정한 이해가 부족하다.|这件事情的~

很严重;이 일의 성격은 매우 심각하다.|自己坦白和被别人揭发的~是不同的;자기가 솔직한 것과 다른 사람에 의해 폭로되는 것은 성질이 다르다.

姓 xìng 名 성(씨)。¶这个~在我们国家可是大~了;이 성씨는 우리나라에서 정말 많다.|孩子通常跟父亲同一个~;아이는 통상적으로 부친과 같은 성이다. 动 성이 …이다。¶你知道老师~什么吗? 너는 선생님의 성이 무엇인지 아느냐?|请问,你是~张吗? 실례합니다, 당신이 장 씨입니까?|你们班谁~王? 너희 반에 누가 왕 씨이니?

姓名 xìngmíng 名 성명。¶在表格里填上你们的~;표에 너희들의 성명을 채워라.|你的本子上没写~吧;너의 노트에 성명을 적지 않았지.|看你,收信人的~没写清楚,信被退回来了;그것 봐라, 수신인 성명을 분명하게 쓰지 않아 편지가 돌아왔잖아.

幸福 xìngfú 名 행복。¶好好珍惜今天的~吧;지금의 행복을 소중히 여겨라.|我们小时候可没有这种~;우리가 어렸을 때 정말 이러한 행복은 없었다.|妈妈把一辈子的~都寄托在孩子身上;어머니께서는 한 평생 행복을 모두 아이에게 기탁하였다. 形 행복하다。¶我有一个~的童年;나는 행복한 어린 시절이 있다.|能跟家人在一起我觉得很~;가족과 함께 있을 수 있는 것은 매우 행복이라고 생각한다.|一辈子做自己喜欢的工作最~;한 평생 자기가 좋아하는 일을 하는 것이 가장 행복하다.

幸亏 xìngkuī 副 다행히。운좋게。¶今天的雨真大,~我带了雨伞;오늘 비가 정

말로 많이 내리지만 다행히 나는 우산을 지녔다.│~你把我叫醒了,要不我就迟到了;다행히 네가 나를 불러 깨워서망정이지, 그렇지 않았으면 지각을 하였다.│昨天车子坏在路上了,~碰到了同学;어제 차가 길에서 고장이 났지만, 다행히 동창을 만났다.

兄 xiōng 名 ❶ 형.¶他是我的表~;그는 나의 외사촌 형이다.│这位是他的~嫂;이 분은 그의 형수이다.│你们堂弟中只有一个上了大学;너희 친사촌 형제 중 오직 한 사람만이 대학에 갔다. ❷ (남자들의) 같은 또래에 대한 존칭.¶老~,咱们好久没见面了;노형, 우리 오랫동안 만나지 않았구려.│这是我的师~;이 사람은 나의 선배이다.│这事可以问问李~,他知道;이 일은 이 형에게 물어봐라, 그가 안다.

兄弟 xiōngdì 名 형제.¶他家~三人都在北京工作;그 집 형제 3명이 모두 베이징에서 일한다.│这是我们的~单位,关系很好;이것은 우리의 형제 회사라서 관계가 매우 좋다.│我们是多年的~邻邦了;우리는 다년간의 형제 이웃이다.│汉族和~民族组成了一个民族大家庭;한족과 형제민족은 민족 대가정을 이루었다.

胸 xiōng 名 ❶ 가슴. 흉부.¶体检的时候拍了个~片,大夫说肺没有问题;신체 검사할 때 흉부 투시 X선 사진을 찍었는데, 의사는 폐에 아무 문제 없다고 말하였다.│你把~挺起来,别驼着背;가슴을 곧게 펴고, 등을 구부리지 마라. ❷ 마음. 도량.¶你怎么~无大志呀?너는 어떻게 큰 뜻을 품지 않을 수 있니?│他的心~非常宽广;그의 마음은 매우 넓다.

雄 xióng 形 ❶ 수컷의.¶银杏树是分雌(cí)~的;은행 나무는 암수가 구분된다.│~鸡;수탉.│~性;수컷의 성질. ❷ 강력한.¶这个人很有~心;이 사람은 매우 웅장한 뜻이 있다.│这支军队都是些~兵强将;이 군대는 모두 강력한 부대와 강한 장군들이다.

▶용법주의:'雄'은 주로 쌍음절 단어에서 나타난다. 예를 들어'정예부대(雄兵)','강력한 군대(雄师)','웅장한 뜻(雄心)','웅변(雄辩)','독수리(雄鹰)' 등이다. 그러나 오직 의항 ❶ 에서 단독으로 쓰인다.

雄伟 xióngwěi 形 웅장하다. 우람하다.¶这座建筑非常~;이 건축은 매우 웅장하다.│站在~的长城上,我感到十分自豪;웅장한 만리장성에 서니 나는 매우 자긍심이 느껴졌다.│节日中的天安门广场显得更加~了;기념일의 천안문 광장은 더욱 더 웅장하게 보였다.

熊猫 xióngmāo 名 (동물) 팬더.¶中国的四川是~的主要栖息(qīxī)地;중국의 쓰촨은 팬더의 주요 서식지이다.│~的样子十分可爱;팬더의 모습은 매우 귀엽다.│小孩子都喜欢看~;어린 아이는 모두 팬더를 보는 것을 좋아한다.

休假 xiū//jià 动 휴가를 보내다.¶国庆节是法定的~日;국경절은 법정 공휴일이다.│我今年还没有~呢;나는 올해 아직 휴가를 보내지 않았다.│你已经休过假了吧,我可一次假都没休过;너는 이미 휴가를 보냈지만, 나는 한 번도 쉰 적이 없다.

休息 xiū·xi 动 ❶ 휴식하다.¶现在是课

间~时间,可以吃点东西;지금은 수업 중간의 휴식시간이니 음식을 좀 먹어도 괜찮다.|周末大家都~了,你怎么还去上班?주말에는 모두 쉬는데 너는 어째서 여전히 출근을 하니?|别干了,~一会儿吧;그만 하고 좀 쉬자. ❷ 잠자다. ¶怕你晚上~得早,没敢找你;저녁에 네가 일찍 잘까봐 감히 너를 찾지 못하였다.|你每天几点~?너는 매일 몇 시에 자니?|早点儿~,明天还要赶路呢;일찍 자거라, 내일 또 길을 재촉해야 하니까.

修 xiū 动 ❶ 수리하다. ¶前面~路,车不能过了;앞에는 길을 보수하여 차가 지나갈 수 없다.|这座大楼很久没~了,计划今年~;이 큰 빌딩은 오랫동안 수리하지 않아 올해 수리할 계획이다.|路边就有~自行车的小摊儿;길가에 자전거를 수리하는 수리상이 있다.|刚刚给你~的鞋,这么快又坏了;수리해준 신발이 이렇게 빨리 또 망가졌구나. ❷ 건설하다. ¶这座水库是今年刚~的,还没有蓄水;이 댐은 올해 막 건설한 것으로 아직 물을 저장하지 않았다.|公司一下子~了好几座宿舍楼,你们很快可以住进去了;회사는 단숨에 몇 개의 숙소 건물을 건설하니 너희들은 빨리 입주할 수 있을 것이다. ❸ 깎다. ¶指甲该~了;손톱을 깎아야겠다.|她的眉毛~过以后挺漂亮的;그녀의 눈썹은 깎고 나니 매우 예쁘다.|果树不~是长不好的;과일 나무는 가지치기를 하지 않으면 잘 자라지 못한다.

修改 xiūgǎi 动 바로잡아 고치다. 수정하다. ¶这篇文章我已经~好几遍了;이 문장은 내가 이미 여러 차례 수정하였다.|你做的那个计划还得~;네가 만든 그 계획은 여전히 수정해야 한다.|我的演讲稿想请老师帮我~~;나의 연설문을 선생님에게 수정을 부탁하려고 한다.|论文还有几处小毛病,你再好好~一下吧;논문은 아직 몇 군데 작은 결점이 있으니 네가 다시 잘 수정을 해라.

修理 xiūlǐ 动 수리하다. 수선하다. ¶这台电脑~一下还能用;이 컴퓨터는 수리하면 더 쓸 수 있다.|我自己就有~自行车的工具;나는 자전거를 수리하는 공구가 있다.|你把咱们家的电饭锅~~吧;너는 우리 집의 전기밥솥을 수리해라.|这东西已经~不好了,换新的吧;이 물건은 이미 수리하기 어려우니 새것으로 바꿔라.

虚心 xūxīn 动 겸손하다. ¶老先生非常~,经常听取别人的意见;노선생님은 무척 겸손하여 항상 다른 사람의 의견을 받아들인다.|你~一点行不行,不要自以为是;너는 좀 더 겸손하는 게 어떠니? 스스로 잘난 척 하지마라.|我们应该~向别人学习,~使人进步嘛;우리는 겸손하게 다른 사람을 배워야 해, 겸손은 사람을 발전하게 하잖니.

需要 xūyào 动 요구되다. 필요로 하다. ¶孩子~一个良好的成长环境;아이는 좋은 성장 환경을 필요로 한다.|我现在不~私家汽车;나는 지금 자가용이 필요하지 않다.|病人~输血;환자는 수혈이 필요하다. 名 요구. 필요. ¶这些东西都是你出门~的,带上吧;이런 물건들은 모두 네가 집을 나가면 필요한 것들이니 가져가라.|听音乐是我的精神~,我离不开音乐;음

악을 듣는 것은 나의 정신적인 필요여서 나는 음악과 떨어질 수 없다.|这项服务是根据顾客的~设立的;이 서비스는 고객의 요구에 따라 만들어진 것이다.

徐徐 xúxú 形 천천히. 서서히. ¶ 初秋的夜晚坐在小河边儿,~的清风吹着,非常舒服;초가을 밤 냇가에 앉아있으면 맑은 바람이 천천히 불어 매우 상쾌하다.|大幕~拉开,我们的合唱队终于与观众见面了;무대의 막이 서서히 열리고 우리 합창대가 드디어 관중과 만났다.|看着列车~驶出站台,我的眼泪掉了下来;열차가 서서히 플렛폼을 떠나는 것을 보자 내 눈물이 떨어졌다.

许 xǔ 动 ❶ 허가하다. 허락하다. ¶ 这地方不~小孩儿进去;이 곳은 어린 아이가 들어가는 것을 금지한다.|这次活动只~一年级的新生参加;이번 활동은 오직 1학년 신입생만 참가할 수 있다.|为什么只~你去,不~我去? 어째서 너는 가도 되고 나는 가면 안되니? ❷ 약속하다. ¶你给孩子~了愿又做不到,这可不好;너는 아이에게 약속하고 지키지 못하는 것은 나쁘다.|你~过我周末一起爬山的,忘了吗? 너는 나랑 주말에 함께 등산을 하기로 약속했는데 까먹었니? 副 아마도. 혹시. ¶怎么还不来,~是忘了吧;어떻게 아직도 오지 않을까? 아마도 까먹었나 보다.|再敲敲门,~是没听见;다시 문을 두드려봐라, 아마도 듣지 못했나 보다.

许多 xǔduō 形 대단히 많은. 허다한. ¶ 博物馆里的~展品都是以前没见过的;박물관 안의 많은 전시품은 모두 이

전에 보지 못한 것들이다.|我已经~年没回老家了;나는 이미 오랫동안 고향에 가지 못했다.| ~ 人都喜欢吃西瓜,但我不太喜欢;많은 사람들은 수박 먹는 것을 좋아하지만 나는 그리 좋아하지 않는다.

许久 xǔjiǔ 形 매우 오래다. ¶ 这个问题我思考了~,还是搞不明白;이 문제는 내가 오랫동안 생각해봤는데도 아직 모르겠다.|我们等了~,一直没见他来;우리가 오랫동안 기다렸지만 계속 그가 오는 것을 보지 못했다.| ~ 不拉琴,手生了;오랫동안 해금을 켜지 않아 손이 서툴다.

序言 xùyán 名 서문. ¶你的~写得太长了;너의 서문은 너무 길게 썼다.|这本书的~写得不好;이 책의 서문은 잘 못썼다.

绪论 xùlùn 名 서론. ¶那部著作我只看了~,正文还没顾上看;그 저서는 내가 서론만 보았고 본문은 아직 볼 겨를이 없었다.|我觉得你的新书~部分写得不错;너의 새로운 책 서론 부분은 잘 썼다고 생각한다.

宣布 xuānbù 动 선포하다. 공표하다. ¶ 公司的决定已经~了,不能改了;회사의 결정은 이미 선포되어 바꿀 수 없다.|我会当着全体职工~对你的处分的;우리 단체는 전체 직원을 책임지고 너에 대한 처분을 공표하였다.|考试以前监考老师应该~考场纪律;시험 전에 시험감독 선생님은 마땅히 시험장 규율을 공표해야 한다.

宣传 xuānchuán 动 선전하다. 홍보하다. ¶剧组正在为他们的新片子做~;제작진은 그들의 새 영화를 위하여 홍보하고 있다.|这个产品~得还不够,

응该加强~.이 제품은 홍보가 부족하니 홍보 활동을 강화해야 한다.|通过~,人们都了解事件的真相了.선전을 통해 사람들은 모두 사건의 진상을 이해하였다.

宣言 xuānyán 名 선언. ¶ 这个~很好地反映了大会的宗旨. 이 선언은 대회의 취지를 매우 잘 반영하였다.|《独立~》非常有名,我几乎可以背诵.《독립선언》은 매우 유명하여 나는 거의 암송할 수 있다.

旋转 xuánzhuǎn 动 빙빙 회전하다. 선회하다. ¶ 风车在大风中不停地~;풍차가 센 바람에 끊임없이 회전한다.|车轴生锈了,轮子~得很慢;차축에 녹이 슬어 바퀴가 매우 천천히 돈다.|她在冰场上~的姿态美极了;그녀는 스케이트장에서 빙빙 회전하는 자태가 정말 아름다웠다.

选 xuǎn 动 ❶ 고르다. 선택하다. ¶ 这几个颜色你自己~一种喜欢的吧;이 몇 가지 색에서 네가 좋아하는 것을 골라라.|想给妈妈~一件生日礼物,可是~来~去都没有合适的;어머니께 드리고 싶은 생일 선물을 고르려고 했지만 아무리 골라봐도 적당한 것이 없다.|我这不知道他们怎么会~你做演员;나는 정말 그들이 어떻게 너를 연기자로 뽑았는지 모르겠다. ❷ 선거하다. ¶ 参加这次大会的代表还没有~好;이번 대회에 참가하는 대표는 아직 뽑지 않았다.|咱们~个临时的负责人吧;우리 임시 책임자를 선출하고록 하자.|她被~成学生会会长了;그녀는 학생회 회장으로 선출되었다.

选拔 xuǎnbá 动 (인재를) 선발하다. ¶ 这次公司来~人才,他是重点考察对象;이번에 회사에서 인재를 선발하는데 그는 가장 유력한 후보이다.|他很优秀,但一直没有得到被~的机会;그는 매우 우수하지만 줄곧 선발될 기회를 얻지 못하였다.|学校决定在你们班~三个优秀生参加全省知识竞赛;학교는 너희 반에서 3명의 우등생을 선발하여 전국 성 퀴즈대회에 참가시키기로 결정하였다.

选举 xuǎnjǔ 动 선거하다. 선출하다. ¶ 大会~了新一届的委员会成员;대회는 새로운 위원회 회원을 선출하였다.|这次~方式是无记名投票;이번 선거방식은 무기명 투표이다.|每个公民都有~权;모든 공민은 모두 선거권이 있다.

选手 xuǎnshǒu 名 선수. ¶ 参加这次声乐比赛最后决赛的~已经产生;이번 성악 시합 최종 결승전에 참가할 선수는 이미 결정되었다.|这回乒乓球团体赛的~基本上是新手;이번 탁구 단체전의 선수는 대부분 신인이다.|奥运会上,各国~都发挥了自己最好的水平;올림픽에서 각국 선수들은 모두 자신의 가장 좋은 실력을 발휘하였다.

选择 xuǎnzé 动 선택하다. ¶ 这几个论文题目你~一个吧;이 몇 개의 논문 제목 중에서 네가 하나를 선택해라.|上大学~一个合适的专业很重要;대학에 가서 적당한 전공을 선택하는 것은 매우 중요하다.|我希望你好好~~;나는 네가 잘 고르기를 바란다. 名 선택. ¶ 这是你自己的~,不要后悔;이것은 너 자신의 선택이니 후회하지 마라.|他的这个~有问题;그의 이

선택은 문제가 있다.| 你还有别的~吗?너는 아직도 다른 선택이 있니?

穴 xué 名 ❶ 동굴. 구멍. ¶ 早先古人是~居的,也就是住在洞~里;옛날 사람들은 혈거하였는데, 즉 동굴 안에서 사는 것이다.| 在北京周口店龙骨山的洞~里发现了不少猿人的牙齿、头盖骨、肢骨等化石;베이징 저우커우뎬 룽구산의 동굴 안에서 많은 원시인의 치아, 두개골, 팔다리뼈 등 화석들이 발견되었다. ❷ 굴. ¶虎~;호랑이 굴.| 蛇~;뱀 굴.| 蚁~;개미 굴. ❸ (중의학) 혈. ¶中医讲究穴位治疗,太阳~、风池~、足三里~都是重要的~位;중의는 경혈치료를 중시하는데 태양혈, 풍지혈, 족삼리혈 모두 중요한 혈이다.

学 xué 动 ❶ 배우다. ¶这些知识是小的时候跟奶奶~的;이 지식들은 어릴 적에 할머니에게 배운 것이다.| 最近我~了一门新技术;최근에 나는 신기술을 배웠다.| 这几个辅音太难发了,总也~不会;이 몇 개 자음은 너무 발음하기 어려워 아무래도 잘 안 익혀진다.| 气功我可没有~过;기공은 배운 적이 없다. ❷ 모방하다. 흉내내다. ¶你~得不像;네 모방은 비슷하지 않다.| 那孩子~什么像什么,模仿能力特强;그 아이는 무엇을 흉내내도 비슷하여 모방능력이 매우 탁월하다.| 那几个动作很怪,我~不来;그 몇 개의 동작은 매우 이상해서 나는 흉내내지 못하겠다. 名 (단어에 붙어) 학문. ¶语言~;언어학.| 物理~;물리학.| 社会~;사회학.

学长 xuézhǎng 名 선배. ¶我喜欢跟~聊天;나는 선배와 이야기하는 것을 좋아한다.| ~告诉我不少学校的情况;선배가 나에게 여러 학교 상황을 알려주었다.| 这位~在我们学校挺有名气;이 선배님은 우리 학교에서 매우 명성이 있다.

▶용법주의:한국어에서의 선배에 해당하는 한자어 '先辈'는 주로 학교 선배를 지칭하지만, 중국어에서는 학교 선배를 지칭할 때는 '学长'을 사용한다.

学弟 xuédì 名 후배. ¶这位~我认识;이 후배는 내가 안다.| 他是你的~,请你多多帮助他;그는 네 후배이니 많이 도와주시기 바랍니다.

▶용법주의:한국어에서의 후배에 해당하는 한자어 '后辈'는 주로 학교 선배를 지칭하지만, 중국어에서는 학교 후배를 지칭할 때는 '学弟'을 사용한다.

学费 xuéfèi 名 학비. ¶这所学校不错,但~太高了;이 학교는 좋지만 학비가 너무 비싸다.| 孩子考上了大学,但~还没有筹到;아이가 대학에 합격하였지만 학비는 아직 모으지 못했다.| 我准备课余时间打工,自己挣~;나는 수업 이외 시간에 아르바이트를 준비하여 스스로 학비를 번다.

学姐 xuéjiě 名 여자 선배. ¶有什么不明白的可以问你~,她人很好;모르는 것이 있으면 네 선배에게 물어도 좋다. 그녀는 사람이 참 괜찮다.| 周末我想跟~一起去书店买书;주말에 나는 (여자) 선배와 함께 서점에 가서 책을 샀다.

学妹 xuémèi 名 여자 후배. ¶她是你的~吗? 上大几了? 그녀는 너의 (여자) 후배니? 대학 몇 학년이니?| 你那个小~现在已经当学姐了,后面总是跟着几个~;네 그 어린 (여자) 후배

가 지금은 이미 (여자) 선배가 되어 꽁무니에는 항상 몇 명의 (여자) 후배가 따라다닌다.

学年 xuénián 名 학년. ¶ 学校规定三年级的学生要写~论文;학교 규정에 3학년 학생은 학년 논문을 써야 한다. | 这个~的总成绩已经出来了,上网可以查到;이 학년의 모든 성적이 이미 나와서 인터넷으로 찾을 수 있다. | 现代汉语课要上一个~呢!현대 중국어 수업은 한 학년 동안 들어야 한다.

学期 xuéqī 名 학기. ¶ 这个学期一共二十周,已经过去一半了;이번 학기는 모두 20주인데 벌써 반이 지났다. | 下~你还选英语课吗? 다음 학기에 너는 또 영어 수업을 선택하니? | 上个~我的课太多了,很累;지난 학기 나의 수업이 너무 많아 매우 피곤했다.

学生 xué·sheng 名 ❶ 학생. ¶你是哪所学校的~? 너는 어느 학교의 학생이니? | 我们班有50个~,大家来自全国各地;우리반에는 50명의 학생이 있는데 모두 전국 각지에서 왔다. | 我现在还是~,不过明年就毕业了;나는 지금은 학생이지만 내년에는 졸업을 한다. ❷ 학생. 제자. ¶我想拜您为师,不知道您收不收我这个~;제가 당신을 스승으로 모시고 싶은데 저를 제자도 받아 주실지 모르겠습니다. | 我看他挺好学的,你就收下这个~吧;내가 보기에 그는 배우기를 참 좋아하니 너는 이 학생을 받아라. | 他们几个都是我刚刚收的~;그들 몇 명은 모두 내가 막 거둔 제자들이다.

学术 xuéshù 名 학술. ¶他已经在~杂志发表数十篇论文;그는 이미 학술지에 수 십 편의 논문을 발표하였다. | 水平上的较量可以促进大家提高自己的学识水平;학술 수준상의 경쟁은 모두가 자신의 학식 수준을 향상시키는 것을 촉진할 수 있다. | 这几个~团体都比较有影响;이 몇 개 학술단체는 모두 비교적 영향력이 있다.

学术节 xuéshùjié 名 학술제/예술제. ¶今年的~办得不错,学生们玩很得开心;올해 학술제는 잘 하여 학생들이 재미있게 놀았다. | ~上的节目都是学生自编自演的;학술제상의 프로그램은 모두 학생 스스로가 만들고 연기하였다.

▶용법 주의:'학술제'는 중국어에서 말하는'예술제'와 비슷하다.

学问 xué·wen 名 학문. ¶ 老师很有~;선생님께서는 학식이 있으시다. | 这门~需要系统地学习;이 학문은 체계적인 학습이 필요하다. | 这孩子读了书~见长(zhǎng);이 아이는 학교를 다니자 학문이 성장하였다.

学习 xuéxí 动 학습하다. 배우다. 공부하다. ¶ 我现在正在~汉语;나는 지금 중국어를 배우고 있다. | ~是件不容易的事情;공부는 쉽지 않은 일이다. | 他是我们班~最好的;그는 우리 반에서 공부를 가장 잘 하는 사람이다.

学校 xuéxiào 名 학교. ¶ 我每天八点钟到~上课,下午五点离开~;나는 매일 8시에 학교에 와서 수업을 하고 오후 5시에 학교를 떠난다. | 在~上学,就要遵守~的纪律;학교에서 수업할 때에는 학교의 규율을 준수해야 한다. | 我们~的操场是新修的;우리 학교 운동장은 새로 만든 것이다.

学院 xuéyuàn 名 단과대학. ¶ 他是经济~的毕业生,我是体育~的,我们都在

741

找工作;그는 경제대 졸업생이고 나는 체육대 졸업생인데, 우리 모두 일자리를 찾고 있다.|我们~今天新设了一些课程,我选了两门;우리 대학은 오늘 일부 과정을 새로 신설하여 나는 두 과목을 선택하였다.|~领导又换了,这位院长很年轻;대학 인사가 또 바뀌었는데, 이 학장은 매우 젊다.

学者 xuézhě 名 학자. ¶ 这周有著名~到我们学院讲课, 应该去听听;이번 주에 저명한 학자가 우리 대학에 와서 강연을 하는데 가서 들어야 한다.| 你看上去倒是很像个~呀;너는 보기에 의외로 학자 같은데.| 我很想成为一个真正的~;나는 정말로 진정한 학자가 되고 싶다.

雪 xuě 名 눈. ¶ 这场~真大;이번 눈은 정말 많이 내린다.| 我喜欢~天;나는 눈 오는 날을 좋아한다.| 有~,路上滑,开车当心点;눈이 있어 길이 미끄러우니 조심해서 운전해라.

雪白 xuěbái 形 새하얗다. 눈처럼 희다. ¶ 我种的仙人球开了两朵~的花;내가 심은 선인장에 새하얀 꽃 두 송이가 피었다.| 他今天穿了一件~的衬衣;그는 오늘 하얀 셔츠를 입었다.| 新房子的墙~~的, 真好看;새 집의 벽이 눈처럼 희어 정말 예쁘다.

雪碧 xuěbì 名 (스프라이트)사이다. ¶ 我不喜欢喝~,太甜了;나는 사이다 마시는 것을 좋아하지 않는다, 너무 달다.| 总给孩子喝~不好;항상 아이에게 사이다를 마시게 하는 것은 좋지 않다.| 你要什么, ~还是可乐? 무엇을 원하십니까? 사이다 아니면 콜라?

雪岳山 Xuěyuèshān 名 설악산. ¶ ~是韩国的名山, 每年去旅游的人很多;설악산은 한국의 명산으로 매년 여행하는 사람들이 많다.| 这个假期去~怎么样? 이번 휴가 때 설악산 가는 게 어때?

血 xuè 名 피. ¶ 病人急需输~;환자는 급히 수혈이 필요하다.| ~库里这种~型的~不多了;혈액 은행에는 이러한 혈액형의 피가 많지 않다.| 孩子的腿摔破了, 出了不少~;아이의 다리가 넘어져 다쳐서 피를 많이 흘렸다.

血液 xuèyè 名 혈액. ¶ 她得的是一种~病, 正在治疗;그가 걸린 것은 일종의 혈액병으로, 치료 중이다.| ~是人体的命脉;혈액은 인체의 명맥이다.

寻求 xúnqiú 动 찾다. 탐구하다. ¶ 他一生都在~真理;그는 일생 동안 진리를 탐구하고 있다.| 只要我们执著地~, 会实现理想的;우리들이 꾸준히 탐구한다면 이상을 실현할 수 있다.

寻找 xúnzhǎo 动 찾다. ¶警方还在~证据;경찰은 아직도 증거를 찾고 있다.| 他们为了~丢失的孩子已经花光了家里所有的钱;그들은 잃어버린 아이를 찾기 위해 이미 집의 모든 돈을 다 써버렸다.| 这么辛苦地~工作, 可是到现在都没有结果;이렇게 힘들게 일을 찾지만 지금까지 아무런 결과가 없다.

循环 xúnhuán 动 순환하다. ¶ 血液在体内~;혈액은 체내에서 순환한다.| 这个供水系统~不好, 该修了;이 급수 시스템은 순환이 좋지 않아 고쳐야 한다.| 这已经成了一种恶性~了;이것은 이미 악성순환이 되었다.

训练 xùnliàn 动 훈련하다. ¶最近的~很苦, 你要多吃点;최근 훈련이 매우 힘드니 너는 많이 먹어야 한다.| 快比

赛了,队员们每天都有高强度的~;곧 시합이라서 팀원들은 매일 고강도의 훈련을 받았다.| 那孩子很有运动天赋,好好~~能成为优秀的运动员;그 아이는 천부적인 운동 신경이 있어 잘 훈련하면 우수한 운동선수가 될 수 있다.

迅速 xùnsù 形 신속하다. 빠르다. ¶这家公司几年来发展~,规模不断扩大;이 회사는 요 몇 년 동안 발전이 매우 빠르고, 규모도 끊임없이 확대되고 있다.| 事情一出,消息就~传开了;일이 터지자 소식이 급속도로 퍼졌다.| 消防队员~到达火灾现场;소방대원은 신속하게 화재 현장에 도착한다.

压 yā 动 누르다. 압력을 가하다. ¶你小心点, 别把鸡蛋~碎了; 달걀을 눌러 깨트리지 않게 조심해라. | 奶奶让我帮她找块儿大石头~酸菜; 할머니는 나에게 절인 채소를 누를 큰 돌을 찾아달라고 하신다. | 因为成绩不好, 小张把考试卷~在自己床底下没让爸爸看; 성적이 나빠서 장군은 시험 답안지를 자기 침대 밑에 놓아 아빠가 보지 못했다.

压力 yālì 名 ❶ 압력. ¶书架上的书~太大了, 书架已经变形了; 책꽂이에 놓인 책 압력이 너무 커서 책꽂이가 이미 변형되었다. ❷ 스트레스. ¶最近工作~太大了, 经常失眠; 최근에 업무 스트레스가 너무 커서 늘 잠을 푹 못잔다. | 你不要有精神~, 事情会过去的; 모든 일은 지나가니 너무 정신적인 스트레스를 갖지 마라. | 高考前考生大都有心理~; 대입시험 전 수험생들 모두는 심리적인 스트레스가 있다.

压迫 yāpò 动 ❶ 억압하다. ¶那个时期人们一直被反动势力~着; 그 시기 사람들은 계속 반동세력에 의해 억압을 당하였다. | 当今的社会不允许再有~; 오늘날의 사회는 더 이상 억압을 허락하지 않는다. ❷ 압박하다. ¶由于瘀血~神经, 病人现在还不能说话; 어혈이 신경을 압박하여 환자는 지금 여전히 말을 할 수 없다. | 用力~伤口可以止痛; 힘을 주어 상처를 누

르면 아픔을 멈추게 할 수 있다.

呀 yā 叹 아! 야! ¶~, 你怎么找到这儿来了;야! 너는 어떻게 여길 찾아 왔니! | ~, 快看, 有人昏倒了;야! 빨리 봐라, 누군가 쓰러졌다.

牙 yá 名 이. 치아. ¶这几天~疼, 很难受;요 며칠 이가 아파서 견디기 힘들다. | 老人的~不好, 应该吃软一点的东西;노인의 이는 좋지 않으니 좀 부드러운 것을 먹어야 한다. | 甜食吃多了容易伤~;단 것을 많이 먹으면 쉽게 이가 상한다.

牙齿 yáchǐ 名 치아. 이. ¶养护~比治疗更重要;이를 보양하는 것은 치료하는 것보다 더 중요하다. | 这孩子的~还没有长齐;이 아이의 이는 아직 고르게 자라지 않았다. | 老虎有很锋利的~;호랑이는 매우 날카로운 이빨을 가지고 있다.

牙刷 yáshuā (~儿) 名 칫솔. ¶~应该经常换;칫솔은 꼭 자주 바꿔야 한다. | 这种~的质量不错, 可以多买几个;이런 칫솔의 품질은 좋으니 몇 개 더 사도 좋다. | 这回出来忘了带~了, 一会儿去买吧;이번에 올 때 칫솔을 가지고 오는 것을 잊어버렸으니 좀 있다 사러 가자.

呀 ·ya 助 '啊'와 같고, 문장의 뒤에 쓰여 어세를 돕는다. ¶大家快来~;모두들 빨리 와!| 你别跑~, 等我一会儿;달리지 말고 나를 좀 기다려라. | 这

儿的景色真美~! 여기 풍경이 정말 아름답구나!

烟 yān 名 ❶ 연기. ¶火已经灭了,但~仍然很大;불은 이미 꺼졌지만 연기는 여전히 많다.|爸爸把饭烧糊了,屋子里全是~;아빠가 밥을 태워서 집안이 온통 연기다.|赶快把窗户打开,放放屋子里的~;집안의 연기가 빠져나가도록 빨리 창문을 열어라. ❷ (식물) 연초. ¶他们家专门种~;그들 집안은 전문적으로 연초를 재배한다.|因为卖~很赚钱;연초를 파는 것은 돈을 많이 벌 수 있기 때문이다. ❸ 담배. ¶禁止吸~;흡연 금지.|我买一盒~;나는 담배 한 갑을 산다.|你抽什么牌子的~? 너는 어떤 상표의 담배를 피우니?

烟雾 yānwù 名 연무. 연기. 안개. ¶山里~缭绕(liáorào),像是有人家;산에 연기가 피어오르니 인가가 있는 것 같다.|屋子里充满了~,呛得厉害;집안이 온통 연기로 가득 차서 매우 숨이 막힌다.|早晨的~到中午才慢慢散了;아침의 안개는 점심 때가 되어서야 비로소 천천히 없어졌다.

腌 yān 动 절이다. ¶酸菜~好了吧;절임채소가 잘 절여졌지.|我喜欢吃~的萝卜;나는 절인 무 먹는 것을 좋아한다.|妈妈每年都~各种各样的菜;어머니께서는 매년 각종 채소를 절이셨다.

延长 yáncháng 动 (거리나 시간을) 늘이다. 연장하다. ¶这条铁路已经~到我们县城了;이 철도는 이미 우리 현까지 연장되었다.|你的签证不能~;너의 비자는 연장할 수 없다.|听说咱们的训练时间~了;우리의 훈련시간

이 연장되었다고 한다.

严格 yángé 形 (말이나 규칙 등이) 엄격하다. 엄하다. ¶他对学生要求十分~;그는 학생에 대한 요구가 매우 엄격하다.|咱们学校有~的考试制度,每个学生都要遵守;우리 학교에는 엄격한 시험제도가 있어 매 학생마다 모두 준수해야 한다.|这些运动员都是经过~训练的;이 운동선수들은 모두 엄격한 훈련을 거쳤다. 动 엄격히 하다. 엄하게 하다. ¶我们需要~考勤制度;우리는 엄격한 출근제도가 필요하다.|只有训练~,才能出成绩;오직 훈련을 엄격하게 해야만 좋은 성적을 낼 수 있다.

严厉 yánlì 形 심하다. 엄하다. ¶我们教练特别~,我们都怕他;우리 감독은 매우 엄하여 우리들은 모두 그를 무서워한다.|爸爸看上去很~,其实很爱我;아빠는 매우 엄하게 보이지만 사실은 나를 매우 사랑한다.|你是不是对孩子太~了? 네가 아이에게 너무 심한 게 아니니?

严肃 yánsù 形 ❶ (말이나 태도, 분위기 등이) 엄숙하다. ¶谈判现场的气氛十分~;회담현장의 분위기가 매우 엄숙하다.|看到老师态度~起来,大家都不敢说话了;선생님을 보자 태도가 엄숙해지기 시작하였고, 모두가 감히 말을 하지 못 하였다. ❷ 엄숙하다. ¶这件事情学校会~处理的;이 일은 학교에서 엄숙히 처리할 것이다.|考试是一件~的事情,不是儿戏;시험은 엄숙한 일이지 어린애 장난이 아니다.|你们应该~地对待婚姻大事;너희들은 엄숙하게 혼인대사에 임해야 한다. 动 엄숙히 하다. 엄숙하

게 하다. ¶我们必须~考场纪律;우리는 반드시 시험장 규율을 엄숙하게 해야 한다.| 现代社会~法律制度显得更加重要;현대사회는 법률제도를 엄숙히 하는것이 더욱 중요해 보인다.

严重 yánzhòng [形] 심각하다. 엄중하다. ¶他的伤势非常~,能不能恢复还不好说;그의 상처가 매우 심각하여 회복될 수 있는지 여부는 아직 말하기 어렵다.| 问题的性质很~,你要有思想准备;문제의 성격이 매우 심각하니 너는 마음의 준비를 해라.| 这场火灾造成的后果~,损失巨大;이번 화재로 인한 결과가 심각하여 손실이 엄청나다.

言论 yánlùn [名] 언론. ¶现在讲究~自由,你有看法尽管说出来;현재는 언론 자유를 중요시하니 의견이 있으면 마음놓고 이야기해라.| 社会上流传的一些~并不一定可靠;사회적으로 떠도는 어떤 말들은 믿을 수만은 없다.| 你应该对自己的~负责;너는 자신의 말에 책임을 져야 한다.

岩石 yánshí [名] 암석. 바위. ¶泰山的很多~上都保留着历代名人的书法作品,很值得一看;태산의 많은 암석에는 역대 유명인들의 서예작품을 보존하고 있어 볼만한 가치가 있다.| 隧(suì)道打到一半遇上了那种非常坚硬的~,进度一下子慢了下来;터널을 반쯤 뚫었을 때 매우 단단한 암석을 만나 진도가 갑자기 느려졌다.| 我记得老家的村头有一块大大的~;내 기억에 고향의 마을어귀에는 매우 큰 바위가 하나 있다.

沿 yán [介] …를 따라. …를 끼고. ¶新开通的高速公路是~原来那条旧路修的;새로 개통된 고속도로는 원래 옛 도로를 따라 만든 것이다.| 你~着这条小路一直往前走就能找到火车站;너는 이 작은 길을 따라 앞으로 가면 기차역을 찾을 수 있다.| 上周末我们~着那条小河走到新区了;지난 주말 우리는 저 작은 하천을 따라 새로운 구역까지 걸었다. [名](~儿) 가장자리. ¶不要走沟~,很危险;도랑 가장자리로 걷지 마라, 매우 위험하다.| 奶奶总是喜欢坐在炕~上做针线活儿;할머니는 항상 온돌에 앉아 바느질 하는 것을 좋아하신다.

研究 yánjiū [动] ❶ 연구하다. ¶科学家们还在~人的大脑究竟有哪些功能;과학자들은 아직 인간의 대뇌가 도대체 어떤 기능이 있는지 연구하고 있다.| 很多现代病的起因还没有~清楚;많은 현대병의 원인은 아직 분명하게 연구되지 않았다.| 语言~;언어 연구.| 科学~;과학 연구.| 调查~;조사 연구. ❷ 논의하다. ¶你调动的事公司还要~;네가 전근하는 일은 회사가 아직 논의 중이다.| 这个方案能不能采纳要~以后再决定;이 방안이 받아들여질 지 여부는 논의 후에 다시 결정하자.| 你的问题领导还没顾上~,再等等吧;너의 문제는 지도자가 아직 논의하지 않았으니 더 기다려라.

研究所 yánjiūsuǒ [名] 연구소. ¶我朋友毕业后去~工作了;내 친구는 졸업 후에 연구소로 가서 일하였다.| 我比较喜欢~的工作环境;나는 연구소의 작업환경을 비교적 좋아한다.| 他在这个~工作了三十年;그는 이 연구소에서 30년을 일하였다.

研究者 yánjiūzhě [名] 연구자. ¶不少~

跟你的看法一样;많은 연구자들이 너의 생각과 같다.|爸爸是一个业余的野生植物~,这些年有不少研究成果;아빠는 아마추어 야생식물 연구자로, 최근 들어 많은 연구 성과가 있다.

研讨 yántǎo 动 연구하고 토론하다. ¶~会开了两天,代表们都发表了自己的见解;워크숍을 이틀간 개최하여 대표자들은 모두 자신의 의견을 발표 하였다.|你的选题有不少学者也在~;네가 선택한 제목은 많은 학자들도 연구하고 있다.|通过~,应该能解决这个问题;토론을 거치면 이 문제를 해결할 수 있다.

盐 yán 名 소금. ¶今天的饺子~放多了,太咸;오늘 만두는 소금을 너무 많이 넣어 너무 짜다.|人不能不吃~,但也不能吃得太多;사람은 소금을 먹지 않을 수 없지만 또한 너무 많이 먹어도 안 된다.|家里的~又吃光了;집안의 소금을 또 다 먹었다.

颜色 yánsè 名 색. 색깔. ¶秋天的丹枫有好几种~,非常漂亮;가을 단풍이 여러 색이어서 무척 아름답다.|她喜欢穿~鲜艳的衣服;그녀는 색깔이 밝고 고운 옷을 입기를 좋아한다.|我最喜欢蓝~;나는 푸른 색을 가장 좋아한다.

眼 yǎn 名 ❶ 눈. ¶你的~病是用~过度造成的;너의 눈병은 눈을 너무 사용하여 생긴 것이다.|妈妈的~力不好,看书要戴眼镜;어머니는 시력이 나빠 책을 볼 때 안경을 쓰셔야 한다. ❷ (~儿) 구멍. ¶你裤子上有个小~;네 바지에 작은 구멍이 있다.|针~太小了,线穿不进去;바늘 구멍이 너무 작

아 실을 낄 수 없다.|泉~不大,但出水量不小;샘 구멍이 작지만 나오는 물의 양은 적지 않다. 量 (우물이나 쳐다보는 횟수 따위를 세는) 양사. ¶刚刚挖的那~井没有水;방금 판 그 우물에는 물이 없다.|这~小煤窑出煤不少,但也很不安全;이 작은 탄갱에서 캐낸 석탄이 많지만 매우 안전하지 않다.

眼光 yǎnguāng 名 ❶ 시선. 눈길. ¶同学们用鼓励的~看着我,我不觉得紧张了;친구들이 격려하는 시선으로 나를 바라봐 나는 긴장하지 않았다.|人们的~一下子集中到了这个外国人身上;사람들의 시선이 갑자기 이 외국인에게 집중되었다. ❷ 관찰력. 안목. ¶他的~不错,不会看错人的;그는 안목이 좋아서 사람을 잘못 볼 리가 없다.|就你那个~,总是买假货;너의 그 안목으로 항상 가짜 물건을 사는 거다. ❸ 관점. ¶现在时代变了,您的老~也该变变了;이제 시대가 변했으니 너의 구식 관점도 변해야만 한다.|不要总用这种~看人;항상 이런 관점으로 사람을 보지 마라.|我们看问题应该有发展的~;우리가 문제를 볼 때에는 반드시 발전의 관점이 있어야 한다.

眼镜 yǎnjìng (~儿) 名 안경. ¶戴~可以帮助你矫正视力;안경을 쓰는 것은 네 시력을 교정하는데 도움이 된다.|这副~的度数有点低,还是看不清;이 안경의 도수가 약간 낮아 뚜렷이 보이지 않는다.|你最好再配一副~吧;가장 좋기로는 네가 다시 안경을 맞추는 것이다.

眼睛 yǎn·jing 名 눈. ¶平时要注意保护

747

~;평상시에 눈 보호에 주의해라.| 那个姑娘长着一双漂亮的大~;그 아가씨는 예쁜 큰 눈을 가지고 있다.| 你的~已经近视了,需要戴眼镜了;너의 눈은 이미 근시라서 안경을 써야 한다.

眼泪 yǎnlèi 名 눈물.¶ 看到多年不见的妈妈,我的~止不住流了下来;몇 년 동안 만나지 못한 어머니를 보고 끊임없이 눈물이 흘러 내렸다.| 这孩子,~还没干又笑了;이 아이는 눈물이 마르기도 전에 또 웃었다.| 最近我的眼睛见了风就流~;최근에 내 눈은 바람을 맞으면 눈물이 난다.

眼前 yǎnqián 名 ❶ (공간적인) 눈앞.¶ ~出现大海的那一刻我非常激动;눈 앞에 바다가 나타나는 순간 나는 매우 흥분하였다.| 没过多久,车站就在~了,真快!오래되지 않아 정거장이 눈앞에 나타났다. 정말 빠르다! ❷ (시간적인) 눈앞. 현재.¶ ~最重要的事情是安置好灾民;지금 가장 중요한 일은 이재민을 잘 정착시키는 것이다.| 这些都不是~能办的事情,再等等吧;이런 모든 것은 지금 할 수 있는 일이 아니니 더 기다려라.

眼色 yǎnsè 名 ❶ 눈짓.¶ 会没开完,他给我使了一个~,我们就先走了;회의가 끝나지도 않았는데 그는 나에게 눈짓을 하여 우리는 먼저 갔다.| 我看到他俩出去以前交换了~;나는 그 두 사람이 나가기 전에 눈빛을 교환하는 것을 보았다. ❷ 눈치.¶ 这个新来的大学生挺有~,领导挺赏识他的;이 새로 온 대학생은 꽤 눈치가 있어서 지도자들이 그를 매우 높이 평가한다.| 你怎么这么没有~! 너는 어찌 이리도 눈치가 없니!

眼神 yǎnshén 名 ❶ 눈매. 눈빛.¶ 老人的~让人看了有些心酸;노인의 눈빛은 사람이 보기에 약간 마음을 아프게 한다.| 他的~看上去有些慌张;그의 눈빛을 보니 약간 당황하였다.| 你看人的~让人不太舒服;네가 사람을 보는 눈빛이 사람을 불편하게 한다. ❷ 시력.¶ 妈妈的~不太好,看不清楚书上的字;어머니의 시력이 그리 좋지 않아 책의 글자가 분명하게 보이지 않는다.| 你看我这~,走到跟前了都没看见;내 이 시력을 봐라, 근처까지 갔는데도 보지 못한다.

演 yǎn 动 연기하다.¶ 这些节目都是学生自己编自己~的,还真不错呢;이러한 프로그램은 모두 학생 스스로 자기가 연기한 것을 편집한 것인데 그런대로 정말 괜찮다.| 我还在那场戏里~了一个角色;나는 아직도 그 연극에서 한 배역을 연기하였다. 动 방영하다.¶ 小时候,经常在大操场上~电影,很有意思;어릴 적에 항상 대운동장에서 영화를 방영하였는데 매우 재미있었다.| 这个戏~过好几遍了,还~呀;이 연극은 몇 번을 공연하였는데 아직도 공연하니?| 电影都快~完了你才来,到哪儿去了? 영화가 곧 끝나려고 할 때서야 네가 왔는데 어디 갔었니?

演出 yǎnchū 动 공연하다. 상연하다.¶ 这个话剧~了好几场,很受欢迎;이 연극은 몇 번을 공연하였는데 매우 환영을 받았다.| 这台节目还准备到各个城市巡回~;이 프로그램은 각 도시의 순회 공연까지 준비하고 있다.

演技 yǎnjì 名 연기.¶ 这个年轻演员的

~还不够成熟;이 젊은 배우의 연기는 아직 노련하지 못하다.|你们应该多向老演员学习~;너희들은 베테랑 배우에게 많이 배워야 한다.|你的~提高了不少,继续努力吧;너의 연기가 많이 향상되었으니 계속 노력해라.

演员 yǎnyuán 名 배우. 연기자. ¶不少小姑娘都希望能当~;많은 어린 소녀들이 모두 연기자가 되고 싶어 한다.|听说~的收入不少,是吗?연기자의 수입이 적지 않다고 들었는데 맞니?|其实做~并不太容易;사실 연기자를 하는 것은 결코 그리 쉽지 않은 일이다.

宴会 yànhuì 名 연회. ¶今天的~是招待在华工作的外国专家的;오늘 연회는 중국에서 일하는 외국 전문가를 접대하는 것이다.|学校为我们这些留学生举办了这次欢迎~;학교는 우리 유학생들을 위하여 이번 환영 연회를 열었다.|参加~的来宾都非常高兴;연회에 참가한 내빈은 모두 매우 즐거웠다.

咽 yàn 动 삼키다. 넘기다. ¶嗓子发炎了,一~东西就疼;목에 염증이 생겨 먹을 것을 삼키면 아프다.|孩子~不下去那么大的药片;아이는 그렇게 큰 약을 넘길 수 없다.|慢点~,别噎(yē)着了;목에 걸리지 않도록 천천히 삼켜라.

羊 yáng 名 양. ¶到内蒙古大草原上,你能看到成群的~和牛;네이멍구 대초원에 가면 너는 양과 소의 무리들을 볼 수 있다.|那只小~在找妈妈;그 작은 양은 엄마를 찾고 있다.|这种~的出毛率很高;이런 종류 양의 발모율은 매우 높다.

阳光 yángguāng 名 햇빛. ¶今天的~很好,晒晒被子吧;오늘 햇빛이 좋으니 이불을 널어 말려라.|植物的生长离不开~;식물의 생장은 햇빛과 떼어놓을 수 없다.|这间屋子长年见不到~,又冷又潮;이 방은 오랫동안 햇빛을 보지 못해 춥고 습하다.

阳台 yángtái 名 베란다. ¶这套房子的~很大,我很满意;이 방의 베란다가 커서 나는 매우 마음에 든다.|~上可以晒衣服,晒被子;베란다에서 옷과 이불을 말릴 수 있다.|爸爸喜欢坐在~上喝茶;아빠는 베란다에 앉아서 차 마시는 것을 좋아한다.

洋葱 yángcōng 名 양파. ¶听说~很有营养,你要常吃;양파는 매우 영양이 있다고 들었으니 너는 항상 먹도록 해라.|我不喜欢吃生~;나는 생양파 먹는 것을 좋아하지 않는다.

洋溢 yángyì 动 (충분히) 겉으로 나타나다. 표출하다. ¶今晚的宴会~着友好的气氛;오늘 저녁 연회는 우호적인 분위기로 가득하였다.|他们热情~地招待了我们;그들은 크게 환대하며 우리를 맞이했다.

仰 yǎng 动 ❶ (머리를) 쳐들다. ¶爷爷~着脸看看天,说明天有雨;할아버지가 얼굴을 들어 하늘을 쳐다보는 것은 비가 내린다는 뜻이다.|这座塔太高了,需要~视才能看到顶;이 탑은 매우 높아 고개를 쳐들고 보아야 꼭대기를 볼 수 있다. ❷ 우러러보다. 경모하다. ¶我已经~慕他多年了,今天终于见到了他;나는 이미 그를 여러 해 동안 경모했는데, 오늘 드디어 그를 보았다.|这位就是我们十分敬~的科学家;이 분이 바로 우리가 매우

존경하는 과학자이다.

养 yǎng 动 ❶ 먹여살리다. 부양하다. ¶ 爸爸一个人挣钱~家,很辛苦;아빠 혼자서 돈을 벌어 집을 부양하느라 매우 힘들다.│父母把你~大,你应该报答他们;부모가 너를 키워주셨으니 너는 마땅히 그들에게 보답해야 한다. ❷ (가축이나 화초를) 기르다. 가꾸다. ¶ 家里~的那只小狗很好玩;집에서 기르는 그 강아지는 참 귀엽다.│爸爸退休后就在家一心一意地~花,很轻松;아버지는 퇴직 후 꽃을 키우는 일만 전념 하셔서 매우 편안하다.│这种植物很娇气,不好~;이런 식물은 매우 까다로워 키우기 힘들다. ❸ (자식을) 낳다. 출산하다. ¶ 老人一生~了三儿三女,现在却没有儿女愿意照顾她;노인은 일생 동안 3남 3녀를 낳았지만 지금 어떤 자식도 그녀를 돌보려고 하지 않는다. ❹ 요양하다. 휴양하다. ¶ 刚动完大手术需要好好~一段时间;막 큰 수술을 마치고 일정 기간 요양이 필요하다.│他已经去海边了,家里人希望他在那儿~~身体;그는 이미 해변에 갔고, 가족들은 그가 그곳에서 몸을 요양하기를 바란다.

养老金 yǎnglǎojīn 名 퇴직연금. ¶ 老人的~不多,但足够维持他的日常生活了;노인의 퇴직연금 많지 않지만 그의 일상생활을 유지하는데 충분하다.│在韩国, 初中教师62岁以后可以领取~;한국에서 중학교 선생님은 62세 이후에 퇴직연금을 받을 수 있다.

养育 yǎngyù 动 양육하다. ¶ 孩子应该报答父母的~之恩;자녀는 마땅히 부모가 키워준 은혜에 보답해야 한다.│我愿意毕业以后回到~我的故乡工作;나는 졸업 후에 나를 키워준 고향으로 돌아가 일을 하고 싶다.│他没有能力~这么多孩子;그는 이렇게 많은 아이를 양육할 수 있는 능력이 없다.

氧吧 yǎngbā 名 산소 공급실. ¶ 最近他总是去~,已经很久不上晚自习了;최근에 그는 항상 산소 공급실에 가는데 이미 오랫동안 저녁 자습을 하지 않았다.│今天~不营业,明天来吧;오늘 산소 공급실이 영업을 하지 않으니 내일 오너라.

氧气 yǎngqì 名 산소. ¶ 到了青藏高原,你会感觉到~不足,呼吸困难;칭장고원에 가면 너는 산소부족을 느껴 호흡이 곤란할 것이다.│这个病人需要~,马上拿~瓶来;이 환자는 산소가 필요하니 곧바로 산소통을 가져 오너라.│这里的~供应比较紧张;이곳의 산소 공급은 부족한 편이다.

样 yàng (~儿) 名 모양. 형상. ¶ 几年不见,她还是那个~,没变;몇 년 동안 보지 못했지만 그녀는 여전히 변하지 않았다.│他长的那~像他爸爸;그는 얼굴이 그의 아빠 모습과 닮았다.│咱们这回换个~吧,这种都过时了;우리 이번에 모습을 바꿔보자, 이런 것은 모두 시대에 뒤떨어진다. 量 종류. 형태. ¶ 这几~礼物你先挑一~吧;이 몇 개 선물은 네가 먼저 하나를 골라라.│今天只做了四~菜,但都是你爱吃的;오늘 겨우 4가지 요리를 만들었지만 모두 네가 잘 먹는 것들이다.│这个学生专业学习和个人表现~~都好;이 학생은 전공 공부와 품행 모두 좋다.

样式 yàngshì 名 양식. 형식. 모양. 스타일. ¶这件大衣的~还行, 但是颜色我不喜欢;이 외투의 모양은 괜찮지만 색상이 나는 마음에 안든다.|最近的自行车你看了吗? ~很新颖;요즘의 자전거를 보았니? 모양이 매우 새롭고 독특하다.|~不好会影响销售;모양이 나쁜 것은 판매에 영향을 준다.

样子 yàng·zi 名 ❶ 모양. 형태. ¶这张书桌的~不错, 只是太小了, 有大一点的吗? 이 책상의 모양이 좋지만 너무 작은데, 좀 큰 것 있니?|你喜欢哪个~的? 我给你拿;너는 어떤 모양을 좋아하니? 내가 가져올게. ❷ 표정. 안색. ¶看他的~好像有心事;그의 모습을 보니 마치 걱정이 있는 것 같다.|我奶奶每天都是一副乐呵呵的~, 让人看着舒服;나의 할머니는 매일 유쾌한 표정이라서 사람들이 편안하게 본다.|一上课你就一副受罪的~! 수업을 하면 너는 고통을 받는 표정이다. ❸ 견본. 표본. 샘플. ¶这是~, 大家就照着这个做吧;이것은 견본이니 모두 이대로 만들어라.|你给的~尺寸好像有问题, 你再看看;네가 준 견본의 치수는 문제가 있는 것 같으니 네가 다시 보아라. ❹ 형세. 추세. 상황. ¶看这~, 明天要下雪了;이 상황을 보니, 내일 눈이 내릴 것이다.|看~这个会场坐不下这么多人;보아하니 이 회의장에 이렇게 많은 사람이 앉을 수 없을 것 같다.

腰 yāo 名 ❶ 허리. ¶老师的~不好, 我们让他坐着讲课;선생님의 허리가 좋지 않아 우리들은 그에게 앉아서 수업하게 하였다.|前两天干活扭了~, 还没好;이틀 전에 일을 하다가 허리를 삐었는데 아직 낫지 않았다.|妈妈说~疼, 去医院了;어머니께서는 허리가 아프다고 말씀하시고 병원에 가셨다. ❷ 바지의 허리부분. ¶这条裤子的~太大了, 没法穿;이 바지의 허리가 너무 커서 입을 수가 없다.|~不合适可以改改;허리 부분이 맞지 않으면 고칠 수 있다.

腰身 yāoshēn 名 (신체에서의) 허리통. (의복에서의) 허리 둘레. ¶这个岁数还能保持这样的~, 真不容易;이 나이에 아직 이러한 허리 둘레를 유지한다는 것은 정말 쉽지 않다.|刚做的旗袍~不太合适, 拿去改了;방금 만든 치파오(旗袍) 허리 둘레가 잘 맞지 않아 가져가서 고쳤다.|我很在意衣服的~, 不合适不穿;나는 옷의 허리 둘레에 민감하여 맞지 않으면 입지 않는다.

要求 yāoqiú 动 원하다. 요구하다. 바라다. ¶老师~我们每天早晨读一小时汉语;선생님은 우리에게 매일 새벽 한 시간씩 중국어를 공부하라고 하셨다.|我跟经理~请假三天, 他同意了;나는 사장님께 3일 휴가를 요청했는데, 허락하셨다.|他一向对自己~严格;그는 언제나 스스로에게 엄격하다. 名 요구. 요청. ¶我对工资待遇的~不高;나의 보수에 대한 요구는 높지 않다.|老师答应考虑我的~;선생님은 나의 요구를 고려할 것이라고 말씀하셨다.|你有什么~可以提出来, 我们想办法解决;요구사항이 있으면 말씀하세요. 우리가 해결할 방법을 생각할게요.

邀 yāo 动 초청하다. 맞다. 초대하다. ¶周末~几个朋友到家里喝茶;주말에

친구 몇 명을 우리 집으로 초대해 차를 마셨다.│他~我去看电影;그가 나를 초대해 영화를 보러 갔다.│他们几位是大会的特~代表;그들 몇 분은 대회에 특별히 초대된 대표이다.

邀请 yāoqǐng 动 정식으로 초대하다. 초청하다. ¶公司~外国专家前来参观指导;회사에서는 외국의 전문가를 초청해 참관 지도하게 하였다.│大会~代表们游览西湖;대회에서 대표들을 초청해 시후 유람을 하다.│我想~我的老朋友们到家里吃饭;나는 나의 오랜 친구들을 집에 초대해 식사를 할 생각이다. 名 (정식적인) 요청. 청구. ¶家长们接到学校的~,去参加孩子们的毕业典礼;학부형들은 학교의 요청을 받아 아이들의 졸업식에 참가하였다.│她答应了我的~;그녀는 나의 요청을 승낙하였다.

摇 yáo 动 흔들다. ¶他使劲儿~头,不同意我的意见;그는 세차게 고개를 저으며 나의 의견에 동의하지 않았다.│小宝宝走起路来一~一晃的,特别好玩;아이가 뒤뚱거리며 걷는 것이 정말 재미있다.│别~桌子,碗里的水快要洒出来了;탁자를 흔들지 마라. 그릇에 담긴 물이 쏟아지겠다.│~桨;노를 젓다.│~手;손을 흔들다.

摇动 yáo//dòng 动 ❶ 흔들다. ¶这棵树太粗,摇不动;이 나무는 너무 굵어 흔들리지 않는다.│他不停地~手里的旗子,希望对方能看见;그는 상대방이 볼 수 있기를 바라며 손에 든 깃발을 계속해서 흔들었다. ❷ 흔들거리다. 흔들리다. ¶初春的柳条在河边~;초봄의 버들가지가 강가에서 흔들거린다.

摇晃 yáo·huang 动 흔들다. 흔들리다.

¶汽车开上山路就开始不停地~起来;차가 산길을 달리자 끊임없이 흔들리기 시작했다.│他~了一下瓶子,发现里面还有不少水呢;그는 병을 한 번 흔들어 보고 안에 물이 많이 담겨 있는 것을 알았다.│你好好走,别这么摇摇晃晃的;(너) 그렇게 비틀거리지 말고 잘 걸어라.

咬 yǎo 动 (이빨로) 물다. 깨물다. ¶面包太硬,~不动;빵이 너무 딱딱해 씹히지 않는다.│他被狗~了一口;그는 개에게 한 번 물렸다.│我不小心~破了舌头;나는 조심하지 않아 혀를 깨물었다.

药 yào 名 ❶ 약. 약물. ¶医生给我开了~;의사가 내게 약을 처방했다.│孩子病了,但是不肯吃~;아이가 병이 났는데도 약을 먹으려 하지 않는다.│你的手破了,上点~吧;너 손을 베었으니 약을 바르거라.│吃~;약을 먹다.│上~;약을 바르다.│麻~;마취약.│膏~;연고. 고약.│棉~;약솜. 탈지면.│~瓶;약병. ❷ 약품. ¶农~;농약.│炸~;폭약.│火~;화약.

要 yào 动 ❶ 바라다. 원하다. 필요하다. ¶孩子想~双新球鞋;아이가 새 축구화를 한 켤레 갖고 싶어한다.│这些旧课本我不~了;이 옛날 교과서는 내게 필요 없다.│我们~三个菜一个汤就够了;요리 세 가지에 탕 하나면 우리는 충분하다. ❷ 요구하다. 재촉하다. ¶妈妈~我早睡早起;어머니는 내가 일찍 자고 일찍 일어나길 바라신다.│老师~我们放学前把作业做完;선생님은 우리에게 학교가 끝나기 전까지 숙제를 끝내라고 하신다.│你~他下班以后来找我吧;너는 그에게 퇴

근 후에 나를 찾아오라고 해라. ❸ 독촉하다. 구하다. ¶他跟爸爸~了100块钱;그는 아버지에게 100 위안을 달라고 했다.| 小明总是跟同学~零食吃;샤오밍은 늘 학우들에게 간식을 얻어 먹는다.| ~饭;밥을 달라고 하다. 빌어먹다. 동냥하다.| ~账;외상값을 청구하다. [动]❶ (조동사) …해야 한다. ¶上山~小心,别摔着;산에 오를 때는 넘어지지 않도록 조심해야 한다.| 你~做到早睡早起;너는 일찍 자고 일찍 일어나야 한다. ❷ …하려고 하다. …할 작정이다. ¶这个暑假我~学会开车;이번 여름방학 때 나는 운전을 배울 작정이다.| 下学期他~去欧洲留学;그는 다음 학기에 유럽 유학을 가려고 한다. ❸ 막 …하려고 한다. …할 것이다. ¶学校~放假了;학교가 곧 방학이다.| ~下雨了;비가 오려고 한다.| 天~黑了,快回家吧!날이 어두워지려 한다. 빨리 집으로 돌아가자! ❹ [连] 만약에. 가령. ¶她~不来,我们怎么办呢? 만약에 그가 오지 않는다면, 우리들은 어쩌지?

要紧 yàojǐn [形] ❶ 중요하다. 요긴하다. ¶救人~;사람을 구하는 것이 중요하다.| 最~的是让孩子上学;제일 중요한 일은 아이를 학교에 보내는 것이다.| 这么~的事情你怎么不告诉我? 이렇게 중요한 일을 왜 내게 알리지 않았니? ❷ 엄중하다. 심각하다. ¶大胆说吧,说错了也不~的;대담하게 말하여라. 틀려도 괜찮다.| 我只是感冒了,不太~;나는 감기에 걸렸을 뿐 그리 심각하지 않다.| 家里的门没有锁,~吗? 집 문을 잠그지 않았는데 괜찮을까?

要是 yào·shi [连] 만약. ¶~太忙就别去旅游了;만약 너무 바쁘면 여행을 가지 마라.| ~他知道你不喜欢他,会伤心的;네가 그를 좋아하지 않는다는 사실을 만약 그가 안다면 상심할 것이다.| ~让我决定,我就不买这么大的房子;나더러 결정하게 한다면 나는 이렇게 큰 집은 사지 않는다.| 大雪~还不停,交通就要出问题了;만약 큰 눈이 그치지 않으면 교통에 곧 문제가 생길 것이다.| ~我没有记错的话,你儿子该上大学了吧? 내가 잘못 기억하지 않는다면 네 아들이 대학교 다니지?

要素 yàosù [名] 요소. ¶字音是构成汉字的~之一;자음은 한자를 구성하는 요소 중 하나이다.| 语音、词汇、语法是语言的三个~;음성, 어휘, 문법은 언어의 3요소이다.

爷爷 yé·ye [名] ❶ 할아버지. 조부. ¶我~80岁了,但身体挺健康的;우리 할아버지는 여든이신데도, 몸이 매우 건강하시다.| ~和孙子总是很亲;할아버지와 손자는 늘 사이가 좋다.| 都是~辈的人了,还跟小孩子生气! 모두가 할아버지뻘인데 어린애한테 무슨 화를 내! ❷ 할아버지. 어르신. (노년남성에 대한 존칭) ¶路边有位老~走路非常吃力;길가에 어르신이 걷는 것이 매우 힘들어 보인다.| 就叫他~吧;그분을 할아버지라 불러라.| 邓~;덩 할아버지.| 李~;이 씨 어르신.

也 yě [副] ❶ …도 또한. 그리고 또. 게다가. ¶他不懂,我~不懂;그가 모르면, 나도 모른다.| 我朋友~有你这个牌子的电脑;내 친구도 너와 같은 이 브

랜드의 컴퓨터를 가지고 있다.| 现在北京~是春季, 气温跟这里差不多;지금은 베이징도 봄이어서 기온이 이곳과 차이가 없다. ❷ 그래도. …해도. ¶ 你不说别人~会知道;네가 말하지 않아도 남들이 알 것이다.| 下大雨~没有耽误他按时到校;큰 비가 내려도 그가 제 시각에 학교에 도착하는 데는 지장이 없다.| 不认识路~不必担心, 很多人都会帮助你;길을 모르더라도 걱정하지 마라. 많은 사람들이 너를 도울 것이다. ❸ …까지도. …마저. (종종'连'과 함께 쓰여 강조를 나타냄)¶连你~不相信我呀;너마저 나를 믿지 않는구나.|连偏远的山区~有电视了;산간벽지에도 텔레비전이 있다.| 我连一分钱~没有;나는 돈이 한 푼도 없다.| 一个人~没来;한 사람도 오지 않았다.| 一句话~听不懂;한 마디 말도 알아들을 수 없다.

▶용법주의: 이 항목은'都'와 바꿀 수 있다. ¶连你都不相信我呀; 너마저 나를 믿지 않는구나.| 我连一分钱都没有; 나는 한 푼의 돈도 없다.| 一句话都听不懂;한 마디 말도 알아들을 수 없다.

也许 yěxǔ 副 아마(도). 어쩌면. ¶ 他今天没来上学, ~是生病了;그가 오늘 학교에 오지 않은 걸 보니 아마 아픈가 보다.| 天~会下雨;하늘이 비가 올 모양이다.| 我的钥匙~丢了, 哪儿都找不着;내 열쇠를 어쩌면 잊어버린 것 같은데, 어디에서도 찾을 수가 없다.| 他~早就把这件事忘了;그는 아마도 이 일을 일찍감치 잊어버렸을 것이다.

野心 yěxīn 名 야심. 야망. ¶ 这个人有

~;이 사람은 야심이 있다.| 他~勃勃, 总想一个人拥有整个公司;그는 야심이 원대하여 늘 혼자서 전체 회사를 장악하고자 한다.| ~使他失去了理智;야심이 그의 이성을 잃게 했다.

业绩 yèjì 名 공로. 성취. ¶ 军队在救灾中创造的~人们是不会忘记的;군대가 구재활동 중에 세운 업적을 사람들은 잊을 수 없을 것이다.| 光辉~;찬란한 업적.| ~卓著;공로가 탁월하다.| 重大~;중대한 업적.

业务 yèwù 名 업무. 일. 실무. ¶ 这个公司最近~繁忙;이 회사는 최근에 업무가 분주하다.| 这项服务不在我们的~范围之内;이런 서비스는 우리의 업무 범위 안에 있지 않다.| 他的~能力很强;그의 업무 능력은 탁월하다.| ~学习;실무 교육.| 发展~;업무를 발전시키다.| ~范围;업무 범위.| ~素质;업무 능력.| ~人员;실무 인력.

业余 yèyú 形 ❶ 여가의. 근무 시간 외의. ¶ 他的~爱好挺多, 下班后喜欢打球、游泳、唱歌什么的;그의 여가 생활은 매우 다양하여, 퇴근 후 공놀이, 수영, 노래 부르기 등을 한다.| 我希望能在~时间去孤儿院做志愿者;나는 여가 시간에 고아원에 가서 봉사할 수 있기를 희망한다.| ~生活;여가 생활.| ~学校;근로자가 근무 시간 외에 학습하는 학교.| ~活动;여가 활동.| ~教育;여가 교육. ❷ 아마추어의. 초보적인. ¶ 他最近参加了一个~剧团的演出;그는 최근 한 아마추어 극단의 공연에 참여했다.| 他是一个~画家, 他的专业是经济理论;그는 아마추어 화가로, 그의 전공은 경제 이론이다.| 专业歌手和~歌手都参加

了义演;프로 가수와 아마추어 가수 모두가 자선공연에 참가했다.| ~作家;아마추어 작가.| ~棋手;아마추어 기수.| ~水平;아마추어 수준.

叶子 yè·zi 名 잎. ¶ 春天, 树上的~都发芽了;봄에 나무의 잎이 모두 싹텄다.| 一场秋雨过后, ~落了一地;가을비가 한 차례 내린 후 잎이 땅에 떨어졌다.| 冬天一来, 就看不到树上的~了;겨울이 오면 나무에서 잎을 볼 수가 없다.

页 yè 量 페이지. 쪽. ¶ 这本书一共三百五十~;이 책은 모두 350페이지이다.| 请看第四~;4쪽을 보십시오.| 你要把~码标出来,这样查找容易;네가 페이지 번호를 알려면, 이렇게 찾는 것이 쉽다.

夜 yè 名 밤. ¶ 冬天~长,我就有更多的时间在家里看书了;겨울은 밤이 길어, 나는 더 많은 시간을 집에서 책을 본다.| 妈妈总是上~班,很辛苦;어머님은 늘 야근을 하셔서 고생이 많으시다.| 这些天我在熬~写论文,因为马上就要毕业答辩了;요즘 나는 밤샘을 하며 논문을 쓰고 있는데, 곧 졸업논문 발표를 해야 하기 때문이다. 量 밤. ¶ 他忙得连续两天两~没好好睡觉了;그는 연거푸 이틀 밤낮을 잠도 제대로 못 잤을 정도로 바쁘다.| 最近妈妈每日每~守着生病的弟弟, 人都瘦多了;요즘 어머니가 매일 밤낮으로 아픈 동생을 간병하느라 많이 야위셨다.

夜间 yè·jiān 名 야간. 밤. ¶ 你们~施工千万注意安全;너희들 야간공사 때에는 안전에 각별히 주의해라.| 他是乡村大夫, 所以经常~出诊;그는 시골마을 의사인지라, 자주 밤에 왕진을 간다.| 这个城市不少超市都有~服务, 买东西挺方便的;이 도시의 많은 슈퍼들이 야간 영업을 해서, 물건을 사기에 매우 편리하다.

夜里 yè·li 名 밤(중). ¶ ~突然刮起了大风, 屋里有点冷;밤중에 갑자기 큰바람이 불어, 집이 좀 춥다.| 邻居的孩子总是~起来哭闹;이웃집 아이는 늘 밤중에 시끄럽게 울어댄다.| ~睡不好, 白天上班一点儿精神也没有;밤에 숙면하지 못하면, 낮에 출근해서 기력이 하나도 없다.

夜晚 yèwǎn 名 밤. 야간. ¶ 妈妈总说~风凉, 得多穿衣服;어머니는 늘 밤바람이 차니, 옷을 많이 껴입으라고 말씀하신다.| 山城的~灯火闪烁, 很美;산성의 야간 불빛이 반짝거리는데 정말 아름답다.| 夏天的~人们喜欢在外面乘凉;여름 밤 사람들은 밖에서 더위를 피해 서늘한 바람을 쐬는 것을 좋아한다.

夜总会 yèzǒnghuì 名 나이트클럽. ¶ 最近我的朋友总是去~玩, 很晚才回家;최근 내 친구는 자주 나이트클럽에 놀러 가는데, 밤 늦게야 귀가한다.| 我还没有去过~, 只听同事说起那儿的情形;나는 아직까지 나이트클럽에 가본 적이 없고, 단지 동료가 그곳의 상황에 대해 말하는 것을 들었을 뿐이다.| ~的收费比较高, 你还是没有收入的大学生, 最好少去;나이트클럽은 비용이 비싸고 너는 아직 수입이 없는 대학생이니 적당히 가는 것이 좋다.

液晶显示屏 yèjīng xiǎnshìpíng 名 액정 화면. LCD 스크린. ¶ 现在的电脑已

经普遍采用了~技术;지금 컴퓨터는 이미 보편적으로 LCD 스크린 기술을 채택하고있다.| 我的新笔记本电脑就是~,效果就是比旧的好;내 노트북 컴퓨터는 LCD 화면으로, 성능이 예전 것보다 좋다.

一 yī 数 ❶ 하나. 일. ¶ ~公斤;한 근.| ~米;일 미터.| ~分钟;일인분.| ~块钱;1위안. ❷ 동일하다. 같다. ¶我们俩在~个班;우리 둘은 같은 반이다.| 这不是~回事;이것은 같은 일이 아니다.| ~个世界;같은 세상.| ~个梦想;같은 꿈. ❸ 모든. 온. 전. ¶没想到来了~教室学生;교실 가득 채울 정도로 학생들이 올 것이라고는 생각 못 했다.| 他弄了~地碎纸;그는 온 땅에 종이 조각을 떨어뜨렸다.| 我祝愿妈妈~生平安;나는 어머니가 한 평생 편안하시길 축원합니다. ❹ 한 번. (동작의 시간이 짧음을 나타낸다.) ¶ 我只看~眼就知道这道题怎么解;나는 한 번 보자마자 이 문제를 어떻게 해결할 지 알았다.| 你回家前跟我说~声;너 집에 가기 전에 나에게 말 좀 해줘.| 你还是好好想~想吧;잘 생각해 보는 것이 좋겠다.

▶용법주의: ❶ '一'는 보통 중첩된 단음절 동사 사이에 쓰여 동작이 한 번이나 짧은 시간에 일어나는 것을 나타내며, 시험 삼아 해보는 것을 나타내기도 한다. ¶听一听;들어보세요.| 看一看;좀 보세요.| 尝一尝;맛 좀 보세요.| 说一说;말 좀 해보세요.| 等一等;좀 기다려 주세요. ❷ '一'의 성조 변화 규칙:'一' 뒤에 1성, 2성, 3성이 오면, '一'은 4성으로 변한다. '一' 뒤에 4성이 오면,'一'은 2성으로 변한다.

一般 yībān 形 ❶ 보통의. 일반적인. ¶他~早晨7点起床;그는 보통 아침 7시에 일어난다.| 他总是迟到,但老师~不问他迟到的原因;그는 자주 지각하나, 선생님은 보통 그가 지각한 원인을 묻지 않는다.| 我~喜欢秋天去爬山;나는 보통 가을에 등산하는 것을 좋아한다. ❷ 보통이다. 평범하다. ¶他成绩~,算不上最好的,但也不差;그의 성적은 보통이며, 제일 좋다고 할 수는 없지만 나쁘지도 않다.| 这个人能力~;이 사람의 능력은 평범하다.| 你推荐的新产品质量~;당신이 추천한 신상품 품질은 보통이다.| 这种药的药效很~;이런 약의 약효는 보통이다.| 那孩子长相~;그 아이는 외모가 평범하다. ❸ 같다. 비슷하다. ¶他俩个子~高,脾气也都很好;그 두 사람은 키가 비슷하고, 성격도 모두 좋다.| 两本书~厚;두 책의 두께는 같다.

一半 yībàn (~儿) 名 절반. 반. ¶我们班男生占了全班人数的~;우리 반은 남학생이 전체 인원의 절반을 차지한다.| 奶奶买的菜有~都已经坏了;할머니가 사오신 채소는 절반이 이미 상했다.| 老人的一生有~时间是在国外度过的;노인은 일생에서 절반의 시간을 외국에서 보냈다.| 这么大的瓜,咱们今天吃~吧;수박이 이렇게 크니 우리 오늘 반만 먹자!

一边 yìbiān 名 ❶ 한쪽. 한편. 한면. ¶屋子小,床的~只能靠着墙;방이 작아, 침대 한쪽은 벽에 기대어 놓을 수 밖에 없다.| 新买的面板有~不太光滑;새로 산 반죽용 판 한쪽이 그다지 매끄럽지 않다.| 比赛一开始,场外观众就倾向甲队~了;시합이 시작되자 경

기장 밖의 관중은 바로 갑팀 쪽으로 기울었다. ❷ 옆. 곁. ¶大家都在打球,只有小明在~看书;모두 공놀이를 하는데, 단지 샤오밍만 옆에서 책을 본다.│老师站在~很放心地看着学生们做实验;선생님은 옆에 서서 학생들이 실험하는 것을 편안히 보고 계신다. │形│ 같다. ¶两个孩子~高;두 아이는 키가 같다.│两根绳子~粗;두 줄이 똑같이 거칠다.

一边…一边… yìbiān… yìbiān… │副│ …하면서 …하다. 한편으로 …하면서. (하나의 동작과 하나의 동작이 동시에 진행되는 것을 나타낸다.) ¶他总喜欢~听音乐,~做作业,精力不太集中;그는 항상 음악을 들으면서 숙제 하는 것을 좋아하여, 정신을 잘 집중하지 못한다.│小姑娘~唱歌,~往家走,非常开心;소녀는 노래를 부르면서 집으로 가는데, 매우 즐거워한다.│妈妈~干活,~跟姥姥聊天;엄마는 집안일을 하면서 할머니와 이야기를 나누신다.

一刹那 yíchànà │名│ 짧은 순간. 찰나. ¶在他刹车的~,那位男子闪到了路边;그가 브레이크를 밟는 찰나 그 남자는 재빨리 길가로 피했다.│事故往往就发生在~,你都来不及想什么;사고는 늘 순식간에 발생하므로, 네가 무슨 생각을 할 겨를이 없다.

▶용법주의: '一刹那'와 '刹那间'의 기본적인 의미는 같다. 다른 점은 '一刹那'는 항상 단독으로 쓰여 이미 단어가 되었지만, '刹那间'은 하나의 구(句)로서 항상 '间'과 함께 쓰인다. '刹那'와 '霎那'는 의미는 기본적으로 같으나, '刹'는 'shà'라 읽지 않으므로 '霎那'과 구별된다.

一带 yídài │名│ 일대. 일원. ¶今天上海~有雨;오늘 상하이 일대에 비가 오겠습니다.│这~我很熟悉,以前来过;예전에 와 본 곳이기 때문에 나는 이 일대가 매우 익숙하다.│听说那~盛产红枣;그 일대에 대추가 많이 생산된다고 한다.

一旦 yídàn │副│ 잠시. 잠깐. 일단. ¶董事会~做了决定,再改就不容易了;이사회에서 일단 결정하면 다시 바꾸는 것은 쉽지 않다.│我们同学四年,~分开还真的舍不得呢;우리는 4년을 함께 공부했는데, 잠시 헤어져야 해서 정말 섭섭하다.│他~知道了事实肯定会生气的;그가 일단 사실을 알게 되면 틀림없이 화를 낼 것이다.

一道 yídào │副│ 함께. 같이. ¶小时候,我们俩总是~去上学;어린 시절 우리 두 사람은 늘 함께 학교에 갔다.│你们可以~走;너희들은 함께 갈 수 있다.│他们夫妻通常是~上班,~下班;그들 부부는 보통 함께 출근하고, 함께 퇴근한다.

一点儿 yìdiǎnr │数量│ ❶ 조금. (확실하지 않은 비교적 작은 양을 나타낸다.) ¶家里就剩下~菜了;집에 음식이 조금 남게 되었다.│我~钱也没有了;나는 한 푼도 없다.│先随便吃~吧,你一定饿了;너 분명 배고플 텐데, 먼저 대충이라도 먹어라. ❷ 조금. (비교적 가벼운 정도를 나타냄) ¶这件衣服旧了~;이 옷은 조금 오래 됐다.│教室里有~热;교실 안이 조금 덥다.│你的记性也太差了~;당신의 기억력도 너무 나쁘다.

▶용법주의: 회화에서는 정도를 나타

내는 '一点儿'을 간략하게 '点儿'로 사용한다. ¶这件衣服旧了点儿;이 옷은 조금 오래 됐다.| 教室里有点儿热;교실 안이 조금 덥다.

一定 yídìng [形] ❶ 규칙적이다. 일정하다. ¶这台机器需要按~的操作程序操作;이 기계는 반드시 일정한 조작 순서에 따라 눌러서 조작해야 한다.| 他的汉语能力有了~的提高;그의 중국어 실력은 확실히 향상됐다. ❷ 필연적인. 고정불변의. ¶这两件事情没有~的联系;이 두 가지 일은 필연적인 관계가 없다.| 中国古典诗词对每一句的字数是有~要求的;중국 고전 시사는 매 구의 글자수에 대한 고정 불변의 요구가 있다. [副] 반드시. 필히. ¶他没来上班,~是病了或者有急事;분명히 병이 났거나 급한 일 때문에 그는 출근하지 않았다.| 我~要把汉语学好;나는 반드시 중국어를 마스터 해야만 한다.| 孩子从学校回来一直闷闷不乐,~是期末考试成绩不好;아이는 학교에서 돌아와 줄곧 울적해 하는데, 분명 기말고사 성적이 좋지 않았기 때문일 것이다.

一方面…一方面 yìfāngmiàn…yìfāngmiàn [副] …한편으로 …하면서 한편으로 …하다. (나란히 늘어선 2개의 상관된 사물 또는 하나의 사물의 2가지 분야를 이어지게 함) ¶一方面要保护环境,另一方面要减少污染;환경을 보호하면서 오염을 감소시켜야 한다.| 一方面我们要肯定他的成绩,另一方面还要指出他的错误;우리는 한편으로는 그의 성적을 인정해야 하고, 다른 한편으로는 그의 잘못을 지적해 줘야 한다.

▶용법주의: 뒤에 있는 '一方面'의 앞에 종종 '另'을 쓸 수 있고, 뒤에 '还, 也, 又' 등 부사를 쓸 수도 있다. ¶你如果想减肥,一方面要减少饭量,另一方面也要加强锻炼;당신이 만약 다이어트를 할 생각이라면, 한편으로는 식사량을 줄여야 하며, 다른 한편으로는 운동을 강화해야 한다.

一共 yígòng [副] 모두. 전부. ¶我们班男生女生合起来~40人;우리 반은 남학생과 여학생을 합하면 모두 40명이다.| 我去过两次中国,但一住了10天;나는 중국에 두 번 가본 적이 있으나 전부 10일만 머물렀다.| 这个月房租、水电、燃气费~花了200元;이번 달에 집세, 전기세, 수도세, 연료비 등 모두 200위안을 썼다.

一会儿 yíhuìr [数量] 잠시. 잠깐 동안. 짧은 시간. ¶我们休息~吧;우리 잠시 쉽시다.| 他刚走了~;그는 방금 전에 갔다.| 再等他~吧,可能快来了;조금만 더 그를 기다려 보자, 금방 올 것이다. [副] 두 가지 상황이 바뀌어 나타나는 것을 나타냄. ¶他~说去看电影,~又说去打球,总是在变;그는 영화 보러 간다고 하더니 또 공놀이 하러 간다고 하기도 하고, 늘 바뀐다.| 最近天气不正常,~冷~热,好多人都感冒了;요즘 날씨가 추웠다가 더워졌다, 정상이 아니라서 많은 사람들이 감기에 걸렸다.| 这条路难找,~往东拐,~又往南拐了;이 길은 찾기가 어렵다. 동쪽으로 구부러지다 또 남쪽으로 구부러진다.

一…就… yī…jiù… [副] …하자 곧. …하자마자. (앞과 뒤 두 가지 일이 연이어 일어남을 나타낸다.) ¶他很聪明,很多

新技术一学就会;그는 총명해서 많은 신기술을 배우자마자 바로 할 수 있다.|他一听就知道孩子说谎了;그는 듣자마자 아이가 거짓말한 것을 알았다.|妈妈一到家就忙着做饭收拾屋子;엄마는 집에 오자마자 밥을 하시고 방을 정리하시느라 바쁘시다.|天气一冷,他就不出门了,生怕感冒;날씨가 추워지자 그는 감기에 걸릴까 봐 외출하지 않는다.

一口气 yìkǒuqì (～儿) 副 단숨에. 곧장. ¶他一写完了三门课的作业,剩下的时间就可以放心地出去玩了;그는 단숨에 3과목의 숙제를 마치고 남는 시간에 마음 놓고 밖에 나가 놀았다.|听说爸爸从美国回来了,我放了学一跑回家里;아버지가 미국에서 돌아오셨다는 말을 듣고 나는 방학하자마자 단숨에 집으로 돌아왔다.

一块儿 yíkuàir 名 동일한 장소. 같은 곳. ¶大学四年我们一直住在～;대학 4년 동안 우린 계속 같은 곳에 거주했다.|工作以后我们也在～,关系特别好;일이 끝나도 우리는 같이 있어 관계가 매우 좋다. 副 함께. 같이. ¶两位老人经常～去河边散步;두 노인은 자주 함께 강변에 가서 산책을 한다.|他们兄弟俩一上学,又一参军,几乎没有分开过;그들 형제는 같이 학교를 다니고, 군대도 같이 가고, 거의 헤어진 적이 없다.|明天咱们～去超市吧,到时候我来找你;내일 우리 함께 슈퍼마켓에 가자, 때가 되면 내가 널 찾으러 올게.

一模一样 yì mú yí yàng 成 모양이 완전히 같다. ¶这两把刀子～;이 칼 두 자루는 모양이 완전히 같다.|他们俩长得～,除了父母,外人很难分出谁是哥哥,谁是弟弟;그들 둘의 외모는 완전히 같기 때문에 부모님을 제외한 다른 사람들은 누가 형이고 누가 아우인지 분별해내기 어렵다.|我有一件衬衣跟你的～,可是穿上不如你穿着好看;나는 너와 똑같은 셔츠가 있으나 입었을 때 너처럼 예쁘지 않다.

一齐 yìqí 副 동시에. ¶音乐会一结束,大家～鼓掌;음악회가 끝나자 모두들 동시에 박수를 쳤다.|明天早上8点几个班～从学校出发,不要迟到;내일 아침 8시 몇 개 반은 학교에서 출발하니 지각하지 말아라.|两个组是～上路的,但其中一个很晚才到达目的地;두 조가 동시에 출발했으나, 그 중 한 팀은 목적지에 늦게 도착했다.

一起 yìqǐ 名 한 곳. 같은 곳. ¶我们住在～;우리는 같은 곳에 산다.|我喜欢跟他坐在～;나는 그와 같은 곳에 앉아 있는 것을 좋아한다.|他们从小就在～,已经十分熟悉了;그들은 어릴 때부터 같은 곳에서 있었기 때문에 매우 잘 안다. 副 같이. 함께. ¶我也想去图书馆,咱们～去吧;나도 도서관에 가고 싶어, 우리 같이 가자.|把你论文的电子版和打印稿～带来,会上可能要用;당신 논문의 파일과 인쇄본을 모두 가져오세요. 회의할 때 아마 필요할 거에요.

一切 yíqiè 代 ❶ 전부. 모두. ¶你一个人长途旅行,要有自己克服～困难的准备;너 혼자 장거리 여행을 하기 위해서는 스스로 모든 역경을 극복할 준비를 해야 한다.|做计划时应该考虑

~积极因素和消极因素,争取不出麻烦;계획을 세울 때에는 긍정적인 요소와 부정적인 요소 모두를 고려하고 달성해야 번거로운 일이 발생하지 않는다. ❷ 모든 것. ¶大学生活的~都让我怀念;대학 생활의 모든 것들이 나를 상념에 젖게 한다. | 我在国外~都好,爸爸妈妈放心吧!저는 해외에서 모든 것이 순조로우니, 아빠 엄마 안심하세요.

一刹那 yíshànà 名 매우 짧은 시간. 찰나. ¶刚才天还很晴,~就乌云满天,下起暴雨来;방금 전까지 날이 맑았는데, 순식간에 하늘에 먹구름이 가득하더니 폭우가 내리기 시작했다. | 在地震发生的~,许多生命消失了;지진이 발생한 찰나에 많은 생명이 사라졌다. | ~的时间极短,但什么事情都可能发生;찰나는 짧은 시간이지만 어떤 일도 일어날 수 있다.

一生 yìshēng 名 일생. 평생. ¶他~坎坷,经历了不少灾难;그의 일생은 불우했으며 많은 재난을 경험했다. | 爷爷~节俭,却给后人留下了很多家产;할아버지는 평생 검소하였지만 후세에 많은 가산을 남겨주셨다. | 他的~充满了传奇色彩;그의 일생은 낭만적인 색채로 가득하다.

▶용법주의: '一生'은 비교적 정식적인 서면어이고, 의미가 상통하는 구어 용법은 '一辈子'이다. 妈妈辛苦一生,极少有属于她自己的快乐;어머니는 평생 고생만 하셨고, 그녀 자신이 누린 즐거움은 매우 적었다. | 妈妈辛苦了一辈子,没有过上几天像样的日子;어머니는 평생 고생만 하셨고 지난 며칠 간과 같은 날을 보내신 적이 없다.

一时 yìshí 名 한때. 한 시기. 한 동안. 단시간. ¶这种化妆品曾经风靡~;이 종류의 화장품은 한때 잘 나갔다. | 千万不要为了~的快乐丢掉一生的幸福;절대로 일시적인 쾌락을 위해 일생의 행복을 잃어버리지 마라. | 这个问题我~还回答不了,想想再说吧;이 문제는 단시간에 대답할 수 없으니 생각해 보고 얘기하도록 하자. 副 일시에. 임시로. 순간적으로. ¶我~糊涂,把钱借了出去,现在后悔已经晚了;내가 순간 어리석게 돈을 빌려 주었는데 지금은 후회해도 이미 늦었다. | 爸爸~高兴,多喝了几杯酒,结果醉了;아빠는 순간적으로 기분이 좋아서 술을 몇 잔 드시고 결국은 취하셨다. | 我认识他,只是~想不起他的名字了;나는 그를 안다. 단지 그의 이름이 순간적으로 생각이 나지 않을 뿐이다.

一瞬间 yíshùnjiān 名 일순간. ¶~,大火吞噬了那片小树林;일순간 큰 불이 저 작은 숲을 삼켜버렸다. | 就那么~,一片漂亮的房子就化为灰烬(jìn)了;그 일순간에 예쁜 집이 잿더미로 변했다. | 灾难往往就发生在~;재난은 왕왕 한순간에 발생한다.

一天 yìtiān 名 ❶ 하루 종일. ¶办公楼~都有人值班,你放心走吧;사무동에 하루 종일 당직을 서는 사람이 있으니 안심하고 가라. | 这个地区的气候很特别,~当中温差极大;이 지역의 기후는 독특해서 일교차가 매우 심하다. ❷ 낮. ¶你忙了~了,晚上就别出去了,好好歇歇;당신은 낮에 바빴으니 저녁에는 나가지 말고 푹 쉬세요. ❸ (과거의) 어느 날. ¶~,孩子自己出去玩,

760

就再也没回来;어느 날 아이가 혼자 나가 놀더니 다시는 돌아오지 않았다.|那是我一辈子都忘不了的~;그것은 내 평생 잊을 수 없는 날이었다.

一同 yìtóng 副 같이. 함께. ¶他俩是~考进北大的;그들 두 사람은 함께 시험을 쳐서 베이징대학에 들어갔다.|明天大家7点在学校门口集合,我们~出发;내일 7시에 모두 학교 입구에 집합해 같이 출발하자.|看到救援队来了,灾民们~迎了上去;구호팀이 도착한 것을 보고 이재민들은 함께 맞이하러 갔다.

一下 yíxià (~儿) 数量 한 번. 1회. (동사 뒤에 좀 쓰여 '좀 … 해보다'라는 뜻을 나타낸다.) ¶他敲了~门,没人回应;그가 문을 한 번 두드렸으나 대답하는 사람이 없었다.|这件事咱们商量~吧,总会有解决的办法;이 일은 우리가 상의 좀 해보자. 어쨌든 해결할 방법이 있을 것이다.|你提~试试重不重,可别超重啊!무거운지 안 무거운지 네가 좀 들어봐라, 무게가 초과되면 안되니! 副 돌연. 단번에. 일시에. ¶爸爸这一病,妈妈的头发~全白了;아빠의 이번 병으로 어머니의 머리가 단번에 새하얘졌다.|天气刚刚转暖,~又冷了;날씨가 막 따뜻해지다가 돌연 다시 추워졌다.|你真聪明,这么难做的手工活你~就学会了;넌 참 똑똑하구나, 이렇게 만들기 어려운 수공품을 짧은 시간에 다 배우다니.

一下子 yíxiàzi 副 돌연. 단번에. 갑자기. ¶啊,我~明白了,原来这么简单;아, 나는 단번에 알겠다. 알고 보니 이렇게 간단한 것을.|见到妈妈,孩子~哭了;엄마를 보더니, 아이는 갑자기 울기 시작했다.|他~从门后跳出来,吓了我一大跳;그가 갑자기 문 뒤에서 뛰쳐나와 나는 깜짝 놀랐다.

▶용법주의: '一下子'는 부사로, '一下儿'과 기본적으로 같다. 다른 점은 '一下子'는 구어체의 색채가 더 강하며, 강조의 시간이 더 짧다. 그러나 일부 방언을 제외하고 '一下子'는 보통 수량사로 쓰이지 않는다.

一些 yìxiē 数量 ❶ 약간. 조금. 몇몇. ¶昨天,~老年人也参加了环城长跑;어제 몇몇 노인들도 시내 일주 장거리 경주에 참가했다.|我买了好多苹果,分给你~吧;내가 사과를 많이 샀으니 너에게 조금 나누어 줄게.|有~字我还不认识,得查字典;나는 어떤 글자들은 아직 몰라 사전을 찾아봐야 한다. ❷ 여러 번. 여러 가지. ¶他这几年还是发表过~文章;그는 요 몇 년 동안 여러 문장을 발표했다.|小店儿里有~电器,但很少;조그만 가게에는 약간의 가전 제품이 있긴 하나 너무 적다.|已经有~日子没有见到他了;이미 며칠 동안 그를 만나지 못했다. ❸ 좀. 약간. (동사와 형용사 뒤에서 쓰여 작은 양을 나타낸다.) ¶你的身体最近好~了吗?당신 요즘 몸이 좀 좋아졌나요?|自己开车千万要当心~,别开得太快;직접 운전할 때는 제발 좀 조심하고, 너무 빨리 몰지 마라.|想开~吧,没有过不去的坎儿;좋게 생각해, 넘을 수 없는 고비는 없다.

一行 yìxíng 名 일행. ¶代表团~十二人今天上午到达上海;대표단 일행 12명은 오늘 오전 상하이에 도착한다.|

761

我们这次出国考察~八人,都是第一次出去;이번에 출국해 고찰하는 우리 일행은 8명인데 모두 처음 출국한다.

▶용법주의:'一行'은 서면어 형식으로, 보통 비교적 정식적인 대표단과 외국을 방문하는 단체에 쓰인다. 그 밖에도 보통 많은 사람이 동행할 때 쓰이지만, 두 세 사람은 '一行'이라고 하지 않는다.

一样 yíyàng 形 (똑)같다. ¶她们姐俩长得~;그녀들 자매 두 명은 똑같이 생겼다.| 我跟你~是第一次出国;나도 너와 똑같이 처음 출국이다.| 你们的作业做得~好,都可以得满分;너희들 숙제를 똑같이 잘했으니 모두 만점을 받을 수 있다.

一…也 yī…yě 副 …도 역시. (전부를 나타낸다.) ¶到上班时间了,但~个人~没来;출근 시간이 되었지만, 한 사람도 오지 않았다.| 他把苹果全吃了,~个~没剩;그가 사과를 모두 먹어 한 개도 남지 않았다.| 为了多挣钱,她放了学就去餐馆打工,~天~不落;돈을 더 벌기 위해 그녀는 방학하자 마자 식당에서 아르바이트를 했는데, 하루도 빠뜨리지 않았다.

一月 yīyuè 名 1월. ¶学校~放寒假;학교는 1월에 겨울방학을 한다.| ~是这个地方最冷的时候;1월은 이 지방이 가장 추울 때이다.

一直 yìzhí 副 ❶ 곧장. 똑바로. 곧바로. ¶你去车站?~走就到了;너 정류장에 가니? 곧장 가면 도착한다.| 他~往东走,结果越走离家越远;그는 동쪽을 향해 똑바로 걸어갔는데 결국 집에서 점점 멀어졌다. ❷ 계속해서. 줄

곧. 내내. ¶雪~在下,街上行人很少;눈이 계속해서 내려 길에는 행인이 매우 적다.| 昨天上午我~在公司接待客人,没时间接你的电话;나는 어제 오전 내내 회사에서 손님을 접대하느라 네 전화를 받을 시간이 없었다.| 他学习~很努力,成绩也很好;그는 끊임없이 열심히 공부해서 성적도 좋다.

一致 yízhì 形 같다. 일치하다. ¶我们意见~,你呢?우리 의견은 같은데 너는 어때?| 双方观点不~,谈判不顺利;양측의 의견이 일치하지 않아 협상이 순조롭지 않다. 副 같이. 함께. ¶大家~反对给这个项目投资,公司不得不重新考虑投资方向;모두가 이 프로젝트의 투자에 반대하자, 회사는 어쩔 수 없이 투자 방향을 다시 고려해야 했다.| 经过投票选举,全班同学~拥护他当班长;선거를 통해 반 전체의 학생들은 만장일치로 그를 반장으로 추대했다.

衣服 yī·fu 名 옷. 의복. ¶天冷了,多穿点~;날씨가 추워졌으니 옷을 많이 입어라.| 上了大学,就是我自己洗~了;대학에 들어가자 나는 스스로 옷을 빨아 입었다.| 她今天穿了件红衣服,很漂亮;그녀는 오늘 빨간색 옷을 입었는데 너무 예쁘다.

▶용법주의:'衣服'은 상의, 바지와 치마 같은 복장을 통칭한다. '天冷了,注意加衣服'(날이 추워졌으니 옷을 더 입도록 해라.)라는 문장에서 '衣服'는 옷을 가리키기도 하고 상의, 하의 혹은 외투 등을 가리킬 수도 있다. 또 '衣服'는 특별히 상의를 가리켜 바지와 구별되기도 한다. ¶他穿着黑衣服,白裤

子;그는 검은색 상의와 흰색 바지를 입고 있다.

医疗 yīliáo [名] 의료. ¶这家医院的~设备很先进;이 병원의 의료 시설은 매우 선진적이다.│农村的~条件还比较差;농촌의 의료 조건은 여전히 비교적 뒤떨어진다.│我们都有了~保险,看病很方便;우리는 모두 의료보험이 있어 진찰 받을 때 편리하다.

医生 yīshēng [名] 의사. ¶我从小就相当个~;나는 어려서부터 의사가 되고 싶었다.│爸爸妈妈都是~,每天都很忙;아빠, 엄마 모두 의사라서 매일 바쁩니다.│他做~已经二十年了,治好了不少病人;그는 의사가 된 지 벌써 20년이나 되었으며, 많은 환자를 치료했다.

医师 yīshī [名] 의사. ¶她刚从医学院毕业,还没有取得~资格;그녀는 방금 의과대학을 졸업하여 아직 의사 자격증을 취득하지 못했다.│妈妈已经是主治~了,还在不断地进修,希望医术有更大提高;엄마는 이미 주치의인데도 끊임없이 연수를 하여 의술이 더욱 향상되길 원하신다.

医务室 yīwùshì [名] 의무실. ¶我只是有点头疼,到~看看就行了;나는 단지 머리가 좀 아팠는데 의무실에 가서 진찰을 받고 곧 좋아졌다.│今天咱们厂~给职工发体检表,快去领吧;오늘 우리 공장 의무실에서 직원들에게 신체검사표를 준다고 하니 빨리 가서 받아오자.│我们学校以前的~已经改建成医院了,现在看病方便多了;우리 학교의 예전 의무실이 이미 병원으로 재건축되어 이제 진찰이 많이 편리해졌다.

医学 yīxué [名] 의학. ¶现在~发展得真快,好多以前治不好的病现在都没问题了;현재 의학 발전이 너무 빨라 이전에 고치지 못한 많은 병도 지금은 문제가 되지 않는다.│爸爸希望我选择~专业,但我还是喜欢语言学;아빠는 내가 의학을 전공하기를 바라시지만 나는 그래도 언어학을 좋아한다.│她是~院的学生,刚上一年级;그녀는 의과대학의 학생으로 이제 막 1학년이 되었다.

医院 yīyuàn [名] 병원. ¶有病还是要去~看,不要自己乱吃药;병이 있으면 병원에 가서 진찰을 받아야지 혼자 약을 함부로 먹지 말아라.│我家附近新开了一家~,以后看病不用跑那么远了;우리 집 근처에 새 병원이 개업하여 앞으로는 진찰 받으러 그렇게 멀리 갈 필요가 없게 되었다.│请问,儿童~怎么走? 실례합니다. 소아과는 어떻게 갑니까?

依 yī [动] 따르다. 동의하다. ¶这回就~你吧,下不为例;이번엔 널 따르지, 이번 한 번 뿐이다.│我不~他,他就不走;내가 그를 따르지 않자 그는 가지 않았다.│这事我又不懂,只好~你了;이 일은 나 또한 모르겠으니 너를 따를 수밖에.│~顺;순종하다. 따르다. 고분고분하다.│~从;따르다. [介]…에 의해서. …대로. …따라. ¶~他的意思,这个方案还有不少问题;그의 뜻에 따르면 이 방안엔 여전히 적지 않은 문제가 있다.│~我看,我们再找对方确认一下合作条件;내가 보기에는 우리 다시 상대방을 찾아 협력 조건을 다시 확인하는 게 낫겠다.│人人都应该~法办事;사람들마다 법에 따라 일을 처리해야 한다.

依存 yīcún 动 의존하다. ¶人与自然是相互~的;인간과 자연은 상호의존적이다.│矛盾双方相互对立,也相互~;모순된 쌍방이 상호 대립하고 또한 상호 의존하다.

依靠 yīkào 动 의지하다. 기대다. ¶公司的事情要~全体员工一起来办,你自己是办不好的;회사일은 모든 직원이 함께 처리해야지, 너 혼자서는 처리하지 못해.│他从小就很独立,很少~别人;그는 어려서부터 매우 독립적이라 다른 사람에게 거의 의지하지 않는다.│即使是父母,也不能永远这样~下去,你必须学会~自己;부모라도 영원히 이렇게 기댈 수 없으니, 너는 반드시 스스로 의지하는 법을 배워야 한다. 名 의지가 되는 사람이나 사물. ¶父母一直是他的~;부모는 줄곧 그의 후원자였다.│现在,爸爸的工作就是我们全家生活的~;지금 아빠의 일에 바로 우리 온 가족의 생계가 달려 있다.│失去了以往的~,他也渐渐地变得能干了;과거의 기댈 곳을 잃자 그 또한 점차 능력 있게 변했다.

依赖 yīlài 动 ❶ 의지하다. 기대다. ¶你不要总是~家庭,要学会自立;너는 늘 집에 기대지 말고 자립을 배워야 한다.│他已经习惯了遇事~别人;그는 일에 부딪히면 다른 사람에게 기대는 데 이미 익숙해졌다.│有些企业一直~政府扶持,几乎没有独立经营的能力;어떤 기업들은 줄곧 정부의 도움에 기대어 독립적으로 경영할 능력이 거의 없다. ❷(사물 사이의) 의존하다. ¶城市和农村是相互~的关系,都需要发展;도시와 농촌은 상호 의존의 관계이니 모두 발전해야 한다.│自然中的许多事物都是相互~,和谐发展的;자연 중의 많은 사물들은 모두 상호 의존하며 조화롭게 발전한다.

依照 yīzhào 介 …에 따라. ¶~领导的意见,办公设备可以暂时不买新的;지도자의 의견에 따라 사무 설비는 잠시 새 것으로 사지 않아도 된다.│我们得~规定办事,谁也不能搞特殊;우리는 규정에 따라 일을 처리해야 하며, 누구라도 특별 대우할 수 없다.│我看还是~原来的计划施工吧;내가 보기엔 원래 계획에 따라 시공하는 게 좋겠다. 动 따르다. 좇다. ¶关于困难补助,我们一直~这个规定,没有变过;생활보조에 관해서 우리는 줄곧 이 규정을 따랐으며 바뀐 적이 없다.│重要的是你必须~法律,不要违法;중요한 것은 네가 반드시 법률을 따라야 한다는 것이니, 법을 어기지 마라.

仪器 yíqì 名 측정 기구. 계기. ¶这种精密~我们原来都依靠进口,现在可以自己生产了;이런 정밀 기구를 우리는 원래 수입에 의존했는데, 지금은 스스로 생산할 수 있게 되었다.│实验室最近添置了不少~,做实验方便多了;최근 실험실에 많은 기구들을 새로 구입해서 실험이 많이 편해졌다.│他专门负责~的检验,有问题可以请教他;그가 측정 기구의 검사를 전적으로 책임지니 문제가 있으면, 그에게 물어볼 수 있다.

姨夫 yí·fu 名 이모부. ¶我的~在国外生活,已经多年没见过面了;내 이모부는 해외에서 생활하셔서 이미 여러

해 동안 만나질 못했다.

▶용법주의:'姨夫'는'姨父'라고도 할 수 이으나, 일반적으로'姨夫'를 더 많이 사용한다.'姨夫'는 한국어 한자어로 '姨母夫'라고 하지만'姨母夫'는 중국어에서 사용할 수 없다.

姨妈 yímā [名] 결혼한 이모. ¶~的脾气很好,小的时候她经常带我们玩;이모는 성격이 매우 좋으셔서, 어렸을 때 늘 나를 데리고 놀아주셨다.

移 yí [动] ❶ 이동하다. 옮기다. ¶我们把书桌~到窗边吧,这样光线好一点;우리 책상을 창가로 옮기자, 그러면 좀 더 밝을 테니. | 因为要建立交桥,原来的车站往后~100米;입체 교차교를 세우려 해서 원래 있던 정거장을 뒤로 100미터 옮기게 됐다. | 爷爷把花从盆里~到了院子里,长得更好了;할아버지께서 꽃을 화분에서 정원으로 옮기신 뒤로 더 잘 자랐다. | ~栽;옮겨 심다. | 迁~;이사하다. 이전하다. ❷ 변하다. 변동하다. 고치다. ¶都讲究~风易俗了,你的老脑筋也该变变了;이제 모두 낡은 풍속을 고치려 하니, 네 낡은 사고 방식도 변해야 한다. | 他俩好了几个月,女孩儿就~情别恋了;그들 둘은 몇 개월 좋았었는데, 여자측이 변심했다. | 我很欣赏中国的一句俗话,叫做"富贵不能淫,贫贱不能~";나는 '부귀로도 현혹할 수 없으며 빈천해도 뜻을 바꿀 수 없다'는 중국의 속담이 매우 맘에 든다.

移动 yídòng [动] 이동하다. 옮기다. ¶不到一年,这座沙丘向南~了半公里;1년도 안돼 이 모래 언덕이 남쪽으로 반 킬로미터 이동했다. | 今天的雾特别大,路上的车只能慢慢往前~;오늘 안개가 매우 심해서 도로의 차들이 느릿느릿 앞으로 이동할 수밖에 없다. | 下周的训练项目是打~目标,可比固定目标难打多了;다음 주 훈련 항목은 이동 타켓을 쏘는 건데, 고정 타켓보다 맞추기가 훨씬 힘들다.

移动硬盘 yídòng yìngpán [名] 외장하드. ¶我建议你买一个~,出差带着方便;출장갈 때 휴대하면 편리하니 나는 네가 외장하드를 하나 샀으면 한다. | ~的存储量很大,万一电脑出问题,你的文件也不会丢;외장하드의 저장량이 커서 만일 컴퓨터에 문제가 생겨도 네 문서가 날아가지 않을 꺼야.

遗失 yíshī [动] 유실하다. 잃다. 분실하다. ¶哪位旅客在车站~了身份证等物品,请到车站问讯处认领;역에서 신분증 등의 물품을 잃어버리신 여행객께서는 역 안내소에 오셔서 찾아가세요. | 商场里经常捡到顾客~的物品;마트에서 고객이 분실한 물품을 늘 줍는다. | 因为战乱,爷爷收藏的不少珍贵的字画都在搬迁中~了;전란 때문에 할아버지께서 수장하시던 많은 진귀한 서화들을 모두 이사하실 때 유실하셨다.

疑惑 yíhuò [动] 의심하다. 의혹하다. ¶听他这么一说,我心里更~了;그가 이렇게 말하는 걸 들으니 내 마음은 더더욱 의심스러웠다. | 老师跟他解释了半天,他好像还是非常~;선생님께서 그에게 한참을 변명하셨지만, 그는 아직도 매우 의심하는 것 같다. | 我真的还很~,这样做行吗? 나는 정말 여전히 의심스러운데, 이렇게 하면 돼니?

疑问 yíwèn [名] 의문. ¶你能不能回答一下大家的~? 너는 모두의 의문에 대답할 수 있니?| 还有什么~尽管提出来,咱们想办法解决;무슨 의문이 더 있으면 마음껏 제기하세요. 우리가 방법을 생각해 해결할게요.| 他的~总是最多;그의 의문은 늘 가장 많다.| 毫无~,这个方案是可行的;의문의 여지 없이 이 방안은 실행 가능해요.

疑心 yíxīn [名] 의심. ¶这个人~很重,跟她说话千万小心;이 사람은 의심이 매우 심하니 그녀와 이야기할 때는 부디 조심해라.| 尽管我解释了半天,妻子还是起了~;내가 한참을 변명했지만 아내는 여전히 의심쩍어 했다. [动] 의심하다. ¶他总是~同事骗他,不敢跟他们合作;그는 늘 동료가 그를 속였다고 의심해서 그들과 감히 협력하지 못한다.| 你~我会跟你分手是吗? 放心吧,不会的;너 내가 너와 헤어질까 의심하니? 안심해, 그럴 리 없어.| 有时候我真~自己病了,干什么都没精神;때론 나는 정말 자신이 병이 났다고 의심이 나서 뭘 해도 기력이 없다.

已 yǐ [副] 이미. 벌써. ¶来信~收到,请放心;편지를 이미 받았으니 안심하세요.| 问题~基本解决,你不必担心;문제가 이미 기본적으로 해결됐으니 너는 걱정할 필요 없어.| 时间~到,出发吧! 시간이 이미 됐으니 출발합시다.

已经 yǐjīng [副] 이미. 벌써. ¶我~拿到驾驶执照了;나는 이미 자동차 면허증을 받았다.| 事情~解决了,大家安心工作吧;일이 이미 해결됐으니 모두 안심하고 일하세요.| 老人~八十岁了,还像年轻时一样健康开朗;노인은 이미 여든 이시지만, 아직도 젊었을 때처럼 건강하고 명랑하시다.

以 yǐ [介] ❶ …에 따라. …에 의해서. …대로. ¶我们通常是~产品质量分等级的;우리는 통상 상품 품질에 따라 등급을 나눈다.| 这学期~成绩分班,你被分在乙班了;이번 학기는 성적에 따라 분반했는데, 그는 을(乙)반으로 배치되었다.| ~每人三个计算,这些面包还不够分的;각자 세 개라는 계산에 따라 이 빵을 나누기엔 부족하다. ❷ …로(써). …을 가지고. ¶市民们~前所未有的热情参与了这次体育盛会的准备工作;시민들은 전에 없는 열정으로 이번 체육 대회 준비 업무에 참여했다.| 市长每年都~普通人的身份参加植树活动;시장은 매년 보통 사람의 신분으로 나무심기 활동에 참여한다. [连] …하기 위하여. ¶学校要求新来的青年教师参加一个月的岗前培训,~尽快适应教学工作;학교는 새로 온 청년 교사에게 최대한 빨리 교학 업무에 적응하게 하기 위해 1개월의 수습 훈련에 참여하라고 요구했다.| 请司机自觉遵守交通法规,~确保行车安全;주행 안전을 확보하기 위해 기사님은 자각적으로 교통 법규를 준수하세요.

以后 yǐhòu [名] 이후. 금후. ¶我一年~就毕业,也不知道能不能找个合适的工作;나는 1년 후면 졸업하는데, 적합한 직업을 찾을 수 있을지 모르겠다.| 毕业~我们就没有见过面,不知道他过得怎么样;졸업 후에 우리는 만난 적이 없는데, 그가 어떻게 지내는지 모르겠다.| ~的日子会怎样我们

都不知道;이후 세월이 어떻게 될지는 우리 모두 모른다.

以及 yǐjí [连] 및. 그리고. 아울러. ¶ 北京、上海~广州等几个大城市已经有了这种服务,估计咱们这儿也快了;베이징, 상하이 및 광저우 등 몇 개의 대도시엔 이미 이러한 서비스가 있는데, 이곳도 곧 생길 것으로 예상된다.| 今天超市打折,洗涤用品、小家电~一些食品都便宜了;오늘 슈퍼마켓에서 할인을 해서, 세척 용품, 소형 가전 및 일부 식품들이 모두 싸다.| 我们最好商量一下会议的地点、会务费~食宿标准;우리 회의 장소, 회비 및 숙식의 기준을 상의하는 게 좀 낫겠다.

以来 yǐlái [名] 이래. 동안. ¶ 上大学~,我一直在用课余时间做家教等工作;대학을 다니는 동안, 나는 줄곧 과외 시간에 가정 교사 등의 일을 했다.| 自古~,这里就是兵家必争之地;예로부터 이곳은 모든 전술가들이 노리는 지역이었다.| 入夏~,已经下了好几场大暴雨了;입하 이래 이미 몇 번의 큰 폭우가 내렸다.

以内 yǐnèi [名] 이내. ¶ 这次出国考察的人员要控制在十人~;이번에 출국해서 시찰하는 인원은 10인 이내로 통제될 것이다.| 三百米~是安全的;300미터 이내는 안전하다.| 这个项目计划在两年~完成,时间很紧;이 프로젝트는 2년 이내에 완공 계획이라 시간이 빠듯하다.

以前 yǐqián [名] 이전. ¶ 我们很早~就是朋友了;우리는 일찍감치 예전부터 친구였다.| 三年~你在还上小学呢,哪里知道这些事情;3년 전에 너는 아직 초등학교를 다니고 있었는데 이런 일

들을 어떻게 알았겠니.| ~,我们总是到这条河里游泳,这几年河水都快干了;이전에 우리는 늘 이 강에서 수영했는데, 요 몇 년 사이에 강물이 거의 말랐다.

以上 yǐshàng [名] ❶ 이상. ¶ 三楼~住的都是女生;3층 이상에 사는 이들은 모두 여학생이다.| 这次受灾人口估计在六万~;이번 재해를 입은 인구가 6만 이상이라고 추측된다.| 他每次考试都在九十分~,成绩非常好;그는 매 시험마다 90점 이상으로 성적이 매우 좋았다. ❷ 이상(의 말). ¶ ~就是我想告诉大家的话,希望大家好好想想;이상이 바로 내가 모두에게 알리고 싶은 말이니 모두 잘 생각하시길 바랍니다.| ~情况我会请秘书写成书面报告交给您;이상의 상황은 제가 비서에게 서면 보고서를 작성시켜 당신께 드리겠습니다.| ~意见还有必要进一步考虑;이상의 의견은 더욱 고려할 필요가 있다.

以外 yǐwài [名] 이외. ¶ 除了一人~,全班同学都参加了这次志愿活动;한 사람을 제외하고는 반의 모든 학생들이 이번 지원 활동에 참가했다.| 三十里~就是无人区,大家注意安全;30리 밖은 곧 주민이 없는 지역이니 모두 안전에 주의하세요.| 工作~的时间你可以自己支配;업무 이외의 시간은 네 스스로 안배할 수 있다.

以为 yǐwéi [动] ❶ 생각하다. 여기다. 알다. (주로 실제 상황과 상반됨을 표시한다.) ¶ 我~你已经回家了,就没有找你;나는 네가 이미 집에 돌아갔다고 생각해서 너를 찾지 않았다.| 你不要~自己什么都是对的,不一定;너

자신이 뭐든 다 맞다고 생각하지 마라.| 你的汉语说得那么好, 我还~你是中国人呢;네가 중국어를 그렇게 잘 구사해서, 나는 네가 중국인인 줄 알았지 뭐야. ❷ 생각하다. 여기다. ¶ 我~这样的推理是缺少依据的;나는 이런 추리는 근거가 부족하다고 생각한다.| 我们~这个计划有必要重新讨论;우리 이 계획을 다시 상의할 필요가 있다고 생각된다.| 我个人~大会是成功的, 解决了几个重大问题;내 개인적으로 대회는 성공적이었고, 몇 가지 중대한 문제를 해결했다고 생각한다.

以下 yǐxià 名 이하. ¶ 一米~的儿童上车免票;1미터 이하의 어린이가 차에 탈 때는 무료다.| 排名在100名~的同学不能录取, 请下次再努力吧;순위가 100위 이하인 학생은 뽑을 수 없으니 다음에 더 노력하세요.| 气温一下子降到了零度~, 路边的小溪已经结冰了;기온이 순식간에 영도 이하로 떨어져서 길가의 시내가 이미 얼어붙었다.

椅子 yǐ·zi 名 의자. ¶ 这把木~是爷爷留下来的, 样子很漂亮;이 나무 의자는 할아버지께서 물려주신 건데 모양이 매우 예쁘다.| 教室里还缺几把~;교실에 아직 의자 몇 개가 부족하다.| 孩子最近总是喜欢站在~上说:妈妈看, 我长高了;아이는 최근에 늘 의자 위에 서서 '엄마 보세요, 제가 키가 컸어요'라고 말하길 좋아한다.

亿 yì 数 억. ¶ 中国有十三~人口;중국은 13억 인구이다.| 他的个人资产已经有上~元了;그의 개인 재산은 이미 억대가 넘는다.| 今年的股票发行超过了两百个~;금년 주식발행은 2백억을 초과하였다.

义务 yìwù 名 ❶ (국민이 법률 규정에 따라 해야 하는) 의무. ¶服兵役是青年应尽的~;군복무 하는 것은 청년이 마땅히 해야 할 의무이다.| 依法纳税是公民的~;법에 의해 납세하는 것은 공민의 의무다.| 家长有责任让适龄儿童接受~教育;가장은 취학 아동이 의무 교육을 받도록 할 책임이 있다.| ~兵;의무병.| ~兵役法;의무병역법. ❷ (사회 도덕이 공인하는) 의무. 책임. ¶扶贫帮困是我们的~;어려운 사람들을 돕는 것은 우리의 의무다.| 每一个公民都有赡养父母的~;각 공민들은 모두 부양할 의무가 있다.| 我觉得自己有~帮助困难的同学;나는 스스로 어려운 친구를 도울 의무가 있다고 생각한다. 形 무보수의. 봉사의. ¶这是一场赈灾~演出;이건 이재민 구휼을 위한 무료 공연이다.| 我每年都要~献血;나는 매년 무보수로 헌혈할 것이다.| 周末, 我们班的全体同学都参加~劳动;주말에 우리 반 전체 학생들 모두 의무 노동에 참가했다.

艺术 yìshù 名 ❶ 예술. ¶ 文学、美术、音乐、舞蹈、戏剧等都属于~专业;문학, 미술, 음악, 무용, 연극 등은 모두 예술전공에 속한다.| 他们一家人都是搞~的;그들 가족은 모두 예술을 하는 사람들이다.| 现在报考~学院的考生很多;지금은 예술대학에 응시하는 수험생이 많다. ❷ 특징적인 방식이나 방법. 기술. 기능. ¶ 他很讲究领导~;그는 리더십을 중히 여긴다.| 商业管理同样是一门~;상업관리는 똑

같이 하나의 기술부문이다. 形 미적이다. 예술적이다. ¶她的房间总是布置得非常~;그녀의 방은 늘 예술적으로 장식되어 있다.| 这盆花的造型很~;이 화분의 꽃은 조형이 매우 예술적이다.| 这张广告的设计挺~的;이 광고의 디자인은 매우 예술적이다.

艺术家 yìshùjiā 名 예술가. ¶他很有~的气质;그는 예술가 기질이 다분하다.| 这位~在中国非常有名;이 예술가는 중국에서 매우 유명하다.| ~大都有自己的代表作品;예술가들은 대부분 자신의 대표작품이 있다.

艺术节 yìshùjié 名 예술 프로그램. ¶本届~吸引了众多观众;이번 예술 프로그램은 많은 관중을 끌어 들였다.|李玉刚在电影~上演唱的《霸王别姬》深受观众喜爱;리위강이 영화 예술 프로그램에서 공연한 〈패왕별희〉는 관중들의 깊은 사랑을 받았다.

议会 yìhuì 名 의회. 국회. ¶这个国家的~刚刚通过了一项新的法案;이 나라의 의회는 방금 새로운 법안 하나를 통과시켰다.| ~的议员都是通过选举产生的;국회의원은 모두 선거를 통해 탄생한다.

议会选举 yìhuì xuǎnjǔ 名 국회의원 선거. ¶明年又要进行~了;내년에 또 국회의원 선거를 한다.| 国民对新的~非常关心;국민들은 새 국회의원 선거에 대해 높은 관심을 보이고 있다.| ~的结果近日就会公布出来;국회의원 선거 결과가 조만간 공포될 것이다.

议论 yìlùn 动 (사람이나 사물에 대해 자신의 견해를) 발표하다. 의론하다. 비평하다. ¶咱们不要~人家的事情;우리 남의 일에 왈가왈부 하지 말자.| 这个施工方案我们可以先~~,看有什么问题;이 시공 방안은 우리가 먼저 의논을 해서 어떤 문제가 있는지 알아볼 수 있다.| 因为这次事故,他成了大家~的中心;이번 사고로 인해 그는 모든 논의의 중심이 되었다.

议员 yìyuán 名 의원. ¶这几位~都是刚刚当选的;이 몇몇 의원들은 모두 이제 막 당선되었다.| ~们都发表了自己的看法;의원들은 모두 자신의 견해를 발표하였다.| 为了这项提案,~们发生了激烈的争执,意见无法统一;이 제안으로 인해 의원들 간에 격렬한 논쟁이 발생하여 의견이 통일될 수 없었다.

异常 yìcháng 形 평상시와 다르다. 이상하다. 기이하다. ¶机器的声音有些~;기계 소리가 약간 이상하다.| 这是一种~现象;이것은 일종의 기이한 현상이다.| 如果病人出现~,马上叫医生;만약 환자에게 이상이 생기면 즉시 의사를 불러라. 副 매우. 대단히. ¶昨天会场的气氛~热烈;어제 회의장 분위기는 매우 뜨거웠다.| 毕业典礼那天,我的心情~激动;졸업식이 있는 날 내 마음은 몹시 흥분되었다.| 爸爸看上去~兴奋,不知道遇到了什么好事;아버지가 몹시 흥분돼 보이는데 무슨 좋은 일이 있는지 모르겠다.

意大利面 yìdàlìmiàn 名 스파게티. ¶今天跟朋友一起去吃了~;오늘 친구와 함께 스파게티를 먹으러 갔다.| 这家餐馆的~比较正宗,你可以尝尝;이 음식점의 스파게티는 비교적 정통이니까 맛봐도 괜찮다.| 我已经很久没吃

~了;나는 벌써 오랫동안 스파게티를 먹어보지 못했다.

意见 yì·jiàn 名 ❶ 의견. 견해. ¶你们给提提~吧;너희들 의견을 제시해 봐라.| 大家的~不一致,再商量一下吧;모두의 의견이 일치하지 않으니 다시 한번 의논하자.| 最好还是先听听专家的~;먼저 전문가의 견해를 들어 보는 것이 가장 바람직하다. ❷ 불만. 이의. ¶家长们对学校的做法很有~;학부형들은 학교의 처사에 불만이 매우 많다.| 我对你有~;나는 너에게 불만이 있다.| 我想知道你对我有什么~,说说吧;나는 네가 나에게 어떤 불만이 있는지 알고 싶으니, 좀 말해봐라.

意识 yì·shí 名 의식. ¶存在是第一性的,~是第二性的;존재는 일차적이고 의식은 부차적인 것이다.| 存在决定~;존재는 의식을 결정한다.| 你这人怎么一点现代~都没有呢? 넌 인간은 어찌된 게 현대적인 의식이 조금도 없니? 动 의식하다. 깨닫다. ¶我们都没有~到妈妈病了;우리는 어머니가 편찮으신 걸 알지 못했다.| 你还没~到你的错误吗;넌 아직 너의 잘못을 인식하지 못하는구나.| 老师~到这个学生可能有心理问题;선생님은 이 학생에게 아마 심리적인 문제가 있을지 모른다고 느꼈다.

意识形态 yìshí xíngtài 名 이데올로기. ¶~反映人们对世界和社会的看法;이데올로기는 세계와 사회에 대한 인간의 관점을 반영한다.| 我们的~不同;우리의 이데올로기는 다르다.

意思 yì·si 名 ❶ 뜻. 의미. ¶这个词的~是什么?이 단어의 뜻이 뭐냐?| 这篇文章的~你看懂了吗?이 문장의 의미를 너는 이해하니?| 我不清楚他说的是什么~;그가 말하는 것이 무슨 뜻인지 나는 잘 모르겠다. ❷ 의견. 생각. ¶经理的~是你们先回去,下回用人一定找你们;사장의 생각은 너희가 먼저 돌아가 있으면 다음에 사람을 쓸 때 꼭 너희를 찾겠다는 것이다.| 我的~是孩子大学毕业以后再出国;내 의견은 아이가 대학 졸업 후에 다시 해외로 나가는 것이다.| 老师的~你没弄懂,他是希望你继续深造;선생님의 생각을 넌 이해하지 못했구나. 그는 네가 계속해서 깊이 연구하기를 바라신다. ❸ 성의. 감사의 표시. ¶这是一点儿小~,收下吧;이것은 작은 성의니 받으세요.| ~到了就行,不必送礼;성의가 전달되면 그만이지 선물을 보낼 필요는 없다. ❹ 추세. 상황. 기미. ¶看样子明天有降温的~,多穿点衣服;보아하니 내일은 기온이 내려갈 모양인데 옷을 많이 껴입어라.| 看现在这个~,雨一时停不下来;지금 상황을 보면 비가 한 순간에 그치지는 않을 것 같다.| 这盆花终于有要开花的~了;이 꽃은 마침내 개화할 기미가 보인다. ❺ 재미. 흥취. ¶这个老头很有~;이 노인은 아주 재미있다.| 这个盆景挺有~,造型很特别;이 분재는 아주 재미있고 조형이 특별하다.| 打牌没什么~,我没兴趣;카드 놀이는 별 재미가 없어서 난 흥미가 없다.

意图 yìtú 名 의도. 기도. ¶他的~很清楚,就是想多挣点钱嘛;그의 의도는 분명하다. 바로 돈을 많이 벌고 싶은 것이다.| 老板的~我们不太了解;사

장의 의도를 우리는 잘 이해하지 못한다.| 你得把你的~说清楚;너는 너의 의도를 분명히 말해야 한다.

意外 yìwài [形] ❶ 의외이다. 뜻밖이다. ¶ 发生这种事情让我很~;이런 일이 생긴 것은 내게 매우 뜻밖이다.| 这次出差有~的收获;이번 출장에 의외의 수확이 있었다.| 我在车站~地遇到了以前的女朋友;나는 정류장에서 뜻밖에도 옛날 여자 친구를 만났다. [名] 뜻밖의 사고. 의외의 재난. ¶ 这场事故纯属~;이 사고는 순전히 예상치 못한 일이다.| 听说他出了~我们很痛心;그가 뜻밖의 사고를 당했다고 하니 우리는 매우 가슴이 아프다.| 每个人都应该当心,尽量防止~的发生;누구나 조심해서 예기치 못한 사고가 발생하는 것을 최대한 방지해야 한다.

意味 yìwèi [名] 의미. 뜻. ¶ 老师的话~深长啊,好好想想吧;선생님의 말씀은 의미심장하니 잘 생각해 보아라.| 他的话很有~,让人琢磨不透;그의 말은 깊은 뜻이 있어 사람들이 분명하게 알아내지 못한다.

意味着 yìwèi·zhe [动] 의미하다. 뜻하다. ¶ 你这样说是不是~我们该分手了?;네가 이렇게 말하는 건 우리가 헤어져야 한다는 것을 뜻하니?| 你不回答问题就~自动放弃这次考试;네가 질문에 답하지 않는 것은 이번 시험을 자동으로 포기하는 것을 의미한다.| 你知道这么做~什么吗?;너는 이렇게 하는 것이 무엇을 뜻하는지 알고 있니?

意义 yìyì [名] (말이나 글, 기타 신호에 내포된) 의미. 뜻. ¶ 这段话的~很清楚,大家都明白了;이 말의 의미는 분명해서 모두들 이해했다.| 这个词表达的~不止一个,你说这里该用哪个呢?;이 단어가 표현하는 뜻은 하나에 그치지 않는데 여기서 어느 것을 사용해야 하는지 네가 말해 보아라.

意志 yìzhì [名] 의지. ¶ 他的~非常坚强;그는 의지가 매우 확고하다.| ~薄弱的人是办不成大事的;의지가 박약한 사람은 큰일을 이룰 수 없다.| 人的~可以在艰苦的生活中磨炼出来;사람의 의지는 어려운 생활 속에서 연마될 수 있다.

因此 yīncǐ [连] 이것 때문에. 그래서. (인과관계를 표시한다.) ¶ 大家都非常努力,~这次活动搞得很成功;모두들 열심히 노력했기 때문에 이번 행사는 매우 성공적이었다.| 跟你是多年的老朋友了,~跟你说真话;너와는 오랜 친구이기 때문에 너에게 진실을 말할게.| 雪太大了,这个航班~往后推了;눈이 너무 많이 내렸기 때문에 이번 항공편이 뒤로 미뤄졌다.

因而 yīn'ér [连] 그러므로. 그런 까닭에. 따라서. (결과를 표시한다.) ¶ 由于连日暴雨,河水猛涨,两岸的村子~受到很大威胁;연일 이어지는 폭우로 강물의 수위가 급증하여 양안의 마을은 그로 인해 큰 위협을 받았다.| 他从小的愿望就是当飞行员,~高考时毫不犹豫地报考了飞行学院;그는 어렸을 때부터 꿈이 비행기 조종사가 되는 거였으므로, 대입시험 때 조금도 주저하지 않고 비행학교에 응시했다.| 这一段山路很陡,~经常出交通事故;이 구간은 산길이 험한 까닭에 늘 교통사고가 발생한다.

因素 yīnsù 名 구성 요소. 원인. 조건. ¶ 造成这场火灾的~有两个,一是有人抽烟,二是大风;이번 화재를 일으킨 원인은 두 가지로, 하나는 누군가의 흡연이고 하나는 큰 바람이다. | 发射失败跟天气有关,但也不排除其他~;발사의 실패는 날씨와 연관이 있지만 다른 원인도 배제할 수 없다. | 这个~你们考虑到了吗? 이 요소를 너희들은 고려했느냐?

因特网 Yīntèwǎng 名 인터넷. ¶ 当今社会,人们的生活已经无法离开~了;현대 사회에서 사람들의 생활은 이미 인터넷을 떠날 수 없게 되었다. | 这是全球最大的~公司,现在仍在发展;이것은 전 세계에서 가장 큰 인터넷 회사로 지금도 계속 발전하고 있다.

因为 yīn·wèi 介 …때문에. …에 의해. ¶ 这次登山活动是~天气原因临时取消的;이번 등산 활동은 날씨로 인해 잠시 취소된 것이다. | 他~这场事故受到了处罚;그는 이번 사고로 처벌을 받았다. 连 왜냐하면 …때문이다. ¶ ~会场里人太多了,所以我没敢叫你;회의장에 사람이 너무 많았기 때문에 널 (감히) 부를 수가 없었다. | ~身体一直不太好,所以这个职务我就不再担任了;몸이 줄곧 좋지 않기 때문에 난 더 이상 이 직무를 맡을 수 없게 되었다. | 他好几天都没上学,听说是~妈妈生病了;그가 며칠이나 학교에 가지 못한 것은 어머니가 병이 났기 때문이라고 한다.

因缘 yīnyuán 名 인연. ¶ 相遇是咱们俩的~;만난 것은 우리 둘의 인연이다. | ~尽了,只能分手了;인연이 다하면 헤어질 수 밖에 없다.

阴 yīn 形 ❶ 흐리다. ¶ 天气预报说明天是多云转~;일기 예보에서 내일은 구름이 많은 뒤 흐려진다고 한다. | 天~得厉害,可能要下雨吧;하늘이 매우 흐려 비가 올 것 같다. | 已经~了好几天了;며칠 동안 날씨가 계속 흐렸다. ❷ 음흉하다. ¶ 他的样子很~,让人害怕;그의 모습은 매우 음흉해서 다른 사람들로 하여금 두려움을 느끼게 한다. | 没想到他这么~;그가 이렇게 음흉한지 생각지도 못했다.

阴险 yīnxiǎn 形 음흉하다. 음험하다. ¶ 他是个非常~的人;그는 매우 음흉한 사람이다. | 这么~的家伙你要提防;너는 이렇게 음흉한 놈을 조심해야 한다. | 他的~我们已经领教过了;그의 음흉함을 나는 이미 겪었다.

阴影 yīnyǐng 名 그림자. 그늘. ¶ 晴天能清楚地看到月亮上的~;맑은 날에는 달의 그림자를 자세히 볼 수 있다. | 他心里一直有块~;그의 마음속에는 줄곧 그늘이 있다. | 医生说肺部的~可能是肿瘤;의사 선생님이 폐부의 어두운 부분이 종양일 것이라고 말씀하셨다.

音乐 yīnyuè 名 음악. ¶ 我喜欢~,特别是交响乐;나는 음악을 좋아하는데 특히 교향곡을 좋아한다. | 年轻人大多喜欢现代~;젊은 사람들은 대부분 현대음악을 좋아한다. | 他的~作品很有影响;그의 음악 작품은 영향력이 크다.

音箱 yīnxiāng 名 스피커. ¶ 这种~的扩音效果很好;이 스피커의 효과는 매우 좋다. | 可能是~坏了,修修看吧;아마도 스피커가 고장 났을 것이다. 좀 고쳐보아라! | 你想换一个新的~吗?

너는 새 스피커로 바꿀 생각이 있느냐?

银 yín 名 은. ¶~这种金属的延展性很好;은과 같은 종류의 금속은 신축성이 매우 좋다.| 我一直喜欢~首饰;나는 줄곧 은 액세서리를 좋아한다.| 这只戒指的含~量是多少? 이 반지의 은 함유량은 얼마입니까?

银幕 yínmù 名 스크린. 은막. ¶新建的电影院用的是新式~;새로 지은 영화관은 신식의 스크린을 사용한다.| 以前放电影的时候,~就挂在操场上;예전에 영화를 상영할 때, 스크린은 운동장에 걸려 있었다.| 当年不少~形象我都还记得;그 때의 여러 은막의 이미지를 나는 아직도 모두 기억한다.

银行 yínháng 名 은행. ¶我们总是到学校附近的~取钱;우리는 늘 학교 부근 은행에 가서 출금한다.| 几家~都可以办理贷款;몇몇 은행 모두에서 대출 수속을 밟을 수 있다.| 最近~的利率提高了;요즘 은행의 이자율이 높아졌다.

银杏 yínxìng 名 은행나무. ¶~树结橙黄色的果实, 也叫白果树;은행나무는 노란색 열매를 맺으며, 백과수라고도 불린다.| 我喜欢秋天的~树;나는 가을철의 은행나무를 좋아한다.| ~叶像一把把金黄色的小扇子, 非常好看;은행나무 잎은 마치 황금색의 작은 부채와 비슷해서, 매우 아름답다.

引进 yǐnjìn 动 (인원 혹은 물품을) 도입하다. ¶这是刚刚~的新品种;이것은 막 도입한 새로운 품종이다.| 我们工厂的设备大部分是从国外~的;우리 공장의 설비는 대부분 해외에서 도입

한 것이다.| 现在公司最重要的事情是~人才;지금 회사에서 가장 중요한 것은 인재등용이다.

引起 yǐnqǐ 动 야기하다. 일으키다. ¶这次事件~了全社会的关注;이번 사건은 전 사회의 관심을 일으켰다.| 他的举动~了警察的注意;그의 행동은 경찰의 주의를 끌었다.| 一个烟头可能会~一场森林大火;한 개피 담배꽁초가 삼림에 큰 불을 일으킬 수도 있다.

引言 yǐnyán 名 머리말. ¶我有看书时先看~的习惯;나는 책을 볼 때 먼저 머리말을 보는 습관이 있다.| 这本书的~长, 一时看不完;이 책은 머리말이 길어, 단숨에 다 볼 수 없다.| ~写得不错, 书的内容也应该不错吧;머리말이 매우 잘 쓰여 있어서, 책의 내용도 괜찮을 것 같다.

饮料 yǐnliào 名 ❶ 음료(수). ¶这家餐馆提供各种~, 包括酒、茶、汽水等;이 찻집은 술, 차, 사이다 등을 포함한 각종 음료수를 제공한다.| 现在的~生产存在不少质量问题;현재 음료수 생산에 많은 품질 문제가 존재한다. ❷ 음료(수). ¶这是~, 不是酒, 你放心喝吧;이건 음료수지, 술이 아니므로 마음 놓고 마셔라.| 太甜的~还是少喝;너무 단 음료수는 적게 마시는 것이 좋다.| 真热,买瓶冰镇~喝吧;너무 더워, 냉장 음료수 한 병 사서 마시자!

▶용법주의: 음료수는 보통 술을 포함하지 않는다. 이것은 더 자주 사용되는 용법이다.

饮食 yǐnshí 名 음식. ¶我们两个国家的~习惯不一样;우리 양국의 음식 습관은 다르다.| 夏天到了, 千万注意~卫

生;여름이다. 식품 위생에 각별히 주의해라.| 有些病采用~疗法的效果更好;어떤 병들은 식이요법을 채택하면 효과가 더 좋다.

隐藏 yīncáng 动 숨다. 감추다. 숨기다. ¶犯人~在山洞里一个星期才被抓住;범인은 산속의 동굴에서 일주일이나 숨어있다가 붙잡혔다.| 你的想法我已经知道了,~不住的;난 이미 네 생각을 알았다. 감출 수 없다니까.| 听说他家的阁楼上~了很多古董;그 사람 집 다락방에 많은 골동품이 숨겨져 있다고 한다.

隐瞒 yǐnmán 动 숨기다. 감추다. ¶这个事实是~不了多久的;이 사실은 얼마 숨길 수 없는 것이다.| 我们决定暂时对妈妈~爸爸的病情;우리는 당분간 어머니께 아버지의 병을 숨기기로 결정했다.| 她一直~着自己的实际年龄;그녀는 줄곧 실제 나이를 숨겨왔다.

印 yìn 动 인쇄하다. 찍다. ¶ 没想到我的书这么快就~出来了;내 책이 이렇게 빨리 인쇄되어 나올지 몰랐다.| 这两份材料你拿去~一下吧;너는 이 두 자료를 가지고 가서 인쇄 좀 해라.| 这几张没有~清楚;이 몇 장은 선명하게 인쇄되지 않았다. 名 도장. 인장. ¶ 这张证明必须有公司的~才有用;이 증명서는 반드시 회사의 인장이 있어야만 유효하다.| 提前取钱的话,请出示你个人的~章;앞당겨서 출금할 때는 개인 인장을 제시해야 한다.| 这方~的石材很讲究;이 석판 인쇄의 석재는 매우 중히 여겨진다.

印刷 yìnshuā 动 인쇄하다. ¶ 新课本正在~,开学前能送到学校;새로운 교재는 지금 인쇄 중이므로, 개학 전까지 학교에 배송할 수 있다.| 现在的~技术已经相当先进了;지금의 인쇄 기술은 이미 상당히 선진화되었다.| 邮寄~品比较便宜;우편용 인쇄물은 비교적 저렴하다.

印象 yìnxiàng 名 인상. ¶ 她给我留下了很深的~;그녀는 내게 깊은 인상을 남겼다.| 这个地方是不是来过已经没有~了;이 곳에 온 적이 있어만 벌써 인상이 없어진 거 아니냐?| 你对他的~怎么样? 그 사람에 대한 너의 인상은 어떠냐?

应 yīng 动 (조동사) 마땅히 …해야 한다. ¶有不少问题~做进一步的调查;조사가 더 필요한 문제가 많이 있다.| 开会你~提前通知;너는 앞당겨서 회의를 통보해야 한다.| 这件事不~由你负责;이 일은 책임지지 않아도 된다. 动 동의하다. ¶这件事情你不能~,很难办的;이 일은 네가 동의할 수 없다. 처리하기 매우 어렵기 때문이다.| 他们~下了这个条件,下一步会好办一些;그들은 이 조건에 동의했기에 다음 번엔 좀 더 쉽게 처리할 수 있을 것이다.

应当 yīngdāng 动 (조동사) 마땅히 …해야 한다. ¶我们~坚持我们的观点;우리는 마땅히 우리의 의견을 견지해야 한다.| ~让大家了解事实真相;모두에게 사실의 진상을 알려야 한다.| 你~事先准备好开会用的材料;너는 회의 때 필요한 자료를 사전에 잘 준비해야 한다.

应该 yīnggāi 动 (조동사) 마땅히 …해야 한다.¶你~能理解我的心情;너는 내 기분을 이해할 수 있어야 한다.|

我们~互相帮助;우리는 마땅히 서로 도와야 한다.|这道题你~会做,我们已经学过了;우리는 이미 배웠기 때문에 이 문제를 네가 풀 수 있을 것이다.

英雄 yīngxióng [名] 영웅. ¶我从小就崇拜~,自己也想成为~;나는 어렸을 때부터 영웅을 숭배했으며, 내 자신도 영웅이 되고 싶다.|我们这个国家出过许许多多的~;우리 나라는 수없이 많은 영웅을 배출했다.|在我心里,他是真正的~;내 마음속에서 그는 진정한 영웅이다.

英勇 yīngyǒng [形] 용감하다. 영특하고 용맹하다. ¶那么多~的战士为我们的国家献出了生命;그렇게 많은 용맹한 전사들이 우리 나라를 위해 목숨을 바쳤다.|他是个~的年轻人;그는 용감한 젊은이다.|我喜欢他那种~的战士;나는 그처럼 용감한 전사를 좋아한다.

英语 Yīngyǔ [名] 영어. ¶我学~已经好几年了,但还是不能交流;나는 이미 몇 년 동안 영어를 공부했으나 여전히 대화는 할 수 없다.|他的~很好;그는 영어를 매우 잘한다.|明天有~考试,得准备准备;내일 영어 시험이 있기 때문에 준비해야 한다.

婴儿 yīng'ér [名] 영아. 유아. 갓난애. ¶~室里的条件很好,家长可以放心;영아실의 조건이 매우 좋기 때문에 보호자가 마음을 놓을 수 있다.|这个小~现在会翻身了;이 갓난애기는 이제 혼자서 몸을 뒤집을 수 있다.|不知道~什么时候长牙;갓난아이의 이가 언제 나올지 모르겠다.

迎春花 yíngchūnhuā [名] 영춘화. 개나리. ¶春天,黄色的~最先开放;봄에 노란 개나리가 제일 먼저 꽃이 핀다.|~开了,春天来了;개나리가 폈으니 봄이 왔다.

迎接 yíngjiē [动] 영접하다. 맞이하다. ¶今天要到机场~合作公司的代表们;오늘은 공항에 가서 합작 회사 대표들을 영접해야 한다.|大家都到学校门口~新同学;모두 학교 입구로 가서 새로운 학우들을 맞이한다.|我们都做好了~新学期的准备;우리는 모두 신학기를 맞이할 준비를 모두 마쳤다.

营养 yíngyǎng [名] 영양. ¶妈妈做饭很讲究~搭配;어머니는 밥을 하실 때 영양의 균형을 중요하게 여기신다.|这种水果很有~,可以多吃一些;이런 과일은 영양이 풍부해서 많이 먹어도 된다.|这孩子是~不良,应该好好补充~;이 아이는 영양이 불량해서 영양 보충을 잘 해야 한다.

营业 yíngyè [动] 영업하다. ¶这家商场国庆节开始~;이 상점은 국경절에 영업을 시작한다.|~时间是上午9点到晚上10点;영업시간은 오전9시부터 저녁 10시까지다.|最近的~额好像上升了;요즘 매출액이 상승한 듯하다.

赢 yíng [动] 승리하다. 이기다. ¶这场球肯定能~;이 시합은 분명히 승리할 수 있다.|这次算你~了,下回我一定~你;이번엔 네가 이긴 걸로 하자, 다음엔 반드시 내가 너를 이길 것이다.|我们都希望你能~;우리 모두 네가 이길 수 있기를 바란다.

影响 yǐngxiǎng [动] 영향을 주다. 지장을 주다. ¶家长的言行会~到孩子;가장의 언행은 아이들에게 영향을 미칠 수 있다.|这件事情~了公司的声

775

誉;이 일은 회사의 명성에 영향을 미쳤다.| 你这样大喊大叫~别人休息了;네가 이렇게 크게 소리 지르면 다른 사람이 쉬는데 지장을 준다. 名 영향. ¶这种~短期内很难消除;이러한 영향은 단기간 내에 없애기 힘들다.| 这场山火的~很大;이번 산불의 영향이 매우 크다.

影像 yǐngxiàng 名 ❶ 영상. 형상. ¶这些人的~都存在电脑里了;이 사람들의 영상은 모두 컴퓨터에 저장되었다.| 最近眼前总是出现奶奶的~;요즘 눈앞에 할머니의 형상이 자주 떠오른다. ❷ 화상. 영상. ¶电脑的~不太清晰,是不是出毛病了?컴퓨터의 화면이 선명하지 않은데, 문제가 생긴 것은 아니냐?| 我的手机可以拍照,~效果还不错;내 핸드폰은 사진을 찍을 수 있으며 화상도 매우 좋다.

影子 yǐng·zi 名 그림자. ¶中午,人的~变得很短;정오 때, 사람들의 그림자는 매우 짧아진다.| 我看到路灯下有个人的~;나는 가로등 밑에 있는 사람의 그림자를 보았다.| 树的~映在窗户上,很清楚;창문에 비치는 나무의 그림자가 매우 또렷하다.| 我去了车站,可是连他的~都没见到;나는 정류장으로 갔으나 그의 그림자도 보지 못했다.

应用 yìngyòng 动 사용하다. 응용하다. ¶这项技术已经~到生产中了;이 기술은 이미 생산에 응용되었다.| 有三项研究成果可以~了;세 항목의 연구 성과가 응용될 수 있다.| 他的新方法~范围很宽;그의 새로운 운용 방법은 범위가 매우 넓다. 形 응용의. 응용적인. ¶现在~科学发展得很快;현재 응

용과학은 발전이 매우 빠르다.| ~文的用途很广,应该教给学生;응용문의 용도는 매우 광범위하기 때문에 학생들에게 가르쳐야 한다.

硬 yìng 形 ❶ 단단하다. 굳다. 경화되다. ¶这种树的木质很~;이러한 나무의 재질은 매우 단단하다.| 米饭不要做得太~;밥을 너무 되게 하지 말아라.| 我喜欢睡~床,软的不舒服;나는 딱딱한 침대에서 자는 것을 좋아하지, 푹신한 것은 불편하다. ❷ 강직하다. (의지가) 굳다. ¶他的态度很~,没有商量的余地;그의 태도가 매우 강직해 상의할 여지가 없다.| 这是个~汉子,不会认输的;이 사람은 의지가 굳은 사나이기 때문에 패배를 인정하지 않을 것이다. 副 ❶ 반드시. 전혀. 꼭. ¶我说不去,他~让我去;내가 안 간다고 하면 그는 나더러 반드시 가라고 한다.| 劝了他好多次了,他~是不听;그에게 몇 번이나 충고했으나, 그는 전혀 듣지 않는다.| 你~要这么做我也没办法;네가 꼭 이렇게 해야 한다면 나도 방법은 없다. ❷ 가까스로. 억지로. ¶有病就休息吧,不要~撑着了;병이 있으면 쉬어라, 억지로 버티지 말고.| 车半路就出毛病了,~凑合到家了;차가 도중에 문제가 생겨서 겨우 집까지 왔다.

硬盘 yìngpán 名 하드디스크. ¶这台电脑的~没问题,看看软盘吧;이 컴퓨터의 하드디스크는 문제가 없으니 플로피 디스크를 봐라.| ~出问题了,我自己修不了;하드디스크에 문제가 생겼으나, 나 혼자서는 수리할 수 없다.

拥抱 yōngbào 动 포옹하다. ¶这几个多年没见的老朋友紧紧地~在一起;요

몇 년 동안 못 본 오랜 친구들은 다 같이 뜨겁게 포옹했다.| 小孩子最喜欢妈妈的~;아이가 가장 좋아하는 것은 엄마의 포옹이다.

拥护 yōnghù 动 옹호하다. 지지하다. ¶政府的决策得到国民的~;정부의 정책 결정이 국민의 지지를 받았다.| 公司职员~公司新的奖惩办法;회사 직원들은 회사의 새로운 상벌 방법을 지지한다.| 学生们不会~你们的决定的;학생들이 너희들의 결정을 지지하지 않을 것이다.

永远 yǒngyuǎn 副 늘. 항상. 언제나. ¶妈妈,我~爱你;엄마, 나는 영원히 엄마를 사랑해요.| 我希望我们~年轻;나는 항상 우리가 젊기를 바란다.| 我们~是朋友;우리는 영원히 친구이다.

勇敢 yǒnggǎn 形 용감하다. ¶男孩子应该~一些;남자 아이는 좀 용감해야 한다.| 这些战士打起仗来非常~;이 전사들은 전투할 때 매우 용감하다.| 大家都喜欢~的人,不喜欢胆小怕事的人;사람들은 모두 용기 있는 사람을 좋아하며, 담이 작아서 지나치게 소심한 사람은 싫어한다.

勇气 yǒngqì 名 용기. ¶你应该鼓起~来去试一试;너는 용기를 내 시도해 봐야 한다.| 我没有~在那么多人面前演讲;나는 저렇게 많은 사람들 앞에서 강연할 용기가 없다.| 他这个人做什么都有~,敢做敢当;그 사람은 무슨 일을 하든 용기가 있어, 과감하게 행동하고 책임을 진다.

用 yòng 动 ❶ 사용하다. ¶你可以~这台电脑;너 이 컴퓨터를 사용해도 돼.| 这支钢笔我~了好多年了;나는 이 펜을 오랫동안 사용하였다.| 给你的钱这么快就~完了;네게 준 돈을 이렇게 빨리 써버렸니.| 能不能让我~你的词典?네 사전을 (내가) 좀 사용해도 될까? ❷ 필요하다. (일반적으로 부정과 같이 사용됨) ¶路太远,你不~来送我了;길이 너무 머니 (나를) 배웅할 필요 없어.| 天这么亮,还~开灯吗?하늘이 이렇게 밝은데 이 불을 켜야 할 필요가 있을까?| ~不着这么着急,他会来的;그가 반드시 올 테니 그렇게 조급해 할 필요 없다. ❸ 먹다. 마시다. ¶菜上齐了,请慢~;음식이 모두 차려졌으니 천천히 드세요.| 请~茶;차 좀 드세요.| 会议代表在小餐厅~餐;회의 대표가 작은 식당에서 식사하고 계신다.

用不着 yòngbùzháo 动 필요 없다. ¶你~去了,他已经办好了;내가 이미 다 처리했으니 너는 갈 필요가 없다.| 这地方~羽绒服,不冷;이 곳은 춥지 않기 때문에 패딩옷이 필요하지 않다.| 我自己能行,~帮忙;저 혼자 할 수 있기 때문에 안 도와 주셔도 괜찮습니다.

用处 yòng·chu 名 용도. ¶这些东西~不大,别留着了;이 물건들은 용도가 많지 않으니 남겨두지 말아라.| 你给我的资料很有~,谢谢;네가 내게 준 자료가 매우 유용하다, 고마워!| 电脑的~太大了,简直离不开它了;컴퓨터의 용도가 매우 광범위 하기 때문에 정말 컴퓨터를 벗어날 수가 없다.

用功 yòng//gōng 动 노력하다. ¶只要你好好~,一定能学会的;네가 열심히 노력한다면 반드시 배울 수 있을 것이다.| 这几个学生很~,成绩也不错;이

몇몇의 학생들은 매우 열심히 노력하며 성적도 좋다.│我要是用一点功,说不定能超过你呢;내가 조금만 노력한다면 너를 앞지를 수 있을 지도 모른다.

用户 yònghù 名 고객. 사용자. ¶你们应该多听听~的意见;여러분은 고객의 의견을 많이 들어야 한다.│这几家公司都在争夺~;이 몇몇 회사는 모두 고객 쟁탈전을 하고 있다.│千万不要损害~的利益;절대로 사용자의 이익에 손해가 있어서는 안 된다.│~最看重的是企业的信誉;사용자가 가장 중요하게 여기는 것은 기업의 신용이다.

用力 yòng//lì 动 힘을 쓰다. ¶我~一推,门开了;내가 힘을 써서 한 번 밀자 문이 열렸다.│这根绳子真不结实,还没~呢就断了;이 밧줄은 정말 튼튼하지 않아, 아직 힘을 쓰지도 않았는데 끊어져버렸다.│不要~太猛,会扭伤腰的;너무 많이 힘쓰지 마라, 허리를 다칠지도 모른다.│我用了好大的力才把电脑搬上来;내가 전력을 다하고서야 컴퓨터를 들어 옮길 수 있었다.

用语 yòngyǔ 名 용어. ¶我们先学一下日常~;우리 먼저 일상용어를 좀 배우자.│这些是课堂~,我已经背下来了;이것은 교실용 용어이며 나는 벌써 암기했다.│外交~;외교 용어.│旅游~;여행 용어.│军事~;군사 용어.

优点 yōudiǎn 名 장점. ¶他的很多~都是我没有的;그의 많은 장점들이 모두 내겐 없는 것이다.│你要多看别人的~和自己的缺点;다른 사람의 장점과 자신의 단점을 많이 봐야 한다.│这份设计有不少~,好好设计一下就

更好了;이 디자인에는 많은 장점이 있기 때문에, 잘 설계한다면 더욱 좋을 것이다.

优良 yōuliáng 形 우량하다. 훌륭하다. 뛰어나다. ¶这个水稻品种~,产量很高;이 벼는 품종이 뛰어나 생산량이 매우 높다.│这个地区的山泉水质~,很适合酿酒;이 지역은 수질이 매우 뛰어나기 때문에 술을 빚기에 적합하다.│她在大学里始终保持着~的学习成绩;그녀는 대학에서 줄곧 우수한 성적을 유지하고 있다.

优美 yōuměi 形 예쁘다. 아름답다. ¶杭州的风景~,是旅游的好地方;항저우는 풍경이 매우 아름다워 여행하기 좋은 곳이다.│她的舞姿~动人,是个非常优秀的舞蹈演员;그녀는 춤추는 자태가 아름답고 감동적이며, 매우 우수한 무용선수다.│~的环境让人心情舒畅;아름다운 환경은 사람의 마음을 편안하게 만든다.

优胜 yōushèng 形 우월하다. 우수하다. ¶他是这次比赛的~者;그는 이 시합의 우승자이다.│请领导为~队颁奖;지도자가 우승팀에게 시상해 주십시오.│孩子第一次拿到~奖,特别兴奋;아이는 처음으로 우등상을 받고 매우 흥분했다.

优秀 yōuxiù 形 우수하다. ¶这是一批品行和成绩都十分~的学生,相信他们会有很好的发展前途的;이 일군의 학생들은 품행과 성적이 모두 우수하므로, 그들 모두 매우 높은 발전 가능성이 있다고 믿는다.│没想到他能写出这么~的作品来;그가 이렇게 우수한 작품을 써낼 수 있으리라고는 생각지도 못했다.│这次得奖的~演员都来

참가 의연了;이번에 상을 받은 우수한 배우들 모두 자선공연에 참가했다.

忧虑 yōulǜ [动] 근심하다. 걱정하다. 우려하다. ¶我一直为妈妈的病~;나는 줄곧 엄마의 병을 걱정하고 있다.| 你还在为这件事~吗?너 아직도 이 일 때문에 걱정하니? 不必太~了, 事情总会解决的;크게 걱정할 필요 없어, 일은 어쨌든 해결되기 마련이야.

悠久 yōujiǔ [形] 오래되다. 유구하다. ¶中国的历史~, 文化灿烂;중국은 역사가 유구하며 문화가 찬란하다.| 这是一座有着~历史的古城;이것은 유구한 역사를 가진 고성이다.| 一看这件瓷器就知道它的年代~, 是件宝物;이 도자기는 보자마자 그것의 연대가 오래되었음을 알 수 있는 보물이다.

尤其 yóuqí [副] 특히. 더욱. ¶我喜欢球类运动, ~喜欢乒乓球;나는 구기 운동을 좋아하는데, 특히 탁구를 좋아한다.| 他们几个我都很熟悉, ~是小芳;그들 몇몇은 내가 잘 아는데 특히 샤오팡을 잘 안다.| 这种语言不好学, ~是语法;이러한 언어는 배우기가 쉽지 않은데 특히 문법이 그렇다.| 爸爸退休这几年总是生病, ~今年已经进了好几次医院了;아빠는 퇴직 후 이 몇 해 동안 줄곧 병이 나셨는데, 특히 올해는 벌써 몇 번이나 병원에 드나드셨다.

由 yóu [介] ❶ …가. …께서. ¶这次研讨会~我们学校承办;이번 연구 심포지엄은 우리 학교가 주관한다.| 这件事~你负责, 不要出问题;이 일은 문제가 생기지 않도록 네가 책임을 져라.| 去不去~领导决定, 我说了不算数;가

고 안 가고는 지도자가 결정할 것이니 나에겐 결정권이 없다. ❷ …으로. …에 의해. ¶你的感冒是~病毒引起的;너의 감기는 바이러스로 인해 생긴 것이다.| ~此可知, 他们对合作并不感兴趣;이것으로 알 수 있듯이 그들은 합작에 대해 흥미가 없다. ❸ …로부터. ¶南极考察队今天~上海出发;남극 조사대는 오늘 상하이에서 출발한다.| 学语言也要~浅入深;언어를 배우는 것도 얕은 곳에서부터 깊은 곳으로 들어가야 한다.| 我听到脚步声~远到近, 最后在我门口停下;나는 발자국 소리가 멀리서부터 가까워지는 것을 들었는데, 결국 내 문 앞에서 멈췄다. [动] 따르다. 복종하다. [动] ¶这事不能~他胡来, 你得管管;이 일은 그가 멋대로 하도록 할 수 없으니 네가 관여해야 한다.| 不要事事~着孩子的性子来;모든 일을 아이들 마음대로 하게 해서는 안 된다.| 这次可~不得你了, 得听我的;이번에는 너를 따를 수 없으니, 내 말을 들어라.

由于 yóuyú [介] … 때문에. …로 인해. ¶~连日暴雨, 水库的水位已经接近警戒线了;연일 쏟아지는 폭우 때문에 저수지 수위가 이미 경계선에 근접했다.| ~质量问题, 这个产品销路不太好;품질 문제 때문에 이 상품의 판로가 그다지 좋지 않다.| 出发的时间推迟了, 主要是~天气不好;출발 시간이 연기되었는데 주 원인은 날씨가 좋지 않기 때문이다. [连] … 때문에. …로 인해. ¶~最近公司效益不好, 所以这个月的奖金可能要晚一点发给大家;최근 회사의 이익이 좋지

않기 때문에 이번 달 보너스는 모두에게 조금 늦게 지급될 것 같다.|~他的成绩特别突出,因此公司决定破格给他加薪;그의 실적이 특히 두드러져 회사에서는 파격적으로 그의 임금을 올려주기로 결정했다.

邮局 yóujú 名 우체국. ¶一会儿去~给同学寄本书;잠깐 우체국에 가서 친구에게 책을 부쳐야겠다.|我今天已经跑了两趟~了;나는 오늘 벌써 두 번이나 우체국에 갔다.|我家楼下就有一个~,很方便;우리 집 아래층에 우체국이 있어서 참 편리하다.

邮票 yóupiào 名 우표. ¶你的信还没贴~呢;네 편지에 아직 우표를 안 붙였잖아.|我从小就喜欢攒(zǎn)~,现在还有好多老~呢;나는 어려서부터 우표 모으는 것을 좋아해서 지금은 오래된 우표를 많이 가지고 있다.|这套~的设计我很喜欢;나는 이 우표 세트의 디자인을 매우 좋아한다.

油 yóu 名 기름. ¶家里~快没了,去买一瓶吧;집에 기름이 다 떨어져 가니 가서 한 병 사와라.|炒菜的~不要太多;볶음 요리는 기름이 너무 많으면 안된다.|盘子上的~没洗干净;그릇의 기름이 깨끗이 닦이지 않았다. 动 칠하다. 바르다. ¶这些门、窗都该~了;이 문과 창문들 모두 칠해야 한다.|去年刚刚~过窗户;작년에 막 창문에 기름 칠을 했다. 形 교활하다. 빤질빤질하다. ¶你怎么学得这么~;너는 어째서 공부하는데 그렇게 빤질거리냐.|他~腔滑调的让人讨厌;그의 번지르르한 말투는 밉살스럽다.|那人太~,不可靠;그 사람은 너무 교활해서 믿을 수 없다.

油脂 yóuzhī 名 지방. ¶他已经很胖了,一定要控制食品中的~;그는 이미 살이 많이 쪘으니 반드시 음식의 지방을 통제해야 한다.|这种奶没有去~,你还是不要喝了;이런 우유는 지방이 제거되지 않았으니 너는 마시지 않는 것이 좋다.|那块肉的~太厚,换一块吧;저 고기는 지방이 너무 두꺼우니 다른 걸로 바꾸자.

鱿鱼 yóuyú 名 오징어. ¶这些~挺新鲜的,买点吧;이 오징어가 매우 신선하니 조금 사도록 하자.|中午吃炒~丝;점심에 오징어 볶음 요리를 먹다.|在海边吃~更有滋味;해변에서 오징어를 먹으니 더욱 맛있다.

游览 yóulǎn 动 관광하다. 유람하다. ¶明天准备陪外宾~长城;내일 외빈들을 모시고 만리장성을 관광할 준비를 해라.|黄山他们已经~过了,安排其他地方吧;황산은 그들이 이미 유람한 적이 있으니 다른 장소를 안배해라.|我希望退休以后去~名胜古迹;나는 퇴직 후에 명승고적을 유람하고 싶다.

游玩 yóuwán 动 ❶놀다. ¶星期天带孩子到游乐场、动物园~了一天,累得够呛;일요일에 아이들을 데리고 유원지와 동물원에 가서 하루종일 놀았더니, 피곤해 죽겠다. ❷한가히 거닐며 구경하다. 휴식하며 산보하다. ¶老两口退休后各处~,心情很好;노부부가 퇴직 후 여기저기 한가롭게 다니며 구경하니 기분이 아주 좋았다.|下周末组织大家去附近的景点~,想去的人今天报名;다음 주말에 팀을 구성해 근처 명소를 구경하려고 하는데 가고 싶은 사람은 오늘 신청해라.

游戏 yóuxì 名 오락(활동). 게임. ¶孩子都喜欢做~;아이들은 모두 게임하는 걸 좋아한다.|小时候玩过的~现在还记得;어릴 때 놀았던 게임을 여전히 기억한다.|电子~不要玩得时间太长;컴퓨터 게임은 너무 오래 해서는 안된다.

游泳 yóuyǒng 动 수영하다. 헤엄치다. ¶天这么热,咱们去~吧;날씨가 이렇게 더우니 우리 수영하러 가자.|他的~技术越来越高了;그의 수영 기술은 나날이 좋아지고 있다. 名 수영. ¶~是这个队的强项;수영은 이 팀이 강한 종목이다.|这些孩子从小就接受了严格的~训练,基础很好;이 아이들은 어려서부터 엄격한 수영 훈련을 받아 기초가 매우 탄탄하다.

游泳池 yóuyǒngchí 名 수영장. ¶学校~今年夏天正式开放;학교 수영장이 올 여름에 정식으로 개방된다.|冬天,室内~照样可以游泳;겨울에 실내 수영장에서 예전대로 수영할 수 있다.|今天~的水有点凉;오늘 수영장의 물이 조금 차갑다.

友好 yǒuhǎo 形 친근하다. 우호적이다. ¶我们是~国家,关系一直很好;우리는 우호적인 국가로 관계가 줄곧 좋다.|大家都是同学,应该~相处;모두들 동창들이니 서로 친하게 지내야 한다.|他的态度太不~了;그의 태도는 너무 비우호적이다.

友谊 yǒuyì 名 우의. 우정. ¶我们的~已经好多年了;우리의 우정은 이미 몇 년이나 되었다.|希望两个国家能够增进~,并且保持下去;두 나라의 우의가 증진되고 또한 계속 지속 되기를 바랍니다.|我相信我们的~是真挚的;나는 우리의 우정이 진실된 것이라 믿는다.

有 yǒu 动 ❶ 가지고 있다. 소유하다. ¶我~一个妹妹;나는 언니가 한 명 있다.|这本书我~了;이 책을 나는 갖고 있다.|你~汉英词典吗? 너는 한영 사전을 갖고 있니? ❷ 있다. 존재하다. ¶我们班~50个学生;우리 반에는 50명의 학생이 있다.|这套公寓~五个房间;이 아파트에는 5개의 방이 있다.|校园里~邮局、商店、储蓄所等;교정에는 우체국, 상점, 저축은행 등이 있다. ❸ 생기다. 나타나다. ¶他这学期的学习~不小的进步;그는 이번 학기 학습에 큰 발전이 있었다.|王老师~病,这学期的课张老师上;왕 선생님이 병이 나서 이번 학기 수업은 장 선생님이 하신다.|他~女朋友了;그는 여자친구가 생겼다. ❹ …만큼 되다. …만하다. ¶雪真大,~一尺多厚;눈이 진짜 많이 내려 두께가 한 자나 된다.|他徒步旅行,走了足足~一年半;그는 도보여행을 하여 꼬박 1년 반을 걸었다.|你知道他~多高吗? 一米九呢! 그의 키가 얼마나 되는지 아니? 1미터 90센티래. ❺ (많이) 있다. (어떠한 기능이 많거나 큼을 나타냄)¶我们老师很~学问;우리 선생님은 학문이 깊다.|这只瓷瓶可~年代了;이 꽃병은 연대가 깊다.|这方面爸爸比你~经验;이 분야에서 아버지는 너보다 경험이 풍부하다. ❻ 어느. 웬. ¶~人说最近粮食要涨价,不知道真假;어떤 사람이 최근에 식량 값이 오른다고 말하던데 정말인지 모르겠다.|~天他突然出现了,大家都很惊讶;어느 날 그가 갑자기 나타나서

모두들 놀랐다.| 你的理想会~实现的那一天，只要你努力;너의 이상은 실현될 날이 있을 것이니 너는 노력만 하면 된다. ❼ 어떤. (부분적인 것을 나타냄)¶~人想去，~人不想去，意见不一致;어떤 사람은 가고 싶어 하고 어떤 사람은 가고 싶어 하지 않아 의견이 일치되지 않는다.| 我这儿还~一些纸，你先用着;여기에 종이가 조금 있으니 네가 먼저 써라.| 山里~时下雨，~时还会下雪，变化很快;산에는 비가 내리다가도 눈이 내리기도 하여 변화가 매우 빠르다.

有的 yǒude 代 어떤 것. 어떤 사람. ¶这个班的学生~成绩很好，~很差，不整齐;이 반은 어떤 학생은 성적이 좋고, 어떤 학생은 뒤쳐져 있어 고르지 않다.| 刚买了几支笔，~好用，~不好用;방금 펜 몇 개를 샀는데 어떤 것은 잘 써지고, 어떤 것은 잘 써지지 않는다.| ~人天生就聪明;어떤 사람은 선천적으로 총명하다.

有的是 yǒudeshì 名 얼마든지 있다. 많이 있다. 숱하다. ¶机会~，看你能不能抓住了;기회는 얼마든지 있으며, 네가 기회를 잡을 수 있는지 없는지에 달렸다.| 这种本子我那儿~，要用就来拿;이런 공책은 나한테 얼마든지 있으니 필요하면 와서 가져가라.| 菜~，慢慢吃吧;요리는 얼마든지 있으니 천천히 먹어라.

有(一)点儿 yǒu(yī)diǎnr 副 조금. 약간. ¶今天~热;오늘은 조금 덥다.| ~不舒服，不想出去了;몸이 좀 불편해서 나가고 싶지 않다.| 他~生气，但没说什么;그는 조금 화가 났지만 아무 말도 하지 않았다.

有关 yǒuguān 动 ❶ 관계가 있다. ¶这件事我们正在跟~部门协商，你耐心等等;이 일은 우리가 관련 부서와 협상하는 중이니 너는 참고 기다려라.| 这次事故跟主治医生~，跟值班护士也有一定关系;이번 사고는 주치의와 관계가 있으며, 당직 간호사와도 분명 관계가 있을 것이다.| 这个发音规则跟连读变调~;이 발음 규칙은 연독할 때의 성조 변화와 관계가 있다. ❷ 연관되다. 관계하다. ¶我的文章主要谈~外语学习中的问题;내 글은 주로 외국어 학습과 연관된 문제를 논하고 있다.| 这是一部~中国近代史的专著;이것은 중국 근대사와 연관된 전문서이다.| ~奖学金问题学校还在商量;장학금과 관련된 문제를 학교에서는 아직 상의 중이다.

有力 yǒulì 形 힘이 있다. 강력하다. ¶他的回答非常~，态度相当坚决;그의 답변은 매우 힘이 있고 태도도 상당히 단호하다.| 这几个论据对他的观点是很~的支持;이 몇 가지 논거는 그의 관점에 대한 매우 강력한 버팀목이다.| 他最后的一脚射门相当准确~，球进了! 그의 마지막 슛은 상당히 정확하고 힘이 있어 골인되었다.

有利 yǒulì 形 유리하다. 유익하다. ¶戒烟对你的健康~;금연은 너의 건강에 유익하다.| 主场作战对甲队十分~;홈 경기는 갑팀에게 매우 유리하다.| 购买国库券~于国家，也~于个人;국고 채권의 구매는 국가에 유리하고 개인에게도 유리하다.| 这种天气状况对卫星发射太~了;이러한 날씨 상황은 위성을 발사하는 데 매우 유리하다.

有名 yǒu//míng 形 유명하다. ¶他是个~的演员,演过不少好看的电影;그는 유명한 배우로서 많은 괜찮은 영화에서 연기를 했다.|这个省的酒很~,买两瓶吧;이 성의 술이 유명하니까 2병을 사자.|这个女孩子因为这次开幕式有了名;이 여자 아이는 이번 개막식으로 인해 유명해졌다.

有趣 yǒuqù(~儿)形 재미있다. ¶故事很~,孩子们听了笑不不停;이야기가 재미있어 아이들이 듣고는 웃음을 그칠 줄 모른다.|他这人很~,大家都挺喜欢他;그 사람은 재미있어 모두들 그를 아주 좋아한다.|玩点~的吧,打牌实在没意思;재미있는 걸 해야지 카드 놀이는 정말 재미가 없다.

有时 yǒushí 副 때로는. 간혹. ¶最近我们轮流做饭,~我做,~他做;최근에 우리는 교대로 밥을 짓는데 때로는 내가 하고 때로는 그가 한다.|你找那个卖水果的大妈呀,她~来,~不来;너는 과일 파시는 그 아주머니를 찾는 거냐? 그녀는 어떤 때는 오고 어떤 때는 오지 않는다.

有时候 yǒushíhou 副 때로는. 가끔. ¶我骑车上班,~也坐车;나는 자전거를 타고 출근하는데, 때로는 차를 타기도 한다.|我们见面机会不多,~打个电话问候一下;우리는 만날 기회가 적어 가끔 전화로 안부를 묻는다.|我周末~去健身房,~去郊外爬山,也有在家休息的时候;나는 주말이면 어떤 때는 헬스클럽에 가기도 하고 어떤 때는 교외로 등산 하러 가기도 하며 또 집에서 쉴 때도 있다.

有效 yǒuxiào 动 효과가 있다. ¶你说的药挺~的,我想再买一些;네가 말한 약이 매우 효과가 좋아서 나는 조금 더 사고 싶다.|这种方法非常~,你可以试试;이 방법은 매우 효과가 있으니 너도 한 번 해 봐라.|你们定的措施~吗? 너희가 정한 대책이 효과가 있느냐?

有些 yǒuxiē 代 일부. ¶放假了,~学生回家了,~学生留在学校学习或者打工;방학을 해서 일부 학생은 집에 돌아갔고 일부 학생은 학교에 남아 공부를 하거나 아르바이트를 한다.|这些书~是我的,~是借的,你别弄丢了;이 책들은 일부는 내 것이고 일부는 빌린 것이니, 너는 잃어버리지 마라. 副 조금. 약간. ¶孩子还没回来,我~着急;아이가 아직 돌아오지 않아서 나는 약간 초조하다.|这些书都给他,我真~舍不得;이 책들을 모두 그에게 줬더니 나는 정말로 조금 아까웠다.|快要面试了,~紧张;곧 면접이 있어 조금 긴장이 된다.

有一些 yǒuyīxiē 副 조금. 약간. ¶他最后还是输了,但他~不服气;그는 마지막에도 역시 패했지만 결과에 약간 승복하지 않았다.|我~担心妈妈的身体;나는 엄마의 건강이 조금 걱정된다.|我同意他去了,只是~不放心;나는 그가 가는 것에 동의했지만 다만 약간 마음이 놓이지 않는다.

有意思 yǒuyì·si ❶ 재미있다. ¶这本书特别~,你看看吧;이 책은 아주 재미있으니 너 한 번 봐라.|这些游戏都很有~,孩子们肯定喜欢玩;이 게임들은 모두 재미있어 아이들이 틀림없이 좋아할 것이다.|他是个很~的老头儿;그는 재미있는 늙은이다. ❷ 뜻이 깊다. 의미심장하다. ¶他的这些话

783

~,好好想想吧;그의 이 말들은 의미심장하니 잘 생각해 보아라.|他这样说是~的,你听不出来吗;그가 이렇게 말한 것은 깊은 뜻이 있는데, 못 알아 듣겠니?

有用 yǒuyòng 动 쓸모가 있다. ¶这些东西还~吗? 没用就扔了;이 물건들은 아직도 쓸모가 있느냐? 필요 없으면 버려라.|这些书孩子还~,留着吧;이러한 책들은 아이들에게 여전히 유용하니 남겨두자.|那些材料我没用了,但可能对你写论文有点用,你拿去吧;저 자료들은 나한테는 필요가 없지만, 네가 논문 쓸 때 쓸모가 좀 있을지 모르니 가져가라.

又 yòu 副 ❶ 또. 다시. 거듭. (반복 또는 연속을 표시한다.) ¶他今天~没来上班;그는 오늘 또 출근하지 않았다.|天~阴了,这几天总是阴天;날씨가 또 흐려졌네. 요 며칠 늘 흐린 날이네.|他~听了一遍录音,基本上懂了;그는 녹음을 다시 한 번 들었는데, 기본적으로 이해가 됐다. ❷ 또한. 한편. 더하여. 동시에. (동시적 상황을 표시한다.) ¶你是他的同学,~是班长,应该帮助他;너는 그의 친구이고 또한 반장이니 그를 도와야 한다.|这种点心~便宜~好吃;이런 간식은 싸고 또한 맛도 있다. ❸ …해야 할 又 …해야 할지. ¶她试了这件~试那件,一直定不下来买哪一件;그녀는 이것 저것 입어봤지만 어느 걸 살지 줄곧 결정하지 못했다.|她不喜欢他,~躲不开他,真是麻烦;그녀는 그를 좋아하지 않지만 또 그를 피할 수도 없으니 정말 성가시다. ❹ …하였으나 …. 그러나. 그렇지만. 그런데. (역접

을 표시함) ¶已经出门了,~想起来没带钥匙;벌써 집을 나섰는데 열쇠를 안 가지고 나온 게 생각났다.|跟孩子说好周末带他去公园玩,谁知道临时~有事情;아이에게 주말에 공원에 데리고 놀러 간다고 다 말해놨는데, 그 때가 되자 일이 생길 줄 누가 알았겠는가. ❺ …도 (또한). (부정문이나 반어문에서 어기를 강하게 한다.) ¶你~不是领导,凭什么说我;상사도 아니면서 왜 나한테 훈계니.|我~不是第一次来,哪能找不到呢;나는 처음 온 것도 아닌데 어떻게 못 찾겠어요.|你~忘带作业本了? 너 또 과제 노트 잊고 안 가져왔니? ❻ 그 위에. 또한. 더하여 오히려. (한층 더 깊어져감을 표시한다.) ¶第一次出国,语言~不通,他很想家;처음으로 출국한데다 언어 또한 통하지 않으니 그는 정말 집이 그리워졌다.|外面很冷,~下着雪,今天就别走了;밖이 춥고 게다가 눈이 내리고 있으니 오늘은 가지 마라. ❼ 또한. 게다가. (어떤 범위 이내의 보충을 표시한다.) ¶这个月的工资之外,~给大家多发了300块钱,就算是加班费吧;이번 달 월급 외에 또한 모두에게 300위안씩 더 주었으니 야근 수당인 셈 처라.

右 yòu 名 오른쪽. 우측. ¶大家都用~手写字,他用左手;모두 오른손으로 글을 쓰는데 그는 왼손으로 쓴다.|车和行人都应该靠~走;차와 행인 모두 오른쪽으로 가야 한다.|这只手套是~手的,左手的丢了;이 장갑은 오른쪽 장갑인데 왼쪽은 잃어버렸다.

右边 yòu·bian (~儿) 名 오른쪽. 우측. ¶你看,~那个窗户就是我家;봐봐, 오른

쪽 저 창문이 바로 우리 집이야.|你睡~那张床吧,那没人睡;넌 우측의 저 침대에서 자, 거긴 아무도 자지 않아.|照片上站在~的那个小孩儿就是我;사진 오른편에 서 있는 그 소녀가 바로 저예요.

柚子茶 yòu·zicháǀ名ǀ유자차.¶~的味道不错,你尝尝;유자차 맛이 좋으니 한 번 맛을 봐라.|听说~营养好,我也买了一瓶;듣자 하니 유자차의 영양이 좋다던대 나도 한 병 사야겠다.

于 yúǀ介ǀ❶ …에. …에서. ¶他生~1928年;그는 1928년에 태어났다.|我们~7月8日到达开罗;우리는 7월 8일에 카이로에 도착한다.|黄河、长江都发源~青海省;황하와 양자강 모두 칭하이성에서 발원한다. ❷ …에. …에게. ¶戒烟有益~健康;금연은 건강에 이롭다.|比赛的环境~我们有利;경기 환경이 우리에게 유리하다. ❸ 보다 (더). (비교를 표시한다.)¶水库的水已经高~警戒线了;댐의 물이 이미 경계선보다 높아졌다.|今年的雨水明显少~往年;올해 강우량은 예년보다 분명히 적다.

于是 yúshìǀ连ǀ그래서. 이리하여. 그리하여. ¶听说有的同学已经复习了,~我也开始复习;어떤 학생이 이미 복습했다고 해서 나도 복습하기 시작했다.|他不停地给我道歉,~我原谅他了;그가 끊임없이 내게 사과해서 나는 그를 용서하였다.|看到前面的路堵住了,~人们又转身往回跑;앞쪽 길이 막히는 것을 보자 사람들은 다시 (몸을 돌려) 되돌아 뛰었다.

余数 yúshùǀ名ǀ나머지. ¶你做的题~不对,重新算算吧;네가 푼 문제의 나머지가 틀렸다. 다시 계산해 봐.|我得出的~是3,你呢? 내가 얻은 나머지는 3인데, 너는?

鱼 yúǀ名ǀ물고기.¶我爷爷一辈子以打~为生,爸爸就不再打~了;우리 할아버지께서는 평생 물고기를 잡으며 사셨는데, 아빠는 더 이상 물고기를 잡지 않으신다.|多吃~有好处;물고기를 많이 먹으면 좋은 점이 있다.|这种海~我还没见过;이런 바다 물고기를 나는 아직 본 적이 없다.

鱼干 yúgānǀ名ǀ말린 생선.¶家里还有不少~,不要买了;집에 아직 말린 생선이 많이 있으니 살 필요가 없다.|~时间太长了也会变质;시간이 오래 되면 말린 생선 또한 변질될 수 있다.|有鲜鱼我就不想吃~了;신선한 생선이 있으면 난 말린 생선 먹지 않을래.

愉快 yúkuàiǀ形ǀ기분이 좋다. 기쁘다. 유쾌하다. ¶他近来心情~;그는 최근에 기분이 좋다.|这个假期过得很~;이번 휴가를 매우 유쾌하게 보냈다.|只要大家~就好;모두 기분이 좋으면 됐어.

舆论 yúlùnǀ名ǀ여론. ¶这件事引起的社会~对报社不利;이 일이 초래한 사회 여론은 신문사에 불리했다.|我们不能不考虑国际~;우리는 국제 여론을 고려하지 않을 수 없다.|迫于~的压力,政府不得不出面干涉;여론의 압력 때문에 할 수 없이 정부가 직접 간섭하지 않을 수 없었다.

与 yǔǀ介ǀ…와. …과. …함께. ¶~你相比,我的条件还是差一些;너와 비교하면 내 조건은 여전히 좀 부족해.|这两年我们公司~他们没有什么来往;요 몇 년 동안 우리 회사는 그들과 아

무런 왕래가 없었다. 连…와. …과.¶成功~不成功都不重要,只要参与就好;성공과 실패 모두 중요하지 않으며, 참여하기만 하면 된다.¦我~你朋友一场,互相帮忙是应该的;너와 나는 친구이니, 서로 돕는 것은 당연한 일이다.

宇宙 yǔzhòu 名 우주.¶人类对~的了解还很不够;인류의 우주에 대한 이해는 아직 부족하다.¦科学家们一直在探索~的秘密;과학자들은 줄곧 우주의 비밀을 탐색하고 있다.¦整个~都是不断运动或变化的;온 우주는 끊임없이 운동하거나 변화한다.

羽毛球 yǔmáoqiú 名 ❶ 배드민턴.¶世界杯~比赛又快开始了;월드컵 배드민턴 경기가 또 다시 곧 시작될 것이다.¦球类运动中我最爱看~;구기 운동 중에 나는 배드민턴 보는 걸 제일 좋아한다.¦几个年轻的~运动员成绩都不错;몇몇 젊은 배드민턴 선수들의 성적이 모두 괜찮다. ❷ 셔틀콕.¶这种~比较结实;이런 셔틀콕은 비교적 튼튼하다.¦一场训练下来打坏了好多~;한 차례 훈련이 계속되자 꽤 많은 셔틀콕이 망가졌다.

雨 yǔ 名 비.¶明天有~;내일 비 온다.¦~下了整整一天,哪都去不了;하루 종일 비가 내려 아무데도 갈 수 없다.¦他淋了~,感冒了;그는 비에 젖어서 감기 걸렸다.

雨伞 yǔsǎn 名 우산.¶刚买的新~又丢了;방금 산 새 우산을 또 잃어버렸다.¦带~了吗?听说下午有雨;우산 가지고 왔니? 듣자 하니 오후에 비 온다더라.¦~借给同事了;우산을 동료에게 빌려줬다.

雨衣 yǔyī 名 우의. 레인코트. 비옷.¶你骑自行车还是穿~方便;너 자전거 탈 때 비옷을 입는 게 더 편리할거다.¦以前那件~有点短,又买了件长的;예전 그 우의는 좀 짧아서 긴 걸로 다시 샀다.¦这孩子不肯穿~,下雨就这么淋着;이 아이는 비옷을 입으려 하지 않아, 비가 오면 이렇게 흠뻑 젖는다.

语调 yǔdiào 名 어조. 억양.¶这句话应该用疑问~,你用的好像是命令的~;이 말은 의문 억양을 써야 하는데, 네가 쓰는 것은 마치 명령조 같다.¦朗读时~的把握非常重要;낭독할 때 어조의 파악이 매우 중요하다.¦他说话的~让人听着特别舒服;네가 말하는 어조는 듣기에 편안하다.

语法 yǔfǎ 名 어법. 문법.¶刚买了一本汉语~书,还没好好看;중국어 문법책을 한 권 막 샀는데 아직 잘 보지 못했다.¦学生们都很怕~;학생들은 문법 공부하는 걸 두려워한다.¦今天学的~还是不会用;오늘 배운 문법을 아직도 쓸 수 없다.

语气 yǔqì 名 ❶ 말투. 어투. 어세.¶他的~很不客气;그의 말투가 매우 무례하다.¦你为什么用这种~跟老师说话?太不礼貌了;너 왜 이런 말투로 선생님과 이야기하니? 너무 예의가 없구나.¦听他的~,这件事他已经知道了;그의 말투를 들으니 이 일을 그가 이미 아는 것 같다. ❷ 어기.¶在这里应该用疑问~,疑问~是升调;이곳에서는 의문 어기를 써야 하는데, 의문 어기는 성조가 올라가요.¦在表达中~也很重要,~不对,很可能会影响交流;표현 중에 어기는 매우 중요하다. 어기가 틀리면 소통에 영향을 미칠 가능성이 매우 높다.

语文 yǔwén 名 ❶ 언어와 문자. 말과 글. ¶ ~规范工作不能停止,需要经常进行;언어와 문자의 규범화 작업은 멈출 수 없으며 계속 진행되어야만 한다.| 你都大学毕业了,怎么 ~ 程度还不如高中生;너는 이미 대학까지 졸업했는데, 어떻게 말과 글이 고등학생 수준보다도 못 하니. ❷ 언어와 문학. 국어. ¶ 她是中学 ~ 老师,课讲得相当好;그녀는 중학교 국어 선생님인데, 수업을 상당히 잘한다.| 这周有 12 节 ~ 课,真不少;이번 주엔 12 시간의 국어 수업이 있으니 정말 적지 않다.| 我一直喜欢上 ~ 课;나는 줄곧 국어 수업 듣는 걸 좋아한다.

语言 yǔyán 名 ❶ 언어. ¶ ~是人类最重要的交流工具;언어는 인류의 가장 중요한 교류 수단이다.| 哪种 ~ 都不好学,但只要下工夫学,都能学好;어떤 언어든지 배우기 쉽지 않지만, 노력해서 공부하기만 한다면 잘 배울 수 있다.| 你一辈子研究 ~ 理论,很枯燥吧? 당신은 평생을 언어 이론을 연구했는 데 무미건조하시죠? ❷ 말. 언사. ¶ 他的 ~ 表达特别好,让我非常羡慕;그의 언어 표현 능력은 뛰어나,정말 부럽다. | 你的 ~ 不够简洁,废话太多;네 말은 간결함이 부족하고 쓸데없는 말이 너무 많다.| 在这方面我们很有共同 ~;이 측면에서 우리는 공통된 언어가 있다.

语音 yǔyīn 名 말소리. 언어의 음성. ¶ 学任何一种语言好像都是先学 ~;어떤 언어를 배우든 우선 말소리를 먼저 배워야 되는 것 같다.| 你不好好学 ~

就打不好基础;네가 말소리를 잘 배우지 않으면 기초를 잡기 어렵다.| 这孩子辨别不同 ~ 的能力特别强;이 아이는 서로 다른 음성을 판별하는 능력이 특히 강하다.

玉兰花 yùlánhuā 名 목련 꽃. ¶ 妈妈最喜欢 ~;엄마는 목련 꽃을 가장 좋아하신다.| 今年春天 ~ 开得比往年好;올 봄에 목련이 예년보다 잘 피었다. | 有人欣赏 ~ 的形状,有人欣赏它的颜色;어떤 이는 목련의 모양을 마음에 들어 하고, 어떤 이는 그 색깔을 마음에 들어 한다.

玉米 yùmǐ 名 옥수수. ¶ 又到吃 ~ 的季节了;옥수수를 먹을 계절이 또 됐네. | ~ 的产量比较高;옥수수 생산량이 비교적 많다.| 好久没有吃 ~ 了,今天吃了一穗,又甜又香;오랫동안 옥수수를 못 먹었는데, 오늘 하나 먹었더니 달고 맛있다.

预备 yùbèi 动 준비하다. ¶ 孩子出门需要的东西我已经 ~ 好了;아이들이 외출할 때 필요한 물건들을 나는 이미 준비해 놓았다.| 这些东西都是给你 ~ 的,你看喜欢吗?이러한 물건들은 너를 위해 준비한 것인데, 마음에 들어? | 不知道你回来,没 ~ 你的饭;네가 돌아올 줄 몰라서 밥을 준비하지 못했다.

预测 yùcè 动 예측하다. ¶ 按你的 ~,近期汇率会有变化吗? 네가 예측하기에 가까운 시기에 환율에 변화가 있을 것 같니? | 很多事情是无法 ~ 的;많은 일들은 예측할 방법이 없다.| 专家 ~ 月内有较大的地震;전문가들이 이번 달 안으로 제법 큰 지진이 있을 것이라고 예측하였다.

预定 yùdìng 〔动〕예정하다.¶改建工程~年底完成;개축 공사가 연말에 끝날 예정이다.|我们~的时间可能不够,需要延期;우리가 예정한 시간이 부족할 것 같으니 기간을 연장해야 한다.|他们俩~明年春节结婚;그들 둘은 내년 설에 결혼할 예정이다.

预计 yùjì 〔动〕예상하다. 예측하다.¶你~这次活动需要多少经费;너는 이번 행사에 얼마나 많은 경비가 들 거라 예상하니?|我~再有半个月这本书就可以学完;나는 반년만 더 있으면 이 책을 다 배울 수 있을 거라 예상한다.|对不起,这件事我没有~到;죄송합니다, 이 일은 제가 예상하지 못했습니다.

预料 yùliào 〔动〕예측하다. 전망하다. 예상하다.¶事情的发展大大超出了我们的~;일의 발전이 우리의 예측을 크게 뛰어넘었다.|~不到的事情还是发生了,大家都很遗憾;예상치 못한 일이 발생하여 모두들 유감스러워했다.|妈妈早就~到孩子不想出国,但那么坚决是她没有~到的;엄마는 아이가 해외로 나가고 싶어하지 않는 것은 일찌감치 예상했지만 그렇게 단호하리라고는 예상치 못했다.

预算 yùsuàn 〔名〕예산.¶今年的财政~已经公布了;올해의 재정 예산이 이미 공포되었다.|工程~还没有做出来;공사 예산액이 아직 나오지 않았다. 〔动〕예산하다. 사전에 계산하다.¶你们~过这个项目需要的资金数吗?너희들은 이 항목에서 필요한 자금을 사전에 계산한 적이 있니?|~得不太准确吧,最好请人再做一次;사전에 계산한 것이 썩 정확하지 않으니 다른

사람에게 다시 한 번 부탁하는 것이 좋겠다.

预习 yùxí 〔动〕예습하다.¶昨天~的时候发现这一课比较难;어제 예습할 때 이 과가 비교적 어렵다는 것을 알았다.|~跟复习一样重要;예습은 복습과 마찬가지로 중요하다.|不要忘了~新课;새로운 과를 예습하는 것을 잊지 마세요.

预先 yùxiān 〔副〕미리. 사전에.¶你什么时候来, ~说一声;네가 언제 오는지 미리 말해줘.|这个会议应该~通知所有职工才对;이 회의는 사전에 모든 직원에게 알려줘야 옳다.|会场还需要~布置一下;회의장을 미리 준비해둬야 한다.

预想 yùxiǎng 〔动〕❶ 예상하다. 미리 생각하다.¶他的考试成绩比我~的要好;그의 시험 성적이 내가 예상한 것보다 좋다.|但愿不要发生~不到的事情;예상치 못한 일이 일어나지 않기를 바랄 뿐이다. ❷ 예상. 추측. 예측.¶比赛结果跟观众~的完全不同;경기 결과가 관중들의 예상과는 완전히 달랐다.

欲望 yùwàng 〔名〕욕망.¶人对生活的~不多反而活得很轻松;생활에 대한 욕망이 적으면 오히려 삶이 편해진다.|这孩子学习~很强,老师非常喜欢;이 아이는 학습 욕망이 강해서 선생님이 매우 좋아하신다.|没有满足他的~,他就不高兴;욕망을 만족시키지 못하면 그는 언짢아진다.

遇 yù 〔动〕❶ 만나다. 상봉하다.¶我们俩相~的时间不长,但是相互很了解;우리가 만난 시간은 오래되지 않았지만 서로를 잘 이해한다.|没想到能在

车站~到大学的同学;정류장에서 대학 동기를 만날 거라고는 생각지도 못했다. ❷ 대접하다. 대우하다. ¶ ~事要冷静,多动动脑子;일을 할 때에는 침착하게 머리를 많이 써야 한다. | 我~到困难的时候总是希望朋友在身边;나는 어려움에 직면했을 때 항상 친구가 곁에 있어 주기를 바란다.

遇到 yù // · dào 动 만나다. 마주치다. ¶ 在电影院~老同学了, 她也带孩子来看电影;영화관에서 옛 친구를 만났는데 그녀 역시 아이를 데리고 영화를 보러 왔다. | 昨天下班回来的路上~大雨了, 偏偏没带伞;어제 퇴근해 돌아오는 길에 큰비를 만났는데 하필 우산을 안 가져왔다. | 这种好事我从来没有~过;이런 좋은 일을 나는 지금껏 겪어 본 적이 없다.

遇见 yù // · jiàn 动 만나다. 조우하다. ¶ 最近下班总是~堵车, 所以回家很晚;최근 퇴근할 때면 늘 차가 막혀서 귀가 시간이 늦다. | 几个原来单位的朋友, 一起去酒吧聊了一会儿;이전에 있던 회사의 몇몇 친구들을 만나 함께 술집에 가 잠깐 이야기를 나누었다. | 这几天怎么遇不见老张了, 出门儿了吧? 요 며칠 어째서 장씨를 만날 수 없는 거지. 어디 멀리 간 거야?

元 yuán 量 위안. (중국의 화폐 단위) ¶ 人民币的单位分为~、角、分;인민폐의 단위는 위안, 쟈오, 펀으로 구분된다. | 一~等于十角, 一百分;1위안은 10쟈오, 100펀과 같다. | 这件衣服花了160~, 不贵吧;이 옷은 160위안 주고 샀는데, 안 비싸지!

▶용법주의: 인민폐의 사용에서 '元'은 구어에서 '块', '角'은 '毛'로도 쓰인

다. ¶ 今天买菜花了10块钱;오늘 채소를 사는데 10위안을 썼다. | 这棵白菜八毛钱…找你两毛;이 배추는 8마오입니다. 2마오를 거슬러 드리겠습니다.

员 yuán 名 사람. 원. (어떠한 일에 종사하거나 공부하는 사람을 가리킨다.) ¶ 这个培训班有30个学~;이 연수반에는 30명의 수강생이 있다. | 参加这次演出的都是著名演~;이번 공연에 사람은 모두 유명한 배우이다. | 教~;교원. | 服务~;종업원. | 指挥~;지휘자. | 驾驶~;운전사.

员工 yuángōng 名 직원. 종업원. ¶ 公司准备召开全体~大会, 宣布人员调整的结果;회사는 전체 직원 회의를 소집하여, 인사 조정의 결과를 발표할 계획이다. | 我们必须考虑~们的利益;우리는 반드시 직원들의 이익을 고려해야 한다. | 又有一名~出了工伤;또 다른 직원 한 명이 작업 중에 상해를 입었다.

原封不动 yuán fēng bù dòng 成 원래 모양을 유지하다. 조금도 변한 것이 없다. ¶ 最近太忙了, 从图书馆借的小说又~地还了回去;최근에 너무 바빠서 도서관에서 빌려온 소설을 손도 못 대고 돌려줬다. | 爸爸把那人送来的东西~地退回去了;아빠는 그 사람이 보내온 물건을 손도 대지 않고 되돌려 보내셨다.

原来 yuánlái 名 본래. 원래. ¶ 他~也是教师, 去年退休了;그는 본래 선생님이었는데, 작년에 퇴직하였다. | 现在的网络比~好用多了;현재의 네트워크는 예전보다 쓰기 편리해졌다. 形 원래의. 본래의. ¶ 我们还是按~的方案施工吧;우리는 원래 계획대로 시공

789

하는 것이 좋겠다.| ~定好的计划可能要有一些改变;원래 결정된 계획이 조금 바뀔 수도 있다.| 你来玩吧,我还住~的地方;놀러와, 나 아직도 원래 살던 곳에 살아. [副] 알고 보니. ¶ ~这本书是他写的呀,真不错;알고 보니 이 책은 그가 쓴 것이었구나, 정말 좋다.| 你～在这儿住呀,我一直不知道;알고보니 네가 여기 살고 있었다니 나는 지금까지 몰랐다.| ~那人是他哥哥,我说怎么长得那么像呢?알고 보니 그 사람이 그의 형이야. 어쩐 그렇게 똑같이 생겼지?| 我说怎么这么冷呢,~暖气停了;왜 이렇게 추운가 했더니 알고 보니 난방기가 멈췄다.

原理 yuánlǐ [名] 원리. ¶ 这种化学反应的~以前学过,现在才真明白了;이 화학 반응의 원리는 이전에 배운 적이 있지만, 이제서야 정말로 이해했다. | 你知道吊车使用了什么~吗?넌 기중기가 어떤 원리를 이용하는지 아니?| ~我懂,但没有实践经验;원리는 이해했지만, 실천 경험이 없다.

原谅 yuánliàng [动] 양해하다. 용서하다. ¶对不起,请~;죄송하지만, 양해해 주세요.| 我已经~他了;나는 벌써 그를 용서했다.| 老师这次~你,下次再犯同样的毛病就不能~了;선생님께서 이번에는 너를 용서했지만, 다음 번에도 같은 실수를 저지르면 용서하지 않으실 것이다.

原料 yuánliào [名] 원료. ¶ 如果~供应不上,工厂就只能停工了;만약 원료가 공급되지 않으면, 공장은 일을 멈출 수 밖에 없다.| 这种~现在国内缺乏,需要从国外进口;이런 원료는 현재 국내

에 부족해 외국에서 수입해야 한다.

原始 yuánshǐ [形] ❶ 최초의. 일차적인. ¶ 这些都是珍贵的~资料,必须好好保存;이것들은 모두 진귀한 일차 자료이니, 반드시 잘 보관하여라.| 法庭需要~记录;법정은 최초 기록을 필요로 한다.| 这是那孩子~的出生证明,你收好;이것은 저 아이의 초본 출생 증명서니 잘 간수하여라. ❷원시의. 개발되지 않은. ¶这个地区发现了多处~人类生活的遗迹;이 지역에서 원시 인류의 생활 유적이 여러 군데 발견되었다.| 地球上的~森林已经越来越少了;지구상의 원시림이 갈수록 감소하고 있다.

原因 yuányīn [名] 원인. ¶ 事故的~现在还在调查中;사고 원인은 현재 조사 중이다.| 起火的~已经清楚了;화재의 원인이 이미 밝혀졌다.| 这次没考好的~很多,但主要~还是没下工夫;이번에 시험을 잘 치르지 못한 원인이 많지만 주 원인은 역시 공부를 안 한 것이다.

原则 yuánzé [名] ❶ 원칙. ¶ 诚实应该是做人的基本~;성실함은 사람됨의 기본 원칙이다.| 这是~问题,不能让步;이것은 원칙의 문제이니 양보할 수 없다.| 每个人都有自己为人处世的~;모든 사람은 스스로 처세의 원칙이 있다. ❷ 전체. 원칙. ¶ 我们~上同意这个协议,但有些细节还需要商量;우리는 원칙적으로 이 협의에 동의했지만 몇몇 세부적인 부분은 아직 더 상의해야 한다.| 你只需要~地把握一下,具体的事情让他们年轻人去做;너는 단지 전체적으로만 파악하기만 하면 되고, 구체적인 일은 그들 젊은이

에게 하도록 해라.

原子核 yuánzǐhé 名 원자핵. ¶~的体积很小,但密度极大;원자핵의 부피는 작지만 밀도는 매우 크다.| 原子质量绝大部分集中在~中;원자의 질량은 대부분 원자핵 안에 집중되어 있다.| ~结构研究是当前物理研究的前沿领域;원자핵 구조의 연구는 현재 물리 연구의 최전방 영역이다.

圆 yuán 名 원. ¶今天的几何课学了~;오늘 기하학 수업에서 원을 배웠다.| 我忘了带~规,所以~总是画不好;나는 컴퍼스를 갖고 오는 걸 잊어버려 원이 어떻게 해도 잘 그려지지 않았다. 形 둥글다. 원형의. ¶你擀的饺子皮真~;네가 빚은 만두피는 정말 둥글다.| 我觉得饭桌还是~的好,可是他喜欢方的;나는 그래도 식탁이 둥근 것이 좋지만 그는 네모난 것을 좋아한다.| 今晚的月亮又大又~;오늘 저녁은 달이 크고 둥글다. 量 원. (인민폐의 단위.'元(위안)'이나'块(콰이)'라고도 함) ¶请帮我换一些十~的,五~和一~的零钱也要一些;10위안 짜리 몇 개 좀 바꿔주세요. 5위안과 1위안짜리 잔돈도 약간 필요합니다.

圆圈 yuánquān (~儿) 名 동그라미. ¶你的~画得不圆;네 동그라미는 둥글게 그려지지 않았다.| 儿子在墙上画了好多~,说是太阳、月亮,还有月饼;아들은 벽에 동그라미를 잔뜩 그려놓고 그것을 태양, 달, 그리고 월병이라고 한다.

圆珠笔 yuánzhūbǐ 名 볼펜. ¶这次买的~特别好用,你试试看;이번에 산 볼펜은 아주 쓰기 좋으니 너도 한번 써봐라.| 昨天那支三色的~找不着了;어제 그 삼색 볼펜을 찾을 수가 없었다.| ~用起来还是方便;볼펜은 역시 사용하기가 편리하다.

缘分 yuán·fèn 名 인연. 연분. ¶他们俩很有~,分开十年又走到一起了;그들 둘은 매우 인연이 깊다, 10년이나 헤어져 있었는데 또 함께 하게 되었다.| 我看我们的~尽了,还是分手吧;내가 보기에 우리의 인연은 다한 것 같으니 헤어지는 편이 좋겠다.| 看来发财的事跟我没有~;보아하니 부자가 되는 건 나와는 인연이 없다.

远 yuǎn 形 ❶ 멀다. ¶公司离家太~,每天上班都很紧张;회사가 집에서 매우 멀어, 매일 출근할 때 바쁘다.| 这是条~路,但是好走;이것은 먼 길이지만 걷기엔 좋다.| 你这样走就绕~了;네가 이렇게 가면 길을 멀리 돌아가는 거야. ❷ (사이가) 멀다. 소원하다. ¶我们是大学同学,但关系比较~;우리는 대학 동창인데도 관계가 비교적 소원하다.| 几个朋友成家以后,关系都~了;몇몇 친구는 결혼한 뒤에 관계마저 멀어졌다.| 他是我的~房哥哥;그는 나의 먼 친척 형이다. ❸ (차이가) 크다. 많다. 심하다. ¶你的英语程度差得太~了,得好好补课;너는 영어 실력이 많이 부족하니, 열심히 보충학습 해야 한다.| 要说演讲你~比我强,还是你去吧;네가 나보다 강연을 훨씬 잘 한다고 하니 네가 가는 게 낫겠다.| 他们已经~~超过规定的时间了,为什么还不来? 그들은 이미 예정 시간을 많이 지났는데 왜 아직 안 오는 거지?

院 yuàn 名 ❶ (~儿)뜰. 정원. ¶这套房

子有个小~,可以种点儿花草;이 집에는 작은 뜰이 있어서, 화초를 심을 수 있다.|夏天,奶奶喜欢在后~坐着做针线活儿;여름에 할머니는 뒤뜰에 앉아서 바느질 하시는 걸 좋아한다.|北京还保留着一些很有特色的四合~;베이징은 여전히 특색 있는 사합원을 보존하고 있다. ❷ 어떤 기관 혹은 공공장소. ¶ 科学~;과학원.|法~;법원.|医~;병원.|博物~;박물관.|电影~;영화관. ❸ 단과 대학. ¶ 他在经济学~读大三;그는 경제대학 3학년이다.|这几个女生是文学~的;몇몇 여학생은 문학대학의 학생이다.|医学~;의학대학.|音乐学~;음악대학. ❹ 병원. ¶ 他在住~部工作;그는 병원 입원부에서 일한다.|爸爸住~一个月了,明天出~;아빠는 한 달 동안 입원해 계셨는데 내일 퇴원하신다.

院长 yuànzhǎng 名 원장. ¶ 只有~可以决定这件事情,你找他吧;원장만이 이 일을 결정할 수 있으니 너는 그를 찾아 봐라.|大家都说新来的~人不错;모두들 새로 오신 원장님이 훌륭하다고 말한다.|~的人选还没定下来;원장 인선이 아직 결정되지 않았다.

院子 yuàn·zi 名 정원. ¶ 自行车放在~里就行了;자전거를 정원에 놓아두면 된다.|他家~不大,但很整齐;그의 집 정원은 크지는 않지만 깔끔하다.|妈妈在~里种了一些蔬菜;엄마는 정원에 채소를 심었다.

愿 yuàn 动 ❶ (조동사) 원하다. 희망하다. ¶ 他~负责组织这个活动,领导也同意;그는 이 행사를 책임지고 조직하고 싶어하는데, 지도자 역시 동의했다.|她不~让同事们知道这件事;그녀는 동료들이 이 일을 아는 것을 원치 않는다.|你~找谁就找谁,随便;네가 찾고 싶은 사람을 마음대로 찾아봐라. ❷ 축원하다. 바라다. ¶ ~我们两国世代友好;우리 두 나라가 대대손손 우호적이기를 축원합니다.|~你早日恢复健康;빠른 쾌유를 기원합니다.|~大家都开心;모두들 즐겁기를 바랍니다.

▶용법주의:'愿' 뒤에는 종종 동사성 성분이 온다. ¶ 我~参加你们的活动;나는 너희 활동에 참여하고 싶다.|她不~麻烦大家;그녀는 모두를 번거롭게 하고 싶지 않아 한다.

愿望 yuànwàng 名 희망. 바람. ¶ 当老师是我从小就有的~;선생님이 되는 것은 나의 어릴 때부터의 희망이다.|你的~会实现的;너의 희망은 실현될 것이다.|他的主观~是让大家玩好,但活动没有组织好;그의 개인적 바람은 모두가 재미있게 노는 것이었지만 행사가 잘 조직되지 않았다.

愿意 yuàn·yì 助 …하기를 바라다. ¶ 他~跟我一起旅游;그는 나랑 함께 여행하고 싶어한다.|我很~帮助他;나는 그를 도와주고 싶다.|我们去爬山,你~去吗? 우리 등산하러 갈 건데, 너도 가고 싶니?

▶용법 설명:'愿意'는 뒤에는 종종 동사성 성분이 온다. ¶ 今天有晚会,你~参加吗? 오늘 이브닝 파티가 있는데, 참가하고 싶니?|她不~住在宿舍,回家住了;그녀는 기숙사에 있고 싶지 않아, 집으로 돌아가 머물렀다.

约 yuē 动 ❶ 여럿이 상의하여 정하다. 약속하다. ¶ 我们~好七点见面;우리는 7시에 만나기로 약속했다.│你跟他~个时间,我们谈谈这个项目的条件;너는 그와 시간을 정하고, 우리는 이 항목의 조건에 대해 얘기해 보자. ❷초청하다. 초대하다. ¶一直想~他出来吃饭,但他总说忙;줄곧 그를 초대해 식사를 하고 싶었지만 그는 늘 바쁘다고 한다.│周末有空吗? 我想~你们一家人到我家做客;주말에 시간 되니? 너희 가족을 우리 집에 초대했으면 하는데. 副대략. 약. ¶新来的校长看上去~四十多岁,很年轻呢;새로 온 교장은 약 40세 남짓으로 보이는데 아주 젊다.│这本书~二十万字;이 책은 약 20만 자이다.│研讨会~在明年三月召开;세미나는 대략 내년 3월에 개최된다.

约定 yuēdìng 动 상의해서 정하다. 약속하다. 약정하다. ¶他们俩~两年后一起出国留学;그들은 2년 후 함께 해외로 유학 갈 것을 약속했다.│我们~明天早晨9点在公园门口见面;우리는 내일 오전 9시에 공원 입구에서 만나기로 약속했다.│已经~好的事情你忘了吗? 이미 약속한 일을 너는 잊었니?

约会 yuē·huì 名 약속. ¶最近他们俩有几次~;최근 그 두 사람은 몇 차례 약속을 했다.│他记错了~时间,结果去晚了;그는 약속 시간을 잘못 기억해 늦게 갔다.│上次的~让我很失望;지난 번의 약속은 날 실망케 하였다.

月 yuè 名 달. ¶今晚的~光真好;오늘 저녁은 달빛이 매우 좋다.│中秋节一家人在一起赏~,吃月饼,非常幸福;추석 때 온 집안 식구가 함께 달을 감상하며 월병을 먹으면 매우 행복하다.│俗话说得好,~是故乡明;'달은 고향의 달이 밝다'는 속담은 맞는 말이다.

月亮 yuè·liang 名 달의 통칭. ¶~本身不发光;달 자체는 빛을 발하지 않는다.│~总能带给人们很多美好的想象;달은 늘 사람에게 많은 아름다운 상상을 가져다 준다.│~快要圆了;달이 막 둥글게 되려 한다.

月球 yuèqiú 名 달. ¶~是地球的卫星;달은 지구의 위성이다.│人类已经登上了~;인류는 이미 달에 올랐다.│~上还有许多奥秘等待人类去探索;달에는 아직도 인류의 탐험을 기다리는 많은 신비가 있다.

岳父 yuèfù 名 장인. ¶他请假送他~去看病了;그는 휴가를 내어 그의 장인과 함께 진찰하러 갔다.│这个女婿跟~的关系一直很好;이 사위는 장인과의 관계가 줄곧 좋다.│我的~曾经是我的老师;우리 장인은 이전에 나의 스승이었다.

岳母 yuèmǔ 名 장모. ¶孩子~帮我们带着,我们省心多了;아이를 장모가 데리고 가서 우리는 한시름 놓았다.│最近~身体不太好,想带她去好好检查一下;요즘 장모님 몸이 그리 좋지 않아서 한 번 모시고 자세히 검사를 받아보려고 한다.│你这么孝顺,你~真有福气;네가 이렇게 효성스러우니 네 장모는 진짜 복이 많다.

阅读 yuèdú 动 읽다. 보다. 열람하다. ¶孩子的~速度明显提高了;아이의 독서 속도가 눈에 띄게 향상되었다.│我的英语~还不行,考试时~理解那个题总是做不完;나의 영어 독해는 아직 신통치 않아서 시험 때 독해 문제

는 늘 다 풀지 못한다.| 大量~对提高语言理解能力很有帮助;많은 양의 독서는 언어 이해능력의 향상에 큰 도움을 준다.

阅览室 yuèlǎnshì 名 열람실. ¶ 几个研究生最近都在~看书;몇 명의 대학원생이 요즘 열람실에서 같이 공부하고 있다.| ~的杂志我都翻过了,没有你要的资料;열람실 잡지를 내가 모두 훑어 보았는데 네가 원하는 자료는 없다.| ~的资料不外借;열람실 자료는 외부로 대출되지 않는다.

越 yuè 副 점점. 한층 더. …할수록 …하다. ¶ 雪~下~大;눈이 내릴수록 커진다.| 我~想~生气;나는 생각할수록 화가 난다.| 他~跑~快,一会儿就没影儿了;그는 달릴수록 빨라져 순식간에 자취를 감추었다.

越过 yuèguò 动 넘다. 지나가다. 초과하다. ¶ 尽管很困难,但我们还是~了长江;아무리 힘들더라도 우리는 장강을 건너야 한다.| 想~这个高度可不容易,你还得好好练几年;이 높이를 넘는 것이 쉽지 않으니, 너는 몇 년간 더 열심히 연습해야 한다.| 探险队员们~好几座高山,进入了沙漠地带;탐험대원들은 몇 개의 고산을 넘어 사막지대로 들어섰다.

越来越… yuèlái yuè… 副 …할수록. ¶ 他的汉语~好了;그의 중국어는 갈수록 좋아진다.| 妈妈看上去~年轻了;어머니는 보기에 갈수록 젊어지신다.| 天~冷,多穿点衣服吧;날이 갈수록 추워지니 옷을 많이 입어라.

▶용법주의: '越来越…'는 상용하는 고정 구조로 중간에 다른 성분이 끼어서는 안 된다. '越来越' 와 '越…越…'의 의미가 비슷하나 다만 격식이 다르다. 가령 '他的汉语越来越好了'는 '越…越…'을 써서 다음과 같이 표현할 수 있다. '他的汉语越说越好了'

越野车 yuèyěchē 名 지프차. ¶ 她竟然开了一辆~,样子真酷;그녀는 의외로 지프차를 몰았는데, 그 모습이 정말 멋있었다.| 朋友介绍说这个牌子的~性能很好;친구들이 이 모델의 지프차가 성능이 좋다고 소개했다.| 到那个地区旅行最好有一辆~;그 지역까지 여행하려면 지프차가 있는 것이 가장 좋다.

越…越… yuè…yuè… 副 …할수록 …하다. ¶ 他~跑~快,很快就不见了;그는 달릴수록 빨라져 금새 보이지 않았다.| 这孩子~长~像爸爸了;이 아이는 자랄수록 아버지를 닮아간다.| 你~怕出事,就~要出事,真没办法;는 사고 내는 것을 두려워하면 할수록 사고가 나니 정말 방법이 없다.

▶용법주의: 이는 상용하는 격식으로 정도가 변화하거나 심화됨을 표시한다. 따라서 '越' 하나만 쓰지 않는다. '越'와 '越'사이의 성분은 반드시 술어(동사, 형용사)나 술어구이다. 가령, 네가 초조해할수록 그는 꾸물댄다. 이 아이는 커갈수록 철이 없다.

云 yún 名 구름. ¶ 小的时候以为天空中的~是棉花;어릴 때는 하늘의 구름이 솜이라고 생각했다.| 今天的~很厚;오늘 구름은 두텁다.| 昨天天晴得连一丝~都没有;어제는 구름 한 점 없이 맑았다.

允许 yǔnxǔ 动 허락하다. 승락하다. ¶ 公共场所不~抽烟你不知道吗? 공공장소에서는 흡연이 허용되지 않는다

는 것을 모르니?| 老师~才能请假;선생님이 허락하셔야 비로소 조퇴를 신청할 수 있다.| 学校不~小学生随便进入游戏厅,家长应该配合;학교는 초등학생이 마음대로 오락실에 들어가는 것을 허락하지 않기 때문에 학부모는 당연히 이에 협조해야 한다.

运 yùn 动 운반하다. 운송하다.¶货已经~到了,不必担心;화물이 이미 운송되어 왔으니 걱정할 필요 없다.| 这些物资明天~走;이 물자는 내일 운송된다.| ~到灾区的物资准备好了吗? 재해지역으로 운반되는 물자는 준비가 다 되었나요?

运动 yùndòng 动 ❶ (물체의 위치에 변화가) 발생하다. 운동하다.¶宇宙是~的,不是静止的;우주는 운동하는 것이지 정지한 것이 아니다.| 地震是地壳~的结果;지진은 지각운동의 결과이다. ❷ 활동하다. 움직이다.¶你总是坐着不~可不好;넌 늘 앉아 있기만 하고 움직이지 않는데 정말 좋지 않다.| 出去~~吧;나가서 움직여라.| 每天保证一定时间的~对身体有好处;매일 일정한 활동 시간을 확보하는 것은 건강에 좋다. 名 체육활동. 스포츠.¶参加体育~的人越来越多了;체육 활동에 참가하는 사람들이 갈수록 많아진다.| 人们都喜欢~,只是有的地方~条件不太好;사람들은 모두 운동을 좋아하지만 단지 어떤 곳은 운동 여건이 그다지 좋지 않을 뿐이다.| 小区刚刚购买了一批~器材,以后居民参加体育~就方便了;우리 단지는 막 운동 기구를 구매 했으니 앞으로 주민들이 체육 활동에 참여하는 것이 편리해질 것이다.

运动场 yùndòngchǎng 名 운동장. 경기장.¶新建的~下个月开始使用;새로 지은 운동장은 다음달에 사용이 시작된다.| 这次比赛的~是露天的;이번 시합의 경기장은 노천이다.| 今天的~座无虚席,观众太关注这场比赛了;오늘 경기장에는 빈 자리가 없을 정도로 관중들은 이번 시합에 매우 관심을 갖고 있다.

运动会 yùndònghuì 名 운동회.¶这次~你报了什么项目? 이번 운동회에서 너는 무슨 종목을 신청했니?| 他每年都参加学校的~,而且每回都能拿到名次;그는 해마다 학교 운동회에 참가하고 게다가 매번 순위 안에 든다.

运动员 yùndòngyuán 名 운동선수.¶这些~真不容易,训练很苦;이 운동선수들은 진짜 쉽지 않다. 훈련이 너무 고되다.| 能在奥运会上拿奖的~都很优秀,不一定非拿金牌;반드시 금메달이 아니라도 올림픽에서 메달을 딴 선수는 모두 우수하다.| 爸爸年轻的时候还是篮球~呢! 아빠가 젊었을 때 그래도 농구선수였는걸!

运输 yùnshū 动 운송하다. 수송하다.¶春节期间铁路~最忙;음력설 기간에 철도 수송이 가장 바쁘다.| 这些产品已经~到全国各地了;이 제품은 이미 전국 각지로 운송되었다.| 给灾区~的物资明天就能到;재해지역으로 운송된 물자는 내일이면 도착할 수 있다.

运行 yùnxíng 动 운행하다.¶你了解月亮的~轨道吗? 老师今天给咱们讲;넌 달의 운행궤도를 이해하니? 선생님이 오늘 우리에게 설명해 주셨어.

795

｜卫星已经进入了轨道，~正常;위성은 이미 궤도에 진입했고 운행이 정상적이다.｜火车提速后，~时间缩短了;기차가 속력을 향상시킨 후 운행 시간이 단축되었다.

运营 yùnyíng 动 운행하다. 영업하다. ¶新航线明年春天投入~;새 항로는 내년 봄에 운행을 개시한다.｜春节期间铁路~正常;음력설 기간에 철도는 정상 운행한다.｜提速后的~状况良好;속력을 높인 후의 운행 상황이 양호하다.

运用 yùnyòng 动 응용하다. 운용하다. 활용하다. ¶这批产品的生产~了最新的技术，质量很好;이 제품의 생산은 최신 기술을 활용하며 품질이 매우 좋다.｜~计算机处理文字材料已经相当普遍;컴퓨터를 운용해 문서를 처리하는 것은 이미 상당히 보편화되었다.｜这条原理没错,可能~时出了问题;이 원칙에는 잘못이 없으나 운용시 문제가 생길 수 있다.

运转 yùnzhuǎn 动 ❶ (정해진 궤도를 따라) 움직이다. 운행하다. 돌다. ¶地球围绕着太阳~;지구는 태양 주위를 돈다.｜卫星围着地球~;위성은 지구 주위를 돈다. ❷ (기계가) 돌다. 회전하다. ¶机组安装后~正常;기계 세트를 설치한 후 정상적으로 잘 돌아간다.｜昨天开始电动机的~不正常了;어제부터 전동기의 회전에 이상이 생겼다.

Z

杂 zá 形 ❶ 다양하다. 잡다하다. ¶他看的书很~,什么书都爱看;그가 보는 책은 매우 다양한데 무슨 책이든 보기 좋아한다.|这次进的货品种很~,但也有不少好东西;이번에 수입된 세품은 품종이 잡다하지만 좋은 물건도 많다.|这个柜子专门给你放~物用;이 함은 네가 잡다한 물건을 넣어둘 수 있게 특별히 주는 것이다. ❷ 비정상적인. ¶学校收的很多~费都不合理;학교에서 거두는 많은 잡비는 모두 불합리하다.|这部相机是个~牌儿,但也挺好用的;이 카메라는 비 메이커지만 매우 쓰기 편하다. 动 섞이다. 뒤섞이다. ¶小心点,几种豆子~在一起就很难挑出来了;조심해라. 몇 종류의 콩이 섞이면 골라내기가 힘들다.|几朵野花~在青草里,非常显眼;몇 송이 들꽃이 푸른 풀 속에 섞여 있으면 매우 눈에 띈다.

杂技 zájì 名 잡기. 곡예. 서커스. ¶今晚参加汇演的都是国内有名的~团;오늘 저녁 합동 공연에 참가하는 팀은 모두 국내의 유명한 서커스단이다.|那几个~小演员太可爱了;저 몇 명의 작은 서커스 배우는 너무 귀엽다.|现在的~表演有很多高难度的动作,很吸引人;요즘 서커스 공연은 고난도의 동작이 많아 사람들을 매료시킨다.

杂志 zázhì 名 잡지. ¶明年要多订几份好看的~;내년에는 재미있는 잡지를 몇 부 더 주문해야 한다.|好几个同学毕业后都去~社工作了;많은 친구들이 졸업 후 잡지사에서 일한다.|我们的~发行量不错;우리의 잡지 발행량은 상당하다.

灾 zāi 名 재해. 재앙. ¶今年又遇到水~了,受~人口不少;올해도 수재를 당해 수재민이 많다.|~民现在急需过冬的物资;이재민은 현재 겨울을 날 물자가 급히 필요하다.|这里就是~区吧;여기가 바로 재해 지역이다.

灾害 zāihài 名 (자연적이거나 인위적인) 재해. ¶这个地区遭受了百年不遇的~;이 지역은 아주 보기 드문 재해를 당했다.|自然~是经常发生的;자연 재해는 늘 발생하는 것이다.|保护自然生态能够有效地减少~的发生;자연생태 보호는 재해의 발생을 효과적으로 감소시킨다.

▶용법주의: '灾'와 '灾害'는 기본적으로 의미가 같으나 사용시 그것과 결합하는 단어의 음절의 영향을 받는다. 단음절의 '灾'는 일반적으로 단음절과 결합하고, 쌍음절의 '灾害'는 쌍음절과 결합한다. 예를 들어 '受灾'는 '受灾害'라고 하지 않고 '遭受' '灾害' 역시 '遭受灾'라고 하지 않는다. 아래는 상용적으로 결합하는 단어이다. 상대적으로 말하면 '灾'가 더 상용되는데 구어와 서면어에서 모두 사용할 수 있다.

797

'灾害'는 주로 서면어에서 나타나고 사용빈도가 좀 낮다.

载 zǎi 动 게재하다. 싣다. ¶你的那篇文章登~在省报上, 还有几家报纸也转~了;너의 그 글은 성(省)신문보에 등재되었으고, 또 몇몇 신문에도 게재되었다.

载 zǎi 动 싣다. 적재하다. ¶这辆车的~重只有五吨,不能再装了;이 차량의 적재 중량은 5톤이므로 더 이상 실을 수 없다. | 不少城市都有对出租司机拒~的处罚规定;많은 도시에서 택시 기사의 승차거부에 대한 처벌 규정이 있다. | 公司新买了客货两用车,既可~客又可~货;회사에서 승객 화물 겸용의 차를 새로 구입했는데, 승객도 실을 수 있고 화물도 실을 수 있다.

崽子 zǎi·zi 名 새끼. (욕하는 말) ¶兔~;토끼 새끼. | 狗~;개 새끼. | 小兔~;토끼 새끼.

再 zài 副 ❶ 재차. 다시. ¶麻烦你~跑一趟吧;수고스럽지만 다시 한 번 가보십시오. | 咱们最好~检查一遍;우리가 다시 한 번 검토하는 것이 가장 바람직하다.

▶용법주의: 앞으로 반복될 동작에는 '再'를 쓰고, 이미 반복된 동작에는 '再'를 쓰지 않고 '又'를 써야 한다. ¶我昨天又去了一趟,他还是不在家,明天再去吧;내가 어제 한 번 갔었는데 그는 여전히 집에 없었다. 내일 다시 가자.

❷ 좀 더. 더욱. ¶我的个子~高一点儿就好了;내 키가 조금만 더 컸으면 좋겠다. | 他希望赚钱~多一些,干的活儿~轻一点儿;그는 돈은 조금 더 벌고 하는 일은 조금 더 수월하기를 바란다. ❸ 이 이상 …한다면. (계속된 행동의 결과를 표시) ¶你~不注意休息,还得住院;네가 앞으로 신경써서 쉬지 않으면 또 입원해야 한다. | 快点! ~不走就迟到了;서둘러! 빨리 출발하지 않으면 늦을거야. | 我~怎么解释他都不信;내가 더 이상 어떻게 변명해도 그는 모두 믿지 않는다. | 别说了,~说也没用;말하지 마라. 더 말해 봤자 소용없다. ❹ …하고 나서. …한 뒤에. (한 동작이 다른 동작의 뒤에 발생함을 표시) ¶小张, 做完作业~玩;장 군, 숙제를 다 하고 나서 놀아라. | 等我把这篇文章写完~走;내가 이 글을 다 쓴 후에 가자. | 咱们还是吃完饭~去吧;우리 밥을 다 먹고 나서 갑시다. ❺ 더욱이. 게다가. (보충을 표시) ¶我今天不想去了,~说时间也不够;나는 오늘 가고 싶지 않다. 게다가 시간도 부족하다. | 参加活动的差不多都是熟人,~就是两个新生;활동에 참가한 사람은 대부분 아는 사람들이고 게다가 두 명의 신입생이 있다.

再见 zàijiàn 动 안녕. 또 뵙겠습니다. ¶~了;안녕히 계세요. | 明年~!내년에 다시 뵈요!

在 zài 动 ❶ 존재하다. 생존하다. ¶爷爷奶奶都健~;할아버지와 할머니가 모두 건재하시다. | 还好, 东西还~, 要是丢了就麻烦了;물건이 아직 있으니까 그나마 다행이야. 만약 잃어버렸다면 번거로웠을 거야. | 他三岁时父亲就不~了;그는 3살 때 아버지가 돌아가셨다. ❷ …에 있다. ¶他不~家, 你明天来吧;그가 집에 없으니 내일 오

거라.| 眼镜~茶几上;안경이 찻상 위에 있다.| 饭~锅里,你自己热热吃吧;밥이 솥 안에 있으니 네가 알아서 덥혀 먹어라. ❸…에 달려 있다. ¶能不能学好~你自己;공부를 잘할 수 있을 지는 너 자신에게 달렸다.| 这件事的责任~我,不怪你;이 일의 책임은 내게 있으니 너를 탓하지 않겠다.| 批不批假~老师,不~你;휴가를 주고 안 주고는 선생님께 달렸지 네게 달린 게 아니다. 副 지금 …하고 있다. ¶外面~下雪,多穿点;밖에 눈이 오고 있으니 많이 껴입어라.| 他~听录音,不要打扰他;그가 녹음된 것을 듣고 있으니 그를 방해하지 마라.| 妈妈呢? 她~做饭;어머니는? 지금 밥하고 계세요. 介 …에. (시간이나 장소, 범위, 조건 등을 표시) ¶他生~那个特殊年代;그는 그러한 특수한 시대에 태어났다.| 妈妈一直生活~故乡没有离开过;어머니는 줄곧 고향에서 생활 하셨고 그곳을 떠난 적이 없다.| 我只想~这一个方面做一点研究;나는 이 방면에 대한 연구를 좀 하고 싶을 뿐이다.| 这孩子~富裕的家庭长大,没吃过苦;이 아이는 부유한 가정에서 자라 고생한 적이 없다.

在野党 zàiyědǎng 名 야당. ¶这个提案遭到了~的强烈反对;이 제안은 야당의 강한 반대에 부딪쳤다.| ~要求提前举行大选;야당의 요구는 대선을 앞당겨 실시하는 것이다.

咱 zán 代 우리. ¶妈妈,~走吧;어머니, 우리 가요.| 他跟~不一样;그는 우리와 다르다.| 他过他的,~过~的,没什么关系;그 사람은 그 사람이고 우리는 우리야. 아무 상관이 없어.

咱们 zán·men 代 우리. ¶~一起商量一下出发的时间吧;우리 함께 출발 시간을 의논해 보자.| 正好你来了,~一起去吧;마침 네가 왔으니 우리 함께 가자.| 他也是~学校的学生;그도 우리 학교 학생이다.

攒 zǎn 动 한데 모으다. 쌓다. ¶妈妈总想~点儿钱留给孩子;어머니는 늘 돈을 좀 모아 자식들에게 남겨주고 싶어하신다.| 这些东西都是一点一点~起来了;이 물건들은 모두 조금씩 모은 것이다.| 我已经~了不少国家的硬币了,很有意思;나는 이미 많은 나라의 동전을 수집했는데 아주 재미있다.

暂时 zànshí 名 짧은 시간. 잠시. ¶我们想~用一下你们系的教室;우리는 너희 과의 교실을 잠시 사용하고 싶다.| 现在是~停电,大家不要着急;지금은 잠시 정전이니 모두 당황하지 마라.| 这种现象是~的,过几天会好;이러한 현상은 일시적인 것으로 며칠이 지나면 좋아질 것이다.

赞成 zànchéng 动 동의하다. 찬성하다. ¶老师不~我选这个专业;선생님은 내가 이 전공을 선택하는 것에 찬성하지 않는다.| 这件事情~的人不多;이 일에 찬성하는 사람은 많지 않다.| 这个提议大家都表示~,所以通过了;이 제안은 모두들 동의를 표시했으므로 통과되었다.

脏 zāng 形 더럽다. 불결하다. ¶攒了一大堆~衣服都没顾上洗;더러운 옷이 한 무더기 쌓여도 빨래를 하려고 하지 않는다.| 这条街太~,总也没人打扫;이 거리는 아주 지저분한데 청소하는 사람이 없다.| 小心点,别弄~了

本子;노트를 더럽히지 않도록 조심해라.

遭到 zāodào [动] 받다. 입다. 당하다. ¶那个小岛~了龙卷风的袭击;저 작은 섬은 회오리바람의 습격을 받았다.|因为这个事件,公司~了严重的打击;이 일 때문에 회사는 심각한 타격을 입었다.|他的提议~了所有人的反对;그의 제안은 모든 사람의 반대에 부딪혔다.

遭受 zāoshòu [动] 받다. 입다. 당하다. ¶家庭的变故使他~了极大的精神打击;가정의 변고는 그에게 극심한 정신적 타격을 입혔다.|在地震中~损失的家庭得到了政府的救助;지진 중 피해를 입은 가정은 정부의 도움을 받았다.|人难免在生活中~各种挫折;사람은 살아가면서 갖가지 좌절을 당하는 것을 피할 수 없다.

糟糕 zāogāo [形] 엉망이 되다. 망치다. ¶他的健康状况非常~,但他很不在意;그는 건강상태가 아주 엉망인데도 개의치 않는다.|真~,又忘了带伞了;아차! 우산 갖고 오는 것을 또 잊었군.|事情还不算太~,还能补救;일이 아주 엉망이 되지는 않은 셈이다. 아직 구제할 수 있으니까.

早 zǎo [名] 새벽. 아침. ¶明天一大~要赶火车,早点睡吧;내일 이른 아침 기차 시간에 늦지 않으려면 일찍 자거라.|你从~到晚都关在屋里,多闷呀!너는 아침부터 저녁까지 집안에 갇혀 있으니 얼마나 답답하겠니! [形] ❶조기의. ¶这是李白~期的作品,风格跟晚期的不同;이것은 이백의 조기 작품으로 풍격이 후기와는 다르다.|这几件青铜器都出自周代~期;이 몇 개의 청동기는 주대 조기에 나온 것이다.|南方的~稻现在可以收割了;남방의 올벼는 지금 수확할 수 있다. ❷이르다. 빠르다. ¶时间还~,再睡会儿吧;시간이 아직 이르니 조금 더 자거라.|你等他呀? 他要来还~着呢?너 그를 기다리니? 그가 오려면 아직 이르잖아?|明天~来啊;내일 일찍 오거라. ❸안녕. (문안 인사)¶您~;안녕하세요.|同学们~;여러분, 안녕.|老师~! 선생님, 안녕하세요. [副] 벌써. 이미. ¶你怎么才来? 他~就走了;왜 이제 오니? 그는 벌써 갔는데.|我~看见那个通知了;나는 그 통지를 이미 보았다.|我听说你们~商量好了;나는 너희들이 이미 의논을 다 했다고 들었다.

早晨 zǎo·chén [名] 아침. 새벽. 오전. ¶晚上睡得晚,~总是起不来;저녁에 늦게 자면 아무래도 아침에 일어날 수 없다.|明天体检,~不能吃饭;내일은 신체검사니까 아침에 밥을 먹으면 안 된다.|~出来锻炼的人很多;아침에 나와서 운동하는 사람이 많다.

早上 zǎo·shang [名] 아침. ¶~公交车最挤;아침에 버스가 가장 붐빈다.|都说~的记忆力好,所以不少人喜欢在~背单词;모두 아침에 기억력이 좋다고들 하기 때문에 많은 사람들이 아침에 단어 암기하기를 좋아한다.|我~没吃饭,很饿;나는 아침에 밥을 먹지 않아 배가 고프다.

早饭 zǎofàn [名] 아침밥. 조반. ¶今天起晚了,~只吃了一个面包;오늘은 늦게 일어나서 아침으로 빵 하나만 먹었다.|在家时,总是妈妈起来做~;집에 있을 때는 늘 어머니가 일어나서 아

침밥을 하신다.| 不吃~对身体不好;아침밥을 먹지 않으면 몸에 좋지 않다.

早已 zǎoyǐ 副 이미. 벌써. ¶ 这个消息~传遍全国了;이 소식은 이미 전국에 퍼졌다.| 没想到妈妈~准备好了我的行李;뜻밖에도 내 짐을 어머니가 벌써 챙기셨다.| 这~不是什么新鲜事了;이것은 이미 무슨 새로운 일이 아니다.

造 zào 动 ❶ 짓다. 만들다. ¶ 这个老船厂~的船很有名气;이 오래된 조선소에서 만드는 배는 명성이 자자하다.| 我们厂现在还~不出这么精密的仪器来;우리 공장에서는 아직 이렇게 정밀한 기구를 만들어 낼 수 없다.| 这座教堂是一百年前~的,现在已经很旧了;이 교회당은 백 년 전에 지어진 것이어서 지금은 이미 낡았다. ❷ 날조하다. 조작하다. ¶ 必须严厉制裁那些~假的人;가짜를 만드는 저런 사람들은 반드시 엄히 제재해야 한다.| 他在当会计的几年里~了不少假账,公司损失巨大;그는 회계를 맡은 몇 년 동안 많은 가짜 장부를 조작하여 회사에 큰 손실을 입혔다.

造句 zào//jù 动 글을 짓다. ¶ 今天的作业是用生词~;오늘의 숙제는 새 단어로 글을 짓는 것이다.| 学外语时经常进行~练习;외국어를 배울 때는 늘 문장 짓는 연습을 한다.| 请大家用这个词造一个句子;모두들 이 단어로 문장을 만들어 보세요.

则 zé 连 …하면 …하다.(결과를 표시) ¶ 只要你做就有结果,不做,~不会有结果;네가 하기만 하면 결과가 있겠지만 하지 않으면 결과가 없을 것이

다.| 俗话说,穷~思变;극에 달하면 변화가 일어난다는 속담이 있다. 量 편. 단락. 토막. ¶ 报上有两~新闻你应该看看,是有关房价的;신문에 네가 보아야 할 기사가 두 편 있는데, 방값에 관한 것이다.| 笑话三~;농담 세 마디.| 寓言四~;우화 네 토막.

责任 zérèn 名 ❶ 임무. 책임. ¶ 帮助学生是老师的~;학생을 돕는 것은 선생의 책임이다.| 父母有~教育孩子;부모는 아이를 교육할 책임이 있다.| 孩子有赡养父母的~;아이들은 부모를 봉양할 책임이 있다. ❷ (짊어져야 할) 의무. 부담. 책임. ¶ 事故的~还在追查;사고 책임을 아직 추적 조사하고 있다.| 不用担心,这不是你的~;걱정할 필요 없다. 이것은 네 책임이 아니니까.| 谁的~谁承担,不要想推脱~;누구든 스스로 책임을 져야 한다. 남에게 책임을 전가하려고 하지 마라.

怎么 zěn·me 代 ❶ 왜. 어떻게. 어째서. ¶他的烧~还不退?그의 열이 왜 아직 내리지 않지?| 你知道车站~走吗?너 정거장에 어떻게 가는지 아니?| 妈妈~还不回来?엄마가 어째서 아직도 안 돌아오실까?| 你~不上班?너 왜 출근하지 않았니? ❷ 어떻게 …해도. 아무리 …해도. ¶你~走都行,两条路都能到车站;너는 어떻게 가도 좋다. 두 길 모두 정거장에 갈 수 있으니까.| 你~想就~写;무엇이든 생각나는 대로 써라.| 这么大的地方,咱们想~玩就~玩;이렇게 넓은 곳에서 우리 놀고 싶은 대로 놀자. ❸ 왜. ¶我也不知道~就把地址写错了;왜 주소를 잘못 썼는지 나도 모르겠다.| 这几天

~这么烦,什么都不想干;요즘 왜 이렇게 귀찮지. 아무것도 하고 싶지 않아. ❹ 그다지. 별로. (부정문에서 일정한 정도를 표시한다.)¶他的身体一直不~好;그는 몸이 줄곧 별로 좋지 않았다.│我跟她不~熟;나는 그녀와 그다지 잘 알지 못한다.│这几个音你读得不~准;이 몇 개의 독음을 너는 그다지 정확하게 읽지 못한다.

怎么办 zěnmebàn 어떻게 하다. 代¶这事儿你说~吧;이 일을 어떻게 할 건지 말해 봐라.│~都行,但出了问题你得负责;어떻게 해도 좋지만 문제가 생기면 네가 책임져야 한다.│你说我该~呢? 내가 어떻게 해야 하는지 말해 보아라.

怎么样 zěn·meyàng 代 ❶ 어떠하냐.¶最近身体~?还好吧;요즘 몸은 어떠냐? 그런대로 괜찮아.│不知道孩子在国外过得~;애들이 외국에서 어떻게 지내는지 모르겠다.│你觉得那个学校~? 그 학교 어때? ❷ 그다지 …않다. 별로 …않다. (완곡한 부정에 쓰임)¶他的学问不~;그의 학문은 그저 그렇다.│这家公司的名声不~;이 회사의 명성은 그다지 높지 않다.│这顿饭可不~;이 밥은 별로 맛없다.

怎么着 zěn·me·zhe 代 ❶ 어찌 하겠소? 어떻게 할 생각이오?¶你不上学,想~? 학교에 가지 않으면 어떻게 할 생각이냐?│毕业后打算~? 考研还是就业;졸업 후에 어떻게 할 작정이냐? 대학원 시험을 볼 거니 아니면 취업할 거니?│~,今天不干活了? 어쩔 생각이냐? 오늘은 더 이상 일 안 하니? ❷ 어떻게 하다.¶在我这儿你想~就~,别拘束;여기서 너 하

고 싶은 대로 하거라. 구애 받지 말고.│这孩子被惯坏了,从来是想~就~,没人管得了他;이 애는 나쁜 버릇이 들었다. 지금까지 하고 싶은 대로 다 했는데 간섭할 수 있는 사람이 없다.

怎样 zěnyàng 代 ❶ 어떠하냐. 어떻게.¶你的论文写得~了? 너 논문 잘 되어 가니?│你就觉得那部电影~? 너 그 영화 어때?│我想知道这台打印机~安装;나는 이 프린터기를 어떻게 설치하는지 알고 싶다. ❷ 어떠하다.¶不管条件~我都会去的;조건이 어떻든 나는 갈 것이다.│他以前表现~我不清楚,但现在不错;그가 이전에 어떤 식으로 표현했는지 잘 모르겠지만 지금은 괜찮다.│你们还是听听当事人~解释吧;너희들은 당사자들이 어떻게 해명하는지 들어보는 게 낫다.

增长 zēngzhǎng 动 증가하다. 높아지다.¶留学一年各方面的知识都~了不少;1년 간 유학하고 나니 각 방면의 지식이 적지 않게 늘었다.│这几年居民的消费水平一直在~;요 몇 년 간 주민들의 소비 수준이 줄곧 높아지고 있다.│汽车的产量还在~;차량 생산이 여전히 증가하고 있다.

增大 zēngdà 动 증대하다. 늘다.¶这学期的工作量比上学期~了;이번 학기 작업량은 지난 학기에 비해 늘어났다.│孩子们的活动范围~以后,交往机会也会增加;아이들의 활동범위가 증대된 후에는 교제의 기회도 늘어날 것이다.

增加 zēngjiā 动 증가하다. 늘다.¶这学期的选修课~了四门;이번 학기 선택

과목은 네 과목이 늘었다.|你的体重~得太快了,这样下去很危险;너는 체중이 빠르게 느는데 이대로 가다간 위험하다.|你们应该~一些新品种,以前的品种太少了;너희들은 새 품종을 늘려야 한다. 이전의 품종은 너무 적다.

赠送 zèngsòng 动 증정하다. 선사하다. ¶这是我们~的贺礼,请收下;이것은 우리가 증정하는 축하예물이니 받아주십시오.|双方会谈后互相~了礼品,气氛非常友好;쌍방은 회담 후 서로 예물을 증정했는데 분위기가 아주 우호적이었다.|他把自己购买的图书~给了孩子们;그는 자신이 구매한 도서를 아이들에게 증정하였다.

扎 zhā 动 ❶ 찌르다. ¶缝被子时被针~了好几下;이불을 꿰맬 때 바늘에 몇 번이나 찔렸다.|他没来上学,听说脚给~破了;그는 등교하지 않았는데 다리가 찔려 부상을 입었다고 한다.|这根刺~得很深,一下子挑不出来;이 바늘은 깊이 찔려서 한번에 뽑혀 나오지 않는다. ❷ 뚫고 들어가다. 비집고 들어가다. 파고들다. ¶我们一过去,小青蛙就~进水里游走了;우리가 지나가자 작은 청개구리가 물속으로 뛰어들어 헤엄쳐 갔다.|孩子见到妈妈,一头~进妈妈怀里哭了起来;아이는 엄마를 보자 머리를 엄마 품속에 파묻고 울기 시작했다.

炸鸡 zhájī 名 닭튀김. 후라이드 치킨. ¶请问一份~多少钱?닭튀김 1인분에 얼마입니까?|好久没吃~了;오랫동안 닭튀김을 먹지 않았다.|今天中午一起去吃~好吗? 오늘 점심에 같이 닭튀김 먹는 게 어때요?

炸酱面 zhájiàngmiàn 名 자장면. ¶这里的~很有特点;여기 자장면은 매우 특색이 있다.|在北京,~是家常便饭,爱吃~的人很多;베이징에서 자장면은 일상적인 음식으로 즐겨 먹는 사람들이 아주 많다.

炸猪排 zházhūpái 名 돼지갈비 튀김. 돈까스. ¶今天~的味道不错;오늘 돼지갈비 튀김은 맛이 좋다.|胖人还是少吃~这种高热量食品;뚱뚱한 사람은 돼지갈비 튀김 같은 고열량 음식을 적게 먹는 것이 좋다.

摘 zhāi 动 ❶ a) (식물의 꽃이나 과실, 잎 따위를) 따다. 뜯다. 채취하다. ¶禁止~花;꽃을 꺾지 마세요.|到~苹果的季节了;사과를 따는 계절이 왔다.|~几串葡萄给孩子带回去吃吧;포도 몇 송이를 따서 아이들에게 갖고 가서 먹게 해라.|~棉花;면화를 따다.|~树叶;나뭇잎을 따다. b) (머리에 쓰거나 팔에 찬 것을) 벗다. 풀다. ¶他~了眼镜我都没认出来;그가 안경을 벗었는데도 나는 알아보지 못했다.|在屋里还不~帽子,不热呀?실내에서 모자를 안 벗으면 덥지 않냐?|昨晚~了手表不知道放在什么地方了;어제 저녁 시계를 풀어서 어디다 뒀는지 모르겠다. ❷ 고르다. 발췌하다. 뽑아내다. ¶这几段是从那本书里~的,不是我写的;이 몇 단락은 그 책에서 발췌한 것이지 내가 쓴 것이 아니다.|你~的资料很有参考价值;네가 발췌한 자료는 참고할 가치가 많다.|~抄;요점을 간추리다.|~录;발췌하다.|~要;요점을 뽑아 적다.

摘除 zhāichú 动 잘라서 제거하다. 적출하다. ¶肿瘤~后,他的健康状况逐渐

好转;종양이 적출된 후 그의 병세는 점차 호전되었다.|白内障不及时~会影响视力的;백내장이 제때 제거되지 않으면 시력에 영향을 미칠 것이다.

窄 zhǎi 形 ❶ 좁다.¶路太~了,两辆车根本过不去;길이 너무 좁아 차 두 대가 절대 지나갈 수 없다.|走廊很~,大家不要堆放杂物;복도가 좁으니 모두들 잡동사니를 쌓아두지 마세요.|家里地方~,就不留你住了;집의 공간이 좁아 너를 묵게 할 수 없다. ❷(마음이나 사고, 도량 따위가) 좁다. 소심하다.¶妈妈心~,这件事情还是不要告诉她;어머니는 소심하니까 이 일을 알리지 않는 것이 좋다.|你的思路太~了;네 사고는 너무 좁다.|这人心胸太~,不好打交道;이 사람은 도량이 좁아 교제하기가 쉽지 않다.

沾 zhān 动 묻다. 배다.¶小心点,伤口不要~上水;상처에 물이 묻지 않게 조심해라.|这件衣服特别容易~灰;이 옷은 특히 먼지가 잘 묻는다.|妈妈从厨房出来时,手上~满了面;어머니가 주방에서 나왔을 때 손에 밀가루가 가득 묻어 있었다.

粘 zhān 动 ❶ 붙다. 달라붙다.¶面条儿都~在一起了;국수가 한데 달라붙었다.|饺子皮儿~在一块儿了;만두피가 한데 엉겨 붙었다. ❷(점성 물질로 물건을) 연결하다. 접착하다.¶孩子把书皮儿撕破了,你~~吧;아이들이 책 표지를 찢어버렸으니 네가 붙여 놓아라.|这种胶带不行,~不住;이 테이프는 못 쓰겠다. 붙지를 않는다.

展出 zhǎnchū 动 전시하다. 진열하다.¶近期出土的青铜器将在博物馆~;최근에 출토된 청동기는 박물관에 전시될 것이다.|预防艾滋病的宣传图片在中心广场~三天;에이즈 예방 포스터가 센터 광장에 3일간 전시된다.|这届电子产品展览会~的是最先进的产品;이번 전자제품 전람회에서 진열되는 것은 가장 선진적인 제품이다.

展开 zhǎn//kāi 动 ❶ 펴다. 펼치다.¶雄鹰~翅膀飞向天空;독수리가 날개를 펼치고 하늘을 향해 날다.|画卷一~,大家都赞叹不已;두루마리 그림이 펼쳐지자 모두의 찬사가 끊이지 않았다.|桌子太小了,这张图纸展不开;탁자가 너무 작아 이 도면을 다 펼 수 없다. ❷대규모로 진행하다. 전개하다.¶我们市~群众体育运动已经一个月了;우리 시에서 대중 체육운동을 전개한 지 벌써 1달이 되었다.|两个代表队~了最后的冠亚军争夺战;두 대표팀이 마지막 우승 쟁탈전을 벌였다.|小区~为灾区献爱心活动后,捐款人数不断上升;지역에서 재난지구를 위한 자선활동을 전개한 후 기부자 숫자가 부단히 증가하였다.

展览 zhǎnlǎn 动 진열하다. 전시하다. 전람하다.¶没想到这个~吸引了这么多观众;이 전람회가 이렇게 많은 관중을 끌어당길 줄은 생각지 못했다.|古钱币~在二楼,一楼是陶器~;옛날 화폐는 2층에서 전시되고 1층에서는 도기가 전시된다.|这个博物馆半年来承办了多次~,效果很好;박물관은 반 년 동안 수 차례의 전람회를 주관하였는데 효과가 아주 좋았다.

展览会 zhǎnlǎnhuì 名 전람회.¶这届~

的规模很大;이번 전람회는 규모가 크다.| 他们公司的产品在~上反映不错;그들 회사 제품은 전람회에서 평판이 괜찮았다.| 本年度举办的两次~都比较成功;금년에 개최한 두 차례의 전람회는 비교적 성공적이었다.

展望 zhǎnwàng 动 ❶ 조망하다. 멀리 바라보다. ¶登上山顶,可以~整个城市;산 정상에 오르면 도시 전체를 조망할 수 있다.| 在长城上~四周,我的心情非常激动;만리장성에서 사방을 두루 바라보니 내 마음은 매우 흥분되었다. ❷ 미래를 예측하다. 장래를 내다보다. ¶~未来,我们的生活会更好;미래를 전망하자면 우리의 생활은 더욱 좋아질 것이다.| 你们这么年轻,可以充满信心地~自己的前程;너희들은 이렇게 젊으니까 자신들의 장래를 자신감 있게 예측할 수 있을 것이다.| 专家对世界局势的发展做了~;전문가들은 세계 정세의 발전에 대해 전망하였다.

占 zhàn 动 ❶ 차지하다. 점령하다. ¶周末图书馆人多,必须提前去~位子;주말에는 도서관에 사람이 많아 반드시 미리 가서 자리를 잡아놓아야 한다.| 这个地方被别人~了;이 곳은 다른 사람에 의해 점유되었다. ❷ (어떠한 지위나 상황에) 처하다. 차지하다. ¶在这方面他们~优势;이 방면에서 그들은 우세를 점하고 있다.| 现在高校里女生~的比例更大;현재 고등학교에서 여학생이 차지하는 비율이 더 높다.

占据 zhànjù 动 강제로 취하다. 점거하다. ¶他们~了其他公司的场地;그들은 다른 회사의 부지를 강제로 차지

하였다.| 对方~了有利地形;상대방이 유리한 지형을 차지하였다.

占领 zhànlǐng 动 ❶ 무력으로 얻다. 점령하다. ¶这个国家曾经被殖民者~了近百年;이 나라는 일찍이 식민주의자들에 의해 근 백 년 동안 점령당했다.| 阵地被敌人~了,我们必须夺回来;진지가 적군에게 점령되었으므로 우리는 반드시 탈취해 와야 한다. ❷ 점유하다. ¶新产品要想长期~市场,保证产品质量是关键;신상품이 오랫동안 시장을 점유하려면 제품의 품질을 보증하는 것이 관건이다.| 我们的电器已经具备~国际市场的水平了;우리의 전기제품은 이미 국제 시장을 점유할 정도의 수준을 갖추었다.

占有 zhànyǒu 动 ❶ 취득하여 소유하다. 점유하다. ¶他们的产品销路好是因为他们~市场;그들 제품의 판로가 좋은 것은 그들이 시장을 점유했기 때문이다.| 你强行~他人的房产是非法的;네가 타인의 부동산을 강제로 점유하는 것은 불법이다.| 国家的土地不允许私人~;국가 토지는 개인의 점유를 허용하지 않는다. ❷ (어떠한 지위에) 처하다. 차지하다. ¶旅游业在本市的经济收入中~很大的比重;관광은 본 시의 경제 수입 중 매우 큰 비중을 차지한다.| 女性在家庭和社会中都~重要地位;여성은 가정과 사회에서 모두 중요한 지위를 차지한다. ❸ 보유하다. 소유하다. 장악하다. ¶这个课题我们已经~了大量的资料,基本可以着手研究了;이 과제는 우리가 이미 대량의 자료를 보유하고 있어 기본적으로 연구에 착수할 수 있게 되었다.| 你不~足够的资料是无

法写好这篇论文的;충분한 자료를 확보하지 않으면 난 이 논문을 잘 쓸 수 없다.

战斗 zhàndòu 名 무장 충돌. 전투. 전쟁. ¶年轻战士们第一次参加真枪实弹的~;젊은 전사들은 처음으로 진짜 총과 실탄을 쓰는 전투에 참가하였다.│~进行得十分激烈;전투는 매우 격렬하게 진행되었다.│很多人在~中牺牲了;많은 사람이 전투 중 희생되었다. 动❶ 싸우다. 전투하다. ¶他们表示要~到最后,绝不放弃;그들은 절대 포기하지 않고 최후까지 싸우겠다고 밝혔다.│这支军队的~力极强;이 군대의 전투력은 아주 강하다. ❷ 투쟁하다. 싸우다. ¶人们跟洪水~了三天,终于保住了大坝;사람들은 3일간 홍수와 싸워 마침내 큰 댐을 지켜냈다.│工人们在冰天雪地里~一个冬天,开通了进山的第一条公路;노동자들은 얼음과 눈으로 뒤덮인 곳에서 겨울 한 철을 싸운 끝에 산으로 진입하는 첫 번째 도로를 개통하였다.

战略 zhànlüè 名 전쟁 계획과 책략. 전략. ¶这次失败是部队的~部署不合理造成的;이번 실패는 부대 전략부서의 불합리가 초래한 것이다│这场战争已经转入~防御阶段;이번 전쟁은 이미 전략적인 방어단계로 돌아섰다.│国民对国家的经济发展~十分关注;국민은 국가의 경제발전 전략에 대해 매우 관심을 갖고 있다.│这次大会讨论的发展计划对发展经济具有重要的~意义;이번 대회에서 토론되는 발전계획은 경제발전에 관해 중요한 전략적 의미가 있다.

战胜 zhànshèng 动 싸워 이기다. 승리하다. ¶乙队第一次~了甲队,取得了本赛季的冠军;을 팀은 처음으로 갑 팀을 이겨 이번 시즌의 우승을 차지하였다.│战士们有信心~敌人;전사들은 자신감 있게 적군과 싸워 이겼다.│应该培养孩子~困难的勇气;아이들은 어려움과 싸워 이길 용기를 길러야 한다.│~自己比~他人更难;자신을 이기는 것이 다른 사람을 이기는 것보다 더 어렵다.

战士 zhànshì 名 전사. ¶这批新~大多数都不到20岁;이 새로운 무리의 전사들은 대부분 20세가 되지 않았다.│~们的日常生活还是丰富多彩的;전사들의 일상생활은 여전히 풍부하고 다채롭다.│他们都是非常勇敢的~,我敬佩他们;그들은 모두 매우 용감한 전사들로 나는 그들을 존경한다.

战争 zhànzhēng 名 전쟁. ¶~结束了,但带给国家和人民的创伤很难消除;전쟁은 끝났으나 국가와 국민에게 가져온 상처는 해소하기 힘들다.│这是一场残酷的~,死难者不计其数;이것은 잔혹한 전쟁이어서 희생된 사람이 셀 수 없을 정도로 많다.│我们要和平,不要~!우리는 평화를 원하지 전쟁을 원치 않는다.

站 zhàn 动 ❶ 서다. 일어서다. ¶两个战士~在哨位上一动不动;두 명의 전사가 보초를 서는 곳에 꼼짝 않고 서 있다.│前面的人一~起来,后面的人就什么也看不见了;앞사람이 일어서자 뒷사람은 아무 것도 볼 수 없었다. ❷ 서다. 멈추다. 정지하다. ¶车还没~稳那小伙子就跳了下去;차가 아직 완전히 서지 않았는데 그 녀석이 뛰

어내렸다.| 这么走一会儿~一会儿的,什么时候能走到啊?이렇게 잠깐씩 가다 서다 하면 언제 도착할 수 있겠니? 名 ❶ 역. 정류장. ¶火车~来往的人总是很多;기차역에는 왕래하는 사람이 늘 많다.| 我们门口就有一~,坐车很方便;우리 집 입구에 정류장이 있어서 차를 타기가 편리하다.| 妈妈说她会在北京~接我;어머니는 베이징역에서 나를 마중할 것이라고 말씀하셨다. ❷ (어떤 업무를 위한) 사무소. 기구. ¶父亲在省气象~工作;아버지는 성의 기상관측소에서 근무하신다.| 每个居民小区都有保健~、文化~、煤气~等服务设施,居民生活非常方便;모든 주거지역에는 보건소, 문화센터, 가스사업소 등의 서비스 시설이 있어 주민의 생활이 매우 편리하다.

站出来 zhàn chūlái 动 앞으로 나오다. 앞으로 나와 서다. ¶在危险时刻敢于~的人是勇者;위험한 때에 앞으로 나설 수 있는 사람이 용감한 자이다.| 要是有勇气,就自己~承认错误;용기가 있다면 스스로 앞으로 나와 잘못을 인정해라.| 他最终还是没敢~承担责任;그는 마지막에도 여전히 감히 나서서 책임을 지지 않았다.

张 zhāng 动 펴다. 열다. ¶老鹰~开翅膀飞了;매가 날개를 펼치고 날았다.| 发这个音时嘴巴要~开;이 음을 발음할 때는 입을 벌려야 한다.| 尽管是在动物园,但看到~着大嘴的老虎,孩子还是吓哭了;동물원이라 하더라도 아이들은 큰 입을 벌리고 있는 호랑이를 보면 놀라서 운다. 量 a) 평평하거나 혹은 펼칠 수 있는 물건에 쓰인다. ¶

一~桌子;책상 하나.| 一~床;침대 한 개.| 一~纸;종이 한 장.| 一~画;그림 한 장.| 一~皮子;모피 한 장.| 一~照片;사진 한 장.| 一~饼;전병 하나. b) 입이나 얼굴에 쓰인다. ¶她有一~巧嘴;그녀는 말재주가 좋다.| 你的这~嘴太能说了;너는 참 말을 잘한다.너는 참 말을 잘한다.| 他长着一~圆脸;그는 얼굴이 둥글게 생겼다.| 他那~脸我印象太深了;그의 얼굴은 내게 참 인상적이다.

章 zhāng 名 도장. 날인. ¶这个证明需要学校盖~;이 증명은 학교의 날인이 필요하다.| 请在这里签名或盖~;여기에 서명을 하거나 도장을 찍으시오.| 没带图~不能取钱;도장을 갖고 오지 않아 돈을 찾을 수 없다. 量 장. (단락이 나뉜 시문이나 악장에 쓰인다.) ¶我的论文共分五~,已经完成了前三~;내 논문은 총 5장인데 이미 앞의 3장을 완성했다.| 这是乐曲的第一~;이것은 악곡의 제1장이다.

长 zhǎng 动 ❶ 자라다. 성장하다. 생장하다. ¶山坡上~满了金达莱;산비탈에 온통 진달래가 자랐다.| 孩子~胖了;아이가 살쪘다.| 小树~高了;작은 나무가 높게 자랐다. ❷ 증가하다. 증진하다. ¶旅行可以让人~见识;여행은 사람들의 식견을 넓힐 수 있다.| 经过锻炼以后,我觉得自己~力气了;단련을 거친 후에 나는 스스로 체력이 증진됐음을 느꼈다.| 努力学习可以让我们~知识;열심히 공부하면 우리의 지식을 증진시킬 수 있다.

▶확장용법:'生病'은'长病'이라고 말할 수도 있다.¶他长了一个月的病了;그는 한 달 동안 병을 앓았다.

807

长大 zhǎngdà 动 자라다. 성장하다. ¶孩子一天天~了;아이가 하루하루 성장했다.│我们在父母的爱护下~成人;우리는 부모님의 사랑과 보호 아래 성인으로 자란다.│我养的小猫已经~了;내가 키우던 고양이는 이미 자랐다.

涨 zhǎng 动 ❶ (값이) 오르다. ¶这个月的油价比上个月~了一倍多;이번 달 유가가 지난 달보다 배 이상 올랐다.│康师傅方便面带头~价, 五连包~了3.08元;캉스푸 라면이 제일 먼저 값을 올렸는데 5개 묶음이 3.08위안 올랐다.│老百姓都希望工资(gōngzī)多~点物价少~点;국민들은 모두 임금은 좀 많이 오르고 물가는 좀 적게 오르기를 바란다. ❷ (물이) 붇다. ¶今天一早下起了大雨, 到了下午就~大水了, 马路都淹(yān)了1米多深;오늘 이른 아침부터 비가 내리기 시작해 오후가 되자 물이 크게 불어 도로는 1미터가 넘게 침수되었다.│昨天凌晨(língchén)2点40分左右, 上海苏州河水位突然大~;어제 새벽 2시 40분경, 상하이의 쑤저우강 수위가 갑자기 크게 불었다.

☞ zhàng

掌上电脑 zhǎngshàng diànnǎo 名 개인 휴대용 정보 단말기(PDA). ¶联想(liánxiǎng)的~最受大学生的欢迎;르노보(중국 최대의 컴퓨터 제조회사)의 PDA는 대학생들에게 인기가 많다.

▶ 확장용법: 'Laptop computer'는 중국어로 '笔记本电脑(bǐjìběn diànnǎo)' 혹은 '膝上型电脑(xīshàngxíng diànnǎo)'라고 한다.

掌握 zhǎngwò 动 ❶ 정통하다. 정복하다. 파악하다. 숙달하다. ¶要考好HSK初级考试, 至少必须~2000汉语词汇;HSK 초급 시험을 잘 보려면 반드시 적어도 2000개의 중국어 어휘를 습득해야 한다.│现代的大学生应该至少~两门外语;현대의 대학생들은 적어도 두 개의 외국어에 능통해야 한다.│只要~了基本知识, 学起来就容易多了;기본 지식을 파악했다면 공부하기가 훨씬 쉬울 것이다. ❷ 장악하다. 제어하다. 주관하다. ¶他从第一局开始就一直~着主动权;그는 1라운드부터 시작해 계속 주도권을 장악하고 있다.│这次会议要注意~好时间;이번 회의는 시간을 잘 관리하여야 한다.│自己的命运~在自己的手中;자신의 운명을 자신의 손으로 결정한다.

丈 zhàng 量 장. 길. (길이의 단위로 一丈은 10尺, 一尺은 10寸, 一寸은 3.3333公分(厘米)이다.) ¶那个坑(kēng)有三~多深;그 구덩이는 3장 넘게 깊다.│这里的马路平均(jūn)宽一~八;이곳 도로의 평균 폭은 1장 8척이다.

▶ 용법주의: '万丈高楼平地起(wànzhànggāolóupíngdìqǐ)'는 중국의 성어로, 사물을 무에서 유를 창조하는 것을 비유한다. ¶韩国的造船工业、汽车工业都是万丈高楼平地起, 一步一步建设起来的;한국의 조선공업, 자동차공업은 모두 무에서 유를 만들어 낸 것으로, 한 발 한 발 건설해 낸 것이다.

丈夫 zhàngfu 名 남편. ¶甘老师的~也是一位大学老师;감 선생님의 남편도 대학교 교수님이다.│她~特别温柔体

贴(wēnróu tǐtiē);그녀의 남편은 특히 온유하고 자상하다.

▶용법주의: 한국에서 사용하는 한자어 '男便'은 중국어에서 사용할 수 없다. 남녀가 결혼 한 후에, 남자의 배우자는 '妻子(qīzi)'라 칭한다. 현대에는 많은 사람들이 자신의 남편이나 타인의 남편을 '老公(lǎogōng)'으로, 타인의 남편은 '先生(xiānsheng)'이라 부르며, '老婆(lǎopo)'는 자신의 아내, '太太(tàitai)'는 타인의 아내를 칭한다. '丈夫(zhàngfu)'는 또한 성년 남자를 뜻하는 (zhàngfū)로 발음할 수 있기 때문에 주의해야 한다. ¶关羽是一位男子汉大丈夫;관우는 사내 대장부이다.

涨 zhàng 动 ❶ 불다. 팽창하다. ¶黄豆泡~以后,体积是原来的5-6倍;콩은 물에 불고 난 후의 부피는 원래의 5~6배이다.|这些黄豆怎么泡都泡不~;이 콩들은 어떻게 불려도 불지가 않는다. ❷ 충혈되다. 상기되다. ¶喝酒后脸~红是否代表酒量好呢?;술을 마신 후 얼굴이 붉게 상기되는 것은 주량이 세다는 것을 나타내는가?|他一生气,脸就~成紫红色;그는 한 번 화가 나면 얼굴이 바로 붉게 상기된다.|她的脸~得通红,说不出一句话来;그녀의 얼굴이 붉게 상기되어 말 한 마디도 하지 못한다. ❸ 초과하다. 넘다. ¶这块布比我原来订购的尺寸~出了半尺;이 천은 내가 원래 주문했던 치수보다 반 척이나 더 나왔다.|真奇怪!我口袋的钱怎么~出了十块钱,정말 이상해!내 주머니에 돈이 왜 10원이 더 있지.

障碍 zhàng'ài 名 장애. 장애물. ¶垃圾和工厂的排水(páishuǐ)问题是环境保护的最大~;쓰레기와 공장의 배수 문제는 환경 보호의 가장 큰 장애물이다.|注意力不集中是影响学习的首要~;주의력을 집중하지 않는 것은 학습에 영향을 주는 가장 중요한 장애물이다.|噪音(zàoyīn)容易造成幼儿的听觉~;잡음은 유아의 청각 장애를 초래하기 쉽다.|韩美两国牛肉进口的协议(xiéyì)还存在一些~;한미 양국의 소고기 수입 협정은 아직도 일부 걸림돌이 있다. 动 가로막다. 지장을 주다. ¶花花世界~了人的心智;번화한 세상은 인간의 지혜에 지장을 주었다.

▶확장용법: '障碍赛跑(zhàng'ài sàipǎo)'는 트랙에 장애물을 설치하여 시합하는 종목이다. 허들. ¶他的长项(chángxiàng)是障碍赛跑;그의 주 종목은 장애물 경주이다.|"身心障碍(shēnxīn zhàng'ài)"主要指肉体和精神不健康;심신 장애는 주로 육체와 정신이 건강하지 않은 것을 말한다.|我们要关心那些身心障碍的小朋友;우리는 그런 심신 장애가 있는 아이들에게 관심을 가져야 한다.

招待 zhāodài 动 접대하다. 초대하다. ¶金老师~我们吃了一顿韩国烤肉(kǎoròu);김 선생님이 우리들을 초대해서 한국 불고기를 먹었다.|他在那家中国餐馆~了我们几次;그는 그 중국 식당에서 우리를 몇 번 접대했다.|他妈妈做了一桌菜~我们;그의 어머니는 요리 한 상을 차려 우리를 접대했다. 名 초대. 접대. ¶谢谢你们热情的~;여러분의 정성 어린 대접에 감사드립니다.|我们这次的访问受到了他们最高层的~;우리는 이번 방문에서

그들의 최고위층의 접대를 받았다.

招待会 zhāodàihuì 名 연회. 초대회. 환영회. 리셉션. ¶2008年3月18日,中国温家宝(Wēn Jiābǎo)总理在北京举行了中外记者~;2008년 3월 18일, 중국 원자바오 총리는 베이징에서 중외기자회견을 열었다.|昨天韩国驻美国大使馆举行了国庆~;어제 한국 주재 미국 대사관에서 건국 기념 파티를 열었다.|这次的~开得很成功;이번 리셉션은 매우 성공적으로 열렸다.|王校长出席了这次建校50周年校友~;왕 교장은 이번 개교 50주년 동창 연회에 참석했다.|这个星期六,我们部门将在乐天饭店举行新春~;이번 주 토요일 우리 부서는 롯데 호텔에서 신년 환영회를 연다.

招呼 zhāo·hu 动 ❶ 부르다. 인사하다. ¶别站在那儿,赶快~客人入座;거기 서 있지 말고 얼른 손님을 불러 자리에 앉도록 해라.|我有点儿急事,我过去~一下就走;제가 급한 일이 좀 있어서 가서 인사만 잠깐 하고 바로 가겠습니다.|我一到,他就热情地~着我;내가 도착하자 그는 친절하게 나에게 인사를 했다.

▶용법주의:'招呼'는 자주'打'와 조합되어 함께 쓰이며,'打招呼'는 이합사이다. ¶他举手跟我打了个招呼;그는 손을 들어 나에게 인사했다.|看到熟人,别忘了打招呼;아는 사람을 보면 인사하는 것을 잊지 말아라.

❷ 돌보다. 보살피다. 시중들다. ¶这儿我来~,你去帮你妈妈的忙;이곳은 내가 돌볼 테니 너는 가서 엄마를 도와라.|一下子来了好多客人,我简直(jiǎnzhí)就~不过来;갑자기 많은 손님이 몰려와 정말로 돌볼 수가 없다.|他是我最好的朋友,你可要~好他;그는 나의 가장 친한 친구이니 너는 그를 잘 보살펴 주거라.

着 zhāo (~儿) 名 ❶ (바둑, 장기 따위의) 수. ('招'와 같다.) ¶你的棋艺真是高~儿;너의 바둑 기량은 정말 고수이다. ❷ 계책. 수단. ('招'와 같다.) ¶你别玩什么花~;너는 어떤 잔재주도 부리지 마라.|我没~儿了;나는 뾰족한 수가 없다.

着 zháo 动 ❶ 접촉하다. 닿다. ¶这个地方真是上不~天,下不~地;이 곳은 정말 위로는 하늘에도 닿지 않고, 아래로는 땅에도 닿지 않는구나!|东西放得太高了,我够不~;물건을 너무 높은 곳에 올려 놓아서 내 손이 닿지 않는다. ❷ 느끼다. 받다. ¶多穿点儿衣服,小心别~凉了!;옷을 좀 두껍게 입어 감기 걸리지 않도록 조심해라! ❸ (불이) 붙다. 켜지다. ¶弄了好久,最后火终于~了起来;한참을 해서 마침내 불이 붙었다.|你看,那个房子~火了;봐라, 저 집에 불이 났다. ❹ 동사 뒤에 놓여 목적이 달성되었거나 결과가 있음을 표시한다. ¶他运气真好,一下子就给他猜(cāi)~了;그는 정말 운이 좋다, 한번에 알아맞혔다.|我的话还没说完,他就睡~了;내 말이 아직 끝나지도 않았는데 그는 잠이 들어 버렸다.

着急 zháojí 形 조급해하다. 안달하다. ¶别~,还有时间呢;조급해 하지 마세요, 아직 시간이 있잖아요.|你~也没有用,还是静下来想想下一步怎么做;네가 안달해도 소용없으니 역시 마음을 가라앉히고 다음은 어떻게 해야

할 지 한번 생각해 보자.
▶용법주의:'着急'는 이합사로 분리하여 쓸 수도 있다.¶你着什么急,还有时间呢;너는 뭘 그리 안달하니, 아직 시간이 있는데.

照 zhào [动] ❶ 비치다. 비추다.¶今天阳光太强,~得我睁不开眼;오늘 햇빛이 너무 강하게 비치어 내가 눈을 뜰 수 없을 정도이다.|霓虹灯~得整条街美极了! 네온 사인이 온 길을 매우 아름답게 비추고 있다.
▶용법주의: 동사 중첩이 가능하다.¶你用电筒~~床下,看看钥匙是不是掉在床下了;열쇠가 침대 밑으로 떨어졌는지 볼 테니, 너는 손전등으로 침대 밑을 한번 비추어 보아라.
❷ (거울 등의 반사체에 모습을) 비추다.¶我妹妹最喜欢~镜子了;나의 여동생은 거울 보는 것을 가장 좋아한다.|湖面把我的脸~得清清楚楚;호수의 수면이 나의 얼굴을 또렷하게 비춘다.
▶용법주의: 동사 중첩이 가능하며 약간의 부정적인 의미를 지닌다.¶你也不去~~镜子,看看你自己是个什么模样;너도 가서 거울 좀 안 보니, 네 자신이 어떤 모습인지 좀 봐라.
❸ 촬영하다. 사진을 찍다.¶这张相片是谁给你~的?이 사진은 누가 당신에게 찍어 준 것입니까?|我想~张护照用的照片;나는 여권용 사진을 찍고 싶다.|这张照片~得不太好;이 사진은 잘 못 찍었다. [介] ❶ (동작의 방향) …을 향하여.(朝, 向과 의미가 비슷하다.)¶~着这个方向走,你就可以看到了;이 방향을 향해 가면 당신은 볼 수 있을 것이다.|别~着孩子的头

打,打坏了怎么办? 아이의 머리를 때리지 마세요, 맞아서 어떻게 해요?
▶용법주의: 동작의 방향을 나타내는 '照'는 주로 '着'와 함께 사용된다.
❷ …에 따라. …대로.¶这次讨论会~原计划进行;이 토론회는 원래의 계획에 따라 진행된다.|~这种速度行驶,我们一个小时就可以到大田了;이 속도대로 달린다면, 우리는 한 시간이면 대전에 도착할 수 있다.|我们~他设计的这个蓝图来建设我们的家乡;우리는 그가 설계한 이 설계도에 따라 우리의 마을을 건설한다.
▶용법주의:'照'는 주로 '说','说的','说来','看'과 어울려 사용된다.¶~你说,这事该怎么办呢? 당신의 말에 따르자면, 이번 일은 어떻게 해야 하죠?|这事就~他说的去办吧! 이번 일은 그가 말한 대로 합시다!|~这么说来,你是不能参加今晚的联谊会了;이렇게 말한 대로라면 너는 오늘 저녁의 친목회에 참석할 수 없다.|~我看,这件事不单纯;내가 보기엔 이번 일은 단순하지 않다.

[副] 평소와 같다. 평소처럼 하다.¶早上~吃早餐,下午~吃午餐,而晚餐以苹果代替,能达到很好的瘦身效果;아침은 평소처럼 아침 식사를 하고, 점심에는 평소대로 점심 식사를 하고 저녁 식사는 사과로 대체했더니 다이어트 효과를 잘 낼 수 있었다.|不管老板高兴不高兴,他还是有话~说;사장님이 좋아하든지 싫어하든지 상관없이 그는 여전히 할 말이 있으면 평소대로 말했다.|他上课看小说已经被老师骂了好几次,他还是~看不误;그는 수업시간에 소설책을 봐서 이

811

미 선생님께 여러 번 혼났지만 여전히 수업 시간에 소설책을 보는 것이 틀림없다.

▶용법주의:'照看'의 다른 뜻은 돌보다. 보살피다. ¶他妈妈帮他姐姐照看孩子;그의 어머니는 그의 누나를 도와 아이를 보살핀다.

照常 zhàocháng 形 평소대로 하다. 평소와 같다. ¶ 明天不休息~上课;내일은 쉬지 않고 평소대로 수업을 한다. | 节日期间,百货商场~营业;명절기간에 백화점은 평소대로 영업을 한다.

照顾 zhàogù 动 ❶ 고려하다. 주의하다. ¶ 所有的政策都应该~到多数人的利益;모든 정책은 많은 사람들의 이익을 고려해야만 한다. | 我们原本以为我们的计划很完美,结果有些方面还是没有~到;우리는 원래 우리의 계획이 매우 완벽하다고 생각했는데 결과는 여전히 몇 군데 주의하지 못한 부분이 있었다. ❷ 보살피다. 배려하다. ¶ 父母年纪大了,需要我们的~;부모님께서는 연세가 많으셔서 우리의 보살핌이 필요하다. | 这位护士把病人~得很好;이 간호사는 환자를 잘 보살핀다. | 你~一下女儿,我去买个东西就回来;제가 물건 사서 금방 돌아올 테니 잠깐만 여자아이를 보살펴 주세요. | 我的这些花麻烦您~一下;번거롭겠지만 저의 이 꽃들을 한번 보살펴 주세요. | 一个人在外,你得~好自己;혼자서 외지에 있을 때는 스스로를 잘 보살펴야 한다. | 我在读书期间一直受到金老师的~;나는 공부하는 기간 동안 계속해서 김선생님의 보살핌을 받았다. | 把你们分配到同一个寝室算是我们对你们两个特别的~;당신들을 같은 방으로 안배한 것은 저희들이 두 분을 특별히 배려한 것입니다.

▶용법주의:'照顾不了','照顾不上','照顾不过'은 모두 보살필 방법이 없음을 나타내는 것이다. 그렇지만 '照顾不过来'의 뒤에는 목적어가 올 수 없다. ¶工作太忙,我根本照顾不过来家里(×)| 工作太忙,我根本照顾不上/照顾不了家里;일이 너무 바빠서 도무지 집안을 보살필 수가 없다. | 一下子来了怎么多人,我真有点儿照顾不过来;한꺼번에 사람들이 몰려오니 제대로 보살필 수가 없다.

照旧 zhàojiù 形 예전대로 따르다. 종전대로 하다. ¶ 虽然规劝了他几次,但他~不改,仍然我行我素;비록 그에게 몇 번이나 충고했지만 그는 종전대로 고치지 않고 여전히 사람들이 뭐라고 하든 자신의 방법대로 한다. | 虽然换了新领导,但是单位的一切仍然~;비록 새로운 지도자로 바뀌었지만 부서의 모든 것은 여전하다.

▶확장용법:'照旧'와 '照常'은 항상 바꿔 사용할 수 있다. ¶他身体不舒服,仍然照旧/照常上班;그는 몸이 불편했지만 여전히 평소대로 출근한다. | 虽然出了点小问题,比赛将照旧/照常举行;비록 작은 문제가 발생했지만 경기는 원래대로 진행된다.

照片 zhàopiàn 名 사진. ¶ 这张~是我在中国黄山拍的;이 사진은 내가 중국 황산에서 찍은 것이다. | ~上的那个男孩是谁? 사진 속의 이 남자애는 누구입니까?

▶확장용법:'照片'은 '相片'의 유의어

이다.¶请帮我把这张照片/相片放大;나를 도와 이 사진을 확대해 주실 수 있습니까?| 你这张照片/相片照得真好,당신의 이 사진은 정말 잘 찍었다.

照相 zhàoxiàng 动 사진을 찍다.¶年轻时我最喜欢~,现在老了就怕上镜头;젊었을 때 나는 사진찍는 것을 제일 좋아했는데 지금은 늙어서 사진 찍는 것을 좋아하지 않는다.
▶확장용법:'照相'는'照像'으로 쓸 수 있다.'上镜头'는 일반적으로 '사진을 찍다.','촬영하다.'의 긍정적인 의미로 쓰인다. 즉, 사진이 잘 나온 것을 말한다.¶她很上镜头,照出来的照片都非常好看;그녀는 사진이 잘 받아서 찍힌 사진들마다 모두 매우 보기 좋다.

照相机 zhàoxiàngjī 名 사진기. 카메라.¶韩国三星的~很受中国消费者的欢迎;한국 삼성회사의 카메라는 중국 소비자에게 매우 인기가 좋다.| 这种老式的~,我不会用;나는 이런 구형 사진기는 사용할 줄 모른다.

照相手机 zhàoxiàng shǒujī 名 카메라 핸드폰.¶随着技术的进步,人们对手机的功能有了更高的要求,由此~应运而生;기술이 발전함에 따라 사람들은 핸드폰의 기능에 더 많은 요구가 생겼고, 이에 따라 카메라 핸드폰이 자연스레 생겨났다.| LG五百万画素~Viewty昨天在北京正式亮相;LG의 500만 화소 카메라 핸드폰인 Viewty가 어제 베이징에서 정식으로 출시되었다.

找 zhǎo 动 ❶찾다. 구하다.¶我要~小王,他在吗? 나는 왕 군을 찾는데, 그가 있습니까?| 现在非常不好~工作;요즘은 직장 찾기가 매우 힘들다.

▶용법주의: ❶'找起来'는 찾는 동작의 시작을 나타내고,'找回来'는 분실한 물건이 다시 돌아온 것을 나타내며,'找出','找出来'는 어떤 물품 안에서 물건을 찾아 꺼내는 것을 나타낸다.¶那么多的东西,~起来不容易;그렇게 많은 물건을 찾자니 쉽지가 않다.| 我的钱包~回来了;나의 지갑을 찾아왔다.| 妈妈从相簿(xiàngbù)里~出(来)一张我六岁的照片;어머니는 앨범에서 내가 6살 때의 사진 한 장을 찾아내셨다. ❷'找'는 또한 중복해서 쓸 수 있는데, 뒤에는'看'이 자주 붙어'找找看'을 구성하거나, 중간에'一'를 삽입해'找一找'를 형성한다.¶你去床底下找找看,有没有我的手表;네가 가서 침대 밑에 내 시계가 있는지 한 번 살펴보아라.| 大家把自己的生日写下,找一找和自己同年同月同日生的朋友;모두 자신의 생일을 적고 자신과 동년 동월 동일에 태어난 친구를 한번 찾아보세요.

❷거슬러주다. 초과한 것을 돌려주다.¶零钱(língqián)别~了;잔돈은 거슬러주지 않아도 됩니다.| 对不起,一百块钱我~不开,我没有那么多的零钱;죄송합니다, 나는 그렇게 많은 잔돈이 없어서 100위안짜리는 거슬러 줄 수 없습니다.| 你~我钱了吗? 저에게 돈을 거슬러 주었습니까?| 老板~错钱了,少~了我一块钱;사장님이 돈을 잘못 거슬러 줬는데 나에게 1원을 적게 거슬러 주었습니다.| 来,~你五块钱;여기, 5위안 거슬러 줄께요.
▶확장용법:'找得开'(zhǎodekāi)는 잔돈이 충분히 있어 거슬러 줄 수 있다는 것을 나타내며'找不开'(zhǎobukāi)는 잔돈이 충분치 않아서 거슬러 줄

수 없다는 것을 나타낸다.¶100块钱,你找得开吗?100위안짜리인데, 거스름돈을 거슬러 줄 수 있습니까?|100块钱,我找不开;100위안짜리는 거슬러 줄 수가 없습니다.

找到 zhǎodào 动 찾다. (찾는 동작의 결과로 분실한 물건을 다시 되찾아 온 것을 나타낸다.)¶我终于~了我的身份证;나는 마침내 나의 신분증을 찾았다.|我~他了,他现在人在美国;나는 그를 찾았는데, 그는 지금 미국에 있다.

▶용법주의:'找到'의 반대말은'找不到'이다.¶我怎么找也找不到我的机票;나는 아무리 찾아도 나의 비행기표를 찾을 수가 없다.|对不起,我找不到你要的资料;미안해, 나는 네가 원하는 자료를 찾을 수가 없어.

召集 zhàojí 动 불러모으다. 소집하다.¶你去~大家来开会;당신이 가서 모두가 회의에 오도록 불러 모으세요.|班长~了全班同学商量比赛的事情;반장은 시합에 관한 일을 의논하려고 반 전체 학생들을 불러 모았다.|联合国秘书长潘基文(PānJīwén)14日~会员国常驻联合国代表召开紧急(jǐnjí)会议;유엔 사무총장 반기문은 14일 상주연합국 대표 회원국을 소집해 긴급 회의를 연다.

▶용법주의:'召集'는 목적어로도 쓰일 수 있다.¶这次同学会由他负责~;이번 학생회는 그가 소집을 책임진다.

▶확장용법:'召集人'(zhàojírén)은 소집 활동의 주요 책임자이다.¶香港演艺协发起赈灾(zhènzāi)大行动,刘德华任召集人;홍콩 연예인 협회는 이재민 구제 활동을 시작하는데, 류더화가 소집

책임을 맡는다.|这次关爱行动的召集人由李老师担任;이번 자선활동의 소집 책임은 이 선생님이 담당하신다.

召开 zhàokāi 动 개최하다. 열다.¶八月将在我校~对外汉语国际学术会议;8월에 우리 학교에서는 대외한어 국제 학술회의를 개최할 것이다.|教务会议订在下星期一~;교무 회의는 다음 주 월요일에 열기로 정했다.|这次家长联谊会~得很成功了;이번 학부모 친목회는 매우 성공적으로 열렸다.

▶용법주의:'召开'는 목적어로도 쓰일 수 있다.¶这次全国代表大会的~,具有深远意义;이번 전국대표대회의 개최는 매우 깊은 의의를 가지고 있다.|全中国人都兴高采烈(xìnggāocǎiliè)地迎接北京奥运会的~;모든 중국인이 매우 기쁘게 베이징 올림픽의 개최를 맞이했다.

这 zhè 代 이. 이것.¶~支钢笔是甘老师的;이 만년필은 감 선생님의 것이다.|~个人不可靠;이 사람은 믿을 만하지 못하다.|~东西是什么? 이 물건은 무엇입니까?|~孩子总不老实;이 아이는 항상 솔직하지 못하다.

▶용법주의:❶'这'는 단독으로도 쓸 수 있다.¶~是什么? 이것은 무엇입니까?|~不简单;이것은 단순하지 않다.|~怎么用? 이것은 어떻게 사용합니까?|你说~干什么? 말해 봐! 무엇을 한 것이냐?❷ 뒤에 양사 혹은 수량사가 올 때 (zhèi)로도 발음된다. 직접 명사와 연결될 때 한정어로 쓰인다.

▶확장용법:'这'의 반대말은'那(nà)'로 비교적 먼 사람이나 사물을 가리키며,'저','저것'의 의미이다.¶那是什么? 저것은 무엇입니까?|那个人不可

靠;저 사람은 믿을 수 없다.

这边 zhèbiān 代 여기. 이쪽. ¶山的~属于韩国大学;산의 이쪽은 한국대학교에 속해 있다.|~说话比较安全;여기서 말하면 비교적 안전하다.

▶확장용법:'那边(nàbiān)'은 '저기','저쪽'의 의미이다.¶我们到那边说话,这边人太多太吵;우리 저쪽 가서 이야기 하자, 여기는 사람이 너무 많아 시끄럽다.|同意的站在这边,不同意的站在那边;동의하는 사람은 이쪽에 서고, 동의하지 않는 사람은 저쪽에 서 주세요.

这次 zhècì 代 이번. ¶~行动一定不能出错;이번 행동에서는 절대로 실수해선 안된다.|张老师对我们~考试的成绩非常满意;장 선생님은 우리들의 이번 시험 성적에 매우 만족한다.

▶확장용법:'那次(nàcì)'는 '지난 번'의 의미이다.¶那次活动办得非常成功;지난 번의 활동은 매우 성공적으로 치뤘다.|你记得那次我们是怎么说好的吗? 너 지난 번에 우리가 어떻게 이야기를 마무리 지었는지 기억나니?

这个 zhè·ge 代 이. 이것. ¶我们一定要把~案件(ànjiàn) 查得水落石出(shuǐluòshíchū);우리는 반드시 이번 안건을 조사하여 일의 진상을 밝혀내야 한다.|~问题不知道怎么解决,实在很头疼! 이 문제는 어떻게 해결해야 할지 모르겠어, 정말 골치가 아파!

▶용법주의: 사물을 나타내는 '这个'는 가끔 뒤의 명사를 생략할 수 있다.¶这个你千万不能吃,吃了会中毒;이것은 절대로 먹지 말아라 먹으면 중독이 될 것이다.|你只要给他看看这个,他就明白了;네가 그에게 이것을 보여주기만 하면 그는 바로 알 것이다.

▶확장용법:'那个'(nàge) 代 저. 저것. ¶~书包是我的;저 책가방은 나의 것이다.|~问题,你要尽快(jǐnkuài)解决;저 문제는 네가 되도록 빨리 해결해야 한다.

这里/这儿 zhèlǐ/zhèr 代 이 곳. 여기. ¶~住的都是有钱人;이 곳에 사는 사람들은 모두 돈이 있는 사람들이다.|~的橘子特别甜,特别好吃;이곳의 귤은 특별히 달고 맛있다.

▶확장용법:'那里/那儿'(nàlǐ/nàr) 代 그 곳. 저기.¶那里/那儿住的都是穷人;저 곳에 사는 사람들은 모두 가난한 사람들이다.|你站在那里/那儿干什么? 너 거기 서서 뭐하니?|从那里到你家需要多长时间? 그 곳에서 당신의 집까지 얼마나 걸립니까?

这么 zhè·me 代 이러한. 이와 같은. 이렇게.¶对,~就对了! 맞아, 이렇게 하는 게 맞아!|行,就~吧! 좋아요, 이렇게 합시다. 副 이렇게. (정도를 나타낸다.)¶我没有想到学习一门外语会~难;나는 외국어 하나 공부한다는 것이 이렇게 어려울지 생각도 못 했다.|~长时间,我们都没有联系(liánxì),今天见到你,真的很高兴;이렇게 오랜 시간 우리 연락조차 없었는데 오늘 너를 만나니 정말 기쁘다.

▶용법주의:❶'这么'뒤에 동사 또는 형용사가 올 때 '这样'과 통용될 수 있다.❷뒤에 정해지지 않은 수량사 '几'가 올 경우 보통 아주 적은 수량을 나타내며, 일반적으로 '这样'은 쓰지 않는다.❸ 반의어는 '没+这么'나 '不+这么'이다.¶这个字应该这么/这样写;이 글자는 이렇게 써야 한다.|这件事就这么/

这样决定了！这件事就这样决定了。| 他才回去这样几天，我就开始想他了(×)| 他才回去这么几天，我就开始想他了；그는 겨우 요 며칠 전에 돌아갔는데, 나는 벌써 그가 보고 싶다.| 我只说了这样几句话，他就生气了(×)| 我只说了这么几句话，他就生气了；나는 단지 몇 마디만 했을 뿐인데, 그는 화를 냈다.| 就这样几天，他就把论文给提交出来了(×)| 就这么几天，他就把论文给提交出来了；요 며칠 만에 그는 논문을 제출했다.| 他没这么好心，会拿出100元来帮助我；그는 100위안을 꺼내 나를 도와줄 정도의 이러한 호의가 없다.| 问题没这么严重；문제는 이렇게 심각하지 않았다.| 老板今天不这么不高兴，我们还是小心点儿；오늘 사장님께서 이렇게 기분이 좋지 않으니 우리들은 조심하는 것이 좋겠다.

▶확장용법：'那么'(nàme) 代 이렇게. 저렇게. ¶既然你那么喜欢这本书，就送给你吧！네가 그렇게 이 책을 좋아한다니, 네게 주마！¶我到山东那么长的时间，还没去过孔子庙呢！저는 산동에 그렇게 오래 있었는데도 아직도 공자묘에 가 보지 못 했네요！| 我们从北京飞韩国仁川，你看那么好不好？우리는 베이징에서 한국의 인천까지 비행기 타고 가려는데, 네가 보기에 그렇게 하는 것이 어때？| 这么就对了，那么就错了！이렇게 하는 것이 맞고, 그렇게 하면 틀린다！| 他可没那么大方，会请我们吃饭；그는 우리에게 밥을 살 정도로 그렇게 통이 크지 못하다.| 我的英语没那么好，你可不要找我为你翻译(fānyì)！나의 영어 실력은 그렇게 좋지 못 하니, 너는 나더러 통역해 달라

고 찾아선 안 된다.| 这儿住宿的环境不那么理想，就请你委屈(wěiqu)点儿了；이곳의 주거 환경이 그렇게 좋지 못 하니, 좀 불편하더라도 양해바랍니다.

这时 zhèshí 代 이 시간. 이 때. ¶女朋友和你说再见，~你该怎么办？여자친구가 너와 헤어지자고 말한다면, 이 때 넌 어떻게 할거야？| 我们在教室里大声说话时，~校长走了进来，把我们给训(xùn)了一顿(dùn)；우리가 교실에서 큰 소리로 떠들고 있는데, 이 때 교장 선생님께서 들어와 우리를 한 차례 혼내셨다.

▶확장용법：'那时'(nàshí) 代 그 때. 그 시간. ¶我十岁那时，家里还没有电视呢！내가 열 살 때는 집에 아직 텔레비전이 없었다！| 我们那时的年轻人不像现在这么开放；우리 그 때 젊은이들은 지금처럼 이렇게 개방적이지 않았다.

这些 zhèxiē 代 이런 것들. 이러한. ¶~问题我们上次不是讨论过了吗？이러한 문제들은 우리가 지난 번에 토론하지 않았습니까？| ~老师来自上海地区，他们是来考察(kǎochá)我校汉语教学情况的；이 선생님들은 상하이 지역에서 왔는데, 그들은 우리 학교의 중국어 교육 상황을 조사하려고 왔다.

▶용법주의：'这些'는 일반적으로 명사 앞에서 사용되며, 서로 모두 아는 사물일 경우 단독으로 사용할 수 있다. 그러나 사람을 가리키는 경우 단독으로 사용할 수 없다. ¶这些在这里做什么？(×)| 这些人在这里做什么？이 사람들은 여기서 무엇을 합니까？| 我刚才说的这些，你都听懂了吧？제가 방금 말한 이런 것들은 당신은 모두 이해

하십니까?

▶확장용법:'那些'(nàxiē) 代 저런 것들. 저러한. ¶那些人是干什么的? 저 사람들은 무엇을 하는 것입니까?|那些东西都是他的;저 물건들은 모두 그의 것이다.|你说的那些我都懂,只是做起来太难了;네가 말한 그것들은 내가 모두 알아 들었지만, 다만 하기에는 너무 어렵다.

这样 zhèyàng 代 ❶ 이러한. 이런. (보통 뒤에 '的'를 수식한 명사가 온다.) ¶~的结果,不是我事先所期望的;이런 결과는 내가 사전에 기대했던 것이 아니다.|我觉得~的花色最好看;나는 이런 디자인과 색깔이 가장 보기 좋다고 생각했다. ❷ 이렇게. ¶~我就放心了;이렇게 하면 내가 안심이다.|不~,问题就无法解决;이렇게 하지 않으면 문제를 해결할 방법이 없다.

▶용법주의:❶'这样'이 성질 또는 상태를 나타낼 때는 명사의 앞에서 수식하며, 보통 '一+量词'가 온다.¶他就是这样一个会为他人着想(zhuóxiǎng)的好人;그는 바로 이렇게 다른 사람을 위해 생각할 수 있는 좋은 사람이다.|你怎么买了这样一双鞋子?너는 어떻게 이런 신발을 샀니? ❷'这样'은 동사 또는 형용사를 수식할 때 '这么'와 바꾸어 쓸 수 있다.¶我们就这样/这么决定了! 우리는 이렇게 결정했다.|他们生活得这样/这么幸福,真让人羡慕! 그들이 이렇게 행복하게 사니 정말 부럽다.

副 이와 같다.|你能~想,我很高兴;네가 이렇게 생각해 줄 수 있어서, 나는 매우 기쁘다.|我们都没想到南京会下~大的雪;우리 모두는 난징에서 이렇게 큰눈이 내릴 것이라고 예상치 못 했다.

这样一来 zhèyàngyìlái 이렇게 되어. ¶本来不让他知道事情的原委(yuánwěi)是为他好,可是~,反而让他误会我了;원래 그에게 사건의 경위를 알지 못하게 한 것은 그를 위해서 한 것인데, 이렇게 되어 오히려 그가 나를 오해하게 되었다.|我们把旅游路线又重新安排了一下,~就可以多玩几个地方了;우리는 여행 노선을 다시 새롭게 배정해 보자, 이렇게 하면 몇 군데 더 놀 수 있을 것이다.

▶용법주의:'这样一来'는 단어의 앞에서 원인을 나타내며, 뒤에 있으면 결과를 나타낸다.

这种 zhèzhǒng 代 이와 같은. 이런 종류(의). ¶~水果,在韩国很难看到;이런 과일은 한국에서 보기 힘들다.|我喜欢用~香水;나는 이런 향수를 즐겨 쓴다.|他~好人,在现代的社会很难找到;그 같이 좋은 사람은 요즘 사회에서 찾아보기 힘들다.

▶용법주의:'这种'은 지시대명사로 대화하고 있는 쌍방 모두 알고 있는 주제를 가리키지만, 단독으로 사용할 수도 있다.¶我喜欢这种,你呢? 나는 이런 것을 좋아하는데, 당신은요?|这种要比那种来得好;이런 종류보다는 저런 종류가 더 좋다.

▶확장용법:'那种'(nàzhǒng); 저와 같은. 저런 종류.¶那种款式(kuǎnshì)早已经过时了! 저런 디자인은 벌써 유행이 지났어!|我不喜欢那种,你呢? 나는 저런 것은 좋아하지 않는데, 당신은요?

着 zhe 〔助〕❶ …하고 있다. …하고 있는 중이다. (동작의 지속을 나타낸다.) ¶他们正吃~饭呢;그들은 막 밥을 먹고 있다.│他来我家时,我正睡~觉呢;그가 집에 왔을 때 나는 한창 잠을 자고 있었다. ❷ …해 있다. (동작이 끝난 뒤 정지 상태의 지속을 나타낸다.) ¶我进来的时候,客厅的灯是开~;내가 들어왔을 때 거실의 불은 켜져 있었다.│墙上挂~一幅画;벽에 그림 한 점이 걸려져 있다. ❸ 동사 또는 정도를 나타내는 형용사와 함께 사용되어 명령이나 부탁의 어기를 강조한다. ¶大家听~,下课后马上到操场(cāochǎng)上集合;모두들 들으세요, 수업이 끝난 후 바로 운동장에 집합하세요. ❹ 일부 동사의 뒤에 쓰여 전치사의 기능을 한다. ¶我们顺~小路走进森林;우리는 오솔길을 따라서 숲으로 들어갔다.│他朝~我走过来;그는 나를 향해 걸어온다.│你沿~这条路走,就可以看到邮局了;이 길을 따라 가면 바로 우체국을 볼 수 있을 것이다.

针 zhēn 〔名〕❶ 바늘. ¶你的衣服破了,给我支~,我来帮你缝(féng)一缝;너의 옷이 찢어졌는데, 바늘 좀 줘 봐 내가 꿰매 줄께.│妈妈在灯下做着~线活儿;어머니는 등불 아래에서 바느질을 하고 계신다.│他打球受伤了,头部被缝了三~;그는 공놀이를 하다가 다쳐서 머리를 세 바늘 꿰맸다. ❷ 바늘이나 침처럼 생긴 물건. ¶手表上只有时~没有分~、秒~;손목 시계에 시침만 있고 분침과 초침은 없다.│指南~是中国古代四大发明之一;나침반은 중국 고대 4대 발명품 중의 하나이다.

▶확장용법:'针'과 관련된 단어들. ¶针织品(zhēnzhīpǐn);편직 기술로 제작한 옷.│胸针(xiōngzhēn);브로치.│针灸(zhēnjiǔ);침구. (중국의학 치료법의 하나)│针眼(zhēnyǎn);침 맞은 자리. 바늘로 찌른 구멍. 针眼(zhēnyǎn);<의학> 다래끼.

❸ 침. 주사. ¶这点伤口,打一~就会没事的;이 정도의 상처는 주사 한대 놓으면 곧 괜찮아질 것이다.│你打了感冒预防~了吗? 당신은 감기 예방 주사를 맞았나요?

针对 zhēnduì 〔动〕겨누다. 대하다. 조준하다. ¶美国总统奥巴马~全球金融(jīnróng)危机问题提出新的经济政策;미국의 대통령 오바마는 전 세계 금융위기문제에 대하여 새로운 경제 정책을 제시했다.│她不喜欢美美,所以总是处处~美美;그녀는 메이메이를 좋아하지 않아서 언제나 그녀를 표적으로 삼는다.│他的话就是~你说的;그의 말은 바로 당신을 겨누고 말한 것이다.

珍贵 zhēnguì 〔形〕진귀하다. 보배롭다. ¶这些~的药材来自印度;이렇게 진귀한 약재들은 인도에서 온 것이다.│我怎么能受你~的礼物;내가 어떻게 당신의 진귀한 선물을 받을 수 있겠습니까?

珍惜 zhēnxī 〔动〕(진귀하게 여겨) 아끼다. 소중히 여기다. ¶为了美好的明天,我们应该~今天;아름다운 내일을 위해 우리는 마땅히 오늘을 소중히 여겨야 한다.│这种友谊值得~一辈子;이런 우정은 평생 소중히 여길 가치가 있다.│请~我们的缘分(yuánfèn);우리의 인연을 소중히 여깁시다.
▶확장용법: '珍惜'에 관련된 단어. ¶珍惜生命;생명을 소중히 하다. | 珍惜生活;생활을 소중히 여기다. | 珍惜现在;현재를 소중히 여기다. | 珍惜时间;시간을 소중히 여기다. | 珍惜友情;우정을 소중히 여기다.

真 zhēn 形 진실하다. 사실이다. ¶这幅唐伯虎的画是~的;이 당백호의 그림은 진짜이다. | ~的假不了,假的~不了;진실한 것은 거짓될 수 없으며, 거짓은 진실될 수가 없다. 名 사람의 초상. 사물의 형상. ¶这是他的艺术写~;이것은 그의 예술 사진이다.
▶확장용법: '写真集' (xiězhēnjí);사진집. ¶许多女明星很喜欢出版自己的写真集;많은 유명 여배우들은 자신의 화보를 출판하는 것을 좋아한다.
副 정말로. 참으로. 진실로. ¶这件事,你处理得~不错;이 일은 당신이 정말 잘 처리 했다. | 他的身体恢复(huīfù)得这么快,~叫我高兴;그의 몸이 이렇게 빨리 회복되어서 정말 기쁘다.

真诚 zhēnchéng 形 진실하다. 성실하다. ¶我们~地邀请你来我们学校访问;우리는 진실로 당신이 우리 학교를 방문해 주시기를 요청합니다. | 谢谢你~的帮助;진실 어린 도움에 감사 드립니다. | 请接受我们~的心意;우리의 진실된 뜻을 받아 주십시오. 名 진심. ¶他的~终于感动了她;그의 진심이 드디어 그녀를 감동시켰다. | 他以死来表示对国家对人民的~;그는 죽음으로써 국가와 인민에 대한 진심을 표현하였다.

真理 zhēnlǐ 名 진리. ¶~是客观存在的,任何人也不能改变;진리는 객관적으로 존재하는 것이므로 어떤 사람도 고칠 수 없다. | "优秀(yōuxiù)是一种习惯"是古希腊(xīlà)哲学家(zhéxuéjiā)亚里士多德说的人生~;'우수하다는 것은 일종의 습관이다'는 고대 그리스 철학자 아리스토텔레스가 말한 인생의 진리이다.

真实 zhēnshí 形 진실하다. ¶新闻报道(xīnwén bàodào)要~;뉴스 보도는 진실해야 한다. | 这封信,表达了他的~情感;이 편지는 그의 진실된 감정을 표현했다. | 影片(yǐngpiàn)~地再现了当时的场景;영화는 진실되게 당시의 장면을 재현했다.

真是的 zhēnshìde 叹 정말. 참. (불만의 감정을 나타낸다.) ¶~,每天这么忙碌,连孩子也不管;정말! 매일 이렇게 바쁘니 아이들조차 돌보지 못한다. | 他怎么还不回来吃饭,~;그는 왜 아직 밥 먹으러 돌아오지 않는 거야, 정말! | 你也~,他还是个孩子,何必跟他这么计较(jìjiào)? 너도 참. 아직 어린애인데 뭘 그렇게 따지니?

真相 zhēnxiàng 名 진상. ¶如果不明~,就会被人利用;만약 진상을 모른다면, 사람들에게 이용 당할 수 있다. | 为了弄清事情的~,她决心去事故发生地调查(diàochá);일의 진상을 명백히 하기 위해, 그녀는 사고가 난 장소에 가서 조사하기로 결심했다. | 有时要揭开(jiēkāi)层层迷雾(míwù)才能使~大白;때로 겹겹이 쌓인 짙은 안개가 걷혀야만 비로소 진상이 낱낱이 밝혀질 수 있다.

真正 zhēnzhèng 形 진정한. 참된. ¶你是我~的朋友;너는 나의 진정한 친구

다.| ~的友谊是经得起时间考验的;진정한 우정은 시간의 시련을 이겨내는 것이다. 副 진실로. 참으로. 정말로. ¶ 他不是~爱你的人;그는 정말 당신을 사랑하는 사람이 아니다.| 他~喜欢的人是你;그가 정말로 좋아하는 사람은 바로 당신이다.

真挚 zhēnzhì 形 진지하다. 진실하다. ¶ 请向你全家转达(zhuǎndá)我~的问候;당신의 전 가족들에게 나의 진실된 안부를 전해 주시기 바랍니다.| 他们之间曾经(céngjīng)有一份~的爱情;그들 사이에는 일찍이 진실된 사랑이 있다.| 他对她的感情是很~的;그녀에 대한 그의 감정은 매우 진지한 것이다.| 请接受我~的祝福;나의 진실된 축복을 받아주세요.

斟酌 zhēnzhuó 动 헤아리다. 고려하다. 숙고하다. ¶ 他~了半天, 还是决定考清华大学;그는 한참을 숙고하고, 역시 칭화대학을 시험보기로 결정했다.| 李经理凡事都喜欢再三~, 然后再作决定;이 사장님은 모든 일에 있어서 여러 번의 심사숙고 후에 다시 결정하는 것을 좋아한다.

▶용법주의: 한국어 '斟酌(짐작)'은 '사정이나 형편 따위를 어림잡아 헤아린다.'라는 의미로 중국어의 '斟酌'와 그 용법이 다소 다르다.

阵 zhèn 名 (군대의) 진영. ¶ 诸葛亮打仗最善于摆(bǎi)~;제갈량은 전쟁할 때 진영을 짜는 것을 가장 잘한다.| 冲锋(chōngfēng)号响(xiǎng)起后, 士兵们向敌人的~地冲去;돌격 나팔이 울리기 시작한 후, 병사들은 적진을 향해 돌진한다. 量 번. 바탕. 차례. (잠시 동안 지속되는 일이나 동작을 세는 단위) ¶ 昨天夜里下了一~很大的雨;어제 밤에 큰 비가 한 바탕 내렸다.| 台上的领导刚讲完话, 下面就响起了~~掌声(zhǎngshēng);강단 위 지도자의 말이 막 끝나자, 아래에서 연달아 박수 소리가 울리기 시작했다.| 柳荫(liǔyīn)下凉风(liángfēng)一~一~的, 凉快极了;버드나무 그늘 아래 한 차례 한 차례씩 서늘한 바람이 부니 매우 시원하다.

正月 zhēngyuè 名 음력 1월. 정월. '正月'중의 '正'의 발음은 (zhēng)이다. ¶ ~初一是中国的春节;정월 초하루는 중국의 설날이다.| ~十五是中国的元宵(yuánxiāo)节;정월 15일은 중국의 정월대보름이다.

争 zhēng 动 ❶ 다투다. 경쟁하다. ¶ 你是哥哥, 别和弟弟~糖果了;너는 형이니까 동생과 과자를 두고 다투지 마라.| 别~, 每个人都有份;모두에게 몫이 있으니 다투지 마라. ❷ 논쟁하다. 다투다. ¶ 几个人就球是否出界的问题~得面红耳赤(miànhóng'ěrchì);몇 사람이 볼이 아웃사이드인지 아닌지에 대한 문제로 귀밑이 빨개지도록 논쟁하고 있다.| 她的嘴实在是厉害(lìhai), 谁都~不过她;그녀의 말씨는 정말 대단해서 누구도 그녀를 이길 수 없다.| 未来世界可能会展开星际的~霸;미래 세계는 아마도 우주의 패권을 두고 다툴 것이다.

争吵 zhēngchǎo 动 말다툼하다. ¶ 因为一点小事, 这两家人就~了起来;약간의 사소한 일 때문에 두 가족이 말다툼을 하기 시작했다.| 他们为了房子的问题~了半天也没结果;그들은 집 문제 때문에 한참을 말다툼 했지만

결과가 없다.

争夺 zhēngduó 动 쟁탈하다. 다투다. ¶明天下午,中国女足将与韩国女足~本次锦标赛(jǐnbiāosài)的冠军(guànjūn);내일 오후 중국 여자 축구와 한국 여자 축구가 이번 선수권 대회의 우승을 두고 다툴 것이다.｜当前世界各国对石油资源(zīyuán)的~日趋激烈(jīliè);현재 세계 각국의 석유자원에 대한 쟁탈이 나날이 격렬해진다.

争论 zhēnglùn 动 쟁론하다. 논쟁하다. ¶我们上星期也~过这个问题;우리는 지난 주에도 이 문제를 논쟁한 적이 있다.｜两派各执一方,展开无休止的学术~;두 파 모두 한쪽만을 고집하며 쉬지 않고 학술 논쟁을 벌인다.｜小张和小李激烈地~着是先有鸡还是先有蛋;장 군과 이 군은 닭이 먼저인지 계란이 먼저인지를 격렬히 논쟁하고 있다.

争取 zhēngqǔ 动 (힘써 구하거나 실현하는 것을 가리킨다.) 쟁취하다. 구하다. 얻다. ¶我们一定要努力~这个研究课题;우리는 반드시 이번 연구 과제를 쟁취하도록 노력해야만 한다.｜他们~不到群众(qúnzhòng)的支持;그들은 군중의 지지를 얻지 못 했다.｜世界各国应该把~和平作为对外政策的首要任务;세계 각국은 마땅히 평화를 구하는 것을 대외정책의 가장 중요한 임무로 삼아야 할 것이다.

征求 zhēngqiú 动 (서면이나 구두의 형식으로) 널리 구하다. ¶就这个问题,我想~一下您的意见;이 문제에 대해 저는 당신의 의견을 구하고 싶습니다.｜食品药品监管局(jiānguǎnjú)再次就药品管理办法~各界的意见;식품

약품관리청은 재차 약품 관리 방법에 대해 각계의 의견을 널리 구하고 있다.

挣 zhēng 动 힘써 버티다. 발버둥치다. 발악하다. ¶小偷使劲~扎(zhá),想从警察的手里逃脱;도둑은 경찰의 손으로부터 도망치고 싶은 마음에 발버둥 쳤다.
☞ zhèng

睁 zhēng 动 눈을 뜨다. ¶一阵风沙吹过来,弄得人~不开眼睛;한바탕 모래 바람이 불어와서 눈을 뜰 수가 없다.｜他~着眼看着我,好像有话对我说;그가 눈을 떠서 나를 빤히 보는 게 꼭 나한테 할 말이 있는 것 같다.

整编 zhěngbiān 动 (군대 따위의 조직을) 재편성하다. 정리 개편하다. ¶我国空军正在拟定(nǐdìng)~计划;우리 나라의 공군은 재편성 계획을 세우고 있다.｜驻岛海军~,只剩下小李一个人看营房;섬에 주둔하는 해군의 재편성으로 이 군만 남아 혼자서 병영을 지키게 되었다.｜经济不景气的情况下,多家公司都重新~了员工队伍,以防万一;경제 불경기의 상황 아래, 많은 회사들은 직원들의 대열을 새롭게 재편하여 만일을 대비하였다.

整顿 zhěngdùn 动 정돈하다. 정비하다. ¶政府决定大力~有关食品安全的法制;정부는 식품 안전과 관계된 법제를 힘써 정비하기로 결정했다.｜刘老师下决心了要把这个班的不良风气~过来;유 선생님은 이 반의 불량한 분위기를 정돈하기로 결심했다.

整个 zhěnggè 形 전체. 전부. ¶中国的面积(miànjī)和~欧洲一样大;중국의 면적은 유럽 전체 면적 만큼 크다.｜

他一口气把~蛋糕给吃了;그는 한 입에 케이크를 전부 먹어 치웠다.| 他~下午就在玩电脑;그는 오후 내내 컴퓨터로 놀고 있다.

整理 zhěnglǐ 动 정리하다. 정돈하다. ¶ 崔真实死后,她的家人~了她的私人物品;최진실이 죽은 후에 그녀의 가족은 그녀의 개인 물건을 정리했다.| 我稍微(shāowēi)~了一下思路,然后回答老师提的问题;나는 생각을 조금 정리한 후에 선생님께서 내 주신 문제에 답하였다.| 她花了整整一个下午~房间;그녀는 오후 내내 방을 정리했다.

整齐 zhěngqí 形 ❶ 정연하다. 질서가 있다. 단정하다. ¶ 她总是把东西摆放得很~;그녀는 항상 물건을 가지런하게 놓는다.| 他有一个爱~的老婆;그에게는 질서정연한 것을 좋아하는 아내가 있다.| 她总是把自己的头发梳(shū)得很~;그녀는 항상 자신의 머리를 단정하게 빗는다. ❷ 가지런하다. 고르다. 한결같다.¶这次参加比赛的选手,技术水平比较~;이번 대회에 참가한 선수들은 기술 수준이 비교적 고르다.| 她有一口洁白(jiébái)~的牙齿;그녀는 하얗고 가지런한 치아를 가지고 있다.

整容 zhěngróng 动 미용성형. ¶ 她做了面部~,看上去年轻了10岁;그녀는 얼굴 미용성형을 해서 10살은 어려 보인다.| 她努力存钱就是想去韩国~;그녀가 열심히 저금하는 것은 한국에 가서 미용성형을 하고 싶어서다.

▶용법주의: ❶'整容'은 한국어로 '成形'이라고 하는데, 중국에서는 '成形'이란 단어를 사용할 수 없다. ¶她昨天做了面部成形(×) ❷ 한국의 '整形外科(정형외과)'는 중국에서 '骨伤科'라고 한다.

整容手术 zhěngróng shǒushù 名 성형수술. ¶ 韩国的~在国际上都是很有名的;한국의 성형수술은 국제적으로 매우 유명하다.| 现在的美女,十个里有三个都做过~;요즘의 미인들 10명 중 3명은 성형수술을 한 적이 있다.

正 zhèng 副 ❶ 마침. 한참. 막. (동작의 진행 또는 상태의 지속을 나타낸다.) ¶ 他们~在吃饭呢;그들은 마침 밥을 먹고 있다.| 他回家时~下着雨呢;그가 집에 돌아갈 때 막 비가 내리고 있었다. ❷ 마침. 꼭. 딱. 바로. ¶ ~是为了你,他才决定出国留学的;바로 너를 위해 그는 외국으로 유학하기로 결정한 것이다.| 问题~在这里;문제는 바로 여기에 있다.

▶용법주의: 여기를 강조하는 '正'은 '就' 대신 사용할 수 있다.

形 ❶ 올바르다. 정직하다. ¶ 他的为人很~;그의 인간 됨됨이는 올바르다.| 这笔钱的来路不~;이 돈의 출처는 올바르지 못하다. ❷ 곧다. 바르다. 똑바르다. ¶他的领带没戴~;그의 넥타이는 바르게 매어지지 않았다.| 又松孔子学院在邮局的~南;우송 공자아카데미는 우체국의 정남쪽에 있다.

▶용법주의: '歪'(wāi)와 '斜'(xié)가 상대어이다.

❸ (빛살이나 맛이) 순수하다. 섞이지 않다. ¶ 这个红色不~,我要的是纯(chún)红色;이 빨간색은 순수하지 않아, 내가 원하는 것은 순수한 빨간색이야.| 这道火锅(huǒguō)的味道很~;

이 샤브샤브의 맛은 매우 오리지널이다. ❹ 정. 기본의. 정식의. 주요한. ¶他是~处长,我是副处长;그는 처장이고, 나는 부처장이다.¦请好好保管这个合同~本;이 계약서 원본을 잘 보관해 주십시오. ❺ (위치의) 중간의. 한가운데. ¶他住在四合院的~房;그는 사합원의 한 가운데에 산다.

☞ zhēng

▶용법주의: '正(zhèng)房'은 이 외에도 옛날 일부다처제 사회 때의 정실 부인을 말한다. '偏房'은 정실 부인 외의 첩을 말한다.

正常 zhèngcháng 形 정상적이다. ¶她每天都~上下班;그녀는 매일 정상적으로 출퇴근한다.¦她最近的食欲不太~,你多关心关心她吧;그녀는 최근 식욕이 그다지 정상이 아니야, 네가 그녀에게 관심 좀 가져줘.

正好 zhènghǎo 副 마침. 때마침. 공교롭게. ¶她来大田时,我~去了北京;그녀가 대전에 왔을 때 나는 마침 베이징에 갔다.¦你问他就对了,他~知道这件事;네가 그에게 묻는 것은 맞아, 그는 마침 이 일을 알고 있다. 形 (시간, 위치, 체적, 수량, 정도 따위가) 꼭 알맞다. 딱 좋다. ¶这件衣服的颜色~适合(shìhé)她这个年龄(niánlíng)穿;이 옷의 색은 그녀의 나이에 입기에 딱 어울린다.¦来得~,我正要找你呢;딱 맞게 왔네, 내가 막 너를 찾고 있었어.¦这双鞋大小~;이 신발은 크기가 꼭 맞다.¦一个大饼~够两个人吃;큰 구운 빵 하나면 두 사람이 먹기에 딱 충분하다.

正面 zhèngmiàn 名 ❶ 정면. ¶大楼的~有一座很大的石像;빌딩의 정면에는 큰 석상이 하나 있다.¦她家~有条河;그녀의 집 정면에는 강이 있다. ❷ 표면. 앞면. ¶这块衣料~图案(tú'àn)很漂亮;이 옷감의 앞면 도안은 참 예쁘다.¦我们抛(pāo)硬币(yìngbì)决定胜负(shèngfù)吧,~朝上者为胜;우리 동전을 던져서 승부를 결정하자, 앞면이 나오는 사람이 이기는 거야. 形 긍정적인. 적극적인. ¶我们应该~看待这次的会谈;우리는 마땅히 이번 회담에 적극적으로 임해야 한다.¦~思考的人要比负面思考的人来得健康;긍정적인 사고를 하는 사람은 부정적인 사고를 하는 사람보다 더 건전하다.¦这次美国总统大选,候选人(hòuxuǎnrén)都采取(cǎiqǔ)一种~积极的态度来寻求选民的支持;이번 미국대통령선거 때 입후보자들은 긍정적이고 적극적인 태도를 취하여 선거 유권자의 지지를 구했다. 副 직접. 정면으로. ¶请你~回答我的问题;당신이 직접 제 질문에 대답해주세요.¦你不要和她~冲突(chōngtū);너는 그녀와 정면으로 충돌하지 마라.

正确 zhèngquè 形 정확하다. 틀림없다. 올바르다. ¶你的答案非常~;너의 답안은 매우 정확하다.¦她是他最~的选择;그녀는 그의 가장 올바른 선택이다.¦有~的人生观才能将自己发展得更好;정확한 인생관이 있어야만 비로소 자아발전을 더욱 잘할 수 있다.

正式 zhèngshì 形 정식의. 공식의. ¶他被~任命为国际交流处处长;그는 정식으로 국제교류처 처장으로 임명되었다.¦中、日、韩三国下个月将举行~会谈;한, 중, 일 3국은 다음달에 정식회담을 거행할 것이다.

正是 zhèngshì 动 바로 …이다. 바로 그러하다. ¶现在~买房子的好时机;지금이 바로 집을 살 수 있는 좋은 기회이다.│中秋节~一家人团聚(tuánjù)的时候;추석은 바로 일가족이 한자리에 모이는 때이다.│这阵雨来的~时候,滋润(zīrùn)了干旱的稻田;이번 비는 바로 적기에 딱 맞게 와서 가문 논을 적셔주었다.

正在 zhèngzài 副 마침. 바야흐로. (동작의 진행이나 지속을 나타낸다.) ¶大家~紧张地看着球赛;모두가 마침 긴장한 채 구기 시합을 보고 있다.│他昨天来时,我~打篮球;그가 어제 왔을 때 나는 마침 농구를 하고 있었다.

正直 zhèngzhí 形 (성격이) 바르고 곧다. 정직하다. ¶~是美德的最高荣誉(róngyù);정직은 미덕의 최고 영예이다.│我相信只有坚守(jiānshǒu)原则和拥有(yōngyǒu)正确价值观的人,才能共建一个~、有秩序(zhìxù)的社会;나는 원칙을 고수하고 정확한 가치관이 있는 사람이야말로 비로소 바르고 질서정연한 사회를 건설할 수 있다고 믿는다.

证据 zhèngjù 名 증거. 근거. ¶你说他拿了你的东西,你有~吗? 너는 그가 네 물건을 가져갔다고 말하는데 증거 있니?│他提供(tígòng)了有力的~证明案发(ànfā)时自己不在现场;그는 유력한 증거를 제공하여 사건이 발생했을 당시 자신은 현장에 없었다는 것을 증명하였다.

证明 zhèngmíng 动 증명하다. ¶谁能~他的身份? 누가 그의 신분을 증명할 수 있겠니?│事实~他的理论是正确的;사실이 그의 이론이 정확하다는 것을 증명해준다. 名 증명서. 증서. 소개장. ¶他的存款~是假的;그의 예금증명서는 가짜이다.│办理出国手续需要开很多~;출국 수속을 밟으려면 많은 증명서를 떼야 한다.

▶확장용법:¶结婚证明;결혼 증명서.│在职证明;재직 증명서.│收入证明;수입 증명서.│离职证明;퇴직 증명서.│户籍证明;호적 증명서.

证券 zhèngquàn 名 증권. 유가 증권. ¶~投资(tóuzī)是有风险(fēngxiǎn)的;증권 투자는 위험이 따른다.│他将所有的养老金都投资到~上去了;그는 모든 퇴직금을 증권에 투자하려고 한다.

证券市场 zhèngquàn shìchǎng 名 증권 시장. ¶目前的~很低迷;지금의 증권 시장은 저조하다.│这次金融危机,使得国际~受到很大的影响;이번 금융 위기는 국제 증권시장에 큰 영향을 받게 하였다.

政策 zhèngcè 名 정책. ¶中国推行计划生育~已经有许多年了;중국은 가족계획정책을 시행한지 이미 여러 해가 되었다.│我们公司有很好的养老保险福利~;우리 회사에는 매우 좋은 양로, 보험 복지 정책이 있다.

政党 zhèngdǎng 名 정당. ¶美国有共和党、民主党两大~;미국은 공화당 민주당의 양대 정당이 있다.│马克思主义认为,~是阶级斗争(jiējí dòuzhēng)的产物;마르크스주의는 정당은 계급 투쟁의 산물이라고 여긴다.

政府 zhèngfǔ 名 정부. ¶江苏省人民~在10月30号举行了"开放30周年"的庆祝活动;장쑤성 인민정부는 10월

30일에 '개방 30주년' 경축행사를 거행했다.|~的职责就是为人民服务;정부의 책무는 국민을 위해 봉사하는 것이다.

政客 zhèngkè 名 정객.¶政治家和~是截然(jiérán)不同的;정치가와 정객은 확연히 다른 것이다.|~是没有朋友的;정객에겐 친구가 없다.

政权 zhèngquán 名 ❶ 정권.¶历史主要记载了~更迭(gēngdié)的过程;역사는 주로 정권의 교체 과정을 기록했다.|美国总统当选人奥巴马(Àobāmǎ)5日宣布在华盛顿(Huáshèngdùn)正式成立~移交办公室;미국 대통령 당선인 오바마는 5일 워싱턴에서 정식으로 정권인수위 사무실을 설립한다고 선포했다. ❷ 정권 기관. 정치 기관.¶大家期待新的~能为经济的发展带来新的希望;모두가 새로운 정권이 경제 발전으로 새로운 희망을 가져올 수 있기를 기대한다.|中国元朝是以蒙古族为主所建立起的~;중국의 원나라 조정은 몽고족을 중심으로 건립한 정권기관이다.

政治 zhèngzhì 名 정치.¶~和经济一向是人民关心的课题(kètí);정치와 경제는 줄곧 국민이 관심 갖는 과제이다.|我对~活动一点也不感兴趣;나는 정치활동에 대해서 조금도 흥미를 느끼지 않는다.

政治活动家 zhèngzhì huódòngjiā 名 정치 활동가.¶他是一位富有激情(jīqíng)的~;그는 열정이 풍부한 정치 활동가이다.

政治家 zhèngzhìjiā 名 정치가.¶林肯、华盛顿是为世人所敬重(jìngzhòng)的~;링컨과 워싱턴은 세상 사람들에 존경을 받는 정치가이다.|~首先应该是人民的公仆(gōngpú);정치가는 우선 마땅히 국민의 공복이어야 한다.

挣 动 ❶ zhèng 필사적으로 애쓰다. 힘들여서 (굴레를) 벗어나다.¶他~开绳索逃跑了;그는 필사적으로 밧줄을 풀고 도망쳤다.|你就~那么几个钱, 为什么花起钱来却大手大脚的?너는 그 얼마간의 돈을 벌려고 애쓰면서 어째서 마구 돈을 헤프게 쓰는 거야? ❷ 일하여 벌다. 얻다. 쟁취하다.¶他~的钱还不够养活自己;그가 번 돈은 아직 스스로 생활하는데 부족하다.|你要好好学习, 争取第一名, 为你妈~面子! 넌 열심히 공부하여 일등을 해서 네 엄마의 체면을 세워야 한다!

症状 zhèngzhuàng 名 (병의) 증상. 증세.¶这些~像是什么病?이러한 증세는 어떤 병 같습니까?|这种病的~是发烧(fāshāo)与呕吐(ǒutù);이 병의 증상은 열이 나고 구토하는 것이다.|患者十天后出现了头晕(tóuyūn)的~;환자는 열흘 뒤에 머리가 어지러운 증세가 나타났다.

…之际 zhījì 名 즈음. …할 때.¶一年~在于春, 一日~在于晨;일년은 봄에 달려있고, 하루는 새벽에 달려있다.|在第29届北京2008奥运取得成功~, 我们应该更加重视北京的人文发展;제29회 2008 베이징 올림픽을 성공적으로 치를 즈음 우리는 베이징의 인문 발전을 더욱 중시해야만 한다.

…之间 zhījiān 名 …지간. …간. …의 사이.¶车辆~应保持适当的间距(jiānjù);차량의 사이는 적당한 거리를 유지해야만 한다.|他们~的交易

825

告吹了;그들 사이의 거래는 허사가 되었다.|两点~的距离以直线最短;두 점 사이의 거리는 직선일 때 가장 짧다.|两国~的政治和解(héjiě)取得了重大进展;양국간의 정치적 화해에 중대한 진전을 얻었다.

之后 zhīhòu [名] ❶ …후. …뒤. …다음. ¶大雨~常出现彩虹(cǎihóng);큰 비가 온 후에는 자주 무지개가 뜬다.|论文答辩(dábiàn)~, 他生了大病;논문 심사한 뒤에 그는 큰 병에 걸렸다. ❷ 그 후. 그 뒤. 그 다음. (단독으로 문장 앞에 쓰여 앞의 문장에서 말한 일의 뒤임을 나타낸다.) ¶他在中国住了三年以后回国了, ~他又来中国旅游很多次;그는 중국에서 3년을 산 후 귀국했다가 그 후 그는 또 다시 중국에 와 여러 번 여행했다.|他首先去了香港, ~, 又去了北京;그는 먼저 홍콩으로 갔고, 그 후 다시 베이징으로 갔다.

之类 zhīlèi … [名] 의 류. …의 한 부류. ¶地下室里存放着许多不用的家具~的东西;지하실에 쓰지 않는 가구류의 물건들이 많이 놓여져 있다.|我最不喜欢的是自私自利~的人;내가 가장 싫어하는 것은 자신의 이익만을 생각하는 부류의 사람이다.

之前 zhīqián [名] …의 앞. …의 전. ¶他去医院看她~, 先去了一趟图书馆;그는 병원에 그녀를 보러가기 전에 먼저 도서관에 갔다.|走~, 他对我说了很多鼓励(gǔlì)的话;가기 전에 그는 나에게 많은 격려의 말을 해 주었다.

之上 zhīshàng [名] …의 위. ¶在很久以前, 人类就有飞翔(fēixiáng)在云天~的梦想(mèngxiǎng);아주 오래 전에 인류는 높은 하늘 위를 날고자 하는 꿈이 있었다.|在经理~, 还有很多董事(dǒngshì)监督(jiāndū)着公司的业务;사장 위에도 많은 이사들이 회사의 업무를 감독하고 있다.

之下 zhīxià [名] …의 아래. …의 밑. ¶处于这种可怕的压力~, 不疯才怪呢;이런 무서운 압력 아래에 처해 실성하지 않는다면 이상한 것이다.|在父亲的帮助~, 他取得了很大的成就;아버지의 도움 아래 그는 큰 업적을 이루었다.

之一 zhīyī … [名] 의 하나. ¶他是本世纪第一流的作曲家~;그는 금세기의 일류 작곡가 중의 하나로 여겨진다.|只要有万分~的希望, 我就要试试;만분의 일의 희망이라도 있다면 나는 시도하고자 한다.|弟弟递(dì)给我五分~个蛋糕;동생은 나에게 케이크 5분의 1을 주었다.

之中 zhīzhōng [名] 그 중. ¶在我认识的人~, 他和我走得最近;내가 아는 사람 가운데 그는 나와 가장 가깝게 지내는 사람이다.|股票(gǔpiào)低落已经在我的意料(yìliào)~了;증권 하락은 이미 나의 예측 속에 있다.|谢谢你在百忙~来看我;바쁘신 와중에 저를 보러 와 주셔서 당신께 감사합니다.

支 zhī [名] 갈라져 나온 부분. ¶长江有很多~流, 比如岷江、汉水;창쟝에는 민쟝, 한쉐이와 같은 많은 지류가 있다.|这个公司很大, 下属有很多分~机构;이 회사는 매우 커서 부속기관으로 많은 분과 기구들이 있다. [量] 자루. 줄. (막대기처럼 생긴 물건을 셀 때 쓰인다.) ¶这~曲子是现在最流行

的;이 곡은 현재 가장 유행하는 것이다.| 你能借~笔给我吗? 펜 한 자루 빌려 줄 수 있어?

▶확장용법:¶一支蜡烛(yì zhī làzhú);양초 한 자루.| 一支枪(yì zhī qiāng);총 한 자루.| 一支队伍(yì zhī duìwǔi);한 줄의 대열.

动❶ 지시하다. 지도하다. …하게 하다. ¶他把孩子们都~出去了;그는 아이들을 모두 지도해 내보내게 했다. | 现在马上把人都给我~走;지금 당장 사람들을 모두 가게 하라.

▶용법주의:'지시하다.','지도하다.'의 뜻의 '支'뒤에는 항상 뒤에 '出去' 혹은 '走' 의 단어가 온다.

❷ 뻗다. 세우다. ¶他把帐篷(zhàngpéng)~起来后, 就钻(zuān)进去睡觉了;그는 텐트를 세운 뒤 파고 들어가 잠을 잤다.| 你~着头在什么? 너 머리를 쫑긋 세우고 뭐 하는 거야?| 他~着耳朵想要偷听他们的说话;그는 귀를 쫑긋 세워 그들의 말을 엿들으려 했다.

▶용법주의:'뻗다.','세우다.' 의 뜻을 나타내는 '支'뒤에는 항상 '着' 가 온다.

❸ 받치다. 지탱하다. 버티다. 지지하다. 지원하다. ¶ 他体力不~, 晕了(yūn)过去;그는 체력이 받쳐주지 못해 기절했다.| 我头疼得实在~不住;나는 머리가 아파 정말 몸을 지탱할 수 없다.

▶용법주의:'支不住'의 반대말은 '支得住'이다. ¶我实在~不住了;나는 정말 버틸 수가 없다. (체력적으로, 재정적으로, 정신적으로 버틸 수 없음을 나타내며, 그 원인은 앞, 뒤의 문장을 보

아야 한다.)

❹ (돈을) 지불하다. 수령하다. ¶ 他昨天向单位~取了一笔钱;그는 어제 부서에서 한 몫의 돈을 수령했다.| 我从账户(zhànghù)上~出了5000元;나는 계좌에서 5000위안을 찾았다.

▶용법주의:'지불하다.','수령하다.'의 뜻을 나타내는 '支' 의 뒤에는 '出', '取' 또는 '了' 가 온다.

支持 zhīchí 动 지지하다. ¶ 他们出示了一些统计数字来~他们的论点;그들은 통계 숫자를 제시하며 그들의 논점을 지지했다.| 让我们互相~, 互相鼓励(gǔlì);우리가 서로 지지하고, 서로 격려하게 하게 해 주십시오.

支配 zhīpèi 动 배치하다. 안배하다. ¶ 你要有自己的主见, 决不要只受别人意见的~;너는 주관이 있어야 절대로 다른 사람 뜻만을 받아 들여서는 안된다.| 我们应该合理使用金钱, 而不是受金钱的~;우리는 마땅히 합리적으로 돈을 사용해야 돈의 지배를 받아서는 안된다.

支援 zhīyuán 动 (인력, 물자, 돈 또는 실제적인 행동으로) 지원하다. 원조하다. ¶ 他们主动捐款十万元~灾区;그들은 자발적으로 10만 위안을 모아 재해 지역에 원조하였다.| 没有你们的~, 我是不能成功的;너희들의 지원이 없었다면 나는 성공할 수 없었을 것이다.| 一方有难, 八方~;한 지역에 어려움이 있으면, 각지에서 지원한다.

芝麻叶 zhīmayè 名 깻잎. ¶很多韩国人吃烤肉(kǎoròu)的时候喜欢用~包着吃;많은 한국인은 불고기를 먹을 때 깻잎에 싸서 먹기를 좋아한다.| ~可

827

以 做 成 泡 菜;깻잎으로 김치를 담글 수 있다.

知道 zhīdào 动 (어떤 사실이나 도리에 대해) 알다. ¶直到几年后,我才~这件事;몇 년이 지난 후에야 나는 비로소 이 사실을 알았다.│我~如果我坚持(jiānchí)下去就会成功;내가 만일 견뎌낸다면 성공할 수 있을 거라 알고 있다.

知识 zhīshi 名 지식. ¶汉语的语法~对学习汉语非常重要;중국어의 문법 지식은 중국어를 배우는 데 있어서 매우 중요하다.│他是一位很有~的学者;그는 지식이 풍부한 학자이다.

知识分子 zhīshifènzǐ 名 지식인. ¶~是国家的希望;지식인은 국가의 희망이다.│这些观点在~中很普遍(pǔbiàn);이런 관점은 지식인 사이에서 보편적인 것이다.│以前电影里~的形象(xíngxiàng)就是戴(dài)着一副眼镜;예전 영화 속 지식인의 모습은 바로 안경을 쓰고 있었다.

织 zhī 动 (실 등으로) 짜다. 엮다. ¶她常常一边看电视一边~毛衣;그녀는 항상 텔레비전을 보면서 스웨터를 짠다.│妈妈为我~了一件毛衣;엄마는 나를 위해 스웨터를 짜셨다.│他戴的手套是他女朋友~的;그가 끼고 있는 장갑은 그의 여자친구가 짜준 것이다.

执行 zhíxíng 动 집행하다. ¶你必须~我的命令;너는 반드시 나의 명령을 집행해야 한다.│你要努力地~你的计划;너는 너의 계획을 열심히 실천해야 한다.

执政党 zhízhèngdǎng 名 집권당. ¶中国共产党是中国的~;중국공산당은

중국의 집권당이다.│韩国现在的~是大国家党;한국의 현재 집권당은 한나라당이다.

▶확장용법: '执政党(집권당)'의 반대말은 '在野党(야당)'이라고 한다.

直 zhí 形 곧다. ¶这条路又平又~;이 길은 평평하고 곧다.│小张是个~性子, 想什么就说什么;장 군은 솔직한 성격으로 생각하는 대로 말한다. 动 곧게 펴다. 똑바로 펴다. ¶奶奶年纪太大了,现在已经~不起腰(yāo)来;할머니께서는 연세가 너무 많아 지금은 이미 허리를 펴지 못하신다.│把背挺(tǐng)~!허리를 쭉 펴 봐! 副 ❶줄곧. 끊임없이. ¶他看着我~笑,好像我是个小丑;그는 나를 보고 끊임없이 웃는데 내가 마치 어릿광대 같다.│今天的气温有39度,热得我~出汗(hàn);오늘 기온이 39도라 땀이 줄줄 날 정도로 덥다. ❷정말. 그야말로. ¶他生气起来~像一只疯(fēng)狗;그가 화를 내면 정말 마치 미친 개 같다.│他的话~像一把刀插入(chārù)我的心口;그의 말은 정말 칼로 내 마음을 찌르는 것 같다.

▶용법주의: '정말'이라는 뜻의 '直'의 뒤에는 보통 '像'이 온다. -'直像'

直到 zhídào 动 쭉 …에 이르다. (주로 시간을 가리킨다.) ¶~昨天,我才知道这件事;어제야 비로소 이 일을 알았다.│~失去健康,人们才知道健康的可贵;건강을 잃고 나서야 사람들은 비로소 건강의 귀중함을 안다.

直接 zhíjiē 形 직접. 직접적인. ¶他们~去了大邱;그들은 직접 대구로 갔다.│他开快车是造成车祸的~原因;그가 차를 빨리 운전한 것이 교통사고

를 일으킨 직접적인 원인이 되었다. | 他是个说话很 ~ 的人;그는 말을 직설적으로 하는 사람이다.

直率 zhíshuài [形] 솔직하다. 정직하다. ¶ 妹妹为人 ~ , 喜欢有什么就说什么; 여동생은 솔직한 사람이라 무엇을 좋아하면 좋다고 말한다.| 他的 ~ 性格有时给他带来麻烦(máfan);그의 솔직한 성격은 때로 그에게 불편함을 가져다 준다.

▶확장용법: '直率'는 '直爽'(zhíshuǎng) 으로 바꾸어 쓸 수도 있다.¶他是个 ~ 的人, 心里想什么就说什么;그는 솔직한 사람으로 생각하는 대로 말한다.

值班 zhíbān [动] (돌아가면서) 당직을 맡다. 당번을 맡다. ¶ ~ 警卫(jǐngwèi)去哪儿了? 당직 경비는 어디 갔나요?| 今天轮(lún)到我 ~ ;오늘은 내가 당직 차례이다.

▶용법주의: 중국어 '值班'에 해당하는 우리말은 '当值'이라고 하는데, 이 말은 중국어에서 사용할 수 없다.¶今天轮到我当值(×)

值得 zhídé [动] …할 가치가 있다. ¶ 花那么多钱买条领带, ~ 吗?그렇게 많은 돈을 들여 넥타이를 살 가치가 있니?| 这条裙子买的很 ~ ;이 치마는 매우 살 만하다.| 最 ~ 信任的人是我们的父母;가장 믿을만한 사람은 우리들의 부모님이다.| 新上演的那部电影很 ~ 一看;새로 개봉한 그 영화는 한번 볼만한 가치가 있다.

职工 zhígōng [名] 직원과 근로자. ¶ 这家工厂的所有女 ~ 在三八节都得到了一份礼物;이 공장의 모든 여자 직원들은 여성의 날(부녀자를 경축하는 날로 매년 3월 8일이다.) 에 선물을 하

나씩 받았다.| 工会正在组织 ~ 运动大会;노동 조합은 직원 체육 대회를 조직하고 있다.| ~ 的待遇(dàiyù)问题解决了;직원의 처우 문제가 해결되었다.

职位 zhíwèi [名] 직위. ¶ 他在公司的 ~ 是总经理;그의 회사에서의 직위는 사장이다.| 她很适合秘书(mìshū)这个 ~ ;그녀는 비서 라는 직책에 매우 적합하다.

职业 zhíyè [名] 직업. ¶ 我爸爸的 ~ 是大学教师;우리 아빠의 직업은 대학 교수이다.| 现在的大学生毕业后很难找到好 ~ ;현재의 대학생은 졸업 후 좋은 직업 찾기가 힘들다. [形] 전문의. 프로의. 직업적인. ¶他是一个 ~ 摄影师(shèyǐngshī);그는 프로 촬영 기사이다.| 我想要成为一个 ~ 舞蹈家;나는 전문 무용가가 되고 싶다.

职业选手 zhíyè xuǎnshǒu [名] 프로선수.¶姚明是中国最有名的篮球 ~ ;야오밍은 중국에서 가장 유명한 프로 농구선수이다.| 朴智星是韩国著名的足球 ~ ;박지성은 한국의 유명한 프로 축구 선수이다.

职员 zhíyuán [名] 직원. ¶ 他是我们公司的新进 ~ ;그는 우리 회사의 새로 들어온 직원이다.| 王先生是一家大公司的高级 ~ ;왕 선생은 대기업의 고위 간부이다.

植 zhí [动] 심다. ¶ 我爸爸最喜欢 ~ 树;아빠는 나무 심는 것을 가장 좋아하신다.| 鸡龙山(jirongshan)上 ~ 满了各种树木;계룡산에는 온갖 나무가 가득 심어져 있다.

植物 zhíwù [名] 식물.¶你喜欢什么 ~ ? 너는 어떤 식물을 좋아하니?| 动物和 ~

都是有生命的;동물과 식물은 모두 생명이 있다.

殖民地 zhímíndì [名] 식민지. ¶台湾地区曾是日本的~;타이완은 일찍이 일본의 식민지였다.| 印度曾是英国的~;인도는 일찍이 영국의 식민지였다.

止 zhǐ [动] 막다. 멎다. ¶没一会儿,他的血就~住了;얼마 지나지 않아 그의 피는 멈추었다.| 吃点这种药可以~痛;이 약을 좀 먹으면 고통을 멈출 수 있다.| 电影上演到本月30号~;영화상영은 이번 달 30일까지 한다. [副] 단지. 겨우. 다만. ¶这本书他看了不~一遍;이 책을 그가 겨우 한 번만 본 것은 아니다.| 这家店国内~此一家,别无分店;이 가게는 국내에서 이 집 한 집 뿐이고 분점은 없다.

只 zhī [量] 마리. ¶校长家养了一~很漂亮的画眉鸟(Huàméiniǎo);교장 선생님 집에서는 아주 예쁜 화미조 한 마리를 기르고 있다.| 动物园里有两~白老虎;동물원에는 흰 호랑이 두 마리가 있다.

▶확장용법:¶一只手;한 손.| 两只耳朵;양쪽 귀.| 三只兔子;토끼 세 마리.| 四只鸡;닭 네 마리.| 五只狗;개 다섯 마리.| 六只小船;배 여섯 척.

[形] 단독의. 단 하나의. ¶他曾经~身一人去了非洲;그는 일찍이 홀홀 단신으로 아프리카에 갔다.| 他对这事~字不提(tí);그는 이 일에 대해 단 한마디도 언급하지 않는다.

只 zhǐ [副] 다만. 단지. ¶他~在英国留学了一年;그는 영국에서만 1년 동안 유학했다.| 我~喜欢你一个人;나는 너만을 좋아해.| 我~去过韩国,没去过其他的国家;나는 한국만 가보았다 른 나라는 가 본 적이 없다.

只好 zhǐhǎo [副] 부득이. 어쩔 수 없이. ¶他不在家,我们~回来了;그가 집에 없어 우리는 어쩔 수 없이 돌아왔다.| 明天有大雨,运动会~改期了;내일 큰비가 오면 운동회는 부득이 날짜를 변경할 것이다.

只是 zhǐshì [连] 그러나. 그런데. ¶这本书很不错,~比较贵;이 책은 괜찮지만 비싼편이다.| 他人还不错,~有点小气;그는 사람은 좋은데 조금 인색하다. [副] 다만. 오직. 오로지. ¶我~听说电影很好看,还没看过;나는 다만 영화가 볼만하다는 말만 들었을 뿐 아직 보지는 못 했다.| 他~一个三岁的孩子;그는 3살짜리 어린 아이일 뿐이다.| 我~好奇,他买这辆车花了多少钱? 나는 오직 그가 이 차를 얼마에 주고 샀는지가 궁금할 뿐이다.

只要 zhǐyào [连] …하기만 하면. 만약 …라면. (주로 '就'나 '便'을 동반한다.) ¶没有钱没关系,~你对我好就行了;돈 없는 것은 괜찮아, 네가 나에게 잘 해주기만 하면 된다.| ~质量好,贵点没关系;품질만 좋다면 좀 비싸도 상관없다.| ~你好好学习,我就给你买车;네가 열심히 공부만 한다면 나는 너에게 차를 사 주겠다.

只有 zhǐyǒu [连] …해야만 …이다. (뒤에 주로 '才'를 수반한다.) ¶~人类才具有说话的能力;인류만이 말하는 능력을 가지고 있다.| ~你才能让他高兴;너만이 그를 기쁘게 할 수 있다. [副] 오직 …만 있다. ¶什么菜都没有了,~吃土豆;어떤 음식도 없이 오직 감자만 먹는다.| 他现在~你一个朋友了;그는 지금 너 하나 밖에 친구가

없다.

▶용법주의: 부사 只와 동사 有가 합성된 경우의 只有는 "오직 … 만 있다"라는 의미로 사용된다.

纸 zhǐ [名] 종이. ¶请给我一张~,好吗? 나에게 종이 한 장 주세요, 괜찮지요?| 小女孩在~上画了一只狗;어린 여자 아이는 종이 위에 개 한 마리를 그렸다. [量] 장. 매. 통. (편지, 문서의 장수를 세는 단위) ¶小刘的父母收到了他从北京寄来的 ~ 家书;유 군의 부모님은 그가 베이징에서 보낸 편지 한 통을 받았다.| 中国封建时代, 一 ~ 休书(xiūshū)就可以把妻子赶出家门;중국 봉건시대에서는 한 통의 이혼장으로 아내를 집 밖으로 쫓아낼 수 있었다.

纸张 zhǐzhāng [名] 종이의 총칭. ¶那律师摊开(tānkāi) ~ ,准备缮写(shànxiě)起诉(sù)书;그 변호사는 종이를 펼쳐 기소장을 쓰려고 준비했다.| ~受热时会变卷(juǎn);종이는 열을 받을 때 둥글게 말린다.

▶용법주의: 한국어에 사용되는 한자에는 '纸张'이란 단어는 없고, 종이를 뜻할 때는 '纸'를 사용한다.

指 zhǐ [名] 손가락. ¶他的手 ~ 很粗;그의 손가락은 매우 굵다.| 他的五 ~ 细细长长很好看;그의 다섯 손가락은 가늘고 길어서 보기 좋다. [动] (손가락이나 끝이 뾰족한 물건으로) 가리키다. 지적하다. ¶用手 ~ 人是不礼貌的;손가락으로 사람을 가리키는 것은 무례한 것이다.| 老师说的那个人 ~ 的是你;선생님이 말한 그 사람 가리킨 것이 너이다. [量] 손가락 굵기. (손가락 하나의 굵기를 '一指'라 하며 깊이.

넓이 따위를 계산할 때 쓰인다.) ¶这场雪不太大,只下了三 ~ 深;올해의 이번 눈은 별로 많이 내리지 않았는데 단지 손가락 3개 굵기 정도만 내렸다.

指出 zhǐchū [动] 지적하다. 가리키다. ¶请~这个句子中的错误;이 문장 중의 틀린 것을 지적해 주세요.| 他为我们 ~ 了一条新的道路;그는 우리를 위하여 새로운 길을 가리켜 주었다.

指导 zhǐdǎo [动] 지도하다. ¶过去一直是他姐姐 ~ 他,给他出主意;예전에는 줄곧 그의 누이가 그를 지도하며 그에게 의견을 내 놓았다. [名] 지도. 코치. ¶他是球队 ~ ,很受队员喜爱;그는 팀의 코치인데 팀원들로부터 사랑을 받는다.| 这位是游泳队的张 ~ ;이 분이 수영 팀의 장 코치입니다.

指点 zhǐdiǎn [动] 결점을 찾다. (뒤에서) 나쁜 점을 들춰내다. 비난하다. ¶他喜欢在背后 ~ 他人;그는 뒤에서 다른 사람을 비난하는 것을 좋아한다. [名] 지적. 지시. ¶他的棋艺(qíyì)得到了名师的 ~ ;그의 장기 두는 실력은 유명한 선생님의 지적을 받았다.| 在老师的 ~ 下,他和同学一起完成了这个作业;선생님의 지도 아래 그와 학생들은 함께 이 숙제를 마쳤다.

▶용법주의: '指点'이 뒤에서 다른 사람을 비난하다'의 뜻으로 쓰일 때는 항상 '指指点点'으로 쓰고, '指指点点'은 뒤에 목적어가 올 수 없다. ¶他喜欢在别人背后 ~ ;그는 다른 사람의 뒤에서 비난하는 것을 좋아한다.

指挥 zhǐhuī [动] 지휘하다. ¶人太多,我 ~ 不过来;사람이 너무 많아서 나는 지휘할 수가 없다.| 他 ~ 过很多有名

的乐队;그는 많은 유명한 악단을 지휘한 적이 있다.名 지휘자.¶我哥哥是这项工程的总~;나의 오빠는 이 공사의 총책임자이다.|他是我们乐队的~;그는 우리 악단의 지휘자이다.

指明 zhǐmíng 动 분명히 지시하다. 명확히 지적하다. 분명히 가리켜주다.¶老师的话为我们~了以后的道路;선생님의 말씀은 우리들에게 앞으로의 길을 분명히 가리켜 주었다.|他向我~了解题的思路后就让我自己思考解决;그는 나에게 문제를 푸는 사고의 방향을 분명히 지적해서 나 스스로가 문제를 해결하게 했다.

指派 zhǐpài 动 파견하다.¶她被~到北京工作;그녀는 베이징으로 파견되어 일한다.|老师~她去参加全国汉语演讲比赛;선생님이 그녀를 보내 전국 중국어 말하기 대회에 참가 시켰다.

指示 zhǐshì 动 지시하다.¶上级~我们,要保证大坝(dàbà)的安全;상부는 우리에게 댐의 안전을 보장하도록 지시했다.|接下来我们该如何做,请您~;다음으로 우리가 어떻게 해야 하는지 알려주십시오.名 지시.¶老板对我们做出了非常明确的~;사장님은 우리에게 매우 명확한 지시를 내렸다.|没有任何~,我只能用我自己的方法去做了;아무런 지시가 없기에, 나는 나만의 방법으로 할 수 밖에 없었다.

指头 zhǐ·tou 名 손가락. 발가락.¶算算共有几个手~、几个脚~;모두 몇 개의 손가락과 몇 개의 발가락이 있는지 세어 보자.|切菜的时候要小心,别切着~!채소를 썰 때에는 손가락을 베이지 않도록 조심해야 한다!

指望 zhǐwàng 动 기대하다. 꼭 믿다.¶他父母~他考上首尔大学;그의 부모님은 그가 서울대학교에 붙기를 기대한다.|我们~今年有个好收成;우리는 올해 좋은 수확이 있기를 기대한다.名 기대. 가망. 희망.¶看起来找工作的事没什么~了;보아하니 취업은 희망이 없어 보인다.|别难过,这病还有~;괴로워 마라, 이 병은 아직 희망이 있다.

指责 zhǐzé 动 지적하다. 질책하다. 책망하다.¶面对同学们的~,他无言以对;학생들의 질책에 마주치자 그는 대답할 말이 없었다.|老师~他不写作业;선생님은 그가 숙제를 하지 않는다고 책망한다.

至 zhì 动 이르다. 도달하다.¶新年将~,大家都很开心;새해가 다가와 모두가 즐거운 마음이다.|他~死都不肯原谅她;그는 죽어도 그녀를 용서할 수 없다.副 매우. 가장.¶佛教传入中国后,对中国人影响~深;불교가 중국에 들어온 후, 중국인들에게 매우 깊은 영향을 주었다.|国民的利益是~高无上的;국민의 이익이 가장 높은 것이다.

至今 zhìjīn 副 지금까지.¶她的身份~仍是一个秘密;그녀의 신분은 지금까지 여전히 비밀이다.|我~尚未收到他的信;나는 지금까지 그의 편지를 아직 받지 못했다.|这件事他~还不知道;이 일을 그는 지금까지 모른다.

至少 zhìshǎo 副 최소한. 적어도.¶这双鞋~要1000块钱;이 신발은 적어도 1000위안은 내야 한다.|从我家到学校开车~要30分钟;내 집에서 학교까지 차로 최소한 30분이 걸린다.

| 他每天~运动一个小时;그는 매일 최소한 1시간 동안 운동을 한다.

志愿 zhìyuàn [名] 지원. 희망. 자원. ¶他高考的第一~是首尔大学;그가 대학 입학 시험에서 첫 번째로 지원한 곳은 서울대학교이다.|我的~是成为一位杰出(jiéchū)的生物学家;나의 희망은 훌륭한 생물학자가 되는 것이다. [动] 지원하다. 희망하다. 자원하다. ¶他~到非洲去服务;그는 아프리카에 가서 봉사하는 것을 지원했다.|我~到泰国去工作;나는 태국에 가서 일하기를 희망한다.

制订 zhìdìng [动] 창안하다. 제정하다. (만들어) 정하다. ¶我想我们现在应该~下一步的工作计划;나는 우리가 지금 한 발 앞선 업무 계획을 제정해야 한다고 생각한다.|这个计划是由他~的;이 계획은 그가 정한 것이다.

制定 zhìdìng [动] (법규, 계획 등을) 세우다. 만들다. 제정하다. ¶政府在~新的公务员人事法;정부는 새로운 공무원 인사 법안을 제정하고 있다.|公司正在~新的章程;회사는 새로운 규정을 만들고 있다.

制度 zhìdù [名] 제도. ¶公司制定了一套新的管理~;회사는 새로운 관리 제도를 만들었다.|那个公司有很完善的福利~;그 회사에는 완벽한 복지제도가 있다.

制品 zhìpǐn [名] 제품. ¶这家公司主要经营各种乳(rǔ)~;이 회사는 주로 각종 유제품을 취급한다.|有的玻璃(bōlí)~非常漂亮,看起来像水晶(shuǐjīng)一样;어떤 유리 제품은 매우 예뻐서 수정처럼 보인다.

制造 zhìzào [动] ❶ 제조하다. 생산하다. ¶这条丝巾是中国~的;이 실크 손수건은 중국에서 만든 것이다.|这件古老的家具是700年前~的;이 오래된 가구는 700년 전에 만들어진 것이다.|这家工厂以~各种纸张有名;이 공장은 각종 종이 생산으로 유명하다. ❷ (상황,분위기를) 조성하다. 만들다. 조장하다. (폄하의 의미도 포함한다.) ¶他很喜欢~紧张的气氛;그는 긴장된 분위기를 조성하는 것을 좋아한다.|他很成功地~了他们之间的对立关系;그는 그들 사이에 대립관계를 조성하는데 성공했다.

制作 zhìzuò [动] 제작하다. ¶公主的婚纱(hūnshā)由法国一位非常著名的时装(shízhuāng)设计师~的;공주의 웨딩 드레스는 프랑스의 매우 유명한 한 패션 디자이너가 제작한 것이다.|这套家具是用红木~的;이 가구들은 마호가니를 사용해서 제작한 것이다.

▶용법주의:'제조하다','제작하다'의 의미인'制作'는'制造'와 용법과 의미가 같다. 그러나'制造'는'상황이나 분위기를 조성하다.'라는 뜻이 더 있다.¶他每次一出现就制作出一种恐怖气氛(×)|他每次一出现就制造出一种恐怖气氛;그가 출연하기만 하면 매번 하나의 공포 분위기가 조성이 된다.

治 zhì [动] ❶ 다스리다. 관리하다.|大禹~水在中国历史上非常有名;우임금의 치수는 중국 역사상 매우 유명하다.|~国、平天下是政治家的理想;나라를 다스리고, 천하를 평정하게 하는 것이 정치가의 이상이다. ❷ 치료하다.¶我的胃病是刘大夫~好的;나의 위장병은 류 선생님께서 치료해 주셨다.|医药费再贵,有病也得~;의

료비가 아무리 비싸도 병은 치료해야 한다. ❸ (해충을) 박멸하다. 징벌하다. ¶这药是专门用来~鼠的;이 약은 전문적으로 쥐를 잡는데 사용된다.|对不守交通规则的人,一定得~;교통규칙을 지키지 않는 사람에 대해서는 반드시 징벌해야 한다. ❹ 학문을 연구하다. ¶张教授~学一向很严谨(yánjǐn);장 교수님은 내내 신중하게 학문을 연구하신다.

治疗 zhìliáo 动 치료하다. ¶预防(yùfáng)比~更重要;예방은 치료보다 더 중요하다.|病人正在接受心脏病(xīnzàngbìng)~;환자는 심장병 치료를 받고 있는 중이다.|经过两个月的~,他的病总算好起来了;두 달 간의 치료를 받자 그의 병은 마침내 좋아지기 시작했다.

质 zhì 名 ❶ 성질. 본질. ¶量变引起~变;양의 변화는 질의 변화를 이끌어낸다.|食物放的时间太久了就变~了;음식은 방치 시간이 너무 길면 변질된다. ❷ 품질. ¶他们工厂的产品保~保量,很受欢迎;그들 공장의 상품은 양과 질이 보증되어 인기가 많다.|~与量很难平衡(pínghéng);질과 양의 균형 맞추기가 어렵다. ❸ 물질. ¶鱼肉含有丰富(fēngfù)的蛋白~;생선은 풍부한 단백질을 함유하고 있다.

质地 zhìdì 名 재질. 품질. 속성. ¶这块布料的~很好;이 옷감의 재질은 매우 좋다.|这双登山鞋的~很柔软(róuruǎn),穿起来很舒服;이 등산화의 재질은 부드러워 신기에 편하다.

质量 zhìliàng 名 질량. ¶学校非常重视老师的教学~;학교는 선생님의 교육의 질을 매우 중시한다.|今年的电影无论从数量上还是~上都不算好;올해의 영화는 수량이나 질을 막론하고 모두 좋다고 할 수 없다.
▶용법주의:'品质'라는 표현도 있지만 일반적으로'质量'이란 단어를 더욱 자주 쓴다.

秩序 zhìxù 名 질서. 순서. ¶请大家遵守(zūnshǒu)~上下车;승,하차 시 모두 질서를 지켜주시기 바랍니다.|维护公共~是警察的职责(zhízé);공공질서를 지키는 것은 경찰의 직책이다.

致 zhì 动 ❶ 주다. (상대에게 마음을) 표시하다. ¶接下来由李校长~欢迎词;이어서 이 교장선생님께서 환영사를 발표하시겠습니다.|我谨代表又松大学向各位嘉宾(jiābīn)的来访~以衷心的感谢;저는 삼가 우송대학교를 대표하여 모든 내빈 여러분의 방문에 진심으로 감사를 표합니다. ❷ 초래하다. 가져오다. ¶他们共同的心愿就是快点儿~富起来;그들의 공통된 바람은 바로 빨리 좀 부유해지는 것이다.|我们应该尽快查清~病的原因;우리는 되도록 빨리 병을 초래한 원인을 분명하게 조사해야 한다.

智慧 zhìhuì 名 지혜. 슬기. ¶在处理这件事上,他表现出很高的~;이 일을 처리하는 데에 있어서 그는 높은 지혜를 보여 주었다.|20岁时我们按(àn)意愿做事;30岁时我们凭(píng)~做事;40岁时我们靠(kào)判断(pànduàn)做事;20세 때 우리는 소원에 따라 일을 하고, 30세 때 우리는 지혜에 기대어 일을 하며, 40세 때 우리는 판단에 의지해 일을 한다.

滞留 zhìliú 动 체류하다. 체재하다. ¶这场暴雪使得很多乘客~在飞机场;이

는다.
▶확장용법: '中餐', '午餐', '中饭', '午饭'은 모두 점심 식사를 가리킨다.

中国东方航空 Zhōngguó Dōngfāng Hángkōng 名 중국 동방항공. ¶您现在乘坐的是~公司的飞机;당신이 현재 타고 계신 것은 중국 동방항공사의 비행기입니다.| ~的服务态度非常好, 票价也便宜;중국 동방항공의 서비스 태도는 매우 좋고, 표 값 또한 싸다.

中国民航 Zhōngguó Mínháng 名 중국민항. ¶他在~上班;그는 중국 민항에 다닌다.| ~每天有3班飞往北京的班机;중국 민항은 매일 3회 베이징으로 가는 항공편이 있다.

中间 zhōngjiān 名 ❶ 가운데. 중간. 사이. ¶他站在教室~;그는 교실 중간에 서 있다.| 他在花园~种上玫瑰了;그는 화원 가운데에 장미를 심었다.| 他工作了一上午, ~只去了一次厕所;그는 오전 내내 일 했고, 중간에 화장실에 한 번만 갔을 뿐이다.| 从我家到学校, ~要换车;우리 집에서 학교까지는 중간에 차를 갈아타야만 한다.| 他们~只有一个人会英语;그들 가운데 단지 한 명만 영어를 할 수 있다. ❷ (동사 뒤에) … 중에. ¶她在考试~, 突然哭了起来;그녀는 시험 중에 갑자기 울기 시작했다.| 他在我们吃饭~, 突然来访;그는 우리가 밥 먹는 중에 갑자기 찾아왔다.

中盘 zhōngpán 名 ❶ (바둑 등의 시합) 중반. ¶这两人棋技(qíjì)相差很大, ~就分了胜负;이 두 사람의 바둑 기량은 차이가 커서, 중반에 바로 승패가 갈렸다.| 美国选战进入~, 两党各有特色;미국의 선거전은 중반에 이르렀고, 양당은 각각 특색이 있다. ❷ 중반. (주로 증권거래에 쓰이며, 주식거래 개장과 폐장시간의 각 30분을 제외한 3시간의 가장 중요한 단계를 의미한다. 또한 거액투자자와 소액투자자의 중간 거래상의 의미도 있다.) ¶玩股票, 必须掌握股市~研判技巧;주식 투자를 할 때에는, 반드시 주식시장 중반을 분석 판단하는 기술을 마스터해야 한다.| 一般流通市值在10亿 – 100亿元人民币范围内的股票都可以视为~股;일반적으로 시가 10~100억 위안 인민폐 범위 내의 주식은 모두 중반 주식으로 간주할 수 있다.

中世纪 zhōngshìjì 名 중세기. 중세. ¶~又称中古时代, 是欧洲历史上的一个时代;중세기는 또한 중고시대라고도 불리는데, 유럽역사의 한 시대이다.| 这本书介绍了~的历史与文化;이 책은 중세기의 역사와 문화를 소개했다.

中文 Zhōngwén 名 중국어. (주로 중국 민족의 언어와 문자를 가리킨다.) ¶他的~说得很流利;그의 중국어는 매우 유창하다.| 你是在哪儿学的~? 너는 어디서 중국어를 배웠니?| 我是在北京学的~;나는 베이징에서 중국어를 배운 것입니다.

中午 zhōngwǔ 名 점심. 정오. ¶你~时间和我一起吃午饭吗? 너 ~시간 있으면 나와 점심 같이 | 很多中国人喜欢~吃完觉;많은 중국인들은 점~후 낮잠 자기를 좋아~从早上开始上课.

폭설은 많은 승객들을 공항에 체류하게 했다.│他~他乡已经有30年了;그는 타향에서 이미 30년 체류하였다.

中 zhōng 名 ❶ 중국을 가리키는 말.¶我们应该加强~韩交流;우리는 마땅히 중국과 한국의 교류를 강화시켜야 한다.│这种病~西结合治疗(zhìliáo)效果更好;이런 병은 중국식과 서양식을 결합하여 치료해야 효과가 더욱 좋다. ❷ …의 중에.…과정에.…의 가운데.¶他们两个人~,他比较高;그들 두 사람 가운데 그가 비교적 크다.│假期~我做了一件很有意义的事情;방학 중에 나는 매우 의미 있는 일을 했다. ❸ (동사 뒤에 쓰여) …의 중에.¶中国改革开放后,经济一直处于(chǔyú)快速发展~;중국은 개혁개방 후에 경제가 계속 빠르게 발전하고 있다.│开车~通话很危险;운전 중에 휴대전화 사용은 매우 위험하다. 形 중급의. 중등의. 중류의.¶我这个星期每天上~班,上个星期每天上早班,下个星期每天得上晚班;나는 이번 주엔 매일 오후 근무를 했고, 지난 주엔 매일 오전 근무를 했으며, 다음 주엔 매일 야간 근무를 해야 한다.│他儿子现在上~班;그의 아들은 현재 중급반에 다닌다.│他大概只有~等教育水平;그는 아마도 고작 중등교육수준일 것이다.│我们要开一个~型舞会;우리는 중형 무도회를 열고자 한다.│有个~年男子来找你;한 중년 남자가 너를 찾아 왔다.

▶확장용법: '中等'과 '初等', '高等'이 서로 대응되고, '中型'과 '大型', '小型'이 서로 대응된다. 이 밖에, '中等'은 크지도 작지도 않다는 의미로

사용되기도 한다.¶他大概是~个;그는 대략 중간 몸매다.

▶용법주의: '中班'은 일반적 가지의 의미가 있다. 하나는 로 공장이나 반드시 24시간 해야 하는 기관, 예를 들면 장 등에서 일을 3개의 시간으 때 '早班', '中班', '晚班'으로 다. 즉, '早班'은 대략 아침 6시 후 2시까지, '中班'은 오후 2시 10시까지, '晚班'은 밤 10시부 6시까지 근무하는 것을 말한 하나의 의미로는 유치원 등에 세 반은 '中班'이고, '大班'은 반, '小班'은 3-4세 반을 가리

副 …에 적합하다. …에 알맞 个机器~看不~用;이 기계는 알맞지 사용하는 데는 부적힙 他说话很不~听;그가 하는 말 에 너무 부적합하다.

中 zhòng 动 맞히다. 명중하다. 다. 당첨되다. 합격하다.¶他 奖;그는 1등 상에 당첨되었다 话不多,却总是能切~要害;그 이 많지 않지만, 항상 정곡을 줄 안다.│今天天气很热,我差 오늘 날씨는 매우 더워서, 나 터면 더위를 먹을 뻔 했다.

中餐 zhōngcān 名 ❶ 중국 음식. 外国人都喜欢吃~;많은 외국 중국 음식을 먹기 좋아한다.│ 是西餐我都可以;중식을 먹거ㄴ 을 먹거나 나는 모두 괜찮다. 심.¶我一般吃米饭;나는 점심 통 밥을 먹는다.│很多人每天 餐,只吃~和晚餐;많은 사람들 일 아침은 안 먹고 점심과 저녁

늘 그는 아침부터 수업을 시작해서 점심이 되어서야 비로소 끝난다.

中心 zhōngxīn 名 중심. 센터. ¶首尔市~的房价越来越贵;서울 도심의 방 값은 갈수록 비싸지고 있다.|北京是中国的政治~;베이징은 중국의 정치 중심지이다.

中学 zhōngxué 名 중등학교. 중,고등학교. ¶他是我~同学;그는 나의 중,고등학교 동창이다.|他妈妈是那所~的校长;그의 엄마는 저 중,고등학교의 교장이다.|~时期,他的学习成绩非常好;중,고등학교 시기에 나의 성적은 매우 우수했다.

中央 zhōngyāng 名 ❶ 중앙. ¶那只船很快划(huá)到了河~;그 배는 매우 빠르게 강 중앙으로 노 저어 갔다.|屋子~放着一张圆桌;방 중앙에 원탁 하나가 놓여있다. ❷ 중앙. (정부 최고 기관) ¶~政府和地方政府应该通力合作服务人民;중앙정부와 지방정부는 마땅히 힘을 합쳐 국민에게 봉사해야 한다.|公务员应该遵守~的政令;공무원은 중앙의 정령을 준수해야 한다.

中药 zhōngyào 名 중국 의약. ¶韩药和~材理论上有很多相同的地方;한약과 중약은 이론상 같은 부분이 많다.|很多老人只相信~,不相信西药;많은 노인들은 중국 의약만 믿을 뿐 서양 의약은 믿지 않는다.

▶용법주의: 한국어의 한자어 '汉药', '汉医'라고 부르지 말고, '中药', '中医'라고 불러야 한다.

终究 zhōngjiū 副 결국. 마침내. ¶你只要持续努力学习, ~会通过考试的;네가 계속 열심히 공부한다면, 결국 시험에 통과할 수 있을 것이다.|人~是会死的,所以要努力生活得快乐;사람은 결국 죽게 마련이니 즐겁게 살도록 노력해야 할 것이다.|一个人的力量~有限;한 사람의 능력은 결국 한계가 있다.

终于 zhōngyú 副 마침내. 결국. 끝내. ¶他~长大了,开始懂得孝敬父母了;그는 마침내 다 커서 부모님께 효를 다하고 공경하는 것을 알기 시작했다.|恋爱(liàn'ài)了那么久,他们两个人~结婚了;그렇게 오래 연애를 하여 그 둘은 마침내 결혼했다.|经过不断地努力,他~通过了公务员考试;부단한 노력 끝에 그는 마침내 공무원 시험에 통과했다.

钟 zhōng 名 ❶ 종. ¶这个寺庙(sìmiào)里有一口大~;이 절 안에는 큰 종이 하나 있다. ❷ (괘종, 탁상) 시계. ¶我要买个旅行用的闹(nào)~;나는 여행용 자명종을 사려한다.|这个欧式挂~漂亮是漂亮,但是太贵了;이 유럽식 벽시계는 예쁘긴 예쁜데 너무 비싸다. ❸ 시간. 시. ¶从我家到学校只要十分~;우리 집에서 학교까지는 10분이면 된다.|我七点~就起床学习了;나는 7시면 일어나 공부한다. 动 (감정 등을) 집중하다. 모으다. ¶他对她情有独~;그는 그녀한테 사랑에 빠졌다.|他是他父母亲最~爱的一个孩子;그는 그의 부모님이 가장 사랑하는 아들이다.

钟表 zhōngbiǎo 名 시계의 총칭. ¶他父亲经营(jīngyíng)一家~店;그의 아버지는 시계 가게를 운영하신다.|瑞士是以~出名的国家,它生产的~深受各国人民的喜爱;스위스는 시계로 유

명한 국가인데, 그 곳에서 생산한 시계는 각국 국민들의 사랑을 받는다.

▶용법주의: 한국어 한자'时计'는 '벽시계', '손목시계', '회중시계' 등을 모두 포함하는 말이지만, 중국어에서는 사용할 수 없다.¶他父亲经营一家时计店(×)

钟头 zhōngtóu 名 시간.¶我们在太阳下晒(shài)了好几个~;우리는 태양 아래에서 몇 시간 동안 햇빛을 쬐었다.│从这里到大邱只有一个~的车程;여기부터 대구까지는 단지 1시간 거리이다.│老师把他叫到办公室训(xùn)了半个~;선생님은 그를 교무실로 불러 30분 동안 훈계하셨다.

种 zhǒng 量 종류.¶我们可以把动物分成很多~;우리는 동물을 많은 종류로 나눌 수 있다.│黄莺(Huángyīng)是一~爱叫的鸟,长得很漂亮;꾀꼬리는 일종의 지저귀기를 좋아하는 새로 예쁘게 생겼다.│你和她是不一样的两~人;너와 그녀는 서로 다른 두 부류의 사람이다. 名❶종.¶他去农贸(Nóngmào)市场买了很多玉米~;그는 농산물시장에 가서 많은 옥수수 종을 샀다.│狗在生物学上属于(shǔyú)狼~;개는 생물학상 늑대과에 속한다. ❷인종.¶不论是白~人、黄~人还是黑~人,都是同样的人类;백인, 황인 그리고 흑인을 막론하고, 모두 똑같은 인류이다.│亚洲人大多是黄~人;아시아인은 대부분 황인종이다. ❸패기. 담력. 배짱.¶你真没~,连跟她说句话都害怕;넌 정말 배짱이 없어, 그녀에게 말 한마디 하는 것조차 두려워하니.│你有~,你去和老师说!넌 배짱 있으니 선생님께 가서 말해 봐!

种 zhòng 动 심다.¶山上~了很多苹果树;산 위에 많은 사과나무를 심었다.│十年前~下的小树苗,如今已经长成参天大树了;10년 전에 심었던 묘목이 지금은 이미 하늘에 닿을 만큼 큰 나무로 자랐다.

种类 zhǒnglèi 名 종류.¶韩国泡菜的~有很多,大约有两百多种;한국의 김치 종류는 매우 많아서 대략 200여 종이 있다.│台湾(Táiwān)地区水果的~比韩国多;타이완의 과일 종류는 한국보다 많다.

种子 zhǒng·zi 名 ❶종자. 씨앗.¶我想买点儿茉莉花(Mòlìhuā)的~来种;나는 쟈스민의 씨앗을 좀 사서 심고 싶다.│那家店专门卖各种青菜的~;그 상점은 각종 채소의 씨앗을 전문적으로 판다. ❷(비유 용법의) 씨앗.¶他的话在我们心中种下了希望的~;그의 말은 우리들 마음속에 희망의 씨앗을 심어주었었다. ❸우수 선수. 톱 시드 선수.¶小王是我们学校篮球队的~选手;왕 군은 우리 학교 농구팀의 우수 선수이다.

▶확장용법: '种子队'는 톱 시드 팀 즉, 실력이 뛰어난 팀으로 우수한 팀이 처음부터 맞붙지 않도록 대진표를 짠다.¶2010年南非世界杯亚洲区共有五支种子队,分别是澳大利亚、韩国、沙特、日本和伊朗;2010년 남아프리카 월드컵 아시아 지역에는 모두 5개의 톱 시드 팀이 있는데, 각각 오스트레일리아, 한국, 사우디아라비아, 일본 그리고 이란이다.

种植 zhòngzhí 动 심다. 재배하다.¶他们家后院里~了很多果树;그들 집 뒷

마당에는 많은 과일 나무가 심어져 있다.|他在家里阳台上~了一些大蒜;그는 집안 베란다에 약간의 마늘을 심었다.

众生 zhòngshēng 名 (불교)중생. ¶佛教讲慈悲(cíbēi)心,主张爱护~,尊重生命;불교는 자비심을 중시하고, 중생을 소중히 할 것을 주장하며, 생명을 존중한다.|作为芸芸~的普通人,我们都是平等的;중생을 운운하는 보통사람으로서 우리는 모두 평등하다.

重 zhòng 名 중량. 무게. ¶称一称牛肉有多~;소고기 무게가 얼마나 나가는지 달아보자.|这条鱼有几斤~? 이 물고기는 무게가 얼마나 됩니까? 形 ❶ (중량이나 비중 등이) 크다. 무겁다. ¶最近我的学习很~;요즘 내 공부가 힘듭니다.|工作太忙,走起来感觉脚步很~;일이 너무 바빠서 걸을 때 발걸음이 무겁게 느껴진다. ❷ (말이) 심하다. ¶你话说得太~了,很伤他的自尊心;네 말이 너무 심해서 그의 자존심을 상하게 했다. ❸ (정도가) 깊다. 심하다. (특별히 감정, 병의 증상을 지칭할 때 쓰인다.) ¶他是个情意很~的人;그는 정이 아주 깊은 사람이다.|他生病了,病得很~;그는 병이 났는데 아주 심하게 걸렸다.

▶용법주의: '重'은 자주 '重重地'의 형식으로 쓰여 부사 역할을 하며 동사를 수식한다. ¶发生这种事情一定要重重地处罚(chǔfá)他;이런 일이 발생했으니 반드시 그를 엄중히 처벌해야 한다.

❹ 신중하다. 경솔하지 않다. ¶他很自~,从不给我惹(rě)麻烦;그는 아주 신중하여 이제껏 나를 성가시게 한 적이 없다. 动 중시하다. ¶他们家~男轻女,什么都以儿子为主;그의 집안은 남성을 중시하고 여성을 경시하여 무엇이든 아들 위주로 한다.

重大 zhòngdà 形 중대하다. ¶这件事情的成与否,你的责任~;이 일의 성사 여부는 너의 책임이 중대하다.|举办奥运会对中国的发展有着~的意义;올림픽 개최는 중국의 발전에 중대한 의의를 갖는다.|工厂发生了火灾,造成~损失,所幸没有人员伤亡(shāngwáng);공장에 화재가 발생하여 중대한 손실을 초래했지만 다행히 사상자는 없었다.

重点 zhòngdiǎn 名 중점. ¶这个初中属于省~初中;이 중학교는 성(省)의 중점 중학교에 속한다.|北京大学是一所~大学;베이징대학교는 중점 대학교이다.|第3章是这本书的~;제 3장은 이 책의 중점이다. 副 중점적으로. ¶政府这几年的主要政策是~建设农村;정부의 올해 주요 정책은 중점적으로 농촌을 건설하는 것이다.|我们要~发展中、小企业;우리는 중점적으로 중소 기업을 발전시켜야 한다.

重感冒 zhònggǎnmào 名 독감. ¶我得了~,很不舒服;나는 독감에 걸려 몸이 아주 좋지 않다.|一场~使她瘦了3斤;한 차례의 독감으로 그녀는 1.5킬로그램이 빠졌다.

重量 zhòngliàng 名 중량. 무게. ¶这个手机的~只有123克;이 핸드폰의 무게는 겨우 123그램 밖에 안 된다.|牛肉一般按~卖;소고기는 일반적으로 무게에 따라 판다.

重视 zhòngshì 动 중시하다. 중요시하다. ¶他们家特别~教育;그들 가정은 특별히 교육을 중시한다.|他学习非

常努力,很受老师的~;그는 공부를 매우 열심히 해서 선생님의 중시를 받는다.

重要 zhòngyào 形 중요하다. ¶这件事对我很~;이 일은 나에게 아주 중요하다.|这是一个非常~的问题;이것은 매우 중요한 문제이다.|她在小王的心里比任何人都~;그녀는 왕 군의 마음속에서 그 누구보다도 중요한 사람이다.

重要性 zhòngyàoxìng 名 중요성. ¶每个人都应该认识环境保护的~;모든 사람은 마땅히 환경보호의 중요성을 인식해야 한다.|老师的一番话(yìfānhuà)使我明白了学习的~;선생님의 한말씀은 나로 하여금 공부의 중요성을 깨닫게 했다

周 zhōu 名 ❶ 주. ¶李老师每~都会去爬山;이 선생님은 매주 등산을 간다.|上~,我去了南京一趟;지난 주에 나는 난징에 한 번 갔다.

▶확장용법:¶下周;다음 주.|上上周;지난난주.|下下周;다다음주.|周末;주말.|周一;월요일.|周二;화요일.|周六;토요일.|周日;일요일.

❷ 주위. 사방. ¶房子的四~种满了花草;집의 사방에 꽃과 풀을 가득 심었습니다. 形 세심하다. 주도면밀하다. ¶接待(jiēdài)不~,请你原谅;접대가 세심하지 못한 점 양해 부탁 드립니다. 量 바퀴. ¶地球绕(rào)太阳一~就是一年;지구가 태양을 한 바퀴 돌면 바로 일년이다.|环游世界~要多少钱?세계일주를 하는데 얼마가 필요합니까?

周边 zhōubiān 名 주변. 주위. ¶上海~城市都发展得很好;상하이 주변 도시

는 모두 발전이 잘 되었다.|重点小学~的房子都非常贵;중점 초등학교 주변의 집은 매우 비싸다.

周到 zhōudào 形 주도면밀하다. 세심하다. 꼼꼼하다. 빈틈없다. ¶这家饭店的服务很~;이 호텔의 서비스는 세심하다.|爸爸考虑(kǎolǜ)问题时总是很~;아버지는 문제를 고려할 때 항상 주도면밀하다.

周末 zhōumò 名 주말. ¶我和女朋友约好~一起去看电影;나와 여자친구는 주말에 함께 영화를 보러 가기로 약속했다.|~我一般爱睡懒(lǎn)觉;주말에 나는 보통 늦잠 자는 것을 좋아한다.

周围 zhōuwéi 名 주위. 사방. ¶他的~总是有许多女孩子;그의 주위에는 항상 많은 여자들이 있다.|我们应该关心我们~的人;우리는 마땅히 우리 주위 사람에게 관심을 가져야 한다.|房子~是一片松林;집 주위에는 소나무 숲 일대이다.

株 zhū 量 그루. ¶我家院子里种了几~松树;우리 집 정원에 소나무 몇 그루를 심었다.|这~松树长得最高;이 소나무는 가장 키가 크다.

诸位 zhūwèi 代 여러분. (말하는 이가 가리키는 몇몇 사람들에 대한 존칭) ¶等我买了房,会请~到我家玩;내가 집을 사면 여러분을 우리 집에 초대하겠습니다.|我马上要开会,~有什么事先跟我的秘书谈吧;저는 바로 회의를 시작하겠으니 여러분께서는 용건이 있으시면 먼저 내 비서와 얘기하십시오.

猪 zhū 名 돼지. ¶我属~,你属什么? 나는 돼지띠인데, 너는 무슨 띠이니?|

这头~好肥,可以卖个好价钱;이 돼지는 살이 잘 올라 좋은 가격에 팔 수 있을 것이다.

竹子 zhúzi 名 대나무. ¶大熊猫最喜欢吃~;팬더는 대나무를 먹는 것을 제일 좋아한다.│我家有张~做的床,夏天睡在上面很舒服;우리 집에는 대나무로 만든 침대가 하나 있는데, 여름에 위에서 자면 아주 시원하다.

逐步 zhúbù 副 한걸음씩. 점차. ¶手术后,他的身体~恢复健康;수술 후에 그의 몸은 점점 건강을 회복하고 있다.│近年来,人们的观念~开放起来;요즘 들어 사람들의 생각이 점차 개방되기 시작했다.

逐渐 zhújiàn 副 점점. 조금씩. ¶天气~冷起来了;날씨가 점점 추워지기 시작했다.│这两天,受到冷空气的影响,天气~冷了起来;요 며칠 동안 찬 공기의 영향을 받아 날씨가 점점 추워지기 시작했다.

主持人 zhǔchírén 名 사회자. 엠씨(MC). ¶她的理想是成为一位杰出的~;그녀의 꿈은 뛰어난 엠씨가 되는 것이다.│要成为一名~不是一件简单的事;한 명의 유명한 사회자가 되는 것은 간단한 일이 아니다.

▶용법주의: 한국어 한자어 '司会者'는 중국어 '主持人'의 의미이지만, 중국어에서는 사용할 수 없다.¶他是一位杰出的司会者(×)

主导 zhǔdǎo 形 주도적인. ¶他在同学中是有一定~作用的;그는 학교친구들 사이에서 어느 정도의 주도적인 역할을 한다.│道教的~思想是崇尚自然;도교의 주도적인 사상은 자연을 숭상하는 것이다. 动 주도하다. ¶全球的金融危机~了今年的ＡＰＥＣ会议日程;전 세계의 금융위기는 올해 ＡＰＥＣ회의 일정을 주도했다.│他们公司仍然~着整个国内市场;그들 회사는 여전히 모든 국내의 시장을 주도하고 있다. 名 주도. 주도적인 것. ¶学校工作应该以教学为~;학교 업무는 가르치는 것을 마땅히 주도적인 것으로 삼아야 한다.│现代的教学是以教师为~,学生为主体的教学;현대의 교육은 교사가 주도가 되고, 학생이 주체인 교육이다.

主动 zhǔdòng 形 ❶ 자발적이다. ¶他学习上很~,很受老师喜欢;그는 공부하는 데 자발적이어서 선생님의 사랑을 받는다.│那个姑娘才貌(cáimào)俱佳,你应该~一点儿;그 아가씨는 재능과 인물이 훌륭하니 너는 좀 주동적이어야 할 것이다. ❷ 주도적인. (유리한 국면을 조성하여 일이 자신의 의도대로 진행되게 할 수 있는 상태를 형용한다.) ¶年轻人应该争取~,为自己创造更好的未来;젊은 사람들은 자신의 더 좋은 미래를 만들기 위해 주도권을 쟁취해야만 한다.│这次球赛,我们要努力掌握~权;이번 구기경기에서 우리는 주도권을 잡도록 노력해야 한다.

主妇 zhǔfù 名 주부. ¶我妈妈是一位家庭~;우리 엄마는 가정주부이다.│现在韩国很多~开始走出家庭,追求自己的事业;현재 한국의 많은 주부들은 가정 밖으로 나가 자신의 사회 활동을 추구하기 시작했다.

主观 zhǔguān 名 주관. ¶~条件和客观条件都具备(jùbèi)了,我们一定会成功的;주관적 조건과 객관적 조건을 모

841

두 갖추었으니 우리는 분명 성공할 것이다.│提高自己的~幸福感, 成为一个幸福的现代人;자신의 주관적 행복감을 높여 행복한 현대인이 된다. 形(실제 상황에 의거하지 않고) 주관적이다.¶我们想问题的时候不能太~;우리는 문제를 생각할 때 너무 주관적이면 안 된다.│这篇论文太~, 受到很多人的批评(pīpíng);이 논문은 너무 주관적이어서 많은 사람들의 비평을 받는다.

主人 zhǔrén 名 주인. (손님을 접대하는 사람. 재물이나 권력의 소유자) ¶这家~很好客, 客人总是不断;이 집 주인은 손님 접대를 좋아해 손님이 항상 끊이질 않는다.│我是这只小狗的~;나는 이 강아지의 주인이다.│这个房子的~出国去了, 要一个月后才回来;이 집의 주인은 출국해서 한 달 후에나 돌아올 것이다.

主人公 zhǔréngōng 名 주인공.¶这本小说的~叫李小龙;이 소설의 주인공은 이소룡이라고 부른다.│这部电影的~最后过着幸福的日子;이 영화의 주인공은 마지막에 행복한 나날을 보낸다.

主人翁 zhǔrénwēng 名 ❶ 주인. (문학작품) 중심인물.¶人民才是国家的~;인민이야말로 국가의 주인이다. ❷ 주인공.¶那部电影中的~是一个年轻美丽的女大学生;그 영화의 주인공은 한 젊고 아름다운 여대생이다.

主任 zhǔrèn 名 주임. (직위의 명칭으로, 한 부서나 기구의 주요 책임자)¶他大学毕业后来到我们厂工作, 很快升为车间~;그는 대학 졸업 후에 우리 공장에 와서 일을 했는데, 금방

현장 주임으로 승진하였다.│他做校长办公室~已经有两年了;그가 교장 사무실의 주임을 맡은 지 벌써 2년이 되었다.

主题 zhǔtí 名 ❶ 주제. (문학, 예술 작품에서 지은이가 나타내고자 하는 기본적인 사상 또는 대화, 문서, 회의 등에서 다루는 주요 내용)¶这部小说的~是歌颂(gēsòng)人类的奋斗(fèndòu)精神;이 소설의 주제는 인류의 투쟁 정신을 찬양한 것이다.│那部电视连续剧的~思想是赞美纯洁的爱情;그 텔레비전 연속극의 주제 의식은 순수한 사랑을 찬미하는 것이다. ❷ (일반적인 대화, 회의, 문서 등의) 주제.¶校长讲话的~是要大家好好学习, 不要浪费时间;교장 선생님의 말씀 주제는 모두가 열심히 공부하고 시간을 낭비하지 말라는 것이다.│今天会议的~是讨论年终奖金的问题;오늘 회의의 주제는 연말 보너스 문제를 토론하는 것이다.

主体 zhǔtǐ 名 ❶ 주체. 주요.¶学生和老师是学校的~;학생과 선생님은 학교의 주체이다.│这幢大厦的~工程已经完工了;이 빌딩의 주요 공사는 이미 완공되었다. ❷ (철학에서의) 주체. (인식과 실천 능력을 갖춘 사람)¶哲学上说, 认识就是~对客体的反映;철학에서 인식은 바로 객체에 대한 주체의 반영이라고 말한다.

主席 zhǔxí 名 ❶ 의장.¶作为这次大会的~, 我感到非常荣幸(róngxìng);이번 대회의 의장으로서 나는 매우 영광스럽습니다.│小张很会主持会议, 就请他做这次大会的~吧!장 군은 회의를 잘 진행하니 그를 이번 대회의 의

장으로 청합시다! ❷ 주석. 장. 대표. (몇몇 국가, 국가기관, 당파 또는 단체 중의 어떤 조직에서 가장 높은 자리에 있는 지도자의 직위 명칭)¶胡锦涛是中国现任国家~;후진타오는 중국 현직 국가 주석이다.

主要 zhǔyào 形 주요한. 중요한. ¶这次事故,你应该负~责任;이번 사고는 당신이 마땅히 주요 책임을 져야 합니다.¶这种药的~作用就是治胃疼;이 약의 주요한 작용은 바로 위통을 치료하는 것이다. 副 주로. 대부분. ¶~是天气不好,不然我早就去学校了;주로 날씨가 좋지 않아서 입니다, 그렇지 않았다면 저는 진작에 학교에 갔을 겁니다.¶~是因为你,他才不去中国留学;중요한 것은 너 때문에 그가 중국에 유학 가지 않은 것이다.

主意 zhǔ·yi 名 ❶ (사물에 대한) 생각. 주견. ¶爸爸已经打定~要处罚(chǔfá)他了, 谁说也没有用;아버지는 이미 그를 처벌하기로 결정해서 누가 말 해도 소용 없다. ¶小刘遇到事情,总拿不定~;유 군은 일에 맞닥뜨렸을 때 항상 생각을 정하지 못한다. ❷ 방법. 생각. 의견. ¶这事怎么办,你得出个~啊!이 일을 어떡하지, 너는 방법을 생각해내야 한다!¶你这个~,听起来挺不错的;너의 이 의견은 듣기에 아주 괜찮은 듯 하다.

主张 zhǔzhāng 动 주장하다. 결정하다. ¶我~现在就投票(tóupiào) 表决(biǎojué);나는 지금 바로 투표로 표결할 것을 주장한다.¶他爸爸~他上大学;그의 아버지는 그가 대학에 갈 것을 주장한다. 名 주장. 견해. 의견. ¶你最好和你爸爸、妈妈讨论一下,不

要自作~;너는 아버지와 어머니랑 한번 상의해보는 것이 가장 좋지, 혼자서 결정하지 마라.¶孩子们有孩子们自己的~;아이들은 아이들 나름대로의 의견이 있다.

拄 zhǔ 动 (지팡이 따위로) 몸을 지탱하다. ¶她腿受伤了, 每天~着拐杖(guǎizhàng)上学;그녀는 다리를 다쳐서 매일 목발을 짚고 학교에 간다.¶张奶奶每天~着拐杖在公园里散步;장 할머니는 매일 지팡이를 짚고 공원을 산책한다.

属 zhǔ 动 (주의나 생각을) 집중하다. ¶巴金先生晚年~意杂文(záwén)创作(chuàngzuò);빠진 선생은 만년에 잡문 창작에 집중했다.

煮 zhǔ 动 삶다. 익히다. 끓이다. ¶自来水最好~开了再喝;수돗물은 끓여 먹는 것이 가장 좋다.¶他妈妈很会~菜;그의 어머니는 요리를 잘 한다.

▶용법주의: '煮'는 또한 '烧(shāo)'로 대신할 수 있다. '煮开水'는 '烧开水'로 쓰일 수 있다. '煮菜'는 '烧菜', '煮饭'은 '烧饭'이라고도 할 수 있다.

瞩目 zhǔmù 动 눈여겨보다. 주목하다. ¶中国的改革开放受到了世界的~;중국의 개혁 개방은 세계의 주목을 받았다.¶最近出现了一位令人(lìngrén)~的体坛(tǐtán)新秀(xīnxiù);최근 주목할 만한 체육계의 신예가 나타났다.

▶용법주의: '体坛新秀(tǐtán xīnxiù)'는 체육계의 걸출한 신인을 나타낸다. 다른 예로는 '影坛新秀(yǐngtán xīnxiù)' 영화계의 걸출한 신인, '政坛新秀(zhèngtán xīnxiù)' 정치계의 걸출한 신인 등이 있다.

住 zhù 动 ❶ 살다. 거주하다. ¶小黄的父

843

母亲~在农村;황 군의 부모님은 농촌에 산다.| 我~在大田已经有10年了;나는 대전에 산 지 이미 10년이 되었다. ❷멎다. 그치다. ¶血很快就止~了;피가 금새 멎었다.| 你快给我~嘴,你不说话,没有人会当你是哑巴(yǎbā)! 너 얼른 입 다물어, 네가 말 안해도 너를 벙어리 취급하는 사람 없어! [副] ❶동사의 보어로 사용되어 견고함이나 안정됨을 표시한다. ¶赶快把小偷抓~,别让他跑了! 얼른 도둑을 붙잡아서 그가 도망 못가게 하세요!| 你若觉得害怕,就握~我的手;네가 만약 무섭다면 나의 손을 꽉 잡아라. ❷동사의 보어로 사용되어 정돈이나 정지를 표시한다. ¶他一生气,就不~地骂人;그는 한 번 화가 나면 계속해서 욕을 한다.| 他被当时的景象(jǐngxiàng)吓~了;그는 당시의 상황에 깜짝 놀랐습니다. ❸동사의 보어로 사용되어 어떤 일을 충분히 감당할 수 있음을 나타낸다. ¶再这么忙下去,你会支持不~的;또 다시 이렇게 바쁘다면 너는 견딜 수 없을 것이다.| 这么多的生词,我怎么记得~! 이렇게 많은 새 단어를 내가 어떻게 외우겠는가!

住手 zhùshǒu [动] 손(일)을 멈추다. 일을 그만두다. ¶快~! 不要打了! 얼른 멈춰요! 때리지 마세요!| 这件事,他若不查清楚是不会~的;이 일을 그는 만약 분명히 조사하지 않는다면 그만두지 않을 것이다.

住院 zhùyuàn [动] 입원하다. ¶她这两天生病~了;그녀는 이틀 동안 병이 나서 입원했었다.| 他的病需要~治疗;그의 병은 입원해서 치료 받을 필요가 있다.| 你这个病,先~观察几天再说吧;당신의 이 병은 우선 입원해서 며칠 동안 살펴본 후에 다시 말합시다.

▶용법주의: ❶한국어 한자어 '入院'은 중국어의 '住院'에 해당하지만, 중국어에서는 사용할 수 없다. ¶她这两天生病入院了(×) ❷'住院'은 이합동사로 중간에 '过', '了' 등의 기타 성분을 넣어 쓸 수 있다. ¶小李曾在北京住过院;이 군은 일찍이 베이징에서 병원에 입원한 적이 있다.| 她因为胆结石(Dǎnjiéshí)开刀,住了一个星期的院;그녀는 담결석 수술 때문에 일주일 동안 입원했다.

住宅 zhùzhái [名] (규모가 비교적 큰) 주택. ¶这里的~区房价特别贵;이 주택 지역의 주택가격은 특히 비싸다.| 她的梦想就是拥有一栋(dòng)价值(jiàzhí)20亿韩元的豪华(háohuá)~;그녀의 꿈은 한국 돈 20억의 가치가 있는 호화로운 집을 갖는 것이다.| 这个网站提供许多有关~和房地产信息;이 웹사이트는 많은 주택과 부동산에 관련된 소식을 제공하고 있다.| 中国人一般不喜欢住高层~;보통 중국인들은 고층에서 사는 것을 좋아하지 않는다.

注目 zhùmù [动] 주목하다. 주시하다. ¶他个子高,在人群中引人~;그는 키가 커서 군중 속에서 주목을 끈다.| 2008北京奥运会引起了全世界的~;2008년 베이징올림픽은 전 세계의 주목을 이끌어 냈다.

注视 zhùshì [动] 주시하다. ¶他~着老师,眼睛充满困惑(kùnhuò);그는 곤혹스러움이 가득한 눈으로 선생님을 주시

하고 있다.| 他~着窗外,没有发现我进来;그는 창 밖을 주시하느라고 내가 들어온 것을 몰랐다.| 说话的时候一定要~对方的眼睛;말을 할 때에는 반드시 상대방의 눈을 주시해야 한다.

注意 zhùyì 动 주의하다. 조심하다. ¶过马路,请~安全;길을 건너갈 때에는 조심하세요.| 肠胃病患者一定要~饮食习惯;위장병 환자들은 반드시 음식 습관에 주의해야 한다.| 上课时,你要~听讲;수업 시간에 당신은 주의하여 강의를 들어야 한다.

驻 zhù 动 ❶ 멈추다. 정지하다. ¶到了湘江边时,他们~足休息;상강 변에 도착했을 때 그들은 걸음을 멈추고 쉬었다. ❷ (군대나 일하는 사람들이) 머무르다. 주둔하다. ¶部队~在村子的一个大院里;부대가 동네의 큰 앞마당에 주둔해 있다.| 他在中国~韩国大使馆工作了好几年;그는 한국 주재 중국대사관에서 몇 년 동안 일했다.

祝 zhù 动 빌다. 축원하다. ¶~你永远幸福、健康;당신이 영원히 행복하고 건강하기를 축원합니다.| 主人向客人举杯~酒,欢迎他们的到来;주인은 손님에게 축배를 들어 그들이 온 것을 환영하며.| 让我们举杯~我们两校的友谊万古长青(wànggǔchángqīng);잔을 들어 두 학교의 우의가 영원토록 기원합시다. 名 이름의 성. ¶如有名的爱情故事"梁山伯与祝英台";유명한 '양산백과 축영대' (중국 옛날 슬픈 사랑이야기) 같은 러브스토리가 있다.

祝贺 zhùhè 动 축하하다. ¶~你们取得好的成绩;너희들이 좋은 성적을 얻

은 것을 축하한다.| 热烈~2008年中国奥运的成功举办;2008년 중국올림픽의 성공적인 개최를 대단히 축하합니다. 名 축하. ¶我们对大会表示热烈的~;우리들은 대회에 대해 진심으로 축하드립니다.| 请接受我对大家的~;저의 여러분들에 대한 축하를 받아주시기 바랍니다.

著名 zhùmíng 形 유명하다. 저명하다. ¶潮州的功夫茶很~;차오저우의 궁푸차는 매우 유명하다.| 这是中国的国花牡丹花品种里最~的一种;이것은 중국 국화인 모란품종 중에서 가장 유명한 품종이다.| 他的理想是成为世界~作家;그의 꿈은 세계에서 저명한 작가가 되는 것이다.

著作 zhùzuò 名 저서. 저작. ¶这部学术~连大学生都很难看懂,更别说中学生了;이 학술저서는 대학생조차 보기 어려운데 더군다나 중, 고등학생은 말할 필요도 없다.| 他的~很受读者们的喜爱;그의 저서는 독자들에게 매우 사랑을 받는다. 动 저술하다. 저작하다. ¶老李从事~二十多年了;이씨는 20여 년 동안 저술에 종사하고 있다.

著作权 zhùzuòquán 名 저작권. ¶如果侵犯(qīnfàn)了别人的~,那是要受到法律制裁(zhìcái)的;만약 다른 사람의 저작권을 침해한다면 그것은 법률 제재를 받을 것이다.| 为了维护自己的~,他委托(wěituō)律师调查自己著作的出版发行情况;자신의 저작권을 지키기 위해서 그는 변호사에게 자기 작품의 출판 현황을 조사해달라고 의뢰했다.

▶용법주의: '著作权'는 '版权

845

(bǎnquán)'으로도 불린다.

抓 zhuā 动 ❶ (물건, 요점, 마음 따위를) 잡다. 집다. ¶姨妈~了一把巧克力塞(sāi)到我的口袋里;이모는 초콜릿을 한 움큼 집어 내 주머니에 넣어주셨다.|他~起她的手,就往外走;그는 그녀의 손을 잡고 바깥으로 걸어나갔다. ❷ (사람의 손등, 기구 따위로) 긁다. ¶我背上痒(yǎng),你给我~几下;내 등이 가려우니, 너가 좀 긁어줘.|孩子很喜欢看猴子~痒痒的样子;아이들은 원숭이가 가려워 긁는 모습을 보기 좋아 한다. ❸ 체포하다. 붙잡다. ¶幼儿班的孩子都在花园里~蝴蝶(húdié);유치원의 아이들은 모두 화원 안에서 나비를 잡는다.|警察把那个坏蛋~走了;경찰은 그 악당을 체포했다.

抓紧 zhuājǐn 动 꽉 쥐다. 단단히 잡다. ¶年轻人不能浪费大好青春时光,应该~学习为将来的发展做好准备;젊은이들은 좋은 청춘 시절을 낭비해선 안 되고, 열심히 공부해 미래의 발전을 위하여 준비를 잘해야 한다.|这个作业下星期二要完成,你们得~时间做;이 숙제는 다음 주 화요일까지 완성해야 하니 너희들은 시간을 아껴야 한다.|~我的手,你就不会怕了;나의 손을 꽉 잡는다면 당신은 무섭지 않을 거예요.

▶용법주의: '抓紧'은 동사와 보어로 이루어진 것으로 중간에 '得'와 '不'를 사용할 수 있다. 예를 들어 '抓得紧', '抓不紧' 등으로 사용할 수 있다. ¶前期准备抓得紧,测量工作就有保障;사전 기간에 준비를 잘 한다면, 측량하는 일은 보장할 수 있다.|抓不紧我的女朋友,教教我怎么办? 나의 여자 친구를 잡을 수 없어, 내가 어떻게 해야 할지 가르쳐 줄래?|你们要抓主要工作,但是抓而不紧,工作还是不能做好;너희는 주요 작업에 최선을 다해야 하지만, 열심히 하지 못하면 일은 잘 해낼 수 없을 것이다.

专家 zhuānjiā 名 전문가. ¶他原来是个普通的农民,现在成了有名的养殖(yǎngzhí)~;그는 원래 평범한 농민이었지만 지금은 유명한 양식 전문가가 되었다.|~就是~,提出的方案马上就能解决实际(shíjì)问题;전문가는 전문가이다, 제시한 방안으로 바로 실제 문제를 해결할 수 있네.|我们需要培养自己的~;우리는 자신만의 전문성을 키워야 한다.

专门 zhuānmén 形 전문적이다. ¶这家公司成立了~的研发中心开发新产品;이 회사는 전문 연구 센터를 설립하여 신상품을 개발한다.|根据上述情况,有必要成立一个~的机构来解决这些问题;위 진술의 상황에 근거하면, 이 문제들을 해결할 전문 기관을 설립할 필요가 있다.|随便玩玩是不行的,这可是一门~的学问;이것은 전문적인 학문이므로 마음대로 놀면 안된다. 副 ❶ 오로지. 전문적으로. ¶附近那个玩具厂~生产塑料(sùliào)玩具;부근의 저 장난감 공장은 전문적으로 플라스틱 장난감을 생산한다.|《动物世界》是一档~介绍各种动物的电视节目;《동물세계》는 전문적으로 각종 동물을 소개하는 텔레비전 프로그램이다.|我们今天~学习汉语发音;우리는 오늘 중국어 발음만 공부한다. ❷ (어떤 목적이나 사건에 대하

여) 특별히.¶为了写这篇论文,我最近~去了北京图书馆查资料;이 논문을 쓰기 위해서 나는 최근 특별히 베이징도서관에 가서 자료를 찾았다.|这种电脑是~为残疾人(cánjírén)设计的;이 컴퓨터는 특별히 장애인을 위해 설계된 것이다.|每年春节小李都要~去看望她的小学老师;매년 설날마다 이 양은 특별히 그녀의 초등학교 선생님을 찾아가곤 한다. ❸ 특히.¶那个胖女人~打听别人的隐私(yǐnsī);저 뚱뚱한 여자는 특히 다른 사람의 사적인 비밀을 캐묻는다.|别过来,你~捣(dǎo)乱;오지마, 넌 특히 성가시게 해.|有的人没事干,~说别人的闲话;어떤 사람들은 하는 일 없이 특히 다른 사람의 험담을 한다.

专心 zhuānxīn 形 몰두하다. 전념하다. ¶张明学习成绩不好就是因为上课不~;장밍이 학업성적이 나쁜 이유는 수업시간에 전념하지 않기 때문이다.|他太~了,连中饭也忘记吃了;그는 너무 몰두해서 점심식사 하는 것 조차 잊어버렸다.|这个暑假妹妹准备留在学校~考研;이번 여름 방학에 여동생은 학교에 남아 대학원 시험에 몰두하려고 준비하고 있다.

专业 zhuānyè 名 학과. 전공.¶我们大学有24个系,36个~;우리 대학은 24개의 학부와 36개의 학과가 있다.|外语是热门~,每年报考的人很多;외국어는 인기 있는 학과여서 매년 시험에 응시하는 사람들이 많습니다.|你的~是什么?당신의 전공은 무엇입니까? 形 (어떤 일에) 전문적이다.¶会议决定这个项目必须聘请~技术人员来做;회의에서는 이번 일을 전문적인 기술자를 초빙해서 맡기기로 결정했다.|这台晚会请的全是~演员;이번 저녁 파티에 초청된 사람은 모두 전문적인 연기자이다.|采矿(cǎikuàng)具有一定的危险性,所以工作人员一定要经过~的培训(péixùn);광석을 채굴하는 것은 어느 정도의 위험성이 따르기 때문에 일꾼들은 반드시 전문적인 훈련을 거쳐야만 한다.

▶용법주의: 한국어 한자어 '专攻'은 중국어 '专业'의 의미이지만, 중국에서는 사용할 수 없다.¶你的专攻是什么?(×)

专业人员 zhuānyè rényuán 名 전문가. ¶这是技术活动,不是每个人都能做的,需要~;이것은 기술적인 활동이어서 사람마다 모두 할 수 있는 것이 아니므로 전문가를 필요로 한다.|有了~的指导和帮助,今年玉米每亩(mǔ)增产一百公斤;전문가의 지도와 도움이 있었기에 올해 옥수수가 한 묘마다 100킬로그램씩 증산되었다.

转 zhuǎn 动 ❶ (방향, 위치, 형세 따위가) 달라지다. 전환되다.¶天气预报说明天是阴~晴,南风二级;일기 예보에서 내일은 흐렸다가 개며, 남풍이 2급으로 불 것이라 했다.|现在要求~系的学生越来越多;현재 전과를 요구하는 학생들이 갈수록 많아지고 있다.|一见有人来,我们马上~了话题;누가 오는 것을 보자마자 우리는 곧 화제를 바꾸었다. ❷ (의견을) 전하다. (우편물, 상품 등을) 전달하다.¶请把这封信~给小张,好吗? 이 편지를 장 군에게 전해주세요, 괜찮죠?|打他们办公室的电话真麻烦,老是要通过总机~内线;그들의 사무실로 전

화하는 것은 정말 귀찮아요. 항상 대표전화를 통해야 내선으로 바꿔줍니다.| 此案已经从地方法院~到了省高级人民法院;이 안건은 이미 지방법원에서 성급 최고 인민법원으로 전달되었다.

转 zhuàn 动 ❶ 돌다. ¶那只小狗一直围着孩子们~;그 강아지는 계속해서 아이들의 주위를 맴돌고 있다.| 起风了,风车~得飞快;바람이 일자 풍차가 빠르게 돌았다.| 钥匙插进去却~不动,这锁可能坏了;열쇠를 꽂았는데도 돌아가지 않으니 이 자물쇠가 아마도 망가진 것 같다. ❷ (무엇을 중심으로) 맴돌다. 선회하다. ¶我父亲退休以后几乎每天都要去附近的公园~一~;저의 아버님은 퇴직 후에 거의 매일 근처 공원을 거닐고 계십니다.| 天太冷,别在外面~了,小心感冒;오늘 날이 추우니 밖에서 돌아다니지 말고, 감기 조심하세요.| 黄家的小儿子至今没找到工作,天天在街上乱~;황 씨집 작은 아들은 지금까지 일을 찾지 못하고 매일 길거리를 배회한다.

转变 zhuǎnbiàn 动 바뀌다. ¶经过多方劝说,父母的思想终于~过来,同意了他们的婚事;여러모로 설득하여 부모님의 생각이 마침내 바뀌어서 그들의 결혼을 허락하였다.| 温度达到一百度时水从液态~为气态;온도가 100도가 되면 물은 액체에서 기체로 바뀐다.

转达 zhuǎndá 动 전달하다. 전하다. ¶你放心,我一定~你的意思;내가 꼭 너의 뜻을 전달할 테니 안심하거라.| 爸爸要我~他对您的问候之意;아버지께서는 제게 당신에게 안부의 뜻을 전해 주라고 하셨습니다.| 我还要借此机会~中国人民对韩国人民的美好祝愿;저는 또한 이 기회를 빌려 중국인들의 한국인에 대한 아름다운 축원을 전달하고자 합니다.

转告 zhuǎnggào 动 (한쪽의 말이나 상황을 다른 쪽으로) 전달하다. 전하다. ¶明天不上课,请同学们互相~;내일은 수업이 없으니 학생들은 서로 전달해 주기 바랍니다.| 请~他,我绝不会放过他;그에게 내가 절대로 용서할 수 없다고 전해주세요.| 这里的情况,请代为~;이 곳의 상황을 대신 전해 주세요.

转换 zhuǎnhuàn 动 전환하다. 바꾸다. ¶中国经济改革进入了新旧体制~的关键时期,出现了许多复杂的问题;중국 경제 개혁이 신구 체제가 바뀌는 중요한 시기에 진입하자 많은 복잡한 문제가 생겨났다.| 昨天买的电扇能自动~风力和方向,很适合睡觉时用;어제 산 선풍기는 자동으로 풍력과 풍향을 바꿀 수 있어서 잠잘 때 이용하기에 적합하다.| 能量相互~时一般都会有一些损失;에너지가 서로 바뀔 때 일반적으로 약간의 손실이 생기기 마련이다.

转机 zhuǎnjī 名 전기. 좋은 변화. ¶千万不要灰心,事情一定会有~的;부디 낙심하지 마세요. 일은 반드시 호전될 거예요.| 服用了那种昂贵(ánggùi)的新药以后,老人的病情出现了可喜的~;그렇게 비싼 신약을 복용한 후에 노인의 병세에는 기뻐할 만한 변화가 생겼다. 动 비행기를 갈아타다. ¶他去英国伦敦常常在香港~;그는 영

국 런던으로 갈 때 항상 홍콩에서 비행기를 갈아탄다.|在上海~时,他去免税商场买了几件丝绸(sīchóu)衣服;상하이에서 비행기를 갈아탈 때, 그는 면세점에 가서 비단옷을 몇 벌 샀다.|这次我们是在广州~飞往澳大利亚的,在机场足足等了八个小时;이번에 우리는 광저우에서 비행기를 갈아타고 오스트레일리아로 갔는데 공항에서 족히 8시간을 기다렸다.

转交 zhuǎnjiāo [动] (물건을) 전달하다. 전해주다. ¶老张把路上拾到的钱包交到派出所(pàichūsuǒ),请民警~给失主;장 씨는 길에서 주운 지갑을 파출소에 넘겨주고 주인에게 전해 주도록 경찰에게 부탁했다.|山区交通十分不便,只好请同乡的学生~这个包裹;산간 지역의 교통은 매우 불편해서 어쩔 수 없이 고향으로 돌아가는 학생에게 이 소포를 전달해달라고 했다.|快递(kuàidì)物品一般只能交给收件人本人而不能~他人;빠른 등기 물품은 보통 수취인 본인에게 줘야지 다른 사람에게 전해주면 안 된다.

转身 zhuǎnshēn [动] 돌아서다. 몸을 돌리다. ¶那个人呆呆地看了很久才~离去;그 사람은 멍하게 한참을 보고 나서야 돌아서서 떠나갔다.|妈妈~进屋去了;엄마는 몸을 돌려 방으로 들어갔다;|一看人太多,他~就走;사람이 너무 많은 것을 한 번 보자마자 그는 몸을 돌려 갔다.

转向 zhuǎnxiàng [动] 방향을 바꾸다. ¶投资的重点开始~农业和服务业;투자의 중점이 농업과 서비스업으로 바뀌기 시작하다.|人们选购(xuǎngòu)电器由重价格~重款式(kuǎnshì)和功能;사람들이 가전제품을 고를 때 가격에서 디자인과 기능을 중요시하는 쪽으로 바뀌었다.

赚 zhuàn [动] 돈을 벌다. 이윤을 얻다. 이익을 보다. ¶她老公很会~钱;그녀의 남편은 매우 돈을 잘 번다.|花掉的钱可以~回来,可是浪费的时间却无法挽回;쓴 돈은 다시 벌 수 있지만, 그러나 낭비한 시간은 돌이킬 방법이 없다.|他做房东~的钱,足够养活一家人;그가 집주인으로 번 돈은 한 가족을 부양하기에 충분하다.

传 zhuàn ❶ (경전을 해석한)저작물. ¶《左~》是《春秋》三~之一;《좌전》은 《춘추》 삼전 중의 한 경전이다. ❷ [名] 전기(어떤 한 인물의 행적을 글로 기록한 것).¶《汉书》里有苏武的~;《한서》 중에는 소무의 전기가 있다.|她正在搜集资料,准备为父亲写~;그녀는 지금 자료를 수집해 부친을 위해 전기를 쓸 준비를 하고 있다. ❸ 역사 이야기를 서술한 작품.(소설의 명칭에 주로 쓰인다.)¶大部分男孩子都喜欢读《水浒~》;대부분의 남자 아이들은 《수호전》 읽는 것을 좋아한다.|你看过电影《春香~》吗? 너는 《춘향전》을 읽은 적이 있니?

另见 86页 chuán

庄稼 zhuāngjia [名] 농작물.¶秋天是~收获的季节;가을은 농작물을 수확하는 계절이다.|连着三年~大丰收(fēngshōu),村里人的日子越过越富足;연속해서 3년째 농작물이 풍년이어서 마을 사람들의 생활이 갈수록 풍족해졌다.

庄严 zhuāngyán [形] (태도, 분위기 따위가) 장엄하다. 엄숙하다. ¶天安门广场

给人~的感觉;톈안먼 광장은 사람들에게 엄숙한 느낌을 준다.|毕业典礼仪式上,所有的学生都穿着礼服,气氛很~;졸업식에서 모든 학생들이 예복을 입으니 분위기가 매우 장엄하다.

装 zhuāng 动 ❶ 담다. 싣다. 설치하다. 채워 넣다. ¶把大米~进口袋里;쌀을 주머니에 담다.|电信局的师傅明天来办公室~电话;전신국의 기사가 내일 사무실로 와서 전화를 설치해 줄 것이다. ❷ 가장하다. …인 체하다. ¶一提起学习的事情,那孩子就~头痛;공부하는 것을 언급하자마자 그 아이는 바로 머리 아픈 척 한다.|狼~成猪妈妈,想要吃猪宝宝;이리는 엄마 돼지로 가장하여 아기 돼지들을 먹으려 한다. ❸ 치장하다. 화장하다. 분장하다. ¶她总喜欢把自己~扮成20岁的少女;그녀는 늘 자신을 20세 소녀처럼 치장하는 것을 좋아한다.|他~成算命先生,混入人群中打听消息;그는 점쟁이로 분장하여 사람들 사이로 끼어 들어 소식을 묻는다. 名 복장. 옷차림. ¶平常我父亲总是爱穿中山~;평상시 나의 아버지께서는 항상 인민복을 입기를 좋아하신다.|这是今年刚出的新~;이것은 올해 갓 출시된 옷입니다.

装备 zhuāngbèi 动 장비하다. 설치하다. 갖추다. ¶全国各地的小学都~了电脑;전국 각지의 초등학교에 모두 컴퓨터를 설치했다.|这支部队是用最新式的武器~起来的;이 부대는 최신식 무기를 갖추기 시작했다. 名 장비. 설치. ¶为了提高工作效率,车间需要更新~;일의 능률을 높이기 위해 작업장의 장비를 교체해야 한다.|这支部队的~很先进;이 부대의 장비는 매우 앞서 있다.

装饰 zhuāngshì 动 치장하다. 장식하다. ¶这家餐厅~得非常豪华(háohuá);이 식당의 인테리어는 매우 화려하다.|他把他的新房~得跟像王宫一样;그는 그의 신혼방을 왕궁처럼 장식했다. 名 장식(품). ¶设计展上展出的家居~极其精美;디자인전에 전시된 가구 장식은 매우 정교하고 아름답다.|她头上的~就值五千多万元;그녀 머리의 장식품은 오천 여 만위안에 상당한다.

装置 zhuāngzhì 动 설치하다. 장치하다. ¶这家公司~的所有仪器(yíqì)都是进口的;이 회사에 설치된 모든 측정 장비는 모두 수입품이다.|你需要的浴室换气设备已经~好了;당신이 필요로 하는 욕실의 환기설비는 이미 설치되었다. 名 장비. 설비. ¶这个工厂生产的照明(zhàomíng)~并不比进口的差;이 공장에서 생산된 조명 설비는 결코 수입품보다 나쁘지 않다.|这个饮水机配有自动化的~;이 음료기는 자동화 장비가 갖춰있다.

壮观 zhuàngguān 形 장관이다. 웅장하다. ¶从飞机上看长城非常~;비행기 위에서 본 만리장성은 매우 장관이다.|中国奥运开幕式表演气势(qìshì)~,受到世界各国的瞩目;중국 올림픽 개막식의 공연이 웅장하여 세계 각국의 주목을 받는다.

状况 zhuàngkuàng 名 상황. 형편. 상태. ¶你不要太忙了,应该多关心自己的健康~;너는 너무 바쁘게 지내지 말고, 자신의 건강상태에 많은 관심을 가져야 할 것이다.|咖啡厅最近经

营~不太好;요즘 커피숍 경영 상황이 그다지 좋지 않다.|由于管理不到位,造成了目前这种混乱(hùnluàn)的~;관리가 제자리를 잡지 못해 현재의 이런 혼란한 상황이 야기되었다.

状态 zhuàngtài 名 상태. 컨디션. ¶这个新工程方案还处在萌芽(méngyá)~;이 새 공사 계획은 아직도 초기 상태에 있다.|可能是~不好,他在今天的比赛中表现平平;아마도 컨디션이 좋지 않은 것 같아 그는 오늘 시합에서 활약이 그저 그랬다.

撞 zhuàng 动 ❶ 부딪히다. 충돌하다. 들이받다. ¶他差点儿把我~倒了;하마터면 나를 부딪혀 넘어뜨릴 뻔했다.|他把墙~出了一个大洞;그는 벽을 들이받아 큰 구멍을 만들었다.|那个男孩~到了她身上;그 남자는 그녀와 부딪혔다. ❷ 뜻하지 않고 만나다. 우연히 만나다. ¶我昨天在百货商场~见小王和他太太;나는 어제 백화점에서 우연히 왕 군과 그의 아내를 만났다.|我越是想躲开(duǒkāi)他,越是~上他;나는 그를 피하고 싶어 할수록 그와 마주치게 된다.

追 zhuī 动 ❶ 쫓아가다. 추격하다. ¶骑着自行车~汽车,太危险了;자전거를 타고 차를 쫓아가면 매우 위험하다.|看见主人出门了,小狗赶紧(gǎnjǐn)~出来;주인이 나가는 걸 보면 강아지는 재빨리 쫓아 나온다. ❷ (남성이 여성을 따라) 다니다. 구애하다. ¶他正在~一个心地善良的姑娘;그는 지금 마음씨 착한 아가씨를 따라 다니고 있다.|他可是~女孩的高手;그는 정말 여자 만나는 데 있어서 선수다. ❸ 나중에 더하다. 추가하다. ¶公司应该将加班费~加给我们;회사는 마땅히 앞으로 우리에게 근무수당을 더 추가해줘야 한다.|我们得~加这次国际学术会议的预算;우리는 이번 국제회의의 예산을 나중에 추가 해줘야 한다. ❹ 상기하다. 회상하다. ¶小王向我们~述当时的情况;왕 군은 우리에게 당시의 상황을 추억하며 이야기한다.|~思往事,心中有太多的感触(gǎnchù);지난 일을 상기해 생각해 보니 마음 속에 너무 많은 감동이 있다. ❺ 캐다. 탐구하다. 추궁하다. ¶这件事,你就不要再~问他了;당신은 이 일을 다시는 그에게 추궁하지 말아라.|他什么事都喜欢~根究底;그는 어떤 일이든 철저하게 탐구하는 것을 좋아한다.

追查 zhuīchá 动 (철저히) 캐내다. 추적 조사하다. ¶政府正~所有失职人员的责任;정부는 모든 실직자들의 책임을 철저하게 조사하고 있다.|交警正在现场~事故原因;교통 경찰은 현장에서 사고의 원인을 철저히 조사하고 있다.|这些人属于~目标;이런 사람들이 조사의 대상에 속한다.

追究 zhuījiū 动 추궁하다. 따지다. ¶这件事已经过去了,我不想再~下去;이 사건은 이미 지나갔으니 난 다시 따지고 싶지 않다.|如果你随便抄袭(chāoxí)他人作品,我们将依法~责任;만약 당신이 마음대로 다른 사람의 작품을 표절한다면, 우리는 법에 따라 책임을 물을 것이다.

▶용법주의: 한국어 한자어 '追究'는 '근본까지 깊이 캐어 들어가 연구하다.'의 의미로 중국어 '追究'와는 다소 의미상 차이가 있다.

追求 zhuīqiú 动 ❶ 추구하다. 좇다. ¶~真理是人类进步的动力;진리를 추구하는 것은 인류 진보의 원동력이다.│她从小就喜欢~高标准的生活;그녀는 어렸을 때부터 수준 높은 삶을 추구하는 것을 좋아했다.│现代的社会里,大多数人都喜欢~名利;현대 사회의 대부분 사람들은 모두 명예와 이익을 추구하기를 좋아한다. ❷ 구애하다. ¶他终于~到了他心爱的姑娘;그는 마침내 마음속으로 좋아하던 아가씨에게 구애를 했다. 名 구애. ¶她拒绝了他的~;그녀는 그의 구애를 거절했다.│在他热情的~下,她终于动心了;그의 열정적인 구애에 그녀는 마침내 마음을 움직였다.

追问 zhuīwèn 动 캐묻다. 추궁하다. ¶他的女朋友~他到底爱她有多深;그의 여자 친구는 그가 그녀를 도대체 얼마나 사랑하는지를 캐물었다.│在法官的~下,犯人终于说出了实情;법관의 추궁에 범인은 마침내 사실을 말하였다.│你就不要再~这件事了;당신은 이번 일을 다시는 추궁하지 마세요.

追忆 zhuīyì 动 추억하다. 회상하다. ¶姥姥~往事,感慨(gǎnkǎi)万千;외할머니께서 지난 일을 회상하시며 만감이 교차함을 느낀다.│~起小时候,心中就充满了快乐的感觉;어린 시절을 추억하니 마음 속에 기쁜 느낌이 가득 찼다.

追踪 zhuīzōng 动 (종적이나 단서를 가지고) 추적하다. 행방을 좇다. ¶警察正在~逃犯;경찰은 도주한 범인의 행방을 좇고 있는 중이다.│现在的手机都可以安装~系统;요즘 휴대폰은 추적 시스템을 설치할 수 있다.

准 zhǔn 形 정확하다. ¶他的普通话发音非常~;그의 표준어 발음은 매우 정확하다.│他射箭射得很~;그는 활을 정확하게 잘 쏜다. 动 동의하다. 허락하다. ¶领导~了我的请假;지도자는 나의 휴가 신청을 허락했다.│上学不~迟到或早退;등교에서는 지각이나 조퇴가 허락되지 않는다. 副 반드시. 틀림없이. ¶说不~,他会来;확실히 말할 수는 없지만, 그는 올 거야.│这件事~能办成;이번 일은 반드시 성사가 될 것이다.│和你打赌(dǎdǔ),他~会来;너와 내기를 할께, 그는 틀림없이 올 거야.

准备 zhǔnbèi 动 ❶ 준비하다. ¶我们已经~出发了;우리는 이미 출발할 준비를 했다.│我已经把发言稿(fāyángǎo)~好了;나는 이미 연설원고를 준비 다 했다. ❷ …하려고 한다. …할 계획하다. ¶中秋节我~回家;추석에 나는 집으로 돌아갈 계획이다.│我~明天去首尔;나는 내일 서울에 가려고 한다. 名 준비. ¶考试前的心理~很重要;시험 전의 마음 가짐이 매우 중요하다.│我已经做好了出发前的~;나는 이미 출발할 준비를 다 했다.

准确 zhǔnquè 形 확실하다. 틀림없다. ¶射击手(shèjīshǒu)~地击中目标;사격수는 정확하게 목표를 명중시켰다.│你最好能给我一个~的答案;네가 나에게 정확한 답을 줄 수 있다면 좋겠어.

准时 zhǔnshí 形 정시. 시간에 맞다. ¶你明天一定要~出席会议;당신은 내일 반드시 정시에 회의에 출석해야 합니다.│因为天气原因,飞机不能~到达;

날씨의 원인 때문에 비행기는 정시에 도착할 수 없다.|爷爷生活很有规律,每天早上5点~起床;할아버지의 생활은 매우 규칙적이어서 매일 오전 5시 정시에 일어나십니다.

准则 zhǔnzé 名 준칙. 규범. ¶执法的~和程序必须是公开、公平的;법을 집행하는 준칙과 순서는 반드시 공개적이고 공평해야 한다.| 每个人做人的~都不一样;모든 사람들의 사람됨의 준칙은 전부 다르다.

捉 zhuō 动 ❶ (손에) 들다. 쥐다. ¶~笔的姿势从开始学习写字就应该正确把握好;펜 잡는 자세는 글 쓰기를 배울 때부터 반드시 정확하게 습득해야만 한다.| 别总是~着我的衣服,好不好? 항상 나의 옷을 잡고 있지 마, 알았지? ❷ 사로잡다. 손에 넣다. 체포하다. ¶小朋友爱玩老鹰(lǎoyīng)~小鸡的游戏;어린 친구는 술래잡기 놀이 하는 것을 좋아한다.| 你能活~那只老鼠吗? 너는 그 쥐를 산 채로 잡을 수 있니?

桌子 zhuō·zi 名 책상. ¶家具店有各种各样的~;가구점에는 각양 각색의 책상이 있습니다.| 你的书我放在~上了;너의 책은 내가 책상 위에 놓았어.

着 zhuó 动 ❶ 접촉하다. 잇닿다. ¶飞机马上就要~陆了;비행기가 곧 착륙하려고 한다.| 他说话总是不~边际;그의 말은 늘 두서가 없다. ❷ 더하다. 덧붙이다. ¶小偷来过了,竟然不~痕迹(hénjì);도둑이 들었는데, 의외로 흔적을 남기지 않았다.| 这幅画~色很美;이 그림의 색칠은 아주 아름답다. ❸ (옷을) 입다. 몸에 걸치다. ¶她穿~大方;그녀는 옷을 과감하게 입는다.| 他

的理想是过上吃~不愁的生活;그의 이상은 먹고 입는 것을 걱정하지 않는 생활을 누리는 것이다.

仔细 zǐxì 形 꼼꼼하다. 자세하다. ¶我姐姐做事很~;나의 언니는 일을 꼼꼼하게 한다.| 请你~听好我说的话;당신은 나의 말을 자세히 들어보세요. 动 주의하다. 조심하다. ¶下雨了,出门散步~点儿;비가 오니 외출해 산보할 때는 좀 조심해라.| 过马路时~点儿;길을 건널 때는 좀 조심해라.

姿势 zīshì 名 자세. 모양. ¶你若坐立~不正很容易驼背(tuóbèi);네가 만일 앉는 자세가 바르지 않다면 곱사등이 되기 쉽다.| 她走路的~非常优美;그녀의 걷는 자세는 매우 우아하다.

资本 zīběn 名 ❶ 자본. ¶有了足够的~才能创建跨(kuà)国公司;충분한 자본이 있어야만 다국적 기업을 창립할 수 있다.| 开办这个工厂你投入了多少~? 이 공장을 세우는 데 당신은 얼만큼의 자본을 투자했습니까? ❷ 밑천. ¶有钱、有名、有关系是从政的政治~;돈 있고, 유명하고, 관계가 좋은 것은 정치에 참여하는 정치 자본이다.| 长得漂亮是当明星的外在~;얼굴이 예쁜 것은 연예인이 되는 외적 밑천이다.

资本主义 zīběnzhǔyì 名 자본주의. ¶~和共产主义如何区分? 자본주의와 공산주의는 어떻게 구분합니까?| 美国是一个~的国家;미국은 자본주의 국가이다.

资格 zīgé 名 ❶ 자격. ¶通过HSK6级考试的学生才有~申请入学;HSK 6급을 통과한 학생만이 입학 신청 자격이 있다.| 参加比赛的~是什么? 시합

853

에 참가할 수 있는 자격은 무엇입니까? ❷ 경력. 관록. ¶他由于在我们单位~老,人品好,大家都尊敬他;그는 우리 부서에서 경력이 오래되었고 인품이 훌륭하여 모두가 그를 존경한다.|新进的年轻人应多向老~的同事学习;새로 들어온 젊은이는 마땅히 관록 있는 동료에게 배워야 한다.

资金 zījīn 名 ❶ 자금. 자본. ¶开个洗衣店,需要投入多少~? 세탁소를 여는데 자금을 얼마나 투자해야 합니까?|他们几个合伙投入~开办了鞋厂;그들 몇몇 동업자들은 자금을 투자해 신발 공장을 설립했다. ❷ 자본금. ¶国家外汇(wàihuì)管理局非常重视外汇~的流向;국가 외환 관리국은 외화 자본금의 흐름을 매우 중시한다.|由于四川地震(dìzhèn)灾难严重,中国计划投入大量~重建灾区;쓰촨 지진의 재난이 심각하기 때문에 중국은 많은 자본금을 투자하여 재난지역을 재건할 계획이다.

资料 zīliào 名 ❶ 자료. ¶他平常喜欢收集有关生命科学的~;그는 평소에 생명과학에 관한 자료를 수집하기를 좋아한다. ¶老师给了我们一些参考~,要我们好好准备这次的考试;선생님께서는 우리에게 참고 자료들을 주시며, 이번 시험을 잘 준비하도록 했다. ❷ (생산이나 생활의) 필수품. ¶这些生产~将用于开发新产品;이 생산 필수품들은 장차 신상품을 개발하는데 사용될 것이다.|4月份房价、生活~等22种商品价格仍在上涨;4월분 집세, 생활 필수품 등 22종류의 상품 가격은 여전히 상승하고 있다.

资源 zīyuán 名 생산자원. 천연자원. ¶中国江南地区水利~充足;중국 강남지역의 수력자원은 충분하다.|煤炭(méitàn)是地下~;석탄은 지하자원이다.|美丽的山和水是最好的旅游~;아름다운 산과 물은 가장 좋은 여행 자원이다.

子女 zǐnǚ 名 자녀. 아들과 딸. ¶甘老师有两个~;감 선생님은 두 자녀가 있다.|你将来打算给~留下多少财产? 당신은 장차 자녀들에게 재산을 얼마나 남겨주고자 합니까?

紫 zǐ 形 자주빛의. ¶你见过~玫瑰吗? 당신은 자주빛 장미를 본 적이 있습니까?|~色是她喜欢的颜色;자주색은 그녀가 좋아하는 색이다.

紫菜包饭 zǐcài bāofàn 名 김밥. ¶~是韩国人常吃的便餐;김밥은 한국인이 자주 먹는 간편한 식사이다.|~的原料主要是紫菜片、米饭、火腿、胡萝卜、黄瓜、鸡蛋、菠菜等;김밥의 재료는 주로 김, 밥, 햄, 당근, 오이, 계란, 시금치 등이다.

字 zì 名 ❶ 글자. 문자. ¶多识~能增加阅读量;글자를 많이 알면 독서량을 늘릴 수 있다.|你理解了这个~的字义吗? 너는 이 글자의 뜻을 이해했니? ❷ 글자의 발음. ¶他咬~清楚,是个很不错的播音员;그는 글자를 명확히 발음하는 정말 훌륭한 아나운서이다.|他说话~~清楚,我全听懂了;그가 말하는 것은 발음마다 분명해서 나는 전부 알아들었다. ❸ 글자체. ¶中国一般使用简体~;중국은 일반적으로 간체자를 사용한다.|台湾、香港一般使用繁体~,大陆则使用简体~;타이완, 홍콩은 일반적으로 번체자를 사용하고, 중국은 간체자를 사용한다. ❹ 서

예 작품.¶收藏~画是我的爱好;서예, 그림을 수집하는 것은 나의 취미이다.│上次我生日时,他送给了我一幅~;지난 번 내 생일 때, 그는 서예 작품 하나를 선물했다. ❺ 자. (이름 중의 글자가 대표하는 뜻에 근거하여 다르게 붙인 별명)¶我爸爸的~是"道行";우리 아버지의 자는 '도행'이다.│我给自己取了一个~,叫"红泥";나는 내 자신한테 자를 지어줬는데, '홍니'라고 한다.

自 zì 名 자기. 자신.¶你一个人~言~语,在说些什么啊! 너 혼자 무슨 혼잣말을 하고 있는 거니!│学习需要~动~发,才能学得好;학습은 스스로 자신이 행동해야만 잘 배울 수 있다. 介 …에서(부터).¶这篇文章选~韩国的《中央日报》;이 글은 한국의 《중앙일보》에서 뽑았다.│我们热忱欢迎来~世界各国的嘉宾(jiābīn)们;우리는 세계 각국에서 오신 내빈 여러분들을 열렬히 환영합니다.│这个孩子~小就不太爱运动,所以身体有点弱;이 아이는 어려서부터 운동을 그다지 좋아하지 않아서 몸이 조금 허약하다. 副 자연히. 저절로. 당연히. 스스로.¶他们两个已经有几年没见了,~有许多话说;그들 두 사람은 이미 몇 년 동안 만나지 못 했으니 당연히 할 말이 많을 것이다.│你不必为这事感到难过,公道(gōngdào)~在人心;당신은 이 일 때문에 괴로워할 필요가 없어요. 정의는 당연히 사람 마음 속에 있을 겁니다.

自从 zìcóng 介 …에서. …이래. …부터. (과거를 나타낸다.)¶我~上次在北京见过他以后,就没有再见过他;나는 지난 번 베이징에서 그를 만난 이래로 다시는 만나지 못했다.│他~上学后,变得懂事多了;그는 학교를 다닌 이후부터 철이 많이 들었다.

自动 zìdòng 副 ❶ 자발적으로.¶孩子们~帮助同学打扫卫生;아이들은 자발적으로 학우들의 청소를 도왔다.│他~报名参加汉语演讲比赛;그는 자발적으로 중국어 말하기 대회에 참가를 신청했다. ❷ (인위적인 힘을 더하지 않은) 자연적으로. 저절로.¶那辆汽车在烈(liè)日下~燃烧(ránshāo)起来了;그 자동차는 강하게 내리 쬐는 태양 아래서 저절로 연소하기 시작했다.│水~流到了田里;물이 저절로 밭으로 흘러 들어왔다. 形 (기계에 의한) 자동적인.¶为了安全,许多大楼安装了~门;안전을 위해 많은 빌딩들은 자동문을 설치했다.│许多大公司都将办公室~化起来;많은 대규모 회사들이 사무실 자동화를 시작했다.

自费 zìfèi 形 자비의. 자기 부담의.¶他~到中国~留学;그는 중국에 자비로 유학 갔다.│公费和~项目一定要分清楚,否则容易造成管理问题;국비와 자비 항목은 반드시 명확하게 나눠야지 그렇지 않으면 관리 문제를 초래하기 쉽다.

自己 zìjǐ 代 자기. 자신. 스스로. (주로 외부의 힘이 아닌 자발적인 행위를 강조하는 데 쓰인다.)¶我~去买鞋子,你不必陪我;나는 스스로 신발 사러 갈 테니 너는 함께 갈 필요가 없다.│这幅画不会~掉下来,一定有人碰(pèng)了它;이 그림은 저절로 떨어질 수 없고, 분명 누군가 그것을 건드린 것이다.│这个泡菜是我们~做的;이 김치는 우리 스스로가 담근 것이다. [形] 친한 사이의. 허물없이 대하는. ¶咱们都是~人,别客气;우리는 모두 허물없는 사이니 사양하지 마세요.│都是~弟兄,还分什么彼此呢;모두 친한 형제인데 무슨 너나를 구분합니까.

▶용법주의: '本人'은 자기 스스로를 가리키는데, '自己'보다는 정중한 표현이다.

自觉 zìjué [动] 자각하다. 스스로 느끼다. ¶有些病在初期的时候,病人常常不~;어떤 병들은 초기에 환자가 항상 자각하지 못한다.│他~身体越来越棒了;그는 몸이 점점 좋아지고 있음을 스스로 느낀다. [形] 자각적이다. ¶大家都很~地排队;모두가 자각적으로 줄을 섰다.

自然 zìrán [名] 자연. ¶大~真奇妙;대자연은 정말 기묘하다.│我喜欢~风光;나는 자연 풍경을 좋아한다. [形] ❶ 자연스럽다. 꾸밈이 없다. 무리가 없다. ¶他的表演非常~;그의 연기는 매우 자연스럽다.│她的态度非常~,不像是假装的;그녀의 태도가 매우 자연스러워 가장하는 것 같지 않다. ❷ 저절로. 자연히. ¶你先别着急,到时~有办法;너는 먼저 조급해 하지 마라, 때가 되면 저절로 방법이 생길 것이다.│先别问,你到时~明白;우선 묻지 마라, 너는 때가 되면 저절로 알게 될 것이다. [副] 물론. 당연히. ¶好人~会有好报;착한 사람은 당연히 좋은 보답을 받을 것이다.│你只要好好学习,~会通过考试的;너는 열심히 공부하기만 한다면, 당연히 시험에 통과할 수 있을 것이다. [连] 자연히. (단문이나 구절을 연결하며, 말뜻이 전환

되거나 추가 설명함을 표시한다.) ¶你不随便批评别人,~,别人也不会随便批评你;네가 다른 사람을 함부로 비판하지 않는다면 자연히 다른 사람도 너를 맘대로 비판하지 못할 것이다.│你对人真诚,~,别人也会对你真诚;네가 남에게 진실하게 대한다면 자연히 다른 사람도 너에게 진실로 대할 것이다.

自然主义 zìránzhǔyì [名] 자연주의. (19세기 프랑스에서 일어난 자연주의적 창작 기법을 취하는 문예 유파로 에밀 졸라(Emile Zola)를 대표로 한다. 작가는 대상을 자연 과학자와 같은 눈으로 감정적 색채를 갖지 않은 상태에서 냉정하며 객관적으로 일이나 사물을 서술하되, 사회적 혹은 도덕적인 평가를 하지 않도록 요구되었다.) ¶~是19世纪末在法国兴起的;자연주의는 19세기 말 프랑스에서 일어난 것이다.

自身 zìshēn [代] 자신. 본인. (다른 사람 또는 다른 사물이 아님을 강조한다.) ¶他不顾~安危跳下水救人;그는 자신의 안전은 상관하지 않고 물에 뛰어들어 사람을 구했다.│每个人都在寻求~最大的利益;모든 사람들이 자신의 최대 이익을 찾는다.

自我 zìwǒ [代] ❶ 자기 자신. (주로 쌍음절 동사 앞에 쓰여, 이 동작이 자신으로부터 나온 것이며, 동시에 자신을 대상으로 함을 표시한다.) ¶~介绍是需要真诚也需要艺术的;자기 소개는 진실함이 요구되며, 또한 예술성도 필요하다.│战胜~是对~的挑战(tiǎozhàn);자신을 이기는 것은 자기 자신에 대한 도전이다. ❷ 자아. ¶他

~意识太差;그는 자아 의식이 너무 부족하다.∥成功者往往都具有很强的~调控(tiáokòng)能力;성공한 사람은 항상 매우 강한 자제력을 가지고 있다.

自信 zìxìn 形 자신하다. ¶只有充满~的人,才能活得精彩;자신감이 충만한 사람만이 멋지게 살 수 있다.

自行车 zìxíngchē 名 자전거. ¶骑~上班,既环保又健康;자전거를 타고 출근하는 것은 환경을 보호할 뿐 아니라 건강에 좋다.∥中国被称为"~王国";중국은 '자전거 왕국' 으로 불린다.

▶용법주의: 한국어 한자어 '自转车' 는 중국어 '自行车' 에 해당하지만, 중국어에서는 사용할 수 없다. ¶骑自转车上班,既环保又健康(×)

▶확장용법: 자전거는 '脚踏车(jiǎotàchē)' 또는 '单车(dānchē)' 라고도 불린다.

▶확장용법: 자전거는 '脚踏车(jiǎotàchē)' 또는 '单车(dānchē)' 라고도 불린다. 용법주의: 한국어 한자어 '独学' 는 중국어 '自学' 에 해당하지만, 중국어에서는 사용할 수 없다. ¶他是独学成材的(×)

自学 zìxué 动 독학하다. ¶小张通过~完成了大学课程;장 군은 독학으로 대학 과정을 마쳤다.∥他是~成材的;그는 독학으로 인재가 된 사람이다. 名 독학. ¶经过长时间的~,姐姐顺利通过了律师资格考试;긴 시간의 독학을 하고 나서 언니는 변호사 자격 시험을 순조롭게 통과했다.∥他和我们分享他的~经验;그는 우리와 그의 독학 경험을 공유한다.

自由 zìyóu 名 자유. (법률에서 규정하는 범위 내에서 자신의 의지대로 활동하는 권리) ¶每个人都有言论~;모든 사람은 언론의 자유가 있다. 形 자유롭다. ¶这个会议大家可以~参加,~发表意见;이 회의는 모두가 자유롭게 참가하고 자유롭게 의견을 발표할 수 있다.∥你可以~选择去或不去;네가 가든지 말든지 자유롭게 선택할 수 있다.

自由贸易协定 zìyóu màoyì xiédìng 名 자유무역협정(FTA). ¶韩美两国正在进行两国间~的谈判;한미 양국은 지금 양국간의 자유무역협정을 협상하고 있다.∥我国已经与世界一些国家签订了~;우리나라는 이미 세계 일부 국가와 자유무역협정을 체결했다.

自由先进党 Zìyóu xiānjìn dǎng 名 자유선진당. ¶韩国~成立于2008年;한국의 자유선진당은 2008년에 성립되었다.∥韩国比较具有代表性的三个在野党分别为统一民主党、自由先进党和民主劳动党;한국에서 비교적 대표성을 갖는 야당으로는 각각 통합민주당, 자유선진당, 민주노동당, 세 당이 있다.

自治 zìzhì 动 자치. (민족, 단체, 지역 등이 국가 또는 정부에 예속되지 않고 행정이나 사무를 자체적으로 처리함을 가리킨다.) ¶内蒙古~区在中国北部;네이멍구 자치구는 중국의 북부에 있다.∥你知道中国有多少个民族~区? 너는 중국에 민족 자치구가 얼마나 있는지 아니?∥中国共有5个民族~区;중국에는 5개의 민족자치구가 있다.

恣意 zìyì 形 제멋대로이다. 자의적이다. ¶他~要去看她,谁也拦(lán)不住;

그가 제멋대로 그녀를 보러 가려 하면 누구도 막을 수 없다.|你~这样做,我也没办法;네가 이렇게 제멋대로 한다면 나도 방법이 없다.

宗教 zōngjiào 名 종교.¶你有~信仰吗?;당신은 종교 신앙이 있습니까?|佛教、伊斯兰教、基督教、天主教是世界上四大~;불교, 이슬람교, 기독교, 천주교는 세계 4대 종교이다.

综合 zōnghé 动 종합하다.¶要~治理这一带的沙漠化问题;이 일대의 사막화 문제를 종합적으로 처리해야 한다.|请~考虑一下这个问题的后果;이 문제의 결과를 종합적으로 한 번 고려해 주십시오. 名 종합.¶我们学校是一所~大学;우리 학교는 종합대학교이다.|我们不能低估中国的~国力;우리는 중국의 종합적 국력을 과소평가하면 안 된다.

总 zǒng 动 총괄하다. 모으다.¶参加这次会议的中外来宾~起来有1000人;이번 회의에 참석하는 내외 귀빈을 총괄하면 모두 1000명이다.|这几个账单~在一起有3万块钱;이 몇 개 명세서를 한데 합하니 3만 위안이다. 形 ❶ 전부의. 전면적인.¶出租车司机不满新的规定,决定从明天开始~罢工;택시 운전자들은 새로운 규정에 불만을 갖고 내일부터 파업을 시작하기로 결정했다.|财务部官员明天要来查我们公司2008年的~账;재무부 관리가 내일 우리 회사의 2008년 총결산을 조사하러 올 것이다. ❷ 총괄적인. 주요한.¶他从分公司调(diào)回~公司上班;그는 지사에서 본사로 돌아와 출근한다.|明天我们要开~学生会;내일 우리는 총학생회를 열려고

한다. 副 ❶ 줄곧. 언제나. 늘.¶这几天~下雨;요 며칠은 줄곧 비가 내린다.|晚饭后我爸爸~到公园散步;저녁식사 후 아버지는 언제나 공원으로 산책을 간다.

▶용법주의:'줄곧','언제나'를 뜻하는 '总'은 '是'를 덧붙일 수 있어, '总是'의 형태로 주로 많이 사용된다.¶这几天总是下雨;요 며칠은 줄곧 비가 내린다.|晚饭后我爸爸总是到公园散步;저녁 식사 후 아버지께서 언제나 공원으로 산책을 가신다.

❷ 결국. 역시. 어쨌든.¶这件事~会过去的,你就不要想太多了;이 일은 어쨌든 지나갈 테니 너무 많이 생각하지 마세요.|怎么说他~是你的儿子,再不高兴也不能说狠话;어떻게 말해도 그는 너의 아들이니 아무리 기분이 좋지 않더라도 모진 말은 해선 안 된다.

总结 zǒngjié 动 총괄하다. 총결산하다. (한 단계 내의 업무, 학습, 각종 경험 또는 상황을 분석한다.)¶善于~经验的人容易成功;경험을 총결하기를 잘하는 사람은 성공하기 쉽다.|校长要他~这次的招生工作;교장은 그에게 이번 신입생 모집 업무를 총결토록 했다. 名 총화. 총괄. (총괄한 후에 개괄해 낸 결론을 가리킨다.)¶今年的年终~怎么样? 올해의 연말 총결산은 어떻습니까?|他的工作~写得真实具体,受到了领导的赞赏(zànshǎng);그의 업무 총결산은 사실이고 구체적이어서 상부의 칭찬을 받았다.

总理 zǒnglǐ 名 ❶ 총리. (중국 '国务院'의 총수)¶中国的周恩来~深受中国人民的爱戴(àidài);중국의 저우언라이

총리는 중국 인민의 깊은 추대를 받는다. ❷ 총리. (몇몇 국가의 정부 수뇌를 가리키는 명칭)¶今天中奥两国~举行了会谈;오늘 중국과 오스트리아 양국 총리는 회담을 열었다. 动 전체를 관리하다. ¶你们公司是谁~财务? 너희 회사에서는 누가 재무 관리를 하느냐?

总统 zǒngtǒng 名 총통. 대통령. ¶李明博是韩国第17任~;이명박은 한국의 제17대 대통령이다.|奥巴马是美国第一位的黑人~;오바마는 미국의 첫 번째 흑인 대통령이다.

▶용법주의: 한국어 한자어 '大统领'은 중국어 '总统'에 해당하지만, 중국어에서는 사용할 수 없다.¶奥巴马是美国第一任的黑人大统领(×)

走 zǒu 动 ❶ (사람, 동물 등이) 걷다. 걸어가다.¶饭后慢~半个小时对身体健康非常有益;식사 후 30분 천천히 걷는 것은 신체 건강에 매우 유익하다.|过马路时要~斑马线;길을 건널 때는 횡단보도로 건너야 한다. ❷ 떠나다. 출발하다.¶放假学生们都~了,学校显得很冷清;방학으로 학생들이 모두 떠났고, 학교는 아주 고요해 보인다.|你来晚了一点儿,她人刚~;네가 조금 늦게 왔다. 그녀는 방금 떠났다.|从山东去韩国可以坐船~;산동에서 한국으로는 배를 타고 갈 수 있다. ❸ 이동하다. 움직이다.¶糟糕(zāogāo)! 我的表不~了;야단났다! 나의 시계가 가질 않으니!|这个电车一个小时能~多少公里? 이 전차는 한 시간에 몇 킬로미터를 이동할 수 있습니까?|你这步棋~对了;이 장기의 수는 잘 놓았네요! ❹ (어떤 추세를)

나타내다. 드러내다.¶"东方神起"最近非常~红;동방신기는 요즘 매우 인기가 있다.|最近古董收藏非常~热;최근 골동품 수집은 매우 인기가 있다. ❺ 통과하다. 지나가다.¶我们~这个门出去吧;우리는 이 문을 지나서 나가자.|他们~那个特殊通道回饭店了;그들은 그 특수한 통로를 통과해 호텔로 돌아왔다. ❻ 누설되다. 새다.¶真对不起,我一不小心就说~了嘴;정말 죄송합니다, 내가 그만 실언을 해 버렸습니다.|这个消息绝对不能~风,知道吗? 이 소식은 절대로 누설되면 안된다, 알겠니? ❼ (친척과 친구 사이에) 왕래하다. 방문하다.¶他们两个~得很近;그들 둘은 아주 친밀하게 왕래한다.|中国人很喜欢~亲戚;중국인들은 친척 방문하는 것을 아주 좋아한다. ❽ 죽다. (완곡한 표현)¶他才25岁就~了;그는 겨우 25세에 죽었다.|他父母亲~得早,他和他妹妹都是他奶奶带大的;그의 부모님이 일찍 돌아가셔서 그와 그의 여동생은 모두 그의 할머니께서 키워주셨다. ❾ 원형을 잃다. 원형이 변하다.¶他唱着唱着,突然~调了;그가 노래를 부르는데 갑자기 곡조가 어긋났다.|这件毛衣用水一洗就~样了;이 스웨터는 물로 세탁하자마자 바로 모양이 변했다.

走道 zǒudào 名 인도. 보행로.¶今天来参观的人太多,连~上都挤满了人;오늘 참관하러 온 사람이 너무 많아서 보행로도 사람으로 꽉 찼다.|从这个~走,可以直接到达商学院大楼;이 인도로 가면 경상대학 건물에 곧바로 도착할 수 있다.

▶용법주의: 한국어 한자어 '人道'는 중국어 '走道'에 해당한다. 그러나 중국어 '人道'는 '남의 인격과 권리를 존중하는 도덕'의 의미여서, '走道'의 의미로 '人道'를 사용해서는 안 된다.¶今天来参观的人太多,连人道上都挤满了人(×)

走廊 zǒuláng 名❶ 복도.¶穿过~就可以看到商学院大楼;복도를 통과하면 바로 경상대학 건물을 볼 수 있다.│~上挤满了排队吃饭的人;복도에는 밥 먹으려고 줄을 선 사람들로 가득 찼다. ❷ 회랑. (비교적 넓은 지역이 잇닿아 있는 폭이 좁고 길이가 긴 지대)¶中国的河西~连接着浩瀚(hàohàn)的戈壁(gēbì)沙漠;중국의 하서회랑은 광대한 고비사막에 접해 있다.

揍 zòu 动 (사람을) 때리다.¶你不写作业,难道想挨(ái)~吗? 너는 숙제를 하지 않는데, 설마 맞고 싶은 거니?│我真想把他狠狠(hěnhěn)地~一顿! 나는 정말 그를 호되게 한 번 때려주고 싶다.

足够 zúgòu 动 만족하다. 충분하다.¶有了~的钱,我就能自己做个小生意;충분한 돈이 있으면 나는 직접 작은 장사를 할 수 있다.│他能做到这样,已经~了;그가 이렇게 해낼 수 있어 이미 만족한다.│我有~的耐心等你把话说清楚;나는 충분한 인내심이 있어 네가 확실히 말할 때까지 기다릴 수 있다.│你能有这份心意,就~了;네가 이런 성의가 있으니 충분하다.

足疗 zúliáo 名 발 마사지.¶~对健康很有帮助;발 마사지는 건강에 아주 도움이 된다.│每次去中国,我一定找时间做个~;매번 중국에 갈 때마다 나는 반드시 시간을 내서 발 마사지를 한다.

足球 zúqiú 名❶ 축구.¶昨晚的~比赛哪个队赢了? 어제 저녁 축구 경기는 어느 팀이 이겼습니까?│下一届的世界杯~赛在哪儿举行? 다음 번 월드컵 축구 대회는 어디에서 개최합니까? ❷ 축구공.¶他一下子买了三个~;그는 한 번에 축구공 3개를 샀다.│这个~好像是他的;이 축구공은 마치 그의 것 같다.

▶용법주의: 한국어 한자어 '蹴球'는 중국어 '足球'에 해당하지만, 중국어에서는 사용할 수 없다.¶昨晚的蹴球比赛哪个队赢了? (×)

组 zǔ 动 조직하다. 구성하다.¶每五个人~成一个小分队;각 5명이 하나의 소분대를 구성한다.│公司经过改~之后,收益更好了;회사는 조직 개편을 통해 수익이 훨씬 좋아졌다. 名❶ (많지 않은 인원으로 조직된) 조. 그룹. 동아리.¶他参加了系里的戏剧~;그는 과의 연극 동아리에 참가했다.│阅读~和歌唱~的同学全部参加了这个活动;독해 동아리와 노래 동아리 학생들은 모두 이 활동에 참가 했다. ❷ 조를 이룬 작품.¶这首~曲是他的代表作;이 모음곡은 그의 대표작이다.│这套~画是他早年的作品;이 연작 그림은 그의 젊었을 때 작품이다.

▶용법주의: 그 밖에 '组诗', '组歌' 같은 것들이 있다.

量 조. 벌. 세트.¶我需要两~电池;나는 두 세트의 건전지가 필요하다.│我新买了这~餐具;나는 이 식기 세트

를 새로 샀다.

组合 zǔhé 动 조합하다. 조립하다. ¶这本小说是由三个部分~而成;이 소설은 세 부분으로 조합되어 이루어져 있다.|他买了一套~家具;그는 조립 가구 한 세트를 샀다. 名 조합. 조립. ¶最近娱乐圈流行以~的形式出现;최근 연예계의 유행은 그룹의 형태로 나타난다.

组织 zǔzhī 动 (흩어진 사람이나 사물을 일정한 체계성과 완전성을 갖추도록) 조직하다. 짜다. ¶政府正在~人力进行抗洪工作;정부는 홍수 대처 작업을 할 인력을 막 조직하고 있다.|这台晚会由文化传播公司负责~;이번 연회는 문화방송공사가 책임을 맡아 조직한다. 名 ❶ 조직. 시스템. ¶他们的足球队~松散,所以失败了;그들 축구팀의 조직이 느슨했기 때문에 실패했다.|这篇论文~非常严谨;이 논문은 구성이 매우 엄밀하다. ❷ (어떤 목적과 시스템에 따라 세워진) 조직. ¶本届中国艺术节获得成功,多亏各个~单位的大力支持;이번 중국 예술 프로그램이 성공을 거둔 것은 각 조직 부처의 큰 지원 덕분이다.|新的理事会~终于出来了;새로운 이사회 조직이 마침내 나왔다. ❸ (생물) 조직. ¶人体内拥有各种复杂的~;인체 내에는 각종의 복잡한 조직을 갖추고 있다.|脑~的结构非常复杂;뇌 조직의 구조는 매우 복잡하다.

祖父 zǔfù 名 할아버지. 조부. ¶他的~是一位有名的小说家;그의 할아버지는 유명한 소설가이다.|我有一位非常慈爱的~;나에겐 매우 인자하신 할아버지 한 분이 있다.|他从小是由

带大的;그는 어려서부터 할아버지가 키웠다.

祖国 zǔguó 名 조국. ¶今天我们为~感到骄傲(jiāoào),明天~将为我们感到自豪;오늘 우리가 조국을 자랑으로 여기면, 내일은 조국이 우리를 긍지로 느낄 것이다.|无论走到哪里,~永远在我心中;어디를 가던지 조국은 영원히 내 마음속에 있다.

祖母 zǔmǔ 名 할머니. 조모. ¶我的~是一位很善良朴素(pǔsù)的人;나의 할머니는 선량하고 소박하신 분이시다.|~年轻时吃了很多的苦;조모님께서는 젊었을 때 많은 고생을 했다.

祖上 zǔshàng 名 조상. ¶我~是从江西来的;나의 조상은 쟝시에서 왔다.|这个果园是~传下来的;이 과수원은 조상대대로 전해 내려온 것이다.|请求~保佑我们全家平安、健康;조상님께 우리 온 집안이 무사하고 건강하게 지켜주시기를 기원합니다.

祖先 zǔxiān 名 ❶ 선조. 조상. (한 민족 또는 한 가족의 윗대, 특히 연대가 비교적 오래됨을 가리킨다.) ¶我们有责任继承(jìchéng)~流传下来的传统;우리는 조상이 후세에 물려준 전통을 계승할 책임이 있다.|每年清明节时,我们都要祭祀~;매년 청명절 때 우리는 조상에게 제사를 지낸다. ❷ 조상. (현대의 각 종류의 생물로 진화한 각종 고대생물) ¶有人说狗的~是狼,你以为呢? 어떤 사람들은 개의 조상이 늑대라고 하는데 네 생각은 어떠니? |大部分人相信人类的~是猿猴(yuánhóu);대부분의 사람들은 인류의 조상이 유인원이라고 믿는다.

钻 zuān 动 ❶ (뾰족한 물체로 다른 물

861

체를) 뚫다. ¶早在古代，人类就懂得~木取火;일찍이 고대에 인류는 나무를 문질러 불을 지필 줄 알았다.| 如果在院子里~一口井的话，用水就方便多了;만약 정원에 우물을 하나 판다면 물을 쓰는데 더 편리할 것이다. ❷ 관통하다. 뛰어들다. ¶他~进了山洞;그는 동굴로 파고 들어갔다.| 爷爷太胖了，~不进去;할아버지는 너무 뚱뚱해서 통과할 수 없다. ❸ 파고들다. 깊이 연구하다. ¶你不要总是~在书本里，朋友聚会也不去;너는 항상 책만 파고들고 친구모임에도 안 가선 안된다.| 他一头~进中医里，日日夜夜想着中医方面的事;그는 갑자기 중의에만 파고 들더니 밤낮으로 중의 방면의 일만 생각하고 있다.

钻研 zuānyán 动 깊이 연구하다. ¶通过刻苦~，他的课题有了突破;각고의 깊은 연구를 통해, 그의 과제는 큰 발전을 거두었다.| 他废寝忘食(fèiqǐn wàngshí)地~这个理论，就是为了证明这个理论是错的;그가 식음을 전폐하고 이 이론을 깊이 연구하는 것은, 바로 이 이론이 틀린 것이라고 증명하기 위해서이다.

钻 zuàn 名 ❶ 다이아몬드. 금강석. ¶她有一只四开的~石手表;그녀는 4캐럿 다이아몬드 시계가 하나 있다.| 我最喜欢带~的首饰;나는 다이아몬드가 박힌 장신구 차는 것을 가장 좋아한다. ❷ 드릴. 송곳. ¶请把电~递(dì)给我;전기 드릴을 나에게 건네 주세요.| 这个~子不好用;이 드릴은 쓰기 불편하다.

嘴 zuǐ 名 ❶ 입. ¶他吓得张着~，一句话也说不出来;그는 놀라 입을 벌리고 한마디도 할 수 없었다.| 闭上~吃东西，看起来比较文雅;입을 다물고 먹는 것은 비교적 품위 있어 보인다. ❷ (형상이나 역할 등이) 입과 비슷한 물건. ¶老头叼着烟~儿;노인은 담배 파이프를 물고 있다.| 这个茶壶~儿有点破了;이 찻주전자의 주둥이가 조금 깨졌다. ❸ 말. ¶记着，等会儿见到他时你可不要多~;기억하세요, 잠시 후 그를 만날 때 정말 쓸데없는 말은 하지 마세요.| 这个学生的~甜，很讨老师的喜欢;이 학생은 듣기 좋은 말을 잘해 선생님의 사랑을 받는다.

嘴唇 zuǐchún 名 입술. ¶他的~咬破了;그의 입술이 물어 뜯겼다.| 一到冬天，我的~就容易干裂(liè);겨울이 되면 내 입술은 쉽게 튼다.

最 zuì 副 제일. 가장. 최고. ¶中国是世界上人口~多的国家;중국은 세계에서 인구가 제일 많은 국가이다.| 他的成绩是我们班~好的;그의 성적은 우리 반에서 가장 좋다.

最初 zuìchū 名 최초. 처음. ¶这里~是一片农田;이곳은 처음에 온통 농지였다.| 我~认识他是在上高中的时候;나는 그를 고등학교 때 처음 알았다.| 他~只是想和她做个朋友，没想到却爱上了她;나는 처음에 단지 그녀와 친구가 될 생각이었는데, 뜻밖에도 그녀를 사랑하게 됐다.

最好 zuìhǎo 副 제일 좋기로는. ¶你~不要去;네가 가지 않는 것이 가장 좋다.| 你来之前~先打个电话;네가 오기 전에 먼저 전화를 하는 것이 가장 좋다.

最后 zuìhòu 名 최후. 맨 마지막. ¶谁唱到~谁赢;마지막까지 부르는 사람이 이기는 것이다.| ~的胜利(shènglì)是属于那些永不放弃的人;최후의 승리는 영원히 포기하지 않는 사람들의 것이다.

最近 zuìjìn 名 최근. 요즈음. ¶~全球经济都不景气;최근 전 세계 경제가 모두 불황이다.| 他~身体不舒服;그는 요즘 몸이 좋지 않다.

最终 zuìzhōng 名 최후. 마지막. ¶~,胜利是属于我们的;최후의 승리는 우리의 것이다.| 追求她的人很多,可是~她还是选择了小王;그녀에게 구애하는 사람은 많았지만, 마지막에 역시 그녀는 왕 군을 선택했다.

罪 zuì 名 ❶ 죄. ¶法庭证实他有~;법정은 그가 죄가 있음을 증명했다.| 这个世上除了圣人外,谁没有~? 이 세상에서 성인을 제외하고 누가 죄가 없겠는가? ❷ 과실. 잘못. ¶出了问题时,他总喜欢将~归于他人;문제가 생겼을 때, 그는 항상 잘못을 타인에게 돌리기를 좋아한다. ❸ 고통. 고난. ¶只要你过得好,我受点~没关系;네가 잘 지내기만 한다면 내가 고통을 좀 받는 것은 괜찮다.| 这么冷的天穿着超短裙在外面走实在是自己找~受;이렇게 추운 날씨에 초미니스커트를 입고 밖을 다니는 것은 정말 고생을 사서 하는 것이다.

醉 zuì 动 ❶ (술에) 취하다. ¶他昨晚喝~了;그는 어젯밤 술에 취했다.| 他~到找不到自己的住处;그는 자신이 사는 곳도 찾지 못할 정도로 취했다. ❷ 빠지다. 도취하다. ¶看到他为我写的诗,我的整个心都~了;그가 나를 위해 쓴 시를 보고 나의 온 마음이 도취되었다.| 她一向~心于对外汉语教学的研究;그녀는 줄곧 대외 중국어 교육 연구에 심취해 있다. ❸ (술로) 담그다. 우려내다. ¶山西的~枣(zǎo)非常有名;산시의 술에 담근 대추는 매우 유명하다.| 我爸爸最喜欢吃~蟹(xiè);우리 아버지께서는 술에 담근 게장을 최고 좋아하신다.

尊敬 zūnjìng 动 존경하다. ¶他是一个受人~的老师;그는 사람들의 존경을 받는 선생님이다.| ~长辈,爱护幼小是人类最珍贵的美德;연장자를 존경하고, 어린 아이를 아끼고 보호하는 것은 인류의 가장 귀중한 미덕이다. 形 존경할 만하다. ¶~的张博士,我们全体同仁欢迎您的到来;존경하는 장 박사님, 우리 전체 직원들은 당신의 방문을 환영합니다.| ~的金老师,请接受我最诚挚的祝福;존경하는 김선생님, 저의 진심 어린 축복을 받아주십시오.

遵守 zūnshǒu 动 (규정에 따라) 지키다. 준수하다. ¶请~交通规则(guīzé);교통 규칙을 지켜 주십시오.| 每个人都要~游戏(yóuxì)规则,否则(fǒuzé),没法玩下去;모든 사람들이 규칙을 지켜야지 그렇지 않으면 더 이상 놀 수 없습니다.| 诚信的人都会~自己的诺言;신용 있는 사람은 모두 자신의 언약을 지키기 마련이다.

昨天 zuótiān 名 어제. ¶~我们去公园玩了;어제 우리는 공원에 가서 놀았다.| 总结~,珍惜今天,展望明天;어제를 총결산하고, 오늘을 소중히 여기며, 내일을 전망한다.

左 zuǒ 名 (방위사) 좌측. 왼쪽. ¶前面的

十字路口向~拐(guǎi),就有一家药店;앞의 사거리에서 좌회전하면, 바로 약국 하나가 있다.|她用~手吃饭;그녀는 왼손으로 밥을 먹는다. 形❶ 좌파의. 진보의. 혁명의. ¶他走的是~倾路线;그가 걷고 있는 것은 좌경 노선이다.|他的政治立场从右派转向了~派;그의 정치입장이 우파에서 좌파로 전향되었다.|他是~翼(yì)作家的代表;그는 좌익작가의 대표이다.|他的政治思想很~;그의 정치 사상은 매우 진보적이다. ❷ 상반되다. ¶他的意见和我的意见相~;그의 의견은 나의 의견과 서로 상반된다. ❸ 편향되다. 치우치다. 정상적이지 않다. ¶凡事要走正路,旁门~道的事绝对不能做;모든 일은 바른길로 가야지, 정통이 아닌 일은 절대 할 수 없다.

左边 zuǒbiān 名 왼쪽. ¶路的~有一棵树;길 왼쪽에 나무 한 그루가 있다.|一辆车从~开过来;자동차 한 대가 왼쪽에서부터 온다.

左右 zuǒyòu 名❶ 좌와 우. 곁. 양쪽. ¶道路~的银杏树长得好高好大;도로 좌우의 은행나무는 무척 높고 크게 자랐다.|他的要求使我~为难,不知怎么办才好;그의 요구는 나를 이러지도 저러지도 못하게 해 어떻게 해야 할지 모르겠다.|我希望永远跟在你的~;나는 영원히 너의 곁에 있고 싶다. ❷시종. 측근. ¶他吩咐(fēnfù)~退下;그는 시종에게 물러가라고 명령한다. 助 쯤. 정도. (숫자 뒤에 사용하여 대략의 수를 나타낸다.) ¶那个人看上去大概四十岁~;그 사람은 대략 40세 정도로 보인다.|韩国男性二十岁~去服兵役;한국 남자는 20살 쯤에 군복무를 하러 간다. 动 (사람이나 일을) 좌우지하다. 지배하다. ¶你一个人就想~时局? 너 혼자 시국을 좌우지할 생각이니?|你以为这么容易就能~我吗? 너는 어떻게 쉽게 나를 좌우지할 수 있다고 생각하니?|小王是个很有思想的人,不太可能受别人~;왕 군은 생각이 있는 사람이니 그다지 다른 사람에게 좌우지될 것 같지는 않다.

作 zuò 动❶ (어떤 일을) 하다. ¶明天下午由你来给大家~个报告;내일 오후 네가 모두에게 보고해라.|退休以后我妈妈天天在家~画;퇴직 이후에 우리 엄마는 매일 집에서 그림을 그린다.|他的爱好是~曲、唱歌和打网球;그의 취미는 작곡, 노래 부르기 그리고 테니스 치는 것이다. ❷ 일어나다. ¶突然之间,铃声(língshēng)大~,把大家都吓了一跳;갑자기 벨소리가 크게 울려 모두를 놀라게 했다.|我的生活很简单,每天日出而~,日落而息;나의 생활은 아주 간단하다, 매일 해 뜨면 일하고, 해지면 쉬는 것이다. ❸ …한 태도를 취하다. ¶你和他见面的时候,要表现自然一点,不要太~态;너는 그와 만날 때, 좀 자연스럽게 하고 너무 의도적으로 태도를 취하지 마라.|她装模(mú)~样就是想得到大家的同情;그녀가 허세부리는 것은 모두의 동정을 얻기 위해서다. ❹ …로 여기다(삼다). …로 하다. ¶她认他~干儿子;그녀는 그를 수양 아들로 삼았다.|他请我~保,我拒绝了;그는 나에게 보증을 서달라고 했지만, 나는 거절했다. ❺ 발작하다. 화를 내다. ¶她做作的样子使我~呕;그녀의

가식적인 모습은 나로 하여금 혐오감이 들게 만든다.| 这件事就是因为他在中间~怪才会变成这个样子;이 일은 그가 중간에서 방해해서 이렇게 되었다. 名작품.¶他的作文被评为佳~;그의 글은 가작으로 평가 받는다.| 这幅画是谁的杰~? 이 그림은 누구의 걸작인가?

作对 zuòduì 动❶ 맞서다. 대립하다. 적대하다.¶谁在与你~? 누가 너와 맞서고 있는거지?| 你没有必要和整个世界~;너는 모든 세계와 대립할 필요는 없다. ❷<儿>배우자가 되다.¶月下散步的人都是成双~, 只有他是单身一人;달 아래 산보하는 사람은 모두 커플이고 그만 혼자이다.| 找个人~一起旅行, 会比较有意思的;사람을 찾아 짝을 맞추어 함께 여행가는 것은 비교적 재미있을 것이다.

作家 zuòjiā 名 작가.¶他是一个著名的~;그는 유명한 작가이다.| ~老舍(Lǎoshě)是一个正直的人;작가 라오서는 정직한 사람이다.| 体验生活对于一个~来说非常重要;생활을 체험하는 것은 작가에게 있어서 매우 중요하다.

作品 zuòpǐn 名 작품.¶墙上贴满了学生的绘画(huìhuà)~;벽에는 학생들의 회화작품이 가득 붙어있다.| 父母亲常常骄傲地说孩子是自己的~;부모님은 종종 자식은 자신의 작품이라고 자랑스럽게 말한다.

作为 zuòwéi 名❶ 모든 행동. 행위.¶根据他的~, 我断定(duàndìng)他是一个好人;그의 모든 행동에 근거하여 나는 그가 좋은 사람이라고 단정한다.| 你的~很容易让人误解;너의 행동은 쉽게 오해를 불러 일으킨다.

▶용법주의: 행위를 나타내는 '作为'는 자주 '所作所为'로 쓰인다.¶根据他的所作所为, 我断定他是一个好人;그의 행동에 근거하여 나는 그가 좋은 사람이라고 단정한다.| 你的所作所为很容易让人误解;너의 행동은 쉽게 오해를 불러 일으킨다.

❷성과. 성취.¶我爸爸、妈妈期望着我将来有番大~;우리 아빠, 엄마는 미래에 내가 큰 성과가 있을 거라고 기대하고 있다.| 他将来一定会大有~;그는 앞으로 반드시 큰 성취가 있을 것이다.| 在这个位置上而又没有任何~, 怎么向老板交代? 이 자리에 있으면서 또 어떤 성과도 없다면, 어떻게 사장에게 설명할 것인가? 动❶ …로 하다. …으로 삼다.¶我把她~我学习的榜样;나는 그녀를 내 학습의 본보기로 삼았다.| 如果不准时到场, ~自动弃权;만약 제시간에 도착하지 않으면, 자동으로 기권이다.| 老师将她的作文~范文在班上朗读;선생님은 그녀의 작문을 모범 문장으로 삼아 반에서 읽게 했다. ❷성과를 내다.¶他将来一定有所~, 你等着瞧;그는 장래에 반드시 성과를 낼 것이니, 너는 기다려봐라.| 不断地努力才能有所~;멈추지 않고 노력해야 성과를 낼 수 있다. 介 …의 신분(자격)으로서.¶~一个学生, 必须要好好学习;학생 신분이면 반드시 열심히 공부해야 한다.| ~一个老师, 必须要注意身教与言教;선생님의 신분으로서 반드시 몸소 행동으로 가르치는 것과 말로 가르치는 것에 주의해야 한다.

865

作文 zuòwén 名 작문. ¶自从他的~被老师作为范文(fànwén)在班上朗读之后,他的人气一下子上升了起来;그의 작문을 선생님이 모범 문장으로 삼아 반에서 읽게 한 이후부터 그의 인기는 순식간에 올라갔다.| 小时候我最怕写~了;어렸을 때 나는 작문 하는 것이 가장 두려웠다. 动 (글)문장을 쓰다. ¶全年级进行了一次~比赛;전 학년이 한 차례 글 쓰는 시합을 했다.| 看图~比较容易看出作者的观察和联想能力;그림을 보며 글을 쓰면 비교적 쉽게 작가의 관찰과 연상능력을 알아낼 수 있다.

作业 zuòyè 名 ❶ 숙제. ¶请把~交上来;숙제를 내세요.| 你的~做好了吗? 너의 숙제는 다했니? ❷ 작업항목. 작업. ¶你现在清楚了整个~程序了吗? 현재 너는 모든 작업 절차가 분명해졌니?| 这个安装~需要3个人才能完成;이 설치 작업에는 3명이 있어야 겨우 완성할 수 있다. ❸ (군사, 생산상의) 작업. 활동. 훈련. ¶高空~是比较危险的;고공 훈련은 비교적 위험한 것이다.| 高温下~特别要注意使用保护装置;고온 아래에서의 훈련은 보호장치 사용에 특별히 주의해야 한다.

作用 zuòyòng 名 ❶ 작용. 효과. 쓸모. ¶他的话起到了积极的~;그의 말은 적극적인 작용을 일으켰다.| 在这服药的~下,她渐渐安静了下来;이 약의 효과로 그는 천천히 안정되었다. ❷ (생물, 물리, 사회학상에 생성되는) 작용. ¶阳光照在植物上会产生光合~;태양빛이 식물 위를 비추면 광합성 작용을 하게 된다.| 一个人很容易在不知不觉中就被社会所起的同化~所同化;사람은 쉽게 자기도 모르게 사회의 동화작용에 의해 동화된다. 动 작용하다. 영향을 미치다. 효용을 미치다. ¶这些闪烁(shǎnshuò)的灯光刺激(cìjī)我的眼睛,~于我的大脑,使我产生了幻觉;이 깜빡이는 불빛들이 나의 눈을 자극하고 대뇌에서 작용해 환각을 일으켰다.| 文学艺术创作往往来源于时代又反过来~于时代;문학 예술 창작은 종종 시대에서 기원하여 또 반대로 시대에 작용한다.

作战 zuòzhàn 动 전쟁하다. 싸우다. ¶战士们在前线英勇~;전사들은 전선에서 용맹하게 싸운다.| 这是一支善于~的队伍;이것은 잘 싸우는 군대이다.

作者 zuòzhě 名 작자. 필자. ¶这篇文章的~是鲁迅;이 글의 작자는 루쉰이다.| 以浪漫的笔调回忆了她与丈夫的相爱到组建家庭的过程;필자는 낭만적인 필치로 그녀와 남편이 서로 사랑해 가정을 이루게 된 과정을 추억했다.

坐 zuò 动 ❶ 앉다. ¶请~在第一排;첫 번째 줄에 앉아 주세요.| 我们可以~下来谈谈吗? 우리 앉아서 애기해도 될까? ❷ 타다. ¶你~什么去釜山? 너는 무엇을 타고 부산에 가니?| 我~火车去釜山;나는 기차를 타고 부산에 간다. ❸ (집 따위가) 어떤 방향을 뒤로 하다. 등지다. ¶韩国人都喜欢~北朝南的房子;한국인은 모두 북을 등진 남향의 집을 좋아한다.| 这栋公寓是~南朝北;이 아파트는 남을 등진 북향이다.

坐班 zuò//bān 动 (정상적으로) 출근하

866

다. 근무하다. ¶我们公司实行~制;우리 회사는 정상 출근 제도를 실행한다.|他下午两点到五点得~;그는 오후2시부터 5시까지 근무해야 한다.

▶용법주의:'坐班'은 이합사이기 때문에 중간에 다른 성분을 삽입할 수 있다.¶我坐了一辈子班,都习惯了;나는 한 평생 일을 해서 이미 습관되었다.|他才坐了一天的班就在那儿喊累;그는 겨우 하루 동안 일을 하고 나서 그 곳은 피곤하다고 소리쳤다.|明天9:00到13:00,我坐上午的班;내일 9:00부터 13:00까지 나는 오전 출근을 한다.

座 zuò 名 ❶ 자리. 좌석. ¶这个电影院有三千多个~;이 영화관은 3000여 개의 좌석이 있다.|请留个~给我,好吗?;저에게 자리 하나를 내주셔도 괜찮겠습니까? ❷ 받침(대). ¶他把茶碗~儿给打破了;그는 차 그릇 받침을 깼다.|这个电子壶的~儿在哪? 이 전기주전자 받침은 어디 있지? ❸ 별자리. ¶你是水瓶~吗? 너는 물병자리지?|你是什么星~? 너는 무슨 별자리니?|我是巨蟹(jùxiè)~;나는 게자리야. 量 좌. 동. 채. (산, 건축물, 교량 따위의 비교적 크고 고정된 물체를 세는 데 쓰인다.)¶那儿有一~水库;거기에 댐 하나가 있다.|我们学校就在这~山的后面;우리 학교는 바로 이 산 뒤쪽에 있다.

▶확장용법:¶一座城;하나의 도시.|两座楼;두 동의 건물.|三座塔;세 개의 탑.|四座发电厂;네 개의 발전소.

座谈 zuòtán 动 좌담하다. 간담하다. ¶下午我有个~会必须参加;오후에 나는 필히 참석해야 할 좌담회가 있다.|昨天我和他就这个问题进行了~;어제 나와 그는 이 문제로 좌담했다.

座位 zuòwèi 名 (주로 공공장소의) 자리. 좌석. ¶对不起,车上已经没有~了;죄송합니다, 차에 이미 자리가 없습니다.|前来听讲座的人太多了,我好不容易才找到个~坐下;앞에 강좌를 들으러 온 사람이 너무 많아서, 나는 간신히 자리 하나를 찾아서 앉았다.|请问,这个~有人吗? 말 좀 묻겠습니다, 이 자리에 사람이 있습니까?

做 zuò 动 ❶ 제조하다. 만들다. ¶他利用放假的时间~了一架航模(hángmó);그는 방학 시간을 이용해서 모형 항공기를 만들었다.|他亲手给他女儿~了一张书桌;그는 직접 그의 딸에게 책상 하나를 만들어 주었다. ❷ 일하다. 종사하다. ¶你父亲是~什么工作的? 너의 아버지는 어떤 일에 종사하니?|将来我想~进口沙发的生意;앞으로 나는 쇼파 수입 사업을 하고 싶다. ❸ 글을 짓다. ¶他~了一首诗给她;그는 시 한 편을 지어 그녀에게 주었다.|我~了一篇文章纪念我过世的父亲;나는 돌아가신 내 아버지를 기념하는 글을 한 편 지었다. ❹ …이 되다. 말다. 담당하다. ¶~老师的,一定要注意自己的言行;선생님이 되었으니 자신의 언행에 주의해야 한다. |将来我想~初中学老师;앞으로 나는 중학교 선생님이 되고 싶다. ❺ (경축할 일을) 거행하다. 진행하다. ¶明天我们要给奶奶~寿,庆祝她的八十寿辰(shòuchén);내일 우리는 잔치를 열어 할머니의 팔순을 축하드리려 한다.|他不要我们给他~生日;그는 우리가 그에게 생일 축하해주는 것을 원치 않는다. ❻ …로 여기다. …

로 삼다. …로 간주하다. ¶这本书可以~教材用;이 책은 교재용으로 삼아도 된다.| 这些树枝可以~木材来烧;이 나뭇가지들은 목재로 태울 수 있다. ❼ (어떤 관계를) 맺다. …관계가 되다. ¶我们可以~好兄弟;우리는 좋은 형제로 맺을 수 있다.| 我想和你~朋友;나는 너와 친구가 되고 싶다.| 你是故意想和我~对头,是不是?일부러 나한테 심술부리는 거지? ❽ (어떤 모습) …인 체하다. …을 가장하다. ¶他冲(chòng)我~了个鬼脸;그는 나를 향해 익살 맞은 표정을 지었다.| 这些珠宝不是给她的,只是~样子给她看看;이 보석들은 그녀에게 주는 것이 아니라 그저 한 번 보여주는 것이다.| 她~出一副无所谓的样子来掩饰(yǎnshì)她对他的情感;그녀는 아무렇지 않은 모습으로 그에 대한 감정을 숨겼다.

做法 zuòfǎ [名] 만드는 방법. 하는 법. ¶我以为这种~会起到很好的效果;나는 이런 방법이 좋은 효과를 낼 수 있을 줄 알았다.| 麻婆豆腐(mápó dòufu)的~很简单,我教你;마파두부 만드는 방법은 아주 간단해, 내가 가르쳐 줄게.

做客 zuòkè [动] 방문하다. 손님이 되다. ¶他今天到老师家~;그는 오늘 선생님 댁을 방문한다.| 你去小王家~的时候,别忘了带点礼物去;네가 왕 군의 집에 손님으로 갈 때, 선물 가지고 가는 것을 잊지 마라.

做梦 zuò//mèng [动] ❶ 꿈을 꾸다. ¶我晚上睡觉总是~;나는 밤에 잘 때 항상 꿈을 꾼다.| ~对人身体以及心理有什么影响?꿈을 꾸는 것은 사람의 신체 및 심리에 어떤 영향을 끼치지? ❷ (비유) 환상하다. 공상하다. ¶十六岁正是爱~的年纪;16살은 바로 사랑을 꿈 꿀 나이이다.| 一口就能吃成个胖子吗? 别~了;첫술에 배부르겠니? 꿈깨!